남북경협 80년

절망과 기교의 역사

이화학술총서

남북 경협 80년

절망과 기교의 역사

조동호 지음

80 Years of Inter-Korean Economic Relations

이화여자대학교출판문화원

책머리에

1945년 분단으로 남북한이 갈라지면서 '남북경협'이라는 개념이 만들어졌다. "때려잡자 공산당"이라는 슬로건이 보여주듯, 분단 이후 북한은 남한에게 오직 적이었다. 같은 민족 간 전쟁이라는 참혹함을 겪고서도 남북한은 통일의 수단으로 무력을 포기하지 않았다. 북한의 김일성은 적화통일, 남한의 이승만은 북진통일을 공개적으로 이야기하고 있었다. 이런 상황에서는 상대를 '경제 파트너'로 인식한다는 것 자체가 불가능한 일이자 불법이었다. 이후 '멸공'에서 '승공'으로, '승공'에서 '반공'으로 적대적 대북 인식은 점차 강도가 서하되었지만, 북한은 여전히 상대해서는 안 되는 대상으로 간주되었다. 북한의 대남 인식 역시 변화를 보이지 않았다.

1972년 박정희 정부 시절, 남북 최초의 합의문인 '7·4 공동성명'이 발표되었다. 이 공동성명 제3항에서 쌍방은 "남북 사이에 다방면적인 제반 교류를 실시하기로 합의"했다. 그러나 합의는 이행되지 못하고 바로 폐기되었다. 박정희 대통령은 1978년 6월 남북 경제계 대표들이 참여하는 '남북 간 경제협력추진 협의기구'의 구성을 제안하기도 했다.

1980년에 접어들면서 남한의 국력이 북한을 압도함에 따라 남북경협에 대한 제안도 구체적으로 진화했다. 전두환 대통령은 1982년 1월 '민족화합 민주통일 방안'을 통해 호혜평등의 원칙에 입각한 모든 분야의 교류협력을 제안했다. 그 구체적 방안으로 1982년 2월 서울·평양 간 도로 연결, 설악산·금강산 자유관광 공동지역 개발, 자유교역 실시, 자연자원 공동개발 및 공동이용 등 20개 항의 시범실천사업을 제시했다. 1984년 10월 남한 정부는 교역과 경제협력을 논의할 상설기구의 설치를 제안했고, 북한이 이를 수용함으로써 1984년 11월 판문점에서 제1차 남북 경제회담이 개최되었다. 분단 40년 만에 처음으로 열린 경제 분야 회담이었다. 남북 경제회담에서는 경의선 연결, 북한의 남포·원산항 및 남한의 인천·포항항 개방 등이 논의되었으나, 북한이 한미 합동군사훈련을 핑계 삼아 대화 중단을 선언함으로써 성과 없이 1985년 11월 제5차 회담으로 끝났다.

이처럼 남북경협을 위한 논의는 지속되었고 간혹 회담도 성사되었으나 이 시기의 제안들은 힘의 과시 및 심리전 차원의 성격을 벗어나지 못했다. 현실의 교역이나 투자의 실행으로 이어지지 못한 것은 당연한 결과였다.

6·25 전쟁 이후 중단되었던 남북경협이 실제로 재개된 것은 1988년 7월 7일 노태우 대통령의 '민족자존과 통일번영을 위한 특별선언'(이하 '7·7 선언')에 의해서였다. '7·7 선언'은 "민족공동체로서 관계를 발전시켜 나가는 것이야말로 통일조국을 실현하는 지름길"이므로 "하나의 공동체라는 인식을 바탕으로 대결의 관계를 지양"하자고 했다. 북한을 단순한 적이 아니라 통일을 향한 동반자로 규정한 것이다. '7·7 선언'에 따라 각 부처는 구체적 조치들을 발표했다. 현재의 기획재정부의 전신인 경제기획원도 1988년 10월 7일 '7·7 선언'을 실천하기 위한 '대북 경제개방조치'를 발표했다. 핵심은 북한과의 교역을 허용하며 '내국 간 거래'로 간주하여 관세를 부과하지 않겠다는 것이었다. 이에 따라 1988년 4건, 총 104만달러 규모의 북한으로부터의 반입이 승인되었고, 1989년 6·25 전쟁 이후 최초로 남북교역이 성사되었다. 이후 1992년 위탁가공교역이 성사되었으며, 1996년 최초의 투자 사업인 남포공단 사업, 1998년 최초의 관광사업인 금강산 관광사업, 2004년 최초의 경제특구 사업인 개성공단 사업으로 연결되었다.

2025년은 남북경협이라는 개념이 등장한 지 80년이 되는 해이고, 남북경협이 합법화·공식화된 지 37년이 되는 해이다. 그동안 남북경협은 많은 변화를 겪어왔다. 초기에는 시행착오를 거치면서도 빠르게 성장했고, 1991년 '남북 사이의 화해와 불가침 및 교류·협력에 관한 합의서'(이하 '기본합의서')의 채택과 2000년 분단 이후 최초의 남북 정상회담을 계기로 더욱 확대되었다. 그러나 2010년 천안함 사건 이후 우리 정부가 '5·24 조치'를 시행하면서 남북교역과 신규 투자가 금지되었고, 2016년에는 북한의 핵 개발과 장거리 미사일 발사에 대한 대응조치로 개성공단이 폐쇄되었다. 이로써 2025년 기준, 남북경협은 완전히 중단된 상태가 지속되고 있다.

●○●○●

'7·7 선언'이 이루어진 이래 40년 가까운 시간 동안 학계에서는 남북경협에 관한 다양한 연구가 이루어졌으며, 이는 크게 네 가지 분야로 나눌 수 있다. 첫째, 남북경협의 근본적 성격과 관련한 연구로서 남북경협의 목적, 원칙, 추진 방향, 정치·군사 등 타 부문과의 관계, 현실적 성과와 한계 등을 주제로 한 연구이다. 남북경협에 대한 최초의 종합적 연구라고 할 수 있는 『남북한경제관계 발전을 위한 기본구상』[1]을 시작으로, 남북경협 연구 분야 가운데 가장 커다란 비중을 차지한다. 둘째, 남북경협의 분야별 평가, 남북경협 활성화 방안 등에 관한 연구이다. 교역·투자 등 개별 분야의 실적과 평가, 문제점과 해결 방안, 투자자산 보호, 분쟁, 신변보장, 통신·통행·통관, 보험 등의 정비 및 개선 방안 연구 등이 이에 속한다. 그러나 2010년 '5·24 조치' 이후 이 분야 연구는 많지 않은 실정이다. 셋째, 개별 정부의 남북경협정책에 대한 평가와 제언을 다루는 연구로, 새 정부 출범에 즈음한 정책 방향 제시 혹은 지난 정부에 대한 평가 등에 관한 연구이다. 넷째, 특정 부문의 남북경협 프로젝트 제안, 평가, 추진 방안 등을 다루는 연구로, 농업, 제조업, 에너지, 환경, 주택, 인프라, 산림, 수자원 등의 부문에서 남북경협을 어떻게 추진할 것인가에 대한 연구이다. 이 분야 연구는 성격상 정책적·구체적·기술적 성격을 지니며, 남북관계의 경색 국면에서도 가능한 연구이므로 남북경협의 근본적 성격에 관한 연구와 함께 남북경협 연구의 주류를 이룬다.

그러나 남북경협이 재개된 1988년부터 이 책의 집필이 완료되는 2025년에 이르기까지 남북경협 전반을 아우르는 종합적 연구는 부재한 실정이다. 즉 남북경협의 개념, 남북경협에 대한 북한의 인식, 분단 이후부터 현재까지의 역사적 흐름, 교역·투자 등의 분야별 현황과 문제점, 그동안 추진되었던 실제 남북경협 사례의 소개와 성공 및 실패 요인 분석, 상호주의, '퍼주기' 등 남북경협 추진 과정에서 불거진 다양한 쟁점에 대한 평가, 정부별 남북경협정책과 성과의 평가 등을 포괄하는 연구는 시도된 바 없다. 게다가 2010년 교역 및 신규 투자의 금지, 2016년 개성공단의 폐쇄로 남북경협이 완전중단됨으로써 남북경협 현장을 직접 경험해본 전문가의 비율도 점점 줄어들고 있다. 따라서 남북경협을 공부하는 학생, 남북경협 관련 업무를 담당하게 된 공무원, 통일·

---

1 한국개발연구원, 『남북한 경제관계 발전을 위한 기본구상』, 1991.

외교·안보 관련 부처를 출입하게 된 기자, 자신이 속한 회사의 대북 진출계획을 준비해야 하는 기업인, 남북경협의 역사와 현황에 관심을 가진 일반인들을 위한 종합적인 교과서, 참고서, 안내서가 아쉬운 실정이다. 이 책의 집필 동기는 바로 여기에 있다. 남북경협 80년의 역사를 정리·분석한 연구는 학술적인 차원에서는 물론 정책과 기록의 측면에서도 가치 있는 결과물을 제공할 것으로 기대한다.

●○●○●

이 책은 프롤로그와 에필로그를 포함해 총 일곱 개 장으로 이루어져 있으며, 하나하나를 따로따로 읽어도 무방하다. 관심 있는 부분만 선택해 읽고자 하는 독자들의 편의를 위해 그렇게 구성했다. 그렇다 보니 어쩔 수 없이 간혹 중복되는 부분이 있을 수밖에 없다. 그러나 그런 경우 설명을 위한 핵심적인 내용만 소개하고 상세한 논의는 관련 부분을 참고하도록 함으로써 중복을 최대한 줄이고자 했다. 1장은 남북경협과 관련한 기초적 논의를 정리한다. 남북경협의 정의, 의의, 분류 등 기본적인 내용을 정리하고 일반교역, 위탁가공교역, 투자 등 남북경협의 분야별로 추진 절차를 소개한다. 그 후 남북경협에 대한 북한의 시각을 김일성, 김정일, 김정은 시대별로 분석한다. 2장은 남북경협이 본격화되기 이전까지의 역사적 흐름을 소개한다. 우선 1945년 해방과 분단 이후에도 남북경협이 있었는지, 냉전 시기 남북한은 남북경협을 어떻게 정치적으로 선전했는지, 그러는 중에도 성사되었던 1984년 북한의 수해 지원과 1984~1985년 남북 경제회담의 내용은 무엇이었는지에 대해 다룬다. 그 후 남북경협 합법화의 계기가 된 '7·7 선언'의 내용과 배경, 북한의 반응 등을 살펴보고, '기본합의서' 체제가 남북경협에 미친 영향에 대해 논의한다. 3장에서는 교역 실태를 분석한다. 일반교역과 위탁가공교역으로 나누어 각각의 진행 과정과 주요 내용, 문제점에 대해 상세하게 논의하고, 실제 사례들도 소개한다. 4장에서는 투자 실태를 분석한다. 일반투자와 특구투자, 그리고 특구투자는 금강산 관광사업과 개성공단 사업으로 나누어 사례와 함께 진행 과정과 주요 내용, 문제점을 논의한다. 5장은 남북경협을 둘러싼 주요 쟁점들에 대한 논의를 담고 있다. 상호주의, '퍼주기', 정경연계 등에 대한 보수와 진보 각 진영의 시각 차이를 소개하고, 접점 가능성을 모색한다. 또한 교역 통계의 문제점과 개선 방향,

북한 근로자 임금 수준의 적정성 평가, 2023년 말부터 북한이 제기하고 있는 '두 국가론'의 내용과 대응 방향 등을 논의한다. 마지막으로 에필로그에서는 6·25 전쟁 이후 중단되었던 남북경협을 재개한 노태우 정부에서부터 이재명 정부에 이르기까지 남북경협정책을 간략히 평가한다.

●○●○●

개인적으로도 연구자로서의 인생을 정리하고 싶었다. 내가 미국 필라델피아에 있는 펜실베이니아대학교(University of Pennsylvania)에서 경제학 공부를 마치고 첫 직장으로 KDI(한국개발연구원)에 들어간 것은 1991년 5월이었다. 박사학위 논문은 노동시장에 관한 것이어서 북한과는 전혀 관련이 없었다. 1991년 초, 채용 공고를 보고 지원한 부서도 노동경제팀이었다. 그런데 KDI에서 연락이 왔다. 북한경제를 연구하는 부서로 지망 부서를 바꿀 의향이 없느냐는 것이었다.

지금도 그 이유는 정확히 알지 못한다. 나중에 알게 되었지만, KDI에 북한경제연구센터가 만들어진 것은 1990년 11월이었다. 1988년 '7·7 선언' 이후 북한경제에 대해 객관적으로 분석하고, 효율적인 남북경협 방안을 마련하라는 정부의 지시에 따라 신설된 조직이었다. 적절한 연구자를 구하지 못하자 다른 팀 지원자 중에서라도 찾았던 모양이다. KDI의 특성상 해당 부서의 연구만 하면 되는 것이 아니라 연구원 전체 차원의 연구에도 참여해야 하므로 북한경제 전공자보다는 주류 경제학 배경을 지닌 지원자를 채용해서 훈련시키려 한 측면도 있었을 것이다. 당시는 북한 원전을 보는 것조차 불법이던 시절이라 사회주의경제 혹은 북한경제를 전공한 젊은 학자가 거의 없었던 탓도 있었을 것이다.

어쨌든 나로서는 당황스러운 일이었다. 고민해보고 연락하겠다고 했다. 그리고선 여기저기 선배들에게 물어봤더니, 모두 가라고 했다. 대학이 편하지만 당장 자리를 찾긴 어렵다, 연구원 중에서는 KDI가 최고다, 월급도 많고 대우도 아주 좋다, 설마 평생 북한경제를 연구하겠느냐, 조만간 전공을 찾아가게 될 것이다, 등등. 그 모든 이야기가 설득력이 있었다. 그래서 1991년 5월 1일부터 북한경제 연구자로서의 인생을 시작했다. 애초의 기대와는 달리 연구원 원장이 바뀔 때마다 "하던 놈이 낫다"는 논리로 다른 팀으로 바꾸어주지 않아서 평생 북한경제 연구자가 되었지만.

하긴 당시의 나에게는 전공에 맞는 자리를 찾는 일보다 하루라도 빨리 취업하는 것이 더 중요했다. 나는 경기도 파주의 가난한 세탁소 집 아들로 태어났다. 잠시 형편이 폈던 시절도 있었지만 중학교 후반부터는 아버지의 사업 실패로 달동네를 전전했다. 고등학교 시절에는 아현동 달동네에서도 가장 꼭대기에 살았다. 쥐가 나오는 집에는 부엌도 화장실도 없었다. 아침이면 사람들이 지나다니는 길가에 대야를 내놓고 세수를 하고 머리를 감아야 했다. 어머니가 젊은 시절 배운 재봉 기술로 옷을 수선하며 가족을 벌어 먹였다. 등록금이 없어 고등학교를 그만둘까도 고민했었다. 어머니는 '수선보다는 벌이가 낫다'는 말을 듣고 청파동의 한 낡은 집에 세를 얻어 하숙을 시작하셨다.

내가 대학에 들어가던 해, 아버지가 갑작스레 돌아가셨다. 당시 우리 집의 하숙생이던 시인 최승자는 자신의 시 「두 편의 죽음」에서 내 아버지의 죽음을 다음과 같이 적었다. "뜬소문처럼 뜬구름처럼 청파동 하숙집 아저씨 돌아가시고 …… 문득 어머니 아버지라는 종족은 그리운 물의 정(情) 불의 정(情)으로 녹아 버리고". 나는 장학금과 과외로 학비를 감당했다. 미국 유학도 장학금과 부업 덕에 가능했다. 박사학위를 마칠 때까지도 어머니는 하숙을 놓고 계셨다. 나는 하루라도 빨리 귀국해 돈을 벌고, 어머니를 쉬게 해드리고 싶었다. 그래서 KDI에 들어갔고, 북한경제 연구자가 되었다.

KDI에서 일해보니, KDI가 너무 좋았다. 우리 경제 전체를 연구 대상으로 하는 종합연구기관이라 다른 분야 전문가들과의 토론 및 공동 연구의 기회가 많았고, 이는 북한경제에 대한 나의 식견을 넓혀주었다. 기라성 같은 선후배들은 모두가 그 분야의 최고였다. 점심 식사와 저녁 술자리의 화제조차 공부가 되었다. 동덕여자대학교, 건국대학교, 숙명여자대학교 등 몇몇 대학에서 경제학 강의를 해봤는데, 별로였다. 흔히 교수는 강의하는 재미, 방학 있는 재미, 연구하는 재미 등 3개의 재미를 가진다는데, 최고의 전문가들과 토론하다가 학생들이랑 이야기하자니 강의가 신나지 않았다. 어차피 토요일, 일요일도 연구하러 출근하는 나에게 방학의 존재는 무의미했다. 연구 환경은 KDI가 대학보다 몇 배는 좋았다. 대학으로 옮길 이유가 없었다. KDI에 평생 있고 싶었다. 그래서 D대학교, B대학교에서의 이직 제안도 거절했다.

2006년 가을, 이화여자대학교 북한학과의 최대석 교수님이 2007년 1학기 '북한경제론' 강의를 부탁하셨다. 그저 한 학기짜리 시간강사 자리여서 거절하기 어려웠다. 다시 한두 달 지나 연락하여 말씀하시기를, 초빙교수 타이틀을 주겠다고 했다. 시간강사

보다는 초빙교수가 타이틀도 더 근사하고, 급여도 좀 많았기 때문이었을 것이다. KDI 원장께 보고했더니, 그러라고 했다. 그런데 몇 시간 후 전화하시기를, 간부회의 결과 불허하기로 했다고 통보하셨다. 이미 시간강사로 출강은 승인한 상태에서 초빙교수로의 출강은 불허하다니, 우스웠다. 게다가 그게 뭐라고 그까짓 타이틀 문제로 간부회의까지 열다니, 한심했다. KDI 역사상 처음 있는 일이었다. 십중팔구, 아니 백 중 구십구, 잘못된 결정이라고 생각되면 원장에게도 항의하고, 아무리 선배라도 규정을 어기면 징계해야 한다고 나서곤 했으니, 미운털이 박힌 탓이었을 것이다. 하지만 어차피 교수직에 관심 없던 나로서는 아무렇지 않았다. 최대석 교수님께 죄송하다고, 연구원이 허락을 안 한다고, 타이틀과 무관하게 열심히 하겠다고 연락드리고선, 잊었다.

그런데 2007년 2월 초, 최대석 교수님께 급히 만나자는 연락이 왔다. KDI와 이화여자대학교의 중간쯤인 남산의 그랜드하얏트호텔에서 만났다. 그 자리에서 최 교수님은 대뜸 3월 1일부터 이화여자대학교 북한학과 교수로 오겠냐고 물었다. 그날 오전 총장과 회의 중에 초빙교수 이야기가 나와서 자초지종을 설명했더니, 차라리 정식 교수로 채용하자고 했다는 것이다. 시간이 촉박하지만 특채로 하면 된다고 했다. 나는 망설였다. 오래전부터 교수는 하고 싶지 않던 일이었다. 그런데 KDI 원장의 옹졸함이 떠올랐다. "그래, 원장이 바뀔 때까지만 옮기자." 그렇게 갑작스레 교수가 되었다. 한두 해만 있을 작정이었는데 어쩌다 보니 눌러앉게 되었다. 거지와 교수는 한번 하면 다른 건 못한다더니, 결재도 출퇴근 체크도 할 필요 없이 모든 것을 내 마음대로 할 수 있다는 게 너무 편했다. 결국 정년을 채웠다. 수시로 KDI가 그리웠지만, 대학에서의 생활도 그 나름의 보람이 있었다.

●○●○●

돌이켜보면, 북한경제를 연구하게 된 것은 운명이라는 생각이 든다. 평안남도 안주가 고향인 아버지는 북한에 처와 자식들을 두고 홀로 남한으로 내려왔다가 끝내 고향으로 돌아가지 못하고 세상을 떠나셨다. 충청남도 홍성이 고향인 어머니는 남편이 6·25 전쟁 중 끌려간 뒤 소식이 끊겼고, 유복녀로 태어난 딸을 홀로 키웠다. 본의 아닌 홀아비와 딸 달린 과부를 누군가가 중매했을 것이고, 그 사이에서 내가 태어났다.

북한엔 어머니가 다른 형들이, 남한엔 아버지가 다른 누나가 있는 것이다. 아버지가 휴전선 바로 아래인 파주에 터를 잡은 것도, 언젠가 통일이 되면 누구보다 먼저 고향에 가고 싶었기 때문이다. 이런 가족사를 보면, 내가 북한경제를 연구하게 된 것은 어쩌면 이미 운명적으로 정해져 있던 길이었는지도 모른다.

결과적으론 북한경제를 연구하게 된 것이 엄청난 행운이었다고 느낀다. 우리나라에 노동경제 연구자는 매우 많지만 북한경제 연구자는 소수에 불과해서, 그만큼 내가 사는 사회에 기여할 기회가 많았기 때문이다. 더욱이 연구자로서의 생활을 KDI에서 시작할 수 있었던 것도 행운이었다. 정부출연연구기관이자 정책연구기관이었으므로 이론뿐만 아니라 현실정책의 측면에서도 북한경제를 바라볼 수 있었고, 학계는 물론 정부와 기업의 많은 전문가들과 네트워크를 만들 수 있었기 때문이다. 사회과학 전공자로서는 큰 보람이었다. 실제로 정부의 정책 수립, 언론의 보도 방향과 내용, 기업의 대북 진출 등에 연구와 자문의 형식으로 다양하게 참여할 수 있었다.

북한경제 연구라는 분야를 크게 나누면, 북한경제의 역사, 현황, 제도 등 북한경제 자체에 대한 연구 이외에도 남북경협과 통일경제라는 분야가 존재한다. 나 역시 세 가지 분야를 모두 연구해오고 있지만, 개인적으로 가장 좋아하고 관심을 가져온 분야는 남북경협 연구이다. 북한경제 연구는 남북경협 및 통일경제 연구의 바탕이 되지만, 연구 결과가 실제를 정확히 파악한 것인지 아닌지 알 수 없어 맥이 빠졌다. 북한경제는 어렵지 않은 적이 없었으며 본격적 개혁이랄 것도 없어서 연구 내용도 늘 거기서 거기였다. 그만큼 답답했다. 통일경제 연구는 현재뿐만 아니라 후대의 삶에까지 두고두고 영향을 미치는 중요한 주제의 연구이지만, 통일이 언제 어떻게 될지도 모르는 상황에서 너무 한가한 논의로 느껴졌다. 통일의 시점과 과정, 형식을 어떻게 가정하느냐에 따라 연구 결과가 천양지차로 달라지는 것도 민망했다. 연구자로선 부끄러웠다.

그러나 남북경협 연구는 책상 위에 놓인 문서만이 아니라 다양한 현실의 사례를 자료로 사용할 수 있었다. 정책의 결과도 바로 눈으로 확인할 수 있었다. 그만큼 생동감이 넘쳤다. 게다가 정권마다 다른 시각과 대안을 제시했고, 진보 진영과 보수 진영은 항상 의견이 갈렸다. 연구할 거리가 늘 새롭게 생겼다. 지루할 틈이 없었다. 남북경협 연구를 통해 오늘의 북한경제와 내일의 통일경제에 영향을 미칠 수 있다는 점도 사회과학자로선 뿌듯한 일이었다. 더욱이 내가 연구자로서의 길을 걷게 된 시기는 남북경협이 막 시작되던 때였기에, 초창기부터 남북경협을 곁에서 지켜보고 정책으로 관여할 수 있었다는 것 역시 남북경협 연구에 대한 애정을 더욱 깊어지게 했다. 연구자로서의 사적인 역사는 남북경협의 공적인 역사와 씨줄과 날줄로 얽히며 함께 흘러왔다.

●○●○●

남북경협이 지나온 과정을 평가하면서 성과보다는 문제점에 더 많은 지면을 할애했다. 하지만 이는 남북경협이 이룩한 성취를 폄하하려는 것이 아니라 미래의 더 커다란 성공을 위해 개선점을 지적하려는 뜻이었다. 그래서 긍정적인 면보다는 부정적인 면을 더 드러내고자 했다. 어두웠던 부분들을 잊지 않고자 했다. 시인 이성복의 그 유명한 첫 시집 후기의 표현을 빌리자면, 남북경협의 '아픔'을 느끼고자 했다.

> 대체로 우리는 아픔에 대해 부정적인 생각을 가지고 있다. 그러나 우리 몸 어딘가가 썩어 들어가는데도 아프지 않다면, 이보다 더 난처한 일이 있을까? 문제는 우리의 아픔에 있는 것이 아니라, 우리를 아프게 하는 것들에 있다. 오히려 아픔은 <살아 있음>의 징조이며, <살아야겠음>의 경보라고나 할 것이다. …… 망각은 삶의 죽음이고, 아픔은 죽음의 삶이다.[2]

문제점에 대한 지적을 통해 남북경협에 직간접적으로 참여하셨던 분들의 명예를 훼손하려는 의도는 전혀 없다. 오히려 그 반대이다. 사실 문제점이라기보다는 '아쉬운 점'이라는 표현이 더 정확할 것이다. 그분들이 현장에서 느꼈을 '아픔'은 책상 앞에 앉은 남북경협 연구자에게도 '아픔'이었다. 그래서 어느 논문에서인가, 개성공단 사업에 참여했던 분들에 대해 다음과 같은 글을 쓰기도 했다.

> 개성공단을 만들어낸 '대통령님'과 '왕회장님'에게는 성사 자체가 중요했지만, 실제 개성공단을 운영해 나가야 하는 기관과 사람들에게는 성공이 중요했던 것이기 때문이다. 그리고 그들에게 성공하느냐 실패하느냐는 문자 그대로 목숨이 달린 일이었다. 기업주로서는 도산을 우려하지 않을 수 없었고, 직원은 좌천이나 해고를 걱정하지 않을

2 이성복, 『뒹구는 돌은 언제 잠 깨는가』, 문학과지성사, 1980.

수 없었다. 실제로 우리는 고 정몽헌 회장의 안타까운 죽음을 목격하기도 했다.

개성공단 건설을 추진해 나가는 사람들에게 개성은 아픔이었고 꿈이었다. 개성공단 관련 부서로 발령이 나면, '내가 그렇게 무능력한 직원으로 평가받고 있는가' 하고 슬픔이 앞섰다. 9대 1의 경쟁률을 뚫고 개성공단 입주기업으로 선정된 기업들 중에는 '왜 내가 개성공단 입주를 결심했을까' 하고 후회를 하는 기업도 있었다. 그러나 그렇다고 한숨만 쉬고 있을 수는 없었다. 정권에게는 개성공단이 '햇볕정책' 혹은 '평화번영정책'의 찬란한 기록으로 남을 수만 있다면 충분했다. 설사 실패하더라도 남북경협 역사에서 영원히 지워지지 않을 새로운 도전이자 성과로 남을 것이었다. 한반도가 지구상에 존재하는 한 언젠가는 통일이 이루어질 것이고, 그 과정에서 이번엔 실패했더라도 제2, 제3의 개성공단은 반드시 거쳐 가야 할 것이므로. 하지만 추진하는 사람들에게는 개성공단이 치열한 삶의 현장이었고 다시는 돌아오지 않을 인생의 한 부분이었다. 따라서 성공해야만 했다. 개성공단의 실패는 내 인생의 실패와 동의어였다. 그러므로 낮에는 땀 흘리고 밤에는 꿈꾸었다. 처절한 아픔 속에서도 반짝이는 꿈을 포기할 수 없었고, 그 꿈의 실현을 위해 모든 것을 바쳤다.

사실 아픔은 지금까지 이만큼이라도 개성공단을 만들어온 원동력이었을 것이다. 아프지 않았다면, 진작 포기했을지도 모른다. 바로 그 아픔 때문에 성공을 위해 도전할 용기가 생겼던 것인지도 모른다.[3]

아무리 집필 의도가 그렇다고 하더라도, 혹여 이 책의 남북경협에 대한 평가가 그 사업에 직간접적으로 참여했던 분들의 마음을 상하게 하는 부분이 있다면, 정중히 사과드린다.

●○●○●

내 어리고 젊었던 시절, 나를 믿어주고 도와주신 인생의 은인 세 분이 계신다. 고등학교부터 대학원을 거쳐 유학까지, 운명처럼 기적처럼 차례로 나타나 나를 이끌어주신 분들이다. 돈이 없어 고등학교를 자퇴하려던 시절, 지푸라기에 붙은 지푸라기라도 잡

3 조동호, "개성공단, 남북 경제관계의 이상(李箱)", 화정평화재단 · 21세기 평화연구소(편), 『개성 있는 개성을 만나다』, 화정평화재단, 2008, pp.22~23.

고 싶은 심정으로 정수장학회에 편지를 썼다. 공중전화 부스의 전화번호부를 뒤지다가 발견한 곳이었다. 그 장학회는 대학생에게만 장학금을 지원하는 곳이라는 것도 알지 못했다. 당연히 자격이 안 되었지만, 장학회에 근무하시던 분이 편지 내용을 보고 개인적으로 도와주셔서 고등학교를 마칠 수 있었다. 자연스레 대학 4년 동안에도 장학금을 받았다. 그분이 아니었으면 박사는커녕 고교 중퇴의 학력으로 살았을 것이다. 그분은 바로 목원대학교에서 정년을 하신 강용찬 명예교수님이다.

서울대학교 대학원에서는 훗날 국무총리를 지내신 이현재 교수님을 만났다. 당시 총장이셨지만 강의를 놓지 않으셔서 수업에서 뵐 수 있었고, 조교로 채용해주셔서 그 월급으로 등록금을 해결할 수 있었다. 비어 있는 개인 연구실도 사용하도록 해주셔서 번잡한 도서관에 가지 않고도 편하게 공부할 수 있었다. 뿐만 아니라 교수님은 내 인생의 중요한 순간마다 추천을 해주시고 조언을 해주셨다. 자중자애(自重自愛)하라던 말씀은 내가 살아가는 데 있어 중요한 받침돌이 되었다.

대학원을 마치던 무렵에는 우연히 바른손의 박영춘 회장님을 뵙게 되었다. 우리나라에 팬시 산업을 처음 알렸고, 연세가 들어서도 젊은 사람보다 뛰어난 감각을 보이셨다. 전문가의 세상엔 필연코 등급이 있는 법이라고, 그래서 실력보다 중요한 것은 없다고 늘 말씀해주셨다. 그 말씀은 내 평생의 등불이 되었다. 회장님은 유학 기간 내내, 바른손 직원인 것처럼 내게 월급을 보내주셨다. 조교 월급으로는 생활비조차 부족했는데, 그 돈이 있어 생활비를 보태고 책을 살 수 있었다. 평생을 자식처럼 챙겨주셨고, 나 역시 평생을 아버님처럼 모시고 있다.

이 분들이 안 계셨더라면 지금의 나도 없고 이 책도 없었을 것이다. 이 책을 세 분의 은인께 바친다. 이 땅의 말로는 도저히 표현할 수 없는 감사함으로.

2025년 9월

조동호

차례

프롤로그

절망과 기교 사이, 경협의 여정

"어느 시대에도 그 현대인은 절망한다.
절망이 기교를 낳고, 기교 때문에 또 절망한다."

1936년 3월 이상(李箱)이 『시와 소설』 창간호 발간사에서 남긴 선언이다. 알다시피, 이상은 기껏 만 26년 7개월을 살다가 1937년 4월 요절한 천재 시인이다. 본명은 김해경(金海卿)이다. 식민지 시절 일본 사람들이 '다나까 상', '나까무라 상' 하듯, '김 상'해야 할 것을 김해경의 성을 잘못 알고 '이 상'이라 부르자 아예 그것을 필명으로 삼았다고 한다. 사실인지는 불명확하나, 여동생 김옥희와 아내 변동림의 증언에 따르면 그렇다.

대학 시절, 문학평론가로 유명한 김윤식 교수의 강의를 들었다. 시학개론이었는지 국문학개론이었는지 정확한 기억은 없다. 그가 강의 초반부에 이상의 '절망과 기교'에 대한 앞의 선언을 설명했다. 국문학계에서 일반적으로 받아들여지는 해석인지는 모르지만, 그 설명은 대략 다음과 같이 내 머릿속에 남아 있다. 어쩌면 진짜 그의 설명은 오히려 조금이고, 그동안 쌓아온 내 스스로의 해석이 대부분일지도 모르지만.

문학은 언어를 다룬다. 그런데 언어는 횡적으로나 종적으로나 살아 있다. 즉 언어란 사회적으로, 역사적으로 살아 있는 독립된 대상이다. 그래서 '하늘'이라고 표현하면 모두가 하늘이라고 생각하기 마련이다. 내가 '하늘'이라고 말하고선 땅을 뜻한 것이라고 해도 소용없다. '하늘'이라는 단어는 살아 있는 것이어서 내 마음대로 의미를 변형시킬 수 없다. 그대로 받아들일 수밖에 없다. 그런 면에서 문학은 다른 예술 분야와 다르다. 예컨대 조각은 죽어 있는 대리석을 다루는 것이고, 회화는 죽어 있는 캔버스에 죽어 있는 물감을 바르는 것이다. 연주자는 죽어 있는 악기를 다룬다. 결국 화가, 조각가, 연주자는 죽어 있는 대상을 자기 마음대로 움직여서 자신만의 작품을 만들어낸다. 그래서 관객은 공부하지 않으면 작품을 이해하지 못한다. 작품을 해석하는 법을 배워야 하고, 작가를 이해해야 한다. 그렇지 않고서는 감히 평을 할 수 없다. 모르기 때문이다. 우리가 피카소의 그림 앞에서 그저 '좋다' 혹은 '내 마음엔 들지 않는다' 정도의 이야기밖에 할 수 없는 까닭이 거기 있다. 베토벤의 교향곡이든 바르톡의 소나타든 음악도 마찬가지다. 쉽게 말해서, 모르면 닥치고 있어야 하는 것이다.

그러면서 그의 설명은 이상의 바로 그 '절망과 기교'로 넘어간다.

이상의 고민은 거기에 있었다. 글만 안다면 누구나 시를 읽을 수 있다. 이상은 그것이 싫었다. 문학 공부를 전혀 하지 않은 일반 사람들이 자신의 시를 읽고 이러쿵저러쿵 평을 해대는 것을 참을 수 없었다. 절망스러웠다. 그러다 보니 기교로 넘어갈 수밖에 없었다. 공부하지 않고는 이해하지 못하도록 각종 기교를 부렸다. 띄어쓰기를 하지 않고 전부 붙여서 써보았다. 그랬더니 사람들은 바로 떼어서 읽었다. 당연히 기교는 또 다른 기교를 낳기 마련이다. 거꾸로도 써보았으나, 역시 소용없었다. '오감도' 연작에서 보이듯, 결국엔 숫자만이 나열된 시까지로 발전했다. 드디어 사람들은 이해하지 못했다. 성공이었지만, 동시에 실패였다. 언어가 아니라 기호로 나열된 그것은 더 이상 시가 아니었기 때문이다. 이상은 다시 절망할 수밖에 없었다. 그리고 이제 그 절망은 처음의 절망과는 차원이 다른 것이었다. 처음의 절망은 기교로 도망갈 수 있었지만, 이번의 절망은 탈출할 곳이 없는 절망이었기 때문이다. 기교가 낳은 절망은 막다른 골목에 부딪친 것이다. 결국 그가 택할 수 있는 길은 요절하는 것뿐이었다.

그리고 그는 끝맺었다.

그러므로 문학을 하고자 하는 사람은 이상을 넘어서야 한다. 문학이 주는 절망과 기교를 이해하고 극복할 수 있어야 한다. 그런 의미에서 이상은 문학의 입구를 지키고 있는 파수꾼인 셈이다. 그를 지나치지 않고는 결코 문학이라는 나라에 도달할 수 없다.

남북경협의 역사 역시 절망과 기교의 경로를 밟아오고 있다. 6·25 전쟁 이후 중단되었던 남북경협은 1988년 노태우 대통령의 '7·7 선언'으로 재개의 기회를 맞이했다. 당시 노태우 대통령은 "앞으로 몇 년 안에 남북관계에 결정적인 돌파구가 열릴 것으로 확신"한다고 했지만, 남북경협은 기대만큼 발전하지 못했다. 1989년 일반교역에 이어 1996년 대우그룹의 투자도 시작되었지만, 개업 이래 한 번도 이익을 내지 못하고 3년 후 문을 닫았다.

1998년 출범한 김대중 정부는 '햇볕정책'의 이름으로 남북경협 확대에 온 힘을 쏟았다. 그러나 의도와 달리 희망은 보이지 않았고, 절망만이 정책의 앞길을 가로막고 있었다. 북한의 경제난은 남북교역의 발전을 저해했다. 물건을 사 오자니 품질이 조악해서 사 올 만한 것이 거의 없었다. 물건을 팔기도 어려웠다. 북한은 물건을 살 돈이 없었기 때문이다. 투자의 경우는 더욱 곤란했다. 전기도 없고, 도로·철도도 부실하고, 노동시장도 내수시장도 없는 북한에 투자할 기업은 없었다. 게다가 북한경제정책에도 변화는 보이지 않았다. 만약 북한이 시장경제 체제로의 변화를 추구하면서 본격적인 개방에 착수했더라면 경제난도 해소되었을 것이고 교역 및 투자환경도 크게 개선되었을 것이다. 그러나 북한은 여전히 '주체경제'만을 외치고 있었다. 남북경협이 절망에 빠진 것은 당연한 일이었다.

이러한 상황에서 '햇볕정책'의 의지만으로 경협을 발전시킬 수는 없는 것이었다. 절망의 본질이 해소되지 않는 한 시장의 자율적 판단에만 맡겨서는 경협이 진전될 수 없었으므로, 정부가 주도하는 형식으로 경협을 끌고 갈 수밖에 없었다. 기교의 등장이었다. 금강산 관광사업과 개성공단 사업이 차례로 성사되었지만, 이는 절망을 해결한 것이 아니라 해결한 것처럼 보이게 하는 기교였다. 절망의 근본 원인인 북한의 문제는 그대로 둔 채 북한 안에 금강산과 개성이라는 '남한 지역'을 만드는 것이었기 때문이다.

2007년 노무현 대통령의 남북 정상회담 결과로 발표된 '10·4 선언'의 다양한 사업들 역시 기본적으로 동일한 접근방식을 취했다. 그러나 기교로 절망을 이길 수는 없다. 최초의 투자 사업이었던 대우의 남포공장이 문을 닫은 후 금강산과 개성이 아닌 북한 내부지역에 제대로 진행된 투자 사업이 없다는 것은 절망의 근본 원인이 그대로 남아 있음을 입증한다.

이명박 정부의 '비핵 · 개방 · 3000'이나 박근혜 정부의 '한반도 신뢰 프로세스'는 북한의 변화를 우선적으로 요구했다는 점에서 원론적으로는 타당한 방향이었다. 경협의 절망을 직접적으로 해결하겠다는 의사이며, 기교로 우회하는 전략을 채택하지 않겠다는 의지였던 셈이기 때문이다. 그러나 북한을 다룰 구체적이고 복합적인 전략은 없었다. 그저 의연하게 대처하겠다는 말뿐이었다. 지난 정부들처럼 기교를 부릴 수는 없었지만, 그렇다고 절망을 해결할 능력은 없었다. 그러니 결국 아예 안 하는 수밖에 없었다. 관광객 사망사건으로 금강산 관광사업을 중단하고, 천안함 사건으로 교역을 금지하고, 핵과 미사일 실험으로 개성공단을 폐쇄했다. 그렇게 모든 남북경협은 끊어졌다. 절망스럽다고 아예 외면하는 방식을 택한 것이다.

이후에도 마찬가지다. 문재인 정부는 진보 정부들의 방식을 답습하려 했고, 윤석열 정부는 보수 정부들의 정책을 그대로 이어받았다. 이재명 정부는 지난 진보 정부들의 기조로 돌아가고 있다. 한쪽에서 '퍼주기'를 지속했다면, 다른 쪽에선 '안 주기'를 고집해온 셈이다. 정작 필요한 것은 '잘 주기'였음에도 불구하고.[1] 시인 고은의 평처럼 "이상을 만난 이후 이상은 하나의 유치한 때의 향수로 남겨질 따름"이어야 하는 데도 말이다.[2]

1 조동호, "[동아광장] 퍼주기, 안 주기, 잘 주기", 『동아일보』, 2008.11.28. 홍양호 전 통일부 차관도 "'잘 주기' 시각은 바람직한 제언이었지만, 우리 사회에서 널리 인식이 확산되지는 못했"다면서 "오로지 북한을 지원해야 한다와 지원하지 말아야 한다는 양분법으로만 대립"해왔다고 지적했다. 홍양호, "나의 통일을 향한 여정 ⑰", 『북한』, No.605, 2022, p.90.

2 고은, 『이상평전』, 민음사, 1977, p.19.

1장 남북경협의 이해

1. 남북경협의 기초적 논의

1) 남북경협의 정의

남북경협에 관한 정부 차원의 공식적인 정의는 존재하지 않는다.[1] 학계에서도 통용되는 정의가 없다. 일반적으로 남북경협이란 단어 자체를 정의한다면, '남한과 북한 간 경제 분야의 교류와 협력'을 축약한 것이라 할 수 있다.

우리 정부가 처음부터 교류협력이라는 단어를 사용한 것은 아니다. 우리는 '교역과 협력'이라는 단어를 선호했고, 북한은 '합작과 교류'라는 단어를 고집했다. 그러다가 1985년 6월 제3차 남북 경제회담에서 양측의 입장을 절충한 '교류와 협력'이라는 단어를 사용하기로 남북한 간 합의가 이루어졌다.[2] 그러나 경제회담은 아무런 성과 없이 종료되었고, 현실에서의 남북 '교류와 협력' 사업도 성사되지 않았다.

---

1 남한의 국호는 대한민국(한국)이고 북한의 국호는 조선민주주의인민공화국(조선)이다. 따라서 남한·북한이라는 용어는 남한을 중심으로 호칭하는 것이고, 남조선·북조선이라는 용어는 북한을 중심으로 이야기하는 것이다. 남북한 간의 회담에서는 남측·북측이라는 '중립적'인 용어를 사용하는 것이 일반적이다. 이 책에서는 '남북'경협을 논의하는 취지에 맞추어 특별한 경우를 제외하고는 남한·북한이라는 용어를 사용한다.

2 남북 경제회담에 대한 구체적인 논의는 2장 2절을 참조.

그 후 남북 경제관계가 '7·7 선언'을 계기로 재개의 기회를 맞게 되면서 '교류협력'이라는 단어가 본격적으로 사용되기 시작했다. 예를 들어 1989년 3월 31일 '남북교류협력추진협의회' 설치, 1989년 6월 12일 '남북교류협력에 관한 지침' 발표, 1990년 8월 1일 '남북교류협력에 관한 법률' 제정 등에서 보이는 것처럼 '교류협력'이라는 단어는 일반화되었다. 1990년 8월 1일 제정된 '남북협력기금법' 제1조도 남북한 간의 "교류와 협력을 지원"하기 위해 남북협력기금을 설치한다고 규정하고 있다.

남한과 북한 사이의 합의 문서에서도 교류협력이라는 단어를 사용하는 것이 관례가 되었다. 1991년 12월 13일 서울에서 개최한 제5차 남북 고위급회담에서 채택되고 1992년 2월 19일 평양에서 개최한 제6차 남북 고위급회담에서 발효된 '기본합의서'는 명칭에서부터 교류협력을 사용했고, '기본합의서' 제15조는 "남과 북은 민족경제의 통일적이며 균형적인 발전과 민족전체의 복리 향상을 도모하기 위하여 …… 경제 교류와 협력을 실시한다"고 명시했다. 2001년 2월 남북한은 "경제 분야의 교류와 협력을 구체적으로 협의·실천"하기 위해 '남북경제협력추진위원회'를 구성·운영할 것에 합의했으며, 2018년 9월 문재인 대통령의 방북에 따른 '평양공동선언' 제2항에서도 "상호호혜와 공리공영의 바탕 위에서 교류와 협력을 더욱 증대"시키기로 합의했다.

그러면 경제 분야의 교류와 협력이란 무엇인가. 우선 교류(交流)의 사전적 의미는 근원이 다른 물줄기가 서로 섞이어 흐른다는 것으로서 서로 다른 개인, 지역, 나라 사이에서 물건이나 문화, 사상 등을 주고받는 것을 가리킨다. 따라서 남북경제교류는 남한과 북한 간 경제 분야에서의 교류, 즉 재화와 용역의 거래로서 결국 무역을 의미한다. 본래 우리 정부가 주장했던 '교역과 협력'이라는 단어가 북한과의 협의 과정에서 '교류와 협력'으로 변경되었다는 사실도 '교류'는 '교역'의 의미라는 점을 보여준다.

다만 우리 정부는 남북한 간의 거래를 다른 나라와의 거래가 아닌 민족 내부의 거래로 정의하고,[3] '내국 간 거래'라는 점을 강조하기 위해 '무역'이라는 단어 대신 '교역'이라는 단어를 사용했던 것이다.[4] 마찬가지 취지에서 남북한 간에는 '수출', '수입'이라는 단어 대신 '반출', '반입'이라는 단어를 사용한다.[5] 실제로 통일부 남북교류협력시스

3 남북한 간의 거래는 이미 분단 직후부터 민족 내부의 거래로 인식되었다. 구체적인 논의는 2장 1절을 참조.

4 1945년 분단 이후에도 '교역'이라는 단어를 사용했으며, '내국 간 거래'로 인정되었다. 구체적인 설명은 2장 1절을 참조.

5 영어로는 무역(trade)과 구별되도록 교역을 'exchange'로 번역하지만, 'trade'라고 그대로 사용하는 경

템은 "남북교역이란 남한과 북한 간의 물품 등의 반출·반입"으로 정의하면서 "반출·반입이라 함은 매매, 교환, 임대차, 사용대차, 증여사용 등을 목적으로 하는 남한과 북한과의 물품 등의 이동"으로서 "단순히 제3국을 경유하는 물품 등의 이동도 포함"한다고 설명한다. 따라서 제3국에서 생산된 물품이라고 하더라도 남북한 간을 이동할 경우에는 남북교역에 해당하며, 북한산 물품이 제3국으로 수출되어 남한으로 수입되는 경우는 대외무역에 해당하는 것으로 정의하고 있다.[6]

협력(協力)은 힘을 합하여 서로 돕는다는 뜻이며, 둘 이상의 사람이 특정 목표를 공유해서 함께 힘을 합해 활동하는 것을 말한다. 따라서 남북 경제협력이란 남한과 북한 간 경제 분야에서의 협력을 의미하며, 투자와 차관으로 나뉜다.[7] 그러나 현실적으로는 투자가 남북 경제협력의 거의 대부분을 차지하고 있으므로 남북 경제협력을 투자의 의미로 좁게 사용하는 것이 일반적이며, '남북교류협력에 관한 법률' 역시 협력을 투자의 개념으로 사용하고 있다.[8] 통일부 남북교류협력시스템에서도 남북 경제협력은 "남한과 북한의 주민(법인, 단체 포함)이 공동으로 행하는 경제적 이익을 주된 목적으로 하는 제반 활동으로서 구체적으로 남북 주민 간의 합작, 단독 투자, 제3국과의 합작투자는 물론 북한 주민의 고용, 용역 제공, 행사 개최 및 조사·연구활동 등의 행위 중 사업의 규모나 계속성, 기타 형성되는 경제관계의 특성을 고려하여 통일부 장관이 경제협력사업으로 인정하는 행위를 의미"한다면서 단순 인적교류와 교역은 제외한다고 정의하고 있다.[9]

우도 많다. 수출(export)과 수입(import) 대신에 사용하는 반출과 반입의 번역은 통일부의 공식 자료라도 시기에 따라 다른데, 통일부의 2023년 영문판 『통일백서』에서는 'exit', 'entry'로 번역했고(Ministry of Unification, *2023 Unification White Paper*, 2023, p.266), 2022년 영문판 『통일백서』에서는 'taking out', 'bringing in'이라고 번역했다(Ministry of Unification, *2022 Unification White Paper*, 2022, p.278). 이보다 10년 전인 2013년 영문판 『통일백서』에서는 'outbound trade', 'inbound trade'로 번역했고(Ministry of Unification, *2013 White Paper on Unification*, 2013, p.258), 2005년 영문판 『통일백서』는 무역과 교역의 구분 없이 'trade', 'export', 'import'라고 사용하기도 했다(Ministry of Unification, *Peace and Cooperation: White Paper on Korean Unification*, 2001, p.53). 한편 반출과 반입 통계에 대한 구체적인 설명과 논의는 5장 4절을 참조.

6 통일부 남북교류협력시스템 홈페이지, 물품 반출입 안내.

7 예를 들어 2007년 진행된 남북한 간의 '경공업·지하자원개발 협력'은 차관의 형식이다.

8 예를 들어 '남북교류협력에 관한 법률' 제17조의 2(협력사업의 신고) "① 소액투자 등 대통령령으로 정하는 협력사업을 하려는 자는 …", 제26조(다른 법률의 준용) "③ 남한과 북한 간의 투자, 물품 등의 반출이나 반입 …" 등에서 보이는 것처럼 협력사업에 대한 설명에서 투자라는 단어를 사용한다.

9 통일부 남북교류협력시스템 홈페이지, 협력사업 안내.

그러므로 남북경협은 남한과 북한 간의 교역과 투자를 뜻하는 것으로 정리할 수 있다.[10] 그런데 교역의 경우 우리가 북한으로부터 사 오거나 북한에 파는 것, 즉 반입과 반출 모두가 실제로 이루어져 왔으나, 투자의 경우 북한이 처한 정치적·경제적 여건상 북한이 남한에 투자하는 것은 현실적으로 불가능했으므로 현실에서는 남한의 대북 투자만을 의미하게 되었다.

한편 북한에 대한 인도적 지원을 남북경협에 포함할 것인가에 대해서는 학자에 따라 견해가 다르다. 예를 들어 최수영(2000), 조동호(2003) 등은 남북경협을 교역과 투자만으로 구분하고 있고,[11] 일반적으로 언론도 남북경협 기업과 대북 지원단체를 별개로 나누어서 표현한다.[12] 통일부 홈페이지 역시 남북경협은 "일반교역, 위탁가공교역, 직접투자 순으로 발전"해왔다고 하면서 인도적 지원은 별도로 소개하고 있다.[13] 통일부 직제상으로도 최초의 대북 인도적 지원을 실시한 이후인 1996년 이래 교역 및 투자를 다루는 남북경협과 인도적 지원은 항상 별도의 조직에서 담당해왔다. 북한도 지원은 남북경협에 포함시키지 않는다.[14] 반면 박순성(2006)은 남북경협을 무역, 투자, 지원으로 나누고 있으며,[15] 김연철(2003)은 민간경협, 공적협력사업, 인도적 지원으로 분류한다.[16] 국회예산정책처(2014) 역시 "남북경협은 남북 상호 간의 무역, 투자를 통한 협력사업 및 대북 지원을 포괄하는 개념"이라고 설명한다.[17] 이석기(2022)는 대북 직접 지원

10 이석기와 최신림(1996) 역시 경제 교류협력에서 교류는 교역, 협력은 투자에 해당한다고 정리했다. 이석기·최신림, "북한경제 동향과 남북경협의 진로", 산업연구원, 1996.4.29, p.26. 한편 교류협력을 교역과 투자로 나누지 않고, 협력은 공동의 이익을 추구한다는 목적의 성격을 지니고 교류는 협력을 위한 수단의 의미를 지니는 것으로 이해하는 견해도 있다. 김정훈·김지동, "6·15공동선언 이후 남북교류협력의 결정요인 분석: 김대중·노무현·이명박 정부의 비교적 접근", 『한국동북아논총』, 제68호, 2013, p.75.

11 최수영, 『남북경협 모델 설정』, 통일연구원, 2000; 조동호, 『북한 경제정책의 변화 전망과 남북경협의 역할』, 한국개발연구원, 2003.

12 예를 들어 "남북경협·대북 지원단체, 인수위에 정책 건의 활발", 『매일경제』, 2013.1.24; "대북압박정책이 되레 우리기업 숨통 조여", 『한국경제』, 2012.2.6.

13 통일부 홈페이지, 주요사업 > 남북교류협력 > 교역 및 경협 > 개관.

14 북한이 2005년 제정한 '북남경제협력법' 제2조는 "북남경제협력에는 북과 남사이에 진행되는 건설, 관광, 기업경영, 임가공, 기술교류와 은행, 보험, 통신, 수송, 봉사업무, 물자교류 같은것이 속한다"고 정의하고 있다. 한편 '북남경제협력법'은 북한이 '두 국가론'을 제기한 이후 2024년 2월 7일 최고인민회의의 상임위원회 제14기 제30차 전원회의에서 폐기되었다.

15 박순성, "북한의 핵실험과 남한의 남북경협정책", 『북한학연구』, Vol.2 No.2, 2006, p.42.

16 김연철, "남북 경제협력 10년의 평가: 투자분야", KOTRA(편), 『21세기 동북아시대의 남북경협 전략』, 2003, p.21.

17 국회예산정책처, 『한반도 통일의 경제적 효과』, 2014, p.145.

뿐만 아니라 국제기구의 대북 인도적 지원에 대한 자금공여까지를 남북경협에 포함시키고 있다.[18] 통일부는 "정부나 민간의 대북 지원물자가 형식적으로는 북한으로 반출되는 것"이라는 입장에서 통계 작성 시 교역에 지원을 포함한다.[19]

이처럼 남북경협과 지원의 관계에 대해서는 시각 차이가 존재한다. 그러나 원론적으로 이야기하자면, 남북경협은 '경제적' 차원의 교류협력으로서 '인도적' 차원의 지원과는 성격이 근본적으로 다르기 때문에 남북경협과 지원은 구분하는 것이 합리적일 것이다.[20] 따라서 남북경협을 광의로는 지원을 포함하는 개념으로도 볼 수 있으나, 이 책에서는 교역과 투자를 의미하는 협의로 정의한다.[21]

2) 남북경협의 의의

남북경협이 재개된 직후인 1990년 통일부는 남북교류협력은 "긴장과 대결의 남북한 관계를 청산하고 민족공동체 의식을 바탕으로 공존공영"하는 시대를 만들기 위한 것이라며, 교류협력의 활성화는 "민족공동체를 회복·발전시키고 나아가 궁극적인 평화통일을 달성함에 있어 초석이 될 것"이라고 의미를 부여했다.[22] 그런데 일반적으로 정치, 경제, 군사, 사회, 문화 등 다양한 교류협력의 분야 중 핵심은 경제 분야로 간주된다. 남북한 간의 경제 교류협력, 즉 남북경협은 다른 분야에 비해 체제 및 이념의 이질성이 개입할 가능성이 상대적으로 작은 데다가 상호 보완성이 높아 서로 이해가 맞

---

18 이석기, "남북한 경제협력의 전개와 평가", 이석(편), 『새로운 대북정책과 남북경협의 모색』, 한국개발연구원, 2022, p.90.

19 최초의 북한에 대한 지원이었던 1995년 쌀 지원의 경우 통일부는 교역 통계에는 포함하지 않고 각주로 규모와 액수를 표기했지만, 그 이후에는 지원도 교역 통계에 포함했다. 이에 대한 구체적인 설명은 5장 4절을 참조.

20 동일한 맥락에서 이석(2013)은 "엄밀한 의미에서 경협은 상업적인 무역과 투자만을 지칭하는 것으로 사용하고, 여기에 대북 지원까지를 포함하는 것은 남북교류협력이라는 용어로 표현하는 것이 더욱 정확할 것"이라는 견해를 보이고 있다. 이석, 『전략적 남북경협과 대북정책에의 시사점』, 한국개발연구원, 2013, p.9.

21 김석진(2016)은 교역과 투자를 '좁은 의미의 경제협력', 정부 차원의 철도·도로 연결사업, 경수로 사업 등을 포함한 '다소 넓은 의미의 경제협력', 식량·의약품 등 단기적 구호사업 성격의 인도적 지원과 보건의료·교육·환경 등 장기적 개발사업을 포함한 '가장 넓은 의미의 경제협력'으로 나누고 있다(김석진, "남북경협에 대한 남북한의 상호 인식과 정책", 신종호 외, 『전환기 남북관계 영향 요인 및 향후 정책 방향』, 통일연구원, 2016, p.110). 이 책에서는 남북경협을 이 중 '좁은 의미의 경제협력'과 동일하게 정의하는 셈이다.

22 통일원, 『통일백서』, 1990, p.169, p.184.

으면 손쉽게 추진할 수 있기 때문이다. 또한 남북경협의 진전은 다른 분야의 교류협력 확대에 긍정적인 파급효과를 가지므로, 남북경협을 우선적으로 추진해서 전반적인 남북관계의 발전을 선도할 수도 있다. 유럽통합의 사례에서 보듯이 경제 분야에서의 교류협력 확대는 정치, 외교, 군사, 안보 분야에서의 협력으로 연결될 수 있다는 것이다. 사실 이러한 시각은 남북경협에 대한 우리 사회의 일반적인 인식이다.

남북경협의 의의를 보다 구체적으로 논의하면 크게 여섯 가지로 정리할 수 있다. 물론 그렇게 '주장'되고 '기대'되는 차원의 논의일 뿐 현실에서의 '실현'과는 차이가 있다는 점에 유의할 필요가 있다. 하지만 아직 실현되지 않았다고 해서 영원히 실현되지 않을 것이라고 할 수는 없으며, 실현될 수 있도록 지속적인 노력을 기울여 나가야 할 것이다. 이러한 점에서 다음의 논의는 남북경협의 의의이기도 하지만, 남북경협이 지향해야 할 '방향성'의 의미도 가진다.

첫째, 남북경협에 참여하는 기업들의 경제적 이익 실현 기회를 제공한다. 우리 기업들에게 새로운 비즈니스 기회를 준다는 것이다. 게다가 남북경협은 북한이 우리와 같은 언어를 사용하며, 지리적으로도 매우 가깝다는 장점을 보유하고 있다.[23] 임금도 북한이 남한에 비해 현저히 낮다. 그만큼 다른 나라에 대한 투자에 비해 물류비나 근로자 관리비용을 아낄 수 있다. 북한의 개혁과 개방, 혹은 통일에 의해 언젠가는 열릴 것이고 열릴 수밖에 없는 시장이므로 선점효과를 기대할 수도 있다. 흔히 남북경협의 의의를 이야기할 때 개별 기업 차원에서의 경제적 이익은 국가적·민족적 차원의 의의에 비해 덜 중요시되거나 아예 간과되는 경향이 있는데, 이는 잘못된 것이다.[24] 남북경협은 정부가 참여하는 사업도 있지만, 기본적으로는 민간기업에 의해 실행되는 것이므로 그에 따른 경제적 이익이 남북경협 기업에게는 가장 핵심적인 의의가 된다.

둘째, 한국경제의 발전에 도움을 준다. '남북경협은 한국경제 도약의 계기'와 같은 표현에서 보이는 것처럼, 북한이 가진 저렴한 노동력과 풍부한 지하자원을 활용하는 것은 잠재성장률이 저하되고 있는 한국경제에 새로운 활력을 제공할 것이라는 주장이

---

23 양문수, "한반도 비핵화 및 평화체제 시대의 남북경협: 전망과 과제", 『동향과 전망』, No.104, 2018, p.104.

24 남북경협에 관한 수업을 할 때마다 학생들에게 "남북경협은 왜 하는가?"라는 질문을 하는데, 개별 기업 차원에서 '돈을 벌기 위해'라는 응답은 100명 중 소수에 불과하고 거의 모든 응답이 국가적·민족적 차원에 관한 것이다.

다.[25] 남북경협을 통해 북한의 개방과 개혁이 본격화하는 경우 막대한 인프라 투자 기회가 열릴 것이라는 인식 역시 마찬가지 맥락이다. 우리의 최대 시장인 중국으로의 물류비를 절약하고 유라시아와 직접 육로로 연결된다는 장점도 지적된다. 실제로 노무현 정부의 '평화번영정책,'[26] 이명박 정부의 '비핵·개방·3000',[27] 박근혜 정부의 '한반도 신뢰 프로세스,'[28] 문재인 정부의 '한반도 신경제지도' 구상[29] 등 역대 우리 정부는 보수든 진보든 남북경협이 한국에 새로운 경제도약의 기회를 제공하는 토대가 될 것이라고 설명했다.

셋째, 남북경협은 북한경제의 안정과 변화에 기여한다. 남북경협은 극심한 경제난에 시달리는 북한경제의 회생을 통해 북한사회의 안정에 기여했고, 이는 남북관계에 긍정적 영향을 미쳤다.[30] 또한 남북경협은 폐쇄적이고 낙후된 북한경제의 개방과 개혁을 촉진하며 세계시장과의 통합을 불러온다. 그 결과 남한 기업의 대북 교역과 투자는 필연적으로 북한 사회주의 계획경제 체제의 자본주의 시장경제 체제로의 이행도 촉진한다.

넷째, 통일비용이 절감된다. 이는 셋째 의의와도 연관이 있는 것으로서, 남북경협을 통해 북한경제의 개방·개혁과 성장, 그리고 경제 체제 전환이 이루어지면 통일비용도 줄어들 것이라는 인식이다. 일반적으로 통일비용은 통일 이후 남북한의 격차를 해소하는 데 소요되는 비용으로 정의되므로, 통일 이전에 미리 남북경협을 통해 북한경제를 어느 정도 발전시켜 놓는다면 통일비용은 그만큼 절감될 것이기 때문이다. 남북경협을 재개한 노태우 정부가 1993년 2월 후임 김영삼 정부를 위해 작성한 '대통령 수행 참고자료'라는 제목의 인수인계 자료에도 남북경협 관련 정책과제의 명칭은 '통일비용 경

---

25 예를 들어 국립통일교육원(2022)은 남북경협을 통해 "우리 경제의 새로운 활력을 확보"할 것이라고 설명한다. 국립통일교육원, 『통일문제 이해』, 2022, pp.167~168.

26 남북경협이 심화되면 "한반도가 동북아 경제중심으로 도약할 수 있는 발판이 마련될 수 있게 될 것이다." 통일부, 『통일백서』, 2004, p.32.

27 남북경협은 "우리 경제 살리기에 기여할 수 있을 것입니다." 통일연구원, 『이명박 정부 대북정책은 이렇습니다』, 2007, p.24.

28 한반도 신뢰 프로세스를 바탕으로 남북경협의 활성화를 통해 통일이 이루어진다면 "우리 경제에 새로운 동력을 제공할 것입니다." 통일부, 『박근혜 정부의 통일 구상』, 2015, pp.14~17.

29 "남북경협은 우리 경제의 새로운 성장동력으로서 국내경제 활성화와 일자리 창출은 물론, 한반도와 동북아 평화·협력의 토대가 될 것으로 기대한다." 국가안보실, 『문재인 정부의 국가안보전략』, 2018, p.28.

30 양문수, "북한의 변화와 남북경협 추진방향", 통일동우회 주최 세미나 '남북관계의 현주소와 평화번영정책의 진로; 자료집, 2005.9.30, p.64.

감 차원에서의 남북경제협력 전개'였다.[31] 국회예산정책처(2015)의 추계에 의하면, 남북경협이 사실상 중단된 상태에서 2026년 통일이 이루어진다고 가정하는 경우 통일비용은 2076년까지 총 4,822조원, 식량·의료 등 인도적 지원을 확대하는 경우 통일비용은 2065년까지 총 3,100조원, 인도적 지원과 더불어 도로·철도·항만 등과 같은 사회간접자본 분야을 포함한 전면적 남북경협이 진행될 경우 통일비용은 2060년까지 총 2,316조원으로 남북경협의 진전에 따라 통일비용은 큰 폭으로 감소한다.[32]

다섯째, 한반도의 평화에 기여한다. 남북경협을 통해 남북한의 상호 경제적 의존도가 높아지면 갈등과 전쟁의 가능성은 줄어들기 마련이라는 것이다. '남북경협과 남북관계의 선순환' 혹은 '평화와 경제의 선순환'이라는 표현이 대표적인 예이다. "평화가 경제협력을 보장하고, 경제협력이 평화를 보다 공고화"한다는 주장이다.[33] 실제로 국제정치학의 자유주의 이론에 따르면 국가 간 무역과 투자의 증대는 서로에게 경제적 이익을 가져오기 때문에 지속적이고 안정적인 관계를 유지할 유인을 제공하며, 갈등과 분쟁은 이러한 이익 창출에 장애가 되므로 무력충돌을 회피하고 평화관계를 구축하게 한다.[34] 이러한 맥락에서 국립통일교육원(2022)은 정부가 "남북 경제협력을 통해서 …… 한반도에서 평화를 이룩하려는 노력을 꾸준히 경주"해왔다면서 우리 정부의 대북 정책을 '교류와 협력을 통한 평화 정착 노력'으로 요약하고 있다.[35]

여섯째, 민족 동질성의 회복과 통일에 기여한다. 남북경협을 위해서는 남한과 북한의 사람이 만나야 하고 토론과 합의가 있어야 한다. 그 과정에서 서로를 이해하게 되고, 이는 그동안 누적되어온 이질성의 극복에 도움을 줄 것이며, 순조로운 통일에도 기여하게 될 것이라는 주장이다. 상대적으로 강경한 대북 정책을 채택한 윤석열 정부도 "교류와 협력을 통해 서로에 대한 이해를 높여 민족동질성을 회복해 나가겠습니다"라고 밝힌 바 있다.[36] 뿐만 아니라 남북경협은 그 자체만으로도 남북 경제공동체 형성을

31 정해창, 『대통령 비서실장 791일: 정해창의 청와대 일지』, 나남, 2023, p.804.

32 국회예산정책처, 『남북교류협력 수준에 따른 통일비용과 시사점』, 2015, p.71. 한편 세 가지 경우 각각의 통일비용 종료 기한이 다른 것은, 통일비용을 '북한지역의 1인당 소득이 남한지역의 66% 수준에 도달하는 시기까지의 비용'으로 정의했기 때문이다.

33 국립통일교육원, 『통일문제 이해』, 2022, p.165.

34 남궁곤, "자유주의", 한국정치학회(편), 『정치학 이해의 길잡이』, 법문사, 2008, pp.42~43; 이진명, "비대칭 국제경제관계에서 자유주의 평화의 가능성", 『글로벌교육연구』, Vol.7 No.147, 2015, p.47.

35 국립통일교육원, 『한반도 평화이해』, 2022, p.126.

36 통일부, 『비핵 평화 번영의 한반도: 윤석열 정부 통일·대북정책』, 2022, p.26.

촉진하게 될 것이므로 통일의 기반을 닦는 데에 이바지한다는 것이다. 예를 들어 이석(2013)은 "한국 사회가 남북경협을 어떻게 설계하는가에 따라서는, 그것이 의식적으로 추진되는 남북 경제통합에 북한의 참여를 적극적으로 유도하는 강력한 유인기제가 될 수도 있다"고 설명한다.[37]

3) 남북경협의 분류

방식에 따른 분류

남북경협을 방식에 따라 분류할 경우 교역은 일반교역과 위탁가공교역, 투자는 일반투자와 특구투자로 나뉜다. 일반교역은 제3국과의 무역에서 흔히 볼 수 있는 것처럼 단순 상품거래를 말하며, 위탁가공교역(Processing-on-Commission Trade)은 표현 그대로 가공을 위탁하는 교역으로서 남한에서 원부자재의 일부 또는 전부를 공급하여 북한에서 완성품 또는 반제품으로 가공한 후 다시 남한으로 들여오는 형태의 교역을 말한다.

위탁가공교역은 완성품 혹은 반제품 가공에 대한 가공임 지급을 조건으로 이루어지는 것이므로 임가공교역이라고도 부른다.[38] 일반교역은 반출과 반입이 아무런 관계가 없이 독립적인 반면, 위탁가공교역은 반입을 전제로 반출이 이루어지는 반입·반출 연계 교역이라는 점에서 일반교역과 차이가 있다. 또한 투자는 남한의 투자가가 직접 북한의 공장을 소유·임대하고 근로자를 고용한 후 원부자재를 조달하는 형태이지만, 위탁가공교역은 원부자재만 조달할 뿐 북한의 공장과 근로자를 활용한다는 점에서 투자와 차이가 있다. 결국 위탁가공교역은 일반교역과 투자의 중간 단계에 해당하는 방식인 셈이다. 한편 위탁가공교역은 북한 측 당사자가 북한 내의 기존 설비와 기술을

---

37 이석, 『남북통합의 경제적 기초: 이론, 이슈, 정책』, 한국개발연구원, 2013, p.46.

38 엄밀히 말하면, 위탁가공교역은 임가공교역에 포함된다. 임가공교역은 위탁가공교역과 수탁가공교역의 두 가지로 구성되기 때문이다. 위탁가공교역이란 가공임을 지급하는 조건으로 가공할 원부자재의 전부 또는 일부를 북한으로 반출하여 이를 가공한 후 가공물품을 반입하는 교역이며, 수탁가공교역은 이와 반대로 가공임을 획득하기 위해 북한으로부터 가공할 원부자재를 반입하여 이를 가공한 후 가공물품을 반출하는 교역을 의미한다. 그런데 남북한 경제 수준의 차이로 인해 북한에서 원부자재를 공급하고 남한에서 가공하는 형태인 수탁가공교역은 존재하지 않으므로 일반적으로는 위탁가공교역과 임가공교역을 동일한 의미로 사용한다.

활용하여 원자재를 공급받아 제품을 생산하는 단순 위탁가공교역과 남한의 위탁가공교역 당사자가 원부자재 이외에 생산설비, 장비 등을 함께 제공하는 설비제공형 위탁가공교역으로 구분되기도 한다. 설비제공형 위탁가공교역의 경우는 남한이 제공한 생산설비, 장비 등의 대금을 위탁가공비에서 상계하는 것이 일반적이다. 또한 유환(有換) 위탁가공교역과 무환(無換) 위탁가공교역으로 나뉘기도 한다. 유환 위탁가공교역은 원부자재를 유상으로 반출하고 가공 후 반입하는 것으로서 원부자재의 대금과 가공된 제품의 대금이 직접 수취·지급되는 형태이고, 무환 위탁가공교역은 원부자재를 무상으로 제공한 후 가공임만 지불하고 반입하는 형태를 의미한다. 남북한 간의 위탁가공교역은 유환 위탁가공교역의 형식으로 이루어진다.

투자에서 일반투자는 북한의 특구에 대한 투자가 아닌 일반 지역에 대한 투자를 의미하며, 내륙투자라고도 부른다. 특구투자는 개성공단 사업, 금강산 관광사업과 같이 북한이 지정한 경제특구 혹은 관광특구에 대한 투자를 말한다. 한편 북한은 외국투자를 합영기업, 합작기업, 외국인기업의 세 가지로 구분한다. 합영기업은 북한 측 투자가와 외국 측 투자가가 공동으로 투자하고 공동으로 경영하며, 투자 지분에 따라 이익을 분배한다. 합작기업은 북한 측 투자가와 외국 측 투자가가 공동으로 투자하지만 경영은 북한 측이 담당하며, 이익은 계약에 따라 분배한다. 외국인기업은 외국인투자가가 단독으로 투자하고 경영하며, 따라서 이익도 단독으로 얻는 형태이다. 현재 북한 법에 따르면 외국인기업, 즉 외국인투자가의 단독 투자는 북한의 특구지역에서만 가능하다. 현재까지 우리의 대북 투자는 모두 합영이나 합작의 형태였다. 한편 북한이 합영·합작 과정에서 북한 기업이 경영상 우위를 차지해야 한다고 강조하는 것은 경영 주도권 확보를 통해 이윤 분배에서 우위를 점하려는 목적이며, 이런 맥락에서 북한은 합작을 합영보다 더욱 선호하는 편이다.[39]

목적에 따른 분류

남북경협을 추진하는 목적은 시각에 따라 여러 가지 기준으로 나눌 수 있지만, 일반적으로는 수익성(profitability)을 기준으로 남북경협을 분류한다. 즉 남북경협을 추진하는 목적이 경제적 이익의 획득을 위한 것인지 아닌지로 나누는 것이다.

---

39 리춘르, 『김정은 시대 북한경제』, 선인, 2022, pp.199~200.

북한의 경제특구, 우리의 그것과 같을까?

경제특구(Special Economic Zone)는 외국인투자 유치정책의 일환으로 외국 자본과 기술의 활발한 국내 유치를 위해 각종 인프라 제공은 물론 세제 및 행정적 특혜 등을 제공하는 특정 지역이나 공업단지를 의미한다. 현대적 의미에서 최초의 경제특구는 1937년 미국 뉴욕의 브루클린에 세워졌고,[40] 두 번째 경제특구는 1942년 푸에르토리코에 미국 기업을 유치하기 위해 만들어졌다.[41] 경제특구는 1979년 중국이 대외개방전략의 일환으로 선전(深圳), 주하이(珠海), 샨터우(汕斗), 씨아먼(廈門)의 4개 연해 지역에 설치하면서 전 세계적으로 주목을 받았으며, 최근엔 법적·제도적으로 국내의 다른 지역과 구분하여 생산, 무역, 조세상의 특별한 대우가 주어지는 모든 지역을 총칭하는 개념으로 보편화되었다. 2022년 기준 전 세계에는 7,000개가 넘는 경제특구가 있다.[42] 우리나라에도 1970년 설립된 마산 수출자유지역(현재의 마산 자유무역지역), 2003년 지정된 인천 경제자유구역 등이 경제특구에 해당한다.

북한에도 경제특구가 존재하는데, 1991년 12월 설치된 나진·선봉 자유경제무역지대가 북한 최초의 경제특구이다. 북한은 자유경제무역지대를 "외국기업들이 제한을 받지 않고 자유롭게 무역과 투자를 비롯한 여러가지 경제활동을 진행할수 있도록 많은 특혜와 우대를 보장하여주는 따로 정한 일정한 지역"으로 설명하며,[43] 나진·선봉 지역 이외에는 이 단어를 사용하지 않았다. 개성공업지구, 금강산 관광지구 등도 경제특구이며, 김정은 시대에는 경제개발구라는 이름으로 경제특구들이 추가로 지정되었다. 북한은 특수경제지대라는 표현을 일반적으로 사용하는데, 우리의 정의와 다르지 않다. 비교적 최근에 출판된 북한의 경제개발구에 대한 설명서에 의하면 "경제개발구란 해당 나라가 일정한 경제적목적을 달성하기 위하여 국내지역과 분리되는 특정한 지역을 설정하고 특혜적인 경제활동제도와 질서를 수립함으로써 유리한 생산요소들을 가진 국내외기업들을 집중시키는 특수한 지역"이라고 정의하면서 "경제특구와 경제개발구는 다같이 특수경제지대의 범주"에 속한다고 설명한다.[44] 북한의 사전은 '특수경제지대' 항목에서 특수경제지대는 무역 중심형, 생산 중심형, 금융 중심형, 과학기술발전 중심형으로 구분된다고 소개한다.[45] 한편 북한은 경제특구를 중국의 경제특구로 한정해서 사용하는 경향을 보이는데, 『현대세계경제사전』은 경제특구를 "중국이 대외경제정책을 실현하기 위하여 수출가공지역으로 특별히 설치한 자유경제지대의 한 형태"라고 설명한다.[46]

40 Competitive Industries and Innovation Program, *Special Economic Zones: An Operational Review of Their Impacts*, The World Bank Group, 2017, p.11.

41 Asian Development Bank, *Asian Economic Integration Report 2015: How Can Special Economic Zones Catalyze Economic Development?* 2015, p.66.

실제로 남북경협은 개별 기업에는 기본적으로 경제적 이익을 얻기 위한 사업이지만, 기업 고유의 특성 추구, 인도적 지원, 정치적 고려 등 비경제적 목적에서 추진하는 사업도 있으며 두 가지 목적을 모두 가지고 있는 경우도 존재한다. 예를 들어 교역의 경우 단순한 경제적 이익 실현보다는 선교 목적에서 추진한 기업들도 있고, 소유주가 실향민이어서 추진한 기업도 있다. 애초부터 돈을 번다는 것이 남북경협에 참여한 핵심 이유가 아니었던 것이다. 미래 투자 혹은 통일에 대비한 북한경제 시스템 이해, 북한경제관료와의 네트워크 구축, 선점효과, 브랜드 홍보효과 등의 목적으로 교역에 참여한 기업도 있다. 투자의 경우도 마찬가지다. 금강산 관광사업은 경제적 이익 추구의 목적도 있었지만, 현대그룹 정주영 명예회장에게는 설령 손해를 보더라도 어릴 적 떠나온 고향 땅에 대한 투자라는 의미가 더욱 중요했다. 북한에 공장을 지어서 기술을 가르치면 북한 주민을 돕는 동시에 수익성 제고에도 도움이 될 것으로 생각해서 투자를 실행한 기업도 있다. 북한에 제공하는 차관 역시 인도적·정치적 목적에서 비롯된 것이지만, 여기에는 우리 경제에 대한 고려도 포함되어 있었다. 예를 들어 1995년 북한에 쌀 15만톤을 지원했을 당시 1993년산을 절반인 7.8만톤, 1989년산 4.3만톤, 1992년산 2.9만톤으로 구성했는데, 이는 정부의 안정적인 쌀 수급관리를 위한 것이었다.[47] 이후의 쌀 차관 역시 국내에 남는 쌀을 처분하려는 목적도 있었다. '경공업·지하자원개발 협력'은 섬유, 신발, 비누 등 경공업 원자재를 차관으로 제공하는 대신 우리 경제에 필요한 북한의 지하자원을 대가로 받는 것이었다.

이러한 점을 감안해서 통일부도 남북교역 통계를 상업적 거래(commercial trade)와 비상업적 거래(non-commercial trade)로 분류해 발표한다. 상업적 거래는 경제적 이익을 목적으로 한 교역이며, 비상업적 거래는 경수로 사업이나 정부 및 민간의 대북 지원과 같이 경제적 이익을 목적으로 하지 않는 교역을 의미한다. <표 1-1>은 통일부에서 발표하는 남북교역 통계를 정리한 것이다. 여기에는 남북교역 통계임에도 투자, 차

---

42 Kamiya, Marco, Stefan Kratzsch and Salil Dutt, "New Trends in Special Economic Zones: Opportunities for Developing Countries", The UNIDO Industrial Analytics Platform, March 2024.

43 과학백과사전출판사, 『대중정치용어사전』, 2005, p.536.

44 조창준, 『경제개발구』, 공업출판사, 2016, pp.4~5.

45 백과사전출판사, 『광명백과사전 5』, 2010, p.681.

46 사회과학원 세계경제 및 남남협조연구소, 『현대세계경제사전』, 사회과학출판사, 1998, p.34.

47 농림수산부 식량정책과, "대북 지원 쌀은 전량 정부보유 일반미로 공급", 보도자료, 1995.6.27.

<표 1-1> 남북교역의 목적별 분류

<table>
<tr><td rowspan="6">상업적
거래</td><td rowspan="2">교역</td><td>일반교역</td></tr>
<tr><td>위탁가공교역</td></tr>
<tr><td rowspan="4">경제협력</td><td>개성공단</td></tr>
<tr><td>금강산 관광</td></tr>
<tr><td>기타 경제협력</td></tr>
<tr><td>경공업·지하자원개발 협력</td></tr>
<tr><td rowspan="4">비상업적
거래</td><td rowspan="2">대북 지원</td><td>정부지원</td></tr>
<tr><td>민간지원</td></tr>
<tr><td colspan="2">사회문화협력</td></tr>
<tr><td colspan="2">경수로사업</td></tr>
</table>

* 자료: 통일부, 『통일백서』, 2023, p.266.

관, 지원 등이 포함되는데, 그 이유는 물자의 반출입 측면에서 통계를 작성하기 때문이다. 즉 교역이 아닌 투자의 경우에도 생산에 필요한 기계, 원자재 등이 반출되고 완제품은 반입되므로 각각 반출 통계와 반입 통계로 잡는 것이다. 마찬가지로 차관이나 지원으로 제공되는 물자도 형식적으로는 북한으로 반출되는 것이므로 통계에는 반출로 잡는다.[48]

주체에 따른 분류

남북경협을 실행하는 주체가 누구인가에 따라서도 남북경협을 분류할 수 있다. 즉 민간이 추진하는 남북경협인가 혹은 정부가 추진하는 남북경협인가로 나누는 것이다. 예를 들어 김연철(2008)은 남북경협을 민간기업의 대북 경협사업과 공적 협력사업으로 분류한다.[49] 그러나 보다 면밀히 분류하면 남북경협의 주체는 민간, 정부, 민간과 정부

---

48 투자, 차관, 지원 등도 형식적으로는 물자의 반출입으로 나타나므로 남북'교역' 통계에 포함하는 것이 잘못된 것은 아니다. 그러나 교역과는 성격이 다른 남북경협이라는 점에서 이들을 교역과 함께 남북교역 통계에 넣는 것은 실제의 교역 규모를 부풀리는 효과가 있으므로 통계 해석에 주의해야 한다. 이에 대한 구체적인 논의는 5장 4절을 참조.

49 김연철, "북한경제와 남북 경제협력의 연계발전론'", 북한경제포럼(편), 『북한경제와 남북한 경제협력』, 오름, 2008, pp.399~400.

<표 1-2> 남북경협의 주체별 분류

주체	남북경협 사업
민간	• 일반교역 • 위탁가공교역 • 일반투자 및 특구투자
정부	• 남북 철도·도로 연결사업 • 경공업·지하자원개발 협력사업
민관 합동	• 개성공단 사업 • 금강산 관광사업

* 주: 대북 지원 등 비상업적 거래는 제외.

공동 등 세 가지 범주로 구성된다(<표 1-2> 참조).

한편 남북경협의 주체와 목적을 결합해서 생각하면, 민간의 남북경협은 특별한 경우를 제외하고는 개별 민간기업이 독자적인 수익성 판단에 따라 북한과의 교역이나 투자를 실행하는 것이다. 정부의 남북경협은 경의선 및 동해선 철도와 도로 연결사업처럼 정치·군사 분야를 포함한 전반적인 남북관계 개선, 남북경제 통합, 통일기반 구축, 민간 남북경협 활성화를 지원하기 위한 인프라 건설 등의 목적에서 추진하는 것이며, 경제성보다는 공공성에 초점을 둔다. 민간과 정부 합동의 남북경협은 개성공단 사업을 대표적인 사례로 들 수 있다. 개성공단은 민간기업에 의해 시작되었고 공단에 입주해서 공장을 운영하는 것 역시 개별 민간기업들의 자율적 판단이었던 반면, 공단 부지 및 관련 인프라의 건설, 북한 근로자의 임금 결정, 공단 관리 등은 사업 추진의 효율성과 사업 효과의 극대화를 위해 정부 주도로 수행되었다.[50]

---

50 이석(2013)은 남북경제 통합을 위한 정부의 남북경협을 예로 들면서 "이러한 경협은 통상적인 의미의 남북경협과는 크게 다를 것이다. 무엇보다 먼저 그것은 상업적인 목적으로 추진되는 것이 아니다. 반대로 상업적으로는 위험이 따른다고 하더라도 현실적으로 실현 가능한 남북경제 통합에 북한의 참여를 유도하기 위한 목적으로 추진된다. 따라서 그것은 민간에 의해 주도된다기보다는 한국 정부에 의해 추진되거나 또는 한국 정부의 지원을 통해 비로소 추진되는 것이다"라고 설명한다. 이석, 『남북통합의 경제적 기초: 이론, 이슈, 정책』, 한국개발연구원, 2013, p.47.

2. 남북경협의 절차

남북경협은 제3국과의 경제교류협력과는 성격이 근본적으로 다르다. 남북관계는 '기본합의서' 전문의 규정처럼 "나라와 나라 사이의 관계가 아닌 통일을 지향하는 과정에서 잠정적으로 형성되는 특수관계"이다.[51] 6·25 전쟁 이후 중단되었던 남북경협의 재개 기회를 마련한 '7·7 선언'에서는 북한을 "남과 북이 함께 번영을 이룩하는 민족공동체"이자 "화해와 협력의 밝은 시대를 함께 열어가야" 할 상대로 규정한다. 그러나 북한은 다른 한편으로는 '헌법' 제3조에 의한 우리의 영토를 불법적으로 점거하고 있는 집단이며, 2023년 『국방백서』는 북한을 '적'으로 명시하고 있다.[52]

따라서 남북경협은 아무나 본인이 희망하는 방식으로 추진할 수 있는 것이 아니며, '남북교류협력에 관한 법률'은 단계별로 신고, 승인, 보고 등의 절차를 거치도록 규정하고 있다. 이는 정부가 남북경협을 규제하려는 것이 아니라 남북관계의 특수성에 따라 남북경협 과정에서 발생할 수 있는 우리 국민의 생명과 재산의 피해를 보호하려는 목적으로 이해해야 할 것이다.

지금부터는 남북경협의 방식별로 추진 절차를 소개한다. 다만 2016년 이후 모든 남북경협이 중단된 상태이므로 다음의 논의는 중단 이전 시기의 절차를 정리한 것이다.

1) 일반교역

일반교역의 경우 교역 추진을 위한 북한 주민 접촉 신고에서부터 교역이 완료된 후 보고까지의 절차를 거쳐야 한다. <그림 1-1>은 일반교역의 전체 절차를 도식화한 것

51 김정은은 2023년 12월 30일 당 중앙위원회 제8기 제9차 전원회의 확대회의에서 "남북관계는 더 이상 동족관계가 아닌 적대적인 두 국가관계, 전쟁 중에 있는 두 교전국관계"라고 선언함으로써 '특수관계'라는 남북한의 합의를 부정했다. 우리 정부는 북한의 일방적인 주장에 대해 구체적 반응을 보이지 않는 방식으로 기존의 '특수관계' 입장을 고수하고 있다.

52 윤석열 정부 시절 국방부는 "북한은 2021년 개정된 노동당규약 전문에 한반도 전역의 공산주의화를 명시하고, 2022년 12월 당 중앙위 전원회의에서 '우리를 명백한 적'으로 규정했으며, 핵을 포기하지 않고 지속적으로 군사적 위협을 가해오고 있기 때문에, 그 수행 주체인 북한 정권과 북한군은 우리의 적이다"라고 밝혔다. 국방부, 『국방백서』, 2023, p.39. 반면 이재명 정부 들어 정동영 통일부 장관은 2025년 7월 14일 국회 인사청문회에서 북한은 적이 아니라 위협이라는 입장을 보였다. "정동영, '북은 주적' 질문에 '동의하지 않는다'", 『동아일보』, 2025.7.15.

<그림 1-1> 일반교역 절차

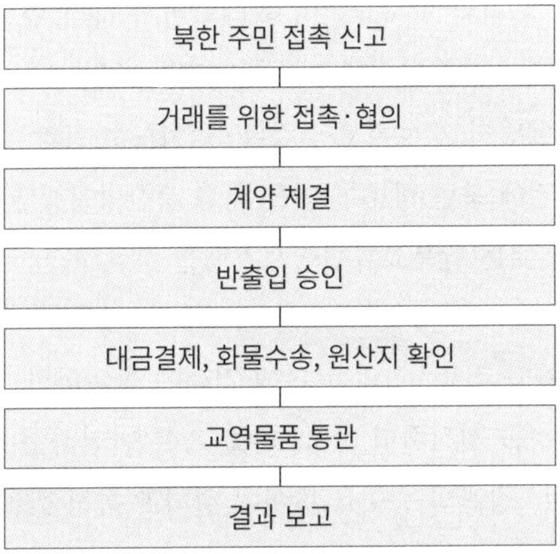

* 자료: 통일부 남북교류협력시스템 홈페이지, 물품반출입 안내 > 교역/경협 절차 > 일반교역.

이다.

'남북교류협력에 관한 법률' 제9조의2에 따라 남한 주민이 북한 주민과 접촉하려면 통일부 장관에게 미리 신고해야 한다. 접촉이란 남한 주민이 북한 주민과 서로 정보나 메시지를 주고받는 과정을 말한다. 이때 의사 교환의 방법, 수단, 장소 등을 불문하고 남북한 주민 상호 간에 어떤 형태로든 특정 내용의 의사가 교환되었다면 접촉으로 간주하며, 이는 북한 주민을 직접 대면하는 것은 물론이고, 중개인을 통하거나 전화, 우편, 팩스, 이메일 등의 통신수단을 이용한 의사교환 모두를 포함한다. 이를 위해서는 접촉 7일 전까지 남북교류협력시스템을 통해 통일부 장관에게 관련 서류를 첨부하여 북한 주민 접촉 신고를 해야 한다.[53] 부득이한 사유로 사전에 북한 주민 접촉 신고를 하지 못한 경우에는 접촉 후 7일 이내에 북한 주민 사후접촉 신고서를 제출해야 한다. 한편 북한 주민 접촉 신고는 서류가 접수된 날로부터 근무일 기준으로 7일 이내에 처리되며, 남북교류협력시스템에서 신청인에게 전자문서로 통보된다.

그 후 신청인은 북한 측 교역 당사자와 교역 협의 및 추진을 위해 접촉을 진행한다.

---

53 첨부해야 하는 서류는 ① 북한 주민 접촉 신고서, ② 인적사항, ③ 회사소개서, ④ 대북사업계획서, ⑤ 북한회사 소개서, ⑥ 중개상사 소개서, ⑦ 북한 주민 접촉 계획서, ⑧ 무역업고유번호부여증 사본, ⑨ 사업자등록증 사본 등이다.

남북교역 초기에는 홍콩, 중국, 싱가포르, 일본 등 제3국의 중개인을 통해 간접적으로 접촉할 수밖에 없었으나 점차 남북교역이 확대되면서 북한 방문을 통한 직접 접촉과 협의가 이루어졌으며, 남북 간 합의에 따라 2005년 10월 개성공단 내에 남북경제협력협의사무소가 문을 열면서 개성에서의 접촉·협의도 가능해졌다.[54] 북한을 방문해서 접촉하는 경우에는 사전에 북한 방문 승인을 받고 북한방문증명서를 발급받아야 하며, 북한 주민과 접촉한 후에는 남북교류협력시스템을 통해 북한 주민 접촉 결과 보고서를 제출해야 한다.

북한 측 교역 당사자와 접촉·협의를 통해 거래에 합의하면 계약을 체결하고, 물품의 반출 혹은 반입 과정을 시작한다. 이때 반출 혹은 반입하는 품목이 승인대상에 해당하는 경우에는 통일부 장관의 승인을 받아야 한다.[55] 특히 반출의 경우 승인 신청 시 의류, 의약품, 식품류 등을 제외한 품목은 전략물자 해당 여부에 대한 판정서를 함께 제출해야 한다.

남북교역에 있어서는 물품의 반출입 승인과 별도로 대금결제에 대해서도 통일부 장관의 승인을 받아야 한다. 초기의 남북교역은 대부분 간접교역이었으므로 남한의 교역 당사자가 중개상과 신용장 결제를 하고 중개상이 그 대금을 북한 측 교역 당사자에게 정산하는 방식으로 진행되었으나, 직접교역이 증가하면서 제3국 은행을 통한 송금이나 현금결제 방식이 이용되었다. 화물수송은 선박, 자동차, 열차 등을 통해 이루어졌는데, 지리적 요인으로 인해 개성공단 관련 화물수송은 자동차와 열차, 그 이외 지역과의 화물수송은 선박을 이용하는 구조였다.[56] 한편 남북교역은 내국 간 거래이므로 북한산 물품의 반입 시 관세를 부과하지 않는다.[57] 따라서 관세 비과세 혜택을 받기 위해서

54 남북한은 직접 거래 확대와 투자 촉진을 목적으로 2005년 7월 12일 제10차 남북경제협력추진위원회에서 '남북경제협력협의사무소 개설 및 운영에 관한 합의서'를 체결했고 이에 따라 2005년 10월 28일 개성공단 내에 남북경제협력협의사무소가 개설되었다. 남북경제협력협의사무소는 2008년 2월 남북교류협력협의사무소로 개편되었다가 2018년 9월 남북공동연락사무소 사무처가 신설되면서 통합되었다. 한편 남북공동연락사무소 사무처는 2020년 6월 16일 북한이 남북공동연락사무소 건물을 폭파하면서 운영이 중단되었다.

55 본래 물자의 반출입은 승인대상 품목을 제외하고는 별도의 승인이 필요하지 않았으나, 2010년 '5·24 조치' 이후 원칙적으로 모든 품목이 승인을 받도록 변경되었다.

56 구체적인 내용에 대해서는 3장 1절을 참조.

57 북한에서 남한으로 직접 운송된 물품이라 하더라도 원산지가 북한이 아닌 물품은 관세 부과의 대상이 되며, 북한산 물품이라 하더라도 부가가치세, 특별소비세, 주세, 교육세, 교통세 등 내국세는 납부해야 한다.

직접교역과 간접교역

교역의 경우 계약과정에 중개인이 개입하는 방식인가 아닌가에 따라 직접교역과 간접교역으로 분류한다. 직접교역은 남한의 교역 당사자와 북한의 교역 당사자가 직접 계약의 당사자가 되는 방식이며, 간접교역은 제3국의 중개인을 매개로 하여 계약을 체결하는 방식이다. 남북한 주민 간의 접촉이 어려웠던 남북경협의 초기 단계에서는 간접교역이 대부분이었으나 점차 직접교역으로 변화해왔다. 직접교역은 줄여서 직교역이라고도 한다.

전략물자

전략물자란 재래식 무기 혹은 대량파괴무기와 이의 운반수단인 미사일의 제조, 개발, 사용 또는 보관 등에 이용 가능한 물품, 소프트웨어 및 기술을 의미하며, 위험한 국가 또는 단체로 이전될 경우 국제 평화와 안전을 위협할 수 있으므로 자유로운 무역 거래가 제한된다. 우리나라는 1990년대 중반 이후 일명 4대 국제 수출통제체제로 불리는 바세나르체제(1996년, 재래무기 관련 설립), 미사일기술 통제체제(1987년, 미사일 관련 설립), 호주그룹(1985년, 생화학무기 관련 설립), 핵공급그룹(1978년, 원자력 물자 관련 설립) 등에 모두 가입했고, '대외무역법' 등에 관련 내용을 반영하여 준수하고 있다. 또한 산업통상자원부는 전략물자관리시스템(www.yestrade.go.kr)을 구축하여 온라인상에서 전략물자 판정 · 허가의 신청을 처리할 뿐만 아니라 수출통제 국제동향 등 관련 정보를 제공하고 있다.

는 해당 물품이 북한산이라는 원산지 증명을 세관에 제출해야 한다.[58]

---

58 2003년 7월 31일 남북경제협력제도실무협의회 제2차 회의에서 합의된 '남북 사이에 거래되는 물품의 원산지 확인 절차에 관한 합의서'(2003년 9월 29일 발효)에 따라 남한은 세관과 대한상공회의소, 북한은 민족경제협력연합회에서 원산지 증명서를 발급한다. 흔히 민경련이라는 약어로 불리는 민족경제협력연합회는 북한에서 대남 민간경협을 담당하는 기구로서 1990년대 정무원 대외경제위원회 산하 단체로 출발했다. 민경련은 2000년대 남북경협이 활발하던 시기 베이징 등 중국의 여러 곳에 대표부를 두고 남한 기업들과의 경협 협의를 사실상 전담했다. 통일부 국립통일교육원, 『북한지식사전』, 2021, pp.290~291.

남북교역 물품의 통관절차는 일반 수출입 물품의 통관절차를 준용하여 처리된다. 그러나 북한산 물품에 대해서는 관세를 비과세함에 따라 원산지 확인 절차가 부수된다는 점이 일반 수출입 물품의 통관절차와 다르다. 즉 북한에서 반입한 물품도 관세청의 '수입통관사무 처리에 관한 고시'에 따라 신고하고 면허를 받아야 하며, 반출하는 물품도 일반 수출품과 같이 세관에 신고하고 면허를 받아야 한다. 다만 유엔 안전보장이사회 결의 1718호 및 1874호에 의거하여 사치품 및 전략물자의 경우는 통일부 장관의 승인이 별도로 필요하다. 마지막으로 통관 완료 및 대금결제 후 남북교류협력시스템을 통해 교역 결과 보고서를 작성·제출하면 교역 절차가 마무리된다.

2) 위탁가공교역

위탁가공교역의 절차는 기본적으로 일반교역 절차와 동일하다. <그림 1-2>는 위탁가공교역 절차를 도식화한 것이다. 위탁가공교역의 경우에도 '북한 주민 접촉 신고', '거래를 위한 접촉·협의', '계약 체결'까지의 절차는 일반교역 절차와 동일하다. 정부는 위탁가공교역을 위해 반출하는 원부자재 및 그 위탁가공으로 생산하여 반입하는 물품은 '포괄적으로 승인한 반출입'으로 간주하므로 원칙적으로 이들은 별도의 승인 없이 반출입이 가능하다. 다만 위탁가공교역을 위해 설비, 장비 등을 북한에 제공하는 경우 해당 품목이 승인대상에 해당된다면 통일부 장관의 승인을 받아야 한다.

위탁가공교역을 위한 원부자재의 반출 통관에 있어서는 일반교역의 반출과 마찬가지로 세관에 신고하고 면허를 받아야 한다. 원부자재를 북한으로 운송하고 북한에서 완제품 혹은 반제품으로 가공을 마친 후 선적이 이루어지면 위탁가공 수수료를 지급한다. 위탁가공 수수료의 지급방식은 일반교역과 동일하며, 설비, 장비 등을 제공하는 경우에는 위탁가공 수수료와 상계하는 사례도 있다. 북한에서 가공한 물품을 남한으로 통관하는 절차는 일반교역의 경우와 마찬가지로 일반 수출입 물품의 통관절차를 준용하여 처리된다. 또한 교역 보고 절차도 일반교역과 동일하다.

<그림 1-2> 위탁가공교역 절차

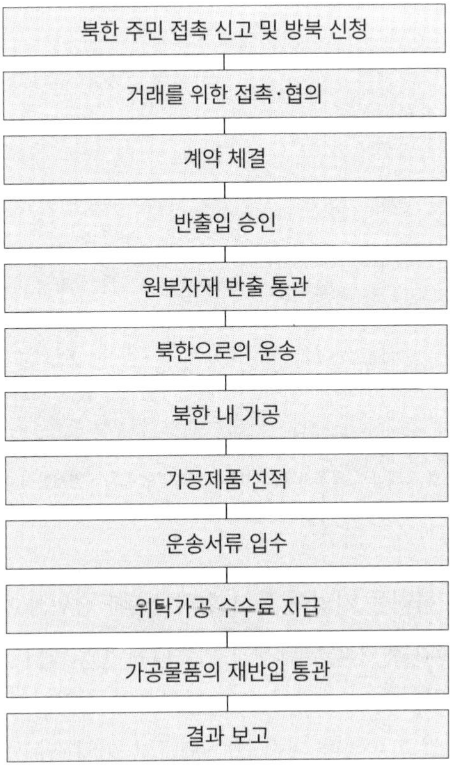

* 자료: 통일부 남북교류협력시스템 홈페이지, 물품반출입 안내 > 교역/경협 절차 > 위탁가공교역.

3) 일반투자

일반투자의 절차를 도식화한 내용은 <그림 1-3>과 같다. 북한에 투자를 희망하는 기업은 사업의 타당성 검토, 관련 정보의 수집 등을 위해 현지 방문 및 조사가 필수적이다. 따라서 우선 북한 주민 접촉 신고 및 북한 방문 신청을 해야 한다. 그 후 북한을 방문하여 수송, 전력, 용수, 통신, 노동력 등 입지조건에 대한 조사, 북한 측 당사자와의 구체적 협의를 진행하고, 계약을 체결한다.

다음 단계로, 관련 서류를 구비하여 통일부 장관에게 협력사업 승인을 신청한다.[59]

59 제출해야 하는 서류는 ① 사업 승인 신청서, ② 신고인 인적사항, ③ 사업계획서, ④ 북한 측 상대자에 대

<그림 1-3> 일반투자 절차

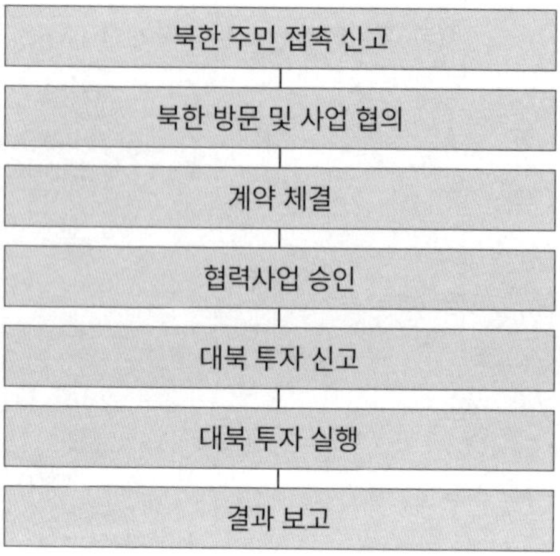

* 자료: 통일부 남북교류협력시스템 홈페이지, 물품반출입 안내 > 교역/경협 절차 > 경제협력사업.

과거에는 대북 투자를 하려는 기업이 우선 협력사업자 승인을 받은 후 사업이 구체화되었을 때 협력사업 승인을 받도록 단계가 이원화되어 있었다. 협력사업자 승인은 대북 투자를 할 만한 기업이라는 증명이었고, 협력사업 승인이 실제 투자 사업에 대한 승인이었다. 정부는 기업의 편의를 위해 2009년 1월 30일 '남북교류협력에 관한 법률'을 개정함으로써 협력사업자 승인 제도를 폐지하고, 협력사업 승인으로 과정을 일원화했다.

대북 투자가 실행될 부분에 대해서는 지정거래 외국환은행의 장에게 대북 투자를 신고해야 하며, 대북 투자에 필요한 현금 송금 여부는 외국환은행의 장이 확인한다. 이때 현물출자용 반출 물자는 투자용 물품으로 신고해야 투자실적으로 인정받을 수 있는데, 반출 절차는 일반교역의 경우와 동일하다. 투자를 실행한 후에는 통일부에 협력사업 결과 보고서를 제출해야 하며, '대북 투자 등에 관한 외국환 거래지침'에서 정하는 절차에 따라 지정거래 외국환은행의 장에게 증권(채권) 취득보고서, 사업실적 및 결산 보고서 등 사후 관리 서류를 제출해야 한다.

한 소개서, ⑤ 북한 측 상대자와 협력사업 협의 내용을 확인할 수 있는 서류, ⑥ 협력사업에 대한 북한 당국 또는 기관의 확인서, ⑦ 사업실적 또는 자본·기술·경험 증빙 서류, ⑧ 현지 자체 조사 결과, ⑨ 사업자등록증 등 기타 필요 서류 등이다.

4) 특구투자

특구에 대한 투자 역시 북한에 대한 투자라는 측면에서 일반투자의 절차와 동일하다. 다만 개성 경제특구의 경우는 부지공사를 포함한 관련 인프라 공사를 정부와 한국토지공사(이하 LH공사),[60] 현대아산이 공동으로 수행했고, 개별 기업은 LH공사로부터 부지를 분양받아 공장 건물을 짓고 입주한 형식이므로 한 기업이 독자적으로 실행한 금강산 관광특구에 대한 투자에 비해 절차가 복잡했다. 따라서 개성공단의 경우를 예로 들어 특구투자의 절차를 도식화해보면 <그림 1-4>와 같다.[61]

우선 입주를 희망하는 기업은 LH공사와 개성공단 토지분양 계약을 체결해야 하는데, LH공사에서 신청자격에 부합하는 기업을 대상으로 심사와 면접을 통해 입주기업

<그림 1-4> 개성공단 투자 절차

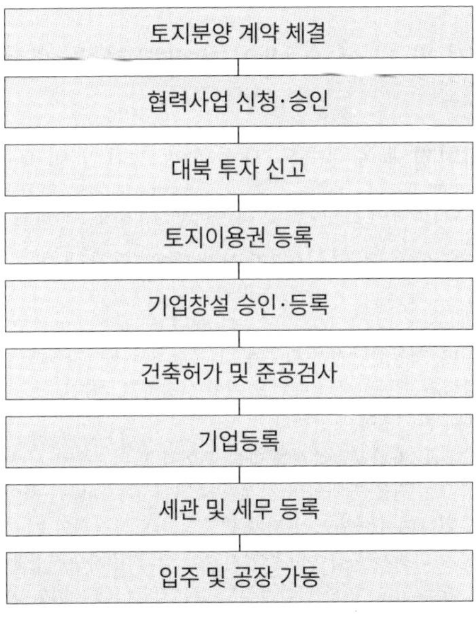

* 자료: 법무법인(유한)태평양·삼정KPMG, 『북한투자 실무가이드』, 두앤북, 2020, p.308.

---

60 개성공단 사업 초기에는 한국토지공사였으나, 2009년 10월 한국주택공사와의 합병으로 LH공사가 되었다.

61 개성공단 사업의 진행 과정과 입주기업에 대한 구체적인 논의는 4장 3절을 참조.

을 선정한다.[62] 이후 통일부로부터 협력사업 승인을 받은 후 지정거래 외국환은행의 장에게 신고를 하고 대북 투자를 진행한다. 이와 함께 개성 현지에서는 개성공업지구관리위원회에 토지이용권을 등록하고, 기업 창설 승인을 받아야 한다. 토지이용권이란, 원래 토지의 사유를 인정하지 않고 국유제를 채택했던 중국, 베트남 등 사회주의 국가가 외국 기업의 투자 유치를 위해 마련한 제도로서, 외국 기업이 사업 진행을 위해 가장 우선적으로 갖추어야 할 권리이다. 기업창설은 개성공단 내에서의 기업설립을 의미하며, 창설 승인을 받은 투자가는 공장을 건축하고 전기, 소방, 배수설비 등에 대해 준공검사를 받아야 한다. 그 후 공장을 개성공업지구관리위원회에 등록하고 기업등록을 신청한다. 개성공업지구관리위원회는 기업등록을 승인하는 경우 기업등록증을 발급하며, 기업이 기업등록증을 발급받은 후 개성공단 세관 및 세무소에 세관 및 세무 등록을 하면 기업창설을 위한 행정절차가 마무리된다.

3. 북한의 자립경제 노선과 대외경제협력에 대한 이중적 시각

북한은 사회주의 계획경제 체제라는 사회주의 국가의 일반적인 특징 이외에도 자력갱생에 토대를 둔 자립경제라는 북한만의 독특한 경제 체제를 운영하고 있다.[63] 이와 관련해 북한은 항일투쟁 시절 김일성이 자력갱생을 주창했다고 선전한다.[64] 그러나 본

---

62 이는 일반용지의 경우이며, 협동화단지의 경우는 LH공사에서 신청자격에 부합하는 기업을 대상으로 추첨한 후 중소기업진흥공단의 협동화사업 승인을 거쳐 선정하고, 아파트형 공장의 경우는 공공기관 등 사업자 시행자 선정 및 건설 후 기업에 분양한다.

63 북한에서는 '자립경제' 대신 '자립적민족경제'라는 용어를 보편적으로 사용하는데, '자립적민족경제'가 민족의 자주성을 강조한다는 점을 제외하면 경제적 측면에서는 개념적 차이가 없다. 예를 들어 "민주주의독립국가를 건설하기 위하여서는 반드시 자기 민족의 자립적경제의 기초를 확립하여야 하며, 자립경제의 기초를 확립하자면 인민경제를 급속히 발전시켜야 합니다. 자립적경제의 기초가 없이는 우리는 독립도 할수 없고, 건국도 할수 없고, 또한 살아갈수도 없는것입니다.", 김일성, "북조선 도, 시, 군인민위원회 대회를 결속하면서", 북조선 도, 시, 군인민위원회대회에서 한 결론(1947.2.20), 『김일성저작집 3』, 조선로동당출판사, 1979, p.111. 물론 둘 사이를 구분하는 북한 문헌도 있다. 한득보(1992)는 두 용어를 구분해서 자립경제의 원리가 구현된 사회주의 물질기술적 토대의 체계가 자립적민족경제라고 규정하고 있지만, 이 역시 내용적인 구분이라기보다는 원리와 체계의 구분에 가깝다. 한득보, 『주체의 사회주의 정치경제학의 법칙과 범주』, 사회과학출판사, 1992; 대통령자문 동북아시대위원회, 『한반도경제 구상: 개방적 한반도 경제권의 형성』, 2006, p.29에서 재인용.

64 "경애하는 총비서동지께서는 항일혁명투쟁시기에 마련된 자력갱생의 전통에 대하여 감회깊이 회고하시

래 자력갱생은 중국 공산당의 중요한 지도방침의 하나로서 1959년부터 계속된 3년간의 자연재해와 1960년대 소련의 지원 중단으로 중국 내에서 제기되었던 슬로건인데, 북한이 1960년대 중소분쟁으로 중국과 소련의 원조가 삭감되어 5개년계획(1957~1961년)에 차질이 생기자 주민 노동력 동원의 일환으로 이 슬로건을 차용한 것이다.[65] 자력갱생이 일제 식민지 경험의 유산이라는 견해도 있다. 오원철(1995)은 제2차 세계대전 말기 전 세계로부터 고립되어 있던 일본은 필요한 외국산 원료를 수입할 수 없었기 때문에 절대로 필요했던 물품, 특히 군수품은 국산 원료로 대용품을 만들 수밖에 없었다면서 이렇게 자력갱생의 방식으로 움직여진 공장들은 1945년 해방 후 북한 당국의 손으로 넘겨지면서 자력갱생 경험을 북한이 계승하게 되었다고 주장한다.[66]

자력갱생은 기본적으로 자급자족을 추구하는 경제운영 방식을 지칭하는 것으로서 주체 경제노선, 즉 '경제에서 자립'의 기본 원칙이다. 북한의 경제사전은 자립경제란 "생산의 인적 및 물적 요소들을 자체로 보장할뿐 아니라 민족국가내부에서 생산·소비적련계가 완결되어 독자적으로 재생산을 실현하여나가는 경제체계"로 정의한다.[67] 북한은 '경제에서 자립'의 필요성에 내해 "경제적으로 자립해야 사상에서의 주체, 정치에서의 자주, 국방에서의 자위를 확고히 보장할수 있다"고 주장한다.[68] 북한의 논리에 따르면, 자립경제를 실현하기 위해서는 경제건설에서 자력갱생의 원칙을 견지해야 하고,[69] 자립경제는 자력갱생의 원칙 위에서만 비로소 성과적으로 건설될 수 있다.[70] 즉 자립경제 건설에서 견지해야 할 원칙은 자력갱생이라는 것이다.

였다. 항일무장투쟁초기에 일부 사람들은 일제와 싸우자면 수류탄이 있어야 한다고 하면서 다른 나라 사람들에게 자그마한 수류탄공장설비를 보내줄것을 요구하는 편지를 보낸적이 있었다. 그런데 그 나라 사람들은 아무런 소식도 보내오지 않았다. 위대한 수령님께서 자력갱생을 해야겠다고 강하게 결심하신것이 바로 그때였다. 자력갱생만이 살길이라는 것, 혁명을 추동하는데서 결정적인것은 자기 힘을 최대한으로 발동하는것이며 남들의 원조는 부차적이라는것이 위대한 수령님께서 더욱 굳히신 립장이였다", "새 승리를 향한 첫걸음을 크게 내짚자", 『노동신문』, 2021.2.18.

65 통일부 국립통일교육원, 『북한지식사전』, 2021, p.629.

66 오원철, 『북한의 경제정책』, 기아경제연구소, 1995; 양문수, "북한 경제의 초기조건", 북한연구학회(편), 『북한의 경제』, 경인문화사, 2006, p.17에서 재인용.

67 사회과학원 주체경제학연구소, 『경제사전 2』, 사회과학출판사, 1985, p.208.

68 과학백과사전출판사, 『대중정치용어사전』, 2005, p.70.

69 김정일, "주체사상에 대하여", 위대한 수령 김일성동지 탄생 70돐기념 전국주체사상토론회에 보낸 론문(1982.3.31), 『김정일선집 7』, 조선로동당출판사, 1996, p.182.

70 예를 들어 계춘봉, "경제강국건설의 튼튼한 밑천, 자립적민족경제의 창설에 쌓아올리신 위대한 수령 김일성동지의 불멸의 혁명업적", 『경제연구』, 2호, 2013, p.3.

북한은 자력갱생을 "혁명과 건설에서 나서는 모든 문제를 자신이 책임지고 자체의 힘으로 해결하여 나가는 립장과 정신"이라고 정의하며,[71] 따라서 "자기 운명을 자신의 힘으로 개척해나가는 자주적인간의 고유한 정신으로서 부닥치는 애로와 난관을 제힘으로 뚫고나가 혁명을 끝까지 해나가는 혁명정신"으로 규정한다.[72] 그래서 자력갱생은 "자기 나라의 건설을 자기 인민의 로동과 자기 나라의 부원으로 진행하는 것"이다.[73] 또한 북한의 주장에 따르면 자력갱생은 남의 덕에 살아가려는 의존심, 난관 앞에서 투쟁을 포기하는 나약한 태도, 객관적으로 유리한 정세가 조성되기를 기다리는 소극적 태도를 배격하고, 없는 것은 만들어내고 부족한 것은 찾아내는 것을 중요한 내용으로 한다. 그래서 자력갱생은 "우리의 경제를 하루빨리 활성화하고 자립경제의 우월성을 높이 발양시키기 위한 근본방도"가 된다.[74]

북한이 자립경제를 채택하게 된 배경으로는 국제적 및 국내적 요인 두 가지를 들 수 있다.[75] 우선 1950년대 중반 대외원조가 감소하게 된 데다가 소련의 스탈린 격하 운동에 따라 당내 반김일성 운동이 고조되자 1955년 '사상에서의 주체'에 이어 1956년 '경제에서의 자립'을 내걸게 되었다.[76] 이는 1957년 '정치에서의 자주', 1962년 '국방에서의 자립'으로 이어졌다. 특히 1960년에 들어서면서 사회주의의 양대 강국이었던 소련과 중국의 갈등이 심화됨에 따라 북한은 독자적인 노선을 더욱 강구하지 않을 수 없었고, 그 결과 주체사상을 토대로 하는 자주적인 노선을 보다 강화하게 되었다. 그에 따라 '자주, 자립 및 창조적 태도'를 주요 내용으로 하는 주체사상이 1964년에 체계화되었으며, 1965년 4월 반둥회의 10주년을 기념하여 인도네시아를 방문 중이던 김일성이 "사상에서의 주체, 정치에서의 자주, 경제에서의 자립, 국방에서의 자위, 이것이

---

71 과학백과사전출판사, 『백과전서』, 제4권, 1983, p.160.

72 김은철, "주체의 경제강국의 본질적특징", 『경제연구』, 4호, 2006.

73 과학백과사전출판사, 『대중정치용어사전』, 2005, p.524.

74 송국남, "자립적민족경제는 가장 효률적인 경제", 『경제연구』, 1호, 1999, p.19.

75 자립경제는 1947년 북한 최초의 경제발전계획에서 '자립적민족경제의 발전을 위한 종합적이고 기본적인 정책'이 제시되며 처음 등장했는데, 당시는 자립경제를 추구한다는 선언적 의미 이상의 것은 아니었다. 이영훈, "북한의 경제발전전략과 우리의 대응", 세종연구소 주최 제9차 세종국가포럼 '북한의 대내외 전략과 우리의 대응' 자료집, 2003.5.16, p.48.

76 북한 역시 1957년부터 시작된 5개년 인민경제발전계획으로 인해 "자립적민족경제의 토대가 튼튼히 쌓아졌다"고 주장하고 있다. 한석봉, 『인민정권건설경험』, 사회과학출판사, 1986, p.71.

우리 당이 일관하게 견지하고 있는 입장"이라고 설명함으로써 정식화되었다.[77] 이어 1967년 12월 16일 최고인민회의 제4기 제1차 회의에서 김일성은 '국가활동의 모든 분야에서 자주, 자립, 자위의 혁명정신을 더욱 철저히 구현하자'라는 제목의 연설을 통해 주체사상을 국가활동의 지침으로 적용하자는 '10대 정부정강'을 발표했는데, 여기에서도 자립적민족경제의 토대를 강화해야 한다는 내용이 여러 조항에 걸쳐 강조되었다.

국내적 요인으로는 당시의 시대 상황을 들 수 있다. 즉 식민지 시기를 갓 벗어난 상황에서 '자립경제'라는 구호는 국내 정치적으로 매력적일 수밖에 없었다. 실제로 북한 문헌은 당시를 제2차 세계대전 이후 '제국주의 예속에서 해방'된 상황으로 묘사하며, "외세에 의존하는 경제를 건설하는가 아니면 자립하는 경제를 건설하는가, 큰 나라의 경제구조에 종속되는 전문화의 길로 나가는가 아니면 자체의 독자적이며 종합적인 구조를 가진 경제를 건설하는 길로 나가는가 하는것이 나라와 민족의 운명, 사회주의의 전도와 관련되는 중대한 문제로 나서고 있었다"고 기술하고 있다.[78] 더욱이 1960년대 당시 사회주의 종주국이었던 소련과 중국이 심각하게 대립하는 상황에서, 북한 입장에서는 둘 중 어느 한 나라와 반목하게 되면 남북 대치상황에서 북한의 방위가 그만큼 약해질 수밖에 없고 경제성장도 그만큼 늦어지게 될 것이었으므로 경제를 비롯한 모든 부분에서 독자적인 노선을 선택했던 것이다.[79]

그러나 북한처럼 시장도 작고 지하자원도 충분하지 않으며[80] 자본 축적도 이루어지

---

77 이종석, 『현대 북한의 이해』, 역사비평사, 2000, pp.160~161.

78 강철민, "위대한 수령 김일성동지는 주체사상의 기치밑에 자립적민족경제건설의 독창적인 길을 개척하신 창조와 건설의 영재이시다", 『경제연구』, 제3호, 2002.

79 외부로부터 원조가 감소했는데도 내부 원천을 동원함으로써 5개년계획(1957~1961년)의 목표를 1년 앞당겨 달성했고, 1961년 5월 함흥비날론공장의 완공으로 국내 자원인 석회석과 무연탄에 의거해 섬유원료 문제를 해결하는 등 경제문제에 자긍심을 가지게 된 것도 자립경제가 가능할 것이라는 자신감을 가지게 하는 데에 영향을 미쳤을 것이라는 평가도 있다. 유영구, 『김정은의 경제발전전략 1』, 경인문화사, 2020, pp.206~207.

80 북한의 광물자원에 대한 평가는 다양해서 개발경쟁력이 있는 광종 15개의 가치는 9조 7,575만달러라는 평가도 있고(최경수, "남북 자원개발 협력방안", 한국수출입은행 · 한국경제신문사 공동주최 세미나 '새로운 남북경협의 추진 방향과 과제' 자료집, 2013.1.30, p.36), 주요 광물자원의 가치는 약 4,170조원이라는 평가도 있으며(법무법인(유한)태평양 · 삼정KPMG, 『북한투자 실무가이드』, 두앤북, 2020, p.25), 20종 광물의 잠재 가치는 2,163조원이라는 평가도 있다(김태유, "북한 광물자원 개발의 필요성과 경제성 평가", 통일연구원 · 대한광업진흥공사 · 북한경제전문가100인포럼 공동주최 세미나 '북한 광물자원 개발 전망과 정책방안' 자료집, 2005.12.22, p.46). 북한이 보유한 희토류의 가치만 최소 3,460억달러, 최대 4조 6,200억달러라는 분석도 있다(김진향, "북한의 지하자원과 남북자원협력", 여시재, 2017, p.14). 그러나 북한이 남한보다 월등하게 풍부한 광물자원

지 않은 저개발경제가 자립경제를 추구한다는 것은 경제적으로는 납득할 수 없는 정책이다. 게다가 자립경제의 추구는 비교우위를 실현하지 못하게 함으로써 경제에 근본적이고 장기적인 피해를 가져온다. 결국 자립경제를 추구한다는 것은 필연적으로 제3국과의 경제관계를 제한하는 폐쇄적 경제운영을 의미했고, 이는 국제분업체제로부터 격리되는 결과를 초래하여 국가 간 상품과 자원의 무역에서 발생하는 국제분업의 이익을 획득하지 못하게 했다. 소련과 동유럽 사회주의 국가들의 경우에도 1950년대 후반 자급자족적인 경제 체제의 한계에 직면하자 사회주의 국가들 간의 분업을 추진했으며, 1961년 12월 제15차 경제상호원조회의(CMEA: Council for Mutual Economic Assistance)[81] 총회에서 자급자족적 경제 체제를 폐기하고 '사회주의 국제분업의 기본원칙'을 채택했다.[82] 이처럼 다른 사회주의 국가들은 경제적 효율의 증대를 위해 분업을 통한 무역의 확대를 추진했던 바로 그 시기에 이들 국가들보다 경제의 모든 면에서 열위에 있던, 그래서 자립경제가 더욱 실현 불가능했던 북한이 오히려 정반대의 길을 선택했던 것이다. 심지어 김일성은 경제상호원조회의에 가입하지 않았던 것을 자랑하기도 했다.[83]

들을 가지고 있지만 세계적인 자원대국으로 분류하기는 어렵다는 견해도 있다(정우진, 『북한 광물자원 개발·가공 분야의 투자 잠재력 연구』, 에너지경제연구원, 2014, p.8). 북한은 지하자원 매장량을 공식적으로 발표한 바가 없고, 매장량 개념도 우리와는 다르다(최종문, 『북한 광물자원 평가와 개발환경』, 씨아이알, 2017, p.8). 평가기관마다 매장량 추정치가 달라서 금의 경우 한국광물자원공사, 북한자원연구소, 한국지질자원연구원은 각각 2,000톤, 698톤, 2,899톤, 몰리브덴의 경우 각각 5만톤, 1,875만톤, 5,400만톤으로 추정하는 등 광물마다 엄청난 차이를 보이고 있다(최경수, "남북 지하자원 협력방안", 김영희 외, 『기로에 선 북한경제, 남북경협은 어디로?』, 한라대학교 동북아경제연구원, 2020, p.153). 그러므로 거론되는 북한의 지하자원 매장량 수치가 얼마나 정확한지를 파악하기도 어렵고, 설령 매장량이 많다고 해도 경제성을 갖추고 있는지를 판단하기도 어렵다. 지하자원을 개발하기 위한 광산·공장의 설비 현대화, 도로·철도·전력 등 인프라 개선, 트럭·연료 등 수송 방안 마련 등에 소요되는 비용도 감안해야 한다. 따라서 현재로서는 북한 지하자원의 경제적 가치가 막대하다는 주장은 "북한에 매장되어 있는 지하자원의 종류, 국제 자원시장의 수요와 가격 변동성, 자원 개발에 따른 환경오염 문제, 개발 및 채굴비용 등을 주의 깊게 고려하지 않은 무리한 추측일 가능성이 높다"는 김석진의 견해가 타당성이 높아 보인다(김석진, "남북경협 발전 잠재력: 지하자원 개발", 김석진·홍제환, 『남북경협 발전 잠재력과 정책 과제』, 통일연구원, 2019, p.103).

81 약칭으로 코메콘(COMECON)이라고도 불리는 경제상호원조회의는 과거 사회주의 국가들 간의 국제경제협력기구로서 1949년 창설되었고 1991년 해체되었다.

82 이영훈, "북한의 성장전략과 위기의 기원: 1956~64년", 『사회경제평론』, 제13호, 1999, p.284. 당시 사회주의 국가들에서 제기된 국제분업론과 북한의 부정적 반응에 대한 최근의 연구로는 다음을 참조. 이주호, "1950년대 사회주의진영 국제분업론과 북한의 대응", 『한국사연구』, 제199호, 2022; 박아름, "1962년 북한의 '사회주의 국제분업' 이탈 분석", 『역사문제연구』, Vol.25 No.1, 2021.

83 김일성, 스웨리예공산주의자로동당 위원장과 한 담화(1992.6.29), 『김일성 저작집 43』, 조선로동당출판사,

흐루쑈브가 나에게 조선도 쎄브[84]에 들라고 했지만 우리는 반대하였습니다. 나는 그에게 우리가 쎄브에 들지 않더라도 자력갱생하여 사회주의건설을 잘하면 그것이 곧 국제주의에 충실한것이 아닌가 …… 우리는 쎄브에 들지 않았지만 사회주의를 성과적으로 건설해나가고있다고 말해주었습니다.

또한 자립경제를 위해서는 생산수단을 자체적으로 생산하는 구조를 갖추어야 했고, 이는 중공업 우선정책으로 이어질 수밖에 없었다. 그 결과 경제성장을 위한 자원배분이 왜곡되었고, 일반 주민들의 생활과 직결된 경공업 및 농업의 발전은 상대적으로 부진할 수밖에 없었다. 게다가 저개발경제가 중공업을 건설하기 위해서는 외부로부터의 설비와 기술 도입에 의지하지 않을 수 없었다. 애초부터 모순이었고, 자립경제의 구축은 자립적일 수 없었다.[85]

김일성은 6·25 전쟁 직후인 1953년 10월 "전체 인민들이 비단옷을 입고 이밥에 고기국을 먹으며 기와집에서 살도록 하여야 합니다"라고 강조했고,[86] 1962년에는 "3~4년이 지나면 우리 인민의 물질문화생활에서는 새로운 커다란 전환이 일어날것입니다. …… 우리 인민은 모두다 기와집에서 이밥에 고기국을 먹으며 비단옷을 입고 사는 부유한 생활을 누리게 될것입니다"라고 연설했다.[87] 그 연설에서 김일성은 '쌀밥에 고기국, 비단옷에 기와집'을 "우리 나라 근로자들이 오랜 옛날부터 꿈꾸어오던 념원"이라고 말했다. 대단한 목표도 아니고 인간의 가장 기본적인 의식주 문제임에도 아들 김정일은 그것이 '세기적 숙망'[88]이자 아버지 김일성의 '평생의 소원'[89]이라고 표현했다. 그

1996, p.381.

84 쎄브는 코메콘의 러시아어이다.

85 김석진, "II. 경제정책", 홍제환·김석진, 『김정은 시대 북한경제: 경제정책, 대외무역, 주민생활』, 통일연구원, 2021, p.45.

86 김일성, "모든 힘을 민주기지강화를 위하여", 조국통일민주주의전선 함경남도열성자회의에서 한 연설(1953.10.20), 『김일성 저작집 8』, 조선로동당출판사, 1980, pp.115~116.

87 김일성, "조선민주주의인민공화국 정부의 당면과업에 대하여", 최고인민회의 제3기 제1차회의에서 한 연설(1962.10.23), 『김일성 저작집 16』, 조선로동당출판사, 1982, p.465.

88 "우리는 경제사업에 큰 힘을 넣어 흰쌀밥에 고기국을 먹으며 비단옷을 입고 기와집에서 살려는 우리 인민의 세기적숙망을 하루빨리 실현하여야 합니다", 김정일, "당사업과 경제사업에 힘을 넣어 사회주의위력을 더욱 강화하자", 조선로동당 중앙위원회 책임일군들과 한 담화(1993.2.27), 『김정일선집 13』, 조선로동당출판사, 1998, p.326.

89 "우리 인민모두가 흰쌀밥에 고기국을 먹으며 비단옷을 입고 기와집에서 살도록 하시려는것이 수령님의

남한도 초기엔 자립경제가 목표였다?

전후 복구가 끝나고 1960년대 들어서 본격적인 경제성장을 추진했던 남한의 경우에도 처음에 목표로 설정한 것은 북한과 마찬가지로 자립경제였다. 식민지 경험을 거치고 외국의 원조에 의존해야 했으며, 한반도 내부의 지역적 분업을 활용할 수 없었던 당시의 상황에서 자립경제의 달성은 남한에도 중요한 목표였던 것이다. 실제로 1961년 5·16 군사정변 당시 발표된 '혁명공약'은 제4항에서 "절망과 기아선상에서 허덕이는 민생고(民生苦)를 시급히 해결하고, 국가 자주경제 재건에 총력을 경주할 것"을 약속하고 있는데, 여기서의 '자주경제'란 자주적인 국민경제, 즉 자립경제를 의미하는 것으로 해석할 수 있다. 1962년부터 시작된 제1차 경제개발 5개년계획의 기본목표 역시 "자립경제의 달성을 위한 기반을 구축"하는 것이었다.[90]

그러나 1962~1963년의 경제위기, 미국의 원조 감소, 수입대체를 위한 국내 산업기반의 취약성, 협소한 국내시장 등으로 인해 1964년 2월 발표된 제1차 경제개발 5개년계획 보완계획에서는 자립경제 목표를 포기하고 기존의 내향적 수입대체 성장전략에서 수출을 강조하는 대외지향적 성장전략을 채택하게 되었다.[91] 남한경제로서는 지극히 다행스러운 변화였고, 이로써 남한은 경제 수준 세계 10위권에 육박하는 국가로 부상할 수 있었다. 반면 북한은 분단 당시 남한보다 유리한 경제성장 조건을 지녔음에도 불구하고 80년이 흐른 2025년까지 먹는 문제조차 제대로 해결하지 못하는 경제로 남아 있는데, 그 핵심적인 이유는 자립경제의 고수에 있다. 그래서 이석·김두얼(2011)은 개방과 그를 통해 촉진된 경쟁이라는 두 가지 개념에 대한 입장의 차이가 남북한 경제의 궤적을 달리하게 만든 근원적 요인이라고 지적한다.[92]

런데도 70여 년이 지난 손자 김정은 시대에 이르기까지 아직 이를 실현하지 못할 정도로 북한경제가 발전하지 못하고 있는 것도 자립경제, 자력갱생 노선을 채택한 데에서 비롯된 것이라고 평가할 수 있다.[93]

평생의 소원이였습니다." 김정일, "군의 역할을 높여 인민생활에서 전환을 일으키자", 조선로동당 중앙위원회 책임일군들과 한 담화(1994.10.20), 『김정일선집 13』, 조선로동당출판사, 1998, p.439.

90 대한민국정부, 『제1차 경제개발 5개년계획(1962~1966)』, 1962, p.19.

91 보다 구체적인 논의에 대해서는 다음을 참조. 조동호·서훈, "남북한 경제성장전략 비교: 외부 자본 동원 방식을 중심으로", 이화여자대학교 통일학연구원(편), 『남북관계사』, 이화여자대학교출판부, 2009, pp.244~247.

92 이석·김두얼, 『남북한 장기 경제추세 비교와 대북정책에의 시사점』, 한국개발연구원, 2011, p.28.

93 김일성은 1963년 1월 "우리에게는 자체의 힘으로 기와집에서 이밥에 고기국을 먹으며 좋은 옷을 입고 살수있게 인민생활을 향상시킬수 있는 뚜렷한 전망이 보입니다"라고 주장했다. 김일성, "당사업과 경

자립경제란 경제성장의 목표이자 결과이기도 하지만, 경제성장의 전략이기도 하다. 그런데 경제성장을 위해서는 자본이나 노동과 같은 생산요소의 양이 증가하거나 효율이 증가해야 한다. 경제성장을 간단히 표현하면 생산량이 늘어나는 것이므로 투입 증가나 효율 증가가 없이는 경제성장이 불가능하기 때문이다. 이는 사회주의 계획경제 체제이든 자본주의 시장경제 체제이든, 자립경제 전략을 채택하든 대외지향적 전략을 도입하든 마찬가지다.

북한의 경우도 예외는 아니었다. 그러나 당시 북한은 노동 이외에는 경제성장을 위한 요인을 제대로 갖추지 못하고 있었다. 1956년 자립경제를 내세우던 시절의 북한은 세계에서 가장 가난한 나라의 하나였다. 6·25 전쟁으로 인한 북한의 피해 총액은 당시 통화로 4,200억원에 달했고, 이는 1953년 국민총생산(GNP: Gross National Product)의 약 4배, 세입 규모의 약 8배에 해당했다.[94] 1953년의 공업총생산은 전쟁 전인 1949년의 64% 수준, 농업총생산은 76% 수준으로 감소했으며, 국민소득은 70% 수준으로 감소했다.[95] 이처럼 막대한 피해를 가져온 6·25 전쟁의 복구작업은 아직 끝나지 않은

제시업에시 나시는 몇가지 과입에 대하여", 조선로동당 중앙위원회 부부상이상일군늘 앞에서 한 연설(1963.1.3), 『김일성 저작집 17』, 조선로동당출판사, 1982, p.24. 그러나 30여 년이 지난 1992년 12월 김일성은 "우리 인민들은 예로부터 흰쌀밥에 고기국을 먹으며 비단옷을 입고 기와집에서 살것을 념원하여 왔습니다. 우리는 얼마전에 중앙인민위원회결정으로 우리 당 창건 50돐이 되는 1995년까지 우리 인민의 이 세기적인 념원을 빛나게 실현할데 대한 과업을 내세웠습니다"라며 목표를 달성하지 못했음을 시인했다. 김일성, "일군들은 참다운 인민의 충복이 되자", 당, 행정경제기관 일군들과 한 담화(1992.12.28), 『김일성 저작집 44』, 조선로동당출판사, 1996, pp.26~27. 그로부터 또다시 30여 년이 지난 2023년 12월에 진행된 당 중앙위원회 제8기 제9차 전원회의 확대회의에서 김정은은 2023년을 회고하며 "급박한 문제로 나선것은 지난해 농사를 잘 짓지 못하여 산생된 심각한 식량난을 해결하는것이였습니다"라고 언급했을 정도로 북한은 여전히 먹는 문제조차 해결하지 못하고 있다. "조선로동당 중앙위원회 제8기 제9차전원회의 확대회의에 관한 보도", 『조선중앙통신』, 2023.12.31. 2024년 1월 15일 최고인민회의 제14기 제10차 회의 시정연설에서도 김정은은 "아직 인민들의 소박한 생활상요구마저도 충족시키지 못하고있는 것이 현실"이라고 토로했다. "경애하는 김정은동지께서 조선민주주의인민공화국 최고인민회의 제14기 제10차회의에서 강령적인 시정연설을 하시였다", 『노동신문』, 2024.1.16. 2025년 3월에도 김정은은 먹는 문제를 해결하는 것이 '우리 당의 확고부동한 의지이며 결심'이라고 했다. "자신심과 분발력을 배가하여 농업생산의 장성추이를 고조시키자", 『노동신문』, 2025.3.20. 2025년 5월에는 식량문제 해결이 '가장 절박한 과업'이라고까지 표현했다. "모내기에 모든 력량과 수단을 총동원하자", 『노동신문』, 2025.5.8. 남한처럼 의식주가 아니라 식의주로 순서를 바꾸어 부르면서도 여전히 먹는 문제를 해결하지 못하고 있는 것이다.

94 전홍택·박진, "북한경제의 역사적 평가," 차동세·김광석(편), 『한국경제 반세기: 역사적 평가와 21세기 비전』, 한국개발연구원, 1995, p.701.

95 고승효, 『북한경제의 이해』, 양재성(역), 평민사, 1993, p.105.

<그림 1-5> 경제성장의 요인

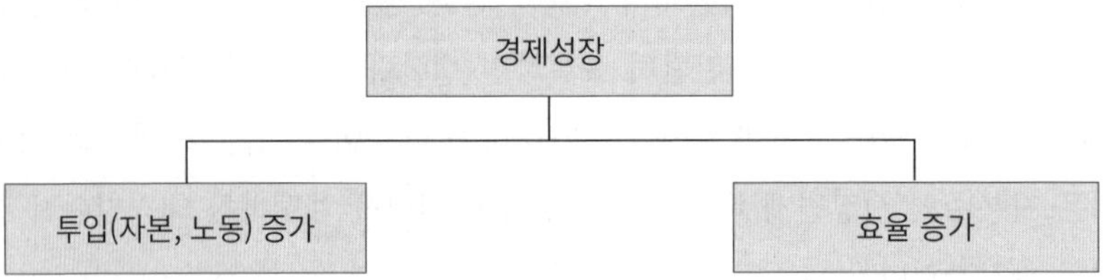

상황이었다. 1956년 1인당 국민소득은 78달러에 지나지 않았다.[96] 경제성장률은 1950년대 후반에는 비교적 높았지만, 이내 둔화되는 상황이었다.[97] 이런 상황에서 내부자본 축적은 극히 미미한 수준이었을 수밖에 없었다. 효율 향상을 위한 기술의 진보는 당시의 낙후된 경제개발 수준에서 추진하기 쉽지 않은 과제였다. 게다가 자립경제의 추구는 선진국으로부터의 최신 기술 도입도 어렵게 만들었다.

결국 당시의 북한이 동원할 수 있는 생산요소는 노동뿐이었다. 하지만 1930~1945년의 기간에 300만명 이상의 노동력이 만주, 사할린, 남양군도, 일본 등으로 유출된 상황이었고, 이에 더해 1945년까지 연인원 460만명에 달하는 한반도 내에서의 노동력 동원 대부분이 남쪽의 농촌지역에서 북쪽의 산업지역으로의 이동이었는데 해방 직후 이들이 귀향함에 따라 북한은 노동력 부족 현상을 겪고 있었다.[98] 그래서 북한은 일할 수 있는 모든 사람을 노동 현장으로 동원하고자 했다. 1948년 제정된 북한 '헌법' 제30조에서 "공민은 로력하여야 한다. 로력은 조선인민의 영예다"라며 노동을 '의무'이자 '영예'로 규정한 것도 경제성장을 위해 노동 투입을 증가하기 위한 것이었다.[99] 여성의 노동 참여도 적극적으로 추진했다.[100] 당연히 이미 동원된 노동력을 최대한 활용하려는

---

96 민족통일연구원, 『남북한 국력추세 비교연구』, 1993, p.257.

97 한국은행 보고서에 의하면 북한의 1인당 실질 GDP 성장률은 1960년대에 연간 1.4%로서 동기간 구사회주의 국가의 연간 성장률 추정치 2.4~4.2%의 절반 정도에 지나지 않았다. 조태형 · 김민정, "북한의 장기 경제성장률 추정: 1956~1989년", BOK 경제연구, 제2020-17호, 2020, p.42.

98 조수룡, "1945~1950년 북한의 사회주의적 노동관과 직업동맹의 노동통제", 『역사와 현실』, No.77, 2010, p.386.

99 1972년 개정 '헌법' 제27조는 이를 한층 더 구체화하여 "근로대중은 력사의 창조자이며 사회주의, 공산주의는 수백만 근로대중의 창조적로동에 의하여 건설된다. 우리 나라 근로자들은 모두 다 로동에 참가하며 조국과 인민과 자신을 위하여 자각적인성과 창발성을 내여 일한다"라고 규정한다.

100 여성 담론과 관련한 『노동신문』의 사설 · 논설을 분석해보면, 1951~1953년에는 6 · 25 전쟁과 관련한 여

노력도 병행되었다. 노동은 신성하고 즐거운 것이므로 자율적으로 열심히 일하라는 주문이 이어졌다.[101] 우수한 성과를 보인 노동자에게는 훈장, 칭호 등이 주어졌다. 그러나 물질적 자극 없이 정신적 자극 위주의 인센티브로는 한계가 있었고, 결국 각종 대중동원 운동과 속도전 같은 '노동력 쥐어짜기'를 도입할 수밖에 없었다.[102]

그런데 아무리 국가가 노력한다고 해도 한 경제가 동원할 수 있는 노동의 양에는 한계가 있기 마련이다. 더욱이 공장, 기계, 원자재, 전력 등이 있어야 노동을 실제 생산으로 연결할 수 있는데, 이들은 자본의 다른 표현에 지나지 않는다. 특히 1950년대의 북한과 같은 저개발경제에 있어서는 생산요소 중에서 자본의 투입이 가장 중요하고도 핵심적인 과제이다. 저개발경제 혹은 개발도상국이라는 용어 자체가 산업의 근대화와 경제개발이 뒤처진 나라, 즉 가난한 나라라는 뜻을 내포하는 것이며, 가난한 나라란 결국 내부적으로 축적된 자본이 별로 없는 나라를 의미하는 것이기 때문이다. 사실 저개발경제에 있어 경제성장 전략이란 외부자본 획득전략과 동의어라고도 할 수 있다. 혁명정신만으로 물리적 초기조건의 제약을 극복할 수는 없는 것이었다.

따라서 북한의 경우에도 필요한 자본의 대부분은 외부에서 와야 했다. 그러나 자립경제의 채택은 외부자본의 활발한 유입을 가로막는 것이었다. 물론 정책적인 측면에서 볼 때 자립경제를 추구한다고 해서 대외경제관계의 발전을 완전히 무시하는 것은 아닐 것이다. 실제로 북한은 자립경제의 건설이 대외거래를 부정하는 것은 아니라는 입장을 유지해오고 있다. 예를 들어 김정일은 "자력갱생의 원칙에서 자립적민족경제를 건설한다는것은 결코 문을 닫아매고 경제를 건설한다는것을 의미하지 않습니다. 자립경제는 다른 나라에 의한 경제적 지배와 예속을 반대하는것이지 국제적인 경제협조를

성들의 전선 지원이 강조되었지만, 1954~1957년에는 전후복구 건설을 위한 노력, 1958년부터는 사회주의 건설에의 적극적 참가가 강조되었다. 현인애, "노동신문 사·논설을 통해서 본 북한 여성담론과 여성정책의 변화", 『통일정책연구』, 제24권 1호, 2015, p.219.

101 예를 들어 1978년 제정된 북한 '노동법'은 "자주적이며 창조적"인 노동(제1조)을 강조하고 있으며, 노동은 "가장 신성하고 영예로운것"('노동법' 제2조), 노동은 "즐거운것"('노동법' 제7조)이라고 정의하고 있다. 또한 북한의 경제사전은 북한의 '공산주의적 노동'을 "사회주의 사회성원들이 개인의 명예나 보수를 위해서가 아니라 오직 당과 혁명을 위하여 사회와 인민을 위하여 자신의 모든것을 다바쳐 진행하는 로동"이라고 정의하고 있다. 사회과학원 주체경제학연구소, 『경제사전 1』, 사회과학출판사, 1985, p.154.

102 김일성 시대의 '천리마 운동', '평양 속도', '순천비날론 속도', '강선 속도', 김정일 시대의 '3대 혁명 붉은기 쟁취 운동', '우리식 사회주의 총진군 속도 창조 운동', '70일 전투', '100일 전투', '150일 전투', 김정은 시대의 '마식령 속도', '만리마 속도', '200일 전투' 등을 예로 들 수 있다.

부인하는것이 아닙니다"라고 말하고 있다.[103] 하지만 한정된 자원을 고려할 때 자립경제를 강조하면 대외경제는 그만큼 소홀해질 수밖에 없다. 현실경제에서는 둘 중 무엇을 강조할 것이며, 어디에 집중할 것인가의 문제가 제기되는 것이다. 북한 내부적으로도 자립경제 주장이 본격화되던 1960년대 당시 이미 자립경제 건설과 무역 증대의 상충 가능성에 대한 지적이 나온 바 있다.[104] 1967년의 '10대 정부정강' 여덟째에서도 북한은 "자력갱생의 기치밑에 자체의 힘과 내부원천을 최대한으로 동원하여 자립적민족경제를 건설하는 로선을 계속 견지"할 것이라고 밝히고 있다.[105]

결국 자립경제를 주장하는 북한에도 대외경제관계는 반드시 일정 부분 있어야 했지만, 주체사상을 폐기하지 않는 한 절대 자립경제를 버릴 수는 없는 것이었다. 자립경제의 추구가 기본 토대이며, 상황에 따라 대외경제관계의 확대 주장이 커졌다 작아졌다를 반복해왔을 뿐이다. 북한의 대표적인 경제학자이자 외부 세계에도 잘 알려진 리기성 사회과학원 교수가 1994년 2월 발표한 논문의 주장도 같은 맥락이다. 당시는 북한이 1993년 12월 당 중앙위원회 제6기 제21차 전원회의에서 3차 7개년계획(1987~1993년)의 실패를 인정하며 농업, 경공업과 함께 무역 제일주의를 내놓은 시점이었다. 북한은 이를 '혁명적 경제전략'이라고까지 불렀다. 이러한 상황에 맞게 그는 대외무역을 적극적으로 늘려야 하며, 동남아국가 시장도 대담하게 개척해서 무역 제일주의 방침을 철저히 관철해야 한다고 강조했다. 그러나 역시 논문의 마지막에 와서는 가장 중요한 것은 자력갱생이라며 끝을 맺고 있다.

> 현시기 경제구조의 개조와 완비에서 중요하게 나서는 문제의 하나는 수출품생산을 빨리 늘이면서 대외시장을 적극적으로 개척하여 무역구조, 시장구조를 개선하는것이다. 우리는 당의 무역제일주의방침을 철저히 관철하여 지난날 우리 나라의 대외무역에서 압도적비중을 차지하고있던 사회주의시장이 붕괴된 국제적환경의 요구에 맞게 대

---

103 김정일, "주체사상에 대하여", 위대한 수령 김일성동지 탄생 70돐기념 전국주체사상토론회에 보낸 론문(1982.3.31), 『김정일선집 7』, 조선로동당출판사, 1996, p.185.

104 예를 들어 여러 조건을 전제하긴 했으나, "자립적민족경제건설에 대외무역이 부정적으로 작용할수 있으며 나아가서는 대외무역 그 자체의 발전에도 지장을 받을수 있"다고 지적한다. 문정택, "자립적민족경제건설과 외화문제", 『경제연구』, 2호, 1966, p.21.

105 김일성, "국가활동의 모든 분야에서 자주, 자립, 자위의 혁명정신을 더욱 철저히 구현하자", 조선민주주의인민공화국 최고인민회의 제4기 제1차회의에서 발표한 조선민주주의인민공화국 정부정강(1967.12.16), 『김일성 저작집 21』, 조선로동당출판사, 1983, p.534.

외무역방향을 대담하게 제3세계나라들의 시장 특히 지리적으로 가까운 동남아세아시장에로 전환하게 된다. …… 오늘 사회주의경제건설을 힘있게 밀고나가는데서 가장 중요한것은 우리 혁명대오의 일심단결을 계속 굳건히 다지며 자력갱생, 간고분투의 혁명정신을 더욱 높이 발휘하는것이다.[106]

북한 문헌에 의하면 발언 시점을 밝히고 있진 않으나, 김정일도 자립경제의 토대 위에서 대외경제관계 발전을 추구해야 한다고 둘 사이의 우선순위를 명확히 정의했다. 나아가 이 문헌은 자립경제를 토대로 대외무역을 발전시키는 것이 "사회주의적대외무역관계에서 일관되게 견지하여야 할 원칙적립장"이며 "사회주의, 공산주의 경제건설이 심화되여도 계속 확대발전"되어야 한다고 주장했다.[107]

위대한 령도자 김정일동지께서는 다음과 같이 지적하시였다. ≪자립적민족경제건설과 경제교류의 호상관계에 대한 우리 당의 립장은 자립적민족경제를 건설하는 기초우에서 다른 나라들과 경제교류를 발전시키는것입니다.≫[108]

이런 맥락에서 북한은 자립경제와 대외경제협력을 동시에 추구하므로 "얼핏 생각하기에 모순되는 듯이 보이는 전략적 방향이 혼효(混淆)되어 있다"는 주장[109]은 한 시점에서의 외형적 관찰에 지나지 않는다. 엄밀히 평가하자면 둘을 동시에 추구한 것처럼 보이지만, 둘 사이에는 엄청난 차이가 있었다. 비유컨대 어느 한 시점에서 둘이 동시에 관찰되기는 하지만, 하나는 핵심 전략이었고 다른 하나는 일시적 전술이었을 뿐이다. 즉 자립경제는 결코 포기할 수 없는 북한경제의 이념적 기반이었으나, 대외경제협력은 경제적 어려움을 해결하기 위한 현실적 방편이었다는 것이다.[110] 언제든 되물

106 리기성, "위대한 수령 김일성동지께서 신년사에서 제시하신 사회주의경제건설의 완충기와 우리 당의 혁명적경제전략", 『경제연구』, 1호, 1994, p.5.

107 서성준, "자립적민족경제건설로선은 자주적인 대외무역관계발전을 위한 물질적담보", 『경제연구』, 1호, 1996, p.13.

108 서성준, "자립적민족경제건설로선은 자주적인 대외무역관계발전을 위한 물질적담보", 『경제연구』, 1호, 1996, p.11.

109 유영구, 『김정은의 경제발전전략 2』, 경인문화사, 2020, p.318.

110 물론 북한이 외부 세계와의 완전한 단절을 이상향으로 그리고 있었다든가, 북한경제는 철저한 '폐쇄경제(closed economy)'를 지향했다는 주장이 아니다. 주체사상과 자립경제를 포기하지 않는 한 북한은 남한처

릴 수 있는 것이었다. 그래서 현실적 필요에 의해 대외경제관계의 확대를 주장하다가도 이내 언제 그랬느냐는 듯이 자립경제의 강조로 돌아가곤 했던 것이다. 뿐만 아니라 자립경제를 우선하는 정책은 필연적으로 대외경제관계의 발전을 저해하는 결과를 낳게 된다는 점에서 두 방향은 현실경제에서는 '얼핏 생각하기에 모순'이 아니라 '실제로 모순'일 수밖에 없었다.[111]

4. 남북경협에 대한 북한의 시대별 인식 변화

앞서 살펴본 대로 정부와 민간이 구분되어 있는 자본주의 체제의 특성상 우리의 민간기업은 수익성을 비롯한 개별 기업의 관점에서 남북경협에 참여하며, 정부는 한국경제의 발전과 북한경제의 변화를 통한 통일비용 절감, 한반도 평화 구축, 민족 동질성 회복과 통일에의 기여라는 거시적이고 장기적 관점에서 남북경협에 관심을 가진다.

그러면 민간기업이 존재하지 않는 사회주의 체제의 북한은 남북경협에 대해 어떤 입장과 유인을 가지고 있을까. 정치, 경제, 사회, 문화 등 모든 면에서 우리와는 비교도 할 수 없을 정도의 열세에 있는 북한이 남북경협에 우리만큼 적극적이지 않을 것이라는 점은 쉽게 추론할 수 있다. 남북경협이라는 것은 단순히 자본만의 흐름이 아니라 사람이 오고 가는 것이며, 필연적으로 남한의 정보, 사상, 문화, 체제가 북한에 유입되는 것이기 때문이다. 그 결과 남한은 '통일지향적인 경협'을 추구하고, 북한은 '체제수호적인 경협'을 선호한다고 평가하기도 한다.[112]

그래서 북한은 남북경협에 어쩔 수 없이 긍정적 호응을 했던 시기도 있지만, 대체적으로는 남북경협에 부정적이거나 소극적 태도를 보여왔다. 특히 2023년 말 김정은이

럼 '수출입국(輸出立國)'으로 상징되는 대외경제관계의 확대를 경제성장의 핵심 동력으로 설정할 수 없다는 것이다.

111 박순성(2003) 역시 "자립적 민족경제론에서는 대외경제관계가 경시될 수밖에 없다"고 결론을 내리면서, 다만 "실재하는 민족국가 단위의 경제들로 형성된 세계경제질서하에서 현실적으로 존재하고 또한 반드시 필요한 무역에 대한 언급이 없을 수 없다"고 설명했다. 박순성, 『북한 경제와 한반도 통일』, 풀빛, 2003, p.75.

112 양운철, "남북한 경제협력과 평화통일 기반조성", 양운철(편), 『남북한 경제협력: 북한의 개방과 분단국 경험』, 세종연구소, 1997, p.32.

남북관계를 "동족관계, 동질관계가 아닌 적대적인 두 국가관계, 전쟁 중에 있는 두 교전국관계"로 규정한 이후 남북경협과 관련한 북한의 법들과 기구들을 폐지하고, 경의선 및 동해선 철도와 도로를 폭파함으로써 아예 남북경협을 하지 않을 의사를 보였다. 북한 노동당의 대남사업 부서인 통일전선부를 '대적지도국'으로 부르고, 산하의 '조국통일연구원'을 '대적연구원'으로 명칭을 변경했다.[113] 남북경협을 포함한 대남사업을 대적사업으로 규정한 것이다. 물론 그렇다고 해서 남북경협이 영원히 중단될 것으로 보기는 어렵다. 남북경협은 남북한 내부의 상황 변화 및 한반도를 둘러싼 외부 환경의 변화에 따라 어떤 형태와 방식으로든 재개될 것이다. 지금부터는 남북경협에 대한 북한의 인식이 시대별로 어떻게 변화해왔는지 살펴본다.

1) 김일성 시대

김일성 시대의 대외경제관계

북한 정권의 수립 초기 김일성은 무역에 대해 긍정적인 인식을 보였다.[114] 김일성의 무역에 대한 최초의 강조는 1948년 2월의 연설에서 찾아볼 수 있으며,[115] 이후에도 무역의 필요성을 수시로 제기했다.

> 대외무역을 적극 발전시켜야 합니다. 우리 나라에서 여유 있게 생산되는 물자를 수출하고 인민경제의 발전에 필요한 기계설비, 원료, 자재들과 생활필수품들을 수입하여 금년도 국가계획의 실행을 보장하며 인민생활의 향상을 도모하여야 할것입니다.[116]

> 외화벌이를 군중적운동으로 벌려야 하겠습니다. 우리가 인민생활을 빨리 높이기 위

113 2023년 말 이후 북한의 남북관계에 대한 인식 변화와 관련 조치에 대해서는 5장 6절을 참조.

114 1984년 '합영법' 제정을 통해 외부로부터의 투자 유치를 본격적으로 추진하기 이전까지 북한의 대외경제관계는 무역에 집중되었다.

115 이전에도 김일성의 무역에 대한 언급이 여러 차례 있었는데, 이들은 무역에 대한 강조가 아니라 무역정책의 관철, 밀무역 단속 등 무역을 국가가 통제·관리해야 한다는 내용들이다. 예를 들어 김일성, "민주선거의 총화와 인민위원회의 당면과업", 북조선림시인민위원회 제3차 확대위원회에서 한 연설(1946.11.25), 『김일성 저작집 2』, 조선로동당출판사, 1979, p.559.

116 김일성, "금년도 인민경제계획 실행을 위한 투쟁에서의 당단체들의 과업", 북조선로동당 중앙위원회 제12차회의에서 한 보고(1948.2.9), 『김일성 저작집 4』, 조선로동당출판사, 1979, p.121.

하여서는 다른 나라들과의 거래를 많이 하여야 합니다.[117]

김일성은 부역을 통한 외부자본 획득 방안을 구체적으로 제시하기도 했다.

> 전후복구건설사업을 성과적으로 보장하기 위하여서는 외화를 많이 획득하며 극력 절약하여야 합니다. 외화를 획득하기 위하여 매년 3억루블이상의 수출품을 보장하며 그가운데서 2억루블은 광물수출로써 보장하고 나머지 1억루블은 다른 수출품으로 보장하여야 하겠습니다.[118]

> 수출품생산을 늘이기 위한 사업을 전인민적운동으로 벌려야 하겠습니다. 오리털은 좋은 외화원천입니다. 오리털 1톤을 수출하면 승용차 1대를 사올수 있습니다. 축산부문에서는 한그람의 오리털이라도 버리지 말고 다 모아 수출하여야 하겠습니다. 바다에서 조개도 줏고 산에서 약초도 캐며 여러가지 방법으로 수출품생산을 적극 늘여야 하겠습니다.[119]

사회주의 국가들과의 경제관계 확대는 물론 일본과 같은 서방국가들과의 경제교류에 대해서도 찬성하는 입장을 보였다.

> 우리 공화국의 대외정책에서 가장 중요한것은 민주진영 나라 인민들과의 형제적친선단결을 강화하며 그 나라들과의 경제적협조를 더욱 긴밀히 하는것입니다.[120]

> (일본과) 국교가 정상화되기전이라도 두 나라 사이에 경제문화교류를 할수 있다고 인정하며 그것을 실현하기 위하여 계속 노력하고있습니다. …… 두 나라 사이의 무역을 촉진시키기 위하여 서로 상품견본시장 같은것을 여는것은 중요한 의의를 가진다고

---

117 김일성, 조선로동당 중앙위원회 제5기 제5차전원회의에서 한 결론(1972.10.23~26), 『김일성 저작집 27』, 조선로동당출판사, 1984, p.486

118 김일성, “전후경제복구건설방향에 대하여”, 조선로동당 중앙위원회 정치위원회에서 한 결론(1953.6.5), 『김일성 저작집 7』, 조선로동당출판사, 1980, p.511.

119 김일성, “인민경제복구발전계획수행에서 제기되는 몇가지 문제에 대하여”, 조선민주주의인민공화국 내각 제3차전원회의에서 한 결론(1956.4.2), 『김일성 저작집 10』, 조선로동당출판사, 1980, pp.123~124.

120 김일성, “2개년인민경제계획의 수행은 조국통일의 물질적담보”, 조선민주주의인민공화국 최고인민회의 제2차회의에서 한 연설(1949.2.1), 『김일성 저작집 5』, 조선로동당출판사, 1980, p.47.

생각합니다.[121]

우리 나라와 일본의 지역들사이에 경제교류, 문화교류, 기술교류를 하자고 제기했는데 그것도 좋은 일이라고 생각합니다. 우리는 우리 나라에 풍부한 철광석을 얼마든지 일본에 팔수 있습니다. …… 우리가 일본에서 사와야 할것도 많습니다. …… 일본과 수산물가공분야에서도 기술교류를 하는것이 좋으리라고 봅니다. …… 농업분야에서도 우리 두 나라는 서로 배워야 할 문제들이 적지 않습니다.[122]

조일 두 나라사이의 무역을 증진시키는것이 두 나라 인민들에게 다 리로운 일로 된다고 생각합니다. 일본이 우리 나라에 있는것을 먼데 가서 사오는것보다 가까이에 있는 우리 나라에서 사가면 운반비도 적게 먹고 좋을것입니다. 우리 나라도 역시 그렇습니다. 우리에게 필요한것을 먼 구라파에 가서 사오는것보다 가까운 일본에서 사오는것이 낫습니다.[123]

이와 같은 무역에 대한 긍정적 평가에도 불구하고 남한과 같이 수출주도의 대외지향적 성장전략으로 발전하지는 못했다. 대외지향적 성장전략은 수출과 수입의 적극적 확대를 통해 관련된 나라들이 서로 이익을 향유하며 함께 성장하자는 '병립'이자 '공존' 전략이어서 최대한 홀로 살겠다는 '자립' 기조와는 본질적으로 상충되었기 때문이다. 실제로 남한은 '수출입국', '수출 제일주의', '수출만이 살 길이다' 등의 슬로건에서 보이듯 경제성장의 원천을 수출에서 찾고자 했다. 1964년 1월 10일 국회에서의 연두교서에서 박정희 대통령은 "수출진흥에 최대의 노력을 경주"할 것임을 천명했다. 이는 자립경제 대신 수출 중심의 대외지향적 성장전략을 채택하겠다는 의미였으며, 낭만주의에서 현실주의로 방향을 틀었다는 신호였다.[124] 1965년 1월 16일의 대통령 연두교서에서는 3대 목표를 증산, 수출, 건설로 결정했음을 알리면서 "수출은 경제의 생명"이라

---

121 김일성, "일본《요미우리신붕》기자가 제기한 질문에 대한 대답"(1956.11.21), 『김일성 저작집 10』, 조선로동당출판사, 1980, p.370.

122 김일성, 일본 전국혁신시장회대표단과 한 담화(1972.5.14), 『김일성 저작집 27』, 조선로동당출판사, 1984, pp.215~216.

123 김일성, 일본방송협회취재단이 제기한 질문에 대한 대답(1977.7.3), 『김일성 저작집 32』, 조선로동당출판사, 1986, p.283.

124 김홍기(편), 『영욕의 한국경제』, 매일경제신문사, 1999, pp.142~143.

역전된 남북한 수출액의 격차

1960년 남한의 무역규모는 3억 7,400만달러로서 북한의 3억 400만달러보다 다소 많았지만, 수출액은 남한이 3,300만달러인 반면 북한은 1억 4,700만달러로서 남한의 약 4.5배에 달할 정도로 북한의 수출이 크게 앞서고 있었다. 그러나 남한의 수출주도와 북한의 자립경제 전략은 남북한의 수출액 격차를 엄청나게 벌려놓았다. 예를 들어 1990년 남한의 수출액은 650억 1,600만달러를 기록했으나, 북한의 수출액은 17억 3,300만달러에 불과했다. 1960~1990년의 30년 기간 동안 남한의 수출액은 1,970배 성장한 반면 북한은 고작 12배에 그쳤던 것이다. 북한에 대한 유엔 안전보장이사회의 경제제재가 본격화되기 이전인 2015년까지로 기간을 연장하면, 2015년 남한의 수출액은 5,267억 5,700만달러로서 1960~2015년 기간 중 무려 15,962배 성장했으나, 북한은 2015년에도 26억 9,700만달러로서 1960~2015년 기간 중 18배의 성장을 보였을 뿐이다.[125] 세계 10대 수출국의 1964~2022년 연평균 수출 증가율을 보면 남한이 16.1%로 세계 1위이며, 2위 중국(13.6%), 3위 멕시코(11.5%)와도 격차가 크다.[126]

고까지 표현했다. 1963년 10월 한국수출산업공단을 발족했고, 1964년 6월 수출진흥종합시책을 발표했으며, 1964년 11월에는 '수출의 날'까지 제정했다. 나아가 1965년 1월부터는 매월 대통령이 직접 주재하는 '수출진흥회의'를 설치하는 등 수출을 통한 외부자본 유치에 남한은 총력을 기울였다.

반면에 자립경제를 내세운 북한은 무역을 강조하면서도 두 가지 측면에서 본질적인 한계를 나타냈다. 하나는 여전히 자립경제를 강조함으로써 무역의 발전을 스스로 제약했다는 점이다. 무역의 확대는 자립경제 건설과 모순되는 것이었고, 자립경제가 핵심 목표였으므로 무역은 성장의 핵심 동력이 아니라 보조적인 역할에 머물 수밖에 없었다.

강재는 우리 나라 기계공업에 요구되는것을 먼저 보장하고 그다음에 다른 나라에

125 1990년 이전의 통계는 민족통일연구원, 『남북한 국력추세 비교연구』, 1993, p.356, 1990년 이후의 통계는 통계청 국가통계포털 홈페이지.

126 한국무역협회, "TRADE BRIEF", No.20, 2023.12.5, p.2.

파는것을 원칙으로 하여야 합니다. …… 다른 나라에서 사다쓰는 자재들을 자체로 생산하여 쓰기위한 투쟁을 적극 벌려야 하겠습니다. 지금 규소강판, 불수강관, 절연재 같은것을 다른 나라에서 사다쓰고있는데 이런것들은 조금만 노력하면 자체로 얼마든지 생산할수 있습니다.[127]

우리는 경제적으로 다른 나라에 얽매일수 있는 그 어떤관계도 허용하지 않았습니다. 우리는 철저히 민족경제를 보호하는 원칙에서, 완전한 평등을 보장하는 원칙에서 다른 나라들과 경제관계를 맺고 발전시켜왔습니다.[128]

경제에서의 자립성을 강화하는것이 중요합니다. …… 경제적으로 남에게 예속되여 가지고서는 정치적자주성도 보장할수 없으며 자립적인 경제력이 없이는 국방에서의 자위로선을 관철할수 없습니다."[129]

김일성은 북한이 다른 국가들에 비해 수출 규모가 작지만, "다른 나라들과는 달리 자체의 원료에 의거하여 공업을 발전시키고있기때문에 우리 나라의 수출액은 다른 나라들의 수출액보다 몇배나 값있는것"이라고 선전했다.[130] 심지어 북한경제가 사회주의 국가들로부터의 막대한 원조에 의해 운영되었던 1950년대를 회상하면서도 자력갱생이 우선이었다고 주장했다. 1957~1960년의 기간에 북한이 사회주의 국가들로부터 받은 원조는 동 기간 중 기본건설투자액의 82.1%에 달할 정도로 경제성장을 위한 투자 소요액의 거의 대부분을 차지했고,[131] 이러한 원조는 북한이 전후 놀라울 만한 경제성

127 김일성, "경제지도사업에서 혁명적 규률과 질서를 세울데 대하여", 당중앙위원회 정치위원회, 내각공동회의에서 한 연설(1968.10.21), 『김일성 저작집 23』, 조선로동당출판사, 1983, pp.119~121.

128 김일성, "조국통일의 3대원칙에 대하여", 북과 남사이의 고위급정상회담에 참가한 남조선측대표들과 한 담화(1972.5.3, 1972.11.3), 『김일성 저작집 27』, 조선로동당출판사, 1984, p.168.

129 김일성, "우리 당의 주체사상과 공화국정부의 대내외정책의 몇가지 문제에 대하여", 일본《마이니찌신붕》기자들이 제기한 질문에 대한 대답(1972.9.17), 『김일성 저작집 27』, 조선로동당출판사, 1984, p.397.

130 김일성, 조선로동당 중앙위원회 제5기 제2차전원회의 확대회의에서 한 결론(1971.4.19~23), 『김일성 저작집 26』, 조선로동당출판사, 1984, p.159.

131 연하청, 『북한의 경제정책과 운용』, 한국개발연구원, 1986, p.71. 뿐만 아니라 1953~1960년의 기간에 북한이 받은 원조 총액은 약 14.3억달러로 추정되는데, 이는 세입 대비 약 37%, GNP 대비 약 20%에 해당할 정도로 커다란 것이었다. 전홍택·박진, "북한경제의 역사적 평가", 차동세·김광석(편), 『한국경제 반세기: 역사적 평가와 21세기 비전』, 한국개발연구원, 1995, p.706. 뿐만 아니라 소련, 중국 이외에도 체코, 헝가리, 폴란드, 동독, 루마니아, 불가리아, 몽골 등의 사회주의 국가는 일반 노동자 및 기술자의 파견

장을 이루는 데 핵심적인 역할을 해서 김일성 스스로 전후 복구 시절 당시에는 원조의 중요성을 인정하고 있었음에도 말이다.[132]

> 지난 조국해방전쟁시기와 전후복구건설시기에 사회주의나라들로부터 원조를 좀 받았지만 그때에도 남의 원조가 위주로된것이 아니라 우리의 자력갱생이 위주로 되였습니다. 남의 원조는 두 번째였습니다.[133]

다른 하나는 비교우위를 실현할 수 없었다는 점이다. 다른 나라에 비해 북한이 비교우위를 지니고 있는 상품을 수출하는 것이 아니라 유무상통의 원칙에서 생산·소비하고 남는 상품을 수출했기 때문이다. 수입도 생산하지 못하거나 부족한 상품을 대상으로 했다. 비교우위에 대한 고려는 없었다.

> 대외무역을 통하여 우리 나라에서 많이 생산하는것은 다른 나라에 수출하고 그대신 우리 나라에 없거나 적은것은 수입하여야 합니다. 그래야 …… 나라의 경제를 급속히 발전시킬수 있습니다.[134]

> 우리 나라에 없는것과 모자라는것은 사들여오고 남는것은 팔고 이렇게 유무상통해야 합니다.[135]

을 통해 북한경제의 복구와 재건에 기여했다. 기무라 미쓰히코(木村光彦), 『북한의 경제: 기원·형성·붕괴』, 김현숙(역), 혜안, 2001(원저 1999), p.161.

132 "쏘련과 중화인민공화국을 비롯한 여러 형제나라 인민들은 전후인민경제복구발전을 위하여 투쟁하는 우리 인민에게 커다란 물질적 및 기술적 원조를 주고있습니다", 김일성, "전후인민경제복구발전 3개년계획실행을 위한 투쟁에서 함경북도 당단체들의 과업", 함경북도당열성자회의에서 한 연설(1954.7.12), 『김일성 저작집 9』, 조선로동당출판사, 1980. p.22. "이 모든 성과들은 쏘련과 중화인민공화국을 비롯한 사회주의국가들의 국제주의적원조와 떼여놓고 생각할수 없다. 이 나라들은 전후복구건설의 가장 어려운 시기에 우리에게 경제기술적원조를 줌으로써 파괴된 공장, 기업소들을 복구재건하며 새로운 공장들을 건설하는데 도움을 주었다", 김일성, "사회주의국가들의 친선과 단결", 쏘련잡지 《메쥬두나로드나야 쥐즌》 1957년 11월호에 발표한 론설(1957.11.1, 1957.11.31), 『김일성 저작집 11』, 조선로동당출판사, 1981, p.372.

133 김일성, 에꽈도르 좌익민주당대표단과 한 담화(1991.5.3), 『김일성 저작집 43』, 조선로동당출판사, 1996, p.61.

134 김일성, "문화선전사업을 강화하며 대외무역을 발전시킬데 대하여", 조선민주주의인민공화국 내각 제21차전원회의에서 한 결론(1949.7.18), 『김일성 저작집 5』, 조선로동당출판사, 1980, pp.157~158.

135 김일성, "인민소비품생산을 늘이며 상품류통사업을 개선할데 대하여", 조선로동당 중앙위원회 전원회의

유무상통의 원칙

북한은 무역에 있어 유무상통의 원칙을 중요한 기준으로 제시한다. 북한의 경제사전에 의하면 유무상통의 원칙이란 어떤 나라가 여유 있는 것은 상대방에게 주고, 없거나 모자라는 것은 상대방에게서 받는 것을 의미한다. 수출의 경우를 예로 들면 북한이 다른 나라에 비해 잘 만드는 상품, 즉 비교우위가 있는 상품을 생산·수출하는 것이 아니라 북한이 생산하고 남는 여유분이 있으면 수출한다는 것이다. 결국 이는 자립경제의 건설을 위해서는 필수적인 무역원칙일 수 있어도 경제성을 완전히 무시한 원칙인 셈이다.

> 우리 나라와 다른 나라들과의 경제관계에 대하여 말한다면 그것은 완전한 평등과 호혜의 원칙에 기초하여 유무상통하며 서로 도와주는 관계로서 대외무역과 그밖에 여러가지 형태를 통하여 실현되고 있다.[136]

과학기술 분야에서도 선진국의 앞선 과학기술을 배울 것이 아니라 자체적으로 인재 육성을 해야 한다고 주장했다. 게다가 외국으로 유학생을 보내는 경우도 학문적으로 능력을 갖춘 사람이 아니라 사상적으로 준비된 사람을 선발해야 한다고 주문했다.

> 우리는 기술인재양성을 위하여 다른 나라에 류학생을 많이 파견할수 없으며 또 그러한 방법으로 기술인재를 양성해서는 안됩니다. …… 국내대학들을 확대강화하여 자체로 우수한 기술인재를 많이 양성하여야 합니다. 앞으로 류학생을 보내는 경우에도 국내대학을 나온 사람들가운데서 실천투쟁을 통하여 정치사상적으로 단련되고 일정한 사업경험을 가진 사람들을 다른 나라 연구원에 보내야 합니다. …… 기술만 알고 정치를 모르는 기술자는 아무리 많아도 소용이 없습니다.[137]

에서 한 결론(1958.6.7), 『김일성 저작집 12』, 조선로동당출판사, 1981, p.320.

136 김일성, "조선민주주의인민공화국에서의 사회주의건설과 남조선혁명에 대하여", 인도네시아 《알리 아르함》사회과학원에서 한 강의(1965.4.14), 『김일성 저작집 19』, 조선로동당출판사, 1982, p.311.

137 김일성, "자체의 힘으로 우수한 기술인재를 많이 양성하자", 흥남공업대학, 함흥의과대학 교직원들과 한 담화(1953.10.18), 『김일성 저작집 8』, 조선로동당출판사, 1980, pp.87~88.

그러나 1970년대 세계적 차원에서 데탕트가 진행되고 북한도 서방세계와의 경제관계 확대를 추진하면서 무역에 대한 태도가 좀 더 적극적으로 변화했다. 무역상대국을 자본주의 국가를 포함한 전 세계로 넓히고, 생산하고 남는 상품을 수출하는 것이 아닌 처음부터 수출을 목적으로 한 상품 생산을 장려했다. 심지어 비교우위를 연상하게 하는 발언도 했다.

> 지금까지 우리는 주로 사회주의나라들과 무역을 많이 했는데 앞으로는 제3세계나라들, 자본주의나라들과도 무역을 많이 하여야 하겠습니다. 사회주의시장은 너무 좁습니다. 좁은 사회주의시장에만 의존하여서는 우리의 경제발전에 필요한 외화문제를 원만히 풀수 없습니다. 우리에게 필요한 외화를 많이 벌기 위하여서는 제3세계시장과 자본주의시장에 적극 진출하여야 합니다. 수출품을 생산하는 공장들을 지정하여놓고 수출품생산을 늘이기 위한 적극적인 대책을 세워 더 많은 상품을 대외시장에 내다팔도록 하여야 합니다.[138]

> 인민경제 모든 부문에서 수출품을 우선적으로 생산하며 그 질을 높이고 납입기일을 어김없이 지켜야 하겠습니다.[139]

> 남새를 많이 생산하여 팔아야 하겠습니다. …… 약초도 많이 생산하여 팔아야 하겠습니다. …… 사슴을 길러 록용도 팔수 있습니다. …… 강서약수와 신덕샘물도 다른 나라에 많이 내다팔아야 합니다. …… 고기와 알도 다른 나라에 좀 팔아야 합니다. …… 소고기는 조선소고기가 제일 맛있습니다. …… 다른 나라 사람들은 우리 나라의 닭알도 많이 요구합니다. …… 경공업제품을 잘 만들어 다른 나라에 팔데 대하여서도 연구해보아야 하겠습니다.[140]

> 누에고치생산을 늘여 외화를 많이 벌어야 하겠습니다.[141]

---

138 김일성, “제2차 7개년계획작성방향에 대하여”, 계획부문일군협의회에서 한 연설(1974.7.10~11), 『김일성 저작집 29』, 조선로동당출판사, 1985, p.355.

139 김일성, 신년사, 1979.1.1.

140 김일성, “평양시민들의 생활을 더욱 개선할데 대하여”, 평양시 책임일군협의회에서 한 연설(1979.3.1), 『김일성 저작집 34』, 조선로동당출판사, 1987, pp.145~147.

141 김일성, “경공업을 발전시키며 인민봉사사업을 개선할데 대하여”, 경공업부문과 인민봉사부문 책임일군협의회에서 한 연설(1979.11.3), 『김일성 저작집 34』, 조선로동당출판사, 1987, p.449.

대외경제관계의 확대가 자립경제에 위배되는 것이 아니라고 주장하기도 했다. 아예 외화 획득 목표치를 설정하기도 했다. 이는 1970년대에 접어들면서 이전 시기에 사회주의 국가들로부터 받던 원조와 지원이 급격히 감소함에 따라 자본재 수입을 위한 외화가 필요했기 때문이다.[142] 그래서 북한은 일본을 포함한 OECD 국가에 관심을 기울일 수밖에 없었고, 실제로 서방세계로부터 막대한 규모의 차관을 들여오기도 했다.[143]

우리가 자력갱생한다고 하여 모든 기계설비들을 다 자체로 만들어내는것은 아닙니다. 우리는 일부 발전된 공장설비 같은것을 다른 나라에서 사오기도 합니다.[144]

자력갱생은 국제적협조를 부인하지 않습니다. …… 자력갱생하는것을 기본으로 하면서 국제적협조를 하는것은 응당한 일입니다. 매개 나라가 자기에게 요구되는것을 다 자체로 만들수는 없습니다.[145]

자립적민족경제를 건설한다는것은 결코 문을 닫아매고 다른 나라와 경제교류를 하지 않거나 다른 나라의 선진기술을 받아들이지 않는다는것을 의미하지 않습니다. 자립적민족경제를 건설하면 다른 나라들과 경제기술교류도 더 잘할수 있고 무역도 더 확대발전시킬수 있습니다.[146]

우리 나라는 그리 크지 않은 나라입니다. 우리 나라에 필요한 모든 자원이 다 있는것도 아니며 또 필요한 모든것을 우리 나라에서 다 자체로 생산할수도 없습니다. …… 대외무역을 발전시키기 위하여서는 또한 무역을 다각화, 다양화하여야 합니다. 무역을 무역부에서만 할것이 아니라 다른 위원회, 부들과 도들에서도 널리 진행하며 여러가지

142 Eberstadt, Nicholas, *The North Korean Economy: Between Crisis & Catastrophe*, Transaction Publishers, 2007, pp.65~66.

143 1971~1978년까지 북한이 일본, 서독, 프랑스, 오스트리아, 영국 등 서방세계에서 도입한 차관은 12억 3,400만달러이며, 이 기간에 북한이 도입한 전체 차관 중에서 서방세계가 차지하는 비중은 약 3/4에 이른다. 조동호·서훈, "남북한 경제성장 전략 비교: 외부 자본 동원 방식을 중심으로", 이화여자대학교 통일학연구원(편), 『남북관계사: 갈등과 화해의 60년』, 이화여자대학교출판부, 2009, pp.237~238.

144 김일성, 에꽈도르 《볼룬따드》출판사 사장과 한 담화(1974.10.9), 『김일성 저작집 29』, 조선로동당출판사, 1985, p.515.

145 김일성, 노르웨이사회주의좌익당 대표단과 한 담화(1976.6.10), 『김일성 저작집 31』, 조선로동당출판사, 1986, pp.168~169.

146 김일성, 뻬루공화국 전 총리와 한 담화(1978.5.24), 『김일성 저작집 33』, 조선로동당출판사, 1987, p.236.

상품을 가지고 세계 여러 나라 시장에 적극 진출하여야 합니다.[147]

앞으로는 평양시에서 외화를 한해에 한 500만파운드씩 벌어야 합니다.[148]

남포시에서 외화를 한해에 300만파운드 무조건 벌어야 하겠습니다.[149]

다른 지표들을 좀 죽이는 한이 있더라도 금, 은을 비롯한 유색금속 생산에 큰 힘을 넣어 더 많은 외화를 벌어야 하겠습니다.[150]

물론 그렇다고 해서 자립경제를 포기한 것은 아니었다. 자립경제는 여전히 북한의 경제운용에 핵심적 역할을 하고 있었다.

우리에게 외화가 많이 요구된다고 하여 생활필수품을 다른 나라에 팔수는 없습니다. 우리는 인민들을 더 잘먹이고 더 잘입혀야 하므로 대외시장에 내보낼 생활필수품이 많지 못합니다.[151]

당신들이 상점에 가보면 알겠지만 우리 나라의 상점들에는 다른 나라 상품이 없습니다.[152]

우리가 중요하게 틀어쥐고나갈 방향은 자체의 원료에 의거하여 경제를 발전시키는 것입니다. 지난 시기에도 그러했지만 앞으로도 우리는 계속 이 방향을 견지할것입니

147 김일성, "인민경제의 계획규률을 강화하며 사회주의경제건설에서 새로운 앙양을 일으킬데 대하여", 조선로동당 중앙위원회 제5기 제19차전원회의에서 한 결론(1979.12.12), 『김일성 저작집 34』, 조선로동당출판사, 1987, pp.478~479.

148 김일성, "평양시민들의 생활을 더욱 개선할데 대하여", 평양시 책임일군협의회에서 한 연설(1979.3.1), 『김일성 저작집 34』, 조선로동당출판사, 1987, p.145.

149 김일성, "남포시앞에 나서는 몇가지 당면과업", 조선민주주의인민공화국 정무원, 남포시 책임일군협의회에서 한 연설(1980.3.11), 『김일성 저작집 35』, 조선로동당출판사, 1987, p.52.

150 김일성, "정무원 책임일군들의 역할을 높여 당의 경제정책을 철저히 관철하자", 조선민주주의인민공화국 정무원 책임일군협의회에서 한 연설(1980.3.5), 『김일성 저작집 35』, 조선로동당출판사, 1987, p.22.

151 김일성, 조선로동당 중앙위원회 제5기 제5차전원회의에서 한 결론(1972.10.23~26), 『김일성 저작집 27』, 조선로동당출판사, 1984, p.488.

152 김일성, 시에라 레온신문 《싼디 플라쉬》주필부부와 한 담화(1975.5.11), 『김일성 저작집 30』, 조선로동당출판사, 1985, p.305.

다.[153]

주체사상을 전면적으로 구현하기 위하여서는 또한 경제에서 자립의 원칙을 철저히 지켜야 합니다. 경제적자립은 정치적독립의 물질적기초입니다.[154]

그러나 경제가 점차 어려워지고 외부로부터의 투자 유치를 위해 '합영법'까지 만들게 되는 1980년대에 들어서는 무역에 대한 강조가 전면적으로 강화된다. 국내 수요를 위한 생산보다 수출을 강조하기도 한다. 김일성이 직접 외화를 벌기 위한 구체적인 방안을 지시하는가 하면, 관광사업도 거론하기 시작한다.

무역을 잘하기 위하여서는 국내 생산에 좀 영향이 미치더라도 다른 나라에 주기로 한 물건을 무조건 제때에 주어야 합니다. 지금 일부 경제지도일군들은 수출품생산을 잘 조직하지 않을뿐아니라 원료, 자재 사정이 좀 긴장하여지면 다른 나라에 보내기로 한 원료, 자재를 잘라서 쓰고있는데 그렇게 하여가지고는 무역을 잘할수 없으며 우리에게 필요한 물건을 제때에 들여올수 없습니다.[155]

물고기를 잘 가공하여 팔아 외화를 벌어야 합니다. 물고기를 랭동하였다가 그대로 팔기도 하고 가공하여 팔기도 하여야 합니다. 해삼, 낙지, 명태 같은것은 잘 가공하면 맥주안주로 비싸게 팔수 있습니다.[156]

랭동공장도 건설하고 랭장운반선도 무어[157] 다른 나라에 얼군 물고기를 많이 팔기 위한 대책을 세워야 합니다.[158]

---

153 김일성, 일본학자일행과 한 담화(1975.11.6), 『김일성 저작집 30』, 조선로동당출판사, 1985, p.615.

154 김일성, 에스빠냐공산당 기관지 ≪문도 오브레로≫주필과 에스빠냐 무소속신문 ≪엘 빠이스≫국내보도담당 주필이 제기한 질문에 대한 대답(1980.11.28), 『김일성 저작집 35』, 조선로동당출판사, 1987, p.413.

155 김일성, "사회주의경제건설에 대한 지도를 개선강화할데 대하여", 조선로동당 중앙위원회 제6기 제2차 전원회의에서 한 결론(1980.12.20), 『김일성 저작집 35』, 조선로동당출판사, 1987, pp.477~478.

156 김일성, "강원도의 경제사업에서 새로운 전환을 일으킬데 대하여", 조선로동당 강원도위원회 집행위원회에서 한 연설(1981.12.23), 『김일성 저작집 36』, 조선로동당출판사, 1990, p.397.

157 '뭇다'는 여러 개를 붙이거나 이어서 어떤 물건을 만든다는 의미의 동사(사회과학출판사, 『조선말대사전 2』, 2017, p.344)이므로 여기에서는 '만들어'라는 뜻이다.

158 김일성, "정무원의 사업방향에 대하여", 조선민주주의인민공화국 정무원 제1차전원회의에서 한 연설

> 원산시를 국제휴양도시로 만들고 다른 나라 사람들이 많이 오게 하려면 …… 원산시를 더 잘 꾸려야 합니다. 그래야 다른 나라 사람들이 원산에 많이 와서 송도원에서 해수욕도 하고 배놀이도 하게 할수 있습니다. …… 이번에 우리 나라에 왔던 프랑스공화국 정부특사도 …… 평양-빠리사이 직통항로를 개설하면 자기 나라 관광객들도 우리 나라에 많이 올수 있고 구라파나라들을 거쳐서 평양에 찾아오는 아프리카나라 사람들에게도 편리를 도모하여줄수 있다고 했습니다. …… 평양-원산사이 고속도도로를 건설하여놓았기때문에 평양시에 토요일저녁에 빠스를 타고 원산에 가서 일요일에 해수욕을 하고 저녁에 올수 있을것입니다.[159]

> 우리는 합영법에 기초하여 생산과 과학기술, 관광업을 비롯한 여러 분야에서 다른 나라들과 합영 또는 합작하는것을 장려하고 있습니다.[160]

외화를 버는 것 못지않게 절약하는 것도 중요하다고 지적했다.

> 외화를 많이 버는것과 함께 그것을 극력 아껴써야 합니다. 외화를 아껴쓰는것은 외화를 그만큼 버는것이나 다름없습니다. …… 앞으로 위원회, 부들에서 총리의 비준을 받지 않고는 외화를 쓰지 못하도록 하여야 하겠습니다.[161]

1984년 1월 개최된 북한 최고인민회의 제7기 제3차 회의에서는 '남남협조와 대외경제사업을 강화하며 무역사업을 더욱 발전시킬 데 대하여'라는 제목의 보고를 승인했는데, 여기에는 무역을 포함한 대외경제관계를 확대하기 위한 거의 모든 조치가 담겨 있다(<표 1-3> 참조). 물론 여전히 "자력갱생하여 민족경제의 자립적토대를 강화하면서 다른 나라들과의 경제적협조관계를 널리 발전"시켜야 하고, "대외경제관계에서 자주성을 확고히 견지"하며, "대외무역과 대외경제 사업을 평등과 호혜의 원칙에서

(1982.4.6), 『김일성 저작집 37』, 조선로동당출판사, 1992, p.90.

159 김일성, "강원도의 경제사업에서 새로운 전환을 일으킬데 대하여", 조선로동당 강원도위원회 집행위원회에서 한 연설(1981.12.23), 『김일성 저작집 36』, 조선로동당출판사, 1990, pp.393~394.

160 김일성, 일본사회당 기관지 《샤까이신뽀》편집장이 제기한 질문에 대한 대답(1985.10.9), 『김일성 저작집 39』, 조선로동당출판사, 1993, p.189.

161 김일성, "정무원의 사업방향에 대하여", 조선민주주의인민공화국 정무원 제1차전원회의에서 한 연설(1982.4.6), 『김일성 저작집 37』, 조선로동당출판사, 1992, pp.91~92.

<표 1-3> 1984년 1월 "남남협조와 대외경제사업을 강화하며
무역사업을 더욱 발전시킬데 대하여"의 주요 내용

주제	주요 내용
대외관계 발전의 중요성	"무역을 비롯한 대외경제관계를 널리 발전시켜야 나라의 경제건설을 다그치고 인민생활을 높일수 있다", "나라들사이의 친선관계발전은 흔히 무역을 비롯하여 경제협조로부터 시작되며 경제협조를 널리 발전시켜야 다른 나라들과 맺고있는 친선의 뉴대와 정치관계를 공고히 할수 있다."
대외경제 발전의 기본원칙	"자립적민족경제를 건설하는 기초우에서 다른 나라들과 경제관계를 맺고 대외무역을 발전시키는것은 우리 당과 공화국정부가 일관하게 견지하여온 혁명적방침이다."
무역의 다각화	"무역을 다각화, 다양화할데 대한 방침은 무역의 폭을 넓히고 세계 여러 나라들과의 경제교류를 발전시켜 나라의 경제건설을 다그치고 국제적협조를 강화하며 제국주의자들의 경제적 압력을 물리치고 대외무역을 자주적으로 발전시켜나갈수 있게 하는 정확한 방침이다."
대외경제 사업의 토대	"무역과 대외경제 사업을 전면적으로 확대함으로써 사회주의경제건설을 다그치며 다른 나라들과의 경제기술교류와 협조를 새로운 높은 단계에로 발전시켜나가야 한다."
남남협조의 필요성	"우리 나라와 지리적으로 가까이 있는 아세아나라들, 특히 동남아세아나라들과의 협조와 교류에 주목을 돌려야 한다", "동남아세아나라들과의 무역에 큰 힘을 넣어 거래대상을 적극 넓혀나가며 빠른 시일안으로 수출입물자의 가지수를 늘이고 무역액을 훨씬 높여야 한다", "동남아세아나라들과의 경제합작과 기술협조를 널리 실현하는 방향으로 나가야 한다."
사회주의 국가와의 무역 강화	"우리는 사회주의시장을 계속 중시하고 …… 사회주의나라들과의 무역과 경제합작, 기술협조를 더욱 적극적으로 폭넓게 발전시켜야 한다", "앞으로 5~6년안에 사회주의나라들과의 무역액을 지금보다 10배이상으로 늘이도록 하여야 한다. 이와 함께 사회주의나라들과의 경제합작과 기술협조를 널리 발전시켜야 한다."
자본주의 국가와의 무역 강화	"우리 나라의 자주권을 존중하고 우리를 우호적으로 대하는 자본주의나라들과 경제기술교류를 널리 발전시키는것은 우리 나라 경제건설에 도움으로 될뿐아니라 이 나라들과의 국가관계를 발전시키는데서도 유리한 조건을 지어준다", "우리 나라와 아직 외교관계가 없는 자본주의나라들과도 경제관계를 발전시켜야 한다."
신용제일주의 관철	"신용은 대외경제관계발전의 선결조건이며 …… 무역과 경제기술교류를 널리 발전시켜나갈수 있는 담보이며 나라의 권위와 관련되는 중요한 문제이다", "신용제일주의원칙에 따라 모든 부문에서 수출품을 우선적으로 생산하고 납입기일을 어김없이 지키며 경제합작과 기술협조를 위하여 다른 나라들과 맺은 협정들을 철저히 실행하여야 한다."
수출품 질 제고	"기술규정을 엄격히 지키고 제약조건에 맞게 제품을 생산하며 포장을 개선함으로써 수출품의 질을 높은 수준에서 보장하여야 한다."
대외수송사업 강화	"철도에 의한 대외수송을 계속 강화하는 한편 해상수송을 발전시키는데 힘을 넣어 무역항들을 더욱 튼튼히 꾸리고 현대적인 짐배들을 늘임으로써 우리 나라 배에 의한 무역화물수송을 더욱 발전시켜야 한다."
무역기관의 책임성 강화	"세계 여러 나라들과의 경제적협조관계를 확대하기 위하여서는 무역기관과 무역일군들의 책임성과 역할을 높여야 한다."

발전”시켜야 한다는 전제를 하고는 있으나,[162] 이는 이전의 북한과는 확연히 다른 모습이다.

여기에서 한 걸음 더 나아가 1984년 2월 김일성은 무역의 확대가 자립경제와 모순되는 것이 아니라고 언급하면서 무역을 포함한 대외경제관계에 대한 보다 구체적이고 명확한 지침을 내렸다(<표 1-4> 참조). “많이 쓰는것은 될수록 자체로 생산해야 하겠지만 적게 쓰는것은 공장을 차려놓고 생산하는것보다 다른 나라에서 사오는것이 경제적으로 더 유익합니다”라며 유무상통의 원칙에서 벗어나 비교우위를 거론하기도 했다.[163] 무역도 가공무역, 되거리무역[164] 등 다양한 방법을 모색하라고 지시했다. 심지어 수출 대상이 될 수 있는 상품을 구체적으로 열거하면서 수출품 포장의 중요성, 무역 분야 종사자의 수준 제고, 국제시장에 대한 연구까지 세밀하게 지시했다.

1984년 9월에는 북한 최초의 외국인투자 유치정책이라고 할 수 있는 ‘합영법’을 제정했다. 그러나 ‘합영법 시행세칙’은 “우리 나라의 국가사회제도와 자주권을 존중”하는 외국인투자가와 “평등 및 호혜의 원칙에서 합영할수 있다”고 규정했다. ‘합영법’에 의해 투자한 일본 기업에도 “김일성 주석이 제시한 대안의 사업체계의 요구에 맞춰 추진”할 것을 요구했다.[165] 외국 기업이 진출을 주저한 것은 당연했다. 낙후된 인프라, 미흡한 법·제도 등 열악한 투자환경을 고려하면 경제특구 설치가 효과적이었을 것이지만, 북한 당국은 ‘합영법’이 북한의 어느 지역에서나 외국인투자를 보장하므로 굳이 경제특구를 설정할 필요가 없다고 했다.[166] 그만큼 무모했다. ‘합영법’ 제정 직후 오히려

---

162 “남남협조와 대외경제사업을 강화하며 무역사업을 더욱 발전시킬데 대하여”, 조선민주주의인민공화국 최고인민회의 결정(1984.1.26), 『김일성 저작집 38』, 조선로동당출판사, 1992, p.229.

163 김일성, “대외무역을 다각화, 다양화할데 대한 당의 방침을 철저히 관철하자”, 무역부문 책임일군들과 한 담화(1984.2.13), 『김일성 저작집 38』, 조선로동당출판사, 1992, p.232.

164 수입한 상품을 가공하지 않은 채로 다시 수출하여 이익을 얻는 무역 형태인 중개무역의 북한식 표현이다.

165 미야츠카 도시오(宮塚利雄), “북한의 합영사업과 일본기업”, KDI 주최 제3회 국제학술회의 ‘북한의 투자환경과 남북한 경제협력의 정책과제’ 자료집, 1993.9.13, p.59.

166 고일동, “북한의 자유경제무역지대 개발과 남북한 경제협력”, 양운철(편), 『남북한 경제협력: 북한의 개방과 분단국 경험』, 세종연구소, 1997, p.139. 한편 1984~1988년의 기간 북한과 소련과의 무역이 급신장했고, 특히 수입 증가는 미흡한 합영 실적에 따르는 자본과 기술 도입의 부진을 어느 정도 상쇄함으로써 북한으로 하여금 경제특구의 설치를 서두르지 않아도 된다는 오판을 낳게 했다는 지적도 있다. 최수영, “북한의 투자 유치정책 10년사 평가와 과제”, 조명철(편), 『북한의 대외경제정책 10년: 평가와 과제』, 대외경제정책연구원, 2001, pp.37~38. 실제로 1984~1988년의 기간 북한과 소련 사이의 무역 증가율은 연평균 27.6%였고, 1988년 소련으로부터의 수입 규모는 1984년 대비 4.9배에 달했다. 한국개발연구원, 『북한경

<표 1-4> 1984년 2월 대외무역에 관한 김일성 담화의 주요 내용

주제	주요 내용
대외무역의 필요성	"대외무역을 발전시키는것은 자립적민족경제를 건설한데 대한 우리 당의 방침과 모순되지 않습니다. 자립적민족경제를 건설한다고 하여 필요한 모든것을 다 자체로 해결해야 한다는 법은 없습니다", "경제건설과 인민생활에 필요한 모든것을 다 자체로 생산하여 쓸수 없으며 또 그렇게 할 필요도 없습니다."
대외무역 낙후 원인	"주 되는 원인은 무역을 다각화, 다양화할데 대한 당의 방침을 제대로 관철하지 못한데 있는 것 같습니다."
무역의 폭 확대	"대담하게 돛대를 남쪽으로 돌려 제3세계나라들, 자본주의나라들과의 무역을 적극 발전시켜야 합니다."
무역기관 확대	"무역대상을 계속 늘이는것과 함께 무역기관도 늘여야 합니다."
무역 방법의 다양화	"가공무역도 하고 되거리무역도 하여야 합니다", "무역일군들은 여러가지 방법을 널리 리용하여 우리 나라의 무역을 빨리 발전시키고 대외시장을 적극 넓혀나가야 합니다."
수출원천 확대	"뭉테기외화를 벌수 있는 제품과 세계시장에는 없고 우리에게는 많은 제품을 수출하는 원칙에서 수출원천을 찾아야 합니다."[1]
신용제일주의 준수	"대외무역에서 신용은 생명이라고 말할 수 있습니다."
무역계약 철저	"무역계약은 우리 나라에서 물건을 얼마나 줄수 있는가 하는것을 과학적으로 타산한데 기초하여 현실성있게 맺어야 합니다", "다른 나라와 무역계약을 일단 맺은 다음에는 그것을 무조건 실행하여야 합니다."
수출품의 질 제고	"수출품의 질을 높이고 납입기일을 엄격히 보장하는것은 대외무역에서 신용을 얻기 위한 중요한 조건의 하나입니다."
수출품 포장 철저	"같은 상품이라도 포장을 잘하면 훨씬 더 좋아보이고 포장을 잘하지 못하면 질이 낮아보입니다."
포장재 생산확대	"크라프트종이와 주름판종이, 비닐주머니를 비롯한 여러가지 포장재를 많이 생산하여 상품포장을 결정적으로 개선하도록 하여야 합니다."
수출품 수송보장	"수출은 곧 수송입니다. 수출품을 아무리 많이 생산해놓아도 그것을 실어 보내지 못하면 소용이 없습니다."
화물선 생산증대	"짐배를 많이 뭇는것[2]과 함께 무역항을 확장하고 현대화하여야 합니다."
국제시장에 대한 연구	"국제시장을 잘 연구하면 날마다 변하는 상품시세를 제때에 정확히 알고 그에 맞게 무역활동을 능동적으로 벌릴수 있습니다."
무역부문 일군 수준 제고	"무역부문 일군들은 정치사상적으로 튼튼히 준비되여있어야 할뿐아니라 장사물계에 밝고 수완이 있어야 하며 외국어도 알아야 합니다."

주제	주요 내용
무역 지도기관	"국가에서는 위원회, 부 무역회사들에 수출품종이 중복되지 않게 무역범위를 잘 정해주어야 합니다."

* 주 1: 김일성은 수출 원천으로 시멘트, 마그네시아 클링커로 만든 내화벽돌, 강재 및 기계제품, 연·아연을 비롯한 유색금속, 화강석·대리석·옥돌 같은 천연 건재, 도자기와 유리그릇, 법랑철기 등을 예로 들고 있음.
2: '짐배'는 짐을 전문적으로 나르는 배이고(사회과학출판사, 『조선말대사전 3』, 2017, p.678) '뭇다'는 만든다는 의미의 북한 말이므로 여기에서는 화물선을 건조한다는 뜻임.

* 자료: 김일성, "대외무역을 다각화, 다양화할데 대한 당의 방침을 철저히 관철하자", 무역부문 책임일군들과 한 담화(1984.2.13), 『김일성저작집 38』, 조선로동당출판사, 1992, pp.232~246.

김일성은 "외자를 받아들여 경제를 건설하면 예속경제가 되고맙니다"라며 외부자본으로 '고도성장'을 하느니 느리더라도 "자체의 힘으로 한계단한계단 착실히" 성장하겠다고 했다.[167] 당연히 성과는 극히 미진했다.[168]

1988년에는 '수출 제일주의'를 내세웠다. 수출 목표를 달성하지 못하면 계획 전체를 수행하지 못한 것으로 평가하겠다는 방침까지 제시했다. 1990년에는 '무역 제일주의'라는 용어도 내놓았다.[169] 그동안 수출공업 육성에 소홀했다며 앞으로는 수출공업 발전에 노력해야 한다고 주문했다.

> 우리는 올해에 수출제일주의구호를 높이 들고 수출을 확고히 앞세워야합니다. …… 수출계획을 무조건 수행하여야 합니다. 공장, 기업소들에서 수출계획을 수행하지 못하였을 때에는 생산계획을 수행하였다 하더라도 계획을 수행하지 못한것으로 평가하여야 하겠습니다.[170]

제지표집』, 1996, p.150, p.152.

167 김일성, 일본 정치리론잡지 《세까이》편집국장이 제기한 질문에 대한 대답(1985.6.9), 『김일성 저작집 39』, 조선로동당출판사, 1993, p.103.

168 '합영법' 제정의 배경과 성과에 대한 자세한 논의는 다음을 참조. 배종렬, "북한 외자정책과 대북 투자 활성화 방안", 『통일문제연구』, Vol.6 No.1, 1994, pp.125~131; 조동호·서훈, "남북한 경제성장 전략 비교: 외부 자본 동원 방식을 중심으로", 이화여자대학교 통일학연구원(편), 『남북관계사』, 이화여자대학교출판부, 2009, pp.240~241.

169 '무역 제일주의'는 1993년 12월 당 중앙위원회 제6기 제21차 전원회의에서 '농업·경공업·무역 제일주의'로 다시 강조된다.

170 김일성, "정무원사업을 개선하며 경제사업에서 5대과업을 틀어쥐고 나갈데 대하여", 당중앙위원회, 정무원 책임일군협의회에서 한 연설(1988.1.1), 『김일성 저작집 41』, 조선로동당출판사, 1995, p.23.

무역제일주의방침을 철저히 관철하여야 하겠습니다. 무역을 발전시키는것은 사회주의경제건설을 다그치는데서 매우 중요한 의의를 가집니다. …… 우리는 지난 기간 자체의 힘으로 국방공업을 건설하느라고 거기에 힘을 넣다보니 수출공업을 발전시키지 못했습니다. 우리는 앞으로 수출공업발전에 큰 힘을 넣어 여러가지 수출품생산을 결정적으로 늘이며 대외무역을 적극 발전시켜야 합니다. …… 지도일군들은 중앙인민위원회에서 결정한 외화벌이계획을 흥정하려 하지 말고 무조건 그대로 집행하여야 합니다.[171]

상대적으로 손쉽게 외화를 벌 수 있는 관광사업에 대한 강조도 과거에 비해 강해졌다. 예를 들어 김일성은 강원도를 국제적인 관광지로 조성하라면서 매우 상세한 지시를 내렸다(<표 1-5> 참조). 일반 주민들도 관광객을 위해 영어를 배워야 한다고까지 말했다.

냉전이 해체되고 경제난이 본격적으로 시작된 1990년대에는 자본주의 시장에도 적극 진출해야만 했다. 소련이 붕괴하여 러시아와의 무역은 급감했고, 중국과는 이전의 우호무역과는 다른 새로운 무역협정을 체결해야 했다.[172] 1993년 김일성이 "지난날 우리 나라의 대외무역에서 압도적비중을 차지하고 있던 사회주의시장이 최근년간에 무너졌습니다"라고 토로할 정도로 대외경제 환경의 악화는 심각했다.[173] 따라서 생산하고 남은 것이 아니라 팔 수 있는 물건을 모두 수출한다는 식으로까지 변화했다. 3차 7개년계획(1987~1993년)이 실패한 후에는 무역 제일주의를 다시 내놓았다. 미국을 포함한 자본주의 국가들과 함께 동남아 및 아랍 국가들로 무역 시장을 넓혀야 한다고 했다. 김일성은 가공무역 등 다양한 방법을 추진하며, 지방의 지리적 특색을 활용한 무역 확대를 구체적으로 지시하기도 했다. 특정 품목과 수출 가능 수치까지 제시했다.

변화된 환경은 우리로 하여금 세계 자본주의시장에 대담하게 진출하며 대외무역에

---

171 김일성, "중앙인민위원회와 정무원의 사업방향에 대하여", 조선민주주의인민공화국 중앙인민위원회 제9기 제1차회의, 정무원 제9기 제1차전원회의에서 한 연설(1990.5.28), 『김일성 저작집 42』, 조선로동당출판사, 1995, pp.335~338.

172 예를 들어 1991년 북한과 소련과의 무역은 1990년 대비 무려 86.5% 감소했다. 한국개발연구원, 『북한경제지표집』, 1996, p.150, p.152.

173 김일성, "당면한 사회주의경제건설방향에 대하여", 조선로동당 중앙위원회 제6기 제21차전원회의에서 한 결론(1993.12.8), 『김일성 저작집 44』, 조선로동당출판사, 1996, p.278.

<표 1-5> 1989년 11월 강원도 국제관광지에 관한 김일성 연설의 주요 내용

주제	주요 내용
비전	"우리는 앞으로 관광업을 대대적으로 발전시키려고 합니다. 우리 나라에는 관광지로 꾸릴수 있는곳이 많으며 이미 관광시설을 꾸려놓은것도 적지 않습니다."
관광객 규모	"우리 나라에 오는 관광객의 수를 100만명, 200만명, 300만명으로 늘여야 합니다. 관광지들을 잘 꾸리고 관광업을 대대적으로 발전시키면 우리 나라에 관광객이 한 1억명도 올수 있을 것입니다."
항로 개설	"우리 나라에 찾아오는 관광객들의 편의를 도모하기 위하여 관광객이 늘어나는데 맞게 비행기 항로를 새로 개설하려고 합니다. …… 평양에서 모스크바를 거쳐 벌가리아의 쏘피아까지 가는 항로 ……쏘피아를 거쳐 아프리카까지 가는 항로 …… 우리 나라에 오는 관광객이 많이 늘어나면 평양-빠리 사이의 항로 …… 평양-단동 사이에도 항로를 새로 개설할수 있습니다."
관광 코스	"먼저 평양시를 돌아보게 한 다음 본인의 요구에 따라 그들을 금강산이나 묘향산 같은데 보내야 합니다. 관광로정은 평양-원산, 평양-묘향산, 평양-개성으로 할 수 있습니다. 평양-백두산도 관광로정으로 할수 있습니다."
관광 지역	(묘향산) "관광객들이 묘향산에 가면 거기에서 한 3~4일 동안 있으면서 국제친선전람관도 참관하고 상원암에도 올라가보고 만폭동과 서산대사가 있던 절간에도 가볼수 있습니다." (개성) "지금은 개성시에 가는 관광객들을 주로 판문점만 참관시키고있는데 판문점뿐아니라 공민왕릉과 박연폭포에도 가보고 인삼포전에도 가보게 하여야 합니다. 관광객들이 인삼포전에 가서 인삼을 재배하는것을 보게 하고 요구에 따라 인삼을 생채로 팔아주면 그들이 좋아할것이며 외화도 많이 벌수 있을것입니다", "구라파사람들은 온돌방에서 자보는데 흥미를 가집니다. 구라파관광객들을 민속려관에서 자게 하면 그들이 좋아할것입니다." (평양) "평양시도 관광지로 더 잘 꾸리려고 합니다. …… 대성산에 몇개의 건축물을 더 건설하고 력포구역에 있는 동명왕릉까지 잘 꾸리면 관광객들이 평양시를 돌아보고 더욱 흥미있어 할것입니다."
편의 시설	"관광객들이 삭도나 오락시설, 낚시터 같은것을 공짜로 리용하게 하여서는 안됩니다. 다 돈을 받아야 합니다."
영어 교육	"관광업을 대대적으로 발전시키려면 우리 사람들이 다른 나라 말을 할줄 알아야 합니다. 특히 영어를 아는것이 중요합니다. 관광객들에게 상품을 팔려고 하여도 다른 나라 말을 알아야 합니다. …… 강원도에서는 대외봉사일군들뿐아니라 일반주민들도 영어를 배우도록 하여야 할것 같습니다."

* 자료: 김일성, "강원도를 국제관광지로 잘 꾸릴데 대하여", 조선민주주의인민공화국 중앙인민위원회 제8기 제31차 회의에서 한 연설(1989.11.14~15),『김일성 저작집 42』, 조선로동당출판사, 1995, pp.200~205.

서 전환을 일으킬것을 요구하고 있습니다. 자본주의시장을 대상하여 무역을 발전시키려면 무엇보다도 자본주의시장에 내다팔수 있는 수출품원천을 많이 탐구동원하여야 합니다.[174]

---

174 김일성, "변화된 환경에 맞게 대외무역을 발전시킬데 대하여", 당, 국가, 경제 지도일군협의회에서 한 연

우리는 다른 나라 개인장사군들이 비료를 요구하면 비료를 팔아주고 농약을 요구하면 농약을 팔아주며 세멘트를 요구하면 세멘트를 팔아주고 강재를 요구하면 강재를 팔아주면서 대외무역활동의 범위를 계속 넓혀나가고있습니다. 미국의 개인장사군들도 우리와 거래를 하자고 하면서 찾아오고있습니다.[175]

무엇보다 중요한것은 무역의 다각화를 실현하여 …… 자본주의나라들을 비롯한 각이한 사회제도를 가진 여러 나라들과 무역을 발전시켜나가는것이다. 우선 발전도상나라들 특히 동남아세아나라들과 아랍나라들과의 무역관계를 발전시켜나가야한다.[176]

무역방법을 개선하고 가공무역을 많이 하여야 하겠습니다. 피복가공무역만 잘하여도 많은 외화를 벌수 있습니다. 아세아의 어느 한 나라에서는 피복가공무역을 하여 한해에 180억딸라를 번다고 합니다. …… 우리라고 그렇게 하지 못할 조건이 없습니다.[177]

함경북도에서 외화를 많이 벌자면 산과 바다를 잘 리용하여야 합니다. …… 모든 산에서 공예작물을 재배하도록 하여야 하겠습니다. …… 산에 빨리 자라는 넓은잎나무를 많이 심으면 필프원료로도 쓰고 가구를 만들고 건설을 하는데도 쓸수 있습니다. …… 산을 리용하여 산양을 기르는 운동도 널리 벌려야 합니다. …… 백살구나무와 배나무도 많이 심어야 하겠습니다. …… 백살구를 많이 생산하면 단졸임을 만들어 팔수 있습니다. …… 수산업을 발전시켜 물고기도 많이 잡고 바다가양식도 잘하여야 합니다. …… 중국 연변지방에 수산물이나 수산물통졸임 같은것을 가져다 팔면 거기에서 콩이나 강냉이를 사올수 있을것입니다. …… 함경북도에서는 로씨야와도 무역을 잘하여야 합니다.[178]

설(1991.11.23), 『김일성 저작집 43』, 조선로동당출판사, 1996, pp.230~231.

175 김일성, 스웨리예 공산주의자로동당 위원장과 한 담화(1992.6.29), 『김일성 저작집 43』, 조선로동당출판사, 1996, p.384.

176 최경희, "현시기 대외시장을 개척하기 위한 방도", 『경제연구』, 2호, 1995, p.50.

177 김일성, "당면한 사회주의경제건설방향에 대하여", 조선로동당 중앙위원회 제6기 제21차전원회의에서 한 결론(1993.12.8), 『김일성 저작집 44』, 조선로동당출판사, 1996, pp.282~283.

178 김일성, "함경북도당위원회앞에 나서는 몇가지 과업에 대하여", 함경북도당위원회 전원회의 확대회의에서 한 연설(1992.9.4), 『김일성 저작집 43』, 조선로동당출판사, 1996, pp.434~435.

세멘트를 600만톤 팔면 톤당 30딸라씩 받는것으로 보아도 외화를 1억 8,000만딸라 벌수 있습니다. 300마르까[179]이상 되는 세멘트는 톤당 50딸라 한다고 하므로 세멘트의 질을 높여 600만톤 팔면 3억딸라를 벌수 있을것입니다. …… 한해에 600만톤 팔기 곤난하면 한 500만톤 팔아도 됩니다.[180]

이처럼 무역에 대해서는 적극적인 입장을 보이면서도 외부로부터의 투자에 대해서는 여전히 기본적으로는 부정적인 시각을 견지하고 있었다. 이는 외부자본에 의해 자립경제의 기반이 훼손될 가능성을 우려한 것으로 해석된다. 무역을 통해 획득한 외화나 차관 형식으로 도입한 외화는 북한 스스로의 결정에 의해 자립경제 건설에 사용할 수 있는 반면, 외부투자는 북한이 통제하기 쉽지 않기 때문이다.

실제로 북한 문헌은 "합영, 합작을 잘하는것이 대외경제관계발전의 중요한 요구"이며 "합영, 합작은 오늘 외화를 얻을수 있는 중요통로의 하나"라고 하면서도,[181] "외국 자본을 끌어들이는것은 예속의 길이며 망국의 길이다"라고 주장했다.[182] 김일성 역시 "사상과 리념, 제도의 차이에 관계없이 경제기술적 교류와 협조를 적극 발전"시킬 것이고 "다른 나라들과 합영 또는 합작하는것을 장려"한다고 하면서도[183] 외국 자본은 받아들이지 않을 것이며 합영이나 합작을 하더라도 관리는 북한이 담당해야 한다고 강조했다.

우리는 절대로 외자를 받아들이지 않을것입니다.[184]

합영, 합작은 다른 나라에서 기술과 자금을 대게 하고 기업관리는 우리가 하는 방향

179 '마르까'는 석재, 모르타르, 콘크리트, 강철 등과 같이 하중을 받는 건설자재의 강도의 크기를 나타내는 기준이다. 사회과학출판사, 『조선말대사전 2』, 2017, p.11.

180 김일성, "사회주의경제건설에서 새로운 혁명적전환을 일으킬데 대하여", 경제부문 책임일군협의회에서 한 결론(1994.7.6), 『김일성 저작집 44』, 조선로동당출판사, 1996, pp.480~481.

181 최원철, "합영, 합작을 잘하는것은 대외경제관계발전의 중요요구", 『경제연구』, 4호, 1993, p.20.

182 김주호, "직접투자를 통한 남조선경제에 대한 외래독점자본의 지배의 강화", 『경제연구』, 2호, 1992, p.45.

183 김일성, 일본사회당 기관지 《샤까이신뽀》편집장이 제기한 질문에 대한 대답(1985.10.9), 『김일성 저작집 39』, 조선로동당출판사, 1993, p.189.

184 김일성, 일본 정치리론잡지 《세까이》편집국장이 제기한 질문에 대한 대답(1985.6.9), 『김일성 저작집 39』, 조선로동당출판사, 1993, p.103.

나선 경제무역지대의 개칭이 의미하는 것은 무엇일까?

북한 최초의 경제특구였던 나진·선봉 자유경제무역지대는 오늘날 나선 경제무역지대로 명칭이 바뀌어 불리고 있다. 북한은 이 지역을 1993년부터 2010년까지 동북아시아의 '중요한 국제화물 중계기지, 현대적 기술에 기초한 수출가공기지, 국제적인 관광기지'로 발전시킨다는 목표를 제시했고,[185] 2020년 11월 수정된 '라선경제무역지대법' 제2조는 이 지역을 '특혜적인 무역 및 중계수송과 수출가공, 금융, 봉사지역'으로 규정하고 있다. 김정우 북한 대외경제위원회 부위원장은 『인터내셔널 트리뷴』과의 인터뷰에서 "나진·선봉 지대의 모델은 굳이 말한다면 싱가포르이며, 세계 각국의 자유무역지대들에 대한 연구검토 결과 싱가포르형이 우리에게 가장 유용하다고 판단했다"고 밝혔다.[186] 북한은 나진·선봉 경제특구의 성공을 위해 나진항, 선봉항 및 인근의 청진항을 자유무역항으로 지정하는 등 나름대로 많은 노력을 했으나, 지금까지 성과는 극히 미미한 수준이다.

한편 1991년 12월 설립될 시점에는 북한 함경북도 라진시와 선봉군이 별개의 지역이었지만, 1993년 9월 라진·선봉 직할시로 개편되었고 2000년 5월 라선시로 개칭되었다. 설립 당시 명칭은 나진·선봉 자유경제무역지대였으나, 1998년 9월 나진·선봉 투자설명회에서 리경일 북한 대외경제협력추진위원회 부위원장이 나진·선봉 경제무역지대로 호칭함으로써 '자유'라는 단어가 삭제된 것이 확인되었다.[187]

에서 하여야 하며 될수록 많은 리윤을 얻도록 하는 원칙에서 하여야 합니다.[188]

외부투자 유치를 위해 1984년 9월 '합영법', 1992년 10월 '외국인투자법'과 '외국인

185 김일성종합대학출판사, 『라진-선봉 자유경제무역지대 투자환경』, 1995, p.30.

186 김삼식, "싱가포르 모델을 지향하는 나진-선봉", 『북한뉴스레터』, 7월호, 대한무역투자진흥공사, 1997, p.1.

187 배종렬·박유환, 『남북한 경제협력: 발전전략과 정책과제』, 한국수출입은행, 2000, p.351. 한편 '자유'라는 단어가 삭제된 시점에 대해서는 1998년 3월(최수영, "북한의 투자유치정책 10년사 평가와 과제", 조명철(편), 『북한의 대외경제정책 10년: 평가와 과제』, 대외경제정책연구원, 2001, p.54), 4월(홍익표, 『북한의 경제특구 확대 가능성 및 발전방향』, 대외경제정책연구원, 2001, p.52; 김연철, "북한경제와 남북 경제협력의 연계발전론", 북한경제포럼(편), 『북한경제와 남북한 경제협력』, 오름, 2008, p.407), 7월(배성인, "김정일 정권의 위기극복을 위한 정치담론과 담론의 정치", 『통일정책연구』, Vol.12 No.2, 2003, p.202) 등 다양한 견해가 있다.

188 김일성, "현시기 정무원앞에 나서는 중심과업에 대하여", 조선민주주의인민공화국 중앙인민위원회, 정무원련합회의에서 한 연설(1992.12.14), 『김일성 저작집 44』, 조선로동당출판사, 1996, p.16.

기업법'을 제정하고 북한이 실질적 경영권을 가질 수 있는 합영기업과 합작기업은 전국 어디에나 설립 가능하도록 하면서도 외국인투자가가 단독으로 투자하고 운영하는 외국인기업은 경제특구에만 설립할 수 있도록 한 것도 마찬가지 이유였을 것이다.[189] 다만, 1991년 12월 28일 정무원 결정 제74호로 북한 최초의 경제특구인 나진·선봉 자유경제무역지대를 설립했으나 외국인투자 실적이 저조하자 "공화국정부는 다른 나라 투자가들에게 언제나 투자의 문을 열어놓고있습니다"라며 나진·선봉 지역에 대한 외국인투자를 장려하기도 했다(<표 1-6> 참조).[190] 나아가 김일성은 외화 획득을 위해 나진·선봉 경제특구가 활성화되어야 함을 조목조목 강하게 주문하기도 했다. 그러나 열악한 투자환경과 함께 자립경제에 기초한 외국인투자에 대한 소극적인 태도로 인해 나진·선봉 경제특구에 대한 투자 유치는 성공적이지 못했다. 나진·선봉 경제특구를 책임졌던 김정우 북한 대외경제위원회 부위원장은 1996년 4월 22~23일 미국 워싱턴 D.C.에서 조지워싱턴대학교 개스턴 시거 센터 주최로 열린 북한의 경제개발과 관련한 세미나에 참석했는데, 당시 나진·선봉 경제특구의 투자 실적에 대한 필자의 질문에 1996년 3월 기준 계약 금액은 3억달러이지만 실제 투자는 16개 기업의 3,000만달러로서 아직은 실망스러운 수준이라고 밝혔다.[191] 1998년 9월 24~26일 나진·선봉에서 11개국 70여개의 기업이 참가한 가운데 개최된 투자상담회에서 북한 대외경제협력추진위원회는 1997년 말 기준으로 계약 실적은 111건 7억 5,077만달러, 실제 투자된 금액은 77건, 5,792만달러라고 밝혔으며,[192] 두만강지역개발계획(TRADP)

---

189 '외국인기업법' 제6조는 "이 법은 정해진 지역에 창설운영되는 외국인기업에 적용한다"고 규정하고 있다. 여기에서 '정해진 지역'이란 '외국인투자법'상 북한이 별도로 정한 법규에 따라 운영되는 경제특구로 해석된다. 법무법인(유한)태평양·삼정KPMG, 『북한투자 실무가이드』, 두앤북, 2020, pp.81~82.

190 김일성, 꾸바 쁘렌싸 라띠나통신사 사장이 제기한 질문에 대한 대답(1994.4.13), 『김일성 저작집 44』, 조선로동당출판사, 1996, p.343.

191 당시 김정우 대외경제위원회 부위원장은 기조연설에서 나진·선봉 경제특구의 실적이 부진한 이유는 북한의 '폐쇄경제' 때문이 아니라 외부의 경제제재 때문이라고 주장했다. "Facts and figures verify that DPRK's external exchanges and cooperation has failed to be up to the standard not because of its 'closed economy' but because of the economic embargo imposed upon it by outside forces." Kim, Jong U., "North Korea's External Economic Policy", keynote remarks presented at the 'Korea: Prospects for Economic Development' seminar sponsored by the Gaston Sigur Center for East Asian Studies of the George Washington University, April 22, 1996, p.7.

192 배상범, "나진·선봉경제무역지대 개발 현황: 1998 라진·선봉경제무역지대 투자상담회 북한측 기조연설문", 『북한뉴스레터』, 1월호, 1999, 대한투자무역진흥공사, p.20.

<표 1-6> 1994년 6월 나진·선봉 경제특구에 관한 김일성 연설의 주요 내용

주제	주요 내용
설립 목적	"라진-선봉지구는 자유경제무역지대로 꾸릴수 있는 유리한 조건을 가지고있기때문에 잘 꾸리면 숱한 돈을 벌수 있습니다."
여건 평가	(자연적 조건) "라진-선봉지구의 항들은 겨울에 바다가 얼지 않아 사철 쓸수 있습니다." (지리적 조건) "중국과 로씨야, 몽골에서 남조선, 일본, 대만, 홍콩과 싱가포르를 비롯한 동남아세아나라들에 가져가는 짐들을 중계하여줄수 있습니다."
외화 획득 방안	(중계료) "라진항과 선봉항, 청진항을 잘 운영하여 중국과 로씨야, 몽골에서 나오는 물동을 중계하여주면 숱한 돈을 벌수 있습니다." (노임) "짐을 우리 나라 경내에서 실어나르는 값과 항에서 싣고부리는 데 드는 로력값만 받아도 굉장할것입니다." (숙박·서비스) "라진-선봉자유경제무역지대를 잘 꾸리면 려관업을 비롯한 봉사업을 통해서도 많은 돈을 벌수 있습니다."
저조한 실적의 이유	"정무원에서는 라진-선봉자유경제무역지대 개발사업을 짜고들지 않고 말공부만 하고 있습니다."
활성화를 위한 방침 제시	(호텔) "무엇보다도 려관을 잘 건설하여야 하겠습니다. 려관은 지형조건과 수요에 맞게 큰것도 건설하고 작은것도 건설하여야 합니다." (편의시설) "실내 오락장과 체육시설도 잘 꾸려놓아야 합니다. …… 보링장과 정구장, 배구장, 롱구장, 수영장 같은것도 실내에 꾸려놓아야 합니다. …… 한증탕도 꾸려놓아야 합니다." (주택) "살림집도 많이 지어야 합니다." (난방) "라진-선봉지구는 겨울에 날씨가 차고 바람이 세게 불기 때문에 난방을 잘하지 않으면 안됩니다." (녹지) "라진항과 선봉항사이를 비롯하여 록지를 조성할수 있는데는 다 조성하여야 합니다." (도로) "고속도도로도 건설하여야 합니다." (공항) "비행장을 빨리 건설하여야 하겠습니다. …… 자본가를 비롯한 장사군들은 시간을 얻는것이 중요하기때문에 먼거리를 갈 때 비행기를 타고 빨리 가려고하지 속도가 뜬 기차를 타고가려 하지 않습니다." (항만) "항은 짐을 많이 싣고부릴수 있게 크게 건설하여야 합니다." (관광) "라진-선봉지구에 오는 다른 나라 사람들이 온포에 가서 온천목욕도 하고 금강산에 가서 관광도 하게 하는것이 좋습니다."
규모	"라진-선봉자유경제무역지대를 인구가 한 15만명 정도 되게 꾸리려고 안을 세웠는데 그렇게 쬐쬐하게 꾸려서는 안됩니다. 라진-선봉자유경제무역지대는 인구가 적어도 한 100만명 되게 큰 규모로 꾸려야 합니다."
기업활동 보장	"라진-선봉지구를 자유경제무역지대로 개발하는것만큼 그안에서는 자본가들이 자기가 하고싶은 기업을 다하게 하여도 일없습니다."
홍보	"다른 나라 사람들을 많이 끌어들이기 위한 대외선전을 널리 하여야 하겠습니다."

* 자료: 김일성, "라진-선봉자유경제무역지대 개발과 수력발전소건설을 다그칠데 대하여", 라진-선봉자유경제무역지대 개발과 발전소건설 관계부문 일군협의회에서 한 연설(1994.6.14), 『김일성 저작집 44』, 조선로동당출판사, 1996, pp.453~459.

에 의하면 1998년 말까지도 계약기준 약 7억달러, 실행기준 8,800만달러에 지나지 않았다.[193]

결국 1970년대 이후 경제가 지속적으로 악화되던 가운데 1990년대 들어 냉전 해체로 대외경제관계가 붕괴함으로써 극도로 절박한 경제적 상황에 돌입하면서도 북한은 주체에 입각한 자립경제를 포기할 수 없었다. "사실상 오늘 세계의 그 어느 나라도 대외무역관계를 발전시키지 않고서는 경제건설을 다그쳐나갈수 없게 되었다"[194]며 외화 획득을 강조하면서도 최소한의 자율권조차 부여하지 않고 오히려 무역에 대한 국가적 통제를 강화했다. 외국인투자처럼, 무역이 발전할 수 없었던 것은 당연한 결과였다.

> 수출을 제멋대로 하여서는 안됩니다. 수출은 반드시 국가의 통일적인 지도밑에 하여야 합니다. 수출품을 국가에 등록하여야 하며 수출품의 가격도 국가의 비준을 받아야 합니다. …… 대외경제위원회가 정무원 위원회, 부 무역회사들과 도행정 및 경제지도위원회 무역회사들에 대한 지도와 통제를 강화하여야 합니다. 대외경제위원회가 무역회사들을 통제하지 않으면 하나의 무역대상과 우리 나라의 여러 무역회사들이 거래할수 있는데 그렇게 하면 무역에서 큰 손해를 볼수 있습니다. 하나의 무역대상과는 하나의 무역회사만이 거래하도록 하여야 합니다.[195]

김일성 시대의 남북경협

북한은 해방 직후부터 남북경협이 시작되었다고 설명하면서 이때의 경험이 훗날 남북경협의 진행에 좋은 토대가 되었다고 해석한다. 북한 정권이 설립된 김일성 시대 초기부터 남북경협에 대해 긍정적인 평가를 내리고 있었던 것이다.

> 조선 반도에서 북남경제협력은 해방직후 남조선 인민들에게 전력과 관개용수를 보

193 TRADP, *Tumen Update*, Issue 1, 1999, p.10.

194 조강일, "무역제일주의방침은 사회주의경제건설에서 일대앙양을 일으키게 하는 혁명적방침", 『경제연구』, 2호, 1994, p.12.

195 김일성, "평안북도의 경제사업에서 나서는 몇가지 과업에 대하여", 조선민주주의인민공화국 중앙인민위원회 제8기 제30차회의에서 한 연설(1989.11.11~12), 『김일성 저작집 42』, 조선로동당출판사, 1995, p.169.

내는 사업으로부터 첫걸음을 떼였으며 이 시기 진행된 경제협력은 그후 북남경제협력사업을 더욱 확대해나가는데서 귀중한 경험, 토대로 되었다. …… 이처럼 해방직후 전력과 농업 분야에서 이루어진 북남경제협력은 그 어떤 대가도 바라지 않는 사심없는 방조로 특징지어진다. 이상의 사실은 우리 나라에서 북남경제협력이 새 조국 건설의 첫 시기부터 시작되었으며 처음부터 높은 수준에서 전개되었다는것을 실증해주고 있다.[196]

6·25 전쟁이 끝난 직후에도 북한은 남북경협과 관련한 제안을 지속했다. 다양한 분야에서의 경제교류와 협력 제의, 인도적 지원 의사의 표명 등이 있었으며, 제도적 장치의 구축을 제안하기도 했다(<표 1-7> 참조).

김일성은 직접 1955년 8월에는 남북경협 품목을, 1957년 9월과 12월에는 품목과 함께 교역 방식을 구체적으로 제의하기도 했다.

우리는 남반부인민들이 북반부의 풍부한 전력, 철강재, 동, 연, 화학비료, 카바이드, 소다, 세멘트, 석탄 같은것을 리용할수 있도록 하기 위하여 남북조선을 가로막고있는 장벽을 허물어버리고 남북간의 자유로운 경제교류와 문화교류를 실시할것을 주장합니다."[197]

우리는 남북조선사이의 통상과 인민들의 자유로운 래왕과 통신 및 문화 교류를 위한 구체적인 조치를 지체없이 취할것을 다시한번 제의합니다. 먼저 남북에 각각 일정한 지점을 선정하여 거기에서 물자를 서로 교역하는 방도를 취할 필요가 있다고 인정합니다.[198]

인민들은 자유롭게 래왕할수 있어야 하며 남북간에 서신도 정상적으로 교환하며 각종 물자도 서로 교역할수 있게 되여야 합니다. 만일 이것을 당장 실현할수 없다면 우선 남북조선에 각각 일정한 지점과 통로를 설정해놓고서라도 물자를 서로 교류하며 남북

196 김은철, "해방 후 새 조국 건설 시기 추진된 북남경제협력과 그 특징", 『경제연구』, 4호, 2017, pp.49~51.

197 김일성, 8.15해방 10돐 경축대회에서 한 보고(1955.8.14), 『김일성 저작집 9』, 조선로동당출판사, 1980, p.406.

198 김일성, "사회주의건설에서 인민정권의 당면과업에 대하여", 최고인민회의 제2기 제1차회의에서 한 연설(1957.9.20), 『김일성 저작집 11』, 조선로동당출판사, 1981, p.310.

<표 1-7> 1950년대 북한의 경제 관련 주요 제안

날짜	내용
1954.10.30	<남북대표자 연석회의> 최고인민회의 제1기 제8차 회의 호소문을 통해 남북 간 경제 및 문화교류, 통상, 통행 등의 문제를 토의하기 위한 남북 대표들의 회의 소집 제의
1954.11.17	<신변안전 보장> 내무상 성명을 통해 남북 주민 간 경제, 과학, 문화 등의 교류와 접촉을 발전시키기 위해 북한지역 방문 시 전 지역 통행과 자유활동 및 신변안전 보장 준비가 되어 있음을 표명
1954.11.17 (12.1)[1)]	<체신회담> 체신상은 남한 체신부 장관에게 보내는 서신을 통해 남북 간 정상적인 체신우편 연락을 시급히 개시하며 관련 제반 문제들을 토의하기 위한 체신대표 회담 제의
1955.5.26	<수산회담> 수산상은 남북 어장들의 상호 이용과 관련된 문제들을 협상하기 위한 남북 수산 당국자들 또는 일반 어민대표들의 회담 소집 제의
1955.11.8	<송전회담> 전기상은 산업 및 가정용 전력의 남한 송전 용의가 있음을 밝히며 이를 실현하기 위한 관련 정부기관 혹은 전기회사 및 실업단체, 민간대표들과의 회담 제의
1956.8.24	<방역정보 교환> 남한 보사부 장관에게 보내는 보건상 성명을 통해 남북 보건당국자 간 방역정보 교환을 제의하며, 이를 논의하기 위한 회담 제의
1956.10.1	<교역> 북한은 군사정전위원회 제78차 회담에서 남북교역을 제안
1957.5.7	<쌀 지원> 북한은 남한의 절량 농민들에게 구호미 10만석 무상제공을 결정
1957.8.9	<수해 지원> 북한은 남한 수재민을 위한 북한화폐 2천만원 상당의 구호물자 제공을 제의
1957.10.7	<통상 및 물자교역> 상업상은 남북이 각각 일정한 지역을 설정하여 교역을 할 것과 공동시장 설치, 남북상품전람회 조직 등을 토의하기 위한 남북 당국 혹은 민간상공업자 대표들의 회담을 제의
1958.12.29	<수산회담> 수산상·내무상 공동성명을 통해 북한 해역에서의 어로작업 협상을 위한 남북 수산기관 및 어민단체 대표 협상 제의
1959.9.21 (9.23)[2)]	<이재민 지원> 내각결정 제60호로 백미 3천석, 직물 100만마, 신발 10만족, 시멘트 10만톤, 목재 150만사이를 남한의 이재민 구호를 위해 제공하겠다는 의사를 표명[3)]
1959.10.27	<경제발전 및 교류상설위원회> 최고인민회의는 남한의 민의원 및 주민들에게 보내는 편지를 통해 남북의 경제대표로 구성되는 경제발전 및 교류상설위원회의 조직, 그리고 남한에 화학비료와 관개공사에 필요한 기재·설비 제공 의사를 표명

* 주 1·2: 자료에 따라 날짜가 상이한 경우가 존재함. 여기에서는 국토통일원(1988) 자료를 기준으로 했으며, 괄호 안은 통일연구원(2013)의 날짜임. 그러나 체신회담의 경우 북한 체신상의 서한 원문을 소개하고 있는 국토통일원(1985, pp.274~275)에서는 발표일을 1954년 12월 1일로 표기하고 있고, 이재민 지원의 경우 북한의 내각결정 제60호 원문을 소개하고 있는 국토통일원(1985, pp.379~381)에서는 발표일을 1959년 9월 23일로 표기하고 있음을 볼 때, 국토통일원(1988)의 날짜가 잘못된 것으로 판단됨.

3: 국토통일원(1985)에는 백미 3만석, 시멘트 10만포대로 기록되어 있음. 한편 '석(石)'은 부피의 단위로서 1석은 1말의 10배로 용량 180리터이며 곡식의 종류나 상태에 따라 무게가 달라지는데, 벼는 200kg, 쌀은 144kg, 보리쌀은 138kg, '마(碼)'는 길이의 단위로서 약 91.4cm, '족(足)'은 신발, 양말 등 짝이 되는 2개를 한 벌로 세는 단위인 켤레, '사이'는 일본어에서 유래한 목재의 부피를 재는 단위로서 '재(才)'라고도 하며 가로와 세로가 각각 1치(30.3mm), 길이는 12자(3,636mm)인 각재를 의미함.

* 자료: 국토통일원, 『남북한통일제의자료총람 제1권』, 1985; 국토통일원, 『남북한 통일·대화 제의 비교: 1945~1988』, 2차 증보판, 1988; 통일연구원, 『남북관계연표: 1948년~2013년』, 2013.

> 조선인민들이 서로 만날수 있도록 하여야 할것입니다. 북조선의 풍부한 전력, 석탄, 세멘트, 화학비료를 비롯하여 많은 공업제품들을 남조선인민들이 리용할수 있는 길을 열어놓아야 하며 남북조선의 바다에서 물고기도 서로 마음대로 잡을수 있도록 하여야 합니다.[199]

그러나 이러한 제안들은 대남 평화공세 차원에서 통일 이슈를 선점하고, 남한의 혁명역량을 강화하며, 남북관계를 주도하기 위한 측면이 강했다.[200] 실제로 김일성 스스로도 앞서와 같은 제안이 통일문제 논의를 호소하기 위한 목적이라고 밝히면서 남한의 거부로 실현되지 않은 것이라고 선전했다.

> 조선민주주의인민공화국 최고인민회의 제8차회의는 남조선 《국회》와 각 정당, 사회단체, 군대 및 전체 인민에게 호소문을 보내여 조선의 통일문제를 토의할것을 또다시 제의하였으며 조국통일민주주의전선 중앙위원회, 공화국 각 기관과 단체들은 최고인민회의의 호소를 실천할 목적으로 남조선의 해당 기관과 단체들에 남북간의 경제문화교류에 관한 여러 가지 구체적조치들을 취할것을 여러차례 제의하였습니다. 최고인민회의 제8차회의의 호소는 공화국북반부인민들은 물론, 남조선인민들과 심지어 남조선의 일부 《국회의원》들과 괴뢰군대내에서까지도 광범한 지지를 받았습니다. 그러나 우리의 이 모든 정당하고 합리적인 제안들을 리승만도당은 모두 거부하고말았습니다.[201]

---

199 김일성, "사회주의진영의 통일과 국제공산주의운동의 새로운 단계", 조선로동당 중앙위원회 확대전원회의에서 한 보고(1957.12.5), 『김일성 저작집 11』, 조선로동당출판사, 1981, pp.405~406.

200 김형기, 『남북관계 변천사』, 연세대학교출판부, 2010, p.48. 한편 김일성은 이미 1954년 '자주적 평화통일'을 위한 구체적 방침으로 북한의 역량, 남한의 동조세력, 국외의 지지세력을 의미하는 3대 혁명역량 강화를 제시했다. 정창현, "1950년대 북한의 통일노선과 통일정책연구", 『국사관논총』, 제75집, 1997, p.224.

201 김일성, 8.15해방 10돐 경축대회에서 한 보고(1955.8.14), 『김일성 저작집 9』, 조선로동당출판사, 1980,

과거 전쟁을 겪었을 뿐만 아니라 남북한이 서로를 인정하지 않고 '북진통일'과 '적화통일'을 내세우던 상황에서 상호 이익을 도모하기 위한 남북경협은 애초에 성사되기가 불가능했다. 상대의 실체를 부정하면서 그런 상대와 대화를 하고 접촉을 한다는 것은 국가에 대한 도전이었으므로 민간 차원이든 정부 차원이든 남북경협은 생각할 수 없었던 것이다.[202] 또한 북한의 남북경협 제안은 한반도 통일 문제를 민족 내부 문제로 만들려는 의도를 가졌던 반면, 통일 문제는 유엔을 통해야 한다는 것이 남한의 입장이었다는 점에서도 남한은 북한의 제안을 받아들일 수 없었다.[203] 더욱이 북한의 남북경협 제안은 선전과 선동 차원에서 당시 상대적으로 우월했던 북한의 경제 수준을 과시하려는 목적이 강했다. 1954년 12월 김일성 스스로 "우리의 살림살이는 아직 어렵기는 하지만 남조선보다는 훨씬 낫습니다"라고 말했다.[204] 사실 당시의 북한은 내부 복구와 성장에 쓰기에만도 재원이 부족했으므로 남한에 대한 지원을 고려할 겨를이 없었다.[205] 결국 북한이 남북경협을 지속적으로 제안한 것은 '잘 사는 북'이 '못 사는 남'에게 베푼다는 이미지를 형성함으로써 남북관계에서 우위를 점하려는 의도였다.

> 1959년에 남조선의 인구 1인당 공업 생산량은 북반부에 비하여 석탄은 5분의 1, 전력은 10분의 1, 선철은 120분의 1, 강철은 25분의 1, 세멘트는 11분의 1, 목재는 18분의 1에 불과했다. …… 남조선 경제의 이러한 파국을 수습할 수 있는 유일한 길은 북반부의 강력한 경제력에 의거하는 데 있을 따름이다. 남북 간의 경제 교류와 호상 협조가 무엇보다도 긴급히 요구된다는 것은 남반부의 량심 있는 경제학자들도 인정하고 있으며 성숙된 문제로 제기하고 있다. …… 남북 간의 경제 교류와 협조가 실현된다면 남반부 경제의 혹심한 식민지적 편파성과 그 예속으로부터 벗어 나게 될 것이며 민족 경제

---

p.405.

202 허태회, 『해방 이후 남북관계 70년: 갈등, 화해 그리고 적응』, 대한민국역사박물관, 2016, p.49.

203 김학준, "한반도의 분단과 통일의 정치경제사", 『북한학연구』, 제2권 제1호, 2006, p.14.

204 김일성, "인민군대의 간부화와 군종, 병종의 발전전망에 대하여", 조선 인민군군정간부회의에서 한 연설(1954.12.23), 『김일성 저작집 9』, 조선로동당출판사, 1980, p.175.

205 예를 들어 1953년 7월 28일 정전협정 체결 기념 연설에서 김일성은 정전 이후의 주요 당면과업으로 군사력 강화와 함께 "우리는 일분일초도 지체하지 말고 파괴된 인민경제를 급속히 복구하며 인민생활을 안정시키고 국방력을 강화하는데 전인민적력량을 집중하여야 하겠습니다"라며 경제 문제를 가장 우선적으로 제시했다. 김일성, "정전협정체결에 즈음하여", 전체 조선인민에게 한 방송연설(1953.7.28), 『김일성 저작집 7』, 조선로동당출판사, 1980, p.535.

의 륭성 발전을 보장하게 될 것이다.[206]

경제적으로 북한이 남한보다 우월했던 1960년대에도 북한의 남북경협 제안이 계속 이어진 것은 당연했다. 경제적 지원 제공은 물론 실업자를 받아주겠다는 입장까지 밝혔다. 남북한 간에 경제협력을 논의하기 위한 기구의 설치도 제의했다.

남조선의 농업지대와 북조선의 공업지대를 결합시키고 남북조선인민들의 힘을 합하여 국내의 모든 자원을 공동으로 개발한다면 우리는 짧은 기간에 남조선경제를 복구하고 남조선인민들의 생활을 개선할수 있으며[207]

남북간의 경제교류는 북조선의 공업과 남조선의 농업을 유기적으로 결합시키고 민족경제의 통일적이며 자립적인 발전을 촉진하게 될것이며 파괴된 남조선경제를 소생시키고 도탄에 빠진 남조선인민들의 생활을 안정시키는 길을 열어줄것입니다.[208]

우리는 …… 파괴된 남조선경제를 복구하며 령락된 인민생활을 안착시키는데 필요한 물자와 식량을 보내주겠다는것을 제의했으며 남조선실업자들을 북반부에 받아들이여 그들에게 일자리를 주며 남조선거리를 헤매고있는 고아들을 받아들여 기를것을 제의하였습니다.[209]

1964년 3월에 있은 조선민주주의인민공화국 최고인민회의 제3기 제3차회의는 …… 남조선의 파괴된 경제를 바로잡으며 인민생활안정에 도움을 주기 위하여 매년 200만석의 쌀, 10만톤의 강재, 10억키로와트시의 전력, 1만톤의 화학섬유와 기타 세멘트, 목재, 기계류들을 남조선에 제공할것과 남조선의 실업자들을 공화국북반부에 받아

---

206 김광진, “남북 경제학자들은 힘을 합쳐 나라의 통일적 경제 발전을 위한 방도를 연구하자”, 『경제연구』, 1호, 1961, pp.2~4.

207 김일성, 신년사, 1964.1.1.

208 김일성, 워싱톤에 있는 조선문제연구소 소장에게 보낸 회답서한(1965.1.8), 『김일성 저작집 19』, 조선로동당출판사, 1982, p.45.

209 김일성, 《알 아흐바르》지 대외보도주필 싸아아드 엘타이예, 멘통신사 대외보도주필 가말 아메르를 비롯한 아련기자들이 제기한 질문에 대한 대답(1965.9.13), 『김일성 저작집 19』, 조선로동당출판사, 1982, p.436.

들여 그들에게 직업과 안정된 생활을 보장할것을 제의하였습니다.[210]

우리는 남북교류를 효과적으로 실시하기 위하여 남북조선 대표들로 경제위원회를 조직하는 것이 필요하다고 인정합니다.[211]

하지만 이미 지적한 바와 같이, 이들은 여전히 정치적 선전 차원에서 이루어진 것이었다. 김일성 스스로도 이러한 남북한 간의 경제협력 제안이 "외세를 배격하고 …… 통일독립국가를 건설"[212]하기 위한 것이며, 이미 북한에는 "발전된 공업과 농업을 건설하여놓았으며 독립국가의 튼튼한 경제적토대를 축성하여놓았"[213]다고 경제적 우위를 자랑했다. 그래서 "미제국주의자들과 그 앞잡이들이 남북사이의 교류를 반대"하면서 "남조선에 미치는 우리의 경제적영향력을 막아보려고 무척 애를 쓰고있"는 것이라고 주장했다.[214] 실제로도 지원 제안들은 실현 가능성이 없었다.[215]

1970년대에 접어들면서 대외경제관계에 대한 북한의 입장이 적극적으로 변화한 것처럼 남북경협에 대한 인식도 구체적이면서 현실적 이익을 도모하는 방향으로 변했다. 그만큼 경제 상황이 어려워지고 있었기 때문일 것이다. 이를 극명하게 보여주는 것이 1972년 북한을 방문한 남한 대표단을 만난 김일성이 '조국통일의 3대원칙에 대하여'라는 제목으로 한 연설이다. 여기에서 김일성은 남북경협의 필요성을 강하게 제기했다(<표 1-8> 참조). 이외에도 관개시설 공사를 지원하겠다든가, 남한 노동자의 해외 진출을 비난하며 대신에 북한으로 남한 노동력이 와서 자원을 공동개발하자는 등의 제안도 했다.[216]

---

210 김일성, 워싱톤에 있는 조선문제연구소 소장에게 보낸 회답서한(1967.1.4), 『김일성 저작집 21』, 조선로동당출판사, 1983, pp.4~5.

211 김일성, 최고인민회의 제3기 제1차회의에서 한 김일성 연설(1962.10.23), 국토통일원, 『남북한통일제의자료총람 제1권』, 1985, p.701.

212 김일성, 신년사, 1964.1.1.

213 김일성, 워싱톤에 있는 조선문제연구소 소장에게 보낸 회답서한(1965.1.8), 『김일성 저작집 19』, 조선로동당출판사, 1982, p.45.

214 김일성, "조국통일위업을 실현하기 위하여 혁명력량을 백방으로 강화하자", 조선로동당 중앙위원회 제4기 제8차전원회의에서 한 결론(1964.2.27), 『김일성 저작집 18』, 조선로동당출판사, 1982, p.254.

215 이와 관련한 구체적인 논의는 2장 2절을 참조.

216 사실 이 시기 북한이 제안한 남북경협 3대 사업은 지하자원 공동개발, 남한 농촌 수리화 협력, 북한 영해에서의 명태 공동조업이었는데, 김일성은 여러 차례 이 사업들에 대해 언급하고 있다. 예를 들어 김일성,

<표 1-8> 1972년 '조국통일의 3대원칙에 대하여'에 나타난 남북경협 관련 주요 내용

주제	주요 내용
남한 자본에 대한 인식	"우리는 남조선에 있는 민족주의자들과 자본가들을 반대하지 않습니다."
정치보다 경제 우선	"북과 남은 경제 분야에서부터 합작을 실현하여야 합니다."
남북 공동의 이익	"공화국북반부에는 풍부한 자원이 있고 발전된 중공업이 있습니다. 남조선은 그전부터 경공업토대를 일정하게 가지고있습니다", "과학기술의 연구성과도 공동으로 리용할수 있습니다", "지금 남조선에서 공업을 건설한다고 하는데 …… 무엇때문에 우리 나라에 무진장한 원료를 두어두고 먼 다른 나라에 가서 사오겠습니까. 북과 남이 힘을 합쳐 우리 나라에 무진장하게 매장되여있는 지하자원을 개발한다면 다른 나라에서 원료를 사오지 않고도 금속공업과 기계공업을 비롯하여 여러부문의 공업을 발전시킬수 있을것입니다."
협력 방식	"우리는 무엇을 생산하고 남조선에서는 무엇을 생산한다는 식으로 분담하여 경제를 발전시켜도 서로 부담이 많이 적어질것이며 경제적으로 여러가지 리로운 점이 많을것입니다."
구체적 방안	(철광석 등 지하자원 공동개발) "공화국북반부에는 …… 특히 쇠돌이 무진장합니다", "우리 나라의 쇠돌은 품위도 매우 높습니다", "연, 아연, 동을 비롯하여 다른 광물자원도 많습니다." (동해 공동어로) "우리 나라 동해에는 해마다 500만~600만톤의 명태가 …… 이렇게 많은 명태가 떼를 지어 밀려오지만 우리는 지금 기껏하여 60만톤밖에 잡지 못합니다. …… 남북의 어민들이 힘을 합쳐 함께 물고기잡이를 한다면 많은 명태를 잡을수 있습니다."
전망	"북과 남이 합작하여 민족경제를 발전시키면 우리 나라는 일본이나 그밖에 발전되였다고 하는 다른 나라들보다 더 잘사는 나라로 될수 있을 것입니다."

* 자료: 김일성, "조국통일의 3대원칙에 대하여", 북과 남사이의 고위급정치회담에 참가한 남조선측대표들과 한 담화(1972.5.3, 1972.11.3), 『김일성 저작집 27』, 조선로동당출판사, 1984, pp.183~186.

우리는 민족적임무로부터 출발하여 어렵게 사는 남조선농민들을 도와주기위하여 관개공사 같은것을 해줄수 있다, 우리는 관개시설을 다 완비했으며 관개공사에 대한 경험도 많고 필요한 설비도 자체로 만든다, 그러므로 당신들에게 기술자와 설비를 보내줄수 있다, 남조선농촌에서 관개공사를 하고 하천정리를 하면 해마다 풍년이 들것이

"조국의 사회주의건설형편에 대하여", 총련의장을 단장으로 하는 총련대표단과 한 담화(1975.9.26), 『김일성 저작집 30』, 조선로동당출판사, 1985, pp.479~481; 김일성, "재일동포상공인들은 조국의 사회주의건설에 적극 이바지하여야 한다", 제6차 재일동포상공인조국방문단과 한 담화(1976.6.30), 『김일성 저작집 31』, 조선로동당출판사, 1986, pp.250~251; 김일성, "≪두개 조선≫조작책동을 짓부시고 조국을 통일하기 위한 투쟁을 더욱 힘 있게 벌리자", 총련일군대표단과 한 담화(1977.12.22), 『김일성 저작집 32』, 조선로동당출판사, 1986, pp.569~571.

며 농민들이 기와집도 짓고 잘살수 있게 될것이다라고 하였습니다.[217]

당신들은 실업자가 많아서 로동자들을 서부독일이나 브라질 같은 나라들에 팔고있는데 그렇게 하지 말고 그들을 우리에게 보내라, 당신들은 로력을 대고 우리는 설비를 대여 광산을 공동으로 개발하자.[218]

물론 선전 차원에서의 제안이라는 기존의 태도가 바탕에 깔려 있었다. 북한이 더 잘산다는 것을 알리고, 남한 내부의 갈등과 분열을 조장하며, 북한이 주장하는 연방제 통일을 촉진하려는 의도가 남북경협 제안의 배경이기도 했던 것이다. 남북경협이 진전되다 보면 남한이 북한의 사회주의 제도를 동경하게 될 수도 있을 것이라고 기대했다.

남북사이에 경제교류를 실현하는것은 남북조선인민들의 생활에 매우 유익한 일이라고 생각합니다. 특히 이것은 남조선의 경제형편을 개선하는데 절실히 필요한것입니다.[219]

우리가 남북합작에 대한 문제를 가지고 연설도 하고 여러가지 방법으로 떠들면 우리의 주장이 남조선인민들속에 들어갈것이며 그렇게 되면 남조선인민들은 당국자들에게 왜 인민들을 다른 나라에 노예로 팔아먹으면서 같은 동포끼리 합작하자는데 대해서는 반대하는가고 들이댈것입니다.[220]

북과 남사이에 래왕하고 교류하는 과정에 서로 리해를 깊이할수 있으며 그렇게 되면 남북련방제를 실시할수 있고 나아가서 남북총선거를 실시하여 나라의 완전한 통일을 실현할수 있습니다.[221]

---

217 김일성, 일본 총평 및 중립로련 대표단과 한 담화(1974.10.12), 『김일성 저작집 29』, 조선로동당출판사, 1985, p.541.

218 김일성, 일조문화교류협회 리사장일행과 한 담화(1975.5.17), 『김일성 저작집 30』, 조선로동당출판사, 1985, p.318.

219 김일성, 미국 《워싱톤포스트》지 기자와 한 담화(1972.6.21), 『김일성 저작집 27』, 조선로동당출판사, 1984, p.328.

220 김일성, "재일본조선인과학자들은 우리나라의 과학기술발전에 적극 이바지하여야 한다", 재일본조선인과학자대표단과 한 담화(1972.12.16), 『김일성 저작집 27』, 조선로동당출판사, 1984, p.571.

221 김일성, 스웨리예사회민주청년동맹대표단과 한 담화(1972.10.19), 『김일성 저작집 27』, 조선로동당출판

북과 남사이의 다방면적인 합작과 교류는 끊어졌던 민족적뉴대를 다시 잇고 통일의 전제조건을 마련하는데서 매우 중요한 의의를 가집니다.[222]

북한은 이와 같은 남북경협 제안들이 실현되지 않는 것은 북한의 우월한 실상을 알게 되는 것에 대한 두려움으로 남한 정부가 거부하기 때문이라고 선전했다. 심지어 자신의 부정부패가 드러날 것을 걱정하기 때문이라고도 했다.

남조선당국자들이 우리와의 합작에 응하지 않는것은 남북합작이 실현되면 남조선인민들이 우리 사람들과 접촉하는 과정에 우리의 사상적영향을 받을가봐 겁이 나서 그러는것입니다.[223]

남조선당국자들은 말로는 서로 사회를 ≪완전히 개방≫하자고 하면서도 실제에 있어서는 남북간의 온갖 장벽을 무너뜨리는것을 두려워하고있으며 남북간의 교류와 합작을 극력 반대하고있습니다.[224]

지금 남조선당국자들은 부정부패행위를 많이 하여 남조선인민들로부터 비난을 받고있습니다. 그들은 우리와 합작하게 되면 저들의 부정부패행위가 폭로될가봐 겁나하고있습니다.[225]

1970년대 중반까지는 북한의 경제 수준이 남한보다 우월했다는 것이 일반적인 분석이므로[226] 이러한 북한의 주장이 전혀 근거가 없는 것은 아니다. 1966년부터 박정희

사, 1984, p.459.

222 김일성, "민족의 분렬을 방지하고 조국을 통일하자", 체스꼬슬로벤스꼬사회주의공화국 당및정부 대표단을 환영하는 평양시군중대회에서 한 연설(1973.6.23), 『김일성 저작집 28』, 조선로동당출판사, 1984, p.389.

223 김일성, "재일본조선인과학자들은 우리나라의 과학기술발전에 적극 이바지하여야 한다", 재일본조선인과학자대표단과 한 담화(1972.12.16), 『김일성 저작집 27』, 조선로동당출판사, 1984, p.571.

224 김일성, "조국통일 5대방침에 대하여", 조선로동당 중앙위원회 정치위원회 확대회의에서 한 연설(1973.6.25), 『김일성 저작집 28』, 조선로동당출판사, 1984, p.400.

225 김일성, 일본《이와나미》서점 상무취체역 총편집장과 한 담화(1973.9.19), 『김일성 저작집 28』, 조선로동당출판사 1984, p.514.

226 예를 들어 민족통일연구원(1993)은 1인당 국민소득 기준으로 남한이 북한을 앞선 시기가 1974년, Hwang(1993)은 1976년으로 분석하고 있다. 민족통일연구원, 『남북한 국력추세 비교연구』, 1993,

정부가 '선 건설, 후 통일'의 슬로건을 내세우며 남북경협에 소극적인 태도를 보인 측면도 존재한다.[227] 그러나 북한의 남북경협 제안은 근본적으로는 선전 차원이었던 것으로 이해된다. 만약 진정성이 있었다면 보다 현실적이고 구체적으로 나섰어야 할 것이기 때문이다. 그래서 남한의 국내 정세가 불안정해질 때면 북한의 제의 빈도는 높아졌다.[228] 선전 차원에서 접근했던 것은 남한 역시 마찬가지였다. 경제적 여력이 실제로는 충분하지 않았음에도 북한에 대한 지원과 경제협력을 제안했다.[229]

한편 1970년대에 북한이 이렇게 다양한 남북경협 제안 공세를 하면서도 남북한 간의 관광사업에 대해서는 부정적인 시각을 보였다는 점은 특기할 만하다. 김일성은 금강산 관광을 직접 거론하면서 관광사업은 퇴폐산업이고 자연경관을 해칠 우려가 있을 뿐만 아니라 아직은 외국인 수요가 부족하다는 등의 다양한 논리로 거부 의사를 밝혔다. 그러나 이는 표면상의 이유일 뿐, 실상은 관광사업을 할 경우 대규모 남한 관광객이 북한을 출입하게 되는 데다가 애초에 관광사업을 제안한 것이 남한이었기 때문이라고 판단된다.[230] 남북한 모두 상대가 제안하는 사업은 받아들이고 싶지 않았던 것이다.

---

p.256; Hwang, Eui-Gak, *The Korean Economies: A Comparison of North and South*, Oxford University Press, 1993, p.123. 한편 1960년대 중후반으로 보는 연구결과도 존재한다. 예를 들어 Kim, Byung-Yeon, Suk Jin Kim, and Keun Lee, "Assessing the economic performance of North Korea, 1954~1989: Estimates and growth accounting analysis", *Journal of Comparative Economics*, Vo.35, 2007, p.572; 조태형 · 김민정, "북한의 장기 경제성장률 추정: 1956~1989년", BOK 경제연구, 제2020-17호, 2020, p.42. 1990년 국토통일원의 용역으로 발간된 보고서에서도 1970년 남북한의 1인당 국민소득을 각각 275달러 및 209달러로 보고하고 있음을 볼 때, 남한의 1인당 국민소득이 북한을 앞선 시기를 1960년대 중후반으로 평가했던 것으로 판단된다. 고현욱 · 강문구, 『분단 45년 남북한 경제의 종합적 비교연구』, 국토통일원, 1990, p.29. 통계청(1997)도 1970년의 남북한 1인당 국민소득을 각각 253달러 및 230달러로 보고하고 있다. 통계청, 『남북한 경제사회상 비교』, 1997, p.66.

227 1966년 1월 18일 박정희 대통령은 국회연설을 통한 연두교서에서 "우리의 지상명제는 바로 조국의 통일입니다. 우리는 지금 모든 지혜와 노력을 한데 모아 조국 근대화 작업을 서두르고, 자립경제건설에 박차를 가하고 있거니와, 이는 곧 통일을 위한 진취적인 계획이며, 통일을 향한 전진적인 노력인 것입니다. 우리가 지향하는 조국 근대화야말로, 남북통일을 위한 대전제요, 중간 목표인 것입니다. 통일의 길이 조국 근대화에 있고, 근대화의 길이 경제자립에 있는 것이라면 자립은 통일의 첫 단계가 되는 것입니다"라고 선언함으로써 남북관계 개선보다는 경제성장이 우선이라는 입장을 밝혔다. 행정안전부 대통령기록관 홈페이지, 대통령 이야기 > 박정희 > 연설기록 > 1966년 대통령 연두교서.

228 정대규, "남북교류에 관한 이론적 고찰", 『통일정책』, Vol.6 No.2, 1980, p.115.

229 구체적인 사례에 대해서는 2장 2절을 참조.

230 하지만 경제상황이 더욱 어려워지는 1980년대 후반부터는 북한도 관광사업을 긍정적으로 이야기하기 시작했으며, 실제로 남북경협 역사상 민관 모두가 관여한 최초의 대형사업은 금강산 관광사업이었다.

남조선측 대표는 북과 남이 서로 합작할데 대한 우리의 제의가 아주 정당하다고 하였습니다. 그러나 그들은 돌아가서 우리가 제기한것은 다 그만두고 북과 남이 합작하여 금강산을 관광지로 개발하자고 하였습니다. 남조선당국자들의 속심은 금강산을 관광지로 꾸려놓고 기생관광업이나 하여 돈을 벌어가지고 소수 특권층만 잘살게 하자는 것이였습니다.[231]

금강산을 현대화한다고 하면서 자동차길을 내서는 안된다 …… 나이가 많아서 자동차를 타지 못하는 한이 있더라도 금강산을 다치지 말아야 합니다. …… 자동차길을 닦느라고 바위와 절벽을 까내면 옥류동을 비롯하여 금강산의 유명한 계곡들이 마사지고 자연경치에 손상을 줄수 있습니다.[232]

우리는 아직 금강산을 관광지로 꾸리는데 관심을 적게 돌리고있습니다. 다른 나라사람들이 금강산에 관광하러 온다면 주로 우리 나라 주변에 있는 나라 사람들이 올수 있는데 우리 나라와 일본과는 국교관계가 없기때문에 일본사람들은 많이 오지 못할것입니다. 쏘련사람들이 금강산에 좀 오는데 그들도 한해에 기껏해야 몇백명 정도 왔다가는데 불과합니다. 구라파 사람들은 금강산에 오려고 하여도 거리가 멀고 려비가 많이 들기때문에 오기가 어려울것입니다.[233]

(남북한이) 금강산을 개발하여 돈을 벌면 얼마나 벌겠습니까.[234]

지금 남조선당국자들은 관광업을 하여 1년에 1억딸라를 벌었소, 2억딸라를 벌었소 하고 떠들고있는데 그들이 말하는 관광업이란 다른 나라 사람들에게 기생을 제공해주고 돈벌이를 하는것입니다.[235]

---

231 김일성, 일조문화교류협회 리사장일행과 한 담화(1975.5.17), 『김일성 저작집 30』, 조선로동당출판사, 1985, p.320.

232 김일성, "조국의 사회주의건설형편에 대하여", 총련의장을 단장으로 하는 총련대표단과 한 담화(1975.9.26), 『김일성 저작집 30』, 조선로동당출판사, 1985, p.478.

233 김일성, "조국의 사회주의건설형편에 대하여", 총련의장을 단장으로 하는 총련대표단과 한 담화(1975.9.26), 『김일성 저작집 30』, 조선로동당출판사, 1985, p.481.

234 김일성, "재일동포상공인들은 조국의 사회주의건설에 적극 이바지하여야 한다", 제6차 재일동포상공인 조국방문단과 한 담화(1976.6.30), 『김일성 저작집 31』, 조선로동당출판사, 1986, p.251.

235 김일성, "≪두개 조선≫조작책동을 짓부시고 조국을 통일하기 위한 투쟁을 더욱 힘 있게 벌리자", 총련일군대표단과 한 담화(1977.12.22), 『김일성 저작집 32』, 조선로동당출판사, 1986, p.571.

경제가 더욱 어려워지는 1980년대에 들어서는 남북경협에 대한 인식이 보다 적극적으로 변화했다. 1984년 남한에 수해가 발생하자 북한이 북한 적십자사 명의로 인도적 차원의 지원을 제안했으며, 이는 분단 이후 최초의 당국 간 물자지원 사업이 되었다.[236] 북한은 단순한 교역을 넘어 다양한 분야에서의 경제협력 및 교류를 조속히 실행에 옮기자는 자세도 보였다.[237]

> 북과 남사이의 폭넓은 협상과 다방면적인 합작과 교류를 실현하기 위하여 성의있는 노력을 다할것입니다.[238]

> 이번에 열린 북남경제회담[239]에서 우리측은 북남경제협조공동위원회를 내오고 거기에서 북과 남사이의 경제 협력 및 교류와 관련하여 제기되는 문제들을 협의하여 해결하며 그 실행을 보장하도록 하자고 했습니다. 그런데 남측은 북과 남사이의 경제회담을 무역상사대표단들의 회담처럼 여기면서 북과 남이 무역이나 하자는 의견을 내놓았습니다. 이것은 남측이 북남사이의 경제 협력과 교류에 성의를 보이지 않고있다는것을 말하여줍니다. …… 우리는 어떻게 해서라도 북과 남사이의 협조를 강화하는 방향에서 북남경제회담을 추진시켜나가려고 합니다.[240]

그러나 1980년대 중반 이후 구소련을 비롯하여 동유럽 사회주의 국가들의 체제 변화가 가속화되고 냉전이 끝나감에 따라 북한의 남북경협에 대한 언급은 점차 줄어들었다. 현실에서의 사회주의 체제가 붕괴하고 구동독이 구서독에 흡수되는 형식으로 독일이 통일된 1990년대에 들어서는 아예 남북경협을 회피하는 입장으로 돌아섰다. 핑계는 여러 가지였지만, 실제로는 남북경협의 결과로 야기될 수 있는 체제 불안정을 우려했기 때문이다. 남북경협이 체제의 존립을 위태롭게 할 수 있다는 선입관을 강하게

---

236 구체적인 내용 및 경과에 대해서는 2장 2절을 참조.

237 북한이 이야기하는 경제협력 및 교류의 핵심은 북한이 1970년대 이후 주장해오던 남북경협 3대 사업인 지하자원 공동개발, 남한 농촌 수리화 협력, 북한 영해에서의 명태 공동조업인 것으로 판단된다.

238 김일성, 신년사, 1985.1.1.

239 남북 경제회담은 1984년 10월 12일 남한이 제안하고 10월 16일 북한이 수락함으로써 성사되었으며, 1984년 11월에서 1985년 11월까지 5회에 걸쳐 개최되었다. 구체적인 경위와 내용에 대해서는 2장 2절을 참조.

240 김일성, 일본사회당 중앙집행위원회 서기장과 한 담화(1985.5.23), 『김일성 저작집 39』, 조선로동당출판사, 1993, p.62.

가지고 있었던 것이다.[241] 실제로 1997년 8월 중국 베이징에서 개최된 '1997년 남북해외학자 통일회의'에 참가한 북한의 최성익 김일성종합대학교 교수는 "독일식은 일방이 타방에 막히운 흡수통일방식이고 웰남식은 일방이 타방을 먹어버린 무력통일방식"이라 남북관계에 있어서는 독일식도 베트남식도 맞지 않는다면서 "북과 남의 사상과 제도를 그대로 두고 평화적 방법으로 민족적 단합"을 해야 한다고 주장했다.[242] 남북경협에 관한 다양한 내용이 포함된 1991년의 '기본합의서'도 '우리 당과 인민이 이룩한 커다란 승리'라며, 남한이 꺼리는 것을 북한이 주도하여 합의한 것처럼 선전했다.[243]

> (남한은) 평화보장을 위한 초보적인 조치도 취하려 하지 않으면서 이른바 《교류우선론》에만 매달리고있습니다. 우리는 인도적인 래왕이나 교류 문제를 해결하는것도 필요하다고 인정하지만 보다 간절한 평화문제, 군사문제의 해결을 뒤로 미루려는데 대해서는 타협할수 없습니다. 북남사이에 고향방문이나 경제교류를 실현하자고 하여도 우선 속에 품은 칼부터 내놓아야 하며 북침과 《남침》에 대한 위구심부터 풀어야 합니다.[244]

> 남조선당국자는 조국을 통일하기위한 똑똑한 안을 내놓지 못하고 그저 북과 남사이에 교류를 하자는 말만 되풀이하고있습니다. 북과 남사이에 교류나 하는것은 최고위급회담을 하지 않고도 얼마든지 풀수 있는 문제입니다.[245]

> 북과 남사이에 여러 분야에서 교류를 하자면 좋은 분위기부터 먼저 마련하여야 한

---

241 이영선, "기업경영차원의 대북한 진출전략", 유한수·이영선(편), 북한진출 기업전략, 오름, 1997, p.15.

242 최성익, "민족자주와 조국통일", 한국통일포럼·사회정치학회 공동주최 '1997년 남북해외학자 통일회의' 발표문, 1997.8.29, p.6.

243 "우리는 지난해에 남조선당국자들로 하여금 ≪북남 사이의 화해와 불가침 및 협력, 교류에 관한 합의서≫에 도장을 찍게 했습니다. …… 미제와 남조선괴뢰들로부터 년례적으로 벌려오던 ≪팀스피리트≫합동군사훈련을 올해에는 하지 않겠다는 담보를 받아냈습니다. 조미회담을 완강하게 반대하던 미국은 드디여 우리와 고위급회담을 진행하는데 동의하지 않을수 없게 되었으며 부당한 구실을 만들어 조일국교정상화를 위한 회담을 지연시키려고 하던 일본반동들도 더는 구실을 찾을수 없게 되었습니다", 김정일, "당사업을 강화하여 우리 식 사회주의를 더욱 빛내이자", 조선로동당 중앙위원회 책임일군들과 한 담화(1992.1.1), 『김정일선집 15』, 조선로동당출판사, 2012, pp.26~27.

244 김일성, 신년사, 1991.1.1.

245 김일성, 민족올림픽위원회협회 위원장인 메히꼬출판회사 위원장 겸 사장일행과 한 담화(1991.6.5), 『김일성 저작집 43』, 조선로동당출판사, 1996, p.148.

다, 남조선에서 애국적청년학생들을 체포투옥하지 말고 방북인사들을 잡아가두지 말며 우리를 반대하는 《팀 스피리트》합동군사연습을 하지 말아야 한다고 말하였습니다.[246]

오늘 북과 남사이의 자유래왕과 접촉을 실현하고 대화를 발전시키는데서 남조선의 《국가보안법》이 큰 장애로 되고있습니다.[247]

이 시기 이미 북한은 남한과의 경쟁에서 수세적인 위치에 있음을 시인할 수밖에 없었다. 이전까지 '민주기지론'과 '남조선혁명론'에 기반하여 남한을 타도해야 할 대상인 '적'으로 상정했던 북한은, 1990년을 전후로 동유럽 사회주의 체제의 붕괴를 경험하면서 체제수호 차원에서 남북한 간 상호 체제 인정과 평화공존을 모색해야 했다.[248] 남한에 "《흡수통합》을 할 《의도는 없다》고 한것이 진짜인가, 《흡수통합》을 하겠다는것이 진짜인가"라고 북한의 우려를 대놓고 물었다.[249] 1991년 10월 23일 평양에서 열린 제4차 남북 고위급회담에서 북한 측 수석대표인 연형묵 정무원 총리가 기조연설을 통해 "민족공동의 통일위업을 성취하는 길에서 동족 사이에 무슨 우렬을 가릴 것이 있으며 《승》과 《패》를 론할 것이 있겠습니까"라고 말할 정도였다.[250] 북한은 남북한 유엔 동시가입을 통해 외부로부터의 체제 보장을, '기본합의서' 체결을 통해 남한으로부터의 공존 보장을 받으려 했던 셈이다. 그래서 남북경협을 안 할 수는 없지만, 최소화하려고 했다.[251] "교류는 어디까지나 쌍방사이의 불신의 근원으로 되고 있는 정치군사적대결상태를 해소한 기초우에서만 은을 낼수 있다"며 경제문제는 뒤로 돌렸다.[252]

---

246 김일성, 캄보쟈주석과 한 담화(1991.6.18), 『김일성 저작집 43』, 조선로동당출판사, 1996, p.157.

247 김일성, "우리 민족의 대단결을 이룩하자", 조국평화통일위원회 책임일군들, 조국통일범민족련합북측본부 성원들과 한 담화(1991.8.1), 『김일성 저작집 43』, 조선로동당출판사, 1996, p.180.

248 김갑식, "탈냉전기 동북아 질서와 북한의 남북관계에 대한 인식", 『한국정치연구』, Vol.19 No.3, 2010, pp.116~117.

249 "남조선 괴뢰역도의 기만적이고 위선적인 언행을 준렬히 규탄한다", 『노동신문』, 1991.8.21.

250 통일원 남북대화사무국, 『남북대화』, 제53호, 1993, p.39.

251 1992년 4월 김일성의 특사로 서울에 온 윤기복 조국평화통일위원회 위원장은 남북 정상회담을 위해 노태우 대통령을 평양으로 초청한다는 김일성의 친서를 전달했는데, 이 초청은 '돈'과 관련이 있었고, 그래서 노태우 대통령은 "모양새를 구겨가면서까지 할 수는 없는 일"이라며 거절했다. 노태우, 『노태우 회고록 (하)』, 조선뉴스프레스, 2011, p.355.

252 "《교류우선론》은 반평화, 분렬지속론", 『노동신문』, 1991.8.7.

물론 표면적으로는 남북경협에 커다란 관심이 있는 듯한 모습을 보였다. 1992년 2월 20일 제6차 남북 고위급회담 참석을 위해 평양을 방문한 남한 측 대표단을 만난 자리에서 김일성은 남북경협과 관련해 매우 전향적인 발언을 했다. 그동안 반대했던 관광사업에 대해서도 적극적인 태도를 보였고, 남한 기업가를 칭찬하는 말도 했다.

> 남녘 동포들이 중국 동북지방을 통해 백두산에 관광을 많이 온다더군. 중국 사람들은 남조선 사람들이 뿌리는 달러를 버느라고 정신이 없다지. 그러지 말고 평양을 거쳐 백두산 관광을 하도록 합시다. 남북 사이에 관광사업부터 시작하는 것이 바람직합니다. 북에는 백두산, 금강산, 묘향산, 구월산 등 좋은 산이 많습니다. 서산대사가 우리나라의 5대 명산을 꼽았는데 그중 지리산만 남쪽에 있고 나머지는 다 북쪽에 있어요. 구월산은 아직 개발이 안 됐지만 금강산과 묘향산은 이미 다 개발돼서 관광객이 많이 오고 있어요. 외국사람들은 금강산을 한번 보기만 하면 꼭 다시 오겠다고 합니다. …… 남북회담이 잘되니까 남쪽의 돈 있는 사람들이 와서 투자를 하겠다고들 하더군. 김우중 대우회장도 와서 금강산에 투자하겠다고 합디다. 좋은 일입니다. 김우중 회장은 자본가인데도 노동자보다 더 많이 일하며 일 년 중 대부분을 해외에서 열심히 뛴다더군. 그런데 김 회장 부인의 말이 재미있어요. 남편을 볼 수가 없어 골프를 배웠다는데, 남편 머리통을 치는 기분으로 골프공을 친다더군. 그렇게 가정도 돌보지 못한 채 기업의 발전을 위해 쉴 새 없이 뛰고 있는 자본가가 노동자를 착취한다고는 할 수 없겠어요. 자본가들이 그렇게 열심히 일하니까 남쪽의 기업들이 발전하는 거지요. 김우중 회장 같은 사람이 5명만 있으면 같은 민족인 우리도 곧 남쪽을 따라잡을 수 있을 텐데……[253]

그러나 실제 행동은 달랐다. 이는 나진·선봉 경제특구의 경우에서도 확인된다. 특구의 설립 초기 북한은 남한 기업의 진출에 대해 긍정적 태도를 보였다. 1992년 5월 평양에서 개최된 동북아경제포럼에 참석한 남한 대표단에게 리경일 북한 대외경제협력추진위원회 부위원장은 "한국 기업의 나진·선봉 특구에의 자유로운 진출을 100% 허용할 방침임을 분명히 공개"했다.[254] 북한 관리와 학자들은 1993년 1월 31일 제정된 '자유경제무역지대법' 제7조에서 나진·선봉 경제특구에 진출할 수 있는 대상으로 규

---

253 임동원, 『피스메이커』, 창비, 2015, pp.194~195.

254 "북한 나진·선봉 경제특구 - 한국기업 진출 100% 허용", 『매일경제신문』, 1992.5.20.

정한 "공화국령역밖에 거주하고 있는 조선동포"에는 남한 기업들이 포함된다고 설명했고, 실제로 1996년 6월 대외경제협력추진위원회가 작성한 자료에 남한 기업들도 포함된다고 명문화했다.[255] 1994년 6월 김일성은 "남조선기업가들도 이 지대를 꾸리는데 투자를 하겠다고 하고있습니다"라며 남한 기업의 진출을 긍정적으로 평가하는 듯한 발언을 했다.[256] 김일성의 마지막 공식 문건에서는 "나는 앞으로 어느 나라든지 우리 나라와 경제합작 같은것을 하자고 하면 하려고 합니다"라며 남북경협 추진 가능성을 강력하게 시사했다.[257]

그러나 남한 기업의 나진·선봉 경제특구투자는 실현되지 않았다. 북한은 남한 기업들이 체결한 투자 계약을 남한 정부가 불허했기 때문에 실행되지 못했다고 이야기했지만,[258] 이는 사실과 다르다. 우선 남한 기업이 체결했다는 계약은 근거 없는 과장이거나 구두 언급, 혹은 구속력이 없는 의향서나 합의서 수준에 불과하다.[259] 실제로도 북한은 우리 기업의 나진·선봉 경제특구 진출을 반가워하지 않았다. 예를 들어 1996년 9월 13~15일 개최된 나진·선봉 투자설명회에 남한 측에서는 53명이 참가를 신청했으나, 북한이 참가 신청자 중 정부 관계자와 취재기자 등 절반에 달하는 28명을 불허했다. 이는 투자설명회 개최 시 모든 나라에 문호를 개방하고, 참여하는 인사의 국적, 지위 등에 관계없이 모든 희망자의 참가를 보장하겠다는 1996년 3월 유엔공업개발기구

---

255 대외경제협력추진위원회, 『라진-선봉자유경제무역지대 투자문답집』, 1996, p.45.

256 김일성, "라진-선봉자유경제무역지대 개발과 수력발전소건설을 다그칠데 대하여", 라진-선봉자유경제무역지대 개발과 발전소건설 관계부문 일군협의회에서 한 연설(1994.6.14), 『김일성 저작집 44』, 조선로동당출판사, 1996, p.456.

257 김일성, "사회주의경제건설에서 새로운 혁명적전환을 일으킬데 대하여", 경제부문 책임일군협의회에서 한 결론(1994.7.6), 『김일성 저작집 44』, 조선로동당출판사, 1996, p.486. 임강택(1998)은 이를 남한과의 본격적인 경제교류 추진을 의미하는 것으로 해석한다. 임강택, 『북한 대외무역의 특성과 무역정책 변화 전망』, 민족통일연구원, 1998, p.17.

258 나진·선봉 경제특구를 방문했던 재미 언론인의 증언에 의하면, 북한 관계자들은 금호그룹의 공사비 7억달러가 넘는 굴포리 비행장 건설을 비롯해서 쌍용의 나진 무역센터, 고합의 피복 임가공, 삼성의 통신센터 등 남한 기업의 계약이 있었으나 남한 정부가 막아서 실행에 옮겨진 프로젝트는 없다고 말했다고 한다. 안상호, "북한개방의 전초기지, 나진·선봉을 가다: 나진·선봉 경제특구 방문기", 『통일한국』, Vol.152, 1996, p.36.

259 이찬도, "북한개방의 전초기지, 나진·선봉을 가다: 나진·선봉 경제특구 외국기업 진출동향", 『통일한국』, Vol.152, 1996, p.46. 박진·임원혁·이유수(1998) 역시 1995년까지의 대북 투자 사업 진행 상황을 보면 남포공장을 추진 중인 대우를 제외하면 나머지 기업들은 계약의 3단계인 의향서, 협의서, 계약서 중 첫 번째 단계인 의향서 수준을 넘지 못하고 있다고 보고하고 있다. 박진·임원혁·이유수, 『전환기의 대북정책과 남북경협』, 한국개발연구원, 1998, pp.135~136.

(UNIDO)와의 약정서를 위반한 것일 뿐만 아니라, 참가 신청국 중 남한에 대해서만 선별허용을 한 것이었다.[260] 불과 두 달 전인 1996년 7월 14일, 일본 환일본해경제연구소(ERINA) 초청으로 일본을 방문한 김정우 대외경제협력추진위원회 위원장이 나진·선봉 투자설명회에 남한의 기업인뿐만 아니라 정부관계자에게도 무비자 입국을 허용하고, 나아가 "오겠다고 하는 사람은 전부 받아들이겠다"고 한 발언과도 배치되는 것이었다.[261] 더욱이 당시 일본 참가자는 무려 230명 수준이었다. 이는 북한이 남한 기업의 나진·선봉 경제특구 참여를 꺼린다는 의미였고, 남한 측은 참가를 포기할 수밖에 없었다.

2) 김정일 시대

김정일 시대의 대외경제관계

김정일은 자신이 후계자로 있던 시절 대외경제관계에 대해 김일성과 동일한 인식을 보였다. 수출은 여유가 있으면 하고 수입은 북한에서 생산하지 못하거나 부족한 것을 들여오는 것이라며, 비교우위가 아닌 유무상통의 원칙을 강조했다.[262]

> 나라들사이에 유무상통의 원칙에서 경제기술적교류를 진행하며 여러 분야에 걸쳐 교류를 발전시키는것은 매우 좋은 일입니다.[263]

> 우리 나라에서 생산하지 못하거나 적게 생산하는 경공업 원료, 자재는 다른 나라에서 들여와야 합니다.[264]

---

260 평화문제연구소 연구실, "나진·선봉 포럼 이후 대북 투자 어떻게 할 것인가: 나진·선봉 투자포럼 불참, 그 이후", 『통일한국』, Vol.154, 1996, p.23.

261 "한국투자단 전부 받아들이겠다", 『매일경제신문』, 1996.7.15.

262 물론 김정일 역시 김일성과 마찬가지로 무역 활성화가 자립경제와 배치되지 않는다는 언급도 했다. 예를 들어 "대외무역을 발전시키는것은 경제적자립에 모순되지 않으며 반대로 나라의 경제적자립성과 그 위력을 공고히 하고 인민경제의 주체화, 현대화, 과학화를 다그치기 위한 중요한 담보로 됩니다." 김정일, 조선로동당 중앙위원회 책임일군들 앞에서 한 연설(1986.1.3), 『김정일선집 8』, 조선로동당출판사, 1998, p.344.

263 김정일, 민주주의캄보쟈 주석이 제기한 질문에 대한 대답(1985.5.2), 『김정일선집 8』, 조선로동당출판사, 1998, p.233.

264 김정일, "경공업혁명을 철저히 수행할데 대하여", 전국경공업대회 참가자들에게 보낸 서한(1990.6.2), 『김

그러나 1990년대 들어 경제적으로 어려워지자 비교우위에 입각한 무역을 언급할 정도로 무역에 긍정적인 시각을 보이기 시작했다. 평양, 함흥, 청진 등에의 간장 공급이 크게 부족하므로 외국에서 현대적인 간장공장을 들여오라는 지시도 했다.[265] 심지어 일부 분야로 한정하기는 했지만, 자립경제와 유무상통의 원칙이 오히려 경제에 부정적 영향을 미친다는 시각도 보였다. 공장과 기업에 생산량 계획뿐만 아니라 외화과제도 부여하라고 지시했다. 1990년대 중반에는 경제난을 감안해 생산비용이 적은 제품들을 생산·수출하라며 무역 확대를 위한 세세한 지시까지 내렸다.

> 자립적민족경제를 건설한다고 하여 인민생활에 필요한 모든 소비품을 다 자체로 생산보장해야 한다는 법은 없습니다. …… 다른 나라에서 사다쓰는것이 경제적으로 유익한 일부 소비품까지 원료, 자재를 사다가 자체로 생산해쓸 필요는 없습니다. 더욱이 오늘 우리 나라의 전력사정이 긴장한 조건에서 세계시장에 흔한 값싼 소비품까지 다른 나라에서 원료, 자재를 사다가 국내에서 질이 낮은 제품을 생산하면 전력이나 랑비했지 리득볼것이 없습니다. …… 어떤 소비품이 다른 나라에서 원료, 자재를 사다가 생산하는것보다 완제품을 사오는것이 경제적으로 유익한가 하는것을 잘 따져보고 완제품을 사오는것이 경제적으로 유익한것은 사다써야 합니다.[266]

> 공장, 기업소들에 계획을 줄 때 생산량만 주지 말고 리윤과제와 외화과제도 주는 것이 좋을것 같습니다.[267]

> 우리 나라는 녀성들은 세밀하고 손재간이 있기때문에 약전소자 같은것을 조립하라고 하면 그 어느 나라 사람들보다도 더 잘 조립할수 있습니다. …… 우리가 만든 양복이 발전된 자본주의나라들에서도 호평을 받고 있다고 합니다. 우리 나라에서 여러가지 농토산물을 많이 생산하여 팔아도 돈을 적지 않게 벌수 있습니다. …… 전기와 연료를

정일선집 10』, 조선로동당출판사, 1997, p.103.

265 김정일, "경공업을 발전시키며 경제관리연구사업을 잘할데 대하여", 4.15에 즈음하여 생산한 경공업제품을 보고 경제부문 책임일군들과 한 담화(1992.4.4), 『김정일선집 13』, 조선로동당출판사, 1998, pp.18~19.

266 김정일, "경공업을 발전시키며 경제관리연구 사업을 잘할데 대하여", 4.15에 즈음하여 생산한 경공업제품을 보고 경제부문 책임일군들과 한 담화(1992.4.4), 『김정일선집 13』, 조선로동당출판사, 1998, p.22.

267 김정일, "경공업을 발전시키며 경제관리연구 사업을 잘할데 대하여", 4.15에 즈음하여 생산한 경공업제품을 보고 경제부문 책임일군들과 한 담화(1992.4.4), 『김정일선집 13』, 조선로동당출판사, 1998, p.24.

적게 쓰고 우리의 원료로 생산할수 있는것들을 많이 생산하여 팔 생각을 하여야 합니다. …… 보세가공무역 같은것도 할 필요가 있습니다. 보세가공무역을 하면 돈을 적지 않게 벌수 있습니다.[268]

하지만 구소련의 해체, 동유럽 사회주의 국가들의 개혁·개방, 구동독의 멸망 등을 목격하면서, 무역을 촉진하고 외부자본을 유치할지언정 자립경제만큼은 고수해야 한다는 입장은 불변이었다. 체제 붕괴를 우려했기 때문이다. 김정일은 "자기 인민의 힘을 믿지 않고 서방자본주의나라들의 《원조》와 《협력》에 기대를 걸면서 제국주의자들에게 아부굴종"하는 것은 "반동적인 부르죠아적관점과 관련"되어 있다고 비판했다.[269] 한편으론 사회주의 시장이 사라진 데다가 악화되는 경제난으로 인해 자본주의 시장과의 적극적 교류의 필요성을 제기하면서도, 다른 한편으로는 자립경제의 고수를 외칠 수밖에 없는, 이중적이고 모순적인 인식이었다.

사회주의시장이 없어진 오늘의 조건에서 그에 맞게 무역사업을 개선강화하지 않고서는 당의 무역제일주의방침을 관철할수 없으며 대외무역을 발전시킬수 없습니다. …… 무역일군들도 사회주의시장이 있을 때에 무역을 하던 사람들이 되여 그런지 자본주의시장을 대상하는 조건에 맞게 무역사업을 할줄 모릅니다. …… 수출항목을 보면 사회주의시장이 있을 때와 별로 차이가 없습니다. …… 사회주의시장이 있을 때와는 달리 주로 자본주의시장을 대상하는 조건에서 그에 맞게 수출구조와 무역방법을 대담하게 고쳐야 합니다.[270]

자력갱생, 간고분투의 혁명정신은 우리 당과 인민의 전통적인 투쟁정신입니다. …… 오늘 우리앞에 나서고있는 혁명과업과 조성된 정세는 자력갱생, 간고분투의 혁명정신을 더욱 높이 발휘할것을 요구하고있습니다.[271]

---

268 김정일, "경제사업을 개선하는데서 나서는 몇가지 문제에 대하여", 조선로동당 중앙위원회 책임일군들과 한 담화(1996.4.22), 『김정일선집 14』, 조선로동당출판사, 2000, p.166.

269 김정일, "사회주의는 과학이다", 조선로동당 중앙위원회 기관지 《로동신문》에 발표한 론문(1994.11.1), 『김정일선집 13』, 조선로동당출판사, 1998, pp.465~466.

270 김정일, "경제사업을 개선하는데서 나서는 몇가지 문제에 대하여", 조선로동당 중앙위원회 책임일군들과 한 담화(1996.4.22), 『김정일선집 14』, 조선로동당출판사, 2000, p.165.

271 김정일, "당, 국가, 경제 사업에서 나서는 몇가지 문제에 대하여", 조선로동당 중앙위원회 책임일군들앞에

수령님께서 생전에 중요하게 강조하신것이 자력갱생, 간고분투의 혁명정신을 발휘하여 당의 혁명적경제전략을 철저히 관철 …… 오늘 당중앙위원회 정치국회의에서도 이 문제에 대하여 강조했습니다. 경제지도일군들은 당의 의도를 똑똑히 알고 모든 부문, 모든 단위에서 자력갱생, 간고분투의 혁명정신을 높이 발휘하여 맡겨진 경제과업을 성과적으로 수행해나가도록 하여야 합니다.[272]

그래서 대외경제관계도 국가가 독점적으로 통제해야 했다.

합영, 합작은 원칙적으로 국가와 국가사이, 기업소와 다른 나라 회사사이에 하게 하여야 합니다. 합영, 합작을 자본주의나라의 어느 개인들과 하는것은 좋지 않습니다. 합영, 합작 사업을 잘못하면 그런 공간을 통하여 우리 내부에 자본주의사상이 침습할수 있으며 결국 사회주의를 옹호고수할수 없게 됩니다.[273]

상품을 제가끔 수출하고 제가끔 수입하는것은 자본주의적무역방법입니다. 사회주의사회에서 자본주의적무역방법을 허용하면 사회주의를 침식시키는 엄중한 후과를 가져 올수 있습니다. 여러 단위들이 국가의 통제에서 벗어나 제가끔 자본가들과 거래하고 외화를 벌어 망탕 쓰게 하면 제국주의자들이 바라는대로 《개혁》, 《개방》이 되고 나라의 경제가 자유화, 자본주의화될수 있습니다. …… 대외경제거래는 대외경제위원회와 국가의 승인을 받은 일부 기관들만 하고 그밖의 개별적기관, 기업소들은 하지 말아야 합니다.[274]

전 세계의 사회주의 시장은 없어지고 자본주의 시장으로 변화했으므로 김일성은 "자본주의시장을 대상하여 무역을 할수 있는 능력있는 무역일군들을 많이 늘이는것

서 한 연설(1992.11.12), 『김정일선집 13』, 조선로동당출판사, 1998, p.216.

272 김정일, "위대한 수령님을 영원히 높이 모시고 수령님의 위업을 끝까지 완성하자", 조선로동당 중앙위원회 책임일군들과 한 담화(1994.10.16), 『김정일선집 13』, 조선로동당출판사, 1998, p.434.

273 김정일, "당, 국가, 경제 사업에서 나서는 몇가지 문제에 대하여", 조선로동당 중앙위원회 책임일군들앞에서 한 연설(1992.11.12), 『김정일선집 13』, 조선로동당출판사, 1998, p.229.

274 김정일, "당의 무역제일주의방침을 관철하는데서 나서는 몇가지 문제", 조선로동당 중앙위원회 책임일군들과 한 담화(1995.2.1), 『김정일선집 14』, 조선로동당출판사, 2000, p.9.

…… 자본주의시장에 대담하게 진출"하는 것이 중요하다고 했고,[275] 김정일 역시 "자본주의시장과 세계경제에 대한 파악이 없이는 무역을 잘할수 없"다고 하면서도[276] 그 결과로 야기될 수 있는 자본주의 문화의 침투와 그로 인한 체제의 붕괴 가능성을 걱정할 수밖에 없었다. 그래서 외국 전문가들의 교류도 경계했으며, 젊은 인재들의 무역이나 외부투자 분야에 대한 선호를 장려하기는커녕 억눌렀다.

> 제국주의나라들과의 학술대표단교류사업도 경각성 있게 하여야 합니다. …… 새 세대들에 대한 교양을 잘하여야 합니다. 일부 대학졸업생들이 전공부문에 가서 일하겠다고 하는것이 아니라 무역부문이나 합영부문 같은데 가겠다고 한다는데 이것은 그들이 자기를 먹여 주고 입혀 주고 공부시켜 준 당과 조국을 위하여 복무하겠다는 생각보다 제 혼자 잘 살아 보겠다는 생각부터 앞세운다는것을 말하여 줍니다.[277]

북한의 학계 역시 혼란스럽기는 마찬가지였다. 당시 북한의 대표적 경제 학술지인 『경제연구』에 수록된 논문들을 보면, 무역과 외부투자의 폐해를 지적하는 논문과 그와는 반대로 중요성을 강조하는 논문이 혼재한다. 자본 유치가 절실한데도 외부 투자가 이루어지지 않는 이유는 대외경제 부문의 관료와 정책이 문제이기 때문이라고 지적하는 논문도 있다. 이와 관련한 많은 논문들 가운데 몇 개를 소개하면 <표 1-9>와 같다.

북한 스스로 '고난의 행군'으로 이름 붙일 정도로 경제난이 심각해지는 1990년대 중반 무렵부터는 무역에 대한 김정일의 언급이 크게 줄어들었다.[278] 극심한 경제난으로 인해 수출이든 수입이든 무역을 확대할 능력이 없었기 때문일 것이다. 매년 최고인민회의를 통해 발표하던 정부 예산조차 발표를 중단했다. 수십만명의 아사자가 발생하는

---

275 김일성, "현시기 정무원앞에 나서는 중심과업에 대하여", 조선민주주의인민공화국 중앙인민위원회, 정무원련합 회의에서 한 연설(1992.12.14), 『김일성 저작집 44』, 조선로동당출판사, 1996, p.16.

276 김정일, "경제사업을 개선하는데서 나서는 몇가지 문제에 대하여", 조선로동당 중앙위원회 책임일군들과 한 담화(1996.4.22), 『김정일선집 14』, 조선로동당출판사, 2000, p.168.

277 김정일, "당의 무역제일주의방침을 관철하는데서 나서는 몇가지 문제", 조선로동당 중앙위원회 책임일군들과 한 담화(1995.2.1), 『김정일선집 14』, 조선로동당출판사, 2000, p.11.

278 1996년 4월 22~23일 미국 워싱턴 D.C.에서 조지워싱턴대학교의 개스턴 시거 센터 주최로 열린 북한의 경제개발과 관련한 세미나에 참석한 김정우 대외경제위원회 부위원장은 1995년의 홍수 피해에 대한 필자의 질문에 대해 피해액은 150억달러, 인명 피해는 520만명, 식량 부족량은 318만톤으로서 지난 100년 동안 최대의 피해를 가져온 대홍수였다고 응답했다.

<표 1-9> 1990년대 중후반 대외경제관계 관련『경제연구』수록논문의 상반된 내용

구분	주요 내용
긍정적	• "국제경제합작은 세계의 여러 나라(또는 지역) 국제경제기구, 기업체 또는 개인이 그 어떤 물질적부를 보다 효과적으로, 합리적으로 창조하기 위하여 경제활동을 공동으로 진행해나가는 국제경제관계"[279] • "합작기업은 우선 나라의 긴장한 외화문제를 풀고 인민생활을 향상시키는데 적지 않게 이바지한다. …… (합작기업을 통해) 나라의 전반적인 기술발전이 촉진되며 …… 외국인들의 투자의욕을 자극하여 일정한 리익을 얻을수 있게 한다."[280] • "자본주의시장은 많은 모순들을 안고있지만 그 가운데는 우리에게 유리한 거래조건을 가지고있는 대상들이 얼마든지 있다. …… 우리 나라와 아직 외교관계가 없는 자본주의나라들과도 경제관계를 가져야 한다. …… 지금 모든 나라들이 무역을 자본주의적방법으로 하고있는 조건에서 우리도 그에 맞게 무역방법을 고치지 않으면 안 된다."[281] • "자본가들이 우리 나라에 투자를 꺼려하는것은 제도상 문제나 정세보다 주로는 투자의 입맛을 돋굴수 있게 구체적인 자료를 제시해주지 못하는것과 관련되여있다."[282]
부정적	• "(단독기업은) 기업의 경영권을 완전히 틀어쥐고 해당 나라에 대한 착취를 강화하는 하나의 자본침투수법이다. …… (합영기업은) 현지의 민족적인 외피를 씌워 그 나라에서 일어날수 있는 경영상 마찰을 피하고 눅은 값으로 풍부한 인적 및 물적 자원을 리용하여 현지인민들을 기만하고 착취와 략탈을 진행할수 있기때문이다."[283] • "자립적민족경제는 자주적이며 창조적인 새 생활을 창조하기 위한 경제건설의 유일한 길이다. …… 외부적인 지원과 대외시장에 명줄을 걸고있는 경제와 인연이 없이 오직 자체의 힘으로 발전해나가고있다."[284] • "현 시기 다국적기업의 대외직접투자는 다른 나라에 대한 지배와 략탈을 더욱더 강화하는 방향에서 부단히 변화발전하고있으며 그 과정에 그의 침략적이며 략탈적인 본성이 더욱더 표면화되고 있다."[285]

등 먹는 것조차 어려웠고, 그래서 "우리는 올해에 농업생산결과를 가지고 도, 시, 군당책임비서들의 사업을 평가하려고 합니다"라고 말할 정도였다.[286] '첨예한 정세'라고

279 리명숙, "국제경제합작의 본질적특징",『경제연구』, 4호, 1996, p.41.

280 리성희, "합작기업의 본질적특징과 그 역할",『경제연구』, 2호, 1997, p.41.

281 최영옥, "현시기 우리 당이 제시한 무역정책과 그 정당성",『경제연구』, 2호, 1997, pp.13~14.

282 리정용, "변화된 환경에 맞게 대외무역을 적극 벌려나가는데서 나서는 몇가지 문제",『경제연구』, 2호, 1998, p.17

283 박현철, "현대자본주의적중소기업의 교활한 해외침투수법",『경제연구』, 1호, 1997, p.48.

284 리민철, "위대한 수령 김일성동지께서 쌓아올리신 자립적경제건설의 력사적공적과 그 영원한 생명력",『경제연구』, 2호, 1997, p.7.

285 황철진, "다국적기업과 직접투자",『경제연구』, 3호, 1999, p.49.

286 김정일, "올해를 사회주의경제건설에서 혁명적전환의 해로 되게 하자", 전당당일군회의 참가자들에게 보낸 서한(1997.1.24),『김정일선집 19』, 조선로동당출판사, 2013, p.32.

인식하면서도 군대를 농사에 동원할 수밖에 없는 상황이었다.[287] 김정일은 "최근년간 일부 나라들에서 사회주의집권당이 붕괴되고 사회주의가 자본주의에로 되돌아간 것은 인류력사의 전반적 흐름에 비추어볼 때 정상적인 궤도에서 벗어난 일시적인 현상"이라고 평가했지만,[288] 체제 유지에 대한 불안은 클 수밖에 없었다. 그래서 자립경제를 다시 강조했고,[289] 외화 획득이나 무역이 자립경제보다 중요할 수 없다고 선언했다. '자력갱생이 제일'이라는 것이었다.

> 외화가 있어야 경제문제를 풀수 있다고 하면서 외화벌이에만 신경을 쓰고 우리의 경제토대를 잘 리용하기 위하여 애쓰지 않는것과 같은 편향은 매우 위험한것입니다. …… 대외무역을 발전시키고 외화도 벌어야 하지만 그것도 우리의 자립적경제토대를 강화하는 기초우에서 하여야 합니다.[290]

> 무역을 비롯한 대외경제관계를 통하여 자본주의가 들어오지 못하도록 대외경제기구체계를 잘 정비하고 대외경제사업에서 규률을 철저히 세워야 합니다.[291]

> 자력갱생이 제일입니다. 우리가 몇해동안 고난의 행군을 하면서 고생은 했지만 고생을 해본것이 결코 나쁘지 않습니다. 고난의 행군을 하는 과정에 우리 일군들과 인민들속에서 자체로 살아가는 생활력이 강해졌으며 자력갱생의 참뜻을 더욱 가슴깊이 새기게 되었습니다. …… 외자를 끌어들여 경제를 부흥시켜보려 하는것도 어리석은 생각입니다. 그처럼 어려웠던 전후복구건설시기에도 우리는 관광업이나 외자도입이란 말

287 "우리 나라와 같이 첨예한 정세에서 군대를 농촌에 동원한다는것은 우리 당만이 할수 있는 류례없는 일입니다", 김정일, "혁명과 건설의 모든 분야에서 사회주의원칙을 철저히 지킬데 대하여", 조선로동당 중앙위원회 책임일군들앞에서 한 연설(1997.9.27), 『김정일선집 19』, 조선로동당출판사, 2013, p.208.

288 김정일, "혁명적당건설의 근본문제에 대하여", 조선로동당창건 47돐에 즈음하여 집필한 론문(1992.10.10), 『김정일선집 13』, 조선로동당출판사, 1998, p.172.

289 예를 들어 "경제문제를 풀기 위하여서는 우리의 경제토대, 우리의 경제구조를 살리고 그것을 효과적으로 리용해야 하며 모든것을 우리의 실정에 맞게 우리 식으로 해나가야 합니다", 김정일, "혁명과 건설의 모든 분야에서 사회주의원칙을 철저히 지킬데 대하여", 조선로동당 중앙위원회 책임일군들앞에서 한 연설(1997.9.27), 『김정일선집 19』, 조선로동당출판사, 2013, p.206.

290 김정일, "혁명과 건설의 모든 분야에서 사회주의원칙을 철저히 지킬데 대하여", 조선로동당 중앙위원회 책임일군들앞에서 한 연설(1997.9.27), 『김정일선집 19』, 조선로동당출판사, 2013, p.207.

291 김정일, "혁명과 건설의 모든 분야에서 사회주의원칙을 철저히 지킬데 대하여", 조선로동당 중앙위원회 책임일군들앞에서 한 연설(1997.9.27), 『김정일선집 19』, 조선로동당출판사, 2013, p.213.

을 모르고 살았습니다. 우리는 절대로 남을 쳐다볼 필요가 없습니다.[292]

그래서 개혁과 개방에 대해서도 지극히 부정적이었다. 이미 북한은 나름대로 개혁과 개방을 하고 있다는 논리였지만, 체제 붕괴에 대한 우려가 그 어떤 것보다 우선이었다. 1997년 8월 29~30일 중국 베이징에서 열린 '1997년 남북해외학자 통일회의'에 참가한 북한의 김경남 통일문제연구소 부소장은 "우리는 안에서 닫은 적 없다, 밖에서 미국이 닫지 않았는가"라며 북한은 개방·개혁을 하려는데 외부에서 못 하게 한다는 주장을 펴기도 했다.[293] 북한의 부총리들조차 이런 식으로 가다가는 얼마 지나지 않아 경제가 완전히 멎어버리게 될 것이라고 은밀히 이야기하곤 했지만, 공개적으로 "개혁개방에 동조하는 말을 조금이라도 한다는 것은 그야말로 자살행위"였다.[294]

> 위대한 수령 김일성동지께서는 국제적으로 ≪개혁≫, ≪개방≫바람이 한창 불 때에 벌써 원래 개혁, 개방이라는 것은 잘못된것을 고치고 문을 닫아맨것을 연다는 말인데 우리는 이미 고칠것은 다 고치고 문을 열어놓고있기때문에 우리 나라에서는 ≪개혁≫할것도 없고 ≪개방≫할것도 없다고 교시하시였습니다. …… 적들은 ≪개혁≫, ≪개방≫으로 우리의 사회주의를 내부로부터 와해시켜 저들의 구미에 맞게 자본주의로 전환시키려는 음흉한 목적을 추구하고있습니다. …… 우리 당과 인민은 결코 ≪개혁≫, ≪개방≫의 길로 나가지 않을것입니다.[295]

> 우리는 자력갱생의 기치밑에 강성대국을 건설해나가야 합니다. …… 우리는 제국

292 김정일, "자강도의 모범을 따라 경제사업과 인민생활에서 새로운 전환을 일으키자", 자강도의 여러 부문 사업을 현지지도하면서 일군들과 한 담화(1998.1.16~21, 6.1, 10.20, 10.22), 『김정일선집 19』, 조선로동당출판사, 2013, p.251.

293 백영철(편), 『한국통일포럼(남)·사회정치학회(북) 남북해외학자 통일회의 5년 자료집: 분단을 넘어 통일을 향해』, 건국대학교출판부, 2000, pp.722~723. 당시 원동연 조선아시아태평양평화위원회(이하 아태) 책임참사는 본인의 차례가 아닌데도 발언 기회를 요구하고는 "미국 사람은 북한을 올 수 있지만 북한 사람은 미국을 못 가는데, 누가 개방을 안 하고 있는 것인가"라고 강하게 견해를 표출하면서 굳이 표현하자면 "(북한이)문을 안으로 걸은 것이 아니라 (시장경제로 전환시키려는 의도에 대해) 모기장을 친 것"이라고 말했다. 한편 아태는 1994년 5월 설립된 북한 노동당 통일전선부 산하 외곽단체로서 아시아·태평양 지역의 미수교국가들(특히 미국, 일본)과의 민간교류를 확대하는 일을 담당했지만, 1990년대 후반부터는 경협을 비롯한 남북교류협력 업무도 수행했다. 통일부 국립통일교육원, 『북한지식사전』, 2021, p.692.

294 황장엽, 『황장엽 회고록』, 시대정신, 2010, pp.279~280.

295 김정일, "제국주의자들의 ≪개혁≫, ≪개방≫책동은 용납될수 없는 침략와해책동이다", 조선로동당 중앙위원회 책임일군들과 한 담화(1998.5.7), 『김정일선집 19』, 조선로동당출판사, 2013, pp.364~369.

주의자들이 떠드는 ≪개혁≫, ≪개방≫바람에 끌려들어가서는 절대로 안 됩니다. ≪개혁≫, ≪개방≫은 망국의 길입니다. 우리는 ≪개혁≫, ≪개방≫을 추호도 허용할수 없습니다.[296]

사회주의건설과정에 일시적인 난관이 있다고하여 국가의 통일적지도를 포기하면 지방분권화, 자유화가 조장되여 나라의 경제를 파멸에로 몰아간다.[297]

'고난의 행군'이 일단락되고 체제 붕괴의 위험이 어느 정도 가라앉자 북한은 김정일 시대를 준비했다. '삼년상(喪)'을 이유로 김일성 사망 이후 권력 승계를 미루던 김정일은 1998년 9월 5일 최고인민회의 제10기 제1차 회의를 통해 국가의 최고직위로 격상된 국방위원장으로 추대되었다. 본격적인 김정일 시대가 열린 것이다. 군대를 앞세워서라도 체제를 보호하는 것이 급선무였으므로 '선군(先軍)'을 자신의 시대를 대표하는 슬로건으로 내걸었지만,[298] 경제난에서 속히 벗어나고 주민의 의식주 수준을 향상시키는 것 또한 김정일이 당면한 중요한 과제였다.

인민생활문제를 푸는것은 제국주의자들의 침략으로부터 사회주의조국을 보위하기 위해서도 절실한 문제로 나섭니다. …… 나는 지금 어떻게 하면 인민생활문제를 풀고 우리 인민들이 잘살수 있게 하겠는가에 대하여 많이 생각하고있습니다.[299]

'선군' 자체도 경제적 목적을 내포하고 있었다. "원래 군대는 무력으로 조국의 안전을 지키는 사명을 지니고있지만 우리 나라에서는 혁명군대가 조국방위의 담당자로뿐

---

296 김정일, "올해를 강성대국건설의 위대한 전환의 해로 빛내이자", 조선로동당 중앙위원회 책임일군들과 한 담화(1999.1.1), 『김정일선집 19』, 조선로동당출판사, 2013, p.449.

297 리영화, "경제에 대한 국가의 중앙집권적통일적지도는 사회주의경제강국건설의 근본담보", 『경제연구』, 3호, 1999, p.11.

298 선군정치는 "김정일 동지에 의하여 정립된 가장 성공적인 사회주의 정치방식이다. …… 군대는 곧 당이며 국가이며 인민이다. 국사중에서도 제일국사는 다름아닌 군사이다. …… 만사를 제쳐놓고 군사문제부터 풀지 않으면 돌이킬수 없는 후과를 가져오게 된다. …… 쏘련의 …… 군대만이라도 사상적으로 견결하고 사회주의수호자로서의 사명을 다했더라면 그러한 비극적인 사태는 막아낼수 있었을것이다", 최순옥, "선군정치는 우리 당의 위대한 혁명방식", 『철학연구』, 제3호, 2001, p.15.

299 김정일, "인민생활을 높이는데서 나서는 몇가지 과업에 대하여", 조선로동당 중앙위원회 책임일군들과 한 담화(2000.1.23), 『김정일선집 20』, 조선로동당출판사, 2013, pp.86~87.

아니라 사상전선을 지키는 제일기수"이자 "당과 수령에 대한 충성심이 제일 높고 조직성과 규률성, 단결력이 사회의 그 어느 집단보다 제일 강한 혁명적인 전투대오"이므로[300] 군대를 경제난 극복에 활용하겠다는 의도도 있었다.

> 강력한 국가경제력을 다그쳐나가는데서 인민군대의 선도적역할을 높여나가게 한다. …… 인민군대에 의거하고 그들의 선도적역할을 높이면 사회주의건설에서 부닥치는 그 어떤 난관과 시련도 과감히 헤쳐나갈수 있으며 경제강국에서 전환적국면을 열어나갈 수 있다.[301]

새로운 지도자가 공식적으로 자신의 시대를 시작한 만큼 문자 그대로 '새로운 시대'를 만들어야 했다. 마침 21세기도 다가오고 있었다. 그래서 1999년 1월 1일 발표된 『노동신문』, 『조선인민군』, 『청년전위』의 신년 공동사설은 '올해를 강성대국건설의 위대한 전환의 해로 빛내이자'를 제목으로 선정하면서 '강성대국'을 미래 비전으로 제시했다. 북한은 사상·정치·군사 분야에서는 이미 강국이니 경제 분야에서 강국만 이루면 '강성대국'이 실현된다는 주장이었다.[302] 2001년 신년 공동사설은 '희망찬 새 세기'를 화두로 던졌다. 김정일은 21세기에 걸맞는 '새로운 관점'을 강조했고,[303] 2001년 1월 15~20일 중국 상하이를 방문해서는 상하이의 발전상에 대해 '천지개벽(天地開闢)'이라며 감탄하기도 했다.[304]

---

300 김원삼·최순옥, 『4대제일주의는 강성대국건설의 영원한 구호』, 사회과학출판사, 2004, p.102, p.105.

301 김원삼·최순옥, 『4대제일주의는 강성대국건설의 영원한 구호』, 사회과학출판사, 2004, p.115.

302 조동호·김상기, "북한 경제정책 구도 및 향후 경제정책 전망", 『KDI 북한경제리뷰』, 1월호, 2001, p.6. 실제로 북한은 "오늘 우리 공화국은 사상과 정치의 강국, 군사의 강국으로 존엄떨치고 있다. 이제 우리가 사회주의 건설을 다그쳐 경제를 활성화하고 자립경제의 위력을 높이 발양시키면 우리 조국은 모든 면에서 강대한 나라로 빛을 뿌리게 된다"고 주장했다. "위대한 당의 영도 따라 사회주의강성대국을 건설해나가자", 『노동신문』, 1998.9.9. 1999년 신년 공동사설도 "우리의 정치사상적 군사적위력에 경제적힘이 안받침될 때 우리 나라는 명실공히 강성대국의 지위에 올라 설수 있다"라고 주장했다.

303 『노동신문』은 "21세기에 들어서는 새 시대의 요구에 맞게", "새로운 년대에 들어선것만큼 우리는 지난날 다른 나라 식의 낡은 틀과 관례를 전면적으로 검토", "이제는 2000년대에 들어선것만큼 모든 문제를 새로운 관점과 새로운 높이에서 보고 풀어나가야 합니다" 등과 같은 김정일의 발언을 소개하고 있다. "21세기는 거창한 전변의 세기, 창조의 세기이다", 『노동신문』, 2001.1.4.

304 김정일의 상하이 방문을 보도한 북한 매체들은 "유구한 동방 중국의 대지 위에 자랑을 떨치고 있는 상해시의 발전모습", "짧은 기간에 세상 사람들의 상상을 초월하게 변모", "상해는 천지개벽" 등 김정일의 '극찬'을 보도했다. "김정일 방중 북한 반응", 『한겨레』, 2001.1.22.

신년 공동사설

북한은 매년 1월 1일 전년도 평가 및 그 해의 정책방향을 담은 최고지도자의 신년사를 발표한다. 1946년 1월 1일 김일성이 '신년을 맞으면서 전국 인민에게 고함'이라는 제목의 신년사를 육성으로 발표한 것이 시초였다. 김일성 사망 이후인 1995년부터는 『노동신문』(당보), 『조선인민군』(군보), 『청년전위』(청년보) 등 북한의 대표적 언론매체들의 신년 공동사설로 신년사를 대체했다.[305] 이후 김정은 시대에 들어선 2013년부터 신년사가 부활했다가 2020년부터는 신년사를 당대회나 전원회의의 결과로 갈음하는 방식을 관례화해오고 있다.

그러나 '강성대국'이든 '희망찬 새 세기'든 혹은 '새로운 관점'이든 이를 실현하려면 자본이 필요했고, 자본은 외부에서 올 수밖에 없었다. 과거엔 대외경제협력을 자립경제의 '보조적 수단'으로만 간주했다면, 이제는 자립경제를 보완·발전시키는 '적극적 수단'이 되어야 했다.[306] 북한도 이를 모르지는 않았다. 『노동신문』은 오늘날의 자립경제 건설이란 "결코 문을 닫아 매고 경제를 건설한다는것을 의미하지 않는다"라고 주장했다.[307] 1998년 나진기업학교, 나진정보센터 등 무역전문가 양성기관을 설립한 데 이어 2000년에는 무역성 산하에 자본주의제도연구원을 설립했다.[308] 북한은 1997년 및 2000년 아시아개발은행(ADB)에 정식으로 가입 신청을 했다. 그러나 테러지원국이라는 이유로 대주주인 미국과 일본 등이 반대해 승인을 받지 못했다.[309] 2001년에는 국제통화기금(IMF)과 세계은행(IBRD)에 가입 의사를 밝히기도 했다.[310] 국제금융기구들은 개발

305 예외적으로 1998년에는 『청년전위』를 제외한 『로동신문』 및 『조선인민군』의 공동사설로 발표했다.

306 정형곤·김지연·이종운·홍익표, 『북한의 투자유치정책 변화와 남북경협 방향』, 대외경제정책연구원, 2011, pp.42~43.

307 "자력갱생에서 나서는 중요한 문제", 『노동신문』, 2001.2.28.

308 통일부, "남북정상회담 이후 북한의 변화", 2001, p.7.

309 한국은행, 『국제금융기구 2018』, 2017, p.336. 물론 경제 통계와 정보의 제공을 꺼리는 북한의 입장도 가입에 걸림돌이 되었다. Noland, Marcus, *Korea after Kim Jong-il*, Institute for International Economics, 2004, p.58.

310 2001년 2월 27일부터 3월 4일까지 북한 경제사절단을 이끌고 미국을 방문했던 북한의 한성렬 외무성 부국장은 3월 2일 국제통화기금 및 세계은행 관계자와 면담을 가진 자리에서 가입 의사를 표명했다. "북한 개방·개혁 의지 … IBRD 가입의사 표명 의미", 『한국경제신문』, 2001.3.12.

도상국들을 착취하는 제국주의자들의 수단일 뿐이라고 비난해왔으면서도 말이다.

≪아시아개발은행≫은 지역내 발전도상나라들의 경제개발을 촉진시킨다는 명분과는 정반대로 아시아지역나라들을 제국주의자들의 금융적노예의 올가미에 얽매여놓고 낡은 국제통화금융질서를 유지하기 위한 수단으로 되고 있다.[311]

제국주의자들은 발전도상나라들이 새 사회건설에서 자금부족 등의 경제적난관을 겪고 있는것을 악용하여 융자를 준다는 명목으로 이 나라들을 저들이 조작한 국제통화체제에 끌어 들여 얽어매고 있다. ≪국제통화기금≫을 비롯한 제국주의적통화기구들에서 …… 발전도상나라들, 경제적으로 뒤떨어진 나라들에 대한 신식민주의적지배와 략탈을 강화하고 있다.[312]

외부자본 획득을 위한 방법으로 경제특구를 통한 외국인 직접투자 유치가 다시 주목을 받았다. 2002년 9월에는 신의주 특별행정구, 11월에는 개성공업지구와 금강산 관광지구를 설치했다. 이로써 김일성 시대에는 하나뿐이던 경제특구가 4개로 늘어났다. 특히 신의주 특별행정구는 거의 파격이었다. 김정일 스스로 '천지개벽'이라고 표현했던 상하이의 인상적 변화가 커다란 영향을 미쳤을 것이다.[313] 2002년 9월 19일 북한의 최고인민회의 상임위원회의 정령 제3303호로 제정된 '신의주특별행정구 기본법'에 의하면 신의주 특별행정구에는 입법권, 행정권, 사법권과 함께 토지의 개발·이용·관리권이 부여되었고, 행정구 명의로 대외사업, 여권 발급이 가능했다. 독자적인 구장(區章)과 구기(區旗)를 사용할 수도 있었다. '외자 유치를 위한 홍콩식 특별행정구', '자본주의 실험'이라는 평가가 나왔다.[314] 게다가 토지 임대기간을 50년 동안 보장했고, 초대

311 리은경, "≪아시아개발은행≫은 낡은 국제통화금융질서의 산물", 『경제연구』, 1호, 2000, p.52.

312 황경오, "낡은 국제경제질서의 략탈적성격", 『경제연구』, 1호, 2002, p.56.

313 김정일은 5년 후인 2006년 1월 북중 정상회담에서도 후진타오(胡錦濤) 주석에게 "천지개벽한 상하이를 돌아보던 기억이 아직도 생생한데 이번에 여러 경제특구를 돌아보면서 새로운 더 큰 감동을 받았다"고 말했다. "김정일 '중 남방 발전상에 큰 감동'", 『동아일보』, 2006.1.19.

314 예를 들어 "신의주특구 홍콩식 개발", 『서울신문』, 2002.9.23, "'신의주 특구' 대북전문가 진단", 『경향신문』, 2002.9.24. 초대 장관으로 임명된 네덜란드 국적의 화교 사업가 양빈(楊斌) 어우야(歐亞)그룹 회장 역시 『CNN』 방송과의 회견에서 "신의주 특구는 완전히 자본주의 경제 지대가 될 것"이라고 말했다. "신의주 특구/초대장관 양빈 임명 배경", 『한국일보』, 2002.9.24.

장관으로 외국인을 임명한 것도 북한의 외부자본 유치에 대한 열의를 보여주는 것이다.[315] 북한 문헌은 외국 기업에 '리윤분배에서 특혜가 보장'되어야 경제특구에 투자를 할 것이며, 외국 투자기업이 이윤을 많이 내면 북한도 이익이라면서 외국 투자기업의 이익을 보장하는 원칙을 수립해야 한다고까지 주장했다.

> 자본은 투자조건이 유리하고 리윤이 보다 많이 나는 곳으로 집중되기 마련이다. …… 때문에 가공무역지대에서 투자가들에게 어떤 특혜를 보장하여 주는가 하는것은 이 지대를 잘 운영하는데서 중요한 문제이며 특혜보장문제는 일반국가경제지역과 다른 기본특징이다.[316]

> 자기의 소유권을 가지고 허가된 경영범위내에서 독자적으로 경영활동을 진행하는 합영, 합작기업들이 생산경영활동과정에 더 많은 리윤을 얻게 되면 우리측의 분배몫도 더 커지게 되며 나아가서 국가에 더 큰 리익을 주게 된다. 그러므로 합영, 합작기업의 생산경영활동에 대한 실리를 기업의 경제적리익을 보장하는 원칙에서 평가하여야 한다.[317]

무역은 외부자본 획득의 핵심적인 방안으로 인식되었다. 북한의 공식 문헌은 "대외경제관계에서 가장 중요한 자리를 차지하는 것은 무역"이며, 무역은 "외화수입의 규모로 보나 나라의 경제발전에 미치는 영향으로 보나 대외경제관계에서 주되는 자리를 차지"한다고 지적했다.[318] 1990~2011년의 기간에 북한 『경제연구』, 『김일성종합대학학보』, 『사회과학원학보』에 게재된 374편의 대외경제 관련 논문들을 분석한 결과에 의하면, 대외경제협력에 대해 부정적인 논조의 논문 비중은 1990~1993년 71.4%에서 2008~2011년 26.8%로 감소했다.[319] 자립경제에 대한 강조는 약해졌고, 모든 것을 자체

---

315 그러나 초대 장관으로 임명된 양빈이 불과 10일 후인 10월 4일 탈세, 불법행위 등의 이유로 중국에 갑자기 체포되면서 신의주 특별행정구 기획은 시작하자마자 실패로 귀결되었다. 김정은 시대에 들어 신의주 특별행정구는 면적이 축소되었고, 이후 신의주 국제경제지대로 대체되었다.

316 유철남, "가공무역형태의 자유경제무역지대 발생발전과 그 특징", 『경제연구』, 1호, 2001, p.46.

317 렴일욱, "합영, 합작기업의 생산경영활동에 대한 실리평가에서 나서는 원칙적요구", 『경제연구』, 4호, 2002, p.37.

318 서재영 · 박제동 · 정수웅, 『우리 당의 선군시대 경제사상해설』, 조선로동당출판사, 2005, p.247.

319 김은영, "사회주의권 붕괴 이후 북한의 대외경제 관련 담화 분석", 『KDI 북한경제리뷰』, 12월호, 2012, p.53.

적으로 생산해야 한다고 독려하던 과거와는 달리 비교우위가 없는 제품은 아예 수입하라고 지시했다. 무역 활성화를 위한 해외 사무소의 개설과 생산효율을 제고하기 위한 외국으로부터의 적극적인 기술 도입도 주문했다. 심지어 자력갱생의 의미가 과거와는 달라져야 한다고까지 주장했다.

> 인민생활문제를 풀자면 뭉테기외화를 벌수 있는 단천마그네샤공장이나 검덕광산 같은 몇개 단위를 뚝 떼여 …… 생산을 정상화하면 거기에서만도 많은 외화를 벌수 있습니다. …… 인민생활문제를 푸는데 필요한 돈을 벌자면 임가공도 많이 하여야 합니다.[320]

> 우리에게 없는것, 잘 만들지 못하는것은 자체로 생산하느라고 애쓰지 말고 사다쓰는 방향으로 나가야 합니다.[321]

> 다른 나라의 필요한 곳들에 경공업대표를 두어야 합니다. …… 다른 나라에 경공업대표가 가있으면서 세계적인 경공업발전추세와 상품시세에 대하여 정상적으로 알아보고 …… 우리가 생산하는 수출상품의 판로도 개척하고 임가공을 발전시키기 위한 대외사업도 해야 합니다.[322]

> 최첨단기술을 적극 받아들여야 합니다. 지금 형편에서 다른 나라의 앞선 기술을 받아들이지 않고서는 나라의 경제를 빨리 발전시킬수 없습니다. …… 자력갱생하라는것은 다른 나라의 기술을 받아들이지 말라는것이 아닙니다.[323]

> 오늘의 자력갱생이라는 말과 지난 시기의 자력갱생이라는 말의 뜻과 내용을 같이

---

320 김정일, "인민생활을 높이는데서 나서는 몇가지 과업에 대하여", 조선로동당 중앙위원회 책임일군들과 한 담화(2000.1.23), 『김정일선집 20』, 조선로동당출판사, 2013, p.89.

321 김정일, "인민생활을 높이는데서 나서는 몇가지 과업에 대하여", 조선로동당 중앙위원회 책임일군들과 한 담화(2000.1.23), 『김정일선집 20』, 조선로동당출판사, 2013, p.88.

322 김정일, "인민생활을 높이는데서 나서는 몇가지 과업에 대하여", 조선로동당 중앙위원회 책임일군들과 한 담화(2000.1.23), 『김정일선집 20』, 조선로동당출판사, 2013, p.90.

323 김정일, "중요공업부문들을 현대적기술로 개건하며 나라의 경제를 추켜 세우는데서 나서는 몇가지 문제에 대하여", 조선로동당 중앙위원회 책임일군들앞에서 한 연설(2000.5.12), 『김정일선집 20』, 조선로동당출판사, 2013, p.202.

볼수 없습니다. 자력갱생이라는 개념을 그전처럼만 인식하여서는 안 됩니다.[324]

북한 문헌은 잘 만들지 못하는 물건은 아예 수입하는 편이 낫다고 강조하는 것을 넘어서 자체 생산이 오히려 손해라고 지적했다. 경제적으로 어려운 상황에서 전력이나 낭비하는 것이라는 신랄한 비판이었다. 자력갱생과는 거리가 먼 주장이었다. 합영, 합작 형태의 외국인투자 유치를 통해 선진 과학기술을 받아들이는 것이 자체 개발보다 유리하며, 이를 자력갱생에 위배되는 것으로 간주하면 안 된다고도 했다. 2007년 11월 16일 북미 금융실무회담에 참석한 북한의 김명길 유엔주재대표부 차석대사는 "우리는 'reform', 즉 개혁이라는 용어를 쓰지 않지만 세계와 기술 교류를 통해서 세계가 변화하는 데 맞춰 나가길 원한다"고 말했다.[325]

인민생활에 필요한 모든 소비품을 다 자체로 생산보장하려고 하는것은 실리에도 맞지 않는다. 자체로 생산하는것보다 다른 나라에서 사다 쓰는것이 경제적으로 유익한 소비품들이 적지 않다.[326]

과학기술을 발전시키는데는 크게 두가지 방도가 있다. 하나는 자력갱생의 원칙에서 자체의 힘으로 필요한 과학기술을 연구, 개발하는것이며 다른 하나는 과학기술교류를 통하여 다른 나라의 앞선 과학기술을 받아들여 자기의것으로 소화, 흡수하는것이다. …… 새로운 과학기술을 처음부터 우리 자체로 연구, 개발하여야 주체가 선것이고 다른 나라의 선진과학기술을 받아들이는것은 주체가 서지 못한것으로 생각하는것은 주체적립장에 대한 비속화이며 이러한 관점을 가지고서는 과학기술을 빨리 발전시킬수 없다. …… 합영, 합작은 다른 나라의 앞선 기술을 받아들이기 위한 중요 형태, 공간으로 된다.[327]

그러나 속으로는 당연히 불안했다. "경제관리는 지난 시기에는 옳고 좋은것이였다

324 김정일, "중요공업부문들을 현대적기술로 개건하며 나라의 경제를 추켜 세우는데서 나서는 몇가지 문제에 대하여", 조선로동당 중앙위원회 책임일군들앞에서 한 연설(2000.5.12), 『김정일선집 20』, 조선로동당출판사, 2013, p.203.

325 "'우린 베트남을 배우고 있다' - 금융회의 북측 대표단", 『자유아시아방송』, 2007.11.19.

326 최영옥, "사회주의대외무역에서 수입구조의 개선", 『경제연구』, 2호, 2004, p.34,

327 김철준, "합영, 합작은 선진기술도입의 중요공간』, 『경제연구』, 1호, 2007, p.31.

고 하더라도 현실이 변하면 낡고 뒤떨어진 것으로 된다"면서도 "사회주의경제관리문제를 해결하는데서 교조주의적침체를 가져오는것도 편향이지만 《개선》한다는 미명밑에 자본주의적관리방법을 끌어들이는 것은 철저히 배격하여야 할 엄중한 편향"이며 "일군들이 사회주의경제의 우월성에 대한 확고한 신념을 가지는 것이 중요"하다고 주장했다.[328]

김정일 역시 오락가락하는 모습을 보였다. 마치 2000년대 초반 흔히 '7·1 조치'라고 불리는 '경제관리개선조치'를 실시하고 종합시장의 설치를 허용하는 등 매우 전향적인 행보를 보였다가 이내 한 발짝 물러서는 입장을 취했던 것과 유사하다.[329] 대외경제관계 확대를 주문하다가도 자립경제의 중요성을 강조하곤 했다. "우리 나라에 풍부한 자원을 적극 개발하여 새로운 대규모의 외화벌이기지들을 꾸리고 수출원천을 대대적으로 확대"해 나가라고 하고선,[330] "남에게 의존하게 되면 결국 망하게 됩니다. 자력갱생에 우리의 생명이 있고 승리가 있으며 미래가 있습니다. 우리는 앞으로도 ≪자력갱생만이 살길이다!≫라는 구호를 높이 들고나가야 합니다"라고 강조했다.[331] 2010년 신년 공동사설에서는 "대외시장을 확대하고 대외무역활동을 적극적으로 벌려 경제건설과 인민생활향상에 이바지하여야 한다"더니 2011년 신년 공동사설에서는 "자력갱생의 원칙을 철저히 구현해나가야 한다. …… 오직 자기 힘을 믿고 완강하게 돌진하는 자력갱생의 강자가 되여야 한다"고 주문했다. 심지어 같은 날 같은 연설에서 서로 모순되는 내용의 발언을 하기도 했다.

경공업에 필요한 원료, 자재생산을 주체화, 국산화하기 위한 투쟁을 강하게 벌려야

---

328 김원삼·최순옥, 『4대제일주의는 강성대국건설의 영원한 구호』, 사회과학출판사, 2004, p.157.

329 예를 들어 "최근에 경제관리에서 시장을 일정하게 리용하도록 하였더니 사회주의원칙을 무시하고 나라의 경제는 ≪개방≫하는것처럼 리해하는것 같은데 그것은 잘못된 생각입니다. 경제관리에서 사회주의원칙을 저버리게 되면 사회주의를 고수할수 없으며 우리 나라가 자본주의화될수 있습니다", 김정일, "현시기 당사업과 경제사업에서 중요하게 제기되는 몇 가지 문제에 대하여", 조선로동당 중앙위원회, 내각책임일군들앞에서 한 연설(2005.1.9), 『김정일선집 22』, 조선로동당출판사, 2013, p.215.

330 김정일, "인민경제의 선행부문, 기초공업부문을 추켜세워 사회주의경제강국건설의 진격로를 열어나가자", 당, 국가경제기관 책임일군들과 한 담화(2007.8.2), 『김정일선집 23』, 조선로동당출판사, 2014, p.178.

331 김정일, "사회주의건설의 모든 전선에서 새로운 혁명적대고조를 일으킬데 대하여", 당, 국가책임일군들앞에서 한 연설(2009.1.2), 『김정일선집 24』, 조선로동당출판사, 2014, p.11.

합니다. …… 완제품을 수입하는 것이 유리한 일부 경공업제품들은 다른 나라에서 들여오도록 하여야 합니다.[332]

어쩔 수 없는 일이었을 것이다. 체제를 보존하기 위해서는 경제를 살려야 했고, 이는 외부자본의 유입을 통해서만 가능한 것이었지만, 외부와의 연계 강화는 체제를 위협하는 요인으로 작용했기 때문이다. 2006년 중국 방문 시 대표적 개방 지역인 광둥성과 후베이성을 방문했던 김정일은 "중국의 경제개발 경험을 거울삼아 북한경제를 발전시키고 싶다"고 말했지만,[333] 2008년 개혁과 개방은 "우리 식 사회주의를 허물려는 침략와해책동"일 뿐이며, "자력갱생의 원칙에서 모든 잠재력과 내부예비를 최대한 효과적으로 동원리용"해야 한다고 강조하면서 무역을 포함한 대외경제관계에 대해서는 아예 언급하지 않았다.[334]

북한 학자들 역시 우왕좌왕할 수밖에 없었다. 2000년대 중반의 북한경제 상황은 10년 전보다 낫지 않았다. 2006년 말 일본 삿포로에서 열린 국제회의에서 북한 사회과학원 경제연구소 리기성 실장은 "≪고난의 행군≫이 승리적으로 결속되었지만 21세기초 나라의 경제사정은 아직 어려운 형편에 있다. …… 인민들에게 식량과 1차소비품을 제대로 보장하지 못하고 있다. 나라의 재정형편도 매우 긴장하다. ≪고난의 행군≫이 시작되기 전해인 1994년의 국가예산수입과 지출계획에 비하여 2005년에는 상당히 줄어들었다"라고 발표했다.[335] 그래서 어떤 학자들은 무역과 외국인투자 유치를 활성화해야 당면한 경제난을 해결할 수 있으리라고 주장하는가 하면, 다른 학자들은 여전히 그것은 개발도상국에 대한 착취와 약탈일 뿐이라고 고집했다. 결국 그 딜레마 앞에서 이럴 수도 저럴 수도 없었던 것이 당시의 북한이었다.[336]

나라의 긴장한 외화문제를 풀어나가는데서 가장 합리적인 방도는 대외무역과 경제

332 김정일, "경공업과 농업생산에 힘을 집중하여 인민생활향상에서 결정적전환을 일으키자", 당, 국가경제기관 책임일군들과 한 담화(2010.3.31), 『김정일선집 25』, 조선로동당출판사, 2015, pp.51~53.

333 "김정일 중국 발전상에 충격 밤잠 설쳤다", 『중앙일보』, 2006.3.30.

334 "혁명의 승리적진전과 부강조국건설을 힘 있게 추동하는 고무적기치", 『노동신문』, 2008.10.14.

335 리기성, "21세기초의 조선경제", 북태평양지역연구센터(NORPAC) 주최 '북태평양경제협력' 세미나 발표문, 2006.11.1, p.1.

336 이러한 개혁·개방과 자립 사이의 딜레마는 현재의 북한에도 여전하다고 평가할 수 있다.

합영, 합작과 같은 대외경제관계를 적극 발전시켜나가는것이다.[337]

다국적기업체는 해외직접투자, 대외무역, 기술이전, 화폐조작을 비롯한 여러가지 형태와 방법으로 국제적범위에서 착취와 략탈을 강화한다.[338]

김정일 시대의 남북경협

김정일은 '고난의 행군'이 끝난 후에야 최고지도자의 자리에 올랐다. 어느 시대 어느 조직이든 새로운 리더는 미래에 대한 새로운 비전을 제시하는 법이다. 초등학교 반장 선거에서조차 반장 후보는 '내가 반장이 되면' 이런저런 변화를 만들겠다고 비전을 공약하기 마련이다. 하물며 한 국가의 최고지도자라면 당연히 자신의 시대를 상징하는 청사진을 보여야 한다.

그러나 북한경제 역사상 최악의 경제난을 겪는 상황에서 김정일이 주민들에게 보여줄 수 있는 미래 비전이란 없었다. 자신의 시대가 왔지만, 정작 김정일은 대중 앞에 나타날 수 없었다. 그야말로 내우외환(內憂外患)이자 진퇴양난(進退兩難)에 사면초가(四面楚歌)가 더해진 상황이었기 때문이다. 그래서 김일성이 사망한 해는 1994년이었지만, 1998년에야 김정일은 최고지도자의 자리에 올랐다. '삼년상'은 핑계였고, 아버지의 시신 뒤에 숨어 '고난의 행군'이 끝나길 기다렸던 것이라고 해석할 수밖에 없다. 김정일이 최고지도자의 자리에 오르면서 내걸었던 '선군'은 생존을 위한 수세적인 전략이었을 뿐이고, 미래를 향한 능동적인 청사진은 아니었다. 마침 21세기가 시작되는 시점이었다. 그래서 '강성대국'을 건설하는 '희망찬 새 세기'라는 구호를 내세웠다.

이를 위해서는 자본이 필요했다. 김정일은 자립경제를 새롭게 해석하라면서 대외경제관계의 활성화를 지시했지만, 북한의 조악한 상품 수준으로는 수출시장을 찾기 어려웠다. 열악한 인프라에 높은 정치적 리스크로 외부투자를 유치할 수도 없었다. 결국 남북경협에 적극적인 관심을 가진 남한으로 눈을 돌리게 되었다. 1990년대 중후반 이미 국제사회의 일반적인 분석은 북한의 경제 위기를 해결할 수 있는 결정적인 도움은

---

337 김금희, "합영사업을 발전시키는것은 우리 나라 경제를 발전시키고 국제적경제협조를 강화하기 위한 중요한 도구", 『경제연구』, 1호, 2007, p.36.

338 리경영, "현대제국주의하에서 다국적기업체는 자본의 국제화추진의 기본형태", 『경제연구』, 3호, 2007, p.45.

내가 만났던 박봉주와 장성택

나는 2002년 10월 26일에서 11월 3일까지 북한의 고위 관료로 구성된 경제시찰단이 남한을 방문했을 때, 안내관의 자격으로 당시 화학공업상이었던 박봉주를 곁에서 수행할 기회가 있었다. 서울에서 제주까지 12개 도시, 38개에 달하는 시설을 돌아보는 8박9일의 일정은 매우 고된 것이었지만, 그는 피곤한 내색조차 하지 않았다. 원가, 재료 구입, 경영방식, 판매시장, 이윤 배분 등 우리 경제에 대한 그의 관심은 끝이 없었다. 공부하러 온 것이니 시찰단이라 하지 말고 고찰단이라 불러야 한다고 했다. 그는 실물경제에 매우 해박한 지식을 드러냈다. 공작기계를 보면 어느 정도의 정밀도를 갖춘 것이라고 언급했고, 차창 밖으로 지나치는 송전탑을 보면 어느 정도의 용량이라고 대번에 맞췄다. 어떻게 그렇게 잘 아시느냐고 묻자, "상(장관)이라면 그 정도는 알아야지, 남에서는 그렇지 않습니까?"라고 반문했다. 차량이 감청되는 줄도 모르고, "남쪽에서는 대통령이랑 친한 게 제일 중요합니다"라고 했다가 나중에 정부 관계자로부터 농반진반의 꾸지람을 들었다. 8박9일이 짧은 것이 아님에도 불구하고, 그는 일정이 더 길지 않은 것에 대해 못내 아쉬워했다. "볼 수 있는 눈이 2개밖에 없어 아쉽다"고 했고, 다음 기회에 또 오시라고 하자, "보는 것도 중요하지만, 자본을 어떻게 조달할 것인가가 더욱 중요하지요"라고 북한의 경제 현실을 솔직히 토로하기도 했다. 그는 평양으로 돌아간 다음 해인 2003년 총리가 되어 김정일 시절의 '7·1 조치'를 총괄했다. 이후 김정은 시대에 들어서는 2013년 다시 총리에 기용되어 '5·30 담화'를 실천에 옮기는 책임을 맡았다. 두 대에 걸쳐 북한경제의 가장 개혁적인 작업을 담당했던 것이다. 그가 남한을 방문했을 때 우리가 나누었던 대화가 많은 도움이 되었을 것 같아서 정책 연구자로서 큰 보람을 느낀다.

그때 경제시찰단에는 당 중앙위원회 제1부부장이었던 장성택도 포함되어 있어 가까이서 그를 볼 기회가 많았다. 단장은 나중에 화폐개혁 실패의 책임을 지고 총살되었다고 알려진 박남기 국가계획위원회 위원장이었지만, 이미 널리 알려졌던 대로 실세는 장성택이었다. 모든 장관급 일행이 2인 1실을 사용했는데, 그와 단장만은 독실에 묵었다. 삼성전자를 방문했을 때, 앞에 선 박남기 위원장이 지체하자 "야, 그냥 가라고 해"라고 지시하는 모습도 봤다. 하루는 아침 출발 시간에 그가 늦잠을 잤는지 나오지 않았는데, 아무도 방문을 두드리지 못했다. 단장 박남기도 엉거주춤 서 있을 뿐이었다. 그는 늦게 나와선 미안하다는 말도 없이 나지막히 한 마디 했다. "가자." 어느 날 그가 나에게 물었다. "조 선생은 어디에서 나왔나요?" 안내관의 대부분이 국정원 요원이라 나도 국정원 소속으로 생각한 듯했다. "잘 모르실 겁니다. 저는 KDI라는 연구원에서 북쪽 경제를 연구하고 있습니다." 그랬더니 그가 의외의 답을 했다. "아, KDI! 그러시군요. 우리도 KDI 같은 것을 만들라고 장군님 지시를 받았는데, 아직 못 만들고 있습니다." 그러면서 덧붙였다. "남북 모두 잘 발전해야 되겠는데. 좋은 연구 많이 하시기 바랍니다." 그해 나는 북한경제 발전 전략에 관한 연구를 거의 끝내고 있었는데, 100쪽 정도 분량의 요약본을 슬쩍 전달했다. 계획경제 체제의 완화 및 분권화, 시장경제 제도의 부분적 도입, 경제특구의 확대가 핵심이었다. 이후 북한의 경제정책 변화를 보면, 내 보고서의 내용과 흡사했다. 내 연구를 참고했는지, 우연히 유사했던 건지, 북한경제가 갈 길은 어차피 그 길 하나밖에 없었던 탓인지, 가늠하기 어렵다.

남한에서 올 수밖에 없으며, 미국이나 유럽의 기업은 북한 진출에 관심이 없다는 것이었다.[339] 1998년 11월 시작된 금강산 관광사업, 2000년 6월 분단 이후 최초로 성사된 남북 정상회담, 2002년 10~11월 북한 고위 간부로 구성된 경제시찰단의 남한 파견, 2002년 11월 '개성공업지구법' 제정 등은 바로 이러한 상황을 배경으로 하고 있었다.

그러나 남북경협에 대한 북한의 인식은 대외경제관계에 대한 인식처럼 이중적이었다. 한편으로는 자본 획득을 위해 남북경협을 추진해야 했다. 스칼라피노(Robert Scalapino) 미국 버클리대학교 교수는 2000년 남북 정상회담 등 북한의 대외관계 개선 노력은 정치적이나 전략적이기보다는 경제적 이유에 기인한 것이었다고 분석했다.[340] 북한이 대남 사업을 통해 얻고자 한 것은 현금 확보였고, 이를 충족시켜줄 대상이라면 남한의 어느 기업이라도 상관없다는 태도였다.[341] 북한의 입장에서 남한은 경제회생과 체제유지를 위해서라도 협력해야 할 대상이 되었던 것이다.[342] 그러나 다른 한편으로는 남한 정보의 유입으로 야기될 수 있는 체제 불안정에 대한 우려로 남북경협의 지나친 확대를 걱정하지 않을 수 없었다. 사실 남북경협에 대한 모순적 입장은 대외경제관계

339 예를 들어, "(T)he ultimate solution to the North Korea's economic difficulties can only be found in South Korea. Even were the U.S. lift its economic embargo on North Korea, U.S. and Europeans are unlikely to have sufficient interest in North Korea". Flake, Gordon L., "The Globalization of the North Korean Economy and the Role of South Korean Large Enterprises", paper presented at the international symposium 'A Globalization of the North Korean Economy' hosted by The Korea Economic Daily and Korean Economic Research Institute, August 20, 1996, p.86.

340 "The North's efforts to broaden and deepen its international relationships are driven primarily by economic, not political or strategic considerations, although the latter are not absent". Scalapino, Robert, "The Inter-Korean Rapprochement: Is the Progress Too Fast?" 서울대학교 사회과학연구원 · 서울대학교 통일포럼 공동주최 국제학술토론회 'The Reshaping of Inter-Korean Relations: Peace, Economic Development, and Unification' 자료집, 2000.12.14, p.4.

341 이명박, 『대통령의 시간 2008-2013』, 알에이치코리아, 2015, pp.314-315.

342 전미영, "북한 대남연구의 쟁점", 『통일문제연구』, Vol.17 No.1, 2005, p.57.

에 비해 더 심했다. 제3국과의 경제협력보다 통일의 상대방인 남한과의 경제협력을 더 불안하게 인식한 것은 당연한 일이었다. 김일성이 사망하고 경제난이 극심해지던 집권 초기에는 더 그랬다. 1994년 11월 우리 정부가 발표한 '남북경협 활성화 조치'에 대해 북한은 "민족분열과 전면대결의 검은 정체를 가리우기 위한 위장품에 불과"하다면서 "협력과 대결은 결코 양립될 수 없다"고 일축했다.[343] 그래서 대외경제관계의 확대 필요성을 강조하는 북한 문건은 다수 존재하지만, 남북경협을 언급하는 문건은 찾아보기 어렵다.[344] 언급한다고 하더라도 신년 공동사설의 대남 부분에서 원론적인 수준으로 이야기할 뿐이다.

> 북남경제협력을 공리공영, 유무상통의 원칙에서 다방면적으로 추진해나가는것을 장려하여야 한다.[345]

> 각계각층의 자유로운 래왕과 교류를 보장하며 협력사업을 장려하여 북남관계 개선과 통일에 이바지하여야 한다.[346]

2000년 남북 정상회담에 관한 긴 인터뷰에서 김정일은 '6·15 공동선언'이 '사변적 의의'를 지닌다며 상세하게 설명하면서도 남북경협에 대해서는 일체 언급하지 않았다.[347] 다만 2000년 8월 12일 남한 언론사 대표단을 면담한 자리에서 "남쪽의 경제 기술과 북쪽의 정신을 합작하면 강대국이 된다"고 원론적으로 언급했다.[348] 2004년 6월 15일 서울에서 열린 '6·15 남북공동선언 4년 회고와 전망' 세미나에 참석한 북한의 박영철 조국통일연구원 부원장은 6·15 공동선언 이후 "북남관계에서 획기적인 변화

---

343 "북한, '한국경협' 맹비난", 『조선일보』, 1994.11.11.

344 물론 북한 내부적으로는 긍정적이든 부정적이든 남북경협에 대한 김정일의 언급이 있었으나, 대외적으로는 공개하지 않았을 가능성도 배제할 수 없다.

345 "공화국창건 60돐을 맞는 올해를 조국청사에 아로새겨질 력사적전환의 해로 빛내이자", 『노동신문』·『조선인민군』·『청년전위』 공동사설, 2008.1.1.

346 "올해에 다시한번 경공업에 박차를 가하여 인민생활향상과 강성대국건설에서 결정적전환을 일으키자", 『노동신문』·『조선인민군』·『청년전위』 공동사설, 2011.1.1.

347 김정일, "조국통일은 우리 민족끼리 힘을 합쳐 자주적으로 실현하여야 한다", 재미녀류기자 문명자와 한 담화(2000.6.30), 『김정일선집 20』, 조선로동당출판사, 2013.

348 "김정일 위원장-언론사 사장방북단 대화록", 『매일경제』, 2000.8.15.

남북경협의 구체적 규모를 감추고 싶었던 북한

나는 2003년 3월 26~27일 평양 인민문화궁전에서 개최된 '남북해외학자 통일회의'에 발표자로 참가했다. 경제 분야를 맡았던 나는 '남북경협의 방향과 과제'라는 제목의 발표문을 준비했다. 내가 북한 사람들에게 전하고 싶었던 메시지는 단순했다. "북한이 경제적 어려움을 넘어설 길은 대외경제를 넓히는 것뿐이다. 하지만 1990년 이후 러시아와의 무역은 곤두박질쳤고, 중국, 일본, EU와의 무역은 완만한 감소 혹은 답보 상태에 있다. 반면 남북교역은 엄청나게 증가해서 북한의 제2위 교역상대국이 되었다. 앞으로 북한에 가장 중요한 경제 파트너는 남한이 될 것이고, 그럴 수밖에 없다. 따라서 북한이 더욱 적극적이고 능동적으로 남북경협에 나서는 것이 남북한 모두에게 이롭다."

이 단순한 말을 쉽게 직관적으로 전달하려고, 통계와 그래프를 중심에 두고 설명은 최대한 줄였다. 그런데 그것이 화근이었다. 회의 전날, 북한 측이 발표문을 사전 검열하더니 모든 통계와 그래프를 지우라고 했다. 남한이 북한의 두 번째 교역상대국이라는 문장도 없애라고 했다. 그렇게 되면 남는 건 "북한은 대외경제를 확대해야 한다. 그러니 남북경협을 하자"는 근거도 없는 빈 주장뿐이었다.

남한 대표단 사이에서는 의견이 엇갈렸다. "검열을 받아들이느니 그냥 서울로 돌아가자"는 쪽과 "그래도 평양까지 왔으니 회의는 하자"는 쪽. 결국 당사자인 내게 결정을 맡겼다. 나는 주저 없이 하겠다고 했다. 통계는 이미 머릿속에 있었고, 발표장에서 직접 말로 다 할 작

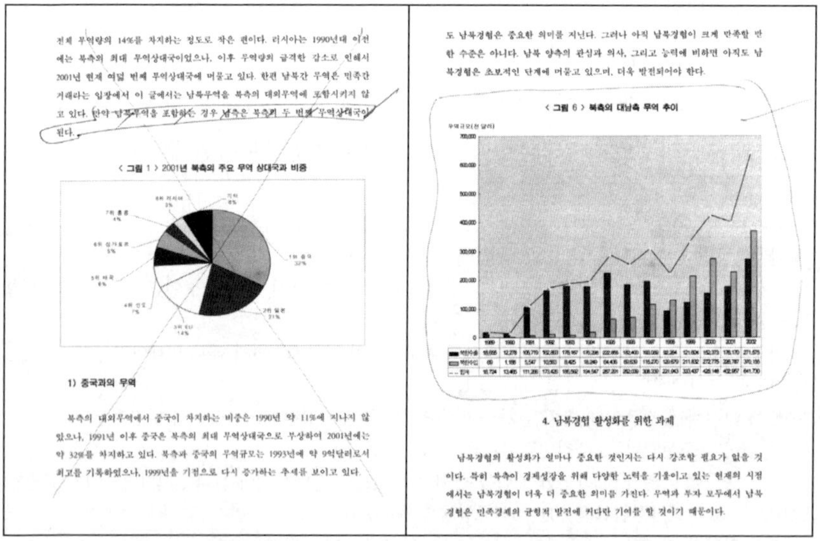
전체 무역량의 14%를 차지하는 정도로 작은 편이다. 러시아는 1990년대 이전에는 북측의 최대 무역상대국이었으나, 이후 무역량의 급격한 감소로 인해서 2001년 현재 여덟 번째 무역상대국에 머물고 있다. 한편 남북간 무역은 민족간 거래라는 입장에서 이 글에서는 남북무역을 북측의 대외무역에 포함시키지 않고 있다. 만약 남북무역을 포함하는 경우 남측은 북측의 두 번째 무역상대국이 된다.

< 그림 1 > 2001년 북측의 주요 무역 상대국과 비중

1) 중국과의 무역

북측의 대외무역에서 중국이 차지하는 비중은 1990년 약 11%에 지나지 않았으나, 1991년 이후 중국은 북측의 최대 무역상대국으로 부상하여 2001년에는 약 32%를 차지하고 있다. 북측과 중국의 무역규모는 1993년에 약 9억달러로서 최고를 기록하였으나, 1999년을 기점으로 다시 증가하는 추세를 보이고 있다.

도 남북경협은 중요한 의미를 지닌다. 그러나 아직 남북경협이 크게 만족할 만한 수준은 아니다. 남북 양측의 관심과 의사, 그리고 능력에 비하면 아직도 남북경협은 초보적인 단계에 머물고 있으며, 더욱 발전되어야 한다.

< 그림 6 > 북측의 대남측 무역 추이

4. 남북경협 활성화를 위한 과제

남북경협의 활성화가 얼마나 중요한 것인지는 다시 강조할 필요가 없을 것이다. 특히 북측이 경제성장을 위해 다양한 노력을 기울이고 있는 현재의 시점에서는 남북경협이 더욱 더 중요한 의미를 가진다. 무역과 투자 모두에서 남북경협은 민족경제의 균형적 발전에 커다란 기여를 할 것이기 때문이다.

정이었다. 방청객이 있는 자리에서 내가 통계를 언급한다고 해서 당장 끌어내리진 못할 것이라는 계산도 있었다. 회의 날, 계단식으로 된 인민문화궁전 회의장에는 대학생으로 보이는 청년 150여명이 앉아 있었다. 나는 하고 싶은 말을 다 했다. 아무런 제지도, 항의도 없었다. 회의가 끝나자 북한 측 대표가 다가와 웃으며 한마디 했을 뿐이다. "조 선생, 하지 말랬더니 더 하는구만".

들이 이룩되였다고는 하지만 아직도 민족내부에 과거의 랭전대결의 론리를 고집하고 있는 수구세력들이 평양상봉의 의미를 깍아내리면서 그 리랭에 제동을 걸고있습니다" 라며 남북경협이 더 발전하지 못하고 있는 이유가 남한 측에 있다고 주장했다.[349] 김정일은 금강산 관광과 개성공단이 진행되던 2005년의 내부 연설에서는 오히려 남북경협의 부작용을 경계하는 발언을 했다.

6.15북남공동선언이 발표된 다음 북과 남사이에 교류와 협력이 진행되여 그런지 일부 사람들속에서 계급의식이 확고하지 못한 현상들이 나타나고있습니다.[350]

---

349 박영철, "6.15북남공동선언과 그 실천과제", <남측> 연세대학교 김대중도서관 · 통일연구원 <북측> 아태통일문제연구소 공동주최 '6 · 15 남북공동선언 4주년 기념 국제토론회' 발표문, 2004.6.15, p.8.

350 김정일, "현시기 당사업과 경제사업에서 중요하게 제기되는 몇가지 문제에 대하여", 조선로동당 중앙위원회, 내각책임일군들앞에서 한 연설(2005.1.9), 『김정일선집 22』, 조선로동당출판사, 2013, p.204.

김정일의 남북경협에 대한 인식은 2007년 10월 노무현 대통령과의 정상회담에서 비교적 구체적으로 나타나는데, 김정일은 남북경협의 필요성을 이야기하면서도 체제에 미칠 영향을 우려하는 조심스러운 태도를 보인다.[351] 김정일은 "북남경제협력이라는 건 민족공동의 이익하고 번영을 위한 중요한 사업으로 된다는 데 대해서는 나도 동감"하고 "북남경제협력사업은 단순히 경제거래가 아니라 민족의 화합과 통일, 번영에 이바지하는 아주 숭고한 사업이라고 생각"한다며 남북경협의 의의를 정의했다. 그러나 이후에는 남북경협이 가져올 부정적인 효과에 대해 조목조목 자신의 견해를 설명했다. 우선적으로 지적한 것은 북한경제의 '자주성'을 훼손할 우려가 있다는 것이었다.

> 우리나라가 중국 땅이라든가 러시아 원동 땅도 아니고 조그만 땅인데 거기서 다 뜯어 공단들만 하려고 하면 우리가 이때까지 이룩한 민족자주경제는 다 파괴되고, 시장경제에 말려들어가고, 주체공학이 없어지고 하는 이런 정신적인 재난이 올 수 있기 때문에 ……

남한 정보의 유입에 대한 걱정도 있었다. 개성공단의 통신 문제가 거론되자, 김정일은 남북한 간의 통신이 북한 내부로 연결되면 안 된다는 의견을 보였다. 여기에서 통신이란 인터넷을 의미하는 것이라고, 정상회담에서 돌아오는 길에 개성공단에 들른 노무현 대통령은 김정일의 발언을 소개했다.[352]

> 통신이라든가 모든 게 개성지구가 …… 단말이 돼야 합니다. 이게 북반부와 연결이 안 돼야 …… 단말이 되는 것이 기술적으로 담보되면 개성지구 통행, 통신 개방시키고 활성화시켜 나가겠다.

---

351 노무현 대통령은 2007년 10월 3일 평양의 백화원 영빈관에서 김정일과 정상회담을 가졌는데, 이후 정치적 논란 끝에 당시의 회의록이 공개되었다. 회담에서 나온 김정일의 발언은 다음을 참조. "[2007 남북정상회담 대화록 전문] 246분의 대화 기록", 『프레시안』, 2013.6.25.

352 "인터넷 같은 것은 김정일 위원장님도 내용을, 기술적인 문제를 다 알고 계신 것 같애요. …… 이게 이 공단 안에만 통해버리면 괜찮은데, 인터넷이 …… 그냥 '북측 다른 지역까지 인터넷이 연결되는 문제만 또 없으면 못 열어줄 이유가 없다.' 이래서, 나도 인터넷 전문가인데 (웃으며) 그게 모르겠습디다. 그게 어려운 문제인지 쉬운 문제인지 …… 그 문제를 해결해야 될 거 같애요", 행정안전부 대통령기록관 홈페이지, 대통령 이야기 > 노무현 > 대통령기록물 > 정책기록 > 개성공단 현황보고.

그동안 진행된 남북경협의 성과와 방식에 대한 불만도 이야기했다. 개성공단을 예로 들면서 남한에는 도움이 되었겠지만, 북한으로서는 "정치적으로 이용만 당하고 실질적으로 이득을 본 것이 없었"다는 것이다.[353] 그래서 해주공단을 추가로 건설하자는 노무현 대통령의 제안에 대해 반대 의견을 보였다. 개성공단만 해도 군사적으로 북한이 커다란 양보를 한 것인데, 경제적 이익이 확실하지 않은 상태에서 또다시 군사적 양보를 할 수는 없다고도 했다.

> 새로운 공단이라는 건 남조선 기업인들에게 새로운 일감과 새로운 시장을 넓혀주는 데 도움이 되는 놀음을 하면 했지 실질적으로 우리에게 아직까지는 이해관계가 없습니다. 그건 동의할 수 없습니다.

> 오늘 대통령님께 솔직히 말하는데 …… 개성도 군사적으로 많이 양보한 거고 …… 개성은 평화의 상징이라 해가지고 그건 많이 양보했는데 해주는 솔직히 내가 국방위원회 위원장으로서 말합니다. 해주는 군사력이 개미도 들어가 배길 수 없을 정도로 군사력이 집중된 데인데 그래서 제 얘기는 그걸 만약 하자고 하면 앞으로 개성에서 어떤 모범을 보이고 실제 그만한 걸 희생시키면서라도 공단 차려가지고 어떻게 민족 번영에 이바지하겠는가 하는 게 우리가 납득이 될 때 …… 그러니까 지금은 군대가 우선 반대할 테고 …… 지금 개성 당연히 무슨 내각에다가 경제 행위꾼들에게 아마 아직 개성에서 맛도 못 본 주제에 무슨 뭐 때문에 해주를 또 내라고 …… 우리 그럼 자연히 군대는 다 물러 돌아서는 거나 같은 건데 …… 아마 안 할 거라고 생각합니다.

그래서 북한 주민들은 개성공단에 대해 "남쪽 사람들에게 땅만 빌려준 거 아니야", "그저 정치적인 대화에 말빨감이나 만들어준 게 아니야"라고 생각한다는 말도 전했다. 군사적으로 양보만 하고 경제적 실익은 없었다는 뜻이다. 사실은 북한 주민들의 생각이 아니라 김정일 본인의 생각이었을 것이다.

그러한 인식의 연장선에서 김정일은 남북경협은 민간기업에게만 맡기지 말고 남한 정부가 직접 관여해야 한다고 주장했다. 경제 체제가 다른 탓도 있지만, 정부가 개입해

353 노무현재단(편), 『운명이다: 노무현 자서전』, 돌베개, 2019. p.264.

5·24 조치

2010년 3월 26일 백령도 근처 해상에서 우리 해군의 초계함인 천안함이 북한 잠수정의 어뢰 피격으로 침몰했고, 장병 46명이 전사했다. 이에 대한 대응으로 2010년 5월 24일 이명박 정부는 대통령의 대국민 담화문 형식으로 대북 경제제재 조치를 발표했다. '5·24 조치'의 주요 내용은 북한 선박의 남한 해역 운항 및 입항 불허, 남북교역 중단, 개성공단과 금강산 관광지구를 제외한 방북 불허, 대북 신규투자 금지, 영유아 등 순수 인도적 지원을 제외한 대북 지원사업의 원칙적 보류 등이다. 2020년 5월 20일 통일부 대변인은 정례 브리핑에서 '5·24 조치' 시행 10년을 앞둔 정부 입장에 대한 질문에 "5·24 조치는 역대 정부를 거치면서 유연화와 예외 조치를 거쳐왔다"면서 "그래서 사실상 실효성이 상당 부분 상실됐다"고 말했다.[354] 실제로 2011년 이명박 정부의 7대 종단 대표 방북 허용, 2013년 박근혜 정부의 나진·하산 물류사업 예외 인정, 2018년 문재인 정부의 평창 동계올림픽 당시 북한의 만경봉호 입항 허용 등의 조치가 있었다. 그러나 정부의 공식적인 해제 발표는 없었고, '5·24 조치'는 2025년 기준 여전히 유지되고 있다.

야 안정적인 대규모 투자가 가능할 것이라는 의미였다. 남북경협의 부정적 영향을 걱정하면서도 다른 한편으로는 오히려 남한 정부의 적극적 관여를 희망하는 이중적인 모습이었다.

> 남쪽은 경제 체제가 우리하고 다르니까 …… 어떻해든지 뭐든 의견을 내놔서 합의가 되면은 남쪽 정부가 나서서 하는 걸로 돼야지 …… 그 기업 단위로 했다가는 …… 이번 그 보세요, 우리가 현대 하나 해보다가 …… 창업자가 돌아가고 …… 또 돌아가고 …… 지금 현정은 여사가 하나 있는데 …… 그저 금강산 하나 경우[355] 유지하는데 …… 숱한 계획했던 게 다 무너지고 …… 그러니까 남조선의 재력을 다 모아서 남조선 당국적인 이런 투자가 돼야지 …… 우리가 많이 쓴맛을 봤단 말입니다. 우리 사람들 다 기업 단위로 하자고 하는데 기업 단위로 하면 각명하게 그들에게 시간 제공하고 그들에

354 "정부, 천안함 대북제재 사실상 폐기선언 … '5·24 조치 실효성 상실'", 『조선일보』, 2020.5.20.
355 '겨우'의 오타인 것으로 보인다.

게 노력 제공하고 일감 주는 것밖에 없고 …… 실제 우리 크게 소득, 이득 본 게 없단 말입니다.

2009년 8월 김대중 전 대통령 조문사절로 서울을 방문한 김양건 통일전선부장은 "북한에 자원이 많은데 이것이 중국을 거쳐 나간다"며 남북한이 "직접 교역을 하면 상호 이익이 되지 않겠는가"라고 말했다. 함께 방문했던 김기남 당 중앙위원회 비서 또한 개성공단을 "세계적인 일류 공업단지로 만들어야 한다"면서 "지도자의 결심이 중요하다"고 강조했다.[356]

이와 같은 북한의 남북경협에 대한 딜레마는 2010년 천안함 사건에 따른 우리 정부의 '5·24 조치'에 대한 대응에서도 나타난다. 북한의 대남기구인 조국평화통일위원회는 2010년 5월 21일 남한이 "대응과 보복으로 나오는 경우 북남관계 전면폐쇄, 북남불가침합의 전면파기, 북남협력사업 전면철폐 등 무자비한 징벌로 강력히 대응"할 것이라고 했고,[357] '5·24 조치' 발표 다음 날인 5월 25일에도 "북남협력사업 전면철폐의 단호한 행동조치"로 남한에 맞설 것이라고 했지만,[358] 결국 개성공단을 폐쇄하지 않았다. 오히려 5월 28일 국방위원회는 외신 기자회견에서 개성공단을 "수령님과 장군님의 큰 은정과 사랑과 배려가 담겨진 대상"이라고 표현하면서[359] "개성공업지구는 북남교류협력의 상징"이라고 평가했다.[360] 개성공단을 담당하는 북한의 중앙특구개발지도총국 관계자는 2010년 5월 30일 개성공업지구관리위원회를 찾아와 개성공단 내 설비와 물자의 남한으로의 반출을 금지한다면서 개성공단 지속을 위해 노력하겠다는 입장을 밝혔다.[361] 실제로 이후로도 개성공단은 2016년 2월 우리 정부가 폐쇄를 결정할 때까지 지속되었다.

---

356 "잇단 유화 제스처 속뜻은 '경제지원' 포석?", 『한국경제』, 2009.8.23.
357 "북 조평통 '전쟁국면 간주'", 『경향신문』, 2010.5.21.
358 "북 '대남문제 전시법 따라 처리' … 남북관계 사실상 파탄", 『한겨레』, 2010.5.25.
359 통일부, 『월간 북한동향』, 5월호, 2010, p.28.
360 통일부, "업무현황 참고자료", 2010 국정감사 보고자료, 2010, p.19.
361 "북 '개성공단 유지' 재차 피력", 『문화일보』, 2010.5.31.

김정일에 대한 김일성의 평가

김일성은 김정일의 효심을 높이 칭찬했다. 능력에 대해서도 각별한 신임을 보였다. 아무리 부자지간이라도 낯 뜨거울 정도였다.

> "김정일동지는 천재중의 천재입니다. 그는 모든 분야에 능통한 인류력사가 낳은 위인들중의 위인입니다."[362]

> 김정일동지는 정말 조국과 인민에게는 충신이고 나에게는 지극한 효자입니다. 그래서 나는 일군들에게 김정일동지가 지닌 충성과 효성을 본받으라고 늘 말해주고있습니다. …… 동무들은 김정일동지를 잘 받들어 우리 혁명을 끝까지 완성해나가야 합니다.[363]

> 우리 나라에서는 이미 오래전부터 김정일동지가 당과 국가, 군대의 전반사업을 현명하게 령도함으로써 령도의 계승문제가 빛나게 해결되였습니다. …… 김정일동지는 문무충효를 겸비한 참다운 인민의 령도자입니다. 그는 탁월한 사상리론가, 정치가이고 군사전략가이며 조국과 인민에게 무한히 충실하고 효성이 지극한 충신, 효자의 귀감입니다.[364]

> 내가 건강한것은 김정일동지가 나의 건강을 잘 돌봐주기때문입니다. 김정일동지는 내가 문건을 많이 보면 눈이 나빠질수 있다고 하면서 문건을 록음하여 올려보내고있습니다. …… 김정일동지는 내가 감기에라도 걸릴세라 감기가 도는 기미만 보여도 안전한곳에 가 있도록 권고하며 내가 인차 떠나지 않으면 해당 일군에게 계속 독촉하군합니다. 정말 나는 좋은 아들을 두었습니다.[365]

심지어 1992년 2월 16일 김정일의 50회 생일을 축하하는 시를 쓰기도 했다. 김일성 스스로 "김정일동지는 문무와 충효를 겸비한 훌륭한 인민의 지도자입니다. 그래서 나는 그의 탄생 50돐을 맞으며 그를 칭송하는 송시를 썼습니다"라고 말했던 그 시다.[366] 아버지가 아들의 공덕을 기리는 송시(頌詩)를 쓴 것이다. '광명성 찬가'라고 불리는 이 시는 본래 김일성이 한자로 작성했으나 후에 주민들의 이해를 위해 직접 한글 번역본도 만들었다. 김일성이 붓으로 시를 쓰는 사진을 담은 우표도 발행되었다.

---

362 평양출판사, 『위대한 김일성주석께서 경애하는 김정일장군님의 위대성에 대하여 하신 교시』, 2002, p.1.
363 김일성, "일군들은 당과 수령을 위하여, 조국과 인민을 위하여 충실히 일하여야 한다", 자강도당위원회

북한의 가정집에는 이 시를 벽에 건 경우도 많다. 전문은 다음과 같다.

白頭山頂 正日峯	(백두산마루에 정일봉 솟아 있고)
小白水河 碧溪流	(소백수 푸른 물은 굽이쳐 흐르누나)
光明星誕 五十週	(광명성 탄생하여 어느덧 쉰돐인가)
皆贊文武 忠孝備	(문무충효 겸비하니 모두 다 우러르네)
萬民稱頌 齊同心	(만민이 칭송하는 그 마음 한결같아)
歡呼聲高 震天地	(우렁찬 환호소리 하늘땅을 뒤흔든다)

3) 김정은 시대

김정은 시대의 대외경제관계

김정은의 후계자 수업 기간은 매우 짧았다. 아버지 김정일과 비교하면 더욱 두드러진다. 김정일은 이미 22세인 1964년 당 중앙위원회에서 당 사업을 시작했고, 1969년 무렵부터는 '친애하는 지도자동지'로 불리기 시작했으며, 1974년 당 중앙위원회 제5기 제8차 전원회의에서 후계자로 공인된 이후로는 '당 중앙'으로 호칭되었다. 그리고 마

책임비서, 전천군상업관리소 소장과 한 담화(1991.9.19), 『김일성 저작집 43』, 조선로동당출판사, 1996, p.212.

364 김일성, "사회주의위업의 계승완성을 위하여", 항일혁명투사들, 혁명가유자녀들과 한 담화(1992.3.13, 1993.1.20, 1993.3.3), 『김일성 저작집 44』, 조선로동당출판사, 1996, pp.110~111.

365 김일성, "우리 나라 사회주의는 주체의 사회주의이다", 세계 여러 나라 전직 국가 및 정부 수반, 정치인들의 평양방문단 성원들과 한 담화(1994.4.16), 『김일성 저작집 44』, 조선로동당출판사, 1996, p.357.

366 김일성, "우리 나라 사회주의는 주체의 사회주의이다", 세계 여러 나라 전직 국가 및 정부 수반, 정치인들의 평양방문단 성원들과 한 담화(1994.4.16), 『김일성 저작집 44』, 조선로동당출판사, 1996, pp.358~359.

침내 1980년 제6차 당대회에서 정치국 상무위원회 위원, 비서국 비서, 군사위원회 위원 등 3대 권력기구에 모두 선출됨으로써 후계체제가 공식화되었다.[367] 김정일은 1994년 김일성의 사망까지 공식적으로는 20년, 실질적으로는 30년의 후계자 수업을 받았던 셈이다. 황장엽 노동당 전 비서가 "1974년부터 1994년 김일성 사망까지 김일성과 김정일이 공동으로 북한 정권을 이끌었으며, 1985년부터는 사실상 김정일이 북한을 통치해왔다"고 말했을 정도로 김정일의 위상은 확고했다.[368]

반면 정작 김정일 자신은 후계 구도 구축에 부정적이었다. 2005년 12월 김정일은 권력 엘리트들에게 후계 논의를 금지할 것을 지시했고, 2006년 10월에는 영구집권 의지까지 표명했다.[369] 그러다가 2008년 8월 뇌졸중을 겪으면서 후계를 서두르게 되었고, 2009년 1월 김정은을 후계자로 낙점하는 '교시'를 노동당 조직지도부에 하달했다.[370] 2010년 9월 김정은에게 '인민군 대장' 칭호가 부여되었고, 44년만에 열린 제3차 당 대표자회에서 당 중앙군사위원회 부위원장으로 선출되면서 김정은의 후계 구도가 공식화되었다. 결국 2011년 12월 김정일이 갑자기 사망했을 당시 김정은이 후계자 수업을 받은 기간은 3년 남짓에 지나지 않았다. 게다가 나이도 27세에 불과했다. 당연히 최고지도자로서의 기반이 취약했다.

따라서 김정은에게 가장 시급했던 과제는 세습권력 토대의 공고화일 수밖에 없었다. '삼년상'을 내세우며 최고지도자 자리를 비워두고도 통치에 문제가 없었던 김정일의 경우와는 달랐다. 그래서 김정은은 2011년 12월 30일 인민군 최고사령관에 오르는 것을 시작으로 2012년 4월 13일 최고인민회의까지 4개월 만에 당 제1비서, 국방위원회 제1위원장, 당 중앙군사위원회 위원장, 정치국 상무위원 등 당·정·군의 모든 최고 직책을 차지해야 했다. 수시로 교체, 강등, 복권, 숙청과 같은 방법으로 '선군시대'에 막강해진 군부 세력을 길들였다. 급기야 2013년 12월에는 고모부 장성택조차 처형했다. 이제는 '후견인'도 필요 없을 만큼 권력을 완전히 장악했음을 상징적으로 과시한 사건이었다.

그러나 세습체제의 장기적 안정성을 위해서는 정치적 기반뿐만 아니라 일반 주민

---

367 이종석, 『현대북한의 이해』, 역사비평사, 2000, pp.497~511.

368 "북한 74년부터 김일성-김정일 공동 정권, 황장엽씨", 『자유아시아방송』, 1999.9.26.

369 이기동, "북한의 후계체제 구축 전망과 변수", 『KDI 북한경제리뷰』, 9월호, 2010, p.3.

370 고유환, "김정은 후계구축 논리와 징후", 『통일문제연구』, Vol.22 No.1, 2010, pp.97~103.

의 지지도 필수적이었다. 비록 후계자로 지명되었고 권력 심층부가 동의했다고 해도, 일반 주민에게는 능력이 의문시되는 '애송이'였을 뿐이다.[371] 북한은 김정일이 "김정은 동지의 정신과 기질은 백두산의 정기와 기상 그대로입니다. 그의 신념과 의지, 담력과 배짱은 정말 놀랄 정도입니다"라고 칭송했다고 하지만,[372] 이는 나중에 만들어진 선전일 것이다. 김정은으로서는 주민이 체감할 수 있는 변화, 결국 먹고 사는 문제의 진전을 보여주는 것만이 최고지도자로서의 자질을 인정받는 방법이었다.[373] 김일성의 손자, 김정일의 아들이라는 이유로 권좌에 오른 것이 아니라, 그만한 능력이 있어서 최고지도자가 된 것임을 보여줘야 했다. 민생 챙기기가 그의 시대를 안정적으로 만드는 핵심 전제가 된 것이다. 집권하자마자 첫 번째 공개연설에서부터 김정은이 "다시는 허리띠를 조이지 않게" 하겠다며 경제문제를 직접 육성으로 강조한 것은 바로 이러한 이유에서였을 것이다. '인민생활 향상', '인민대중 제일주의'가 김정은 시대의 핵심 화두가 된 것도 마찬가지 이유이다.[374]

> 우리 인민이 다시는 허리띠를 조이지 않게 하며 사회주의 부귀영화를 마음껏 누리게 하자는것이 우리 당의 확고한 결심입니다.[375]

---

371 류현우 전 주쿠웨이트 북한대사관 대사대리는 당시 "아무리 김정일의 아들이라고 해도 25살짜리 애송이를 국가 지도자로 만든다는 것이 어처구니없는 일이라고 생각"했다고 말했다. "김정은 생일 공식화하지 않는 이유", 『자유아시아방송』, 2025.1.1. 김정은 집권 초기인 2012~2013년 『아시아프레스』가 실시한 북한 내부 협력자와의 전화 통화 인터뷰에 의하면, 북한 주민들은 "20살짜리가 무슨 걸 안다고", "나이 어린 게 무슨 그게 잘한다고 볼 수도 없고" 등의 언급에서 보이듯 대체로 김정은에 대해 '어리다', '아직 어려 아는 게 없다' 등과 같이 평가하는 것으로 나타났다. 강동완 · 김현정, "김정은 정권에 대한 북한주민의 평가 및 사회 변화 실태 연구: 「북조선내부영상 · 문서자료집」 분석을 중심으로", 『동북아연구』, Vol.31 No.1, 2016, pp.125~126.

372 오성길, 『위대한 인간 김정은』, 평양출판사, 2019, p.137.

373 조동호, "경제 · 핵 병진노선의 의미와 김정은 시대의 경제정책 전망", 『국가전략』, Vol.19 No.4, 2013, p.40.

374 아예 2021년 1월 개최된 제8차 당대회에서는 당 규약의 개정을 통해 기존의 '선군정치'를 폐기하고 인민생활 향상을 핵심으로 하는 '인민대중제일주의정치'로 '기본정치방식'을 변경했다. 김정은은 "인민대중제일주의는 나의 정치이념이며 나의 정치는 철두철미 우리 인민을 잘살게 하기 위한 정치"라고 정의했다. "우리 당의 정치는 인민대중제일주의정치이다", 『노동신문』, 2020.6.2.

375 김정은, "선군의 기치를 더 높이 추켜들고 최후승리를 향하여 힘차게 싸워나가자", 김일성 대원수님 탄생 100돐경축 열병식에서 하신 김정은동지의 연설, 『조선중앙통신』, 2012.4.15.

경제강국건설은 오늘 사회주의강성국가건설위업수행에서 전면에 나서는 가장 중요한 과업입니다. …… 우리 나라를 새 세기 경제강국의 지위에 당당히 올려세우고 우리 인민들을 세상에 부럼없이 잘살게 하기 위하여 한생을 다 바쳐오신 위대한 장군님의 념원을 현실로 꽃피워야 합니다.[376]

지금 적들은 우리의 위성과 핵도 두려워하지만 우리 나라에서 경제강국건설의 동음이 세차게 울리고 인민들의 생활수준이 높아져 그들의 심장 속에서 로동당 만세소리가 높이 울려나오는것을 더 무서워하고 있습니다.[377]

그래서 김정일의 영결식을 끝낸 당일인 2011년 12월 28일 김정은은 당 간부들과의 담화에서 시급한 민생 향상을 위해서는 '경제관리개선이 급선무'라며, "세상에서 제일 좋다고 소문난 경제개혁 방법을 연구하라"고 지시했다. 심지어 "뭔가 해보려는 일군들에 대해 색안경을 끼고 보거나, 자본주의 방법이라고 걸각질하지 마라"며 일종의 사상해방 발언으로 개혁 분위기를 조성했다.[378] 그 결과 2012년 초 내각에 '1228호 상무'가 구성되어 경제관리개선 방안에 관한 연구가 시작되었고, 2012년 6월에는 내각의 경제개혁 연구를 지원하는 노동당 기구 '당 16호실'도 조직되었다.[379]

북한은 이러한 사실을 대외적으로 홍보하기도 했다. 예를 들어 북한의 양형섭 최고인민회의 상임위원회 부위원장은 2012년 1월 16일 『AP』와의 인터뷰에서 김정은이 지식기반 경제를 만드는 데 집중하고 중국을 포함한 다른 국가의 경제개혁 사례를 연구하고 있다고 밝혔다.[380] 2013년 3월 김정일 시대의 '선군'에서 경제를 함께 강조하는 '병진'을 내세웠고, 4월에는 김정일 시기 경제개혁을 주도한 경험이 있는 박봉주를 총리에 재기용하여 개혁 기조를 이어갔다. 이후 여러 시범적 조치의 시행 단계를 거쳐 김정은이 2014년 5월 30일 '현실발전의 요구에 맞게 우리식경제관리방법을 확립할데 대하여'라는 제목의 담화를 발표함으로써 기업에 경영권을 전면적으로 확대해주는 '사

376 김정은, 신년사, 2013.1.1.

377 김정은, 『조선로동당 중앙위원회 2013년 3월전원회의에서 한 결론』, 조선로동당출판사, 2013, p.3.

378 한기범, 『북한의 경제개혁과 관료정치』, 북한연구소, 2019, p.477.

379 한기범, "김정은의 경제개혁 진퇴 과정 평가", 『외교』, Vol.148, 2024, pp.51~52.

380 "북 고위간부, 김정은 체제 우려 일축", 『연합뉴스』, 2012.1.17.

회주의기업책임관리제'가 실시되었고, 7월에는 내각이 추가 대책을 발표함으로써 새로운 조치들이 본격적으로 시행되었다.[381]

하지만 경제성장은 내부 개혁조치들만으로는 불충분하다. 제도의 변화는 효율을 자극하는 수단일 뿐이며, 자본의 투입이 있어야 성과로 연결되기 때문이다. 김정은이 외부자본 유치를 위한 개방에 관심을 가진 것은 당연한 결과였다. 북한 문헌은 "인민생활향상에 필요한 자금을 충분히 마련하는데서 중요한 문제는 무엇보다도 우리나라의 무진장한 지하자원을 적극 개발하여 긴장한 자금 소유를 보장하는것"이라며 광물자원을 이용해서라도 외부자본을 유치해야 한다고 주장했다.[382]

집권 초기 대외경제관계에 관한 김정은의 발언을 찾기는 어렵지만, 정책을 보면 김정은이 외부와의 경제관계 확대에 얼마나 관심을 가졌는지를 알 수 있다. 우선 김정은은 경제특구를 대폭 확대했다. 김일성, 김정일 시절에는 대외경제관계에 대한 관심이 대부분 무역에 대한 강조로 나타났지만, 김정은의 경우는 경제특구 설립을 통한 외국인 직접투자로까지 진전되었다. 외국인 직접투자의 긍정적 측면을 강조하는 북한 문헌들 역시 이 시기에 많이 발표되었다.

> 합영기업경영수입은 나라의 긴장한 외화원천을 늘이는데서 일정한 몫을 차지한다.[383]

> 우리는 다른 나라의 투자를 받아들이고 그것을 나라의 경제건설에 효과적으로 리용해나가는데서 나서는 원칙적요구를 잘 알고 그것을 철저히 지킴으로써 내 나라, 내 조국을 더욱 부강하게 하는데 적극 이바지하도록 하여야 할것이다.[384]

---

381 '사회주의기업책임관리제' 및 이 시기 개혁조치들의 구체적 내용에 대해서는 다음을 참조. 이석기 외, 『김정은 시대 북한 경제개혁 연구』, 산업연구원, 2018; 조동호, "김정은 시대 북한경제의 개혁·개방 평가", 『한국경제포럼』, Vol.13 No.4, 2021; 임사라·양문수, "김정일 시대와 김정은 시대의 경제개혁 조치 비교 연구", 『현대북한연구』, Vol.25 No.1, 2022.

382 강철수, "우리 당의 인민생활전략을 실현하기 위한 재정적방도", 『김일성종합대학학보: 철학, 경제학』, 제1호, 2012, p.84.

383 김종민, "합영기업경영수입의 본질적 특징과 역할", 『경제연구』, 3호, 2012, p.54.

384 리정경, "현실발전의 요구에 맞게 외국투자를 효과적으로 리용하는데서 나서는 원칙적요구』, 『경제연구』, 4호, 2012, p.50.

현시기 모든 나라들은 경제특구를 활성화하고 확대시키는 방향으로 나가고 있다.[385]

나라의 대외무역발전에서 경제무역지대의 개발과 활성화를 다그쳐나가는것은 매우 중요한 문제로 제기되고 있다.[386]

특수경제지대는 우선 외화소득을 늘여 나라에 커다란 경제적리득을 가져다줄수 있게 한다. …… 또한 공업의 현대화를 촉진시키고 전통적인 공업구조를 개조하며 수출상품구조도 개변시킨다.[387]

북한은 김정은 집권 초기였던 2013년 5월 29일 최고인민회의 상임위원회 정령 제3192호로 '경제개발구법'을 채택하고, 같은 해 11월 21일 14개의 경제개발구를 발표한 이후 계속해서 경제개발구를 추가 지정해오고 있다. 이에 따라 2025년 9월 기준 북한의 경제특구는 중앙급 10개, 지방급 19개 등 총 29개에 달한다(<그림 1-6> 참조). 김일성 시대에는 1개(나선 경제무역지대), 김정일 시대에는 4개(금강산 국제관광특구, 개성공업지구, 신의주 국제경제지대, 황금평·위화도 경제지대)에 불과했지만, 김정은 시대에는 24개의 경제특구가 신규로 지정되었다는 점은 김정은의 대외경제관계 확대에 대한 의지를 보여준다. 실제로 『조선신보』는 경제개발구를 '대외경제발전을 위한 중심사업'이라고 평가했다.[388]

김일성, 김정일 시대에는 일반 지역과의 연계를 차단하기 위해 국토의 네 귀퉁이에만 경제특구를 건설한 반면, 김정은 시대에는 북한 전역을 대상으로 하면서 경제특구와 일반 지역 간 연계를 추구한다는 점도 과거에 비해 진일보한 것이다.[389] 과거

385 리승준, "경제특구와 그 발전방향", 『경제연구』, 4호, 2012, p.56.

386 김미옥, "경제무역지대에서 투자대상용자업", 『경제연구』, 4호, 2012, p.57.

387 김은순, "특수경제지대의 발생발전과 류형", 『경제연구』, 2호, 2014, p.57.

388 "조선의 대외경제발전을 위한 중심사업의 하나가 경제개발구 개발이다. …… 경제개발구 개발총계획에 따라 세계 여러 나라들의 투자를 대대적으로 끌어들이기 위한 사업을 힘 있게 벌려 나가려고 한다", "대대적인 해외투자유치와 대외경제의 발전", 『조선신보』, 2015.2.23.

389 북한 문헌 역시 "라선경제무역지대를 비롯한 지난 시기의 특수경제지대들은 …… 여러가지 문제들이 기본적으로 지대안에서 해결되게 된다. 그러나 경제개발구들에서는 …… 관리운영과정에서 제기되는 많은 문제들이 개발구밖과의 련계를 필요로 하며 그것을 토대로 하여 발전하게 된다"고 설명한다. 김영철, "각 도에 건설되는 경제개발구들의 특징", 『경제연구』, 4호, 2016, p.49.

<그림 1-6> 북한의 경제특구

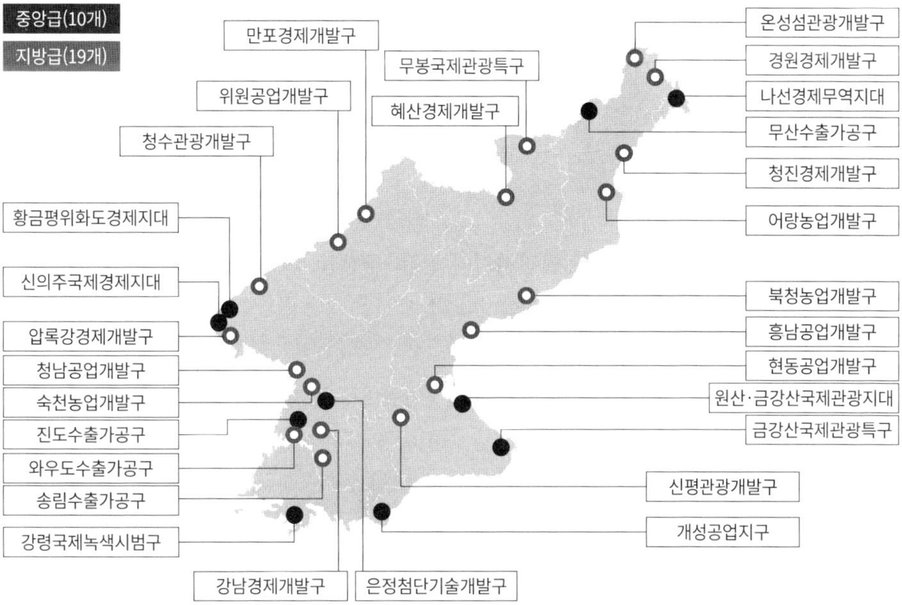

* 자료: 국립통일교육원, 『북한이해』, 2025, p.237.

의 경제특구는 면적, 투자액 등에 있어서 대규모이자 종합형·복합형이었던 반면, 김정은 시대에는 외자 유치를 촉진하기 위해 소규모인 데다가 공업, 수출가공, 농업, 관광 등 전문형·특화형의 특징을 지닌다.[390] 특히 경제특구에서의 외화 유통 및 외화의 자유로운 반출입을 법적으로 허용함으로써 외부 투자가에게 인센티브를 제공하고자 노력하고 있다. 또한 경제특구를 담당하는 기관들을 정비하여 업무의 효율성을 제고했다. 예를 들어 2014년 6월 대외교역을 담당하는 '무역성', 외부자본 유치를 담당하는 '합영투자위원회', 경제개발구를 담당하는 '국가경제개발위원회'를 통합하여 내각 안에 '대외경제성'을 신설했다.[391]

---

390 북한 '경제개발구법' 제2조는 경제개발구를 "국가가 특별히 정한 법규에 따라 경제활동에 특혜가 보장되는 특수경제지대"로 정의하면서 공업개발구, 농업개발구, 관광개발구, 수출가공구, 첨단기술개발구 등으로 분류하고 있다.

391 북한 대외경제성의 오태봉 참사는 『조선신보』와의 인터뷰에서 대외경제성의 신설은 무역, 합영, 합작, 경제특구 개발 등 대외경제 사업 전반을 한 기관에서 통합적으로 관리함으로써 대외경제관계의 발전을 추구하기 위한 목적이라고 밝혔다. "북 관리 '러시아와 철도 개보수·현대화 협력 협의'", 『연합뉴스』,

뿐만 아니라 홍보를 다각적으로 추진하고 있으며,[392] 'BOT' 방식과 같은 새로운 투자 방식도 제안하는 등 성공적 투자 유치를 위해 과거에 비해 적극적인 노력을 기울였다.[393] 김정은이 직접 경제개발구 사업에서 성과를 낼 것을 주문하기도 했다. 경제개발구의 이점, 효과적 추진 방안 등 경제개발구 발전의 중요성을 강조하는 논문들도 급증했다.

> 대외경제관계를 다각적으로 발전시키며 원산-금강산 국제관광지대를 비롯한 경제개발구개발사업을 적극 밀고나가야 합니다.[394]

> 경제개발구들에서 활용되는 최신기술과 경영방법들은 지역밖의 경제부문들에도 영향을 주어 실정에 맞게 도입, 리용할수 있으며 이를 통하여 과학기술과 생산의 빠른 발전을 이룩할수 있다.[395]

> 자본주의시장경제의 환경에 익숙한 외국투자가들과의 사업을 능동적으로 벌릴수 있는 높은 경제실무를 가진 유능한 경제전문가들을 체계적으로 많이 양성하여 경제개발구에 파견하여야 한다.[396]

> 경제활동의 편의를 보장하는 원칙을 지켜야 한다. 경제활동의 편의를 보장한다는것은 투자가들이 다른 나라에서보다 못하지 않게 리윤을 볼수 있고 경제활동에서 불편을

2014.9.29.

392 예를 들어 2015년 5월 북한은 금강산에서 원산·금강산 국제관광지대 투자설명회를 개최했으며, 웹사이트 '내나라'를 통해 원산·금강산 국제관광지대 내부 유람시설에의 개발 참여를 적극 홍보했다. 또한 북한의 대외무역 홍보사이트 '조선의 무역'은 각종 북한산 상품과 함께 투자처와 북한의 경제개발구에 대해 자세히 소개하고 있다. "북한, 경제 개발구 20여 곳 열띤 홍보 … 제재 속 투자 모집 비현실적", 『VOA』, 2020.12.15.

393 문인철, "북한 경제개발구를 활용한 서울시 대북 경제협력 방향," 정책리포트 제288호, 서울연구원, 2019, p.11. 한편 'BOT 방식'이란 'Build-Operate-Transfer 방식'의 약어로서 민간사업자가 자금을 조달하여 시설을 준공(Build)하고, 이후 일정 기간 사업시행자가 해당 시설을 소유하며 운영(Operate)하고, 그 기간이 만료되면 시설소유권이 국가 또는 지방자치단체에 귀속(Transfer)되는 방식을 의미한다.

394 김정은, 신년사, 2015.1.1.

395 김영철, "경제개발구개발사업을 적극 밀고나가는것은 경제강국건설의 중요요구", 『경제연구』, 4호, 2015, p.42.

396 김명국, "현시기 경제개발구를 개발하고 관리운영하는데서 나서는 몇가지 문제", 『경제연구』, 1호, 2016, p.45.

느끼지 않도록 최대한의 편의를 보장해준다는것이다.[397]

무역 확대를 위한 조치들도 이루어졌다. 북한은 '무역법'을 김정은 집권 직후인 2012년 4월 및 2015년 12월 대폭 개정했는데, 이를 통해 무역의 분권화를 크게 진전시켰다. 이에 따라 과거에는 무역 권한을 가진 기업만 무역을 할 수 있었으나, 이제는 "무역거래는 중앙 무역지도기관으로부터 영업허가를 받은 기관, 기업소, 단체가 한다('무역법' 제11조)"고 변경함으로써 '생산과 수출의 일체화'라는 명목으로 생산단위가 직접 무역을 할 수 있게 되었다.[398] 뿐만 아니라 수출입 품목과 수량은 개별 무역단위가 자체적으로 결정하도록 했고, 무역으로 획득한 외화를 일정 정도 자율적으로 사용할 수 있게 했다.

이는 무역의 분권화를 통해 생산의욕을 제고하는 동시에 경쟁을 도입하여 무역규모를 확대하고자 하는 의도로 분석된다. 북한 문헌 역시 생산 정상화와 무역 확대발전의 목적이라고 설명한다.

> 생산과 수출을 일체화하게 되면 기업체들이 무역사업도 진행하게 되는 조건에서 수출품생산에 대하여 더 큰 관심을 가지고 높은 창발성을 발휘하게 된다. …… 생산과 수출의 일체화는 생산자들과 일군들이 다같이 제품의 생산과 무역, 수출입물자의 보관관리에서 주인다운 자각과 높은 책임성을 발휘하게 하여 생산을 정상화하고 무역을 확대발전시켜나갈수 있게 하는 합리적인 경제관리방법이다.[399]

2000년대 들어 북한의 무역규모는 크게 증가했다. 그러나 내용을 보면 여전히 유무상통의 원칙에서 벗어나지 못하고 있다. 무역 품목을 보면 수출은 해산물과 무연탄, 수입은 석유제품이 1위인 구조가 지속되고 있다(<표 1-10> 참조).[400]

---

397 김일민, "경제개발구개발에서 나서는 몇가지 원칙", 『경제연구』, 3호, 2016, p.55.

398 정영철, "북한 경제의 변화: 시장, '돈주', 그리고 국가의 재등장』, 『역사비평』, 제126호, 2019, p.144.

399 전광호, "생산과 수출의 일체화는 근로자들이 생산과 관리에서 주인으로서의 책임과 역할을 다하게 하는 합리적인 경제관리방법", 『경제연구』, 3호, 2015, pp.22~23.

400 2017년 이후로는 이들 품목을 제재 대상으로 지정한 유엔 안전보장이사회 경제제재가 본격화되면서 수출입 구조에 변화가 생겼다.

<표 1-10> 북한의 1위 무역 품목

<table>
<tr><th>연도</th><th>수출</th><th>수입</th></tr>
<tr><td>2001</td><td rowspan="4">해산물</td><td>쌀</td></tr>
<tr><td>2002</td><td rowspan="2">정제유</td></tr>
<tr><td>2003</td></tr>
<tr><td>2004</td><td rowspan="3">원유</td></tr>
<tr><td>2005</td><td>무연탄</td></tr>
<tr><td>2006</td><td>라디오, TV 송신기기</td></tr>
<tr><td>2007</td><td>기계부품</td><td rowspan="2">정제유</td></tr>
<tr><td>2008</td><td rowspan="9">무연탄</td></tr>
<tr><td>2009</td><td>원유</td></tr>
<tr><td>2010</td><td>정제유</td></tr>
<tr><td>2011</td><td rowspan="3">원유</td></tr>
<tr><td>2012</td></tr>
<tr><td>2013</td></tr>
<tr><td>2014</td><td rowspan="3">정제유</td></tr>
<tr><td>2015</td></tr>
<tr><td>2016</td></tr>
</table>

* 자료: 이연호 외, 『북한경제의 변화와 남북 경제협력』, 충북대학교출판부, 2023, pp.199~200.

2016년 5월 제7차 당대회에서 제시된 경제발전 5개년 전략에서 북한은 대외경제와 관련해 국가 신인도 제고를 중시하고 대외무역 부문의 신용 준수 및 무역 다변화를 강조하며, 합영 · 합작을 통한 선진 기술 습득을 추진하고자 했다. 김정은 역시 당대회 사업총화 보고에서 외부자본 획득을 목표로 경제개발구를 언급했으며, 더불어 무역구조를 개선해야 한다면서 무역을 활성화할 것을 주문했다. 북한의 대표적 경제학자인 리기성 사회과학원 교수도 2018년 10월 『노동신문』 논설을 통해 북한의 지리적 조건을 거론하며 대외경제관계 발전의 중요성을 강조했다.

> 대외경제관계를 확대발전시켜야 하겠습니다. 대외무역에서 신용을 지키고 일변도를 없애며 가공품수출과 기술무역, 봉사무역의 비중을 높이는 방향에서 무역구조를 개선하

여야 합니다. 합영, 합작을 주체적립장에서 실리있게 조직하여 선진기술을 받아들이고 나라의 경제를 발전시키는데 이바지하도록 하여야 합니다. 경제개발구들에 유리한 투자 환경과 조건을 보장하여 그 운영을 활성화하며 관광을 활발히 조직하여야 합니다.[401]

나라의 경제발전은 자연지리적조건과 밀접한 련관속에서 이루어진다. 령토가 크지 않고 자원이 제한되여있는 나라일수록 자연지리적 위치와 환경을 합리적으로 리용하여 경제를 특색있게 발전시키는것이 절실한 문제로 나선다. 우리는 …… 대외경제관계를 다각적으로 발전시키고 경제개발구를 활성화하기 위한 사업을 적극 밀고나가야 한다.[402]

이러한 내용은 2019년 4월 수정된 '헌법'에도 명문화되었다. 이전 '헌법'에서는 '대외무역 발전'이라는 원론적 선언에 그쳤으나, 수정 '헌법'에는 '신용'과 '무역구조 개선'이 포함되었을 뿐만 아니라 '대외무역 발전'이 '대외경제관계 확대발전'으로 강화되었다.

국가는 완전한 평등과 호혜의 원칙에서 대외무역을 발전시킨다.[403]

국가는 대외무역에서 신용을 지키고 무역구조를 개선하며 평등과 호혜의 원칙에서 대외경제관계를 확대발전시킨다.[404]

2018년 3월 김정은은 스스로 북한을 '가난한 나라'라고 표현했다.[405] 그만큼 외부자본의 유입이 필요함을 인정한 셈이다. 2018년 9월 25일 유엔총회 참석차 미국 뉴욕을 방문한 문재인 대통령은 미국외교협회(CFR)에서 열린 연설에서 김정은이 국제통화기

401 김정은, 『조선로동당 제7차대회에서 한 중앙위원회사업총화보고 주체105(2016)년 5월 6~7일』, 조선로동당출판사, 2016, p.56.

402 리기성, "당의 새로운 전략적로선관철에서 나서는 중요한 요구", 『노동신문』, 2018.10.29.

403 북한 '헌법'(2016년 6월 수정보충) 제36조.

404 북한 '헌법'(2019년 4월 수정보충) 제36조.

405 2018년 3월 5~6일 김정은을 만난 후 미국을 방문했던 정의용 국가안보실장이 이끄는 특사단은 3월 9일 미국 트럼프(Donald Trump) 대통령을 면담한 자리에서, 김정은이 북한을 '가난한 나라(poor country)'라고 표현했다고 말했다. "Planning Begins for Kim Jong-un Meeting Some Trump Aides Believe Will Never Happen", *The New York Times*, 2018.3.9.

금, 세계은행 등에 가입할 뜻이 있다는 의사를 밝혔다고 말했다.[406] 김정은은 외국인 직접투자에 대해서도 긍정적인 인식을 보였다. 외국인 직접투자는 외화 획득을 위한 중요한 수단이므로 국가 차원에서 제대로 관리해야 한다고 지시했다.

> 외국투자기업들에 대한 세무관리사업은 나라의 대외적권위를 높이고 안정된 투자환경과 조건을 보장하며 국가외화수입을 늘이는데서 중요한 역할을 합니다. …… 재정성에서 외국투자기업들에 대한 세무관리사업을 통일적으로 장악하고 실속있게 지도하여야 합니다.[407]

국제관광에 대해서도 이전에 비해 적극적인 입장이었다. 예를 들어 2013년 8월 조선국제여행사는 평양의 양각도 국제호텔에서 관광설명회를 개최하고 국경통과, 세관, 세금, 통신 등이 국제적 기준에 따라 진행될 것이라고 밝혔다.[408] 2015년 4월에는 북한의 평양고려국제여행사가 러시아, 아랍에미레이트 등 여러 나라에 10여개 지사를, 북한 내에는 함흥, 원산에 분사를 두고 관광사업을 활발히 추진하고 있으며, 아시아와 유럽의 여러 여행사들과 연계하여 관광사업을 활성화해 나갈 계획이라는 보도도 있었다.[409] 북한이 국제관광 사업에 커다란 관심을 가지고 있다는 것은 『경제연구』의 논문을 통해서도 확인할 수 있다. 김정일 시대까지만 해도 거의 없었던 국제관광과 관련한 논문들이 김정은 시대에 매우 많아졌고, 특히 2015년 이후에는 다양한 주제의 논문들이 수록되고 있다.[410] 심지어 세계적인 관광산업의 발전 동향을 감안하여 북한이 가진 자연경관, 유적, 천연기념물 등을 활용한 생태관광을 추진하자는 논문들도 발표되었다.

> 현시기 우리 나라의 현실적조건과 세계관광발전추세를 놓고 볼 때 생태관광을 발전

---

406 "문 '북한, IMF · WB 가입 희망' … 비핵화 진전 · 미 설득이 관건", 『매일경제』, 2018.9.26.

407 김정은, 『재정은행사업에서 전환을 일으켜 강성국가건설을 힘있게 다그치자: 제3차 전국재정은행일군대회 참가자들에게 보내 서한 주체104(2015)년 12월 13일』, 조선로동당출판사, 2017, pp.18~19.

408 "조선국제려행사주최 조선관광설명회", 『조선중앙통신』, 2013.8.24.

409 "인기를 모으고 있는 평양고려국제려행사", 『조선중앙통신』, 2015.4.30.

410 예를 들어 "관광자원 개발", "관광이 사회경제 발전에 미치는 의의", "관광기념품", "관광개발구 개발", "생태관광지건설", "관광업 확대와 환경파괴와 이를 막기 위한 국제적인 동향", "원산-금강산국제관광지대개발에서 외국투자비용의 특성", "관광광고", "관광수요예측", "생태관광과 관광업 발전", "호텔봉사", "국제관광업계 동향" 등이다.

시키는것은 나라의 관광업발전의 필수적요구로 나서고 있다.[411]

마식령 스키장, 양덕온천 관광지구, 원산갈마 해안관광지구 등이 김정은 시대의 대표적인 관광지 개발사업이다. 북한이 기존에는 관광을 '체제선전 수단'으로 활용했으나, 김정은 시대에 들어서는 '외화 획득을 위한 산업'으로 인식을 전환했다는 평가도 있다.[412] 관광산업은 다른 산업에 비해 초기 투자 비용이 크지 않고 일정 수준의 인프라만 있으면 안정적으로 외화를 확보할 수 있기 때문에, 베트남, 쿠바와 같은 사회주의 국가들도 체제전환 초기에 관광을 통해 벌어들인 외화수익을 경제개발 재원으로 활용한 경험이 있다.[413]

김정은 역시 2021년 1월 제8차 당대회 사업총화 보고에서 관광사업 발전에 대해 상세하게 언급했다.[414] 김정은은 관광사업을 활성화하는 것은 중요한 사업이라면서 "관광대상들을 보다 잘 꾸리고 그에 대한 소개선전방법을 개선하며 관광로정과 안내도 다양하게 조직하여야 한다"고 강조했다. 또한 '금강산관광지구총개발계획'에 따라 '고성항해안관광지구와 비로봉등산관광지구, 해금강해안공원지구와 체육문화지구들을 특색있게 꾸리기 위한 사업'을 진행할 것을 지시했다. 특히 삼지연과 원산갈마 해안관광지구에 대해서는 수차례 현지지도를 하는 등 남다른 애착과 각별한 애정을 보였다.[415] 김정은 집권 이후 해외 북한대사관들에 각국의 관광 동향과 세계적인 관광 발전추세, 관광 상품과 기념품 샘플 수집에 관한 지시들이 하달되었다는 북한이탈주민의 증언도 있다.[416] 이미 김정은은 집권 초기에 선진 과학기술을 배우기 위한 목적으로 다른 국가 및 국제기구와의 교류, 대표단 파견, 공동연구, 심지어 인터넷 활용까지도 강조했다. 그만큼 이전 시대보다 대외경제관계를 중요하게 인식하고 있음을 보여주

---

411 리금별, "현시기 생태관광을 발전시키는것은 관광업발전의 필수적요구", 『경제연구』, 2호, 2018, p.38.

412 김영희, "최근 북한 관광산업 동향", 『KDB 북한개발』, 제22호, 2020, p.115.

413 이해정 · 김성환 · 강성현, 『북한의 관광정책 추진 동향과 남북 관광협력에 대한 시사점』, 대외경제정책연구원, 2020, p.28.

414 "우리식 사회주의건설을 새 승리에로 인도하는 위대한 투쟁강령: 조선로동당 제8차대회에서 하신 경애하는 김정은동지의 보고에 대하여", 『노동신문』, 2021.1.9.

415 홍민, "김정은 위원장 최근 현지지도 행보 속 정책 코드 읽기", 온라인 시리즈 CO 18-36, 통일연구원, 2018, p.7.

416 이철, "김정은 정권의 대외무역 정책과 제도 변화에 관한 연구", 『국가안보와 전략』, Vol.23 No.1, 2023, p.48.

는 것이다.

> 다른 나라들, 국제기구들과의 과학기술교류사업도 활발히 벌려야 합니다. 국토관리와 환경보호부문에도 세계적인 발전추세와 다른 나라들의 선진적이고 발전된 기술들을 받아들일것이 많습니다. 내가 이미 말하였지만 인터네트를 통하여 세계적인 추세자료들, 다른 나라의 선진적이고 발전된 과학기술자료들을 많이 보게 하고 대표단을 다른 나라에 보내여 필요한것들을 많이 배우고 자료도 수집해오게 하여야 합니다. 국토환경보호성과 해당 기관들에서 다른 나라의 과학연구기관들과 공동연구, 학술교류, 정보교류를 활발히 진행하며 국제적으로 진행하는 회의, 토론회들에 참가하여 앞선 과학기술을 받아들이기 위한 사업을 적극 진행하여야 합니다.[417]

그러나 그렇다고 해서 자립경제를 포기한 것은 아니었다. '주체사상'을 폐기하지 않는 한, '자립경제', '자력갱생'은 버릴 수 없는 것이었다. 2015년 10월 22일 김종태전기기관차련합기업소를 방문한 김정은은 새로 만든 지하전동차에 대해 "잘 만들었는가, 잘 만들지 못하였는가"는 중요하지 않다며 "남보다 월등하게 만들지는 못하였어도 우리의 기술, 우리의 손으로 만들었기때문에 더 소중"하다고 칭찬할 정도였다.[418]

> 우리가 건설하는 경제강국은 우리의 힘과 기술, 우리의 자원에 의거하여 발전하는 자립경제강국입니다.[419]

> 여러 나라들의 경험은 주체적립장을 견지하고 대외경제관계를 자립적민족경제건설에 기초하여 발전시키지 않을 때에는 혁명과 건설에서 심각한 후과를 초래하게 된다는 것을 보여주고있다.[420]

---

417 김정은, "사회주의강성국가건설의 요구에 맞게 국토관리사업에서 혁명적전환을 가져올데 대하여" 당, 국가경제기관, 근로단체 책임일군들과 한 담화(2012.4.27), 『노동신문』, 2012.5.9.

418 제갈남, 『현지지도에 비낀 령도자의 모습』, 외국문출판사, 2019, pp.56~58.

419 김정은, 『지질탐사사업에서 전환을 일으켜 사회주의경제강국건설을 다그치자: 전국지질탐사부문 일군열성자회의 참가자들에게 보낸 서한 주체105(2016)년 9월 25일』, 조선로동당출판사, 2016, p.3.

420 황한욱, "주체적립장은 대외경제발전의 주요담보", 『경제연구』, 2호, 2014, p.46.

합영, 합작대상을 선정하는 사업에서 자력갱생의 혁명적원칙을 철저히 지켜야 한다. …… 우리는 자체로 능히 할수 있는것도 무턱대고 다른 나라의 투자를 끌어들여 합영, 합작을 하려는 편향을 철저히 극복하고 우리 힘으로 할수 있는 대상들을 가능한껏 자체로 해나가도록 하여야 한다.[421]

한편으로는 대외경제관계의 발전이 중요하다고 하면서도 다른 한편으로는 자립경제를 강조하지 않을 수 없었다. 그래서 김정일 시대처럼 같은 날에 한 연설에서 상반되는 내용을 말하기도 했다. 자본주의 국가들과의 경제협력을 확대해야 한다고 하면서도 '자립성'과 '주체성'을 강화해야 한다고 강조했던 것이다.

대외관계를 주동적으로, 다각적으로 발전시키며 자본주의나라들과도 다방면적인 교류와 협력을 발전시켜나가야 합니다. 해당 나라의 구체적실정과 환경에 맞게 방법론을 세워 여러 분야의 교류와 협조를 발전시켜나가야 합니다.[422]

인민경제의 자립성과 주체성을 백방으로 강화하여야 합니다. …… 원료와 연료를 국내자원으로 보상하는 생산기술공정을 확립하며 첨단설비를 비롯하여 절실히 요구되는 기술수단들을 우리의 실정에 맞게 자체로 생산보장하여야 합니다.[423]

김정은은 2018년 4월 20일 당 중앙위원회 제7기 제3차 전원회의에서 느닷없이 그동안의 병진노선이 승리했으니 이제는 경제에 총력을 집중해야 한다며 '경제 올인'을 선언했다.[424] 아버지의 '선군'이 자신의 '병진'을 거쳐 '선경'으로 전환된 셈이다. 북한은 이를 '당의 새로운 전략적 노선'이라고 표현했다.[425] 그런데 무엇이라고 이름을 붙이든

---

421 박윤철, "합영, 합작대상선정사업에서 견지하여야 할 주요원칙", 『경제연구』, 3호, 2015, p.54.

422 김정은, 『조선로동당 제7차대회에서 한 중앙위원회사업총화보고 주체105(2016)년 5월 6~7일』, 조선로동당출판사, 2016, p.103.

423 김정은, 『조선로동당 제7차대회에서 한 중앙위원회사업총화보고 주체105(2016)년 5월 6~7일』, 조선로동당출판사, 2016, p.46.

424 당 중앙위원회 제7기 제3차 전원회의는 '경제건설과 핵무력건설병진로선의 위대한 승리를 선포함에 대하여'와 '혁명발전의 새로운 높은 단계의 요구에 맞게 사회주의경제건설에 총력을 집중할데 대하여'라는 2개의 결정서를 채택했다.

425 "조선로동당 위원장 김정은동지께서 병진로선의 위대한 승리를 긍지높이 선언하시고 당의 새로운 전략

외부자본의 유입이 없이는 실현 불가능한 것이었고, 이를 위해서는 남북 및 북미 정상회담을 통해 경제제재 완화를 추진할 수밖에 없었다.[426] 하지만 그러면서도 겉으로는 여전히 '자력갱생'을 주장했다. '자력갱생'과 '자립경제'를 강조하는 북한 문헌도 늘어났다. '새로운' 노선이라고 하면서도 기본 원칙은 수십 년 '낡은' 것이었다. 김정은 자신도 하노이 북미 정상회담을 앞둔 2019년 신년사에서조차 '자력갱생'을 내세웠고 외국인투자에 대해 아무리 규모가 크고 경제적 실리가 많다고 하더라도 북한의 사회정치적 환경과 조건에 부합하는지의 여부를 가장 중요한 기준으로 평가해야 한다고 지적했다.[427] 어쩔 수 없는 북한의 딜레마였다.

> 전당, 전국이 사회주의경제건설에 총력을 집중할데 대한 우리 당의 새로운 전략적 로선에 관통되여있는 근본핵, 기본원칙은 자력갱생이다.[428]

> 자력자강의 길만이 위대한 수령님들께서 창조하신 자랑스러운 자력갱생의 력사와 전통을 고수하고 빛내이는길이라는 것을 명심하고 원료, 연료, 설비를 국내에서 자체로 생산보장함으로써 사회주의경제강국건설을 힘있게 다그쳐나가야 한다.[429]

> 자체의 튼튼한 밑천과 토대가 없이는 무역뿐아니라 투자도 자기의 의사와 요구에 맞게 발전시켜나갈수 없다.[430]

> 《자력갱생의 기치높이 사회주의건설의 새로운 진격로를 열어나가자!》, 이것이 우리가 들고나가야 할 구호입니다. 우리는 조선혁명의 전 로정에서 언제나 투쟁의 기치가 되고 비약의 원동력으로 되여온 자력갱생을 번영의 보검으로 틀어쥐고 사회주의건설의 전 전선에서 혁명적앙양을 일으켜나가야 합니다. 사회주의자립경제의 위력을 더욱

적로선을 제시하시였다", 『노동신문』, 2018.4.21.

426 문재인 대통령과의 남북 정상회담이 불과 일주일 후인 2018년 4월 27일에, 트럼프 미국 대통령과의 싱가포르 정상회담은 두 달 후인 2018년 6월 12일에 개최되었다는 사실은 '경제 올인'을 선언한 전원회의 시점에서 이미 남북 및 북미 정상회담의 일정이 확정되었음을 시사한다.

427 오성길, 『위대한 인간 김정은』, 평양출판사, 2019, pp.38~39.

428 "당의 새로운 혁명적로선에 관통되여있는 근본핵, 기본원칙", 『노동신문』, 2018.4.25.

429 김명혁, "사회주의경제강국건설에서 원료, 연료, 설비를 국내생산으로 보장하는것이 가지는 의의", 『경제연구』, 1호, 2018, p.15.

430 신자랑, "국가투자유치전략작성에서 나서는 몇가지 문제", 『경제연구』, 4호, 2018, p.59.

강화하여야 하겠습니다.[431]

2019년 2월 27~28일 베트남 하노이에서 개최된 제2차 북미 정상회담이 아무런 성과 없이 끝나자 김정은의 자립경제에 대한 강조는 이전보다 훨씬 강화되었다. 이전까지는 불안한 가운데에서도 대외경제관계 활성화를 통한 외부자본의 유입을 모색했지만, 이제는 대외경제관계의 확대 자체가 원천적으로 불가능해졌기 때문이다. 대외경제관계에 대한 언급은 원론적인 수준에서만 이루어졌고, 그나마도 자립경제를 절대적으로 우선시해야 한다고 하며 대외경제관계는 보충적인 수단으로서의 유용성만 인정되었다.[432] 악화된 대외경제환경으로 인한 자기방어적 기제의 측면도 있지만,[433] 근본적으로는 주체를 포기하지 않는 한 북한경제가 벗어날 수 없는 구조적 문제였다.

경제적자립은 자주적인 국가건설의 물질적담보이고 전제입니다. 자립적이고 강력한 경제력에 의해서만 국가의 존엄을 지키고 정치군사적위력도 끊임없이 강화해나갈수있습니다. 오늘의 정치정세흐름은 우리 국가로 하여금 자립, 자력의 기치를 더 높이 추켜들것을 요구하고 있습니다.[434]

장기간의 핵위협을 핵으로 종식시킨것처럼 적대세력들의 제재돌풍은 자립, 자력의

---

431 김정은, 신년사, 2019.1.1.

432 2019년 발간된 네 권의 『경제연구』를 살펴보아도 자립경제와 자력갱생을 강조하는 논문은 크게 늘어난 반면, 경제개발구나 무역을 주제로 한 논문은 수도 적을 뿐만 아니라 내용도 경제개발구에 대한 국가관리의 강화, 경제개발구에서의 환경보호, 무역협상 방식 및 무역구조의 개선 등과 같이 기술적인 문제에 머무르고 있다. 예를 들어 김란, "경제개발구의 토지임대 및 양도제도실시에서 나서는 몇가지 문제", 『경제연구』, 1호, 2019; 김현철, "현시기 대외무역협상사업을 개선하는것은 대외무역발전의 필수적요구", 『경제연구』, 2호, 2019; 리영수, "투자봉사를 위한 경제개발구관리기관의 기능과 역할을 높이는데서 나서는 몇가지 문제", 『경제연구』, 3호, 2019; 김영란, "경제개발구에서 토지리용에 대한 국가적관리를 강화하는데서 나서는 몇가지 문제", 『경제연구』, 3호, 2019; 리종범, "외국투자에 의한 산업대상건설에서 환경보호사업의 필요성", 『경제연구』, 3호, 2019; 김영, "현시기 나라의 대외무역구조개선의 기본방향", 『경제연구』, 4호, 2019; 김원혁, "경제개발구 회계검증기관조직에서 나서는 중요문제", 『경제연구』, 4호, 2019.

433 탁용달, "김정은 시대 북한의 대외경제: 인식, 정책, 그리고 전망", 『북한연구학회보』, Vol.24 No.1, 2020, p.145.

434 김정은, 『현 단계에서의 사회주의건설과 공화국정부의 대내외정책에 대하여: 조선민주주의인민공화국 최고인민회의 제14기 제1차회의에서 한 시정연설 주체108(2019)년 4월 12일』, 조선로동당출판사, 2019, p.11.

열풍으로 쓸어버려야 합니다. …… 자립적민족경제건설로선을 튼튼히 틀어쥐고 자력갱생의 혁명정신을 높이 발휘해나갈 때 우리는 남들이 가늠할수도 상상할수도 없는 힘으로 놀라운 발전상승의 길을 내달리게 될것입니다.[435]

대외경제부문에서는 자립적민족경제건설로선에 철저히 립각하여 나라의 경제토대를 강화하는데 절실히 필요한 부분과 고리를 보충하는 방향에서 대외경제협조와 기술교류, 무역활동을 다각적으로, 주동적으로 책략있게 벌려야 합니다.[436]

2020년대에 접어들면서는 대외경제관계에 대한 인식이 더욱 위축되었고, 자립경제는 더욱 강조되었다. '하노이 노딜' 이후 북한이 대외 강경노선을 내세운 데다가 경제제재에 더해 2019년 말부터 발생한 코로나19 팬데믹으로 국경을 봉쇄하는 상황에까지 이르렀기 때문이다. 북한은 '악성비루스의 류입'을 막기 위한 국경 봉쇄가 오히려 "자체의 힘과 기술, 자기의 원료, 자재에 의거하여 우리의 내부적힘과 발전동력을 최대로 증대시킬수 있는 절호의 기회"라고 선전했다.[437] 2020년의 신년사를 대체한, 2019년 12월 말에 개최된 제7기 제5차 당 중앙위원회 전원회의 보고에서 김정은이 '정면돌파전'을 선언하며 "허리띠를 졸라매더라도 기어이 자력부강, 자력번영하여 나라의 존엄을 지키고 제국주의를 타승하겠다는것이 우리의 억센 혁명신념"이라고 천명함으로써 자립경제에 대한 강조는 최고조에 올랐다.[438] 2020년 8월 『노동신문』은 "자력갱생은 우리 국가와 인민이 영원히 틀어쥐고나가야 할 전략적로선"이라면서 "자력갱생, 자급자족하는데서 기본은 …… 경제발전과 인민생활향상에서 필요한것을 최대한 국내

---

435 김정은, 『현 단계에서의 사회주의건설과 공화국정부의 대내외정책에 대하여: 조선민주주의인민공화국 최고인민회의 제14기 제1차회의에서 한 시정연설 주체108(2019)년 4월 12일』, 조선로동당출판사, 2019, pp.12~13.

436 김정은, 『현 단계에서의 사회주의건설과 공화국정부의 대내외정책에 대하여: 조선민주주의인민공화국 최고인민회의 제14기 제1차회의에서 한 시정연설 주체108(2019)년 4월 12일』, 조선로동당출판사, 2019, p.16.

437 "자력갱생은 80일전투의 위력한 보검", 『노동신문』, 2020.10.17.

438 이와 관련해 『노동신문』 논설은 "자립, 자력을 원동력으로 하는 우리의 주체적힘을 강화"하고 "더욱 확대발전"시켜나가야 한다고 주장했다. "정면돌파전은 반드시 수행해야 할 시대적과제", 『노동신문』, 2020.1.5. "자립, 자력의 위력을 발휘해나가는데서 수입병을 털어버리는것이 무엇보다 중요하다"고도 주장했다. "자력갱생은 80일전투의 위력한 보검", 『노동신문』, 2020.10.17.

에서 생산 보장하는것"이라고 보도했다.[439] 심지어 자력갱생이야말로 "끊임없는 비약과 발전의 원동력"이라고 주장했다.[440] 북한 문헌들도 마찬가지였다.

> 반세기가 훨씬 넘는 장구한 기간 우리 인민이 마련해놓은 자립적경제토대야말로 다른 나라의 눅거리원조나 몇푼의 외자에 대비도 되지 않는 거대한 창조물이며 이것을 대신할만한 경제적재부는 이 세상 그 어디에도 없다. 오직 자립경제토대에 의거하고 이것을 살리는 길만이 경제적난관을 타개하고 비약을 안아올수 있는 유일한 길, 최상의 방도로 된다.[441]

> 자체의 힘으로 살아나갈 생각을 하지 않고 일시적인 난관앞에서 동요하면서 다른 나라의 도움으로 강국을 건설하겠다는것은 망상에 지나지 않는다. …… 자력갱생만이 우리가 살길이며 전진발전의 유일한 진로이라는 신념을 심장깊이 새기고 오늘의 혁명적대진군에서 자기들의 책임과 역할을 다해나가야 할 것이다.[442]

자립경제, 자력갱생은 "자체의 힘으로 해결하여 나가는 립장과 정신"이라는 기존의 인식에서 이제는 '사상'과 '신념'의 문제로 격상되었다. '전략'이자 '노선'으로도 명명되었다.

> 자력갱생은 창조방식이나 투쟁방법에 관한 문제이기 전에 우리의 힘과 기술, 우리의 손으로 이 땅우에 부강번영하는 사회주의강국을 기어이 일떠세우려는 당의 구상과 의도를 어떻게 받아들이고 받드는가 하는 사상문제, 신념문제이다.[443]

> 적들의 비렬한 제재책동을 자강력증대, 내적동력강화의 절호의 기회로 반전시키는 공격적인 전략으로, 사회주의건설에서 항구적으로 틀어쥐고나가야 할 정치로선으로 심화발전된 우리 당의 자력갱생전략[444]

---

439 "경제건설에서 견지해야 할 중요한 원칙", 『노동신문』, 2020.8.2.

440 "끊임없는 비약과 발전의 원동력", 『노동신문』, 2021.6.13.

441 김명국, "사회주의경제건설에서 자력갱생전략작성과 실현의 필요성", 『경제연구』, 3호, 2020, p.21.

442 전금성, "자력갱생의 혁명적원칙을 구현하는것은 국가재정강화에서 나서는 중요요구", 『경제연구』, 4호, 2020, pp.48~49.

443 "당이 우리를 향도하기에", 『노동신문』, 2021.6.14.

444 "지난 총결기간에 이룩된 성과의 근본요인", 『노동신문』, 2021.1.18.

2021년 1월의 제8차 당대회에서는 미국에 대해 '강대강' 원칙을 천명했다. 이런 상황에서 대외경제관계 개선을 통해 "인민이 다시는 허리띠를 조이지 않게" 하겠다던 8년 전의 다짐은 뒤집힐 수밖에 없었고, 이제는 "허리띠를 졸라매더라도" 자립경제를 선택해야 했다.[445] 이후로도 이런 정책 기조는 이어지고 있다.

(2021년 1월 제8차 당대회)

새로운 5개년계획은 …… 원료, 자재의 국산화를 적극 추동하며 대외경제활동을 자립경제의 토대와 잠재력을 보완, 보강하는데로 지향시키는것을 전제로 하고 있다. …… 새로운 국가경제발전 5개년계획의 기본종자, 주제는 여전히 자력갱생, 자급자족이다.[446]

(2021년 12월 당 중앙위원회 제8기 제4차 전원회의)

극난한 환경에서 경제를 안정화시킬수 있는 방법, 자력으로 살아갈수 있는 방법을 하나하나 적극적으로 찾아내고 실행하고있는것, 이것이 경제발전에서의 긍정이며 이 과정이 곧 전면적국가발전을 향한 우리 식 사회주의의 힘있는 전진과정으로 된다고 평가하였다.[447]

(2022년 12월 당 중앙위원회 제8기 제6차 전원회의)

자력갱생, 간고분투의 정신력과 창조력을 발휘해준 위대한 우리 인민만이 전취할수 있는 값비싼 승리이며 조국청사에 길이 빛날 불멸의 공적이라고 선언하시였다.[448]

(2024년 1월 최고인민회의 제14기 제10차 회의 시정연설)

자립경제의 든든한 뒤받침이 없이는 우리 국가의 높은 존엄과 자주적발전과 인민들

---

445 미국의 대북 적대시정책으로 정세의 위기가 발생했고 미국과의 교착상태는 장기성을 가질 수밖에 없으므로, 핵 억제력 및 자립경제를 통한 내부적 힘 강화로 응집력을 키워 대응하려는 의도라고 분석된다. 통일연구원 북한연구실, "북한의 제7기 제5차 당 중앙위원회 전원회의 분석 및 향후 정세 전망", 온라인 시리즈 CO 20-21, 통일연구원, 2020, p.3.

446 "우리 식 사회주의건설을 새 승리에로 인도하는 위대한 투쟁강령: 조선로동당 제8차대회에서 하신 경애하는 김정은동지의 보고에 대하여", 『로동신문』, 2021.1.9.

447 "조선로동당 중앙위원회 제8기 제4차전원회의에 관한 보도", 『로동신문』, 2022.1.1.

448 "조선로동당 중앙위원회 제8기 제6차전원회의에 관한 보도", 『로동신문』, 2023.1.1.

의 유족하고 문명한 생활에 대하여 생각할수 없습니다.[449]

물론 이러한 정책 기조가 불변일 수는 없다. 게다가 북한경제의 수준과 규모, 자원 등으로 볼 때 자립은 애초에 불가능한 것이었다. 지금까지 북한경제의 역사가 이를 보여준다. 지속적으로 악화되는 경제난에서 벗어나고 성장을 도모하기 위한 유일한 방안은 외부로부터의 자본 유입이었다. 김정일의 '7·1 조치'든 김정은의 '5·30 담화'든, 그 어떤 개혁적인 정책이라고 할지라도 자본 없이는 효과가 제한적이기 때문이다. 북한도 이를 모르지는 않았을 것이다. 대외경제관계가 중요하다는 발언들이 끊임없이 이어지고 있고, 강력한 경제제재가 시작되었는데도 2017년 12월 평양의 강남경제개발구 설립을 발표한 것이 그 예라고 할 수 있다. 심지어 북한은 2019년 이후에도 외국인투자에 대한 관심과 기대를 포기하지 않고 있고, 외국인투자와 관련한 문헌들의 내용도 구체화되고 있다.[450] 결국 시간의 문제일 뿐, 중국이나 러시아가 북한이 원하는 만큼의 자본을 제공하지 않는 한 북한은 대외경제관계를 강조하는 방향으로 나올 수밖에 없다. 설령 말로는 '자립경제', '자력갱생'을 주장한다 할지라도.

김정은 시대의 남북경협

남북경협에 대한 김정은의 직접적인 언급은 찾아보기 어렵다. 그러나 집권 초기 일반 주민의 지지를 얻기 위해 대외경제관계에 관심을 가졌듯이 남북경협에 대해서도 긍정적인 입장을 가질 수밖에 없었을 것으로 짐작된다. 실제로도 태영호 전 주영 북한대사관 공사의 증언에 따르면, 김정은은 집권 직후인 2012년부터 적극적인 개방 의지를 보이면서, "개성공단이 조선 체제에 장기적으로 위협이 되지 않겠느냐고 많은 사람들이 걱정했다. 하지만 얻은 게 더 많다. 우선 우리에게 절대적으로 필요한 돈을 벌었다. …… 총체적으로 우리가 훨씬 이익이다. 이런 경제특구를 내륙으로 확대해야 한다. 개성공단 같은 곳을 14개 더 만들라"고 지시했다.[451] 이 증언이 사실이라면, 김정은이

449 "경애하는 김정은동지께서 조선민주주의인민공화국 최고인민회의 제14기 제10차회의에서 강령적인 시정연설을 하시였다", 『노동신문』, 2024.1.16.

450 이기영·양문수, "김정은 시대 북한의 대외경제협력에 대한 인식 변화 연구", 『현대북한연구』, Vol.27 No.2, 2024, p.226.

451 태영호, 『3층 서기실의 암호』, 기파랑, 2018, p.299.

2013년부터 설치하기 시작한 경제개발구는 남북경협과 연계할 계획이었을 것이다. 경제개발구의 일부는 개성공단과 같은 남한 전용 경제특구로 개발할 것을 염두에 두었으리라는 의미다.

신년사에서도 2013년에는 "북남공동선언을 존중하고 리행하는것은 북남관계를 전진시키고 통일을 앞당기기 위한 근본전제"이며, 2014년에는 "북남사이 관계 개선을 위한 분위기를 마련"해야 한다고 원론적인 언급을 하더니, 2015년에는 훨씬 더 적극적인 자세를 보였다. 경제지원 획득과 투자 유치를 위해서는 남한과의 관계 개선이 절실했기 때문이다.[452] 북한은 2015년 1월 20일 김정은의 신년사 관철을 위한 '정부·정당·단체 연합회의'에서 채택한, 남북관계 개선을 강조하는 내용의 호소문을 남한으로 보내기도 했다.[453]

> 북남사이의 대화와 협상, 교류와 접촉을 활발히 하여 끊어진 민족적뉴대와 혈맥을 잇고 북남관계에서의 대전환, 대변혁을 가져와야 합니다. …… 우리는 남조선당국이 진실로 대화를 통하여 북남관계를 개선하려는 립장이라면 중단된 고위급접촉도 재개할 수 있고 부문별 회담도 할수 있다고 봅니다. 그리고 분위기와 환경이 마련되는데 따라 최고위급회담도 못할 리유가 없습니다. 우리는 앞으로도 대화와 협상을 실질적으로 진척시키기 위해 모든 노력을 다할것입니다.[454]

북한 『경제연구』에 실린 논문으로는 매우 이례적으로 남북경협을 주제로 한 2015년의 논문은, 개성공단의 추진 경과를 상세히 설명하면서 2013년의 일시 중단 사태를 북한 당국이 유감스럽게 평가했음을 밝히고 있다.

> 개성공업지구의 폐쇄로 겪고있는 남조선기업가들의 고통을 가슴아파하는 우리 당의 꾸준하고도 일관성있는 노력에 의하여 개성공업지구사업이 다시 재개되였으나 그

452 통일연구원 북한연구센터, "2015년 북한 신년사 분석 및 대내외 정책 전망", 온라인 시리즈 CO 15-01, 통일연구원, 2015, p.6.

453 북한은 호소문을 2015년 1월 21일 판문점을 통해 청와대, 국회의장, 새누리당, 새정치민주연합, 대한적십자사 등 5개 기관 앞으로 보내왔다. "북, 판문점 통해 남북관계 개선 강조하는 호소문 보내와", 『경향신문』, 2015.1.21.

454 김정은, 신년사, 2015.1.1.

개발은 계획대로 추진되지 못하고있다.[455]

김정은은 2016년 신년사에서는 "남조선당국은 지난해 북남고위급긴급접촉[456]의 합의정신을 소중히 여기고 그에 역행하거나 대화분위기를 해치는 행위를 하지 말아야 합니다"라고 이야기했고, 2016년 5월 제7차 당대회 중앙위원회 사업총화 보고에서는 김정일 시대에 "북남사이에 정치, 경제, 문화를 비롯한 여러 분야에서 대화와 협력, 접촉과 교류가 활성화"되었다면서 남북경협을 포함한 다양한 분야의 교류협력을 긍정적으로 평가했다. 2017년에는 "북남관계 개선은 평화와 통일에로 나아가는 출발점이며 온 겨레의 절박한 요구입니다"라고 했다. 또한, 2018년에는 "북남관계 개선은 당국만이 아니라 누구나 바라는 초미의 관심사이며 온 민족이 힘을 합쳐 풀어나가야 할 중대사"라고 하며 "북과 남사이 접촉과 내왕, 협력과 교류를 폭넓게 실현"해야 한다고 주장했다. 2018년 남북 및 북미 정상회담의 성사로 남북경협의 재개, 외부자본의 유입 가능성이 높아지자 2019년 신년사에서 김정은은 남북경협의 추진을 매우 구체적으로 거론했다.

> 여러가지 장애와 난관을 과감하게 극복하면서 철도, 도로, 산림, 보건을 비롯한 다양한 분야의 협력사업들을 추진하여 민족의 공동번영을 위한 의미있는 첫걸음을 내디디였습니다. …… 북남사이의 협력과 교류를 전면적으로 확대발전시켜 민족적화해와 단합을 공고히 하며 온 겨레가 북남관계 개선의 덕을 실지로 볼수 있게 하여야 합니다. 당면하여 우리는 개성공업지구에 진출했던 남측기업인들의 어려운 사정과 민족의 명산을 찾아보고싶어하는 남녘동포들의 소망을 헤아려 아무런 전제조건이나 대가없이 개성공업지구와 금강산관광을 재개할 용의가 있습니다.[457]

---

455 박상철, "개성공업지구", 『경제연구』, 3호, 2015, p.64.

456 북한의 목함지뢰 도발에 이은 포격 사건 등 군사적 긴장 상황을 논의하기 위해 2015년 8월 22~25일 진행된 남북한 간 고위급 접촉을 의미한다. 남한에선 김관진 청와대 국가안보실장과 홍용표 통일부장관, 북한에선 황병서 군 총정치국장과 김양건 노동당 대남비서 겸 통일전선부장이 참석한 '2+2 협상'으로 진행됐다. 이 접촉에서 남북한은 6개 항에 합의했는데, 그중 하나가 다양한 분야에서의 민간 교류 활성화였다.

457 김정은, 신년사, 2019.1.1.

그러나 2019년 '하노이 노딜' 이후 남북경협에 대한 북한의 인식은 정반대로 바뀌었다. 북한은 2019년 12월 말에 개최된 제7기 제5차 당 중앙위원회 전원회의에서 '정면돌파전'을 천명하며 남한 및 미국과의 대화와 협력 노선을 대립과 자력갱생으로 전환했다. 2020년 6월 9일 북한은 "대남사업을 철저히 대적사업으로 전환"해야 한다며 남북 간 모든 통신선을 차단했고, 2020년 6월 16일 대북 전단 살포 등에 대한 남한 정부의 대응을 문제 삼아 개성 남북공동연락사무소를 폭파했다. 2021년 1월 제8차 당대회에서는 "조성된 형세와 변천된 시대적 요구에 맞게 대남문제를 고찰"했다며 당 규약을 개정해 '우리 민족끼리'라는 표현을 삭제했다.

2022년 7월 북한이 주장하는 전승절 기념연설에서 김정은은 갓 출범한 윤석열 정부에 대해 '극악무도한 동족대결'과 '사대매국행위'에 주력하고 있다고 비난했다. 김여정 당 중앙위원회 제1부부장은 2022년 8월 담화를 통해 "제발 좀 서로 의식하지 말며 살았으면 하는것이 간절한 소원"이라고 했고, 윤석열 정부의 '담대한 구상'에 대해서는 "검푸른 대양을 말리워 뽕밭을 만들어보겠다는것만큼이나 실현과 동떨어진 어리석음의 극치"라고 원색적으로 폄하하면서 남한이 "앞으로 또 무슨 요란한 구상을 해가지고 문을 두드리겠는지는 모르겠으나 우리는 절대로 상대해주지 않을것임을 분명히 밝혀둔다"고 남북경협에 의사가 없음을 명백히 했다.[458] 이 담화에서 김여정은 "한때 그 무슨 ≪…운전자≫를 자처하며 뭇사람들에게 의아를 선사하던 사람"이라며 전임 문재인 대통령까지 비난했다.

2023년 12월 말에 진행된 당 중앙위원회 제8기 제9차 전원회의 확대회의에서 김정은은 남북관계를 '동족관계'가 아닌 '적대적인 두 국가관계, 전쟁 중에 있는 두 교전국관계'라고 정의했고, "10년도 아니고 반세기를 훨씬 넘는 장구한 세월 …… 그 어느 하나도 온전한 결실을 맺지 못했으며 북남관계는 접촉과 중단, 대화와 대결의 악순환을 거듭해왔다"며 지난 시절을 평가했는데, 이는 김일성, 김정일 시대의 정책에 대한 비판으로까지 읽힐 수 있다.[459] 이미 김정은은 2019년 10월 금강산 관광사업에 대해 '선임자들의 잘못된 정책'이라고 비판하면서 금강산 관광사업은 남한 없이도 진행할 수 있는 것이라고 말했었다.

---

458 김여정, "허망한 꿈을 꾸지 말라", 『노동신문』, 2022.8.19.

459 김갑식, "북한의 대남·통일정책 근본적 방향전환의 함의", 온라인 시리즈 CO 24-04, 통일연구원, 2024, p.2.

> 경애하는 최고령도자동지께서는 세계적인 명산인 금강산에 건설장의 가설건물을 방불케 하는 이런 집들을 몇동 꾸려놓고 관광을 하게 한것은 대단히 잘못되였다고, 그 전에 건설관계자들이 관광봉사건물들을 보기에도 민망스럽게 건설하여 자연경관에 손해를 주었는데 손쉽게 관광지나 내여주고 앉아서 득을 보려고 했던 선임자들의 잘못된 정책으로 하여 금강산이 10여년간 방치되여 흠이 남았다고, 땅이 아깝다고, 국력이 여릴적에 남에게 의존하려 했던 선임자들의 의존정책이 매우 잘못되였다고 심각히 비판하시였다. …… 경애하는 최고령도자동지께서는 지금 금강산이 마치 북과 남의 공유물처럼, 북남관계의 상징, 축도처럼 되여있고 북남관계가 발전하지 않으면 금강산관광도 하지 못하는것으로 되여있는데 이것은 분명히 잘못된 일이고 잘못된 인식이라고 말씀하시였다.[460]

김정은은 2024년 1월 15일 최고인민회의 제14기 제10차 회의 시정연설을 통해 북한 역사에서 '통일', '화해', '동족'이라는 개념 자체를 완전히 제거해버려야 한다며, "북남교류협력의 상징으로 존재하던 경의선의 우리측구간을 회복불가한 수준으로 물리적으로 완전히 끊어"놓을 것을 지시했다. 이 회의에서는 대남 통일전선 기구인 조국평화통일위원회와 남북경협을 담당하던 기구인 민족경제협력국, 금강산국제관광국의 폐지도 결정했다.[461] 나아가 통일전선부의 위상을 격하하면서 '대적지도국'으로 불렸고, '조국통일연구원'의 명칭을 '대적연구원'으로 변경함으로써 대남사업을 대적사업으로 규정했다.[462]

이로써 남북경협은 북한에서는 떠올려서는 안 되는 개념, 생각해서는 안 되는 금기어가 된 셈이다. 그러나 그렇다고 앞으로 남북경협이 영원히 불가능할 것으로 볼 수는 없다.[463] 우리는 북한의 '두 국가론' 주장을 받아들일 수 없으며, 설령 북한이 별개 국가임을 고집한다고 해서 경제적 연계, 교류와 협력을 할 수 없는 것은 아니기 때문이다.[464] 더욱이 이미 앞에서 언급한 바와 같이, 북한이 현재의 경제적 어려움에서 벗어날

---

460 "경애하는 최고령도자 김정은동지께서 금강산관광지구를 현지지도하시였다", 『노동신문』, 2019.10.23.

461 보다 구체적인 논의는 5장 6절을 참조.

462 "통일부 '북, 조국통일연 → 대적연 명칭 변경'", 『세계일보』, 2024.11.4.

463 2011년 12월 30일 북한은 남한 정부와 "영원히 상종하지 않을 것"이라고 했지만, 상황이 변화하자 남북대화에 나선 전례도 있다.

464 북한의 '두 국가론'에 대한 상세한 논의는 5장 6절을 참조.

수 있는 유일한 길은 외부와의 관계 개선을 통한 자본의 유입이고, 남북경협은 그 과정에서 핵심적인 역할을 담당할 수밖에 없다. 예를 들어 북미관계가 개선된다든가 유엔 안전보장이사회의 대북 경제제재가 완화·해제된다고 해도, 그 어느 나라보다 강한 대북 진출 유인을 가진 남한 기업의 진출이 막혀 있는 상황에서 외국 기업의 활발한 대북 진출을 상상하기란 어렵다. 북한에 관심이 있는 외국 기업의 입장에서는 남한 기업의 북한 진출이 리트머스 시험지와 같은 것이기 때문이다. 결국 시간의 문제일 뿐 남북경협은 재개될 수밖에 없을 것이다.

2장 남북경협의 역사적 흐름

1. 분단과 6·25 전쟁

1) 식민지와 분단의 경제적 충격

1945년 8월 한반도는 남북으로 나누어졌다. 38선은 하나였던 한반도의 허리를 관통하며 12개의 강과 75개 이상의 샛강을 단절시키고 수많은 높은 산봉우리를 가로질렀다. 181개의 작은 우마차로(small cart road), 104개의 군도(county road), 15개의 지방도(provincial road), 8개의 상급 도로(better class road), 6개의 철로도 끊어졌다.[1]

분단은 땅과 사람뿐만 아니라 경제도 갈라놓았다. 이미 일본의 식민지 지배로 왜곡되었던 한반도의 경제는 그 상태에서 단절되며 아예 기형적인 구조로 바뀌게 되었다. 식민지 시절 일본은 한반도를 근대화했지만, 그것은 일본을 위한 근대화였다. 일본은 1910년 대한제국을 병합하면서 이름을 북해도(北海道, 홋카이도)에 상응하는 남해도(南海道)로 하려다가 과거에 사용하던 조선으로 돌려놓았을 정도였다.[2]

1 McCune, Shannon, "Physical Basis for Korean Boundaries", *Journal of Asian Studies*, Vol.5 No.3, 1946, pp.286~288.

2 김명섭, "제2차 세계대전 종전 이후 미 · 소 · 일 · 중과 대한/조선(1945~1953)", 최종현학술원(편), 한미일중 100년 I: 일본 제국주의와 냉전(1870-1970) , 일조각, 2023, p.256.

<표 2-1> 연도별 전체 쌀 생산량 중 일본 수출 비율

(단위: %)

연도	1925	1930	1931	1933	1934	1936
일본 수출 비율	31	40	44	49	52	53

* 자료: 최병헌, "일제식민지통치시기 조선농촌수탈정책과 그 후과", 『경제연구』, 2호, 1992, p.42.

식민지 시절, 한반도에서의 1인당 재화 생산률은 1910~1920년 2.0%, 1920~1930년 1.7%, 1930~1940년 3.1%로 꾸준히 성장했지만,[3] 조선인의 생활 수준은 오히려 낮아졌다. 예를 들어 주식인 쌀의 1인당 소비량은 1912년 111.5kg에서 1944년 80.2kg으로 크게 감소했다. 반면 1912~1944년의 기간에 일본에서의 1인당 쌀 소비량은 조선인보다 훨씬 많은 157kg 수준으로 유지되었다.[4] 한반도에서 생산된 쌀을 일본으로 수탈해갔기 때문이다. 북한 자료에 의하면 1925년 쌀의 일본 수출량은 한반도 내 전체 생산량 대비 31%였으나, 그 비율이 1936년에는 53%로 급속히 증가했다(<표 2-1> 참조). 일본은 1937년부터 '식량 공출제'를 실시하고 1939년에는 '조선 미곡통제령'을 공포하는 등 전시 식량공출제도를 실행했는데, 이로 인해 1941~1945년 동안 조선 농민들이 공출당한 쌀은 연평균 생산량의 62.4%에 달했다.[5] 그 결과 전체 농가에서 소작농가가 차지하는 비율은 1910년 10%에서 1945년 75%로 증가했다.[6]

지하자원의 수탈도 심각해서 일본은 1936년 한 해 동안에만 철광 60만톤, 석탄 228만톤, 아연 4만톤, 텅스텐 1,700만톤을 자국으로 약탈해갔다.[7] 1910~1944년 서울의 노동자 임금은 262% 늘어났지만 물가는 315% 증가함으로써 실질임금은 오히려 하락했다.[8] 임금 수준도 일본인에 비해 크게 낮았다(<표 2-2> 참조). 예를 들어 공업 부문의 경우 조선인 남성 노동자는 일본인 남성 노동자에 비해 노동시간은 약 15% 길지만 임금

3 Suh, Sang Chul, *Growth and Structural Changes in the Korean Economy, 1910~1940*, Council on East Asian Studies, Harvard University Press, 1978, p.43.

4 김광석 · M.로머, 『성장과 구조전환』, 한국개발연구원, 1979, p.34.

5 최병헌, "일제식민지통치시기 조선농촌수탈정책과 그 후과", 『경제연구』, 2호, 1992, p.44.

6 권영훈, "분단후 한국경제의 변천: 1945~1961년", 구본호 · 이규억(편), 『한국경제의 역사적 조명』, 한국개발연구원, 1991, pp.121~122.

7 주성일, "≪조선식산은행≫을 통한 일제의 경제적략탈", 『경제연구』, 3호, 2000, p.52.

8 Kim, Kwang Suk and Michael Roemer, *Growth and Structural Transformation*, Council on East Asian Studies, Harvard University Press, 1979, p.20.

<표 2-2> 민족별 성년 노동자 임금 및 노동 시간(1932년 기준)

(단위: 원, 시간, %)

구분 / 지표	남성			여성		
	조선인	일본인	일본인 대비 조선인 비율	조선인	일본인	일본인 대비 조선인 비율
임금	0.90	1.94	46.4	0.55	0.94	58.5
노동시간	10.00	8.70	114.9	10.70	9.80	109.2

* 주 : 정미, 제재, 인쇄, 연초, 벽돌, 제사, 제면, 직물, 양말, 전기 및 가스, 요업, 조선, 지련, 제철, 성냥, 제지, 차량 제조, 채란, 시멘트, 병기 제조, 제탕, 제혁, 양조, 통조림, 고무, 비료 제조, 피복, 연사 및 제망, 제유, 연탄, 주물, 도량 형기 제조, 건구, 과자 제조, 유리 제품 등 공업 분야에서 50명 이상의 종업원을 가지는 공장 기업소 253개소와 그 종업원 57,153명에 대한 조사임.
* 자료: 인민 경제사 및 국가와 법의 력사 연구실, "해방전 조선 경제에 관한 참고적 통계 자료", 『경제연구』, 3호, 1957, p.68.

수준은 46%에 지나지 않았다. 여성 노동자 역시 조선인의 노동시간은 약 10% 더 길지만 임금 수준은 59%에 불과했다.

경제성장은 거의 전적으로 일본인의 자본과 기술, 경영에 의해 이루어졌고, 한반도의 전통적인 부문과는 아무런 관련이 없었다. 조선인의 역할도 일부 중소기업 분야에 국한되어 있었다. 예를 들어 1939년 말 전체 사업체의 약 58%가 일본인 소유였고 조선인이 소유한 사업체의 수는 약 42%였으나, 불입 자본금 기준으로 보면 일본인 소유가 거의 대부분인 약 89%를 차지하고 있었다(<표 2-3> 참조). 북한 자료에 의한 1933년 말 통계에서도 공업 부문의 전체 회사 중 일본인 소유는 약 66%였고, 규모가 커질수록 비중이 높아져서 100만원 이상의 회사는 모두 일본인 소유였다. 불입 자본금을 기준으로 보면, 일본인 소유의 회사가 전체의 약 93%에 달했다.[9] 또한 조선에 본점을 둔 회사보다 일본이나 외국에 본점을 두고 조선에는 지점을 설치한 회사가 숫자로는 크게 작지만 규모는 훨씬 더 커서 1938년 말 기준 조선에 본점이 있는 회사의 수는 조선에 지점을 둔 회사의 19배에 달하는 반면, 자본액은 절반에도 못 미치는 40%에 불과했다(<표 2-4> 참조).

일본의 한반도 경제 지배 경향은 기술인력의 우세에 의해서도 나타났다. 1944년

9 인민 경제사 및 국가와 법의 력사 연구실, "해방전 조선 경제에 관한 참고적 통계 자료", 『경제연구』, 3호, 1957, p.65.

<표 2-3> 소유주 국적별 사업체 구성자본금(1939년 말 기준)

(단위: 개, 천원, %)

지표 \ 구분	회사 수			불입 자본금		
	조선인 소유	일본인 소유	일본인 소유 비율	조선인 소유	일본인 소유	일본인 소유 비율
농업 및 임업	86	179	67.5	13,451	51,563	79.3
어업	27	69	71.9	915	13,686	93.7
광업	29	121	80.7	12,449	171,120	93.2
제조업	740	804	52.1	30,198	214,705	87.7
전기	0	16	100.0	0	213,065	100.0
운수 및 보관	258	274	51.5	7,400	90,790	92.5
금융 및 보험	98	77	44.0	10,233	76,705	88.2
상업	846	1,056	55.5	233,995	65,754	21.9
기타	194	545	73.7	24,619	61,234	71.3
전체	2,278	3,135	57.9	122,660	958,622	88.7

* 자료: 김광석·M.로머, 『성장과 구조전환』, 한국개발연구원, 1979, p.31.

<표 2-4> 부문별 회사 수 및 자본액(1938년 말 기준)

(단위: 개, 천원)

지표 \ 구분	회사 수		불입 자본금 및 출자액	
	조선에 본점을 둔 회사	일본 또는 외국에 본점을 둔 회사 (조선에는 지점)	조선에 본점을 둔 회사	일본 또는 외국에 본점을 둔 회사 (조선에는 지점)
농업 및 임업	176	22	59,462	38,733
상업	929	3	62,774	281,125
공업	1,086	44	257,820	1,137,382
광업	117	26	172,266	595,195
수산업	63	5	9,375	88,498
은행 및 금융업	149	5	94,014	265,687
운수업	345	9	85,124	83,300
가스 및 전기업	16	0	218,103	0
토목청부업	179	11	19,412	31,050
기타	322	24	29,790	43,073
전체	3,382	179	1,028,140	2,564,043

* 자료: 인민 경제사 및 국가와 법의 력사 연구실, "해방전 조선 경제에 관한 참고적 통계 자료", 『경제연구』, 3호, 1957, p.65.

<표 2-5> 조선인의 기술인력(1944년 기준)

(단위: 명, %)

지표 \ 구분	전체 기술인력(A)	조선인(B)	조선인 비율(B/A)
금속공업	1,214	133	11.0
기계 및 기구	609	150	24.6
화학	2,004	222	11.1
요업	245	48	19.6
섬유	484	132	27.3
목제품	99	32	32.3
가공식품	336	121	36.0
인쇄·출판	56	24	42.9
가스, 전기, 수도	991	190	19.2
토목	2,347	551	23.5
기타	91	29	31.0
합계	8,476	1,632	19.3

* 자료: 조선은행, 『한국경제연표』, 1948, Vol.I, p.100; 김광석·M.로머, 『성장과 구조전환』, 한국개발연구원, 1979, p.32에서 재인용.

조선인 기술자의 수는 전체 기술자 수의 약 19%에 불과했고, 금속공업, 화학공업 등 고도의 기술을 필요로 하는 분야에서는 전체의 11%를 차지했을 뿐이다(<표 2-5> 참조). 이와 같은 일본의 경제적 지배는 전체 인구의 직업별 분포에서도 확인된다. 1939년 조선인 전체 인구의 72.5%는 농업에 종사했고, 공업 3.2%, 상업 7.3%, 공무 및 자유업 4.0%였다. 그러나 한반도에 거주한 일본인의 직업별 분포는 공업 17.2%, 상업 22.2%, 공무 및 자유업 38.0% 등으로 나타난다. 당시 한반도의 전체 인구수는 조선인이 21,803,647명, 일본인이 628,100명으로 일본인이 조선인의 2.9%에 지나지 않지만, 일본인은 급속히 성장하는 근대적인 산업 부문에 종사한 반면 조선인은 대부분 전통적인 산업에 종사하고 있었던 것이다.[10]

교육 격차도 컸다. 1944년 5월 1일 기준 남한지역에 거주하던 조선인과 일본인 중

10 조기준, 『한국자본주의 성립사론』, 대왕사, 1977, p.387.

중학교 이상의 학력을 지닌 인구는 조선인이 0.96%에 불과한 반면 일본인의 경우는 31%를 상회했고, 불취학(不就學) 인구는 조선인이 85%인 데 반해 일본인의 경우는 25%에 머물렀다.[11]

일본은 일본 중심의 경제권 구축을 위해 식민지인 조선에도 최소한의 근대적인 산업을 건설하지 않을 수 없었다. 특히 1931년 9월 만주 침략 후에는 대륙침략의 병참기지로서 광업 및 중공업을 개발했다.[12] 그 결과 한반도는 전체적으로 여전히 저개발 농업국가였지만,[13] 한반도 남과 북의 산업구조는 크게 달라졌다. 1940년의 산업구조를 보면, 남한지역에서는 농업의 부가가치 비중이 60.2%로서 광공업의 비중인 24.1%보다 압도적으로 높은 반면, 북한지역에서는 오히려 광공업의 비중이 42.9%로서 농업의 비중인 42.7%와 비슷한 수준을 보였다.[14]

산업생산을 보면 농업의 경우 쌀과 보리는 남한지역이 절대적으로 많은 반면, 밀과 조는 북한지역이 남한지역의 생산을 압도했다(<표 2-6> 참조). 중공업의 경우는 기계공업을 제외하고는 북한지역이 남한지역을 크게 능가했고, 반대로 경공업의 경우는 거의 모든 부문에서 남한지역이 절대적 우세를 보였다. 광업의 경우는 지하자원의 차이로 인해 모든 부문에서 북한지역이 남한지역과는 비교도 할 수 없을 정도의 우위를 점했으며, 발전량도 북한지역이 전체 발전량의 무려 92%를 점했다.[15] 해방 직전인 1943년 1인당 국내총생산(GDP: Gross Domestic Product)은 남한지역이 119만원, 북한지역이 174만원이었다.[16]

---

11 차병권, “일정하의 경제적 유산과 미군정기의 초기조건에 대한 고찰”, 『경제논집』, Vol.19 No.2, 1980, p.149.

12 이에 따라 전체 공업에서 중화학공업이 차지하는 비중은 1930년 16.5%에서 1943년 49.5%로 급격히 늘어났다. 그러나 이는 일본과 밀접하게 연관되어 있을 뿐 한반도 내부와 유기적 연관을 가지지 않은 식민지 공업으로서의 한계를 가지고 있었고, 대부분 반제품 공업으로 완성품 공업은 매우 적었다. 양문수, “북한 경제의 초기조건”, 북한연구학회(편), 『북한의 경제』, 경인문화사, 2006, p.21.

13 예를 들어 1942년에는 총인구 중 농업 인구가 66%였던 데 반해 제조업 인구는 5%에 불과했다. 전홍택·박진, “북한경제의 역사적 평가”, 차동세·김광석(편), 『한국경제 반세기: 역사적 평가와 21세기 비전』, 한국개발연구원, 1995, p.695.

14 Kim, Kwang Suk and Michael Roemer, *Growth and Structural Transformation*, Council on East Asian Studies, Harvard University Press, 1979, p.23.

15 그 결과 1940년을 기준으로 보면 한반도에서 생산된 모든 재화의 1인당 부가가치는 북한지역이 남한지역의 1.6배를 상회했다. 전홍택·박진, “북한경제의 역사적 평가”, 차동세·김광석(편), 『한국경제 반세기: 역사적 평가와 21세기 비전』, 한국개발연구원, 1995, p.697.

16 김낙년·박기주·박이택·차명수, 『한국의 장기통계 II』, 해남, 2018, p.734.

<표 2-6> 분단 당시 남북한의 면적과 인구, 생산량 비교

지표(연도·단위) \ 구분		남한	북한
총면적(1945·km^2)		108,366	118,336
인구(1944·천명)		17,041	8,859
인구밀도(1944/45·km^{2}당 인구수)		158	75
경지면적(1939·km^2)	논	13,293	5,684
	밭	9,007	18,491
전제 면적에 대한 경지 비율(1939/1945·%)		20.6	20.4
1인당 경지면적(1939/1944·m^2)		1,309	2,729
농업(1936~1937 평균·%)	쌀	69.2	30.8
	보리	85.7	14.3
	밀	38.9	61.1
	조	20.1	79.9
중공업(1940·%)	화학	17.9	82.1
	금속	9.9	90.1
	기계	72.2	27.8
경공업(1940·%)	방직	84.9	15.1
	요업	20.3	79.7
	목제품	65.3	34.7
	인쇄·제본	89.1	10.9
경공업(1940·%)	식료품	65.1	34.9
	기타	78.1	21.9
광업(1936·%)	금	29.3	70.7
	철광	0.1	99.9
	선철	0.0	100.0
	텅스텐·수연광	21.5	78.5
	흑연	29.0	71.0
	유연탄	0.5	99.5
	무연탄	2.3	97.7
발전량(1945·%)		8.0	92.0

* 자료: 농업 및 발전량은 문병집, 『한국경제론: 이론과 실제』, 법문사, 2001, pp.39~41; 중공업 및 경공업은 장맹렬, "남북한의 산업구조 비교", 경남대학교 극동문제연구소(편), 『분단 반세기 남북한의 정치와 경제』, 경남대학교출판부, 1996, p.213; 나머지는 Kim, Kwang Suk and Michael Roemer, *Growth and Structural Transformation*, Council on East Asian Studies, Harvard University Press, 1979, p.22.

2) 해방 이후의 남북경협과 '내국 간 거래'의 인정

이와 같은 '남농북공(南農北工)' 정책으로 남한은 식량을 비롯한 생필품을 주로 생산했고 북한은 공산품 위주여서 서로가 보완적으로 연결되어야 하는 경제였고, 실제로 남북은 지역적 분업을 이루고 있었다. 그런데 분단은 남북한의 분업구조를 단절시켰다. 남한과 북한의 경제 모두가 상당한 어려움에 처하게 된 것은 당연한 결과였다. 또한 식민지의 특성으로 인해 한반도 무역의 대일 의존도가 80~90%이던 상황에서 일본 경제권으로부터의 분리 역시 원자재 및 중간재의 갑작스러운 공급 중단과 시장 상실을 불러옴으로써 한반도 경제에 커다란 타격을 주었다.[17] 실제로 1946년 11월 남조선 과도정부 중앙경제위원회가 남한의 휴업공장 390개를 대상으로 조업 중단의 원인을 설문조사한 결과에 의하면, 69.7%가 원료 부족을 원인으로 꼽았고, 그다음으로 기계 부족 9.2%, 자금 부족 5.1%의 순으로 나타났다.[18] 게다가 거의 모든 산업에 있어서 핵심적 역할을 해오던 일본의 자본을 비롯한 관리층과 기술자의 철수는 기업 경영에 심각한 영향을 미쳤을 뿐만 아니라 산업생산의 급격한 감소를 야기했다.[19]

분단은 상호보완적인 경제기반을 붕괴시켰을 뿐만 아니라 식민지 시절에 형성된 산업구조의 기형성과 관리 및 기술인력의 부족을 더욱 심화시켰고, 그 결과 해방 이후 남북한은 자립적인 생산구조를 가지기 어려웠다. 실제로 미군정 사령관이었던 하지(John Reed Hodge)는 1945년 9월 13일 일본 점령군 최고사령관 맥아더(Douglas MacArthur)에게 보낸 한반도 정세에 관한 최초의 보고서에서 경제적 구조상 "남북한 어느 지역도 독자적으로 지탱할 수 없다"고 평가했을 정도다.[20]

그만큼 남북한의 경제는 모두 열악했다. 식민지 시절은 식민지 시절대로, 해방 이후는 해방 이후대로 곤궁에 처했다. 식민지에서는 벗어났으나 경제적으로는 오히려 위기

---

17 1911년 이미 한반도 전체 무역의 68%를 차지하던 일본의 비중은 1939년에는 82%로 확대되었다. 김호칠, "한국무역구조의 실증적 연구", 『동아논총』, Vol.5, 1968, p.586.

18 김보영, "해방후 남북한교역에 관한 연구", 고려대학교 대학원 박사학위논문, 1995, p.75.

19 실제로 1946년의 공장 수와 노동자 수는 1943년에 비해 각각 55.5%와 57.3%로 거의 절반 정도 감소했다. 김영조, "미군정기의 공업 기반과 생산실태", 『역사와 현실』, No.22, 1996, p.30. 1948년의 공업생산은 1940년 대비 21%라는 기록도 있다. 김수현, "남북한경제 비교분석과 경제교류에 관한 연구", 한양대학교 대학원 박사학위논문, 1983, p.31.

20 차상철, "존 하지(John Reed Hodge)와 미군정 3년", 『동방학지』, Vol.89-90, 1995, p.464.

였다. 일본 제국주의라는 지배 세력과 일본을 앞세워 부와 권력을 누렸던 친일 세력이 사라짐으로써 문자 그대로 빛을 되찾은 광복이 왔지만, 경제 상황이 일순간에 좋아질 수는 없는 것이었다. 1946년 4월 12일 『조선일보』 사설은 다음과 같이 적고 있다.

> 왜적이 전쟁하느라고 조선 사람을 더욱 못살게 한 때문에 도시나 농촌을 물론하고 다가티 굼주리고 헐벗고 소위 최저생활이라 해서 밤에는 불빛 없이 원시시대만도 못한 고통을 받았고 바지 저고리 치마가 없고 신발이 없이 지내왔다. 양곡과 모든 작물은 공출로 빼앗기어 배곱흐고 길삼하려니 목화가 없어 인간 이하의 살을 간신히 해왓었다. 8·15 해방 후로 …… 생활필수품은 의연히 손에 들어오지 않어서 곤란은 계속되고 왜적이 퍼트리고간 물자를 악성 『인플레』의 격발로 턱없는 고가를 주고 사자니 쌀을 위시하야 가지고 있는 양곡을 싼갑으로 내팔 수 없어서 도시는 기근에 빠지고 물가는 악순환적으로 등세에 박차만 가햇었다.[21]

실제로 남한에 진주한 미군정은 극심한 물가 폭등, 생산 위축, 그리고 식량 부족으로 야기된 정치·사회적 불안정에 직면했다. 쌀과 주요 소비품에 대한 통제가 불가피했다.[22] 1946년 6월 홍수와 콜레라로 자연재해와 전염병이 겹치면서 기아 상황은 극에 달했다. 1947년 1인당 쌀 소비량은 전시물자 충당을 위해 공출이 극심했던 1944년의 0.55석보다도 낮은 0.35석을 기록했다.[23] 해방 직후 일본과의 무역이 금지된 탓도 있었다. 대부분의 산업이 감소세를 보였고, 평균 감소율은 약 52%에 달했다(<표 2-7> 참조).

경제적 곤궁에 처해 있기는 북한도 마찬가지였다. 북한에 진주했던 소련군 총정치국장 쉬킨(Iosif Vasil'evich Shikin)은 "기업의 절대 다수가 가동되지 않고 있다. 대중적 실업이 발생했다. 각종 산업, 운수노동자 70만명 가운데 실제 일하는 사람은 10만명에 불과하다. 재정체계는 혼란상태에 있다. …… 물가가 급상승하고 있다"고 본국에 보고했다.[24] 북한의 쌀 가격은 1945년 12월부터 1946년 3월까지 겨울기간에 급등하여 1945년 8월 해방 당시보다 무려 5배 올랐고, 보리 가격도 5.5배 증가했다.[25] 북한의 주

---

21 "농가와 생필품", 『조선일보』, 1942.4.12.
22 김점숙, "미군정기 경제정책의 연구현황과 과제", 『역사와 현실』, No.16, 1991, p.290.
23 윤홍식, "미군정하 한국 복지체제, 1945~1948", 『한국사회정책』, Vol.24 No.2, 2017, p.193.
24 이승현, "미·소 군정기 경제정책 비교", 『통일연구』 Vol.11 No.1, 2007, p.60.
25 김성보, "해방 초기 북한에서의 양곡유통정책과 농민", 『동방학지』, Vol.77-79, 1993, p.864.

<표 2-7> 남한의 주요 산업 생산 추이

(단위: 천원)

지표 / 구분	섬유공업	기계기구	화학공업	식료품공업	요업공업	인쇄공업	소계
1940	170,986	38,405	91,172	213,628	7,966	17,249	539,406
1946	128,812	25,218	10,022	69,265	7,379	19,344	260,040
감소율	24.7%	34.3%	89.0%	67.6%	7.4%	-12.1%	51.8%

* 자료: 1940년은 경성상공회의소, 『조선경제통계요람』, 1949, p.72, 1946년은 조선식산은행, 『식산은행조사월보』, 제3권 제5호, 1948, p.26; 김보영, "해방후 남북한교역에 관한 연구", 고려대학교 대학원 박사학위논문, 1995, p.74에서 재인용.

<표 2-8> 북한의 주요 광물 및 중화학공업품 생산 추이

(단위: 천톤)

구분 / 연도	석탄	철광석	화학비료	가성소다	유산	카바이트	시멘트
1944	5,740 (100)	3,106 (100)	512 (100)	12 (100)	393 (100)	152 (100)	894 (100)
1946	1,270 (22)	680 (22)	156 (31)	3 (25)	108 (28)	42 (28)	103 (12)
1947	—	1,641 (53)	305 (60)	4 (33)	—	91 (60)	300 (34)
1948	4,150 (72)	215 (7)	370 (72)	7 (58)	—	123 (81)	—
1949	4,005 (70)	680 (22)	401 (78)	9 (75)	304 (77)	136 (90)	537 (60)

* 주: 괄호 안은 1944년 생산을 100으로 기준한 경우의 상대적 지표임.
* 자료: 통일원, 『북한경제 통계집』, 1996, p.347, p.403, p.414.

요 광물 및 중화학공업품 생산도 급감했다(<표 2-8> 참조).

결국 남북한은 한편으로는 원조에 의지하면서 다른 한편으로는 서로가 필요로 하는 물자를 교환하기 위한 교역을 하지 않을 수 없었다. 정치적 분단에도 불구하고 경제적으로는 기존의 유통구조를 유지해야 했던 것이다. 남북한 간 교역액은 1947년 남한의 경우 전체 무역의 23.2%, 북한의 경우 15.0%였으며, 이에 더해서 상당한 규모의 밀무역이 있었으므로 실제 남북한 간 상호의존도는 훨씬 컸을 것이다.[26] 분단이 되었고 철로는 끊겼지만, 남북한의 왕래가 완전히 불가능하진 않았던 탓도 있었다. 당시 군정청 상무부장이었던 오정수는 남북교역이 경제적 필요성뿐만 아니라 "분단의 벽을 뚫기 위한 한 방안"으로 간주되었다는 점에서 통일을 향한 '민족적 염원'도 담고 있었다고 평가했다.[27]

미국과 소련 군정은 38선을 남북한의 경계로 설정했지만, 법령으로 통행을 금지시키진 않아서 검문을 통과해 왕래할 수 있었다. 1947년 5월 10일 미국과 소련 군정은 38선 이남과 이북에 농지를 소유한 농민들의 경작과 추수를 위한 38선 월경에 아무런 장애를 조성하지 않을 것에 합의하기도 했다.[28] 사실 38선이라는 경계선은 존재했지만, 띄엄띄엄 설치된 경비초소와 군데군데 세워진 표지판만으로 일반인들의 왕래를 통제할 수는 없는 것이었다.[29] 당시 대부분의 국내 정치인들도 38선은 군사적 편의에 의한 일시적 결정이라고 생각했다.[30]

미국과 소련 군정 역시 내부의 경제적 어려움을 해결하기 위해 남북한 간 물자 거래의 필요성을 인정할 수밖에 없었다. 실제로 미군정은 초기부터 소련이 통제하고 있는 북한과의 교역 관계를 재개하려고 노력했다. 이미 1945년 9월 24일 하지는 "미군 점령지역에서 점령 임무를 수행하는 데 필요하다고 판단되는 필수적인 재화와 서비스를 구매하는 데 소요되는 비용을 위해 38선 이북의 소련 점령지역에 통화를 지불하는 것을 허가할 수 있는" 권한을 받았으며, 9월 27일 미군정은 소련 측에 한 달에 7만톤의 석탄과 상수도 정화용 화학약품을 제공해줄 것을 요청했다.[31] 소련 군정 역시 38선 이북 지역이 그동안 이남 지역으로부터 쌀을 공급받아왔으므로 미군정이 남한의 쌀을

---

26 김보영, "8 · 15 직후 남북한 경제교류에 관한 연구: 남북한 분단의 경제적 귀결", 『경제사학』, Vol.22, 1997, p.170.

27 "밀무역으로 '남북' 보완", 『매일경제신문』, 1972.8.15.

28 정병준, "1945~1948년 미 · 소의 38선 정책과 남북갈등의 기원", 『중소연구』, Vol.27 No.4, 2004, p.191.

29 1948년 기준 38선상에는 총 212개의 표식이 설치되어 있었는데, 이는 약 4km마다 하나씩 있는 셈이었다. 북한의 경비초소는 1947년 4월 기준 43개에 불과했다. 정병준, "1945~1948년 미 · 소의 38선정책과 남북갈등의 기원", 『중소연구』, Vol.27 No.4, 2004, p.182, p196.

30 해방 직후 건국준비위원회를 결성해 가장 왕성한 정치활동을 전개했던 여운형조차 38선을 작전상의 경계이고 정치적으로는 아무런 관계가 없는 것이라고 단언할 정도였다. 여운형, "우리나라의 정치적 진로", 『학병』, 제1호, 1946, p.8; 심지연, "분단구조의 역사적 기원과 형성", 경남대학교 북한대학원(편), 『남북한 관계론』, 한울, 2005, p.17에서 재인용.

31 뿐만 아니라 연합군 최고사령부는 미군정에 분기별로 수입해야 할 물자의 수량과 남한의 수요를 충족시키고 남는 식량 및 기타 자원에 관한 정보, 그리고 북한의 물자들과 교환할 수 있는 수량은 어느 정도인지를 파악해 제출하도록 지시했다. 국사편찬위원회, 한국사데이터베이스 홈페이지, "주한미군사 2: 경제적 협상".

북한으로 보내야 한다고 주장했으며, 남한에 송전하는 전력 요금을 쌀로 지급할 것까지 요구할 정도였다.

사실 남북한 간의 경제교류는 처음부터 실질적으로 용인된 것이었다. 남북한 간의 교역에 관한 최초의 기록은 1945년 11월 3일로서 미군정장관 아널드(Archibold V. Arnold)가 남북한 간 물자교류에 대해 언급했고, 같은 날 소련 군정도 남북 물자교역 바터(barter)제를 채택했다.[32] 1945년 12월 16~25일 미국, 영국, 소련 3국의 외무장관이 참석한 모스크바 3상 회의에서 채택된 '모스크바 협정(Moscow Agreement)' 중 한반도에 관한 결정 제4조는 "남쪽지역의 미국군과 북쪽지역의 소련군의 행정·경제 사안에 대한 영구적 조정을 수립하는 조치의 정교화를 위해(for the elaboration of measures establishing permanent coordination in administrative-economic matters between the U.S. Command in southern Korea and the Soviet Command in northern Korea)"라고 규정함으로써 남북한 군정지역 간의 경제교류에 관한 원칙적 합의가 이루어졌다.[33] 다만 '모스크바 협정'은 기본적으로 한반도에 민주적인 독립국가의 수립을 약속하고 있었으므로 독일의 경우와는 달리 남북한 간에는 경제교류에 대한 별도의 협정 없이 교류를 지속한 것이다. 독일의 경우에도 서독과 동독 군정 사이에 물자의 교환이 이루어지고 있었는데, 1945년 12월 미군정지역의 바바리아(Bavaria)와 소련 군정지역인 삭소니(Saxony) 간에 거래협정을 맺고 1천톤의 소고기와 2백톤의 소금을 물물교환한 것이 최초였다.[34]

이에 앞서 1945년 11월 3일 미국 국무장관 번스(James F. Byrnes)는 주소련 미국대사 해리먼(W. Averell Harriman)에게 한반도 문제와 관련하여 소련 군정지역에서 미군정지역으로 석탄과 전력의 정기 공급, 철도 및 통신 재개, 연안 해상운송 재개, 최소 필수 상품에 대한 교역 정상화 등을 소련 정부와 협의하도록 지시했다.[35] 실제로 1946년

---

32 김보영, "해방후 남북한교역에 관한 연구", 고려대학교 대학원 박사학위논문, 1995, p.86.

33 장화수, "분단국의 경제교류에 관한 비교연구: 남북한 및 동서독의 사례를 중심으로", 『국방연구』, Vol.23 No.2, 1980, p.287.

34 장화수, "분단국의 경제교류에 관한 비교연구: 남북한 및 동서독의 사례를 중심으로", 『국방연구』, Vol.23 No.2, 1980, p.297.

35 U.S. Department of State, "Telegram from the Secretary of State (Byrnes) to the Ambassador in the Soviet Union (Harriman), Nov.3, 1945", doc. 808, in *FRUS, 1945, vol.6*, Government Printing Office, 1969.

1월 미국과 소련 양측은 미소 공동회담의 의제로 쌀, 원자재, 연료, 산업장비, 화학제품 등 남북한 간 상품 교역, 양 지역 간 철도 및 차량 운송과 해운 등 남북교역과 관련한 사안을 포함할 것에 합의했다. 소련 군정 책임자인 쉬띄꼬프(Terenti Fomich Shtykov)는 1948년 7월 30일 그의 일기에서 미군정의 책임자 하지가 남한의 농민들을 위해 북한으로부터 비료를 받고 싶다는 편지를 보내왔다는 기록을 남기기도 했다.[36]

이런 상황에서 남북한을 오가며 서로가 필요한 물자를 거래하려는 상인들이 출현하는 것은 당연했다. 그래서 38선의 주요 국도에 교역장이 섰다. 예를 들어 포천 양문리, 동두천 초정리, 개성 토성리와 대원리 등이다. 교역품은 북한 쪽으로는 식량, 광목, 고무신, 미국 약품, 생고무, 타이어, 자동차 부품, 잡화 등이 갔고, 남한 쪽으로는 카바이트, 비누, 성냥, 비료, 설탕, 비단, 북어 등이 왔으며, 물품의 이동에는 등짐, 달구지, 트럭 등이 이용되었다.[37] 이러한 남북한 간 해방 이후의 초기 교역은 외국 간 무역도, 그렇다고 국내에서의 상업거래도 아닌 애매한 성격을 띠었고, '38무역'이라고 불렸다.

사실 미군정은 해방 이후 자연발생적으로 전개된 남북교역을 방치하다가 1946년 12월 15일 '조선 연안교역의 감독에 관한 통첩'을 발표함으로써 남북교역을 공식적으로 인정했다.[38] 그 취지는 "정치적으로는 양 군정하에 분리되었지만 경제적 고립은 불가능하므로 남북한의 정당한 물자교역에 편의"를 준다는 것이었다.[39] 이에 따르면 남북교역의 항구로는 동해안에 주문진, 서해안에 용호도, 남해안에 여수 등 3개 항구가 지정되었고, 이들 3개소에 화물검사소를 설치하여 남북한을 왕래하는 선박을 검사하도록 했으며, 교역 방식은 '해안 간 무역(coast-wise trade)'으로 결정되었다. 결국 해방 이후 지속되어온 남북교역을 사후에 승인한 셈이다. 1947년 2월 2일 미군정장관 대리는 관계부처에 보낸 통첩에서 "남북조선의 교역은 위기에 직면한 조선경제계를 타개할 가장 가까운 길"이라면서 "38도 이북과의 교역은 국내상업으로 인정"한다고 밝혔다.[40] 오늘날의 '내국 간 거래' 원칙은 이미 이때부터 시작되었던 것이다. 또한 미군정

---

36 전현수, 『쉬띄꼬프 일기: 1946~1948』, 국사편찬위원회, 2004, p.158.

37 미국 약품은 해열 진통제로 쓰이는 염산 키니네로서 미국에서 들어온 경제부흥 물품이 북한으로 유출된 것이었다. 허만위, "심층분석: 남북교역의 역사와 교훈", 『북한』, No.354, 2001, p.136.

38 김기원, "미군정기의 무역 · 원조 · 남북교역", 국사편찬위원회 우리역사넷 홈페이지.

39 장화수, "분단국의 경제교류에 관한 비교연구: 남북한 및 동서독의 사례를 중심으로", 『국방연구』, Vol.23 No.2, 1980, p.290.

40 "남북조선의 교역, 국내상업으로 인정한다", 『경향신문』, 1947.2.2.

이 1946년 7월 11일 군정법령 제98호로 '상무부에 무역국 및 상무국의 설치'를 제정하면서 무역국의 임무는 "외국무역을 통제 및 허가"로 한 반면, 상무국의 경우는 "국내 상업계획을 수립하고 국내 상업상의 일반감독과 통제"로 규정했는데, 남북교역을 상무국에서 담당했다는 사실은 남북교역을 '내국 간 거래'로 취급했다는 점을 말해준다.

1947년 5월 17일 미군정하의 남한에 과도정부가 수립됨에 따라 남북교역도 보다 완성된 체계를 갖추게 되었다.[41] 특히 1947년 8월 25일 발표된 군정법령 제149호 '대외무역규칙(Regulating Foreign Commerce)'을 통해 이전까지의 무역에 관한 규정을 총정비했는데, 제15조에서 '대외무역이란 남조선과 조선 이외 국가와의 사이의 무역', '대내무역이란 남조선 내의 무역', '지역 간 무역이란 남북조선 간의 수륙공(水陸空) 무역', '해안 간 무역이란 해안선 항구를 경유하는 대내 또는 지역 간 무역'으로 정의를 명확히 했다.[42] 대외무역과 남북교역을 의미하는 지역 간 무역을 다른 범주로 규정한 것이다. 또한 제5조에서 '대외무역규칙'에 의한 교역을 제외한 남북 거래를 금지함으로써 남북한 간의 거래는 공식적인 정식 무역과 밀무역으로 나뉘었다.

1948년 8월 2일에는 과도정부 상무부령 제4호로 '남북조선 간의 육상무역(Overland Interzonal Trade) 규정'이 군정법령 제149호 '대외무역규칙'을 보충하여 남북한 간의 육상무역을 통제·감독하기 위한 목적으로 발표되었다. 이에 따르면 남북교역, 즉 지역 간 무역은 38선 이북과의 물물교환(barter arrangement)을 의미하며, 이 규정에 의한 물물교환 이외에는 위법으로 간주되었다. 또한 남북교역을 하려는 상인은 물물교환을 할 때마다 허가증을 받아야 하고, 반입할 상품의 처리 방법 등 물물교환 조건을 지정해야 하며, 허가증 발행의 조건으로 물물교환 조건을 이행하기 위한 보증금을 납부하도록 규정했다. 교역 장소로는 북위 37도 59분에 위치한 청단(靑丹), 백천(白川), 여현(礪峴), 죽암(竹岩), 양문리(陽門里) 등 5개 지점을 지정했고, 당시 치안기관이었던 경무부(警

---

41 1946년 9월 미군정 당국은 단계적으로 한인 부처장을 임명하여 점차적으로 행정권을 이양하겠다는 계획을 발표했고, 이에 따라 1947년 2월 한국인 부처장을 총괄하는 민정장관에 안재홍을 임명했다. 이후 각 부문에 한국인의 등용이 늘어나자 미군정은 1947년 5월 17일 군정법령 제141호를 통해 "38도선 이남 조선을 통치하는 입법·행정·사법 부문 등 재조선미군정청 조선인기관은 조선과도정부라 호칭"한다고 공포했다. 이로써 형식적인 것이기는 하지만 남한에도 별도의 정부가 성립되었다고 할 수 있는데, 이는 북한보다 1년 3개월 늦은 것이었다. 물론 정부라는 명칭을 사용하긴 했지만 행정에 대한 최종 책임은 미군정이 장악하고 있었기 때문에 한계가 있는 정부일 수밖에 없었다. 심지연, "분단구조의 역사적 기원과 형성", 경남대학교 북한대학원(편), 『남북한 관계론』, 한울, 2005, pp.29~30.

42 '해안 간 무역'은 '연안(沿岸)교역'이라고도 불렸다.

務部)가 38선에서 허가증과 화물의 대조 조사, 상인의 성명, 주소, 허가증 번호, 이동상품의 종류 등에 관한 보고서 작성의 책임을 맡았다.

그러나 수요가 있는 한 공급은 있기 마련이어서 당국의 통제를 벗어난 밀무역이 발생한 것은 자연스러운 결과였다. 게다가 경제 상황은 여전히 어려웠으므로 군정 당국이 주민의 필수물자 반입을 엄격히 통제하기란 불가능했다. 더욱이 38선에서의 월경은 엄중한 신체 검색을 받아야 했고 무기, 군수품, 현금은 지참할 수 없었으나 실제로는 미소 군정 당국의 교역품이든 민간의 비공식 생필품 교역이든 묵인해주면서 통관되었으므로 남북한 간의 거래는 공식 거래인지 비공식 거래인지 가리기 어려운 형태가 되었다.[43] 예를 들어 당시의 교역이란 대규모가 아니라 상인의 가방 몇 개인 경우도 다수여서 단속이 쉽지 않았다. 물론 공식적인 법령이 발표되고 제도화가 진전되면서 '38밀무역'도 조직적인 형태로 점차 규모가 확대되었고, 밀수 경로도 38선 월경을 통한 육로 이외에 해로까지 포함되었으며 직업적인 알선책들도 나타났다.[44] 공식적인 '38무역'과 비공식적인 '38밀무역'이 뒤섞이게 된 것이다.

'38밀무역'의 규모는 적발된 건을 통해 추정해볼 수 있다. 우선 북한으로 밀반출된 품목은 중유, 면실, 연필,[45] 신약품, 전구 등이며, 금액은 1947년 약 124만원, 1948년 161만원 규모로서 1947년 당시 환율인 '1원=23.44달러'를 적용하면 각각 약 53,000달러 및 약 69,000달러이다(<표 2-9> 참조). 밀반입의 경우 품목은 비누, 사당, 수산물, 카바이트, 가성소다, 소다회, 마대, 시멘트, 비료 등이며, 금액으로는 1947년 약 53만원, 1948년 1억 2,956만원으로서 각각 약 23,000달러 및 약 5,527,000달러에 해당했다(<표 2-10> 참조).[46] 1948년 북한에서 공식적으로 반입된 물자가 1억 2,600만원인 데 비해 밀무역으로 적발된 금액이 이를 능가하는 1억 2,956만원이었을 뿐만 아니라 실제의 밀무역 규모는 적발된 금액의 수십 배라는 점을 감안하면 밀무역의 규모가 얼마나 컸는지 짐작할 수 있다.[47]

---

43 장화수, "38밀무역 시절의 남북 물자교역" 『북한』, No.164, 1985, pp.65~66.

44 장화수, "38밀무역 시절의 남북 물자교역" 『북한』, No.164, 1985, pp.66~67.

45 <표 2-9>의 주를 참조.

46 1947년에 비해 1948년의 밀무역 규모가 급격히 증가한 것은 밀무역 자체의 확대와 함께 단속이 강화되었기 때문으로 보인다. 물론 오기일 가능성도 배제할 수 없다.

47 1948년 『조선경제연보』는 밀무역 규모가 적발된 금액의 '기십배(幾十倍)'라고 발표하고 있다. 장화수, "38밀무역 시절의 남북 물자교역" 『북한』, No.164, 1985, p.68.

<표 2-9> 대북 밀반출(적발 기준) 규모

(단위: 원)

품목(단위) \ 구분·연도	수량		금액	
	1947	1948	1947	1948
중유(드럼)	30	23	41,100	115,000
면실綿實(근斤)	—	18,300	—	274,500
연필鉛筆[1](가哥)	—	100	—	130,000
신약품新藥品(kg)	—	21,500	1,200,000	495,892
전구電球(개)	—	1,400	—	—
기타	—	—	—	485,297
합계	—	—	1,241,100	1,612,689

* 주 1: 품목이 연필(鉛筆)로 되어 있으나 김보영(1997)의 논의를 참고할 때 납으로 만든 관을 의미하는 연관(煙管)의 오기로 보이며 단위도 가(哥)가 아니라 톤으로 여겨짐. 김보영, “8·15 직후 남북한 경제교류에 관한 연구: 남북한 분단의 경제적 귀결”, 『경제사학』, Vol.22, 1997, p.174.

* 자료: 무역협회, 『무역연감』, 1950, p.230; 장화수, “분단국의 경제교류에 관한 비교연구: 남북한 및 동서독의 사례를 중심으로”, 『국방연구』, Vol.23 No.2, 1980, p.289에서 재인용.

<표 2-10> 대북 밀반입(적발 기준) 규모

(단위: 원)

품목(단위) \ 구분·연도	수량		금액	
	1947	1948	1947	1948
천일염(근)	91,119	3,300	487,797	20,780
기타 식물(-)	—	—	47,000	—
비누(근)	—	468	—	202,500
설탕砂糖(근)	—	400	—	97,000
수산물(-)	—	—	—	119,555,300
카바이트(근)	—	10,531	—	1,368,627
가성소다(근)	—	6,600	—	2,250,000
소다회灰(kg)	—	3,000	—	270,000
마대麻袋(매枚)	—	2,280	—	342,000
시멘트(근)	—	124,950	—	1,200,000
비료(-)	—	—	—	4,150,000
기계류(대)	—	5	—	40,000

품목(단위) \ 구분 / 연도	수량		금액	
	1947	1948	1947	1948
이사 화물(개)	—	4	—	64,000
합계	—	—	534,797	129,560,217

* 자료: 무역협회, 『무역연감』, 1950, p.230; 장화수, "분단국의 경제교류에 관한 비교연구: 남북한 및 동서독의 사례를 중심으로", 『국방연구』, Vol.23 No.2, 1980, p.289에서 재인용.

3) 정부 수립과 전쟁에 따른 남북경협 중단

돈을 벌려는 순수 상인들 이외에도 여러 종류의 사람들이 남북교역에 참여했다. 북한에서는 남북교역을 '남조선혁명'의 좋은 기회로 보고 열성 공산당원들을 상인으로 가장하여 교역에 참여시켰다. 물품 속에 삐라 등 각종 인쇄물을 은닉하여 남한 전역에 운송하기도 했다. 북한은 38선을 지키는 경비병을 매수하여 전략물자를 북한으로 밀송하는가 하면 남로당의 공작금을 마련해주기 위해 '조선상사' 등 대남 물자교류를 전담하는 상사를 설치하기도 했다.[48]

남한에서는 미군정과 결탁한 사람들이 교역증을 발급받아 마음대로 38선을 드나들며 폭리를 취하기도 했다. 초대 상공부 장관 임영신이 대통령과의 대화에서 "지금 이 시간에도 넘어가서는 안 될 물자가 많이 북으로 가고 있습니다. …… 저는 장관에 취임하고 곧 그 길부터 봉쇄하려 했으나 상인들은 계속 돈을 뿌려 국회의원을 매수하고 심지어 미군 장성까지 동원해서 저에게 압력을 가하고 있습니다"라고 말할 정도였다.[49]

1948년 8월 15일 대한민국 정부가 수립되고 9월 9일에는 북한에도 정부가 들어서면서 군정은 끝났지만, 분단 상황은 더욱 고착되었다. 남북한은 서로에 대해 협조적이라기보다는 적대적 입장을 강화할 수밖에 없었다. 사실 정부 수립 이전에 이미 남북한의 갈등은 표면화되고 있었다. 예를 들어 1947년 3월 18일 개성에서는 소련군 병사 2명의 사망 사건이 일어났고, 1947년 8월 12일 경기도 여현에서는 소련군에 의한 미군 병사 3명의 억류사건이 벌어졌다. 북한 주장에 의하면 1947년 한 해에만 미군과 남

48 "해방후 5년간 남북 물자교류", 『매일경제신문』, 1984.9.14.

49 허만위, "남북교역의 역사와 교훈", 『북한』, No.354, 2001, pp.136~138.

한은 무장도발 454회, 공격행동 246회, 군사정찰 46회, 총포사격 162회를 실시했다.[50]

남북한 간의 갈등은 경제적 사안에서도 점차 정치적 대결로 나타나고 있었다. 남북한 간의 전력 문제를 예로 들어보면, 발전시설이 대부분 북한에 있었던 만큼 남한은 북한의 송전에 의존할 수밖에 없었다. 남한의 전체 전력 공급량 중에서 북한의 송전이 차지하는 비율, 즉 남한의 북한에 대한 전력 의존도는 1947년의 경우 66.6%에 달했고 이는 식민지 시절인 1943년의 41.0%보다도 크게 증가한 것이었다.[51] 송전에 대한 대가로 북한은 자신들이 필요로 하는 물자인 쌀과 자재를 요구했으나, 최초의 전력 교섭이 벌어졌던 1946년 1월 서울에서의 미소 공동회담(Soviet-American Joint Conference),[52] 1947년 6월 및 10월 평양에서의 전력협상, 그리고 그 이후의 접촉에 이르기까지 수차례의 회담은 결실을 보지 못했다. 전력 가격의 산정, 대가로 제공하는 물품의 종류와 규모, 밀린 대가의 지불 등의 문제로 소모적인 논란만 지속되었다.

그러나 핵심은 협상 주체에 대한 문제였다.[53] 1948년 3월 23일 북조선인민위원회는 남한에 신속한 요금 지불을 요구하며 전력협상 재소집을 미군정에 제안했으나, 미군정은 "전력문제의 교섭은 소련군 당국과 해결해야 할 문제"로서 "북조선의 정부로 인정할 수 없는 북조선인민위원회와 교섭할 수 없다"라는 원칙을 고수했다. 반면 소련은 북조선인민위원회가 1947년 2월 정식으로 출범했으니, "북조선에서 전력시설을 포함한 국유화 산업의 운용 권한이 인민위원회에 있으므로 전력 문제는 북조선인민위원회와 직접 교섭해야 한다"는 입장이었다.[54] 미국으로서는 받아들일 수 없는 주장이었다. 미국이 인정할 수 있는 한반도 유일의 정부는 유엔 감시하에 출범할 정부였는데, 미군정이 북조선인민위원회와 직접 교섭한다면 이는 미국이 북조선인민위원회를 공식적으로 인정하는 결과로 받아들여질 것이었기 때문이다. 미국은 북한의 주장을 경제적 협상의 문제가 아닌 정치공세로 파악했던 것이다. 그러자 북한은 1948년 5월 10일 북

---

50 차준봉, 『누가 조선전쟁을 일으켰는가』, 사회과학출판사, 1993; 정병준, "1945~1948년 미소의 38선 정책과 남북갈등의 기원", 『중소연구』, Vol.27, No.4, 2004, p.194에서 재인용.

51 김보영, "8 · 15 직후 남북한간의 전력교역", 『경제사학』, Vol.20, 1996, p.79.

52 이 회담의 15개 의제 중에서 첫 번째가 북한의 대남 전력공급 조건 문제였다.

53 이후의 논의는 다음을 참조. 류승주, "1946~1948년 남북한 전력수급교섭", 『역사와 현실』, No.40, 2001, pp.199~212.

54 실제로 1946년 8월 10일 북조선임시인민위원회는 중요산업의 국유화에 관한 법령을 공포하여 전력설비를 국유화했다.

조선인민위원회 부위원장 김책 명의의 성명을 통해 미군정이 전력 문제를 해결하려 하지 않으므로 "이 문제에 대한 협약을 조선사람끼리 체결하는 것이 필요"하다며 "5월 14일까지 남조선 조선인대표자를 평양으로 파견하지 않을 경우 대남송전을 중단할 것"이라고 선언했다. 북한이 남한의 단독정부 수립을 반대하며 통일정부를 수립하자는 입장과 동일한 선상에서 전력 문제도 민족 내부적으로 해결하자는 정치적 입장을 명확히 한 것이다. 남한은 대표단을 파견하지 않았고, 북한은 1948년 5월 14일 정오 남한에 대한 송전을 중단했다.

결국 1947년 2월 북한에는 북조선인민위원회, 5월 남한에는 남조선과도정부가 출범하는 등 남북한에 상호 배타적인 정부의 수립이 가시화되면서 남북한 간의 문제들은 점차 정치적인 색채가 강해졌고 미소 간 분쟁이 아니라 남북한 간 분쟁의 성격을 명확히 하기 시작했던 것이다.[55] 북한이 송전을 단행한 1948년 5월 14일이라는 시점은 남한이 단독선거를 실시한 5월 10일 직후라는 점에서도 전력 문제의 정치성을 시사한다. 실제로 당시 기사는 다음과 같이 지적했다.

> 북조선 쏘련당국은 남조선의 산업경제 건설을 방해하고 공산당 반동분자들을 통하여 가튼 혈통을 물려바든 동포형제들을 살상케 하며 각종 시설들을 파괴하고 심지어는 민족갈망의 총선거를 반대하든 나머지 모든 것이 수포로 도라가자 우리들이 예기하엿던 바와 가치 지난 14일 드디어 남조선으로의 송전을 절단하는 횡폭한 용단을 나리게 되엇다.[56]

1948년 8월 수립된 한국 정부는 그동안 '지역 간 무역'이라고 불리던 남북한 간의 교역을 '남북교역'으로 명칭했고, 12월 17일 반출 금지 품목과 함께 반출입 가능 품목의 종류와 월간 최대 교역량을 규정한 '남북교역 시행세칙'을 결정했다. 이로써 정부 수립 이후 일시적으로 중단되었던 남북교역이 재개되었다. '남북교역 시행세칙'을 통해 반입은 남한이 필요한 원자재로 한정하고, 반출은 북한의 요구에 최소한으로 응한 것이다. 즉 남북교역은 '선반입(先搬入)'을 원칙으로 규정했다.[57] 그러나 북한은 6·25

55 정병준, "1945~1948년 미소의 38선 정책과 남북갈등의 기원", 『중소연구』, Vol.27 No.4, 2004, p.196.

56 "만주에까지 배전하는 잉여의 북조선 전력 동족간에 단전이 웬 말", 『동아일보』, 1948.5.16.

57 "선반입을 원칙으로 남북교역의 세칙결정", 『동아일보』, 1948.12.22.

전쟁을 앞두고 전략물자의 확보, 남한경제의 교란 등의 목적을 위해 남북교역을 이용하겠다는 의도를 드러냈다.[58] 이에 따라 1949년 1월 5일 한국 정부는 '제한품목표'를 발표하여 반출입을 더욱 통제했다.

마침내 1949년 4월 2일 '남북교역 정지에 관한 건'의 공포로 인해 남북교역은 공식적으로 중단되었다. 그러나 1949년 12월 28일 북한에서 반입한 물자의 압수품 경매와 관련한 기사가 게재된 것을 보면 남북교역의 정지 조치에도 불구하고 몰래 북한에서 물품을 반입하는 사례가 있었음을 알 수 있다.[59]

이후 1950년 6월 25일 북한이 기습 남침함으로써 6·25 전쟁이 발발했다. 3년간 지속된 6·25 전쟁은 남북한 모두에 막대한 피해를 입혔다. 한국은행이 발간한 1955년도 『경제연감』에 따르면 남한의 경제적 피해는 총 4,123억환으로서 당시 연간 국민총생산의 2배에 해당하는 규모였고, 북한의 피해는 상대적으로 더 커서 총 피해액은 1949년도 국민총생산의 6배에 달했다.[60] 국토의 3분의 1이 초토화되었고 국가 기반시설 45%, 공장시설 45%, 가옥 60%, 농업 27%, 공업 43%, 광업 50%가 파괴되었으며, 공공건물 542동, 학교 건물 33,015개, 의료기관 940개, 일반주택 62만여 채, 종교 및 사회단체 건물 1,191만평이 피해를 입었다.[61]

인명 피해도 상당했다. 사망, 부상, 실종, 포로, 납치, 행방불명 등 전쟁으로 인한 피해는 남한은 약 160만명, 북한은 약 270만명에 달했다(<표 2-11> 참조). 1950년 남한 인구가 약 2,051만명,[62] 북한 인구는 1949년 약 962만명[63]이었으므로 전쟁으로 희생된 인명 규모는 남북한 전체 인구의 약 14%에 해당한다. 이외에도 이재민 약 370만명, 전쟁으로 남편을 잃은 부인 약 30만명, 전쟁고아 약 10만명, 이산가족 약 1,000만명 등이 발생했다.[64] 결국 전체 인구의 2/3 가량이 전쟁으로 직간접적인 피해를 당한 셈이다.

---

58 장화수, "남북한(미소군정)의 경제교류로서 지역간 무역(Interzonal Trade)에 관한 사례연구", 한국무역학회 학술대회 발표문, 1985, p.19.

59 "이북교역 반입물자 반환제외 전부 압수경매", 『동아일보』, 1949.12.28.

60 정토웅, "한국전쟁의 영향", 『군사』, No.40, 2000, p.214.

61 전쟁기념사업회, "끝나지 않은 이야기, 정전 70주년 기획", 『전쟁기념관』, 3월호, 2023.

62 행정안전부 국가기록원 홈페이지, "인구정책: 총 인구 수 및 추계인구(1946~2050)".

63 Hwang, Eui-Gak, *The Korean Economies: A Comparison of North and South*, Oxford University Press, 1993, p.38.

64 전쟁기념사업회, "끝나지 않은 이야기, 정전 70주년 기획", 『전쟁기념관』, 3월호, 2023.

<표 2-11> 6·25 전쟁으로 인한 인명 피해

(단위: 명)

지표 \ 구분	남한		북한		유엔군	중공군
	군인	민간인	군인	민간인		
사망[1)]	137,899	373,599	294,151	406,000	40,732	148,600
부상[2)]	450,742	229,625	225,949	1,594,000	103,460	798,400
실종·포로[3)]	32,838	387,744	91,206	68,000	9,767	3,900
합계	621,479	990,968	611,306	2,068,000	153,959	950,900

* 주 1: 유엔군 사망 인원은 비전투손실(non-battle deaths) 인원 2,830명을 포함한 수치임.
  2: 중공군 부상 인원은 질병에 의한 입원치료 인원 447,000명을 포함한 수치임.
  3: 남한 민간인의 경우 실종·포로는 납치·행방불명 인원을 의미함.
* 자료: 행정안전부 국가기록원 홈페이지, "6·25 전쟁: 피해 현황 통계". 단 북한 피해 통계는 이영훈, "한국전쟁과 북한의 전후경제복구 및 건설: 체제경쟁에 따른 고도성장의 빛과 그림자", 『통일문제연구』, Vol.12 No.1, 2000, p.201.

그러므로 협상에 의한 휴전 이후에도 남북한이 서로에 대해 적대감을 버릴 수 없었던 것은 당연한 일이었다. 상대는 '적'과 '원쑤'에 불과했다. 남북한은 서로가 상대방 지역까지 관할하는 한반도에서의 유일한 합법 정부라고 주장했고 서로를 괴뢰정권이라고 호칭했다. 남한에게 북한은 '회복해야 할 잃어버린 땅'이었고, 북한에게 남한은 '완수해야 할 혁명대상지역'이었다. 남북한 모두 공식적인 통일의 방법으로 평화적 방안을 이야기했지만, 무력 수단을 포기하지 않았다. 남한의 '북진통일'과 북한의 '적화통일'은 접점을 찾을 수 없었다. "때려잡자 공산당"이라는 구호가 상징하듯 남한에 북한은 오직 타도되어야 할 적이었다. '멸공'에서 '승공'으로, '승공'에서 '반공'으로 정도가 완화되어오긴 했지만, 남한에서 '빨갱이'라는 단어는 가장 무서운 표현이었다.[65] 북한도 마찬가지였다. 남한은 미제가 강제로 점령한 식민지이며, 남한 정부는 '지주, 매판자본가, 반동관료배들의 리익을 대변하는 반인민적반동정권'일 뿐이었다.[66] 그래서 모든 수단을 동원해서라도 '남조선 혁명'을 통해 '남조선 인민'을 구원해야 했다. 실제로 북한의 도발은 계속해서 이어졌다(<표 2-12> 참조).

이처럼 상대방의 실체를 인정하기는커녕 타도의 대상으로 간주하는 상황에서 경제

65 유신 체제에서 박정희 대통령의 여당과 대립각을 세우던 야당인 김영삼 신민당 총재도 "빨갱이 잡자는 데는 여당과 뜻을 같이"한다고 말할 정도였다. "마라톤 절충 11시간", 『조선일보』, 1975.7.8.

66 허종호, 『주체사상에 기초한 남조선혁명과 조국통일 리론』, 사회과학출판사, 1975, p.36.

<표 2-12> '7·7 선언' 이전 북한의 주요 도발

날짜	내용
1958.2.16	대한항공 여객기 창랑호가 평택 상공에서 납북
1961.4.7	동해안 대진리 앞바다에 북한 어뢰정 6척이 남하하여 40분간 교전하고 어선 6척 나포
1967.1.19	동해 휴전선 인근에서 명태잡이 어선을 보호하던 해군 제56함 당포함이 북한군 육상 포대의 공격으로 침몰, 승무원 39명 전사, 30명 중경상
1968.1.21	북한 특수부대 124군 소속 31명이 청와대 습격을 위해 침투, 28명 사살, 2명 도주, 1명 생포, 우리 측 경찰 2명 전사, 민간인 5명 사망
1968.1.23	원산항 앞 공해상에서 미 해군 정보수집함 푸에블로호 및 승무원 82명 납치
1968.10.30	울진·삼척 지역에 민족보위성 정찰국 소속 무장유격대 120명이 침투, 주민들에게 북한을 찬양하는 사상교육을 실시하고 반항하는 주민 20여명 살해
1969.6.11	전남 신안군 대흑산도 인근 75톤급 대형 무장 간첩선 침투
1969.12.11	대한항공 YS-11A 여객기가 대관령 상공에서 납북되었고, 승객 47명, 승무원 4명 중 39명만 귀환, 12명은 북한 억류
1970.6.22	북한 무장공비 2~3명이 6·25 전쟁 20주년 행사에 참석할 정부 요인들을 대상으로 국립현충원 현충문 지붕에 폭탄 설치하다가 폭발하여 1명이 즉사하고 나머지는 도주
1970.7.28	경북 영덕 해안에서 북한 간첩선 격침
1971.5.14	강원도 묵호 앞바다에서 북한 간첩선 격침
1971.6.1	소흑산도 근해에서 고속 간첩선과 교전으로 공군 수송기 승무원 6명 사망
1973.3.4	제주도 동쪽 해상의 우도에 무장간첩 3명이 나타나 해조건조장 경비원 1명을 사살하고 도주
1973.3.7	중부전선 비무장지대에서 군사분계선 푯말 보수중인 한국군 장병에게 총격을 가해 2명 전사
1974.2.15	북한 해군이 서해 백령도 인근 공해상에서 어로 중이던 우리 측 어선 수원 32호 격침, 수원 33호 납치
1974.5.20	제주도 북서방 추자도에 무장공비 3명 침투, 1명 사살, 2명 도주
1974.6.28	북한 공격으로 동해 공해상에서 어로 경비 중이던 경찰 경비정 836호 침몰
1974.8.15	장충동 국립극장에서 열린 광복절 기념식에서 재일교포 2세 문세광이 박정희 대통령 암살 시도, 육영수 여사 총탄을 맞고 사망
1974.11.15	경기도 연천군 백학면 제1땅굴 발견
1975.3.19	강원도 철원군 근동면 제2땅굴 발견
1975.9.11	전북 고창의 전경대 해안초소에서 북한 공작원 2명의 기습공격으로 우리 측 경계병 3명 전사, 2명 부상

날짜	내용
1976.8.18	북한군 50~60명이 판문점 공동경비구역 내 유엔군측 초소 부근에서 미루나무 가지치기 작업을 하던 미군 장교 2명을 도끼로 살해
1978.10.17	경기도 파주시 장단면 제3땅굴 발견
1980.3.23	한강 하구로 침투하던 무장공비 3명 사살
1981.6.21	충남 서산으로 북한 무장 간첩선 침투, 북한 공작원 9명 사살, 1명 생포
1982.7.13	울릉도 인근 공해상에서 어로 작업 중이던 마산호 및 선원 35명 납북
1983.8.5	경북 월성에서 수중 추진기를 타고 침투하던 간첩 4명 사살
1983.10.9	전두환 대통령 일행의 미얀마 아웅산 국립묘지 참배 시 북한이 매설한 포탄 폭발로 인해 수행했던 부총리, 외무부 장관, 대통령 비서실장 등 17명 사망
1983.12.4	부산 다대포로 침투하던 북한 간첩선 격침, 무장간첩 2명 생포
1987.11.29	미얀마 안다만 해역 상공에서 대한항공 858편 공중 폭파로 탑승자 115명 전원 사망

협력을 시도한다는 것 자체가 국가에 대한 도전으로 받아들여졌다. 결국 민간 차원이든 정부 차원이든 상대를 '협력의 대상', '경제 파트너'로 인식한다는 것 자체가 불가능이자 불법이었다. 4·19 혁명 직후인 1961년 3월 1일 대구에서 개최된 3·1절 기념행사에서 남북한 경제의 보완성을 토대로 "실업자여, 일터는 통일에 있다"는 혁신 세력의 구호가 나오기도 했지만,[67] 이는 소수였고 정부의 입장은 강경했다. 예를 들어 1960년 11월 주요한 상공부 장관은 남북한 간의 교역에 대해 북한의 의도는 "남한의 민심을 교란시키려는 데 목적이 있는 만큼 받아들일 수 없는 것이며, 반공과 교역문제는 분리해서 생각할 수 없다"고 말하면서 북한과 경제관계를 가지는 것은 "공산괴뢰측의 정치적 선전에 역용될 우려성이 있다"고 밝혔다.[68] 1966년 11월 박정희 대통령은 기자회견에서 남북교류 문제는 "실현 불가능한 흥미 없는 일"이라고 잘라 말했다.[69] 심지어 1966년 제5회 대종상부터는 '우수반공영화상', '반공영화각본상' 등이 만들어졌다.[70]

67 박태균, "1950년대 경제 개발론 연구", 『사회와 역사』, No.61, 2002, pp.237~238.
68 "면포·쌀 무상원조할 용의", 『경향신문』, 1960.11.24.
69 "박대통령 진해서 기자회견, 인도적 남북교류론 일축", 『매일경제신문』, 1966.11.11.
70 이와 같은 반공영화에 대한 시상은 1985년까지 지속되었다. "대종상, 52년 전통의 흑역사 ②", 『스타뉴스』, 2015.11.21.

1970년 3월 박정희 대통령으로부터 광복절 경축사에 담을 '평화통일 구상' 초안 작업을 지시받은 청와대 대변인 등 실무진은 다양한 분야의 교류 제의를 담은 초안을 작성했는데, 대통령 집무실에서 열린 검토회의에서 이호 법무장관은 "대통령의 통치권 행사라고 하여도 반공법의 테두리를 벗어나면 곤란하다"고 주장했고 그 뒤 김정렴 비서실장실에서 재개된 회의에서 이종원 대검 검사는 "연설문 초안 내용이 법률적 차원에서 절대로 용납될 수 없다"며 "이런 작업을 한 것 자체가 구속감"이라고 말했다. 결국 박정희 대통령은 구체적인 남북교류 제안을 완전히 삭제할 수밖에 없었다.[71] 1971년 7월 여당인 공화당이 야당인 신민당 김대중 대통령 후보의 남북교류 주장에 대해 '위험'하고 '지각없는 공약'이라며 국민 앞에 사과하라는 특별성명을 발표할 정도였다.[72] 1971년 8월 12일에는 김철 통일사회당 위원장이 기자회견에서 "북한을 사실상의 정권으로 인정해야 한다"고 발언했다가 반공법으로 구속되기도 했다.[73]

1972년 6월 27일 로저스(William Rogers) 미국 국무장관이 호주 캔버라에서 열린 동남아시아조약기구 각료회의에서 북한을 'DPRK'라고 호칭하자 우리 정부는 하비브(Philip C. Habib) 주한 미국대사에게 항의했고, 미국 정부로부터 'DPRK'라는 단어의 사용이 국가 승인을 뜻하지 않는다라는 답변을 듣고서야 안도하던 시절이었다.[74] 1986년 10월 14일 제131회 정기국회 본회의에서 유성환 신민당 국회의원의 "국시(國是)는 반공보다 통일이어야 한다"는 발언 내용에 대해 여당인 민정당은 "북괴의 대남 적화통일 논리"이며 "북괴의 주장을 그대로 대변한 것"이라며 반발했고,[75] 결국 국회의원이 회기 중 원내 발언 내용으로 인해 최초로 구속되는 일까지 벌어졌다. 이런 상황에서 남북경협은 이적행위로 간주되었을 뿐이고, 1988년 '7·7 선언'으로 합법화될 때까지 완전중단 상태에 놓이게 되었다.

---

71 홍양호, "나의 통일을 향한 여정 ③", 『북한』, No.591, 2021, pp.109~110.

72 "남북교류론은 위험", 『경향신문』, 1971.4.14.

73 "김철 통사당위원장 구속 '북괴 인정' 발언 혐의", 『동아일보』, 1971.8.24.

74 김연철, 『70년의 대화』, 창비, 2018, p.113.

75 "'반공 국시' 시비 문제화", 『조선일보』, 1986.10.15.

2. 냉전 시기, 체제 선전 차원의 남북경협 및 지원

1988년 '7·7 선언' 이전에 남북한 간 경제적 접촉이 전혀 없었던 것은 아니다. 다양한 경제협력과 지원의 제안이 있었다. 초기에는 경제적으로 우위에 있었던 북한의 제안이 상대적으로 더 많았고,[76] 경제력이 역전된 후기에는 남한의 제안이 더 많아졌다. 이처럼 남북한의 경제협력과 지원 제안은 기본적으로 자신의 경제력을 상대방에게 과시하기 위한 선전과 선동 차원에서 이루어졌다. 남한은 북한을 '생지옥'이라고 표현했고, 북한은 그들의 세상이 '천당'이라고 주장했다. 북한은 남한 정부가 자신들의 국민을 '노예'로 팔아먹고 있다고 조롱했지만, 남한은 북한 주민들이 '노예' 상태에 있다고 비난했다.

> 김일성 괴수는 피비린내나는 숙청을 거듭하여 그를 우상으로 숭배하도록 강요하고, 극렬한 공산 독재 체제를 굳혀 북한 땅을 자유와 희망이 없는 암흑과 공포의 생지옥으로 만들었읍니다.[77]

> 작가들은 조국통일을 위하여 피를 흘리며 싸우고있는 남조선인민들의 투쟁모습을 보여주는 작품과 공화국북반부는《천당》이고 남반부는《지옥》이라는것을 실감있게 보여주는 작품을 써야 합니다.[78]

> 완전히 폐쇄된 북한의 암흑 사회를 하루 속히 개방하고, 북한 동포들을 전체주의 독재 체제와 개인 우상 숭배의 노예 상태로부터 해방시켜 인간다운 생활을 영위할 수 있도록 그들에게 최소한의 자유와 기본권만이라도 부여할 것을 강력히 촉구하는 바입니다.[79]

> 지금 남조선당국자들은 먹을것과 입을것이 없어 인구를 줄인다고 하면서 많은 사람

---

76 6·25 전쟁 이후 북한경제는 매우 빠른 성장세를 보였는데, 예를 들어 공업총생산의 증가율은 1954년 50.9%, 1955년 48.8%, 1956년 26.8%, 1957년 44.7%, 1958년 37.1%, 1959년 55.7%였다. 통일원, 『북한경제 통계집』, 1996, p.319. 그 결과 1960년 1인당 국민소득은 남한 94달러, 북한 137달러로 크게 벌어졌다. 민족통일연구원, 『남북한 국력추세 비교연구』, 1993, p.255. 1959년 1인당 국민소득을 남한 81달러, 북한 140달러로 격차를 더욱 크게 추정한 연구도 있다. Goto, Fujio, *Estimates of the North Korean Gross Domestic Product 1956~1959*, Kyoto Sangyo University Press, 1990, p.45.

77 박정희, "북한동포에게 보내는 메시지", 1972.1.1.

78 김일성, "현실을 반영한 문학예술작품을 많이 창작하자", 문학예술부문지도일군들과 한 담화(1956.12.25), 『김일성 저작집 10』, 조선로동당출판사, 1980, pp.458~459.

79 행정안전부 대통령기록관 홈페이지, 대통령 이야기 > 박정희 > 연설기록 > 제30주년 광복절 경축사.

들을 다른 나라에 노예로 팔아먹고있습니다.[80]

이런 상황에서 남북경협이란 애초부터 실현되기 어려운 것이었다. 지금부터는 이 시기에 전개된 제안들의 특징과 대표적인 제안들에 대해 살펴본다.

1) 남북한의 다양한 제안

6·25 전쟁이 끝난 직후부터 북한의 남북경협과 인도적 차원의 지원 제의는 지속적으로 이어졌다. 북한의 제의는 북한의 경제력이 우월하던 1950~1960년대에 집중되었다. <표 2-13>은 1988년 '7·7 선언' 이전 북한의 인도적 지원 제의를 정리한 것이다.[81]

1960년 8월 14일 김일성은 연방제를 제의하면서, 만약 남한이 연방제를 수락할 수 없다면 남북한 실업계의 대표들로 구성되는 순수 경제위원회를 구성해서 "상호 간의 경제적 건설을 위하여 협조할 것을 제안"했다.[82] 그러나 이미 지적한 것처럼 인도적 차원이든 경제협력 차원이든 이러한 제의들은 정치적 목적에 기초했다. 북한의 경제 수준이 더 높다는 것을 알려서 남한 주민들의 북한에 대한 동경심을 제고하고 체제의 정당성을 부각시키며 북한 주도의 통일에 동조하게 만들려는 것이었다. 그래서 김일성은 "고통받고있는 남조선인민들을 도와주는것을 …… 신성한 민족적의무"로 규정했다.[83] 김일성의 발언들이 이러한 점을 잘 보여준다.

경제적으로나 정치적으로 남조선이 우리와 경쟁할 형편이 못 된다는것은 명백합니다.[84]

북과 남이 합작하는 과정에 서로 리해가 깊어지면 제도에 대한 인식도 똑바로 가질

80 김일성, "청소년들을 지덕체를 갖춘 사회주의, 공산주의 건설자로 키우자", 조선로동당 중앙위원회 비서국회에서 한 결론(1973.2.28), 『김일성 저작집 28』, 조선로동당출판사, 1984, p.234.

81 '7·7 선언' 이전 북한의 남북경협 제안에 대해서는 1장 3절을 참조.

82 "남북한이 '연합체' 구성 … 괴뢰수상 김이 제의", 『경향신문』, 1960.8.15.

83 김일성, 워싱톤에 있는 조선문제연구소 소장에게 보낸 회답서한(1965.1.8), 『김일성 저작집 19』, 조선로동당출판사, 1982, p.45.

84 김일성, "조선로동당과 공화국정부의 대내외정책의 몇가지 문제에 대하여", 일본《아사히신붕》편집국장 및 교도통신사 기자와 한 담화(1971.9.25, 10.8), 『김일성 저작집 26』, 조선로동당출판사, 1984, p.286.

<표 2-13> '7·7 선언' 이전 북한의 인도적 지원 제의

날짜	내용
1956.7.12	북한 적십자사,[1] 남한 수재민 지원 제의
1957.5.7	북한, 내각결정 제43호로 남한 절량 농민들에게 구호미 10만석 무상제공 결정
1957.8.9	북한 적십자사, 남한 수재민을 위한 북한 화폐 2천만원 상당의 구호물자 제공 제의
1958.8.21	북한, 남한의 고아 및 실업자를 위한 구호품 백미 15만석, 직물 500만마, 수산물 1만톤, 신발 400만족 등의 무상제공 결정
1959.9.21 (1959.9.23)[2]	북한, 내각결정 제60호로 백미 3천석, 직물 100만마, 신발 10만족, 시멘트 10만톤, 목재 150만 사이를 남한의 이재민 구호를 위해 제공하겠다는 의사를 표명[3]
1960.11.22	북한 최고인민회의, 남한 실업자의 북한으로의 이주 및 취업 등을 제의
1960.11.27	북한 적십자병원, 서울에 분원을 설치하여 북한의 기술·설비를 전달하며 서울의대 부속병원에 현대적 설비의 물리치료실 설치 및 수술실 설비 기증을 결의
1963.6.28	북한, 풍수해 이재민과 절량민 구제를 위해 백미 10만석 무상제공 제의
1964.3.27	북한 최고인민회의, 매년 쌀 2백만석, 강재 10만톤, 전기 10억킬로와트시, 화학섬유 1만톤을 비롯한 시멘트, 목재, 기계류 제공 의사 표명
1984.9.8	북한 적십자사, 쌀 5만석, 천 50만미터, 시멘트 10만톤, 기타 의약품 등 대남 수해 지원 제의

* 주 1: 정식 명칭은 조선민주주의인민공화국 적십자회임.
2: 자료에 따라 날짜가 상이한 경우가 존재함. 여기에서는 국토통일원(1988) 자료를 기준으로 했으며, 괄호 안은 통일연구원(2013)의 날짜임. 그러나 북한의 내각결정 제60호 원문을 소개하고 있는 국토통일원(1985, pp.379~381)에서는 발표일을 1959년 9월 23일로 표기하고 있음을 볼 때, 국토통일원(1988)의 날짜가 잘못된 것으로 판단됨.
3: 국토통일원(1985)에는 백미 3만석, 시멘트 10만포대로 기록되어 있음.

* 자료: 국토통일원, 『남북한통일제의자료총람 제1권』, 1985; 국토통일원, 『남북한 통일·대화 제의 비교: 1945~1988』, 2차 증보판, 1988; 통일연구원, 『남북관계연표: 1948년~2013년』, 2013; "최고인민회의 제2기 제8차회의에서한 토론들", 『노동신문』, 1960.11.22; "서울에서 조선적십자병원분원을 설치할 것을 결의", 『노동신문』, 1960.11.27.

수 있을것이며 지금 일부 남조선사람들이 공화국북반부의 사회주의제도에 대하여 품고있는 공포심도 없어지게 될것입니다.[85]

남북이 합작하면 남조선인민들이 공화국북반부에 들어와보게 되겠는데 그렇게 되면 남조선인민들이 우리를 지지하고 자기들을 반대할가봐 우리와 합작하지 못하겠다고 합니다. 한마디로 말하여 북과 남이 합작하면 남조선이 《적화》된다는것입니다.[86]

85 김일성, 일본 《이와나미》서점 상무취체역 총편집장과 한 담화(1973.9.19), 『김일성 저작집 28』, 조선로동당출판사, 1984, p.513.

86 김일성, 에꽈도르 《볼룬따드》출판사 사장과 한 담화(1974.10.9), 『김일성 저작집 29』, 조선로동당출판사,

<표 2-14> 북한의 1964년 대남지원 제안 규모의 생산량 대비 비율

제안 품목	제안 규모(A)	북한 생산량(B)	생산량 대비 제안 비율(A/B)
쌀	32만톤	300만톤(1964년)	10.7%
전력	10억kwh	125억kwh(1964년)	8.0%
강재	10만톤	76.2만톤(1963년)	13.1%

* 주: 쌀 200만석은 32만톤임.
* 자료: 통일원, 『북한경제 통계집』, 1996, p.238, p.362, p.377에서 계산.

당시 북한의 경제력이 남한보다 앞서 있기는 했지만, 북한의 이러한 지원 제의들은 선전 차원이었을 뿐 실제로는 실현 가능성이 없었던 것으로 판단된다(<표 2-14> 참조). 예를 들어 1964년 북한이 매년 지원하겠다고 제안한 규모는 당시 북한 생산량의 약 10%에 해당한다. 더욱이 북한이 제안한 쌀 200만석은 20년 후인 1984년 북한이 남한의 수해 시 제공한 쌀 양의 40배에 달하는 규모이다. 북한도 아직 모든 것이 부족하던 상황에서 이만한 규모를, 게다가 매년 남한에 보낼 능력이 있었을 것이라고 보기는 어렵다. 또한 설령 보낸다고 하더라도 운송 문제가 제기되었을 가능성도 크다.[87] 실제로 1984년의 경우 1964년보다 지원 규모가 훨씬 작았음에도 불구하고 남한에 대한 수해 구호물자 운송을 위해 기차, 자동차, 선박을 총동원하느라 북한의 "수송체계가 마비"되고 "상당한 기간 동안 큰 경제적 타격을 입게 될 것"이라는 보도도 있었다.[88]

그럼에도 불구하고 경제적으로 열세에 있던 당시의 남한으로서는 수세적인 입장에서 회피할 수밖에 없었다. 남한 정부는 북한의 제안이 정치적 의도가 개재된 것이라며 매번 거절해왔다. 남한 정부는 북한의 각종 제안에 대해 "남북교류니 하는 등 파렴치한 상투적 선전을 되풀이"하는 것이고, "소박한 일부 사람들을 현혹케 함으로써 감상적 통일론을 유발해보려는 간사한 술책"이며, 북한이 무엇이라 하든 "그것은 가면이요, 위장이요, 기만이라고밖에 볼 수 없는 것"이라는 입장을 견지했다.[89] 남한 역시 경제적 필

1985, pp.525~526.

87 1964년 북한은 '뜨락또르와 화물 자동차'를 2,400대 생산했다. 조선중앙통신사, 『조선중앙연감』, 1965, p.142. 따라서 당시 생산된 화물 자동차의 수는 수백 대에 불과했을 것이다. 또한 1970년 북한의 전체 자동차 보유대수가 7만대에 불과한 점을 감안하면 1964년 당시 화물차 수는 매우 적은 수준이었을 것이다. 한국개발연구원, 『북한경제지표집』, 1996, p.141.

88 "북괴, '물자' 최상급 보내기 안간힘", 『조선일보』, 1984.9.29.

89 행정안전부 대통령기록관 홈페이지, 대통령 이야기 > 박정희 > 연설기록 > 제25주년 광복절 경축사.

요성과는 무관하게 정치적인 차원에서 북한의 제의를 받아들일 수 없었던 것이다.

박정희 대통령은 1966년 1월 18일 연두교서에서 '선 건설, 후 통일' 구호 아래 우리 내부의 경제성장에 주력하겠다는 방침을 내세웠다. 통일을 지상 명제라고 전제하면서도 경제건설로 실력을 갖추는 것이 첫 단계라고 주장했다.

> 우리의 지상명제는 바로 조국의 통일입니다. 우리는 지금 모든 지혜와 노력을 한데 모아 조국 근대화 작업을 서두르고, 자립경제건설에 박차를 가하고 있거니와, 이는 곧 통일을 위한 진취적인 계획이며, 통일을 향한 전진적인 노력인 것입니다. 우리가 지향하는 조국 근대화야말로, 한편 남북통일을 위한 대전제요, 중간목표인 것입니다. 통일의 길이 조국 근대화에 있고, 근대화의 길이 경제자립에 있는 것이라면, 자립은 통일의 첫 단계가 되는 것입니다.[90]

1968년 광복절 경축사에서는 보다 구체적으로 북한과 대결하기 위한 능력을 갖추는 일이 가장 중요하다고 선언했다. 1970년 광복절 경축사를 통해서는 '선의의 경쟁'을 제안했다. 이는 아직 북한보다 경제 수준이 뒤처지는 상황이었으므로 내부의 경제성장을 우선하자는 입장을 분명히 한 것이었고, 남북경협은 미래의 과제로 미룬 것이었다.

> 지금 우리 앞에 놓여 있는 과제는 하루 빨리 조국 근대화를 이룩하고 공산주의와 대결하기 위한 힘을 축적하는 일입니다.[91]

> 북괴에 대하여 더 이상 무고한 북한 동포들의 민생을 희생시키면서 전쟁 준비에 광분하는 죄악을 범하지 말고, 보다 선의의 경쟁, 즉 다시 말하자면 민주주의와 공산 독재의 그 어느 체제가 국민을 더 잘 살게 할 수 있으며, 더 잘 살 수 있는 여건을 가진 사회인가를 입증하는 개발과 건설과 창조의 경쟁에 나설 용의는 없는가, 하는 것을 묻고 싶은 것입니다.[92]

---

90 행정안전부 대통령기록관 홈페이지, 대통령 이야기 > 박정희 > 연설기록 > 1966년 대통령 연두교서.

91 행정안전부 대통령기록관 홈페이지, 대통령 이야기 > 박정희 > 연설기록 > 제23주년 광복절 경축사.

92 행정안전부 대통령기록관 홈페이지, 대통령 이야기 > 박정희 > 연설기록 > 제25주년 광복절 경축사.

그러면서도 남한 역시 북한에 식량을 제공할 의사를 표명했고, 다양한 경제협력 사업을 제안했다. 성사될 가능성보다는 정치적 차원의 선전 측면이 강했다. 예를 들어 1971년 박정희 공화당 대통령 후보는 남북 합작투자로 신의주까지 고속도로를 건설할 용의가 있다고 밝혔으나, 남한 정부가 1970년 7월 7일 완공된 경부고속도로 건설 재원조차 마련하는 데 커다란 애로를 겪었음을 감안하면 북한이 받아들이지 않을 것이라는 예상에 기초한 정치적 선언에 가까웠다.[93] 1972년 2월 12일 김용식 외무부 장관은 북한에 대해 긴장 완화 4개 선행조건을 제시했는데, 그중 하나는 남북한 간의 교류 확대였다.[94] 그러나 이미 언급한 것처럼 당시는 야당 대통령 후보의 남북교류 주장에 대해서조차 비난하던 상황임을 감안하면, 정치적 선전의 측면이 강했다. 1972년 '7·4 공동성명'이 발표되자 전경련 등 경제단체들은 남북경협의 가능성을 예상하며 북한의 경제구조와 교역 가능 품목 등에 대한 조사연구를 시작했으나,[95] 같은 날 박정희 대통령은 국무회의에서 "반공교육을 계속 강화하고 반공에 관한 교과서 내용도 고치지 말라"면서 "모든 면에서 내부 체제를 더욱 굳게 다지"라고 지시했다.[96]

1977년 1월 12일 박정희 대통령은 연두 기자회견을 통해 북한에 대한 인도적 입장에서의 식량 제공을 제안했다. 하지만 당시는 남한 자체도 식량이 부족해서 북한에 줄 수 있는 상황이 아니었다.[97] 1978년 6월 23일 박정희 대통령은 남북한 간 교역, 기술협력, 자본협력을 추진하자면서 양측의 민간 경제계 대표들이 참여하는 '남북 간 경제협력 촉진을 위한 협의기구'의 구성을 제의했다.[98] 그러나 이는 과거 북한이 상대방의 수락 여부와는 관계없이 힘의 과시 및 심리전적 차원에서 제의하던 것을 국력이 전도되자 이제는 남한이 활용한 것이었다.[99] 1975년 이미 김일성은 "지금 우리 나라에는 북으로부터의 《남침위협》이 있는 것이 아니라 남으로부터의 북침위협이 있습니다"라

93 경부고속도로의 건설 재원에는 정부 예산으로 부족해서 대일 청구권자금도 동원되었을 정도로 재원 조달 문제가 심각했다. 행정안전부 국가기록원 홈페이지, 국토의 대동맥 경부고속도로 건설 > 통계 > 예산.

94 나머지는 비무장지대의 평화적 이용, 간첩 남파 중지, 무력적화 통일야욕 포기였다.

95 "남북경제교류 대비", 『조선일보』, 1972.7.7.

96 "내부체제·반공교육 강화", 『경향신문』, 1972.7.8.

97 1975년 기준으로 남한의 곡물 자급률은 73.0%, 쌀의 자급률은 94.6% 수준이었다. 농림축산식품부 홈페이지, 국가농식품통계서비스 > 양곡의 자급률.

98 "남북 교역·기술·자본 협력의 길 트자", 『동아일보』, 1978.6.23.

99 김형기, 『남북관계 변천사』, 연세대학교출판부, 2010, p.91.

고 말할 정도였다.[100] 전두환 대통령은 1984년 8월 기자회견에서 남북관계 개선 구상에 대한 질문을 받자 남북경협 및 인도적 지원 의사가 있다고 답했지만, 바로 이어서 1986년 아시안게임과 1988년 서울올림픽의 북한 참가를 언급함으로써 이 제안이 정치적 목적과 연계되어 있음을 시사했다.[101]

> 우리 민족이 낙후되지 않고 어깨를 나란히 하면서 선진민족으로서의 면모를 갖추기 위해서는 남북한 간에 경제협력을 통한 공동번영을 모색해 나가야 할 것입니다. 나는 그러한 선진민족으로서의 화합과 공동번영을 이룩하고자 하는 일념에서 남북 간의 교역과 경제협력을 실시할 용의가 있으며, 북한 측이 동의한다면 북한 동포들의 생활향상에 실질적으로 기여할 수 있는 기술과 물자를 무상으로 제공할 용의도 있음을 이 기회를 통해 밝혀 두는 바입니다. 민족화합과 통일을 위한 이와 같은 우리의 노력에 북한 측이 참여할 것을 나는 충심으로 기대합니다. 덧붙여서 지난번 LA올림픽에 출전할 단일팀 구성을 위한 남북 체육회담이 북한 측의 LA올림픽 불참 결정으로 유산된 바 있지만, 우리 땅에서 열리는 86아시안게임과 88올림픽에서는 우리 민족이 하나의 깃발아래 뭉쳐 단일팀으로 출전하게 되기를 진심으로 희망하면서, 앞으로 그를 위한 남북 체육회담이 개최되기를 나는 또한 기대하고 있습니다.[102]

여전히 북한은 우리에게 적일 뿐이었다. '7·7 선언'이 나오기 직전인 1986년 10월에도 허문도 국토통일원 장관은 반공이 국시(國是)일 뿐만 아니라 민족자존과 번영의 대의로서 자유민주주의보다 의미가 더 크고 더 중요하다고 말할 정도였다.[103]

<표 2-15>에서 보는 것처럼 남한의 제안이 1970년대 중반 이후에 집중되고 있다는 것은 이 시점부터 남한의 경제력이 북한을 앞서기 시작했다는 일반적인 분석과 일치한다. 결국 냉전 상황이 지속되던, 1988년의 '7·7 선언' 이전에는 남한이나 북한의

---

100 김일성, 일본 교도통신사대표단과 한 담화(1975.8.31), 『김일성 저작집 30』, 조선로동당출판사, 1985, p.441.

101 서울올림픽 유치 결정의 직접적인 계기는 1978년 9월 24일부터 10월 5일까지 서울 태릉 국제종합사격장에서 열린 제42회 세계사격선수권대회였다. 대한체육회가 국제올림픽위원회에 가입한 이래 처음 개최한 세계적 규모의 대회를 성공적으로 치름으로써 가지게 된 자신감을 바탕으로, 1979년 9월 21일 박정희 대통령은 1988년 서울올림픽 유치 계획을 승인했다. 신종대, "서울 올림픽과 남북관계", 정영철 외, 『한반도 정치론: 이론, 역사, 전망』, 선인, 2014, p.161.

102 행정안전부 대통령기록관 홈페이지, 대통령 이야기 > 전두환 > 연설기록 > 하계 특별기자회견(1984.8.20).

103 "'통일' 심포지엄 허 통일 치사 요지", 『경향신문』, 1986.10.18.

<표 2-15> '7·7 선언' 이전 남한의 남북경협 및 인도적 지원 제의

날짜	내용
1971.4.16	박정희 공화당 대통령 후보, 판문점까지 고속도로 건설 후 신의주까지의 고속도로를 남북 합작투자로 건설 용의, 금강산도 합작투자로 개발 제안
1977.1.12	박정희 대통령, 연두 기자회견에서 순수한 인도적 입장에서 북한 동포들을 위한 식량 원조 제공 의사를 표명
1978.6.23	박정희 대통령, 특별담화에서 남북한 간의 교역·기술·자본협력 등 광범위한 남북경협을 제의하고, 이를 위해 '남북 간 경제협력 촉진을 위한 협의기구' 구성을 제의
1982.2.1	손재식 통일부 장관, 20개 시범실천사업 제의
1984.8.20	전두환 대통령, 하계 기자회견에서 남북경협 실시 및 북한 동포들의 생활 향상에 기여할 수 있는 기술과 물자의 무상제공 제의
1984.9.8	북한 적십자사, 대남 수해 지원 제의
1984.10.12	신병현 부총리 겸 경제기획원 장관, 남북 경제회담 제의
1985.1.9	전두환 대통령, 국정연설에서 다각적인 대화와 교류협력을 촉진하기 위해 서울과 평양에 상설 연락대표부 설치를 제의
1986.11.28	이규호 건설부 장관, 남북 수자원 당국회담 제의

* 자료: 국토통일원, 『남북한 통일·대화 제의 비교: 1945~1988』, 2차 증보판, 1988; 통일연구원, 『남북관계연표: 1948년~2013년』, 2013.

경제협력과 지원 제의는 서로의 체제 우월성을 과시하기 위한 정치적 목적을 벗어나지 못했던 것이다. 그래서 1950~1980년대에는 한쪽이 제안하면 상대방은 바로 거부하는 식으로 이어져 왔으며, 성사된 제안은 1984년 북한의 수해 지원 제안과 남한의 경제회담 제안이 유일했다.[104]

2) 20개 시범실천사업, 1982년

1982년 2월 1일 손재식 국토통일원 장관은 성명을 통해 남북한이 통일을 위해 당

104 정치 분야의 경우도 마찬가지였다. 예를 들어 1981년 1월 12일 전두환 대통령이 김일성을 서울에 초청하겠다고 발표하자 북한은 1월 19일 조국평화통일위원회 위원장 명의로 초청 제안을 비난했고, 1982년 1월 22일 발표한 전두환 대통령의 '민족화합 민주통일 방안'을 1월 26일 부주석 명의의 담화를 통해 거부했다. 1984년 1월 10일에는 북한이 남북미 3자회담을 제의하자 다음 날인 1월 11일 국토통일원 장관이 남북 당사자 간의 직접 대화를 촉구하며 이를 거부했다.

장 실천에 옮길 수 있는 시범실천사업 20개를 북한에 제시했다. 내용을 보면, 분단 이후 한 번도 경제협력이 이루어진 적이 없는 상태에서 작성된 것으로 보기 어려울 정도로 뛰어난 정책적 상상력이었다. 당시로서는 획기적인 사업들이었고, 이후 남북 정상회담 등으로 남북관계가 매우 좋았던 시절에도 실행되지 못한 내용들이었다. 전체 20개 사업 중에서 12개가 이전에는 제의된 적이 없는 새로운 것이었다.[105] 정부는 20개 사업을 사회개방, 상호 교류협력, 긴장 완화 등 3개의 범주로 분류했지만, 1/3에 해당하는 7개 사업이 남북경협에 해당하는 사업들이었다. 20개 시범실천사업의 내용은 <표 2-16>과 같다.

20개 시범실천사업 제안의 배경에는 같은 해 1월 22일 전두환 대통령이 국정연설에서 밝힌 '민족화합 민주통일 방안'이 있었다. '민족화합 민주통일 방안'은 1974년 8월 15일 박정희 대통령이 광복절 기념사에서 선언한 '평화통일 3대 기본원칙'에 바탕을 둔 것이었다. '평화통일 3대 기본원칙'은, 첫째, 한반도에 평화를 정착시켜야 한다. 둘째, 상호 문호를 개방하고 신뢰를 회복해야 하며, 이를 위해 남북대화를 성실히 진행하고 다각적인 교류와 협력을 이루어야 한다. 셋째, 이 바탕 위에서 공정한 선거관리와 감시하에 토착인구 비례에 의한 남북한 자유총선거를 실시하여 통일을 이룩한다는 것이다. '민족화합 민주통일 방안'은 그 기조를 이어받으면서 단계적이고 기능주의적 통일접근 시각을 좀 더 구체화한 것으로서 남북한의 주민대표로 가칭 '민족통일협의회의'를 구성해서 통일헌법을 기초하고 국민투표로 확정한 후 이에 따라 총선거를 실시하여 통일국가를 수립한다는 것이었다.[107]

전두환 대통령은 이러한 통일을 이룩할 때까지의 실천조치로서 호혜평등의 원칙에 입각한 상호관계 유지, 모든 문제를 상호 대화와 협상을 통한 평화적 방법으로 해결, 상호 체제 인정 및 내정 불간섭, 군비경쟁의 지양과 군사적 대치상태의 해소조치 협의, 상호 교류와 협력을 통하여 사회적 개방을 추진하며 남북한 간의 자유로운 인적 왕래와 다각적인 교류를 촉진할 수 있도록 교역, 교통 등 제반 분야에서 협력, 서울과 평양에 상주 연결대표부 설치 등을 주요 내용으로 한 '남북한 기본관계에 관한 잠정협정'을 체결하자고 제의했다.[107] 20개 시범실천사업은 '민족화합 민주통일 방안' 차원에

105 "인천 · 진남포항 개방하자", 『동아일보』, 1982.2.1.

106 통일부 통일교육원, 『남북관계 지식사전』, 2015, pp.410~411.

107 행정안전부 대통령기록관 홈페이지, 대통령 이야기 > 전두환 > 연설기록 > 1982년도 국정연설.

<표 2-16> 20개 시범실천사업

구분	내용	신규 여부[1)]
사회 개방	1. 남북한 간 자유로운 통행을 보장하는 하나의 조치로서 서울·평양 간 도로를 연결·개통	▲
	2. 이산가족들의 고통을 덜어주기 위해 그들 간의 우편 교류 및 상봉 실현	△
	3. 설악산 이북과 금강산 이남 지역의 자유 관광 공동지역화	▲
	4. 해외동포들의 조국 방문을 공동주관하고 판문점을 통과하여 쌍방 지역을 자유롭게 방문	▲
	5. 남북한 간 자유교역을 실시하기 위해 인천항과 진남포항[2)]을 우선 개방	▲
	6. 상호 이해 증진을 위해 모략방송 장치와 방송청취 통제장치를 제거하여 쌍방 정규방송을 자유 청취	▲
	7. 86아시아게임과 88올림픽대회에 북한 선수단이 판문점을 통과하여 참가	▲
	8. 외국인들에게 판문점을 통과하는 자유로운 왕래 보장	▲
상호 교류 협력	9. 남북 어부들의 불편을 덜어주기 위해 자유로운 남북 공동어로구역 설정	▲
	10. 정치인, 경제인, 청년학생, 근로자, 문예인, 체육인 등 각계 인사 간 상호 친선방문 실시	△
	11. 남북 사회의 실상을 올바르게 전달하기 위해 기자들의 상대방 지역 내에서의 자유로운 취재활동을 보장	△
	12. 민족문화의 계승 발전을 위해 민족사 공동연구를 추진	△
	13. 종목별 체육친선 교환경기 개최 및 각종 국제경기대회에 단일팀을 구성하여 참가	△
	14. 남북한 주민의 생활편의를 도모하기 위해 일용생산품 교역을 실시	△
	15. 민족경제의 번영을 위해 자연자원의 공동개발 및 공동이용을 실현	▲
	16. 남북한 간의 산업발전에 기여하기 위해 동일 제조업체 간의 기술자 교류 및 생산품 전시회를 교환 개최	△
긴장 완화	17. 비무장지대 내 공동경기장 시설을 마련하고 남북한 친선경기에 이용	▲
	18. 비무장지대 내 동식물 생태계를 연구하기 위해 공동학술조사 실시	△
	19. 남북한 간의 군사적 긴장을 완화하기 위해 비무장지대 내 군사시설을 완전 철거	▲
	20. 남북한 간에 군비통제 조치를 협의하며 군사책임자 간 직통전화를 설치·운용	▲

* 주 1: 당시 시점에서 ▲는 새로운 제의, △는 종전 제의를 보완한 것임.
2: 진남포는 남포의 옛 이름으로서 1946년 8월 북한은 명칭을 남포로 바꾸었지만 대한민국 명목 행정구역인 이북 5도 체제를 유지하고 있는 남한에서는 여전히 진남포로 부름.
* 자료: 통일부, 『통일백서』, 1990, pp.40~41. 신규 여부는 "인천·진남포항 개방하자", 『동아일보』, 1982.2.1.

서 민족화합 촉진조치의 일환으로 제시되었던 것이다.[108] '민족화합 민주통일 방안'이

108 통일부 국립통일교육원, 『통일문제 이해』, 2023, p.147.

총론에 해당하는 것이라면, 20개 시범실천사업은 각론에 해당하는 것이었다.

북한은 20개 시범실천사업 제의 10일 후인 1982년 2월 10일 조국평화통일위원회 성명을 통해 "20개 시범실천사업이란 것도 새로운 것이 아니며 대부분 우리가 남북합작과 교류를 위하여 역사적으로 제기해온 방안들 중 극히 일부에 불과하다"는 식으로 제의를 거부했다.[109] 그러면서 북한은 통일문제를 논의하기 위한 '남북 정치인 100인 연합회의'를 개최하자고 역제안했다. 남북한에서 각각 50명씩으로 구성하자면서 반국가단체나 지하 정당 등 특정 인원을 포함한 남한 측 50명을 북한이 일방적으로 지명했다. 당연히 우리로서는 받을 수 없는 제안이었다. 이에 1982년 2월 25일 손재식 국토통일원 장관은 북한의 '남북 정치인 100인 연합회의', 우리의 20개 시범실천사업 등 남북한이 제의한 모든 문제를 협의하기 위한 '남북한 고위급회담'을 제의했으나, 북한은 1982년 3월 30일 『노동신문』 논평을 통해 이를 거부했다.

이처럼 20개 시범실천사업은 성과를 내지 못하고 또다시 정치적 차원의 선전과 공방으로 끝나고 말았다. 그러나 당시 우리 정부는 과거의 방식처럼 단지 선언 차원에서 20개 시범실천사업을 제의했던 것이 아니다. 나름 상당한 준비가 있었다. 20개 시범실천사업에 대해 북한이 호응해올 경우에 대비해서 국토통일원 총괄하에 담당 부처별로 구체적인 실행계획도 수립했고, 학계에서도 많은 전문가들이 준비 작업에 참여했다.[110]

이미 언급한 것처럼 20개 시범실천사업은 남북한 간의 체제 대결과 갈등이 엄존했던 당시의 시대 분위기에 비추어볼 때 매우 전향적인 조치였다. 나아가 남북경협의 진전을 위해서는 반드시 실현되어야 하는 사업들이었다. 실제로 20개 시범실천사업에서 제의한 남북경협 사업들은 '7·7 선언' 이후 1991년의 '기본합의서'와 관련 '부속합의서',[111] 2000년의 '6·15 공동선언', 2007년의 '10·4 선언', 2018년 '평양공동선언' 등을 통해 부분적이나마 대부분 성사되었다(<표 2-17> 참조).[112]

---

109 통일부, 『통일백서』, 1990, p.41.

110 손재식, "민족화합 민주통일 방안과 20개 시범사업의 입안 과정", 홍민·김수암·조정아·이우태, 『구술로 본 통일정책사』, 통일연구원, 2017, pp.40~43.

111 '기본합의서' 내용의 이행과 준수를 위해 '남북 화해', '남북 불가침', '남북 교류·협력' 등 세 분야에 대한 '부속합의서'가 1992년 9월 17일 제8차 남북 고위급회담에서 채택되었다. 전문(全文)은 <부록2>, <부록3>, <부록4>를 참조.

112 이들 선언의 정식 명칭은 '남북공동선언', '남북관계 발전과 평화번영을 위한 선언', '9월 평양공동선언'이다.

<표 2-17> 20개 시범실천사업의 남북경협 사업 진행 경과

사업	관련 남북한 주요 합의	진행 상황
1. 서울·평양 간 도로 연결·개통	• '기본합의서' 제19조: 남과 북은 끊어진 도로 연결 • '기본합의서' 교류·협력 '부속합의서' 제3조 ②: 문산-개성 도로 연결 • '10·4 선언' 제5항: 개성-평양 고속도로 개보수 협의·추진 • '평양공동선언' 제2조 ①: 경의선 도로 연결 착공식 개최	• 2004년 10월 경의선 남북 도로 연결공사 완료 • 2016년 2월 개성공단 폐쇄로 도로 사용 중단 • 2018년 2월 평창동계올림픽 및 12월 경의선·동해선 철도·도로 연결 및 현대화 착공식 개최 시 일시 사용 • 2018년 9월에서 2020년 1월까지 남북공동연락사무소 관련 사용하다가 중단
3. 설악산과 금강산 공동개발	• 1998년 10월 현대-북한, 금강산 관광사업 합의서 체결 • '평양공동선언' 제2조 ②: 금강산 관광사업 정상화	• 1998년 11월 금강산 관광사업 시작 • 2008년 7월 관광객 피격사망 사건으로 중단
5. 인천항·진남포항 개방	• '기본합의서' 교류·협력 '부속합의서' 제3조 ①: 인천항, 남포항 해로 개설 • 2004년 남북 '해운합의서' 제4조 ②: 인천·군산·여수·부산·울산·포항·속초항과 남포·해주·고성·원산·흥남·청진·나진항 간 해상항로 개설	• 1989년 2월부터 인천항-남포항 비정기선 운행 • 1998년 8월 인천항-남포항 정기항로 개설 • 2010년 5월 '5·24 조치'로 중단
9. 공동어로 구역 설정	• '10·4 선언' 제5항: 공동어로구역 설정 • 2018년 9월 '판문점선언 이행을 위한 군사 분야 합의서' 제3조 ②: 서해 시범적 공동어로구역 설정	• 논의단계에서 중단
14. 일용생산품 교역	• '기본합의서' 교류·협력 '부속합의서' 제1조 ①: 물자교류 실시	• 1989년 1월 교역 시작 • 2010년 5월 '5·24 조치'로 중단
15. 자연자원 공동개발	• '기본합의서' 교류·협력 '부속합의서' 제1조 ①: 석탄, 광물 등 자원 공동개발 • '10·4 선언' 제5항: 자원개발 적극 추진	• 2007년 7월 남한 경공업 원자재와 북한 광물 교환방식의 사업 시작 • 2008년 1월 2차 아연괴 반입 후 중단
16. 기술자 교류 및 전시회 개최	없음	없음

3) 북한의 수해 지원, 1984년

1984년 8월 31일부터 9월 4일까지 서울을 비롯한 중부권에 이례적인 폭우로 대홍수가 일어났다. 최대 일일 강수량은 314mm로 당시로서는 관측 이래 최대의 강수량이었고, 사망 189명, 재산 피해 1,643억원이 발생했다.[113] 서울 마포구 망원동, 강동구 성내동 등이 물에 잠겨 서울에서만도 22,532가구, 93,845명의 이재민이 생겼고, 서울의 모든 대학과 초·중·고교가 휴교에 들어갔을 정도로 엄청난 홍수였다.[114]

북한은 1984년 9월 8일 북한 적십자사 명의로 '따뜻한 동포애적 위문'을 보내며, '인도주의적 조치'로 남한의 수해지역 이재민들에게 쌀 5만석, 천 50만미터, 시멘트 10만톤, 그리고 의약품[115] 등의 구호물자를 자신들의 자동차와 배를 이용하여 제공하겠다고 제의했다. 1984년 9월 14일 우리 적십자사는 수해물자 제공 제의를 수락했고, 실무접촉을 거쳐 9월 29일에서 10월 4일의 기간 동안 수해물자를 인수했다. 시멘트는 인천항과 북평항, 그리고 쌀, 천, 의약품은 판문점을 통해 전달받았다. 물자 전달을 위해 북한에서는 보도요원 85명을 포함하여 1,373명, 370대의 5~6톤 트럭을 동원했다.[116]

분단 이후 최초의 지원이 성사되었지만, 진행 과정과 내용을 보면 인도적이라기보다는 정치적 성격이 훨씬 컸다. 북한은 9월 18일 실무접촉에서 자동차로 구호물자를 싣고 수해를 입은 서울 등 4개 도시에 와서 직접 이재민들을 위로하고 물자를 전달하겠다는 주장을 고집했다. 남한 국민을 상대로 한 선전 효과를 노린 것이었고, 이 주장이 받아들여지지 않자 회담장을 일방적으로 퇴장함으로써 그날의 회의를 결렬시켰다.[117]

사실 북한은 적대적 대결 상태에 있던 남한이 제안을 선뜻 받아들일 것이라고는 미처 예상치 못했다. 북한의 제안은 8월 20일 전두환 대통령의 기자회견에서의 물자지원 제의를 희석시키기 위한 선전 차원의 대응 측면도 있었다. 더욱이 당시 북한은 남한에 그만한 물자를 제공할 형편이 아니었다. 시멘트와 쌀의 생산량은 남한의 1/3에 지나지 않았고, 직물 생산량은 남한의 10% 수준에 불과했다(<표 2-18> 참조). 북한은 크게 당황했다. 북한에 남한 수재민을 지원할 만한 물자가 준비된 것이 있을 리 없었다. 그런

---

113 한국수자원공사(K-water) 홈페이지, 물정보포털 > "시기별 홍수피해 현황".

114 "서울 대홍수 2만채 침수 9만명 긴급대피", 『동아일보』, 1984.9.3.

115 의약품의 종류는 14종이었다. 국토통일원, 『남북한 통일·대화 제의 비교: 1945~1988』, 2차 증보판, 1988, p.284. 의약품은 주로 1차 항생제였고, 분량은 759상자였다. "판문점선 물자인수 끝내", 『조선일보』, 1984.10.2. 북한의 내각 기관지 『민주조선』도 1984년 당시를 회상하는 2009년 10월의 기사에서 당시 남한에 전달한 의약품의 양이 759상자라고 밝혔다. "북신문, 84년 대남 수해지원 언급", 『연합뉴스』, 2009.10.26.

116 "대화의지의 결실 … 물자교류에 첫발", 『경향신문』, 1984.9.29.

117 "수해물자 서울서 직접 건네겠다", 『경향신문』, 1984.9.19.

<표 2-18> 시멘트, 쌀, 직물의 남북한 생산량 비교(1985년)

구분	북한(A)	남한(B)	남한 대비 북한 생산량 비율(A/B)
시멘트(천M/T)	9,040	25,221	35.8%
쌀(천M/T)	2,010	5,626	35.7%
직물(백만미터)	600	5,801	10.3%

* 자료: 한국개발연구원, 『북한경제지표집』, 1996, p.87, p.111, p.112.

데 막상 이 같은 제의가 받아들여지자 북한은 약속한 물자와 수송 수단을 긴급하게 마련하느라 애를 먹었다.[118] 물자 생산을 위해 북한 전역의 공장을 밤낮으로 가동할 수밖에 없었고, 북한 주민에게는 "헐벗고 굶주린 남조선 수재민들이 우리의 구호물자가 하루빨리 도달할 것을 학수고대하고 있다"고 선전했다.[119] 북한이 물자 마련을 위해 어쩔 수 없이 중국에 지원을 요청했다는 기록도 있다.[120]

남한의 제의 수락도 정치적 목적을 지니고 있었다. 애초 우리 정부는 북한의 제의에 대해 부정적이었다. 우리 자체의 힘으로 복구할 수 있다며 9월 3일 국제 적십자사연맹이 제안한 원조도 거절한 바 있었다.[121] 더욱이 북한의 원조는 북한의 정치공세에 이용될 것이라는 우려도 있었고, 일 년 전 발생한 아웅산 테러의 앙금도 아직 가라앉지 않은 시점이었기 때문이다.

북한의 제안 직후 관계부처 실무자들은 거부하기로 의견을 모았다. 북한의 제의는

118 통일부 통일교육원, 『남북관계 지식사전』, 2015, p.314. 황장엽 전 노동당 비서와 함께 망명했던 김덕홍 북한 노동당 중앙위원회 자료연구실 부실장은 한 인터뷰에서 북한의 수해 지원 제안을 "전두환 대통령이 덥석 수용해 (북한에) 난리가 났다. 89년 말 비공개회의에서 김정일이 '남조선에 구호물자로 보내려 쓴 전쟁물자를 아직도 보충 못했다. 그때부터 경제가 허리를 펴지 못하게 됐다'고 개탄했다는 서류를 본 적이 있다"고 말한 바 있다. "황장엽, DJ 때 국정원에 살해 위협 느껴 … 미 망명도 검토", 『중앙일보』, 2015.10.19.

119 "'수해물자' 생산·수송 북한전역 '동원' 소동", 『동아일보』, 1984.9.25.

120 "북한은 비밀리에 김환 부총리와 현준극 당 국제부 부부장을 북경에 파견해 자오쯔양(趙紫陽) 총리를 면담하고, 중국 측의 지원을 요청했다. 북한이 중국 측에 요구한 것은 남한 쪽에 지원하겠다고 발표한 수재물자의 전량을 지원해달라는 것이었다. 중국은 북한이 요구하는 물량의 2분의 1을 지원하기로 하고 북한이 지원할 시멘트, 쌀, 직물, 의약품 같은 구호품은 물품이 아닌 중국이 지원 약속한 물량의 가격만큼 석유가(石油價) 채납액에서 삭감해주고, 직물의 일부만을 현물로 제공하기로 했다." 오진용, 『김일성시대의 중소와 남북한』, 나남출판, 2004, p.145.

121 "북적의 수해지원물자 받기로", 『조선일보』, 1984.9.15.

북한의 제의 수락은 누구의 아이디어였을까?

전두환 전 대통령은 자서전에서 북한의 태도에 진정성이 없는 것이 분명했고, 우리가 으레 거절할 것을 알고 선전 목적에서 취한 것이라는 이유로 북한의 제의를 거부하는 것이 좋겠다는 관계부처 실무자 회의 결과를 노신영 안전기획부장이 보고했다고 적고 있다. 그러나 우리의 경제력이 북한보다 높다는 사실은 이미 온 국민이 알고 있는데다가 북한의 제의를 수락함으로써 남북한 간의 물자교류의 계기를 만들고 우리의 대북 정책에 대한 신뢰와 자신감을 대내외에 보이는 동시에, 북한의 상투적이고 무책임한 위장전술에 한번 쐐기를 박을 필요가 있다는 생각에서 9월 11일 노신영 안전기획부장에게 북한의 제의를 수용하는 방안을 검토하라는 지시와 함께 홍보, 보안 대책에 이르기까지 구체적인 지침을 주었다고 자서전에서 밝히고 있다.[123]

그러나 노신영 안전기획부장의 회고는 다르다. 실무진 회의에서 결정한 거부 방침을 국토통일원에서 대통령에게 보고하여 재가를 받았으나, 주말이 끼어 있어서 자신은 월요일인 9월 13일에야 그러한 보고와 결정이 있었다는 것을 알았다고 한다. 그래서 제안 수락이 더 나은 방안이라고 대통령에게 보고했더니, 대통령은 "왜 그런 건의를 미리 하지 않았느냐?"고 하면서 하루 전의 재가를 취소하고 자신의 건의를 받아들였다고 적고 있다.[124]

엇갈리는 기억 중 누구의 증언이 정확한 것인지 판단하기란 어렵다. 그러나 요즘도 남북문제는 국가정보원이 주도적인 역할을 하고 있음을 고려하면, 분단 이후 최초의 지원이 안전기획부장도 모르는 사이에 대통령 재가까지 났다고 보기는 어렵다. 다만 관계부처 실무진 회의에서 거부 방침을 정했다는 데에 대해서는 두 사람의 기록이 일치한다. 하지만 당시 국토통일원 장관이었던 손재식은 "찬반 토론에서 원로들은 다 반대를 하고, 조금 개방적이고 진취적인 사람들은 받는 게 좋겠다는 입장"이었고 "기관 간에도 의견이 일치가 돼 있지 않았었"다면서 또 다른 증언을 하고 있다.[125]

진정성이 없는 선전 목적이고, 원조를 받게 되면 우리의 자존심이 손상될 뿐만 아니라 북한이 더 잘 산다는 잘못된 인식을 국민들이 가지게 되며, 아웅산 테러로 추락한

122 전두환, 『전두환 회고록 2』, 자작나무숲, 2017, pp.452~453.

123 노신영, 『노신영 회고록』, 고려서적, 2000, pp.336~337.

124 손재식, "북한의 수해지원 제의와 이산가족 등 교류의 돌파구 마련", 홍민 · 김수암 · 조정아 · 이우태, 『구술로 본 통일정책사』, 통일연구원, 2017, p.44.

북한의 이미지 개선에 도움을 준다는 이유였다.[125] 그러나 최종적으로 우리 정부는 북한의 제의를 남북대화의 돌파구를 여는 계기로 삼기 위해 '대국적 차원'에서 받아들이기로 방침을 정했다.[126]

북한의 제의를 수락한 것은 우리의 자신감과 포용력을 보여주는 것이었다. 당시 『경향신문』 해설 기사는 "남북의 현실에서 볼 때 주는 것보다 받는 것이 더욱 어려운 결단임은 두말할 나위가 없다"라고 적었다.[127] 1985년 10월 16일 남북 정상회담 논의를 위해 비밀리에 방북하여 김일성을 만난 자리에서 장세동 안전기획부장이 지난해 북한의 수해 지원에 대해 감사를 표하자, 김일성은 "받은 것이 더 용감하지요"라고 호응했다는 기록도 있다.[128]

더욱이 우리 입장에서는 다가올 1986년 아시안게임과 1988년 서울올림픽의 원만한 개최를 위해 개최지에 대한 국제사회의 불안감을 불식시키고 남북관계를 안정적으로 관리할 필요도 있었다.[129] 실제로 전두환 대통령은 1984년 10월 4일 국회 시정연설에서 "최근 북한 적십자 측이 우리 수재민에 대한 물자제공을 제의해왔을 때 대한적십자사가 그들의 정치적 선전을 예상하면서도 이를 수락한 것은 남북한 관계 개선과 민족화합의 계기를 찾아보려는 염원이 간절했기 때문"이라고 설명했다.[130]

북한의 '나쁜 버릇을 고쳐 놓으려는' 의도도 있었다. 북한의 '상투적인 작태'의 의표를 찌름으로써 다시는 '국제사회를 향한 장난질'을 할 수 없게 만들고 동포애를 들먹이며 '장난질 치는 북한 당국자들을 한 번은 혼을 내줘야 할' 필요가 있다고 생각한 것이다.[131] 북한이 제공한 물자의 조악한 품질이 오히려 우리 국민으로 하여금 북한경제의 실상을 알게 할 것이라는 판단도 작용했다. 실제로 보내온 식량과 물자는 질이 매우 낮아 남한 국민의 호응을 얻지 못했고, 북한 스스로 남한의 대북 우위를 드러내게 만들었다.[132]

---

125 전두환, 『전두환 회고록 2』, 자작나무숲, 2017, p.452.

126 통일부 통일교육원, 『남북관계 지식사전』, 2015, pp.312~313.

127 "대화의지의 결실 … 물자교류에 첫발", 『경향신문』, 1984.9.29.

128 김연철, 『70년의 대화』, 창비, 2018, p.146.

129 신종대, "서울의 환호, 평양의 좌절과 대처: 서울 올림픽과 남북관계", 『동서연구』, Vol.25 No.3, 2013, p.89.

130 행정안전부 대통령기록관 홈페이지, 대통령 이야기 > 전두환 > 연설기록 > 1985년도 예산안 제출에 즈음한 시정연설.

131 전두환, 『전두환 회고록 2』, 자작나무숲, 2017, p.453.

132 문인철, "남북교류협력의 의미: 한반도 평화와 번영을 위한 노력", 김연철 외, 『통일교육: 한반도 평화를

북한이 보낸 수해 구호물자의 품질에 대한 증언

손재식(당시 국토통일원 장관):

북쪽에서는 사실 지원하려는 생각이 있어서 제의한 게 아니라 선전용으로 한 건데 우리가 받겠다고 하니까 당황한 거예요. 그래서 수출, 교역을 위해서 나가 있는 북한의 선박들을 다 불러들이고, 전국에 있는 제약소에다가 전부 지시를 해서 철야 작업을 해가지고 약을 만들었다고 해요. 각 공장을 풀가동하고 철야 작업을 해서 자기들이 약속한 약품 얼마, 시멘트 얼마, 광목 같은 거 얼마를 제공했어요. 받았는데 보니까 아주 저질이었어요. 약품들도 해방 직후에 우리가 제조한 저질약품 수준이고, 시멘트는 우리 시멘트하고 섞지 않고서는 도저히 교량공사라던가 포장공사에 쓸 수 없었지요. 그래서 주로 마을 골목골목에 하수구를 만든다든지, 소규모 공사에 이용을 하고 우리 시멘트를 많이 섞어서 사용했지요. 그래서 오히려 저쪽의 경제수준이랄까 산업수준이 매우 낙후되어 있다는 것을 드러내놓은 결과가 됐어요.[134]

정세현(당시 국토통일원 연구관):

1984년이었으니 북한경제가 제로 성장 중이었을 때예요. 그때가 제가 통일원에 있을 때였는데, 북한에서 물자를 받는다는 게 드문 일이었으니까 그들이 보내온 쌀의 샘플을 살펴봤어요. 방아를 찧어서 보냈는데, 색이 회색이에요. 오래된 쌀인 거죠. 정미한 쌀은 첫해에는 백색이지만 2~3년쯤 지나면 장마철에 습기를 머금었다가 가을에 건조해지면 부스러지는 등, 가마니 속에서도 풍화 작용을 겪으면서 회색빛으로 변해요. 쌀눈 떨어진 것도 많았고요. '이런 걸 먹으면서 사나?' 하고 북쪽 사람들의 어려움을 짐작했어요. 그 쌀로는 밥을 지어 먹기는 좋지 않아서 가루를 내서 백설기로 쪄서 먹고 그랬어요. 그때 받은 시멘트에도 문제가 있었어요. 시멘트도 밀가루처럼 강력, 중력, 박력으로 분류돼요. 그런데 북측에서 박력 시멘트를 보내왔어요. 벽에 바르면 주르륵 떨어져버려요. 도로 포장용으로밖에 쓸 수가 없었는데, 그나마도 그 시멘트로 포장한 길은 잘 깨졌어요. 옷감도 지원을 받았는데, 폭이 좁았어요. 꽃무늬는 들어가 있는데 천이 너무 얇기도 해서 어린아이들 여름용 옷이나 만들 수 있지 다른 데에 쓰기가 어려웠어요. 그리고 약도 받았어요. 수해물자였으니까 이질 및 설사약 등을 보냈는데, 약이 정말 조악하게 생겼더라고요. 보내준 건 고맙지만요. 이런 걸 구하느라고 정말 애를 먹었겠다는 생각이 들면서도 갑갑하더라고요.[135]

보는 12가지 시선』, 늘품플러스, 2021, p.276.

133 손재식, "북한의 수해지원 제의와 이산가족 등 교류의 돌파구 마련", 홍민 · 김수아 · 조정아 · 이우태, 『구술로 본 통일정책사』, 통일연구원, 2017, p.32.

134 정세현 · 박인규, 『판문점의 협상가 정세현 회고록』, 창비, 2020, p.161.

북한 선원이 하역작업 중에 우리 인부들에게 나눠준 빵, 사이다 등은 품질이 너무 나빠서 먹을 수 없을 정도였다.[135]

북한이 보낸 물자의 인수작업이 끝난 후에 우리 정부는 북한의 안내원, 수송요원, 기자들에게 선물을 제공했다. 남한이 못 살아서 구호물자를 받은 것이 아니라는 과시였다. 남한의 선물이 북한이 보낸 구호물자 금액의 100배쯤의 가치에 해당했다는 평가도 있다.[136] 선물은 별도로 포장된 밍크 담요 외에 '대한적십자사'라고 새겨진 대형 여행용 가방에 넣은 손목시계, 카세트 라디오, 양복지, 한복 옷감, 화장품, 내의, 스타킹, 조미료 등 17개 품목으로서 가방 하나의 무게는 22kg에 달했다.[137] 선물 총 1,600개 세트는 대형 컨테이너 3대 분량이었고 북한은 쌀을 운송했던 트럭 34대에 그것을 옮겨 싣고 돌아갔다.[138]

그런데 북한의 구호물자 인수작업이 미처 완료되기도 전인 1984년 10월 3일 개천절 경축사에서 전두환 대통령은 매우 강력한 표현으로 북한을 비난했다. "우리 강토의 북반에 도사리고 있는 북한공산집단은 민족사를 왜곡하고 민족의 이질화를 심화시키는 등 반민족적 책동을 거리낌 없이 자행"하고 있으며, "민족공영과 평화 대신 민족 상쟁과 폭력을 신조로 삼는 자들은 말할 것도 없이 민족사의 이단세력"이라고 규정했다. 현재 북한은 "우리 민족사에 오욕의 한 장을 기록하고 있지만, 억지와 거짓 위에 세워진 그 오점이 결국 한낱 물거품으로 사라질 날도 결코 멀지 않을 것"이라고 아예 북한 정권의 존재를 부정하기도 했다.[139] 당시 북한 역시 남한 정부를 인정하려 들지 않았다.[140]

'동포애와 인도주의적 입장'에서 물자를 제공하고 "남북한 관계 개선과 민족화합의 계기를 찾아보려는 염원이 간절"해서 수락했다고 하면서도 남북한 모두 속내는 달랐던 것이다. 그럼에도 불구하고 1984년 여름 북한의 수해 지원은 분단 이후 최초로 성사된 남북한 간의 지원이었고, 1990년대 이후 남한의 북한에 대한 지원의 단초가 되었

---

135 전두환, 『전두환 회고록 2』, 자작나무숲, 2017, p.455.

136 남성욱, "남성욱의 평양리포트: 김정은의 무력 도발 향후 시나리오", 『월간중앙』, 12월호, 2022.

137 전두환, 『전두환 회고록 2』, 자작나무숲, 2017, p.457.

138 "판문점선 물자인수 끝내", 『조선일보』, 1984.10.2. 848개 세트는 1984년 9월 30일 판문점에서의 인수작업이 완료된 후 전달되었고, 나머지는 인천항과 북평항에서의 시멘트 인수작업이 끝난 후 전달되었다.

139 행정안전부 대통령기록관 홈페이지, 대통령 이야기 > 전두환 > 연설기록 > 제4316주년 개천절 경축사.

140 김성보 · 기광서 · 이신철, 『북한 현대사』, 웅진지식하우스, 2014, p.307.

다. 물자의 인수·인도를 위해 중단되었던 남북한 간의 직통전화를 1984년 9월 29일을 기해 다시 개통하게 된 것도 부수적 효과였다.[141]

4) 남북경제회담, 1984~1985년

1984년 9월 북한의 수해 지원 제의와 남한의 수락, 그리고 구호물자 전달 과정에서의 남북한 간의 접촉과 대화는 남북관계에 따뜻한 바람을 불어넣었다. 마침 북한은 외국인투자를 유치하기 위한 목적에서 1984년 9월 8일 '합영법'을 제정했다. 우리 정부는 이와 같은 상황을 남북관계 개선과 남북경협 발전의 계기로 삼기 위해 경제회담을 제의했다.

이미 언급한 바와 같이 전두환 대통령은 1984년 8월 20일 기자회견을 통해 남북경협 실시 의사를 밝혔다.[142] 이의 연장선에서 1984년 10월 12일 신병현 부총리 겸 경제기획원 장관은 북한 최영림 정무원 부총리 앞으로 서한을 보내 "날로 치열해지고 있는 국제적 경제경쟁 속에서 우리 민족의 생존과 권익을 지켜나가기 위해서는 남북한이 더 이상 반목과 대결로 민족의 역량을 낭비하지 말고 이념과 제도를 초월하여 서로 힘을 합쳐야 한다고 생각한다"면서 물자교역과 경제협력 문제를 협의하기 위해 남북 경제회담을 개최하자고 제의했다.

> 우리는 최근 우리 정부가 제의한 남북한 간의 물자교역과 경제협력이 하루속히 실현되기를 바랍니다. 우리는 최근에 와서 귀측이 외부와의 경제협력을 위한 새로운 제도적 조치를 모색하고 있는 것과 관련하여 그 같은 조치가 앞으로 남북한의 경제교류와 협력의 길을 열어 놓는데 도움이 될 수 있기를 기대합니다. 우리 정부는 우리 측 경제인과 기업들이 남북한 교역과 경제협력에 참여하는 것을 적극 지원할 것입니다. 이

141 남북한 간 직통전화는 1945년 9월 6일 해방 이후 북한에 진주한 소련군에 의해 완전히 차단되었다. 그 후 1971년 9월 20일 제1차 남북 적십자회담 예비회담에서 직통전화 가설에 합의함에 따라 1971년 9월 22일 직통전화 2개 회선이 개통되었다. 그러나 1976년 8월 30일 판문점 '도끼만행사건'으로 중단되었고, 이후 1980년 2월 6일 총리회담 실무대표 접촉 합의로 다시 개통되었으나, 같은 해 9월 24일 북한 측에 의해 또 중단되었다가, 1984년 9월 29일 남북 적십자사 간의 수재물자 인도·인수를 계기로 다시 개통되었다. 통일부 통일교육원, 『남북관계 지식사전』, 2015, pp.237~242.

142 북한은 이 제안에 대해 1984년 8월 25일 『노동신문』 논평을 통해 상투적인 비난을 했으나, 9월 8일 돌연 수해 지원 제의를 해왔다. 국토통일원 남북대화사무국, 『남북대화백서』, 1988, p.204.

를 위해 우리는 남북한 당국의 경제 분야 대표들과 민간경제단체 대표들이 허심탄회하게 대화를 진행하는 것이 필요하다고 생각합니다. 그리고 필요하다면 남북한 간의 교역과 경제협력을 추진하는 상설기구로서 쌍방당국과 경제계 대표들로 구성되는 남북한 간 경제협력기구를 설치하는 것도 좋을 것입니다. 우리는 이상과 같은 문제를 협의하기 위하여 정부의 차관급을 수석대표로 하여 남북한 경제당국 및 민간경제단체 대표들이 함께 참가하는 남북경제회담을 개최할 것을 제의하는 바입니다.[143]

전국경제인연합회, 한국무역협회, 중소기업협동조합중앙회, 대한상공회의소 등 경제단체 네 곳도 10월 13일 '경제 4단체장 합동성명'을 통해 남북한 간 교역 및 투자의 가능 분야까지 구체적으로 예시하고 기업의 적극적 참여 용의를 밝히면서 북한의 긍정적 호응을 촉구했다.[144] 이에 대해 북한은 10월 16일 김환 정무원 부총리 명의로 경제회담 개최에 호응해 옴으로써 분단 이후 최초로 남북한 간 경제 분야 회담이 열리게 되었다. 이후 남북 경제회담은 1984년 11월 15일부터 1985년 11월 20일까지 5차례에 걸쳐 열렸으나, 냉전의 시대 상황과 남북관계 여건이 남북경협을 추진할 수 있을 정도는 아니었으므로 실질적 성과 없이 끝나고 말았다.

그럼에도 불구하고 경제회담은 남북한이 분단된 이래 처음으로 개최된 것으로서 "성패와 관계없이 역사성을 지닌 것"이었고, "일단 대좌가 이루어진 그 자체만으로도 그 의미를 부여"받을 수 있는 것이었다.[145] 뿐만 아니라 실질적으로도 경제회담에서 논의된 내용은 이후 '기본합의서'를 비롯한 남북한 간의 경협 관련 합의에 반영되었다는 점에서 역사적 의의가 크다.

제1차 남북 경제회담(1984년 11월 15일, 판문점)

1984년 11월 15일 판문점 중립국감독위원회 회의실에서 남북한 정부의 차관급을 수석대표로 하는 각 7명의 대표단이 제1차 경제회담을 개최했다. 먼저 기조발언을 한 남한 측의 김기환(해외협력위원회 기획단장) 수석대표는 회담 의제를 교역과 경제협력의 두 가지로 하자면서 교역과 관련해서는 교역 품목, 교역량, 거래 방식, 결제통화, 수송

143 국토통일원 남북대화사무국, 『남북대화백서』, 1988, p.265.
144 "경제4단체 대북경제회담 지지 합동회견", 『매일경제신문』, 1984.10.13.
145 "향후 한반도기류에 큰 영향", 『매일경제신문』, 1984.11.15.

등 10개 항의 구체안을 제시하고 이를 토대로 남북 관계당국 간의 교역 협정과 세부약정 체결을 제의했다.[146]

1. 교역품목: 쌍방이 협의하여 선정
   1) 남한 측 구입희망 품목: 광물(무연탄, 철광석, 선철, 연괴, 아연괴, 규사, 고철), 농수산물(명태, 누에고치, 팥, 옥수수, 피마자), 기타(한약재)
   2) 남한 측 판매가능 품목: 광공업 제품(철강 및 제품, 동 및 제품, 알미늄제품), 기계류(가정용 및 공업용 봉제기, 경운기, 승용차, 2륜 자동차), 전기 전자제품(시계, 천연색 텔레비전 수상기, 음향기기), 섬유류(섬유사, 섬유원료, 섬유직물, 담요), 기타(고무벨트, 피아노, 황산가리, 정제 글리세린, 의약품)
2. 교역량: 쌍방의 대내수급 사정과 대외무역규모 등을 고려하여 품목별 선정
3. 가격: 국제가격을 기준으로 하되 교역 당사자 간 결정
4. 거래 당사자: 쌍방 당국이 지정하는 특정 교역기관 및 상사로 하되, 처음에는 가급적 거래창구를 일원화했다가 점차 다원화
5. 거래 방식: 제3국 은행이 발행하는 L/C에 의한 거래가 가장 합리적이나, 초기 단계에는 구상무역 형태도 무방하며 교역 확대에 따라 청산협정 방식도 고려
6. 결제업무: 제3국 은행을 원칙으로 하되, 상황 진전에 따라 양측의 외국환은행을 창구로 고려
7. 결제통화: 남북한이 공동으로 사용하는 국제교환성 통화(달러, 마르크, 엔, 파운드 등) 중에서 선정하여 사용하다가 남북한의 결제에만 통용되는 새로운 결제단위를 창출하는 것도 고려
8. 관세: 외국과의 무역이 아니므로 부과 불필요
9. 수송문제: 대량 화물은 구입 측 선박 이용을 원칙으로 하되, 교역 확대에 따라 철도수송이 가능하도록 남북한 간 철도 연결 작업을 추진하며, 소량의 화물은 자동차를 이용하도록 하고 이를 위해 판문점에 공동하역장을 설치
10. 통관, 검사, 통신문제, 사고처리, 이견조정 등은 쌍방 간의 협의로 결정

이와 함께 경제협력과 관련해서는 무연탄, 철광석 등 자원개발, 천연색 텔레비전 수상기, 음향기기 등 가전제품 생산, 폴리에스텔사 등 섬유류 생산, 의약품 및 화장품 생산, 그리고 관광 및 해운사업 등 서비스 분야에 대한 합작투자도 할 수 있다고 밝혔다.

---

146 국토통일원 남북대화사무국, 『남북대화백서』, 1988, pp.268~269.

그러면서 남북한 간의 교역 및 경제협력을 원활하고 지속적으로 추진하기 위해 쌍방의 관계당국 및 경제단체 인사들로 구성되는 가칭 '남북경제협력위원회' 설치를 제의했다.

이에 대해 북한 측의 리성록(무역부 부부장) 대표단장은 기조발언에서 자주, 평화통일, 민족대단결이라는 '조국통일의 3대원칙'과 상대방의 의사 존중 및 상호성의 원칙이 지켜져야 한다면서 의제를 '북과 남 사이의 경제 분야에서 합작과 교류를 실현할데 대하여'로 할 것을 주장했다. 구체적으로는 다음과 같은 안을 제시했으며,[147] 공동협력기구로 쌍방에서 각각 5명 정도의 각 부문 경제부문 전문가들로 '북남경제협력위원회'의 발족을 제의했다.

1. 경제합작 관련
   1) 지하자원에 대한 공동개발과 이용 문제: 쌍방이 자기의 노력과 설비를 가지고 상대방 지역의 광산과 탄광 개발
   2) 어업 분야에서의 합작 문제: 남북이 공동어로구역을 설정하고, 어장을 공동개발 · 이용하며, 수산합영회사를 설립
   3) 농업 분야에서의 합작 문제: 남한의 서해 간석지 공동개발, 군사분계선에 의해 끊어진 관개망을 다시 연결시켜 이용
2. 물자교류 관련
   1) 판매 희망 품목: 공업상품(철광석, 석탄, 마그네샤크링카, 일반공작기계, 채취설비 등), 농수산물(명태, 쌀, 강냉이 등)
   2) 구입 희망 품목: 공업상품(철강재, 중석광, 납사, 섬유 등), 농수산물(남해어족, 소금, 감귤 등)
   3) 물자교류 방식: 원자재, 완제품, 농수산물을 유무상통하되, 원자재는 원자재끼리, 완제품은 완제품끼리, 농수산물은 농수산물끼리 교류하는 것이 합리적
3. 수송 관련
   1) 철도와 항만 이용이 능률적이며 이를 위해 경의선을 연결
   2) 북측의 남포항, 원산항과 남측의 인천항, 포항항을 개방·이용

147 국토통일원 남북대화사무국, 『남북대화백서』, 1988, pp.269~271.

이를 통해 알 수 있듯이 남북한은 교역과 경제협력의 필요성은 물론 교역 품목, 자연자원 개발, 경의선 연결, 남북경제협력위원회 설치 등 핵심적인 부분에서 의견의 일치를 보였다. 회담 분위기도 매우 좋았다. 경제회담을 위한 남북한 전용 통신선의 설치에 합의했고, 북한 측의 리성록 대표단장이 '김환 정무원 부총리가 신병현 부총리 겸 경제기획원 장관을 직접 만나고 싶어 한다'는 의사를 밝힌 것도 회담의 미래를 긍정적으로 전망하게 했다.[148]

남한 측의 김기환 수석대표가 기조발언에서 남한 국민들은 "아직도 지난해의 '버마 사건'의 충격 속에서 비통한 마음을 가누지 못하고 있습니다. 남북한에 신뢰를 조성하고 화합을 도모해 나가기 위해서는 온 세계가 규탄하고 있는 이러한 테러행위는 두 번 다시 되풀이되는 일이 없어야 할 것입니다"[149]라며 아웅산 테러에 대해 정면으로 비난했음에도 북한 측 대표단은 아무 말도 하지 않고 조용히 듣기만 했다.[150] 기존의 태도와는 다른 이례적인 일이었다. '합영법' 제정 등 대외경제관계를 개선해보려는 북한의 정책 방향이 남북경협에 대해서도 분명히 드러난 것이라고 해석할 수 있다. 권력 승계를 앞둔 김정일에게는 세습의 합리화와 안정을 위해 무엇보다도 주민의 생활 향상이 절실했기 때문이다.[151] 경제적 곤경만이 아니라 북한이 오랫동안 추구해온 대남 강경노선도 더 이상 지탱하기 어려운 상황이었다.[152] 실제로 당시 김일성은 "우리는 어떻게 해서라도 북과 남사이의 협조를 강화하는 방향에서 북남경제회담을 추진시켜나가려고 합니다"라며 적극적인 입장을 보였다.[153] 김기환 수석대표도 회담이 끝난 후 내외신 기자회견에서 "양측의 견해 차이가 크거나 모호한 것은 없었으며 시작이 반이라는 속담대로 좋은 출발을 보였던 것 같다"고 긍정적으로 평가했다.[154]

그동안 학계는 제1차 남북 경제회담에 대해 크게 주목하지 않았으나, 우리 측의 제안은 이후 시기의 남북경협 방향을 규정짓는 매우 의미 있는 내용이었다. 우선 남북한 간의 교역은 외국과의 무역이 아니므로 관세를 부과할 필요가 없다는 입장은 분단 이

---

148 "경의선 철도연결 서로 제의", 『동아일보』, 1984.11.15.

149 국토통일원, 『남북한통일제의자료총람 제3권』, 1985, p.1278.

150 "교역이 먼저냐 합작이 먼저냐 '맏아들 논쟁'", 『조선일보』, 1984.11.16.

151 박한식, "남·북한 '체제경쟁시대'로", 『경향신문』, 1984.10.6.

152 김학준, "1984년 남북 경제회담에 대한 연구", 『한국과 국제정치』, Vol.1 No.1, 1985, p.45.

153 1장의 각주 240 참조.

154 "첫걸음 순조", 『경향신문』, 1984.11.15.

후 진행된 남북교역의 성격을 재확인한 것이며, 1988년 '7·7 선언' 이후 '내국 간 거래' 방침의 토대가 되었다. 거래 방식에서 L/C에 의한 거래가 가장 합리적이라는 점을 밝혔고, 청산협정 방식도 고려하겠다는 제안은 1992년 9월 '기본합의서'의 교류·협력 '부속합의서'에 포함되었으며, 2000년 12월에는 남북장관급회담에서 남북 대표가 '남북 사이의 청산결제에 관한 합의서'에 서명했다. 결제통화를 남북한이 공동으로 사용하는 경화로 하다가 최종적으로는 남북한의 결제에만 사용되는 새로운 결제단위를 창출하자는 제안도 획기적이었다. 결국 남북 경제공동체를 만들어 나가자는 뜻이었다. 지하자원 공동개발, 공동어로구역 설정 등도 의미 있는 일이었다. 이미 1984년의 시점에서 남북한 철도 연결을 거론했고, 자동차의 이용과 공동하역장의 설치를 제안한 것도 시대를 앞서는 것이었다. 거래창구를 일원화하자는 제안은 이후의 남북경협에서 북한은 창구가 하나인 데 반해 우리는 다양한 개인과 기업이 개별적으로 북한을 상대하는 데에서 초래된 부작용과 비용 문제를 고려할 때 선견지명이 있는 제안이었다.

제2차 남북 경제회담(1985년 5월 17일, 판문점)

제2차 경제회담은 1984년 12월 5일에 열기로 합의되었으나, 북한 측이 판문점 총격 사건[155]과 '팀스피리트 85' 훈련을 핑계로 두 차례에 걸쳐 일방적으로 연기함으로써 제1차 경제회담 개최 6개월 후인 1985년 5월 17일에야 열렸다. 남한 측의 김기환 수석대표는 기조발언에서 제1차 경제회담에서의 제안을 토대로 제2차 경제회담에서는 "물자교역과 경제협력에 대한 보다 실질적인 토의와 구체적인 합의가 이루어질 것으로 기대"한다면서 매우 적극적인 입장을 보였다.[156] 제2차 경제회담을 보도하는 우리 언론들이 "남북교역 당장 시작하자"[157] "북한 무연탄 30만톤 당장 사겠다"[158] 등을 1면 제목으로 뽑을 정도였다. 김기환 수석대표는 제1차 경제회담에서 남북한이 내놓은 제

---

155 1984년 11월 23일 11시 30분경 소련 관광안내원 마투조크(Vasily Yakovlevich Matuzok)가 판문점에서 열린 군사정전위원회 회담 장면 촬영 중 갑자기 건물 사이의 군사분계선을 넘어 남한으로 망명을 시도했고, 북한군은 권총을 쏘며 그의 월남을 저지했으나 실패하자 그를 쫓아 군사분계선을 넘어 남한지역을 침범함으로써 북한군과 우리 군, 유엔군 간에 30여 분간 벌어진 총격전을 의미한다. 이는 판문점 최초의 총격사건이었고, 마투조크는 무사했으나 우리 측 1명 전사, 미군 1명 부상, 북한군 3명 전사 및 5명 부상의 인명 피해가 있었다. 통일부 판문점견학지원센터 홈페이지, 판문점 주요사건.

156 국토통일원, 『남북한통일제의자료총람 제3권』, 1985, p.1296.

157 "남북교역 당장 시작하자", 『경향신문』, 1985.5.17.

158 "북한 무연탄 30만톤 당장 사겠다", 『매일경제신문』, 1985.5.17.

안 중 우선적으로 토의할 문제를 제시하겠다면서 구체적으로 다음과 같이 제안했다.[159]

1. 교역 관련

1) 시기

- 이미 쌍방의 의견이 합치된 교역 품목에 대해서는 당장 교역을 실시하며, 남한 측은 올해 안에 남북교역이 시작되기를 희망
- 교역 실현을 앞당기기 위한 방법의 하나로 당장 북한 측으로부터 30만톤의 무연탄을 구입할 것을 제의

2) 교역 품목

- 이미 의견이 합치된 품목 이외에도 교역 품목을 늘릴 것을 희망

3) 교역 방식

- 북한 측이 제의했던 '원자재는 원자재끼리, 완제품은 완제품끼리, 농수산물은 농수산물끼리' 방식은 교역 품목이 제한될 뿐만 아니라 장기적으로 교역 확대에 상당한 어려움이 뒤따를 것으로 예상
- 따라서 원자재냐 완제품이냐 농수산물이냐 구별할 것이 아니라 여러 품목을 포괄하는 구상무역을 실시하고 교역 확대에 따라 점차 청산협정 방식으로 발전시켜나가는 것이 바람직

4) 교역 협정

- 남한 측이 제1차 경제회담에서 제의했던 교역 관련 10개 항을 토대로 남북교역 협정을 체결하여 교역을 실시하는 것이 합리적

5) 수송

- 남북교역 실현과 때를 맞추어 철도수송을 할 수 있도록 지금부터 준비
- 남한 측은 올해 안에 경의선 철도가 연결되기를 희망
- 철도 연결에 따르는 기술적 문제에 대한 협의를 위해 쌍방 철도 실무자 간의 접촉을 1개월 이내에 가질 것을 제의
- 항구는 교역 개시와 더불어 남한 측은 인천항과 포항항을 북한 측에 개방하고 북한 측은 남포항과 원산항을 개방하며, 상호합의하에 다른 항구의 개방도 가능

2. 경제협력 관련

159 국토통일원, 『남북한통일제의자료총람 제3권』, 1985, pp.1298~1301.

1) 이미 쌍방 간에 그 필요성을 인정한 지하자원, 공동어로구역 등 두 가지 경제협력 분야에 대해서 다소 의견조정이 필요하며 구체적인 협의를 진행할 것을 희망

2) 지하자원 개발 문제

- 북한 측은 제1차 경제회담에서 쌍방이 자기의 노력과 설비로 상대측 광산과 탄광을 이용하는 문제를 제기하면서 북한 측이 철광석 광산과 탄광을 남한에 제공하고, 남한 측이 중석 광산과 몰리브덴 광산을 북한 측에 제공할 것을 제의
- 그러나 중석은 오히려 북한 측에 매장량이 더 많고 남한 측의 몰리브덴 광산은 그 매장량이 매우 한정되어 있으므로 북한 측과 공동으로 개발할 만큼 충분하지 못한 실정
- 따라서 남한 측은 그 대신 세계적으로 그 품질이 우수하고 매장량도 풍부한 고령토와 규석 광산을 제안

3) 공동어로구역 설정 문제

- 쌍방이 구체적인 방안을 내놓고 협의를 진행하면 좋은 성과가 있을 것으로 기대
- 이 문제는 여러 가지 기술적 검토가 선행되어야 하므로 쌍방의 실무자 간 접촉을 통한 협의를 제안

3. 남북경제협력위원회 설치 문제는 쌍방이 각각 합리적인 방안을 제시하고 의견을 조정해나가면 원만한 합의에 도달할 수 있을 것으로 기대

4. 북한 측이 제의했던 간석지 공동개발 및 관개망 연결 관련

1) 제1차 경제회담에서 북한 측이 제의한 서해안 간석지 공동개발 사업의 경우 남한 측은 이미 국내외에서 간석지 개발실적이 많을 뿐만 아니라 국제수준의 훈련된 우수한 전문기술자와 장비를 많이 확보하고 있어 자체적으로 개발을 충분히 할 수 있으므로 남북 공동사업으로 부적절

2) 군사분계선에 의해 끊어진 관개망 연결 문제는 우리의 관개공사로 농업용수가 이미 해결되었으므로 불필요

그러나 북한 측은 남북 경제회담을 하는 목적은 "북과 남 사이의 경제장벽을 마스고[160] 경제합작과 교류를 폭넓고 통이 크게 벌려 민족경제를 통일적으로 발전시켜 나아가며 그 과정을 통하여 민족적 유대를 회복하고 북과 남 사이의 신뢰를 조성함으로

---

160 '부수고'라는 뜻의 북한 말이다.

써 조국을 자주적으로 평화적으로 통일하기 위한 큼직한 디딤돌을 마련하자고 한 것이지 결코 소극적으로 몇 가지 상품교류나 하자고 제기한 것은 아닙니다"라는 입장으로 맞서 회담의 진전은 없었다.[161] 더욱이 북한 측은 쌍방의 부총리급을 위원장으로 하는 '북남경제협조공동위원회'를 구성하자는 새로운 제의를 내놓았다. 남한 측은 이 제의에 대해서는 다음번 경제회담에서 입장을 밝히겠다고 하면서 제2차 경제회담에서는 양측이 이미 제시한 제안에 대해 토의를 진행할 것을 촉구했다. 그러나 북한 측은 "실무급회담보다 실권을 가진 높은 급의 권위 있는 회담을 갖는 것이 더 효과적이고 능률적"이라며 제1차 경제회담에서 어느 정도 의견이 모아진 의제의 토의마저 회피했다.[162] 회담이 끝난 후 김기환 수석대표는 기자회견 성명에서 북한 측이 교역과 경제협력 협의에 응하지 않고 "'남북경제협조공동위원회' 문제만을 토의하자고 고집한 것은 회의를 진행할 의사가 없음을 드러낸 것"이라는 입장을 보였다.[163]

제3차 남북 경제회담(1985년 6월 20일, 판문점)

제3차 남북 경제회담은 제2차 회담에서의 합의에 따라 1985년 6월 20일에 개최되었다. 김기환 수석대표는 기조발언에서 "1, 2차 회담에서 내놓은 쌍방 제의의 공통점과 서로 의견이 접근된 사항을 종합 정리하고 이와 함께 쌍방의 부총리급을 공동위원장으로 하는 협의·이행기구로서 남북경제협력공동위원회를 발족시키는 문제도 함께 포함하는 합의서를 채택"하자고 제안했다.[164] 제2차 회담에서 제의한 무연탄 30만톤 구입과 경의선 철도 연결을 위한 실무자 회의의 개최도 다시 촉구했다.

이는 제1, 2차 경제회담에서 남북한이 제의한 남북경협의 공통 사항을 확정하는 대신 북한이 요구한 새로운 경제협력기구의 구성을 받아들이겠다는 것으로서, 남북한 간에 모처럼 마련된 경제회담을 성과적으로 마무리 짓자는 뜻이었다.[165] 이런 취지에서 남한 측은 두 가지 의제를 하나로 묶은 23개 항으로 구성된 '남북 간 물자교역 및 경제협력 추진과 남북경제협력공동위원회 설치에 관한 합의서(안)'의 채택을 제안했는데,

161 국토통일원, 『남북적십자본회담·경제회담 회의록』, 1987, p.492.
162 "무연탄 30만t 사겠다", 『조선일보』, 1985.5.18.
163 국토통일원, 『남북한통일제의자료총람 제3권』, 1985, p.1310.
164 국토통일원, 『남북한통일제의자료총람 제3권』, 1985, pp.1329~1331.
165 국토통일원 남북대화사무국, 『남북대화백서』, 1988, p.277.

그 주요 내용은 다음과 같다.[166]

1. 행정지원: 쌍방은 물자교역 및 경제협력사업의 원활한 추진과 확대를 위해 필요하고 적절한 모든 지원조치를 실시
2. 당사자: 물자교역 또는 경제협력사업의 당사자는 품목별 또는 사업별로 쌍방이 각각 지정하는 교역기관, 법인, 단체 또는 당국으로 설정
3. 교역 방침
   1) 교역 품목: 우선 다음 품목으로 시작하며, 쌍방의 합의에 따라 다른 품목으로 확대
      - 남한 측 판매 품목: 철강재, 섬유, 소금, 감귤, 남해수산물(김, 미역, 굴, 멸치 등)
      - 북한 측 판매 품목: 무연탄, 철광석, 마그네샤크링카, 명태, 옥수수
   2) 교역량: 쌍방의 수급 사정을 감안하여 교역 당사자 간 결정
   3) 가격: 국제시장 가격을 고려하여 교역 당사자 간 합의에 의해 결정
   4) 교역 방식: 제3국 은행을 발행인으로 하는 쌍방 동시개설 조건부신용장 방식으로 하되, 쌍방 간의 교역 금액이 일치하는 경우에는 구상무역을 위한 무환(無換)거래 방식도 가능
   5) 결제업무: 쌍방이 합의하는 제3국 은행이 담당
   6) 결제통화: 영국 파운드화와 스위스 프랑화
   7) 관세: 상호 간의 물자교역에 대하여 무관세
   8) 기타: 통관, 검사, 사고처리 등에 있어 일반적으로 대외거래에 적용하는 규정을 준용
4. 철도 연결: 물자교역 및 경제협력사업에 따른 물자수송을 원활하게 하기 위해 경의선 철도를 연결
5. 수송: 교역물품의 특성, 중량, 운송비 등을 감안하여 교역 당사자가 상호 협의하여 결정하되, 해상운송의 경우 교역물품을 수송하는 선박의 입항, 정박, 하역 및 출항 등에 있어서 최우선적으로 편의를 제공
6. 경제협력사업: 우선 다음 사업으로 시작하며, 쌍방의 합의에 따라 다른 사업으로 확대
   1) 공동어로구역 설정 사업
   2) 지하자원 공동개발 사업

166 국토통일원, 『남북한통일제의자료총람 제3권』, 1985, pp.1301~1307. 한편 이 자료에서는 제안 날짜를 1985년 5월 17일로 기록하고 있는데, 이는 1985년 6월 20일의 오기(誤記)로 보인다.

7. 경제협력사업의 규모, 실시 방법 및 조건, 실시 시기: 경제협력사업 당사자 간 협의를 통하여 결정
8. 세금: 경제협력사업 관련 쌍방이 합의할 경우 소득세, 법인세, 재산세, 관세 및 기타 조세부담의 감면 가능
9. 해상운송: 남한 측은 인천항과 포항항, 북한 측은 남포항과 원산항을 각각 개방하고, 교역 및 경제협력사업이 진전됨에 따라 다른 무역항도 개방
10. 통신: 물자교역 및 경제협력사업에 필요한 통신시설을 신설하며 쌍방의 합의에 따라 확장
11. 방문 허용: 물자교역 및 경제협력사업 상대방 당사자의 물품의 검사 또는 협력사업의 사전 타당성 조사 등을 위한 방문을 허용
12. 신변보장: 물자교역 또는 경제협력사업과 관련된 인사의 왕래 및 신변안전을 보장하고 교통, 통신, 숙식, 의료 등에 관하여 최대한 편의를 제공
13. 구제조치: 상대방의 물자교역 또는 경제협력사업과 관련된 인사가 자기 지역에서 입은 신체상의 위해에 대해 신속하고 효과적인 구제조치를 실시
14. 남북경제협력공동위원회(이하 공동위원회) 설치 · 운영: 합의서 서명 후 30일 이내 설치 · 운영
15. 공동위원회의 구성
   1) 쌍방에서 각각 부총리급 공동위원장 1명, 장관(북한의 경우 부장)급 부위원장 1명, 당국 및 경제계 인사로 구성되는 위원 5명 등 7명으로 구성하며, 위원은 장 · 차관(북한의 경우 부장 · 부부장)급으로 구성
   2) 공동위원회 안에 물자교역분과위원회와 경제협력분과위원회를 두고 필요시 합의에 의해 특별분과위원회를 설치
   3) 각 분과위원회는 위원장을 포함 쌍방 각각 5명으로 구성하고 위원은 국장급으로 구성
   4) 공동위원회 산하에 실무문제를 관장하는 공동사무국을 판문점에 설치
16. 공동위원회의 기능
   1) 물자교역 및 경제협력사업에 관한 합의사항 이행
   2) 물자교역 및 경제협력사업의 확대 · 발전 방안 협의 · 결정 및 그 이행의 보장과 필요한 약정 체결
   3) 합의사항 이행에 있어 발생되는 문제의 협의 · 조정
   4) 교역물품의 안전 수송 및 관계자의 자유왕래를 보장하기 위해 필요한 행정적 조치 실시
   5) 물자교역 및 경제협력사업과 관련한 상호 인사왕래, 박람회 및 전시회 개최, 정보 및 자

료교환 등을 촉진 · 장려

6) 기타 물자교역 및 경제협력사업 촉진에 필요한 사항을 협의 · 결정

17. 분과위원회의 기능: 공동위원회에서 합의 · 위임된 사항의 실천을 위한 구체적 방법을 협의 · 결정
18. 공동사무국의 기능: 공동위원회 및 분과위원회의 원활한 운영을 위한 행정적 지원
19. 공동위원회 및 분과위원회의 운영: 공동위원회는 원칙적으로 매 분기, 분과위원회는 쌍방의 합의에 따라 수시로 개최
20. 공동사무국의 설치: 공동사무국 전용 건물을 판문점 내에 건설할 때까지 '평화의 집'과 '판문각'을 각각 임시 사무실로 사용
21. 수정 · 보충: 합의서 내용은 쌍방의 합의에 의하여 수정 · 보충 가능
22. 유효기간: 합의서는 발효일로부터 5년간 유효하며 상대방에게 폐기 의사를 유효기간 만료하기 1년 전까지 서면으로 통보하지 아니하는 한 5년간씩 자동적으로 효력 연장
23. 발효: 합의서는 쌍방이 서명으로 교환한 때로부터 효력

남한 측의 회담 성과를 위한 적극적인 제의에도 불구하고 북한 측은 답변 없이 제2차 경제회담에서 그들이 제시한 '북남경제협조공동위원회' 내용만을 합의서 형식으로 제시했다. 사실상 의견일치를 보았던 남북경협 사업들은 외면하고 기구 문제만을 합의하자는 것이었다. 무연탄 구입 문제와 철도 실무자회의 개최 문제에 대해서도 원칙적으로 합의된 것이나 다름없다고 하면서도, 그에 대한 협의는 앞으로 구성될 '북남경제협조공동위원회'의 해당 분과위원회에서 하면 된다는 입장을 취함으로써 사업의 조속한 실시에는 소극적인 태도를 보였다.[167] 결국 남북한은 제4차 경제회담에서 상대방이 제시한 합의서 안에 대해 보다 구체적인 토의를 하기로 하고 제3차 경제회담을 끝냈다.

한편 제3차 경제회담은 남북경협의 용어와 관련하여 중요한 합의를 도출했다. 남한이 사용하던 용어는 '교역과 협력'이었고, 북한은 '합작과 교류'라는 용어를 고집했다. 남한은 상대적으로 실현이 용이한 '교역'을 앞에 내세운 반면, 북한은 정치적 목적에서 '합작'을 더욱 강조했다.[168] 경제협력도 경제적 관점이 아니라 정치적 차원에서 접근했

167 국토통일원 남북대화사무국, 『남북대화백서』, 1988, p.284.

168 통일부 남북회담사무국, 『분야별 남북공동위원회 편람』, 1998, p.301, p.316.

던 것이다. 그동안 서로의 용어를 주장하던 남북한은 제3차 경제회담에서 양측의 입장을 절충하여 '교류와 협력'으로 합의했고, 이는 이후의 남북경협에서 '교류협력'이라는 용어가 정립되는 계기가 되었다.

제4차 남북 경제회담(1985년 9월 18일, 판문점)

남북한은 제3차 경제회담에서 합의한 대로 각자가 수정된 합의서 초안을 제시했다. 남한 측은 제3차 경제회담에서 제시한 '남북 간 물자교역 및 경제협력 추진과 남북경제협력공동위원회 설치에 관한 합의서(안)'을 수정 · 보완하여 다시 내놓았고, 북한 측은 제1~3차 경제회담에서 자신들이 주장한 사안들을 종합적으로 정리하여 하나의 안으로 묶은 '북과 남 사이의 경제협력 및 상품교류의 실현과 부총리급을 위원장으로 하는 북남경제협조공동위원회 구성에 관한 합의서(안)'이라는 제목의 합의서 초안을 제시했다.

남한 측의 김기환 수석대표는 기조발언에서 "오늘 이 회담에 주어진 기본 과제는 쌍방이 내놓은 합의서 안을 토대로 하여 하나의 종합적인 합의서를 협의 작성함으로써 조속한 시일 내에 남북 간의 물자교류와 경제협력이 실천에 옮겨질 수 있도록 하는 일"이라고 이날 회담의 의의를 규정했다. 그러면서 "제3차 회담 때에 쌍방 간에 교환한 합의서 안들을 놓고 볼 때 합의서의 체제와 내용 면에서 어느 정도의 차이점은 있으나 대체적으로 공통되고 있으며 근본적인 차이점은 없다"는 데에 "귀측도 의견을 같이 하리라고 생각"한다고 강조하고, 24개 항으로 구성된 남한 측 합의서 초안의 핵심적 내용을 다음과 같이 설명했다.[169] 또한 무연탄 30만톤 구입 문제와 경의선 철도 연결 문제를 제4차 회담에서 우선적으로 타결함으로써 '분단 40년이 되는 금년' 안에 남북경협을 실제로 이루자고 촉구했다.

1. 교역 관련

1) 교역 품목

• 쌍방의 의견이 일치되는 품목들을 합의서에 명시하고 쌍방 합의에 따라 다른 품목으로 확대

169 국토통일원, 『남북한통일제의자료총람 제3권』, 1985, pp.1371~1375. 이날 남한 측이 제시한 합의서 초안에서 교역물자 가격, 결제통화, 경의선 철도 연결, 항구 개방, 공동위원회 구성 · 기능 · 운영 등 세부적인 사항은 제3차 경제회담에서 제시한 합의서 초안과 동일하다. 국토통일원, 『남북한통일제의자료총람 제3권』, 1985, pp.1376~1382.

2) 교역량과 통관 및 검사

- 다소의 견해 차이가 있으나 서로 의견을 조정하면 기본적인 합의를 하는 데 별다른 어려움이 없을 것으로 생각

3) 거래 방식과 결제업무 취급은행

- 북한 측의 주장을 받아들여 거래 방식은 청산거래 방식으로 하고 결제업무의 취급은 남과 북의 은행이 직접 담당하는 방식으로 결정
- 다만 물자교류와 경제협력을 조속히 착수 · 실천하기 위해 청산약정 체결 전까지는 잠정적으로 쌍방이 공통으로 거래하고 있는 제3국 은행이 발행한 신용장에 의해 거래

4) 교역 당사자, 가격 결정 방법, 결제통화, 수송 방법, 관세

- 쌍방의 의견이 대체로 일치하고 있으므로 실무회의에서 협의하여 문안을 조정하면 될 것

2. 경제협력 관련

1) 사업 대상

- 제1, 2차 회담 과정에서 쌍방 간에 의견이 일치된 공동어로구역 설정과 지하자원 공동개발 등을 합의서에 명시하고 쌍방 합의에 따라 다른 사업으로 확대

2) 사업 규모, 방법 및 형태

- 경제협력사업의 당사자 간에 협의 · 결정

3) 조세와 관련한 특혜 부여

- 쌍방 간에 합의하는 경우 소득세, 법인세, 재산세 및 기타 조세부담 면제

4) 토지 및 자원 등의 이용료

- 개인의 소유권에 관계되는 것이므로 당사자 간 합의에 따라 결정

3. 남북경제협력공동위원회 설치 관련

1) 이미 공동위원회를 설치한다는데 의견의 일치를 보았고, 기능과 운영 문제는 쌍방의 제안이 대체로 일치하고 있으므로 원만한 타결 기대

2) 분과위원회는 남한 측의 제안대로 물자교류 분과위원회와 경제협력 분과위원회를 설치하고 필요시 별도의 특별분과위원회나 소위원회를 추가 설치

3) 공동사무국 등 상설적인 실무기구가 필요할 것이라는 남한 측 입장에 대해서 북한 측도 이견이 없을 것으로 생각

북한 측이 제시한 합의서 초안은 회담의 원칙, 민족 공동이익에 부합하는 경제협력

<표 2-19> 남북한이 제시한 합의서 초안의 주요 차이

구분	남한	북한
합의서 명칭	남북 간의 물자교류 및 경제협력 추진과 남북경제협력공동위원회 설치에 관한 합의서	북과 남 사이의 경제협력 및 상품교류 실현과 부총리급을 위원장으로 하는 북남경제협조공동위원회 구성에 관한 합의서
사업추진 원칙 명기	합의서 전문에 순수 경제원칙 명시 • 호혜·평등, 민족번영, 복지증진, 평화통일 기여	통일 3원칙(자주, 평화, 민족대단결)을 포함하여 합의서 첫 장에 독립조항으로 설정
교류대상 품목	제1, 2차 회담 시 합의 품목을 합의서에 명시하고 합의 품목부터 교류 시작	제1차 회담 시 쌍방 제안 품목을 고려하여 공동위원회에서 협의·결정
거래 방식 및 결제업무 취급은행	청산결제방식을 원칙으로 하되, 청산협정 체결 전까지 잠정적으로 제3국 은행 발행 신용장 방식 적용	청산결제 방식
경제협력 대상	제1, 2차 회담 시 의견이 일치된 공동어로구역 설정, 지하자원 공동개발 사업을 합의서에 명시	부존자원의 공동개발과 이용부터 시작(원칙적으로 공동위원회에서 협의·결정)
공동위원회 기능	교역 품목 등 기 합의사항의 이행기능을 공동위원회 기능 속에 명시	기 합의사항에 대한 이행기능 명시 불필요
분과위원회 수	2개 분과위원회를 우선 발족(물자교류 및 경제협력 분과위원회) • 사업확대에 따라 특별분과위원회, 소위원회 설치	6개 분과위원회 발족(자원개발, 공업 및 기술, 농업 및 수산, 상품교류, 운수 및 체신, 금융재정) • 될수록 부문별로 세분화
서명자 권한위임 명시	합의서 서명자가 최고당국자로부터 권한을 위임받았음을 명시	쌍방 단장의 서명으로 충분(최고당국자로부터 권한위임 명시 불필요)
서명란의 호칭 명기	합의서 서명란에 국호 명기	북측대표단, 남측대표단 방식으로 명기(국호 표기 불필요)

* 자료: 국토통일원 남북대화사무국, 『남북대화백서』, 1988, pp.288~289.

과 상품교류 실시, 경제협력과 상품교류 실행에 필요한 제반조건 보장, 북남경제협조공동위원회의 조직 운영 등 4개 장 32개 항으로 되어 있었다.[170] 남북한의 합의서 초안은 서로가 상대방의 의견을 반영했다고 주장한 것처럼 상당 부분 유사하지만, 여전히 차이를 보이고 있었다(<표 2-19> 참조). 특히 남한 측이 당장이라도 실현 가능한 사업부

170 구체적인 내용은 다음을 참조. 국토통일원, 『남북적십자본회담 · 경제회담 회의록』, 1987, pp.527~531.

터 조속히 시작하자는 입장이었던 반면 북한 측은 가급적 미루는 입장이었고, 합의사항의 이행 명시나 국호 명기 등의 문제에서는 부정적인 태도를 보였다.

제4차 경제회담의 진행 방식에 대해서도 남북한의 견해 차이가 있었다. 남한 측은 제4차 회담에서 쌍방이 제시한 합의서 초안에 대한 대체적인 토의를 통해 주요 사안에 대한 이견을 좁힌 후, 세부사항들을 토의하고 문안을 조정하기 위한 실무회의를 1개월 이내에 개최할 것을 제의했다. 그러나 북한 측은 쌍방이 제시한 합의서 초안은 공통점이 상당히 많다는 이유로 토의 없이 곧바로 실무회의에 넘기자고 주장했다. 북한 측은 견해 차이가 있는 사안에 대해서는 다음 회담에서 논의하자고 했고, 남한 측이 촉구한 무연탄 구입이나 경의선 철도 연결 문제에 대해서도 제4차 경제회담에서 논의할 것이 아니라 향후 구성될 공동위원회에서 토의하자는 기존의 입장을 고수했다. 이에 따라 남북한은 1985년 11월 20일 제5차 경제회담을 열기로 하고 회담을 끝냈다.

제5차 남북 경제회담(1985년 11월 20일, 판문점)

1985년 11월 20일 열린 제5차 경제회담에서 김기환 수석대표는 기조발언을 통해 제4차 경제회담에서 제시된 남북한의 합의서 초안에는 "많은 공통점과 유사점이 있으며 차이가 있는 몇 가지 문제는 서로 노력한다면 쉽게 타결이 가능"할 것이라며 차이점을 보이는 합의서 명칭, 사업추진의 원칙, 교역 품목 명시 여부, 거래 방식 및 결제은행, 경제협력 대상사업 명시 여부, 공동위원회 기능, 분과위원회 수 등 7개 항에 대한 남한 측의 검토의견을 다음과 같이 밝혔다.[171]

1. 합의서 명칭 문제
   - 쌍방 간 표현상 약간의 차이가 있으나 기본적으로 문제가 되지 않을 것
   - 제3차 경제회담에서의 쌍방 합의를 존중하여 '남북 간 물자교류 및 경제협력 추진과 부총리급을 위원장으로 하는 남북경제협력공동위원회 설치에 관한 합의서'로 정하는 것이 좋을 것
2. 사업추진의 원칙 문제
   - 쌍방 합의서의 전문에 약간의 표현상 차이는 있지만 대체로 남북한의 경제적 유대 회복,

171 국토통일원, 『남북한통일제의자료총람 제3권』, 1985, pp.1417~1421.

민족번영, 평화통일 등 공통된 기본 정신과 목적을 명시하고 있으므로 중복되는 조항을 추가로 둘 필요 없을 것

3. 교역 품목 명시 여부 문제
   - 북한 측의 합의서 초안에는 교역 품목이 명시되어 있지 않으나, 1년 이상 지속된 남북 경제회담의 결과를 총망라하고 합의 내용을 최우선 과제로 실천해야 한다는 의미에서도 쌍방 간 의견의 일치를 본 교역 품목은 구체적으로 명시하는 것이 옳다고 생각

4. 거래 방식 및 결제은행 문제
   - 원칙적으로 청산결제방식과 남북한 은행의 직접 결제방식을 도입
   - 단 쌍방 은행 간 청산약정이 체결될 때까지 잠정적으로 제3국 은행 발행 신용장에 의한 거래 방식이 합당

5. 경제협력 대상사업 명시 여부 문제
   - 향후 공동위원회가 새로운 사업 대상을 협의하더라도 이미 의견의 일치를 본 공동어로구역 설정 문제, 지하자원 공동개발 문제 등은 이번 합의서에 명시할 것

6. 공동위원회 기능 문제
   - 공동위원회의 기능 안에 물자교류와 경제협력사업에 관해 이미 합의한 사항의 이행문제를 명시할 것

7. 분과위원회 수
   - 우선 물자교류분과위원회와 경제협력분과위원회를 발족시키고 사업의 확대에 따라 필요한 특별분과위원회나 소위원회의 설치 문제를 협의

이어서 김기환 수석대표는 남북 경제회담에 대한 국내외의 기대에 부응하기 위해서라도 "금년 안에 쌍방 간에 등가방식에 의한 물물교환을 시범적으로 실시할 것"을 제의했다. 남북경협 역사상 최초의 구상무역 제안이었다. 이는 북한의 무연탄 30만톤과 제1, 2차 남북 경제회담에서 남북한 간 의견이 일치된 교역 품목 중 이에 상당하는 가격의 품목, 예를 들어 남한의 철강재와 교환하자는 것이었다. 그러면서 김기환 수석대표는 남북한 간에 물자교류사업을 시급히 추진할 것과 무연탄, 철강재 등 쌍방이 필요로 하는 물자를 서로 사고팔자는 데에 대해서는 이미 1년 전에 사실상 합의했음을 상기시키면서 "이 정도의 시범적 사업은 더 이상 미루지 말고 착수할 수 있는 문제"라고 주장했다.

이에 대해 북한 측은 남한 측이 제기한 7개 항 중에서 합의서 명칭, 사업추진의 원칙, 교류대상 품목 명시 여부, 공동위원회 수 이외에 서명자의 최고책임자로부터의 권한위임 명시 문제와 서명란에 국호를 사용하는 것에 대한 문제를 추가적으로 제시하면서, 남한 측이 제시한 무연탄 30만톤 구입 문제에 대해서는 답변을 회피했다.[172] 합의서 명칭에는 물자교류보다 경제협력을 앞서 넣을 것을 제안했고, 자주·평화통일·민족대단결의 '조국통일의 3대원칙'을 존중할 데 대한 원칙을 비롯한 몇 가지 사업추진 원칙들을 명백히 별도의 독립조항으로 규정해놓는 것이 합리적이라고 주장했다. 교류대상 품목은 미리 명시하면 교역을 제한하는 인상을 준다면서 품목을 설정하는 방향과 방법상의 문제만 규정하자고 대응했다. 분과위원회 수도 될수록 부문별로 세부화하자는 기존 입장을 되풀이했다. 경제회담의 대표단은 각각 쌍방 부총리들의 위임을 받고 회담을 시작했기 때문에 최고당국자의 위임서명은 합당치 않으며, 경제회담에서의 합의서는 나라와 나라 사이에 채택하는 합의서가 아니라 한 나라 안에서 같은 민족끼리 경제협력과 교류를 실현하기 위하여 채택하는 합의 문건이기 때문에 서명란의 호칭도 북측 대표단, 남측 대표단이라고 관례대로 쓰면 된다고 주장했다.

또한 북한 측은 공동위원회의 우선적인 구성을 계속해서 주장하며 경제회담을 실무접촉 수준으로 사실상 격하시키는 동시에 경제회담에서의 실질적인 토의를 지연시키려는 입장을 나타냈다.[173] 합의서 명칭에서 경제협력을 먼저 쓰자고 한 것도 상대적으로 실현이 쉬운 물자교역을 합의서에서 퇴색시키려는 의도로 해석되었다.[174] 경제회담이 시작되기 전 남한 기자들이 회담의 전망을 묻자 북한 기자들이 "두고 봐야 되지 않느냐"면서도 "국회회담을 빨리 열어야 될 것 아니냐"라며 경제회담은 안중에도 없는 듯한 태도를 보인 것도 경제회담에 대한 북한의 부정적 입장을 드러내는 것이었다.[175]

이처럼 양측의 주장이 팽팽히 맞선데다가 교역, 철도 연결 등 실천이 용이한 남북경협 사업부터 추진하자는 남한의 적극적 입장과 정치적 차원의 의제와 협상 방식을 고집한 북한의 소극적 입장으로 인해 제5차 경제회담은 합의점을 찾지 못했다.[176] 쌍방은

172 통일부 남북관계관리단 홈페이지, 회담별 전체자료 > 경제 > 남북 경제회담 > 제5차 남북 경제회담.

173 국토통일원 남북대화사무국, 『남북대화백서』, 1988, p.292.

174 "'물자교류' 진전 없어", 『조선일보』, 1985.11.21.

175 "농사도 1년이면 수확 … 우리도 결실얻자", 『경향신문』, 1985.11.20.

176 실제로 당시 국토통일원 장관이었던 박동진은 다음과 같이 말했다. "북한 측은 작년 5월에 열린 제2차 회담 때부터 물자교류, 철도연결 등 실질적인 문제토의를 회피하고 남북경제협력기구의 설치문제만을

의견조정을 위한 회담이 더 필요하다는 데 의견을 같이하여 제6차 경제회담을 1986년 1월 22일에 개최하기로 합의하고 회담을 끝냈다. 하지만 남한이 '팀스피리트 86' 훈련 계획을 발표하자 북한은 제6차 경제회담 개최를 이틀 앞두고 훈련 중지를 요구하며 일방적으로 회담의 연기를 통보했다. 이렇게 해서 1년여 동안 지속되었던 남북 경제회담은 중단되었고, 그 이후 다시 열리지 못했다.

3. '7·7 선언'과 남북경협의 합법화[177]

1) '7 · 7 선언'과 후속 조치의 내용

6·25 전쟁 이후 중단되었던 남북경협은 노태우 대통령의 '7·7 선언'으로 합법화되었다. 핵심은 북한을 단순히 적이 아니라 동반자 관계로 설정한다는 것이었다. 이를 위해 "분단의 벽을 헐고 모든 부문에 걸쳐 교류를 실현"해 나가겠다고 선언했다. 그 중심에는 남북경협이 있었다. 그동안 금지되었던 남북경협이 '7·7 선언'을 통해 비로소 합법화되었고, 재개의 기회를 맞이하게 되었다.

노태우 대통령은 '7·7 선언'을 통해 "남북분단은 우리 민족의 의사에 의한 것이 아니었으나 민족통합은 우리의 책임아래 우리의 자주적 역량으로 이루어야" 한다면서 "분단의 장벽을 허물어 번영된 통일조국을 여는 길을 개척하는 것이야말로 오늘을 사는 우리 겨레 모두에게 맡겨진 민족사의 소명"이라고 규정했다. 이제는 남북한 간에 "화해와 협력의 밝은 시대를 함께 열어가야" 하고, "민족 전체의 복지와 번영을 위해 함께 노력할 때"이며, "전쟁의 위험과 대결의 긴장이 상존하고 있는 한반도에 평화를

앞세움으로써 지연전술로 나오기 시작했습니다. 우리 측의 포용성 있는 발의에 따라 쌍방이 남북 간의 물자교류 및 경제협력 추진과 경제협력기구의 설치를 위한 합의서를 채택하자는 데 합의하고 이를 위한 협의를 진행하는 과정에서도 북한 측은 이미 쌍방 간에 의견의 일치를 본 교류품목을 합의서에 구체적으로 명기하는 것을 거부하는가 하면, 경제문제와는 관계가 없는 통일원칙을 굳이 합의서 조항에 명기하자고 고집하는 등 불합리한 태도를 보임으로써 회담이 원만하게 진전되지 못했습니다." 박동진, "통일정책 추진에 관한 보고", 평화통일정책자문회의 제2차 지역회의, 1986.5.12.

177 이 부분은 다음을 수정·보완한 것이다. 조동호, "7·7 선언과 남북한 공존의 가능성", 박인휘·강원택·김호기·장훈(편), 『탈냉전사의 인식』, 한길사, 2012.

정착하고 통일의 새로운 전기를 마련하여야 할 역사적인 시점"이라고 선언했다. 이어서 "남과 북이 함께 번영을 이룩하는 민족공동체로서 관계를 발전시켜 나가는 것이야말로 번영된 통일 조국을 실현하는 지름길"이므로 "대외적으로도 하나의 공동체라는 인식을 바탕으로 대결의 관계를 지양"하고 "상호 간에 서로의 위치를 인정하고 민족전체의 이익을 위해 협력"하자면서 다음과 같은 정책을 추진해나갈 것을 선언했다.

> 첫째, 정치인, 경제인, 언론인, 종교인, 문화, 예술인, 체육인, 학자 및 학생 등 남북동포 간의 상호교류를 적극 추진하며 해외동포들이 자유로이 남북을 왕래하도록 문호를 개방한다.
>
> 둘째, 남북 적십자회담이 타결되기 이전이라도 인도주의적 견지에서 가능한 모든 방법을 통해 이산가족들 간에 생사, 주소확인, 서신왕래, 상호방문 등이 이루어질 수 있도록 적극 주선, 지원한다.
>
> 셋째, 남북 간 교역의 문호를 개방하고 남북 간 교역을 민족내부 교역으로 간주한다.
>
> 넷째, 남북 모든 동포의 삶의 질을 향상시킬 수 있도록 민족경제의 균형적 발전이 이루어지기를 희망하며 비군사적 물자에 대해 우리 우방들이 북한과 교역을 하는 데 반대하지 않는다.
>
> 다섯째, 남북 간의 소모적인 경쟁, 대결 외교를 종결하고 북한이 국제 사회에 발전적 기여를 할 수 있도록 협력하며, 또한 남북대표가 국제무대에서 자유롭게 만나 민족의 공동이익을 위하여 서로 협력할 것을 희망한다.
>
> 여섯째, 한반도의 평화를 정착시킬 여건을 조성하기 위하여 북한이 미국, 일본 등 우리 우방과의 관계를 개선하는 데 협조할 용의가 있으며 또한 우리는 소련, 중국을 비롯한 사회주의 국가들과의 관계 개선을 추구한다.

'7·7 선언'의 6개 항에서 남북경협과 관련한 가장 직접적인 항목은 세 번째 항이다. 이는 남북한 간에 그동안 중단되었던 교역을 재개하며, 남북한 간의 교역은 민족 내부 간의 교역으로 간주한다는 것이었다. 첫 번째 항의 경제인 교류도 남북경협 재개를 위한 필요 사항이었다. 또한 투자를 염두에 둔 네 번째 항의 '민족경제의 균형적 발전'은 2000년 이후 성사된 모든 남북 정상회담의 합의문에 반영되었다.[178]

---

178 2000년 '6·15 공동선언' 제4항의 "남과 북은 경제협력을 통하여 민족경제를 균형적으로 발전", 2007년

남북교역을 민족내부 교역으로 볼 수 있을까?

민족내부 교역 혹은 민족내부 거래는 분단국가 사이에서 이루어지는 교역을 국가 대 국가 간 거래가 아닌 같은 민족 간 거래로 보고 무관세 등의 혜택을 주는 무역형태를 의미한다. 독일의 경우 1951년 '관세 및 무역에 관한 일반협정(GATT: General Agreement on Tariff and Trade)'에 가입할 당시 동서독 간의 교역에 대해서 민족내부 거래로 인정받았다. 남북교역도 '7·7 선언'에서 민족내부 교역으로 선언했고, 이후 남북경협과 관련한 남북한 간의 모든 합의서에서 민족내부 교역이라는 점을 지속적으로 확인해왔다.

남북한은 1991년 '기본합의서' 전문에서 남북관계를 "나라와 나라 사이의 관계가 아닌 통일을 지향하는 과정에서의 잠정적으로 형성되는 특수관계"로 규정하고, '기본합의서' 제15조에서는 "민족내부 거래로서 물자교류를 실시한다"고 합의했다. 1992년 9월 채택된 '기본합의서'의 교류·협력 '부속합의서'에서는 민족내부 교역이라는 점을 구체화하여 "남과 북은 물자교류에 대하여 관세를 부과하지 않으며, 남북 사이의 경제관계를 민족내부관계로 발전시키기 위한 조치를 협의할 것"을 규정했다. 또한 우리 정부는 2005년 12월 29일 '남북관계 발전에 관한 법률'을 제정하면서 제5조에서 "남한과 북한 간의 거래는 국가 간의 거래가 아닌 민족내부의 거래로 본다"고 명시했다.

그런데 남북교역이 민족내부 교역이라는 것은 남북한의 주장이며, 국제적으로 인정된 것은 아니다. 과거 독일이 GATT에 가입할 당시 국제적으로 공인받은 경우와는 다르다. 민족내부 교역이라고 남북교역을 무관세로 진행하는 것은 관세를 부과받는 제3국에 대한 차별이 된다. 따라서 남북교역의 초기 단계부터 교역이 확대되는 경우 제3국이 문제를 제기할 것에 대비한 준비를 해야 한다는 주장이 제기되어왔다.[180] 이에 따라 우리 정부는 국제적으로도 남북교역의 민족내부 거래 성격을 인정받기 위한 노력을 계속해서 기울여왔다. 1995년 WTO에 가입하면서 제정한 '세계무역기구 협정의 이행에 관한 특별법' 제5조에서 "남북한 간의 거래는 민족내부 거래로서 협정에 따른 국가 간의 거래로 보지 아니한다"라고 명시했다. 또한 2004년 이후 싱가포르, ASEAN, EFTA와 FTA를 체결하면서 개성공단 등 북한에 건설된 남북한 간의 협력공단에서 생산된 제품이 역외가공 규정에 따라 일정 요건을 갖춘 경우 당해 물품의 원산지를 남한으로 간주하여 FTA가 부여하는 특혜세율을 적용할 수 있도록 하는 데 합의했다. 그러나 아직 국제적으로 남북교역이 민족내부 교역으로 공식 인정받고 있진 못하다.

'10·4 선언' 제5항의 "남과 북은 민족경제의 균형적 발전과 공동의 번영을 위해 경제협력사업을 …… 적극 활성화하고 지속적으로 확대 발전", 2018년 '평양공동선언' 제2항의 "남과 북은 …… 민족경제를 균형적으로 발전시키기 위한 실질적인 대책들을 강구" 등이다.

한편 '7·7 선언'의 내용에서 알 수 있듯이, '7·7 선언'은 단지 북한만을 대상으로 한 것이 아니라 소련, 중국, 그리고 기타 공산국가 전체를 대상으로 한 것이었다. 이른바 '북방정책'이 시작된 것이다.[180] '북방정책'의 목적과 내용에 대해서는 여러 가지 해석이 존재하지만,[181] 궁극적으로는 남북한 간의 평화와 통일을 지향하는 것이었다는 데에는 이견이 존재하지 않는다. 예를 들어 '북방정책'은 남북한 간 교류협력의 발전과 통일의 실현을 위한 정책이고,[182] 공식적·명시적 목표는 남북한 통일을 위한 북방우회론 혹은 북방을 통한 대북·통일 접근이며,[183] 남북한의 통일은 북방정책의 최상의 목표라는 것이다.[184] 당시 국토통일원 장관이었던 이홍구는 민족의 안보와 번영을 추구하는 북방정책은 북한과의 대결을 의식해서 추진되는 것은 아니지만, 분단의 현실, 그리고 통일을 향한 계획과 분리해서 생각할 수 없다고 정리한다.[185] 실제로 노태우 대통령 역시 원교근공(遠交近攻) 전략을 남북관계에 활용하여 북한을 "양파껍질 벗기듯 둘레에서부터 하나씩 벗겨 나가자"라고 생각했다고 회고했다.

> 남북한 대치상태를 해결하기 위해 어떻게 해야 하는지를 고민하던 나는 중국 전국시대 진(秦)나라가 썼던 '원교근공' 전략을 떠올렸다. 진시황(秦始皇)이 중국을 통일하기

179 예를 들어 조동호, "남북한 교역의 내국 간 거래 승인문제와 우리의 입장", KDI 정책포럼 제35호, 1994.

180 '북방정책'이라는 용어를 정부가 정식으로 사용한 것은 1983년 6월 29일 이범석 외무부 장관의 국방대학원 연설에서였으나, '북방정책'이 구체적으로 추진된 시기는 '7·7 선언'이 발표된 1988년을 시발점으로 보는 것이 타당하다. 신범식, "북방정책과 한국·소련/러시아 관계", 하용출 외, 『북방정책: 기원, 전개, 영향』, 서울대학교출판부, 2003, pp.75~76. 한편 공로명 전 외무부 장관은, 이범석 장관이 '대공산권정책'이라는 단어는 어감이 좋지 않아 '북방정책'이라는 용어를 사용하게 된 것이라고 당시를 설명한다. 국립외교원 외교안보연구소 외교사연구센터(편), 『북방정책과 7·7선언』, 선인, 2020, p.207.

181 예를 들어 다음의 문헌들을 참조. 김달중, "북방정책의 개념, 목표 및 배경", 『국제정치논총』, Vol.29 No.2, 1989; 김성철, "외교정책의 환경·제도·효과의 역동성: 북방정책 사례분석", 『국제정치논총』, Vol.40 No.3, 2000; 김학준, "한국휴전 이후 현재까지의 대한민국의 북방정책", 한국정치사회학회(편), 『한국 북방관계의 정치외교사적 재조명』, 평민사, 1990; 유석렬, "북방외교의 현황과 추진방안", 한국정치학회(편), 『민족공동체와 국가발전』, 1989; 이종훈, 『북방정책의 평가와 향후과제』, 현안분석 제56호, 국회도서관, 1992; 최호중, "한국 북방외교의 현실과 과제", 『국제정세』, 1990; 하용출 외, 『북방정책: 기원, 전개, 영향』, 서울대학교출판부, 2003.

182 김달중, "북방정책의 개념, 목표 및 배경", 『국제정치논총』, Vol.29 No.2, 1989, p.43.

183 유석렬, "북방외교의 현황과 추진방안", 한국정치학회(편), 『민족공동체와 국가발전』, 1989, p.87.

184 임춘건, 『북방정책과 한국정치의 정책결정』, 한국학술정보, 2008, p.183.

185 이홍구, "북방정책과 통일전망", 김학준·염홍철(편), 『선진 한국의 모색: 제6공화국 정책평가』, 동화출판사, 1993, p.285.

위해 구사했던 이 전략은 '멀리 있는 나라들과 친밀한 관계를 맺어 힘을 얻은 뒤에 가까이 있는 적을 공격해 때려부순다'는 것이다.

나는 이 전략을 남북관계에 원용해야겠다고 작정했다. 북한이 문을 열지 않으므로 저 먼 데로 돌아가자고 판단한 것이다. '1차로 비동맹국, 그다음에는 북한과 관계를 맺고 있는 나라들, 즉 소련과 중국·동구권까지 친해지자'고 작정했다. 평양으로 가는 길을 모스크바와 베이징을 통해 모색하기로 한 것이었다. 나는 전쟁을 통하지 않고 북한을 개방시킬 수만 있다면 통일은 자연스럽게 이뤄진다고 믿었다. 어떤 공산주의 국가이건 개방되면 변하게 마련 아닌가. '개방=통일'이라는 것이 내가 추진한 대북 전략의 기본 개념이었다.[186]

노태우 대통령은 1988년 2월 25일 취임사에서부터 "우리가 교류가 없던 저 대륙 국가에도 국제협력의 통로를 넓게 하여 북방외교를 활발히 전개"하겠다면서 "북방에의 이 외교적 통로는 또한 통일로 가는 길을 열어줄 것입니다"라고 선언했다. 3월 1일 3·1절 기념사에서는 "우리와 외교관계가 없는 북방의 대륙국가들과도 적극적인 관계를 이룩할 것입니다. 새 시대는 이들 나라들과 폭넓은 교류의 길을 틀 것이며, 그것은 통일을 향한 우리들의 전진에 한 관문을 여는 것이 될 것입니다"라고 강조했다. 1988년 4월 21일 취임 후 첫 기자회견에서 노태우 대통령은 자신의 임기를 '남북이 협력해서 평화통일을 열어 나아가는 시대'로 만들겠다고 천명하면서 "가장 효과적인 방법은 남북책임자 정상회담을 통해서 해결해 나가는 것"이라며 남북 정상회담도 거론했다.[187] 1988년 5월 30일 제13대 국회 개원식 연설에서도 "북한은 이제 우리와 대결하여 서로 헐뜯는 상대가 아니라 동포애적 차원에서 함께 번영을 누려야 할 민족공동체라는 입장에서 온 국민이 슬기와 힘을 모아 통일정책을 추진해나갈 때"라고 선언했

186 노태우, 『노태우 회고록 (하)』, 조선뉴스프레스, 2011, p.140.

187 행정안전부 대통령기록관 홈페이지, 대통령 이야기 > 노태우 > 연설기록 > 취임 후 첫 기자회견. 이때의 남북 정상회담 제의가 처음은 아니다. 1975년 8월 18일 박정희 대통령은 『뉴욕타임스』와의 기자회견에서 김일성이 군사적이지 않은 평화적 방법에 의한 통일을 추구한다면 그와 만나 통일에 대해 이야기하는 것도 무의미하지 않다고 생각한다고 말했고, 1981년 1월 12일 전두환 대통령은 남북한의 신뢰 회복과 전쟁 재발 방지의 계기를 마련하기 위한 남북 정상의 상호 방문을 제안했다. 국토통일원, 『남북한 통일·대화 제의 비교: 1945~1988』, 2차 증보판, 1988, p.164, p.230.

다.[188] 노태우 대통령은 1988년 8월 15일 광복절 경축사를 통해서는 "북한의 김일성 주석에게 6천만 동포의 염원에 따라 민족통합을 실질적으로 추진해나가기 위해 가능한 한 빠른 시일 안에 만나 회담할 것을 제의"한다고 말함으로써 남북 정상회담을 공식적으로 제안했다.

1988년 10월 18일 노태우 대통령은 대한민국 대통령으로서는 최초로 159개 회원국 대표들이 참석한 제43차 유엔총회에서 '한반도에 화해와 통일을 여는 길'이라는 주제의 연설을 했다.[189] 노태우 대통령은 전 세계적으로 개방과 화해의 물결이 일고 있는 상황에서 "냉전체제의 마지막 유산으로 남아온 한반도에서도 긴장 완화와 평화를 위한 노력을 본격화"하고 있다고 언급하며 우리의 대북 정책을 소개했다. 이를 위해서는 "서로를 가르는 벽을 허물어 서로 개방하고 교류, 협력하여 믿음을 심는 길 밖에 없"으므로 "남북한 간에 서로가 서로를 불신, 비방하며 서로를 적대시하는 모든 대결의 관계를 지양"하고 "한 민족으로서, 번영을 위해 서로 협력하는 동반자로서의 관계를 진전시켜 나아갈 뜻을 분명히" 하기 위해 '7·7 선언'을 발표했다고 설명했다.

이 연설에서 노태우 대통령은 남북경협과 관련해서 자유로운 남북교역은 물론 남북한 간 도로 연결, 서로의 인력·기술·자본을 활용한 공장 건설 및 국토 개발에서의 공동협력을 해야 한다고 언급했다. 비무장지대 안에 '평화시'를 건설하고, 이 '평화시' 안에서 "남북의 이산가족들이 자유로이 만나며 민족문화관, 학술교류센터, 상품교역장 등을 설치하여 폭넓은 교환, 교류, 교역을 실시할 수 있을 것"이라고도 했다. 일단 인적·물적 교류협력의 길을 트고 장을 만들자는 것이었다. 남북 정상회담을 다시 한번 거론하면서 정상회담에서 상호 불가침, 군비 축소, 통일 등의 문제와 함께 남북한 간의 교류협력에 대해서 논의할 것도 제안했다.

결국 '7·7 선언'은 탈냉전이 시작되는 상황에서 주도적으로 남북관계의 개선을 끌어내겠다는 적극적 대북 정책의 시작을 의미하는 것이었고, 대북 정책과 북방정책을 결합한 것이었다. "당시 정부로서는 북방외교의 성과가 남북관계의 진전으로 이어질 수 있도록 북방외교와 대북 정책을 효과적으로 병행 추진하는 것이 중요한 정책과제"였다는 이상옥 전 외교부 장관의 회고도 마찬가지 맥락이다.[190] '7·7 선언' 준비 팀장

188 행정안전부 대통령기록관 홈페이지, 대통령 이야기 > 노태우 > 연설기록 > 제13대 국회 개원식 연설.
189 행정안전부 대통령기록관 홈페이지, 대통령 이야기 > 노태우 > 연설기록 > 유엔총회 연설.
190 이상옥, 『전환기의 한국외교』, 삶과꿈, 2002, p.410.

<표 2-20> '7·7 선언' 이후 관련 후속 조치

날짜	부처·기관	주요 내용
1988.7.13	대한적십자사	이산가족 문제 논의를 위한 적십자 실무회의 제의
1988.7.15	문교부	남북한 학생 간의 조국순례 대행진, 체육경기·공연·전시회 등의 교환 개최, 수학여행단 교환 논의를 위한 교육당국회담 제의
1988.7.16	외교부	우리의 우방국과 북한 간의 교역 불반대, 북한의 국제기구 가입 협력, 남북 외교관 접촉, 북한의 미·일 접촉 불반대
1988.7.19	국방부	대북 비난방송 전면 중단
1988.7.19	문화공보부	납·월북작가 문학작품의 출판 허용
1988.9.3	문화공보부	북한 및 공산권 자료의 개방
1988.10.7	경제기획원	북한물자 교역 및 중계 허용, 북한 원산지 표시 및 상표의 부착 허용, 교역물자 관세 미부과, 북한 선적의 입항 허용, 남북 경제인의 상호 접촉·방문 허용

으로서 실무 총괄을 맡았던 박철언 당시 청와대 정책보좌관은 '북방정책'이 두 가지 의미에서 사용되었다면서 협의로는 북한을 제외한 미수교 동구 공산국가와의 외교관계 수립을 위한 성책을 의미하며, 광의로는 북한에 대한 과거의 적대와 대결에서 벗어나 화해와 협력을 통해 평화통일의 길로 나아가자는 대북 포용정책과 새로운 통일정책까지를 포함한다고 설명한다.[191] 결국 '7·7 선언'의 출발점은 북한을 기존의 타도의 대상에서 공존의 대상으로 인식을 전환하는 것이었다.

이러한 대북 인식의 전환은 '7·7 선언' 이후 다양한 실천조치들로 구체화되었다(<표 2-20> 참조). 1988년 7월 13일 대한적십자사는 이산가족의 생사와 주소 확인을 위한 신청서와 회보서의 상호 교환, 1985년 이산가족 고향방문단 교환 당시 상봉가족의 서신 교환, 해외거주 이산가족들에게 생사와 주소 확인, 서신 왕래, 상봉 등의 기회 알선 등을 논의하기 위해 남북 적십자 실무회의를 7월 30일 내에 개최할 것을 제안했다. 7월 15일 문교부는 남북 교육당국회담을 7월 30일 안으로 개최하자면서, 이 회담에서 남북 학생 간의 조국순례 대행진 추진 문제와 친선체육경기 교환 개최 문제,[192] 그 외

191 박철언, 『바른 역사를 위한 증언 2』, 랜덤하우스중앙, 2005, p.23.

192 우리 측의 제안은 조국순례 대행진의 경우 남북한 각각 1,000명 규모로 남한 학생들은 판문점에서 백두산으로, 북한 학생들은 판문점에서 한라산으로 행진한 후 귀환하는 방식이며, 친선체육경기는 우선 축구,

학생교류 추진과 관련한 문제들을 협의하고 이러한 시범사업들이 성사되면 음악·미술·무용·연주 등 문화예술 분야에서 공연 및 전시회의 교환 개최, 명승지와 사적지를 관광하는 수학여행단 교환 등으로 발전시켜 나가자고 제안했다.

7월 16일 외교부는 미국, 일본 등 우리의 우방국과 북한의 비군사적 물자의 교역 및 이를 위한 지사·지점의 설치 불반대, 국제사회에서 북한의 지위 인정, 북한과의 소모적 경쟁 및 대결외교 지양, 북한의 국제기구 가입 협력, 남북 외교관 간의 접촉과 대화 추진, 미국·일본 외교관의 북한 외교관과의 접촉·대화 불반대, 우리의 우방국과 북한 간의 문화, 예술, 학술, 스포츠 등 분야의 교류 협조 등의 내용을 담은 후속 조치를 발표했고, 7월 19일에는 해외동포들의 남북한 자유왕래를 위한 후속 조치도 발표했다. 국방부는 '7·7 선언'의 정신에 따라 1988년 7월 19일 0시부터 전방지역에서의 대북 비난방송을 전면 중단했다. 문화공보부는 1989년 7월 19일 납·월북작가 또는 재북작가의 해방 전 문학작품에 대해서 상업출판을 허용하는 조치를 발표했으며, 9월 3일에는 북한 및 공산권 자료의 개방조치도 발표했다. 이에 따라 국헌에 위배되는 자료를 제외한 북한 및 공산권 자료의 전면 공개, 북한『노동신문』과 영상자료의 일반인 대상 제한적 공개, 정부기관 또는 공공연구기관에서 보유하고 있는 가능한 한 많은 양의 북한 및 공산권 정보자료의 각계 제공 등이 추진되었다.[193]

1988년 10월 7일에는 경제기획원의 '7·7 선언' 후속 조치가 발표되었다. 그 구체적 내용은 민간상사의 북한물자 교역 허용, 민간상사의 북한물자 중계 허용, 북한 원산지 표시 상표의 부착 허용, 직·간접 교역물자에 대한 관세 미부과, 남북 경제인의 상호 접촉·방문 허용, 북한 선적의 상용선박 입항 허용, 남북경제교류 관련 법제의 보완 등 7개 항이었다.

이외에도 여러 가지 형태의 후속 조치들이 실행되었다. '7·7 선언'의 취지와 정신을 실제 교육현장에서 구현하기 위해 정부는 1988년 7월부터 교과서 내용 개편작업을 진행했다. 이에 따라 교과서에서는 과거 북한의 잔학성, 호전성을 강조함으로써 결과

남녀 탁구, 남녀 배구 등 구기 종목을 택해 남북한 각각 200명 정도로 선수단을 구성하여 1988년 10월 평양, 1989년 4월 서울에서 개최하자는 것이었다. 국토통일원 남북대화사무국,『남북대화백서』, 1988, p.394.

193 정부는 북한 및 공산권 자료 공개방침을 발표하는 데 그치지 않고 자료를 필요로 하는 국민들이 손쉽게 이용할 수 있도록 하기 위해 국토통일원 산하에 정부 차원의 종합자료센터를 설치·운용하도록 방침을 정하고, 1989년 5월 22일 서울에 북한 및 공산권 정보·자료센터(현 북한자료센터)를 개설했다.

적으로 대북 증오심과 적대심을 심어줄 수밖에 없던 부분이 대거 삭제되는 대신 북한을 민족공동체 내의 동반자로 인식하면서 남북한의 현실을 객관적으로 인식할 수 있게 하는 내용들이 보강되었다. 또한 남북교류협력을 위한 법과 제도의 구축도 추진했다. 남북교류협력의 법적 근거를 마련하고 이를 통해 교류협력을 보다 적극적으로 활성화시키기 위해 1990년 8월 1일 법률 제4239호로 '남북교류협력에 관한 법률'을 제정했다.[194] 남북교류협력에 대한 정부 차원의 종합적이고 체계적인 대응을 위해 1989년 3월 31일에는 통일원 장관을 위원장으로 하고 관련부처 차관들을 위원으로 하는 '남북교류협력추진협의회'도 구성했다.

2) '7 · 7 선언'의 배경

'7·7 선언'이 나오게 된 배경은 우리 내부와 국제 차원의 환경 변화로 나누어 볼 수 있다. 우선 우리 내부적 요인도 몇 가지로 분류할 수 있다. 첫째, 경제를 포함한 모든 분야에서 북한을 압도했다는 확실한 자신감이 있었다. 이미 1970년대에 1인당 국민소득이 북한을 능가하기 시작했고, 1988년에 이르면 남한의 1인당 국민소득이 북한의 3.6배, 경제규모 전체로는 6.9배였다. 무역규모는 남한이 북한의 23배에 달했다.[195] 국제수지는 1986년 사상 최초로 흑자를 기록했다. 1986년 아시안게임에서 일본을 크게 제쳤을 뿐만 아니라 중국에 이어 불과 금메달 1개 차이로 종합 2위를 기록했다는 것도 대단한 자부심을 불러왔다.[196] 아시안게임의 성공적 개최는 우리도 선진국으로 도약할 수 있다는 가능성을 확인시켰다.[197] 우리 정부가 그동안 사회주의 국가들의 실상에 대

194 이에 앞서 '남북교류협력에 관한 특별법'이 1989년 2월 13일 개최된 제145회 임시국회에 제출되었다.

195 1988년 남한의 1인당 국민소득은 4,127달러, 국민총생산(GNP)은 1,728억달러인 데 반해 무역환율로 계산한 북한의 1인당 국민소득은 1,145달러, 국민총생산은 251억달러에 불과했다. 1988년 무역규모는 남한이 1,125억달러, 북한이 49억달러였다. 민족통일연구원, 『남북한 국력추세 비교연구』, 1993, pp.258~260, p.356.

196 금메달 수는 중국 94개, 한국 93개, 일본 58개였다. 그러나 전체 메달 수는 한국이 224개로서 1위였고, 중국 222개, 일본 211개였다.

197 『동아일보』는 1986년 아시안게임을 결산하는 기사의 제목을 '한국인 자신의 힘 새롭게 평가'로 선정했다. "한국인 자신의 힘 새롭게 평가", 『동아일보』, 1986.10.6. 『경향신문』 논설주간 손광식은 칼럼에서 다음과 같이 묘사했다. "피히테는 일찍이 국가와 민족의 발전을 가져오는 유일한 조건을 '전기(轉機)'라고 말했다. …… 86 대사(大事)는 바로 이 '전기'이다. 우리가 눈으로 똑똑히 본 가능성의 현장이다." "그래, 끝내주자", 『경향신문』, 1986.10.8.

해서 획득한 정보를 통해 가지게 된 상대적 자신감도 커다란 동인이 되었다.[198]

둘째, 올림픽의 성공적 개최를 통해 한국의 국력과 위상을 한 단계 올리려는 목적이 있었다. 1980년 모스크바올림픽은 소련의 아프가니스탄 침공을 이유로 서방 세계가 대거 불참했고, 1984년 LA올림픽은 소련을 비롯한 동구권이 보복 불참함으로써 2회 연속 반쪽짜리 올림픽이 개최되고 있었다. 많은 사람들이 서울올림픽에 대해 불안해했다. 남덕우 국무총리조차 올림픽은 당시 경쟁 상대였던 일본 나고야에 양보하고, 대신 1986년 아시안게임 유치에 일본의 지원을 받는 방안을 내놓을 정도였다.[199] 『뉴욕타임스』에는 소련이 서울올림픽에 참가하지 않을 것이라는 전망이 실리기도 했고, 분단국인 데다가 소련이 국가로 인정하지도 않는 한국 같은 나라에서 올림픽을 개최하면 또다시 반쪽짜리 올림픽이 될 것이므로 개최지를 서울에서 도쿄나 몬트리올로 변경하자는 제안이 실리기도 했다.[200] 1984년 6월 1일 파리에서 개최된 국제올림픽위원회(IOC) 창설 90주년 기념식에서 프랑스 국가올림픽위원회 위원장 페유(Nelson Paillou)는 "올림픽의 서울 개최는 부당하고 무망한 일이므로 올림픽은 스페인의 바르셀로나에서 열

---

198 권희영, "북방정책과 한국의 선택", 구범모(편), 『2000년대와 한국의 선택』, 한국정신문화연구원, 1992, pp.367~371. 한 예로 1978년 5월 루마니아 대통령 차우셰스쿠(Nicolae Ceaușescu)가 평양을 방문하여 김일성과 회담했을 때, 김일성은 "나는 소련인들이 독일에서 그러했듯이 남한을 승인할까봐 약간 두려워한다"면서 "소련 사람들과 대화를 해보니 소련인들이 남한을 사실상의 정부로 인정하고 남한을 승인하려는 조짐을 보이는 것 같아 이러한 이야기를 하는 것"이라고 실토했다. "Minutes of Conversation at the Official Meeting between the Romanian Delegation and the Korean Delegation" May 22, 1978(문서번호 114456), Digital Archive, Modern Korean Portal, Woodrow Wilson Center; 홍석률, "데탕트기 한국의 대공산권 외교정책", 『한국문화연구』, Vol.34, 2018, p.329에서 재인용.

199 이연택, "88서울올림픽과 노태우 대통령", 노재봉(편), 『노태우 대통령을 말한다: 국내외 인사 175인의 기록』, 동화출판사, 2011, p.385.

200 "Already there is talk among some Soviet-watchers that the pullout from Los Angeles is merely a prelude to the Soviet Union's not participating in the 1988 Summer Games in Seoul, South Korea, another political powderkeg following the shooting down of a South Korean airliner by the Soviet Union last year." "Sports of the Times; The Olympics Aren't Worth It", *The New York Times*, May 9, 1984. "The way to avoid boycotts against host countries is to pick a place acceptable to everyone. That rules out the United States or the Soviet Union, or divided countries like South Korea, where the 1988 Games are scheduled. …… With the precedent of three boycotts in a row, what's in the cards for Seoul in 1988? The Soviet Union doesn't even recognize South Korea as a nation. Rather than risk the obvious, let the 1988 Games be switched now to a place that already has Olympic facilities, like Tokyo or Montreal." "How to Rescue the Olympics", *The New York Times*, May 29, 1984.

리는 것이 바람직하다"는 주장을 펴기도 했다.[201] 당연히 북한은 남한이 유치 능력이 없다고 선전하면서 남한의 올림픽 유치를 저지하려고 노력했다.[202] 이후 저지 노력이 실패로 돌아가자 북한은 황장엽 당시 노동당 중앙위원회 비서 명의로 1985년 6월 세계 각국의 공산당 중앙위원회에 올림픽 남북 공동개최 지지를 요청하는 서한을 보냈고, 공동개최가 안 되면 사회주의 국가들은 LA올림픽 때와 같이 집단적으로 강력 대처해야 한다고 주장했다.[203] 노태우 정부는 올림픽을 정상적으로, 그리고 성공적으로 개최함으로써 한국의 능력을 보여줘야 했다. '화합과 전진'이라는 서울올림픽의 모토가 보여주듯이, '7 · 7 선언'은 1988년 9월 17일 개막 예정인 서울올림픽을 앞두고 우리나라가 전 세계에 발신한 '화합'의 메시지였고, 서울올림픽의 주제가처럼 '손에 손 잡고' 이념과 상관없이 더 나은 세상을 향해 '전진'하자는 성명이었다.

셋째, 경제적으로 새로운 활로를 찾고자 하는 시대적 배경도 있었다. 1980년대 후반부터 미국으로부터는 통상 압력이 강화되었으며, 국내적으로는 노동자 파업이 빈번하게 일어나고 생산원가가 증가했다. 이에 따라 우리 기업들은 새로운 시장과 값싼 노동력, 우호적 해외투자 대상지를 모색했고, 사회주의 국가들이 그 대안으로 떠오르고 있었다.[204] 이에 따라 사회주의 국가들을 경제 파트너로 인식함으로써 우리 경제의 성장과 발전을 지속하고자 했던 것이다.[205] 노태우 대통령도 내수시장이 부족한 우리 경제로서는 북한 및 중국 · 러시아와의 관계 개선을 통해 연해주와 북만주를 자원개발과 물자판매의 새로운 시장으로 개척함으로써 경제도약의 활로를 찾아야 한다는 믿음이 북방정책의 한 배경이었다고 설명한다.[206]

넷째, 노태우 대통령의 남북관계에 대한 오래된 나름대로의 신념도 작용한 것으로 알려져 있다. 노태우 대통령은 자신의 북방정책이 1973년 박정희 대통령의 '6 · 23 선언'에 뿌리를 두고 있다고 밝혔다.[207] 한국에 대해 적대적이지 않는 한, 이념과 체

---

201 노태우, 『노태우 회고록 (하)』, 조선뉴스프레스, 2011, p.281.

202 국민체육진흥공단, 『서울올림픽사: 올림픽 유치』, 2000, pp.227~228.

203 "한국 1988년 외교문서 공개 … KAL기 폭파범 압송 · 88올림픽 분산개최 제안 비화", 『VOA』, 2019.4.2.

204 전재성, "노태우 행정부의 북방정책 결정요인과 이후의 북방정책의 변화과정 분석", 하용출 외, 『북방정책: 기원, 전개, 영향』, 서울대학교출판부, 2003, p.40.

205 박철언, "민족의 진운과 북방정책", 『민족지성』, 4월호, 1989, pp.188~189.

206 노태우, 『노태우 회고록 (상)』, 조선뉴스프레스, 2011, pp.7~8.

207 노태우, 『노태우 회고록 (하)』, 조선뉴스프레스, 2011, p.134.

제를 달리하는 공산국가들에 대해서도 문호를 개방한다는 것이 핵심 내용인 '6 · 23 선언'을 보면서 그때부터 남북관계를 어떻게 풀어나가야 하는지를 생각하게 되었다는 것이다. 1983년 서울올림픽조직위원회 위원장을 맡은 이후에는 올림픽 유치 활동을 위해 많은 사회주의 국가들을 방문하면서 이들 국가에서도 변화가 일어나고 있음을 감지했고, 이러한 변화를 우리와의 관계 정상화의 계기로 활용하려는 생각을 했다.[208] 1982년 내무부 장관 시절 우리나라의 발전 축을 '서울–대전–대구–부산' 축과 '서울–인천–군산–광주–목포' 축의 균형 있는 2개로 가져가야 한다고 주장했고, 1987년 대통령 후보 시절 서해안 시대의 개막을 선언했던 것도 한중관계와 남북관계의 발전을 염두에 둔 것이었다. 노태우 정부의 북방정책은 "이 눈치 저 눈치 살피다가 갑작스레 꺼내놓은 것이 아니"라는 것이다.[209] 실제로 이홍구 국토통일원 장관은 1988년 3월 14일 남북관계에 대한 새로운 선언을 1988년 6월 29일에 1987년의 '6 · 29'선언에 이은 '제2의 6 · 29 선언'으로 발표하겠다는 안을 노태우 대통령에게 보고했으며[210], 당시 통일원 실무자였던 구본태 전 통일원 통일정책실장은 본래는 '7 · 7 선언'을 '제2의 6 · 23 선언'으로 하기 위해 6월 23일 발표하는 것을 목표로 했으나 시간 부족으로 7월 7일이 되었다고 증언했다.[211] 노태우 대통령 역시 1992년 2월 22일 취임 4주년 기자회견에서 "민주화를 이룩한 대통령", "경제도약을 성공시킨 대통령"과 함께 "통일의 기초를 닦은 대통령"으로 기록되고 싶다는 포부를 밝히기도 했다.[212] 실제로 '7 · 7 선언'의 마지막 문장은 "우리는 멀지않아 하나의 나라로 통일하는 위업을 달성할 수 있을 것으로 확신합니다"였고, 당시 외교안보수석이었던 김종휘는 인터뷰에서 노태우 대통령은 "21세기가 되기 전에 통일이 될 것으로 내다봤습니다. 통일 한국에 유리한 국제 질서를 만드는 게 북방외교의 목표였습니다"라고 증언했다.[213]

다섯째, 민간의 통일논의를 제도권 안으로 흡수한다는 의미가 있었다. 1987년 '6월

208 노태우, 『노태우 회고록 (상)』, 조선뉴스프레스, 2011, p.12.
209 노태우, 『노태우 회고록 (하)』, 조선뉴스프레스, 2011, p.241.
210 박철언, 『바른 역사를 위한 증언 2』, 랜덤하우스중앙, 2005, p.26.
211 국립외교원 외교안보연구소 외교사연구센터(편), 『북방정책과 7 · 7선언』, 선인, 2020, p.143.
212 정해창, 『대통령 비서실장 791일: 정해창의 청와대 일지』, 나남, 2023, p.451.
213 "20년 전 한국 외교의 대담한 선택(상): 5년간 37개국과 수교, 노태우 북방외교의 재발견", 『중앙SUNDAY』, 2010.11.21~22.

6월 항쟁

'6월 항쟁'은 1987년 6월 대통령직선제 개헌 등 민주화를 요구하며 전국적으로 전개된 대규모 시민 항쟁을 일컫는다. 1985년 2월 총선에서 김영삼과 김대중이 강력한 영향력을 발휘하던 야당 신한민주당이 승리함에 따라 대통령직선제 개헌에 대한 요구가 커지기 시작했다. 1986년에는 전국적인 개헌 서명운동도 벌어졌다. 그러나 1987년 4월 13일 전두환 대통령은 임기 내 개헌을 거부하고, 기존 제5공화국 헌법에 따라 대통령 선거인단을 통한 간선제 방식으로 차기 대통령 선거를 치르겠다는 '호헌조치'를 발표했다. 이런 상황에서 1987년 5월 18일 천주교 정의구현사제단이 1987년 1월 발생한 서울대학교 학생 박종철 고문치사사건이 정권 차원에서 은폐·조작되었다는 사실을 폭로했고, 야당, 종교계 등은 6월 10일 '고문살인 은폐규탄 및 호헌철폐 국민대회'를 개최하기로 결정했다. 그런데 하루 전날인 6월 9일 연세대학교 학생 이한열이 교문 앞에서 시위를 벌이다가 경찰이 쏜 최루탄에 맞아 혼수상태에 빠졌다. 이후 시위는 전국으로 번져 나가 중소도시와 농촌 지역의 군 단위에서도 벌어졌고, 대학생들뿐만 아니라 일반 시민들도 가담하는 형식으로 확산되었다. 마침내 6월 29일 여당인 민주정의당의 노태우 대통령 후보는 대통령직선제 개헌의 수용을 핵심으로 하는 '6·29 선언'을 발표했다. 의식불명 상태에 있던 이한열은 7월 5일 사망했고, 7월 9일 치러진 이한열의 노제에 100만 명의 인파가 모인 것을 끝으로 '6월 항쟁'은 마무리되었다.

항쟁' 이후의 민주화 국면에서 통일논의 역시 정부만 독점할 수 없다는 인식이 자연스럽게 나타나면서 민간의 통일운동이 봇물처럼 터져 나왔다. 예를 들어 대학생들은 남북한 학생 공동의 국토순례대행진, 남북대학생 체육대회, 남북 학생회담 등 그동안 금기시되었던 제안들을 공식화하면서 대북 접촉창구 일원화 방침을 내세운 정부와 충돌했다. 불교계는 남북 불교의 자주적 교류, 공동법회 개최 등을 제의했고, 기독교계는 경제 및 학술, 문화, 예술, 종교, 스포츠 등 다양한 분야에서의 개방, 상호교류, 방문, 협동연구 등을 제안했다. 문학예술계는 남북 작가회담, 작품 교류, 현지답사반 교환, 남북 예술대축전 등을 추진했다. 1987년 제13대 대통령 선거에 나온 노태우, 김영삼, 김대중, 김종필 등 주요 후보자들은 통일문제에 대한 자신의 입장을 주장했고, 여러 단체들도 제각기 통일 방안을 발표했다. 1988년은 분단 이후 통일논의가 가장 활발하게 전개된 해였고, 거의 모든 통일에 관한 의견과 제안이 분출된, 통일논의에 있어서 저수지와 같은 해였다.[214] 1988년 전반기의 대학생 시위는 개헌 논의가 한창 진행되고 있던 1987년 전반기보다도 격렬해서 횟수는 1.8배, 참가인원은 1.7배, 최루탄 사용은 1.8배에 달했다.[215] 노태우 정부는 통일논의 과정에서 급진적인 주장이 나오고 이것이 걷잡을 수 없이 확대되어 정치적 불안으로 이어지는 것을 막아야 했다.[216] 민간의 통일논의 분출을 국가가 통제할 수 있는 틀 내로 선택적으로 수용하고 선제적으로 대응하려는 측면이 있었던 것이다.[217] 다시 말해 정부에 부담스러운 상황으로 흘러갈 수 있는 민간의 통일논의를 좌시하거나 통제하는 대신 남북관계 개선을 통해 통일논의의 주도권을 잡고자 했다.[218] 실제로 노태우 대통령은 1988년 9월 5일 『타임스』와의 회견에서 통일논의는 자유화되고 개방되어야 하지만 "북한과의 대화에 있어서는 정부를 창구로 한 단일접근방식을 취해야만 하는 것"이라고 설명했다.[219]

국제 차원에서 본다면, 탈냉전이라는 국제정치질서의 변화 역시 '7·7 선언'의 배경으로 작용했다. '7·7 선언'이 발표된 1988년 무렵은 "냉전의 종식기였으며, 이후 시작될 탈냉전의 서막에 해당되는 시기"였다.[220] 그만큼 세계적 차원에서는 물론 동북아 지역 차원에서도 급격한 변화가 진행되고 있었다.

무엇보다도 소련의 변화가 커다란 영향을 미쳤다. 1985년 고르바초프(Mikhail Gorbachev)가 소련 공산당 서기장으로 등장하면서 내세운 '신사고' 외교정책은 국제정치 환경을 근본적으로 변화시키는 계기가 되었다. 브레즈네프(Brezhnev) 독트린을 철폐했고, 군사력 감축도 추진했다. 소련의 개방과 개혁의 결과로 미소관계의 긴장이 완화되기 시작했다. 소련은 생산성의 저하, 경영의 불합리, 기술의 낙후 등 사회주의 계획경제 체제의 구조적 문제를 타개하기 위하여 미국과의 관계를 개선해야 했고, 미국

214 김천식, "노태우 정부의 남북교류협력법 제정 과정에 관한 연구", 북한대학원대학교 박사학위논문, 2014, p.92.

215 전재성, "노태우 행정부의 북방정책 결정요인과 이후의 북방정책의 변화과정 분석", 하용출 외, 『북방정책: 기원, 전개, 영향』, 서울대학교출판부, 2003, p.39.

216 김선혁, "노태우시대 한국의 시민사회," 강원택(편), 『노태우 시대의 재인식』, 나남, 2012, pp.101~102.

217 신종대, "남북한 외교경쟁과 '6·23선언'", 『현대북한연구』, Vol.22 No.3, 2019, p.223.

218 신범식, "북방정책과 한국·소련/러시아 관계", 하용출 외, 『북방정책: 기원, 전개, 영향』, 서울대학교출판부, 2003, pp.81~82.

219 행정안전부 대통령기록관 홈페이지, 대통령 이야기 > 노태우 > 연설기록 > 미국 타임지 회견.

220 전재성, "노태우 행정부의 북방정책 결정요인과 이후의 북방정책의 변화과정 분석", 하용출 외, 『북방정책: 기원, 전개, 영향』, 서울대학교출판부, 2003, p.30.

은 재정 및 무역적자의 누적 등 경제적인 난관 타개를 위해 소련과의 군사적 경쟁체제에서 탈피하고자 했다. 그 결과 미소 양국은 중거리핵전력(Intermediate-range Nuclear Forces) 철폐협정 체결, 전략무기 감축협상(Strategic Arms Reduction Talks) 및 재래식 무기 감축 협상 등을 거쳐 1989년 12월 몰타 정상회담에서 냉전 종식을 선언하는 상황으로 이어졌다.[221] 이러한 변화와 함께 소련은 1986년 2월 제27차 당대회에서 아태지역의 중요성이 점증하고 있다고 강조했고, 5개월 후인 7월 고르바초프는 소련이 아태국가임을 천명했다. 또한 소련은 경제적 목적으로 한국과의 관계 개선을 필요로 하고 있었다. 사실 노태우 정부의 초기 구상은 대중·대소 관계는 균형을 유지하되, 미국 등 우방국과의 관계를 고려해서 중국과의 수교를 먼저 추진하는 것이었는데, 소련이 적극적으로 나오는 바람에 소련과의 수교가 먼저 이루어졌다.[222]

중국도 변화하고 있었다. 중국은 1984년 10월 중국 공산당 12기 3중전회를 통해 중국식 사회주의 경제 체제의 청사진을 제시하면서 1978년 시작된 경제개혁을 농촌에서 도시로 확산시키며 경제특구를 계속 확대시켜 나갈 것을 선언했다. 중국의 경제적 변화로 인해 한국과 중국 간의 경제관계는 놀라운 속도로 발전을 지속하여 1988년 시점에 한중 무역규모는 18억달러에 달하고 있었고, 이는 1980년 대비 무려 43배 성장한 규모였다.[223] 애초에 중국은 이른바 한반도 정경분리 원칙에 입각해서 북한과는 공식적 관계를, 남한과는 비공식적이며 비정부 간 경제관계를 유지한다는 입장에서 '7·7 선언'에 호응하지 않았으나, 1989년 12월 몰타 미소 정상회담, 1990년 한소수교 등을 거치면서 한반도에서 러시아에 주도권을 빼앗길 것을 우려해서 한중수교에 나섰다.[224]

게다가 소련의 변화로 인해 동유럽 사회주의 국가들에서도 변화의 움직임이 시작되고 있었고, 1988년 서울올림픽을 앞두고 남한과 이들 사회주의 국가들과의 관계도 개선되고 있었다. 실제로 올림픽 참가국과 참가선수는 1980년 모스크바올림픽의 경우 80개국 5,179명, 1984년 LA올림픽의 경우 140개국 6,829명이었던 데 반해, 1988년 서울올림픽은 160개국 8,397명으로서 올림픽 역사상 최대 규모였다. 12년 만에 동서

---

221 임춘건, 『북방정책과 한국정치의 정책결정』, 한국학술정보, 2008, p.115.

222 박철언, 『바른 역사를 위한 증언 2』, 랜덤하우스중앙, 2005, p.185.

223 통계청 국가통계포털 홈페이지, 주제별 통계 > 무역·국제수지 > SITC에 의한 무역통계 > 국가별 수출액, 수입액.

224 전재성, "북방정책과 한국 대외관계의 구조적 변화", 박인휘 외(편), 『탈냉전사의 인식』, 한길사, 2012, p.145.

진영의 국가들이 참여하는 명실상부한 올림픽이 된 것이다.

이와 같은 국제정치질서의 변화와 우리의 위상 제고는 북한에 대한 자신감을 한층 고양시켰다. 이념의 시대가 끝나고 국익의 시대가 도래하자 노태우 정부는 이런 상황을 남북관계 변화의 촉매로 사용하고자 했던 것이다.

3) 북한의 반응과 전개 과정

북한이 '7·7 선언'에 처음부터 호응한 것은 아니었다. '7·7 선언' 발표 4일 후 북한 조국평화통일위원회는 성명에서 남한 당국이 진정으로 대화와 통일을 원한다면 군축부터 실현하고 남북 학생회담을 보장해야 하며, 북한을 정말 공동체로 본다면 올림픽을 공동으로 주최해야 한다면서, '7·7 선언'은 1982년에 발표된 '민족화합 민주통일방안'의 교차접촉안을 문구와 표현만 바꾸어 각색한 낡은 문서에 불과하다고 폄하했다.[225] 또한 이 성명은, '7·7 선언'에서 제안한 주변국들과의 교차승인을 통한 남북관계 개선 추구는 분열의 영구화라면서 "하나의 민족을 둘로 갈라놓고 남남처럼 살게 할 바에야 교류와 교역을 하자는 의미는 무엇이며 내왕과 방문을 하자는 목적은 무엇인가"라고 비난했다.[226]

'7·7 선언' 이후의 관련 후속 조치에 대해서도 북한은 부정적인 반응을 보였다. 예를 들어 북한 적십자사 손성필 위원장은 1988년 7월 16일 전화통지문을 통해 "남북 적십자회담이 남측의 반공대결정책과 전쟁소동으로 중단되었다"면서 우선 "적십자회담의 재개를 가로막는 제반 요인들이 제거되어야 한다"고 주장함으로써 남북 적십자회담 개최 제의를 거부했다.[227] 7월 17일에는 정무원 대변인 성명을 통해 학생 교류는 당사자인 학생들이 협의·해결할 문제이지 당국이 맡아야 할 성격의 문제가 아니라면서 남북 교육당국회담 제의를 정면으로 거부했다.[228]

남북 정상회담 제의에 대해서도 북한은 침묵을 지키다가 1988년 9월 8일 '9·9절' 경축보고대회에서 김일성이 남북 정상회담에 대해 불가침선언 채택이나 통일국가의

225 국토통일원, 『남북한 통일·대화 제의 비교: 1945~1988』, 2차 증보판, 1988, p.557.
226 김창순, "7·7선언에 대한 북한의 반응", 『북한』, No.200, 1988, p.116.
227 국토통일원, 『남북한 통일·대화 제의 비교: 1945~1988』, 2차 증보판, 1988, pp.561~563.
228 국토통일원, 『남북한 통일·대화 제의 비교: 1945~1988』, 2차 증보판, 1988, p.565.

연방정부 설립과 같은 문제를 논의하러 평양을 온다면 환영하겠지만, "이러한 근본문제를 독자적으로 협의하고 해결할수 있는 권능도 없이 나라를《두개 조선》으로 영구히 분렬시키기 위한 문제나 론의하려 한다면 누구도 우리를 만나러 올 필요가 없습니다"라며 사실상 거부했다.[229] 이미 김일성은 1988년 7월 하순 북한을 방문한 동독 국방장관을 만난 자리에서도 '7 · 7 선언'은 "한반도의 분단을 고착화하려는 의도"라며 반대 입장을 보이면서 팀스피리트를 핑계로 "남한이 우리에게 대포를 겨냥하고 칼을 가는 상황에서 평화적인 협상은 있을 수 없다"고 말했다.[230]

그러나 북한은 '내우외환(內憂外患)'의 상황에 처하고 있었다. 사회주의 종주국인 소련과 중국은 이미 개방과 개혁에 착수했고 남한에의 접근을 시도하고 있었으며, 이는 북한에 상당한 압박으로 작용했다. 예를 들어 1988년 11월 10일 개최된 소련 정치국회의에서는 남한을 '극동지역에서 가장 유망한 경제파트너'라고 정의했고, 고르바초프 서기장은 "우리는 한국과의 관계를 개선하고 수립하기 위해 조금도 흔들림 없이 밀고 나갈 것이다. 이는 불가피한 선택이다"라고 선언했다.[231] 1989년 5월 15~18일 중소정상회담을 위해 베이징을 방문했던 고르바초프 서기장은 자신의 개혁 이미지에 악영향을 끼칠 것이라 우려해서 북한의 간절한 방북 요청에도 불구하고 끝내 평양을 들르지 않았다.[232] 북한의 고립이 시작되고 있었던 것이다. 최병호 전 노르웨이대사는 자신이 1989년 말 폴란드에 근무할 당시 어떤 행사에서 만난 북한대사가 자신을 보자마자 "흡수통일하지 마라"고 말해서 당황했었다고 회상했다.[233] 그만큼 북한은 위기의식을 느끼고 있었다.

'외환'은 '내우'로 연결되었다. 이미 북한경제는 1970년대를 정점으로 급속한 내리막길을 걷고 있었다(<표 2-21> 참조). 북한의 경제성장률은 1970년대 전반 연평균 20%에 가까운 놀라운 수준을 기록했지만, 1980년대 후반에는 불과 3%에도 못 미치고 있었다.

---

229 김일성, "주체의 혁명적기치를 높이 들고 사회주의, 공산주의 위업을 끝까지 완성하자", 조선민주주의인민공화국창건 40돐기념 경축보고대회에서 한 보고(1988.9.9), 『김일성 저작집 41』, 조선로동당출판사, 1995, p.241.

230 돈 오버도퍼, 『두 개의 한국(*The Two Koreas*)』, 이종길(역), 길산, 2002(원저 1997), p.291.

231 돈 오버도퍼, 『두 개의 한국(*The Two Koreas*)』, 이종길(역), 길산, 2002(원저 1997), pp.305~306.

232 통일부 블로그, "북러관계사 ⑦ 한소 국교수립".

233 국립외교원 외교안보연구소 외교사연구센터(편), 『북방정책과 7 · 7선언』, 선인, 2020, p.209.

<표 2-21> 북한의 연평균 경제성장률

(단위: %)

시기	1970~1974	1975~1979	1980~1984	1985~1989
경제성장률	19.8	11.7	6.3	2.8

* 자료: 민족통일연구원, 『남북한 국력추세 비교연구』, 1993, p.258.

<표 2-22> 남북한과 중국 및 소련의 무역규모 비교

(단위: 백만달러)

구분/연도	북한		남한	
	중국	소련	중국	소련
1988	579.1	2,621.6	1,758.9	204.3
1989	562.8	2,349.9	2,141.9	599.4
1990	482.8	2,563.7	2,853.0	888.8
1991	601.5	347.1	4,443.1	1,202.4

* 자료: 북한의 경우는 한국개발연구원, 『북한경제지표집』, 1996, p.150, p.152; 남한의 경우는 통계청 국가통계포털 홈페이지.

이런 상황에서 소련과 중국의 남한으로의 접근은 정치적으로는 물론 경제적으로도 북한에 커다란 타격이었다. 1988년 중국의 북한과의 무역은 6억달러 수준이었지만, 이미 남한과의 무역은 그 3배에 달하고 있었다(<표 2-22> 참조). 더욱이 중국의 북한과의 무역은 정체하고 있었지만, 남한과의 무역은 엄청난 속도로 증가 추세에 있었다. 소련과의 무역에서도 마찬가지였다. 소련과의 무역규모는 아직 북한이 남한을 능가하고 있었지만 감소 추세를 보이고 있었다. 반면 한소무역은 1988~1990년 2년 동안 무려 4.3배 증가할 정도로 급속히 커지고 있었다. 1991년에는 북소무역은 3.5억달러로 급감했지만 한소무역은 12억달러로 증가하여 규모 자체도 역전되었다. 북한경제는 1990년부터 9년간 마이너스 성장을 하게 되는 문턱에 놓여 있었다.

이처럼 '내우외환'에 처한 북한으로서는 '7·7 선언'의 제안을 마냥 무시할 수는 없었다. 그래서 북한의 수사적인 반응은 극렬했지만, 행동까지 극렬했던 것은 아니다.[234]

234 정세현, "북방정책에 대한 북한의 반응", 『국제정치논총』 Vol.29 No.2, 1990, p.137.

게다가 헝가리를 시작으로 한 '사회주의 형제국가'들의 남한과의 수교, 소련과 중국의 대북정책의 변화라는 탈냉전 시대의 도래, 그리고 본격화되기 시작한 경제난은 북한으로 하여금 '내키지는 않지만 어쩔 수 없이' 변화된 상황을 받아들이지 않을 수 없게 했다. 예를 들어 북한은 헝가리의 남한과의 수교에 대해 초기에는 극렬히 비난했다.[235] 1989년 1월 31일 한국을 방문하여 공식 수교에 서명한 뒤 노태우 대통령을 예방한 자리에서 헝가리의 호른(Gyula János Horn) 외무담당 국무비서가 "평양과의 문제에 있어서, 헝가리 역사상 그처럼 무례하게 욕설을 들을 일은 없었습니다"라고 말할 정도였다.[236] 특히 김일성의 아들인 김평일이 헝가리 대사로 부임한 지 2주 만에 남한과의 수교 사실이 발표되었기 때문에 북한으로서는 더욱 당황스러웠다. 북한은 김평일을 즉각 소환하기까지 했다. 그러나 북한은 헝가리와의 관계를 단절하지는 않았고, 오히려 북한과 헝가리 간 무역은 계속 늘었다. 북한과 헝가리의 관계를 관측한 소련 외교관이 "경제적 이해관계에 관한 한 매우 실용적"이라고 평가할 정도로[237] 북한은 '어쩔 수 없는' 상황에 이미 봉착해 있었던 것이다. 한소 수교 직후 "소련은 사회주의대국으로서의 존엄과 체면, 동맹국의 리익과 신의를 23억달러에 팔아먹은것"이라며 "배신이란 말이외에 무슨 말로 표현할수 있겠는가"라고 격렬히 비난했지만, 당국자가 아닌 논평원 명의로 수위를 낮출 수밖에 없었을 만큼 수세에 몰려 있었다.[238]

더욱이 환경의 변화뿐만 아니라 유엔 가입으로 인해 북한은 국제사회에서의 고립을 지속하기도 어려웠다.[239] 이에 따라 김일성은 1990년 5월 24일 최고인민회의에서 종래의 즉각적인 미군 철수 주장에서 한발 물러나 미국이 남한에서 한꺼번에 모든 군대를 철수할 수 없다면 점진적으로 철수할 수도 있을 것이라고 발언하기도 했다. 1970~1980년대에는 북한이 유리한 협상환경을 이용하여 공세적으로 남북대화를 주도했고 이는 대남혁명전략의 일환으로 추진된 의사(擬似)협상이었다면, '7·7 선언' 이후에는 냉전 종식으로 체제위기에 봉착한 북한이 수세적인 입장에서 체제생존전략의

235 한국과 헝가리는 1988년 9월 13일 서울과 부다페스트에 상주 대표부 설치를 공동 발표했고, 이에 따라 10월 25일 부다페스트에 한국 대표부, 12월 27일 서울에 헝가리 대표부가 개설되었으며, 한국은 1989년 2월 1일 사회주의 국가로는 최초로 헝가리와 수교했다.

236 박철언, 『바른 역사를 위한 증언 2』, 랜덤하우스중앙, 2005, p.117.

237 돈 오버도퍼, 『두 개의 한국(*The Two Koreas*)』, 이종길(역), 길산, 2002(원저 1997), p.295.

238 "달러로 팔고 사는 외교관계", 『노동신문』, 1990.10.5.

239 이상옥, 『전환기의 한국외교』, 삶과꿈, 2002, pp.462~463.

일환으로 진의(眞意)협상의 자세를 취할 수밖에 없었던 것이다.[240] 김종휘 외교안보수석 역시 다음과 같이 회상하고 있다.

> 한국의 국력과 군사력이 강해지고 한미, 한일관계가 강화되면서 미국·일본은 한국과의 대화 없이는 북한과 만나지 않겠다고 분명하게 못 박았다. 북한으로서는 자신들이 믿어온 중국, 소련의 연결끈마저 끊어지는 상황에 몰리고 무역마저 감소했다. 그런 상태에서 한국 측이 가슴을 열고 받아들이겠다고 하니까 한국 정부와 얘기할 수밖에 없게 된 것이다.[241]

노태우 정부는 미국을 통해 북한은 물론 소련, 중국을 설득하기 위한 노력도 기울였다. 노태우 대통령은 '7·7 선언' 이틀 전 신동원 당시 외무부 차관을 주한 미국대사관에 보내 릴리(James Lilley) 대사에게 '7·7 선언'의 사본을 전달했다. 소련, 중국과 직접적인 대화 채널이 없었으므로 미국이 중개자 역할을 해달라는 뜻이었다.[242] 미국은 한국 정부의 요청을 받아들여 사본을 소련과 중국에 전달하면서 '적극적이고 건설적인' 구상이라며 중국과 소련에 협조를 요구했다.[243] 또한 미국은 북한의 호응을 유도하기 위해 1988년 10월 31일 북한인의 비공식적·비정부 차원의 미국 방문 장려, 미국인의 북한 여행에 대한 재정 규제 완화, 인도적 차원에서 미국산 식료품·의류·의약품 등의 북한 수출 허용, 북미 간 의사 교환을 위한 북한 인사와의 실질적 대화 허용 등의 내용을 담은 대북한 제재 완화 조치를 발표했다. 이는 '북한의 긍정적이고 적극적인 반응'을 유도하려는 목적이었다.[244] 그 결과 실제로 1988년 12월 5일 미국과 북한은 베이징에서 만남을 가졌다. 이는 최초의 북미회담이었고, 북한은 미국과 직접적인 대화 창구를 가지게 되었다.[245] 그리고 베이징에서의 참사관급회담은 1992년 1월 22일 뉴욕 유

---

240 전재성, "노태우 행정부의 북방정책 결정요인과 이후의 북방정책의 변화과정 분석", 하용출 외, 『북방정책: 기원, 전개, 영향』, 서울대학교출판부, 2003, p.38.

241 조갑제, 『노태우 육성 회고록』, 조갑제닷컴, 2007, p.117.

242 노태우, 『노태우 회고록 (하)』, 조선뉴스프레스, 2011, p.146.

243 돈 오버도퍼, 『두 개의 한국(*The Two Koreas*)』, 이종길(역), 길산, 2002(원저 1997), p.297.

244 돈 오버도퍼, 『두 개의 한국(*The Two Koreas*)』, 이종길(역), 길산, 2002(원저 1997), p.300.

245 주중 미국대사관의 정무참사관 버크하르트(Raymond Burkhardt)가 중국 외무부 국제클럽에서 북한 외교관을 만났으며, 이후 미국과 북한은 1993년 9월까지 34차례의 회의를 가졌다. 돈 오버도퍼, 『두 개의 한국(*The Two Koreas*)』, 이종길(역), 길산, 2002(원저 1997), pp.301~302.

엔주재 미국대표부에서 열린 김용순 북한 노동당 국제부장과 캔터(Arnold Kantor) 미국 국무부 정무차관 간 회담으로 이어지는 계기가 되었는데, 이는 북미관계에서의 첫 번째 고위급회담이었다.[246]

결국 '7·7 선언'과 이후 진행된 상황에 반응을 보일 수밖에 없었던 북한은 1988년 11월 '북남고위급정치군사회담'을 제의했다. 이에 대해 남한이 '남북 고위당국자회담'을 제의했고, 북한이 이에 동의함으로써 예비회담을 거쳐 여덟 차례의 남북 고위급회담이 개최되었다. 특히 1991년 12월 개최된 제5차 남북 고위급회담에서는 오늘날 남북관계와 남북경협의 기본 토대가 된 '기본합의서'가 채택·서명되었다. 이러한 성과를 바탕으로 1990년 9월 남북 통일축구대회가 열렸다. 1991년 4월 제41회 세계탁구선수권대회, 1991년 6월 제6회 세계청소년축구대회에 남북한은 단일팀으로 출전했다. 1991년 6월 17일에는 남북한의 유엔 동시 가입도 성사되었다. 마침내 본격적인 남북 공존의 시대가 '7·7 선언'으로 시작된 것이다.

4. '기본합의서' 체제의 시작

1) 남북 고위급회담과 '기본합의서' 채택

북한은 '7·7 선언'에 대해 즉각적으로 부정적인 반응을 보였지만, 얼마 지나지 않아 비공식적으로는 남북한 간의 물품 거래를 허용하기 시작했다. 앞에서 여러 차례 지적했듯이, 당시의 북한경제로서는 남북경협에 나설 수밖에 없었기 때문이다. 게다가 북한은 새롭게 전개되는 국제정세를 목도하며 체제 유지에 대한 불안감을 느끼고 있었다.

결국 북한은 1988년 11월 16일 부총리급을 단장, 군 총참모장급을 부단장으로 하는 '북남고위급정치군사회담'을 제의했다.[247] 남북한 간의 당면한 정치·군사적 대결상

246 국립외교원 외교안보연구소 외교사연구센터(편), 『북방정책과 7·7선언』, 선인, 2020, p.109.

247 '북남고위급정치군사회담'은 1987년 1월 11일 북한이 정무원 총리 명의로 이미 제안했던 것이며, 이에 대해 우리 측은 1987년 2월 14일 기존에 제안한 '남북한 당국최고책임자회담', 1987년 3월 19일 '남북 총리회담' 등을 제시하면서 이들 회담에서 북한이 요구하는 정치·군사 문제도 다룰 수 있다고 했으나 성

태의 완화 대책을 논의하자는 명분을 내걸었다. 이에 1988년 12월 28일 강영훈 국무총리는 북한 정무원 총리 연형묵에게 총리를 수석대표로 하는 '남북 고위당국자회담'의 개최와 이와 관련한 절차를 협의하기 위한 예비회담의 개최를 제의했다. '남북 고위당국자회담'의 의제로는 북한이 요구하는 신뢰 구축과 긴장 완화 문제를 포함해서 다각적인 교류협력의 실시 문제도 제시했다. 북한은 1989년 1월 16일 '북남고위급정치군사회담'을 준비하기 위한 예비회담을 2월 8일 판문점 '평화의 집'에서 갖자고 함으로써 남한의 예비회담 제의에 동의했다.[248] 여전히 회담의 명칭과 성격에 대해 다른 주장을 하면서도 예비회담에 응했던 것이다. 그만큼 북한은 수세에 놓여 있었다. 당시 외교안보연구원장과 통일원 차관을 역임하면서 우리 측 대표단의 일원으로 참여했던 임동원 전 통일원 장관의 분석에 따르면, '남조선 혁명'을 수행하기 위한 수단으로 남북대화를 추진하는 '공세적 대남혁명전략'에서 이제는 체제 위기를 극복하기 위해 공존의 남북관계를 추구하는 '수세적 체제생존전략'으로 변화한 것이었다.[249]

이로써 1989년 2월 8일에서부터 1990년 7월 26일까지 판문점 남한 측 '평화의 집'과 북한 측 '판문각'을 번갈아 가며 여덟 차례 예비회담이 열렸고, 마침내 제8차 예비회담에서 남북한은 '남북 고위급회담 개최에 관한 합의서'에 서명했다. 예비회담에 이어서 '기본합의서'라는, 남북경협을 포함한 전반적인 남북관계에 있어서 매우 중요한 역사적인 문건을 만들어내게 되는 남북 고위급회담은 1990년 9월부터 1992년 9월까지 여덟 차례에 걸쳐 열렸다. 이 여덟 차례의 회담은 제1~3차 회담의 기본합의 토대 마련 단계, 제4~6차 회담의 포괄적 기본합의서 도출 단계, 제7~8차 회담의 세부적 합의서 도출 단계로 나눌 수 있다.[250]

여덟 차례의 남북 고위급회담에서 논의된, 남북경협과 관련한 주요 내용을 정리하면 다음과 같다. 1990년 9월 4~7일 서울에서 개최된 제1차 고위급회담에서는 남북한 양측의 기본적인 입장이 개진되었다. 남한 측 수석대표인 강영훈 국무총리는 기조연설

사되지 않았다. 한편 총참모장은 우리의 합참의장에 해당한다.

248 이후의 남북 고위급회담 예비회담과 본 회담에 관한 논의는 다음을 참조. 통일원, 『통일백서』, 1990, pp.126~135; 노중선, 『남북대화 백서』, 한울, 2000, pp.49~52.

249 임동원, "남북 고위급회담과 북한의 협상전략", 곽태환 외, 『북한의 협상전략과 남북한 관계』, 경남대학교 극동문제연구소, 1997, p.79.

250 통일원, 『통일백서』, 1992, pp.148~175.

<표 2-23> '다각적인 교류·협력 실시 방안'의 내용

구분	주요 내용
① 이산가족	이산가족의 자유 방문과 재결합의 조속한 실현과 60세 이상 이산가족의 고향방문 즉각 실현
② 민족 교류	민족명절과 기념일 전후 민족대교류 실현 및 문화행사 교환 개최
③ 교류협력	각 분야별 남북 동포 간의 교류협력 방안의 협의·실현
④ 교역	교역문호 개방 및 물자교류
⑤ 투자	자원 공동개발 및 합작투자, 경제 분야 공동 대외진출 및 대외협력 사업 추진
⑥ 관광	관광자원 공동개발 및 관광사업 공동추진
⑦ 철도·도로	남북 간 철도·도로 복원 및 해로·공로 개설
⑧ 우편	우편물 교환 및 전신·전화 개통
⑨ 3통	통행·통신·통상에 관한 합의서 채택
⑩ 공동기구	부총리급 경제협력공동기구 설치

을 통해 8개 항의 '남북관계 개선을 위한 기본합의서(안)'[251]와 함께 정치·군사적 대결 상태 해소 및 교류·협력 실시 문제를 병행해서 토의하자는 입장에서 8개 항의 '정치·군사적 신뢰 구축 방안', 5개 항의 '남북 간의 군비감축 추진 방향', 그리고 10개 항의 '다각적인 교류·협력 실시 방안'을 제시했다(<표 2-23> 참조). 반면 북한 측 수석대표인 연형묵 정무원 총리는 미군 철수, 핵무기 철거, 군축 등 정치·군사문제가 해결되면 교류협력은 자연히 추진될 수 있다는 입장을 고집했다. 남한 측의 경제와 정치·군사 문제의 병행 추진 주장과 북한 측의 정치·군사 문제의 우선 해결 주장이 맞섰던 것이다. 그럼에도 불구하고 분단 45년만에 남북한의 총리가 처음으로 회담을 가졌다는 사실과 서로의 입장을 이해할 수 있는 토대가 마련되었다는 점에서 이 회담은 의의가 있었다.[252]

---

251 ① 상호 상대방 체제 인정, ② 상호 비방 중상과 내정간섭 중지, ③ 상호 간의 대립과 분쟁의 평화적 해결, ④ 상대방의 파괴·전복행위 금지, ⑤ 자유로운 왕래, 다각적 교류와 협력 등 민족적 유대 회복을 위한 공동 노력, ⑥ 군사적 신뢰 구축과 군비감축 실현, ⑦ 국제무대에서의 불필요한 경쟁과 대결 중지, ⑧ 휴전체제의 평화체제로의 전환 등이다.

252 회담이 끝난 후 남한 측 대변인인 홍성철 국토통일원 장관은 "분단 이후 처음으로 총리가 수석대표가 된 뜻깊은 회담"으로서 "다른 회담과 달리 쌍방이 합의점을 찾고 상대방을 이해하기 위해 애썼다"고 평가했

남북 고위급회담의 부수 효과

김대중 정부에서 통일부 장관, 국정원장, 대통령 외교안보통일특별보좌역 등을 역임한 임동원 전 장관은 남북관계와 북핵문제에 대한 소회를 담은 회고록에서 남북 고위급회담의 의의 및 그에 따른 부수 효과에 대해 다음과 같이 기술하고 있다.

> 남북 고위급회담은 전쟁 이후 40년 만에 처음으로 기자단을 포함한 90명의 대규모 대표단이 서울과 평양을 공개적으로 오가면서 상대방의 사회상과 경제형편 등을 직접 관찰하고 이해하는 한편, 국력 수준을 포함한 각종 정보를 수집·평가하는 좋은 기회가 되었다. 또한 양측은 이를 각각 자기 체제의 우월성을 과시하는 기회로 삼고자 했다.
>
> 북측 대표단이 서울에 도착한 첫날부터 우리는 그들을 힐튼호텔, 쉐라톤그랜드워커힐호텔, 롯데월드호텔 등으로 번갈아 안내하며 만찬에 초대하고 쇼를 보여주었다. 강남의 인터콘티넨탈호텔에서 출발하여 고층빌딩이 즐비한 테헤란로를 지나 시내 중심가를 오가는 동안, 우리는 그들에게 고층빌딩과 자동차·인파·상품으로 가득 찬 활기찬 거리와 휘황찬란한 네온사인으로 아름답게 수놓은 밤거리를 보여주려고 애썼다. 북측 대표들은 거리에 엄청나게 많은 '은행'이 도대체 무엇을 하는 곳인지, TV광고는 왜 하는지 등 궁금한 것을 연신 질문했다.[254]

한편 1990년 9월 6일 노태우 대통령은 제1차 고위급회담에 참가한 북한 측 대표단을 접견한 자리에서 "북한이 안정 속에 발전하는 것이 한반도의 평화와 통일에 중요하다"고 전제하고 "북한의 안정과 발전을 위해 남한이 도울 수 있는 일이 있으면 지원하겠다"라고 말하면서 남북교역과 경제협력의 필요성을 강조했으며, 북방정책이 북한을 고립시키기 위한 것이 아니라는 점도 설명했다.[254] 또한 이 자리에서 노태우 대통령은 김일성에게 보내는 메시지를 전달했는데, 이 메시지에는 군사적 대결상태 해소를 위한 남북한의 공동조치와 함께 남북경협, 인적·물적 교류 제안이 담겨 있었으며, 남북관계

으며, 북한 측 대변인인 안병수 조국평화통일위원회 서기국장도 "총리를 단장으로 한 고위급회담이 열렸다는 자체가 의미"가 있고 "충분히 자기 입장을 내놓았고 따라서 앞으로 논의를 진전시킬 수 있는 기초를 닦았다"고 긍정적으로 평가했다. "남북대변인 기자회견 내용", 『동아일보』, 1990.9.7.

253 임동원, 『피스메이커』, 창비, 2015, pp.142~143.

254 "북한 안정·발전 지원", 『경향신문』, 1990.9.7.

를 완전 정상화시키기 위해 빠른 시일 내에 서울 혹은 평양에서 정상회담을 갖자는 제안도 있었다.[255]

제2차 고위급회담은 1990년 10월 16~19일 평양에서 개최되었는데, 북한 측은 안건을 정치적 대결상태 해소 방안, 군사적 대결상태 해소 방안, 다방면적 협력·교류 실현 방안으로 구분한 후 '일괄합의·동시집행'을 주장했다. 상대적으로 합의가 쉬운 경제 문제뿐만 아니라 정치·군사 문제까지 모두 동시에 '일괄합의'를 하자는 것은 사실상 합의하지 않겠다는 의도였다. '동시집행'도 합의사항의 실천을 무한정 미루는 결과를 초래하게 되므로 합의가 된다 해도 실천을 하지 않겠다는 뜻이 깔려 있었다. 북한 체제를 불안하게 만들 수 있는 남북경협에 대해서는 극히 소극적이었던 것이다.[256] 북한이 고위급회담에 나온 것 자체가 국제정세 변화에 따른 체제 위협 인식하에서 남한의 흡수통일에 대한 입장을 확인하고 대화라는 방법으로 차단하려는 의도였다.[257] 남한 측은 남북 간의 인적 왕래와 물자교류, 경제협력의 활성화는 상호 신뢰회복과 대결상태 해소에 매우 중요한 요소라고 지적하면서 '남북경제교류협력에 관한 제안', '남북통행에 관한 제안', '남북통신에 관한 제안' 등 3개 안을 제시했다(<표 2-24> 참조). 이 3개 안의 내용은 이후의 남북경협 진행 과정에서 대부분 실현되었으며, 결제통화로 스위스 프랑화를 제안한 것은 1985년 남북 경제회담 당시 북한이 미국 달러화를 거부함으로써 중립국인 스위스 프랑화로 의견 접근을 보았기 때문이다.[258] 그러나 어떠한 합의에도 이르지 못한 채, 제2차 회담은 종료되었다.

제3차 고위급회담은 1990년 12월 11~14일에 서울에서 열렸으나, 북한은 여전히 정치·군사 문제의 우선 타결을 주장함으로써 합의 없이 끝났다. 북한 측 대변인은 "교류 안 하고 관광 안 해서 불신이 조장된 것이 아니다"라고 주장했다.[259] 연형묵 총리는

---

255 "노대통령, 「통일」 중대제의", 『조선일보』, 1990.9.7. 정상회담 제안에 대해 김일성은 1990년 10월 18일 제2차 고위급회담을 위해 북한을 방문한 남한 측 대표단을 면담한 자리에서 "노 대통령을 만나면 좋은 결과를 가져오는 상봉이 돼야지, 아무런 결과가 없이는 인민들에 실망을 주니, 총리들이 잘 준비하여 정상회담이 순조롭게 열릴 수 있도록 많은 사업을 해줄 것을 바란다"라며 부정적인 인식을 보였다. "김일성 '남북정상회담 기대'", 『동아일보』, 1990.10.19.

256 전정환, "남북 총리 평양회담 결산: 남북 고위급회담의 분석과 평가", 『통일한국』, 제83권, 1990, p.22.

257 윤철기·구갑우, "남북한 대화에서 남북한의 상호인식 변화: 노태우 정부 시기 남북고위급회담을 중심으로", 『북한학연구』, Vol.9 No.1, 2013, p.23.

258 김영윤, 『남북한 금융 분야 협력방안』, 통일연구원, 2000, p.95.

259 "강총리, 남·북안 조목조목 비교 … '우리것 더 적극적' 강조", 『조선일보』, 1990.12.13.

<표 2-24> '남북경제교류협력에 관한 제안' 등 3개 안의 내용

구분	주요 내용
남북경제교류협력에 관한 제안 (13개 항)	① 물자교류 및 경제협력사업 추진을 위한 필요 사항 결정 ② 물자교류 및 경제협력사업의 당사자는 품목별 또는 사업별로 쌍방이 각각 지정하는 해당기관 ③ 교류대상 품목은 상호보완 원칙에 따라 결정 ④ 교류량은 쌍방 수급상황을 감안하여 품목별로 당사자 간 상담을 통해 결정 ⑤ 교류물자 가격은 국제시장 가격을 고려하여 당사자 간 합의에 의해 결정 ⑥ 거래 방식은 청산결제방식으로 하되 경우에 따라 다른 방식도 가능 ⑦ 결제사무는 쌍방이 지정하는 남과 북의 은행이 직접 담당 ⑧ 결제통화는 스위스 프랑화 사용 ⑨ 물자교류는 민족내부 교역 차원에서 추진하며 무관세 ⑩ 교류물자 수송 방법은 물자의 특성·중량·운송비 등을 감안하여 당사자 간 협의 결정하되 철도, 자동차, 선박, 항공기를 합리적으로 이용 ⑪ 남북 자원 공동개발, 합작투자 등 제반 경제협력을 실시하며 공동 대외진출과 공동 대외협력사업을 추진 ⑫ 경제협력사업의 규모, 실시 방법, 조건, 시기 등은 당사자 간 협의 결정 ⑬ 쌍방의 부총리급을 위원장으로 하는 남북경제협력공동위원회 설치·운영
남북통행에 관한 제안 (9개 항)	① 남북 주민의 남북 왕래 절차와 의무 등 필요 사항 결정 ② 남북을 왕래하는 자는 자기 측 당국의 허가 증명서와 방문지역 당국이 발행하는 방문허가증명서 소지 ③ 남북 당국 합의에 따라 통과지점 및 통행로를 지정하되, 육로의 경우 우선 장단과 판문점을 통과지점으로 하며 경의선 철도와 문산-개성 도로를 연결 ④ 방문자는 방문기간 중 필요한 물품과 일정 한도 내의 선물휴대 가능 ⑤ 남북 당국은 자기 측 관할지역에 들어오는 인원에 대한 교통수단 제공 ⑥ 방문자는 상대측 질서와 안내를 준수 ⑦ 남북 당국은 방문자에게 불의의 사고가 발생하면 긴급 구제조치를 실시 ⑧ 남북 당국은 방문자에게 허가된 목적 수행을 위한 활동 보장과 신변안전 및 무사귀환 보장 ⑨ 남북통행위원회 설치·운영 ⑩ 통행에 따르는 실무문제 처리를 위해 서울, 평양, 판문점에 공동연락 사무소 설치·운영
남북통신에 관한 제안 (9개 항)	① 우편·전기통신의 교류에 관한 필요 사항 결정 ② 남북 우편당국은 우편물을 수집하여 상대 측에 전달하며 전달받은 우편물은 수신인에게 배달 ③ 우편물 교환장소는 판문점으로 하고 주 1회 교환을 원칙 ④ 남북 전화통화는 교환대를 통해 연결하고 점차 자동화 ⑤ 우편·전기통신 요금은 남북 당국이 협의하여 결정 ⑥ 남북 당국은 교류되는 우편·전기통신에 대한 비밀을 보장 ⑦ 남북 통신교류에 따른 제반 문제를 협의·조정하기 위해 남북통신위원회를 설치·운영 ⑧ 우편·전기통신 교류의 기술적 문제 해결을 위해 남북통신기술단 설치·운영 ⑨ 남북 당국은 우편·통신교류에 관한 국제적 협약을 존중

'7 · 7 선언'에 대해서도 비판했다.

> 귀측이 '북방정책'이라는 이름 밑에 고위당국자들 자신이 이러저러한 나라를 찾아다니며 누구를 '개방'에로 '유도'해 달라느니 뭐니 하고 있는데 대하여 말한다면 그것은 남의 힘을 빌어 우리에게 체제변화를 강요하려는 매우 불순하고도 도발적인 행위라고 하지 않을 수 없습니다.[260]

260 "한발짝씩 다가선 남북입장", 『동아일보』, 1990.12.12.

제3차 회담에서 북한 기자단의 돌발 행동이 초래한 역효과

1990년 12월 12일 제3차 남북 고위급회담에 참가했던 북한 기자들 가운데 『노동신문』 리길성 기자 등 5명이 남한 측 안내원의 제지를 뿌리치고 택시 편으로 당시 수감 중이었던 임수경 학생의 집과 한국외국어대학교를 방문하여 인터뷰를 시도했다. 이외에도 총 6개 그룹의 20여명이 회담장이었던 신라호텔 인근의 동국대학교를 방문하고 학생들을 인터뷰했으며, 장충체육관 내부 취재, 신라호텔 주변 시민들 인터뷰, 인근 바이엘사 직원 인터뷰, 인근 담배 가게와 햄버거 가게 취재 및 주인 인터뷰 등 다수의 돌발 행동을 벌였다. 남한 측의 승인도 없었고, 사전협의도 하지 않은 행동이었다. 방문 시 상대방의 안내와 질서를 따른다는 남북한의 합의를 벗어나는 것이기도 했다. 이들은 택시와 지하철을 타고 다녔으며 미리 준비해온 남한 돈으로 요금을 지불했다. 당연히 우리는 북한 측에 강력히 항의했다.

이때 북한 기자들이 인터뷰하고 싶어 한 임수경은, 한국외국어대학교 3학년이었던 1989년 7월 1~8일 평양에서 열린 제13차 세계청년학생축전에 전국대학생대표자협의회(전대협) 대표로 참가했고, 남한으로 돌아온 뒤 '국가보안법' 위반으로 징역 5년 형을 선고받은 학생이었다. 그는 세계청년학생축전 참가 시 북한 주민들로부터 '통일의 꽃'으로 대단한 환영을 받았다. 백두산에서 판문점까지 통일염원 행진을 했고, 분단 이후 민간인으로서는 최초로 판문점 군사분계선을 걸어 넘어왔다. 북한은 임수경에게 1990년 8월 조국통일상을 수여했고, 김일성종합대학이 1990년 10월 졸업식에서 명예학생으로 등록된 그에게 졸업증을 수여했다. 북한 기자들로서는 취재하고 싶은 대상일 수밖에 없었다.

그러나 이들의 취재 열기는 오히려 역효과를 냈다. 당시 평양에 살고 있었던 『동아일보』 기자 주성하는 임수경에게서 받은 충격을 다음과 같이 회고했다.

> 북한에서 금기시하는 청바지를 입고 면티를 입은 이 아가씨는 너무나 자유분방하게 행동했다. 원고도 없이 즉석연설을 하는데, 아무리 찾아봐야 독재 사회에서 억눌려 기죽어 살아온 흔적이 없었다. 다리 아래 거지들이 득실거리는 그 땅에서 저렇게 곱게 자랄 수 있을까, 이해되지 않았다. 그녀가 남한 정부를 마구 비판하는 모습에 북한 사람들은 "어구구, 용감하긴 한데 걔네 집은 이제 3대가 몽땅 망했다. 어쩔려구 저런 말 함부로 하노?" 하면서 불쌍한 눈으로 바라보았다. …… (임수경이 남한으로 돌아간 후) 텔레비전과 『노동신문』에 임수경이 재판받는다는 뉴스가 나오기 시작했다. "아니. 저긴 재판이라는 것을 저렇게 공개적으로 하는구나. 우리 같으면 본인은 물어볼 것도 없이 그냥 죽이고, 가족은 8촌까지 정치범수용소에 실려갔어야 할 텐데 …… 하도 유명해졌으니 도리 없이 저렇게 하는 걸까?" 그러면서 임수경이야 재판하는 시늉을 내더라도 가족들은 분명히 어딘가 끌려갔을 것이라고 여겼다. …… 그런데 1990년대 초반, 남북 총리급회담이 열리자 서울을 방문한 북한 기자단이 불시에 임수경의 집으로 들이닥친 일이 생겼다. 진짜 가족들이 피해 없이 살고 있는지 확인하겠다는 것이었다.

그 장면도 TV로 방영됐다. 이 장면이 특히 충격이었다. 가족이 아무 문제없이 살고 있다는 것도 당연히 놀라운 일인데, 그 '역적'의 집안에 그토록 귀한 천연색텔레비전(컬러TV), 소파, 냉장고 등 없는 게 없었다. 냉장고를 열었을 때 통조림이나 우유 등이 가득 찬 모습에 북한 주민들은 그만 눈이 돌아갔다.[262]

제4차 회담은 1991년 10월 22~25일에 평양에서 열렸다. 제3차와 제4차 회담의 중간 기간이었던 8월 15일 노태우 대통령은 제46주년 광복절 경축사에서 한반도의 모든 문제는 남북한 간 대화를 통해 해결해야 한다는 점을 강조함과 동시에 남한은 이미 북한의 특정 지역에 합작공장 건설, 관광 및 지하자원 공동개발, 제3국 공동진출 등의 구체적인 계획을 가지고 있다고 밝혔고, 9월 11일 최호중 통일원 장관은 흡수통일 배제 입장을 명백히 함으로써 고위급회담의 진전을 뒷받침했다. 그 결과 제4차 회담에서는 합의서의 명칭을 '남북 사이의 화해와 불가침 및 교류·협력에 관한 합의서'로 결정하는 등 '기본합의서'의 핵심적인 내용에 대해 합의가 이루어졌다.

드디어 1991년 12월 10~13일 역사적인 제5차 회담이 서울에서 열렸다. 첫날 회의에서 남한 측 정원식 총리는 기조연설을 통해 북한 측의 주장을 일부 수용해서 전문과 28개 항으로 된 '남북 사이의 화해와 불가침 및 교류·협력에 관한 합의서(안)'을 새로 제시했다. 북한 측의 연형묵 총리도 기존 안을 일부 조정하여 전문과 26개 항으로 이루어진 '북남 사이의 화해와 불가침 및 협력교류에 관한 합의서(안)'을 제시했는데, 그동안의 접촉을 통해 남한 측의 안과 상당 부분 유사한 내용이었다. 남북경협과 관련한 차이점은 남한 측의 '민족경제의 균형발전'과 북한 측의 '민족경제의 통일적 발전'이라는 표현 차이, 남한 측은 '민족내부 교역'을 명시한 반면 북한 측은 생략했다는 점, 남한 측은 육로·해로·공로 개설 및 우선 문산·개성 간의 철도 연결을 구체적으로 제시한 반면 북한 측은 철도·도로의 연결 및 육로·항로 개설이라는 일반적 표현만 사용했다는 점 등에 불과했다.[262] 남한 측은 '교류'를 앞세운 반면 북한 측은 '협력'을 우선한 것도 차이였다. 협상을 거쳐, 12월 13일 남북한은 '남북 사이의 화해와 불가침 및 교류·협력에 관한 합의서'를 채택·서명하고, 제5차 남북 고위급회담을 종료했다.

---

261 주성하, 『서울에서 쓰는 평양이야기』, 기파랑, 2010, pp.82~85.

262 통일원 남북회담사무국, 『남북회담 추진경과(I)』, 1993, pp.33~35.

'기본합의서'의 주요 내용

'기본합의서'는 서문과 함께 남북화해(제1장), 남북불가침(제2장), 남북교류·협력(제3장), 수정 및 발효(제4장) 등 4장 25개조로 구성되었다. 서문에서는 남북한이 평화통일을 성취하기 위해 공동 노력할 것과 남북관계가 "나라와 나라 사이의 관계가 아닌 통일을 지향하는 과정에서 잠정적으로 형성되는 특수관계"라고 규정했다.

제1장 '남북화해'는 남북관계의 일반 원칙에 관한 내용이다. 주요 내용은 상대방의 체제에 대한 인정과 존중(제1조), 상대방의 내부 문제 불간섭(제2조), 상대방에 대한 비방·중상 금지(제3조), 상대방에 대한 파괴·전복 행위 금지(제4조), 정전 상태의 평화 상태로의 전환 노력 및 평화 상태가 이룩될 때까지 현 군사정전협정 준수(제5조), 국제무대에서 대결·경쟁 중지(제6조), 남북연락사무소 설치·운영(제7조), 남북정치분과위원회 구성(제8조) 등이다.

제2장 '남북불가침'은 군사 분야의 합의사항을 담았다. 상대방에 대한 무력 불사용(제9조), 분쟁의 평화적 해결(제10조), 불가침 경계선 명시(제11조), 남북군사공동위원회 구성(제12조), 군사 직통전화 설치(제13조), 남북군사분과위원회 구성(제14조) 등이 주요 내용이다.

제3장은 '남북교류·협력'이다. 자원의 공동개발, 물자교류, 합작투자 등 경제교류·협력 실시(제15조), 과학·기술, 교육, 문학·예술, 보건, 체육, 환경, 출판·보도 등의 분야에서 교류·협력 실시(제16조), 민족 구성원들의 자유 왕래·접촉(제17조), 이산가족의 서신 거래, 상봉, 재결합(제18조), 철도·도로 연결 및 해로·항로 개설(제19조), 우편·전기통신 교류(제20조), 국제무대에서 협력 및 대외 공동 진출(제21조), 남북경제교류·협력공동위원회를 비롯한 부문별 공동위원회 구성(제22조), 남북교류·협력분과위원회 구성(제23조) 등이 주요 내용이다.

제4장 '수정 및 발효'는 쌍방 합의에 의한 합의서의 수정 보충 가능(제24조), 합의서의 효력 발생 시점(제25조) 등을 담았다.

사실 북한은 제5차 회담을 시작하면서부터 타결을 위해 적극적으로 노력하는 모습을 보였다. 북한으로서는 안보 불안 해소와 체제 보장이 시급했기 때문이다. 다음 해 4월의 김일성 80회 생일 축하행사를 대대적으로 거행해야 한다는 국내정치적 수요 때문에 팀스피리트 훈련을 막는 동시에 남북대화의 성과를 얻어야 하는 입장이기도 했다.[263] 남한 측 수석대표였던 정원식 총리는 북한이 경제개발 자금으로 일본의 배상금

263 임동원, 『피스메이커』, 창비, 2015, p.159.

을 이용하려 했는데, 일본 정부가 남북 화해를 배상금 지불의 전제로 했다는 점도 북한 측의 적극적인 태도에 대한 이유로 지적했다.[264] 실제로 1991년 12월 10일 판문점을 넘어 회담 장소로 오는 자동차 안에서 북한 대표단 일원인 최우진 외교부 순회대사는 임동원 외교안보연구원장에게 "합의문서에 찍을 도장은 갖고 왔습니다. 여러 가지 정황으로 보아 이번에는 꼭 합의해야 합니다"라고 말했고, 연형묵 총리 역시 동승했던 김종휘 외교안보보좌관에게 "김일성 주석 지시이니 이번엔 꼭 합의하자"고 말했다.[265] 당시 언론은 "북측 대표단의 태도는 상당히 신축적이면서도 뭔가 쫓기는 듯한 모습들"이라고 표현했다.[266] 김일성은 북한으로 돌아온 북한 대표단에게 합의서 채택에 대한 성과를 치하하고 커다란 만족을 표시했다.[267]

1992년 2월 18~21일 평양에서 개최된 제6차 회담은 제5차 회담에서 채택한 '기본합의서'를 구체적으로 실천하는 성격으로서 남북한은 '기본합의서'와 함께 1991년 12월 31일 채택한 '한반도의 비핵화에 관한 공동선언'을 발효시켰다.[268] 또한 '기본합의서'에서 분과위원회를 두기로 한 합의에 따라 '남북 고위급회담 분과위원회 구성·운영에 관한 합의서'에도 서명했다. 이로써 남북정치분과위원회, 남북군사분과위원회, 남북교류·협력분과위원회 등 3개 분과위원회가 설치되었다. 한편 1992년 2월 20일 열린 회의에서의 연형묵 총리의 기조연설을 보면, '기본합의서'의 채택을 통해 북한이 우선적으로 희망했던 것은 안보 불안 해소와 체제 보장이었음이 드러난다.

> 주변정세가 크게 변화되고 북남 사이에서도 서로 침략하지 않을데 대하여 확약이 된 오늘 우리는 마땅히 북남대결이라는 낡은 사고방식을 버리고 동족과의 단합을 귀중히 여겨야 할 것이며 민족단합의 견지에서 대결시대의 대외관계를 재조정하여야 할 것입니다. 북남 사이에 합의서가 채택되고 발효된 조건에서 외국군대철수문제에 주저할

---

264 정원식 총리가 KBS에서 한국현대사를 증언한 <TV 자서전> 내용; 윤철기·구갑우, "남북한 대화에서 남북한의 상호인식 변화: 노태우 정부 시기 남북고위급회담을 중심으로", 『북한학연구』, Vol.9 No.1, 2013, p.30에서 재인용.

265 임동원, 『피스메이커』, 창비, 2015, pp.169~170.

266 "「옥동자」 탄생 초읽기", 『동아일보』, 1991.12.12.

267 "김일성, 만족 표시", 『조선일보』, 1991.12.15.

268 평양의 인민문화궁전에서 진행된 제6차 고위급회담의 '기본합의서' 발효 행사는 17분 동안 남한 텔레비전으로 생중계되었는데, 이는 평양-판문점-서울에 설치된 지하 케이블을 통해 이루어진 것으로서 분단 이후 최초로 시차를 두지 않고 평양의 텔레비전 화면이 남한으로 직접 중계 방영된 것이었다.

아무런 근거도 없습니다. 우리는 미군철수문제에 대하여 결단을 내릴 때가 왔으며 또 한 미군과의 합동군사연습도 완전히 전면적으로 중지할 때가 되였다고 생각합니다.[269]

제7차 고위급회담부터는 세부적 합의서 도출 단계로 진입했다. 이미 남북한은 '기본합의서'의 합의에 따라 제6차 회담 이후 제7차 회담 개최 이전까지 약 2개월 동안 판문점에서 정치, 군사, 교류·협력의 3개 분과위원회 회의를 각각 세 차례씩 개최했다. '기본합의서'의 채택·발효로 큰 틀이 마련된 만큼 남북한 간의 협상은 상대적으로 용이했다. 이에 따라 1992년 5월 5~8일 서울에서 열린 제7차 회담에서는 '기본합의서'의 이행을 위한 기구로서 남북화해공동위원회, 남북군사공동위원회, 남북경제교류·협력공동위원회, 남북사회문화교류·협력공동위원회, 남북연락사무소 등의 설치에 대한 합의가 이루어졌다.

제8차 고위급회담은 1992년 9월 15~18일 평양에서 개최되었다. 남북한은 제7차 회담 이후 '기본합의서'의 분야별 부속합의서 작성을 위해 판문점에서 정치, 군사, 교류·협력의 3개 분과위원회별로 각각 수차례의 회의를 진행했다. 공동위원회의 가동을 위해서는 부속합의서가 마련되어야 했기 때문이다. 제8차 회담에서 이미 별다른 견해 차이가 없었던 교류·협력 분과는 손쉽게 부속합의서에 합의했고, 군사와 정치 분과에서도 극적인 타결을 할 수 있었다. 이에 따라 제8차 고위급회담에서는 남북화해, 남북불가침, 남북교류·협력 등 3개 분야의 부속합의서가 채택·발효되었다.

이로써 남북관계는 합의서 도출 단계를 넘어 본격적인 실천단계로 진입하게 되었다. 제9차 고위급회담을 1992년 12월 21일 평양에서 개최하기로도 합의했다. 그러나 1992년 10월 6일 남로당 사건 이후 최대의 간첩사건으로 불리는 '남한 조선노동당 중부지역당' 간첩사건의 발표로 남북관계는 급랭했다. 연이어 1992년 10월 8일 제24차 연례안보협의회의(SCM)에서 한국과 미국이 북한 핵 문제에 대한 대응으로 다음 해 팀스피리트 훈련을 재개하기로 결정하자 북한은 남북 고위급회담을 거부했고, 1992년 12월로 예정되었던 제9차 회담은 무산되었다. 그 후 1993년 1월 29일 고위급회담의 북한 측 대표단은 남북대화 중단 성명을 발표했고, 결국 여덟 차례에 걸쳐 진행된 고위급회담은 더 이상 지속되지 못했다.

---

269 통일원 남북대화사무국, 『남북대화』, 제54호, 1993, p.89.

2) 남북경협에 대한 법적 · 제도적 장치 마련

'7 · 7 선언'을 발표하고 남북 고위급회담을 위한 준비가 진행됨에 따라 우리 정부는 남북경협을 법적 · 제도적으로 뒷받침하는 조치의 마련에 착수했다. 그 첫 번째 조치는 1989년 3월 31일 남북교류협력추진협의회의 설치였다. 남북교류협력추진협의회는 통일부 장관을 위원장으로 하고 차관급과 민간 전문가를 위원으로 하는 기구로서 남북교류 · 협력에 관한 정책을 협의 · 조정하고 중요 사항을 심의 · 의결하는 기능을 한다. 남북교류협력추진협의회는 남북한 간 교류협력에 관한 법률이 정비되기 전까지 남북교류협력 추진에 관한 사항들을 규정하기 위해 '남북교류협력에 관한 기본지침'을 마련하여 1989년 6월 12일부터 시행했다. 특히 남북교류협력추진협의회는 남북경협을 포함한 남북한 간의 교류협력에 소요되는 자금의 지원 여부를 결정하는 역할도 하며, 2025년 2월 말까지 총 338회 개최되었다.

남북교류협력을 관장하는 법률도 필요했다. 이전까지 남북관계를 규율하는 법체계는 '국가보안법'이 유일했으며, '국가보안법' 체계 내에서는 남북한 주민 간에 이루어지는 모든 행위는 반국가행위로 규제되어왔기 때문이다. 예를 들어 교류협력 추진에 수반되는 각종 행위가 '국가보안법'의 회합 · 통신(제8조), 자진지원 · 금품수수(제5조), 잠입탈출(제6조), 편의제공(제9조) 등에 해당될 수 있다는 우려가 제기되었던 것이다.[270] 이에 따라 정부는 1989년 2월 13일 '남북교류협력에 관한 특별법(안)'을 국회에 제출했고, 1990년 7월 14일 국회 본회의를 통과함에 따라 1990년 8월 1일 '남북교류협력에 관한 법률'이 법률 제4239호로 공포되었다. '남북교류협력에 관한 법률'은 제1조에서 "군사분계선 이남지역과 그 이북지역 간의 상호 교류와 협력을 촉진하기 위하여 필요한 사항을 규정함으로써 한반도의 평화와 통일에 이바지하는 것을 목적"으로 하고 있다고 밝히고 있듯이, 현재까지 남북한 간의 교류협력을 법적으로 보장하는 역할을 해오고 있다.

'남북교류협력에 관한 법률'과 함께 '남북협력기금법'도 1990년 8월 1일 법률 제4240호로 공포되었다. 남북협력기금은 정부가 남북교류협력을 지원하기 위해 조성하

270 박훈민, "남북교류협력법에 관한 공법 도그마틱 상의 검토: 개정안을 중심으로 한 소고", 『공법학연구』, Vol.21 No.3, 2020, p.359.

는 공적 자금이다. 남북협력기금의 설치는 개별 단위로서의 남북교류협력은 사적 재화이지만 개별 단위들의 종합으로서의 남북교류협력은 공공재의 성격을 지니고 있으므로 공공재정으로 이를 뒷받침할 필요성이 있다는 인식에 기초한다.[271] 기금의 재원은 정부 및 민간 출연금, 장기 차입금, '공공자금관리기금법'에 의한 공공자금관리기금으로부터의 예수금, 기금의 운용 수익금 등으로 마련한다. 기금의 운용 및 관리의 주체는 통일부 장관이며, 통일부 장관은 대통령령에 따라 기금 업무를 한국수출입은행에 위탁하고 있다. 1991년 정부 출연금으로 250억원을 조성한 이래 2024년 말까지 정부 출연금 5조 7,477억원, 민간 출연금 38억원, 운용수익금 1조 3,669억원, 공공자금관리기금 예수금 10조 888억원 등 총 17조 2,072억원이 조성되었으며,[272] 1999년까지는 비료와 쌀 지원 등 정부 차원의 인도적 대북 지원과 경수로 건설사업 등 '남북협력기금법' 제8조 제6호의 민족공동체 회복지원 항목의 자금으로 주로 사용되었으나 이후 경제 및 사회문화 분야 교류협력, 이산가족교류 등으로 분야가 다양화되고 있다.

또한 정부는 '정부조직법' 개정을 통해 1990년 12월 27일 국토통일원을 통일원으로 개칭하고 통일원 장관을 부총리로 격상했다. 이는 경제 이외 분야에 부총리제를 도입한 첫 사례였으며, 통일정책과 관련하여 각 부처에 대한 총괄 및 조정 기능과 대북 협상 기능을 강화하기 위한 것이었다. 최호중 부총리 겸 통일원 장관은 취임식에서 "통일을 앞당기려는 우리의 염원을 내외에 과시하기 위해 통일원 장관을 부총리로 격상시킨 것"이라고 설명했다.[273] 한편 남북교류협력을 증진하기 위해 1990년 7월 1일에는 통일원 내에 교류협력국을 신설했다.

3) '남북교류협력 중점추진대책' 발표 및 경제공동체 3단계 접근 방안 수립

1990년 4월 20일 정부는 노태우 대통령 주재로 총리, 통일원 장관 등 9개 관련부처 장관이 참석한 남북교류협력 대책합동회의를 열고 '남북교류협력 중점추진대책'을 확정·발표했다. 이는 각 부처별로 검토·추진해오던 부문별 방안들 중에서 실천이 가능하다고 판단되는 사업들을 종합 정리한 것이었다. 이 자리에서 노태우 대통령은 "남북

---

271 통일원, 『통일백서』, 1990, p.192.

272 통일부, "남북협력기금 통계(2024. 12월말 현재)", 2025.

273 "평민 반발로 노총리 첫발부터 '삐걱', 새 내각 출범·취임의변 스케치", 『경향신문』, 1990.12.28.

<표 2-25> '남북교류협력 중점추진대책'의 남북경협 관련 사업

해당부처	사업
상공부	• 반입이 제한되어 왔던 1차 산품의 반입을 늘리기 위해 총수입 실적의 일정 범위 내에서 북한상품의 반입 확대 • 연계무역 활성화 및 중장기 연불 반출제도 개선을 통한 교역량 확대를 위해 현재의 간접교역 중심에서 직교역으로 전환
동력자원부	• 북한의 전력난 및 계절적 수급 불균형을 공동 해결하기 위해 남북 전력계통 연결 • 대륙붕 유전 등 부존자원 공동개발
교통부	• 장기적으로 남북 간 교통망 연결과 대륙연계 수송망 확보를 위해 경의선·경원선의 복원 준비 • 금강산 공동개발을 비롯한 남북한 관광자원 공동개발을 위한 동해안 철도·도로 건설 추진

* 자료: "교류확대통한 '신뢰구축의지'", 『동아일보』, 1990.4.20.

한 문제 해결의 기본고리는 북한이 개방만 되면 자연히 풀리는 것이기 때문에 북한의 개방화 유도가 최우선 과제"라고 전제하고 "단기적으로 부담이 좀 있다 하더라도 장기적으로 남북관계에 도움이 된다면 과감하게 교류협력을 확대해 나가야 할 것"이라고 지시했다.[274] 이날 회의에서는 9개 부처가 부처별 남북교류협력 추진계획을 발표했는데, 이 중 남북경협과 관련한 사업을 정리하면 <표 2-25>와 같다.

한편 통일원은 1991년 9월 16일 국회에 제출한 국정감사 자료에서 남북한이 일시에 경제교류를 확대하거나 통합을 추진하는 것은 사실상 불가능하므로 남북 경제공동체 형성을 위해 남북교류협력단계, 남북통합단계, 통일국가 수립단계 등 3단계 접근방안을 추진할 방침임을 밝혔다.[275] 남북교류협력단계에서는 간접교역을 확대해나감으로써 직교역 유도, 남북한 지하자원 및 관광자원 공동개발, 합작공장 건설, 제3국 공동진출 등을 통해 남북 경제공동체 형성의 기본 토대를 마련한다는 것이다. 남북 연합단계에서는 남북한 공동시장 형성, 생산요소의 자유로운 이동 보장, 사회간접자본의 공동투자, 상호 실익이 보장되는 분야에서의 부분적인 통합 등으로 남북 경제구조의 동질화를 이룩한 뒤, 통일국가 수립단계에서는 생산요소의 완전한 이동 보장, 단일통화 창출, 단일 경제계획 수립, 사회보장제도 통합 등을 실현한다는 것이다. 이러한 경제공

274 "경의-경원선 복원 추진", 『매일경제신문』, 1990.4.20.
275 "남북한 경제교류 3단계로 추진", 『연합뉴스』, 1991.9.16.

동체 3단계 접근 방안은 '한민족공동체 통일 방안'[276]의 경제적 측면을 정리한 것이지만, 이후의 정부들에서 상정하는 남북경협 장기 로드맵의 원형이라는 점에서 의미가 있었다.

4) 북한 김달현 부총리의 남한 방문

1992년 7월 19일 분단 이후 최초로 김달현 정무원 부총리를 단장으로 하는 10명의 북한경제시찰단이 최각규 부총리 겸 경제기획원 장관의 초청으로 남한을 방문했다. 기간도 일주일이라는 비교적 긴 일정이었고, 삼성전자, 대우자동차, 제일모직, 현대중공업, 포항제철, 롯데백화점, 남대문 시장 등 남한의 주요 산업현장을 둘러보았다. 김달현 부총리는 북한 국가계획위원회 위원장, 대외경제위원회 위원장, 정무원 무역부 부장 등을 역임한 북한의 대표적인 경제 엘리트였고, 남한경제의 발전상에 대해서도 잘 아는 실용주의적 테크노크라트였다. 김달현 부총리는 판문점 통과 직후 가진 기자회견에서 남북한 간에 논의되고 있는 경제협력 문제들이 합의되기 이전이라도 "북남 사이의 경제협력을 시범적으로 실천"하자고 제의하면서 "무슨 일에서나 선도자가 있어야 하고 시범이 있어야 합니다"라고 남북경협 추진에 대한 강한 의지를 표명했다.[277] 대우자동차를 방문했을 때 방명록에 "대우와 삼천리회사와의 협력을 강화하자"라고 썼고,[278] 삼성전자를 방문한 자리에서는 "다른 나라에 투자하기 전에 북한에 먼저 해야 할 것"이라고 말할 정도였다.[279] 신발 제조업체인 화승산업을 방문해서는 "신발산업은 북의

---

276 '한민족공동체 통일방안'은 1989년 9월 11일 국회 특별연설을 통해 노태우 대통령이 제시한 제6공화국의 통일방안으로서 김영삼 정부의 '민족공동체 통일방안'으로 이어져 현재까지 우리 정부의 공식적인 통일방안으로 자리 잡고 있다. '한민족공동체 통일방안' 수립에 국토통일원 장관으로서 주도적 역할을 했던 이홍구 전 국무총리는 '한민족공동체 통일방안'과 '민족공동체 통일방안'은 내용 면에서는 큰 차이가 없으며, 국민 정서에 따른 호칭 변화로 보면 된다고 말했다. 즉 1989년에도 '민족공동체 통일방안'이라는 명칭을 선호했으나, 아직 남아 있던 냉전과 반공의 사회 분위기에서 지나치게 중립적으로 보인다는 견해가 있었고, 한국의 주도적인 역할을 표방하기 위해 '한'이라는 단어를 앞에 붙였다는 것이다. 그러나 이후 우리의 국력이 신장되면서 1994년에는 자연스럽게 '한'이 빠지고 '민족공동체 통일방안'으로 명칭이 변화했다고 설명했다. 통일노력60년 발간위원회(편), 『하늘길 땅길 바닷길 열어 통일로』, 통일부, 2005, p.210.

277 "민족경제 혈맥 이으려 남행", 『경향신문』, 1992.7.20.

278 "남북경협 기업협조 요청", 『매일경제신문』, 1992.7.21.

279 "김부총리 '외국보다 북에 먼저 투자를'", 『한겨레신문』, 1992.7.21.

노동력과 남의 기술이 합칠 수 있는 사업이기 때문에 바로 화승 같은 기업이 남북교류에 가장 적합한 기업"이라고 말했다.[280]

김달현 부총리는 3개의 시범사업을 제안했다.[281] 첫째, 시베리아-북한-남한을 연결하는 가스관 건설사업에서의 남북한 협력이었다. 이미 북한은 러시아와 북한을 통과하는 가스관 건설에 합의했다며, 향후 남북한이 공동으로 추진하자는 것이었다. 둘째, 원자력 발전소의 공동건설 및 전력 공동사용에 대한 협력이었다. 휴전선 북한 측 지역에 적당한 조건을 갖춘 지역을 선정해서 설비는 남한, 운영은 북한이 담당하되 전력은 공동으로 사용하는 조건으로 원자력 발전소를 건설하자는 것이었다. 셋째, 남포 경공업단지 조성사업에 대우의 즉각적인 참여를 승인해달라는 것이었다. 이미 대우가 추진해오던 이 사업을 시범사업으로 실시함으로써 남북경협의 물꼬를 열고 경험을 축적하자는 것이었다.

3개의 사업 중에서 남포 경공업단지 건설사업을 김달현 부총리는 가장 강조했다. 1992년 7월 24일 청와대로 노태우 대통령을 예방한 자리에서도 김달현 부총리는 자신이 남한을 온 이유가 "경제협력의 돌파구를 찾아 실천에 옮기기 위한 것"이라며 특히 "남포 경공업단지 조성사업이 진행될 수 있도록 도와주시기 바랍니다"라고 부탁했다.[282] 그러나 구체적인 성과는 없었다. 우리 정부가 남북경협의 본격적 착수를 위해서는 북한 핵 문제의 해결이 우선되어야 한다는 입장을 고수했기 때문이다. 결국 김달현 부총리는 남포 경공업단지 조사단을 파견하겠다는 '실망스러운 답'만 받고 7월 25일 북한으로 돌아갔다.

한편 김달현 부총리는 남한 방문에서 최각규 부총리의 북한 방문을 초청했고, 최각규 부총리는 이를 수락했다. 상호주의에 입각한 답방 형식이었다. 여러 차례의 실무협의를 거쳐 최각규 부총리의 북한 방문은 1992년 10월 14~18일로 결정되었다. 그러나 '남한 조선노동당 중부지역당' 간첩사건이 발생하자 정부는 1992년 10월 13일 최각규 부총리의 북한 방문을 연기한다고 북한에 통보했고,[283] 결국 성사되지 않았다.

---

280 "조깅화 가리키며 '구두냐 운동화냐'", 『조선일보』, 1992.7.24.
281 임동원, 『피스메이커』, 창비, 2015, p.209.
282 "남북대결 청산 … 통일 앞당기자", 『조선일보』, 1992.7.25.
283 "최부총리 방북연기", 『동아일보』, 1992.10.8.

5) '기본합의서' 체제의 성과와 한계

'7 · 7 선언'의 발표와 '기본합의서'의 채택은 기존의 남북관계를 완전히 변화시켰다. 북한은 단순한 적에서 통일을 향한 동반자로 규정되었고, 남북경협은 북한경제를 우리 경제의 일부분으로 생각하게 만들었다. 대북 인식의 패러다임 자체가 바뀐 것이었다.

'7 · 7 선언', 대북 정책 역사상 최고의 백미(白眉)

'7 · 7 선언'이 발표되던 날, 『동아일보』 사설은 이렇게 시작한다. 사설의 제목은 '민족공동체 의식의 확인'이었다.

> 북한은 이제 적이 아니다. 대결하고 봉쇄 고립화할 상대가 아니다. 남북은 적대관계 아닌 동반자 관계로 바뀌어야 한다. 북의 주민은 같은 민족이다. 우리와 더불어 잘 살아야 할 우리 민족의 일부이다.

우리 국민의 대부분은 보수든 진보든 이념적 성향을 떠나 지금은 당연하게 받아들일 말이지만, 1988년 당시는 그렇지 않았다.[284] 바꾸어 말하면, 그 당시로서는 그만큼

---

284 물론 북한을 여전히 적으로 인식하는 국민들도 있다. 예를 들어 2024년 서울대학교 통일평화연구원의 조사에 의하면 "북한은 우리에게 어떤 대상인가?"라는 질문에 '적대 대상'이라는 응답이 전체 응답자의 22.3%를 차지했고, '경계 대상'이라는 응답도 18.6%에 달했다. 김범수 외, 『2024 통일의식조사』, 서울대학교 통일평화연구원, 2024, p.65. 물론 조사결과는 남북관계 상황에 따라 크게 변화한다. 예를 들어 2018년 서울대학교 통일평화연구원의 조사에서는 '적대 대상' 응답이 10.3%, '경계 대상' 응답이 14.0%였다. 정동준 외, 『2018 통일의식조사』, 서울대학교 통일평화연구원, 2019, p.66. 이와 관련하여 북한을 하나의 대상으로 인식해서는 안 되고 북한 정권과 북한 주민으로 나누어 인식해야 한다는 지적도 오래 전부터 제기되어왔다. 예를 들어 정천구, "북한문제의 성격과 한국 통일전략의 방향", 『통일전략』, Vol.10 No.3, 2010. 통일부도 2011년 업무보고에서 '주민 우선 접근'을 추진전략의 하나로 설정함으로써 북한 정권과 주민을 분리해서 접근하겠다는 계획을 밝혔다. 통일부, "2011년 통일부 업무계획", 2010.12.29. 박근혜 대통령은 2016년 8월 15일 광복절 경축사에서 북한 정권과 중간간부 및 주민을 분리하는 발언을 했고, 윤석열 대통령은 2024년 1월 16일 국무회의 모두발언에서 "대한민국을 위협하는 것은 북한 정권이지, 북한 주민은 아닙니다"라고 말했다. 대한민국 대통령실 홈페이지, 대통령의 말과 글 > 국무회의 > "민생문제 해결 속도가 가장 중요, 부처 간 협업으로 민생과제 신속 해결해야". 국방부 역시 우리의 적은 '북한 정권과 북한군'으로 명시하고 있다. 국방부, 『국방백서』, 2023, p.39. 실제로 2019년 통일부 학교통일교육 실태조사 자료를 이용한 연구에 따르면 우리 대학생들은 북한 정권에 대해서는 58.1%가 부정적 인식을 보이고 있으나('적대 대상' 13.1%, '경계 대상' 45.0%), 북한 주민에 대한 부정적 인식은 17.0%로 큰 차이를 보인다('적대 대상' 2.8%, '경계 대상' 14.2%). 김재한, "대북 인식의 정권-주민 이원론", 『통일전략』,

획기적인 발상이었다. '7·7 선언' 발표 당시 민정당 국책평가위원장이었던 최영철 전 통일원 장관은 긴급회의를 소집했는데, "장차관 했던 사람들이 200여명 가까이 대강당에 모였는데, 이건 완전히 북한에다 나라 팔아먹는 거라고, 아주 대단했어요. …… 북의 남침, 6·25 전쟁으로 해서 피아 간에 500만명 이상이 죽은 그런 전쟁을 치뤘기 때문에 북에 대한 인식이 지금 우리로서는 상상할 수 없을 정도로 다 녹아내려지지 않을 때였단 말이죠. …… 그것이 씻어지지 않은 상태에서 완전히 이북을 우리하고 똑같이 하자고 하니, 정말 깜짝 놀란 것이죠"라고 회상했다.[285] '7·7 선언'을 발표한 노태우 대통령 역시 1988년 10월 8일 유엔총회 연설에서 "오늘날의 세계는 한 시대의 매듭을 짓는 중요한 전환점에 서 있"는 상황이므로 "냉전체제의 마지막 유산으로 남아온 한반도에서도 긴장 완화와 평화를 위한 노력을 본격화"하기 위해서는 "새로운 접근이 있어야만" 한다면서 바로 '7·7 선언'이 이러한 노력의 일환이며 이를 통해 "남북한이 한 민족으로서 번영을 위해 서로 협력하는 동반자로서의 관계"로 발전되어야 한다고 강조했다. 그만큼 시대를 앞서가는 정책이었다.

더욱 중요한 것은 '7·7 선언'으로 인해 북한을 보는 시각 자체가 변했다는 것이다. 이전까지 북한은 단지 타도의 대상이자 경쟁의 대상이었을 뿐이나, '7·7 선언'에 의해 공존의 대상이자 협력의 대상으로 변모한 것이다. 김춘수의 시 '꽃'을 빌려 이야기하자면[286] '7·7 선언'은 한반도의 절반이자 우리 자신의 나머지 반쪽인 북한의 존재를 비로소 제대로 인식한 것이었고, 그래서 우리는 그동안 두려움에 떨며 부르던 북한이라는 이름을 이제는 자신 있게 부를 수 있게 되었던 것이다. 그래서 '7·7 선언'의 발표 당일 『매일경제신문』은 해설기사 제목을 '대결 지양 민족공동체 인식 대전환'으로 선정했고, 『경향신문』은 '7·7 선언'을 해설하는 기사에서 "북한에 대한 인식 전환을 토대로 남북관계와 통일외교정책의 본질적 변화"라고 평가하고 있는 것이다.[287] 그 결과 그동

Vol.20 No.1, 2020, pp.16~17.

285 최영철, "재임기간 정세 및 통일 환경", 홍민·김수암·조정아·이우태, 『구술로 본 통일정책사』, 통일연구원, 2017, p.80.

286 김춘수의 '꽃' 전문은 다음과 같다. "내가 그의 이름을 불러주기 전에는 / 그는 다만 / 하나의 몸짓에 지나지 않았다. / 내가 그의 이름을 불러주었을 때, / 그는 나에게로 와서 / 꽃이 되었다. / 내가 그의 이름을 불러준 것처럼 / 나의 이 빛깔과 향기에 알맞은 / 누가 나의 이름을 불러다오. / 그에게로 가서 나도 / 그의 꽃이 되고 싶다. / 우리들은 모두 / 무엇이 되고 싶다. / 너는 나에게 나는 너에게 / 잊혀지지 않는 하나의 눈짓이 되고 싶다."

287 "「동반공영」으로 통일대로 연다", 『경향신문』, 1988.7.7.

안 익숙했던 "때려잡자 공산당"이란 슬로건이나 멸공, 승공과 같은 구호는 사라졌고, 이제는 반공이란 구호만이 이념의 스펙트럼에 따라 한켠에 남아 있을 뿐이다.[288]

이미 남북한 간에는 '공산당의 최고 우두머리이자 반국가단체의 수괴'와 김대중, 노무현, 문재인 대통령의 정상회담까지 성사되었다. 과거에는 상상도 할 수 없었던 일이다. 1981년 1월 12일 전두환 대통령이 국정연설에서 남북 정상회담의 개최 의사를 밝히며 김일성을 서울로 초청하자 『조선일보』는 이를 보도하는 호외를 발행할 정도였다. 『경향신문』 사설은 "전두환 대통령이 반역사적이고 반민족적이고 반국가적 집단의 괴수에게 '주석'이란 호칭을 쓰면서 상호방문을 제의한 데 대해선 적지않이 의아스럽게 여기는 국민들도 있을" 것이라고 했다.[289] 그러나 이제는 정상회담 개최 보도가 나와도 놀라지 않고, 김정일 '국방위원장'이나 김정은 '국무위원장'이라며 정식 호칭을 붙이는 것이 이상하지 않은 상황이 되었다. 그래서 '7·7 선언'의 가장 커다란 의미는 북한에 대한 인식의 전환에 있는 것이다. 남북경협에 앞장섰던 정주영 현대그룹 명예회장도 국회에 출석하여 대북 사업에 착수하게 된 계기가 '7·7 선언'이라면서 '7·7 선언'을 읽고 "북을 경쟁자로 생각하지 않고 고립시킬 필요가 없이 우리는 북을 도와주면서 남북의 통로를 만들고 모든 것을 추진한다는 것이 '7·7 선언'의 생각"이라고 느꼈다고 발언했다.[290] 기존의 냉전적 대결구도에서 탈피하여 능동적인 협력과 동반으로의 '인식과 발상의 전환'이라는 점에서 높이 평가받을 만하다는 것이다.[291]

'기본합의서'와 '부속합의서'의 도출

'7·7 선언'은 단지 선언으로만 끝나지 않았고, 남북관계에서 많은 구체적인 성과를 낳았다. 특히 1991년 12월 제5차 남북 고위급회담에서 채택한 '기본합의서'는 남북관계는 물론 남북경협의 역사에서도 매우 중요한 이정표가 되었다. 북한도 '기본합의서'를 "그 내용과 의의로 보아 70년대초에 발표된 7.4공동성명과 맞먹는것으로서 그것이

---

288 반공 이데올로기 역시 우리 내부의 경제발전과 민주화와 함께 대외 차원에서의 냉전 종식 및 세계화·정보화로 인해 과거에 비해 크게 약화되었다. 전재호, "세계화·정보화 시대 한국의 정치적 정체성 변화: 반공의식을 중심으로", 『한국정치학회보』, Vol.40 No.3, 2006; 김진환, "한반도 평화프로세스와 대북의식 변화", 『경제와 사회』, No.123, 2019.

289 "전두환대통령의 남북 정상회담 제의", 『경향신문』, 1981.1.12.

290 대한민국국회사무처, "제145회 국회 외무통일위원회 회의록", 제3호, 1989.2.22.

291 김달중, "북방정책의 개념, 목표 및 배경", 『국제정치논총』, Vol.29 No.2, 1990, p.51.

채택된것은 나라의 평화와 통일문제 해결에 밝은 전망을 열어놓은 획기적사변으로 된다"고 평가했다.[292]

우선 '기본합의서'에서는 분단 역사상 처음으로 남북한이 공식 국호를 표기했다. 당시로서는 획기적인 일이었다. 남북한 최초의 합의문서인 1972년 '7·4 공동성명'의 경우 국호는 물론 서명자의 직책도 없이 '서로 상부의 뜻을 받들어'라는 문장 밑에 중앙정보부장이었던 이후락과 노동당 조직지도부장이었던 김영주의 이름만 표기했었다. '7·4 공동성명'과 같은 날 발표된 '직통전화 가설 및 운영에 관한 합의서'에서도 '서울 중앙정보부장 이후락, 평양 조직지도부장 김영주'로 국호가 아니라 수도의 이름을 표기했다.

남북한이 '기본합의서' 서문에서 "나라와 나라 사이의 관계가 아닌 통일을 지향하는 과정에서 잠정적으로 형성되는 특수관계라는 것을 인정"한 것도 의미 있는 일이다. 이는 '헌법' 정신이나 '1민족 1국가'의 오랜 전통에 비추어서도 한반도에 2개의 주권국가는 허용될 수 없으므로 "북한을 권력 실체로는 인정하지만 국가로는 인정하지 않는다는 뜻"이었다.[293] 또한 남북관계가 별개의 국가 간 관계가 아니라는 성격 규정은 남북경협 차원에서는 무관세의 근거가 되었다.[294] '기본합의서' 제15조에서는 아예 '민족내부거래'라고 명기했다.

'기본합의서' 교류·협력 부분에서의 합의도 상당한 성과였다. 남북경협의 목적으로 제15조에서 제시한 '민족경제의 균형적 발전'은 이후의 모든 남북 정상회담 합의문에서도 그대로 반영되었다. 교역은 물론 자원 공동개발과 합작투자(제15조), 대외 공동진출(제21조) 등 경제 교류협력 전반을 포함했다. 철도와 도로의 연결과 해로와 항로의 개설(제19조)에도 합의했다. 1992년 제8차 고위급회담에서 채택한 '기본합의서'의 교류·협력 '부속합의서'의 내용도 매우 중요한 성과였다.[295] 교류·협력 '부속합의서'는 '경제교류·협력', '사회문화교류·협력', '인도적 문제의 해결', '수정·발효' 등 4개의 장으로 이루어져 있는데, '경제교류·협력'의 내용은 이후의 남북경협 추진에 기본 지침이 되었다. 또한 '경제교류·협력'에서 합의한 사업의 상당 부분은 30년 이상이 지난 오늘날

---

292 "평화와 통일의 밝은 전망을 열어놓은 획기적사변", 『노동신문』, 1991.12.15.

293 노태우, 『노태우 회고록 (하)』, 조선뉴스익스프레스, 2011, p.324.

294 노태우 대통령도 '특수관계'라는 규정이 "국가가 아닌 만큼 양측 간의 거래를 내부거래로 간주해 실리를 찾을 수 있다는 계산도 깔려 있었다"라고 설명했다. 노태우, 『노태우 회고록 (하)』, 조선뉴스익스프레스, 2011, p.324.

295 전문은 <부록4>를 참조.

'특수관계'의 도출 과정

본래 남한 측 안은 "쌍방 간의 관계가 통일을 지향하는 과정에서 잠정적으로 형성되는 특수관계라는 점을 인정", 북한 측 안은 "쌍방 사이의 관계가 나라와 나라 사이의 관계가 아니라는 것을 인정"이었으나, 제5차 고위급회담 이전 열렸던 1991년 11월 말의 실무대표 접촉에서 남한 측은 "나라와 나라 사이의 관계가 아니라"를 추가하고 북한 측은 "통일을 지향하는 과정에서 잠정적으로 형성되는 특수관계라는" 부분을 추가하기로 합의해서 현재와 같은 최종 문안이 타결되었다.[296]

에도 착수되지 않았을 뿐만 아니라 앞으로 반드시 추진되어야 할 사업들이라는 점에서 '부속합의서'는 시대를 한참 앞서간 것이었다. 8개 조항으로 구성된 '경제교류·협력' 중 실제 사업과 관련한 주요 내용은 <표 2-26>과 같다. 남북회담이나 행사의 구체적인 가이드라인이 개발된 것도 성과라고 할 수 있다. 당시 남북 고위급회담, 체육회담, 적십자회담 등 다양한 분야의 회담이 열리면서 세부적인 사항들이 결정되었다. 예를 들어 회담을 한다면 어떻게 진행해야 하는지, 단일팀 문제가 제기되면 국호나 깃발은 어떻게 할 것인지 등에 대한 실무적인 노하우가 쌓이게 되었다.[297]

그러나 '기본합의서'와 '부속합의서'는 아쉽게도 실천되지 못하고 그대로 사장되었다. 이들 자체가 신사협정의 성격으로서 이행을 보장하는 국제기구나 장치가 없었던 탓도 있지만, 무엇보다도 북한의 실천 의지가 없었다. 당시 흡수통일의 가능성에 대해 극도로 불안해하고 있었던 북한은 교류협력의 확대보다는 체제 보장의 일환으로 '기본합의서'의 채택에 응한 측면이 강했다. 북한은 '기본합의서'와 '부속합의서'에서 명시한 대로 교류협력이 활성화되면 오히려 체제의 위협요인이 될 것을 우려했다.[298] '기본합의서'는 "국제 및 대내환경의 변화가 남북 양측에 공동이익의 절실함을 인정케 할

296 통일원 남북회담사무국, 『남북기본합의서 및 분야별 부속합의서 타결과정』, 1993, p.7.
297 국립외교원 외교안보연구소 외교사연구센터(편), 『북방정책과 7·7선언』, 선인, 2020, p.149.
298 이종석, 『분단시대의 통일학』, 한울, 1998, p.135.

<표 2-26> 교류·협력 '부속합의서'의 '경제교류·협력' 주요 내용

조항	주요 내용
제1조 (교역과 투자)	• 교역, 석탄·광물·수산자원 등 자원 공동개발, 공업·농업·건설·금융·관광 등 각 분야에서 투자 사업 실시 • 교역의 품목과 규모, 자원 공동개발 및 합영·합작 등 투자 사업의 대상과 형식은 경제교류·협력공동위원회에서 협의·결정 • 교역의 품목별 수량과 거래조건, 자원 공동개발 및 투자 사업의 규모 등 실무적 문제들은 쌍방 교류·협력 당사자들 간 토의·결정 • 교역과 투자의 당사자는 법인으로 등록된 상사, 회사, 기업체 및 경제기관이 되며 경우에 따라 개인도 가능 • 교류·협력 당사자 간 직접 계약을 체결 • 교역 물자의 가격은 국제시장가격을 고려하여 당사자 간 협의·결정 • 교역 대금결제는 청산결제방식을 원칙으로 하며, 필요한 경우 쌍방의 합의에 따라 다른 결제 방식도 가능 • 청산결제은행 지정, 결제통화 선정 등 대금결제와 자본의 이동과 관련하여 필요한 사항은 쌍방이 합의·결정 • 교역에 대해 관세를 부과하지 않으며, 남북 간 경제관계를 민족내부 관계로 발전시키기 위한 조치를 협의·추진 • 원활한 교역과 투자를 위해 공업규격을 비롯한 각종 자료를 교환하며 자기 측의 해당 법규를 상대측에 통보 • 투자보장, 이중과세 방지, 분쟁조정절차 등에 대해 합의·결정
제2조 (과학·기술, 환경 분야)	• 과학·기술, 환경 분야에서 정보자료의 교환, 공동연구 및 조사, 기술협력과 기술자·전문가들의 교류를 실현하며 환경보호대책을 공동 수립 • 특허권, 상표권 등 상대측 과학·기술상의 권리 보호를 위한 조치를 수립
제3조 (철도·도로, 해로·항로)	• 우선 인천항, 부산항, 포항항과 남포항, 원산항, 청진항 간 해로 개설 • 남북 간 교류·협력 규모의 확대에 따라 해로를 추가로 개설하고, 경의선 철도와 문산-개성 간 도로를 비롯한 육로를 연결하며 김포공항과 순안비행장 사이의 항로를 개설 • 교통로 개설 이전에 진행되는 인원 왕래와 물자교류를 위해 필요한 경우 임시교통로를 개설 • 육로, 해로, 항로의 개설과 운영의 원활한 보장을 위해 필요한 정보 교환 및 기술협력을 실시 • 남북 간 교류물자는 쌍방이 합의하여 개설한 육로, 해로, 항로를 통하여 직접 수송 • 자기 측 지역에 들어온 상대 측 교통수단에 불의의 사고가 발생할 경우 긴급구제조치를 실시 • 남과 북은 교통로 개설 및 운영과 관련한 해당 국제협약들을 존중
제4조 (우편과 전기통신)	• 빠른 시일 안에 판문점을 통하여 우편과 전기통신을 교환·연결하며, 우편과 전기통신교류에 필요한 정보교환 및 기술협력을 실시 • 남과 북은 우편과 전기통신교류에서 공적 사업과 인도적 사업을 우선 보장하며 점차 그 이용 범위를 확대하여 운영 • 우편과 전기통신교류의 비밀을 보장하며 어떤 경우에도 정치·군사적 목적에 불이용 • 남과 북은 우편 및 전기통신교류와 관련한 해당 국제협약들을 존중
제5조 (대외 분야)	• 경제 분야의 여러 국제행사와 국제기구들에서 서로 협력 • 경제 분야에서 대외 공동진출을 위한 대책을 협의·추진

때에만" 이행이 가능한 것이었다.[299]

보수와 진보 모두의 동의

남북갈등보다 남남갈등이 더 심각하다는 말이 이제는 진부하게 들릴 정도로 대북정책을 둘러싼 보수와 진보 간 시각 차이는 엄청나다. 거의 모든 이슈에서 반대의 입장을 보일 정도이다. 예를 들어 2022년 KDI 조사에 의하면, 북한을 '적대 대상'으로 보는 비율은 보수층의 경우 절반 이상인 반면 진보층은 절반에 크게 못 미친다. 정부가 남북경협에 지원해야 한다고 생각하는 비율은 진보층의 경우 절반이 넘지만, 보수층은 10% 중반에 불과하다. 남북경협이 평화를 증진시키는 효과가 있다고 생각하는 비율은 진보층이 71.2%이지만, 보수층은 35.2%이다.[300]

그러나 노태우 정부 시절에 만들어진 '7·7 선언'과 '기본합의서'에 대해서는 보수와 진보를 막론하고 모두 지지하고 동의한다. 예를 들어 김대중 대통령과 이명박 대통령 모두 '기본합의서'의 이행 필요성을 강조했다.

> 남북문제 해결의 길은 이미 열려 있습니다. 1991년 12월 13일에 채택된 남북기본합의서의 실천이 바로 그것입니다. …… 이것을 그대로 실천만 하면 남북문제를 성공적으로 해결하고 통일에의 대로를 열어나갈 수 있습니다.[301]

> 과거 남북 간에 합의된 7·4 공동성명, 남북기본합의서, 비핵화 공동선언, 6·15 공동선언, 10·4 정상선언을 어떻게 이행해 나갈 것인지에 관하여 북측과 진지하게 협의할 용의가 있습니다.[302]

국회도 마찬가지였다. 국회는 1999년 3월 8일 제201회 본회의를 개최하여 '남북 기본합의서 이행·실천을 위한 결의문'을 만장일치로 통과시켰다.[303] 이는 '기본합의서'가

---

299 안병준 "남북기본합의서 후의 남북한 관계와 평화체제", 『통일문제연구』, Vol.4 No.1, 1992, p.56.

300 조동호, "대북정책 및 남북경협에 대한 국민적 인식 분석", 이석(편), 『새로운 대북정책과 남북경협의 모색』, 한국개발연구원, 2022.

301 행정안전부 대통령기록관 홈페이지, 대통령 이야기 > 김대중 > 연설기록 > 제15 대통령 취임사.

302 행정안전부 대통령기록관 홈페이지, 대통령 이야기 > 이명박 > 연설기록 > 제18 국회 개원연설.

303 대한민국국회사무처, "제201회 국회 본회의 회의록", 제4호, 1999.3.8.

“민족의 화해와 평화공존을 제도화하고 대결을 종식시키며 교류협력을 증진시켜 통일기반을 조성하기 위해 체결된 민족화해의 대장전임을 확인”하면서 “남북 당국에 이행·실천을 위한 공동 노력을 촉구”하는 것이었다. 이는 그만큼 노태우 정부의 대북 정책이 이념과 무관하게 광범위한 공감대를 형성했음을 의미했다. ‘7·7 선언’이 발표된 당일에도 여당과 야당 모두 환영과 지지 의사를 밝혔다.[304] 물론 노태우 정부 당시는 아직 북한의 실상에 대한 정보가 충분하지 않았고, 북한의 핵 문제도 본격화되지 않았으며, 세습 독재체제도 수립되기 이전이었으므로 대북 정책에 대한 공감대 형성이 지금보다 수월했다는 측면을 지적할 수 있다. 그럼에도 불구하고 정책 자체가 국민의 폭넓은 지지를 얻을 수 있는 내용이었으며, 정부가 공감대 확산을 위해 적극적으로 노력했다는 점은 높이 평가된다.[305]

북한의 대외관계 개선에는 소홀

‘7·7 선언’은 우리가 소련, 중국을 비롯한 사회주의 국가들과의 관계 개선을 추구하는 대신 북한이 미국, 일본 등 우리 우방과의 관계를 개선하는 데 협조할 용의가 있음을 천명하고 있다.[306] 심지어 ‘7·7 선언’ 이전인 1987년 9월 19일 노태우 대통령 후보는 일본 방문 중 가진 기자회견에서 중국과 소련이 남한을 승인하기 전에 미국과 일본이 북한을 승인할 수도 있다는 매우 전향적인 ‘시차 교차수교’ 의사를 비쳤고,[307] 1988년 6월 최광수 외무부 장관은 “중·소가 우리에 대해 상응하는 조치를 취한다는 보장이 있을 경우, 미·일이 북한을 먼저 승인하는 방안도 검토해 나갈 것”이라는 구체

---

304 “여야 환영성명”, 『경향신문』, 1988.7.7.

305 예를 들어 ‘한민족공동체 통일 방안’은 250회에 걸친 세미나, 간담회, 워크숍 등을 통해 학계, 언론계, 종교계, 문화계, 경제계, 여성계 및 정치계와 재야 등 각계각층의 의견을 광범위하게 수렴했고, 통일과 관련한 각계의 주장과 언론매체를 통해 표출된 통일 논의 총 426건을 취합하여 분석·정리했으며, 해외동포를 포함한 16,800여명에 대한 여론조사에서 나타난 의견을 반영했다. 통일원, 『통일백서』, 1990, pp.73~74.

306 강근택 당시 청와대 비서실 정책담당비서관은 이러한 교차승인 방침이 노태우 정부가 수교하려 했던 사회주의 국가들을 안심시키려는 측면을 지녔다고 회상하기도 한다. 즉 사회주의 국가 입장에서는 남한과 수교한 이후에 남한이 ‘북한과는 단교하라’고 요구하면 불편할 것이므로, 대통령 선언으로 교차승인 방침을 밝혀놓는 것이 사회주의 국가들과의 수교 추진에 유리했다는 것이다. 국립외교원 외교안보연구소 외교사연구센터(편), 『북방정책과 7·7선언』, 선인, 2020, p.152.

307 “미·일이 먼저 북한승인 방안 검토”, 『조선일보』, 1987.9.20.

적인 입장을 밝히기도 했다.[308] 그러나 실제 행동은 북한의 대미·대일 관계 개선에 소극적이었다는 것이 일반적인 평가이다.

노태우 정부는 북한이 미국, 일본과의 교섭에 나서자 남한을 제쳐놓고는 어느 국가든 북한을 교섭해서는 안 된다는 원칙을 세웠다.[309] 당시 외교안보수석비서관이었던 김종휘는 스스로 북한의 대미·대일 외교를 적극적으로 무산시키는 데 주력했다고 회고할 정도였다. 미국과 북한의 직접 대화가 지속되는 것을 막기 위해 1회에 한정시키는 조건부 대화만을 요구했고, 북일 대화의 경우에도 "북한을 선택할 것인가? 한국을 선택할 것인가?"라고 따져 묻는 식으로 해서 일본 외무성으로부터 없는 일로 하겠다는 답변을 받아낼 정도였다는 것이다.[310] 위성락 전 러시아대사도 1992년 1월의 김용순 북한 노동당 국제부장과 캔터 미국 국무부 정무차관 간 회담을 처음엔 남한 정부가 반대를 했었고 반대를 하기 어려운 상황이 되자 1회만 할 것을 미국에 요구했으며, 이를 미국이 들어준 것이라고 당시를 설명했다.[311] 1990년 9월 북한을 방문한 일본 자민당의 막후 실력자 가네마루 신(金丸信)이 김일성과 회담했을 당시 북한은 즉각적인 북일 국교 정상화를 제의했고 일본은 식민통치에 대한 사과와 배상금 지급을 약속했으나, 남한 및 미국의 강력한 반발로 이 회담의 성과는 백지화되었다.[312]

미국 역시 우리 정부의 요청에 의해 북한과의 접촉에 소극적인 태도를 보였다. 1988년 12월 미국과 북한의 역사적인 베이징 회담이 성사되었지만, 미국 외교관들은 처음부터 이 회담은 '협상'이 아닌 '대화'에 불과하다고 강조했고, 한반도 문제와 관련한 모든 협상에는 남한 정부의 참여가 있어야 한다는 기존 입장을 굽히지 않았다.[313] 미국은 한반도 문제는 당사자인 남한과 북한이 주도해야 한다고 생각하고 있었고, 사실 미국이 베이징 채널을 개설한 주요 목적 중 하나도 바로 "서울을 경유하지 않는 한 워싱턴으로 올 수 없다"는 사실을 북한에 주지시키는 데 있었다.[314] 당시 미국 국무부

---

308 "남-북한 교차교류 추진, 중-소와 관계개선 모색", 『조선일보』, 1988.6.25.

309 조갑제, 『노태우 육성회고록』, 조갑제닷컴, 2007, p.119.

310 이정철, "탈냉전기 노태우 정부의 대북정책", 『한국학』, Vol.35 No.2, 2012, p.137.

311 국립외교원 외교안보연구소 외교사연구센터(편), 『북방정책과 7·7선언』, 선인, 2020, pp.201~202.

312 백창재, "한국의 북방정책과 미국", 하용출 외, 『북방정책: 기원, 전개, 영향』, 서울대학교출판부, 2003, p.177.

313 돈 오버도퍼, 『두 개의 한국(*The Two Koreas*)』, 이종길(역), 길산, 2002(원저 1997), p.302.

314 장달중·이정철·임수호, 『북미대립: 탈냉전 속의 냉전대립』, 서울대학교출판문화원, 2011, p. 37.

차관보였던 시거(Gaston Sigur)는 소련과 중국이 평양과 접촉하라며 미국을 지속적으로 압박했다면서 북미 직접대화의 가장 큰 걸림돌은 바로 남한 정부의 반대였다고 회고했다.[315]

이는 노태우 정부가 남북관계의 진전을 위해 내걸었던 교차승인 방침과는 상충되는 것이었다. 노태우 정부는 '외우내환'에 처한 북한으로서는 대미·대일 관계가 개선되지 않는다면 남북관계 개선으로 나올 수밖에 없을 것이라고 생각했다. 사실 북한을 고립시키겠다는 의지가 다분했다.[316] 그러나 북한으로서는 남북관계의 본격적인 개선은 체제 위협으로 작용할 수 있었고, 흡수통일의 위험을 무릅쓰는 것이었다. 결국 북한은 미국, 일본과의 교섭 노력이 성과를 거두지 못하고 고립이 심화되자 핵에 의존해서 생존을 모색하는 방향으로 나아갔다.[317]

물론 북한은 북한 나름의 계산이 달랐다고도 할 수 있다.[318] 즉 북한은 노태우 정부의 대북 정책에 동조하려는 의지가 있었다기보다는 주어진 기회를 활용하여 체제의 안정을 모색하려고 했으며, 미국이나 일본도 북한과의 관계 개선을 추진할 준비가 되어 있지 않았다는 것이다. 이동복 전 남북 고위급회담 대변인은 북한이 여전히 냉전시대의 생각과 가치를 그대로 유지하고 있었기 때문에 노태우 정부의 새로운 대북 정책이 먹힐 틈이 없었다는 점을 지적한다.[319] 김석우 전 통일부 차관은 북한이 아웅산 테러 사건, 대한항공 격추 사건 등으로 유엔의 제재를 받게 되면서 미국과 일본을 비롯한 다른 국가들이 북한과의 관계를 진전시킬 수 없었다고 당시를 회고한다.[320] 그러나 이러한 견해 역시, 당시의 상황을 이해하는 데에는 도움을 주지만 노태우 정부가 북한의 대외관계 개선에 소극적이지 않았다는 논거로 받아들이기는 어렵다.

결국 이미 기울어진 외교관계를 최대한 활용하여 북한을 국제사회로 끌어내려는 노력을 좀 더 적극적으로 보였더라면 하는 아쉬움이 남는다. 북한의 개방과 남북관계 개선을 위해서는 한반도 문제에 결정적 영향을 미치는 주변 강대국들의 대응을 계산

---

315 돈 오버도퍼, 『두 개의 한국(*The Two Koreas*)』, 이종길(역), 길산, 2002(원저 1997), p.299.
316 김갑식, "남북기본합의서에 대한 북한의 입장", 『통일정책연구』, Vol.20 No.1, 2011, p.67.
317 신종대, "서울 올림픽과 남북관계", 정영철 외, 『한반도 정치론: 이론, 역사, 전망』, 선인, 2014, p.202.
318 이지수, "북한정책의 북한에의 영향", 하용출 외, 『북방정책: 기원, 전개, 영향』, 서울대학교출판부, 2003, p.60.
319 국립외교원 외교안보연구소 외교사연구센터(편), 『북방정책과 7·7선언』, 선인, 2020, p.143.
320 국립외교원 외교안보연구소 외교사연구센터(편), 『북방정책과 7·7선언』, 선인, 2020, p.58.

에 넣은 전략이어야 했으나, 이에는 미흡했다. 우리와 소련, 중국과의 관계 개선도 북한을 개방이 아니라 더욱 고립시키는 방향으로 전개되었다. 한소 수교, 한중 수교는 한반도에서의 냉전 구조를 종식시키고 북한을 국제사회의 정상적 일원으로 유도하기 위한 북방정책의 본격적인 출발점이 되어야 했으나, 그 자체가 최종 목표가 되었다.[321] 당시 북미 및 북일관계 정상화가 이루어졌더라면 지금의 한반도 상황은 완전히 달라져 있을 것이다.

결과적으로 노태우 정부는 북한이 외교가 아니라 핵에만 의존하는 생존전략을 선택하지 않도록 하는 노력에는 소홀했다. 어쩌면 이때 북한 핵 문제의 해결도 가능했을 수 있었는데 말이다. '기본합의서'와 '한반도의 비핵화에 관한 공동선언'이라는 획기적 성과에도 불구하고 북한 핵 문제가 본격적으로 불거지면서 노태우 정부의 대북 정책도 표류하기 시작했다.[322] 북방외교의 성공 '신화'는 평양의 관문 앞에서 멈추었다.[323] '원교근공'이라 했지만 '원교'만 있었던 셈이고, 그래서 '단지 절반의 성공'으로 끝나고 말았다.[324]

남북경협 도약의 기회 무산

북한 김달현 부총리의 남한 방문은 남북경협을 획기적으로 도약시킬 수 있는 절호의 기회였다. 김달현 부총리는 북한의 외부자본 도입을 주도해왔으며, 개방만이 북한경제를 살릴 수 있다는 주장을 펴왔다.[325] 북한을 방문해서 김달현 부총리를 만났던 미국의 언론인 해리슨(Selig Harrison)이 북한의 '선도적 개혁주의자(leading reformer)'로 표현했을 정도로 그는 북한경제가 어떻게 변해야 할지를 아는 인물이었다.[326] 노태우

---

321 신범식, "북방정책과 한국·소련/러시아 관계", 하용출 외, 『북방정책: 기원, 전개, 영향』, 서울대학교출판부, 2003, p.89. 이와 관련해서 김달중 연세대학교 교수는 노태우 정부 말기 청와대에서 북방정책이 성공적으로 끝났음을 선언하는 회의가 열렸다고 회상하면서 이는 실책이자 잘못이었다고 평가했다. 국립외교원 외교안보연구소 외교사연구센터(편), 『북방정책과 7·7선언』, 선인, 2020, pp.134~140.

322 신종대, "서울 올림픽과 남북관계", 정영철 외, 『한반도 정치론: 이론, 역사, 전망』, 선인, 2014, p.203.

323 우승지, "데탕트, 신냉전, 탈냉전 시기 한국의 외교(1972~1992)", 최종현학술원(편), 『한미일중 100년 II: 냉전 해체와 중국의 부상(1970-2023)』, 일조각, 2023, p.151.

324 장훈, "북방정책과 세계화 정책의 절반의 성공", 박인휘 외(편), 『탈냉전사의 인식』, 한길사, 2012, p.101.

325 신현만, "김달현이 대북강경파를 혼란에 빠뜨렸다", 『사회평론』, Vol.92 No.9, 1992, p.108.

326 Harrison, Selig, *Korean Endgame: A Strategy for Reunification and U.S. Disengagement*, Princeton University Press, 2002, p.32.

정부 역시 김달현 부총리를 "북한 내 실용주의 노선의 대표적 인물로 지위도 상당"하다고 평가하고 있었다.[327] 김일성의 외오촌 조카사위였기 때문이다. 나아가 노태우 정부는 김달현 부총리의 남한 방문을 북한의 테크노크라트들이 상당한 발언권과 주도권을 가지게 된 것으로 분석하면서 '대단한 변화'라고 평가했고,[328] 이동복 남북 고위급회담 대변인은 기자회견에서 김달현 부총리의 방문은 북한이 남한 정부를 경제협력의 공식창구로 인정했다는 점에서 중대한 변화를 보인 것이라고 논평했다.[329] 한갑수 경제기획원 차관은 "북한 내 실용주의파의 입지를 강화해주기 위해 적극적으로 나서야 할 것"이라고 말하기도 했다.[330]

그러나 노태우 정부의 실제 행동은 달랐다. 고위당국자들의 발언도 모순적이었다. 김달현 부총리의 남한 방문이 남북경협에서의 중대한 변화라고 했던 이동복 남북 고위급회담 대변인은 "핵 문제가 해결되지 않고서는 남북경협 문제도 진전을 이루기가 어렵다는 우리 측의 기본입장에는 조금도 흔들림이 없다"고 말했고, 북한의 실용주의자들의 입지를 도와주어야 한다고 했던 한갑수 경제기획원 차관도 기자들을 만난 자리에서 "핵 문제가 타결되어야 남북경제교류가 가능할 것"이라고 말했다.[331]

1992년 7월 24일 김달현 부총리의 청와대 예방을 수락한 노태우 대통령은 당시 김달현 부총리가 "김 주석의 정중한 인사를 전하고 남포 경공업단지 조성사업을 도와달라고 간청했다"라고 회고했다.[332] 남포 경공업단지 조성사업은 교역에 머물고 있던 남북경협을 투자로까지 확대할 수 있을 뿐만 아니라 정부의 평가처럼 북한 내 실용적이고 개혁적인 테크노크라트들의 부상을 만들어낼 매우 좋은 기회였다. 김달현 부총리는 "북과 남의 경제가 서로 보완될 수 있다는 강한 인상"을 받았다며, 남한 기업의 대북 투자가 "이익이 날 수 있도록 하겠습니다"라고 말할 정도로 남북경협에 적극적이었다.[333] 더욱이 김달현 부총리는 시베리아-북한-남한을 연결하는 가스관 건설사업, 원자력 발전소의 공동건설 및 전력 공동사용, 남포 경공업단지 조성사업 등 현재의 시점

327 "김부총리, 24일 청와대 방문", 『한겨레신문』, 1992.7.21.
328 "경제협력에 남북 '이해' 일치", 『한겨레신문』, 1992.7.16.
329 "남쪽 경제실상 「견학」 주목적", 『매일경제신문』, 1992.7.16.
330 "시범사업 10월에 본격화", 『경향신문』, 1992.7.20.
331 "핵타결 없인 경협난망", 『동아일보』, 1992.7.22.
332 노태우, 『노태우 회고록 (하)』, 조선뉴스익스프레스, 2011, p.340.
333 "노대통령-김달현부총리 대화록", 『동아일보』, 1992.7.25.

에서 보아도 놀라운 사업들을 제안했다. 그런데도 노태우 정부는 김달현 부총리가 요청한 세 가지 남북경협 사업을 모두 거절했다. 노태우 대통령의 회상대로 김달현 부총리가 '간청'을 했는데도 말이다. 당시 김달현 부총리를 면담했던 최영철 통일원 장관은 김달현 부총리가 "가시적인 성과를 보여줘야겠다고 하면서 무엇이든지 해줄 수 없냐. …… 몇 가지만이라도 해달라"고 "아주 절절하게 얘기"했다고 회고했다.[334] 김달현 부총리는 6박7일의 방문 일정을 마치고 판문점을 통해 북한으로 돌아가면서 가진 기자회견에서까지 남한 정부가 "지원과 협력을 아끼지 않아줄 것으로 기대한다"고 말했다.[335]

그러나 노태우 정부가 김달현 부총리에게 준 것은 기껏 남포 경공업단지 '조사단 파견'이었다. 대통령이 접견까지 하고서도 실질적으로는 '빈손'으로 돌려보낸 것이었다. 김달현 부총리의 남한 방문은 '완전한 실패작'이 되었고 북한의 강경파들은 그가 추진하려 했던 사업들을 '장미빛 환상'이라고 공격했다.[336] 결국 김달현 부총리는 김일성 사후 부총리직에서 해임되어 함흥 2.8비날론연합기업소 지배인으로 좌천되었다가 2000년 자살한 것으로 알려져 있다.[337] 김달현의 실각 이후 북한의 남북경협에 대한 태도는 후퇴했다.[338]

그때 노태우 정부가 김달현 부총리가 제안한 사업들을 받았더라면, 하는 아쉬움이 크다. 핵 문제 때문에 거부할 것이 아니라 핵 문제 해결의 단초로 삼을 수도 있었을 것이다. 노태우 대통령 스스로도 1991년 12월 23일 미국 하원 외무위원회 동아태소위원장 솔라즈(Stephen Solarz) 의원과의 면담에서 "기본합의서가 진전되는 것이 핵문제 해결에 큰 힘이 되고 매우 이로울 것"이라면서 "기본합의서 그대로 추진·실행하고 핵개발을 제지하도록 서로 상승작용으로 병행하여 함께 해결"해 나가야 한다고 말하기

---

334 최영철, "북한 김달현 부총리의 방남", 홍민·김수암·조정아·이우태, 『구술로 본 통일정책사』, 통일연구원, 2017, p.86.

335 "김달현부총리 기자회견 요지", 『한겨레신문』, 1992.7.26.

336 임동원, 『피스메이커』, 창비, 2015, p.210.

337 "김달현의 비극을 통해 본 북한의 운명", 『자유아시아방송』, 2011.9.6; "박성철·송호경과 김달현·장성택 … 대남 특사 엇갈린 운명", 『중앙일보』, 2014.10.7. 한편 자살이 아니라 심장병으로 사망했다는 설도 있다. "북 김달현 전부총리 사망", 『경향신문』, 2001.1.28.

338 배종렬, "남북한 투자협력: 경제특구 개발방안", 배종렬·박유환, 『남북한 경제협력: 발전전략과 정책과제』, 한국수출입은행, 2000, p.258.

도 했다.[339] 북한은 전력 부족으로 인해 핵을 개발하는 것이라고 핑계를 댔으므로,[340] 원자력 발전소를 공동으로 건설하고 그 전력을 공동으로 사용하는 사업은 핵 문제 해결에 특히 직접적인 계기가 될 수도 있었을 것이다.[341] 북한 내의 개방과 개혁의 필요성을 인식하고 남북경협을 중요시하는 실용주의 세력을 부상시키기는커녕 결과적으로는 그들의 몰락을 가져온 것은 두고두고 아쉬운 일이다.

339 정해창, 『대통령 비서실장 791일: 정해창의 청와대 일지』, 나남, 2023, pp.350~351.

340 예를 들어 김일성은 "제2단계 조미회담은 스위스의 제네바에서 열렸는데 그때 우리는 미국사람들에게 우리가 전력문제를 풀기 위하여 핵동력공업을 개발하는것은 사실이다"라고 말했다고 설명했다. 김일성, "현시기 총련앞에 나서는 몇가지 과업에 대하여", 조선민주주의인민공화국창건 45돐 재일본조선인축하단, 총련교육일군대표단, 총련분회일군대표단과 한 담화(1993.9.10), 『김일성 저작집 44』, 조선로동당출판사, 1996, p.228. 2003년 1월 10일 핵확산금지조약(NPT) 탈퇴를 선언한 북한 정부 성명에서도 "현 단계에서 우리의 핵활동은 오직 전력생산을 비롯한 평화적목적에 국한"된다고 주장했다. "조선정부성명 핵무기전파방지조약에서 탈퇴", 『조선중앙통신』, 2003.1.10.

341 물론 김달현 부총리의 제안이 진정성이 있는 것이라기보다는 당시 불거지던 북한의 핵 문제를 흐리려는 의도에서 비롯된 것이었다는 해석도 가능하다.

3장 남북경협의 부문별 평가1: 교역

1장 1절에서 설명한 바와 같이 형식적으로는 남북교역에 경제적 이익을 목적으로 하는 상업적 거래뿐만 아니라 인도적 지원처럼 무상으로 제공되는 비상업적 거래도 포함된다. 교역은 반입과 반출로 이루어지는데, 무상으로 지원하는 물자라고 하더라도 형식적으로는 남한에서 북한으로 반출되는 것이기 때문이다. 당연히 개성공단 사업이나 금강산 관광사업에 수반되는 모든 물자의 이동도 통계에 잡힌다. 예를 들면 개성공단 사무실에 갈아 끼울 전구를 가져가는 것도, 북한 근로자들에게 제공할 초코파이를 가져가는 것도 반출 신고대상이다.[1] 결국 <표 1-1>에서 정리한 바와 같이 남북교역은 상업적 및 비상업적 거래 모두를 포함하며, 상업적 거래는 다시 교역과 경제협력 관련 교역으로 나뉜다. 교역은 일반교역과 위탁가공교역을 합한 것이고, 경제협력 관련 교역은 개성공단 사업이나 금강산 관광사업과 같은 투자 사업의 실행 과정에서 발생하는 원자재, 설비, 완제품 등의 반출입을 의미한다.

<그림 3-1>과 <표 3-1>은 시간이 지남에 따라 교역이 유형별로 어떻게 구성되어 왔는지를 보여준다. 남북경협이 시작된 직후 1990년대 중반까지는 경제협력 사업도, 인도적 지원도 없었으므로 교역은 일반교역과 위탁가공교역뿐이었다. '고난의 행군'으로 북한에 심각한 경제난이 발생한 1995년 이후에는 대북 인도적 지원이 급격히 늘어

1 반출과 반입 통계에 관한 구체적인 설명과 논의는 5장 4절을 참조.

<그림 3-1> 전체 교역의 유형별 비율

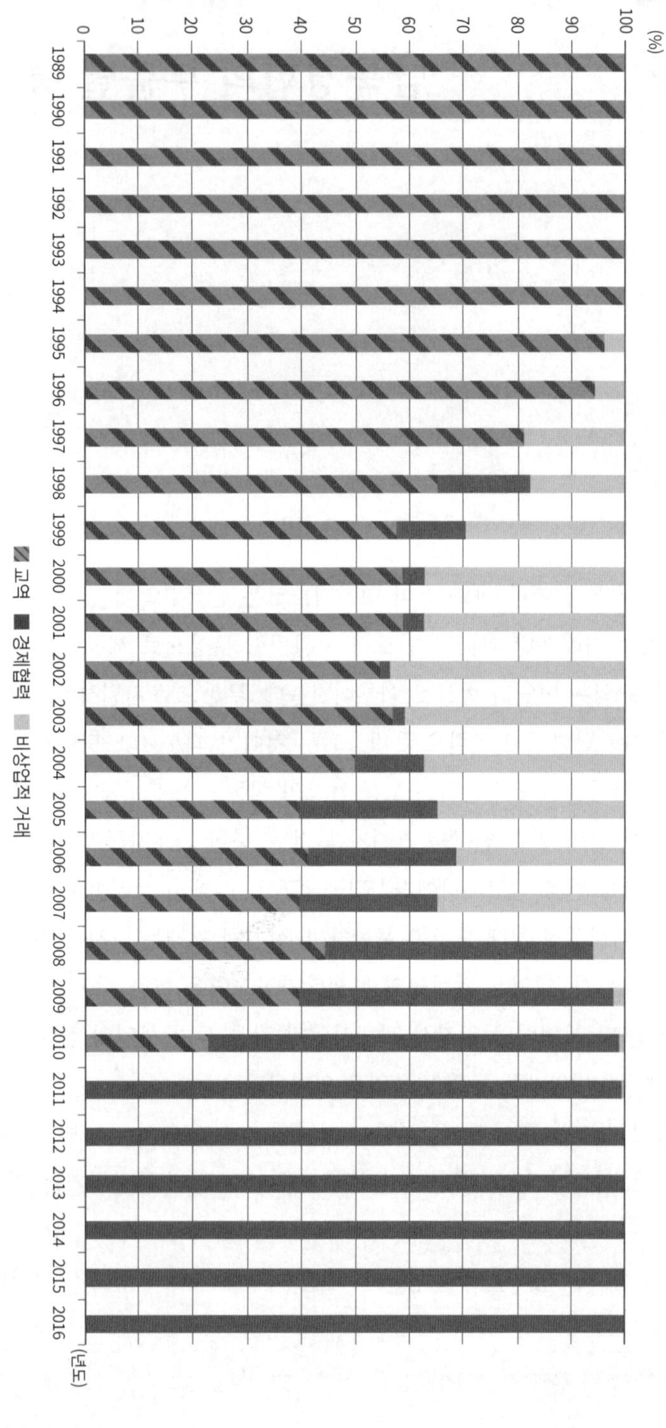

* 자료: 통일부 남북교류협력시스템 홈페이지, 남북교역 통계안내 > 연도별·월별 통계.

<표 3-1> 전체 교역의 유형별 비율

(단위: %)

연도 \ 구분	상업적 거래						비상업적 거래	전체
	교역			경제협력				
	일반 교역	위탁가공 교역	소계	개성 공단	기타	소계		
1989	100.0	0.0	100.0	0.0	0.0	0.0	0.0	100.0
1990	100.0	0.0	100.0	0.0	0.0	0.0	0.0	100.0
1991	100.0	0.0	100.0	0.0	0.0	0.0	0.0	100.0
1992	99.5	0.5	100.0	0.0	0.0	0.0	0.0	100.0
1993	96.2	3.8	100.0	0.0	0.0	0.0	0.0	100.0
1994	86.8	13.2	100.0	0.0	0.0	0.0	0.0	100.0
1995	80.2	16.0	96.2	0.0	0.0	0.0	3.8	100.0
1996	64.8	29.5	94.3	0.0	0.0	0.0	5.7	100.0
1997	55.5	25.6	81.2	0.0	0.0	0.0	18.8	100.0
1998	33.0	32.1	65.2	0.0	17.2	17.2	17.6	100.0
1999	27.2	30.6	57.8	0.0	12.5	12.5	29.7	100.0
2000	27.1	31.5	58.7	0.0	4.2	4.2	37.2	100.0
2001	27.1	31.5	58.7	0.0	2.0	4.2	37.2	100.0
2002	27.3	27.2	54.5	0.0	1.9	1.9	43.6	100.0
2003	31.1	25.7	56.8	0.0	2.2	2.2	40.9	100.0
2004	24.6	25.2	49.8	6.0	6.8	12.8	37.4	100.0
2005	19.9	19.9	39.7	16.7	8.8	25.6	34.7	100.0
2006	22.5	18.7	41.3	22.1	5.3	27.5	31.2	100.0
2007	26.7	19.1	45.9	25.6	7.3	32.9	21.3	100.0
2008	22.1	22.6	44.7	44.7	4.6	49.3	6.0	100.0
2009	15.3	24.4	39.7	56.0	2.1	58.1	2.2	100.0
2010	6.2	16.6	22.8	75.5	0.6	76.0	1.2	100.0
소계(1989~2010)	27.2	21.5	48.7	4.2	28.7	32.8	18.5	100.0
2011	0.0	0.2	0.2	99.1	0.0	99.1	0.7	100.0
2012	0.0	0.0	0.0	99.5	0.0	99.5	0.5	100.0

연도 \ 구분	상업적 거래						비상업적 거래	전체
	교역			경제협력				
	일반교역	위탁가공교역	소계	개성공단	기타	소계		
2013	0.1	0.0	0.1	99.7	0.0	99.7	0.3	100.0
2014	0.0	0.0	0.0	99.8	0.0	99.8	0.2	100.0
2015	0.0	0.0	0.0	99.6	0.0	99.6	0.4	100.0
2016	0.0	0.0	0.0	99.3	0.0	99.3	0.7	100.0
합계(1989~2016)	15.9	12.6	28.6	58.0	2.4	60.4	11.0	100.0

* 주: 반올림으로 인해 항목의 합계가 100.0%가 되지 않는 연도도 존재함.
* 자료: 통일부 남북교류협력시스템 홈페이지, 남북교역 통계안내 > 연도별·월별 통계.

나면서 비상업적 거래의 비율이 2000년대 초반에 40%대까지 증가했다가 2000년대 말부터 미미한 수준으로 떨어졌다. 금강산 관광사업으로 시작된 경제협력 관련 교역은 2000년대 중반 개성공단이 가동되면서 크게 증가했다. 2010년 '5·24 조치'로 일반교역과 위탁가공교역이 중단됨에 따라 2010년대에는 개성공단과 관련한 교역이 전체를 차지하게 되었다. 1989~2010년의 기간을 대상으로 보면 일반교역과 위탁가공교역이 전체의 절반 정도를 차지한다.

그런데 우리가 일상생활에서 사용하는 교역이라는 단어는 돈을 주고 물건을 사고파는 행위를 의미하는 것이 일반적이다. 이와 마찬가지로 남북교역에 있어서도 경제적 목적으로 추진되는 상업적 거래, 즉 일반교역과 위탁가공교역만을 보아야 남북한 간에 이루어지는 엄밀한 의미에서의 교역을 파악할 수 있는 것이다. 따라서 지금부터는 비상업적 거래나 경제협력 관련 교역을 제외하고,[2] 일반교역과 위탁가공교역에 대해서 구체적으로 살펴본다.

2 경제협력 관련 교역에 대해서는 4장을 참조.

1. 일반교역

1) 일반교역의 진행 과정

1988년 7월 대통령의 '7 · 7 선언'에 따라 10월 7일 경제기획원의 '대북 경제개방조치'가 발표되자 기업들이 남북교역에 관심을 가지기 시작했다.[3] 냉전 해체의 조짐이 보이던 시기였고, 따라서 북한경제의 개방과 그에 따른 남북관계의 변화에 대한 희망이 싹트던 시기였다. 기업의 입장에서는 6 · 25 전쟁 이후 수십년간 금지되었던 남북경협의 문이 열림에 따라 실제 남북경협의 가능성과 수익성을 점검하고 싶었다. 언젠가는 진출해야 할 시장의 선점, 기업의 대내외 이미지 제고, 통일에의 기여, 실향민의 경우라면 고향에 대한 향수 등 다양한 유인이 있었다. 특히 정부가 남북한 간의 교역을 '내국 간 거래'로 간주한다는 방침을 밝혔으므로 관세를 내지 않아도 된다는 점도 커다란 매력이었다. 북한산 물품을 다른 나라에서 수입하는 물품과 같은 가격에만 들여와도 관세만큼 이익이 남는 것이었기 때문이다.

'대북 경제개방조치'의 발표가 10월 초였는데도, 연말까지 4개 업체의 4건, 4개의 품목에 대한 반입이 승인되었다.[4] 금액으로는 100만달러 정도였지만, 기업들의 남북경협에 대한 관심은 확인되었다. 실제로 다음 해인 1989년부터는 건수나 참여업체 수, 반입 승인을 받은 품목 수가 큰 폭으로 늘어났다. 남북 고위급회담의 진행 등으로 남북관계가 좋아진 1991년에는 일반교역이 시작된 지 2년 만인데도 승인 건수는 82배, 업체 수는 58배로 급속히 증가했다. 승인 금액도 1989년 2,224만달러, 1990년 2,035만달러에서 1991년에는 1억 6,600만달러로 1989년 대비 160배 증가했다.

일반교역 최초의 반입 승인은 1988년 11월 14일 대우의 도자기 519점에 대해 이루어졌는데,[5] 금액으로는 104,000달러였다. 그런데, 당연한 이야기이지만 반입 승인이 이

---

3 '7 · 7 선언' 이전에도 북한산 물품을 반입했다는 기록이 있는데, 1978년 말 영국 상사를 통한 중개무역의 형식으로 한국석탄공사가 북한으로부터 무연탄 1만톤을 반입했으며 1983년까지 총 120만톤을 반입했다고 한다. 이상만, 『통일경제론』, 형설출판사, 1994, p.272.

4 실제 반입 통관은 1989년에 시작되었다. 한편 반입 승인을 받은 4개 업체와 각 업체의 반입 승인액은 효성물산 60만달러, 삼성물산 23만달러, 대우 11만달러, 현대종합상사 4만달러 등이다. 대한무역진흥공사, 『북한 투자실무』, 1993, p.175.

5 통일부 홈페이지, 주요사업 > 남북교류협력 > 교역 및 경협 > 연혁.

<표 3-2> 일반교역 반입의 승인과 통관 비교

(단위: 건, 천달러)

연도 \ 구분	건수		금액		
	승인	통관	승인(A)	통관(B)	비율(B/A)
1988	4	-	1,037	-	-
1989	57	66[1)]	22,235	18,655	83.9%
1990	75	78	20,354	12,278	60.3%
1991	328	300	165,996	105,722	63.7%

* 주 1: 승인을 얻은 후에 통관이 이루어진다는 점을 감안하면 1989년의 통관 건수가 1988년과 1989년 승인 건수의 합보다 크다는 점은 오류일 가능성이 큼.
* 자료: 통일원, 『통일백서』, 1992, p.297.

루어졌다고 해서 반드시 실제 반입, 즉 통관까지 연결되는 것은 아니다. 기업 입장에서는 승인을 받았어도 여러 가지 이유로 반입을 포기할 수 있기 때문이다. 실제로 반입의 승인과 통관을 비교하면, 금액을 기준으로 할 때 1991년과 1992년의 경우 승인 대비 통관의 비율은 약 60% 수준에 머물고 있다. 물론 그 해의 반입 승인금액과 통관금액을 비교하는 데에는 한계가 있다. 예를 들어 물품이 이번 해에 통관되었더라도 승인은 지난해에 이루어졌을 수 있기 때문이다.[6] 그럼에도 불구하고 반입 승인이 실제 교역으로 얼마나 연결되었는지의 추이에 대한 대략적인 정보는 얻을 수 있다.

반면 북한으로의 반출은 반입에 비해 부진했다. 가장 커다란 이유는 경제난으로 인해 북한이 남한 물품을 사 갈 능력이 부족했기 때문이다. 게다가 북한경제에 대한 정보가 극히 부족했고, 북한과의 직접 접촉도 거의 불가능했다는 점도 이유로 작용했다. 반입의 경우는 북한과 무역을 하는 제3국의 업체나 중개상을 통해 우리가 사고 싶은 물품에 대한 정보를 다소라도 입수할 수 있었으나, 북한이 남한으로부터 어떤 물품을 사고 싶은지 그리고 살 능력이 있는지를 파악하기란 훨씬 더 어려울 수밖에 없었다. 그 결과 반출은 1989년에서야 단지 1건에 대해 승인이 이루어졌는데, 1989년 2월 4일 현대상사의 남성용 점퍼 5천벌에 대한 반출 승인이 최초였다.[7] 이에 따라 12월 12일 현대상사가 남성용 점퍼 5천벌을 북한으로 반출한 것이 최초의 반출 통관이었으며,[8]

6 당시 승인 유효기간은 통상적으로 1년이었다. 통일원, 『통일백서』, 1993, p.163.

7 통일부, 『남북교역 실무안내』, 2005, p.347.

8 윤병익, "7·7 특별선언의 성과와 전망", 『북한』, No.223, 1990, p.91; 남북교류협력지원협회, 『남북교역

최초로 반입된 물자는 언제, 무엇이었을까?

일반교역 최초의 반입 승인이 1988년 11월 14일 대우의 도자기라는 데에는 자료가 일치한다. 그러나 최초로 통관된 반입 물품이 언제 어떤 것인지에 대해서는 자료마다 다르다.

최초의 반입 통관은 현대종합상사의 모시조개였다는 기록이 있다. 남영진(1991)은 "1988년 11월 북한 원산지가 표시된 모시조개가 첫 반입돼 시판"되었다고 적고 있다.[9] 그러나 <표 3-1>에서 보이듯, 통일부 통계에는 1988년 반입 통관이 없다. 당시 언론 보도를 찾아보면 모시조개는 북한에서 직접 반입된 것이 아니었다. 원산지는 '조선민주주의인민공화국'으로 표기되어 있었지만 북한이 일본으로 수출한 모시조개 40kg을 현대종합상사가 남북교역 가능 품목을 물색하는 차원에서 견본으로 도입한 것이었다.[10]

『조선일보』는 1989년 1월 9일 최초의 남북 직교역으로 북한의 예술품이 부산 동래세관을 통해 인수자인 대우에게 인도되었다고 보도했다.[11] 북한의 도자기 357점, 목공예품 69점, 칠기 제품 22점 등 총 519점이라면서 동양화 84점 등 총 93점의 예술품은 관계서류 미비로 통관이 보류되었다는 상세한 내역도 보도했다. 하지만 『동아일보』의 보도에 의하면 이는 홍콩을 경유한 것이었다.[12]

통일부는 1989년 1월 26일 효성물산이 66만달러 규모의 북한산 전기동[13] 200톤을 반입한 것이 최초의 반입 통관이라고 기록하고 있다.[14] 통일부 산하 남북교류협력지원협회 역시 효성물산의 전기동 반입이 최초라고 적고 있다.[15] 그러나 언론 보도에 따르면 이는 북한에서 직접 온 것이 아니었고, 날짜도 다르다.[16] 이 전기동은 효성물산이 싱가포르 소재 북한 무역대리점을 통해 반입한 것으로서 1988년 12월 9일 북한 흥남에서 북한 선박 까치봉호로 싱가포르까지 운송된 후 남한 선박 글로리아호로 옮겨져 1989년 1월 23일 밤 10시 인천항에 도착한 것이었다. 싱가포르를 단순 경유한 것이므로 인천 세관은 내국 간 거래로 간주해서 관세를 부과하지 않았으며, 이런 점에서 최초의 반입 통관이었다고 할 수 있다. 다만 모든 언론 보도를 볼 때, 반입 날짜는 1989년 1월 23일이 맞는 것으로 보인다.

북한에서 곧장 반입된 것은 1989년 2월 1일 효성물산에 의한 무연탄 반입이 최초였다. 약 105만달러 상당의 북한산 무연탄 2만톤이 1989년 2월 1일 오전 8시 남포항에서 파나마 국적의 콘치호에 실려 제3국을 거치지 않고 15시간 만인 오후 11시 인천항에 들어왔다.[17] 이 무연탄은 국내에서는 거의 생산되지 않는 괴탄으로서 가정용·업소용 보일러에 사용되는 것이었다.

25년사』, 2016, p.26.

9 남영진, "남북 교역의 어제와 오늘", 『북한』, No.234, 1991, p.28.

10 "북한산 조개 수입 계기로 본 전망", 『조선일보』, 1988.11.22.

11 "북한 예술품 통관", 『조선일보』, 1989.1.10.

<표 3-3> 일반교역의 반입과 반출의 비교(승인 기준)

구분 / 연도	건수(개)			업체 수(개)			품목 수(개)			금액(천달러)		
	반입 (A)	반출 (B)	비율 (B/A)	반입 (C)	반출 (D)	비율 (D/C)	반입 (E)	반출 (F)	비율 (F/E)	반입 (G)	반출 (H)	비율 (H/G)
1989	57	1	1.8%	47	1	2.1%	19	1	5.3%	22,235	69	0.3%
1990	75	4	5.3%	60	4	6.7%	26	4	15.4%	20,354	4,731	23.2%
1991	328	40	12.2%	233	16	6.9%	92	48	52.2%	165,996	26,196	15.8%

* 자료: 통일원, 『통일백서』, 1992. 업체 수는 평화문제연구소, "남북교역 동향: 일본을 통한 교역 늘어나", 『통일한국』, Vol.100, 1992, p.91.

금액으로는 69,000달러였다.[18]

반출은 1991년에 들어서도 16개 업체에 의한 40건 승인에 그쳤다. 그러나 시간이 흐르면서 반출의 경우에도 승인 건수와 품목 수는 빠르게 늘었다. 이는 일반교역이 진행되면서 점차 북한에서 들여올 만한 품목에 대한 정보가 쌓였기 때문이었던 것으로 해석된다. 또한 일방적인 반입 위주의 남북교역은 바람직하지 않다고 판단한 정부가 기업으로 하여금 반입과 반출을 연계한 구상무역 형태로 일반교역을 진행하도록 권장한 탓도 있었다.[19] 그럼에도 불구하고 반입과 비교하면 여전히 반출은 부진에서 벗어나지 못하고 있었다. 예를 들어 1991년의 경우 승인을 기준으로 할 때 반입 대비 반출의 비율은 건수는 12.2%, 업체 수는 6.9%, 품목 수는 52.2%, 금액은 15.8% 수준에 머물고 있다. 게다가 실제 반출은 승인만큼 실행되지도 않았다. <표 3-4>에서 보이듯이 실제로 반출 통관된 금액은 승인된 금액의 20% 수준에 불과했다.

초기의 일반교역은 간접교역으로 진행되었다. 간접교역은 남한의 교역 당사자가 북

12 "북한 공예품 519점 통관", 『동아일보』, 1989.1.9.

13 전기동(電氣銅, electrolytic copper)은 전기(電氣)가 통하는 동(銅), 즉 구리라는 뜻으로 전선이나 배관 등 건설자재에 주로 이용된다.

14 통일부, 『남북교역 실무안내』, 2005, p.347.

15 남북교류협력지원협회, 『남북교역 25년사』, 2016, p.26.

16 "북한 전기동 2백t 반입", 『동아일보』, 1989.1.24; "북한 공업제품 첫 도착", 『한겨레신문』, 1989.1.24; "국민관심 고조 … 상술도 가지가지", 『매일경제신문』, 1989.1.25.

17 "남북한 뱃길 열려", 『동아일보』, 1989.2.1.

18 통일원, 『통일백서』, 1992, p.306.

19 연하청 · 김형원, "북한의 개방전망과 남북한 경제협력", 『한국개발연구』, Vol.13 No.4, 1991, p.162.

<표 3-4> 일반교역 반출의 승인과 통관 비교

(단위: 건, 천달러)

구분 / 연도	건수		금액		
	승인	통관	승인(A)	통관(B)	비율(B/A)
1989	1	1	69	69	100.0%
1990	4	4[1)]	4,731	1,187	25.1%
1991	40	23	26,176	5,547	21.2%

* 주 1: 『통일백서』(1992)에는 반출 통관이 6건으로 되어 있으나 다른 자료들(예를 들어 통일원, 『남북교역 사례집 (II)』, 1993)에서는 모두 4건으로 기록하고 있음을 볼 때 4건이 맞는 것으로 여겨짐.
* 자료: 통일원, 『통일백서』, 1992, p.297; 통일원, 『남북교역 사례집 (II)』, 1993, p.209.

한의 교역 당사자와 직접 계약을 하는 것이 아니라 제3국의 중개상을 매개로 하여 계약을 체결하는 방식이다. 이처럼 간접교역으로 진행했던 이유는 남북경협 초기에는 북한과의 직접 접촉과 상담이 어려웠기 때문이다. 주로 홍콩의 중개상이 핵심이었고 일본 및 싱가포르의 중개상들도 꾸준한 역할을 하다가 1991년 이후 한중관계가 개선되면서 중국 중개상들이 새롭게 부상했다.

그 후 남북교역의 진전에 따라 간접교역은 점차 직접교역으로 변화했다. 최초의 직접교역은 1991년 천지무역상사와 북한 금강산국제무역개발회사 간의 계약이었다.[20] 이 계약은 남한의 쌀 5천톤(175만달러)을 반출하고 북한의 무연탄 3만톤과 시멘트 1.1만톤을 반입하는 물물교환이었으며, 제3국 국적의 선박을 이용하여 쌀은 인천항에서 남포항, 무연탄과 시멘트는 남포항에서 인천항으로 직송하는 형식이었다.[21] 하지만 실제로는 1991년 7월 쌀 5천톤이 목포항을 출발하여 8월 북한 나진항으로 운송되어 하역을 마쳤으나, 북한으로부터의 반입은 이루어지지 않았다.[22]

이후 일반교역은 대내외 환경 변화에 영향을 받으면서도 꾸준히 진행되었다. 그러나 2008년 이후 남북관계 악화에 따라 조정기를 거치면서 감소하다가 2010년 3월 천안함 사건에 따른 우리 정부의 '5·24 조치'로 인해 중단된 상황이 2025년까지 이어지고 있다.

---

20 이 계약은 1991년 3월 29일 도쿄에서 체결되었고, 정부는 4월 10일 제13차 남북교류협력추진협의회에서 이 사업을 승인했다. "남북 직교역 열린다", 『한겨레』, 1991.4.11.

21 "남북한 첫 물물직교역", 『경향신문』, 1991.4.11.

22 통일원, 『통일백서』, 1992, p.308.

2) 일반교역의 내용

규모[23]

일반교역이 막 시작된 1989~1990년의 초기 시절, 비록 남북경협은 합법화되었으나 남북경협의 방식과 원칙에 대한 당국 간 합의는 없었다. 북한과 경제교류를 한다는 사실 자체가 심리적 부담감을 주는 것이기도 했다. 북한이 자본주의 무역 관행에 익숙하지 않다는 기술적 장애도 있었다.[24]

그러나 초기의 탐색 기간이 지나고 1991년 이후 남북남계가 호전되면서 일반교역은 활발한 증가세를 보이기 시작했다. 1991년에는 3월 25일~5월 9일 제41회 세계탁구선수권대회 남북 단일팀 구성·참가, 5월 6일~6월 28일 제6회 세계청소년축구선수권대회 남북 단일팀 구성·참가, 9월 17일 남북한 유엔 동시 가입, 12월 13일 제5차 남북 고위급회담에서의 '기본합의서' 채택, 1992년 1월 7일 국방부의 팀스피리트 훈련 중단 발표, 5월 8일 제7차 남북 고위급회담에서의 남북경제교류·협력공동위원회 구성 합의, 7월 19~25일 북한 김달현 부총리의 남한 방문, 10월 6~9일 민관 합동의 남포조사단 방북 등 남북경협에 긍정적인 환경이 조성되었던 것이다.

이에 따라 일반교역은 1991년 처음으로 1억달러를 돌파했고, 1992년에는 전년 대비 약 55% 증가한 1억 7,260만달러를 기록했다(<그림 3-2> 참조). 1993년 3월 북한 핵 문제가 발생하면서 한반도 정세의 긴장이 초래되고 정부도 북한에 대해 강경한 정책을 채택함에 따라 1993~1994년 일반교역은 정체되었다. 그러나 1994년 10월 21일 북미 제네바 합의로 북한 핵 문제가 일단락되고 11월 8일 정부의 '남북경협 활성화 조치'가 발표되면서 1995년에는 처음으로 2억달러를 돌파한 약 2억 3,000만달러를 기록했다.

하지만 일반교역은 1996년 이후 북한의 경제 사정으로 침체 상태에 접어들게 되었다. 1990년 대외경제관계 붕괴로 인한 무역의 급감, 1994년 갑작스러운 김일성의 사망 등으로 경제가 지속적으로 하락해가던 상황에서 1995년 여름 발생한 대홍수는 '고난의 행군'이라 불리는 심각한 경제난을 가져왔고, 그 결과 북한의 반출입 능력이 크게

---

23 특별한 경우가 아닌 한 이 책에서 일반교역의 규모는 통관 기준으로 논의한다.

24 통일원, 『통일백서』, 1995, p.205.

<그림 3-2> 일반교역의 규모 추이

(단위: 백만달러)

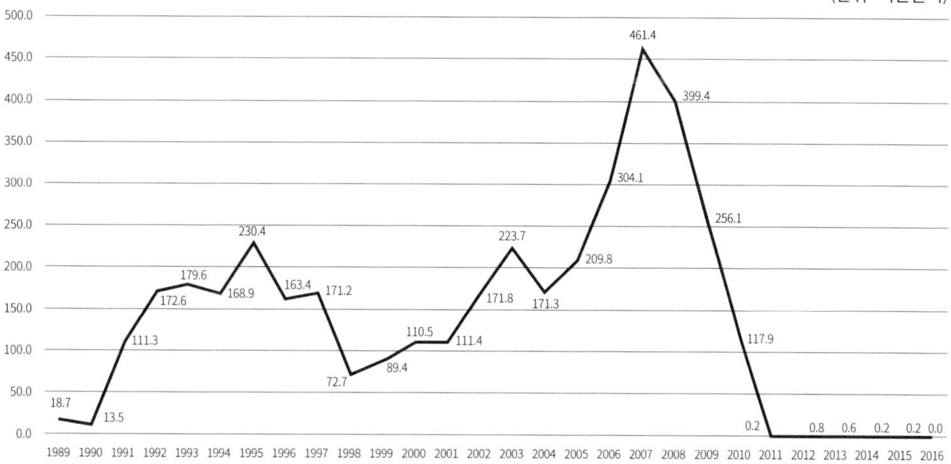

* 자료: 통일부 남북교류협력시스템 홈페이지, 남북교역 통계안내 > 연도별·월별 통계 > 상업적거래 > 교역 > 일반교역.

떨어졌던 것이다.[25] 게다가 1996년 9월 18일 강릉 잠수함 무장공비 침투사건, 1997년 2월 11일 북한 황장엽 비서 망명 등으로 남북관계가 경색된 것도 일반교역에 부정적 영향을 미쳤다. 이에 따라 1996년의 일반교역은 처음으로 감소했을 뿐만 아니라 감소 폭도 30%에 달해서 약 1억 6,340만달러에 그쳤다.

1997년에도 전년과 유사한 규모를 보였던 일반교역은 1998년에는 무려 약 58% 감소해서 1억달러에도 못 미치는 약 7,270만달러를 기록했고, 1999년에도 약 8,940만달러에 머물렀다. 이처럼 일반교역이 급격히 감소한 핵심적인 이유는 1997년 말 남한에서 발생한 외환위기였다. 이로 인해 1998년 남한은 6·25 전쟁 이후 두 번째로 마이너스 경제성장을 경험했다. 첫 번째 마이너스 성장은 1980년이었는데, 박정희 대통령의

---

25 '고난의 행군'이라는 용어는 원래 김일성이 이끄는 항일유격대가 일본군의 토벌 작전을 피해 1938년 12월부터 1939년 3월까지 혹한과 굶주림 속에서 중국 멍장셴(蒙江縣) 난파이쯔(南排子)로부터 압록강 연안 국경일대로 100여일간 강행군을 했던 것을 일컫는다. 이후 북한은 어렵고 힘든 상황이나 시기를 일컬을 때 '고난의 행군'이라고 하며, 북한 역사상 '고난의 행군'이 세 번 있었다고 말한다. 첫 번째 '고난의 행군'은 1938년 12월부터 1939년 3월까지의 행군이고, 두 번째 '고난의 행군'은 1956년 '8월 종파사건'을 전후한 시기부터 천리마운동을 전개한 시기이다. 세 번째 '고난의 행군'은 1990년대 중반에 시작되었으며, 1996년 북한이 신년사를 통해 "전체 당원들과 인민군 장병들과 인민들은 백두밀림에서 창조된 고난의 행군정신으로 살며 싸워나가야 한다"고 한 데에서 유래한다. 일반적으로 고난의 행군이라고 하면 이 중 세 번째를 의미한다. 통일부 국립통일교육원, 『북한지식사전』, 2021, pp.42~43.

일반교역 통계는 통일부의 공식 자료라도 왜 자료마다 다를까?

초기 단계의 일반교역 규모는 통일부의 공식 자료라도 출간연도에 따라 차이를 보인다. 가장 기본적 통계인 연간 교역액조차 다르고, 품목별 교역액도 다르다. 각연도 『통일백서』에 수록된 1991년 일반교역 통계의 경우를 예로 들어보자. 반출은 통계가 존재하는 모든 연도에서 동일하다.[26] 그러나 반입은 1999년 『통일백서』까지는 105,722천달러였다가 2000년 『통일백서』부터 105,719천달러로 기록되고, 그 결과 전체 교역 규모도 달라진다. 반입의 세부 내역에서 나타나는 차이는 훨씬 커서 농산물은 통계가 다른 연도가 많다. 1991년의 농산물 통계가 보고되는 연도는 1992~1996년의 5년인데, 1992년 『통일백서』 5,054천달러, 1993년 『통일백서』 4,600천달러, 1994~1996년 『통일백서』 5,046천달러로 다르며, 통일부 남북교류협력시스템에서 제공하는 통계에 의하면 1991년 농산물 반입은 5,991천달러로 또 다르다.[27] 광산물의 경우는 차이가 더욱 크다. 1991년의 광산물 반입은 1992년 『통일백서』 6,173천달러, 1993년 『통일백서』 6,619천달러, 1994~1996년 『통일백서』 6,173천달러로 불일치를 보이다가 2000~2002년 『통일백서』 21,520천달러로 크게 달라진다. 게다가 2003년 『통일백서』 이후는 21,966천달러로 금액이 또 달라진다.

분류 기준이 바뀐 탓으로 짐작되지만, 사소한 차이의 경우는 오기(誤記)일 가능성도 있다. 분류 기준이 이유라면 기준을 어떤 이유에서, 언제부터, 어떤 방식으로 변경했는지 통계 자료에서 설명했어야 할 것이고, 오기라면 진작 고쳤어야 할 것이다. 물론 어느 통계가 정확한지는 파악할 수 없다. 이 책에서는, 동일한 주제의 통계라면 상대적으로 최근에 작성되어 오류를 수정했을 것으로 판단될 뿐만 아니라 품목별 통계 등 세부적인 정보를 제공하고 있는 통일부 남북교류협력시스템 통계를 사용하기로 한다.

사망과 신군부의 집권 과정에서 발생한 극심한 혼란, 그리고 광주민주화운동으로 인한 충격에 기인했다. 그러나 이때도 경제성장률은 마이너스 1.6%에 지나지 않았는데, 1998년의 경우는 무려 마이너스 5.1%에 달했다. 1997년 2.6%이던 실업률은 1998년

26 반출 통계는 1997~1998년 및 2006~2007년 『통일백서』에 수록되지 않았다.

27 1992~1994년 『통일백서』의 '농산물'은 1995년 『통일백서』부터는 '농임산물'로 변경되는데, 서로 금액이 같은 것을 보면 1995년 이전의 '농산물'에도 '임산물'이 포함되어 있었을 것으로 추측된다. 한편 통일부 남북교류협력시스템은 '임산물'을 별도로 기록하고 있는데, 1991년 '농산물'에 '임산물'을 합하면 6,534천달러로서 『통일백서』와는 또 다른 수치를 보인다.

1994년 '남북경협 활성화 조치'

1993년 3월 북한이 핵확산금지조약(NPT: Nuclear Nonproliferation Treaty) 탈퇴 선언을 하자 당시 김영삼 정부는 그해 7월 기업인 방북을 제한하는 조치를 취했으며, 1994년 2월에는 북한 핵 문제 해결 시까지 사실상 남북경협을 유보했다. 그 후 1994년 10월 21일 체결된 미북 간 제네바 합의로 제1차 북핵 위기가 해결 국면으로 전환되면서 정부는 1994년 11월 8일 '남북경협 활성화' 조치를 발표했다. 주요 내용은 기업의 총수를 제외한 기업인 방북 등 남북한 경제인사의 상호방문 허용, 1회 100만달러 이하의 위탁가공용 시설재 반출 및 기술자 방북 허용, 500만달러 이하의 시범적인 경제협력사업 실시, 업무연락·시장조사·연구활동 등을 위한 민간 차원의 북한지역 사무소 설치 허용 등을 주요 골자로 하고 있다. 한편 1998년 4월 30일 김대중 정부 시절 '남북경협 활성화 조치'의 발표가 있었으므로 1994년의 '남북경협 활성화 조치'를 제1차 '남북경협 활성화 조치'라고 부르기도 한다.

7.0%로 치솟았고, 1999년에도 그 비율은 6.3%에 달했다.[28] 엄청난 경제 침체였고, 남북교역에도 커다란 타격을 미친 것은 당연한 결과였다.[29] 구매력 저하는 북한산 물품에 대한 수요를 감소시켰다. 외환위기에 따른 환율 상승은 북한으로부터의 반입 유인을 떨어뜨렸다. 북한 물품의 반입 시 미국 달러로 결제하는데, 환율 상승은 그만큼 가격을 상승시키는 것이었기 때문이다.

외환위기를 성공적으로 극복하면서 북한과의 일반교역도 2000년에는 다시 1억달러를 넘어섰고, 2003년에는 2억달러를 돌파했다. 2004년에는 국내 생산자 보호 차원의 일부 농수산물 품목에 대한 한도물량 설정 등으로 일반교역이 감소했으나,[30] 2005년부터는 증가하여 2006년에는 3억달러로 안정적인 성장세를 지속했다. 2007년에는 4억달러를 돌파하여 사상 최고치인 약 4억 6,141만달러를 기록했다. 우리 경제가 성장

---

28 한국노동연구원, 『2022 KLI 노동통계』, 2022, p.17.

29 1998년 1월 12~20일 남북경협 주요 40개사를 대상으로 한 한국무역협회의 조사에 의하면, 응답업체의 68%는 '차질이 심각함', 25%는 '차질이 약간 있음'으로 응답했다. 한국무역협회, "최근 금융·외환위기에 따른 남북경협 영향실태 조사", 1998.2, p.3.

30 2004년의 감소는 국내 내수의 부진 및 일부 농수산물의 한도물량 축소에 기인한다. 통일부, 『남북교역 실무안내』, 2006, p.28.

을 재개한 데다가 2000년 김대중 대통령의 남북 정상회담에서부터 2007년 노무현 대통령의 남북 정상회담에 이르기까지 전반적인 남북관계의 개선이 있었기 때문이다.

그러나 이명박 정부가 출범한 직후인 2008년 3월 29일 북한의 남북 당국 간 대화 및 접촉 중단 선언, 7월 11일 금강산 관광객 피격사망 사건 발생, 11월 24일 북한의 군사분계선 통행 제한, 개성 관광 중지, 남북 간 열차운행 차단, 남북경제협력협의사무소 폐쇄 등의 조치 발표, 2009년 3월 30일 개성공단 현대아산 직원 억류사건 발생, 11월 10일 대청해전 등으로 남북관계는 계속 긴장 국면에서 벗어나지 못했다. 그 결과 일반교역도 2007년의 약 4억 6,141만달러에서 2008년 약 3억 9,943만달러, 2009년 약 2억 5,614만달러로 빠르게 감소했다. 마침내 2010년 3월 26일 천안함 사건에 따른 '5·24 조치'로 일반교역은 완전히 중단되었다. 한편 2011년 이후에도 일반교역 통계에서 매우 작은 규모이지만 반입이 나타나는 것은 '5·24 조치' 이전에 북한에 대가를 지급했으나 물품을 가져오지 못한 부분에 대해 정부가 마무리 차원에서 허용한 반입과 사회문화교류 성격의 북한 서적류 반입이 있었기 때문이다.[31]

교역수지

1989년 일반교역이 처음 성사된 이래 남한은 한 번도 교역수지 흑자를 경험한 적이 없다. 북한으로부터의 반입이 반출보다 커서 남한이 지불해야 하는 금액이 받는 금액을 훨씬 능가했기 때문이다. 초기 단계를 지나면서 연간 1억 5,000만달러 수준의 적자를 보이던 일반교역 수지는 1998년 이후 우리의 외환위기로 일반교역 규모가 축소되면서 적자 폭도 크게 줄었다.

그러나 2006년부터 반입의 급격한 증가에 따라 일반교역 수지도 급속히 적자 폭을 늘려 2006년에는 약 2억 6,000만달러의 적자를 보였고, 2007년에는 약 4억 2,000만달러의 적자를 기록했다(<그림 3-3>, <표 3-5> 참조). 2008년부터 다시 일반교역 수지는 감소세를 보였다. 이에 따라 2010년 '5·24 조치'로 일반교역이 중단되고 2016년 개성공단 폐쇄로 매우 작은 규모지만 일부 존재하던 일반교역마저 완전히 중단될 때까지 적자의 총 누적금액은 약 32억달러에 이른다.

---

31 통일부, 『통일백서』, 2014, p.82.

<그림 3-3> 일반교역 수지

(단위: 천달러)

* 자료: 통일부 남북교류협력시스템 홈페이지, 남북교역 통계안내 > 연도별·월별 통계 > 상업적거래 > 교역 > 일반교역.

<표 3-5> 일반교역 수지

(단위: 천달러)

연도	반입	반출	합계	교역수지
1989	18,655	69	18,724	-18,586
1990	12,278	1,188	13,466	-11,090
1991	105,719	5,547	111,266	-100,172
1992	162,225	10,362	172,587	-151,863
1993	175,182	4,402	179,585	-170,780
1994	161,977	6,906	168,883	-155,072
1995	201,681	28,722	230,403	-172,960
1996	146,162	17,220	163,382	-128,942
1997	147,387	23,845	171,233	-123,542
1998	50,787	21,914	72,701	-28,873
1999	67,746	21,670	89,416	-46,076
2000	78,551	31,978	110,529	-46,572
2001	100,897	10,492	111,389	-90,405
2002	167,400	4,382	171,782	-163,018

연도	반입	반출	합계	교역수지
2003	177,443	46,227	223,670	-131,216
2004	150,117	21,208	171,324	-128,909
2005	188,916	20,862	209,778	-168,055
2006	281,952	22,178	304,130	-259,774
2007	441,244	20,167	461,411	-421,077
2008	366,445	32,982	399,427	-333,464
2009	245,194	10,947	256,141	-234,247
2010	111,602	6,260	117,862	-105,342
2011	226	0	226	-226
2012	843	0	843	-843
2013	589	0	589	-589
2014	178	0	178	-178
2015	183	0	183	-183
2016	34	0	34	-34
합계	3,561,618	369,527	3,931,145	3,192,092

* 자료: 통일부 남북교류협력시스템 홈페이지, 남북교역 통계안내 > 연도별·월별 통계 > 상업적거래 > 교역 > 일반교역.

품목

일반교역 품목은 한정적이다. 우선 반입의 경우 제조업 물품은 조악한 품질로 인해 남한 소비자가 매력을 느낄 만한 상품을 찾기가 매우 어렵기 때문이다. 그래서 일반교역의 반입은 대부분 자연에서 나는 물품으로 구성될 수밖에 없었다. 일반교역의 초기에는 철강금속제품, 광산물이 주류를 이루다가 1990년대 중반부터 농림수산물이 중심이 되는 구조로 바뀌었다. <표 3-6>에서 보이는 바와 같이, 1989~2016년 일반교역 전체 반입 규모는 35억 6,162만달러이며, 그중 농림수산물이 43.3%로 압도적인 위치를 점하고 있다. 농림수산물 반입의 경우 초기에는 농산물 위주였으나 1999년부터는 수산물 반입이 농산물을 앞서게 되었다. 2009년에는 농산물 반입량보다 약 3배 많은 1억 5,185만달러의 수산물이 반입되어 전체 일반교역 반입의 61.9%를 기록했다. 주요 반입 수산물은 바지락, 가리비 등의 기타조개류와 문어였다. 북어, 건명태, 대구 등의

<표 3-6> 일반교역의 반입 품목

(단위: 천달러)

연도	농림 수산물	광산물	화학 공업 제품	플라스틱 고무 및 가죽제품	섬유류	생활 용품	철강 금속 제품	기계류	전자 전기 제품	잡제품	소계
1989	2,334	1,094	104	4	5	0	15,072	24	0	19	18,655
1990	5,572	58	1,730	0	0	87	4,529	14	0	289	12,278
1991	9,910	21,966	5,732	0	0	171	67,303	17	0	620	105,719
1992	16,861	44,007	12,865	0	2,944	487	83,514	539	4	1,004	162,225
1993	11,897	87,145	1,182	0	5,384	714	63,147	0	80	5,634	175,182
1994	15,189	75,531	1,246	0	3,945	2,090	63,069	0	0	908	161,977
1995	21,358	86,412	343	3	7,907	2,214	81,467	9	0	1,968	201,681
1996	23,171	64,714	394	46	12,507	599	44,260	91	12	370	146,162
1997	27,458	60,924	130	665	9,319	692	47,897	120	129	53	147,387
1998	21,816	2,368	172	45	3,764	1,808	20,254	238	114	207	50,787
1999	48,051	2,108	470	0	476	259	16,120	2	15	244	67,746
2000	66,171	255	568	0	181	131	10,684	164	11	387	78,551
2001	86,737	3,641	7	40	92	353	9,315	145	5	563	100,897
2002	96,140	8,599	458	60	429	258	18,802	57	158	42,439	167,400
2003	125,442	17,139	848	61	333	446	32,743	4	302	125	177,443
2004	99,577	5,925	184	103	3,889	746	39,188	80	26	397	150,117
2005	112,310	29,220	126	192	1,609	1,127	42,169	1,165	644	353	188,916
2006	135,850	59,718	241	64	136	1,246	82,382	568	924	823	281,952
2007	169,425	120,582	1,219	130	144	1,964	145,638	433	641	1,069	441,244
2008	185,883	96,274	4,071	5	89	1,796	76,212	1,895	63	158	366,445
2009	184,157	26,020	2,174	136	10,460	1,626	19,488	277	848	7	245,194
2010	73,954	5,928	328	73	9	638	30,583	0	13	77	111,602
2011	70	0	0	0	0	0	0	0	5	151	226
2012	722	0	0	0	0	0	0	0	8	113	843
2013	391	0	0	0	0	0	0	0	15	184	590
2014	0	0	0	0	0	0	0	0	6	172	178

연도	농림 수산물	광산물	화학 공업 제품	플라스틱 고무 및 가죽제품	섬유류	생활 용품	철강 금속 제품	기계류	전자 전기 제품	잡제품	소계
2015	0	0	0	0	0	0	0	0	10	174	184
2016	0	0	0	0	0	0	0	0	2	32	34
합계	1,540,445	819,629	34,591	1,626	63,622	19,453	1,013,836	5,841	4,034	58,541	3,561,618
비중1)	43.3%	23.0%	1.0%	0.0%	1.8%	0.5%	28.5%	0.2%	0.1%	1.6%	100.0%

* 주 1: 비중은 1989~2016년 전체 반입 규모에서 차지하는 비중임.
* 자료: 통일부 남북교류협력시스템 홈페이지, 남북교역 통계안내 > 품목별 통계 > 상업적거래 > 교역 > 일반교역.

<표 3-7> 일반교역 반입의 상위 10대 품목(2009년)

(단위: 천달러)

순위	품목	금액	비중
1	기타조개	52,514	21.4%
2	건조수산물	20,970	8.6%
3	새우	20,964	8.5%
4	아연괴	18,831	7.7%
5	무연탄	18,188	7.4%
6	기타연체동물	18,071	7.4%
7	기타수산가공품	16,199	6.6%
8	고사리	11,345	4.6%
9	문어	7,885	3.2%
10	기타비금속광물	7,599	3.1%
전체 반입 규모		245,194	100.0%

* 자료: 통일부 남북교류협력시스템 홈페이지, 남북교역 통계안내 > 품목별 통계 > 상업적거래 > 교역 > 일반교역 .

건조수산물, 조미오징어, 쥐치포, 홍합 등의 수산가공품도 반입되었다. 교역이 진행된 20여 년 동안 총 교역액 500만 달러 이상인 품목은 조개류, 건조수산물, 수산가공품, 문어, 새우, 기타 게, 미역, 명란 등 8개 품목이며, 이들이 전체 수산물 반입의 81.2%를 차지했다.[32] 주요 반입 농산물은 송이버섯, 표고버섯 등의 버섯류와 고사리 등이었다.

32 남북교류협력지원협회, 『남북교역 25년사』, 2016, p.269.

그 많던 조개구이집은 왜 사라졌을까?

2000년대에 조개구이나 조개찜을 하는 식당은 차고도 넘쳤다. 곳곳이 조개 음식점이었다. 저녁 회식을 할 때 두세 번에 한 번은 으레 조개 음식점을 갔다. 소맥이 유행하고 술잔을 돌리던 시절이었다. 구이든 찜이든 조개는 소주 안주로 궁합이 좋았다. 게다가 싸고도 맛있었다. 그런데 어느 날, 그 많던 조개 음식점들이 사라졌다. 지금도 찾기가 어렵다. 찜닭, 마라탕, 탕후루처럼 반짝했던 인기가 식으면서 수요가 없어진 탓이 아니었다. 2010년 '5·24 조치'로 북한과의 교역이 금지되었기 때문이다.

당시 많은 사람들이 몰랐지만, 우리가 먹던 조개의 대부분은 북한에서 오고 있었다. 심지어 인천 연안부두, 을왕리 바닷가에서 먹던 참조개, 대합, 가리비들도 근처 바닷가에서 잡은 것이 아니라 상당수가 북한산이었다. 1992년 4만달러였던 조개류 반입액은 2000년 1,002만달러로 250배 증가했고, 2009년에는 사상 최고치인 5,423만달러로 무려 1,355배 이상 급증했다. 반입량이 가장 많은 품목은 바지락, 백합, 가리비, 피조개 등의 순이었다. 2009년 남한의 조개류 수입에서 북한산이 차지하는 비중은 중량 기준으로 바지락의 경우 71.8%, 백합의 경우 84.7%를 차지했다.[33]

북한산 조개의 반입이 금지되면서 조개 음식점들은 가격이 훨씬 비싼 국산이나 중국산을 써야 했다. kg당 5,000~6,000원이던 북한산 가리비의 자리를 kg당 7,500~8,000원인 중국산 가리비가 대체했다.[34] 북한산 참조개와 돌조개가 사라지면서 중국산의 가격은 kg당 1,000~1,500원에서 3,000~4,000원으로 올랐다.[35] 수지를 맞추기가 어려웠고, 조개 음식점들은 다른 업종으로 전환해야 했다. 나와는 무관한 것 같은 대북 정책이 나의 일상, 최소한 술안주 습관에는 지대한 영향을 미쳤던 것이다.

농림수산물 다음으로는 철강금속제품이 28.5%, 광산물이 23.0%의 비중을 보인다. 철강금속제품은 일반교역 초기에 반입을 주도한 품목으로서 대부분은 아연, 빌레트,[36] 철 및 비합금강 열연강판, 제강용 선철 등이며, 2007년에 큰 폭으로 증가한 것은 경공업 원자재 제공에 따른 대가 상환으로 아연을 받았기 때문이다.

---

33 남북교류협력지원협회, 『남북교역 25년사』, 2016, p.270.
34 "북한산 수입 중단 조개 값도 '껑충'", 『경향신문』, 2010.11.22.
35 "인천 조개구이집들 울상", 『문화일보』, 2010.11.22.
36 철 및 비철금속 재질의 사각단면 봉을 의미한다.

광산물은 초기에는 금, 무연탄, 은 등이 주요 품목이었다가 2000년 이후 모래, 무연탄이 반입을 주도했다. 1989~2010년 광산물 반입의 세부 내역을 보면, 금이 4억 2,296만달러로 가장 많고, 모래 2억 7,799만달러, 무연탄 6,679만달러, 은 3,122만달러의 순이었다.[37] 모래의 경우 2001년까지는 반입량이 미미했으나 2002~2007년 크게 증가하여 2007년에는 사상 최고치인 1억 538만달러를 기록했다. 2010년 '5 · 24 조치'로 일반교역이 중단되기 직전인 2009년의 상위 10대 품목을 보더라도 수산물과 광산물로 구성되어 있으며, 이들이 전체 일반교역 반입의 약 78.5%를 차지했다.

반출 품목은 더욱 제한적이었다. 북한은 구매력 부족으로 남한 물품을 사 갈 능력이 없었기 때문이다. 또한 남한 물품은 북한 내에서 판매가 금지되어 있었으며 북한에 진출한 남한 기업이 필요한 물자를 북한 내에서 구입하는 것도 불가능했으므로 북한으로 반출되는 품목은 남한 기업의 생산 및 경영활동과 연관이 있는 물품이 대부분일 수밖에 없었다.

그 결과 반출은 반입에 비해 매우 저조해서 1989~2010년 일반교역의 전체 반출은 3억 6,953만달러로서 반입의 1/10 수준에 불과했다.[38] 전체 반출 규모에서 차지하는 비중은 농림수산물 28.3%, 기계류 16.6%, 섬유류 13.4%, 전기 · 전자제품 12.1% 등의 순으로 나타난다. 농림수산물 반출은 주로 개성공단 사업, 금강산 관광사업 등의 식자재 반출이며, 2008년의 급격한 증가는 남한의 한 기업이 북한 측에 물품 대금을 1,150만달러의 대두유와 353만달러의 대두박으로 지불했기 때문이다.[39] 기계류, 섬유류, 전기 · 전자제품 등은 개성공단 등 경제협력사업과 관련한 반출로 파악된다.

---

37 남북교류협력지원협회, 『남북교역 25년사』, 2016, p.110.

38 반입의 경우에는 2010년 '5 · 24 조치' 이후에도 일부 반입이 허용되었지만, 반출의 경우는 완전 금지되었으므로 2011년 이후 일반교역 반출 통계에는 0으로 나타난다.

39 김영훈 외, 『북한의 농림축산물 교역 동향 분석과 향후 전망』, 한국농촌경제연구원, 2018, p.77. 여기서 대두유는 콩기름, 대두박은 콩에서 기름을 추출하고 남은 부산물이다.

<표 3-8> 일반교역의 반출 품목

(단위: 천달러)

구분 / 연도	농림 수산물	광산물	화학 공업 제품	플라스틱 고무 및 가죽제품	섬유류	생활 용품	철강 금속 제품	기계류	전자 전기 제품	잡제품	소계
1989	0	0	0	0	69	0	0	0	0	0	69
1990	10	0	0	0	83	0	0	1,095	0	0	1,188
1991	1,607	1,392	1,819	216	66	0	0	0	447	0	5,547
1992	64	0	5,348	2,348	618	5	1,957	22	0	0	10,362
1993	69	0	918	313	2,259	0	260	0	584	0	4,403
1994	3,208	0	1,554	42	1,484	34	274	67	149	95	6,906
1995	8,776	1,485	1,354	1,461	12,760	814	212	1,560	257	42	28,722
1996	4,367	1	2,909	371	7,034	169	283	919	539	627	17,220
1997	9,453	2	2,589	1,941	6,190	1,236	717	1,558	153	8	23,845
1998	5,372	22	2,624	826	6,439	1,301	404	4,669	219	37	21,914
1999	11,087	2	1,327	255	2,403	47	345	3,619	2,439	145	21,670
2000	7,889	577	2,063	341	528	696	863	4,752	14,268	0	31,978
2001	5,424	233	788	165	508	234	365	2,192	563	21	10,492
2002	1,289	0	133	40	632	148	68	1,105	954	13	4,382
2003	1,691	795	255	508	663	49	80	2,531	4,115	35,540	46,227
2004	2,720	3,026	427	843	1,434	97	708	4,867	6,153	932	21,208
2005	3,438	656	812	871	1,315	126	1,481	5,753	5,795	615	20,862
2006	1,759	1,494	605	738	1,958	126	1,062	7,993	6,362	82	22,178
2007	2,689	811	387	709	1,635	98	3,526	9,143	1,150	20	20,167
2008	20,673	0	534	722	384	177	1,661	8,375	454	1	32,982
2009	7,453	274	450	716	841	9	218	832	142	13	10,947
2010	5,460	132	13	117	67	17	51	350	54	0	6,260
합계	104,497	10,903	26,910	13,541	49,371	5,382	14,535	61,402	44,796	38,191	369,527
비중[1)]	28.3%	3.0%	7.3%	3.7%	13.4%	1.5%	3.9%	16.6%	12.1%	10.3%	100.0%

* 주 1: 비중은 1989~2010년 전체 반입 규모에서 차지하는 비중임.
* 자료: 통일부 남북교류협력시스템 홈페이지, 남북교역 통계안내 > 품목별 통계 > 상업적거래 > 교역 > 일반교역.

참여업체

초기의 남북교역은 조직과 정보, 자금 능력에서 앞서 있으며 사회주의국가들과의 거래 경험도 보유하고 있는 대기업들을 중심으로 진행되다가, 1990년부터는 중소기업의 참여가 활발해지기 시작했다.[40] 그 결과 반출입 승인액에서 대기업이 차지하는 비율은 1989년 90.9%에서 1990년 59.0%, 1991년 54.3%로 점차 감소했다.[41]

그런데 일반교역 업체들에 대한 정확한 정보를 구하기란 매우 어렵다. 심지어 가장 기본적인 정보라고 할 수 있는 일반교역 참여업체의 수조차 일관성 있는 통계가 없다. 정부와 관련 기관에서 일반교역 및 위탁가공교역 업체, 개성공단 교역업체[42] 수 등을 집계해 발표하고 있지만, 자료마다 수치가 크게 다르다(<표 3-9> 참조). 남북경협이 진행되던 시절 대부분의 자료는 전체 업체 수와 위탁가공교역 업체 수를 발표했으며, 일반교역 업체 수는 별도로 발표하지 않는 것이 일반적이었다. 일반교역과 위탁가공교역을 동시에 하는 업체도 일부 존재했으므로 전체 업체 수에서 위탁가공업체 수를 뺀 수치가 일반교역 업체 수가 되는 것은 아니었다. 현재 전 기간에 걸쳐 일반교역 업체 수를 명시적으로 수록하고 있는 자료는 통일부 산하 남북교류협력지원협회가 2016년 발간한 『남북교역 25년사』가 유일하므로 이 책에서는 여기에 실린 통계를 사용한다.[43]

1989~1990년 초기의 탐색 기간이 지나고 1991년부터 일반교역이 활성화됨에 따라 업체 수가 크게 증가했다. 그러나 북한 핵 문제 등 한반도 정세의 불안정으로 1993~1994년 업체 수의 증가세는 잠시 주춤했다가 다시 증가해 나갔다. 1998년 외환위기로 일반교역 업체 수는 일시 정체되었으나, 2001년부터 농수산물 교역업체가 다시 늘어나면서 666개를 기록했다. 그 후 업체 수는 정체 상황을 보이다가 2006년부터는 감소 추세를 보였다(<그림 3-4> 참조).

일반교역이 중단되기 직전인 2009년 기준 일반교역 업체 수를 업종별로 보면, 농림수산물 436개사, 광산물 34개사, 섬유류 31개사, 철강금속제품 20개사, 기타 59개사로

---

40 통일원, 『통일백서』, 1994, p.211.

41 통일원, 『통일백서』, 1992, p.305.

42 개성공단 교역업체는 개성공단 입주업체가 아니라 개성공단 사업에 필요한 물품을 반출입하는 업체를 의미한다. 예를 들어 북한 근로자에게 제공하는 초코파이를 남한에서 구매하여 입주업체에게 판매하는 교역업체이며, 영업소라고도 불린다.

43 통일부의 견해를 문의한 결과, 관세청의 반출입통관 기록을 기초로 작성되는 남북교류협력지원협회 통계가 가장 정확하다는 입장이다.

<표 3-9> 교역업체 수

(단위: 개)

구분 / 연도	통일부	e-나라지표	남북교류협력지원협회			한국무역협회
	전체 업체 수	전체 업체 수	전체 업체 수	일반교역 업체 수	개성공단교역 업체 수	일반교역 업체 수
1989	0	NA	32	32	0	NA
1990	16	16	38	38	0	NA
1991	56	56	99	99	0	NA
1992	77	77	132	132	0	NA
1993	121	121	121	114	0	NA
1994	136	136	136	130	0	NA
1995	236	236	238	229	0	NA
1996	319	319	331	290	0	NA
1997	356	356	579	468	0	NA
1998	419	419	637	508	0	NA
1999	516	516	772	573	0	NA
2000	536	536	805	557	0	NA
2001	506	506	912	666	0	NA
2002	432	432	896	674	0	NA
2003	481	481	846	683	0	380
2004	462	846	846	671	12	364
2005	523	1,017	1,017	684	106	379
2006	477	1,053	1,053	659	169	339
2007	425	1,187	1,187	626	286	277
2008	1,354	1,354	1,354	574	495	NA
2009	1,319	1,319	1,319	580	509	NA
2010	920	920	920	284	428	NA
2011	NA	407	407	4	342	NA
2012	NA	365	365	5	347	NA
2013	NA	328	328	5	311	NA

연도 \ 구분	통일부	e-나라지표	남북교류협력지원협회			한국무역협회
	전체 업체 수	전체 업체 수	전체 업체 수	일반교역 업체 수	개성공단교역 업체 수	일반교역 업체 수
2014	NA	342	342	2	325	NA
2015	NA	359	359	2	329	NA
2016	NA	199	NA	NA	NA	NA

* 자료: 통일부의 1989~1990년은 통일부, 『월간 남북교류협력동향』, 12월호, 2008, p.168, 1991~2007년은 『통일백서』, 2008, p118, 2008~2009년은 통일부, 『통일백서』, 2010, p.55, 2010년은 통일부, 『통일백서』, 2012, p.90; e-나라지표 홈페이지, 남북교역 추이 > 통계표 > 교역참가업체 현황; 남북교류협력지원협회, 『남북교역 25년사』, 2016, p.97; 한국무역협회, "남북교역 2007년 평가·2008년 전망 및 애로사항", 2008, p.6.

<그림 3-4> 일반교역 업체 수

(단위: 개)

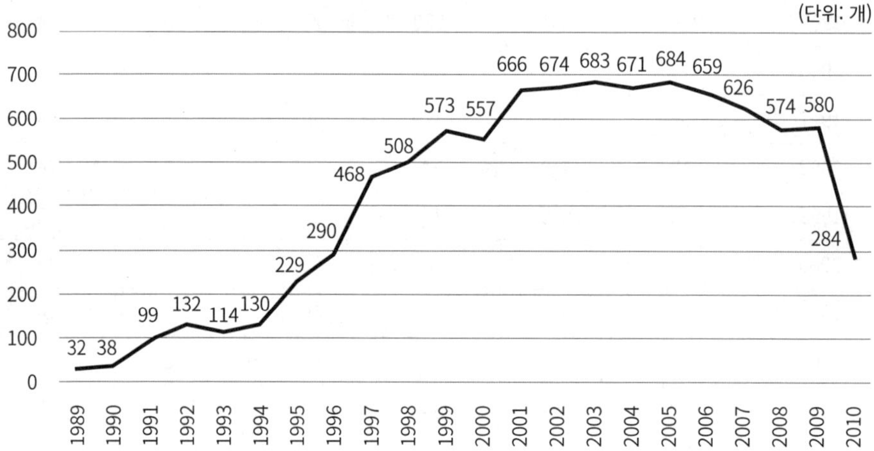

* 자료: 남북교류협력지원협회, 『남북교역 25년사』, 2016, p.97.

농림수산물 업체 수가 75.2%로 가장 많았다(<표 3-10> 참조). 농림수산물 업체 수가 가장 많은 것은 반입과 반출에서 농림수산물이 최대 품목이라는 점을 반영한다.

한편 일반교역 규모를 일반교역 업체 수로 나누면 업체당 평균 일반교역 규모를 구할 수 있다. <그림 3-5>에서 보이는 것처럼, 업체당 규모가 가장 컸던 해는 1993년으로서 평균 158만달러였다. 이는 일반교역이 주로 대기업 위주로 진행되면서 교역 규모도 컸던 것으로 해석된다. 실제로 1995년까지 반입 누계액은 승인 기준으로 삼성물산 1억 7,200만달러, 대우 1억 6,700만달러, LG상사 1억 4,400만달러로 이들 3개 업체가 전체의 약 47%를 차지했고, 반출 누계액에서도 LG상사 2,700만달러, 삼성물산 2,700

도대체 교역업체의 수는 몇 개였을까?

남북교역 업체 수에 관한 통계는 통일부에서 발행하는 『통일백서』와 『월간 남북교류협력 동향』, 공공기관 통계를 취합·제공하는 행정안전부의 e-나라지표, 수시로 발행되어 특정 연도의 통계만 파악 가능한 한국무역협회의 분석자료, 통일부 산하 남북교류협력지원협회가 일회성으로 발간한 『남북교역 25년사』 등에서 구할 수 있다. 이 중 전체, 일반교역, 위탁가공교역 등으로 업체를 분류하여 통계를 수록하고 있는 자료는 『남북교역 25년사』와 한국무역협회의 분석자료뿐이다. 다른 자료들은 전체와 위탁가공교역 업체 수만 발표한다.

그런데 <표 3-9>에서 보이듯이, 우선 남북교역에 참여한 전체 업체 수를 비교하면 자료마다 수치가 다르다. 『남북교역 25년사』의 전체 업체 수는 1993~1994년과 2008년 이후만 『통일백서』와 일치하고 나머지는 크게 다르다. 특히 2000년대 중반의 수치는 『통일백서』에 비해 2배 이상 크다. e-나라지표는 통일부에서 제공받은 자료를 토대로 하고 있음에도 2004~2007년의 수치는 『남북교역 25년사』의 수치와는 같으나 『통일백서』와는 일치하지 않는다. 『통일백서』끼리도 다르다. 2009년 『통일백서』와 2010년 『통일백서』에 수록된 2008년의 전체 업체 수는 2배 가까이 차이가 난다.[44] 한국무역협회의 분석자료에 수록된 2003~2007년의 전체 업체 수는 다른 자료들과 엄청난 차이를 보인다. 뒤의 <표 3-28>에서 논의하는 것처럼, 위탁가공교역 업체 수 역시 마찬가지다. 예를 들어 2004~2005년의 경우 같은 통일부 자료인데도 『통일백서』와 『월간 남북교류협력동향』에 수록된 위탁가공교역 업체 수가 다르고, 심지어 2006년 『통일백서』와 2010년 『통일백서』의 위탁가공교역 업체 수는 거의 대부분의 연도에서 다르다.

한두 해도 아니고, 실무자의 단순한 실수라고 하기엔 너무도 차이가 크고 광범위하다. 그래서 궁금하다. 한국무역협회의 통계는 업체 설문조사에 의거한 것이니 다를 수 있다고 하더라도,[45] 통일부 발간자료 간에도 통계가 다른 이유는 무엇일까. 남북교류협력지원협회는 당연히 통일부와 통계 협력을 할 텐데, 통일부와 남북교류협력지원협회의 통계가 서로 다른 이유는 무엇일까. 남북교류협력지원협회는 관세청의 반출입통관 기록을 기초로 통계를 작성한다는데, 그러면 통일부 자료는 관세청 기록이 아니라 다른 통계를 토대로 한다는 이야기일까. 남북교류협력지원협회는 2007년 설립되었는데 2006년까지의 통계는 어떻게 작성한 것일까.

44 2008년 남북교역에 참여한 전체 업체 수를 2009년 『통일백서』는 760개, 2010년 『통일백서』는 1,354개로 기록하고 있다. 통일부, 『통일백서』, 2009, p.73; 통일부, 『통일백서』, 2010, p.55.

45 2008년 한국무역협회 분석자료의 경우 2007년 남북교역 통관실적이 있는 520여개 업체 중 사업중단 혹은 연락두절 업체를 제외한 373개 업체에 설문지를 배포하여 회신을 접수한 120개 업체를 대상으로 조

십중팔구 통일부에서 통계를 받았을 텐데 왜 다른 것일까.

물론 실제 교역업체 수를 정확히 파악한다는 것 자체가 쉬운 일은 아니다. 장기간 꾸준히 남북교역에 참여하는 업체는 많지 않고 진입과 퇴출이 빈번하게 일어나기도 한다. 2011년 5월 통일부가 교역업체의 수를 제대로 확보하고 있지 못하다는 비판 기사가 나온 적이 있었다.[46] 이에 대해 통일부는 포괄승인 품목의 경우에는 교역업체가 개별적으로 승인을 받을 필요가 없으므로 정부의 승인이 필요한 투자 사업과는 달리 교역업체의 수를 정부가 정확히 파악하기란 쉽지 않다고 설명했다.[47] 그만큼 전체 교역업체의 실태를 파악하기가 어렵다는 뜻이다. 그렇다고 하더라도 통일부 발간자료 간에, 그리고 통일부와 산하 기관 간에 통계가 다르다는 것에 대한 설명이 되진 않는다. 그래서 궁금함은 여전히 남는다. 도대체 교역업체의 수는 정확히 몇 개였을까.

<그림 3-5> 일반교역 업체당 평균 교역 규모

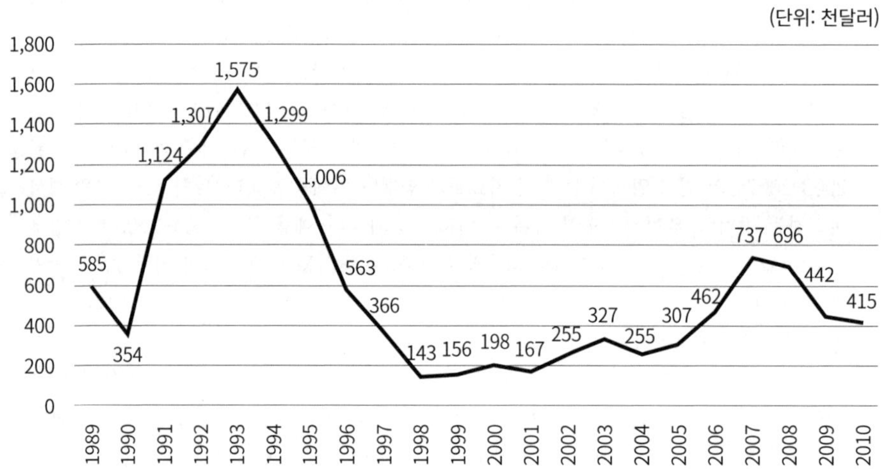

* 자료: 일반교역 규모는 통일부 남북교류협력시스템 홈페이지, 남북교역 통계안내 > 연도별·월별 통계 > 상업적거래 > 교역 > 일반교역, 일반교역 업체 수는 남북교류협력지원협회, 『남북교역 25년사』, 2016, p.97.

만달러, 대우 800만달러로 전체의 약 41%를 차지했다.[48]

이후 평균 일반교역 규모는 지속적으로 감소하여 1998년 14만달러로 줄어들었다.

사한 것이다. 한국무역협회, "남북교역 2007년 평가 · 2008년 전망 및 애로사항", 2008, p.1.

46 "남북경협업체에 깜깜한 통일부", 『조선일보』, 2011.5.16.

47 "남북교역 기업수, 정부 승인 불필요 따라 가변적", 『대한민국 정책브리핑』, 2011.5.16.

48 김영윤, "남북 교류 · 협력의 문제점과 실천적 과제", 『통일경제』, 6월호, 1996, p.81.

<표 3-10> 연도별 일반교역 업체의 업종별 현황

(단위: 개)

연도 \ 구분	농림수산물	광산물	섬유류	철강금속 제품	기타	합계
1989	16	2	0	13	1	32
1990	25	2	0	4	7	38
1991	41	3	2	29	24	99
1992	51	2	15	26	38	132
1993	58	4	15	19	18	114
1994	61	4	20	23	22	130
1995	98	11	41	43	36	229
1996	134	13	48	42	53	290
1997	212	10	121	37	88	468
1998	247	8	98	19	136	508
1999	526	7	5	9	26	573
2000	423	12	17	11	94	557
2001	540	16	13	15	82	666
2002	569	11	21	16	57	674
2003	539	12	33	19	80	683
2004	490	25	40	23	93	671
2005	461	40	23	24	136	684
2006	469	48	14	26	102	659
2007	447	64	18	23	74	626
2008	425	52	6	17	74	574
2009	436	34	31	20	59	580
2010	236	12	4	7	25	284

* 주: 사업자등록번호 기준임.

* 자료: 남북교류협력지원협회, 『남북교역 25년사』, 2016, p.97.

이는 일반교역에 참여하는 중소기업들이 크게 늘어나면서 업체당 평균 규모가 감소했던 것으로 해석된다. 예를 들어 1998년의 경우 경제 분야 북한 주민 접촉 566건 중에

서 중소기업이 차지하는 비중은 80.0%였다.[49]

업체당 평균 일반교역 규모는 2004년부터 다시 증가하여 2007년 74만달러에 달했다. 이와 같은 추세는 초기 단계를 지나면서 일반교역에 참여하는 신규 중소기업들이 크게 늘어남에 따라 평균 규모가 감소했으나, 2000년을 전후한 무렵부터는 참여업체의 대북 사업 경험이 누적됨에 따라 사업이 확대되어 업체당 규모가 증가했기 때문인 것으로 풀이된다.

형태[50]

이미 언급한 바와 같이 초기의 일반교역은 간접교역 형태로 이루어졌다. 북한과 사업 경험이 있거나 네트워크를 가지고 있는 제3국 중개상이 중개 수수료를 받고 남북한의 사업 당사자를 연결해주는 형태였다(<그림 3-6> 참조).[51] 다만 물품이 남북한 간에 직접 운송되는 경우에만 북한을 원산지로 인정했기 때문에 간접교역인 경우에도 물품 운송은 남북한 간에 직접 이루어졌다.[52] 초기 중개지는 홍콩을 중심으로 일본, 싱가포르 등이었는데, 이유는 북한이 이 지역에 무역거점을 두고 있었고 북한 물품을 취

<그림 3-6> 직접교역과 간접교역

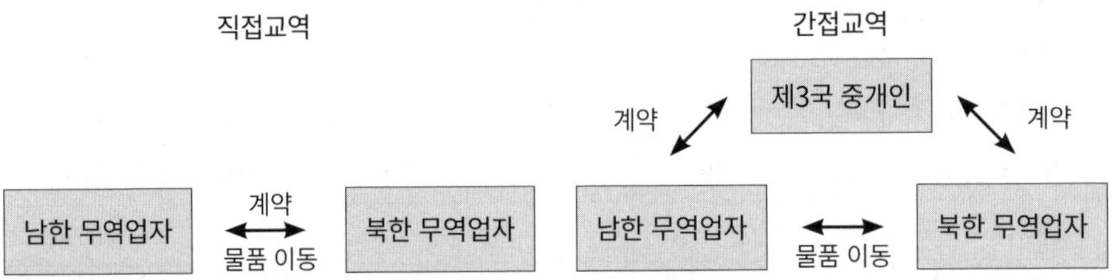

49 이상만, "정상회담 후 남북경협의 과제와 국제협력 방안", 『학술회의』, Vol.46 No.1, 2001, p.6.

50 일반교역과 위탁가공교역의 형태는 차이가 없으므로 교역 전체를 대상으로 논의한다.

51 중개 수수료는 일률적으로 말하기는 어려우나, 대략 계약 체결 금액의 3~5% 수준이었다. "대부분 섬유류 … 91년 후 꾸준히 증가, 남한 15개기업 참여 … 중국보다 유리", 『한겨레』, 1994.11.9. 2003년 9월 통일부와 한국무역협회가 남북교역 실적이 있는 업체 138개를 대상으로 조사한 결과에 의하면 중개 수수료는 일반교역의 경우 평균 물품대금의 5.0%, 위탁가공교역의 경우 6.1%였으나, 절반 이상의 업체가 '물품가격에 포함되었거나 중개인에게 일임하고 있어 구체적으로 알 수 없다'고 응답했다. 통일부·한국무역협회, "남북교역 실태조사 결과", 2003.9.30, p.2.

52 통일부, 『통일백서』, 2000, p.68.

<표 3-11> 간접교역의 반입 중개지

(단위: 건)

연도＼국가	홍콩	일본	싱가포르	중국	직교역	기타	합계
1988	3 (75.0%)	1 (25.0%)	0 (0.0%)	0 (0.0%)	0 (0.0%)	0 (0.0%)	4 (100.0%)
1989	25 (43.9%)	15 (26.3%)	14 (24.6%)	0 (0.0%)	0 (0.0%)	3 (5.3%)	57 (100.0%)
1990	63 (84.0%)	3 (4.0%)	7 (9.3%)	0 (0.0%)	0 (0.0%)	2 (2.7%)	75 (100.0%)
1991	220 (67.1%)	59 (18.0%)	9 (2.7%)	26 (7.9%)	3 (0.9%)	11 (3.4%)	328 (100.0%)
1992	233 (63.8%)	71 (19.5%)	4 (1.1%)	29 (7.9%)	11 (3.0%)	17 (4.7%)	365 (100.0%)
1993	356 (74.5%)	69 (14.4%)	7 (1.5%)	27 (5.6%)	14 (2.9%)	5 (1.0%)	478 (100.0%)
1994	401 (66.7%)	70 (11.6%)	8 (1.3%)	77 (12.8%)	21 (3.5%)	24 (4.0%)	601 (100.0%)
1995	403 (53.4%)	91 (12.1%)	16 (2.1%)	172 (22.8%)	46 (6.1%)	27 (3.6%)	755 (100.0%)
1996	NA (41.8%)	NA	NA	NA (36.9)	NA	NA	NA (100.0%)

* 주: 괄호 안은 전체 대비 비율임.
* 자료: 1995년까지는 김성훈·장원석·유재현(편), 『남북경협의 현장』, 시민의 신문사, 1996, p.43, 1996년은 배종렬, "남북경제교류 현황에 대한 평가 및 전망", 배종렬·박유환, 『남북한 경제협력: 발전전략과 정책과제』, 한국수출입은행, 2000, p.65.

급하는 상인도 이 지역에 많았으며, 남한에 있어서는 이들 지역이 지리적으로 가까운 우방국이었기 때문이다(<표 3-11> 참조). 그러나 1991년 중국이 새로운 중개지로 부상한 이후 중국의 비중이 점차 확대되어 2000년대에는 90% 이상의 압도적 비중을 차지했다.

그러나 간접교역은 중개상의 개입으로 인한 비용의 상승, 거래선 확보의 불안정 등의 문제를 가지고 있었다. 게다가 북한은 남한을 교역의 최종 상대로 인정하지 않았다. 중개상을 통한 계약서에도 북한으로부터 인도되는 물품을 홍콩, 남아메리카 혹은 유럽 지역으로 판매한다고 기재하도록 하여 남한으로 운송된다는 점을 감추려 했다.[53] 북한은 남한과의 간접교역 사실조차 부인했다. 예를 들어 1989년 1월 12일 북한 조국평화통일위원회는 성명을 통해 남북한 사이에 교역이 진행되고 있다는 남한 언론의 보도는 "악의적인 정치 목적을 노린 순전한 거짓말이며 허위에 찬 선전"이고 "남한이 북한과 있지도 않은 교역을 하고 있다고 뻔뻔스러운 선전을 벌이고 있는 것은 두 개 조선을 정당화하려는 데 목적이 있다"고 주장했다.[54] 1989년 1월 정주영 명예회장의 방북 당시 약속한 건설장비와 승용차 기증 내용이 1990년 5월 보도되자 인수 자체를 거부했고, 1990년 7월 기독교계가 '사랑의 쌀' 800톤을 북한에 전달했다는 내용이 보도되자 12월 말 반환을 통보하기도 했다.[55]

간접교역은 점차 우리 기업들의 대북 사업에 대한 경험이 축적되고 북한 거래선과의 접촉 통로가 만들어짐에 따라 해외 현지법인이나 해외 지사에서 직접 북한 상대방과 교역 상담을 하되, 계약 및 대금결제는 해외 중개상을 통하는 변형된 간접교역 형태로 발전했다. 1991년 4월 10일에는 천지무역상사에 대한 첫 번째 직접교역 승인이 이루어졌다.[56] 그러나 1988년 10월 이후 1995년 10월까지의 일반교역 반출입 승인총액은 11억 4,139만달러인 반면 이 중에서 직접교역은 5,857만달러로 전체의 5.1% 수준에 그쳤다.[57]

정부는 직접교역을 적극적으로 추진했다. 직접교역은 간접교역이 지니는 문제점을 개선한다는 장점도 있었지만, 북한이 남한과의 경제협력을 공식적으로 인정하도록 한다는 데에도 커다란 의의가 있었기 때문이다. 그래서 천지무역상사의 첫 번째 직접교역 이후 두 번째 직접교역은 무연탄 수입선의 일부를 북한으로 돌리기로 한 외국 무연탄 도입심의위원회의 결정에 따라 정부가 직접교역 업체에 승인의 우선순위를 주기로 하면서 이루어졌다.[58] 그 결과 1991년 11월 11일 럭키금성상사가 북한 조선용남화학합영회사로부터 직접교역으로 북한산 무연탄 10만톤을 반입하는 사업, 그리고 삼성물산이 북한 조선신고무역회사로부터 직접교역으로 북한산 무연탄 7만톤을 반입하는

---

53 정만식, "남북한 경제교류와 대응방안", 『산경연구』, Vol.13, 1997, p.56.
54 "남북한 경제교류 강력 부인", 『한겨레신문』, 1989.1.14.
55 "남북교류 새 시대 열리다", 『동아일보』, 1991.4.11.
56 북한이 남북한 간 교역의 언론 공개를 허용하기 시작한 것도 이때부터였다. 이석기 · 최신림, "북한경제 동향과 남북경협의 진로", 산업연구원, 1996.4.29, p.36.
57 통일원, 『통일백서』, 1995, p.304.
58 통일원, 『통일백서』, 1992, p.308.

사업이 정부 승인을 받았다. 그 후에도 정부는 직접교역을 확대하기 위한 노력을 계속해서 이어나갔다. 1992년부터 농산물 중 한약재를 대상으로 직접교역을 추진했으며, 1995년에는 북한이 남한 이외의 제3국에는 판매할 수 없는 품목인 호두, 당면 등에 대해서 직접교역을 유도했다.[59] 1998년에는 중국의 베이징과 단둥에 북한의 민족경제협력연합회 대표부가 설치되어 남한과의 경제교류협력을 담당하면서 직접교역의 여건이 크게 개선되었다.[60]

그럼에도 불구하고 직접교역은 크게 확대되지 않았다(<표 3-12> 참조). 중개상은 계약 불이행, 품질 불량, 수량 부족, 납기 미준수 등 북한과의 교역에 따르는 리스크를 어느 정도 해소시켜줄 수 있는 일종의 '안전판' 역할을 한다는 점에서 직접교역에 대한 기업들의 선호가 있었던 것이다. 또한 북한과의 통신도 불가능하고 방문도 마음대로 할 수 없는 상황에서는 직접교역을 한다고 하더라도 한계가 있을 수밖에 없었다. 1994년 대한무역진흥공사는 무리하게 직접교역을 추진하기보다, 협상은 북한 당사자와 하되 계약과 대금결제는 중개상을 통하는 방식이 바람직하다는 견해를 제시하기도 했다.[61] 따라서 간접교역에 대한 수요는 시간이 흘러도 여전히 남아 있었다. 조사 시점에

<표 3-12> 직접교역과 간접교역의 비중

(단위: %)

형태 \ 구분	통일부 (2003년)	한국무역협회 (2007년)	한국무역협회 (2008년)	한국무역협회 (2010년)
직접교역	17.4	26.8	52	44.6
간접교역	60.1	33.8	19	26.7
직접·간접 혼합교역	22.5	19.1	22	25.7

* 주 1: 무응답으로 합이 100%가 되지 않을 수도 있음.
  2: 일반교역 및 위탁가공교역 전체를 대상으로 한 업체 수 기준이며, 다만 한국무역협회(2007)는 일반교역 업체만을 대상으로 한 조사결과임.
* 자료: 통일부, 『통일백서』, 2005, p.90; 한국무역협회, "남북교역 2006년 평가·2007년 전망 및 애로사항", 2007, p.9; 한국무역협회, "남북교역 2007년 평가·2008년 전망 및 애로사항", 2008, p.11; 한국무역협회, "남북교역 2009년 평가·2010년 전망", 2010, p.7.

59 통일원, 『통일백서』, 1995, p.304.
60 통일부, 『통일백서』, 2003, p.199.
61 대한무역진흥공사, "남북교역 확대 개선방안", 1994, p.7; 조동호 · 최병선, 『남북 위탁가공교역의 현황 및 확대방안』, 한국개발연구원, 1995, p.7에서 재인용.

따라 결과가 다르긴 하지만, '5·24 조치'로 남북교역이 중단되던 무렵에도 직접교역의 비중은 절반 정도에 머물렀다.[62]

결제[63]

일반교역의 대금결제 방식은 신용장(L/C), 송금, 현금 지급, 상계 방식 등으로 구분된다(<표 3-13> 참조). 일반교역의 초기에는 대부분 제3국 중개상을 통한 간접교역 형태로 진행되었기 때문에 대금결제는 중개상과의 신용장 방식이 주로 이용되었다. 이는 '남한 교역업체 → 중개상의 계좌 → 북한 무역회사'의 과정을 거치는 것이었다. 1989년 대우의 도자기 반입은 홍콩의 중개상을 통해 이루어졌는데, 대우가 홍콩 중개상과 신용장 결제를 하고 홍콩 중개상이 그 대금을 북한에 지불했다.

<표 3-13> 교역업체의 주요 결제 방식

구분 / 방식	유형	사례
신용장	중계무역 방식을 통한 거래 시 주로 이용	중국, 홍콩 등 북한과 중계무역이 가능한 국가의 기업과 남한 기업이 신용장을 개설하여 거래하고 최종 대금은 중계자가 북한 기업으로 대환하는 방식
송금	제3자 지급, 당사자 송금	의류 위탁가공업체, 농수산물 교역업체들이 중국 은행에 개설한 북한 계좌에 달러로 이체
현금지급	북한 당사자 및 관계자에게 현금 전달	북한 수산물을 실어오는 선박으로부터 물품을 받고, 그 선장에게 물품의 대금을 지급하여 처리
상계	생산설비제공 등 시설재 반출 후 관련대금 상계처리	공장 설비나 원부자재를 우선 반출하고 완제품을 받을 때 완제품이나 북한 근로자 인건비를 상계하여 잔액만 지급

* 자료: 손광우, "남북교역대금 지급결제시스템 개선방안 연구", 2019 북한연구학회 춘계학술회의 '한반도 평화체제: 제도·담론·실천전략' 자료집, 2019.3.29, p.376.

---

62 한국무역협회의 2007년 자료는 2007년 1월 22일에서 2월 9일까지 한국무역협회 통계상 남북교역 실적이 있는 업체와 경협사무소 등을 통해 사업을 추진한 업체 총 388개에 설문지를 배포하여 150개 업체가 응답(회수율 38.7%)한 결과를 분석한 것이고, 2008년 자료는 2008년 1월 14~23일 2007년 남북교역 통관실적이 있는 업체와 대북 사업 추진업체 총 373개에 설문지를 배포하여 120개 업체가 응답(회수율 32.2%)한 결과를 분석한 것이며, 2010년 자료는 2010년 2월 3~19일 2009년 남북교역 통관실적이 있는 업체와 대북 사업 추진업체 총 326개에 설문지를 배포하여 101개 업체가 응답(회수율 30.9%)한 결과를 분석한 것이다.

63 일반교역과 위탁가공교역의 결제방식은 차이가 없으므로 교역 전체를 대상으로 논의한다.

이후 직접교역으로 일반교역의 형태가 바뀜에 따라 대금결제의 대부분은 송금 방식으로 이루어졌다. 송금 방식은 당사자 송금과 제3자 지급으로 구분할 수 있는데, 제3자 지급방식이 대부분이다. 초기에는 주로 조총련계 일본은행을 이용했으나, 2006년 북한의 미사일 발사에 대응한 일본의 대북한경제제재 조치 이후로는 중국의 은행을 이용하는 경우가 대부분이다. 송금은 북한이 지정하는 제3자 계좌로 보내며, 중국에 개설된 북한 계좌로 보내는 경우도 있었다. 송금 계좌는 주로 중국 내에 설립된 북한 기업의 중국은행 계좌 또는 중국 내 북한 대리인 명의의 중국은행 계좌 등으로 파악된다.[64] 예를 들어 세 번째 직접교역이었던 삼성물산과 북한의 조선신고무역회사 거래의 경우 북한으로부터 무연탄 7만톤을 반입하고 대금 280만달러를 제3국 은행을 통해 송금하기로 했는데, 이것이 최초의 현금결제 방식이었다.[65] 중소기업인 서장과 북한 조선남흥무역회사의 경우는 북한으로부터 잣 100톤(약 18만달러 상당)을 반입하고 그에 대응하여 양복지 6만미터(약 15만달러 상당)를 반출하며, 차액 3만달러는 제3국 은행을 통해 결제하기로 합의했다.[66]

현금 지급은 교역 대금이나 위탁가공교역의 가공비를 지급할 때 주로 사용되는 방법으로서 북한 당사자에게 현금을 전달하는 것이다. 장소로는 제3국이 주를 이루는 가운데 개성공단 방문을 통해 전달하는 경우도 있었다. 농림수산물 반입업체들은 운송을 담당한 북한 선박을 이용하기도 했는데, 화물이 남한의 항구에 도착한 후 화물비, 운송료, 하역비 등을 달러로 선상에서 직접 지급하기도 했다. 혹은 교역업체가 제3국에 소재한 지사 및 현지 사무소 계좌로 송금을 한 후에 해당 제3국에서 외화로 인출하여 직접 북한 당사자에게 현금으로 전달하는 방법이 사용되기도 했다. 예를 들어 남한의 교역업체가 단둥에 현지 지사를 설립하여 계좌를 개설하고 송금을 한 후 현지 지사 관계자가 대금을 인출하여 단둥이나 평양에 인편으로 대금을 지불했다.

상계는 설비제공형 위탁가공교역에서 주로 사용되는 결제 방식으로서 위탁가공에 필요한 기계, 설비 등을 북한에 제공하는 대신 그에 해당하는 금액을 위탁가공비에서

64 김진섭 · 고재길 · 남금천, "남북교역의 대금결제 관행과 대응방안", 『관세학회지』, Vol.12 No.4, 2011, p.401.

65 한국경제연구원, 『대북한 기업진출전략의 모색』, 1993, p.35.

66 "남북 민간기업간 직교역 잇따라", 『연합뉴스』, 1991.12.2. 그러나 정부는 서장이 반입하는 북한산 잣이 국내 가격의 1/5 수준이어서 국내 농가 보호를 이유로 반입 신청을 불허했다. "북한산 잣 반입 불허", 『서울신문』, 1991.12.6.

제하는 것을 의미한다. 이는 일반교역의 경우에도 동일하게 사용되었는데, 원활한 교역을 진행하기 위해 북한에 물류창고 등의 시설 건립용 자재와 장비 등을 제공한 후 해당하는 금액만큼의 물품을 상계하여 반입하는 방식이었다. 상계는 북한 입장에서는 사업 진행에 필요한 자본이나 시설이 부족한 상황에서 외화 현금이 없이도 거래할 수 있다는 장점이 있었다. 실제로 남한의 농림수산물 교역업체가 북한의 개선총회사와 농림수산물 반입거래 계약을 체결함에 있어, 육상운송을 위한 유통센터를 현지에 설립하기 위해 관련 자재, 장비, 운영비 등을 지원하고, 이후 바지락, 대합, 콩나물 등의 농림수산물을 반입하면서 지원된 물품의 금액만큼을 상계 처리하는 방식으로 결제한 사례가 있다.[67]

교역업체들을 대상으로 실시한 조사에 의하면 2000년대에는 송금이 압도적인 방식이었다(<표 3-14> 참조). 가장 최근의 조사인 2010년의 경우 전체의 약 58%가 송금 방

<표 3-14> 교역업체의 결제 방식 조사결과

구분 / 방식	통일부·한국무역협회 (2003년)	한국무역협회 (2006년)	한국무역협회 (2008년)	한국무역협회 (2009년)	중소기업진흥공단 (2009년)[1)]	남북교류협력지원협회 (2010년)
송금	59.6%	63.4%	69.2%	61.7%	70.7%	57.8%
신용장	26.1%	8.7%	5.8%	6.5%	—	8.9%
신용장+현금	—	—	3.8%	11.2%	—	12.2%
현금	9.3%	18.3%	15.4%	17.8%	6.7%	16.7%
물물교환	1.9%	7.5%	5.8%	2.8%	1.3%	1.1%
기타	2.5%[2)]	—	—	—	18.7%[3)]	3.3%

* 주 1: 2009년 중소기업진흥공단은 위탁가공교역업체를 대상으로 조사한 결과임.
2: 추심결제 방식(D/P, D/A)임.
3: 제3국 중개상을 통한 간접결제임.

* 자료: 남북교류협력지원협회, 『남북교역·경협 거래자금 지급 및 회수방안 연구』, 2016; 이윤석·남오연, 『남북 경제협력 재추진 시 금융관련 법제도적 이슈와 개선방향』, 한국금융연구원, 2020, p.9에서 재인용. 단, 2003년은 통일부·한국무역협회, "남북교역 실태조사 결과", 2003.9.30, p.10, 2008년은 한국무역협회, "남북교역 2007년 평가·2008년 전망 및 애로사항", 2008, p.21.

67 김진섭·고재길·남금천, "남북교역의 대금결제 관행과 대응방안", 『관세학회지』, Vol.12 No.4, 2011, p.404.

식을 사용하고 있었으며, 그다음으로 현금결제 방식 약 17%, 신용장과 현금결제를 혼합한 방식이 약 12%인 것으로 나타났다. 결제통화는 주로 미국 달러였고, 일반교역 업체의 86.0%가 입금 은행이 중국에 소재한다고 답했다.[68]

운송[69]

운송은 대부분 해상 경로를 통해 이루어졌다. 특히 남북교역의 초기에 북한은 남한과의 교역을 공식적으로 인정하지 않았기 때문에 남한과 북한 사이를 직접 연결하는 육상운송은 사실상 상상할 수조차 없는 일이었다. 해상운송은 제3국적선을 이용한 남북한 간 직수송이 간헐적으로만 이루어지다가, 1994년 7월 '남북한 간 수송장비 운행 승인신청에 관한 고시'가 마련되고 제3국적선의 남북한 간 부정기 운행이 제도화되었다.[70]

교역을 위한 항구로는 서해에서는 인천, 동해에서는 부산이 가장 많이 사용되었

<표 3-15> 남북한 간 정기항로 운항선박 현황

항로[1)] \ 구분	선사	선명	선적	총톤수	적재 능력	항로개실	운항
부산-나진	동룡해운	추싱호[2)]	중국	2,283	100TEU	1995.10.	월4회
	개선총회사	단결봉호[3)]	북한	1,952	132TEU	2007.5.	월3회
인천-남포	국양해운	트레이드포춘호	파나마	2,684	253TEU	1998.8.	월4회
	개선총회사	동남1호	북한	3,232	96TEU	2009.5	월4회

* 주 1: 부산-나진 항로는 매주 화요일 부산 출항, 인천-남포 항로는 매주 수요일 인천 출항이었음.
2: 추싱호는 2009년 4월 이후 운행이 중단되었음.
3: 단결봉호는 2009년 11월부터 194TEU급 사향산호로 대체되었음.
* 자료: 김영윤, "남북경협 물류 분야 협력현황과 물류유통 인프라 구축방안", 미발표문, 2010.

68 2010년 한국무역협회의 조사에 의하면 응답업체의 92.5%가 미국 달러화를 대금결제통화로 사용하고 있다고 답했으며, 2009년에도 93.3%로 거의 비슷한 수준이었다. 한국무역협회, "남북교역 2009년 평가·2010년 전망", 2010, p.10.

69 운송은 일반교역, 위탁가공교역, 투자 등으로 나누어 파악하는 것이 불가능하므로 남북한 간의 물자 이동 전체를 대상으로 논의한다.

70 통일원, 『통일백서』, 1995, pp.303~304.

다.[71] 남북교역이 시작되던 당시부터 입지조건으로 인해 인천과 부산은 남북교역을 위한 최고의 항구로 거론되었다. 물동량을 기준으로 볼 때 남한 항만 중에는 인천항이 절대적으로 큰 비중을 차지하고 있었고,[72] 북한에서는 남포, 해주, 청진 등이 남북교역의 주요 항만으로 사용되었다.[73]

남한과 북한을 연결하는 해상 항로에는 정기선 항로와 부정기선 항로가 있었다. 2010년 '5·24 조치'로 교역과 함께 해상운송도 중단되던 시점에서 정기선 항로는 동해에서는 부산-나진, 서해에서는 인천-남포 항로가 운영되고 있었다. 부산-나진 간은 1995년 10월 6일 동룡해운이 중국 국적 선박인 '연룡(連龍)4호'(1,600톤, 45TEU)를 부산항에서 출항시키면서 남북한 최초의 정기항로로 개설되었다.[74] 이후 '연룡4호'는 1997년 7월부터 적재 능력이 더 큰 중국 국적의 '추싱(Chu Xing)호'로 교체되었으며,[75] 월 4회 운항했다. 그러나 이 직항로는 2008년 9월 국제 금융위기와 세계적인 실물경제의 침체로 인한 물동량 격감 등으로 2009년 3월 말 운항이 중단되었다. 또한 부산-나진 간에는 2007년 5월부터 북한의 개선총회사가 '강성호'를 투입하여 운항을 개시했다가 10월 '비파호'로 대체했으며, 2008년 4월부터는 '단결봉호'(1,952톤, 132TEU)로 교체했다.[76] '단결봉호'는 2009년 11월부터 194TEU급 '사향산호'로 대체되었다가 2010년 '5·24 조치'로 운항을 중단했다.[77] 부산-나진 항로를 이용한 남한의 반출 화물은 과거

71 남북한은 1991년 12월 '기본합의서' 제19조에서 "남과 북은 끊어진 철도와 도로를 연결하고 해로, 항로를 개설한다"고 합의했고, 1992년 9월 17일 발효된 '기본합의서'의 교류·협력 '부속합의서' 제3조 ①에서 "남과 북은 우선 인천항, 부산항, 포항항과 남포항, 원산항, 청진항 사이의 해로를 개설한다"고 합의했다.

72 2006년의 경우 남북한 교역의 해상운송 물동량 중에서 인천항이 차지하는 비중은 85.5%였다. 정봉민 외, 『남북한 물류체계 통합 및 활용방안 (1)』, 한국해양수산개발원, 2007, p.194.

73 사실 인천항과 남포항은 옛날부터 서로 교류가 활발했던 항구이다. 일본인 저널리스트 가세 와사부로(加瀨和三郎)가 1908년 편찬한 『인천개항 25년사』에는 "국내 무역 중 당시 인천과 가장 관계가 깊은 곳은 진남포라는 것을 알 수 있다. …… 진남포에서 수입하는 것은 대개 인천항이 중개했던 것으로 보아 당시 인천항이 진남포의 중개소 위치에 있었던 것을 알 수 있다. 즉 진남포에서 일본으로 수출하는 곡류와 일본 혹은 청국에서 수입하는 각종 화물은 모두 인천항을 거쳤다", "쌍둥이 같은 남·북 항구 통일시대의 '관문' 연다", 『경인일보』, 2018.12.27.

74 "나진행 선박 첫 출항", 『매일경제신문』, 1995.10.7.

75 "부산~나진 대형선박 운항", 『조선일보』, 1996.6.27.

76 남북교류협력지원협회, 『남북교역 25년사』, 2016, p.324.

77 백성호, "한반도 중심 동북아 물류망 구축 방안과 남북협력 방안: 한반도 물류네트워크 활성화 방안을 중심으로", 남북물류포럼·동북아역사재단 공동주최 학술회의 '한반도 지정학과 동북아에서의 복합적 물류 네트워크 구축' 자료집, 2012.12.13, p.43.

경수로 물자를 비롯하여 방직 및 제지회사의 원·부자재, 북한 지원 물자와 중계 물자 등이 주를 이루고 있고, 북한으로부터의 반입 화물은 위탁가공교역 물자, 목제품, 북한산 농산물, 약재, 수산물이 주를 차지했다. 또한 이 항로는 한중 교역의 중계노선으로 활용되기도 했다.

인천-남포 간 정기선 항로는 1998년에 개설되어 여러 선사가 운항을 했으나, 2001년부터는 국양해운이 253TEU의 파나마 국적 선박 '트레이드포춘(Trade Fortune)호'를 월 4회 운항했다. 또한 북한의 개선총회사가 2009년 5월부터 '동남1호'를 투입하여 월 4회 운항했다. 그러나 모두 '5·24 조치'로 중단되었다. 인천-남포 항로는 일반교역 및 위탁가공교역 물자와 지원 물품 이동의 주된 경로로 이용되었다.

한편 이외에 부정기적으로 운항하던 선박들도 있었다. 예를 들어 1993년부터 인천-남포 간을 월 4회 정도 운항하던 한성선박, 1996년부터 인천-남포 간을 월 4회 운항하던 삼선해운 등이 있었다.[78] 부산-청진 간에는 2003년 6월부터 남강해운의 '통지앙(Tong Jiang)호'가 운항을 개시해 월 3회 정도 운항했고,[79] 부산-나진 간에는 2007년 5월부터 북한 강성총회사가 '비파호'를 월 3~4회 투입하기도 했다.[80] 1996년 10월 기준 약 20개 선사와 선박대리점이 남북한 항로에 취항했고,[81] 2006년 12월 기준으로는 31개사 43척의 선박이 운항했다.[82] 부정기 선박의 주요 항로는 북한의 해주와 남한의 인천, 목포, 평택, 군산 등이며, 부정기 해상항로를 통해 수송되는 물자는 과거 차관 식량, 지원 비료 등이 주를 이루었다가 2005년 이후 북한산 반입 모래의 비중이 급증했다.[83]

선박 운항은 운송의 특성상 남북한을 오고 간 횟수는 비슷하나, 물동량에서는 북한에서 남한으로의 물동량이 전체의 약 80%를 차지했다(<표 3-16> 참조). 이는 교역의 반입이 반출보다 크기 때문에 나타나는 현상이다. 한편 '5·24 조치' 이후인 2011년의 선

78 "남-북 뱃길도 불황탓 '썰렁'", 『한겨레신문』, 1997.4.3.

79 박명섭·박광서·김병조, "남북한간의 효율적인 해상운송체계 및 제도보완", 『해양비즈니스』, No.4, 2004, p.186.

80 정봉민 외, 『남북한 물류체계 통합 및 활용방안 (1)』, 한국해양수산개발원, 2007, p.193.

81 "남북 간 선박수송량 급감", 『조선일보』, 1996.10.10.

82 김영윤·나희승·황진회, 『남북 물류·운송 활성화 및 협력방안 연구』, 통일연구원, 2007, p.30.

83 통일부, 『남북교역 실무안내』, 2005, p.36. 실제로 전체 부정기항로 해상운송 물동량에서 모래가 차지하는 비중은 2004년 45.9%, 2005년 88.0%, 2006년 96.4%, 2007년 92.7%, 2008년 98.6%로 나타난다. 김영윤, "남북경협 물류 분야 협력현황과 물류유통 인프라 구축방안", 미발표문, 2010.

<표 3-16> 연도별 해상운송 실적

(단위: 회, 천톤)

구분 연도	선박운행			물동량		
	남→북	북→남	계	남→북	북→남	계
1994.7~1995	126	278	404	288	477	765
1996	101	221	322	148	188	336
1997	113	244	357	361	250	611
1998	260	342	602	396	162	558
1999	731	983	1,714	781	203	984
2000	916	1,157	2,073	547	156	703
2001	766	920	1,686	402	239	641
2002	798	1,029	1,827	899	157	1,056
2003	877	1,145	2,022	841	207	1,048
2004	946	1,178	2,124	625	483	1,108
2005	NA	NA	4,497	NA	NA	6,800
2006	4,177	4,224	8,401	885	15,421	16,306
2007	5,901	5,990	11,891	1,347	23,764	25,111
2008	3,657	3,778	7,435	144	14,916	15,060
2009	1,265	1,312	2,577	65	1,844	1,909
2010	703	729	1,432	34	1,034	1,068
2011	125	17	142	2	0	2
합계	21,462	23,547	49,506	7,765	59,501	74,066

* 자료: 2004년까지는 통일부, 『남북교역 실무안내』, 2005, pp.36~37, 2005년은 통계청 국가통계포털 홈페이지, 남북선박 왕래현황; 2006년 이후는 국토교통부 홈페이지, 정책자료 > 남북해운협력.

박 운항은 1월 교역물품 잔량 수송 및 5, 10월 분유 등 대북 지원물자 수송 등을 위해 '트레이드포춘호'가 6회 운행한 것이다. 한편 남북교류협력지원협회가 2010년 3월 15일에서 4월 15일 실시한 '2010 남북교역실태 설문조사'에 의하면, 일반교역의 경우 부산-나진 혹은 속초-흥남을 연결하는 동해 직항로가 54.8%로서 인천-남포의 서해 직항로 36.6%보다 많으며, 항로 이용 시 해당 선박의 국적은 북한 선박 64.4%, 남한 선

박 21.8%, 중국 선박 11.5%의 순이었다.[84]

육상운송은 지리적 인접성 측면에서 볼 때 남북교역의 가장 효율적인 운송 방안이지만, 정치·군사적인 문제뿐만 아니라 철도·도로 등 인프라 연결 문제로 인해 사용할 수 없었다. 그러다가 개성공단 사업에 따라 도로연결공사가 완료되면서 2004년부터 육상운송이 가능해졌다. 그러나 육상운송은 대부분 북한에 대한 지원물자 전달, 개성공단 사업 및 금강산 관광사업과 관련한 물품의 운송에 이용되었으며, 일반교역의 경우는 개성 인근의 사천강 모래 반입과 같이 특수한 경우에만 이용되었다.[85] 2006년의 경우 남북한 육로 출입차량을 보면 개성공단 사업 46.0%, 사천강 모래반입 사업 22.1%, 금강산 관광사업 15.5%, 대북 인도적 사업 6.4%, 철도·도로 연결사업 3.2% 등으로 나타난다.[86]

한편 철도운송의 경우 2007년 5월 17일 남북 열차 시범운행이 실시된 후 2007년 12월 11일부터 남한의 도라산역과 북한의 판문역 간에 정기 화물열차가 주 5회 운행되었다. 이는 개성공단 물품의 운송을 염두에 둔 것이었다. 그러나 경제성 부족으로 2008년 2월 1일부터는 화물이 있는 경우에만 화차를 운행하다가 북한의 육로통행 제한조치에 따라 2008년 11월 28일 이후 중단되었다. 항공운송은 과다한 비용이 소요되므로 활성화되지 못했다.

이에 따라 남북한 간 운송의 대부분은 해상운송으로 이루어졌다. 교역 통로별 반출입 통계가 작성되기 시작한 1997년부터 2015년까지의 물동량을 보면, 해상운송이 전체의 99.3%로서 압도적인 비중을 차지한다(<표 3-17> 참조). 2010년 육상운송이 급격히 증가하고 2011년 이후로는 전체 물동량의 거의 대부분을 차지하는 것은 '5·24 조치'로 남북경협이 중단되고 개성공단만 운영되었기 때문이다.

---

84 김진섭·고재길·남금천, "남북교역의 대금결제 관행과 대응방안", 『관세학회지』, Vol.12 No.4, 2011, p.398.

85 2004년 6월 4~7일 25톤 트럭 15대로 북한 사천강 모래를 반입했는데, 이는 육로를 이용한 상업적 물자의 최초 반입 사례였다. "북 사천강 모래 육로반입 … 첫 상업적 물자", 『대한민국 정책브리핑』, 2004.6.7.

86 김영윤·나희승·황진회, 『남북 물류·운송 활성화 및 협력방안 연구』, 통일연구원, 2007, p.19.

<표 3-17> 일반교역 교역통로별 반출입 현황

(단위: 톤)

구분 연도	해상	육상	항공	기타	소계
1997	508,996(100.0%)	0(0.0%)	1(0.0%)	165(0.0%)	509,163(100.0%)
1998	361,146(99.6%)	0(0.0%)	0(0.0%)	1,483(0.4%)	362,630(100.0%)
1999	783,370(97.6%)	0(0.0%)	0(0.0%)	19,184(2.4%)	802,555(100.0%)
2000	555,259(98.2%)	0(0.0%)	1(0.0%)	10,310(1.8%)	565,571(100.0%)
2001	404,593(89.7%)	0(0.0%)	594(0.1%)	45,854(10.2%)	451,042(100.0%)
2002	918,665(98.8%)	0(0.0%)	197(0.0%)	11,119(1.2%)	929,982(100.0%)
2003	956,638(96.5%)	0(0.0%)	232(0.0%)	34,736(3.5%)	991,607(100.0%)
2004	848,206(70.7%)	213,257(17.8%)	345(0.0%)	138,451(11.5%)	1,200,260(100.0%)
2005	6,642,980(90.9%)	660,835(9.0%)	245(0.0%)	9(0.0%)	7,304,070(100.0%)
2006	14,996,657(95.5%)	616,425(3.9%)	74,710(0.5%)	14,854(0.1%)	15,702,647(100.0%)
2007	24,280,725(96.2%)	891,987(3.5%)	247(0.0%)	78,376(0.3%)	25,251,336(100.0%)
2008	15,392,670(96.6%)	441,683(2.8%)	212(0.0%)	107,040(0.7%)	15,941,606(100.0%)
2009	2,309,749(90.0%)	230,213(9.0%)	213(0.0%)	26,146(1.0%)	2,566,322(100.0%)
2010	1,077,123(77.1%)	293,618(21.0%)	27(0.0%)	25,501(1.8%)	1,396,270(100.0%)
2011	10,811(4.9%)	209,093(95.1%)	2(0.0%)	0(0.0%)	219,907(100.0%)
2012	2,517(1.0%)	244,948(99.0%)	2(0.0%)	0(0.0%)	247,468(100.0%)
2013	745(0.6%)	133,794(99.4%)	3(0.0%)	0(0.0%)	134,543(100.0%)
2014	463(0.2%)	258,522(99.8%)	3(0.0%)	0(0.0%)	258,989(100.0%)
2015	705(0.3%)	277,672(99.7%)	10(0.0%)	0(0.0%)	278,388(100.0%)
합계	70,052,018(93.3%)	4,472,047(6.0%)	77,044(0.1%)	513,228(0.7%)	75,114,356(100.0%)

* 주: 괄호 안은 해당연도 전체 물동량에서 차지하는 비중임.
* 자료: 남북교류협력지원협회, 『남북교역 25년사』, 2016, p.323.

3) 일반교역의 사례

효원물산[87]

효원물산은 1988년부터 중국과 무역을 한 경험을 바탕으로 1990년 북한과 교역을 시작한 업체로서 남북교역에서 가장 오래된 업체 중 하나이다. 2007년까지 총 1,000만달러 정도의 교역 실적을 가지고 있으며,[88] 시멘트, 명태, 고사리, 버섯, 로열젤리, 호두 등 북한에서 반입할 만한 거의 모든 품목을 취급했다.

효원물산은 1990년 홍콩 중개상을 통해 북한 시멘트 20,000톤을 반입하기로 하고, 선박을 빌려 해주항으로 보냈다. 그러나 시멘트가 준비되어 있지 않아 선박은 60일이나 해주항에 머물러야 했고, 결국 6월에 주문한 시멘트는 10월에야 도착했다. 게다가 계약한 규모의 1/4에 불과한 5,300톤뿐이었다. 중개상만 믿었다가 실패한 것이다. 선박 운임과 엄청난 체선료로 인해 2억원 이상의 적자를 보았다.

적자를 만회하기 위해 1991년 효원물산은 두 번째 대북 사업으로 물물교환 교역을 시도했다. 남북한 최초의 물물교환 교역이었다.[89] 남쪽에서 39만달러 상당의 비디오 750대, 텔레비전 750대와 북한산 명태 1,000톤을 교환하기로 했다. 이번엔 차질 없이 진행되어 명태가 예정된 날짜에 마산항 냉동창고에 보관됐다. 품질도 완벽했다. 그러나 원산지 증명서에 의하면 북한 선박이 러시아 해역에서 잡은 것으로 되어 있어 북한산으로 볼 수 없다며 마산 세관은 통관을 시켜주지 않았다. 결국 통관에 6개월이나 걸렸다. 그동안 냉동창고 비용은 불어났고, 명태도 상당 부분 변질되었으며, 명태 가격도 kg당 1,000원에서 200원으로 떨어져 있었다. 10억원의 손해를 봤다.[90]

다음에는 국내에서 품귀 상태였던 생명태 교역을 시도했다. 1992년 10월 통일부로부터 생명태 1,000톤 반입을 허가받고, 500톤급 냉장운반선 2척에 얼음과 포장 상자를 잔뜩 채워 청진항으로 보냈다. 당시 국내 생명태 수입 쿼터는 연간 1,000톤이었고, 매출 50~70억원(2022년 시세로 500억원 이상)이 예상되는 고수익 사업이었다. 그런데 북한 측에서 "대우그룹 쪽이 선적을 막는다"는 연락이 왔다. 대우그룹은 정부에는 "왜 효

87 효원물산에 관한 언론 보도 및 김영일 사장의 인터뷰와 기고 내용 등을 종합하여 재정리한 것이다.

88 "평양에도 합작공단 세워야", 『경향신문』, 2007.2.8.

89 "살아남아야 한다, 그게 이기는 거다", 『한겨레』, 2022.6.6.

90 "남북경협 개척한 북 진출 기업들에 보상을", 『한겨레』, 2016.10.17.

원물산에 전량 독점시켰냐"고 항의하는 한편, 북쪽에는 "효원물산에 생명태를 실어주면 남포공단은 포기하겠다"고 으름장을 놨다.[91] 결국 몇 달을 끌다가 생명태 70톤을 반입할 수 있었으나 세관에서 3일 머무는 바람에 상해서 헐값으로 처분해야 했고, 4억 5,000만원의 손실을 입었다.[92]

연속된 실패로 부도 위기까지 몰린 효원물산은 직접교역을 모색했다. 중개상에 의존하는 방식으로는 성공하기 어렵다는 판단이었다. 일본 상요무역회사의 소개로 북한 채널을 확보했다. 정확하게 말하면 직접교역은 아니었지만, 일본을 통해 전화, 팩스로 북한과 수시로 즉각적인 의사 교환이 가능했으므로 실제로는 직접교역인 셈이었다. 1993년 효원물산은 베이징에서 북한 측 상사원과 접촉하여 로열젤리 3톤을 반입하기로 합의했다. 북한에서 '왕벌젖'이라 불리는 로열젤리는 그동안 수출된 적이 없었는데, 이번이 처음이라고 했다. 대금결제는 남한 반입 후 품질을 확인하고 송금하는 조건이었다. 1993년 11월 최초로 북한산 로열젤리가 원산항에서 부산항으로 도착했고, 신세계백화점에서 판매했다. 로열젤리 사업에서는 큰 수익을 냈다. 당시 남한에서 로열젤리는 1kg당 60만원일 정도로 매우 고가이지만 생산량은 1.5~3톤 정도에 불과했는데, 북한에서 들여온 로열젤리는 남한과 동일한 품질로서 세계 최고 수준이었기 때문이다.

그 후에도 효원물산은 북한과의 교역을 지속했다. 1992년 북한과의 원활한 접촉을 위해 평양에 일본 회사 이름으로 사무실을 열어 7년 정도 운영했는데 국내 최초의 평양사무실이었다.[93] 1998~1999년 나진·선봉 식품시설 재투자, 1998~2006년 금강산 관광, 2005년 해주 모래 사업, 2009년 해주 수양산 석재 개발 합의 등을 이어갔다. 그러나 2010년 '5·24 조치'로 사업을 중단해야 했다.

효원물산의 김영일 사장은 자신의 사업 경험을 통해 북한과의 교역은 '물물교환 방식'이 좋다고 이야기한다.[94] 그는 우선 중국 보세구역인 단둥 호시무역구에 남·북·중간 쇼핑센터를 구축하여 물물교환 교역을 하자고 제안한다. 북한 시장에서 인기리에 판매되고 있는 남한산 쿠쿠밥솥, 화장품, 전기제품, 라면, 분유, 밀가루, 콩기름, 초코파이 등을 북한에 넘기고 우리가 필요한 수산물, 농산물, 건강식품 등을 받는 거래를 시

91 "살아남아야 한다, 그게 이기는 거다", 『한겨레』, 2022.6.6.
92 통일원, 『남북교역사례집 (IV)』, 1995, p.69.
93 통일노력60년 발간위원회(편), 『하늘길 땅길 바닷길 열어 통일로』, 통일부, 2005, p.381.
94 "김영일 '시급한 것은 내륙진출기업 손실보상대책'", 『통일뉴스』, 2023.2.15.

작하자는 것이다. 유엔 안전보장이사회의 대북 경제제재가 완화되면 파주와 개성 접경지역에 상품을 서로 사고팔며 더불어 살아가는 남북 직거래 장터, 개성·파주 국제시장을 조성하자고 제안한다. 성사만 된다면, 거래비용을 아낄 수 있을 뿐만 아니라 남북교역은 물론 남북관계 전반의 커다란 발전을 가져올 수 있을 것으로 기대된다. 다만 '그날'이 언제 올 것인지 현재로서는 가늠하기조차 힘들다.

호남정유(현 GS칼텍스)[95]

1991년 初 중국 및 홍콩의 중개상들은 선박용 연료인 디젤유의 구매의향서를 남한 회사들에 활발히 보냈다. 호남정유도 여러 곳으로부터 의향서를 받았으나 민감한 품목이어서 공급 의사는 밝히지 않은 채 규모, 품질, 규격, 납기조건 등 견적에 필수적인 사항들에 대한 정보를 요청했다. 당시 공급 여부의 결정에 있어서 핵심적인 문제는 외부 공개 여부, 중개상의 신용도, 대금결제 방법 등 세 가지였다.

우선 중개상들은 북한이 남한과 교역한다는 것이 절대 알려져서는 안 된다는 것을 무엇보다 중요시했다. 이와 관련해서 중개상은 세 가지 사항을 요구했다. 첫째, 선박은 제3국선이되 미국, 남아프리카공화국, 대만 국적이 아니어야 하고, 둘째, 선원 중에는 절대 남한 국적인 자가 있어서는 안 되며, 셋째, 언론에 일체 노출되어서는 안 된다는 것이었다. 호남정유는 첫째, 둘째 사항은 문제가 없지만, 언론 통제는 불가능한 사항으로 판단했다. 더욱이 호남정유로서는 이익을 위해서 추진하는 사업이 아니라 남북교역의 교두보를 마련하고 향후의 입지를 강화하기 위해서 하는 사업이라 공개리에 진행하는 것을 선호했다. 그럼에도 불구하고 공개 여부 때문에 성사가 안 되어서는 안 되겠다는 판단을 했고, 최대한 기밀 유지를 하기로 하고 그 조건을 수락했다. 선박은 쉽게 수배가 되었는데 파나마 국적선이었다.

믿을 만한 중개상을 선정하는 일도 중요했다. 당시 많은 중개상들을 대상으로 신용도를 파악한다는 것은 쉬운 일이 아니었다. 게다가 회사가 크다고 북한과 좋은 관계를 맺고 있는 것도 아니었고, 북한 내에서 활동 범위가 넓은 중개상들은 대부분 북한 고위층과 좋은 관계를 맺고 있는 사람들이었다. 최종적으로 호남정유와 몇 차례 거래 경험을 가지고 있는 중국의 Nit를 선택했다.

---

95 통일원, 『남북교역사례집 (I)』, 1992, pp.121~127 및 언론 보도 내용을 바탕으로 재정리한 것이다.

대금결제에 있어서는 신용장 방식은 시간도 오래 걸리고 사고 가능성이 있으므로 북한산 아연으로 상환해줄 것을 요구했다. 이 제안은 매우 쉽게 받아들여졌으나, 디젤유 반출 후 3개월 내에 아연을 공급한다는 불리한 조건이었다. 그러나 호남정유는 이윤이 목적이 아니라 미래를 위한 시범사업으로 추진하는 것이었으므로 이 조건을 받아들였다. 실제로 북한은 약 2개월 만에 약속된 아연을 보냈다.

디젤유는 선박용 연료이기도 하지만 각종 전투 장비의 연료로도 사용될 수 있기 때문에 공급 규모 결정에 신중해야 했다. 중개상의 공급요청량은 15,000톤 이상이었으나, 호남정유는 이러한 점을 고려해서 규모를 이동 최소단위로 축소시켜 4,000톤(약 30,000배럴, 약 140만달러)으로 결정했다. 규모가 너무 작으면 상대적 운임이 증가해 가격경쟁력이 떨어지기 때문이었다. 북한 측에서 디젤유를 군사적 목적으로 사용하지 않는다는 보장각서나 증빙서류를 제공한다면 좋겠으나 북한 측에서 그럴 리는 없었고, 설령 제공한다고 해도 믿을 수 없었다. 중개상은 디젤유의 도착지가 남포항이고 각종 선박이 기름이 모자라 발이 묶여 있는데 왜 급하지도 않은 전략물자에 사용하겠느냐는 의견을 보였다.

정부는 약 2주간의 검토 후 반출 승인을 했다. 호남정유가 판단하기에 정부가 반출 승인을 한 주요 이유는 교역이 활성화되어 있지 않던 당시 시점에서 북한이 가장 필요로 하는 기름 거래를 시범적으로 추진해본다는 점, 그리고 북한에서 어선 등 상업용 선박의 연료로 사용될 것이란 정보 분석결과인 것으로 추정되었다. 실제로 반출 후의 정황을 종합해보면 남포항 내의 소형 선박들에 배급된 것으로 파악되었다.

1991년 4월 예정대로 화물을 실을 선박이 여수항에 도착했는데, 예상치 못했던 문제가 발생했다. 선박이 도착한 날 저녁 텔레비전 뉴스에 사업 내용이 자세히 보도된 것이다. 더군다나 선박 이름까지 거론되었다. 보통 난감한 일이 아니었다. 호남정유로서는 진행을 하지 않으면 선박회사로부터 막대한 손해배상 청구를 당할 것이고, 그대로 진행하면 대금결제가 제대로 될 수 있겠느냐는 문제와 함께 최악의 경우 선박이 북한 당국에 억류될 가능성도 있어 매우 고민스러운 상황이었다. 다음 날 아침 중개상은 선박 출항을 늦춰달라고 요구했다. 그 사이 북한의 의중을 파악해보겠다는 것이었다. 그러나 호남정유의 사정은 쉽지가 않았다. 선박은 선박대로 차기 운반계약이 되어 있었고 화물을 거의 다 실은 상태에서 다시 내려놓을 수도 없었다. 그렇다고 무조건 출항할 수도 없었다. 북한으로부터 입항 허가를 받지 못한 상태였기 때문이다.

선박은 이틀간 그냥 여수항에 머물렀고, 보도 사흘째 되던 날 중개상은 "우선 선박을 일본으로 출항시키고 일본에서 며칠 체류한 후 다시 중국 다롄을 거쳐 남포로 들어가게 하자"는 제안을 해왔다. 선박회사에서는 계약위반이라며 항의가 대단했으나, 결국 항해노선을 바꾸기로 했고 선박은 예정보다 약 열흘 늦게 남포항에 도착했다. 선박의 남포항 입항 이후 소식이 두절되었다가 약 일주일 만에 선장으로부터 짧은 텔렉스가 왔다. 화물을 이틀 전부터 내리고 있는데, 규격에 맞는 호스가 없어 정상적이라면 2~5시간이면 끝낼 수 있는 하역이 너무 오래 걸리고 있으며, 언제 출항할 수 있을지 예측할 수 없다는 것이었다. 선박은 약 열흘 만에 남포항에서 출항했다. 나중에 확인한 사실은 중개상이 평양과 남포를 왔다 갔다 하며 고위층들에게 설득과 로비를 했으며, 결국 일본에서 온 기름이라는 각서를 제출하고 하역을 끝낼 수 있었다고 한다.

중개상은 예상치 못한 경비가 많이 들어 큰 손해를 보았다. 선주 측에서는 화물을 받을 수 있는 시설이 매우 부족하고 저유소도 모자라 경제적 운용을 도저히 할 수 없는 곳으로 느꼈다고 했다. 호남정유도 커다란 손실을 입었다.

성보상운[96]

1992년 11월 초 성보상운의 대표는 친분이 있던 어느 무역회사 임원으로부터 북한에서 호두를 가져올 수 있다는 사람이 있으니 한번 만나보라는 연락을 받았다. 그를 만나 상담을 하게 된 것이 대북 교역의 시작이었다. 그는 중국 선양에 주재하는 조선농수산물무역총회사 소속 북한 직원과 친분이 있었으며, 선박만 북한 남포항에 보내면 호두 100톤을 남한으로 보낼 수 있다고 했다. 대금결제는 남한 항구에 도착한 후 20일 이내에 하면 된다는 것이었다. 성보상운의 입장에서는 무리라는 생각이 들었다. 돈도 지불하지 않고 호두를 가져온다는 것을 믿을 수 없었고, 선박을 빌려서 북한에 보냈는데 호두를 못 가져오는 경우 용선료만 지불해야 했기 때문이다.

그러나 호두는 국내 생산량이 소비량에 비하여 절대적으로 부족했으므로 12월 중으로만 반입되면 정월대보름용으로 판매하여 큰 이익을 낼 수 있을 것으로 판단했다. 중개상이 조선농수산물무역총회사를 대리해서 국내에 반입된 물품 대금의 송금 처리를 이행하고 있다는 점도 믿음이 가는 부분이었다. 그래서 성보상운은 계약을 진행하

96 통일원, 『남북교역사례집 (II)』, 1993, pp.77~90의 내용을 재정리한 것이다.

기로 결정했다.

성보상운은 중국으로부터 계약서 사본을 팩스로 받았다. 특이하게 중개상을 통해 팩스로 계약이 이루어진 셈이었다. 그런데 남북한이 직접 거래를 하는 것인데도 계약서 내용은 제3자와 하는 것으로 되어 있었다. “이 상품을 남조선에 재수출하는 것을 허용하지 않는다”라는 문구가 있었기 때문이다. 문제는 또 있었다. 중개상이, 호두가 남포항에 준비되어 있으니 즉시 선박을 보내라고 요구했는데 용선료가 너무 비쌌다. 북한 항구에서는 체선이 심하고 경우에 따라서는 빈 배로 회항하는 경우가 많으며, 통신이 원활하지 못해 사고에 즉시 대처할 수 없다는 이유였다. 게다가 항비가 비싸고 하역 시간이 많이 걸린다는 이유도 있었다. 선박회사는 통상운임의 3~4배 이상을 요구했다. 일정이 급해 작은 선박은 선적 날짜가 맞지 않아 용선할 수 없었기 때문에 100톤의 화물을 싣는데 1,000톤 선박을 용선해야 했다. 용선료만 25,000달러였다. 단지 중개상만 믿고 선박을 보낸다는 것은 말이 안 되는 줄 알면서도 성보상운으로서는 사업을 진행하는 것이 불가피한 상황이었다.

남포항에 배가 도착했을 때 중개상으로부터 신용장이 개설되어야만 선적할 수 있다는 연락이 왔다. 배는 이미 북한에 들어가 있었고 하루라도 늦으면 체선료만 올라갈 것이었으므로 성보상운은 중개상의 요구대로 홍콩의 C사 앞으로 신용장을 개설했다. 그래도 선적은 되지 않았다. 곧 된다는 중개상 말만 믿고 무작정 기다릴 수는 없는 것이어서 성보상운은 입항 10일 만에 선박을 철수시켰다. 중개상에게 따졌으나, 소득은 없었다. 아마 북한 측에서 나중에 대금을 받지 못할 것을 걱정해서 호두를 보내지 않았을 것이라고 추정할 뿐이었다.

신용장 개설 과정에서 알게 된 C사의 K에게서 다시 선박을 남포항에 보내달라는 연락이 왔다. 성보상운으로서는 빈 배로 돌아온 손실을 만회해야 했으나, 또 선박을 빌리는 데에는 주저할 수밖에 없었다. 그러던 차에 마침 D사에서 용선한 배가 남포에 기항 중이어서 싼값에 호두를 가져올 기회를 가지게 되었다. 기항 중인 선박을 통해 화물준비 사항도 알아볼 수 있었다. 급히 C사와 중개상을 통해 선박 동정을 알리고 선적해줄 것을 요청했다. 이번에는 쉽게 일이 풀려서 아무 문제없이 호두가 인천항으로 들어왔다. 대금은 C사를 통해 북한 측에 전달했다.

들여오기만 하면 될 것 같던 북한산 수입은 국내 통관이 더 어려웠다. 임산물은 국내에 들어오는 즉시 식물검역과 식품검역을 해야 한다. 성보상운은 증빙서류를 갖춰

검역 접수를 했으나, 결과가 나오는 데에는 많은 시간이 걸렸다. 검사 결과엔 하자가 없었지만, 위장 반입된 중국산이 아닌가 하는 의구심 때문이었다. 결국 북한 항구에서 남한으로 직접 항해한 항해일지도 제출했고, 우여곡절 끝에 보름이 지나서야 검역증을 받았다. 그다음 통관수속도 오래 걸렸다. 이번에도 북한산이 이유였다. 육종연구소의 원산지 검사도 이루어졌고, 통일원의 서류심사도 받게 되었다.

통관이 늦어져서 호두의 효용가치는 반감되었다. 최고 성수기인 대보름도 지났다. 호두의 품질은 남한에서 생산되는 호두와 다른 점이 없을 정도로 우수했고 묵은 호두도 섞여 있지 않았지만, 대보름이 지나서 제 가격을 받지 못했다. 한 번은 빈 배로 회항해서 손해를 봤고, 한 번은 성수기를 놓쳐 이익을 못 낸 셈이었다.

비록 수익은 없었지만, 성보상운은 대북 교역에서 다음과 같은 교훈을 얻었다고 이야기했다. 첫째, 정확한 계약서를 작성하여 분쟁이 없도록 해야 한다. 호기심과 충동으로 대북 교역을 해서는 안 된다. 둘째, 남한에서 북한으로 직접 신용장을 개설할 수 있어야 비용을 줄이고 남북교역을 활성화시킬 수 있다. 셋째, 북한산인지 아닌지, 화물 준비 상황은 어떤지 등 최소한의 확인이라도 할 수 있는 공식 채널이 남북한 당국 간에 협의되어야 한다. 넷째, 중개상을 통하는 간접교역의 경우 중간에 돌발 사고가 발생할 가능성에 대비해야 한다. 다섯째, 부작용이 따르지 않는 한 북한산 물품 반입에 대한 문호를 넓혀 북한에 경제적인 도움을 줌으로써 최소한의 의식주라도 해결할 수 있도록 하면 좋겠다. 여섯째, 북한이 경제적으로 남한에 의존하게 하려면 북한 상품에 대한 예외 규정을 더 넓히는 것이 바람직하다. 일부 몰지각한 상인들이 위장반입을 하지만 이는 극소수에 불과하고, 대국적인 견지에서 보면 실보다는 득이 클 것이다.[97]

코넥스무역[98]

1990년 설립된 코넥스무역은 북한과 서로 필요한 물건을 교환하는 물물교환 방식

---

97 그러나 이에 대해서는 반대 의견을 보이는 교역업체들도 많다. 예를 들어 뒤에서 소개하는 수산물 반입 업체인 홍진교역의 경우 중국산을 북한산으로 위장 반입하면 신선도 유지가 어려운데, 육안으로는 식별이 쉽지 않아 그런 상품을 먹어본 사람들은 북한산 수산물에 대해 부정적 시각을 갖게 되고 그 결과 정식으로 반입하는 업체들이 피해를 보게 된다고 이야기한다. 윤범석, "신뢰하면 70퍼센트는 성공이다", 경기도경제과학진흥원 · 남북경제협력협회(편), 『지금 우리가 다음 우리에게』, 평사리, 2023, p.278.

98 조봉현, "중소기업의 남북교역에 관한 사례연구", 『사회과학논집』, Vol.12, 1995, pp.514~516 및 언론 보도 내용을 바탕으로 재정리한 것이다.

의 교역을 했던 업체로서 1995년까지 북한과의 교역은 30건, 1,000만달러 정도의 실적을 가지고 있었다. 코넥스무역의 본래 주 품목은 한약재로서 1990년부터 러시아에서 녹용을 수입했다. 사회주의국가인 러시아는 그때까지 신용장의 개념을 잘 이해하지 못해서 현금결제 조건으로 거래하고 있었는데, 러시아 측 파트너와 결제 문제를 논의하는 과정에서 그들이 현금보다 물자를 더 원한다는 것을 알게 되었다. 그래서 코넥스무역은 녹용 대금으로 한국산 자동차, 텔레비전, VTR, 의류, 식품 등 러시아 측이 필요로 하는 물품을 보내주는 구상무역을 시작하게 되었다. 코넥스무역은 사회주의국가와의 무역 경험을 쌓으면서 같은 사회주의 체제인 북한과의 물물교환 방식의 교역에도 관심을 가지게 되었다.

코넥스무역은 1994년 북한으로부터 로열제리를 반입하기로 하고 중국에서 북한 무역실무자를 만나 대금결제 방법을 논의하면서 러시아와의 무역에서와 마찬가지로 북한이 필요로 하는 물건을 보내주는 방안을 제의했다. 북한 측은 설탕을 요구했고, 포장에는 아무런 표시도 하지 말 것을 요청했다.[99] 가격은 로열제리의 경우는 이전에 다른 업체가 북한에서 남한으로 들여왔던 가격으로 하고, 설탕은 국제시세를 적용하기로 했다.

그 후 어느 측이 먼저 물품을 보낼 것인가 하는 문제가 떠올랐다. 중소기업의 첫 번째 거래여서 아직 서로 신뢰가 축적되어 있지 않았기 때문이다. 코넥스무역은 설탕 200톤을 먼저 선적하기로 결정했다. 러시아와의 무역 경험을 통해 볼 때 사회주의국가의 무역담당자는 설탕이 자기 것이 아니라 국가 것이므로 대금을 개인이 떼어먹지 못할 것이라고 생각했기 때문이다. 더욱이 계약서는 코넥스무역이 북한 측 담당자와 서명한 것이므로 대금을 지급하지 않아 언론에 공개되는 경우 북한 측 담당자는 커다란 곤경에 빠질 것이라고 판단했다.

코넥스무역이 제3국적선을 이용하여 인천항에서 남포항으로 설탕 200톤을 보내자 북한도 계약대로 로열제리 10톤을 역시 제3국적선을 통하여 같은 경로로 보내왔다. 코넥스무역은 그 선박에 다시 설탕 200톤을 실어 보냈고, 물품대금 차액은 북한 측 담당자가 지정한 홍콩 및 싱가포르 은행 계좌를 통해 보냈다.

---

99 당시 북한은 남한으로부터 들어오는 모든 물품에 남한산이라는 원산지 표시는 물론 한글 표기조차 허용하지 않았다.

첫 거래를 무사히 마친 후, 코넥스무역은 다양한 품목에 걸쳐 물물교환 방식의 교역을 진행했다. 1995년 1월 국내 생산자 보호를 이유로 제한승인 품목으로 분류되어 있던 북한산 참깨 200톤의 반입을 통일원으로부터 처음으로 승인받았다.[100] 1995년 5월에는 남북교역 사상 처음으로 104만달러 상당의 밀가루 4,423톤을 북한에 반출하고 아연괴 1,000톤을 반입하는 물물교환 교역을 승인받았다.[101] 이전까지 통일원은 밀가루가 군사용으로 전용될 수 있다는 점을 들어 북한으로의 반출을 제한했다.

그러나 코넥스무역의 대표는 1996년 10월 중국산 농산물을 면세 대상인 북한산으로 속여 수입하는 수법으로 거액의 관세를 포탈했다는 혐의로 구속되었다.[102] 1996년 5월 북한산 결명자 48톤을 수입하면서 중국산 오미자 10톤과 구기자 20톤을 북한산으로 속여 12억여원의 관세를 포탈하는 등 7차례에 걸쳐 관세 120억여원을 포탈한 혐의였다. 이외에도 중국산 녹두, 참깨, 들깨, 로열젤리, 호두, 잣 등을 위장 수입했고 러시아산 사향과 녹용, 중국산 녹용 등도 같은 방법으로 밀수했는데, 중국산 농산물의 경우 녹두 818%, 참깨 600% 등 고율의 관세를 회피하기 위한 목적이었다.[103]

당시 위장반입을 시도했던 업체는 아마 코넥스무역만이 아니었을 것이다. 국내 농어민을 보호하기 위해 농수산물 수입에는 매우 높은 관세가 붙었고, 따라서 북한산으로 둔갑시키는 순간 업체는 관세 포탈을 통해 엄청난 수익을 올릴 수 있었기 때문이다. 북한산 농수산물이 중국산보다 안전할 것이라는 국민들의 인식을 악용하는 측면도 있었다. 실제로 2000년대 초반까지도 북한산으로 속여 반입하는 사례는 증가 추세에 있었다(<표 3-18> 참조). 예를 들어 2003년 4월 러시아산 냉동 명태를 중국으로 수송하여 포, 채 등 마른 명태로 건조 가공한 후에 북한 나진으로 운송해서 북한 내에서 가공한 것처럼 서류를 위조하여 반입한 사건이 적발되었는데, 북한산 위장 수산물 사건으로는 최대 규모로서 466톤, 시가 차액만 81억원에 달하는 대형 사건이었다.[104]

이처럼 원산지 문제가 지속적으로 제기되자 남북한은 2003년 7월 31일 제2차 남북경제협력제도실무협의회에서 '남북 사이에 거래되는 물품의 원산지 확인 절차에 관한

---

100 "북한 참깨 200t 첫 반입허용", 『한겨레신문』, 1995.1.23.
101 "밀가루 첫 북한반출", 『중앙일보』, 1995.5.10.
102 "중 농산물 북한산 속여", 『서울신문』, 1996.10.4.
103 "'원산지증명 확인 불가' 교묘히 악용", 『중앙일보』, 1997.1.6.
104 박광서, "남북교역의 원산지문제에 대한 고찰", 『무역상무학회지』, Vol.23, 2004, p.331.

<표 3-18> 북한산 위장반입 단속실적

(단위: 건, 백만원)

구분 연도	건수	범칙시가	관세포탈액
2000	3	3,623	2,156
2001	4	1,027	246
2002	3	6,506	4,824
2003	8	17,072	5,849

* 자료: 정웅, "남북교역의 법적 환경과 원산지표시 위반에 관한 연구", 『치안정책연구』, No.19, 2006, p.95.

합의서'를 채택했고, 이에 따라 남한은 세관과 대한상공회의소, 북한은 민족경제협력연합회에서 원산지 증명서를 발급하게 되었다. 그럼에도 불구하고 위장반입은 여전히 근절되지 않았다.[105] 심지어 북한의 민족경제협력연합회가 발행하는 원산지 증명서가 허위로 발급되어 반입하는 형태로 진행되기도 했다.[106]

흥진교역[107]

주로 동해안의 조개를 일본에 수출하던 흥진교역은 2000년부터 북한 농수산물 반입을 모색하던 중 강원도 묵호항에서 중국 조선족 대리인과 만나면서 북한산 수산물과 어패류 등을 반입하는 대북 사업을 시작하게 되었다. 규모가 크진 않았지만, 송이버섯도 반입했다. 부족한 북한 정보와 복잡한 통일부의 승인 제도도 애로사항이었지만, 가장 큰 어려움은 검품을 하지 않고 반입해야 한다는 점이었다. 흥진교역이 주로 반입했던 수산물, 어패류는 생물 활어였으므로 바다 날씨, 북한의 출항 일정 등이 신선도에

105 남북한 간에 '남북 사이에 거래되는 물품의 원산지 확인 절차에 관한 합의서'가 채택된 이후인 2004년에도 북한산 위장반입이 적발된 사례가 8건(182억원 상당)에 달하는 등 증가 추세에 있었다. "남북교역관련 원산지제도와 우리의 대응-⑫", 『한국세정신문』, 2005.10.13. 또한 2001년 1월부터 2007년 7월까지 북한산으로 속이려다가 적발된 사례는 30건, 범칙시가 526억 3,700만원에 달했다. 관세청, "북한산 위장 적발 현황(2001~2007.7)", 2007; 국회의원 안명옥, 『2007년 국정감사 결산보고서』, 2007, p.190에서 재인용.

106 김영훈 · 권태진 · 남민지, 『북한산 농수산물 반입 및 유통실태 조사연구』, 한국농촌경제연구원, 2008, p.45.

107 윤범석, "신뢰하면 70퍼센트는 성공이다", 경기도경제과학진흥원 · 남북경제협력협회(편), 『지금 우리가 다음 우리에게』, 평사리, 2023, pp.269~286의 내용을 재정리한 것이다.

영향을 많이 주었고, 운송이나 국내 통관 지연 등으로 폐사가 자주 발생하기도 했으며, 북한 사정으로 납기를 준수하지 못하는 경우도 종종 있었다.

그러나 남한에 없는 다양한 어패류를 반입할 수 있다는 강점이 있었고, 가격경쟁력도 있었다. 당시 국내 시장의 80%가 북한산이었고, 품질만 확인할 수 있다면 수익을 보장할 수 있는 사업이었다. 대량의 북한 물품이 국내로 유입되었고 판매하지 못한 물품이 덤핑으로 나와 시세가 하락하곤 했지만, 그런 과정은 자연스러운 것이었으므로 시장 상황에 맞게 적절히 반입량을 조절했다.

원산지 증명서는 민족경제협력연합회에서 발급했고, 100% 북한산으로 인정받았다. 중국 선박을 빌려서 원산, 흥남, 김책, 청진, 나진 등의 북한 항구에서 남한 항구로 직항했다. 용선 비용은 유류대, 항비, 선박료, 남한에서의 부두 사용료 등을 합해 750만 원 정도였고, 소요 시간은 7시간 정도였다. 선박이 출항하면 선박과의 통신이 불가능하기 때문에 단둥의 민족경제협력연합회 대표부에 연락해서 남한으로의 입항 시간을 확인하는 방식을 취해야 해서 사전에 계획한 대로 물류를 운영하기 쉽지 않은 구조였다. 생물 활어는 신속하게 통관해서 판매해야 하므로 1초가 아쉬운 법인데, 통관을 세관 시간에 맞춘다거나 통관 준비가 끝나도 통관사가 임의로 일을 처리하는 등의 애로사항도 많았다.

흥진교역은 처음 3년은 안정적인 거래와 물량 확보에 주력했다. 그리고 3년 후 처음 독점권을 제시했는데 북한은 단호하게 거절했다. 그러나 그 후에도 지속적으로 독점권을 요구하면서 우호적인 친목과 유대 관계를 이어갔다. 그 결과 2006년 동해안 어패류, 게류, 수산물에 대한 독점권 계약을 체결할 수 있었다. 당시 연간 교역 규모는 276만달러 정도였고, 30~40%의 수익을 얻었다. 북한처럼 통신이 어렵고 선적 현장을 확인할 수 없는 악조건에서 안정적인 수산물 반입 시스템을 구축하고 수익을 올린 것은 흥진교역의 성과였다. 수익성이 좋은 품목은 사철 나지 않는 송이버섯이었으며, 수익성이 낮은 품목은 전문적인 노하우가 없으면 적자를 볼 우려가 많은 어패류였다. 그러나 동해안의 어패류, 대게와 털게 등 게류, 수산물에 대한 독점권을 확보했고, 교역이 급증할 시점에 2010년 '5·24 조치'로 사업이 중단됐다.

북한 측 파트너는 민족경제협력연합회 대표부이지만 중국 단둥에 있는 조선족 대리인을 통해 사업을 진행했다. 계약서는 거의 북한이 제시하는 조건에 따라 작성했지만, 대체로 잘 협의했고 소통의 문제도 없었다. 가격은 계약 시 정했으며, 시세가 좋은 품목은 다음 계약 때 가격을 올리는 식이었다.

드림이스트[108]

드림이스트 이종근 대표는 남북교역에서 가장 오래된 경력을 지니고 있다. 1984년 LG상사(당시 럭키금성상사)에 입사한 후 1988년 '7·7 선언'으로 LG상사 내에 대북 사업팀이 만들어지면서 초대 북한팀장으로 대북 사업 실무에 참여하여 광물, 가리비 양식, 자전거 조립, 텔레비전, 의류 등 다양한 품목을 추진했다. LG상사가 2003년 수익을 내지 못하던 대북 사업을 정리하자 2004년 이종근 대표는 퇴사하고, 한국무역협회 수석연구위원으로 자리를 옮겨서 연구와 함께 대북 사업 희망업체들을 위한 자문 업무를 수행했다.

2008년부터 남한으로 북한산 무연탄이 대량 들어오기 시작하자 가탄제 제조업을 하던 동창이 북한산 무연탄을 구매해서 자신의 회사에 공급해달라는 제안을 했다. 이종근 대표의 경험을 살려 대북 사업을 다시 해보라는 이야기였다. 그때 마침 LG상사 시절부터 친분을 쌓아온 중국 조선족 대북 사업가의 둘째 딸이 북한산 무연탄의 남한 판매를 해줄 수 있느냐고 문의를 해왔다. 믿을 만한 판매자와 구매자 양측에서 중개를 부탁한 상황이 되었으므로 2008년 8월 드림이스트를 창업하고 북한산 무연탄 반입으로 본인이 직접 대북 사업을 시작했다.

북한산 무연탄 반입은 중국 회사가 북한으로부터 수입한 무연탄을 남한에서 재수입하는 방식이었다. 즉 중국 파트너가 중개상 역할을 하는 게 아니라 북한으로부터 석탄을 직접 수입해 다시 남한으로 재수출하는 중개무역 방식으로 추진한 것이다. 당시 북한의 대남 창구인 민족경제협력연합회는 석탄을 다루지 않았을 뿐만 아니라, 북한은 무연탄을 국가적 전략 품목으로 분류하고 남한으로는 직접 수출하지 못하도록 하고 있었다. 그래서 무연탄 수입의 계약 상대는 중국 파트너였고, 수입 신고 시 원산지는 북한산, 공급자는 중국 기업으로 명시했다. 무연탄은 원산지 관계없이 무관세 품목이라 거래 내용을 사실 그대로만 적시하면 문제될 것이 없는 품목이었다.

---

108 이종근, "운명적인 만남, 남북경협 여정의 길목에서", 한반도교역투자연합회, 『남북경협 기업들의 도전과 좌절』, 강남커머스, 2022, pp.172~204; 이종근, "보수적이고 장기적인 접근이 리스크를 줄인다", 경기도경제과학진흥원·남북경제협력협회(편), 『지금 우리가 다음 우리에게』, 평사리, 2023, pp.237~268 및 언론 보도 내용을 바탕으로 재정리한 것이다.

예전에는 일본도 수입해 갔을 정도로 북한산 무연탄의 품질은 매우 좋았다. 무연탄 칼로리의 종류도 4,000칼로리부터 8,000칼로리까지 비교적 다양하게 공급되었고, 특히 휘발분이 적게 함유되어 가탄제나 성형탄을 제조하기에 좋은 품질이었다. 상대적으로 가격도 낮았다. 2008년 9월 리먼 브라더스 사태로 일시 영향을 받았지만, 무연탄 무역으로 회사의 3년치 운영자금을 충분히 충당할 수 있을 만큼의 수익을 냈다. 총 3년간 12만톤의 무연탄을 반입했는데, '5·24 조치'로 사업을 중단할 수밖에 없었다.

2009년에는 북한과 의류 위탁가공을 하던 조선족 대북 사업가의 첫째 딸이 의류 위탁가공교역으로 영역을 확대할 것을 제안했다. 당시 의류의 수입 관세가 중국산의 경우 13%였으므로 무관세인 북한산은 충분히 수익성이 있었다. 북한 측 파트너는 민족경제협력연합회였다. 주요 원자재는 발주처인 남한의 패션업체에서 공급했고, 부자재는 중국에서 조달했다. 모든 원부자재를 단둥 창고에 집하하여 검사한 후 압록강대교를 건너 북한에 인도했다. 평양과의 연락은 단둥에서 전화로 진행했다. 검사가 필요하거나 공장에 문제가 생기면 중국인 기술자를 현지로 파견했다. 완성품에 대한 검사는 견본을 받아 중국에서 할 때가 많았으며, 고가의 의류일 경우 중국인 검사자를 평양 현지에 파견했다. 운송은 남포-인천 직항로를 이용하기도 했고 신의주-단둥-인천항을 경유하기도 했는데, 두 경로의 운임은 비슷했다.

북한은 기술 수준이 좋아서 품질 사고는 적었다. 대금결제는 주문 집행이 종결되면 위탁가공비를 북한이 지정한 중국 내 은행 계좌로 송금하는 방식이었다. 계약당사자가 아닌 제3자 계좌로의 송금은 현행법상 불법이어서 경찰 조사를 받은 적도 있었다. 의류 위탁가공교역으로 평균 3~5%의 수익을 내는 것을 목표로 했지만, 수량 부족 등의 문제로 기대 수익을 올릴 수는 없었다. 그나마 이 역시 '5·24 조치'로 중단해야 했다.

이종근 대표는 아직은 남북경협 환경이 열악하기 때문에 섣불리 뛰어들어서는 안 된다고 조언한다. 통행·통신·통관의 3통 문제와 함께 이미 남북한 간에 체결된 투자보장, 상사 중재, 이중과세 방지, 청산결제 등 4개 경협 합의서의 이행도 필수적이라고 지적한다. 남북교역 여건의 근본적 개선이 있어야 한다는 것이다. 그리고 무엇보다 당국 간 대화나 교류 분위기가 조성되어 있어야 사업도 원활히 진행할 수 있다고 이야기한다. 그래서 남북경협을 준비하는 기업인들은 열악한 상황에서 쉽사리 진출 결정을 하지 말고, 당국 간 대화나 교류 분위기가 조성된 후에 장기적인 비전을 수립하여 진출하라고 조언한다.

4) 일반교역의 문제점

남북교역은 많은 성과를 낳았다. 개별 기업의 입장에서는 반입에서든 반출에서든 새로운 시장이 열린 것이었다. 실패한 기업들도 많았지만, 이익을 본 기업도 있었다. 실패한 기업이라도 특정 품목의 교역에서는 커다란 이익을 낸 적도 있었다. 남한 국민, 즉 소비자의 입장에서는 소비 가능 영역이 북한 물품으로까지 확대된 것이었다. 조개나 의류, 모래처럼 우리의 일상생활에 실질적 도움을 주기도 했다. 국가 차원에서 볼 때 교역을 통한 인적·물적 교류는 다른 분야의 교류협력과 긴장 완화에도 상당한 파급효과를 주었다.[109]

그러나 남북교역이 기업과 정부의 기대만큼 발전하지 못한 것도 사실이다. 남북교역 업체의 현황에 대한 설문조사를 정기적으로 진행한 KDI의 조사결과[110]를 보면 (<표 3-19> 참조), 2001~2005년의 기간 중 이윤을 보고 있는 교역업체는 대략 1/3 정도에 불과했고, 이는 그 업체의 전체 매출액 중 대북 사업이 차지하는 비중, 대북 사업 참여기간 등과 무관했다.[111] 2004년 4~5월에 진행된 조사에서는 대북 사업에서 흑자를 보고 있다는 기업은 16.7%에 지나지 않았고, 잘 진행되고 있다는 응답은 36.7%에 불과했다.[112] 2000년 12월 중소기업만을 대상으로 한 산업연구원의 조사에서 이익을 내고 있다는 응답은 전체의 17.1%에 지나지 않았다.[113] 2008년 한국무역협회가 남북교역 실적이 있는 일반교역 업체를 대상으로 실시한 조사에서도 '대폭 흑자'라는 응답은 없고 '약간 흑자'가 38.5%였으며, '손익분기점' 19.2%, '약간 적자' 26.9%, '대폭 적자' 11.5%로 나타났다.[114] 한국무역협회의 2010년 조사에서도 '대폭 흑자'는 없었고 '약간

---

109 조명균, "남북경협의 전망과 과제", 『구조 전환기의 남북한 경제협력』, 현대경제사회연구원, 1995, p.132.

110 KDI 북한경제팀에서는 대정부 정책 건의를 위한 현황 파악을 목적으로 2001년 5월부터 2005년 11월까지 6개월마다 정례적으로 남북교역 업체 및 전문가를 대상으로 설문조사를 실시해왔다. 자세한 내용은 해당 월의 『KDI 북한경제리뷰』를 참조.

111 KDI 북한경제팀, "제2차(2002년 상반기) 남북경협에 대한 교역업체 및 전문가 대상 설문조사", 『KDI 북한경제리뷰』, 5월호, 2002, p.29.

112 김영윤, "남북경협의 현주소: 무엇이 경협확대의 제약요소인가?", 한국수출입은행·통일연구원 공동주최 심포지엄 '북한경제와 남북경협: 현황과 전망' 자료집, 2004.7.7, pp.60~62.

113 산업연구원, "중소기업 남북경협에 관한 설문조사", 2000; 최신림·김홍석·이석기, 『중소기업 남북경협 추진전략』, 중소기업특별위원회 용역보고서, 산업연구원, 2000, p.76에서 재인용.

114 한국무역협회, "남북교역 2007년 평가·2008년 전망 및 애로사항", 2008, p.15.

<표 3-19> KDI의 일반교역 업체 이윤에 관한 조사

(단위: %)

구분 \ 이윤 유무	있다	없다
제1차 조사(2001.11)	31.3	68.7
제2차 조사(2002.5)	42.2	57.8
제3차 조사(2002.11)	45.1	54.9
제4차 조사(2003.5)	55.6	44.4
제5차 조사(2003.11)[1)]	39.5	59.3
제6차 조사(2004.5)[2)]	–	–
제7차 조사(2004.11)[3)]	29.9	20.4
제8차 조사(2005.5)[4)]	33.3	22.7
제9차 조사(2005.11)[5)]	34.0	19.7

* 주 1: 제5차 조사에서 합이 100%가 되지 않는 것은 무응답 때문임.

2: 제6차 조사에서는 이윤 여부 대신 “수지가 개선되었는가”를 질문했으며, 수지가 개선되고 있다고 응답한 업체(일반교역 및 위탁가공교역 포함)는 22.6%로 조사됨.

3·4·5: 일반교역 및 위탁가공교역 업체를 합한 결과이며, 제7차 조사부터는 “이윤 있다”, “이윤 없다”에 더해 “손익분기점에 있다”가 추가되었으므로 이전까지와 결과 비교에 주의가 필요함.

* 자료: KDI 북한경제팀, “남북경협에 대한 교역업체 및 전문가 대상 설문조사”, 『KDI 북한경제리뷰』, 각월호.

흑자’가 34.9%였다.[115]

그러면 일반교역 업체들이 이처럼 북한과의 교역에서 기대한 만큼의 이윤을 내지 못한 이유는 무엇인가. 지금부터는 일반교역의 진행 과정에서 나타났던 문제점 혹은 기업 입장에서의 문제점에 대해서 논의한다. 다만 북한의 미흡한 개혁·개방과 남북경협 확대에 대한 우려, 북한의 경제난 및 핵 문제, 남북관계 및 한반도 정세의 유동성, 대북 정책의 비일관성 등 거시적이고 근본적인 문제가 아니라 개별 기업 차원에서 가졌던 어려움에 초점을 맞춘다. 당연히 이는 문제를 지적하려는 것이 아니라, 앞으로 일반교역이 재개될 때 보다 효율적으로 추진되기 위해서는 어떤 점들이 개선되어야 할지를 모색하는 데 목적이 있다. 물론 남북교역이 진행되던 당시의 상황은 현재와는 다르다. 남북교역이 중단된 지 이미 15년이 지났기 때문이다. 남북교역이 진행되던 시절

115 한국무역협회, “남북교역 2009년 평가·2010년 전망”, 2010, p.18.

은 김일성과 김정일 시대였고, 지금은 김정은 시대가 시작된지도 한참이 지났다. 그동안 북한의 경제 현실도 많이 바뀌었고, 경제를 바라보는 북한의 시각과 행동도 많이 달라졌다. 남북교역을 둘러싼 북한의 대내외 환경도 크게 변화했다. 북한은 2023년 말부터 남북관계가 동족이 아니라 '적대적인 두 국가관계'라고 선언했다. 우리 내부적으로도 남북경협에 대한 관심이 지속적으로 저하되고 있다.[116]

그럼에도 불구하고 여기서 논의하는 문제점들은 상당 부분 그대로 남아 있을 가능성이 크다. 북한은 여전히 사회주의 계획경제 체제이고, 위에서 지령하는 대로 움직이는 사회이기 때문이다. 지금도 경제는 국가의 통제 범위 안에서 작동한다. 시장 부문이 커졌다고 하지만, 경제의 개혁과 개방이 이루어진 것은 아니다. 경제가 성장한 것도 아니다. 한국은행에 의하면, 김정은 시대가 시작된 이래 2012~2023년의 경제성장률 평균은 오히려 마이너스다. 민간기업도 없고 자율성도 없기는 현재도 마찬가지다. 그러면서 남북교역에 있어서 북한이 스스로를 '갑'이라고 생각하는 경향은 여전할 것이다. 설령 변화가 있다고 하더라도 그동안 남북교역이 보여준 근본적 속성이 변할 정도는 아닐 것이다. 그래서 문제점 역시 거의 대부분 여전할 것이며, 만약 변했다고 해도 과거 문제점의 연장선상에 있을 것이다. 따라서 그동안의 문제점에 대한 이해는 미래의 남북교역을 준비하는 데에 도움이 될 것이라는 판단이다.

한편 지금부터 논의하는 문제점의 대부분은 일반교역뿐만 아니라 위탁가공교역이나 투자에서도 마찬가지로 나타났던 것이다. 예를 들어 자의적인 초청장 발급, 직접 통신이나 방문 불가능, 무리한 요구 등은 모든 남북경협 사업에서 발견되는데, 이러한 일반적인 문제점은 여기에서 정리하고 위탁가공교역이나 투자와 보다 관련이 있는 문제점은 해당 부분에서 논의한다.

교역물품의 제한

교역 규모가 증가하려면 반입이나 반출이 증가해야 한다. 많이 사 오거나 많이 팔아야 한다는 것이다. 그런데 일반교역에는 태생적인 한계가 있었다. 아무리 교역을 늘리

116 예를 들어 서울대학교 통일평화연구원의 조사에 의하면, 남북경협의 상징적 사업들로 인식되어오던 개성공단 사업과 금강산 관광사업의 재개에 대한 찬성 비율은 2018년 조사에서 각각 59.1%와 63.6%로 나타났으나, 이후 계속 하락해서 2024년 조사에서는 각각 34.5% 및 46.2%로 크게 떨어졌다. 김범수 외, 『2024 통일의식조사』, 서울대학교 통일평화연구원, 2024, pp.100~101.

려고 해도 교역할 수 있는 물품이 제한되었기 때문이다.

우선 반입의 경우 공산품 중에서는 사 올 만한 물품이 거의 없었다. 품질이 조악한 탓이었다. 이미 세계적 수준에 있는 남한 소비자의 구매욕을 자극할 수 있을 만한 물품을 찾기란 거의 불가능했다. 1990년 말부터 북한 공산품 193개 품목 500여개 물품을 반입해서 전문기관에 분석을 의뢰한 삼성물산은 북한산 공산품의 전반적인 품질은 남한의 1970년대 수준으로서 '20년의 격차'를 보인다고 분석했다.[117] 그래서 공산품에 대한 남한 내 수요는 없다고 해도 과언이 아니었고, 공예품이나 기호품은 호기심에 한두 번 구매할 수 있을지라도 낮은 품질로 인해 안정적인 수요로 연결되지는 않았다. 반짝인기를 끌었던 북한산 인삼주의 경우도 질과 가격이 남한산과 경쟁이 되지 못했던 것이 판매 급감의 근본 원인이었다.[118] 1994년 미도파백화점 주류 코너에서 하루에 팔리는 북한 술은 4병 정도에 불과했다.[119]

현재도 마찬가지다. 북한산 공산품의 품질은 여전히 낮아서 중국산보다도 못하다는 인식이 북한 주민들 사이에 퍼져 있을 정도다. 2024년 6월 북한 양강도 혜산의 한 소식통은 중국에서 들어온 옷들이 북한산보다 "가격이 저렴한 데다 맵시가 나고 품질도 우수"하니 주민들이 "여기(북한)서 만든 옷을 사려 하지 않고 중국산 옷을 사는 것"이라고 전했다.[120] 김정은이 심하게 야단치기도 했다. 『노동신문』에 의하면 2022년 6월 8~10일 열린 당 중앙위원회 제8기 제5차 전원회의에서 김정은은 직접 인민소비품을 들고 나와 품질에 대해 "혹독한 시련속에서 그런 소비품이라도 보장되면 다행이라고 여긴 일군들은 없었던가"라며 품질이 형편없음을 지적했고, 회의에 참석한 간부들은 "고개를 숙이고 자책감에 휩싸이지 않을수 없었다."[121]

일반교역의 초기에 백화점, 대형마트 등에서 북한 상품전을 개최하거나 북한물품 코너를 설치했지만 모두 일회성으로 끝났다. 북한 상품전을 소개하는 당시의 신문 보도도 "상품이 조잡해 일부 특산품을 제외하고는 시장성이 없을 것으로 보인다"고 끝을 맺고 있다.[122] 1991년 11월 대북 교역업체 22개사가 공동으로 코엑스에서 개최를 추

---

117 "한국제품보다 20년 뒤진다", 『조선일보』, 1992.4.30.
118 통일원, 『남북교역사례집 (IV)』, 1995, p.241.
119 "북 물산 수입업체들 '애간장'", 『한국일보』, 1994.7.13.
120 "혜산서 중국산 의류 공산품 성황리에 팔려 … 시장 조금씩 활기", 『데일리엔케이』, 2024.6.21.
121 "인민을 어떻게 받들어야 하는가를 다시금 새겨준 의의깊은 회의", 『노동신문』, 2022.6.14.
122 "백화점 '북한상품전' 바람", 『동아일보』, 1989.1.24.

<표 3-20> 대북 사업 성공의 주요 요인

합리적 사업계획	힘 있는 대북 거래선 확보	자금력	시의적절한 사업 추진	적합한 품목 선택
35.8%	28.6%	14.2%	14.2%	7.2%

* 자료: 김영윤, "남북경협의 현주소: 무엇이 경협확대의 제약요소인가?", 한국수출입은행·통일연구원 공동주최 심포지엄 '북한경제와 남북경협: 현황과 전망' 자료집, 2004.7.7, p.64.

진하던 '북한 물산전'도 실익이 없다는 이유로 계획단계에서 취소되었을 정도였다. 이미 백화점 등에서의 북한 상품전은 "반짝 호기심에 그치고 말았"고, 전시할 만한 북한 물품은 공예품이나 주류, 자기류 등밖에 없는데 "이들 상품은 이미 백화점 전시회에서 소비자들에게 외면을 당했"기 때문이다. "그렇다고 무연탄이나 시멘트를 전시할 수도 없"으므로 2억원으로 예상되는 행사비용이라도 아끼기 위해 계획을 무산시켰던 것이다.[123] 그래서 반입은 자연에서 나는 물품 정도만 들여올 만했고, 조개, 버섯, 금, 모래 같은 물품들이 위주가 되었다.

반출 품목을 찾기란 더욱 어려웠다. 사실 품목의 문제는 아니었다. 어느 품목이든, 북한은 구매력 부족으로 남한 물품을 살 능력이 없었기 때문이다. 설령 자금이 생기더라도 비싼 남한 물품보다는 다소 질이 떨어지더라도 중국 물품을 사는 것이 북한의 입장에선 합리적이었다. 질보다 양이 중요한 경제 상황이었기 때문이다. 또한 남한 물품은 북한 내에서 판매가 금지되어 있었다. 결국 반출은 위탁가공교역을 위한 원부자재, 우리 주재원이나 관광객의 식자재·일용품 등 남한 기업의 생산 및 현지 운영과 관련한 품목일 수밖에 없었다.

실제로 2004년의 한 조사를 보면, 대북 사업이 성공하고 있다고 평가한 업체들은 그 요인으로 '합리적 사업계획'과 '힘 있는 북한 거래선 확보'를 꼽았다(<표 3-20> 참조). '적합한 품목 선택'은 불과 7.2%였다. 향후 일반교역이 획기적으로 늘어나려면 공산품으로 품목이 확대되어야 한다. 그런데 경쟁력 있는 품목의 제한과 낮은 구매력 수준으로 요약할 수 있는 북한의 교역 여건은 단기간 내에 개선되기 어렵다. 결국 위탁가공교역과 투자가 선행되어야 일반교역이 증가할 수 있다. 단순 위탁가공교역을 통해 현재 북한이 보유하고 있는 생산 능력을 활용하고, 설비제공형 위탁가공교역으로 북한의 생

123 "'북한물산전' 계획 '실익없다' 취소", 『경향신문』, 1991.4.12.

산시설을 업그레이드해서 남한 소비자의 구미를 충족할 만한 고부가가치 제품을 만들어야 한다. 중장기적으로는 투자를 통해 공장을 건설하고, 그 공장과 남한의 관련 공장은 물론 북한의 현지 공장과 하청, 원부자재 납품, 판매 등의 연계를 모색해야 한다.[124]

안정성 결여

일반교역은 기업과는 무관한 외부의 경제적·정치적 요인의 영향을 크게 받을 수밖에 없다. 예를 들어 1996년 강릉 잠수함 무장공비 침투사건, 1998년 외환위기, 2004년 일부 농수산물 한도물량 설정 등은 일반교역에 영향을 미쳤고, 심지어 2010년 '5·24 조치'는 아예 일반교역 자체를 금지시켰다. 이처럼 일반교역은 다양한 기업의 외부적 요인에 의한 사업 저해 가능성이 상존한다.

그러나 대북 사업의 특성에서 발생하는 기업 차원의 애로도 상당했다. 우선 북한과의 교역을 위한 현장 방문이 쉽지 않았다. 물품이 생산되는 현장을 직접 보고 품질이나 위생 관리 실태를 점검하며 운송 인프라도 확인하는 것이 원칙이지만, 현실은 그렇지 못했다. 내가 투자한 내 공장에도 마음대로 가지 못하는 마당에, 교역을 위한 현장 방문은 거의 불가능했다. 한번 방문하려면 시간도 많이 걸려고 비용도 상당했다. 방북을 위해서는 초청장이 있어야 하는데, 초청장을 받기 위해선 중국 등 제3국에서 미리 북한 측 담당자를 만나서 방문 목적과 일정 등을 상의해야 했고, 그를 만나려면 사전에 북한 주민 접촉 신고도 해야 했다. 초청장을 받은 후에는 통일부에 북한 방문 신청을 해서 '북한방문증명서'를 받아야 했고, 방북교육도 받아야 했다. 그 후 북한을 가기 위해서는 중국을 거쳐야 했고, 북한을 방문하고 돌아온 다음에는 통일부에 북한 방문 결과 보고를 해야 했다. 시간이 돈인 기업인에게는 이 모두가 엄청난 비용인 셈이었다. 그나마 방문하고 싶다고 해서 아무 때나 갈 수 있는 것도 아니었다.

그렇다고 직접 통신이 되는 것도 아니었다. 베이징, 선양 등 외국에 지사를 가지고 있다면 그곳에서 북한으로 전화나 팩스를 할 수 있었지만, 그렇지 않다면 북한에 전화

124 그래서 우선 위탁가공교역 활성화에 정책의 초점을 맞추어야 한다는 주장이 제기되었다. 위탁가공교역을 통해 북한 근로자의 기술수준 제고와 북한 법·제도·관행의 국제수준으로의 변화를 유도한 이후 투자를 실행하며, 이를 바탕으로 북한산 제품의 질이 향상되면 일반교역을 촉진하는 '위탁가공교역 → 투자 → 일반교역'의 순서로 진행하는 것이 바람직하다는 것이었다. 조동호·한승훈·김상훈·이대현, 『남북경협 추진전략 및 부문별 주요 과제』, 한국개발연구원, 2001, pp.108~110.

한 번 하기 위해 해외 출장을 가야 했다. 사실 통신을 한다 해도 그것만으로는 불충분했다. 직접 만나서 필요하면 제품 설명도 들어야 하고, 생산이나 운송 시 주의할 점도 설명해야 했지만, 통신만으로는 충분한 협의를 하기가 불가능했다. 운송을 위한 선박이 북한 항구에 머무르는 동안엔 연락도 되지 않았다. 오랫동안 북한과 교역사업을 한 드림이스트 이종근 대표는 "중국을 거쳐서 모든 전화와 팩스가 오가고 했는데 무척 불편"했다면서 "통신이 안 되는 상황에서 교역하는 게 한계가 있"다고 평가했다.[125]

게다가 초청장을 받기가 쉽지 않았다. 북한 물품을 구입하겠다고 해서 초청장을 바로 내주는 것이 아니었다. 북한의 '입맛'에 맞아야 했다. 거액의 초청장 발급 비용을 요구하기도 했다. 실제로 1994년 북한은 남한의 38개 기업에 이미 발급한 남북경협을 위한 방북 초청장이 무효가 됐다고 통고하면서 초청장 신규 발급이나 갱신을 원한다면 100만달러를 내라고 요구했다.[126] 2000년대 초반 만났던 호주의 어느 관광 채널 PD는 북한의 관광자원을 알리는 프로그램 제작을 위해 북한 측에 연락했더니, 얼마를 내겠느냐고 물어와서 당황했다는 이야기를 필자에게 한 적이 있다. 자기 나라를 홍보해주겠다고 하면 감사해하는 것은 당연하고 교통편이나 가이드 비용 등 제작비의 일부를 지원해주는 것이 일반적인데, 오히려 북한을 방문하려면 돈을 내라는 것이 말이 되느냐는 것이었다. 초청장을 받는 데 걸리는 시간도 길었다. 2004년 설문조사에 의하면, 초청장 확보에 걸리는 시간이 4주 이상이라는 응답이 59.2%, 2~4주라는 응답이 29.6%였다.[127]

사업 중간에 초청장 발급을 중단하기도 했다. 북한이 발급하는 비자는 단수였고,[128] 북한에서 출국할 때는 비자를 회수하는 방식이었다. 그래서 방북할 때마다 초청장을 받고 비자 신청을 해야 했다. 그런데 사업이 진행되는 중간이라도, 어떤 이유로든 마음에 들지 않으면 북한은 초청장을 발급하지 않았다. 비자 연장을 안 해주는 셈이었다. 그나마 일반교역의 경우는 좀 나았지만, 투자나 위탁가공교역의 경우는 매우 난감한

---

125 "이종근 드림이스트 대표", 『자유아시아방송』, 2013.6.19.

126 "북, 기업인방북 커미션 요구", 『경향신문』, 1994.10.7.

127 김영윤, "남북경협의 현주소: 무엇이 경협확대의 제약요소인가?", 한국수출입은행 · 통일연구원 공동주최 심포지엄 '북한경제와 남북경협: 현황과 전망' 자료집, 2004.7.7, p.40.

128 대우의 경우 3개월 단수비자였고, 그나마도 북한의 주요 정치 일정이 있을 때에는 출국했다가 다시 들어와야 했다. 동용승, "남북경협과 대기업의 대북사업 현황", KDI 주최 제32차 북한경제연구협의회 발표문, 1999.12.8, p.14.

북한을 방문할 때 여권이 필요할까?

남한 주민이 북한을 방문할 경우 여권을 사용할 수 없다. '헌법'상 북한은 외국이 아니기 때문이다. 대신에 통일부 장관이 발급한 북한방문증명서를 소지해야 한다. 이는 휴전선을 통과하여 남북한을 직접 왕래하는 것은 물론 제3국을 경유해서 남북한을 왕래하는 경우에도 마찬가지다. 한편 차량을 직접 가지고 북한을 방문할 때에는 차량에 대해서도 운행 및 통행 승인을 받아야 한다.

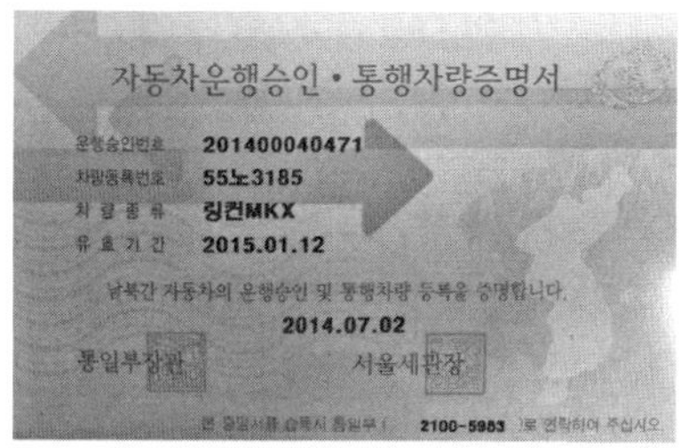

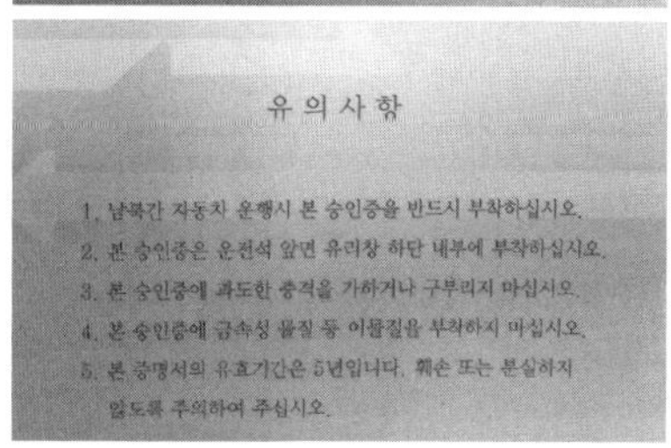

일이었다.[129] 공장을 다 지어놓고 생산을 시작하려는데 초청장을 주지 않아 북한을 들어가지 못한다면 그대로 투자금을 날리는 것이었다. 위탁가공교역용 기계의 제공·설치가 끝났는데 그때부터 초청장을 주지 않는다면 기계 금액은 그대로 손실로 남는 것이었다. 사전적으로 투자나 설비 비용이 없는 일반교역의 경우라고 하더라도 사업 중간에 초청장을 받지 못한다면 그동안 들어간 직·간접적 비용은 손해를 보는 것이었

129 대우 남포공단의 박춘 부사장은 비자 발급이 오락가락해서 생산에 차질을 빚는 것을 가장 커다란 애로의 하나로 지적했다. Harrison, Selig, *Korean Endgame: A Strategy for Reunification and U.S. Disengagement*, Princeton University Press, 2002, p.44.

북한은 왜 비자를 별지로 발급할까?

대부분의 국가는 비자를 스티커 형식으로 여권의 사증란에 붙여준다. 그런데 북한은 별도의 종이로 발급한다. 북한에 들어갈 때 입국심사대에서 제시해야 하고, 북한을 나올 때 회수한다. 그러니 여권에는 북한을 방문한 흔적이 남지 않는다. 북한을 방문했을 때, 비자를 분실할까 걱정된다며 왜 별도로 주느냐고 슬쩍 물어본 적이 있다. 대답은 이랬다. "다른 나라들이 우리 공화국을 싫어하니, 여권에 기록이 남으면 선생이 불편해질까봐 그러지요."

아마도, 그 설명이 사실일 것이다. 이스라엘도 비자를 별지에 주는데, 이스라엘 방문 기록이 있는 사람들이 다른 중동 국가를 방문할 때 입국 거부를 받는 등 불이익이 발생할 수 있어서 그런다고 이야기한다. 방문객의 편의를 봐주려는 목적도 있겠지만, 이스라엘 방문 후 다른 나라 입국이 제한된다면 이후 다시 이스라엘을 안 찾을 테니 그러는 측면도 있을 것이다. 북한도 마찬가지다. 북한을 찾는 사람이 모두 '반동'은 아닐 텐데, 북한을 방문했다는 이유로 불편해진다면 그 사람은 가급적 북한을 오지 않으려 할 것이고, 그것은 결과적으로 북한에 불리한 결과를 낳게 될 것이기 때문이다. 아래의 비자 사진은 북한이 회수하기 전 찍어두었던 것이다. 참고로 북한의 비자 발급 방식은 수기 작성에서 2000년대 중반에는 전산 출력으로 변경되었다.

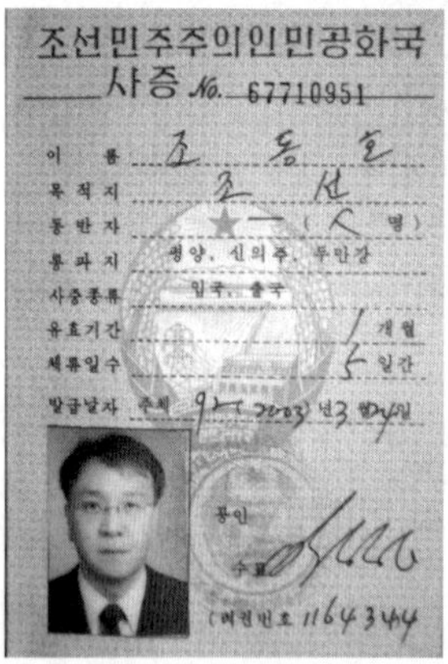

고, 기회비용의 측면에서는 더 큰 손해였다. 결국 초청장을 안정적으로 받으려면 북한의 요구를 들어줘야 했다.

초청장의 사례에서 본 것처럼 북한은 일반적인 비즈니스에선 찾아보기 어려운 행태를 보인 경우가 많다. 이는 기본적으로 북한이 '갑'이라는 인식에 기인했다. 남북교역에 참여하려는 남한 기업들이 그만큼 많았기 때문이다. 남북경협 초기였던 1995년 이미 "현재 가장 문제시되는 것이 기업의 대북 진출에 있어서 과당경쟁이다"라는 지적이 나올 정도였다.[130] 2003년 중소기업진흥공단의 남북경협 추진의사에 대한 조사에서도, '이미 추진'이 5.0%, '향후 추진할 의사가 있음'이 74.1%로서 중소기업의 약 80%는 대북 사업에 관심을 가지고 있었다.[131] 설령 남한 기업의 수가 적었어도 마찬가지였을 것이다. 북한은 그 자체가 하나의 기업이었고, 남북교역 창구도 하나였기 때문이다. 게다가 북한은 남북경협에 있어서도 '우리 민족끼리'라는 시각이 강했다. 그래서 초기보다는 나아졌지만, 여전히 2010년대에도 잘 사는 남한의 기업이 못 사는 북한을 지원하는 것은 당연하다는 입장이었다.[132]

사례는 다양했다. 초청장 발급에서부터 사업의 진행 단계마다 현금이나 지원을 요구했다. 방북 초청장 발급 대가인 '방북비' 혹은 '입북료'나 사업 성사를 위한 '선물' 요구가 대표적이다. 예를 들어 평양에서 기업을 운영했던 안동대마방직의 김정태 회장에 의하면, 사업 준비를 위한 방북인데도 북한은 기여금 명목으로 35,000달러를 요구했다.[133] 2000년대 초반 북한은 방북비로 1인당 1만달러를 기본적으로 요구했고, 한 가구 제조업체는 사업에 앞서 침대 등 1천만달러어치를 현물로 준 적도 있으며, 한 언론사는 방북 취재를 위해 3백만달러를 주었다.[134] 남북경협의 초기였던 1990년대 초반에는 '방북비'가 1~5백만달러에 달했다.[135] 충청남도가 전국체전에 사용할 성화(聖火)를 북한 묘향산에서 채화하려고 하자 북한은 1백만달러 상당의 대가를 요구했다.[136] 심지어 대북 지원단체가 방북할 때도 수천달러에서 수만달러의 '입북료'를 요구했다.[137] 그래서

---

130 김창권, "남북경협 현황과 금후 전망", 『통일경제』, 2월호, 1995, p.140.

131 중소기업진흥공단, 『중소기업 대북진출 반응도 조사보고서』, 2003, p.11. 이 보고서는 중소기업진흥공단이 2003년 4월 21일에서 5월 20일의 기간에 중소기업진흥공단 지원업체 4,869개, 한국무역협회 운영 남북교역투자협의회 회원업체 80개를 대상으로 실시한 설문조사 결과를 분석한 것이다. 설문에 응답한 업체는 320개였다.

132 유완영, "남북경협 현주소와 성공조건", 이상만 외, 『이제는 통일이다』, 헤럴드경제 · 한반도개발협력연구네트워크, 2014, p.304.

133 "남북합영1호, 두차례 고비 새로운 기회", 『통일뉴스』, 2010.1.21.

134 "북송금 파문 이후 더 악화, '방북비' 뒷거래 관행 '후유증'", 『경향신문』, 2003.2.12.

135 "<사설> 입북료로 무슨 떼돈 벌겠다고 …", 『중앙일보』, 1994.10.9.

136 "전국체전 '묘향산 채화' 추진에 북 100만달러 요구", 『중앙일보』, 2001.7.4.

137 "북, 남 구호단체에도 입북료 요구", 『경향신문』, 1999.8.30.

동용승 삼성경제연구소 북한연구팀장은 1997년 하반기부터 대남 경협의 창구 기능을 하고 있는 북한의 아태는 '입북료' 등을 챙기는 '현금 모금 기관'으로 전락했다고까지 표현했다.[138]

갑자기 계약 내용을 뒤집기도 했다. 금강산 샘물사업을 했던 태창의 경우 본래는 샘물 톤당 3.5달러를 지불하기로 계약했는데, 사업이 본격적으로 시작되자 북한은 100달러를 요구했다. 이미 공장, 설비는 물론 샘물을 운송할 철도까지 공사를 마친 상태였다. 결국 오랜 협상 끝에 톤당 20달러로 합의했다. 명절이면 선물을 달라고 했다. 말 그대로 간단한 명절 선물이 아니었다. 쌀이나 밀가루, 설탕 등을 대량 달라는 것이었고, 기업의 입장에선 이 모두가 비용이었다. 한 조사에 의하면 조사에 응답한 업체의 20%가 방북과 관련해서 북한으로부터 부당한 요구를 받은 적이 있다고 답하고 있다.[139] 예로는 웃돈 성격의 계약이행 보증대금 요구, 무리한 경제적 지원 요청, 방북 시 북한 현지에서 이동할 수 있는 소형 차량이나 컴퓨터 요구 등을 들었다.

북한이 남한 기업에 무리한 요구를 한 것은, 북한의 입장에서는 당연한 것이었다. 위탁가공교역을 진행했던 엘칸토의 정주권 이사는 북한이 원하는 기업의 1순위는 일방적으로 도와주는 기업, 2순위는 체제 유지에 영향이 적은 기업이었고, 선진기술을 전수받을 수 있는 기업은 오히려 3순위라고 말했다.[140] 북한은 남북경협을 지원사업과 사실상 동일시했다.[141] 그러나 남한 기업은 무리한 요구에 단호하게 대처하지 않았다. 사업을 지속해야 했기 때문이다. 어쩔 수 없는 초기 투자비용이라고 생각하기도 했다. 북한의 현실이 안타까웠던 탓도 있다. 어쩌면 우리가 문제였을지도 모른다. 사업을 유지하려니 '을'의 위치를 받아들였고, 어느 사이엔가 기업인이 아니라 자선사업가가 된 측면도 있었다.

북한으로부터의 물품 반입 과정에서는 품질, 납기 등 여러 가지 문제가 생길 수 있

---

138 동용승, "북한의 경협 추진전략과 대응방안", 통일부 주최 '남북경협 현황 진단 및 활성화 방안 모색' 세미나 자료집, 1999.8.25~27, p.21.

139 김영윤, "남북경협의 현주소: 무엇이 경협확대의 제약요소인가?", 한국수출입은행·통일연구원 공동주최 심포지엄 '북한경제와 남북경협: 현황과 전망' 자료집, 2004.7.7, p.69. 물론 부당한 요구를 받았으면서도 조사에서 답하지 않았을 가능성도 있고, 과장해서 응답했을 가능성도 배제할 수 없다.

140 정주권, "남북경협, 그간 무엇이 문제였나?", 경남대학교 극동문제연구소 주최 '남북 정상회담과 남북경제협력' 세미나 발표문, 2000.4.27, p.4.

141 양문수, "북한의 변화와 남북경협 추진방향", 통일동우회 주최 세미나 '남북관계의 현주소와 평화번영정책의 진로' 자료집, 2005.9.30, p.66.

북한에서의 경험들, 누가 '갑'이고, 누가 '을'인가

개인적으로 나도 북한의 무리한 요구를 경험한 적이 여러 번 있다. 돈 없는 연구자에게도 이러니 사업을 하는 사람들은 이런 일을 얼마나 더 심하게 당할까, 하는 생각이다. 보기에 따라서는 무리한 요구가 아니라고 할 수 있을 것이다. 하지만 최소한 '무례한 요구'임에는 틀림없다(라고 나는 생각한다).

그중 하나. 2000년대 초 KDI에 근무하던 시절, 남북 학술회의를 추진했었다. 남북경협의 발전 방안을 주제로 남북한의 경제학자들끼리 머리를 맞대고 토론을 해보자는 취지였다. 중국의 조선족 학자가 중개를 했다. 그런데 북한은 참여 조건으로 PC 200대를 지원해달라고 했다. 정부출연연구기관에 그런 예산이 있을 리 없었고, 있다 해도 그렇게까지 하면서 학술회의를 할 수는 없었다. 연구자야 학술회의 한 번 안 해도 그만이지만, 사업하는 사람들은 어땠을까.

둘. 북한에 가면 밤에 할 일이 없다. 호텔 밖으로 나가는 것은 금지되어 있었으므로 일찍 자거나 호텔 바에서 술을 마시거나, 두 가지 중 골라야 했다. 언젠가 평양 고려호텔 지하의 가라오케에서 일행들과 한잔하고 계산하려는데, 우리 일행을 맡은 북한 안내가 다가왔다. 계산서엔 150달러였는데, 250달러를 계산하라고 했다. 왜 그래야 되느냐고 물었더니, "사내가 쩨쩨하긴. 고럼, 하지 말든가" 하고 자리로 돌아갔다. 계산하자니 안 내켰고, 안 하자니 갑자기 쩨쩨한 사람이 되는 상황이었다. 불현듯, 다음 날의 일정이 걱정됐다. 쩨쩨한 사람이 되는 건 괜찮은데, 다음 날 아침이면 십중팔구 일정이 취소되었다고 통보할 것이기 때문이었다. 실제로 취소된 것인지 확인할 길도 없었고, 그저 안내에 따를 수밖에 없는 것이 북한 방문의 현실이었다. 할 수 없이 100달러를 더 냈다. 안내가 나중에 와서 현금으로 찾아가는지, 지인들과 술을 마시는지는 알 수 없었다. 혼자 착복하는 것이 아니라 사무실의 공동경비로 사용할지도 모르는 일이었다.

셋. 평양의 인민대학습당 위에 서점이 있었다. 혹시 어떤 책들이 있나 하고 둘러보고 있는데, 옆에 다가온 북한 안내가 내 앞의 서가에서 책 하나를 반쯤만 빼고선 낮게 말했다. "조 선생, 나 이 책 가지고 싶어." 금강산 사진집이었다. 60달러였다. 그 무렵 시작된 개성공단 북한 근로자의 한 달 임금이 50달러였으니, '엄청 커다란 바가지' 가격인 셈이었다. 가라오케에서의 경험처럼, 안 사주면 어떤 일이 벌어질지 뻔했다. 책을 꺼내 손에 쥐어주니, 화를 냈다. "여기서 주면 어떡하나! 이따 버스의 내 좌석에 놓으라우." 서점에선 검은 비닐봉지에 책을 넣어줬다. 남한의 마트처럼, 서점에 검은 비닐봉지가 있다는 것이 신기했다. 하긴, 안이 들여다보이지 않아야 했을 것이다.

넷. 고려호텔 가장 위층인 44층에는 만장이라는 이름의 회전식당이 있다. 북한의 고위 간부와 저녁을 먹던 중이었다. 남한의 지원단체 일행이 들어와서 저만큼 떨어진 자리에 앉았다. 갑자기 화제를 바꿔, 그 간부가 물었다. "세상에서 제일 한심한 자들이 누군지 아십네까?" 그러고선 스스로 답했다. “바로 저런 자들입네다.” 내가 반박했다. “아니, 당신네를 돕는 사람들인데, 고마워해야지 한심하다는 말이 뭡니까?” 그의 논리는 이랬다. “자기 돈으로 도와주는 것도 아니지 않습네까, 남의 돈 받아 하는 것이면서 생색이나 내는 거지. 저놈들, 말로는 통일 통일하지만, 속으론 통일을 절대 반대할 겁네다. 통일되면 먹고살 길이 없어질 자들이니까.” 그런 식으로 한참 비난하다가 끝을 맺었다. “그래서 가만히 두고 보는 겁네다. 어디 얼마나 가져오나 보자. 지네가 우릴 돕는다고 생각하겠지만, 실은 우리가 지들을 도와주고 있는 거지요.”

었다. 물론 이러한 문제는 모든 무역에서 발생하는 것이며, 남북교역에만 국한되는 문제는 아니다. 그러나 클레임 제기가 제3국과의 무역에서는 가능하지만, 남북교역에 있어서는 현실적으로 거의 불가능했다. 품질과 관련한 문제는 일반교역의 초기부터 발생했다. 1990년 11월 한국무역협회의 조사에 의하면, 교역업체들은 남북교역의 애로 요인으로 ‘품질 등에 관한 클레임 처리 곤란’을 압도적 1위인 66.4%로 꼽았다.[142] 실제로 1989년 본래 계약 시 제시한 품질과는 다른 품목의 선적 사례도 발생했다. H물산은 홍콩의 랍밍공시(立明公司)를 중개로 하여 북한 조선석탄수출입공사로부터 20,900톤의 무연탄을 수입했는데, 북한의 조선대외상품검사위원회가 발행한 검사서에는 괴탄(塊炭) 비율이 80% 이상으로 명기되었음에도 불구하고 실제로는 전체의 80% 이상이 분탄(粉炭)으로 판명되었다.[143] 중개상을 통한 클레임 처리에는 시간이 많이 소요될 뿐만 아니라 어차피 외국 국적인 중개상의 역할도 한정적이었고, 우리 기업이 북한 측에 적정 품질 유지와 이를 위한 엄격한 선적 전 품질검사를 요구한다는 것도 불가능했다. 클레임을 제기해도 처리되지 않는 것이 현실이었다.[144] 중국 중개상을 통해 북한산 평양소주를 반입했던 업체는 납기가 늦었을 뿐만 아니라 소주액의 10%가 이물질로 채워진 제품을 인도받았다. 북한 측은 병이 부족해서 중국산 소주병을 구하느라 납품이 늦어졌고 중국산 소주병에 이물질이 들어 있었던 것이라 변명했다. 중개상에게 피해액 6만달러의 보상을 요구하자 중개상은 북한산 평양소주만 인도해주면 되지 소주의 내

142 그다음으로는 ‘정치적 영향과의 연계에 따른 교역 한계’가 10.3%, ‘중개상 확보의 어려움’이 7.2%였다. 한국무역협회, 『남북교역 실태조사』, 1990; 한국개발연구원, 『남북한 경제관계발전을 위한 기본구상』, 1991, p.169에서 재인용.

143 한국개발연구원, 『남북한 경제관계발전을 위한 기본구상』, 1991, p.167.

144 “경협 실현 ‘산넘어산’”, 『동아일보』, 1991.12.17.

용물까지 책임질 수 없다면서 피해보상을 거부했다.[145] 물론 북한이 반품을 허용한 사례도 일부 있었다. 2000년대 중반 교역업체 상하씨엠은 남포항에서 인천항으로 들여온 고사리 4톤이 선적과 운반과정에서의 문제로 판매할 수 없는 품질임을 발견하고 북한에 전량 교환을 요청했는데, 북한이 이를 받아들였다.[146] 클레임 처리가 어렵다는 점은 남북교역이 중단되기 직전이던 2000년대 후반까지도 여전히 최대의 애로사항으로 남아 있었다. 2007년 한국무역협회의 조사에 의하면, 남북교역의 애로사항에 대한 질문에 '클레임 해결수단 부재'가 17.7%로서 1위를 기록했다.[147] 한국무역협회의 2010년 조사에서도 '클레임 해결수단 부재'는 '통신'과 함께 13.7%로 1위였다.[148]

납기도 제대로 지켜지지 않았다. 언제까지 납품하겠느냐는 질문에 "납기 개념이 없는 북한 측은 다 만들면 보내주겠다는 식이었다."[149] 주문한 겨울용 점퍼가 2월에 생산이 끝나는 바람에 외국에 덤핑으로 팔아야 했던 사례도 있었다.[150] 2004년의 조사에 의하면, 납기가 준수되지 않는다는 응답이 40.8%에 달했다.[151] 납기가 잘 지켜지지 않는 이유는 인프라의 문제와 체제의 문제로 나눌 수 있다. 인프라의 경우 남북한 간 부정기적인 항로로 인한 운송의 불규칙성, 북한 항만시설의 미비로 인한 하역 및 선적 시 대기시간 과다 소요 등을 들 수 있고, 체제의 문제로는 사회주의 체제에 익숙한 탓에 납기 개념이 제대로 정립되어 있지 않은 점, 상부의 지시가 있으면 다른 제품을 먼저 생산해야 하는 관행[152] 등을 들 수 있다. 아예 계약을 지키지 않는 경우도 있었다. 앞의 성보상운의 사례처럼, 물건이 준비되었다고 해서 배를 보냈더니 정작 항구에는 아무도

---

145 "남북한 기업, 상사간 분쟁 빈발", 『한국경제신문』, 1994.11.19.

146 김세병, "5·24 조치로 우리는 폭망, 중국은 어부지리", 한반도교역투자연합회, 『남북경협 기업들의 도전과 좌절』, 강남커머스, 2022, p.164.

147 2위는 '통신'으로 11.9%였다. 한국무역협회, "남북교역 2006년 평가·2007년 전망 및 애로사항", 2007, p.35.

148 한국무역협회, "남북교역 2009년 평가·2010년 전망", 2010, p.24.

149 "남북경협시대 열리나", 『조선일보』, 1994.11.11.

150 "대북 위탁가공무역 확대 낙관 못한다", 『서울신문』, 1996.6.18.

151 김영윤, "남북경협의 현주소: 무엇이 경협확대의 제약요소인가?", 한국수출입은행·통일연구원 공동주최 심포지엄 '북한경제와 남북경협: 현황과 전망' 자료집, 2004.7.7, p.75.

152 그래서 남북경협의 초기 시절, 대한무역진흥공사(KOTRA의 과거 명칭)는 고위 권력층과 친분 관계가 있으면 우선적으로 작업이 빨리 진행될 수 있지만 그렇지 못하면 뒤로 처지는 것이 북한의 현실이므로, 대북사업에 있어서는 거래 상대자가 권력층과 어떤 관계를 가지고 있는지를 중요하게 판단해야 한다고 조언했다. 대한무역진흥공사, 『북한 투자실무』, 1993, p.122.

없었고 10일을 기다리다 할 수 없이 빈 배로 돌아온 경우도 있었다. 쌍용은 중개상을 통해 시멘트 반입을 계약하고 1992년 3월 말 배를 보냈으나 4월 3일 예정이었던 선적이 김일성 생일을 이유로 4월 17일로 미뤄졌고, 선적 준비 중 북한이 갑자기 대우의 허락을 받아오라고 해서 쌍용은 거부했고 4월 24일 빈 배로 출항할 수밖에 없었다.[153]

문제가 생겨도 클레임 제기가 어렵다 보니 교역업체들은 소극적으로 대응할 수밖에 없었다. 이미 지적한 바와 같이 '을'의 위치에 있다 보니 더욱 그랬다. 그래서 2002년 5월 KDI의 조사에서도 나타나듯이, 북한의 계약 불이행에 대한 대처 방법으로 교역 중단(9.3%), 제재 조치(16.8%) 등과 같은 강경 대응보다는 항의(36.4%), 분쟁 회피(28.0%) 등 소극적인 대책이 일반적이었다.[154] 2008년 한국무역협회 조사에서도 북한 측과 분쟁이 발생했을 경우의 해결 방법으로 일반교역 업체들의 55.8%는 '차기 오더에서 타협', 30.8%는 '피해 감수'를 선택한다고 답함으로써 전체의 86.6%가 소극적 대책을 취하는 것으로 나타났다.[155]

높은 물류비

북한과 교역을 하는 업체들이 가졌던 가장 커다란 애로점의 하나는 과다한 물류비였다. 높은 물류비는 남북교역에서 클레임 처리 수단 부재 및 직접 통신의 불가능과 함께 늘 대북 사업의 핵심 애로사항이었다.[156]

이는 남북교역 물품의 운반에 가장 효율적인 육상운송이 불가능한 상황에서 해상운송을 사용했기 때문에 발생하는 것이기도 했다.[157] 20피트 컨테이너를 기준으로 한 운임은 물동량 등 여러 요인에 의해 변동하는데, 2004년의 경우 인천-남포 간 운임은 700~800달러, 부산-나진 간은 850달러 정도로, 이는 인천-LA 운임과 비슷한 수준이었고, 중국 등 운항 거리가 비슷한 인접 지역에 비해 2~3배는 높은 것이었다.[158] 2007

153 "종합상사 대북교역 실무부장 회의 결과", 종합상사협의회 주최 대북교역 피해 사례 회의, 1992.5.8, p.4.

154 KDI 북한경제팀, "제2차(2002년 상반기) 남북경협에 대한 교역업체 및 전문가 대상 설문조사", 『KDI 북한경제리뷰』, 5월호, 2002, p.34.

155 한국무역협회, "남북교역 2007년 평가 · 2008년 전망 및 애로사항", 2008, p.30.

156 한국무역협회의 2010년 조사에서 주요 애로사항에 대한 응답은 '클레임 해결수단 부재' 13.7%, '통신' 13.7%, '높은 물류비' 11.9%였다. 한국무역협회, "남북교역 2009년 평가 · 2010년 전망", 2010, p.24.

157 육상운송을 할 경우 해상운송에 비해 물류비가 20~25% 수준으로 절감될 것으로 추정되었다. 통일부, "남북경제공동체 건설 종합계획 수립 추진 계획", 2000.2.15, p.37.

158 박흥렬 당시 통일부 교류협력국장에 의하면, 2004년의 경우 인천-남포 간 700~800달러, 부산-나진 간

년에도 인천-남포 간 700~800달러, 부산-나진 간 850달러였다.[159] 과다한 물류비는 교역업체들의 생산원가에 전가되므로 그만큼 업체의 수익성에 악영향을 미쳤다.[160] 인천-남포 간 높은 물류비를 해결하기 위해 1999년 한성선박이 남포항의 낙후된 하역설비 개선과 항비 인하를 요구하며 협상을 시작했으나 북한의 미온적인 태도로 성사되지 못했다.[161]

높은 물류비는 특정 항만만을 왕복하는 운항 형태, 낮은 소석률, 긴 체선시간 등 북한 항만의 비효율성, 공해로 돌아가는 우회 항로, 높은 항비(港費),[162] 낮은 컨테이너 회수율 등에서 기인했다. 우선 남북한 간 항로는 인천-남포, 부산-나진 등 특정 항만을 왕복하는 형태여서 대량의 화물을 집화해 순차적으로 항만을 기항할 수 없었다.[163] 선사의 입장에서는 기항하는 항만마다 집화된 화물을 수송하면서 수익을 창출해야 하는데, 남북한 간 항로에서는 그것이 불가능했다. 그렇다고 물동량이 충분히 많은 것도 아니었다. 따라서 선사는 높은 운임을 책정해야 했다. 소석률도 낮았다. 소석률이란 선박의 수송 능력에 대비하여 실제 화물을 수송한 비율을 의미한다. 따라서 소석률이 낮다는 것은 운항하는 선박에 빈 공간이 많았다는 뜻이다. 2001년 한국무역협회의 조사에 의하면, 인천-남포 구간의 소석률은 30~40%, 부산-나진 구간은 50% 이하여서 소석률의 손익분기점인 60~70%보다 훨씬 낮았다.[164] 2007년에는 소석률이 인천-남포 구간 25%, 부산-나진 구간 42%였다.[165] 그만큼 빈 배로 다녔다는 것이다. 항만 및 항로 운영에 있어 규모의 경제를 달성할 수 없었고,[166] 당연히 운임은 올라갈 수밖에 없었다.

850달러, 인천-톈진 간 280달러, 인천-상하이 간 200달러, 인천-홍콩 간 370달러, 부산-단둥 간 300~400달러였다. 박홍렬, "참여정부하 남북경협 의의와 추진실태", 연세대학교 김대중도서관 · 통일연구원(편), 『6 · 15 남북공동선언 4년 회고와 전망』, 세경사, 2005, p.268.

159 김영윤 · 나희승 · 황진회, 『남북 물류 · 운송 활성화 및 협력방안 연구』, 통일연구원, 2007, p.48.

160 1998년 통일부의 조사에 의하면, 컨테이너 운임은 전체 물류비의 73.8%, 생산원가의 29.5%를 차지했다. 통일부 교류협력국, "남북경협 추진분야별 활성화 방안", 1998.9, p.24.

161 배종렬, "남북한 경제협력의 역사적 전개와 발전방향", 북한경제포럼(편), 『북한경제와 남북한 경제협력』, 오름, 2008, p.334.

162 항비는 선박의 입출항, 정박 등 해당 항만을 이용함으로써 발생하는 모든 비용을 의미하는데, 톤세, 입출항세, 도선료, 예인선료, 부선료, 부표료, 잔교사용료 등을 포함한다.

163 황진회 · 전우현, 『남북관계 변화에 따른 해운협력 기반 구축방안』, 한국해양수산개발원, 2018, p.72.

164 "남북교역 '불필요한 물류비를 줄여라'", 『물류신문』, 2001.2.3.

165 김영윤 · 나희승 · 황진회, 『남북 물류 · 운송 활성화 및 협력방안 연구』, 통일연구원, 2007, p.48.

166 정봉민, "남북경협 활성화를 위한 해운항만 분야 개선방안", 한국철도기술연구원 · 한국무역협회 · 남북물류포럼 · 한국해양수산개발원 공동주최 학술회의 '새 정부 출범 100일: 남북물류 문제를 어떻게 해결할

북한의 항만들도 많은 문제를 가지고 있었다. 항만시설이 크게 낙후되어 있었다. 하역장비도 5~20톤급 소형장비가 주종을 이루고 있어 하역 효율이 매우 저조했다. 이에 따라 항만에서의 선박 체류시간이 길어질 수밖에 없었다. 평균 체선시간은 2~3일이었다. 북한이 야간에는 입항과 하역을 금지한 것도 선박의 대기시간을 증가시켰다.[167] 빨리 화물을 내리고 실어서 돌아와야 하는데 그럴 수 없었으니 운임은 상승했다. 또한 선박 관제 시스템 역시 초보 수준이었다. 입항허가서 및 선적허가서 발급확인 등 선적에 관한 사항들도 무원칙했다.[168]

공해로 돌아가는 우회 항로를 이용해야 한 것도 비용을 상승시켰다. 안보상의 이유로 남북한 간의 선박은 공해로 나갔다가 다시 들어오는 역 'ㄷ'자 형태로 운항했다. 그만큼 운송시간 및 비용이 많이 소요되었다. 인천-남포 항로는 운항 거리가 약 322km에 운송시간 약 20시간, 부산-나진 항로는 약 740km에 45시간 정도였다. 인천-칭다오 항로의 약 644km, 약 15시간과 비교하면 시간이 2~3배 더 소요되었다. 높은 항비와 낮은 컨테이너 회수율 문제도 있었다. 2001년 기준으로 북한의 항비는 8,500~10,000달러로 4,000~5,000달러 수준인 중국의 약 2배, 러시아의 4~5배 수준이며, 컨테이너 회전율의 경우 소요기간이 남포 100일, 나진 60일 정도로 약 20일에 불과한 중국보다 3~5배 높고 분실이나 손상에 따른 비용이 발생하기도 했다.[169]

교역업체의 능력 부족

일반교역 업체의 대북 사업 능력이 부족한 측면이 있었다. 초기 단계를 지나면서 중소기업들의 일반교역 참여가 점차 늘어갔다. 정확한 파악은 어렵지만, 2000년의 경우

것인가?' 자료집, 2008.6.12, p.67.

167 박명섭·박광서·김병조, "남북한간의 효율적인 해상운송체계 및 제도보완", 『해양비즈니스』, No.4, 2004, p.190.

168 통일원, 『남북교역사례집 (IV)』, 1995, p.61.

169 "남북교역 '불필요한 물류비를 줄여라'", 『물류신문』, 2001.2.3. 컨테이너 회수기간이 보통 150~200일이었다는 기록도 있다. 이찬우, "남북 교역 및 위탁가공 10년의 평가", KOTRA(편), 21세기 동북아시대의 남북경협 전략 , 2003, p.13. 한편 항비는 2007년 기준 남포항 20,000달러, 나진항 9,000달러라는 보고도 있고(김영윤·나희승·황진회, 『남북 물류·운송 활성화 및 협력방안 연구』, 통일연구원, 2007, p.48), 2009년 기준 남포항 항비는 10,000달러로서 남한보다 3~4배 비싸다는 보고도 있다(성숙경·홍성걸, "북한산 수산물 반입제약요인 및 확대전략", 『수산경영론집』, Vol.40 No.3, 2009, p.99). 2010년 기준 컨테이너 분실률은 약 10%였다. 신지호, "정상회담 이후 기업의 남북경협 추진방안: 남북한 물류체계 개선 방안", 삼성경제연구소, 2000, p.13.

일반교역에 있어서 중소기업은 업체 수 기준으로 90% 이상의 절대적인 비중을 차지하고 있던 것으로 평가된다.[170]

일반교역에 참여한 중소기업의 대부분은 영세업체였다. 2010년 한국무역협회의 조사에서 대북 사업의 비중이 50% 이상인 교역업체가 47.5%이고 91~100%인 교역업체도 19.8%에 달한다는 사실은 북한과의 교역이 그 업체 사업의 대부분일 정도로 업체가 소규모임을 뜻한다. 2014년 한국수출입은행이 남북교역에 참여했던 162개 업체를 대상으로 한 조사에 의하면, 자기자본 10억원 미만인 기업이 70.3%, 당기순이익 5억원 미만인 기업이 93.2%였고, 종업원 수가 5인 미만인 기업이 전체의 절반이 넘는 58.6%를 차지했으며 1인 기업의 수도 25.3%에 달했다.[171] 당연히 자금력이 충분하지 않았다. 1996년 중소기업을 대상으로 실시한 중소기업은행의 조사에 의하면 대북 투자를 자체 자금으로 조달하겠다는 업체는 18.6%에 불과했고, 다수가 금융기관 차입(44.2%)이나 남북협력기금 지원(29.5%)을 희망하고 있었다.[172] 1999년 중소기업진흥공단의 조사에서는 대북 투자 소요자금을 자체적으로 조달하겠다는 중소기업의 비율이 12.6%에 지나지 않았다.[173]

북한과의 교역은 제3국과의 무역에 비해 훨씬 더 큰 리스크와 불확실성을 가지고 있는 사업이라 어느 정도의 자금 여력이 있어야 했다. 일반교역의 특성상 특정 시기, 특정 항목의 반입에서는 손해를 보더라도 다음의 반입에서는 커다란 이익을 낼 수도 있으므로 자금력이 있어야 버틸 수 있었다. 그런데 조사에 의하면 남북교역 경험이 5년 이하인 비교적 신생이라 할 만한 업체들의 수가 늘 전체의 절반 정도였다(<표 3-21> 참조). 이는 일반교역에의 진입과 퇴출이 활발하게 일어나고 있다는 의미이며, 이들 중 많은 수가 혹시 수익성이 있을까 하는 기대로 북한과의 교역에 참여했다가 몇 차례의 시도 후에는 사업을 포기했음을 뜻한다. 시스젠의 권오홍 대표는 남북경협의 성공모델이 부족한 데에는 처음 시작하는 기업들의 미숙함도 큰 이유라고 지적

170 최신림 · 김홍석 · 이석기, 『중소기업 남북경협 추진전략』, 중소기업특별위원회 용역보고서, 산업연구원, 2000, p.52.

171 한국수출입은행, 『남북경협 · 교역기업 경영실태조사』, 2014, pp.106~107.

172 한국개발연구원, "중소기업의 대북진출 지원 방안", 1997.10.11, p.5.

173 그 외 정책자금 지원(54.5%), 남북협력기금 지원(21.6%), 금융기관 차입(8.6%) 등이었다. 조봉현, "중소기업의 대북경협 진단과 활성화 방안", 통일부 주최 '남북경협 현황 진단 및 활성화 방안 모색' 세미나 자료집, 1999.8.25~27, pp.51~52.

<표 3-21> 일반교역 업체의 교역 추진기간

(단위: %)

기간 연도	2년 이하	2~5년	5~10년	10년 이상	무응답	합계
2007년	22.5	35.2	25.4	16.9	0.0	100.0
2008년	9.6	50.0	17.3	19.2	3.8	100.0
2010년[1)]	12.9	43.6	25.7	17.8	0.0	100.0
2011년[2)]	11.7	38.3	37.0	13.0	0.0	100.0

* 주 1: 위탁가공교역 업체를 포함하고 있음.
 2: '5·24 조치' 이후 피해 실태를 파악하기 위한 조사로서 일반교역 및 위탁가공교역 기업이 거의 대부분이나 일부 투자업체도 포함되어 있음.

* 자료: 한국무역협회, "남북교역 2006년 평가·2007년 전망 및 애로사항", 2007, p.11; 한국무역협회, "남북교역 2007년 평가·2008년 전망 및 애로사항", 2008, p.13; 한국무역협회, "남북교역 2009년 평가·2010년 전망", 2010, p.9; 김영윤, "실태조사로 본 남북경협 상황과 관련 기업의 현실", 국회 외교통상통일위원회 위원장 남경필·남북경협사업자협의회·금강산지구 기업협의회·개성공업지구 기업대표자회의 공동주최 세미나 '5·24 남북경협단절조치 1년, 어떻게 풀 것인가?' 자료집, 2011.5.24, p.24.

했다.[174]

작은 규모의 영세업체가 다수였으므로 이들은 대북 사업에 관한 정보 획득이나 판로 개척에도 어려움을 겪었다. 신규로 남북교역에 참여하는 경우 북한 현지 여건에 대한 폭넓은 정보가 있어야 하고 사업이 진행되는 과정에서도 북한의 대남·대외정책, 남북관계, 시장 동향 등에 관한 다양한 정보가 필요한데, 영세한 중소기업으로서는 이러한 정보를 얻는다는 것이 쉽지 않은 일이었다. 1992년 6월 대한상공회의소가 남북교역 반출입 승인을 받은 업체 92개를 대상으로 실시한 조사에 따르면, 정부에 대한 건의 사항의 첫 번째로 '북한경제에 대한 정보의 제공'을 꼽았다.[175] 1995년 통상산업부와 중소기업진흥공단의 조사에 의하면, 중소기업은 대북 진출 시 예상되는 애로사항의 첫 번째로 '현지정보 부족'을 지적했다.[176] 1996년 6월 중소기업협동조합중앙회가 산하 74개 조합 298개 업체를 대상으로 조사한 '중소기업 남북경제교류 희망실태'에 따

174 권오홍, "'북한특수'는 현실화될 것인가: 예상분야와 투자전략", 경남대학교 극동문제연구소 주최 '남북정상회담과 남북경제협력' 세미나 발표문, 2000.4.27, p.7.

175 대한상공회의소, 『남북한 합작투자의 추진방안』, 1992, pp.39~40.

176 통상산업부·중소기업진흥공단, 『중소기업 동향 및 정책건의 조사결과』, 1995; 조봉현, "중소기업의 남북교역에 관한 사례연구", 『사회과학논집』, Vol.12, 1995, p.502에서 재인용.

르면 진출 희망지역을 밝힌 업체가 127개인 반면, 지역별 사업환경에 관한 정보 부족으로 구체적인 지역을 선정하지 못한 업체는 170개로 훨씬 더 많았다.[177] 뿐만 아니라 정보를 획득하는 경로가 신문·방송이라고 응답한 업체는 75.8%에 달했다. 그만큼 정보의 깊이와 전문성이 떨어질 수밖에 없었다. 2001년 KDI의 조사에서도 북한과의 교역과 관련한 정보의 취득경로로 일반교역 업체들의 53.7%는 '해외교포를 통하여'라고 답했다.[178] 반면에 해외교포보다는 훨씬 더 정확하고 신뢰할 수 있는 '정부기관 및 북한경제 관련 연구소'는 10.4%, '남북경협 지원기관 및 협회'는 11.3%에 불과했다. 그래서 남북경협의 실상을 충분히 파악하지 못한 채 막연한 기대감으로 임하는 업체가 대부분이었다.[179]

2. 위탁가공교역

1) 위탁가공교역의 진행 과정

1988년 '7·7 선언'으로 일반교역이 재개의 기회를 맞이하면서 기업들은 자연스레 위탁가공교역에도 관심을 가지게 되었다. 무엇보다도 북한의 저임금 노동력을 활용할 수 있다는 유인이 있었다. 남한에서는 1980년대 말부터 급속히 진행된 임금 상승으로 노동집약적 상품의 가격경쟁력이 크게 약화되었는데, 남한에 비해 임금 수준이 크게 낮은 북한과의 위탁가공교역은 이들 상품의 가격경쟁력을 확보할 수 있는 방안이었기 때문이다. 이미 상당수의 기업들이 저임금 노동력을 찾아 중국이나 동남아시아 등으로 진출하고 있던 상황에서 지리적으로 가깝고 언어와 문화가 동일한 북한으로의 진출은 매력적인 대안이었다. 설비제공형 위탁가공교역의 경우에는 남한 내에서 비교우위가 약화된 기계설비를 북한으로 이전해서 사용 연한을 연장한다는 이점도 있었다.

---

177 "중소기업 남북 경제교류 희망 실태 조사 결과", 『통일경제』, 7월호, 1996, pp.137~138.

178 KDI 북한경제팀, "제1차(2001년 하반기) 남북경협에 대한 교역업체 및 전문가 대상 설문조사", 『KDI 북한경제리뷰』, 11월호, 2001, p.9.

179 김영윤, "남북경협의 현주소: 무엇이 경협확대의 제약요소인가?", 한국수출입은행·통일연구원 공동주최 심포지엄 '북한경제와 남북경협: 현황과 전망' 자료집, 2004.7.7, p.30.

위탁가공교역을 통해 일반교역의 한계를 극복할 수 있다는 장점도 있었다. 이미 살펴보았듯이, 북한이 남한 물품을 사 갈 능력도 없고 남한이 북한으로부터 구입할 만한 물품도 한정되어 있어서 일반교역의 규모를 확대하기란 쉽지 않았다. 그러나 위탁가공교역의 경우는 이러한 제약이 존재하지 않았다. 물론 북한의 설비 능력 한계로 위탁가공교역 규모가 무한정 증가될 수는 없었지만, 북한의 설비 능력은 상당한 시간이 지나고 남북경협도 엄청난 규모로 성장한 다음에나 제약으로 작용할 것이었다. 게다가 본격적인 남북경협 및 통일 시대에 대비한다는 유인도 컸다. 성격상 투자의 전 단계라 할 수 있는 위탁가공교역은 남북경협 활성화에 대비해 대북 사업의 경험 및 정보를 습득할 수 있는 방안이었다. 북한의 노동력 수준, 북한 기업의 운영체계, 관리 능력 등에 대한 이해는 미래의 투자를 위한 효과적인 준비였다. 통일을 생각한다면 더욱 매력적이었다.

당시 북한의 입장에서도 위탁가공교역은 다른 어떤 대외경제교류 방식보다 유인을 가질 수밖에 없는 분야였다. 무엇보다 남한은 주문하고 대금만 지불할 뿐, 북한이 생산의 전 과정을 관리·통제하는 것이었으므로 북한이 두려워하는 남한 정보의 유입을 원천적으로 막을 수 있었다. 또한 북한이 추가적인 설비투자를 하지 않고도 손쉽게 외화를 획득할 수 있는 수단이었다. 특히 위탁가공교역이 시작되던 1990년대 초반은 북한의 경제난이 심각해지던 시기여서 북한의 많은 공장이 가동을 못하고 있었다. 유휴설비가 남아돌던 상황에서 원부자재를 제공하고 현금을 주면서 제품을 만들어달라고 하니 북한으로서는 좋을 수밖에 없었다. 뿐만 아니라 위탁가공교역을 통해 최신 기술과 해외 경제동향도 입수할 수 있었고, 디자인, 포장, 납기 등에서 국제적인 노하우를 얻을 수 있다는 장점도 있었다.

게다가 북한은 이미 1980년대부터 조총련 기업을 중심으로 활발한 위탁가공교역 경험을 가지고 있었다. 남북한 간의 위탁가공교역이 시작되던 무렵인 1992년 북한의 무역구조를 보면, 북한은 일본, 중국, 싱가포르, 홍콩, 독일 등의 국가와 상당한 규모의 의류 위탁가공교역을 하고 있었던 것으로 추정된다. <표 3-22>에서 원부자재 수입이나 완제품 수출이 빈칸인 경우는 수입한 해와 수출한 해가 같지 않기 때문이며, 또 하나의 이유는 독일, 프랑스 등 유럽 국가들은 그 나라에서 원부자재를 구매하는 것이 아니라 중국, 싱가포르, 인도 등 아시아 국가에서 구매하는 형태가 많기 때문이다. 또한 북한은 의류 이외의 분야에서도 위탁가공교역을 진행했는데, 예를 들어 1992년 북한은 일본으로부터 517,000달러의 피아노 부품을 수입하고 908,000달러의 완제품을

<표 3-22> 1992년 북한의 의류 위탁가공교역 규모

(단위: 천달러)

구분 국가	의류 원부자재 수입	의류 완제품 수출
일본	52,236	63,855
홍콩	9,392	15,596
독일	1,784	69,488
이탈리아	800	100
프랑스	—	6,700
아일랜드	—	1,000
스위스	—	500
중국	58,157	—
싱가포르	9,500	—
인도	1,000	—
합계	132,909	157,239

* 자료: 대한무역진흥공사, 『북한 투자실무』, 1993, p.115.

수출했으며, 싱가포르와는 컴퓨터와 같은 사무기기를 489,000달러어치 수입하여 조립 가공 후 완제품을 877,000달러에 수출한 것으로 나타난다.[180]

이처럼 위탁가공교역은 남북한 모두에게 매우 매력적인 사업이었다. 일반교역이 진행되면서 북한과 교역할 만한 물품이 제한적이라는 사실이 점차 알려지게 되었고 반출하고도 대금을 받지 못하는 사례도 발생하면서 일반교역의 한계가 드러나기 시작했다. 동양화학 이회림 회장은 1990년 9월 시점에서 이미 사람이 오고 가지 않아도 되면서 북한 노동력도 이용하고 남북교류도 하는 위탁가공교역이 가장 바람직하다고 말하고 있었다. 그가 시범적으로 제안한 의류, 전자 분야가 실제로 초기의 위탁가공교역으로 현실화되기도 했다.[181] 1998년 말 중소기업진흥공단이 중소기업 342개사를 대상으로 실시한 '유휴설비 대북 이전관련 수요조사'에 따르면, 사업추진 형태로 위탁가공교역이

180 대한무역진흥공사, 『북한 투자실무』, 1993, p.115.

181 "안 쓰는 것이 곧 버는 것", 『매일경제신문』, 1990.9.18.

북한은 위탁가공교역을 어떻게 바라볼까?

북한의 『경제사전』은 경제적 용어에 대한 단순한 정의와 설명뿐만 아니라 그 용어와 관련한 경제현실에 대한 북한의 공식적 입장을 포함하고 있으므로, 여기에 나타난 위탁가공과 관련한 설명을 분석하면 남한과의 위탁가공교역에 대한 북한의 시각을 유추할 수 있다.[182]

우선 『경제사전』의 '가공무역' 항목을 보면, 가공무역은 "수입한 원료, 반제품을 가공하여 다시 수출하는 무역"이라고 정의하고 가공무역은 다시 조직형태에 따라 보세가공무역과 위탁가공무역으로 나뉜다고 설명한다. 보세가공무역은 "관세를 붙이지 않고 세관의 감독 밑에 수입한 원료, 반제품을 가공하여 다시 수출하는 무역"이고, 위탁가공무역은 "다른 나라로부터 원료가공을 위탁받아 제품을 만들어 수출하는 무역"이라고 정의한다. 한편 가공무역에서는 "수입액과 수출액(가공비 포함)과의 차액이 그 나라의 수입으로 된다"고 설명하고 있다. 따라서 위탁가공무역에 대한 북한의 정의는 일반적인 정의와 같음을 알 수 있다.

그런데 현실에서 이루어지는 위탁가공무역의 중요성이나 의의에 대해서는 자의적인 해석을 내리고 있다. 즉 "가공무역의 목적과 리용범위 및 그 결과는 사회경제제도와 나라에 따라 각이하다"고 규정하고 있는데, 이는 북한이 행하는 위탁가공무역은 바람직한 것이지만 자본주의 국가들의 위탁가공무역은 값싼 노동력을 착취하기 위한 제국주의적인 수단이라는 것이다. 예를 들어 '가공무역' 항목에서 "우리 나라는 대외무역을 다양화할데 대한 위대한 수령님께서와 친애하는 지도자동지께서 제시하신 방침에 따라 가공무역 방식을 더욱더 널리 리용하여 나가고 있다. 제국주의자들은 뒤떨어진 나라들부터 헐값으로 수입한 원료를 가공하여 비싼 값으로 다시 수출함으로써 막대한 리윤을 얻고 있다"고 설명한다. 이러한 자의적이고 이중적인 시각은 '위탁가공무역' 항목에서 더욱 두드러지게 나타나는데, "위탁가공무역은 수탁자의 생산기술적수단들과 로동력, 유리한 자연지리적조건을 최대한 효과적으로 리용하여 수출을 늘이고 대외시장을 확대하여나갈수 있게 함으로써 대외무역발전을 촉진"하지만 "자본주의 나라들에서 진행하고있는 위탁가공무역은 대방의 값눅은 로동력을 무제한 착취하며 원료 및 자금부족으로 정상적으로 조업하지 못하는 다른 나라 기업소들을 저들의 손아귀에 틀어쥐기 위한 수단으로 리용"되고 있다고 주장한다.

북한은 1991년 12월 설치한 나진·선봉 경제특구의 대표적인 기능으로 '화물중계기지', '관광기지'와 함께 '수출가공기지' 역할을 꼽았다.[183] 북한이 실행하는 위탁가공무역은 바람직한 것이라는 시각이 반영된 셈이다. 1992년 10월 제정한 '합작법'에서 규정한 합작사업은 설

182 사회과학원 주체경제학연구소, 『경제사전1』, 사회과학출판사, 1985.

183 『라진-선봉 자유경제무역지대 투자환경』, 김일성종합대학출판사, 1995, p.30.

비제공형 위탁가공무역과 유사하며, 1996년 2월에는 위탁가공과 관련한 북한 최초의 법규정인 '자유경제무역지대 가공무역규정'을 제정했고, 2000년 12월에는 최고인민회의 정령으로 '가공무역법'을 채택했다. 북한이 일본, 독일, 홍콩 등과 진행하던 섬유류 중심의 위탁가공무역은 1990년대 들어 지속적으로 감소하고 있었다.[184] 그렇다면 남한과의 위탁가공교역에 대해 북한은 자신들이 주도적으로 추진한다는 명분 아래 긍정적으로 평가했을 것이다.

49.1%로 가장 높았고 투자와 일반교역은 각각 25.5%와 25.4%로 나타났다.[185] 2001년 11월 20~22일의 기간 중 KDI가 남북경협 전문가 30명을 대상으로 한 설문조사 결과에서도 응답자의 85.2%가 위탁가공교역을 당시의 시점에서 가장 바람직한 형태라고 답했다.[186]

통일부의 『통일백서』에 의하면, 1991년 12월 코오롱상사가 학생 가방을 위탁가공교역으로 '처음 성사'시켰다.[187] 학생 가방 4,000개였고, 금액으로는 원부자재 반출 13,406달러, 완제품 반입 22,880달러였다.[188] 단순하게 계산하면 가방 1개당 약 2.4달러의 가공비를 준 셈이다. 이후 위탁가공교역 시장의 규모는 빠르게 성장했다. 1992년 약 84만달러에서 1997년 약 7,907만달러로 불과 5년 동안 약 94배의 성장세를 보였다. 1998년 위탁가공교역은 외환위기로 전년 대비 10.2% 감소했으나, 1999년 들어서는 남한 경제의 회복과 전년에 실시된 '남북경협 활성화 조치'에 따른 생산설비 대북 반출제한 완화에 힘입어 40.3% 급증했다. 2005년부터는 중국, 베트남 등 동남아시아 지역으로 진출했던 기업들이 현지 인건비 상승 등으로 경영환경이 나빠지자 북한과의 위탁가공교역에 관심을 돌리게 되었다. 이에 따라 위탁가공교역 규모는 빠른 속도로 성장하여 2009년 들어서 2004년 대비 5년 만에 2.3배 증가한 4억 971만달러로 사상 최고치를 기록했다. 그 결과 위탁가공교역 규모는 점차 일반교역 규모를 능가하게 되었고, 일반교역과 위탁가공교역을 합한 전체 교역에서 위탁가공교역이 차지하는 비중은 '5·24 조치'로 남북경협이 중단되기 직전인 2009년 61.5%에 달했다.

---

184 대한투자무역진흥공사, 『1990~2000년 북한의 대외무역동향』, 2001, pp.51~52.

185 "중기 65% '유휴설비 북 이전 희망'", 『경향신문』, 1999.1.28.

186 KDI 북한경제팀, "제1차(2001년 하반기) 남북경협에 대한 교역업체 및 전문가 대상 설문조사", 『KDI 북한경제리뷰』, 11월호, 2001, p.7.

187 통일원, 『통일백서』, 1993, p.172.

188 대한무역진흥공사, 『북한 투자실무』, 1993, p.118.

최초의 위탁가공교역 반입은 언제였을까?

코오롱상사의 가방 반입이 최초의 위탁가공교역이라는 데에는 대부분의 기록이 일치하지만, 날짜는 자료마다 차이가 있다. 우선 『통일백서』의 1991년 12월은 승인 기준이다.[189] 실제로 통일부 남북교류협력시스템의 통계에는 1991년 통관된 위탁가공교역 반입이 없다. 한편 통일부 산하 남북교류협력지원협회 자료는 위탁가공교역이 1992년 6월 8일 코오롱상사의 가방 반입으로 시작되었다고 적고 있으며, 가방 14,544개, 규모로는 101,433달러였다고 밝히고 있다.[190]

그러나 언론은 1992년 6월 8일보다 훨씬 앞선 1월 8일로 보도하고 있다. 1992년 1월 9일 『한겨레신문』은 코오롱상사가 위탁가공교역을 통해 들여온 가방 4,000여개가 부산항에 반입되어 통관을 기다리는 사진을 실었다.[191] 『조선일보』 역시 코오롱상사의 위탁가공 가방 80상자(4,000개)가 1992년 1월 8일 부산항에 도착했다면서, 한진해운 소속의 한진충무호가 1991년 12월 20일 홍콩에서 선적했고 원단은 코오롱상사에서 제공했으며 위탁가공비 2만달러는 홍콩은행을 통해 현금으로 결제했다고 구체적인 내용까지 보도했다.[192] 1992년 1월 28일 『동아일보』도 "지난 8일 국내업계로서는 처음으로" 코오롱상사가 가방 4,000개를 들여왔다고 보도했다.[193] 1992년 1월 29일 『매일경제신문』과 『동아일보』, 1992년 4월 30일 『조선일보』 등은 매장에서 판매되고 있는 코오롱상사의 북한산 가방 사진을 보도하기도 했다.

그런데 최초의 위탁가공교역 반입 통관이 코오롱상사의 셔츠라는 기록도 있다. 배종렬(2008)은 1992년 9월 30일 코오롱상사의 셔츠 반입이 최초라고 기록하고 있고,[194] 홍순직(2004) 역시 코오롱상사의 셔츠 6,216벌이 최초라고 적고 있다.[195] 코오롱상사의 셔츠가 첫 위탁가공교역 사례라는 기사도 있다.[196]

---

189 1993년 『통일백서』에 의하면 1991년 위탁가공교역이 승인된 사례는 1건이다. 그러나 그 이후의 『통일백서』들은 10건으로 기록하고 있는데, 이는 1건의 오기인 것으로 판단된다.

190 남북교류협력지원협회, 『남북교역 25년사』, 2016, p.27.

191 "남북 임가공생산 가방", 『한겨레신문』, 1992.1.9.

192 "첫 남북합작제품 반입", 『조선일보』, 1992.1.9. 이와 관련하여 『조선일보』 1992년 6월 16일 기사에서는 코오롱상사가 1992년 1월 가방 4,000개를 반입한 이후 2차로 등산용 가방, 대형 캠핑백, 학생용 가방 등 3개 품목 21,000개를 1992년 6월 7일 부산항으로 반입하여 6월 15일부터 판매하고 있다고 보도했다. "수출양복 북한서 임가공", 『조선일보』, 1992.6.16.

193 "재계 북한진출 부푼꿈", 『동아일보』, 1992.1.28.

194 배종렬, "남북한 경제협력의 역사적 전개와 발전방향", 북한경제포럼(편), 『북한경제와 남북한 경제협력』, 오름, 2008, p.320.

195 홍순직, "남북경협의 현황과 과제", 국회 통일외교통상위원회 간담회 자료집 04-3, 2004.3.24, p.22.

2) 위탁가공교역의 내용

규모

일반교역의 경험이 쌓이면서 기업들은 일반교역의 한계를 느끼게 되었다. 1992년을 지나면서 일반교역 반입은 정체하고 있었고, 반출은 오히려 감소 추세를 보이고 있었다(<표 3-23> 참조). 1994년 반입과 반출은 모두 1992년의 규모보다 작았다.

북한 역시 일반교역만으로는 사업의 확대가 어렵다는 것을 깨닫기 시작하면서 남북경협을 추진하고자 하는 남한 기업들을 직접 만나볼 필요성을 느끼게 되었다. 특히 1993년을 전후한 시기부터 중국의 베이징, 옌지, 선양 등지에서 남북한 사업자들의 면담이 이루어지기 시작했다.[197] 또한 남북경협의 초기에는 조직과 정보에서 앞서고 특별한 연줄이나 배경을 가진 대기업이 중심일 수밖에 없었지만,[198] 점차 중소기업들의 참여도 활발해졌다. 일반교역은 정체를 보이고 있었고 투자는 시기상조라고 판단한 기업들은 위탁가공교역에 관심을 가지게 되었다. 그 결과 위탁가공교역은 급속히 증가했

<표 3-23> 1990년대 초반 일반교역의 증감 추이

(단위: 천달러)

구분 / 연도	반입	반출	합계
1989	18,655	69	18,724
1990	12,278(-34.2%)	1,188(1,621.6%)	13,466(-28.1%)
1991	105,719(761.0%)	5,547(367.0%)	111,266(726.3%)
1992	162,225(53.4%)	10,362(86.8%)	172,587(55.1%)
1993	175,182(8.0%)	4,402(-57.5%)	179,585(4.1%)
1994	161,977(-7.5%)	6,906(56.9%)	168,883(-6.0%)

* 주: 괄호 안은 전년 대비 증가율임.
* 자료: 통일부 남북교류협력시스템 홈페이지, 남북교역 통계안내 > 연도별·월별 통계 > 상업적거래 > 교역 > 일반교역.

---

196 "Q&A로 보는 남북경협", 『통일신문』, 2004.10.4.

197 1989년부터 북한과 교역사업을 해오고 있는 드림이스트 이종근 대표의 증언이다.

198 예를 들어 1989년 현대그룹 정주영 명예회장의 방북은 일본 상사가 중개했고, 1990년 대우그룹 김우중 회장의 방북은 대한축구협회 회장 자격이었다.

<그림 3-7> 삼성전자의 위탁가공교역 품목이었던 '개구리' 라디오 카세트테이프 플레이어의 북한 '10월5일자동화기구공장' 생산 현장

다. 1996년부터는 컬러 텔레비전, 텔레비전 스피커, 자동차 배선 등으로 품목이 다양화되었고, 1998년에는 컴퓨터 모니터 부품, 음향기기, 전자부품, 철도차량, 카세트테이프 플레이어 등이 추가되었다. 2000년에는 라디오 카세트, 유선전화기, 컴퓨터 모니터 등으로 확대되었다. 2001년에는 조제과실, 잎담배, 유아복, 방송통신기기, 전산기록매체 등이 새로운 위탁가공교역 품목으로 추가되었다.[199] 1990년대 말부터는 북한 내 위탁가공 지역도 평양, 남포 중심에서 신의주, 나진·선봉 등으로 확대되었다.[200]

1995년에 설비제공형 위탁가공교역이 성사된 것도 위탁가공교역의 성장에 기여했다. 북한의 낡은 설비로는 고급 제품을 만들기 어려웠기 때문이다. 기술지도를 위한 방북이 이루어진 것도 위탁가공교역 발전의 중요한 계기가 되었다. 작업지시서만으로는 부족하고 중국을 통해 전화로 설명하는 것도 한계가 있었기 때문이다. 실제로 삼성물산의 담당자는 "단일민족에 같은 언어를 쓰고 있지만 북한 측이 작업지시서의 기술용어를 정확히 이해하지 못하는 것 같았다"며 "이 때문에 작업지시서에 도면까지 첨부했다"고 말했다.[201] 물론 도면을 보내도 이해하지 못하는 경우가 많았다. 따라서 기술

199 통일부, 『통일백서』, 2002, pp.128~129.
200 통일부, 『통일백서』, 2000, p.73.
201 "남북경협시대 열리나", 『조선일보』, 1994.11.11.

진이 생산현장을 방문해서 북한 근로자들을 직접 지도하는 것은 제품의 품질은 물론 생산성을 올리는 데에 큰 기여를 했다. 기술지도를 위한 방북은 대동화학 기술진에 의해 1995년 처음으로 이루어졌고, 그 후 3년간 중단되었다가 1998년 엘칸토 등 7개 기업 50명, 1999년 성남전자공업 등 6개 기업 57명, 2000년 MRI 등 10개 기업 81명이 방북 기술지도를 했다. 2000년에는 대한광업진흥공사 관계자 2명이 최초로 북한 광물 개발을 위한 타당성 조사를 위해 북한을 방문했다. 이후에도 2001년 29개 기업 203명, 2022년 32개 기업 241명이 기술지도를 위해 북한을 방문했고, 기존에 진출한 엘칸토, 성남전자공업, MRI, 서전어패럴 등은 방북 기술지도를 정기적으로 실시했다.[202]

1998년 4월 30일 정부의 '남북경협 활성화 조치' 발표로 인해 위탁가공교역을 위한 국내 유휴설비의 무상 반출과 임대가 허용되고 100만달러로 제한되었던 1회 승인한도가 폐지된 것도 긍정적이었다. 이에 따라 1994년 100만달러를 돌파한 위탁가공교역의 규모는 꾸준히 증가했다. 1996년 북한의 잠수함 침투사건이나 1999년 서해교전사태와 같이 남북한 간 정치적·군사적 긴장 상황이 발생하거나 1998년 외환위기와 같이 경제적 어려움이 발생하는 경우 일반교역은 일회성 거래이므로 중단해도 상대적으로 손실이 작은 반면, 위탁가공교역은 상당량의 원부자재가 북한에 남겨져 있는 상태이므로 사업 중단을 결정하기 어렵다. 물론 이는 위탁가공교역이 시작되면 북한이 주도권을 쥐고 있게 되어 남한 기업으로서는 리스크가 커진다는 뜻이기도 하다. 그러나 한편으로는 남한 기업은 손실을 막기 위해, 북한은 수익을 확보하기 위해 최대한 노력하게 되므로, 그만큼 사업의 지속성은 있는 것이다.

실제로 1998년 외환위기의 영향으로 일반교역이 전년 대비 57.5%나 감소하는 상황에서도 위탁가공교역은 10.2% 감소하는 데 그쳤으며, 1999년 일반교역은 23.0% 증가한 반면 위탁가공교역은 무려 40.3% 증가했다. 2000년에는 1억달러를 넘어섰다. 그 후에도 증가 추세는 이어져서 2005년 2억달러, 2007년 3억달러, 2008년과 2009년은 연속해서 4억달러 이상을 기록했다. 2010년에 3억 1756만달러에 그친 것은 '5·24 조치'로 인해 위탁가공교역이 중단되었기 때문이다.

그 결과 전체 교역에서 위탁가공교역이 차지하는 비중도 지속적으로 증가했다(<표 3-24> 참조). 1999년 52.7%로 일반교역 규모를 넘어섰고, 2009년에는 60%를 넘어섰

202 통일부, 『통일백서』, 2003, pp.203~204.

<표 3-24> 전체 교역에서 위탁가공교역이 차지하는 비중

(단위: 천달러)

구분 / 연도	일반교역(A)	위탁가공교역(B)	전체 교역(C=A+B)	위탁가공교역 비중(B/C)
1989	18,724	0	18,724	0.0%
1990	13,466	0	13,466	0.0%
1991	111,266	0	111,266	0.0%
1992	172,587	839	173,426	0.5%
1993	179,585	7,008	186,592	3.8%
1994	168,883	25,663	194,547	13.2%
1995	230,403	45,892	276,295	16.6%
1996	163,382	74,402	237,784	31.3%
1997	171,233	79,069	250,302	31.6%
1998	72,701	70,988	143,689	49.4%
1999	89,416	99,620	189,036	52.7%
2000	110,529	129,190	239,719	53.9%
2001	111,389	124,924	236,313	52.9%
2002	171,782	171,177	342,959	49.9%
2003	223,670	185,009	408,679	45.3%
2004	171,324	175,959	347,284	50.7%
2005	209,778	209,729	419,507	50.0%
2006	304,130	252,958	557,089	45.4%
2007	461,411	329,912	791,323	41.7%
2008	399,427	408,309	807,736	50.5%
2009	256,141	409,714	665,855	61.5%
2010	117,862	317,558	435,421	72.9%
2011	226	3,704	3,930	94.2%
합계	3,929,316	3,121,624	7,050,940	44.3%

* 자료: 통일부 남북교류협력시스템 홈페이지, 남북교역 통계안내 > 연도별·월별 통계 > 상업적거래 > 교역 > 위탁가공교역.

<그림 3-8> 위탁가공교역의 규모 추이

(단위: 백만달러)

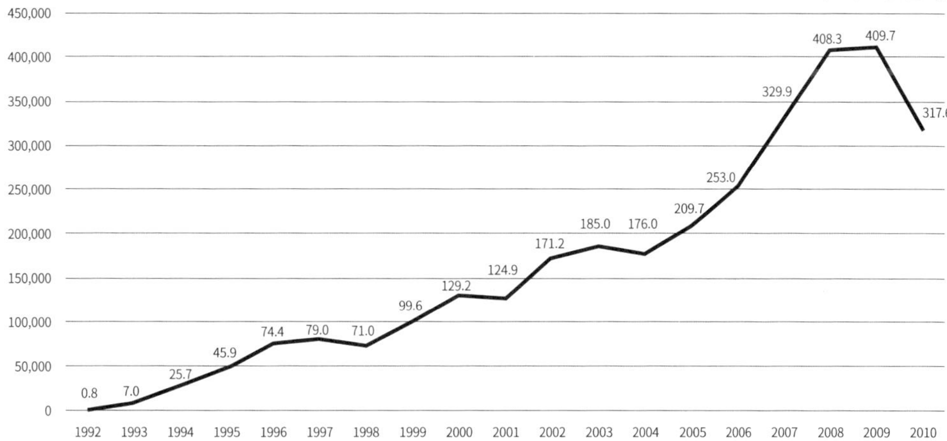

* 자료: 통일부 남북교류협력시스템 홈페이지, 남북교역 통계안내 > 연도별·월별 통계 > 상업적거래 > 교역 > 위탁가공교역.

다. 교역이 중단되던 2010년에는 72.9%를 기록했다.

교역수지

위탁가공교역의 교역수지는 적자를 보이는 것이 당연하다. 왜냐하면 형식적으로는 남한이 원부자재를 북한에 판매한 후에 제품이 완성되면 위탁가공비를 포함한 대금을 지불하고 다시 사오는 것이기 때문이다. 따라서 반입액이 반출액보다 클 수밖에 없으며, 그 결과 교역수지는 적자로 나타나기 마련이다.

물론 그렇지 않을 수도 있다. 첫째는 반출이 제3국을 통해 이루어지는 경우이다. 예를 들어 북한이 생산한 완제품이 남한을 경유하지 않고 제3국으로 수출되는 경우가 있을 수 있다. 이 경우 통계상 반입이 반출보다 크지 않을 수 있다. 둘째는 반출과 반입에 시차가 발생하는 경우이다. 예를 들어 반출은 올해 진행되었지만, 반입은 다음 해에 이루어질 수 있다. 이 경우 특정 연도의 반입은 반출보다 작게 나타날 수 있게 된다. <표 3-25>를 보면 특정 연도를 제외하면 위탁가공교역의 교역수지는 전반적으로 적자임을 알 수 있다. 1993년, 1995년, 1996년의 수지가 흑자인 것은 앞서 설명한 경우에 해당하기 때문일 것으로 판단된다. 2011년의 경우 반입만 있고 반출은 0인 이유는 위탁가공교역이 2010년 '5·24 조치'로 중단됨에 따라 반출은 불가능해졌지만, 사

<표 3-25> 위탁가공교역 수지

(단위: 천달러)

구분 연도	반입	반출	합계	교역수지
1992	638	200	839	-438
1993	2,985	4,023	7,008	1,038
1994	14,321	11,343	25,663	-2,978
1995	21,174	24,718	45,892	3,544
1996	36,238	38,164	74,402	1,926
1997	42,894	36,175	79,069	-6,719
1998	41,371	29,617	70,988	-11,755
1999	53,736	45,883	99,620	-7,853
2000	71,966	57,224	129,190	-14,742
2001	72,579	52,345	124,924	-20,233
2002	102,789	68,388	171,177	-34,401
2003	111,639	73,370	185,009	-38,269
2004	107,746	68,213	175,959	-39,533
2005	131,226	78,503	209,729	-52,723
2006	159,387	93,571	252,958	-65,816
2007	204,519	125,393	329,912	-79,126
2008	257,345	150,965	408,309	-106,380
2009	254,044	155,670	409,714	-98,375
2010	222,505	95,054	317,558	-127,451
2011	3,704	0	3,704	-3,704
합계	1,912,805	1,208,818	3,121,624	-703,987

* 자료: 통일부 남북교류협력시스템 홈페이지, 남북교역 통계안내 > 연도별·월별 통계 > 상업적거래 > 교역 > 위탁가공교역.

업의 마무리를 위해 '5·24 조치' 이전에 반출된 원부자재로 생산된 완제품을 들여왔기 때문이다.

한편 위탁가공교역의 교역수지는 매년 적자 폭이 증가하는 추세를 보였다(<그림 3-9> 참조). 이는 시간이 흐름에 따라 위탁가공교역의 규모가 커지면서 나타난 결과이

<그림 3-9> 위탁가공교역 수지

(단위: 백만달러)

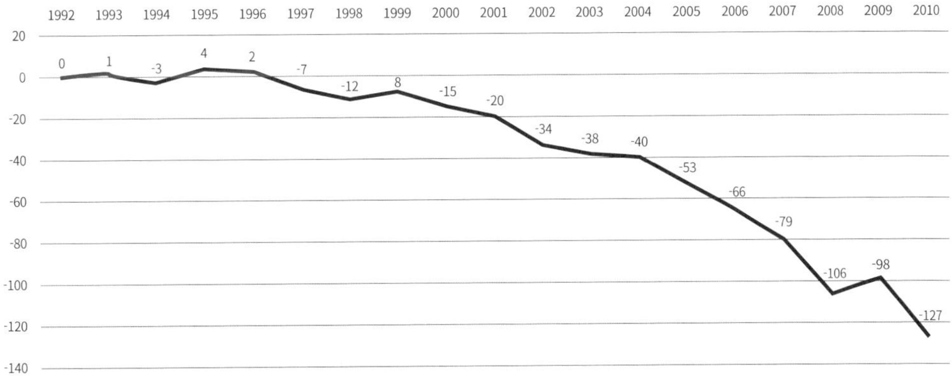

* 자료: 통일부 남북교류협력시스템 홈페이지, 남북교역 통계안내 > 연도별·월별 통계 > 상업적거래 > 교역 > 위탁가공교역.

다. 또한 위탁가공교역 품목이 고부가가치 품목으로 발전하고, 위탁가공에 필요한 원부자재가 중국 등 제3국에서 조달되는 경우가 늘어난 탓도 있다.[203] 위탁가공교역이 중단되기 직전인 2009년 위탁가공교역의 교역수지는 9,838만달러 적자였으며, 위탁가공교역이 처음 성사된 1992년부터 2011년까지의 적자는 총 7억 399만달러로 나타났다.

품목

위탁가공교역이 진행된 1992~2011년의 전체 기간 중 의류, 가방, 신발, 완구 등의 섬유류가 반입의 거의 대부분인 85.1%를 차지했다(<표 3-26> 참조). 연도별로 볼 때도 섬유류의 반입은 위탁가공교역이 시작된 1992년의 69.1%, 전기·전자제품이 급격히 증가한 2000년의 74.3%와 2001년의 75.6%를 제외하면 전 기간 80% 이상으로 나타난다. 섬유류의 위탁가공은 북한이 일본과 위탁가공을 하면서 어느 정도 인프라를 구축했고 남한의 입장에서는 인건비 상승으로 가격경쟁력을 급속히 잃어가던 상황이었으므로 남북한 모두 강한 유인을 가지고 있던 분야였다. 반입 금액을 기준으로 보면, 섬유류 위탁가공교역 품목은 운동복류가 가장 크며, 코트 및 재킷, 남성 바지, 신사복 상의의 순으로 나타난다.

---

203 남북교류협력지원협회, 『남북교역 25년사』, 2016, p.116.

<표 3-26> 위탁가공교역의 반입 품목

(단위: 천달러)

구분 / 연도	농림 수산물	광산물	화학 공업 제품	플라스틱 고무 및 가죽제품	섬유류	생활 용품	철강 금속 제품	기계류	전자 전기 제품	잡제품	소계
1992	20	0	0	0	441	177	0	0	0	0	638
1993	0	0	0	0	2,945	40	0	0	0	0	2,985
1994	0	0	0	0	13,979	72	0	0	0	270	14,321
1995	0	0	0	0	20,732	418	0	0	6	18	21,174
1996	6	0	0	13	31,953	2,570	0	0	1,697	0	36,238
1997	0	0	0	0	37,771	1,922	0	0	3,200	0	42,894
1998	27	0	0	0	35,037	2,044	0	355	3,908	0	41,371
1999	15	0	10	1	45,265	3,674	0	1,556	3,168	48	53,737
2000	5,418	8	51	172	53,481	3,203	1,053	56	8,467	58	71,966
2001	3,289	0	2	523	54,845	5,056	524	4	8,329	6	72,579
2002	3,770	0	11	462	85,420	3,206	1	776	9,142	1	102,789
2003	2,413	0	0	461	96,194	3,368	0	813	8,375	15	111,639
2004	2,276	0	17	303	91,996	3,026	99	1,183	8,771	75	107,746
2005	250	0	6	206	117,613	2,960	579	924	8,634	55	131,226
2006	1,373	0	0	80	140,742	3,734	597	77	12,730	53	159,387
2007	13,637	0	31	29	177,611	2,342	432	90	10,243	103	204,519
2008	19,941	0	3	145	212,423	4,876	476	144	19,338	0	257,345
2009	13,775	0	22	134	211,161	6,983	1,742	195	20,029	4	254,044
2010	8,430	0	0	21	197,631	4,407	916	1	11,098	0	222,505
2011	3,704	0	0	0	0	0	0	0	0	0	3,704
합계	78,344	8	153	2,549	1,627,242	54,078	6,419	6,174	137,132	706	1,912,805
비중[1)]	4.1%	0.0%	0.0%	0.1%	85.1%	2.8%	0.3%	0.3%	7.2%	0.0%	100.0%

* 주 1: 비중은 1992~2011년 전체 반입 규모에서 차지하는 비중임.
* 자료: 통일부 남북교류협력시스템 홈페이지, 남북교역 통계안내 > 품목별 통계 > 상업적거래 > 교역 > 위탁가공교역.

1995년 컬러 텔레비전으로 시작한 전기·전자제품은 지속적인 증가 추세를 보였다. 컬러 텔레비전 위탁가공교역은 삼성전자, LG전자 등이 참여한 사업으로서 남한이 컬러 텔레비전 부품을 보낸 후 북한이 조립한 완제품을 다시 반입하는 형식이었다. 컬러 텔레비전은 전기·전자제품의 거의 대부분을 차지하다가 컴퓨터 모니터 부품, 음향기기, 카세트테이프 플레이어, 유선전화기 등의 품목으로 확대되면서 절대적인 비중이 감소했다. 2000년대 중반부터는 기타전선, 라디오 카세트 등의 반입이 크게 확대되었다. 1992~2011년의 전체 기간으로 보면 전기·전자제품은 반입의 7.2%를 차지했다.

반입과 반출이 연계되어 있는 위탁가공교역의 특성상 위탁가공교역 반출 품목의 구성도 반입의 경우와 유사하다(<표 3-27> 참조). 1992~2010년의 전체 기간 중 섬유류가 75.8%로 압도적이다. 반입의 경우와 마찬가지로 섬유류 다음으로는 전기·전자제품이 9.7%, 농림수산물이 5.7%를 보인다. 생활용품 위탁가공교역은 라이터, 신발 부분품, 구두 등이 주요 품목이었다.

한편 2007년 농림수산물의 반입과 반출은 2006년에 비해 각각 무려 약 10배 및 5배 증가했고 이후로도 높은 증가세를 보였는데, 이는 마늘까기 위탁가공교역이 급격히 증가했기 때문이다. 2007년 마늘의 위탁가공교역 반입과 반출의 증가율은 각각 921.9%, 799.3%로서, 2007년 전체 농림수산물에서 마늘이 차지하는 반입·반출 비중은 각각 99.5%, 99.8%를 차지했다. 손으로 깐 마늘은 흠집이 없어 3주 정도 유통할 수 있지만, 기계로 까면 흠집이 많아 사흘 만에 부패한다. 그런데 국내에선 마늘을 깔 인력도 없고 인건비도 비싸 중국산 깐마늘이 시장을 거의 잠식하고 있던 상황에서 북한의 값싼 노동력을 이용한 마늘까기 사업이 주목을 받게 된 것이다.[204] 2008년과 2009년에도 마늘은 농림수산물 전체 반입의 99.3%, 96.8%, 반출의 99.3%, 95.0%를 차지할 정도로 마늘까기 위탁가공교역은 활발히 전개되었다.[205]

204 "북으로 간 제주마늘 껍질 벗고 돌아온다", 『한겨레』, 2007.2.9.

205 통일부, 『월간 남북교류협력동향』, 각월호에서 계산.

<표 3-27> 위탁가공교역의 반출 품목

(단위: 천달러)

구분 연도	농림 수산물	광산물	화학 공업 제품	플라스틱 고무 및 가죽제품	섬유류	생활 용품	철강 금속 제품	기계류	전자 전기 제품	잡제품	소계
1992	0	0	0	0	121	80	0	0	0	0	201
1993	0	0	2	0	3,626	64	0	0	0	330	4,023
1994	95	0	30	29	10,355	320	8	0	0	505	11,343
1995	518	0	111	133	22,035	1,475	3	17	6	421	24,718
1996	1,020	0	485	1,387	30,467	2,919	182	18	1,686	0	38,164
1997	420	0	124	2,305	28,779	2,216	215	0	2,116	0	36,176
1998	135	0	392	457	22,305	2,195	160	937	3,036	0	29,617
1999	605	0	828	473	33,704	5,506	728	711	2,464	865	45,883
2000	6,772	1	587	1,019	36,467	2,789	805	2,258	6,528	0	57,224
2001	2,227	2	1,114	1,450	33,823	1,059	468	3,222	8,970	11	52,345
2002	3,525	1	1,088	896	50,182	2,750	244	1,661	8,041	1	68,388
2003	3,193	1	812	846	58,529	930	586	1,085	7,373	14	73,370
2004	1,884	0	1,540	635	55,478	612	417	744	6,903	0	68,213
2005	328	0	2,740	477	63,374	1,209	1,625	1,739	7,010	1	78,503
2006	2,047	0	2,521	397	73,442	817	1,013	2,384	10,753	198	93,571
2007	14,951	17	1,487	775	92,067	1,996	329	1,614	12,156	0	125,393
2008	15,557	77	1,499	975	104,955	5,470	1,254	4,122	17,057	0	150,965
2009	8,466	50	1,727	1,119	120,586	4,627	2,446	2,206	14,441	2	155,670
2010	6,706	51	655	385	75,518	1,789	850	476	8,615	8	95,054
합계	68,450	199	17,742	13,757	915,813	38,822	11,332	23,194	117,155	2,356	1,208,820
비중[1)]	5.7%	0.0%	1.5%	1.1%	75.8%	3.2%	0.9%	1.9%	9.7%	0.2%	100.0%

* 주 1: 비중은 1992~2010년 전체 반출 규모에서 차지하는 비중임.
* 자료: 통일부 남북교류협력시스템 > 남북교역 통계안내 > 품목별 통계 > 상업적거래 > 교역 > 위탁가공교역.

참여업체

일반교역의 경우처럼 위탁가공교역의 경우에도 참여업체 수는 자료마다 다르다. <표 3-28>에서 보이는 것처럼 남북교류협력지원협회의 자료는 다른 자료에 비해

<표 3-28> 위탁가공업체 수

(단위: 개)

구분 연도	e-나라지표	남북교류협력 지원협회	통일부		
			2000년 『통일백서』	『남북교류 협력동향	2009년 『통일백서』
1992	4	4	4	4	4
1993	12	12	7	12	12
1994	11	11	9	11	11
1995	24	24	18	24	24
1996	70	71	38	70	70
1997	64	168	48	64	64
1998	66	182	72	66	66
1999	131	249	132	131	131
2000	157	225	NA	157	157
2001	147	228	NA	147	147
2002	108	217	NA	108	108
2003	109	138	NA	109	109
2004	162	162	NA	118	117
2005	210	210	NA	243	136
2006	193	193	NA	123	123
2007	166	166	NA	89	89
2008	187	187	NA	NA	164
2009	199	199	NA	NA	NA
2010	177	177	NA	NA	NA
2011	24	24	NA	NA	NA

* 자료: e-나라지표 홈페이지, 남북교역 추이 > 통계표 > 교역참가업체 현황; 남북교류협력지원협회, 『남북교역 25년사』, 2016, p.97; 통일부, 『통일백서』, 2000, p.73; 통일부, 『월간 남북교류협력동향』, 12월호, 2007, p.168; 통일부, 『통일백서』, 2009, p.238.

1997~2002년 위탁가공교역 업체 수가 2배 이상 많으며, 통일부가 발간한 자료들 간에도 통계가 일치하지 않는다. 이미 앞에서 논의한 바와 같이 어느 통계가 정확한지를 파악하기란 어려우며, 이 책에서는 일반교역에 대한 논의와의 일관성을 위해 남북교류

남북한이 함께 만든 담배가 있다?

한때 남북한은 위탁가공교역으로 담배를 만들었다. KT&G(당시 한국담배인삼공사)는 1998년 9월 북한과 '잎담배 구매계약 및 담배협력사업 합의서'를 체결하면서 위탁가공교역을 시작했다. 북한에서 재배한 잎담배를 구매해서 남한의 잎담배와 섞어 가공한 후 남한에서 제공한 설비와 기술로 북한에서 완제품을 생산해서 들여오는 방식이었다.

첫 번째 담배는 2000년 3월 평양의 룡성공장에서 만들어졌고, 4월부터 국내에서 판매되었다. 이름은 '한마음'으로 붙였다. 그러나 판매량은 극히 저조했다. 당시 남한에서 시판되던 담배 21종류 가운데 최하위권을 차지할 정도였는데, 소비자들은 처음에 호기심으로 사 피웠지만 다른 담배보다 맛이 부드럽지 못한 데다가 가격도 국내 브랜드 중 최고가였다.[206] 남북한 간 과다한 운송비에 더해, 잎담배 가공처리 과정에 비용이 많이 들어서 가격을 비싸게 책정할 수밖에 없었다. KT&G는 2000년 10월 '한마음' 생산을 중단하고, 2001년 5월부터 두 번째 브랜드로 '한마음'보다 고급화된 '잎스'를 생산·판매했다. 그러나 여전히 소비자들의 반응은 좋지 않았다. 맛의 면에서나, 제조 숙련도의 면에서나 남한 소비자들의 기준에 비해 현저히 떨어졌고, 불량률이 높아 제품의 질을 제대로 확보할 수 없었다.[207] 그러자 한 달 후인 2001년 6월 '잎스'의 제조를 중단하고 2002년 1월부터 저가 제품이라 품질이 상대적으로 덜 중요한 '솔'을 생산했는데, 결국 이마저도 2004년 중단했다.

KT&G의 담배 위탁가공교역 사업과 관련해서 잊지 못할 개인적인 기억이 있다. 분단 이후 최초의 남북 정상회담으로 기업들의 남북경협에 대한 관심이 폭발적으로 분출하던 2001년의 어느 무렵이었다. 한 기업인 단체에서 주최한 대북 진출 설명회에 강사로 참석했다. 사실 섭외가 왔을 때 나는 대북 사업에 부정적이니 강사로 적합하지 않다고 주최 측에 말했으나, 주최 측에선 부정적으로 말하는 대신 이런저런 점에 주의하라는 식으로 말하면 되지 않느냐고 사정해서 어쩔 수 없이 참석한 자리였다. 현장에 도착해서도 걱정이었다. 어떻게 말해야 '대북 사업은 리스크가 크니 환상을 버리고 신중에 신중을 기하라'는 말을 찬물 끼얹지 않고 할 수 있을까, 고민이었다.

KT&G의 담당 임원도 강사로 와 있었고, 그의 순서가 나보다 먼저였다. 그는 매우 열띤 어조로, 절대 대북 사업하지 말라고 강의했다. 담배를 만드는 비용보다 불량처리 비용이 더 들어갔다고 했다. 그가 하도 나쁜 점만 말하니 객석에서 질문이 들어왔다. "그래도 말이 통한다는 장점이 있지 않나요?" 일 초도 지체하지 않고 그가 답했다. "말이 통하면 뭐합니까, 말귀를 못 알아먹는데."[208] 그리고는 추가 설명을 했다. KT&G에서 보낸 설비에는 불량품을 잡아내는 센서가 붙어 있었는데, 어느 날 가보니 북한 근로자들이 센서를 다 떼어버렸다는 것이다. 만들어야 할 주문량은 맞춰 놓았지만, 불량품이 얼마나 섞여 있는지 알 수 없었다. 그래서 그가 북한 근로자들에게 말했다. "많이 만드는 게 중요한 것이 아니라 팔릴 수 있는 물건을 만드는 게 중요한 겁니다." 그런데 그 말을 전혀 이해하지 못하더라는 것이었다. 사회주의 계획경제 체제에서 팔아본 경험이란 없었고, 국가가 명령한 계획량만 완수하면 됐지 품질은 신경 쓸 필요가 없는 세상에서 살아온 탓이었다. 공식 부문에서 품질에 대한 무관심은 지금은 많이 줄어들었지만,[209] 당시는 시장이 없던 시절이어서 더욱 그랬을 것이다. 그가 마지막 결론으로 말했다. "회사 말아먹고 싶으시면, 하셔도 됩니다." 나로선 다행이었다. 그의 다음 강연자였으므로 나도 표현에 구애받지 않고, 하고 싶은 말을 다 했다.

하긴 나도 '한마음', '잎스' 다 펴보았다. 한 번 피고선 다시는 그 담배들을 사지 않았다. 명색이 남북경협에 관심을 가지고 연구하는 직업을 가졌다고 하더라도, 물건은 품질이 우선이었기 때문이다.

협력지원협회 자료를 기준으로 논의한다.

위탁가공교역은 남한에서 원부자재를 제공하고 북한 공장의 설비를 이용해 완제품을 만들면, 그에 대한 가공비를 지불하고 반입해 들여오는 단순 위탁가공교역 형태로 출발했다. 그 후 1994년 '남북경협 활성화 조치'로 생산시설의 대북 반출이 허용되면서 설비제공형 위탁가공교역이 이루어졌다. 1992년 4개로 시작한 위탁가공교역 업체 수는 중소기업들의 활발한 참여로 1999년까지 급속하게 증가했다. 반입 건수 기준으로 1995년 전체 위탁가공교역 중 중소기업이 차지하는 비중은 44.4%에서 1999년 83.3%로 증가했고, 반입 금액 기준으로는 2.5%에서 62.4%로 증가했다(<표 3-29> 참조).

그러다가 2003년에는 업체 수가 거의 절반 가까이 감소하는데, 그 이유는 2000년대 들어 남북경협이 본격적으로 전개되면서 사업성 확보에 실패한 영세업체들이 위탁가공교역 사업을 중단했기 때문이다(<그림 3-10> 참조).[210] 실제로 2000년 조사에 따르면 최근 3년간 위탁가공교역 규모가 연평균 100만달러 이하인 업체가 전체의 85.4%이고 심지어 1만달러 이하인 업체는 21.8%에 달할 정도로 소규모였다.[211] 그 후 위탁가공교역

206 "남북경제 비교: 남북한 합작 담배", 『자유아시아방송』, 2006.6.9.

207 이태호, 『대북 투자 10계명』, 삼일회계법인, 2010, p.115.

208 남북교역이 처음 시작되던 1989년부터 북한과 교역사업을 해오고 있는 드림이스트 이종근 대표 역시 2013년 언론 인터뷰에서 "말은 통하는데 생각하는 관점이나, 사업을 보는 시각에서 차이가 컸습니다"라고 말했다. "이종근 드림이스트 대표", 『자유아시아방송』, 2013.6.19.

209 2010년 한국무역협회의 조사에 의하면 업체들은 일반교역, 위탁가공교역, 개성공단 등 업종과 무관하게 북한 물품의 품질에 불만족하는 최대의 이유로 '북측의 품질관리 개념이 없어서'를 지적했다. 한국무역협회, "남북교역 2009년 평가 · 2010년 전망", 2010, p.14.

210 통일부, 『통일백서』, 2005, p.94.

211 한국무역협회, "남북한 위탁가공교역업체 실태조사", 2000; 최신림 · 김홍석 · 이석기, 『중소기업 남북경

<표 3-29> 1990년대 위탁가공교역 중 중소기업의 비중

(단위: 개, 천달러)

구분 / 연도	반입 건수			반입 금액		
	전체	중소기업	비중	전체	중소기업	비중
1995	18	8	44.4%	21,174	536	2.5%
1996	38	23	60.5%	36,238	5,400	14.9%
1997	48	33	68.8%	42,894	10,821	25.2%
1998	52	38	73.1%	41,371	11,483	27.8%
1999	78	65	83.3%	53,736	33,544	62.4%

* 자료: 최신림·김홍석·이석기, 『중소기업 남북경협 추진전략』, 중소기업특별위원회 용역보고서, 산업연구원, 2000, p.53.

<그림 3-10> 위탁가공교역 업체 수

(단위: 개)

* 자료: 남북교류협력지원협회, 『남북교역 25년사』, 2016, p.97.

업체 수는 다시 증가하여 점차 안정화되는 추세를 보였으나, 그럼에도 불구하고 1990년대 말 수준에는 도달하지 못했다.

2010년 한국무역협회의 조사에 의하면, 생산공장 위치에 대해 위탁가공교역 업체의 44.7%가 평양, 10.5%가 남포라고 응답했다.[212] 평양과 남포는 상대적으로 고급인력

협 추진전략』, 중소기업특별위원회 용역보고서, 산업연구원, 2000, p.55에서 재인용.

212 한국무역협회, "남북교역 2009년 평가 · 2010년 전망", 2010, p.7.

<표 3-30> 연도별 업종별 위탁가공교역 업체 현황

(단위: 개)

연도 \ 구분	섬유류	전자전기 제품	생활용품	농림 수산물	기타	합계	섬유류 비중[1]
1992	3	0	1	0	0	4	75.0%
1993	9	0	2	0	1	12	75.0%
1994	9	0	1	0	1	11	81.8%
1995	18	0	6	0	0	24	75.0%
1996	52	0	10	1	8	71	73.2%
1997	137	10	13	2	6	168	81.5%
1998	145	10	10	2	15	182	79.7%
1999	199	9	16	3	22	249	79.9%
2000	164	16	17	5	23	225	72.9%
2001	168	17	9	5	29	228	73.7%
2002	151	19	9	15	23	217	69.6%
2003	104	13	4	8	9	138	75.4%
2004	127	15	5	5	10	162	78.4%
2005	160	17	7	3	23	210	76.2%
2006	150	17	11	6	9	193	77.7%
2007	146	6	5	2	7	166	88.0%
2008	161	4	8	4	10	187	86.1%
2009	157	8	15	8	11	199	78.9%
2010	140	12	11	7	7	177	79.1%
1992~2010년 평균							77.7%

* 주 1: 섬유류 비중은 그 해 전체 위탁가공교역 규모에서 섬유류 위탁가공교역이 차지하는 비중임.
* 자료: 남북교류협력지원협회, 『남북교역 25년사』, 2016, p.120.

수급이 가능하고 인프라가 발달되었으므로 북한 당국이 평양과 남포 지역의 공장을 연결한 것이 그 이유로 판단된다. 업종별로 위탁가공교역 업체 현황을 보면, 섬유류 업종이 압도적이다(<표 3-30> 참조). 1992년 최초의 위탁가공교역도 섬유류로 시작했으

<그림 3-11> 위탁가공교역 업체당 평균 교역 규모

(단위: 천달러)

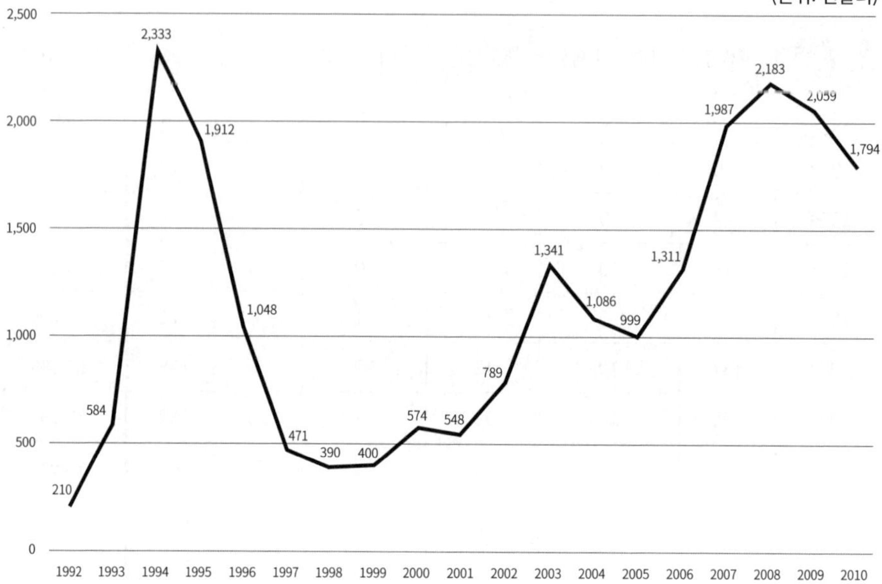

* 자료: 위탁가공교역 규모는 통일부 남북교류협력시스템 홈페이지, 남북교역 통계안내 > 연도별·월별 통계 > 상업적거래 > 교역 > 위탁가공교역; 위탁가공교역 업체 수는 남북교류협력지원협회, 『남북교역 25년사』, 2016, p.97.

며, 1992년 위탁가공교역에 참여한 4개 업체 중 3개 업체가 섬유류를 취급하는 업체였다. 이후로도 위탁가공교역 업체 중 섬유류 업체가 차지하는 비중은 2002년을 제외하면 매년 70% 이상이었으며, 2007년에는 88.0%에 달하기도 했다. 1992~2010년 기간에 섬유류 업체가 차지하는 비중은 평균 77.7%였다.

2013년 기준 위탁가공교역 업체의 소재지를 보면 서울 지역이 전체의 73.6%를 차지하는데, 이는 남한의 봉제산업이 서울 등 수도권에 집중되어 있다가 채산성 악화로 서울에 있는 본사는 영업과 디자인 등 제품 개발 및 마케팅을 담당하고 제조는 북한이나 해외에서 실행하는 추세를 반영한 것으로 보인다.[213] 한편 위탁가공교역 업체당 평균 교역 규모를 보면, 초기에는 대기업 위주로 위탁가공교역이 진행되면서 업체당 교역 규모가 컸다가 중소기업들의 참여가 활발해짐에 따라 급속히 작아졌다(<그림 3-11>

213 개성공단기업협회, 『남북경협 편람』, 서울특별시, 2020, p.83.

<표 3-31> 위탁가공교역에 참여한 북한 업체들의 역할별 분류

대남 창구회사(민경련)	수주 관리회사	생산공장
• 삼천리총회사 • 광명성총회사 • 개선무역총회사 • 금강산관광총회사 등	• 은하무역총회사 • 봉화무역총회사 • 압록강무역회사 • 능라888무역총회사 • 대동강무역총회사 등	• 동대원피복공장 • 사리원방직공장 • 지남산피복공장 • 새날전기공장 • 대동강텔레비전수상기공장 등

* 자료: 이종근, “남북교역 및 위탁가공무역의 현상과 추진 전략”, KOTRA(편),『21세기 동북아시대의 남북경협 전략』, 2003, p.117.

참조). 2001년의 경우 100만달러 이상의 실적을 보인 업체는 20여개에 불과하다.[214] 그 후 업체 수가 안정되었고, 위탁가공교역 경험의 축적과 함께 사업 영역과 규모도 확대되었다. 그 결과 업체당 위탁가공교역 규모는 빠르게 증가했고, 2000년대 후반에는 1990년대 중반의 규모에 도달했다.

한편 위탁가공교역은 북한의 민족경제협력연합회가 창구 역할을 했다. 민족경제협력연합회는 남한 업체의 성향과 품목 특성에 따라 북한의 적합한 업체를 연결했으며, 남한 업체가 임의로 북한 업체를 선정할 수는 없었다. KOTRA 자료에 의하면 2003년 기준 남북한 간 위탁가공교역에서 가장 많은 거래 실적을 올린 북한 업체는 은하무역총회사이며, 그다음으로 삼천리총회사, 봉화무역총회사, 광명성총회사, 압록강무역회사 등의 순이었다(<표 3-31> 참조).[215]

3) 위탁가공교역의 사례

코오롱상사[216]

코오롱상사는 ‘7·7 선언’이 발표된 직후부터 대북 교역을 추진했다. 인삼주, 인삼 엑기스, 도자기 등을 반입하면서 특산품 거래는 단순한 호기심을 넘어 지속적인 구매욕구로 연결되기 어렵다고 판단했고, 수산물 반입도 원산지 증명, 통신·통관 등의 문제로

214 이종근, “북한생산의 원가구조”, 연구보고서 2003-1, 경남대학교 극동문제연구소, 2003, p.10.

215 이종근, “남북교역 및 위탁가공무역의 현상과 추진 전략”, KOTRA(편),『21세기 동북아시대의 남북경협 전략』, 2003, p.117.

216 통일원,『남북교역사례집 (IV)』, 1995, pp.240~251 및 언론 보도 내용을 바탕으로 재정리한 것이다.

사업성에 한계를 느꼈다. 그렇다고 투자를 하는 것은 아직 무리라고 판단했다. 결국 설비는 있으나 가동이 어려운 북한 공장들을 확보하고 지속적인 주문으로 그들의 생산성을 높이며, 자연스럽게 교역으로까지 확대하는 위탁가공교역을 생각하게 되었다.

중국, 일본 등 해외 지사들을 통해 북한의 의류, 가방, 봉제 분야의 공장을 조사한 후 최종적으로 의류, 가방 분야에서 각각 2~3개씩 공장을 선정하여 시제품 생산에 착수했다. 북한 현지에서의 품질검사가 불가능했으므로 코오롱상사는 원부자재를 소량만 보내고 이미 제공한 완제품 모형대로 만들어 보낼 것을 요청했다. 2~3차례의 시범생산 후에 코오롱상사가 원하는 수준까지 품질을 올릴 수 있었다.

품질은 확보했다고 하더라도, 위탁가공비가 남한보다는 낮지만 중국을 상회하는 수준이었다. 높은 물류비도 문제였다. 생산성으로 일부 보완한다고 해도 국제시장에서의 가격경쟁은 어려웠다. 따라서 일단 내수로 연결하기로 하고, 홍콩을 통해 원부자재를 반출했다. 제품이 완성된 후에는 홍콩을 경유해서 국내로 반입하려 했으나, 위탁가공교역인데 반출입을 연계하여 승인받지 않았다는 이유로 통관에 문제가 발생했다. 애초에 생각하지 못했던 이러한 문제점은 관련 부처의 협조로 해결되었고, 무사히 반입하여 시판할 수 있었다. 첫 번째 경험을 바탕으로 두 번째에는 사전에 반출입을 연계하여 승인신청을 했다. 그리고 당연히 승인이 날 것으로 판단하여 제3국 경유가 아닌 직수송을 위한 선박을 수배하는 동시에 원부자재를 인천항으로 옮겨 놓았다. 그러나 당시 북한 핵 문제로 인해 승인이 지체되었다. 코오롱상사에서는 이 문제를 해결하고자 수출제한 품목은 빼고 자동승인 품목만 묶어서 반출입 승인을 받았다. 결국 일부 품목이 빠지고 대체된 상태에서 선적과 수송이 이루어졌다.

대기업이기 때문에 생기는 제약도 어려움이었다. 대기업이 북한과 위탁가공교역으로 값싼 제품을 들여옴으로써 국내의 중소 가방 생산업체를 보호하지 않는다는 여론을 어떻게 감당하느냐의 문제였다. 해결 방법은 해외로 수출하는 것뿐이었다. 그러나 제재로 인해 북한산은 수출할 수 있는 지역이 극히 제한적이었다.

코오롱상사가 북한과 위탁가공교역을 하면서 가졌던 가장 커다란 애로는 원부자재의 적기 선적 및 완제품의 납기였다. 아무리 북한의 생산성이 높아도 남한에서 원부자재 전체를 공급하고 북한은 단순히 봉제만 하는 형태로는 높은 물류비로 인해 가격경쟁력을 가지기 어려웠다. 또한 현지에서 조달할 수 있는 원부자재가 전혀 없었으므로 한 품목이라도 누락되거나 부족분이 발생하면 전체 공정이 중단될 수밖에 없었다. 이러한 경우가 발생하면 납기를 맞추지 못하기 때문에 계절상품 등 고부가가치 상품은 위탁가공교역의 품목으로 적절하지 않았다. 이런 면에서 가방은 적절한 품목이었고, 코오롱상사는 1992년 2만개였던 북한에서의 가방 위탁가공교역 규모를 1993년에는 5만개로 크게 늘렸다.[217]

다물실업[218]

1989년에 설립된 다물실업은 제조업과 무역업을 겸하는 회사로서 넥타이, 스카프 등 실크제품을 생산하여 전량 수출하면서 중국산 카페트, 벨기에산 카페트, 뉴질랜드산 양털 등을 수입·판매하고 있었다. 다물실업은 중국과의 무역경험을 바탕으로 북한의 저렴한 양질의 노동력을 이용하여 위탁가공 생산을 하면 경제성이 있을 것으로 판단했다. 그래서 기존의 수입대행업체인 대기업 K사에 제조과정이 단순한 자동차용 대나무 시트에 대한 북한과의 위탁가공교역 의사를 밝혔고, K사의 홍콩지사에서 북한의 무역담당자를 소개함으로써 대북 사업을 시작하게 되었다. 교역형태는 K사의 종합상사를 주계약자로 하고 다물실업은 보조계약자로 했으며, 다물실업이 원부자재의 제공, 작업 지시, 판매 등을 맡고 K사는 계약 체결과 자금 지원을 하기로 했다.

재료로 사용되는 대나무는 다물실업이 선정한 중국의 공장에서 어느 정도 가공해서 북한으로 보냈으며, 고무밴드, 실, 바늘, 줄자 등 부자재는 인천항에서 남포항으로 직접 보냈다. 원자재를 중국에서 북한으로 운송할 때 처음에는 육로를 이용했으나 물류비용이 많이 들어서 나중에는 선박을 이용해 비용을 절감했다. 북한으로 보내진 원부자재는 생산 물량이 많아 평양, 신의주, 개성 등의 공장으로 분산되었고, 완제품은 박스 단위로 포장되어 남포항에서 인천항으로 수송되었다. 반입된 제품은 다물실업에서 자체 검사를 실시한 후 백화점과 도매상을 통해 판매했다.

원부자재를 북한으로 보내서 완제품을 받기까지 60일 정도가 소요되었다. 그러나 실제 제품 생산에 걸린 시간은 30일 정도이고, 나머지 30일은 운송, 선박 결정 등 준비에 소요되었다. 품질은 전반적으로 양호한 편이었으며, 작업지시서의 충분한 설명과 견본의 제시로 인해 다물실업의 요구 수준과 거의 비슷했다. 그러나 물량에서는 작업 과

217 "남북한 임가공 본격화", 『매일경제신문』, 1993.2.16.

218 조봉현, "중소기업의 남북교역에 관한 사례연구", 『사회과학논집』, Vol.12, 1995, pp.516~517의 내용을 재정리한 것이다.

정에서의 손실로 예정 분량의 97% 정도만 들어왔다. 또한 작업 중간에 '대나무는 부족함이 없는데 고무밴드, 실 등 부자재가 부족하다'며 수시로 추가분을 보내달라고 했다.

위탁가공비는 국내의 30~40% 수준이지만, 북한과의 정기적인 직항로가 없어서 물류비용이 과다하게 소요되었다. 그러나 총비용은 국내와 비교할 때 70~80% 수준으로 경제성은 있는 것으로 나타났다. 대금은 K사의 홍콩지사가 원재료비와 위탁가공비 등을 먼저 지급하고, 완제품이 국내에 반입된 후 다물실업이 K사 홍콩지사 앞으로 대행수수료를 포함한 금액을 결제했다.

K사가 영리 목적으로 다물실업을 도와준 것은 아니다. 위탁가공교역의 초기 단계에서는 중소기업이 비교우위를 갖는 경공업 제품이 대부분이어서 대기업이 독자적으로 추진하기는 어려웠기 때문이다. K사는 대북 사업을 계속 유지하기 위해서 최소한의 수수료만을 받고 다물실업의 위탁가공교역을 도와줬던 것이다.

엘칸토[219]

엘칸토는 1957년 서울 명동에서 미진양화라는 이름의 작은 구두점으로 시작했다. 엘칸토로 명칭을 바꾼 것은 1977년이다. 1990년대에는 금강제화, 에스콰이어 등과 함께 국내 최대의 제화업체로 성장했다. 북한에 진출한 가장 커다란 이유는 창업자인 김용운 회장이 평양 출신의 실향민이어서 평생 북한 진출을 꿈꾸어왔기 때문이었다.[220]

엘칸토는 1996년 단순 위탁가공교역을 시작했고, 1997년부터 평양의 광명성총회사를 북한 측 파트너로 하여 설비제공형 위탁가공교역을 모색했다. 1997년 9월 만경대 구두공장 및 평양 구두공장 소속의 북한 기술자 12명에 대해 중국 장쑤성 타이창의 엘칸토 공장에서 한 달간 기술 연수를 실시했다. 북한 근로자들의 기술습득 속도는 중국에 비해 1.5배 정도 빨랐다.[221] 1997년 10월 인천항에서 남포항으로 운송한 기계설비를 설치하고, 엘칸토 직원이 방북해서 공장 직원 150명에게 교육 및 기술지도를 했다.

첫 제품은 1997년 11월 만경대 구두공장에서 생산된 남자 구두 300켤레였고, 중국

---

219 김일규 · 김철희 · 이은구 · 김영윤, 『남북한 직업교육훈련 분야의 교류 및 협력방안 연구』, 통일연구원, 2000, pp.132~133; 김영윤, 『남북경협 실패사례 연구』, 통일연구원, 2004, pp.85~89 및 언론 보도 내용을 바탕으로 재정리한 것이다.

220 김대현, "구두회사 엘칸토에 천안함 유탄?", 『주간조선』, 2127호, 2010.

221 "북 연수생들 중 노동자보다 기술습득 빨랐다", 『데일리엔케이』, 2006.12.8.

으로 보내 판매했다.[222] 이후 벨트, 지갑 등으로 품목을 확장했으며, 생산규모는 1997년 77,000달러, 1998년 368,000달러, 1999년 515,000달러로서 2000년에는 100만달러를 예상하고 있었다.[223] 생산된 제품은 전량 중국에서 판매하다가 2005년부터 국내에서 일반 브랜드 구두에 비해 50~60% 싼 가격으로 판매를 시작했다.[224] 고급 구두는 성남에 위치한 본 공장에서 만들고, 북한에서는 저가의 기획상품용 구두를 만든 것이다. 2010년 '5·24 조치'로 중단되기 전까지 국내로 반입된 구두 물량은 매월 1,000~2,000켤레였다.[225]

엘칸토는 위탁가공교역에서 가장 성공적인 성과를 낸 업체의 하나로 꼽히는데,[226] 그 핵심 요인은 미래 비전의 제시와 철저한 기술지도였다고 설명한다. 엘칸토는 북한 측 파트너에게 세계적인 제화기술을 전수하겠다고 약속했고, 외국에 수출한 기술실적을 보여줌으로써 실제로 엘칸토의 기술이 세계적 수준임을 증명했다. 그러면서도 다른 외국 회사에 기술을 제공하면 100만달러 이상의 로열티를 받지만 북한에 대해서는 같은 민족에게 투자하는 것이기 때문에 대가를 받지 않겠다고 했다. 엘칸토의 기술에 대해 북한이 높이 평가하도록 하는 동시에 동족 차원의 배려를 인식하도록 한 것이다. 북한은 2000년 올브라이트(Madeleine K. Albright) 미국 국무장관이 방북했을 당시 엘칸토 공장을 보여줬을 정도로 엘칸토가 제공한 설비와 기술에 만족하고 있었다.[227]

현지에서의 철저한 기술지도도 중요했다. 기술지도에 있어서 생산성보다는 품질 수준을 우선시했다. 엘칸토는 수시로 방북 기술지도를 하면서 생산과정을 남한이 관리할 수 있는 여건을 조성했다. 계약 시 생산현장에서의 작업지시는 남한 기술자를 통한 직접적인 작업지시가 이루어질 수 있도록 했다. 만약 북한이 북한 측 담당자를 통한 작업지시만 허용할 경우에는 언제든지 철수할 것이며, 납기와 품질 측면에서 클레임이 발생할 경우 북한에게 지불할 위탁가공비에서 공제할 것임을 분명히 했다.

---

222 "[남북경협] 나의 경험 (8) 정주권 엘칸토 이사", 『매일경제』, 2000.6.7.

223 "엘칸토, 대북 신발사업 확장", 『FASHIONBIZ』, 2000.5.15.

224 "개성 냄비-선봉 내의 등 북제품 판매행사 잇달아", 『동아일보』, 2005.4.13.

225 김대현, "구두회사 엘칸토에 천안함 유탄?", 『주간조선』, 2127호, 2010.

226 엘칸토는 연간 7~8억원의 원가절감 효과를 보았다. 우승지, "남북 경제협력의 현황 및 평가", 주요국제문제분석 03-42, 외교안보연구소, 2003.5.30, p.7.

227 김영윤, 『남북경협 실패사례 연구』, 통일연구원, 2004, p.87.

성남전자공업[228]

1973년 설립된 성남전자공업은 카세트테이프와 전구를 전문적으로 생산하는 중소기업으로, 종업원 300명 이상, 한 해 매출액은 470억원에 달했다. 중국산 수입품으로 가격 인하 압력을 받던 중 1998년 9월 남한 내수용 카세트테이프를 위탁가공 방식으로 생산하기 위해 약 37억원을 투자해서 평양에 진출했다. 2000년 설비반출을 완료하고 생산을 개시했는데, 생산된 제품의 품질은 남한의 80% 정도에 달했고 노동생산성도 95% 수준으로 양호했다. 2001년 두 번째 단계로 북한 내수를 위해 절전형 콤팩트 전구의 위탁가공 계약을 체결하고 설비반출 후 생산을 시작했다.

그러나 절전형 콤팩트 전구 생산사업의 경우 수차례의 현지지도를 통해 품질 및 생산 문제를 해결하고 양산화가 가능한 수준에 이르렀으나, 북한의 구매력 부족으로 원부자재 공급 자금 확보에 차질이 생겼다. 또한 북한 투자분에 대한 대금 회수가 어려워짐에 따라 상당한 자금 압박이 발생했다. 결국 북한이 자금을 현물로 결제할 수 있도록 했는데, 이때 북한이 제공한 대체 물자는 광물과 샘물이었다. 그런데 이 두 물자는 성남전자공업으로서는 전혀 사업 경험이 없는 품목이었다. 게다가 광물의 경우 경제성 있는 광물의 확보 문제, 공급되는 실물과 샘플 성분의 차이 문제, 경제성이 있더라도 남한 내 시장 확보 가능 여부의 문제, 납기 지연 및 적정 공급물량의 확보 문제, 중국산 제품의 가격 덤핑에 따른 가격경쟁력 취약 문제 등이 있었다. 성남전자공업은 샘물을 반입하기 위해 2002년 페트병 제조설비 및 필요한 원자재를 공급했고, 2003년부터 생수를 들여왔다. 그러나 높은 물류비로 인해 반입 원가가 판매가의 2배에 달했다.[229] 남한 생수시장의 경쟁, 그리고 북한 반입 샘물에도 부과된 수질개선 부담금 등으로 인해 생수 사업 역시 실패로 귀결되었다. 2004년부터는 아연괴를 월 100톤 규모로 반입했다. 아연괴를 국내 소요업체에 매각한 후 매각 금액의 84%는 북한에 반입 대금으로 지불하고 나머지 16%에 해당하는 금액은 수입 처리하는 방식이었다. 그러나 아연괴 반입을 통한 투자분 회수는, 반입 물량이 극히 적고 현금화 과정에서 절차가 복잡한 데다가 시간도 많이 소요되어 실효성이 높지 않았다.

---

228 김영윤, 『남북경협 실패사례 연구』, 통일연구원, 2004, pp.76~78; 이태호, 『대북 투자 10계명』, 삼일회계법인, 2010, pp.170~173의 내용을 재정리한 것이다.

229 중소기업진흥공단, 『중소기업 남북경협 실무절차 및 추진사례』, 2007, p.116.

지피(GP)[230]

지피는 이랜드에서 근무했던 정태원 대표가 2002년 설립한 의류 분야의 위탁가공교역 업체였다. 정태원 대표는 1999년 이랜드의 생산관리 부서장을 맡게 되면서 중국, 베트남 이외의 새로운 생산기지로 북한을 생각했다. 조사를 해보니 예상 외로 어려운 점들이 많이 보였다. 특히 북한 내 인프라가 너무 열악한 데다가 마음대로 공장에 가볼 수 없다는 점이 가장 커다란 애로사항이었다. 그럼에도 불구하고 동남아시아보다 지리적으로도 가깝고 말이 통하며, 손재주가 좋은 이점이 있다고 판단했다. 관세가 없다는 것도 장점이었다.

선박을 이용한 물류도 해결해야 할 문제였다. 부정기선이라 언제 배가 오고 갈지 알 수 없었는데, 의류는 판매 시기를 놓치면 팔리지 않는 상품이므로 약속한 날짜에 제품이 도착하지 않으면 아무리 디자인이 좋고 품질이 우수해도 무용지물이 돼버리기 때문이었다. 그래서 단둥을 선택했다. 단둥에 있는 중국 무역회사에 오더를 주면 그 중국 무역회사가 북한 공장에 하청을 주는 방식으로서, 원부자재를 신의주를 통해 육로로 북한 공장에 보내고 완제품을 다시 육로로 단둥에서 받은 후 인천으로 운송하려는 계획이었다. 물론 원단뿐만 아니라 지퍼, 단추, 재봉사, 스냅, 폴리백 등 모든 부자재들과 심지어 제품을 담는 박스까지 단둥에서 보내야 했다. 이러한 어려움과 복잡한 과정에도 불구하고 무관세 혜택이 있었고, 북한 근로자의 업무에 대한 이해도나 기술 습득력이 높아서 가성비 측면에서 매우 좋다는 것을 경험했다.

정태원 대표는 이랜드에서의 경험을 바탕으로 대북 위탁가공교역을 직접 하기 위해 2002년 11월 지피를 설립했다. 그는 이랜드에서 북한과 의류사업을 하던 당시 품질관리의 어려움을 많이 느꼈다. 예를 들어 전력 사정이 좋지 않아 다림질이 약하고 공장 내부가 전반적으로 어두워 흰색이나 밝은 옷은 오염이 묻기가 일쑤였다. 단추가 약하게 달린다거나 실밥이 덜렁거리는 등 마무리 공정이 잘 안 되는 경우도 있었다.

그래서 2003년 봄 사업 초기부터 단둥에 조선족 직원 2명을 채용해서 품질 관리를 전담시켰더니 효과가 있었다. 정태원 대표는 여기에서 만족하지 않고 독자적으로 제품을 수선하고 검사하는 공장을 별도로 설립하기로 결정했다. 그리고 그는 당시 현지에

230 정태원, “내 인생의 화양연화”, 한반도교역투자연합회, 『남북경협 기업들의 도전과 좌절』, 강남커머스, 2022, pp.14~41의 내용을 재정리한 것이다.

진출한 남한 섬유회사 중에서 유일하게 2005년 1월 '단동지피복장유한공사'라는 공장을 설립했다. 이 공장은 북한에서 가져온 완제품을 수선하고 검사하는 공장으로서 여기에서 합격한 제품들을 인천으로 실어와 국내 의류 브랜드에 납품했다. 국내에서 바이어들의 호평이 늘면서 거래처도 늘어나 지피에서 주문을 골라서 받을 정도로 사업의 규모가 커졌다.

그러던 중 갑자기 '5·24 조치'가 발표되었다. 어쩔 도리 없이 일부 오더는 바이어들에게 양해를 구하며 반납했고, 일부는 급하게 중국의 봉제 공장들을 수소문하여 높은 비용을 들여 큰 손해를 감수하며 마무리 지을 수밖에 없었다. 게다가 중국에서 생산된 제품이라 관세까지 물어야 했으므로 손실은 더 커졌다. 북한에서의 위탁가공교역이 막혔지만 회사는 유지해야 했으므로 새로운 생산기지를 찾아 베트남, 미얀마, 인도네시아 등을 다녀보았다. 품질이 우선이어야 하므로 위탁가공비가 더 들더라도 동남아시아의 남한 공장에 일을 맡길 수밖에 없었다. 그러나 지피는 북한 생산품으로는 최고로 인정받았지만, 동남아시아에서는 이미 시장을 선점한 업체들이 많다 보니 경쟁력이 없었다. 또한 작업을 맡겨보니 북한 공장보다 품질이 떨어지고 납기 약속도 어긋나서 결국 손실만 계속 불어났고, 결국 2012년 폐업을 결정했다.

(유)산과들농수산[231]

(유)산과들농수산의 김용관 대표는 1985년 군대를 제대한 이래 수십 년간 마늘 유통만을 다루어왔다. 마늘 시장은 2003년부터 중국산 깐마늘이 국내에 유입되면서 위기에 빠져 있었다. 손으로 깐 중국산 마늘이 기계로 깐 국내산보다 유통기간이 훨씬 더 길었기 때문이다. 2005년 김용관 대표는 국내산 마늘을 북한으로 보내 수작업으로 껍질을 깐 뒤 국내로 반입하면 중국산 깐마늘과 비교하여 충분한 경쟁력을 가질 수 있겠다고 생각했다.

북한과의 접촉 끝에 당시 그가 속해 있던 (주)산과들농수산은 평양의 제약회사인 정성제약을 파트너로 하여 위탁가공교역을 추진했다. "모든 시설은 우리가 만들겠다. 우리의 자금으로 사업을 진행하다가 수익성이나 타당성이 없다고 판단되면 시설은 그

---

231 김용관, "깐마늘로 수십억을 벌었다", 경기도경제과학진흥원·남북경제협력협회(편), 『지금 우리가 다음 우리에게』, 평사리, 2023, pp.70~111의 내용을 재정리한 것이다.

대로 남겨두고 가겠다"라고 북한 측을 설득했다. 개성 인근을 다 둘러본 끝에 개성공단에서 약 4킬로미터 떨어진 7천평 정도의 부지에 공장을 만들었다. 마늘을 까기 위해서는 안정적인 전력공급이 필수였으므로 발전기 2대를 구입해서 설치했다. 2006년 착공에 들어가서 2007년 2월 조업을 시작했다.

첫 1년 동안은 마늘이 손상되어 큰 손실을 입었다. 북한 근로자들이 사업에 대한 이해가 부족했기 때문이다. 왜 마늘이 상하느냐고 윽박지르거나 손실을 보상하라는 식의 이야기들은 하지 않았다. 김용관 대표는 그렇게 감정적으로 나가는 것보다는 신뢰하며 기다리는 것이 낫다고 생각했다. 1년 정도 지나자 그들 스스로 마늘을 세심히 관리하기 시작했고, 깐마늘을 어느 온도에서 어떻게 보관해야 썩지 않는지 등을 자체적으로 연구했다. 그 결과 1년 동안 입은 손실을 단 몇 개월 만에 만회할 수 있었다.

김용관 대표는 당시 (주)산과들농수산의 실무 총괄 부사장이었는데, 사업이 정상 궤도에 오른 2008년 갑자기 대표가 새로운 대표에게 주식을 양도하고 이민을 떠났다. 회사가 반쪽이 난 셈이다. 항의와 갈등이 이어진 끝에, 북한 측도 참여한 회의에서 기존의 (주)산과들농수산과 김용관 대표가 만든 (유)산과들농수산이 50%씩의 동등한 권리를 가지고 사업을 지속하기로 했다. 명칭을 (유)산과들농수산으로 한 것은 북한의 고위 관계자들이 혼란스러울 수 있다는 이유로 북한 측 파트너가 같은 이름을 사용할 것을 요구했기 때문이다.

정성제약과의 소통은 팩스로도 했지만, 현대아산을 통해 주로 이루어졌다. 마늘을 까는 위탁가공비는 톤당 약 240달러로 계약했다. 국내 비용의 절반 정도 수준이었다. 결제는 한국은행에 신고하고 달러 현금을 직접 가져다주는 방식이었다. 최대 하루 30톤까지 작업을 했는데, 1일 30톤이라면 남한 마늘 시장의 약 3%에 달하는 규모였다. 개성이라는 지리적 위치에 북한 근로자들의 성실성으로 인해 국내에서는 일주일 걸리는 마늘까기 작업이 운송시간을 포함해서 이틀밖에 걸리지 않았다. 북한에서 가공만 한 것이기 때문에 원산지 증명은 필요 없었다. 마늘까기 작업의 특성상 투자 규모도 크지 않았다. 공장 건축 외에 커다란 고무통 수백 개 정도, 그리고 근로자 2,500명이 사용하는 소쿠리 수천 개 정도였다. 운송은 개성에서 40피트짜리 컨테이너를 트럭으로 실어 날랐으므로 물류비는 오히려 국내의 20% 정도밖에 들지 않았다.

수익이 난 것은 당연한 결과였다. 처음에는 물량이 많지 않아서 2007년에는 3~4억원 정도의 손해를 보았으나, 2008년에는 흑자로 전환되었고 2009년 11월 회사가 분리된 후 2010년 11월까지의 1년 동안 (유)산과들농수산은 50억원 이상의 수익을 올렸다.[232] 그러나 '5·24 조치'로 인해 북한에 재고로 확보해둔 물량을 폐기 처분하느라 수십억원의 손해를 입었다.

김용관 대표는 '밑바닥'부터 올라온 마늘 분야의 전문가였다. 게다가 중국에 가서 모니터링을 하는 등 사전에 많은 준비를 했다. 이윤을 내지 못하더라도 이 정도는 투자하고 그것을 경험으로 생각하겠다는 각오로 철저하게 준비한 것이 성공으로 이어졌다고 김용관 대표는 이야기했다. 또한 김용관 대표는, 북한 근로자들이 자신의 작업량만큼 수익을 얻도록 하고 인센티브를 주는 시스템도 성과를 거두었다고 이야기했다. 작업할 때도 조별로 할당량만 주고 퇴근 시간을 따로 정하지 않는 등 자율성을 부여하니 오히려 성과가 더 좋았다고 했다. 예를 들어 손이 빠른 팀은 일찍 마치고 오후 4시에도 퇴근하고, 어떤 팀들은 자존심이 상해서 남은 분량을 집에 가져가서 까오기도 했다는 것이다.

4) 위탁가공교역의 문제점

위탁가공교역은 일반교역에 비해 유리한 분야였다. 이미 앞에서 설명한 바와 같이, 일반교역의 경우는 사 올 만하거나 팔 만한 물품을 찾기가 어려워서 성장에 근본적인 제약이 있었지만, 위탁가공교역은 이러한 제약에서 벗어날 수 있었을 뿐만 아니라 북한의 저렴한 인건비와 남한의 노후 설비를 활용할 수 있었기 때문이다.[233] 중소기업진흥공단이 조사한 위탁가공교역 사례에서도 노동력 수준이나 생산성, 위탁가공비 등에 대해 만족하지 않는 기업은 거의 없었다.[234] 그래서 전체 교역에서 위탁가공교역이 차지하는 비중은 점차 증가해갔다.

한국무역협회의 조사에 따르면, 실제로 위탁가공교역 업체의 수익성도 일반교역 업체보다 전반적으로 좋았다(<표 3-32> 참조). 2007년과 2008년 조사에서 흑자라고 응답한 위탁가공교역 업체는 일반교역 업체보다 많은 것으로 나타나며, 2008년 '대폭 흑

232 정부가 '5·24 조치' 이후 2010년 11월까지 유예 기간을 줘서 그때까지 사업을 할 수 있었다.

233 예를 들어 2009년 일반교역 반출은 1,095만달러인 데 비해 위탁가공교역 반출은 1억 5,567만달러로서 일반교역의 14배에 달했다.

234 중소기업진흥공단, 『중소기업 남북경협 실무절차 및 추진사례』, 2007, pp.104~138.

<표 3-32> 일반교역과 위탁가공교역 업체의 수익성 비교

(단위: 개)

수익성 \ 구분 \ 연도	2007년		2008년		2010년	
	일반 교역	위탁가공 교역	일반 교역	위탁가공 교역	일반 교역	위탁가공 교역
대폭 흑자	0(0.0%)	0(0.0%)	0(0.0%)	1(2.6%)	0(0.0%)	0(0.0%)
약간 흑자	29(40.8%)	26(55.3%)	20(38.5%)	16(41.0%)	15(34.9%)	10(29.4%)
손익분기점	21(29.6%)	8(17.0%)	10(19.2%)	9(23.1%)	15(34.9%)	13(38.2%)
약간 적자	11(15.5%)	7(14.9%)	14(26.9%)	7(17.9%)	8(18.6%)	8(23.5%)
대폭 적자	8(11.3%)	3(6.4%)	6(11.5%)	4(10.3%)	4(9.3%)	2(5.9%)
무응답	2(2.8%)	3(6.4%)	2(3.8%)	2(5.1%)	1(2.3%)	1(2.8%)
합계	71(100.0%)	47(100.0%)	52(100.0%)	39(100.0%)	43(100.0%)	34(100.0%)

* 자료: 한국무역협회, "남북교역 2006년 평가·2007년 전망 및 애로사항", 2007, p.14; 한국무역협회, "남북교역 2007년 평가·2008년 전망 및 애로사항", 2008, p.15; 한국무역협회, "남북교역 2009년 평가·2010년 전망", 2010, p.18.

자'라고 응답한 업체가 1개 있는 것도 눈에 띈다. 2010년에는 위탁가공교역 업체의 흑자 비율이 일반교역 업체보다 다소 작지만, 손익분기점을 포함하면 거의 같은 수준으로 나타났다.

그러나 위탁가공교역 업체들도 많은 애로를 겪었다. 이들이 가졌던 애로는 일반교역 업체들과 상당 부분 유사하다. 직접 통신·통행의 어려움, 클레임 해결 수단의 부재, 높은 물류비, 업체의 능력 부족 문제들은 위탁가공교역의 경우에도 마찬가지로 문제가 됐다. 따라서 지금부터는 위탁가공교역 업체들이 느낀 추가적인 애로사항에 대해 논의한다.

현지 기술지도의 어려움

일반교역도 현지 방문이 중요하지만, 위탁가공교역의 경우에는 더욱더 중요하다. 일반교역은 최종 생산된 물품을 구매하는 것이지만, 위탁가공교역은 원부자재를 북한에 보내서 가공을 의뢰하는 것이므로 현지 기술지도를 통해 생산과정 단계에서부터 관리하는 것이 필요하기 때문이다. 현지 지도는 품질뿐만 아니라 납기 준수, 원부자재 소요량 파악에도 도움이 된다. 특히 고부가가치 제품의 경우는 현지 지도의 중요성이 더욱 크다. 또한 클레임의 해결 수단이 거의 없는 상황이므로 사전에 하자 없는 제품이 만들어지도록 해야 한다는 측면에서도 현지 지도의 필요성이 있다. 1996년 6월 LG경제연구원의 보고서는 고부가가치 제품으로 위탁가공교역을 활성화하기 위해서는 기술진의 북한 방문이 이루어져야 한다고 지적했다.[235] 위탁가공교역 품목이 운동복, 남성용 의류 등에 집중되어 있는 이유도 여성용 의류는 더욱 섬세한 끝마무리나 착용감이 요구되므로 현지 지도 없이는 쉽지 않았기 때문이다.[236] 2010년 한국무역협회의 조사 결과 현지 품질관리가 가능한 개성공단의 경우 품질 만족도가 높았지만, 그 외의 경우는 품질에 대한 불만이 상대적으로 높은 32.6%로 나타난 것도 현지 지도의 필요성을 보여준다.[237]

1990년대 중반 북한과 위탁가공교역을 진행했던 E기업의 경우 캐주얼 바지 제작을 주문했는데 군복처럼 재봉한 바지를 받은 경험이 있었다.[238] 캐주얼 바지의 특성상 부드러워야 하는데, 너무 뻣뻣해서 앉고 일어서기가 불편할 정도였다. 북한 현지를 방문해서 기술지도를 할 수 없었기 때문에 중국을 통해 도면을 보냈지만, 도면만 보고서는 세세한 부분까지 발주처의 주문을 이해할 수 없었던 것이다. "음식은 먹어봐야 만들 수 있고, 옷은 입어봐야 만들 수 있다"라며, 북한 노동자들이 입어본 옷이라곤 군복밖에 없고 캐주얼 바지는 본 적조차 없었을 테니 군복처럼 만들 수밖에 없지 않았겠느냐는 것이 당시 E기업 관계자의 말이었다. 그럴 것 같아서 도면을 설명하는 도면까지 보냈지만, 직접 눈으로 보여주며 설명하지 못하니 이런 일이 벌어졌다고 한숨을 쉬었다. 결국 E기업은 이 바지들을 정상 판매하지 못했고, 대폭 할인해서 처분할 수밖에 없었다. 곰 인형을 위탁가공교역으로 생산했던 업체의 경우도 북한이 제작한 인형은 봉제완구의 특징인 '살아 있는 느낌'을 주는 면에서 부족했다고 평가했다.[239]

1995년부터 현지 기술지도가 성사되었고, 그 후로도 여러 업체들이 북한을 방문해서 기술지도를 실시했지만 일부 업체에 국한되었다. 이미 앞에서 설명한 것처럼, 현지 기술지도를 위해 방북한 기업은 1998년 7개, 1999년 6개, 2000년 10개, 2001년 29

---

235 "대북 위탁가공무역 확대 낙관 못한다", 『서울신문』, 1996.6.18.

236 조동호·최병선, 『남북 위탁가공교역의 현황 및 확대방안』, 한국개발연구원, 1995, pp.31~32.

237 한국무역협회, "남북교역 2009년 평가·2010년 전망", 2010, p.14.

238 당시 필자와의 인터뷰 내용이다.

239 통일원, 『남북교역사례집 (IV)』, 1995, pp.233~234.

개, 2022년 32개 등이었는데, 이는 해당연도의 위탁가공교역 업체 수의 2.4~14.7%에 지나지 않는 비율이었다. 북한은 기술이나 설비가 부족한 일부 전기·전자 분야를 중심으로 남한 기술자의 방북을 허용했지만 일반적으로는 현지 기술지도를 제한했다.[240] 1998년 한국무역협회가 중국, 베트남 등 사회주의 국가와 위탁가공교역을 하고 있는 업체 500개를 대상으로 한 설문조사 결과, 응답한 업체의 91%가 위탁가공 생산기지로 북한에 관심을 가지고 있었으나 실제 참여를 망설이는 핵심적인 이유로 정보 부족(36%)과 함께 통신 및 기술지도의 어려움(32%)을 꼽았다.[241]

그러나 업체에 따라서는 현지 기술지도가 반드시 중요한 것은 아니었다. 위탁가공교역 업체 중 가장 성공한 업체의 하나로 꼽히는 나미인터내셔널의 경우 대북 사업의 가장 중요한 요인으로 '힘 있는 북한 거래선과의 연결'을 들었다.[242] 나미인터내셔널은 위탁가공교역을 하면서 한 번도 북한을 방문한 적이 없었고, 굳이 방북할 이유도 느끼지 못했다. 힘이 있는 북한 측 파트너가 열심히 사업을 운영했으므로 현지에서 기술지도를 하지 않아도 원하는 수준의 제품을 받을 수 있었던 것이다.

낮지 않은 생산원가

위탁가공교역은 남한이 원부자재를 보내면 북한이 완제품을 생산하는 방식이므로, 위탁가공교역 업체가 북한에 지불하는 비용은 완제품 생산에 소요된 인건비가 거의 전부이다. 따라서 북한 근로자의 인건비 이외에도 북한 현지에 공장 건설, 설비 투입 등 대규모의 비용을 지출해야 하는 투자보다 인건비 수준이 업체의 수익성에 더 결정적인 영향을 미치게 된다. 그래서 흔히 위탁가공교역의 가장 큰 유인으로 북한의 낮은 인건비를 지적했다. 위탁가공교역이 시작되던 초기 시절, 정부도 위탁가공교역의 장점으로 "북한 노동력이 국내에 비해 저렴하고 손기술도 좋"다는 점을 강조했다.[243]

그러나 실제는 기대와 차이가 있었다. 위탁가공비가 반드시 낮은 것은 아니었다. 물론 남한과 비교하면 낮았지만, 중국 등 다른 국가와 비교하면 비슷하거나 오히려 높은 경우도 있었다. 사실 남한과 비교하는 것은 의미가 없다. 우리의 관심은 진출대상지로

240 조영조, "남북 위탁가공교역의 현황 및 과제", 『수은해외경제』, 4월호, 2002, pp.15~16.
241 "위탁가공 희망지 대부분 북한 꼽아", 『한겨레』, 1998.7.22.
242 김영윤, 『남북경협 실패사례 연구』, 통일연구원, 2004, p.89.
243 통일원, 『통일백서』, 1993, p.172.

서의 북한이기 때문이다. 즉 우리 업체가 진출해 있거나 진출하려고 하는 중국, 베트남, 인도네시아 등 동남아시아 국가와 비교해서 위탁가공비가 낮은지의 여부가 중요한 것이지 남한보다 낮다는 것은 무의미하고 당연한 이야기일 뿐이다. 만약 북한의 위탁가공비가 남한보다 높았더라면 북한과의 위탁가공교역은 애초부터 아예 말도 나오지 않았을 것이다.

위탁가공비를 정확히 파악하기란 쉽지 않다. 1990년대 중반 위탁가공교역 업체들이 통일부에 반입 승인을 받기 위해 제출한 자료를 근거로 위탁가공비의 수준을 추정한 연구에 따르면 전체 반입 금액, 즉 북한에 지불한 금액의 10~20% 수준인 것으로 나타났다.[244] 그러나 업종과 품목에 따라서 큰 차이를 보였고, 업체에 따라서도 차이가 심했다. 뿐만 아니라 같은 업체의 같은 품목인 경우에도 위탁가공비는 차이가 났다. 이는 같은 품목, 예를 들어 남자 바지라 하더라도 손이 많이 가는 고가품의 경우는 위탁가공비가 더 비싸고, 같은 종류여도 대량주문 여부에 따라 차이가 날 수도 있기 때문이다. 그러나 이러한 차이를 감안하더라도 남자 바지 한 벌당 위탁가공비가 작게는 약 60센트 정도에서 많게는 3달러 정도까지 차이가 나는 이유는 정확히 설명하기 어렵다. 얼마나 '힘이 센' 북한 파트너와 연결이 되었느냐에 따른 결과일 수도 있다.

그러다 보니 중국과 위탁가공비 수준을 비교하는 것도 쉬운 일이 아니어서 자료마다 다른 결과를 보였다. 한국무역협회가 1994년 10월 위탁가공교역 업체 15개를 대상으로 조사한 결과에 의하면, 위탁가공비 수준은 국내를 100으로 할 때 북한은 38.2로서 중국의 37.0과 비슷한 것으로 나타났다.[245] 2002년 동일한 신사용 바지를 북한과 중국에서 위탁가공한 업체의 경우 한 벌당 위탁가공비는 북한 1,950원, 중국 1,560원으로 북한이 25% 비쌌다.[246] 반면 2004년 무한섬유 박노인 사장은 언론 인터뷰에서 트레이닝복 한 벌당 위탁가공비는 1.7달러로서 중국에서 요구한 3.5달러의 절반 수준이라고 말했다.[247]

위탁가공비가 싼 것보다도 위탁가공교역의 가장 커다란 유인은 무관세 혜택이었다.

---

244 조동호 · 최병선, 『남북 위탁가공교역의 현황 및 확대방안』, 한국개발연구원, 1995, pp.34~35.
245 "북한 위탁가공생산기지 유망", 『매일경제신문』, 1994.11.9.
246 이종근, "북한생산의 원가구조", 연구보고서 2003-1, 경남대학교 극동문제연구소, 2003, p.10.
247 김보근, "남북경협 지상강좌 15: 의류사업 새 역사 수 놓는다", 『Economy 21』, 2004.10.25.

<표 3-33> 위탁가공교역의 원가구조 사례

사례 \ 구분	생산지	원부자재 금액	가공비	해상 운임	관세	기타 비용	생산 원가
사례 A: 신사용 바지 (단위: 원/벌)	북한	6,765 (75.0%)	1,950 (21.6%)	194 (2.2%)	0 (0.0%)	114 (1.2%)	9,023 (100.0%)
	중국	6,765 (70.2%)	1,560 (16.2%)	85 (0.9%)	1,108 (11.5%)	114 (1.2%)	9,632 (100.0%)
사례 B: 아동복 (단위: 원/벌)	북한	4,068 (69.3%)	1,430 (24.4%)	260 (4.4%)	0 (0.0%)	110 (1.9%)	5,868 (100.0%)
	중국	3,324 (58.1%)	1,573 (27.5%)	60 (1.0%)	659 (11.5%)	110 (1.9%)	5,726 (100.0%)
사례 C: 캐주얼 의류 (단위: 원/벌)	북한	3,162 (68.2%)	1,170 (25.2%)	202 (4.3%)	0 (0.0%)	105 (2.3%)	4,639 (100.0%)
	중국	2,570 (56.5%)	1,287 (28.3%)	61 (1.3%)	523 (11.5%)	105 (2.3%)	4,546 (100.0%)
사례 D: 텔레비전 (단위: 원/대)	북한	a	9,750	15,200	0	6,500	a+31,450
	남한	a	3,250	0	0	2,000	a+5,250

* 자료: 이종근, "북한생산의 원가구조", 연구보고서 2003-1, 경남대학교 극동문제연구소, 2003, pp.10~13.

실제 사례들을 대상으로 살펴보자(<표 3-33> 참조).[248]

사례 A는 1980년대 초부터 국내에서 신사용 바지를 생산하고 있는 업체의 경우이다. 이 업체는 1990년대 들어 남한 내 생산 여건이 악화되자 중국 상하이 인근의 공장에서 위탁가공 방식의 생산을 해오다가 무관세 혜택을 받기 위해 1995년부터 북한에서의 생산도 병행했다. 북한 생산이든 중국 생산이든 원부자재는 동일하게 한국산을 사용했다. 위탁가공비는 북한에서 생산하는 경우가 중국 생산의 경우보다 더 높았다. 이는 신사용 바지를 생산할 수 있을 정도의 고급 설비를 갖춘 북한 공장이 많지 않아 남한 업체의 협상력이 약했던 데다가, 이들 공장들은 일본과 위탁가공무역을 하면서 위탁가공비도 일본 수준에 맞추어져 있었기 때문이다. 해상운임은 북한 생산의 경우가

248 이후의 논의는 다음 자료에 기초한다. 이종근, "북한생산의 원가구조", 연구보고서 2003-1, 경남대학교 극동문제연구소, 2003, pp.10~14.

훨씬 높았다. 결과적으로 북한 생산의 경우 위탁가공비와 물류비가 높았지만, 무관세 혜택이 워낙 컸기 때문에 생산원가가 중국 생산의 경우보다 낮게 되었다.

사례 B는 중국 및 북한에서 아동복을 생산하는 업체의 사례로서, 이 업체는 국내 및 중국의 선전, 상하이 등에 생산기지를 가지고 있으면서 1990년대 중반부터 북한 생산도 시작했다. 북한에서 생산된 제품의 품질을 우수하게 평가하면서도 잦은 납기지연 등의 문제로 북한 생산을 더 크게 늘리지는 못하고 중국 생산과 병행하고 있었다. 사례 B의 경우 중국에서 생산하는 것이 위탁가공비는 다소 높았으나 중국산 원부자재를 사용함으로써 원부자재 구매금액과 물류비를 북한 생산에 비해 크게 절약할 수 있었다. 그럼에도 불구하고 중국 생산의 경우는 고율의 관세 부담으로 인해 최종 생산원가가 북한 생산에 비해 겨우 2.4% 낮을 뿐이었다.

사례 C는 1999년부터 중국과 북한에서 캐주얼 의류를 생산하는 업체의 사례로서, 북한 생산에서는 원부자재가 100% 남한산이었지만 중국 생산에서는 비용 절감을 위해 중국산 70%, 남한산 30%로 섞어 사용했다. 그 결과 중국 생산이 북한 생산에 비해 원부자재 비용이 낮았고, 물류비도 낮았다. 위탁가공비는 중국 생산이 다소 비쌌으나 원부자재와 물류비 절약분에 비하면 문제가 되지 않을 정도의 차이였다. 그러나 중국 생산에서는 관세를 내야 했으므로 최종적인 생산원가는 북한 생산과 거의 비슷한 수준이 되었다.

사례 D는 북한에 텔레비전 부품을 보내서 완제품을 조립하는 대기업의 사례이다. 원부자재는 100% 국내산이었으므로 북한 생산이나 남한 생산이나 원부자재 비용은 같았다. 다만 텔레비전의 특성상 부피가 커서 물류비가 매우 많이 소요되었고, 위탁가공비도 북한이 남한보다 3배 높았다. 남한 생산도 관세를 낼 필요가 없으므로 북한 생산에 따른 무관세 이익은 무관했다. 결국 최종 생산원가는 텔레비전 한 대당 북한 생산이 남한 생산보다 26,200원 더 비쌌다.[249] 그럼에도 북한 생산을 진행한 것은 대기업으로서 비용 손실보다는 브랜드 인지도 제고, 북한 시장의 선점효과 등 생산원가 이외의 요인을 중요하게 평가했기 때문이다.

---

249 20인치 컬러 텔레비전의 경우 매출액 대비 손익은 -14.6%였다. 신지호, “정상회담 이후 기업의 남북경협 추진방안: 남북한 물류체계 개선 방안”, 삼성경제연구소, 2000, p.14.

추가비용

북한과의 위탁가공교역에는 시간이 많이 걸렸다. 원부자재를 북한에 보내고 완제품을 반입한 후 자금이 회수되는 데까지 물류의 어려움 등으로 인해 50일 정도가 소요되었다.[250] 업종과 물품에 따라 소요기간은 차이가 있어서 4~6개월이 걸린다는 보고도 있었다.[251] 따라서 추가적인 금융비용이 들었다. 상표 등의 부착을 위해 재작업을 해야 하는 경우도 많았다. 특히 위탁가공교역의 초기에는 'made in ROK'는 물론 한글이 들어간 상표는 아예 붙일 수가 없어서 남한으로 반입한 후 다시 부착 작업을 해야 했다. 이는 북한 당국이 북한 공장에서 남한 제품을 만든다는 것을 주민들에게 감추고 싶어 했기 때문이다. 또한 현지 생산공장에서 품질검사를 할 수 없으므로 남한에 반입한 후 검사를 실시할 수밖에 없는데, 만약 하자가 발견된다면 추가 비용을 들여 국내에서 수선하는 방법 이외에는 대안이 없었다.

생산에 필요한 부품의 북한 내 현지 조달이 불가능하다는 점도 비용을 유발했다. 위탁가공교역을 진행하는 공장 이외의 기업이나 공장들과 접촉할 수 없고, 부품을 조달할 수 있는 시장도 없었기 때문이다. 남한 정보의 유입 차단이라는 정치적인 이유로 단순 포장자재까지 남한에서 조달해야 했다. 따라서 의류 제작의 경우를 예로 든다면 원단뿐만 아니라 실, 바늘, 단추 등 모든 부품을 남한 혹은 중국에서 들여보내야 했다. 물류비가 이미 높은 실정에서 모든 부품을 외부에서 조달한다는 것 자체가 생산비용 상승의 원인으로 작용했다.

또한 원부자재의 로스율도 남한 및 제3국보다 높아서 추가 비용을 발생시켰다. 예를 들어 의류의 경우 생산과정에서 발생할 수 있는 불량을 예상해서 실제 소요량보다 여유 있게 원단을 보내기 마련이다. 이 여유분의 비율을 로스율이라고 하는데, 실제로 불량품이 많이 발생하는지 혹은 원단을 빼돌리는지 알 수는 없지만, 북한과의 위탁가공교역에서는 국내나 제3국 생산에 비해 로스율이 높았다. 재킷 위탁가공교역을 했던 한 업체의 경우 일반적인 로스율보다 더 공급을 했는데도 북한으로부터 자재가 부족하다는 연락이 와서 추가로 보내느라 예상하지 못한 경비가 발생했다.[252]

위탁가공교역만의 문제는 아니지만, 아예 대금을 받지 못하는 경우도 있었다. 코오

---

250 유완영, "기업 시각에서 본 대북사업의 문제점과 대응", 『통일경제』, 6월호, 2000, p.63.

251 정만식, "남북한 경제교류와 대응방안", 『산경연구』, Vol.13, 1997, p.14.

252 통일원, 『남북교역사례집 (IV)』, 1995, p.300.

롱상사는 1990년 12월 218만달러 규모의 양말 제작설비를 북한으로 반출하고 기계 대금을 매달 양말 40만켤레로 33개월간 받기로 했으나, 북한 측이 50만달러어치 정도만 보내고 1992년 3월 이후 양말을 보내오지 않아 약 168만달러를 받지 못했다며 수출보험공사에 보험금을 청구했다.[253] 이에 수출보험공사는 코오롱상사의 과실이 아닌 데다가 나머지 대금의 회수 가능성도 없는 것으로 판단해 10억 2천만원의 보험금을 지급했다.[254]

---

253 "대북반출 기계값 168만불 떼여", 『조선일보』, 1994.11.12.
254 "남북경협피해 첫 보험금 … 수출보험공사, 코오롱에 10억 지급", 『한국경제신문』, 1995.5.12.

4장 남북경협의 부문별 평가2: 투자

1. 일반투자

1) 일반투자의 진행 과정

1988년 7월 '7 · 7 선언'과 10월 경제기획원의 '대북 경제개방조치'가 발표되면서 기업들은 북한 투자를 모색하기 시작했다. 당시 많은 기업들이 북한에 투자만 하면 '떼돈'을 벌 것으로 기대했다. 연구기관들도 "생산요소의 측면에서 남한이 자본과 기술에 우위성이 있는 반면 북한은 상대적으로 풍부한 천연자원과 노동력을 가지고 있는 것으로 평가"되기 때문에 투자는 남북한 모두에게 '경제적 실익이 보장'된다고 분석했다.[1] "남북경협 열차에 탑승하라"는 어느 잡지 기사의 첫 문장처럼,[2] 대기업들은 총수가 직접 나설 정도였고 중견기업들도 북한 진출에 적극적이었다.[3]

---

1 한국개발연구원, 『남북한 경제관계발전을 위한 기본구상』, 1991, p.173.

2 박원배, "남북경협시대가 다가온다: 재벌기업의 북한진출 총력전", 『월간 사회평론』, Vol.92 No.9, 1992, p.110.

3 예를 들어 1992년 12월 5일에서 1993년 1월 15일의 기간 동안 대북 투자 의향에 대한 통일부 조사에 의하면, 대북 투자를 계획하고 있는 기업은 전체 응답의 72.8%에 달했고, 투자 이유는 북한의 값싼 노동력 활용(35.8%), 새로운 시장 개척 및 경제진출 교두보 확보(31.7%), 교류협력을 통한 통일 조기 달성에 기여(18.7%)의 순이었다. 통일부 교류협력국, "대북 투자환경에 관한 기업인 의식조사 결과", 1993.2, pp.3~4.

경제적 어려움에 빠져들던 북한은 1984년 '합영법'을 만들었고, 1988년에는 '수출 제일주의', 1990년에는 '무역 제일주의'를 내걸었다. 그러나 투자 유치 실적은 부진했다. '합영법' 제정 이후 1992년까지 116건을 유치하는 데 그쳤고, 이 중 101건이 조총련계 기업이어서 '조조합영(朝朝合營)'으로 끝났다.[4] 그나마 '조조합영'도 1989년을 기점으로 감소하고 있었다. 1986~1992년 조총련계 기업의 대북 투자는 3,561만달러로서 북한이 처음 구상한 투자 유치 목표와는 거리가 있었고,[5] 그나마도 1993년 이후 2004년까지 조총련계를 포함한 일본의 투자는 100만달러에 불과했다.[6] 1991년 3월 기준으로 '조조합영'에 참여했던 조총련계 기업의 폐업률은 38%에 달했으며, 1993년 기준 정상적으로 가동되고 있는 기업은 20개 정도에 지나지 않았다.[7] 1991년에는 북한 최초의 경제특구를 만들면서, 나중에 슬그머니 빼긴 했어도, 명칭에 '자유경제무역지대'라고 외국인투자를 겨냥한 '자유'라는 단어를 넣기도 했다. 1989년 초부터는 남북 고위급회담 예비회담에 참여했고, 1991년에는 '기본합의서'와 다양한 남북경협 부속 합의서 채택에도 동의했다. 북한은 외부자본 유치가 절실한 상황이었다.

그렇게 남북한의 경제적 이해는 맞아떨어지고 있었다. 1988년 12월 30일 이강세 선경 부사장이 정부의 승인을 받고 일본 도쿄에서 평양 소재 북한 무역상사 대표와 접촉해 물자교류 및 합작투자 문제를 논의했는데, 이것이 남한 기업에 대해 합작투자 유치 의사를 공식적으로 밝힌 첫 번째 사례이다.[8] 이 자리에서 북한 측은 "남북한 간의 합영에 대해 우리 정부의 적극적인 지원이 있을 것"이라면서 "조속한 시일 내에 구체적인 합영 방안을 쌍방이 마련, 협력할 수 있는 기회를 갖자"고 제의했다.

투자는 대규모 자본이 투입되어야 하는 만큼 대기업들이 중심이 되었다. 가장 적극

한편 이 조사는 남북경제협력사업 추진을 위한 북한 주민 접촉 혹은 방북 승인 신청 업체 및 남북교역 유경험 업체 등 150개 기업을 대상으로 했고, 응답한 기업은 81개였다.

4 대한무역진흥공사, 『북한 투자실무』, 1993, p.129. '조조합영'이란 '조선'과 '조총련' 간의 합영을 의미한다. 투자뿐만 아니라 북일무역에 있어서도 1985년의 경우 조총련계 기업이 차지하는 비중은 85%에 달했다. 무로오카 데쓰오(室岡鐵夫), "북한 · 일본의 경제협력 전망", KDI 주최 제3회 국제학술회의 '북한의 투자환경과 남북한 경제협력의 정책과제' 자료집, 1993.9.13, p.146.

5 최수영, "북한의 투자유치정책 10년 평가와 과제", 조명철(편), 『북한의 대외경제정책 10년: 평가와 과제』, 대외경제정책연구원, 2001, p.43.

6 김연건, "북일 경제관계현황과 전망", 기획조사 06-005, KOTRA, 2006, p.15.

7 김연철 · 신지호 · 동용승, 『남북경협 GUIDE LINE』, 삼성경제연구소, 2001, pp.56~58.

8 "북한, 우리 측에 '합영' 희망", 『동아일보』, 1989.1.19.

적으로 나선 것은 현대그룹이었다. 정주영 현대그룹 명예회장이 1989년 1월 24~31일 북한을 방문했는데, 남한 기업인으로서는 최초의 공식 북한 방문이었다. 이때 정주영 명예회장은 북한의 조선대성은행 이사장 겸 조선아시아무역촉진회 고문 최수길과 '금강산 관광 개발 및 시베리아 공동진출에 관한 의정서'를 체결했다. 내용은, 첫째, 금강산 일대와 원산의 명사십리, 통천의 시중호, 동정호, 총석정, 금란지구 등 강원도 안의 명승지들을 개발하기로 의견을 같이함, 둘째, 시비리[9] 공동개발 및 원동지구 공동진출 관련, 소련의 시비리 지방에서 소금, 콕스탄, 가스를 비롯한 가치 있는 대상들을 적극 찾아내어 공동으로 개발하는 데 의견을 같이함, 셋째, 북한의 원산조선소와 6월4일차량연합기업소에서 배와 차량을 생산하여 소련에 수출하는 데 의견을 같이함 등의 세 가지였다.[10] 이 중에서 실현된 것은 금강산 관광사업으로, 한동안 논의가 중단되었다가 1998년 11월 18일 첫 번째 금강산 유람선의 출항으로 사업이 시작되었다.[11]

1991년 11월 30일부터 12월 7일까지 통일교 교주인 문선명 목사가 세계평화연합 총재 자격으로 북한을 방문하고 금강산 관광지 개발 등 합작사업 추진에 합의했으나 결실로는 이어지지 못했다.[12] 당시 문선명 총재는 김달현 북한 부총리와 두만강 경제특구투자, 금강산 관광개발, 원산 경공업기지 건설 등을 주요 내용으로 하는 경협 관련 합의서를 체결했다.[13] 일본 『산케이신문』은 문선명 총재가 약속한 투자 금액이 30억달러라고 보도했다.[14] 한편 당시 개인 자격으로 방북한 문선명 목사가 김일성과 회담을 갖고 경협 문제 이외에도 남북 정상회담, 이산가족 상봉, 핵 문제 등에 대해 합의함에 따라 국가보안법 위반 논란이 벌어지기도 했다.[15]

1992년 1월 16~25일에는 김우중 대우그룹 회장이 북한을 방문해 평양의 시멘트공장과 텔레비전 공장, 평남 덕천의 자동차공장, 평북 구성의 공작기계공장, 황해도 사리원의 면방직공장, 황해도 은율의 아연광산, 함남 원산의 수산물가공공장 등 대우가 관

9 시베리아를 의미한다.

10 현대아산 내부자료를 참조.

11 금강산 관광사업에 대한 구체적 논의는 4장 2절을 참조.

12 통일원, 『통일백서』, 1993, p.178.

13 "문선명목사 산하 국제기업, 금강산 합작개발 결정", 『세계일보』, 1991.12.9.

14 "문선명씨 방북때 30억불 투자 합의, 산케이신문 보도", 『한국일보』, 1991.12.20.

15 "통일교 교주 문선명씨 방북활동과 파문", 『한겨레신문』, 1991.12.8.

심을 가지고 있는 분야의 시설들을 돌아봤다.[16] 김우중 회장은 귀국 기자회견에서 북한과 경공업 합작공장의 건설, 석탄 등 자원의 공동개발, 해외 건설 및 제3국 공장 건설에의 공동참여 등 3개 항에 합의했다고 밝혔다.[17] 경공업 합작공장은 200만평 규모의 남포 경공업단지에 총 1,000~2,000만달러를 투자해 와이셔츠, 블라우스 등 9개 분야의 공장을 건설하고, 자원개발은 황해도 은파의 아연광 개발과 평남 신성광업의 무연탄 100만톤 도입을 추진하며, 해외 부문에서는 대우가 수주한 파키스탄의 10억달러 규모 도로공사에 북한 중장비 기사 고용 및 탄자니아에서 추진 중인 방직공장에 북한 기술자 참여 등 공동사업을 추진한다는 것이었다.

이와 관련해서 남포 경공업단지 조성사업 추진을 위한 민관합동조사단이 1992년 10월 6~9일 북한을 방문했다. 김억년 대우그룹 회장비서실장을 단장으로 한 조사단의 방북은 남한을 방문했던 김달현 북한 부총리의 요청에 대한 응답이었고, 목적은 1992년 1월 김우중 회장의 방북 시 대우와 북한 삼천리총회사 간에 합의한 남포 경공업단지 조성사업의 기술적·경제적 타당성과 북한의 투자 관련 제도 및 환경을 조사하는 것이었다. 대우는 남포 경공업단지에 와이셔츠 7개 라인(연산 200만장), 블라우스 1개 라인(40만장), 재킷 1개 라인(20만장), 가방(60만개), 신발(180만켤레), 메리야스(240만장), 면방직(10만추), 봉제완구(540만개), 양식기(1,900만개) 등 9개 분야의 투자계획을 마련해놓고 있었다.[18] 대우가 추진한 남포 경공업단지는 1996년 8월 셔츠·블라우스, 가방, 재킷 등 3개 공장으로 가동을 시작했으며, 이는 남북경협 역사상 최초의 투자 사업이었다.

1992년 9월 22~27일에는 장치혁 고합그룹 회장이 북한 고려민족산업발전협회의 초청으로 북한을 방문했다. 평양과 지방의 여러 지역을 방문하여 화학섬유 합작을 위한 기초조사를 한 장치혁 회장은 북한 측으로부터 폴리에스터 원사공장 설립과 봉제임가공에 대한 지원을 요청받았다면서 사회간접자본 등 여러 여건으로 볼 때 남포보다는 원산, 선봉, 나진 등 동해 지역이 적지라고 밝혔다.[19] 그러나 고합그룹의 대북 사업은 성사되지 못했다.

---

16 "가슴설렌 '북경~평양열차' 24시간", 『동아일보』, 1992.1.27.

17 "남포에 200만평 합작공단", 『매일경제신문』, 1992.1.27.

18 박원배, "남북경협시대가 다가온다: 재벌기업의 북한진출 총력전", 『월간 사회평론』, Vol.92 No.9, 1992, p.113.

19 "북, 화섬공장설립 요청", 『경향신문』, 1992.10.2.

대기업들의 활발한 움직임에도 불구하고 실제 현실화된 사업은 대우의 남포 경공업단지와 현대그룹의 금강산 관광사업뿐이었다. 그나마 금강산 관광사업은 합의 이후 10년이 지나서야 가시화되었다. 이처럼 커다란 기대와 관심, 총수의 방북에도 불구하고 사업이 성사되지 못한 데에는 남북한 모두에 이유가 있었다.

우선 당시 남한 정부는 북한 핵 문제와 남북경협을 연계하는 정책을 채택하고 있었다. 핵 사찰 등 핵 문제의 진전이 없이는 투자를 허용하지 않겠다는 입장이었다. 그래서 정부는 1992년 2월 대우가 추진하던 남포 경공업단지 조사단의 방북을 보류시켰고, 3월에는 투자는 물론 교역을 위한 기업의 대북 접촉도 금지시켰다.[20] 미국도 북한 핵 문제의 해결이 없는 상태에서 남북경협의 진행은 바람직하지 않다는 것이 미국 정부의 공식 입장이라며 남한 정부를 압박했다.[21] 1993년 6월 제11차 통일관계 장관회의에서는 남북경협을 위한 기업인 방북을 핵 문제 해결의 돌파구가 마련될 때까지 유보하는 조치를 공식화했다.[22] 이러한 핵·경협 연계정책은 1994년 10월 북미 제네바 합의로 북한 핵 문제가 일단락되고 11월 정부의 '남북경협 활성화 조치'가 발표될 때까지 지속되어서, 기업인 방북이 다시 허용된 것은 1994년 12월 13일 쌍용그룹 부회장 일행의 북한 방문 때였다.[23]

북한의 태도도 이중적이었다. 예를 들어 외국 자본 유치를 위해 1991년 12월 북한 최초의 경제특구인 나진·선봉 자유경제무역지대를 설립하고서도 남한 기업의 투자는 허용하지 않았다. 1992년 7월 남한을 방문했던 김달현 북한 부총리는 남포 경공업단지의 조속한 진행을 요청했고 1992년 10월 대우가 남포 경공업단지에 대한 조사도 했지만, 북한과의 합영회사 계약은 1996년 4월에야 이루어졌고 가동은 1996년 8월부터 시작되었다. 다른 투자 사업들도 진행속도가 느렸다. 이처럼 투자가 부진한 이유에 대해 당시 정부는 "무엇보다도 북한 측이 남북 협력사업이 북한 주민에게 미칠 충격을 우려한 나머지 정치적으로 이용 가능한 분야에 한정, 선별적으로 응해오는 등 소극적

20 노태우, 『노태우 회고록 (하)』, 조선뉴스익스프레스, 2011, pp.332~333.

21 "'북한핵-남북경협 연계' 한-미 의견 일치", 『조선일보』, 1992.2.25.

22 통일원, 『통일백서』, 1994, p.76.

23 "쌍용그룹, 나진-선봉 기간시설 건설 참여", 『연합뉴스』, 1994.12.17. 당시 '남북경협 활성화 조치'로 방북이 승인된 삼성, 현대, 럭키금성 등 6개 기업 중 쌍용그룹의 방북이 첫 번째로 실현된 것은 쌍용그룹 방북단의 일원인 재미교포 손원태 일가와 김일성과의 각별한 인연 때문이었다. "김일성가 인연 덕분", 『동아일보』, 1994.12.17.

자세를 견지해왔기 때문"이라고 분석했다.[24] 1994년 11월 남한이 발표한 '남북경협 활성화 조치'에 대해 북한은 즉각적으로 조국평화통일위원회 명의의 담화를 통해 "아무런 구체적인 내용도 없으며 새로운 것도 없다"고 하면서 거부 의사를 밝혔다.[25] 북한의 김영남 외교부장 역시 1994년 12월 독일 『프랑크푸르터 알게마이너 자이퉁』과의 인터뷰에서 남한이 김일성 사망 시 조의를 표하지 않은 데 대해 사과하고 국가보안법을 철폐하지 않는 한 "남한 기업인들의 북한 방문을 촉진하려는 남한 정부의 조치는 의미 없는 일방적 제의에 불과"하다고 말했다.[26] 실제로 1989년 6월부터 이후 1993년 10월까지 남북경협 논의를 위해 정부로부터 북한 주민 접촉승인을 얻은 업체는 225개에 달하지만, 이 중 55개 업체만이 북한과 접촉할 수 있었다.[27]

외견상 대기업들의 대북 사업 움직임은 매우 적극적이었다. 예를 들어 1992년 김달현 부총리의 남한 방문 뒤 청와대에서 열린 그룹총수 간담회에 참석한 몇몇 회장은 대우가 추진하던 남포보다는 청진이나 해주가 좋다는 의견을 제시하며 관련 그룹 간 신경전을 펴기도 했다.[28] 대기업들 사이에는 다른 기업에 뒤질 수 없다는 경쟁의식도 작동했다. 실제로 1991년 8월 기준 삼성물산은 북방전략사업부 내 북한팀의 신설, 대우그룹은 지역1사업본부가 맡고 있던 대북 사업의 그룹 기조실 내 전담팀으로의 이전, 현대종합상사와 럭키금성상사는 북한 전담부서의 신설, 선경은 사장 비서실 내 전담부서의 설치 등을 추진하고 있었다.[29] "대기업들은 북한 진출의 경쟁대열에서 앞서거나 최소한 낙오되지 않기 위해 저마다 전담팀을 구성"하고 있었던 것이다.[30] "대우그룹은 김우중 회장의 남북경협 주도권을 활용해 기선을 완전히 제압한다는 계획인 반면 삼성, 럭키금성그룹 등은 이를 만회한다는 방침이어서 주요 그룹 간 경쟁도 한층 치열해질 전망"이라는 보도가 나올 정도였다.[31] 당시 언론에서 정리한 주요 기업의 대북 투자 추진현황을 보면, 이런 사업들까지 추진했었나 하는 생각이 들 정도로 의욕적인 모습

24 통일원, 『통일백서』, 1992, pp.310~311.
25 "'경협' 거듭 거부", 『조선일보』, 1994.11.12.
26 "북 '남북대화 현상황선 불가'", 『조선일보』, 1994.12.15.
27 통일원, 『통일백서』, 1993, p.178.
28 박원배, "남북경협시대가 다가온다: 재벌기업의 북한진출 총력전", 『월간 사회평론』, Vol.92 No.9, 1992, p.115.
29 "'두만강특구' 길닦기 총력", 『매일경제신문』, 1991.8.15.
30 "'북행발걸음' 빨라지고 있다", 『경향신문』, 1992.1.28.
31 "북한 김달현 부총리 방문 앞둔 재계 표정", 『한겨레신문』, 1992.7.17.

을 보이고 있었다.

그러나 겉으로 보이는 활발한 움직임과는 달리 실제 대기업들의 대북 투자 추진은 훨씬 신중했다. 전력이나 도로와 같은 인프라의 미흡, 이중과세 방지 및 투자보장 등 제도적 장치의 미비, 통신과 통행의 어려움, 생산제품의 북한 내 판매 불가능 등과 같은 장애 요인으로 투자 결정을 주저할 수밖에 없었다. 조총련계 기업들조차 실패한 북한 투자여서 더욱 조심스러웠다. 다만 정부정책에의 호응, 북한 시장 선점 효과, 기업 이미지 제고 등을 고려해 북한 진출을 활발히 모색하는 듯한 모습을 연출한 측면이 있었다. 그래서 외견상 보였던 모습과는 달리 실제 추진은 더뎠다. 이는 <표 4-1>에서 1992년의 추진 사업들이 1995년에도 거의 동일하며, 많은 사업 중에서 성사된 사업은 대우의 남포 경공업단지와 현대의 금강산 관광사업뿐이라는 점을 통해서도 확인된다. 정부의 핵·경협 연계정책으로 진행이 어려웠던 데다가 이미 지적한 바와 같은 대북 투자의 걸림돌들도 개선되지 않았기 때문이다. 그러나 확인할 수는 없지만, 기업들이 겉으로만 의욕적인 모습을 내보였을 뿐 속으로는 계속 신중한 자세를 유지하고 있었던 것이 더 큰 이유일 수도 있다. 실제로 <표 4-2>에서 보이듯이 투자의 첫 단계인 협력사업자 승인조차 받지 않은 기업들이 다수였다. 그래서 1994년 12월 7일 남북경협과 관련한 세미나에 참석한 대우의 정주호 전무는, "기업들의 화려한 프로젝트들 가운데 가까운 시일 내에 실현 가능성이 있는 것은 아무 것도 없다"고 단정적으로 말할 정도였다.[32] 실제 이유가 어떤 것이었든, 추진 중이라고 알려졌던 사업들은 대부분 제대로 진행도 안 된 상태에서 무산되었다.

한편 1990년대 중반을 지나면서 투자 사업이 실현되기 시작했다. 1992년 10월 협력사업자 승인을 받았던 대우의 남포 경공업단지 사업이 1995년 5월 남북경협 역사상 최초로 협력사업 승인을 받았고,[33] 1996년 8월부터 가동을 시작했다. 공장 가동 역시 대우의 사례가 최초였다. 태창의 금강산 샘물 개발사업은 1997년 5월, 녹십자의 혈전증 치료제 제조 사업은 1997년 11월 협력사업 승인을 받았다.[34]

1992년 5월 대우의 남포 경공업단지 사업이 최초로 협력사업자 승인을 받은 이래

32 오동렬, "남북경협, 아직은 너무나 먼 환상", 『사회평론 길』, Vol.95 No.1, 1995, p.89.

33 당시는 투자에 대한 승인이 협력사업자 승인과 협력사업 승인으로 이원화되어 있었다. 자세한 설명은 1장 2절을 참조.

34 대우, 태창, 녹십자의 투자 사업에 대한 구체적인 논의는 4장 1절을 참조.

<표 4-1> 주요 그룹별 대북 투자 추진 현황

기업 \ 연도	추진 중인 투자 사업 (1992년)	추진 중인 투자 사업 (1995년)
삼성	• 전자, 섬유, 신발, 생활용품 등 10개 사업 • 청진공단 조성	• 전자, 섬유, 경공업, 자원개발, 경제특구 건설, 인프라 사업 • 전자제품, 스웨터, 식료품 공장 투자
대우	• 남포 경공업단지 내 9개 공장 • 남북한 통과 파이프라인 • 남북 합작 조선소 건설 • 광산개발 • 철도, 도로 등 사회간접자본 사업	• 남포 경공업단지 합작사업 • 명태·조기 등 공동어로사업 • 아연광산 개발 • 텔레비전, 냉장고, 세탁기, 비디오 조립 • 재봉틀 합작사업 • 항만, 교통, 통신 등 사회간접자본 사업
럭키금성	• 섬유, 완구, 가전, 치약, 칫솔 공장 • 정유, 석유화학 공장	• 항만·도로 등 사회간접자본 사업 • 에너지 분야 진출 • 구상무역 및 제3국 거래 활성화
현대	• 금강산 개발 • 원산만 철도차량 및 수리조선소 • 두만강 준설공사 • 시베리아 천연가스관 북한 관통가설 • 시베리아 산림자원 공동개발	• 금강산 관광단지 개발, 철도차량 사업 및 원산조선소 건설 • 북한 경수로 건설에 주관사로 참여 • 면·방직공장 건설
쌍용	• 시멘트 공장 건설 • 수산물 가공	• 시멘트 공장 건설 • 신발 및 수산물 가공사업 진출
한화	—	• 농업용 필름, 합성수지 공장 건설 • 국산 전(全) 전자교환기인 TDX(Time Division Exchange) 공급 • 나진·선봉 경제특구 진출
선경	• 수산물 가공 및 목재 공장 • 정유 공장	—
효성	• 봉제, 직물 공장 • 신발, 타이어 공장	—
코오롱	• 봉제, 신발, 완구 공장 • 해주공단 개발	• 나일론·원단 재직 및 가방공장 건설
한국강관	• 강관 공장	—
동아건설	• 리비아 대수로에 북한 인력 파견	—
삼익악기	• 피아노 공장	—
포항제철	• 북한 제철소와 합작사업	—

기업 \ 연도	추진 중인 투자 사업 (1992년)	추진 중인 투자 사업 (1995년)
화승	• 신발공장	–
대림	• 석유 플랜트 공장	–
삼익악기	• 피아노 합작공장	–
삼립식품	• 식품가공공장	–
태평양화학	• 화장품, 치약, 비누, 샴푸 등 합작공장	–
미원	• 조미료 등 기초식품류 합작사업	–
일양약품	• 한약재 사업	–
강원산업	• 연탄 생산	–

* 자료: 1992년은 "대북 합작 관련주 급상승", 『서울경제신문』, 1992.1.28 및 "재계 대북 투자 적극 추진", 『매일경제신문』, 1992.7.16. 단 포항제철, 화승, 태평양화학, 미원, 일양약품, 강원산업은 백승수, "바빠지는 '남북경협' 가도: 기업인 방북 허용 계기로 본 재계 움직임", 『통일한국』, Vol.106, 1992, pp.99~101, 1995년은 오동렬, "남북경협, 아직은 너무나 먼 환상", 『사회평론 길』, Vol.95 No.1, 1995, p.90.

1999년 12월 말까지 총 43개 기업이 협력사업자 승인을 받았다. 그러나 그중 4개 기업은 최조 승인 기준 미달, 더 이상의 사업추진 불가능 등의 이유로 1999년 12월 23일 협력사업자 승인이 취소되었다. 또한 협력사업자 승인은 받았지만 실제 투자 단계인 협력사업 승인까지 받은 사업은 15개에 지나지 않았다. 승인된 협력사업에는 금강산 관광 및 경수로 사업과 관련한 사업도 포함되어 있었고, 승인만 받았을 뿐 실행까지는 연결되지 않은 사업도 여러 개가 있었다. 결국 투자 의욕에 비해 실제 성사된 경우는 일부였던 셈이다.

1998년에는 금강산 관광사업, 2004년에는 개성공단이라는 대형 투자 사업이 시작되었다.[35] 민간기업의 사업이지만, 정부도 적극적으로 참여한 민관 공동의 사업이었다. 평화자동차의 자동차 조립, 하나비즈닷컴의 소프트웨어 공동개발, 안동대마방직의 섬유 생산 등과 같이 상대적으로 작은 기업들의 투자도 여러 건 성사되었다.

하지만 거의 대부분의 사업이 논의 단계에서 무산되었다. 심지어 협력사업 승인을 받은 사업들 중에서도 성사된 사업보다 추진되지 못한 사업들이 훨씬 더 많았다. 개

35 금강산 관광사업 및 개성공단 사업에 대한 구체적인 논의는 4장 2절 및 3절을 참조.

<표 4-2> 협력사업자 승인에서 그친 사업(1999년 12월 31일 기준)

기업 \ 구분	사업 내용	금액	지역	승인일
고합물산	의류, 봉세, 직물 등 4개 사업	686만달러	남포 또는 나진·선봉	1995.5.17
한일합섬	스웨터, 봉제, 방적 등 4개 사업	980만달러	남포 또는 나진·선봉	1995.6.26
국제상사	신발	350만달러	남포 또는 나진·선봉	1995.6.26
동양시멘트	시멘트 사일로 건설	300만달러	나진·선봉	1995.9.15
동룡해운	하역설비	500만달러	나진·선봉	1995.9.15
삼성전자	나진·선봉 통신센터	700만달러	나진·선봉	1996.4.27
대우전자	텔레비전 등 가전제품 생산	640만달러	남포	1996.4.27
▲신일피혁	피혁·의류 봉제	300만달러	나진·선봉	1997.5.22
한화	PVC장판 제조	90만달러	평양·남포	1997.5.22
LG전자/LG상사	전자제품 조립생산	450만달러	평양	1997.5.22
삼성전자	전전자교환기 등 통신설비 생산	500만달러	나진·선봉	1997.8.1
코오롱	섬유 및 섬유제품 가공·생산	400만달러	평양·남포	1997.8.1
신원	의류·봉제 사업	100만달러	평양	1997.8.1
파라우수산	수산물 가공·생산	300만달러	원산, 해주	1997.8.1
금오식품	냉면·고구마전분 제조	40만달러	평양	1997.8.1
한국토지공사	나진·선봉 지대 시범공단 조성	—	나진·선봉	1997.10.14
대상물류	나진·선봉 국제물류 유통기지 개발·운영	420만달러	나진·선봉	1997.10.14
삼천리자전거/LG상사	가리비 양식·생산	800만달러	나진·선봉	1997.10.14
에이스침대	침대 및 가구 제조·판매	425만달러	평양	1998.1.9
롯데제과	과자류(쵸코파이) 생산·판매	575만달러	평양	1998.1.9
광인	옥외광고 사업	250만달러	평양, 나진·선봉	1998.2.18
안성개발	참기름 가공공장 설립	50만달러	남포	1998.3.13
▲세원 커뮤니케이션	북한올림픽위원회 스폰서십 대행	미정	—	1998.8.6
▲성화 국제그룹	원정 국제자유시장 건설·운영 및 평양 내 백화점 운영	190만달러	나진·선봉, 평양	1998.9.14

구분 기업	사업 내용	금액	지역	승인일
▲아이엠시스템	방송용 광고제작	미정	—	1998.10.17
해주	북한 수산물 생산·판매	299만달러	—	1999.1.8
평화자동차	자동차 제조·판매	3억달러	남포	1999.8.31

* 주: ▲ 표시는 협력사업자 승인이 취소된 기업임.
* 자료: 통일부, 『통일백서』, 2000, pp.81~83.

성공단에 진출한 기업들 정도만 활발한 운영을 보였을 뿐 개성공단 이외의 지역에서는 공장을 가동한 기업이 거의 없을 정도였다. 2006년 9월 기준 금강산과 개성 이외의 지역에서 실제 진행 중인 투자 사업은 태창의 금강산 샘물사업, 평화자동차의 자동차 수리 및 조립사업, 경평인터내셔날·G-한신의 김치, 된장, 상황버섯음료 등 식품가공업, 아이니무역의 다슬기 가공설비 투자 및 반입·판매 등 4개뿐이었다.[36] 그런 상태에서 2010년 '5·24 조치'로 인해 가동 중인 개성공단 기업을 제외한 모든 투자가 금지되었다.

2) 일반투자의 내용

승인 현황

북한에 투자를 하기 위해서는 통일부로부터 협력사업 승인을 받아야 한다. 개성공단과 같은 특구가 아니라 북한 내 일반 지역에 대한 투자를 의미하는 '일반투자'의 승인 추이를 보면, 1999년까지는 9개였으나[37] 2000년대 들어서는 비교적 꾸준히 늘어났다(<표 4-3> 참조). 특히 2005년 이후 협력사업 승인 건수가 급격히 증가한 것은 남북관계의 진전과 함께 남북경제협력협의사무소의 개소 등 남북경협 환경이 크게 호전된 데에 기인한다.[38] 2010년에 19개로 급증한 것은 금강산 관광사업과 관련한 숙소, 식당, 주점, 판매업 등의 업종에서 협력사업 승인이 2010년 9월 한꺼번에 이루어졌기 때문이다.

---

36 통일부, "2006년 국정감사 제출자료(남북교역, 경협일반)", 2006.

37 앞에서 논의한 1999년까지의 협력사업 승인 건수 15개와 차이가 나는 이유는 그 후 승인이 취소된 사업들이 있기 때문이다.

38 통일부, 『통일백서』, 2006, p.110.

<표 4-3> 일반투자에 대한 협력사업 승인 추이

(단위: 개)

연도	1995	1996	1997	1998	1999	2000	2001	2002	2003	2004
승인 수	1	—	2	6	—	2	5	1	2	6
연도	2005	2006	2007	2008	2009	2010	2011	2012	2013	합계
승인 수	10	4	6	9	1	19	—	—	19	93

* 자료: 통일부 홈페이지, 주요사업 > 주요사업통계 > 남북교류협력 > 남북협력사업 승인.

2013년의 경우도 금강산 관광사업과 관련해 소규모 업체들이 일시에 협력사업 승인을 받아 높은 수치를 기록했다. 2010년 '5·24 조치'로 인해 신규 투자가 금지되었음에도 협력사업 승인이 이루어진 것은 현대아산의 협력업체인 이들 업체가 금강산 관광사업의 장기간 중단으로 인한 지원대상 자격을 부여받기 위해 사업을 신청했고, 이를 정부가 승인했기 때문이다.[39] 2014년 이후 새로 승인된 협력사업은 없었다. 전체적으로는 2025년 9월 기준 총 100개의 협력사업이 승인되었으나, 북한 측 요인과 업체 사정으로 7개 사업이 취소되어 승인된 사업은 총 93개(금강산 관광사업 포함, 개성공단 제외)이다.

그러나 협력사업 승인을 받은 93개 사업 중에서 사업 주체인 현대아산과 한국관광공사의 금강산 개발사업, KT의 금강산 통신사업을 포함해 금강산 관광사업과 관련한 사업이 44개로 전체의 절반에 가깝다(<표 4-4> 참조). 사업 지역이 중국인 경우도 1개 있다. 따라서 순수 북한 내 일반 지역에서의 투자 승인은 48개에 불과하다.

<표 4-4> 경제 분야 협력사업 승인 현황(개성공단 제외)

연번	기업	사업 내용	지역	금액 (승인 기준)	사업 승인일
1	대우(합영)	남포공단 사업	남포	512만달러	1995.5.17
2	녹십자(합작)	유로키나제 생산	평양	311만달러	1997.11.14
3	태창 → (주)일경(합영)	금강산 생수 개발·판매	금강산	580만달러 → 980만달러	1997.5.22 → 2005.11.23
4	(주)아자커뮤니케이션(합영)	텔레비전 광고 제작	평양	편당 25만달러	1998.2.18

39 "2년 4개월만에 금강산 민간경협사업 14건 승인", 『연합뉴스』, 2013.5.8.

연번	기업	사업 내용	지역	금액 (승인 기준)	사업 승인일
5	미흥식품(합영)	수산물 채취·가공	청진, 함흥, 원산, 남포	47만달러	1998.3.13
6	(주)현대아산(단독투자)	금강산 관광 및 개발	금강산	9,583만달러 → 36,027만달러	1998.9.7 → 2007.5.18
7	(주)코리아랜드(합영)	부동산개발·컨설팅	평양	60만달러	1998.8.28
8	백산실업(합영)	버섯류 생산	선봉	20.8만달러	1998.10.28
9	KT, 온세통신(단독투자)	금강산 통신	금강산	47.5만달러	1998.11.11
10	(주)평화자동차(합영)	자동차 제조·판매	남포, 평양	666만달러 → 5,654만달러	2000.1.7 → 2006.4.10
11	삼성전자(용역)	S/W 공동연구 개발	평양, 북경	72.7만달러 → 690.4만달러	2000.3.13 → 2009.6.26
12	한국관광공사	금강산 관광	금강산	900억원 → 915억원	2001.6.13 → 2006.8.7
13	(주)하나비즈닷컴(합영)	남북 프로그램 공동개발	단둥	200만달러	2001.7.18
14	IKD, (사)남북경제 협력진흥원(합영)	고려정보 기술센터 건립	평양	400만달러	2001.8.22
15	(주)G-한신(합작)	유리생산 공장	평양	290만달러 → 560만달러	2001.10.16 → 2004.3.11
16	국양해운(단독투자)	해상운송(인천 ↔ 남포)	남포	619만달러	2001.11.21
17	(주)유니코텍코리아(합작)	발포수지성형 사업	평양	51.8만달러	2002.8.7
18	(주)평화항공여행사(단독투자)	평양 관광	평양	—	2003.8.25
19	한국광물자원공사(합작)	정촌 흑연광산 개발	정촌	510만달러 → 665만달러	2003.10.14 → 2008.5.15
20	(주)경평인터내셔날, G-한신 (합영)	식품가공 공장 설립	평양	240만달러	2004.3.20
21	(주)서진인터크루(합작)	피혁제품 생산 공장	평양	800만달러	2004.7.7
22	(주)KT(용역)	정보통신 분야 공동연구	평양	10만유로 → 198.2만달러	2004.7.23 → 2009.4.27
23	제일유통(합작)	표고버섯 재배·가공	평양	54.6만달러	2004.8.21
24	(주)안동대마방직(합영)	평양대마방직 북한내륙 운송사업	평양	250만달러 → 1,500만달러	2004.9.17 → 2008.5.27

연번	기업	사업 내용	지역	금액 (승인 기준)	사업 승인일
25	(주)제이유네트워크(합작)	김치제조 공장	평양	160만달러	2004.12.30
26	에스피메디텍(용역)	의료 S/W 개발	평양	159만달러	2005.5.26
27	아이니무역(합작)	다슬기 가공 반입	원산	15만달러	2005.6.15
28	(주)알티즌하이텍(합작)	CPT 개발	평양	10만달러	2005.9.21
29	(주)쓰리엔테크놀러지(합작)	기계제품 생산·판매	평양	350만달러	2005.12.27
30	(주)대동무역(합작)	강서청산수 생산·판매	남포	250만달러	2005.11.10
31	(주)태림산업(합영)	석산개발, 골재 및 레미콘 생산	개성, 남포, 해주	295만달러 → 1,000만달러	2005.12.1 → 2009.2.6
32	(주)에머슨퍼시픽(단독투자)	금강산 리조트 운영	금강산	724억원 → 725.5억원	2005.12.30 → 2007.10.16
33	제일유통(합작)	나무재배·판매	개성	26만달러	2005.12.30
34	제일유통(합작)	과수 재배·판매	평양	164만달러	2005.12.30
35	제일유통(합작)	소사육 생산·판매	평양	30만달러	2005.12.30
36	농협중앙회(단독투자)	금강산 지점 운영	금강산	500만달러	2006.5.8
37	(주)현대아산(단독투자)	견본품 운송사업	개성	11만달러	2006.6.22
38	아사달(용역)	디자인콘텐츠 제작	평양	25.2만유로	2006.7.5
39	(재)경기디지털콘텐츠 진흥원(용역)	애니메이션 콘텐츠 제작	평양	1만유로	2006.8.25
40	(주)에스엔에너지(단독투자)	금강산 가스 공급	금강산	187만달러	2007.6.25
41	(주)두담(합영)	개성공단 식자재 공급	개성	50만달러	2007.7.23
42	(주)현대아산(단독투자)	개성 관광	개성	1,100만달러	2007.12.4
43	서평에너지(합작)	천성석탄, 무연탄 생산	남포	1,000만달러	2007.12.12
44	(주)한국체인(합영)	특산물 가공 판매	개성	250만달러	2007.12.31
45	(주)통일고려인삼(합영)	인삼 재배·가공 판매	평양	285만달러	2007.12.31
46	(주)아천(합영)	유통센터 건립·운영	개성	570만달러	2008.1.14
47	(주)바두바투(단독투자)	개성 주유소 건립·운영	개성	182.4만달러	2008.2.4
48	(주)독여로(합작)	참깨 재배·가공	평양	25만달러	2008.2.25
49	파라다이스코리아(합작)	섬유제품 생산	평양	1,270만달러	2008.6.12

연번	기업	사업 내용	지역	금액 (승인 기준)	사업 승인일
50	(주)대동수산(합영)	수산물 가공	남포	500만달러	2008.6.20
51	(주)아천글로벌(합영)	석재 가공공장 건설·운영	개성, 해주	1,530만달러	2008.7.10
52	(주)남북경협(합작)	스포츠 의류 생산	평양	500만달러	2008.10.9
53	나우코포레이션(합작)	골판지 박스 생산	평양	500만달러	2008.10.30
54	(주)G-한신(합작)	감자라면 생산	평양	240만달러	2008.11.24
55	(주)벤처브릿지(용역)	S/W 개발	중국 다롄, 단둥	11만달러	2009.3.12
56	(주)일연인베스트먼트	비치호텔 등	금강산	13,040백만원	2010.9.29
57	다인관광(주)	펜션	금강산	3,000백만원	2010.9.29
58	(주)한양	사업자숙소 등	금강산	1,828백만원	2010.9.29
59	(주)천호에프앤비	식당	금강산	350백만원	2010.9.29
60	대가푸드	식당	금강산	50백만원	2010.9.29
61	(주)창희	식당	금강산	250백만원	2010.9.29
62	금강산코퍼레이션(주)	주점 등	금강산	831백만원	2010.9.29
63	(주)두담	판매업	금강산	124백만원	2010.9.29
64	(주)참마당	판매업	금강산	86백만원	2010.9.29
65	황○○	주점	금강산	100백만원	2010.9.29
66	신○○	판매업	금강산	5백만원	2010.9.29
67	제이앤디헬스케어	건강증진센터	금강산	140백만원	2010.9.29
68	레포츠라인	자전거 대여 등	금강산	30백만원	2010.9.29
69	채널라인	세탁소	금강산	700백만원	2010.9.29
70	디씨에프푸드서비스(주)	식당	금강산	611백만원	2010.9.29
71	(주)호수앤달우	판매업	금강산	95백만원	2010.9.29
72	조은자리	판매업	금강산	80백만원	2010.9.29
73	오대양육대주	판매업	금강산	60백만원	2010.9.29
74	온정무역 주식회사	판매업	금강산	96백만원	2010.9.29
75	(주)전통콜렉션	판매업	금강산	5.6백만원	2013.2.15

연번	기업	사업 내용	지역	금액 (승인 기준)	사업 승인일
76	하나온커뮤니케이션즈	판매업	금강산	5.6백만원	2013.2.15
77	부산깡통골목 할매유부보따리	판매업	금강산	5.6백만원	2013.2.15
78	다물 코퍼레이션	판매업	금강산	5.6백만원	2013.2.15
79	모던	판매업	금강산	4.2백만원	2013.2.15
80	(주)동국테크	판매업	금강산	57백만원	2013.2.15
81	이○○	판매업	금강산	4.2백만원	2013.2.15
82	한국관광명품점	판매업	금강산	12백만원	2013.2.15
83	하이프렉스	판매업	금강산	14백만원	2013.2.15
84	네파(주)	판매업	금강산	53백만원	2013.2.15
85	(주)씨오팜	사진관	금강산	100백만원	2013.2.15
86	아로마퀸	판매업	금강산	8백만원	2013.2.15
87	창영사	판매업	금강산	8백만원	2013.2.15
88	캐럿주얼리	판매업	금강산	15백만원	2013.2.15
89	아시안하이웨이(주)	운수업	금강산	—	2013.7.16
90	(주)대원관광	운수업	금강산	—	2013.7.16
91	(주)대화관광	운수업	금강산	—	2013.7.16
92	문화사랑방	판매업	금강산	9백만원	2013.7.16
93	금강문화사	판매업	금강산	1.3만달러	2013.10.31

* 자료: 통일부, 『월간 남북교류협력동향』, 4월호, 2016.

실제 투자 현황

48개의 승인된 협력사업 중에서 실제 투자가 이루어져 북한에 공장 혹은 회사가 만들어진 경우가 얼마나 되는지는 알기 어렵다. 기업 스스로의 홍보나 언론의 취재 등을 통해 일부만 파악할 수 있을 뿐이다. 특히 대북 투자의 종료는 외부로 알리지 않는 경우가 많아 사업의 지속 여부를 알기란 더욱 어렵다.

예를 들어 2002년 9월 KOTRA가 국회에 제출한 국감자료에 따르면 당시 투자가 진행되고 있던 사업은 현대아산의 금강산 관광사업, 녹십자의 유로키나제 제조사업, 평화자동차의 자동차 수리 및 조립사업, 국양해운의 남북해운사업, 삼성전자의 소프트웨어 공동개발사업, 한국전력의 경수로 건설사업 등 6개에 불과했다.[40] 그러나 삼성전자의 소프트웨어 공동개발사업은 중국 베이징에서 이루어졌고, 한국전력의 경수로 건설사업은 엄밀한 의미에서 대북 투자 사업이라고 볼 수 없었으며, 국양해운의 남북해운사업은 물류 사업이었음을 고려하면 순수 민간 주도의 대북 투자 사업은 3개뿐이었다. 앞에서 설명한 것처럼 2006년 9월 기준 사업을 진행하는 업체는 태창, 평화자동차, 경평인터내셔날·G-한신, 아이니무역 등 4개 업체뿐이었다. 그러나 경평인터내셔날·G-한신과 아이니무역은 사업 추진이 쉬운 설비제공형 위탁가공협력 방식으로 추진했기에 진정한 의미의 투자와는 다소 거리가 있었다.[41] 게다가 이들 업체도 사업을 안정적으로 유지하진 못했다. 태창은 2000년 공장 준공 이후 사업이 부진하다가 2005년부터는 간헐적으로 금강산 샘물을 반입했을 뿐이다. 2001년에 제품 반입을 시작한 녹십자는 2006년 북한과의 합작관계를 종료한 것으로 알려졌으며,[42] 평화자동차는 2013년 경영권을 북한에 넘겨주고 철수했다.[43]

더욱이 실제 투자액이 어느 정도였는지를 알기란 더욱 어렵다. 승인받은 투자 규모만큼 그대로 투자하지 않을 수 있기 때문이다. 통일부(2005)는 1990년에서 2005년 4월까지 대북 투자액이 총 13억달러이며 이 중 경수로 건설이 11억달러라고 보고했는데, 이를 통해 구체적 내역은 알 수 없으나 민간의 투자액이 대략 2억달러임을 유추할 수 있다.[44] 이영훈(2006)에 의하면, 1996년에서 2005년까지 민간부문이 실제 투자한 금액은 현대아산 1억 6,000만달러, 평화자동차 1,500만달러, 태창 600만달러 등 총 2억 5,800만달러라고 하나, 어느 정도 정확한 자료인지는 판단하기 어렵다(<표 4-5> 참조).

---

40 "대북사업 6개만 진행중 … 투자환경 열악", 『머니투데이』, 2002.9.23.

41 통일부, 『통일백서』, 2007, p.45.

42 "남북 최초 합작 '정성녹십자제약센터' … 중단 12년, 재가동 가능성은?", 『메디파나뉴스』, 2018.7.2.

43 박상권, "지속가능한 남북경제협력 방안 연구: (주)평화자동차 경영사례를 중심으로", 고려대학교 대학원 박사학위논문, 2019, p.2.

44 통일부 교류협력국, "남북경제교류협력 현황과 과제", 정책자문회의 참고자료, 2005.6.2, p.3.

<표 4-5> 일반투자 규모 추이(실제 투자액 기준)

(단위: 백만달러)

구분 \ 연도	1996	1997	1998	1999	2000	2001	2002	2003	2004	2005
투자액	5	1	1	125	22	28	12	8	12	45
투자액 누계	5	6	7	132	154	181	193	201	213	258

* 자료: 이영훈, "남북경협의 평가: 결정요인과 남북한경제에 미친 영향을 중심으로", 『북한연구학회보』, Vol.10 No.2, 2006, p.221.

3) 일반투자의 사례

일반교역 및 위탁가공교역과 마찬가지로 일반투자도 2010년 '5·24 조치'에 의해 금지되었다. 그러나 대부분의 일반투자는 '5·24 조치' 이전인 2000년대 초중반 이미 경제성 부족 등의 이유로 중단된 상태였다. 그러므로 사업이 중단된 지 20여년 이상 지나기도 했고, 일반교역 및 위탁가공교역과 달리 일반투자는 기업 이름, 사업 분야와 지역, 투자 승인규모 정도를 제외하고는 세부 내용에 대한 공개적인 정보나 통계가 존재하지 않아 당시 사업의 구체적인 진행 과정을 파악하기가 쉽지 않다. 또한 기업의 내부 경영과 관련한 문제라 외부에서 정확한 내용에 접근하는 것 자체가 어렵기도 하다.

일반투자 실태에 관한 가장 종합적인 연구는 조동호(2004)의 연구이다.[45] 이 연구는 대북 투자의 성공모델을 만들기 위한 목적에서 진행된 KDI 과제로서 2004년 당시 투자를 추진하던 업체 전체를 대상으로 선정하고 17개 투자업체를 직접 방문하여 조사한 결과를 담은 자료이다.[46] 지금부터는 여기에 수록된 내용 중 향후 대북 투자에 시사

45 조동호, 『수익창출을 위한 대북 투자방안: 기존 사례의 성공·실패 요인 분석을 바탕으로』, 미발간자료, 2004. 이 자료는 당시 KDI 내부 사정으로 출판되지 않았다. 조동호(2004)와 유사한 연구로는 김영윤(2004)이 있으나, 이 연구는 교역업체도 포함하고 있으며 투자업체는 6개만을 조사했다. 김영윤, 『남북경협 실패사례 연구』, 통일연구원, 2004.

46 조동호(2004)의 연구가 진행되던 2004년 8월 말 기준 경제협력사업 승인을 받은 업체는 31개였으나, 5개 업체(대우, 미흥식품, 아자커뮤니케이션, 두레마을, 백산실업)는 이미 사업을 중단했고, 그중 일부는 회사의 소재조차 알 수 없는 상황이었다. 또한 이 연구는 제조업을 중심으로 한 민간기업의 대북 투자를 위한 가이드라인 작성에 목적이 있었으므로 경수로 관련사업 5개(한국전력공사 지원사업, 한국전력공사 경수로 본공사, KT, 한국외환은행, 한국원자력안전기술원), 연구사업 2개(국제옥수수재단, KT), 인프라 사업 1개(국양해운), 금강산관광 통신지원사업 1개(현대시스콤·KT·온세통신), 개성공단 건설사업 1개(현대아산·한국토지공사)를 제외했으며, 면담이 불가능한 업체 2개(G-한신, 제일유통)를 제외한 14개 업체 전체를 대상으로 선정했다. 다만 협력사업자 승인 단계에서 사업이 중단된 LG전자·LG상사, 삼천리자전거·LG상사 등의 2개 사

점이 큰 사업을 위주로 하되, 관련 연구 및 신문 기사 등을 참조하여 사례를 정리한다.

대우

대우의 남포공단은 남북경협 역사상 최초의 일반투자 사업이다. 경제협력사업자 승인(1992년 10월 5일)과 경제협력사업 승인(1995년 5월 17일)을 받은 것도 최초였고, 실제 가동된 것(1996년 8월 19일)도 최초였다. 대우의 대북 투자는 1991년 5월 김우중 대우그룹 회장이 대한축구협회장 자격으로 남북한 청소년축구 평가전 참가차 북한을 방문한 것으로 시작되었다.[47] 1992년 1월에 다시 방북한 김우중 회장은 북한과 경공업 합작공장 건설, 자원 공동개발, 해외 공동진출 등 3개 항에 합의했으며,[48] 바로 이 경공업 합작공장 건설이 대우의 남포공단으로 현실화되었다. 1992년 10월 민관합동조사단의 남포 현지조사에 이어 1996년 4월 대우와 북한 삼천리총회사 간 합영회사 설립 및 운영에 대한 계약이 체결되었다. 합영회사 이름을 '민족산업총회사'로 하고, 북한 근로자 1,300여명과 대우 측 30여명 등 총 1,330여명을 고용하며, 임기 3년의 합영공장 사장은 북한 삼천리총회사 측에서 맡고, 부사장은 대우 측에서 맡는다는 내용이었다.[49] 공장 면적은 약 7,900평이었고,[50] 생산 규모는 연간 셔츠 300만장, 재킷 60만장, 가방 30만개 등 3,500만달러 상당으로서 전량 수출할 예정이었다.[51] 합영 지분은 삼천리총회사와 대우가 각각 50%였으며, 대우가 통일부로부터 승인받은 투자 규모는 512만달러였다. 1996년 6월 대우는 합영회사의 운영자금으로 500만달러를 북한에 송금했는데, 이는 남한 기업이 북한에 투자자금을 송금한 최초의 사례다.[52] 대우는 북한에 7명의 기

업과 협력사업의 성격을 지닌 KT&G의 사업 1개를 포함하여 총 17개 업체에 대해 직접 방문조사를 실시했고, 하나비스닷컴의 경우에는 관련자를 통한 간접조사를 실시했다.

47 1991년 5월 김우중 회장의 방북은 재계 그룹총수의 북한 공식방문으로는 1989년 1월 정주영 현대그룹 명예회장에 이어 두 번째였다.

48 당시 김우중 회장은 방북 결과 인터뷰에서, 남포공단이 대우 전용공단이 될 것이라는 소식은 잘못 전해진 것이고 남포공단은 북한에 진출하는 남한 기업을 모두 수용할 것이라고 밝혔다. "김우중회장 방북설명 회견 일문일답", 『연합뉴스』, 1992.1.26. 그러나 결과적으로 남포공단은 대우만의 공단이 되었다.

49 "남북 합영공장 5월중 가동", 『연합뉴스』, 1996.4.28.

50 "남포공단과 대우 합영회사", 『연합뉴스』, 1996.4.29.

51 "대우 남포공장 내달 가동", 『한국경제신문』, 1996.4.30.

52 김연철, "남북 경제협력 10년의 평가: 투자 분야", KOTRA(편), 『21세기 동북아시대의 남북경협 전략』, 2003, p.23.

술자를 파견하여 생산라인 건설과 현지인력 교육을 실시했다.[53] 이러한 과정을 거쳐 1996년 8월 대우 남포공단이 가동을 시작했다.

사업은 초기부터 쉽지 않았다. 계약상 형식은 합영이었지만 북한의 독단적 운영으로 합영이 무의미했기 때문이다. 예를 들어 생산 가능규모는 연간 3,500만달러 수준이었으나 실제 생산량은 연간 1,500~2,000만달러에 그쳤다. 그런데도 북한 측은 전자조립공장 건설 등 오히려 사업 확대를 요구했다.[54] 대우는 당연히 거절했지만, 북한 측과의 갈등은 누적되어갔다. 김우중 회장은 "합영회사의 경영효율을 높이기 위해 북측 지분을 인수하는 방안을 검토하고 있다"고 밝히기도 했지만,[55] 북한 법제상 경제특구 이외의 지역에서 외부 투자가가 100% 지분을 갖는 외국인기업은 설립 자체가 불가능한 것이었다. 그러는 와중에 외환위기로 대우그룹 자체의 경영난이 발생하자 1999년 2월 북한은 일방적으로 대우의 평양 상주인원 10명에 대해 추가 비자 연장을 거부했으며, 북한 노동력도 차출함으로써 사업이 중단되었다. 1999년 말 북한 측과의 대면이 베이징에서 있었으나, 그 자리에서 북한은 사업 종료를 일방적으로 통고했다. 대우 측은 사업을 지속해봐야 적자만 쌓여가는 구조였으므로[56] 북한의 사업 종료 통고를 받아들였다. 김우중 회장은 언론 인터뷰에서 남포공단 사업에 대해 "도저히 안 되겠다. 그래서 포기해버렸죠, 뭐"라고 표현했다.[57] 당시 현지에서 총책임을 맡았던 대우의 고위 임원은 북한 측의 경제관념과 이해 수준이 형편없었고 생산활동, 노무관리, 인력양성, 재고관리 등에서 제대로 기업활동을 할 수 없는 체제였다면서, 대우가 남포에 투자한 규모는 대우 입장에서는 재정상 전혀 부담이 안 되는 규모라 깨끗하게 손 털고 나왔다고 말했다.[58] 결국 남북경협 최초의 투자 사업이었던 대우의 남포공단 사업은 한 번도 수익을 내지 못한 채 3년 만에 중단되었다.

대우 남포공단의 실패에는 대우의 내부 문제와 함께 초기의 대북 투자가 지닐 수밖에 없었던 구조적인 문제점들이 요인으로 작용했다. 우선 사업계획이나 공장 규모에서

---

53 "대우임원 평양방문", 『동아일보』, 1996.4.10.

54 김영윤, 『남북경협 실패사례 연구』, 통일연구원, 2004, p.63.

55 "대우, 남포 합영회사 북측 지분 인수 방안 검토", 『매일경제』, 1999.1.21.

56 1997년의 경우 총 매출액은 174만달러로서 계획 대비 실적이 45.4%에 불과했다. 통일부 교류협력국, "남북경협 추진분야별 활성화 방안", 1998.9, p.3.

57 "김우중 '개성공단 8년 앞서 남포공단 만들었다 실패한 이유는 …'", 『조선일보』, 2013.4.20.

58 홍양호, "나의 통일을 향한 여정 ⑤", 『북한』, No.593, 2021, p.91.

보이듯 지나치게 성급히 사업을 추진했다는 기업 자체의 문제점이 있었다. 다른 대기업들이 대우의 독주를 시기할 만큼 대우는 그 어떤 기업보다도 가장 먼저 북한에 진출하고자 했다. 1992년 1월 방북에서 돌아온 김우중 회장 스스로 "지구상의 마지막 시장"이라고 말했을 정도였다.[59] 북한 진출은 당시 대우가 그룹 차원의 슬로건으로 내건 '세계경영' 이미지에도 어울렸다. 그만큼 조급했고, 의욕이 앞설 수밖에 없었다. 남포공단이 아직 논의 단계에 있던 시절에 이미 공작기계공장의 설립 등 중공업 분야에서의 투자를 희망했으며,[60] 수익을 내지 못하는 상황에서도 200만평 규모의 텔레비전·냉장고 공장을 건설하겠다는 계획을 세웠다.[61] 꼼꼼히 타당성을 검토할 여유를 가지지 않았다.

기본적으로 대우는 투자 대상지로서의 북한에 대해 너무 성급했다. 투자하기만 하면 큰 돈을 벌 수 있을 것으로 생각했다. 물론 돈 때문이 아니었을 수도 있다. 기업 이미지나 다른 사업에 대한 파급효과 등이 더 큰 목적이었을 수도 있다. 실제로 김우중 회장은 "분명히 밝히건대 나는 장사만을 위해서 북쪽을 찾는 것이 아니다. 경제성만 따지자면 방글라데시나 미얀마와 같은 저개발국의 인력을 쓰는 것이 훨씬 더 유리할 것이다"라며 "우리 민족이 힘을 합할 때 얼마나 큰 힘을 발휘할 수 있는지를 보여주기 위해" 남북경협을 추진한다고 말했다.[62] 그러나, 이 말을 전적으로 믿을 수도 없지만 이 말이 진정성을 가지기 위해서라도 경제적 이익을 내야 했다. 그러려면 좀 더 면밀한 검토와 철저한 준비가 있어야 했다. 하긴, 대우만 그랬던 것은 아니다. 당시 우리 사회 전체가 북한 진출에 대한 '장밋빛 환상'을 가지고 있었다. 자금 악화로 주가가 하락세를 면치 못하고 있었던 대우그룹의 주식은 북한을 다녀온 김우중 회장이 대북 투자계획을 발표하자 일제히 상승세를 탔으며, 시장에서는 장기적으로도 주가 전망이 밝다고 평가했다.[63]

그러나 실상은 완전히 그 반대였다. 합영이라고 하지만 경영은 북한의 일방적 의도에 의해 이루어졌고, 북한의 과도한 요구는 끊이지 않았다. 공장이 북한에 있어 마음대로 가볼 수도 없고 직접 통신도 불가능했다. 근로자 임금도 낮지 않았으며, 채용도

59 "500만원으로 시작, 신화로 남은 대우 '세계경영'", 『중앙일보』, 2017.3.21.

60 "북, 남측 투자 강력 희망", 『서울경제신문』, 1992.1.26.

61 "현대건설 대우건설, 정주영 김우중이 북한에 뿌린 씨앗 수확할까", 『비지니스포스트』, 2018.5.21.

62 "가슴설렌 '북경~평양열차' 24시간", 『동아일보』, 1992.1.27.

63 "[관심주진단] 방북보따리 풀자 주가 급상승", 『서울경제』, 1992.1.30.

마음대로 할 수 없었다. 교역의 경우에서 보았지만, 고가의 물류비도 커다란 부담이었다. 당연히 이러한 문제점들은 대우만의 문제는 아니었다. 모든 대북 투자가 가지는 문제점이었다. 이런 상황에서 가장 앞서 의욕적으로 대북 투자를 실행한 대우 남포공단의 실패는 처음부터 구조적으로 예견된 것이었던 셈이다. 대우로서는 불행한 일이었고, 이를 목격함으로써 대북 투자에 신중해진 기업들에게는 다행이었다.

녹십자

녹십자는 1980년대 말부터 대북 진출을 위한 내부 준비를 거쳐 1997년 북한의 정성제약연구소와 합작으로 유로키나제(urokinase) 제조회사인 정성녹십자제약회사를 설립하기로 계약을 체결했다. 제약업체로서는 남북경협 역사상 최초였다. 유로키나제는 뇌경색, 심근경색 치료제로서 혈관을 뚫어주는 역할을 하는 약품이며, 사람의 소변에서 특정 성분을 추출한 후 이를 정제해서 만들어진다. 녹십자가 설비투자를 하고 북한 정성제약연구소가 토지와 건물 등을 제공하는 조건으로 지분 50:50으로 계약했고, 북한에서 생산된 반제품을 국내로 반입해서 완제품을 만들기로 했다. 본래 녹십자는 북한에서 완제품을 생산하기로 계약을 맺었으나 이는 불가능한 것이었다. 완제품을 들여오는 경우 국내산으로 간주한다면 생산·판매·유통을 관리하고 있는 식품의약품안전청의 감독을 받아야 하는데 생산 감독을 할 수가 없으므로 이는 불가능한 방안이었고, 수입 의약품으로 간주한다면 임상자료를 식품의약품안전청에 제출해야 하나 이 역시 불가능한 방안이었기 때문이다. 녹십자의 대북 사업은 유로키나제 생산이 국내에서는 이미 사양산업이던 상황에서 중국에 비해 저렴한 물류비, 에이즈가 없는 청정지역, 북한 시장의 선점 가능성 등이 유인으로 작용했다. 게다가 설립자가 개성 출신의 실향민이라는 점도 대북 사업 추진의 중요한 계기가 된 것으로 보인다.

녹십자는 자체 자금으로 사업을 추진했다. 남북협력기금을 활용하는 방안도 모색했으나, 정부 자금을 사용하는 경우 수반되는 각종 보고와 같은 행정업무 부담과 함께 내부정보의 유출이라는 문제가 예상되어 자체 자금을 사용하기로 한 것이다. 설비는 북한이 중고 설비를 받지 않겠다는 입장을 강하게 표명했으므로, 생산설비는 국내 제품, 측정 및 품질관리 설비는 수입 제품으로 구매해서 제공했다. 정성제약연구소는 연구소만 있었을 뿐 공장은 가지고 있지 않았으므로 합작공장인 '정성녹십자제약센터'를 신설했으며, 부지는 녹십자의 요구에 따라 평양 락랑구역으로 결정되었다.

경영과 관련하여 계약서상에는 경영위원회의 구성, 연간 2회 경영위원회의 운영 등이 명시되어 있었으나, 합작 형식이라 실제 경영은 북한 측에서 전담했고 인력 구성, 임금 수준 등 경영의 세부 사항에 대한 정보는 녹십자에 제공되지 않았다. 녹십자는 기계설비 및 기술이전, 제품구매, 수출을 담당했고, 북한 측은 공장운영과 원료 수집을 담당하는 식이었다. 정성제약연구소는 10년 이상 유로키나제 연구를 진행해온 곳으로서 기본적인 기술은 갖추고 있었고, 상당한 수준의 고급 인력을 많이 고용하고 있었으므로 제품을 만드는 데는 큰 문제가 없었다. 초기 적응 과정에서 불량제품이 다소 있긴 했으나 몇 개월 후 기술 수준이 향상되면서 불량은 없어졌다. 2003년 10월 기준 공장에 근무 중인 북한 인력은 총 50명 정도로서 90% 정도가 남성이고 연령은 20~30대 초반이 대부분이며, 기술교육은 2000년부터 2년간 기술자와 설비공급업체 기술자들이 4~10여명씩 방북해서 진행했다.[64]

2000년 9월부터 조업을 시작했으며, 2001년 7월 유로키나제 반제품이 처음 반입된 이후 2004년까지의 반입 규모는 42만달러였다.[65] 사업 초기 6개월간은 제품을 생산해도 남한으로 반입할 방법이 없었다. 제품의 성격상 냉동운반을 해야 하지만 냉동차가 없었을 뿐만 아니라 냉동차로 운반할 만큼의 분량도 아니었고, 북한에는 드라이아이스 공장도 없었기 때문이다. 이에 북한은 6개월 후 스스로 드라이아이스를 만들어서 운송하기 시작했고, 이후 평균적으로 1~2개월에 한 번씩 반입되었다. 북한에서 유로키나제 생산량은 반제품 기준으로 연간 10,000MIU였고,[66] 1회에 1,000MIU를 반입했는데 이는 드라이아이스를 포함해서 라면박스 4상자 정도의 분량이었다. 그런데 면담 시점인 2004년 9월을 기준으로 3개월 동안은 반입이 이루어지지 않고 있었다. 북한 측은 북한 내수용으로 공급하다 보니 공급량이 부족해 녹십자에 보낼 수 없다고 하면서 조만간 보낼 것이라고 설명했다. 그러나 당초 계약 내용과 달리 녹십자에서 완제품 생산을 위한 설비를 보내지 않자, 북한은 국내단체의 지원을 통해 스스로 생산설비를 갖추고 완제품을 생산하여 북한 내부에 공급하고 있는 것으로 파악되었다.

반제품 가격은 1MIU당 18달러에 계약했으나, 5달러는 설비제공 비용으로 상계하므로 실제 지불금액은 13달러였다. 북한산 의약품 반입은 ‘내국 간 거래’로 간주되어

64 선한승 외, 『북한인력에 관한 법제 · 실태와 활용방안』, 한국노동연구원, 2004, p.188.

65 통일부, 『통일백서』, 2005, p.103.

66 MIU는 ‘Mega International Unit’의 약자이다.

제3국에서 수입할 때 부과되던 8%의 관세를 면제받는다는 이점이 있었으나 육상운송이 불가능했으므로 물류비는 중국에서 수입할 때보다 낮지 않았다. 북한과 사업을 시작할 당시 유로키나제 반제품의 국제가격은 20~30달러 수준으로서 경제성이 있었지만, 2004년 무렵에는 중국산 반제품의 대량생산으로 인해 10달러 이하로 가격이 하락해서 적자가 쌓여가는 실정이었다.

그럼에도 북한은 지속적으로 추가 투자를 요청했다. 녹십자가 통일부로부터 승인받은 금액은 311만달러이나 실제 투자액은 200만달러 정도였던 데다가[67] 처음 반제품이 반입되었을 당시만 해도 녹십자가 단계적으로 원료의약품 공급선을 북한으로 대체하고 유로키나제 완제품도 생산할 방침이라고 밝힌 탓도 있었을 것이다.[68] 그러나 적자가 누적되는 상황에서 녹십자가 사업 확장에 관심을 가질 수 없는 것은 당연했다. 게다가 면담했던 녹십자 관계자는 이 사업이 명맥을 유지해올 수 있었던 이유를 녹십자에서 북한에 완제품 기술을 넘겨주지 않았기 때문으로 분석했다. 즉 녹십자가 311만달러를 모두 투자하고 완제품 생산을 위한 설비와 기술을 모두 북한에 제공했더라면 사업은 벌써 종료되었을 것이며, 사업이 2004년 당시까지 유지될 수 있었던 것은 완제품 생산 설비제공에 대한 북한의 미련이 남아 있었기 때문이라는 것이었다. 그러나 북한 측이 설비 추가 제공, 기술이전 등 무리한 요구를 지속하고, 녹십자가 파견했던 기술진의 철수 이후 품질관리가 제대로 이루어지지 않아 제품 품질이 하락하면서 2005년의 반제품 반입 규모는 6.5만달러에 불과하게 되었고,[69] 결국 2006년 합작관계는 종료된 것으로 보도되었다.

태창[70]

태창은 본래 각종 내의류 등을 생산하는 의류업체였다. 태창의 이주영 사장은 1980년대 말부터 대북 사업을 구상했는데, 1994년 사업차 일본을 방문했을 때 일본 수질학회 회장인 도쿄 다이쇼대학의 다카무라 교수를 만난 것이 계기가 되었다. 당시 다카무라 교수가 이주영 사장에게 "북한 사업에 관심이 있다면 금강산 물을 개발하는 것

67 선한승 외, 『북한인력에 관한 법제 · 실태와 활용방안』, 한국노동연구원, 2004, p.187.
68 "남북 합작공장 생산 의약품 첫 반입", 『데일리팜』, 2001.7.16.
69 통일부, 『통일백서』, 2006, p.110.
70 태창은 2007년 1월 '일경'으로 회사 명칭을 변경했다. 통일부, 『통일백서』, 2008, p.168.

이 좋겠다. 세계적으로 금강산 물만한 것이 없으며 수량도 대단하다"고 권유했던 것이다.[71] 금강산 샘물은 북한의 생태보전 특별구역인 금강산 동석동에서 용출되는 생수로, 산삼과 녹용이 스며 있다는 뜻에서 예로부터 '삼록수(蔘鹿水)'라고 불릴 만큼 수질이 우수한 것으로 알려져 있었다. 그래서 금강산 현지조사를 거쳐 룡성맥주, 평양소주 등을 생산하는 북한의 릉라888무역총회사와 함께 금강산 지역의 샘물을 생산해서 국내로 반입하는 샘물사업을 추진하게 되었다.

금강산 샘물공장 부지는 북한이 기존에 사이다 공장을 운영했던 지역으로서 북한 측 파트너가 지정해주었다. 사업 형태는 계약상으로는 합영이지만 운영은 합작의 형태로 이루어졌다. 실제로 태창이 60%를 출자하고 릉라888무역총회사가 40%를 출자해서 설립한 회사명은 '금강산샘물합작회사'였으며, 북한 당국이 남북경협 업체에 '합작'이라는 명칭을 부여한 것은 태창이 처음이었다.[72] 계약서에 의하면 생산량의 전부를 남한으로 들여오게 되어 있었다.

태창은 통일부로부터 1996년 4월 협력사업자 승인, 1997년 5월 협력사업 승인을 받았다. 그런데 샘물의 수송 방법이 문제였다. 1996년 당시로서는 고성군 온정리 공장에서 육로를 이용해 원산항까지 샘물을 수송한 후 원산항에서 해로를 이용할 수밖에 없었다. 그러나 공장에서부터 원산항까지 샘물을 운반할 트럭도 없었고, 철도는 일부 구간만이 남아 있을 뿐이었다. 이에 따라 협력사업 승인도 받기 전에 태창은 공장에서 원산항까지 108km의 철도를 복원하는 작업부터 착수해야 했다. 철도 공사는 1996년 4월부터 11월까지 진행되었고, 소요비용은 약 600만달러였다. 취수원인 외금강 동석동까지 3.5km의 배관도 뚫었다. 공장도 1996년에 건설공사가 시작되어 1997년에 완공되었고, 1998~1999년에는 북한에 제공한 정수설비 및 생산설비 공사가 완료되었다.

그런데 모든 준비가 끝나고 공장을 가동해야 할 시점에 외환위기가 발생했고, 태창은 1998년 10월 화의절차에 들어가게 되었다. 그러나 이미 금강산 샘물사업이 상당히 진행되고 있었던 상황이므로 사업을 중단하기는 곤란했다. 게다가 당시는 추가적인 투

---

71 "[남북경협] 나의 경험 (2) … 이주영 태창 사장", 『매일경제』, 2000.6.1. 그러나 통일부 차관을 역임한 동훈이 북한과 태창을 연결한 것이라는 증언도 있다. 정세현, 『판문점의 협상가 정세현 회고록』, 창비, 2020, pp.383~384. 이 둘을 연결해보면, 다카무라 교수가 권유한 이후 실제 사업 추진과정에서는 동훈 전 차관이 중개에 나섰을 가능성이 있다.

72 "[경제포커스] 북 금강산샘물 남 가정으로 … 태창, 직반입", 『동아일보』, 2000.2.7.

자자금 없이 운영자금만 있으면 되는 상황이었으므로 금강산 샘물사업을 지속하는 것이 유리한 실정이었다. 사업을 지속함으로써 기대되는 기업 홍보효과도 존재했고, 대북 투자를 진행하고 있다는 점이 화의에 유리하게 작용할 것이라는 예상도 작용했을 것으로 판단된다.

2000년 3월 조업식을 가지고 생산을 시작했다. 2000년 4월 샘물 30박스의 시험 반입이 이루어졌고,[73] 6월 18일 500톤이 정식으로 반입되었다.[74] 태창은 생수 판매망을 가지고 있지 않았으므로 동원산업이 판매를 대행하는 방식으로 7월 17일부터 판매가 이루어졌다. 이미 생수 시장에 진출해 있던 동원산업이 금강산 샘물에 관심을 가진 이유는 수원을 확보하려는 목적이었다고 한다. 국내에서 생수를 제조할 수 있는 수원지가 제한되어 있는 상황에서 매년 생수 수요는 증가하고 있었으므로, 생수 제조업체로서는 수원 확보에 대한 유인이 있었기 때문이다. 실제로 2017년의 경우 국내의 생수 제조업체는 62개이지만, 생수 브랜드는 200개도 넘는다.[75] 또한 동원산업은 샘물사업 참여를 계기로 북한 해역에서의 어획권 확보와 북한에서의 사이다, 간장, 라면, 김치공장 등의 설립을 계획하고 있었다.[76] 이후 샘물은 2000년 11월까지 매달 2~3회씩, 총 8회에 걸쳐 2,500톤이 반입되었다.[77] 매달 8,000톤을 들여와서 국내와 일본에 판매할 예정이던 본래 계획에는 크게 못미치는 양이었다.[78]

하지만 2000년 11월 이후 샘물의 반입이 중단되었다. 가장 중요한 이유는 가격이었다. 본래 계약서에 의하면 샘물의 가격은 톤당 3.5달러였는데 북한 측이 갑자기 100달러를 요구했던 것이다. 남한에서 판매되는 금강산 샘물의 가격이 북한 측이 받는 가격과 비교해 커다란 차이가 발생하는 것을 보고, 태창이 폭리를 취하고 있다고 판단하고 샘물의 가격을 올린 것이었다. 북한은 시장경제 체제에서의 유통과정을 이해하지 못했

---

73 조동호, 『정상회담 1주년 남북경협 성과의 평가와 향후 정책과제』, 한국개발연구원, 2001, p.15.

74 "북 금강산샘물 첫 반입", 『한국경제』, 2000.6.16.

75 "[펄펄 끓는 물시장 ③] 제주에서 백두까지 … 제조업체 62개·200개 브랜드 혈투", 『아시아경제』, 2017.6.15. 이처럼 수원지가 한정되다 보니 한 생수 공장에서 자체 브랜드와 주문자상표부착생산(OEM) 방식으로 제품을 생산하게 된다. 예를 들어 경기도 포천의 한 수원지에서는 '롯데 아이시스'와 '풀무원 샘물', '하이트진로 석수' 등이 동시에 생산된다.

76 "'금강산 샘물' 6월초 본격 국내시판", 『SBS 뉴스』, 2000.5.18.

77 "금강산 샘물' 3월부터 국내판매 재개", 『이데일리』, 2005.1.20.

78 "「인터뷰」 '금강산 샘물' 대북합작 추진 이주영 태창사장", 『동아일보』, 1997.6.16.

던 것이다.[79]

이미 앞에서 살펴본 것처럼, 물류비가 지나치게 높은 실정에서 단위 부피당 가치가 낮은 물을 들여온다는 것 자체가 사업성이 없는 것이었다. 실제로 과다한 물류비로 인해 당시 국내 생수가격이 1.8L 병당 700~800원 수준이었는데, 금강산 샘물 생수는 1,200원에 판매되었다.[80] 결국 샘물의 국내 반입은 중단되었고, 설비보호 차원에서 현대아산을 통해 금강산 지역과 고려호텔, 보통강호텔 등 북한 호텔에 판매할 수밖에 없었다. 그러나 수요는 생산 가능량에 크게 못 미쳤다. 예를 들어 당시 금강산의 하루 평균 관광객은 2,000명인데 이들이 하루에 샘물을 2병씩 구입한다고 해도 1일 수요량은 4,000병에 불과했다. 금강산 샘물 공장이 분당 300병을 생산할 수 있는 설비를 갖추고 있으므로 4,000병은 15분 생산량에도 못 미치는 정도의 분량이었다.

2004년 9월 인터뷰 당시 북한에 있는 공장의 종업원은 남자 80명, 여자 120명 등 총 200명 정도였는데, 만약 남한의 공장이라면 30명의 인력으로 가동이 가능했을 것이라고 했다.[81] 게다가 이러한 규모는 초기의 120명에 비해 늘어난 것이었다. 인원이 증가한 것은 2002년 '7·1 조치' 이후로, 외국 기업 근로자에게는 배급을 주지 않기 때문에 배급량을 절약하기 위해 인력을 늘려 배치한 것으로 짐작되었다. 북한 근로자들은 태장에서 일하는 것을 선호하고 있었는데, 근로조건이 좋고 간헐적으로 속옷, 양말 등 태창의 의류를 지급했기 때문인 것으로 보인다. 기술교육은 설비 가동 전에 샘물 정수기계사인 우성기계산업 직원이 방북해 설비 작동과 관련한 교육을 실시했다.

샘물 반입이 중단된 상태에서도 태창은 북한과의 사업 재개 협의를 지속했다. 2002년 9월 평양을 방문하여 톤당 가격을 20~30달러로 하며, 연간 3,000~5,000톤의 샘물을 육로로 반입하기로 합의했다.[82] 당시 동해선 철도·도로 공사의 진행으로 육상운송의 가능성이 열리던 상황에서 물류비가 원가의 50% 정도를 차지하는 만큼 육로로 가

---

79 위탁가공교역의 경우에도 마찬가지여서 LG상사의 장경환 지역개발팀 부장은 한 세미나에서 바지의 위탁가공비가 1달러에 불과한데 완제품의 판매가격은 약 40달러라며 북한 측이 착취라고 항의했던 사례를 소개했다. 한국노동연구원 주최 '남북경제 협력과 노동정책에 관한 세미나', 1998.6.10.

80 이태호, 『대북 투자 10계명』, 삼일회계법인, 2010, p.131. 나중에 900원으로 가격을 인하했지만 판매는 부진했다.

81 2006년 통일부 자료에 의하면 북한 종업원은 남자 66명, 여자 84명으로 총 150명이었다. 통일부, "2006년 국정감사 제출자료(남북교역, 경협일반)", 2006.

82 "북 금강산샘물 반입 재개", 『매일경제』, 2002.10.9.

져온다면 경제성이 있을 것이라고 판단했기 때문이다. 2003년 육상운송에 대해 북한 측과 합의서를 체결했으나, 실제 육로를 통한 수송은 이루어지지 않았다. 2005년 3월 홍보용 샘물 15.7톤을 시작으로 3회에 걸쳐 총 63톤을 동해선 육로를 통해 반입했고,[83] 2006년 6월 추가 투자를 통해 공장시설을 확장하면서 본격적인 제품 판매 단계에 접어들었다.[84] 2007년에는 추가로 3호정을 개발하여 월간 생산 능력을 2,000톤으로 확대하고 생수 3,000톤을 반입했다.[85] 2008년 3월 서울우유와 182억원 규모의 금강산 샘물 판매계약을 체결했고,[86] 서울우유는 프리미엄급 생수 브랜드로 육성하겠다는 계획하에 6월 '맑고 고운 금강산 샘물'이라는 이름으로 금강산 샘물 생수를 출시했다.[87] 그러나 서울우유는 1년 만에 샘물사업에서 철수했고, 사업은 활성화되지 못하다가 2010년 '5 · 24 조치'로 완전중단되었다.[88]

코리아랜드

1992년 6월 설립된 코리아랜드는 1998년 8월 28일 경제협력사업 승인을 받았다. 부동산 개발 관련 업체로서는 처음이었다. 사업 내용은 2002년까지 60만달러를 투자해 북한의 묘향경제연합체와 6:4의 합영으로 조선부동산총회사를 설립하고, 평양 고려호텔과 양각도호텔, 묘향산 향산호텔의 객실과 부대시설의 임대 · 분양 등 부동산 개발 및 컨설팅 사업을 진행한다는 것이었다.[89] 경제협력사업 승인 직후 코리아랜드는 9월 중 고려호텔에 사무실을 개설하고, 1차적으로 외국 기업과 남한 기업을 대상으로 양각도호텔과 향산호텔의 장기 임대사업을 진행할 예정이라고 밝혔다.[90] 또한 1999년 3월 공식 발족할 예정인 조선부동산총회사에 투자할 주주를 모집했으며, 1999년 1월 설립

83 통일부, 『통일백서』, 2006, p.111.

84 통일부, 『통일백서』, 2007, p.45.

85 통일부, 『통일백서』, 2008, p.168.

86 "일경, 서울우유와 182억 먹는샘물 판매계약", 『머니투데이』, 2008.3.11.

87 "대기업 '물 장사' 뛰어든다", 『파이낸셜뉴스』, 2008.6.18.

88 서울우유와 일경의 계약기간은 2008년 4월부터 2011년 3월까지 3년이었으나, 서울우유는 1년 만에 철수한 이유로 "국내 생수시장 자체가 포화상태인 데다가 선두자리를 탈환하기에는 역부족이었다는 판단이 작용했다"고 설명했다. "서울우유, 신사업진출 안하나 못하나?", 『서울파이낸스』, 2012.5.24.

89 "부동산업체 코리아랜드 첫 북한 진출", 『한겨레』, 1998.8.29.

90 "코리아랜드, 부동산업계 첫 북한 진출", 『한국경제』, 1998.8.29.

<표 4-6> 언론에 보도된 코리아랜드의 대북 사업 계획

언론(날짜)	내용
한국경제신문 (1994.8.9)	• 중국 단둥에서 현대종합상사, 삼성물산, 효성물산, 럭키금성, 해태상사 등 남한의 5개 주요 기업 대표와 북한의 대성무역, 옥류무역, 조선대성상사 등 무역회사 대표단 간의 무역협상 주선
경향신문 (1994.11.11)	• 고려호텔 부근 5천평 대지에 지하 3층, 지상 15층, 연면적 약 5만평 규모의 쌍둥이 형태 오피스텔을 고려민족산업발전협회와 합작 건설 • 북한 명승지인 송도원과 금강산 일대에 종합 위락시설을 갖춘 호텔을 합작으로 건설
매일경제신문 (1995.12.13)	• 중국 베이징시 하이덴취 원치안상 내 집진경제개발구에 총 1천여평의 부지에 지상 11층 규모로 민간교류 거점기지 확보를 위해 남북통일센터 건립
한국경제 (1998.8.29)	• 평양 인근에 상업시설 건축
서울경제 (1998.12.28)	• 묘향산에 대규모 리조트 조성사업 • 묘향산~용문대굴 관광코스 개발·판매 • 나진·선봉지역 진출을 희망하는 국내 중소기업을 대상으로 50년 임차사용권 중개업무
문화일보 (1999.11.12)	• 인터넷으로 남북 이산가족이 생사 확인 및 상봉을 할 수 있는 벤처기업 설립

하는 코리아랜드 평양사무소를 통해 평양 및 묘향산 현지답사를 실시할 계획이었다.[91] 코리아랜드가 평양 고려호텔 206호에 사무실을 마련하기로 하고 60만달러의 투자 비용 중 10만달러를 이미 송금했다는 보도도 있었다.[92] 이외에도 코리아랜드는 북한과 관련한 다양한 사업을 추진했다(<표 4-6> 참조).

외부로 알려진 코리아랜드의 대북 사업 중에서 가장 대표적인 것은 평양 유경호텔의 임대·분양 사업이었다. 피라미드 모양의 105층 규모 유경호텔은 1987년 북한이 프랑스 자본과 기술을 들여와 건설을 시작했다. 본래 1989년 완공이 목표였으나 자금난으로 김일성의 80회 생일인 1992년으로 미루어졌다가 1992년 60% 진행된 상태에서 공사가 중단되었다.[93] 외국과의 문화교류를 담당하는 북한 관리는 외국 언론과의

91 "남북합작 부동산 중개회사 생긴다", 『서울경제』, 1998.12.28.

92 "평양에 이산가족 사무소 민간기업이 개설 추진중", 『중앙일보』, 1999.6.5. 그러나 코리아랜드 홈페이지의 연혁에 평양사무소 설립에 대한 설명이 나타나 있지 않은 것으로 볼 때 이 사업은 무산되었던 것으로 보인다.

93 "평양 유경호텔 맡은 회장 '최상층엔 …'", 『중앙일보』, 2012.11.1. 한편 유경호텔은 2008년 이집트 통신그룹 오라스콤의 투자로 공사가 재개되었고, 우여곡절을 거쳐 2017년 착공 30년 만에 완공되었다.

인터뷰에서 "솔직히 말해, 돈이 없어서 호텔을 완성하지 못했다(To be frank, we didn't finish the hotel because we ran out of money)"라고 인정했다.[94] 그래서 높이 약 330m의 유경호텔은 오랫동안 골조만 드러낸 채 꼭대기에는 크레인까지 그대로 남아 있던 상태였다. 미국 잡지 『에스콰이어』는 "인류 역사상 최악의 건물(The Worst Building in the History of Mankind)"이라는 제목의 기사에서 "거대한 스케일의 실패작(failure on an enormous scale)"으로서 "흉측하게 평양의 스카이라인을 압도(hideous, dominating the Pyongyang skyline)"한다고 묘사했다.[95] "비운의 호텔(Hotel of Doom)", "유령 호텔(Phantom Hotel)"이라는 표현도 있었고,[96] "세계 최악의 건물(worst building in the world)"이라고도 했다.[97] 여행 웹사이트인 버츄얼투어리스트(VirtualTourist)는 유경호텔을 2009년 "세계의 가장 추한 10대 건물(World's Top 10 Ugly Buildings)"의 하나로 선정했으며,[98] 2012년에는 CNN 계열의 여행정보 사이트 CNNgo가 선정한 세계의 10대 추한 건물 중 1위로 유경호텔이 뽑히기도 했다.[99] 완공되었더라면 그 당시 세계 최고 높이의 호텔이었다.

코리아랜드가 추진한 것은 이러한 유경호텔의 공사를 마친 후 객실 일부를 임대하는 사업이었다. 코리아랜드에 의하면, 1994년 12월 중국 단둥에서 가진 북한 이성록 고려민족산업발전협회 회장과의 면담 결과 코리아랜드가 유경호텔의 임대대행사로 선정되었고, 구체적으로는 유경호텔의 총 객실 3,000개 중 1,000개를 사무실로 전용하여 임대료 1일 150달러, 최소 계약단위 회사당 5개실, 최소 계약기간 1년으로 한다는 계획이었다.[100] 모든 객실이 임대된다고 가정할 때 연간 임대수입은 5,475만달러로서 1994년 평균 환율 기준 약 440억원에 달하는 금액이었다. 코리아랜드는 1995년 1월 정식계약을 체결하고 2월부터 분양을 시작해,[101] 호텔 공사 마무리에 소요되는 자

"ICBM 개발 성공한 북 … 로켓모양 유경호텔 완공", 『문화일보』, 2017.8.1.

94 "Who gave N. Korea those power tools?", *Los Angels Times*, 2008.9.27.

95 "The Worst Building in the History of Mankind", *Esquire*, 2008.1.18.

96 "Will 'Hotel of Doom' ever be finished?", *BBC News*, 2009.10.15.

97 "North Korean hotel dubbed the 'worst building in the world' may finally be finished", *The Telegraph*, 2009.10.16.

98 "Travel Picks: World's top 10 ugliest buildings", *Reuters*, 2009.11.20.

99 "'세계서 가장 추한 건물' 북한 류경호텔 뽑혀", 『아시아경제』, 2012.1.10.

100 "평양 유경호텔 빌려줍니다", 『서울경제신문』, 1994.12.29.

101 "평양 유경호텔 국내기업이 임대, '코리아랜드' 새달 정식계약", 『서울신문』, 1994.12.29.

금은 임대수입으로 충당할 계획이었다.[102] 코리아랜드의 임원은 유경호텔의 일부를 외국인에게 임대를 주고 그 자금으로 호텔을 완공하는 방식으로 컨설팅을 해줘 북한 측과 계약을 맺었다고 말했다.[103] 2004년 9월 인터뷰 당시 코리아랜드 관계자는 유경호텔 완공에는 8개월 정도가 소요될 것이라면서 1년에 10일 이용권을 300만원으로 하여 20만명을 모집하면 6,000억원을 조달할 수 있는데 이 중 4,000억원을 중국 건설회사에 공사비로 지급하고 2,000억을 기타 비용으로 사용할 예정이라고 밝히기도 했다.

그러나 당시 통일원은 코리아랜드의 유경호텔 임대사업 계획에 대해 아무런 보고도 받지 못했다는 입장을 보였다.[104] 북한이 남한 기업들과 실현성이 없는 계약을 남발하고 있는데, 이는 우리 정부가 사업 승인을 하지 않을 경우 남북경협의 방해 책임을 전가하면서 기업과 정부 간 갈등을 증폭시키려는 속셈이라고 해석하고 있었다. 특히 북한의 남북경협 창구인 고려민족산업발전협회는 남한 정부의 승인이 어렵다는 사실을 알면서도 우리 기업이 대북 투자를 희망할 경우 일단 계약서에 서명해주고 있다면서, 고려민족산업발전협회와 계약을 맺었다는 기업은 20여개가 넘지만 정부가 승인한 사업은 단 한 건도 없다고 밝혔다. 코리아랜드의 사업에 대해서도 "완공도 불투명한 건물을 임대하겠다는 북한의 의도가 의심스럽다. 평양에 싸고 좋은 사무실이 많은데 연간 27만달러의 임대료를 낼 외국 기업이 있을지 모르겠다"며 승인할 수 없다는 뜻을 비쳤다.[105] 또한 "최근 북한을 방문하고 돌아온 기업인들의 교류협력사업 발표 내용 중 정부를 당혹케 하는 내용이 적지 않다"면서 "대북 경협사업은 신고사항이 아닌 승인사항"이므로 승인 범위를 벗어난 사업을 추진하는 기업에 대해 승인 취소 등 강력한 제재를 가할 방침이라고 강조했다.[106] 그러면서 유경호텔의 임대사업권을 따냈다고 밝힌 코리아랜드에 대해 이미 경고했다는 사실도 언급했다.

사실 초기부터 코리아랜드의 대북 사업에 대해서는 긍정적 평가와 우려하는 목소리가 동시에 있었다. 긍정적인 평가는 향후 남북관계가 호전될 경우 제기될 이북 출신들의 토지 반환 문제, 남한 사람들이 북한 부동산을 취득할 때의 법적 문제 등을 예상

102 "평양 유경호텔 분양권 땄다", 『경향신문』, 1994.12.29; "평양 유경호텔 한국업체가 분양", 『동아일보』, 1994.12.29.

103 "코리아랜드 강경란 이사, '남편 기살리기' 강의 '화제'", 『서울경제』, 1997.10.2.

104 "한국부동산전문업체 코리아랜드, 평양 류경호텔 임대사업권 따내", 『한겨레』, 1994.12.29.

105 "북, 한국기업과 '공계약' 남발, 고민발, 실현성 없는 사업 마구잡이 추진", 『서울신문』, 1995.1.7.

106 "승인범위 벗어난 대북경협, 취소 등 강력 제재", 『한국경제신문』, 1995.1.24.

하면 북한 부동산 개발 및 컨설팅 사업은 좀 이르기는 해도 반드시 필요하고 유망한 일종의 벤처사업이라는 것이었다.[107] 반면에 유경호텔은 안전도에 문제가 있을 뿐만 아니라 북한에서 1,000개의 사무실 수요가 없다는 사실을 감안하면 "성사되면 다행이고 안 돼도 기업홍보 효과가 크다"는 식의 '선전 효과'를 겨냥한 것이라는 지적이 제기되었다.[108] 실현 가능성이나 채산성에 대한 면밀한 검토 없는 '한건주의'라는 평가도 있었다.[109]

이후 사업은 진척이 없었다. 부동산 개발 사업으로 경제협력사업 승인을 받았지만 유경호텔 임대사업에 대해서는 추가로 승인을 받아야 했는데, 통일원은 사업 타당성과 남북관계 등을 이유로 승인을 내주지 않았다.[110] 2004년 9월 인터뷰 당시 코리아랜드 관계자도 중소기업이 하기에는 규모가 너무 크다는 점, 분양이 어렵다는 점, 안전도에 문제가 있다는 점 등의 이유로 정부가 승인을 내주지 않았다고 이야기했다. 북한도 추가적인 움직임이 없었다. 오히려 북한은 대우그룹에 유경호텔 사업에 참여해줄 것을 요청했지만 대우그룹이 소극적이라는 보도가 있었다.[111] 결국 코리아랜드의 유경호텔 임대사업은 1994년 말 사업의 발표 상태에서 중단되었고, 2025년까지 북한이 유경호텔 임대를 진행하는 움직임은 없다.

평화자동차

1991년 11월 30일부터 북한을 방문한 통일교 교주인 세계평화연합 문선명 총재가 북한 측과 논의한 사업은 두만강 경제특구투자, 금강산 관광개발, 원산 경공업기지 건설 등이었다. 그러나 현실화된 사업은 자동차 조립공장 건설이었다. 평화자동차 사장을 지낸 박상권에 의하면, 통일그룹 입장에서는 자동차 조립공장 사업이 특구투자, 관광개발 등에 비해 투자 금액이 월등히 적고 베트남 등에서의 자동차 조립공장 운영 경험을 보유하고 있다는 장점이 있었고, 북한 입장에서는 자동차 관련 기술의 획득, 유관사업으로의 파급효과 등을 고려했던 것이라고 한다.[112] 실제로 북한은 조총련을 통해

107 "하: 해볼만한 부동산관련 사업", 『헤럴드경제』, 2000.6.21.
108 "남북경협 재개이후, 중기 '1회성 대북 투자' 문제 많다", 『세계일보』, 1995.1.11.
109 "대북진출 과열경쟁", 『서울신문』, 1995.1.11.
110 "유경호텔 붕괴위기 사실인가", 『한국일보』, 1996.9.2.
111 "북한, 대우에 유경호텔 사업 참여제의", 『연합뉴스』, 1996.9.14.
112 박상권, "평화자동차 재무분석과 남북경협의 방향", 『통일문제연구』, Vol.30 No.2, 2018, p.6.

자동차 조립공장을 설립하려고 노력했는데, 평안남도 평성의 한 조립공장에 일본제 차체 프레스 장비가 갖추어져 있었으며 독일의 벤츠 승용차를 완전 분해한 흔적도 남아 있었다고 한다.[113] 향후 북한 개방이 이루어지면 외국인 관광객 및 투자가로 인해 자동차 산업이 유망하리라는 판단도 작용했다. 2004년 9월 인터뷰에서 평화자동차 관계자는 부품을 구입해 북한에서 조립·판매하는 이유에 대해 완제품을 수입·판매하면 기술이전이 안 되므로 북한 당국이 반대할 것이라는 점을 지적했다.

이에 따라 통일그룹은 1998년 북한의 조선련봉총회사와 7:3의 합영 비율로 '평화자동차총회사'를 설립했다.[114] 당시 발급받은 영업허가증에 따르면, 업종은 자동차 조립생산 및 판매와 중고 자동차 수리였다. 평화자동차 관계자는 2004년 9월 인터뷰에서 합영을 선택한 이유에 대해 북한의 상황으로 볼 때 단독투자를 한다고 해도 100% 소유한다고 할 수 없고, 합영을 하면 북한 측도 투자를 했으니 영업은 북한 측에서 담당하라고 할 수 있어서 유리하며, 정치적 문제가 생겼을 때 북한 측 파트너가 북한 당국과 문제를 해결할 수 있다는 장점이 있다고 설명했다.

부지는 남포항에서 약 2km 떨어져 있고 신남포역을 끼고 있어 내륙과 해상 물류가 유리한 지역으로서 면적은 약 33만평이었다. 이전의 대우 남포공장에서 10분 정도 거리였으며, 북한이 2017년 12월 발표한 강남경제개발구와도 가까운 곳이었다. 평양과는 약 42km 거리였고, 평양으로 진입하는 고속도로가 부지 정문에 닿아 있다는 점도 장점이었다. 대동강을 통해 공업용수를 쉽게 확보할 수 있다는 점, 인구가 밀집한 대도시인 남포를 통해 인력 수급이 편리하다 점도 부지 선정의 주요 요건으로 작용했다.

평화자동차의 투자 승인 금액은 약 5,600만달러이나 베트남 공장의 설비를 이전했으므로 실제 투자 금액은 승인 규모보다 작았다. 평화자동차 관계자와의 인터뷰에 의하면, 북한 근로자의 채용은 평화자동차에서 제시한 구인 조건에 따라 북한 측 파트너가 근로 희망자의 이력서를 받아서 전달하면 평화자동차가 선정하는 방식이었다. 베트남 근로자와 대비한 북한 근로자의 생산성은 매우 높아서 베트남 근로자가 숙련되는

113 박상권, "평화자동차 재무분석과 남북경협의 방향", 『통일문제연구』, Vol.30 No.2, 2018, p.7.

114 2000년대 중반 조선련봉총회사가 유엔제재 대상이 되자 조선민흥총회사로 합영 상대를 교체했다. 박상권, "지속가능한 남북경제협력 방안 연구: (주)평화자동차 경영사례를 중심으로", 고려대학교 대학원 박사학위논문, 2019, p.131. 한편 통일부는 평화자동차총회사가 북한 측 상대를 조선민흥총회사로 바꾼 것은 2003년 2월이며, 자동차 분야만 전문적으로 관리하기 위한 목적이었다고 설명했다. 통일부, "2006년 국정감사 제출자료(남북교역, 경협일반)", 2006.

<표 4-7> 평화자동차의 연도별 직원 현황 및 임금

(단위: 명, 유로)

구분 / 연도	직원 수							임금 총액
	본사	공장	연구소	광복 수리	상점	연유공급소[1]	계	
2000	9	27	–	–	–	–	36	–
2001	9	56	–	–	–	–	65	–
2002	9	143	–	–	–	–	152	–
2003	16	178	–	–	–	–	194	102,099[2]
2004	16	167	–	–	–	–	183	37,617
2005	20	167	–	–	–	–	186	29,800
2006	22	164	–	–	8	16	208	25,039
2007	22	164	4	–	7	17	214	134,900
2008	32	163	4	–	7	17	213	142,746
2009	32	315	10	11	13	14	395	130,687
2010	33	319	10	13	12	15	402	310,294
2011	35	322	10	13	12	16	408	226,037
2012	34	319	10	13	13	16	405	284,516

* 주 1: 주유소를 의미함.

2: 다른 연도와 비교할 때 특별한 내부 사정이 있었거나 오타일 것으로 판단됨.

* 자료: 직원 수는 박상권, "지속가능한 남북경제협력 방안 연구: (주)평화자동차 경영사례를 중심으로", 고려대학교 대학원 박사학위논문, 2019, p.128, 임금 총액은 박상권, "평화자동차 재무분석과 남북경협의 방향", 『통일문제연구』, Vol.30 No.2, 2018, p.21.

데 6개월이 걸린다면 북한 근로자의 경우 1~2개월이 걸렸다고 했다. 언어소통이 가능해서 지배인과 의사 교환이 잘 이루어지고, 북한의 승리자동차연합기업소 출신이나 자동차 학교 출신이 많아서 이미 기술을 가지고 있는 데다가 새로운 기술에 대한 이해도 빠르기 때문이었다. 일반 근로자의 임금은 월 100달러를 기준으로 직급과 능력에 따라 조정되었다(<표 4-7> 참조).[115]

평화자동차는 2002년 4월 자동차 조립공장을 준공한 이후 2004년 말까지 4개 모

115 박상권, "평화자동차 재무분석과 남북경협의 방향", 『통일문제연구』, Vol.30 No.2, 2018, p.20.

<표 4-8> 평화자동차 생산, 판매, 매출 실적

(단위: 대, 천유로)

연도 \ 구분	생산대수	판매대수	판매 누적대수	매출 규모
2002	–	115	115	–
2003	–	170	285	–
2004	108	125	410	2,780
2005	86	232	642	1,685
2006	183	87	729[1)]	2,934
2007	302	294	1,023	4,526
2008	632	649	1,672	7,011
2009	1,425	1,300	2,972	13,776
2010	1,349	1,450	4,422	14,980
2011	1,820	1,873	6,295	19,270
2012	–	2,000	8,295	–

* 주 1: 2007년『통일백서』는 727대로 기록하고 있음.

* 자료: 생산 및 판매대수는 박상권, "지속가능한 남북경제협력 방안 연구: (주)평화자동차 경영사례를 중심으로", 고려대학교 대학원 박사학위논문, 2019, p.162, 매출 규모는 박상권, "평화자동차 재무분석과 남북경협의 방향",『통일문제연구』, Vol.30 No.2, 2018, p.32.

델의 자동차 571대를 생산하여 410대를 판매했다(<표 4-8> 참조).[116] 연간 생산 가능 규모인 1만대에는 크게 못 미치는 수준이었다.[117] 2004년 9월 인터뷰 당시 평화자동차는 손익분기점을 연간 1,000대 정도 판매하는 것으로 보고 있었다. 2005년까지 총 657대를 조립하여 642대를 북한 내수용으로 판매했다.[118] 2006년까지는 총 838대를 조립하여 727대를 내수용으로 판매했는데, 특히 2006년에는 쌍용자동차의 '체어맨'을 모델로 하여 '준마'라는 차명으로 18대를 조립 · 판매하는 등 생산모델을 다각화했다.[119] 이

116 통일부,『통일백서』, 2005, p.103. 평화자동차 관계자와의 인터뷰에 의하면 4개 모델은 피아트 모델인 휘파람, 뻐꾸기 I, 스포츠형 유틸리티 차량(SUV)인 뻐꾸기 II, 픽업트럭인 뻐꾸기 III인데, 뻐꾸기 II와 뻐꾸기 III는 중국 단둥에 소재한 자동차회사인 수광의 모델이다.

117 통일부 북한정보포털 홈페이지, "평화자동차".

118 통일부,『통일백서』, 2006, p.110.

119 통일부,『통일백서』, 2007, p.44.

는 남한 자동차를 북한에서 생산한 첫 번째 사례였다. 2012년까지 평화자동차의 북한 내수용 판매 대수는 8,295대에 이른다. 평화자동차 관계자는 이처럼 판매가 지속적인 증가세를 보인 이유로 북한의 일반 중고차 가격이 워낙 비싸서 조금만 보태면 평화자동차를 구입할 수 있다는 점과 수리 및 개조 공장이 남포에 있어서 편리하다는 점을 들었다. 또한 우선은 북한 판매에 주력하지만, 임금 등 북한에서의 생산비가 싸므로 중국, 몽골 등 북한과 관계가 있는 국가들에 진출한 후 장기적으로는 남한에서도 판매할 계획을 가지고 있었다.

첫 번째 조립모델은 베트남에서의 생산 경험이 있던 이탈리아 피아트(Fiat)사의 세단형 자동차 '시에나(Siena)'를 선택했는데, 당시 이탈리아 자동차가 호평을 받고 있었을 뿐 아니라 이탈리아는 유럽국가들 중 가장 먼저 북한과 수교한 나라여서 정치적으로도 우호적인 관계였기 때문이다.[120] 초기에는 이탈리아에서 직접 부품을 들여왔으나, 운송 거리와 비용, 서비스, 낮은 부품 단가 등을 고려하여 중국 선양의 진베이(金杯) 자동차공장에서 수입하는 것으로 바뀌었다. 이후 생산한 스포츠 유틸리티 차량(SUV: Sport Utility Vehicle)은 선양보다 가까운 단둥의 수광(曙光) 자동차공장에서 부품을 들여왔다.

평화자동차는 마케팅을 잘했던 것으로 평가받는다. 평양역 광장, 평양공항 입구, 통일거리 등 6개 지역에 북한 최초의 상업광고탑을 설치했고, 광고 모델로는 세계 챔피언으로서 북한 주민들에게 최고의 인기를 누리던 유도선수 계순희와 '휘파람'이라는 노래로 유명한 가수 전혜영을 활용했다. 북한 최초로 텔레비전과 『노동신문』에 광고도 했고, 평양에서 개최되는 국제상품전람회에도 참여했다. 평화자동차의 첫 번째 조립모델 명칭으로 결정한 '휘파람'은 전혜영의 노래 '휘파람'에서 착안한 것이었다. 영어 명칭보다는 북한 주민들이 거부감 없이 받아들이며 즉각적으로 인지할 수 있는 명칭이 나을 것으로 판단했고, 수입 부품으로 만들어졌으나 명칭 덕분에 국산 자동차로 인식될 수도 있었다.[121] 첫 번째 모델인 '휘파람'의 경우 차량 가격은 13,000달러 정도로 알려졌다.[122]

---

120 박상권, "지속가능한 남북경제협력 방안 연구: (주)평화자동차 경영사례를 중심으로", 고려대학교 대학원 박사학위논문, 2019, p.178.

121 박상권, "지속가능한 남북경제협력 방안 연구: (주)평화자동차 경영사례를 중심으로", 고려대학교 대학원 박사학위논문, 2019, p.168.

122 "평화자동차, '휘파람' 승용차 북한내 판매", 『통일뉴스』, 2002.8.17.

평화자동차 관계자에 의하면, 구입 계층은 외국인 지·상사 직원, 대사관 직원, 무역관계 종사자들이며, 개인의 경우에는 미국, 일본, 남한, 캐나다 등의 해외 친척들로부터 송금을 받아서 구입했다고 한다. 북한 평화자동차총회사 총사장을 지낸 조영서에 의하면, 북한의 당 간부들은 벤츠와 같은 외제차를 선호했으므로 평화자동차를 구매한 계층은 평양에 있는 외국 대사관, 개인으로는 올림픽 메달리스트나 재일동포들이었다고 한다.[123]

2009년부터는 매년 수익금이 발생했다.[124] <표 4-8>에서 보듯이 2011년의 판매 규모는 2004년에 비해 10배 이상 증가했지만 매출 규모는 같은 비율로 올라가지 않았는데, 이는 북한 당국이 가격 인상을 통제하고 있었기 때문이다.[125] 2009~2010년의 경우에는 평양에서 해외의 우리은행 지점으로 송금한 후 국내 우리은행으로 입금받았다. 남한의 외국환 거래규정에 의하면 수익은 지정된 외국환은행을 거쳐 입금되는 것이 원칙이었지만, 2011년부터는 강화된 유엔의 금융제재로 인해 북한과의 금융거래가 봉쇄되었으므로 외화를 휴대 반입 후 지정 거래은행에 입금하는 것으로 예외적인 구두 승인을 받았다.[126]

평화자동차는 2013년 운영권을 북한 측에 넘겼다. 수익이 발생하고 있던 상황에서 사업을 중단한 이유는 알기 어렵다. 다만, 평화자동차 사장을 지낸 박상권에 의하면 금강산 관광사업 중단, 천안함과 연평도 사건, 북핵 문제 악화 등을 겪던 당시 상황으로 볼 때 공장의 폐쇄는 시간문제였으므로 미리 평화자동차를 북한에 기증한 것이라고 한다.[127] 2012년 문선명 총재의 사망 이후 수익성을 평가한 결과 크게 기대에 미치지 못했기 때문에 북한 측에 넘긴 것이라는 해석도 있었고,[128] 평화자동차를 "북한 측이 경영하도록 배려하라는 고 문선명 총재의 유지"가 있었다는 보도도 있었으

123 "[인터뷰] 방북 신청한 조영서 전 평화자동차 총사장", 『주간조선』, 제2462호, 2017, p.21.

124 남한으로 송금된 수익금은 2009년 50만달러, 2010년 63만달러, 2011년 73만달러였다. "[통일의 등대, 남북경협을 다시 본다] 조영서 전 총사장 인터뷰", 『서울경제』, 2015.1.21.

125 박상권, "평화자동차 재무분석과 남북경협의 방향", 『통일문제연구』, Vol.30 No.2, 2018, p.32.

126 박상권, "지속가능한 남북경제협력 방안 연구: (주)평화자동차 경영사례를 중심으로", 고려대학교 대학원 박사학위논문, 2019, p.152.

127 박상권, "지속가능한 남북경제협력 방안 연구: (주)평화자동차 경영사례를 중심으로", 고려대학교 대학원 박사학위논문, 2019, p.238.

128 "[최재영의 북녘노동자 이야기] 6회: 인민들이 즐겨 타는 승용차를 생산하는 평화자동차 ②", 『노동과세계』, 2020.9.14.

며,[129] 통일그룹 측이 유통업 등 다른 사업에 진출할 수 있는 권리를 받기 위해 평화자동차 지분과 남포공장 부지를 북한에 넘기려 하는 것이라는 보도도 있었지만,[130] 어떤 주장이 얼마나 정확한 것이었는지는 알 수 없다.

평화자동차 사업은 종료되었지만, 2015년 9월 평양을 방문한 조선익스체인지 관계자에 따르면 평양 광복동에 위치한 평화자동차 전시장이 활기를 띠고 있었고, 2014년에는 중국과 북한에서 만들어진 부품을 이용해 25개 차종, 1,600대의 자동차를 생산했으며, 가격은 차종에 따라 1~3만달러였다고 한다.[131] 한편 루이스(Jeffrey Lewis) 미들버리 국제학연구소 동아시아비확산프로그램 소장은 2024년 5월 14일 소셜미디어 엑스(X) 계정에서 5월 11~12일 김정은이 방문한 방사포 생산공장이 평화자동차 공장이라고 주장했는데, 우리 정보당국은 이를 두고 개연성이 있는 주장이라고 판단했다.[132]

하나비즈닷컴

하나비즈닷컴은 2000년대 들어 북한이 과학기술과 컴퓨터에 대한 강조를 하기 시작하면서 북한과의 협력사업에 관심을 가지게 되었다. 또한 북한의 IT 인력이 다른 분야에 비해 상대적으로 우수할 것이라는 예상 역시 하나비즈닷컴이 사업에 착수한 동기가 되었다. 회사 명칭에서 보이듯이, 남북한이 '하나'로 되는 '비지'니스 네트워크의 구축이 목표였다.

하나비즈닷컴은 2001년 2월 북한 측 파트너인 평양정보센터와 합영 계약을 체결했는데, 자본 및 개발용역 수주는 하나비즈닷컴이 담당하고 인력은 북한 측이 제공하며, 수익은 남한 측이 6, 북한 측이 4의 비율로 나누기로 했다. 2001년 7월 통일부로부터 협력사업 승인을 받았고, 8월 중국 단둥에 하나프로그램센터를 개원했다. 사업지역을 단둥으로 결정한 이유는 북한에 직접 진출하는 경우 컴퓨터 등 장비의 반입 제한과 인터넷 등 기반 여건의 미비로 사업환경이 좋지 않은 데다가 통신 및 출입도 자유롭지 않기 때문이었다. 법적인 측면에서도 하나프로그램센터는 중국의 '외상투자기업법(外商投资企业法)'에 따라 설립되었으므로 북한의 '합영법'이 아니라 중국법규의 적용을 받

129 "평화자동차 경영권 북에 넘깁니다", 『매일경제』, 2012.12.14.
130 "통일그룹, 북한 평화자동차 손뗄 듯", 『VOA』, 2012.11.27.
131 "평양 평화자동차 전시장 활기", 『자유아시아방송』, 2015.10.19.
132 "김여정 '우리 무기 사명은 한 가지 … 서울이 허튼 궁리 못 하게'", 『연합뉴스』, 2024.5.17.

았다. 본래 투자 승인 규모는 200만달러였으나, 실제 투자 금액은 약 100만달러, 연간 매출은 50만달러 정도였다.[133]

사업은 하나비즈닷컴이 남한에서 용역을 수주해 하나프로그램센터에 의뢰하면 단둥의 상주 인력과 북한의 평양정보센터가 연계해서 개발하는 방식을 취했다. 2004년 중반 기준 단둥 하나프로그램센터에서 작업하고 있는 북한의 프로그램 개발 인력은 33명이었으며,[134] 이들은 회사 내 생활공간에서 체류하면서 팀으로 나뉘어 1일 8시간, 주 5일 근무를 하고 있었다. 그러나 프로그램 개발의 특성상 철야 작업도 잦은 편이었고 근로시간도 불규칙했다. 학력은 전원 대학교 졸업 이상이며, 출신 대학은 김일성종합대학, 김책공업종합대학, 리과대학, 평양콤퓨터기술대학 등이었다. 이들 중 팀장 4명은 석·박사급으로 현장 경력이 15년 정도 되었고, 나머지도 평균 5년 이상의 현장 경력을 가지고 있었다. 전부 남성이며, 연령은 대부분 20대 초반에서 30대 후반의 젊은 층이었다. 기본 기술 능력은 남한 측 엔지니어들과 비교해서 큰 차이가 없었으나 사용자 환경(User Interface)을 디자인하는 데는 역부족이었는데, 이는 일종의 문화이자 코드라고 할 수 있는 영역이라 학습을 통해서 얻어질 수 있는 능력이 아니었기 때문이다.[135]

북한 측의 프로그램 개발 인력 1인당 인건비는 임금 350달러에 사회보장비 50달러를 더해 월 400달러였다. 개성공단의 경우와 비교할 때 북한 측 파트너인 평양정보센터에 인건비 전액이 아니라 100달러만 지불하고, 나머지 300달러 중 북한 근로자에게 소요되는 직접비를 차감한 액수를 개발 인력에게 직접 제공한다는 점이 차이였다. 이러한 액수의 임금을 지급하게 된 계기는 북한의 2002년 '7·1 조치'였다고 한다. 이전까지는 북한 측 인력에게 숙식을 제공하고 생활비 개념으로 월 100달러 정도를 지급했는데, '7·1 조치' 이후 북한 측의 요청으로 2002년 9월부터 400달러를 지급했다고 한다. 또한 사기진작과 생산의욕 향상을 위해 명절이나 휴가 시 인센티브를 지급한 적은 있었으나, 제도화에 대해서는 신중한 입장이었다. 2008년 4월 프로그램 개발 인력의 임금은 월 200달러를 넘는 것으로 조사되었는데, 이는 북한 근로자의 실수령액 수

---

133 선한승 외, 『북한인력에 관한 법제·실태와 활용방안』, 한국노동연구원, 2004, p.193.

134 2008년 4월 북한의 프로그램 개발 인력은 약 70명이었다. 이석·김상기, "중국의 대북 지원 현황과 변경무역의 실태와 최근 동향을 파악", 중국(심양·단동)출장보고서, 한국개발연구원, 2008, p.7.

135 "남북경협, 말들 많았지만 남은건 하나비즈뿐", 『통일뉴스』, 2004.3.24.

준인 것으로 판단된다.[136]

하나비즈닷컴 문광승 대표의 2004년 3월 언론 인터뷰에 의하면, 하나프로그램센터는 현상 유지를 하는 상태이지만 주문 확보가 여의치 않아 지주회사 역할을 하는 하나비즈닷컴은 초기 자본금 10억원에서 3억원이 빠지는 자본잠식 상태였다.[137] 평양과는 전화나 팩스로 연락하다가 2003년부터 이메일 교신이 가능해졌지만, 의견 교환에는 한계가 있었다. 그래서 인터넷을 이용할 수 있고 개발에 필요한 장비를 자유롭게 이동시킬 수 있으며 남한 측 기술자들이 출퇴근할 수 있는 조건이 되면 개성공단으로 옮길 생각이었다. 그러나 이와 같은 구상은 현실화되지 않았다. 하나프로그램센터는 2010년을 기점으로 북한과의 협력이 중단되었고, 남북관계 경색 등으로 경영난을 겪다가 2011년 12월 잠정 휴업에 돌입했다. 모회사인 하나비즈닷컴도 휴업에 들어갔다. 당시 하나비즈닷컴 관계자는 언론 인터뷰에서 "설립 이후 큰 성과를 보이지 못하기도 했지만 최근 남북관계가 크게 악화되며 수주실적이 하나도 없을 정도로 큰 어려움에 봉착했다"면서 "휴업이라고 하지만 향후 (재개) 계획이 없는 것으로 알고 있다"고 말했다.[138] 이후 사업은 중단되었다.

경평인터내셔날 · G-한신

본래 공연기획자인 경평인터내셔날의 고용무 사장은 우연한 기회에 대북 사업을 시작하게 되었다. 경평인터내셔날이 1997년부터 열고 있는 '세계전통민속축제'에 다녀간 중국, 러시아 공연단이 2002년 처음으로 개최된 평양 '아리랑축전'에 초청되면서 북한 측에 고용무 사장을 소개했던 것이다. 고용무 사장은, '아리랑축전'은 외국인을 위한 문화행사인데 참가국과 관객이 많지 않자 북한이 그에게서 도움을 얻으려고 했던 것 같다고 해석했다.[139] 2002년 남한 측 인사로는 유일하게 '아리랑축전'에 참석한 고용무 사장은 북한 측 인사와 문화사업 협력을 논의했지만 마땅한 사업을 찾지 못하다가 평양 옥류관의 담백한 김치를 떠올렸다고 한다. 남북한이 함께 만드는 김치

---

136 이석 · 김상기, "중국의 대북 지원 현황과 변경무역의 실태와 최근 동향을 파악", 중국(심양 · 단동)출장보고서, 한국개발연구원, 2008, p.7.

137 "남북경협, 말들 많았지만 남은건 하나비즈뿐", 『통일뉴스』, 2004.3.24.

138 "남북합작 첫 IT회사 '폐쇄' … 모회사 하나비즈도 잠정 휴업", 『전자신문』, 2011.12.9.

139 "남북 합영 제조 · 판매 성공 고용무 사장 '북한 김치 맘껏 드세요'", 『경향신문』, 2004.6.21.

가 '남북 문화협력사업'이라는 것이었다.[140] 경평인터내셔날 관계자는 인터뷰에서 음식도 일종의 문화상품이라는 생각이었고, 북한에는 김치연구소가 다수 존재하고 있을 뿐만 아니라 2002년 11월 사스(SARS: severe acute respiratory syndrome, 중증 급성 호흡기 증후군) 발생 이후 김치에 대한 인식이 좋아져서 사업 아이템으로 결정했다고 설명했다.

경평인터내셔날은 북한 민족경제협력연합회 산하 광명성총회사와 합영으로 평양 락랑구역에 식품 가공공장을 설립하기로 하고 2003년 4월 협약서를 체결한 후 10월 통일부로부터 협력사업자 승인, 2004년 3월 협력사업 승인을 받았다. 생산 예정 품목은 김치, 된장, 상황버섯 음료 등이었으며, 생산품은 국내, 해외, 북한 등에 판매할 계획이었다.[141] 경평인터내셔날은 협력사업 승인을 받을 때 G-한신과 같이 받았다. G-한신이 경평인터내셔날에서 생산할 식음료의 보관 용기용 유리 공장을 같은 부지에 설립하기로 한 것이다. 유리 공장 가동에 필요한 전력을 확보하기 위해 부지도 동평양화력발전소 바로 옆 터로 결정했다.[142]

2004년 9월 인터뷰에서 경평인터내셔날 관계자는, 북한 측은 부지, 인력, 전기, 수도 등을 제공하고 남한 측은 17억원 상당의 생산설비 및 공장건물 건축에 드는 비용 10억원 정도를 부담하며, 이익은 8:2로 분배하기로 합의했다고 밝혔다. 임금은 개성공단과 비슷하게 기능직 근로자는 월 65달러, 단순 무기능 근로자는 월 57.5달러로 결정했다. 직원은 북한 인원 107명, 남한 인원 3명 등 총 110명이고, 이 중 관리직을 제외한 종업원은 70명이며, 남한 인원 3명은 영양사 2명과 관리팀장 1명으로서 1회 3개월씩 상주할 예정이었다. 2005년 12월 보도에 따르면 남한 직원은 남한으로 반입할 김치의 위생 검사와 제품 관련 샘플링 업무를 하는 2~3명으로서 3개월에서 6개월 정도 교대로 평양 근무를 하고 있으며, 북한 근로자는 60여명이었다.[143]

2005년 12월 '평양통배추김치'라는 이름으로 남한으로의 첫 반입이 이루어졌는데,[144] 분량은 14톤으로서 남포-인천 간 해로를 통해 반입되었다.[145] '평양통배추김

---

140 "대북 투자기업 보호방법 찾기 몰두", 『내일신문』, 2005.12.20.

141 통일부, "남북 경제 분야 「협력사업자」 승인", 보도자료, 2003.10.31.

142 김보근, "[남북경협 지상강좌 10] 통일김치 맛 기대하세요", 『Economy21』, 2004.9.10.

143 "남쪽 밥상에 오르는 북한 김치", 『VOA』, 2005.12.26.

144 "북한산 '평양통배추김치' 국내 시판", 『통일뉴스』, 2005.12.16.

145 통일부, 『통일백서』, 2006, p.111.

치'는 화학조미료를 전혀 사용하지 않고 100% 북한산 원료만을 사용하여 만들었다. 2006년 4월에는 신세계 이마트 수도권 5개 점포에서 시범 판매를 했는데, 식품류 중 단일 상품 최대 매출을 달성해 2006년 7월 이마트 전국 83개 점포와 인터넷 쇼핑몰에서도 판매를 시작했다.[146] 당시 '평양통배추김치'는 매주 25톤 가량을 북한에서 들여오고 있었는데, 2004년 9월 인터뷰에서 경평인터내셔날 관계자는 50톤 이상은 들여와야 사업성이 있다고 말했다. 2006년 말에는 '개성보쌈김치', '개성인삼김치', '평양총각김치', '평양동치미' 등의 제품을 출시할 예정이었다.[147] 그러나 이후 경평인터내셔날의 김치사업에 대한 보도를 찾을 수 없는 것으로 볼 때, 사업이 중단된 것으로 여겨진다.

안동대마방직

경상북도 안동이 고향인 안동대마방직의 김정태 회장은 대마 전문가였다. 그는 1998년 수공정에 의하지 않고 기계를 이용하는 대마사(大麻絲) 제조 방법으로 특허를 받았고, 다양한 삼베 관련 특허를 출원했으며, ISO 9001 인증도 획득했다. 1999년 한국섬유대상을 수상했고, 2001년에는 특허청으로부터 제6회 '신지식 특허인'에 선정되었다. 국내에는 안동과 성남, 중국에는 산둥에 공장을 가지고 있었다.

김정태 회장은 연 매출 60억원을 올리던 성공한 기업인이었다.[148] 그가 대북 사업을 하게 된 것은 사업가로서는 우연이었고, 독실한 천주교 신자로서는 필연이었다. 그는 1997년 여름부터 미국 프란체스코수도회 소속 신부와 신자들과 함께 북한에 국수 제조 설비와 밀가루를 지원하는 사업에 참여했다가, 1998년 8월에는 북한의 실상을 직접 보기 위해 두만강 인근의 조선족 마을인 중국 지린성 투먼시 위에칭전을 방문했다. 그리고 그곳에서 탈북한 '꽃제비' 소년을 우연히 만난 그는 돈만 줄 것이 아니라 자립 기술을 가르쳐야겠다고 결심했다. 중국에서 사업하느니 북한에서 사업을 하면 "누이 좋고 매부 좋다"는 생각을 한 것이다. 공장을 세우고 기술을 전수한다면 북한 주민과 농촌을 살리는 동시에 안동대마방직으로서는 싸고 질 좋은 원료와 노동력을 확보할

---

146 "북한산 '평양통배추김치' 이마트 전점 출시", 『성남일보』, 2006.8.16.
147 "개운하고 알싸한 평양김치 맛 보세요", 『통일신문』, 2006.8.1.
148 "5·24 대북 제재 조치 2년 '중국에 다 빼앗겼다'", 『한겨레21』, 제912호, 2012, p.51.

수 있을 것이었기 때문이다.[149]

북한 진출 전에 우선 김정태 회장은 위에칭전에서 콩과 대마의 이모작을 실험했다. 북한은 식량이 부족한데, 돈이 된다고 곡식 대신 대마만 재배할 수는 없다는 판단이었다. 이모작은 1999년 첫해는 실패했고, 2000년에는 성공했다. 자신감을 얻은 그는 북한의 여러 기관에 사업계획서를 보내는 등 본격적으로 대북 투자를 모색했고, 마침내 2002년 12월 민족경제협력연합회 산하 새별총회사와 연결이 되어 위탁가공을 시작했다. 평양시 락랑구역에 있던 재래식 공장을 섬유공장으로 개조하고, 대마 종자를 평양, 황해도, 평안도, 자강도 등의 농가에 나눠줘 시범 재배한 후 대마로 실과 천을 제조했다.[150] 사업의 성공 가능성을 확인한 김정태 회장과 새별총회사는 평양 시내에 합영회사를 설립하기로 2003년 11월 합의했다.[151]

2004년 2월 합영 비율 50:50으로 평양대마방직이 설립되었고, 2004년 9월 통일부로부터 협력사업 승인을 받았다. 남북경협 역사상 최초로 평양 시내에 설립된 합영기업이었다. 남한 측과 북한 측이 4명씩 8명으로 이사회를 구성했다. 우선은 기존 공장에서 약 330명의 근로자들이 평양에서 재배된 대마로 삼베 원단을 만들었다. 2004년 12월 방북한 김정태 회장은 2005년 3월 본 공장 준공식을 가지기로, 그리고 이를 위해 2005년 1월 기계설비를 경의선 육로를 통해 평양 공장으로 운반하기로 합의했다.[152] 컴퓨터 자동직기 등 충격에 민감한 기기들을 해상으로 운송하면 고장이 나기 쉽다고 북한 측을 설득한 결과였다. 그러나 일정이 지연되어 2005년 4월 8일 직기 36대를 8.5톤 트럭 20대에 실어 경의선 육로를 통해 개성으로 보냈고, 북한 측 파트너인 새별총회사가 평양에 건설 중인 본 공장으로 운송했다.[153] 대북 지원물자가 아닌 경협물자가 육로로 평양에 들어간 첫 번째 사례였다. 2005년 9월 28일에는 양말직기 30대, 타월직기 10대 등 2차분 70대를 육로로 운송했고,[154] 2005년 10월 1일에는 평양에서 창업식

149 "북한 주민 돕다 전 재산 날린 김정태 <안동대마방직 회장> 의 눈물", 『신동아』, 7월호, 2010, p.294.

150 북한에서 생산된 삼베 수의는 국내 백화점과 홈쇼핑에서 판매되기도 했다. "안동삼베에서 평양삼베로", 『통일뉴스』, 2004.11.4. 2005년 3월부터는 국내의 한 의료원에 수의 원단으로 공급되었다. "제대로 된 남북 경협모델 만들 것", 『문화일보』, 2005.4.11.

151 "5·24 대북 제재 조처 2년 '중국에 다 빼앗겼다'", 『한겨레21』, 제912호, 2012, p.52.

152 "방북서 돌아온 합영공장 안동대마방직 김정태사장 '평양은 평온 … 이상징후 없었다'", 『문화일보』, 2004.12.11.

153 "경협물자 첫 육로 북송", 『서울경제』, 2005.4.9.

154 "평양에 방직 공장 돌아간다", 『KBS뉴스』, 2005.9.28.

을 개최했다.[155]

그러나 공장 준공에는 또 오랜 시간이 걸렸다. 본래 합영회사는 원단만 생산하고 평양에 있는 북한 측 방직공장을 활용해 제품 생산을 위한 공정을 분업화하려던 계획도 차질을 빚었다. 수출품을 만들기에는 평양 방직공장의 시설과 기술 수준이 떨어졌고, 전압도 고르지 않아 한 달 만에 설비가 80% 이상 고장이 났다.[156] 불안정한 전압을 잡기 위해 발전소에서 직접 케이블을 7~8km씩 공장으로 연결하고 들쑥날쑥한 전력 주파수를 잡는 첨단설비를 추가했다.[157] 부품 하나 구하려면 2주가 걸렸고, 명색이 수도인데도 평양의 산업 인프라는 방글라데시보다 못했다.[158] 북한도 공사 진행에 호의적이지 않았다. 북한의 강경파들은 평양 한복판에 남한 공장이 들어서면 주민들이 동요한다며 공사를 막았고, 2005년 7월 남북 당국 간 합의로 북한에 대한 경공업 원자재 제공이 결정되자 '남한 정부로부터 통으로 받으면 되는데 개인 기업에게 푼돈을 받을 필요가 없다'는 주장도 나왔다.[159] 공장 건설이 지연되면서 이자 비용은 계속 늘어났고, 더 많은 투자가 필요했지만 자금의 추가 조달은 쉽지 않았다. 김정태 회장은 북한 노동력은 좋았다고 평가했다. 중국 근로자가 8년에 걸쳐 익힌 기술을 북한 근로자는 1년이면 습득했는데, 월평균 임금은 100달러에도 미치지 않을 정도로 중국보다 훨씬 적었다는 것이다.[160]

우여곡절 끝에 2008년 10월 30일 평양에서 '평양대마방직합영회사' 준공식을 가졌다. 서울에서 전세기를 타고 250명이 참석했다. 당시 김대중 전 대통령은 격려사를 보내 "평양대마방직은 6·15 공동선언 이후 개성공단에 이은 또 하나의 성과이며, 분단 60년사에서 남북 경제인들이 힘을 합쳐 이룩한 민족의 쾌거"라고 말했다.[161] 본 공장 약 45,000㎡, 제2공장 약 10,000㎡ 규모로서 정상 가동될 경우 예상 근로자 수는 3,000명이었다.[162] 그러나 준공식 이후 몇 개월 동안 시험가동을 마치고 남한 측 기술

---

155 통일부, 『통일백서』, 2006, p.111.
156 "남북합영1호, 두차례 고비 새로운 기회", 『통일뉴스』, 2010.1.21.
157 "5·24 대북 제재 조처 2년 '중국에 다 빼앗겼다'", 『한겨레21』, 제912호, 2012, p.52.
158 "'남북합영기업1호' 김정태 안동대마방직 회장 인터뷰", 『일요신문』, 2013.4.23.
159 "북한 주민 돕다 전 재산 날린 김정태 <안동대마방직 회장> 의 눈물", 『신동아』, 7월호, 2010, p.296.
160 "5·24 대북 제재 조처 2년 '중국에 다 빼앗겼다'", 『한겨레21』, 제912호, 2012, p.52.
161 "'평양 첫 남북합영회사 분단60년 민족의 쾌거' DJ, 준공식에 이례적 격려사", 『경향신문』, 2008.11.3.
162 "남북합영1호, 두차례 고비 새로운 기회", 『통일뉴스』, 2010.1.21.

자를 보내 본격적인 생산 체계로 전환하는 시점이었던 2009년 4월, 북한이 장거리 로켓을 발사하자 우리 정부는 북한 내륙지역으로의 방문을 허용하지 않았다.[163] 김정태 회장은 물론 기술자도 공장에 갈 수 없었다. 북한 근로자들은 고용된 상태였지만 기술자 없이 제대로 된 상품을 생산할 수 없었고, 주문도 모두 끊겼다. 안동, 성남, 산둥 공장을 정리해서 모두 북한에 투입했지만, 심각한 자금난으로 더 이상 진행이 불가능한 상황이 되었다. 게다가 2010년 천안함 사건에 따른 '5·24 조치'까지 시행되면서 사업은 완전중단되었다. 손실액은 180억원에 달했다.[164]

2011년 10월 김정태 회장은 언론 인터뷰에서 북한 측 파트너인 민족경제협력연합회로부터 공장 준공 후 만 3년이 지나는 2011년 11월부터는 평양대마방직을 더 이상 운영할 수 없으니 입장을 결정하라는 사실상의 최후통첩을 받았다고 밝히면서, 10월 1~5일 북한을 방문하라는 초청을 받았지만 정부의 방북 승인을 받지 못했다고 말했다.[165] 공장이 오랫동안 가동되지 못하는 책임은 남한 측 파트너에게 있다는 것이었는데,[166] 실제로 남북한 양측은 평양대마방직을 세울 때 6개월 동안 남한 측의 '기술 지원이 중단되면 합영사업을 무효화할 수 있다'는 조항에 합의했던 것으로 알려졌다.[167] 이후 북한은 남한 기술자들의 철수로 인해 재래식 설비의 일부만을 자체 자금으로 가동하는 것으로 알려졌다.[168] 2012년 10월 중국 단둥에서 열린 '2012 중·조 경제무역문화관광박람회'에 '평양대마방직합영회사'가 참가하여 대마 목욕수건, 마직포, 마직품 등을 전시했는데, 이로 볼 때 북한이 단독으로 '평양대마방직합영회사'를 운영하고 있는 것으로 추측되었다.[169]

---

163 "북 로켓 여파 민간단체 방북 못 해", 『매일경제』, 2009.4.9.

164 "5·24 대북 제재 조처 2년 '중국에 다 빼앗겼다'", 『한겨레21』, 제912호, 2012, p.51.

165 "첫 남북 합영기업 '평양대마방직' 계약 파기 위기", 『VOA』, 2011.10.13.

166 "남북합영기업 1호 '평양대마방직' 계약파기 위기", 『연합뉴스』, 2011.10.14.

167 "'남북합영기업1호' 평양대마방직, 북중박람회 참가", 『NK chosun』, 2012.10.16.

168 "[인터뷰] 김정태 평양·안동대마방직 회장", 『연합뉴스』, 2011.3.6.

169 "'남북합영기업1호' 평양대마방직, 북중박람회 참가", 『KBS뉴스』, 2012.10.16.

4) 일반투자의 문제점

북한의 모순적 태도

일반적으로 성공적인 해외투자 유치를 위해서는 투자가의 투자 의지도 중요하지만 투자 유치자의 유치 노력이 더욱 중요하다. 그래서 많은 국가들이 국가 차원에서 투자 환경의 개선에 정책적 초점을 맞추고, 금융지원, 세제 혜택, 특별법 제정 등 적극적인 투자 유치 활동을 전개한다. 북한도 1984년 '합영법' 제정 이후 외부 투자를 유치하기 위해 나름대로 활발한 노력을 보였다. 1991년 나진·선봉 경제특구 지정, 1990년대 초반 이후 다양한 외국인투자 관련 법 제정,[170] 2002년 경제시찰단의 남한 파견, 2003년 '경제개발구법' 제정 등은 바로 이러한 상황을 배경으로 했다. 그러나 실제로는 전혀 적극적이지 않았다. 예를 들어 '합영법'이 본래 목표했던 서방 자본의 유치에 실패하자 법·제도 및 인프라를 개선하기보다는 조총련과의 합영이라는 손쉬운 내용으로 전환했고, 나진·선봉 경제특구도 기대한 성과를 달성하지 못하자 경제특구의 지위 조정, 개혁조치 후퇴 등의 방법을 취했다. 사실상의 방치였다. 외국인투자와 관련한 법제도 미흡했지만, 법에 나타난 규정과 실제 현실과도 큰 차이가 있었다.[171] 경제특구로 설정한 나진·선봉에서조차 외국 기업이 북한 측 합영 파트너를 선택할 때 북한 당국이 지정한 기업 중에서만 골라야 했다.[172]

남북경협에 있어서도 마찬가지여서 북한의 태도는 오히려 남한 기업의 투자 의욕을 저해했고, 원활한 사업 진행을 가로막았다. 당국 차원에서는 남북경협의 지나친 확대를 걱정했다. 남한 기업의 북한 진출과 그에 따른 정보 유입이 가져올 수 있는 체제 불안정에 대한 우려 때문이었을 것이다. 예를 들어 북한은 1991년 12월 나진·선봉 경제특구를 설치하고 해외에서 투자 유치 설명회도 개최했으나 남한 기업은 배제했다. 안동대마방직의 경우에서 보이듯이 남한 기업의 진출에 주민들이 동요한다는 주장도 했다. 합영이라고 해도 우리 측의 경영 참여는 거의 불가능해서 실제 운영은 북한 측

---

170 예를 들어 1992년 '외국인투자법', 1992년 '외국인기업법', 1993년 '토지임대법', 1993년 '외국투자기업 및 외국인세금법', 1995년 '대외경제계약법', 1999년 '대외경제중재법' 등이다.

171 Abrahamian, Andray, "Business Opportunity or Bust? Perusing North Korea's Economic Development Zones", 경남대학교 극동문제연구소 주최 국제학술회의 'Doing Business in North Korea: Opportunities and Challenges' 발표문, 2015.1.28, pp.43~44.

172 홍익표, 『북한의 경제특구 확대 가능성 및 발전방향』, 대외경제정책연구원, 2001, p.62.

파트너가 담당하는 합작과 다름없었다. '합영법' 시행 이후 조총련계 기업의 합영도 점차 경영권을 북한 측이 가져감으로써 합영이 무의미해졌고, 사업의 실패로 연결되었다.[173] LG전자의 경우 텔레비전 공장 투자를 추진했는데, LG전자는 경제적 성과를 위해 합영을 제안한 데 비해 북한 측 파트너인 대동강텔레비전수상기공장은 공장 시설을 하나 얻겠다는 목적으로 그 제안을 수락하는 양상이었다. LG전자가 자금을 투자해서 공장을 지어놓으면 운영은 대동강텔레비전수상기공장이 알아서 자체적으로 담당하겠다는 식이었고, 결국 투자 계획은 무산될 수밖에 없었다.[174]

협상 방식도 쉽지 않았다. 북한과의 투자 상담은 전사(戰士)와 마주 앉은 것 같았고, 담판형 방식이라 비즈니스 협상에 익숙한 우리 기업인들로서는 당혹스러웠다. 경제사업에 대한 정치·안보적 변수의 높은 영향력, 접촉 창구의 제한과 소수 전문 대화군 중심의 비즈니스 협상, 상대방의 양보를 약점으로 간주하는 인식, 다단계 협의 시스템과 기술 실무자와의 대화 제한, 단기적 해결보다는 장기적으로 시간을 끌어 상대방을 지치게 하는 방식, 계약 이전에는 현지실사를 잘 허락하지 않는 태도, 기업 설립 전 설비의 선 제공 요구 등이 북한 협상의 주요 스타일이었다.[175]

실무 차원에서는 우리 기업에 과도한 부담을 요구했다. 이미 교역의 문제점에서 지적한 것처럼 '방북비', 각종 명목의 선물이나 현금, 사업과는 무관한 지원 등을 요구했다. 또, 일단 생산이 시작되면 애초 계약과는 다른 요구를 했다. 태창의 경우에서 보이듯, 공장이 가동되니 계약 내용을 무시하고 갑자기 단가를 30배 올렸다. 대우 남포공단의 경우 근로자 임금 이외에 '담뱃값' 등의 명목으로 부수적인 지불을 요구했는데, 이러한 부수적 지불은 임금의 20%에 달했다.[176] 이러한 행태는 북한이 해외투자를 본격적으로 받아들이기 시작한 1980년대에 조총련 기업에 '선물비'나 '기부'의 명목으로 많은 금액과 물품을 요구한 관행에서 비롯되었는데, 금품 요구의 배경에는 보위부, 통전부 등 관련기관의 승인을 받아준다는 명분, 북한 측 파트너 본인의 자리를 보전하기 위해 상부에 바칠 뇌물 확보, 개인의 생활비나 기관 운영비로 사용하려는 목적

---

173 동용승, "남북한간 투자 10년 평가와 과제", 조명철(편), 『북한의 대외경제정책 10년: 평가와 과제』, 대외경제정책연구원, 2001, p.270.

174 이태호, 『대북 투자 10계명』, 삼일회계법인, 2010, pp.107~108.

175 배종렬, "남북 경제협력사업의 문제점과 개선방안", 북한경제포럼(편), 『북한경제와 남북한 경제협력』, 오름, 2008, pp.429~430.

176 조동호, 『북한의 노동제도와 노동력 실태』, 한국개발연구원, 2000, p.68.

등도 있었고, 남한 기업의 사업 의지를 확인하기 위한 일종의 '사업 담보금' 확보 측면도 있었다.[177] 현대아산은 "북한의 사업파트너는 이윤을 추구해야 하는 기업의 논리를 이해하지 못하고 민족사업이라는 미명하에 남측 기업이 손해를 보는 것을 당연히 여기는 경향"과 함께 "경협사업을 통한 장기적 이익과 파급효과보다는 단기적 이익과 가시적 효과에 집착해 사업추진의 비합리성을 유발하는 경향"이 있다고 평가했다.[178]

사업을 해야 하는 기업 입장에서는 불합리하고 무리한 요구라도 들어줄 수밖에 없었다. 결국 '투자=공짜'라는 인식이 생겨났다. 유사한 사례는 개성공단에서도 나타났다.[179] 용수시설공사의 경우 주요 자재 장비만 지원하면 나머지 기본적인 것은 북한이 해결하기로 합의했는데, 막상 공사에 착수하자 모든 것을 지원해달라고 요구했다. 용수관로공사가 시작되니 관로 매설로 인해 경작 면적이 감소했다며 식량을 지원해달라고 했다. LH공사는 공사가 지연될 경우의 손실을 감안해서 어쩔 수 없이 지원 요구를 수락했다. 월고저수지 공사로 인해 장풍군 지역의 식수 공급에 문제가 생겨 다른 골짜기의 물을 끌어와야 한다며 수도관 지원을 요구했고, 이 역시 들어줄 수밖에 없었다.

남한 기업에 대해서만 그런 것은 아니었다. 예를 들어 중국의 거대 철강기업인 시양그룹(西洋集團)은 2006년 황해북도 옹진철광의 개발을 시작했는데, 북한은 2008년 일방적으로 자원세를 25% 올렸다. 그리고 2011년 시양그룹이 고급 철강 생산에 성공하자 돌연 북·중 근로자 동일임금, 오폐수 배출 금지 등 16개의 새로운 요구사항을 제시했다. 시양그룹이 이를 거부하자 북한은 단전, 단수, 통신 차단 조치를 취했고, 결국 약 3,700만달러를 투자했던 시양그룹은 일방적 계약 파기를 당한 뒤 쫓겨났다.[180] 시양그룹은 북한 측 파트너에게 접대비, 출장 경비 등으로 주어야 했던 돈만도 80만달러에 달하고 노트북, 휴대전화, 술, 담배 구입비용도 대야 했다면서, 사업 개시부터 파국까지의 과정을 정리한 글을 중국의 유력 인터넷 포털사이트인 바이두(百度), 톈야(天涯),

177 남근우, "조총련계 재일상공인과 남한 기업인의 대북 투자: 북한의 상업거래 관행을 중심으로", 『통일정책연구』, Vol.26 No.2, 2017, pp.167~169.

178 현대아산, "금강산관광사업 추진방향", 2003.6, p.5.

179 한국토지공사, 『개성공단 개발사』, 2009, pp.142~143.

180 "중국 기업 북한에 투자했다 '쪽박'", 『VOA』, 2012.8.10.

신랑(新浪) 등에 올렸다.[181] 북한은 조총련계 기업의 경우에도 비자를 발급하지 않는 방법으로 투자설비, 원부자재 등을 몰수했고,[182] 다른 데서 더 비싼 가격을 받을 수 있다는 이유로 계약을 무시하고 제품을 외국에 판매함으로써 큰 손실을 입혔다.[183] 그러나 부당한 요구는 '우리 민족끼리'라는 핑계 아래 남한 기업에 대해 더 심했다. 부당함을 지적하면 "같은 동포끼리 너무 빡빡하게 군다"면서 인정하지도 않았고 어물쩍 넘어갔다.[184]

노동력의 자의적 공급

북한에 진출한 남한 기업은 노동 관련기관을 통해 북한 근로자를 채용해야 한다. 1993년 제정된 북한의 '외국투자기업 노동규정' 제11조는 "외국투자기업은 기업운영에 필요한 로력수를 자체로 정하며 로력알선기관과 로력채용계약을 맺고 그에 따라 로력을 받아들여야 한다"고 규정하고 있다. 2009년 제정된 '외국인투자기업 노동법'에서도 마찬가지여서, 제9조는 "외국인투자기업에 필요한 로력을 보장하는 사업은 기업소재지의 로동행정기관이 한다", 제10조는 "로력을 보장받으려는 외국인투자기업은 로력보장신청서를 기업소재지의 로동행정기관에 내야 한다"고 규정하고 있다. 기업의 입장에서는 자신의 공장에서 일할 근로자라도 마음대로 직접 고용이나 선별 채용이 불가능하다는 뜻이다. 심지어 외부 투자가가 공동으로 투자하고 공동으로 경영하는 합영기업조차 근로자 채용에는 권한이 없다.[185] 물론 컴퓨터 모니터 같은 전자제품을 생산하는 기업의 경우에는 관련 기초 지식이 있는 사람을 보내달라고 요청해서 공대 출신의 근로자를 채용할 수 있었지만, 이는 예외적인 경우였다.[186] 또한 북한에는 임시직이 존재하지 않아 일시적인 노동수요 증가에 유연하게 대처하기도 어렵다.

법적으로는 북한이 제공한 근로자를 받지 않을 수 있다. 그러나 북한의 관련기관

---

181 "북한에 투자 후 쪽박 찬 중국 기업 사연", 『SBS 뉴스』, 2012.8.9.

182 남근우, "조총련계 재일상공인과 남한 기업인의 대북 투자: 북한의 상업거래 관행을 중심으로", 『통일정책연구』, Vol.26 No.2, 2017, p.173.

183 김성훈 · 장원석 · 유재현(편), 『남북경협의 현장』, 시민의신문사, 1996, pp.307~308.

184 "북과 거래 쉽게 보면 낭패", 『동아일보』, 1994.11.13.

185 '합영법' 제27조는 "합영기업은 외국인투자기업에 적용하는 로동법규에 따라 로력을 관리하여야 한다"고 규정한다.

186 윤대규, "북한 내 남북경협 현장의 노무관리 문제", 『북한법연구』, Vol.5, 2002, p.12.

이 공급한 근로자를 채용하는 것이 원칙이고, 단서조항으로 기준에 맞지 않는 경우 채용하지 않을 수 있다고 함으로써 사실상 기업의 의견을 반영하기가 불가능한 것이 현실이었다.[187] 또한 직접 모집공고를 내거나 인터뷰를 할 수 없는 상황이므로, 설령 근로자를 채용하지 않는다고 해서 새로 공급받을 근로자가 더 나을 것이라는 보장도 없었다.

채용된 근로자를 수시로 교체하기도 했다. 북한 근로자가 남한 정보에 '오염'되는 것을 방지하려는 목적이었다. 대우 남포공단의 경우 "시집갔다"는 핑계를 들어 근로자를 수시로 교체했으며, 한국전력의 경수로 공사에서도 근로자의 잦은 교체가 발생해 '1년 근속 시 14일의 휴가를 제공한다'는 규정에도 불구하고 실제로는 1년 근속자가 없어 휴가 혜택을 받은 북한 근로자는 전혀 없었다.[188] 대우의 김우중 회장은 언론 인터뷰에서 "숙련공을 키워놓으면 하나 둘 나오지 않았다. (북한이) 체제 유지를 위해 출근을 막았기 때문"이라고 말했다.[189] 당연히 이는 작업의 연속성을 약화시키고, 기능 축적 및 향상에 커다란 애로사항으로 작용하게 되었다.

해고도 거의 불가능했다. 우선 북한 기업의 경우는 해고란 있을 수 없다. 북한 사회주의 체제에서는 노동이 의무이자 권리이기 때문이다.[190] 그래서 북한 '노동법' 제34조는 "국가기관, 기업소는 일시적으로 로력이 남는다고 하여 로동자들을 마음대로 제적할수 없다"고 규정하고 있고, 제5조에서는 "모든 근로자들은 …… 국가로부터 안정된 일자리와 로동조건을 보장받는다"라고 못 박고 있다. 다만 외국인투자기업에 대해서는 몇 가지 경우에 한해 근로자의 해고를 인정하고 있기도 하다.[191] 그럼에도 불구하고 '외국인투자기업 노동법' 제44조는 '정당한 리유없이' 노동자를 내보낼 수 없으며,

---

187 예를 들어 '외국인투자기업 노동법' 제12조는 "외국인투자기업은 해당 로동행정기관이 보장한 로력을 종업원으로 채용하여야 한다"고 규정한 후, "그러나 채용기준에 맞지 않는 대상은 채용하지 않을수 있다"고 덧붙이고 있다.

188 조동호, 『북한의 노동제도와 노동력 실태』, 한국개발연구원, 2000, pp.110~111.

189 "김우중 '개성공단 8년 앞서 남포공단 만들었다 실패한 이유는 …'", 『조선일보』, 2013.4.30.

190 북한 '노동법' 제4조는 "사회주의하에서 공민은 로동에 참가할 의무를 지닌다", 제5조는 "사회주의하에서 모든 근로자들은 로동에 대한 권리를 가진다"고 규정하고 있다.

191 '외국인투자기업 노동법' 제45조는 "종업원을 내보낼수 있는 경우는 다음과 같다. 1. 질병, 부상으로 자기의 현 직종이나 다른 직종에서 일할수 없게 되었을 경우, 2. 기업의 경영이나 기술조건의 변동으로 로력이 남을 경우, 3. 로동규률을 위반하여 엄중한 사고를 일으켰을 경우, 4. 기술기능수준의 부족으로 자기 직종에서 일할수 없을 경우, 5. 기업의 재산에 막대한 손실을 주었을 경우"라고 규정한다.

"종업원을 내보내려고 할 경우에는 직업동맹조직과 합의하여야 한다"고 정하고 있어 현실적으로는 해고가 거의 불가능한 구조였다. 그러다 보니 실제 필요한 근로자의 적정 규모보다 많은 근로자가 배치되는 것이 일반적이었다. 기업에 필요한 노동력 수요에 공급을 맞추는 것이 아니라 북한 측의 계획에 따라 노동력을 공급받았으며, 그 결과 불필요한 인력이 고용되고 근로행정 감시를 위한 근로자를 고용해야 하는 일도 발생했다.[192] 앞에서 본 것처럼, 태창의 경우 남한 공장이라면 30명이면 될 공정에 북한은 200명 정도를 배치하게 했고, 한국전력의 경수로 공사는 북한 근로자 20명당 1명의 작업반장을 고용하게 했으며, 상호 감시를 위해 단순 차량 운전의 경우에도 2명의 북한 근로자를 탑승시킬 것을 요구했다.[193]

사업 타당성 검토의 미흡

1990년대 유럽 기업의 대북 진출을 지원하던 그로하(Jean-Jacques Grauhar) 주한 유럽상공회의소 소장은 다음과 같이 결론지었다. "북한 시장에 흥분을 감추지 못하던 많은 유럽기업들은 북한 방문 후 오히려 꼬리를 감추었다".[194] 그러나 우리 기업은 달랐다. 언젠간 하나가 될 시장이라 생각했으므로 선점의 유인이 강했다. 그래서 사업 타당성 검토가 미흡한 경우가 많았다. 남한과 모든 것이 다를 뿐 아니라 훨씬 열악한 투자 환경임에도 꼼꼼히 따져보지 않았다. 이미 살펴본 바와 같이, 대우의 경우 경영 환경에 대한 조사가 부족했다. 남포공단이 문을 닫은 후 김우중 회장은 사업의 실패 이유로 열악한 인프라와 북한의 체제 유지정책을 들었는데,[195] 이처럼 가장 기본적인 문제점들조차 고려하지 않고 대북 진출을 결정했고 지나치게 큰 규모의 공장을 만들었다는 것이 오히려 놀랍다.

태창의 샘물사업도 무리한 부분이 많았다. 아무리 금강산 물의 수질이 좋다고 해도 의류회사가 경험도 없고 자체 판매망도 가지지 못한 생수 시장에 진출한다는 계획 자체가 무리였다. 생산된 물을 실어 나를 도로, 철도도 없는 곳에 공장을 짓는 바람에 인프라 공사 비용이 공장 건설 비용보다 컸다. 더욱이 물류비가 크게 높은 상황에서 단

---

192 윤대규, "북한 내 남북경협 현장의 노무관리 문제", 『북한법연구』, Vol.5, 2002, p.13.

193 조동호, 『북한의 노동제도와 노동력 실태』, 한국개발연구원, 2000, p.69, p.111.

194 그로하, 쟝자크, "유럽기업의 대북 진출전략", 『통일경제』, 3월호, 1995, p.51.

195 "김우중 '개성공단 8년 앞서 남포공단 만들었다 실패한 이유는 …'", 『조선일보』, 2013.4.20.

위 부피당 가치가 매우 작은 물을 사업 아이템으로 선정한 것은 상식적으로 이해하기 어려운 결정이었다. 태창의 오너는 "민족의 영산 금강산 샘물사업은 누군가 해야 합니다. 대북 사업에서 돈만 벌려다간 안 됩니다"라며 동포애적 시각에서 접근해야 한다고 말했는데,[196] 민족적 차원에서 이해는 되지만 기업인으로서 적절한 말은 아니었다.

경평인터내셔날·G-한신의 김치 사업도 물류비 측면에서 수익을 내기가 쉽지 않은 아이템이었다. 코리아랜드의 유경호텔 임대사업은 중소기업이 감당하기엔 자금 조달이 쉽지 않은 사업이었다. 사무실 수요 전망만 봐도, 자유롭지 않은 북한 출입국과 북한 내 이동을 감안하지 않은 지나치게 낙관적인 평가였다. 안동대마방직이 이모작을 미리 실험한 것은 훌륭한 구상이었지만, 전력 등 인프라 문제를 충분히 고려하지 않은 것은 아쉽다.

결국 대부분 대북 진출을 성급하게 추진하다 보니 발생한 일이었다. 개성공단의 경우에서도 마찬가지여서, 시범단지 입주기업들이 가장 많은 애로를 겪은 부분은 정보 부재의 문제였다.[197] 투자환경 조사와 리스크관리 방안은 불충분했던 반면, 지나치게 낙관적이었고 마음이 앞섰다. 성공한 투자가 없는 것은 당연한 결과였던 셈이다. 노무현 정부의 대통령자문위원회였던 동북아경제중심추진위원회는 2003년의 보고서에서 대북 투자는 "수익모델 창출에 실패"라고 평가했고,[198] 2005년 통일부는 "성공모델 미창출"이라고 보고했다.[199] 2012년에 개최된 한 세미나에서 황부기 통일부 교류협력국장은 개성공단과 같은 경제특구 지역을 제외한 "내륙지역의 민간경협은 사실상 성공사례가 없"다고 평가하면서 이는 열악한 인프라, 제도 미비 등 대부분 북한 측 요인에 기인하지만 "우리 기업들도 부정확한 정보에 기초하여 엄밀한 타당성 분석 없이 접근하는 경향"이 있으므로 "기업들은 북한 리스크에 대한 확실한 인식과 대비가 필요"하다고 지적했다.[200]

---

196 법무법인 율촌 북한팀·매일경제 중소기업부, 『북한투자 어떻게 하면 성공할까』, 매경출판, 2018, pp.113~114.

197 "[인터뷰] 개성공단 SJ테크 유창근 대표", 『통일뉴스』, 2005.1.20.

198 동북아경제중심추진위원회, "동북아경제중심 건설을 위한 남북경협거점 개발 전략", 2003.9, p.4.

199 통일부 교류협력국, "남북경제교류협력 현황과 과제", 정책자문회의 참고자료, 2005.6.2, p.48.

200 황부기, "남북경협 현황과 정부대책", 박병석 국회부의장·국회입법조사처 공동주최 세미나 '남북경협 24년: 현안과 전망' 자료집, 2012.8.30, pp.18~19.

정치적 리스크에 대한 대비 소홀

모든 해외투자에는 정치적 리스크가 수반되기 마련이다. 특히 대북 투자는 다른 나라에 대한 투자보다 훨씬 더 큰 리스크를 내포하고 있다. 우리와는 전혀 다른 사회주의 계획경제 체제라는 경제적 이질성도 있지만, 정치적 불확실성도 상당하기 때문이다. 개인 우상화를 기반으로 한 독재체제와 정치적 고려를 우선으로 하는 의사결정 시스템으로 인해 언제든지 북한 마음대로 합의와 계약이 뒤집힐 가능성이 있다. 북한 핵문제의 국제화로 인해 대북 투자에 외부의 영향이 개입될 가능성도 상존한다. 뿐만 아니라 남한 정부의 대북 정책 방향에 따라 기업의 희망이나 의지와는 무관하게 사업이 지연되거나 심지어 중단될 가능성도 있다.

이처럼 대북 투자에 커다란 정치적 리스크가 수반된다는 점은 남북경협의 초기 단계부터 잘 알려진 사실이었다. 1992년 6월 대한상공회의소가 남북교역 반출입 승인을 받은 업체 92개를 대상으로 실시한 조사에 따르면, 대북 투자의 가장 커다란 제약요인으로 전체의 55.4%가 '북한의 정치적 불안정'을 지적했다.[201] 이미 1991년 KDI 보고서는 "현재 남북한 경제교류는 이질적인 정치·사회·경제 체제하에서 지나치게 정치적 영향에 민감"하므로 대북 투자는 "기본적으로 남북한 간에 인적·물적 교류가 충분히 이루어짐으로써 상호신뢰 회복과 교류의 관례가 축적된 이후에야 본격적으로 진행될 수 있다"고 제언한 바 있다.[202] 외국 기업들도 "북한의 투자 위험성 및 불확실성으로 투자 자체를 꺼릴 수밖에 없는 입장"이라는 분석도 있었다.[203] 1991년 강현욱 경제기획원 차관은 투자보장협정이 체결되지 않은 상태에서 기업의 대북 투자는 어렵다고 이야기했다.[204]

당시 언론도 마찬가지였다. 1992년 『매일경제신문』은 "우리 기업이 현지 합작공장을 건립했더라도 북한 정부나 파트너 측이 일방적인 철수를 요구했을 경우 법적·제도적 장치가 없"으며, "특히 아직도 정치적 문제가 산적해 있는 만큼 북한 측 태도가 돌변할 수 있다는 점에서 쉽게 대규모 투자에 나설 수 없는 실정"이라고 진단했다.[205] 『세

---

201 대한상공회의소, 『남북한 합작투자의 추진방안』, 1992, p.35.

202 한국개발연구원, 『남북한 경제관계발전을 위한 기본구상』, 1991, p.175.

203 동용승·서양원, 『남북경협 이렇게 풀자』, 삼성경제연구소, 1995, p.59.

204 "'남북합작은 내년 가을에나 가능' 기획원차관, 남북경협 일문일답", 『서울신문』, 1991.12.18.

205 "투자보호협정 체결 첫 과제", 『매일경제신문』, 1992.7.18.

계일보』도 "제도적 안전장치가 미비한 실정"이므로 "투자에 따른 위험부담이 크고 북측의 합영법도 모호한 조항이 많아 분쟁소지를 안고 있다"고 했고,[206] 『경향신문』 사설은 '천천히, 신중히'라고 제목을 뽑으며 "어떤 투자도 위험하다는 사실은 더 말할 것도 없다"고 지적했다.[207]

첫 번째 투자였던 대우 남포공단의 경우 대우의 성급한 추진도 문제였지만, 북한의 무리한 요구와 독단적 결정이 실패의 근본적 원인이었고 대우에서 파견된 직원에 대한 일방적인 비자 연장 거부와 북한 노동력 차출이 실패의 직접적 원인이었다. 우리 정부의 정치적 결정이 사업 추진을 불가능하게 만들기도 했다. 북한 핵 문제와 남북경협을 연계함에 따라 1992년 2월 남포 경공업단지 조사단의 방북을 보류시켰고, 3월에는 투자뿐만 아니라 교역을 위한 대북 접촉도 금지시켰다. 남포 경공업단지 조사단의 방북 무산 이후 1993년 6월 말까지 대북 투자 상담을 위한 북한 주민 접촉신청을 불허한 건수는 56건에 달했다.[208] 이러한 제한 조치가 풀려서 기업인의 방북이 허용된 것은 거의 2년이 지난 1994년 12월이었다.

이처럼 대북 투자가 북한이나 남한에 의해, 혹은 남북관계에 의해 직접적이고도 결정적인 영향을 받을 수 있다는 조언을 듣고 실제 사례를 목격했으면서도 기업들은 충분한 대비책이 없이 투자를 강행했다. 대북 투자의 실패에는 기업 스스로의 책임도 크다는 뜻이다. 실제로 대북 투자를 금지한 2010년의 '5·24 조치'로 손실을 보았다고 하더라도 대북 투자 사업은 위험성이 예견된 상황에서 이뤄진 것이므로 국가에 보상을 위한 입법 의무가 없다는 것이 헌법재판소의 결정이었다.[209] 서울고등법원도 의류 위탁가공업체가 '5·24 조치'로 피해를 입었다며 정부를 상대로 제기한 손해배상 청구소송에 대해 '대북 사업에 투자위험이 있다는 사실을 알고 있었다'는 이유를 들어 기각했다.[210]

---

206 "대북 투자 위험부담 커 '초보단계'", 『세계일보』, 1992.7.16.

207 "남북경협은 천천히, 신중히", 『경향신문』, 1992.7.23.

208 "대북 투자 유보 56건, 3~6월 북한 핵연계 접촉불허로", 『중앙일보』, 1992.7.11.

209 "헌재 '대북 투자사업, 국가 보상 입법 의무 없어'", 『아시아경제』, 2022.5.31.

210 "5·24 대북제재후 기업피해, 정부 배상책임 없다", 『동아일보』, 2012.10.3.

2. 특구투자1: 금강산 관광사업

1) 금강산 관광사업의 진행 과정

금강산 관광사업은 '7·7 선언'이 발표된 다음 해인 1989년 1월 24~31일 현대그룹 정주영 명예회장이 북한을 방문하여 '금강산 관광 개발 및 시베리아 공동진출에 관한 의정서'를 체결함으로써 시작되었다. 그러나 그 이전부터 북한은 금강산 관광사업과 관련한 움직임을 보여왔다. 북한은 1985년 4월 철도, 레저, 호텔 등을 운영하는 일본 세이부(西武) 그룹에 금강산 개발을 제의했고, 9월에는 철강업체인 일본 난카이(南海) 전철과 금강산 내 1,000명 수용 규모 호텔의 건설을 포함한 비망록(memorandum)을 체결했으나 모두 실행에 옮겨지진 못했다.[211] 이후 북한은 일본으로부터의 투자 유치를 지속적으로 모색하는 한편 현대그룹과의 접촉을 시도했다. 1989년 2월 이홍구 국토통일원 장관은 "북한은 1987년 말부터 교포 등을 통해 일본의 자본을 끌어들이기 위해 노력했으나 성과가 없자 정 회장에게 접근한 것 같다"고 말했다.[212] 실제로 정주영 명예회장은 북한 방문을 마치고 돌아온 후 1989년 2월 9일 국회의장 공관에서 열린 여야 지도자들과의 간담회에서, 금강산 호텔 건설과 관련해 1987년 7월 재일교포 사업가 손달원[213]을 통해 북한 대남비서였던 허담 명의의 초청장을 전달받았으나 당시 안무혁 국가안전기획부장과 의논한 결과 신변 보장이 어려우므로 포기했고, '7·7 선언' 이후인 8월에도 허담 명의의 초청장이 손달원을 통해 왔으나 역시 같은 이유로 거

---

211 김준범, "금강산 개발의 막후 손달원과 요시다", 『월간중앙』, 3월호, 1989, pp.226~227.

212 "이 통일원, '남북 당국 협의 거쳐야 금강산 개발문제 해결'", 『조선일보』, 1989.2.10.

213 일본 오사카에서 철강업체를 운영하는 일본 귀화 재일동포 기업가로서 일본명은 야마구치 히사기치(山口久吉)이다. 한편 중앙일보 대기자였던 김영희에 의하면 정주영 명예회장은 손달원으로부터 소개받은 재일교포 요시다 다케시(吉田猛)를 북한과의 소통 통로로 활용했는데, 그의 부친은 김일성의 친구로서 그가 자신과 부친, 그리고 김일성이 함께 식사하는 사진을 김영희 대기자에게 보여준 적도 있다고 회상했다. 김영희, "남북관계에 정주영 명예회장이 남긴 유산", 『관훈저널』, 가을호, 2015, p.142. 요시다 다케시는 자신의 북한 인맥을 활용해 금강산 관광사업뿐만 아니라 1989~1990년 북일 국교 정상화교섭, 2000년 남북 정상회담 등에서도 역할을 한 것으로 알려졌다. "현대의 대북창구 로비스트, 요시다 다케시 재일동포로 알려져", 『한국경제』, 2000.4.12. 임동원 전 국정원장 역시 요시다 다케시가 1980년대 말부터 현대그룹의 대북 사업을 주선했고, 1999년 6월 서해교전 직후에는 '금강산 관광사업의 계속 추진 희망'이라는 북한의 메시지를 현대그룹을 통해 남한 정부에 전달했으며, 2000년 6월 남북 정상회담 추진에 있어서도 북한과의 소통 통로 역할을 했다고 회상했다. 임동원, 『피스메이커』, 창비, 2015, pp.21~24.

절했다가 1988년 11월 "빠른 시일 내에 북한을 방문해달라"는 허담의 세 번째 초청장을 받고서 1989년 1월 방북한 것이라고 밝혔다.[214]

북한을 방문하기 이전 이미 정주영 명예회장은 금강산 개발 구상을 구체적으로 하고 있었다. 1988년 10월 4일 정주영 명예회장은 박철언 청와대 정책보좌관을 만난 자리에서 "앞으로 금강산 관광특구를 만들어볼 생각입니다. 철원과 속초에서 금강산을 자유롭게 출입하도록 할 생각입니다"라고 말했다.[215] 12월 17일의 만남에서는 금강산 관광특구 건설 이외에도 철원-내금강-외금강 연결, 정주영 명예회장의 고향인 강원도 통천에 자동차 부속품 공장 설립 등과 함께 시베리아의 목재, 가스, 석유 개발에 대해서도 이야기했다.[216]

정주영 명예회장은 1989년 1월의 방북에서 금강산 관광 개발에 합의했지만 남북관계의 악화로 사업의 진전은 더뎠다. 1989년 3월 문익환 목사 방북 사건[217], 6월 서경원 의원 방북 사건[218], 임수경 방북 사건[219] 등이 연이어 발생하면서 공안정국이 조성되었고, 남북관계도 경색되었다. 1990년 3월에는 강원도 양구군에서 제4땅굴이 발견되었다. 급기야 1990년 5월 16일 북한의 조국평화통일위원회 대변인은 『조선중앙통신』과의 회견 형식으로 "금강산 공동개발에 대한 경제합작계약은 노태우 일당의 방해책동으로 이미 무효"가 되었고 "우리는 앞으로 현대그룹과 어떤 거래도 하지 않을 것"이라고 선언하면서, 정주영 명예회장이 방북 시 북한에 무상 제공하기로 약속한 그랜저 승용차 2대를 포함해 덤프차, 지게차, 굴삭기, 불도저, 페이로더 등 중장비 각 1대씩 총 7대의 공여 장비도 받지 않겠다고 밝혔다.[220]

1991년 8월 15일 노태우 대통령은 광복절 경축사에서 남한은 "관광, 지하자원을 공

---

214 "국회 · 정주영 회장 '방북간담회' 일문일답", 『경향신문』, 1989.2.10.

215 박철언, 『바른 역사를 위한 증언 2』, 랜덤하우스중앙, 2005, p.32.

216 박철언, 『바른 역사를 위한 증언 2』, 랜덤하우스중앙, 2005, pp.48~49.

217 문익환 목사가 정부의 허가 없이 1989년 3월 북한을 방문하여 김일성과 2차례 회담을 갖는 등 통일문제를 논의한 사건이다. 귀환 즉시 문 목사는, 정부와 사전협의 없이 독자적으로 방북했으며, 평양 도착성명에서 '존경하는 김일성 주석'이라는 표현을 사용했고, 남한 정부를 일방적으로 비방했다는 이유로 국가보안법상의 '반국가단체잠입죄'로 구속되었다.

218 농민운동가 출신의 서경원 의원이 1988년 8월 북한을 비밀리에 방문하여 김일성, 허담 등과 회담했음을 서경원 의원 자신이 1989년 6월 폭로한 사건이다.

219 한국외국어대학교 학생이었던 임수경이 정부의 허가 없이 1989년 6월 30일부터 8월 15일까지 평양 세계청년학생축전에 참가하기 위해 일본-서독-동독-소련을 거쳐 북한을 방문한 사건이다.

220 "금강산 공동개발 무효선언", 『한겨레신문』, 1990.5.17.

동개발할 태세를 갖추고 있"다고 밝혔고,[221] 1991년 9월 24일 유엔총회 기조연설에서도 "북한과 교역은 물론 관광, 지하자원의 공동개발과 합작공장의 건설 등 경제협력을 적극적으로 추진할 준비"가 되었음을 명확히 했다.[222] 그러나 오히려 남북경협의 환경은 악화될 뿐이었다. 국제원자력기구(IAEA)는 1992년 5월 이후 6차례에 걸친 북한 핵사찰 결과 '중대한 불일치'가 발견되었다면서 특별사찰을 요구했다.[223] 북한은 이에 반발했고, 1993년 3월 8일 준전시 상태를 선포했다. 1993년 3월 12일에는 핵확산금지조약 탈퇴를 선언함으로써 제1차 북핵 위기가 시작되었다. 1993년 10월부터 남북한은 특사 교환을 위한 실무접촉을 가졌으나, 1994년 3월 8차 접촉을 끝으로 회담이 결렬되면서 남북관계는 더욱 경색되었다.[224] 1994년 6월 13일 북한이 국제원자력기구 탈퇴를 공식 선언하고, 미국 정부가 6월 14일 장관급회의에서 영변에 대한 폭격 방안을 논의할 정도로 한반도의 상황은 최악으로 치달았다.[225] 6월 15~18일 카터(Jimmy Carter) 전 미국 대통령이 방북하여 북한의 핵 활동 동결 용의, 남북 정상회담 개최 등의 성과를 도출함으로써 긴장이 완화되었으나, 김영삼 대통령과의 정상회담을 불과 17일 앞둔 7월 8일 김일성이 돌연 사망했다. 이후 1994년 10월 21일 북미 제네바 합의로 북한 핵 문제는 일단 정리되었고 11월 8일 정부의 '남북경협 활성화 조치' 발표로 비로소 경협 논의는 다시 동력을 얻게 되었다.

그래도 금강산 관광사업의 추진은 쉽지 않았다. 우선 북한은 내부적으로 최악의 상황을 맞이하고 있었다. 1990년대 들어 대외경제관계의 붕괴로 하락해가던 경제 상황은 1995년 여름의 대홍수로 '고난의 행군'에 돌입했다. 김정일은 오랫동안 후계자 수업을 받았음에도 '삼년상'이라는 구실로 은둔하다가 '고난의 행군'이 일단락되는 1998년에야 북한의 최고지도자로 공식 등장했을 정도였다. 남북관계에서도 악재가 많았다. 1995년 5월 30일 제86우성호 나포사건, 1996년 9월 18일 강릉 잠수함 무장공비 침투사건, 1997년 2월 11일 북한 황장엽 비서 망명 등은 남북관계를 경색시켰다. 오랔가

221 행정안전부 대통령기록관 홈페이지, 대통령 이야기 > 노태우 > 연설기록 > 제46주년 광복절 경축사.

222 행정안전부 대통령기록관 홈페이지, 대통령 이야기 > 노태우 > 연설기록 > 제46차 유엔총회 기조연설.

223 "북한서 신고한 핵 내용 사찰결과와 크게 차이", 『동아일보』, 1993.2.16.

224 특히 8차 접촉에서 북한의 박영수 단장이 이야기한 "전쟁이 나면 서울은 불바다가 될 것"이라는 소위 '서울 불바다' 발언은 남북관계를 더욱 악화시키는 요인이 되었다. "남북관계 긴장국면", 『동아일보』, 1994.3.20.

225 "되돌아보는 1994년 한반도 전쟁 위기", 『VOA』, 2017.4.12.

략하던 김영삼 정부의 대북 정책은 후반기에는 강경 입장을 보였다.[226] 정주영 명예회장도 운신의 폭이 좁을 수밖에 없었다. 1992년 1월 통일국민당을 창당하고 12월 대통령 선거에 출마했으나 패배했기 때문이다. 1993년 11월 '선거법' 및 '특정경제범죄가중처벌법' 위반 혐의로 징역 3년의 실형을 선고받았고, 1994년 7월 항소심에서 징역 3년에 집행유예 4년을 선고받아 투옥을 겨우 면했다. "현대는 '돈'을 가지고 정치권력에 도전했던 역사의 전범" 취급을 받았고, 김영삼 정부 "5년 내내 '아야' 소리 한번 못 질렀다."[227] 정주영 명예회장 스스로도 "92년 대선 이후 나와 '현대'에 가해진 정치보복은 더 이상 생각하기도 싫다"고 회상했을 정도다.[228] 당연히 눈에 띄는 활동을 하기가 어려웠다. 그 사이 북한은 1996년 나진·선봉 지역의 통신시설 사업을 하던 태국의 록슬리(Loxely) 그룹에 금강산 개발을 제의하기도 했다.[229]

현대그룹의 금강산 관광사업이 다시 추진된 것은 '햇볕정책'을 내건 김대중 정부가 출범한 1998년에 들어서였다. 1998년 2월 2일 정주영 명예회장은 북한의 김용순 아태 위원장에게 금강산 개발을 위한 면담을 요청했고, 그 결과 2월 24일과 3월 14일 2차례에 걸쳐 치러진 정몽헌 현대그룹 회장과 송호경 아태 부위원장의 면담을 통해 현대와 북한은 금강산 관광사업과 정주영 명예회장의 방북을 위한 준비 작업에 들어갔다. 1998년 4월 30일 대북 투자 규모의 상한선 철폐, 투자 분야의 제한 완화, 협력사업 승인절차 간소화 등을 담은 김대중 정부의 '남북경협 활성화 조치'가 발표된 것도 우호적인 환경을 제공했다. 이에 따라 6월 16일 정주영 명예회장 일행은 소 500마리를 끌고 판문점을 통과해서 방북하여 6월 22일 북한 측과 금강산 개발 및 유람선 관광 이외에 5개 경제협력 사업에 대한 합의서를 체결했다.[230] 당시 금강산 관광사업에 참여한 현대그룹 계열사는 현대상선, 현대건설, 금강개발산업 등 3사가 주축이었고, 9월 7일 이들 3사는 투자규모 9,583만달러의 합영투자 방식에 대해 협력사업 승인을 받았다.[231]

---

226 김영삼 정부의 대북정책에 대한 보다 자세한 논의는 뒤의 '에필로그: 절망과 기교, 그 너머'를 참조.

227 "신경제 공부시간에 현대만 손들고 벌 받았죠", 『경향신문』, 1998.6.29.

228 정주영, 『이 땅에 태어나서: 나의 살아온 이야기』, 솔출판사, 1998, p.427.

229 "태 기업 금강산 개발 타진", 『조선일보』, 1996.10.10.

230 "북과 5개 사업 경협 합의", 『문화일보』, 1998.6.24. 5개 사업은 자동차 조립사업, 고선박 해체사업, 철근공장 건립, 제3국 건설시장 공동진출, 서해안공단 및 통신사업 등이었다.

231 투자규모는 2007년 5월 18일 3억 6,027만달러로 상향 승인되었다.

정주영 명예회장은 왜 소 떼를 몰고 갔을까?

정주영 명예회장은 1915년 11월 25일 매우 가난한 농부의 아들로 태어났다. 6남 2녀의 장남이었다. "방학이나 일요일은 물론 새벽부터 밤늦도록 아버님 옆에서 농사일을 배우며 도와야 했"던 어린 정주영은 "평생 허리 한번 제대로 못 펴고 죽도록 일해도 배불리 밥 한번 못 먹는 농부로, 그냥 그렇게 내 아버지처럼 고생만 하다가 내 일생이 끝나야 한다는 건가" 하고 생각했다. 그에게 고향은 '반드시 떠나야만 할 곳'이었다.[232] 그래서 정주영 명예회장은 만 16세가 되던 1931년 일거리를 찾아 도시로 가출했다. 그 해에 두 번, 그다음 해에 한 번 가출했지만, 번번이 아버지에게 잡혀 왔다. 1933년 네 번째이자 마지막 가출을 했고, 인천과 서울에서 막노동을 하다가 1934년 복흥상회(福興商會)라는 쌀 가게의 배달원으로 취업했다.

정주영 명예회장은 세 번째 가출 때 아버지가 가지고 있던 소 판 돈 70원을 훔쳐 나갔다. 그 돈으로 서울의 경성실천부기학원(京城實踐簿記學院)에서 두 달 정도 부기를 배웠는데, 그때 배운 부기를 쌀 가게 장부 정리에 활용했고 그로 인해 주인의 신뢰를 얻게 되었다. 급기야 쌀 가게에 들어간 지 2년 만에 주인은 가게 인수를 제안했고, 정주영 명예회장은 경일상회(京一商會)라는 이름의 쌀 가게를 차리면서 기업인으로서의 토대를 닦기 시작했다. 결국 소를 판 돈이 현대라는 세계적인 기업의 모태가 되었던 것이다. 그래서 정주영 명예회장은 1998년 6월 16일 소 떼와 함께 군사분계선을 넘기 직전 가진 기자회견에서 "아버님이 소를 판 돈 70원을 가지고 집을 나섰습니다. …… 이제 그 한 마리의 소가 천 마리의 소가 되어 그 빚을 갚으러 꿈에 그리던 고향산천을 찾아가는 것입니다"라고 말했다.[233] 1,000마리가 아니라 1,001마리였던 이유는 이것으로 끝이 아니라 이제부터 새롭게 시작한다는 것을 의미했다. 실제로 당시 통일부 장관이었던 강인덕에 의하면, 왜 1,000마리가 아니라 1,001마리냐고 정몽헌 회장에게 물었더니, 0은 끝나는 숫자지만 1은 시작하는 숫자이므로 명예회장께서 1,001마리를 보내시는 것이라고 답했다고 한다.[234]

소 떼를 몰고 간 또 하나의 배경으로는 육로 방북을 들 수 있다. 김고중 전 현대아산 부사장의 회고에 따르면, 1989년 1월 정주영 명예회장의 첫 번째 방북 시에는 당시의 불가피한 정황으로 도쿄와 베이징을 경유했지만, 1998년의 방북 시에는 판문점을 통한 육로 방북으로 성사시키라는 지시를 받았다. 북한은 군사적 이유를 들어 반대했다. 하지만 이때 소 떼 방북이 좋은 명분이 되었다.[235] 정주영 명예회장은 이미 오래전 서산 간척지에 확보한 서산농장에서

232 정주영, 『이 땅에 태어나서: 나의 살아온 이야기』, 솔출판사, 1998, pp.24~25.
233 "정주영씨 일문일답", 『조선일보』, 1998.6.17.
234 강인덕, "정주영 회장과 금강산관광사업", 『관훈저널』, 가을호, 2015, p.103.
235 김고중, "정주영 현대그룹 회장의 대북 경협사업", 『관훈저널』, 가을호, 2015, pp.113~114.

이날을 위해 소를 키우고 있었다. 정주영 명예회장은 1998년 4월 방북한 김윤규 현대건설 부사장 편에 소 500마리를 제공하고 자신도 판문점을 경유해서 방북하겠다는 의사를 전달했으며, 북한은 소를 받기 위해서는 육로 방북을 허용할 수밖에 없었다.[236] 대단한 아이디어였고, 전 세계를 대상으로 한 현대그룹의 홍보 효과는 소와 트럭 비용의 최소 수백 배에 달했을 것이다. 『CNN』은 방북 장면을 생중계했고, 세계적인 문명비평가 소르망(Guy Sorman)은 '20세기 최후의 전위예술'이라고 표현했다.[237] 영국의 『Independent』는 "세계에서 가장 이례적인 민간 외교 이니셔티브 중 하나(one of the world's most unusual private diplomatic initiatives)"이자 "세계 최초의 소 외교 사례(the world's first case of cow diplomacy)"라고 평가했다.[238]

1998년 10월 27~31일에는 또다시 501마리의 소와 함께 정주영 명예회장 일행의 방북이 있었고, 10월 29일 '금강산 관광사업에 관한 합의서'와 '관광사업 대가 지불에 관한 합의서'가 체결되었다. 현대가 금강산 관광을 준비하는 과정에서 국내외 관광객을 보다 많이 유치하기 위해서는 유람선을 통한 관광만으로는 미흡하다고 판단하고, 북한 측과 관광, 시설투자, 건설사업 등을 포괄하는 금강산 지역의 종합개발에 관한 협의를 통해 '금강산 관광사업에 관한 합의서'를 새로 체결한 것이다.[239] 이 합의서에 따라 금강산 관광사업은 합영 방식에 의한 관광선 위주의 관광사업에서 단독투자 형태의 금강산 관광 및 개발사업으로 변경되었고,[240] 사업지역도 기존의 3개 지구에서 내금강 지구 등을 포함한 8개 지구로 확대되었으며, 현대는 사업지역 내의 토지와 시설물에 대한 장기간 독점 이용권 및 사업권을 확보한 가운데 다양한 종류의 관광 및 개발사업을 추진할 수 있게 되었다(<표 4-9> 참조). 그 대가로 현대는 관광선 출항 이후 6년 3개월간 총 9억 4,200만달러를 지불하기로 했다. 당시 정주영 명예회장을 수행한 정몽헌 현대건설 회장은 방북 결과를 설명하면서 금강산 관광 및 개발 이외에도 현대는 2천만평 규모의 서해안공단 조성, 고선박 해체, 평양화력발전소 건설, 광천수 개발, 자동차조립공장 건설, 자동차라디오 조립공장 건설, 통신사업, 제3국 건설시장 공동진출,

---

236 "'소떼' 선물에 판문점 문 열리나", 『경향신문』.1998.5.8.

237 "노무현 · 임수경 · 소떼까지 … '금단의 선' 넘어 평화의 길 튼 주역들", 『한겨레』, 2018.4.26.

238 "Tycoon gives 500 cows to N Korea", *The Independent*, 1998.6.15.

239 통일부, 『통일백서』, 2000, p.94.

240 정부는 관광선을 통한 관광사업에서 금강산 관광사업 및 금강산 관광개발사업으로 확대 · 변경한 사항, 그리고 합영에서 단독투자로 변경한 사항에 대해 1999년 1월 15일 협력사업 변경 승인을 했다.

<표 4-9> 금강산 관광사업 관련 1998년 6월 및 10월의 합의내용 변경 내역

날짜 구분	6월	10월
사업 범위	관광선을 통한 금강산 관광사업	사업 범위 확대로 개발사업 추가(호텔, 해수욕장, 온천, 골프장, 스키장 등)
권리 내용	특별한 언급 없음	토지 및 시설물 이용권과 관광사업권은 장기간 현대 측에만 부여
대가 지불 특혜 조치	4박5일 기준 관광객 1인당 300달러 지급	2005년 초까지 9억 4,200만달러 지급
투자 방식	특혜조치 없음	관세면제, 반출입 및 송금의 자유보장, 시설물 이용권 및 양도권 보장 등
사업 대상	합영	단독투자
투자 금액	9,583만달러	1억 33만달러(북한 측 투자분 인수)
지역	구룡연지구, 만물상지구, 삼일포 및 해금강 지구	삼일포지구, 해금강 및 금강산 해변지구, 온정리지구, 성북리지구, 장전만지구, 내금강 지구, 통천지구, 시중호지구

* 자료: 통일부, 『통일백서』, 2000, p.94.

서해안 석유 탐사·개발 및 남한 공급 등 9개 분야의 사업 및 평양 실내종합체육관 건설에 대해 북한과 합의했다고 밝혔다.[241]

마침내 1998년 11월 18일 금강호가 출항함으로써 금강산 관광사업이 시작되었다. 일반 관광객 826명, 승무원 482명, 오락담당자 9명, 관광안내원 50명 등 총 1,418명을 태운 금강호는 11월 18일 오후 5시 53분 동해항을 출발하여 14시간여만인 19일 오전 8시경 북한 장전항에 도착했다.[242] 이어서 1998년 11월 20일에는 봉래호가 첫 출항을 했다. 1999년 2월 5일에 금강산 관광과 개성공단 조성 등 현대그룹이 추진하는 대북사업을 전담하기 위해 현대아산이 설립되었고, 2월 28일에는 온정리에 휴게소, 공연장, 상품판매소가 마련되었다. 1999년 5월 14일에는 풍악호가 추가 투입되었다. 2000년 8월 8~10일 방북한 정몽헌 현대아산 회장은 김정일과의 면담에서 기존의 공해상을 경유하는 20km의 항로를 연안 8km의 직항로로 변경함으로써 관광선 운항시간을

241 "9개 대북경협 합의", 『경향신문』, 1998.11.2.

242 "반세기만에 열린 금강산 뱃길", 『한겨레』, 1998.11.19.

금강산 관광사업과 관련한 작명

현대그룹의 대북 사업 전담기업인 현대아산의 '아산(峨山)'은 정주영 명예회장의 호로, 이는 정 명예회장의 고향인 강원도 통천군 송전면 아산리에서 유래한 것이다. 금강산 관광선의 이름은 금강산의 사계절에 따른 이름들을 붙인 것이다. 금강산은 계절마다 보여주는 풍경이 다르기 때문에 봄에는 금강산(金剛山), 여름에는 봉래산(蓬萊山), 가을에는 풍악산(楓嶽山), 겨울에는 개골산(皆骨山), 그리고 눈이 내렸을 땐 설봉산(雪峰山)으로 불리는데, 각각의 이름을 따 금강호, 봉래호, 풍악호, 설봉호로 명명한 것이다.

4시간으로 단축하고, 장전항 해상호텔 개장, 총석정 지구에 스키장과 골프장 건설, 서울-개성 육로관광 2000년 내 실시, 서해안공단 부지로 개성 확정 등을 합의했다고 발표했다.[243] 2000년 9월 30일에는 김정일이 김용순 아태 위원장, 현철해 총정치국장 등과 함께 직접 금강산 관광지역을 방문해서 부두시설, 해상호텔, 온정각 휴게소 등을 정몽헌 회장과 함께 돌아봤으며, 현대아산이 남북경협을 한 계단 높은 단계로 발전시키기 위한 사업을 추진하는 데 대해 만족을 표시한 것으로 전해졌다.[244] 2000년 10월 1일에는 속초항과 장전항을 운행하는 쾌속선 설봉호가 투입됨으로써 모두 4척의 유람선 운행 체제가 구축되었다.[245]

그러나 금강산 관광사업이 순조롭게만 진행된 것은 아니었다. 1999년 5월 14일 첫 출항한 풍악호는 북한의 입항 허가 지연으로 13시간 이상 늦게 도착했고, 두 번째 출항일로 예정되어 있던 5월 17일에는 북한의 입항 거부로 아예 출발조차 하지 못했다.[246] 북한의 거부 이유는 3월 31일 인도양에서 일어난 현대 듀크호와 북한 만폭호 간 충돌사고 보상 문제에 대한 불만인 것으로 추측되었고,[247] 6월 10일부터는 정상 운영되었다. 하지만 1999년 6월 20일에 다시 '남한에 살고 있는 북한 귀순자들이 잘살고

243 "육로로 연내 개성관광", 『한국일보』, 2000.8.11. 그러나 직항로 개설은 실현되지 않았다.

244 "김정일 금강산 방문, 관광개발현장 둘러봐", 『문화일보』, 2000.10.2.

245 관광객 수 감소와 육로관광 개시에 따라 금강호는 2001년 6월 30일, 봉래호는 2001년 5월 2일, 풍악호는 2001년 5월 6일, 설봉호는 2004년 1월 10일로 운행을 종료했다.

246 "북, 풍악호 입항 거부", 『조선일보』, 1999.5.18.

247 "금강산 뱃길 돌연 파고", 『경향신문』, 1999.5.18.

있다는 발언을 했다'는 이유로 관광객 민영미 씨를 억류하는 사건이 발생하여 관광이 약 45일간 중단되었다가 1999년 8월 5일 재개되었다. 현대그룹의 경영난도 사업을 어렵게 만들었다. 현대그룹은 재계 서열 1위의 대규모 기업집단으로 자리 잡아왔으나, 1997년 외환위기, 2000년 '왕자의 난'으로 불리는 후계 분쟁, 2001년 창업주 정주영 명예회장의 사망과 대대적인 구조조정, 계열사들의 분할 · 해체 등을 겪으며 심각한 유동성 위기에 처했다.

게다가 관광객 수와 무관하게 지급하기로 한 관광 대가와 부두 · 도로 건설 등 1억 달러가 넘는 초기 투자비는 자금난을 가중시키는 가운데, 정해진 시간에 정해진 길로만 다녀야 하는 '제한 관광'으로 인해 관광객 수는 점차 줄어들었다. 그 결과 2000년 21만명을 넘던 관광객 수는 2001년 약 6만명으로 감소했고, 금강산 관광사업은 중단 위기에까지 봉착하게 되었다. 이미 현대아산은 1998년 11월 금강산 관광사업 시작 이후 2000년까지 총 4억달러 이상의 적자로 인해 자본금 4,500억원마저 잠식된 상태여서 2001년 1월에는 북한과 합의한 관광 대가 1월분 1,200만달러 중 600만달러밖에 보낼 수 없는 상황이었다.[248] 그마저도 2002년 2월에는 훨씬 더 줄어서 약속한 관광 대가의 1/6인 200만달러만 보냈고, 3월부터는 아예 지불하지 못했다.[249] 이에 따라 현대아산은 2001년 6월 8일 북한 측과 협의를 통해 정액으로 지불하던 관광 대가를 관광이 활성화될 때까지 관광객 수에 따라 지급하는 방식으로 변경하고 육로관광과 관광특구 지정을 추진하기로 합의했다. 또한 2001년 7월부터는 설봉호만 운영하는 긴축경영체제를 가동하는 등 수익성 개선을 위해 노력했다. 설봉호는 페리여서 규모가 큰 크루즈 선박이었던 금강호, 봉래호, 풍악호보다 운행비용이 저렴했기 때문이다.[250]

정부 역시 '햇볕정책'의 상징으로 여겨지던 금강산 관광사업의 중단을 막기 위해 다양한 지원책을 실시했다. 우선 2001년 6월 20일 한국관광공사는 금강산 관광사업에 공동사업자로 참여할 것임을 발표했고, 남북협력기금 900억원을 대출받아 현대아산이 건설한 금강산 내의 시설물을 인수하는 방식으로 자금을 지원했다.[251] 민간의 대북 투

248 "현대, 금강산 지불금 600만불만 보낼 듯", 『매일경제』, 2001.1.29.

249 통일부, "남북교류협력 추진 현황", 정책자문회의 자료, 2001.6.5, p.8.

250 총 톤수가 금강호는 28,388톤, 봉래호는 18,455톤, 풍악호는 20,186톤이었던 반면, 설봉호는 8,923톤이었다. 황진회 · 전우현, "남북한 해상여객 운송 재개에 대비한 여건 분석", KMI 현안분석 No.07, 한국해양수산개발원, 2016, p.18.

251 한국관광공사는 온천장의 지분 100%, 문화회관의 지분 100%, 온정각의 지분 60%를 인수했다.

자에 대한 정부의 직접 지원은 명분이 없었으므로 한국관광공사를 통한 우회 방법을 사용한 것이다. 그럼에도 불구하고 2002년 1월에는 관광객이 1,000명 수준으로 줄어들어 더 이상 관광사업을 계속할 수 없는 상황에 처하게 되자 2002년 1월 23일 정부는 금강산 관광사업 지원방침을 발표했다. 학생, 교사, 이산가족 등을 대상으로 금강산 관광경비의 일부 보조, 한국관광공사에 대한 남북협력기금 대출 상환조건 완화, 현대아산의 금강산 현지 면세점 설치·운영 허가 등이 주요 내용이었다.[252] 정부는 지원 배경을 "금강산 관광사업이 한반도 긴장 완화와 남북관계 개선에 기여해온 점을 감안하여, 최소한의 정부 지원을 통해 금강산 관광을 중단하지 않고 지속하면서 이를 남북화해협력 증진, 분단고통 완화, 통일교육효과 제고 등의 기회로 활용"하기 위한 것이라고 설명했다.[253] 이에 따라 통일부는 2002년 3월 28일 '금강산 관광객에 대한 경비지원 지침'을 제정하여 남북협력기금을 통한 경비보조를 시작했는데, 초·중·고 학생의 경우 경비의 70%, 대학생, 교사, 이산가족, 장애인 등의 경우 60%를 정부가 지원했다. 그러나 2002년 10월 북한 핵 문제가 대두됨에 따라, 정치권에서 금강산 관광대금이 핵 개발에 사용되는지 여부에 대한 시비가 벌어지면서 경비지원은 2002년 12월로 끝나게 되었다.[254]

한편 2002년 말 무렵부터 남북관계에서는 금강산 관광사업에 긍정적인 환경이 조성되기 시작했다. 북한은 2002년 11월 13일 최고인민회의 상임위원회 정령 제3413호로 '금강산관광지구법'을 제정하여 금강산 지역을 관광특구로 지정했다. 2002년 12월 11일 동해선 임시도로 연결공사가 완료되면서 2003년 2월 14~16일에는 시범 육로관광이 이루어졌고, 2003년 9월 1일부터 2박3일 일정의 육로관광이 실시되었다.[255] 시범관광을 거쳐 2004년 6월 19일부터는 1박2일, 7월 3일부터는 당일 관광도 본격적으로 시작되었다.

2004년 7월 2일에는 금강산호텔이 문을 열었다. 금강산호텔은 북한의 기존 금강산

---

252 "정부, 금강산 관광경비 일부 보조 … 남북기금 내달부터 지급키로", 『한국경제』, 2001.1.24.

253 통일부, 『통일백서』, 2003, p.182.

254 예를 들어 당시 야당이었던 한나라당의 서청원 대표는, 우리 정부가 북한의 농축우라늄 개발 정보를 알면서도 북한과 경제협력을 한 것은 문제라며 "결과적으로 우리 정부가 현대와 함께 북한의 핵 개발을 도와줬다고 할 수밖에 없다"고 주장했다. "한나라 핵 첩보 비공개 맹공 '정부-현대 북 핵 개발 도와준 셈", 『동아일보』, 2002.10.21.

255 이에 따라 2004년 1월 11일부터 해로관광은 중단되었다.

여관을 리모델링한 것으로 북한 측 봉사원이 남한 측 관광객들에게 서비스를 직접 제공하는 최초의 금강산 내 숙박시설이었다. 2005년 9월 1일 옥류관과 금강산 가족호텔이 개관했고, 2006년 8월 4일에는 금강산 외금강호텔이 개관했다. 2007년 6월 1일부터는 내금강 관광이 시작되었으며, 2008년 3월 17일부터는 개인 승용차를 이용한 관광도 시작되었다. 2008년 5월 28일에는 에머슨퍼시픽이 운영하는 금강산골프장이 정식으로 개장했다. 이에 따라 금강산 관광사업은 2005년부터 흑자로 전환되었고, 2007년에는 사상 최다 인원인 약 35만명의 관광객을 기록했다. 그러나 이처럼 금강산 관광사업이 활성화되어가던 상황에서 2008년 7월 11일 관광객 박왕자 씨가 북한군 초병의 사격으로 피살되는 사건이 발생했다. 그러자 통일부는 브리핑을 통해 "진상조사가 완료될 때까지 금강산 관광을 잠정 중단할 것"이라고 발표했다.[256] 그 결과 금강산 관광사업은 2008년 7월 12일부터 중단되었고 재개되지 못했다.

이후 금강산 관광사업의 재개를 위한 움직임이 전혀 없었던 것은 아니다. 2008년 7월 12일 북한은 명승지종합개발지도국 대변인 담화를 통해 피격사망 사건에 대해 유감을 표명하면서도 "사고경위에 대해 말한다면 남조선관광객이 관광구역을 벗어나 비법적으로 울타리밖 우리측 군사통제구역안에까지 들어온 데 그 원인이 있다"면서 "남측은 이에 대해 마땅한 책임을 져야 하며 우리측에 명백히 사과"하라며 적반하장의 태도를 보였다. 심지어 남한의 일방적인 금강산 관광중단 조치는 '우리에 대한 도전'이며 '참을수 없는 모독'이라면서 남한 정부가 "올바로 사과하고 재발방지대책을 세울때까지 남측관광객을 받지 않는 조치를 취할 것"이라고 강경한 태도를 보였다.[257] 그러나 약 두 달 후인 9월 4일 북한 측 금강산지구대장이 소방점검차 현대아산 관할지역에 들어왔을 때 우리 측 금강산 총소장에게, "우리 사람이 현대관광구역으로 나가려고 하는 것인지, 불순분자가 우리 측 군사지역에 들어왔다가 목적을 이루고 돌아가는 것인지 확인이 되지 않았습니다. 다시 말하지만 관광객인 것이 확인되었으면 왜 쏘았겠습니까?"라며 기존의 입장에서 물러나 관광 재개 의사를 표명했다.[258]

---

256 "「통일부 브리핑」 북측 군인의 발포로 사망해 유감", 『중앙일보』, 2008.7.11.

257 "명승지개발지도국 금강산관광객 사망사고《책임은 남측》사죄 요구", 『조선중앙통신』, 2008.7.12.

258 조건식, "금강산관광사업, 어떻게 할 것인가?", 강원일보 · 서울대학교 통일평화연구원 · 강원대학교 통일강원연구원 공동주최 국제학술 심포지엄 '금강산 관광사업과 남북교류의 새로운 모색' 자료집, 2017.11.21, p.22.

2009년 8월 16일 현정은 현대그룹 회장이 방북했을 때 김정일은 금강산 관광객 피격사망 사건과 관련해 "앞으로 절대 그런 일 없을 것"이라고 말했고,[259] 현대그룹과 아태는 금강산 관광사업의 조속한 재개를 포함한 5개 항에 합의했다.[260] 그러나 당시 이명박 정부는, '합의사항은 긍정적으로 평가하지만 이는 민간기업인 현대그룹과 북한과의 합의사항이므로 관광 재개를 위해서는 남북 당국 간 대화를 통한 합의가 필요하다'는 원칙적 입장을 고수했다. 2009년 11월 25일 "당국 간 회담 제의를 정식으로 해오면 검토할 것"이라는 남한 당국의 언급에 북한이 호응해옴으로써 남북한 당국은 2010년 2월 8일 개성에서 '금강산관광 재개를 위한 당국 간 실무회담'을 개최했다.[261] 그러나 관광객 사망사건의 진상규명, 재발 방지, 신변안전 보장의 3대 조건이 우선 해결되어야 한다는 우리 측의 입장과 사망사건은 본인의 불찰에 의한 불상사이며 3대 조건은 이미 해결되었다고 주장하는 북한 측의 입장이 대립하다가 회담은 성과 없이 종료되었다.

이후 북한은 금강산 관광사업에 대해 유화책에서 강경책으로 변화했다. 4월 8일 남한 측 부동산 동결 및 관리인원 추방을 통보했고, 실제로 4월 13일 남한 정부 및 한국관광공사 소유 자산을 동결했으며, 4월 23일에는 이산가족면회소, 소방서, 문화회관, 온천장, 면세점 등 남한 측 자산을 몰수했다. 4월 30일에는 잔류인원 16명을 제외한 남한 측 인력 철수를 통보했다. 게다가 '5·24 조치'와 11월 23일 연평도 포격사건으로 남북관계는 지속적으로 악화되었다.

북한은 2010년 10월 2일 금강산 관광과 관련한 당국 실무회담 제의를 시작으로 2011년 초에 이르기까지 여러 차례 당국 회담을 제의했으나, 우리 정부는 "남북 간에 진정한 대화가 이뤄지려면 천안함 폭침과 연평도 포격 도발에 대한 북측의 책임 있는 조치 및 추가 도발 방지에 대한 확약, 북측의 비핵화에 대한 진정성 확인이 필요"하다

---

259 "현 '김위원장, 원하는 것 다 말하라 해' … 현대 '성과 기대이상'", 『동아일보』, 2009.8.18.

260 5개 항의 첫 번째 항은 다음과 같다. "중단된 금강산관광을 빠른 시일 안에 재개하며 금강산 제일봉인 비로봉에 대한 관광을 새로 시작하기로 했다. 김정일 국방위원장께서 취해주신 특별조치에 따라 관광에 필요한 모든 편의와 안전이 철저히 보장될 것이다." "현대-북 5개항 합의", 『문화일보』, 2009.8.17.

261 정부 고위 당국자는 2009년 11월 25일 기자 간담회에서 금강산 관광사업의 재개와 관련하여 "관광객 신변안전보장 등의 문제 해결을 위해 실무급회담이 필요하다"면서 "북한에서 당국간 회담 제의를 정식으로 해오면 잘 검토할 것"이라고 말했다. "정부, '북접촉 제안' 긍정 검토할 듯(종합)", 『연합뉴스』, 2010.1.14.

며 북한의 제의를 “국제사회에 대한 위장 평화공세이자 우리 사회를 분열시키기 위한 상투적 전술의 일환”으로 일축했다.[262] 이에 북한은 2011년 4월 8일 현대아산의 독점 사업권 취소를 발표했고, 5월 31일 현대아산의 독점적 권리를 인정하지 않는 ‘금강산 국제관광특구법’을 채택했다. 2011년 7월 25일 남한 정부가 금강산 관광사업 협의를 위한 당국 회담을 제안했지만 북한은 이를 거부했다. 2013년 6월 6일 북한은 금강산 관광사업 재개 등을 협의하기 위한 남북 당국회담을 제의했고 우리 정부는 바로 남북 장관급회담을 개최하자고 호응했으나 수석대표의 격, 의제 등을 두고 입장 차이를 보이다가 결국 또다시 무산되었다.

2018년 9월 19일 남북 정상회담에 따른 ‘평양공동선언’ 제2항에서 “남과 북은 조건이 마련되는 데 따라 개성공단과 금강산 관광사업을 우선 정상화”하기로 합의했고, 2019년 1월 1일 신년사에서 김정은은 “아무런 전제조건이나 대가없이 개성공업지구와 금강산관광을 재개할 용의”가 있음을 밝혔으나 재개는 이루어지지 않았다. 오히려 하노이 북미 정상회담이 결렬된 이후 김정은은 2019년 10월 23일 “보기만 해도 기분이 나빠지는 너절한 남측시설들을 남측의 관계부문과 합의하여 싹 들어내도록” 하라면서 “국력이 여릴적에 남에게 의존하려 했던 선임자들의 의존정책이 매우 잘못되였다고 심각히 비판”했다.[263] 이후 2021년 3월 해금강호텔 철거를 시작으로 금강산 관광사업 관련 시설들을 해체했고, 북한 외무성은 2023년 7월 1일 고 정몽헌 회장 20주기를 맞아 금강산을 방문하려던 현정은 현대그룹 회장의 방북을 허용하지 않는다는 내용의 담화를 발표했다. 2023년 12월 26~30일 개최된 당 중앙위원회 제8기 제9차 전원회의 보고에서 김정은은 대남부문의 ‘근본적인 방향전환을 할데 대한 로선’을 제시하면서 남북관계를 “더이상 동족관계, 동질관계가 아닌 적대적인 두 국가관계, 전쟁중에 있는 두 교전국관계”로 규정했다.[264] 이에 따라 북한은 2024년 1월 15일 최고인민회의 제14기 제10차 회의에서 금강산국제관광국과 함께 대남기구인 조국평화통일위원회 및 민족경제협력국을 폐지했다.[265] 결국 금강산 관광사업은 2008년 7월 중단된 이후 재개되지 못했다.

---

262 “북 ‘27일 개성 접촉-내달 1일 적십자회담’ 제의 전통문 3건 보내와 …”, 『동아일보』, 2011.1.11.
263 “경애하는 최고령도자 김정은동지께서 금강산관광지구를 현지지도하시였다”, 『노동신문』, 2019.10.23.
264 “조선노동당 중앙위원회 제8기 제9차전원회의 확대회의에 관한 보도”, 『조선중앙통신』, 2023.12.31.
265 “북한, 조평통 · 금강산국제관광국 폐지 … ‘대한민국과 통일 이룰 수 없어’”, 『조선일보』, 2024.1.16.

2) 금강산 관광사업의 내용

관광객 규모

관광객 수는 정부 통계와 사업주체의 통계가 다소 다르다(<표 4-10> 참조). 2001년 이후를 보면 연도별로 차이는 있으나 대략 통일부 통계가 연간 3,000~4,000명 적다. 정확한 이유는 알 수 없지만 통일부 통계는 순수 관광객만을 집계한 것인 반면 현대아산과 한국관광공사의 통계는 내부 및 관련업체 직원, 이산가족 행사 및 남북회담 참가단 등 승선한 모든 인원을 포함한 것일 가능성이 있다. 그러나 이러한 경우라고 하더라도 1998~2000년에 통일부 통계가 더 큰 이유를 설명하기는 어렵다.

통일부 통계를 토대로 살펴보면 관광객 수는 1998년 금강산 관광사업이 시작된 이후 빠른 증가세를 보이다가 2001년 급속히 감소한 후 정체 상태를 벗어나지 못했다. '제한 관광'으로 매력이 떨어졌고, 단조로운 관광 일정과 편의시설 부족 등도 문제였

<표 4-10> 통계별 금강산 관광객 수의 차이

(단위: 명)

연도	통일부(A)	현대아산/한국관광공사(B)	차이(A-B)
1998	10,554	10,543	11
1999	148,074	147,460	614
2000	213,009	212,020	989
2001	57,879	58,833	-954
2002	84,727	87,414	-2,687
2003	74,334	77,683	-3,349
2004	268,420	272,820	-4,400
2005	298,247	301,822	-3,575
2006	234,446	238,497	-4,051
2007	345,006	348,263	-3,257
2008	199,966	200,596	-630
합계	1,934,662	1,955,951	-21,289

* 자료: 통일부 통계는 통일부, 『통일백서』, 2009, p.104, 현대아산/한국관광공사 통계는 "현대아산 주요 대북 사업 진행 경과", 현대아산 내부자료, 2024.11.26, 한국관광공사, 『KTO 북한관광동향』, 여름호, 2008, p.94.

<그림 4-1> 금강산 관광객 수

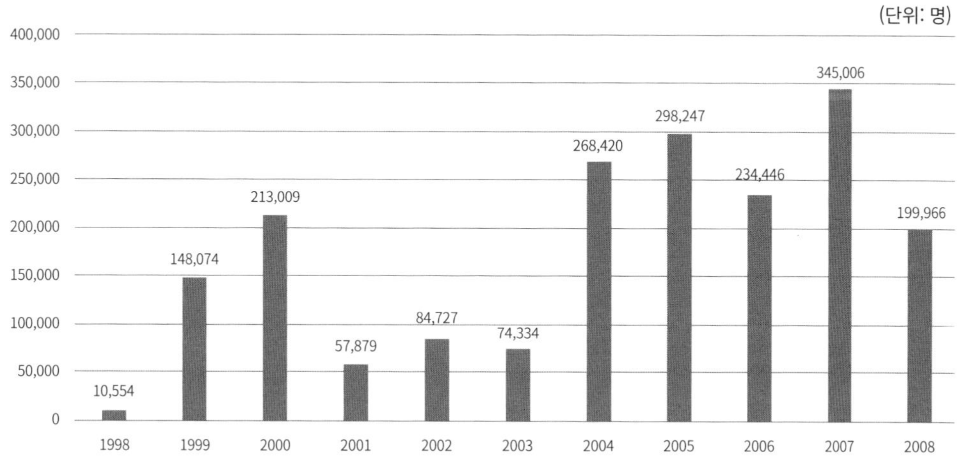

* 자료: 통일부, 『통일백서』, 2009, p.104.

다.[266] 2002년 9월 1~12일은 태풍으로, 2003년 4월 26일에서 6월 26일까지는 사스로 관광이 일시 중단되었다. 그러나 2003년 9월 육로관광이 도입되었고 2004년 6월 이후에는 2박3일 이외에도 1박2일, 당일 관광이 시작되었으며, 2007년 6월부터는 내금강 관광이 추가됨으로써 관광객 규모는 성장세를 보였다. 2008년 상반기에도 전년 동기 대비 56%의 증가를 보였으나, 7월 11일 관광객 피격사망 사건이 일어나면서 사업이 중단되었다. 한편 1998년부터 2008년까지의 전체 기간 중 외국인 관광객 수는 약 13,000명으로서 전체 관광객의 약 0.7%에 불과했다.

경로별로 관광객 수의 변화 추이를 살펴보면, 육로관광이 해로관광에 비해 압도적인 매력을 지니고 있었음을 알 수 있다(<표 4-11> 참조). 육로관광은 2003년 9월 1일부터 시작되었음에도 그해 말까지 4개월간의 관광객 수가 1~8월까지의 해로관광을 통한 관광객 수와 비슷하다. 해로관광은 2004년 1월 11일부터 아예 중단되었다.

일정별 관광객 수를 살펴보면, 전반적으로 2박3일 일정이 가장 높은 선호도를 보인 것으로 나타났다(<그림 4-2> 참조). 그러나 시간이 흐름에 따라 당일과 1박2일 일정의 비중이 점차 증가하는 추세를 보였다. 이에 따라 전체 일정에서 2박3일이 차지하는 비중은 2005년 54.5%에서 2006년 44.3%, 2007년 42.7%, 2008년 38.5%로 지속적으로

266 통일부, 『통일백서』, 2003, p.181.

<표 4-11> 경로별 금강산 관광객 수

(단위: 명)

연도	해로	육로	합계
1998	10,554	–	10,554
1999	148,074	–	148,074
2000	213,009	–	213,009
2001	57,879	–	57,879
2002	84,727	–	84,727
2003	38,306	36,028	74,334
2004	449	267,971	268,420
2005	–	298,247	298,247
2006	–	234,446	234,446
2007	–	345,006	345,006
2008	–	199,966	199,966
합계	552,998	1,381,664	1,934,662

* 자료: 통일부 홈페이지, 주요사업 통계 > 남북 관광협력사업 현황.

<그림 4-2> 일정별 금강산 관광객 수

(단위: 명)

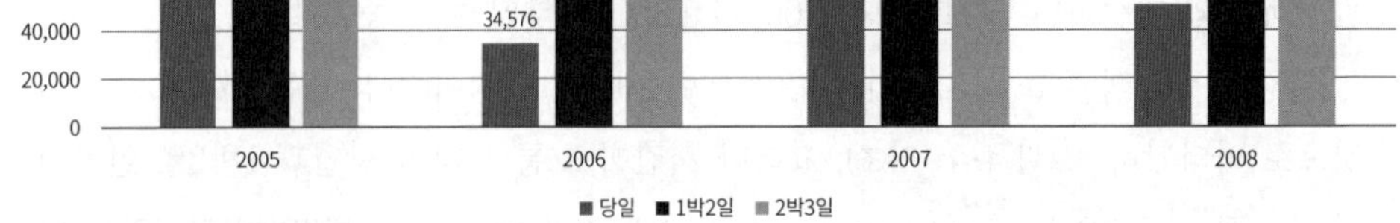

* 자료: 정민수, “남·북한 관광교류 협력의 현황과 시사점”,『경제경영연구』, Vol.6 No.1, 2009, p.6.

하락했다.

수익 구조

1998년 10월 현대아산과 북한의 합의에 따르면, 현대아산은 금강산 관광 및 개발에 대한 대가로 2005년 초까지 9억 4,200만달러를 지불하기로 했다. 이는 1998년 9월 '금강산 현지 관광 요금에 관한 부속합의서' 제2항에서 관광객 1인당 300달러씩 제공하기로 했던 것이 총액 기준으로 변경된 것이었다. 이에 따라 관광객 수와 무관하게 관광 첫 6개월간인 1998년 12월부터 1999년 5월까지 월 2,500만달러씩 총 1억 5,000만달러, 이후 9개월간인 2000년 2월까지는 월 800만달러씩 총 7,200만달러, 이후 5년간인 2005년 2월까지는 월 1,200만달러씩 총 7억 2,000만달러를 지불하는 정액 지급방식이 되었다.[267]

그러나 이 방식은 2001년 들어 금강산 관광사업이 중단 위기에 처하고 현대아산의 경영난이 심각해지자 관광객 수에 따라 대가를 지불하는 1인당 지급방식으로 변경되었다. 즉 관광사업이 활성화될 때까지 현대아산의 능력에 맞게 합리적으로 지불하기로 아태와 합의함에 따라 관광 대가를 2001년 6월부터 해로관광은 1인당 100달러, 육로관광은 당일 10달러, 1박2일 25달러, 2박3일 50달러로 설정했다. 2003년 9월부터 육로관광이 정례화되면서 금강산 관광사업이 안정세에 들어서자 현대아산과 아태는 2005년 5월부터 육로관광 당일 15달러, 1박2일 35달러, 2박3일 70달러로 대가액을 조정했고, 2006년 7월부터는 육로관광 당일 30달러, 1박2일 48달러, 2박3일 80달러로 다시 상향 조정했다.

이에 따라 금강산 관광사업이 중단되던 2008년 7월까지 현대아산이 지불한 관광 대가는 총 약 4억 8,700만달러이다(<표 4-12> 참조). 또한 인건비, 식대, 임대료, 공연비, 상품 대가 및 판매 수수료, 시설 공사비, 폐기물 처리 등 기타 비용에 따른 현지 지급액으로 총 6,909만달러가 소요되었다.[268]

북한에 지불한 관광 대가 이외에 현대아산이 숙박시설, 부두시설 등 금강산 관광사업을 위한 시설 투자에 지출한 금액도 1억 9,660만달러에 달했다(<표 4-13> 참조). 또한

---

267 지불방식은 매월 합의된 금액을 중국은행(Bank of China) 마카오지점으로 송금하는 것이었다.

268 조성렬, "금강산관광 중단, 북한의 의도와 전망", 민주당 박지원 의원·창조한국당 유원일 의원, 남북물류포럼 공동주최 정책토론회 '자산몰수 이후 금강산 관광문제 어떻게 풀 것인가?' 자료집, 2010.5.13, p.7.

<표 4-12> 금강산 관광 대가 지급액

(단위: 만달러)

연도	1998 ~1999	2000	2001	2002	2003	2004	2005	2006	2007	2008	합계
금액	20,600	13,600	3,720	2,150	1,310	1,530	1,350	1,230	2,038	1,141	48,669

* 자료: 국회의원 진영, 『남북관계의 변화: 재정투입과 장애요인 분석(1993년 이후)』, 2008 통일부 국정감사 자료집, 2008, p.42.

<표 4-13> 현대아산의 금강산 관광사업 관련 시설투자 규모

(단위: 만달러)

연도	1998 ~2000	2001	2002	2003	2004	2005	2006	2007	2008	합계
금액	10,150	1,165	251	383	864	3,700	2,004	901	242	19,660

* 자료: 국회의원 권영세, 『한반도 평화체제 정착을 위한 구상』, 2008 정책보고서, 2008, p.13.

한국관광공사와 에머슨퍼시픽 등 금강산 관광사업에 참여한 다른 업체들의 투자 금액도 총 1억 2,256만달러로서 무시할 수 없는 규모였다.[269] 추가적인 비용도 있었다. 현대는 2000년 남북 정상회담 직후인 8월 북한의 아태와 포괄 및 분야별 '합의서'를 체결했다고 공표했는데, 그 내용은 원산·통천·금강산 등 경제지구 지정, 개성·통천·신의주 등 공업지구 건설, 철도·통신·전력 등 SOC 건설과 체육·문화교류협력, 백두산·묘향산 등 주요 명승지 시설투자 및 종합관광사업 추진 등에 대한 의향서 수준의 합의였다. 그러나 이를 위해 현대그룹이 관광 대가와는 별도로 2000년 5~6월 기간 중 현금 4억 5,000만달러를 북한에 불법으로 송금했음이 뒤늦게 드러났다.[270]

한편 2003년 9월 육로관광이 시작되고 2004년 6월 이후 기존의 2박3일에 더해 1박2일, 당일 등 다양한 관광 일정이 도입되자 2005년부터 현대아산의 금강산 관광사업은 흑자로 돌아섰다(<표 4-14> 참조).[271] 이후 2008년까지 흑자 추세가 이어졌다.

269 국회의원 진영, 『남북관계의 변화: 재정투입과 장애요인 분석(1993년 이후)』, 2008 통일부 국정감사 자료집, 2008, p.42.

270 조건식, "금강산관광사업, 어떻게 할 것인가?", 강원일보·서울대학교 통일평화연구원·강원대학교 통일강원연구원 공동주최 국제학술 심포지엄 '금강산 관광사업과 남북교류의 새로운 모색' 자료집, 2017.11.21, p.19.

271 흑자 규모에 대해 최규훈 현대아산 법무담당 상무는 2005년 57억원, 2006년 37억원, 2007년 197억원으로 보고하고 있는데, 이는 금강산 관광사업 이외에 개성공단 1단계 개발사업, 통일부로부터 수주한 경

<표 4-14> 현대아산의 금강산 관광사업 실적 추이

(단위: 백만원)

연도	매출액	매출원가	판관비	영업이익
1999	71,627	69,626	8,023	-6,022
2000	94,192	188,167	10,269	-104,244
2001	35,157	54,937	9,265	-29,045
2002	51,238	73,795	9,425	-31,982
2003	36,942	78,415	15,794	-57,267
2004	90,896	94,844	12,633	-16,581
2005	98,343	78,477	15,314	4,552
2006	85,298	68,681	14,091	2,526
2007	112,762	84,031	15,248	13,483
2008	60,149	49,332	7,868	2,949
합계	736,604	840,305	117,930	-221,631

* 자료: 현대아산 내부자료 및 금융감독원 전자공시시스템 '현대아산 사업보고서'; 신용석·최경은, 『신남북관광협력의 정책 방향과 과제』, 한국문화관광연구원, 2019, p.28에서 재인용.

그러나 2008년 7월 관광객 피격사망 사건으로 금강산 관광사업은 결국 적자 상태에서 중단되었다.

관광 일정

1998년 11월 금강산 관광사업이 시작되던 당시에는 4박5일 일정 한 가지뿐이었다. 첫날과 마지막 날은 동해항과 장전항 사이를 배로 이동하는 시간이 전부이므로 실제 금강산을 관광하는 기간은 3일이었다. 3일간 관광객들은 낮에는 금강산 관광을 하고, 저녁엔 배로 돌아왔다. 금강산 관광 초기에는 호텔 등 숙소가 마련되지 않아서 배에서 휴식과 수면을 취해야 했던 것이다. 배는 오후 6시에 출항했는데, 관광객은 승선권 및 북한 관광증 수령, 세관검사와 출항심사 등 출항 수속을 위해 오후 1시 동해항 여객

의선·동해선 철도·도로 자재장비 용역 등을 포함했기 때문으로 판단된다. 최규훈, "금강산관광과 기업: 기업의 경험", 강원일보·서울대학교 통일평화연구원·강원대학교 통일강원연구원 공동주최 국제학술 심포지엄 '금강산 관광사업과 남북교류의 새로운 모색' 자료집, 2017.11.21, p.108.

터미널에 집결했다. 동해항에서 북한 장전항까지의 총 항해 거리는 약 200km였고, 약 12시간이 소요되었다. 직선으로 간다면 2~3시간이면 될 거리였으나, 해안에 설치된 군사시설들의 노출을 막기 위해 공해상으로 나가서 북쪽으로 올라간 후 다시 장전항으로 들어가는 역 'ㄷ'자 형태로 운행해야 했으므로 많은 시간이 소요되었다. 둘째 날 오전 6시경 장전항에 도착해서 입북 수속을 밟고 나면 오전 9시부터 오후 4시까지가 관광 일정이었다. 관광은 구룡연, 만물상, 해금강 등 3개 코스로 이루어졌으며, 관광객들은 3개 조로 나뉘어 1개 조가 하루에 1개 코스씩 관광하는 형식이었다. 이렇게 둘째 날부터 넷째 날까지 관광을 한 후 넷째 날 오후 6시 장전항을 출발하여 다섯째 날 오전 6시 동해항에 도착하는 것으로 관광 일정이 종료되었다. 요금은 객실에 따라 차등화되었는데, 최저 약 104만원, 평균 약 130만원이었다.[272]

1998년 12월 3일부터는 일정이 3박4일로 줄었고, 요금도 최저 79만원으로 내렸다.[273] 이에 따라 금강산 관광은 구룡연 코스와 만물상 일부 및 해금강 코스의 2개로 조정되었다.[274] 한편 안정적인 관광객 확보를 목적으로 풍악호는 2000년 3월 9일부터 출발지를 동해항에서 부산 다대포항으로 변경했다.[275] 오후 2시 다대포항을 출항해서 다음 날 오전 7시 장전항에 도착하며, 귀환은 오후 5시 30분 장전항을 출항하여 다음 날 오전 11시 다대포항에 입항하는 일정이었다.

2003년 9월 1일부터 육로관광이 시작되었다. 육로관광 일정은 2박3일, 1박2일, 당일 등으로 다양했다. 가장 인기가 많았던 2박3일 일정의 경우 관광객은 첫날 오후 1시 고성군의 화진포아산휴게소에 집결해서 관광증을 수령한 후 남한 측 출입사무소에서 출경 수속을 하고 오후 3시경 북한 측 출입사무소에 도착했다(<표 4-15> 참조). 4시 30분경 숙소에 도착한 후 금강산 관광특구의 시설, 부두 등을 돌아보는 것으로 첫날 관광을 마쳤다. 둘째 날은 오전은 구룡연 코스를 관광하고, 오후에는 삼일포 관광, 온천 체험, 교예 관람 등을 유료로 선택해 관광할 수 있었다. 셋째 날은 오전에 만물상 코스 혹은 해금강 코스 중에서 선택 관광을 하고, 오후 1시 금강산 현지를 떠나 오후 2시경

272 "금강산 관광요금 1인 평균 130만원", 『한국일보』, 1998.10.31.
273 "<금강산 관광 1주년> 그 성과와 전망", 『문화일보』, 1999.11.16.
274 "3박4일짜리 금강산관광 입북료는 1인당 2백불", 『연합뉴스』, 1998.12.3.
275 통일부, 『통일백서』, 2001, p.165.

<표 4-15> 금강산 관광 2박3일 일정

구분	시간	세부 일정	비고
제1일	13:00	집결지 도착	관광증 수령
	13:30	집결지 출발	
	14:10	남측 출입사무소 도착/수속	
	15:10	남측 출입사무소 출발	군사분계선 통과
	15:25	북측 출입사무소 도착/수속	
	16:00	북측 출입사무소 출발	
	16:30	숙소 도착/체크인	
	17:00~18:10	선택 관광	
		- 금강산 관광특구 투어	※ 관광특구 투어
		- 휴식	- 관광시설, 부두
	18:10~	석식 및 자유시간	- 횟집(축양장)
제2일	06:30	조식	
	08:20~14:30	구룡연 코스 관광 및 중식	
	14:00~16:00	삼일포 코스(유료) 또는 온천	선택
	16:30~18:00	교예 관람	선택
	18:00~	석식 및 자유시간(온천/쇼핑)	
	21:00~	가무극 관람(금강산호텔)	선택(정원 130명)
제3일	06:30	조식	
	08:00	만물상 또는 삼일포·해금강코스 관광	선택
	11:30	중식 및 쇼핑	
	13:00	온정각 출발	
	13:15	북측 출입사무소 도착/수속	
	14:00	북측 출입사무소 출발	군사분계선 통과
	14:15	남측 출입사무소 도착/수속	

* 자료: 현대아산 내부자료.

남한 측 출입사무소에 도착하는 일정이었다.[276] 2007년 6월 1일부터는 내금강 관광이 열려서 내금강 2박3일 일정도 추가되었다. 내금강 2박3일 일정의 경우 첫날 집결과 출경의 시간 및 절차는 동일했다. 둘째 날은 오전 8시부터 오후 5시 30분까지 내금강을 관광하고, 셋째 날 오전에는 구룡연 등 기존의 외금강 코스 중에서 선택 관광을 한 후 오후 2시경 남한 측 출입사무소에 도착하는 일정이었다.

276 다만 학생단체의 2박3일 일정은 첫날은 같지만 둘째 날이 구룡연 코스 관광 및 교예 관람, 셋째 날이 삼일포 코스 관광으로 이루어졌다.

개성 관광, 평양 관광, 백두산 관광은 어떻게 진행되었을까?

일시적이지만 개성과 평양, 백두산으로의 관광사업도 진행되었다. 현대아산은 2000년 8월 북한과 개성 관광에 합의했고, 2005년 8월 26일, 9월 2일, 9월 7일 등 세 차례에 걸쳐 1,634명이 시범관광에 참여했다. 그러나 김윤규 현대아산 부회장 사태 등으로 본 관광은 바로 시작되지 못하고 2년 정도의 공백기를 가지게 되었다. 이후 2007년 11월 현정은 현대아산 회장이 김정일과의 면담에서 개성 및 백두산 관광에 합의함에 따라 2007년 12월 5일부터 1일 300여명 규모로 버스를 이용한 당일 일정의 개성 관광이 시작되었다. 1인당 요금은 18만원이었고, 주요 관광지는 관음사, 선죽교, 박연폭포, 숭양서원, 고려박물관 등이었다. 그러나 금강산 관광객 피격사망사건의 여파로 1년 정도 지속된 개성 관광은 2008년 11월 29일부터 중단되었다. 2008년 11월 28일까지의 관광객 수는 110,549명이었고, 시범관광을 포함하면 112,033명이었다.[277]

평양 관광은 2003년 9월 15일 평화자동차가 대북 관광사업을 위해 설립한 평화항공여행사가 시작했다. 관광 일정은 4박5일(220만원), 백두산을 포함한 5박6일(290만원)의 두 종류였고, 평양, 남포, 묘향산 등을 포함한 다양한 관광지를 방문하는 프로그램이었다. 남북한의 항공기가 교대로 서울-평양 직항로를 통해 관광객을 수송했다. 2003년 9월에 시작한 이후 9차례에 걸쳐 총 1,016명의 관광객이 방문했으나,[278] 북한은 겨울철 관광객의 안전사고, 전력난 등의 이유로 11월 2일로 예정되었던 제10차 관광부터는 관광 중지를 요청했다.[279] 2004년에는 용천 사건[280]과 조문파동[281] 등으로 인해 관광이 중단되었다가 2005년 10월에 '아리랑' 공연과 연계해서 관광요금 530달러, 1박2일의 일정으로 일시 재개되어 9회 총 1,280명이 평양을 방문했다.[282]

백두산 관광은 현대아산과 한국관광공사가 공동으로 추진했는데, 한국관광공사는 이를 위해 백두산지구 도로포장 공사 및 삼지연공항 활주로 보수공사용 자재 지원도 실시했다. 그러나 백두산 관광은 실현되지 못했다. 다만 2003년 평화항공여행사가 진행한 평양 관광 중 제4차부터 백두산 방문이 시작되어 제9차까지 약 780명이 백두산을 관광한 것으로 파악된다.[283]

---

277 통일부, 『통일백서』, 2009, p.106.

278 대부분의 자료가 1,016명으로 기록하고 있다. 예를 들어 이교덕 외, 『남북한 사회문화 협력 거버넌스 활성화 방안』, 통일연구원, 2007, p.119; "평양관광 중단 … 내년 4월 재개", 『매일경제』, 2003.10.27. 단 통일부 홈페이지의 주요사업 통계에서는 1,019명으로 보고하고 있다.

279 "평양관광 일시 중단", 『한겨레』, 2003.10.28.

280 2004년 4월 22일 북한 평안북도 용천군 용천역에서 발생한 열차 폭발사고로서 커다란 인명 및 재산 피

1박2일 일정은 집결 시간에 따라 두 종류가 있었다. 하나는 첫날 오전 6시 30분 화진포아산휴게소에 집결하여 오전 9시경 출경한 후 구룡연 코스 혹은 삼일포 코스 중에서 선택 관광을 하고, 둘째 날은 오전에 만물상 코스 혹은 삼일포·해금강 코스 중 선택 관광을 한 후 오후 3시 30분 금강산을 떠나는 일정이었다. 다른 하나는 첫날 오전 9시 30분 집결해서 오후에 삼일포 코스 관광 혹은 온천 체험을 선택하고, 둘째 날은 6시 30분에 집결하는 앞 경우와 동일한 일정이었다.[284] 당일 일정은 오전 6시 30분 집결해서 오전에 구룡연 코스 혹은 만물상 코스 중 선택 관광을 하고, 오후에는 온천 체험 혹은 별도의 요금을 내야 하는 삼일포 코스 관광 중 선택한 후 오후 3시 30분 금강산에서 출발하는 일정이었다. 한편 관광 요금은 객실, 옵션, 계절 등에 따라 큰 차이가 있었다.[285]

3) 금강산 관광사업의 문제점

금강산 관광사업이 남북관계에서 지니는 의미에 대해서는 많은 평가가 이루어져 왔다. 정치적으로는 남북한 간 긴장 완화와 신뢰 구축, 경제적으로는 민족경제의 균형적 발전, 사회·문화적으로는 접촉을 통한 민족 동질성 회복에 기여했다는 것으로 요약할 수 있다.[286] 북한의 군사적 요충지인 장전항의 개방, 해로·육로를 통한 관광객의 군사분계선 통과와 북한 방문 등으로 군사적 신뢰 형성의 계기가 되었다는 평가도 있

해가 발생했으며, 북한은 이례적으로 사고 발생 사실과 원인 및 규모를 신속히 발표하고 국제사회에 구호와 도움을 요청했다.

281 2004년 7월 8일 김일성 사망 10주기를 맞아 일부 인사가 북한에 가서 조문하겠다고 요청했지만 정부가 이를 불허했고, 이에 북한이 강력히 반발하면서 남북관계에 긴장이 조성되었다.

282 통일부, 『통일백서』, 2006, p.115.

283 한국교통연구원, 『남북철도 연결에 따른 한반도관광 진흥 전략 수립』, 한국관광공사 용역보고서, 2008, p.24.

284 다만 학생단체의 1박2일 일정은 첫날 6시 30분 집결해서 구룡연 코스를 관광하고, 둘째 날은 오전 8시 30분 삼일포 코스를 관광한 후 10시 20분 삼일포를 떠나 11시 30분 남한으로 돌아오는 것이었다.

285 예를 들어 1박2일 일정인 일반인이 해금강호텔에 투숙하는 경우 2004년 1인당 요금은 준성수기 23~29만원, 성수기 25~31만원, 최성수기 27~34만원이었고, 금강산호텔에 투숙하는 경우에는 준성수기 28~55만원, 성수기 30~60만원, 최성수기 32~65만원이었다.

286 고유환, "금강산관광사업의 의미와 평가", 『통일경제』, 3·4월호, 2002, p.32.

다.[287] 실제로 장전항을 쓰던 북한의 동해함대는 북쪽으로 100km 남짓 물러났다.[288] 금강산에서는 각계각층의 다양한 남북 공동행사가 개최되었으며, 특히 이산가족 상봉행사가 20여 회 열렸고 2008년 7월 이산가족면회소도 준공되어 상봉 정례화의 장소가 되었다.

금강산 관광사업에 대한 국민들의 인식도 긍정적이었다. 금강산 관광사업 1주년을 맞아 금강산을 방문한 경험이 있는 1,012명 및 경험이 없는 993명 등 총 2,005명을 대상으로 실시한 설문조사에 의하면, 금강산 관광이 남북교류협력에 기여했다고 평가한 비율이 경험이 있는 집단은 71.9%인 반면 경험이 없는 집단은 53.5%였으며, 특히 금강산 관광이 남북교류협력에 기여하지 않았다는 부정적 평가에서는 더욱 커다란 차이를 보여, 금강산을 다녀온 집단은 불과 6.2%에 머물렀으나 금강산을 다녀오지 않은 집단은 33.4%가 남북교류협력에 기여한 바가 없다고 응답했다.[289] 2007년 금강산 방문객 2,100명 대상의 설문조사 결과에서도 관광객의 71.0%는 관광 이후 북한 및 통일문제에 대한 인식이 '긍정적으로 변화'했다고 응답했으며, 이와 같은 긍정적 인식 변화 비율은 당일 61.0%, 1박2일 65.7%, 2박3일 74.0%로 관광 일정이 길어질수록 높은 것으로 나타났다.[290]

남북경협의 역사에 있어서도 금강산 관광사업의 의미는 상당했다. 최초의 대형 투자 사업이었고, 단지 북한에 진출한 기업인만이 아니라 일반인들이 북한 땅을 밟을 수 있었던 최초의 관광사업이었다. 더욱이 금강산 관광사업이 시작되던 당시는 북한경제와 남북경협에 대한 정보가 축적되면서 우리 기업들이 대북 진출을 기피하던 시점이었다. 필자는 어느 논문에서 다음과 같이 당시 상황을 묘사했다. "바로 그때 소 떼를 몰고 정주영 명예회장이 등장했다. 마치 망토를 펄럭이며 배트맨이 나타나듯, 혹은 거미줄을 뿜으며 스파이더맨이 출현하듯. 깜깜한 남북경협 현장에 아무도 상상조차 하지 못한 방식으로 새로운 희망을 던지며."[291]

---

287 이승열, "금강산 관광사업의 정치군사적 의미", 『정신전력연구』, No.53, 2018, p.50.

288 "1998.11.18~2008.7.11 금강산관광 10년, 먼저 온 미래", 『한겨레』, 2022.5.2.

289 강원택, "금강산 관광사업에 대한 국민의식 조사연구 결과 보고", 경남대학교 극동문제연구소(편), 『금강산 관광사업과 남북경협: 평가와 전망』, 1999, p.8.

290 김철원 · 이태숙, "남북관광 협력과 통일 인식 변화에 관한 연구: 금강산관광을 중심으로", 『통일문제연구』, Vol.20 No.1, 2008, p.85.

291 조동호, "길을 모르면 길을 찾고, 길이 없으면 길을 닦아야지: 정주영 회장과 금강산관광사업", 『관훈저

사실 금강산 관광사업은 정주영이라는 세계적인 기업인이 그만의 상상력으로 만들어낸 '걸작'이었다. 1976년 사우디아라비아 주베일 산업항 공사 현장에서 "무슨 일이든 할 수 있다고 생각하는 사람이 해내는 법이다. 의심하면 의심하는 만큼밖에는 못하고, 할 수 없다고 생각하면 할 수 없는 것이다"라고 했던 그의 말처럼,[292] 그의 대표적 어록의 하나인 "길을 모르면 길을 찾고, 길이 없으면 길을 닦아야지"라는 말처럼, 정주영 명예회장은 물건을 사고파는 교역 수준에 머무르고 있던 남북경협을 새로운 차원으로 올려놓았다. 금강산 관광사업 추진과정에서 이루어진 관련 법·제도의 정비는 이후 남북경협 제도화의 초석을 마련했다. 현대아산은 금강산뿐만 아니라 개성 특구에 적용할 특별법과 출입·체류, 관광, 노동, 기업 창설, 세금 등에 관한 핵심적인 규정을 북한의 입장에서 아예 북한식 표현으로 만들어 북한에 제공하기도 했다.[293]

그러나 그만큼 아쉬운 점도 많았다. 금강산 관광사업이 시작될 때 정주영 명예회장은 이미 80대 중반이었다. 건강도 좋지 않았다. 게다가 그는 금강산이 고향인 실향민이었다. 금강산은 그가 어린 시절 놀던 곳이었고, 오솔길까지도 대충은 다 알고 있을 정도로 정든 곳이었다.[294] 정주영 명예회장은 "전 재산을 던져서라도" 금강산 관광사업을 하겠다고 할 정도였다.[295] 북한도 그가 실향민이라는 점을 활용했다. 1989년 1월 정주영 명예회장이 처음 평양을 방문하기 위해 베이징공항을 경유할 때 주중 북한대사가 공항으로 직접 영접을 나왔고, 승용차로 북한대사관에 모시고 가서 비자를 직접 발급할 정도로 극진히 대우했다.[296] 1998년 4월 18일 현대의 실무협상단이 북한을 방문했을 때 남한의 많은 대기업 중에서 현대를 협력 파트너로 선정한 이유에 대해 묻자 송호경 아태 부위원장은 정주영 명예회장이 "강원도 통천 출신으로서 고향을 그리는 기업인"이기 때문이라고 답하면서 금강산 관광사업을 '고향사업'이라고도 지칭했다.[297] 정주영 명예회장에게 북한은 "공산주의 정권이 아닌 고향"이었고, 그래서 "경제적 이

널』, 가을호, 2015, p.152.

292 정주영, 『이 땅에 태어나서: 나의 살아온 이야기』, 솔출판사, 1998, p.218.

293 예를 들어 현대아산, "금강산 및 개성지역에 적용할 특별법규 검토안: 국제자유경제지대 기본법 및 규정", 2001.10.

294 정주영, 『이 땅에 태어나서: 나의 살아온 이야기』, 솔출판사, 1998, p.333.

295 강인덕, "[특별기고] 정주영과 남북관계", 『서울신문』, 2015.11.25.

296 박세훈, "정주영 방북의 겉과 속", 『월간중앙』, 3월호, 1989, p.234.

297 김고중, "정주영 현대그룹 회장의 대북 경협사업", 『관훈저널』, 가을호, 2015, p.112.

익을 위해서만이 아니라 고향을 위해, 민족을 위해 아낌없이 투자"한 것이었다.[298] 살아생전 고향 땅에 사업을 성사시키고 싶은 욕망이 강렬했던 정주영 명예회장, '고난의 행군'에서 벗어나기 위해 대규모 외부자본이 필요했던 북한, 그리고 '햇볕정책'의 가시적 성과를 시급히 보여줘야 했던 김대중 정부, 이 삼자의 수요가 엮이면서 성급하고 무리한 방식으로 금강산 관광사업이 추진된 것은, 어쩌면 피할 수 없었던, 당연한 결과였다.

무리한 대가

이미 설명한 것처럼 현대아산과 북한의 본래 합의에 따르면, 현대아산은 금강산 관광의 대가로 2005년 2월까지 9억 4,200만달러를 북한에 지불해야 했다. 당시 환율로 1조 3,000억원에 달하는 액수였다. 관광객이 몇 명이든 상관없이 무조건 지불해야 하는 금액이었다. 금강산 관광사업이 시작된 지 2년이 되던 2000년까지 현대아산이 북한에 관광 대가로 지불한 금액은 3억 4,200만달러였다. 아무리 우리나라의 대표적인 재벌기업이라 해도 부담이 될 수밖에 없는 액수였다.[299] 북한을 방문하기 전인 1988년 10월 4일 정주영 명예회장은 박철언 청와대 정책보좌관을 만난 자리에서 "미국, 일본, 서독, 영국, 프랑스, 이탈리아와 우리나라의 공공 차관과 민간 투자를 유치하고 세계은행에서도 차관을 얻어 추진해볼 요량입니다"라고 말했다.[300] 북한 방문에서 돌아온 1989년 2월 9일 국회의장 공관에서 열린 여야 지도자들과의 간담회에서도 정주영 명예회장은 "단독투자할 경우 위험이 따르기 때문에 미국, 영국, 독일, 프랑스, 일본 등과 공동 투자하는 것이 안전하다"고 이야기했다.[301]

그러나 현대아산은 독자적으로 무리한 대가를 지불하며 급하게 사업을 시작했다. 아마도 첫 방문 이후 10년의 시간이 흐르면서 건강 문제 등으로 인해 정주영 명예회장의 마음이 조급해졌던 탓일 것이다. 당연히 언론은 금강산 관광사업 적자의 주요 원인

---

298 김병로, "개성공단 스케치", 김병로 외, 『개성공단』, 진인진, 2015, pp.32~33.

299 현대그룹의 금강산 관광사업을 요시다 다케시와 함께 막후에서 주선한 고바야시 게이지(小林慶二) 전 『아사히신문』 서울지국장은 금강산 관광사업은 "중역회의나 이사회에서 결정하겠다는 식으로 해선 절대 될 일이 아니었다. 현대처럼 완전히 1인 지배 기업이었기 때문에 가능했다"고 평가했다. "특별기획: 속 곪은 현대, 대북사업 핑계대며 '돈 달라'", 『중앙일보』, 2002.8.16.

300 박철언, 『바른 역사를 위한 증언 2』, 랜덤하우스중앙, 2005, p.32.

301 "금강산 개발 성공 확신 못해, 정주영씨 여야 간부에 설명", 『동아일보』, 1989.2.10.

이 북한에 제공한 무리한 사업 대가라고 보도했고,[302] 전문가들도 9억 4,200만달러를 지급하고서는 수익성 확보가 어려운 문제점을 가지고 있다고 지적했다.[303] 게다가 북한에는 관광 인프라가 전혀 없어서 초기 투자비용에도 상당한 자금이 소요되었다. 관광선 임차·운영에도 커다란 비용이 지출되었다.[304]

그렇다 보니 관광 요금이 비싸게 책정될 수밖에 없었다. 예를 들어 금강산 관광사업이 처음 시작하던 당시 1인당 요금은 평균 130만원이었는데, 이는 오스트레일리아나 캐나다 7박8일 관광상품과 같은 수준이었다.[305] 2001년 이후 관광객 수에 따라 대가를 지불하는 방식이 도입되고 육로 관광이 시작되면서 떨어지긴 했지만, 그래도 요금은 여전히 비싸서 육로 2박3일 일정의 경우 동남아 4박5일 상품과 비슷한 수준이었다. 이처럼 비싼 요금은 수요를 떨어뜨리는 요인으로 작용했고, 이는 다시 수익성을 악화시키는 결과를 초래했다. 1998년 11월 금강산 관광사업이 시작된 이후 2년 동안 관광객은 36만명 수준에 불과했고, 이는 현대아산이 애초 예상했던 120만명에 크게 못 미치는 결과였다.[306] 2000년에도 현대아산은 관광객을 40만명으로 전망했지만,[307] 실제로는 그 절반 정도에 그쳤다.

무리한 방식

금강산 관광은 엄격한 통제 아래 진행되었다. 제한된 지역에서 북한 안내원의 지시에 따라서 움직여야 했다. 육로관광이 시작된 이후 관광할 수 있는 구역과 자유로운 시간이 확대되었지만, 여전히 관광지구 내에서만 가능했고 인근 북한 주민들과의 접촉은 불가능했다. 현대 관광이 단순한 관람형에서 체험형으로 변화하고 있을 뿐만 아니라 체험형이 선호되는 추세임을 감안하면,[308] 금강산 관광은 시대를 역행하고 있었던

302 예를 들어 "금강산사업 전면 재검토", 『문화일보』, 2000.12.25.

303 예를 들어 김국신 외, 『남북한 통합을 위한 바람직한 통일정책 거버넌스 구축방안』, 통일연구원, 2005, p.101.

304 현대아산이 국회 통일외교통상위에 제출한 국감자료에 따르면 2000년 6월 말까지 관광선 임차 및 운영비용으로 1억 557만달러를 지출했다. "현대 금강산관광사업 98년이후 2270억 적자", 『동아일보』, 2000.10.31.

305 "1998.11.18~2008.7.11 금강산관광 10년, 먼저 온 미래", 『한겨레』, 2022.5.2.

306 "현대 '금강호' 경영난", 『한겨레』, 2000.12.27.

307 "내년 금강산 관광객 40만 예상", 『자유아시아방송』, 1999.11.20.

308 박부흥·최민철·이영일, "인바운드 여행상품의 유형과 체험목적성이 서브퀄(SERVQUAL) 지수 및 재방문

셈이다. 자연 관광만으로는 수요 창출에 한계가 있기 마련이었다. 급한 일정으로 무리하게 추진하다 보니 먹거리, 놀거리, 살거리 등 상품화된 관광자원도 부족했다. 게다가 금강산 관광에는 일반적인 해외관광에서는 상상도 할 수 없을 정도의 제약이 있었다. 신문이나 서적을 가져갈 수 없었고, 휴대전화도 금지 품목이었다. 사진도 마음대로 찍을 수 없었다. 혹시라도 정치적인 발언으로 간주되어 불상사가 발생할까봐 관광 기간 내내 긴장하며 언행을 조심해야 했다. "사진 찍지 마라", "그쪽으로 가지 마라", "그런 말 하지 마라" 등 금지 사항이 많아서 실제로 금강산 관광을 다녀온 미국인 여행객조차 "무조건 복종(obey all rules)"해야 하는 "하지마 관광(Don't Do It! Tours)"이라고 미국 신문에 기고했다.[309] 현대아산 스스로도 "시간 및 가격 측면에서 경쟁력의 한계를 지녔으며, 자유로운 통행이 제한되었던 점도 상품경쟁력을 저하시키는 요인이었음"이라고 지적했다.[310] 한국관광공사 역시 "접근 불편, 이동시간 과다, 볼거리 및 즐길거리 부족 등 관광상품성 부족으로 사업의 경쟁력이 없음"이라고 평가했다.[311]

이러한 문제점은 관광객 대상 설문조사에서도 나타났다. 한국관광공사가 2002년 11~12월 금강산을 방문한 관광객 1,620명을 대상으로 실시한 실태조사에 의하면, 49.4%가 '재방문하겠다', 38.2%가 '육로관광이 되면 방문하겠다'는 응답을 보여 '재방문 의사'가 있는 긍정적인 응답이 87.6%에 달했다. 그러나 '재방문 의사'를 보인 이유는 '금강산 절경 감상'이 70.5%로 가장 높았고, '금강산 관광상품에 대한 만족감'은 12.5%에 불과했다. '재방문 의사가 없는' 가장 큰 이유로는 '관광활동 제약'(47.4%), '즐길 것이 없어서'(16.8%)의 순으로 나타났다.[312] 금강산 관광 5주년을 기념해 관광객 800명을 대상으로 한 설문조사에서도 금강산 관광 전반에 대한 만족도는 100점 만점에 51.3점에 그쳤다.[313] 시간이 지나며 북한의 고압적인 태도와 관광객에 대한 통제는 다소 완화되었지만, '재방문 의사'는 2005년 88.0%, 2006년 75.7%, 2007년 66.4%로 계

의도에 미치는 영향", 『유통물류연구』, Vol.4 No.2, 2017, p.109.

309 Knipp, Steve, "Welcome to North Korea. Rule No. 1: Obey all rules", *The Christian Science Monitor*, 2004.12.2.

310 현대아산, "금강산관광사업 추진방향", 2003.6, p.5.

311 한국관광공사, "금강산관광사업 현황", 2003.6.16, p.5.

312 한국관광공사, "금강산 관광 재방문 희망 87.6%: 관광공사, 금강산 관광실태 설문조사 발표", 보도자료, 2003.1.27.

313 "'금강산관광후 통일인식 긍정적 변화' 49%", 『경향신문』, 2004.1.13.

속해서 감소했다.[314] 더욱이 이는 재방문할 '의사'가 있다는 것일 뿐, 실제 재방문 관광객의 비율은 5%를 넘지 못했다.[315] 2004년 11월 25일에서 12월 24일의 기간 동안 금강산 관광객 1,445명을 대상으로 한 조사에서도 '처음 방문'이 94.7%로 나타났다.[316]

금강산 관광 초기엔 숙박시설도 없었다. 관광객들은 배 안에서 자야 했다. 관광선 자체가 유람선이라 시설엔 문제가 없었지만, 관광객으로선 금강산 현지에서 숙박하지 못하고 배에서 머물러야 한다는 사실 자체가 반가울 리 없었고, 숙소도 없이 관광을 시작한 사업 주체에 불만을 가질 수밖에 없었다. 금강산 현지에서의 활동뿐만 아니라 접근수단도 크게 불편했다. 해로의 경우 12시간이나 소요되었고, 설봉호도 4시간 정도 걸렸다. 육로관광에 따라 금강산 도착시간은 크게 줄었지만, 출발지인 화진포아산휴게소까지의 교통은 좋지 않았다. 출발지 주변에 공항이 없었고, 고속도로나 열차 등을 통한 접근성도 떨어졌다.

지나치게 낙관적인 전망도 무리한 추진의 요인이 되었다. 현대아산은 당초 금강산 관광사업의 손익분기점이 되는 연간 관광객 수를 50만명으로 잡았다.[317] 그러나 실제는 이에 크게 못 미쳤다. 1999년 약 15만명, 2000년 약 21만명이었고, 2001년에는 약 6만명에 불과했다. 그런데도 낙관적 전망에 기초해서 선박들을 무리하게 임차했다. 과다하게 투입한 선박들은 경영 압박 요인으로 작용했고, 2001년 6월부터 금강호, 봉래호, 풍악호 3척은 출항을 중지한 채 동해항에 정박해 있어야 하는 상황에 직면했다.[318]

무리한 개입

금강산 관광사업이 경영난에 처하자 정부는 2001년 6월 공기업인 한국관광공사를 투입했다. 금강산 관광사업의 협력사업자로 한국관광공사를 추가하는 방식이었다. 금

---

314 김철원·이태숙, "남북관광 협력과 통일 인식 변화에 관한 연구: 금강산관광을 중심으로", 『통일문제연구』, Vol.20 No.1, 2008, p.81.

315 최규훈, "금강산관광과 기업: 기업의 경험", 강원일보·서울대학교 통일평화연구원·강원대학교 통일강원연구원 공동주최 국제학술 심포지엄 '금강산 관광사업과 남북교류의 새로운 모색' 자료집, 2017.11.21, p.111.

316 월드리서치, 『2004년 금강산 관광실태 및 만족도 조사 보고서』, 한국관광공사 용역보고서, 2004.12, p.49.

317 "현대 '금강산 관광사업', 심각한 경영난", 『매일경제』, 2000.12.26.

318 오수열, "김대중 정부의 대북정책과 금강산사업의 평가", 『한국동북아논총』, Vol.7 No.4, 2002, pp.143~144.

강산 관광사업을 인수할 기업을 찾을 수 없었고, 문화관광부의 관광진흥기금으로 지원하는 방안도 수포로 돌아갔기 때문이다.[319] 결국 민간기업인 현대아산의 사업에 정부가 직접 자금을 지원할 명분이 없었으므로 한국관광공사에 통일부의 남북협력기금을 대출하고, 한국관광공사는 그 자금으로 금강산 현지의 시설물을 인수함으로써 현대아산에 자금이 공급되도록 하는 간접적인 지원 방법을 채택한 것이다. 한국관광공사의 금강산 사업 투입은 주무부처인 문화관광부도 모르고 있었고, 관련 부처 장관회의에서 김한길 당시 문화관광부 장관은 "주무부처와 사전 협의도 없이 관광공사를 참여시키는 것은 곤란"하다고 발언할 정도였다.[320] 당시 야당인 한나라당은 반대했다. 그러나 한나라당이 법원에 제출한 '금강산 관광사업에 대한 남북협력기금 대출결정 취소와 효력정지 가처분신청'이 각하되면서 "정부의 지원을 받아 현대아산이 계속" 금강산 관광사업을 할 수 있었다.[321] 그래서 국회 예산정책처는 한국관광공사의 참여를 현대아산의 자금난으로 발생한 금강산 관광사업 중단을 막기 위한 '통일부의 간접 투자'라고 해석했다.[322]

2001년 6월 30일 남북협력기금에서 한국관광공사에 대출을 결정한 금액은 총 900억원으로서 3년 거치 5년 분할 상환의 조건이었으며, 이자율은 연 4%였다.[323] 2002년 1월 31일 정부는 한국관광공사의 대출 이자율을 북한이 금강산을 관광특구로 지정하고 육로관광이 실현된 이후 2년이 될 때까지는 1%로 낮춰주기로 했고, 3년 거치 5년 상환 조건도 완화해 북한의 특구지정 및 육로관광 2년 후부터 상환을 시작하되 그 기간을 얼마로 할지는 통일부 장관이 관계부처와 협의해 다시 정하기로 했다.[324] 이후 한국관광공사는 통일부에 3차례의 납부유예 요청을 하며 2021년까지로 상환 기한을 미뤘고, 2021년 7월에는 다시 기한을 2028년까지로 7년 연장했다.[325] 2021년 7월까지 한

---

319 임동원, 『다시, 평화』, 폴리티쿠스, 2022, p.381.

320 "특별기획: 속 곪은 현대, 대북사업 핑계대며 '돈 달라'", 『중앙일보』, 2002.8.16.

321 임동원, 『다시, 평화』, 폴리티쿠스, 2022, p.382.

322 국회예산정책처, 『금강산사업 집행평가』, 2005년도 국가 주요 정책 · 사업평가 보고서 제7호, 2005, p.9.

323 총 900억원 중 784억은 신용이었고, 116억원은 한국관광공사가 100% 지분을 소유하고 있는 제주 중문 골프장이 담보였다.

324 "'금강산' 지원 남북기금 상환 육로관광 성사 2년 후로 미뤄", 『중앙일보』, 2002.2.1.

325 통일부, "제321차 남북교류협력추진협의회, 「이산가족 화상상봉장 증설」 등 3개 안건 의결 및 민간위원 2명 신규 위촉", 보도자료, 2021.6.2.

국관광공사가 상환해야 하는 액수는 원금과 이자를 합해 1,083억원이었다.[326] 결국 한국관광공사는 재정 투입의 창구였을 뿐이다. 사업자로서의 역할은 미미했다.[327] 한국관광공사 스스로도 "현대아산과 아태 간 사업구도에 완전 종속되어 대북 대화채널 미확보", "공동사업자로서의 위상 불투명" 등이 문제점이라고 지적했다.[328] 노무현 정부의 대통령자문위원회였던 동북아경제중심추진위원회조차 "관광공사가 900억원의 기금을 대출받아 자산인수 형식으로 사업에 참여하고 있으나 대북 사업 추진경험 및 북측과 신뢰부족으로 역할은 제한적"이라고 평가했다.[329]

금강산 관광사업이 단순한 남북경협 사업이 아니라 통일정책 수단의 측면을 지니고 있으며 남북경협의 상징적인 사업이었음을 감안하면, 정부가 한국관광공사를 통해 간접적인 투자가로 참여한 것은 나름 필요한 조치였다고 할 수 있다. 그럼에도 불구하고 민간 대북 사업자의 유동성 위기를 해결하기 위해 정부가 개입한 것은 바람직하다고 평가하기 어렵다.[330] 한국관광공사의 참여도 완전히 자발적인 것은 아니었다.[331] 어느 기업의 어려움은 지원하고 어느 기업은 지원할 수 없는지의 기준도 모호하다.

대북 경제정책도 경제정책이고, 대북 사업과 국내 사업은 본질적으로 다른 것이 아니다. 어떤 사업이든 기업이 실행하는 것이며, 기업의 판단에 의해 추진되는 것이다. 기업의 능을 떠밀어 대북 진출을 강요해서는 안 되는 것처럼, 기업의 사정이 어렵다고 해서 지원하는 것도 바람직한 것이 아니다. 금강산 관광사업의 어려움은 애초에 무리하게 추진한 기업의 문제이자 무리한 조건을 요구한 북한의 문제인데, 이를 국민의 세금인 재정으로 지원한 것은 이후의 남북경협에서 정부 지원을 요청하게 하는 선례를 만들었다. 사실 처음부터 정부의 한국관광공사를 통한 자금 지원은 실질적으로 언제 실현될지 모를 기약 없는 조건을 전제로 한 사실상의 무상 지원이라는 지적을 받았

326 "관광공사 '남북협력기금 대출금 상환 늦춰 달라' … 정부는 난색", 『경향신문』, 2020.9.25.

327 남성욱, "남북관광 교류사업 주체로서 공사의 역할", 한국관광공사 주최 2005년도 제1차 남북관광자문위원회 발표문, 2005.1.26, p.16.

328 한국관광공사, "금강산관광사업 현황", 2003.6.16, p.6.

329 동북아경제중심추진위원회, "동북아경제중심 건설을 위한 남북경협거점 개발 전략", 2003.9, p.2.

330 신용석 · 최경은, 『신남북관광협력의 정책방향과 과제』, 한국문화관광연구원, 2019, p.37.

331 2003년 4월 8일 노무현 대통령은 문화관광부 업무보고 시 "금강산 관광사업은 앞으로 복덩어리가 될 수도 있으므로, 통일부 사업으로만 보지 말고 관광공사에서 적극 검토하라"는 지시도 했다. 한국관광공사, "남북 관광협력 활성화 방안", 2003.6, p.1.

고,[332] 그 부담을 차기 정부에 떠넘기는 특혜성 조치라는 비판을 받았다.[333] 한국관광공사도 애초부터 상환할 의사가 없었을 것이다. 한국관광공사는 정부의 현대아산에 대한 자금 지원의 창구였을 뿐, 그 금액을 한국관광공사가 사용한 것은 아니었기 때문이다. 남북협력기금의 대출이 결정되던 2001년 당시, 한국관광공사 사장은 한 토론회에서 금강산 관광사업 대출금인 "900억원은 역사와 민족의 제단 앞에 헌금"한 것이라는 발언까지 했다.[334] 그래서 금강산 관광사업이 시작되던 당시 통일부 장관이었던 강인덕은 "경제원리를 무시한 기업의 대북 경제 진출은 현대그룹의 예에서 보는 바와 같이 정부의 부당한 자금지원, 기업의 도덕적 해이와 붕괴, 국민적 부담이라는 악순환을 낳을 뿐"이었다고 평가했다.[335]

3. 특구투자2: 개성공단 사업

1) 개성공단 사업의 진행 과정

1998년 6월 16일 소 떼를 몰고 방북했던 정주영 명예회장은 6월 22일 북한의 아태와 금강산 개발사업 이외에도 5개 경제협력 사업에 대해 합의했는데, 그중 하나가 개성공단의 출발점이 된 서해안공단 사업이었다. 이후 1999년 9월 29일 평양에서 개최된 류경정주영체육관 착공식에 참석한 정주영 명예회장은 10월 1일 아태와 공단 건설 사업에 대한 합의서를 체결했다. 이때 정주영 명예회장을 만난 김정일은 서해안공단에 깊은 관심을 보였으며, 공단 조성을 민족적 사업으로 빨리 추진하자는 데 합의했다.[336]

당시 현대그룹은 해주가 남한과의 근접성, 육로 수송의 가능성, 노동력 공급의 수월성 등 제반 조건을 고려할 때 공단 후보지로 적격이라고 판단했다. 김고중 전 현대아산 부사장에 의하면, 당시 해주, 남포, 신의주 등 세 곳에 대한 입지 분석 결과 해주가

---

332 "금강산 남북기금 사실상 무상지원", 『동아일보』, 2002.1.31.

333 "기금 상환조건 대폭 완화 '사실상 무상지원' … '금강산 퍼주기' 비판 확산", 『국민일보』, 2002.2.1.

334 "'금강산사업 900억 민족의 제단에 헌금' … 조홍규 관광공사 사장", 『동아일보』, 2001.7.3.

335 강인덕 · 송종환, 『남북회담: 7 · 4에서 6 · 15까지의 연구』, 2002년도 한국학술진흥재단 협동연구 지원사업 결과보고서, 한국학술진흥재단, 2004, p.258.

336 "'공단서 뭘 만들어 수출할겁니까' 김정일, 정회장 면담서 깊은 관심 보여", 『동아일보』, 1999.10.4.

최적지였다.[337] 서울을 비롯한 수도권을 소비시장으로 활용할 수도 있었다. 남한으로부터 전력을 공급받기에도 유리했다.[338] 그러나 10월 1일 정주영 명예회장을 만난 김정일은 신의주를 제시했다.[339] 해주는 군사적으로 민감한 지역이었기 때문이다. 실제로 김정일은 2007년 노무현 대통령과의 정상회담 당시 "해주는 군사력이 개미도 들어가 배길 수 없을 정도로 군사력이 집중"된 곳이라 남한과의 경제협력 지역으로는 쉽지 않다고 언급했다.[340] 1999년 11월 15~20일 후보지 조사를 위해 신의주를 방문한 현대그룹 실무단에게 북한은 신의주의 선정 배경과 이점을 7가지로 설명했는데, 단기간 내 공사 착수가 가능하다는 점, 교통수단이 편리하다는 점, 중국시장 진출이 용이하다는 점, 압록강 옆이라 공업 및 생활용수가 풍부하다는 점, 수풍발전소로 인해 전력이 충분하다는 점, 지질 상태가 안정되어 건설공사에 유리하다는 점, 연평균 기온이 섭씨 9도로 기상 조건이 양호하다는 점, 평양~신의주 간 12심 통신케이블 및 2,000회선 광케이블로 인해 통신이 유리하다는 점 등이었다.[341]

하지만 현대그룹의 입장에서는 신의주가 매력적이지 않았다. 무엇보다도 남한에서 신의주까지 거리가 멀었고, 도로와 철도의 확장·보수에 엄청난 시간과 비용이 들 것이었으며, 신의주와 마주하고 있는 중국 단둥 지역과의 경쟁이 불가피했기 때문이다. 공단 입주를 희망하고 있는 기업들 역시 복잡한 해상 운반 절차, 물류비용 및 소요시간 증가 등으로 신의주공단이라면 포기하겠다는 의사를 보였다.[342] 이강연 전 현대아산 개성사업단장에 의하면, 현대그룹은 북한의 신의주에 대한 개발 의지를 감안해서 본래 계획했던 2,000만평 대신 100만평 규모의 신의주공단 건설을 제시하고 해주 현지답사를 요구했지만, 북한은 이 제안을 완강히 거부했다.[343]

---

337 김고중, "정주영 현대그룹 회장의 대북 경협사업", 『관훈저널』, 가을호, 2015, pp.137~138.

338 정재관 당시 현대종합상사 부사장은 2,000만평 규모의 해주공단 조성계획을 발표하는 기자회견에서 해주로 선정한 가장 큰 이유는 지리적으로 가까운 데다가 남한의 전력 사용이 유리하기 때문이라고 설명했다. "현대, 황해도 해주에 2천만평 특구 공단 건설한다", 『MBC 뉴스』, 1999.11.5.

339 "서해공단 부지 북·현대 이견", 『중앙일보』, 1999.10.16.

340 "[2007 남북정상회담 대화록 전문] 246분의 대화 기록", 『프레시안』, 2013.6.25.

341 이강연, "역사: 새로운 한반도 역사의 동력", 화정평화재단·21세기 평화연구소(편), 『개성 있는 개성을 만나다』, 화정평화재단, 2008, pp.41~42.

342 "[북 서해안공단] '남포지역' 유력", 『한국일보』, 1999.10.27.

343 이강연, "역사: 새로운 한반도 역사의 동력", 화정평화재단·21세기 평화연구소(편), 『개성 있는 개성을 만나다』, 화정평화재단, 2008, pp.43~44.

후보지를 둘러싼 밀고 당기기가 계속되는 상황에서, 2000년 5월 29~31일 김정일의 중국 방문을 계기로 뜻밖의 지역이 공단지로 결정되었다. 주중 대사를 지낸 김하중 전 통일부 장관에 따르면, 당시 김정일이 장쩌민(江澤民) 주석과 주룽지(朱鎔基) 총리 등 중국 지도자들을 만난 자리에서 중국의 경제특구에 관심을 보이며 신의주를 특구로 지정하는 데 대한 의견을 물었다고 한다. 그러자 중국 측은 "한국 기업들의 투자 유치를 위해서는 그들이 돈을 벌 수 있도록 해주어야 하며, 그렇게 하려면 38선 부근 지역의 개성을 선정하라고 권고"했고, 김정일은 "중국 측 조언이 매우 일리가 있다"고 말했다는 것이다.[344] 북한의 경제특구에서 생산된 제품을 외부 세계로 수출하기 위해서는 중국 접경지역보다 남한 접경지역이 좋을 것이라는 취지였다. 물론 중국의 조언은 북한을 도우려는 목적보다 신의주 경제특구가 설립될 경우 동북 3성이 남북한의 경제적 영향권에 편입될 것에 대한 우려가 더 크게 작용했을 것이다. 그 결과 2000년 6월 28일 정주영 명예회장의 방북 시 김정일은 개성을 제시했고, "개성이 6·25 전쟁 전에는 남측 땅이었으니 남측에 돌려주는 셈"친다는 취지의 말도 했다.[345] 현대아산은 개성이 서울과 근접해 있다는 지리적 이점을 긍정적으로 받아들였고, 2000년 8월 9일 정몽헌 회장이 평양을 방문했을 때 김정일과의 면담에서 개성을 공단 부지로 확정했다. 이후 2000년 8월 22일 중국 베이징에서 현대아산과 북한의 아태·민경련 간에 개성 지역에 총 2,000만평 규모의 공단과 배후도시를 단계적으로 조성한다는 내용의 '공업지구 건설운영에 관한 합의서'를 체결함으로써 개성공단 사업이 본격적으로 시작되었다.

2000년 11월 10일 현대아산과 LH공사 간 '개성 산업단지 사업시행 협약서'가 체결됨으로써 LH공사가 개성공단 사업에 참여하게 되었다. LH공사의 참여는 경제적으로는 국내에서 경쟁력을 상실한 노동집약적 산업을 위한 북한 내 남한 전용공단의 조성 필요성이 있었고, 정치적으로는 공기업으로서 '6·15 공동선언'의 합의사항 실천에 기여해야 한다는 점을 배경으로 하고 있었다. 그러나 가장 직접적인 이유는 최초 개발업자인 현대아산이 자금난으로 사실상 독자적인 사업 추진이 어려워졌기 때문이었다.[346] 민간사업에 정부가 직접 지원할 명분이 없으므로, 금강산 관광사업에 한국관광공사를

344 추후 중국 측은, 개성으로의 결정은 중국 측이 김정일에게 조언한 결과였다고 우리 측에 비공식적으로 설명했다. 김하중, 『김하중의 중국 이야기 2』, 비전과리더십, 2013, p.261.

345 임동원, 『피스메이커』, 창비, 2015, pp.356~357.

346 한국토지공사, 『개성공단 개발사』, 2009, p.25.

투입했던 것처럼 정부는 개성공단 사업에 LH공사를 참여시켰다.[347] LH공사는 1996년 8월 8~16일 나진·선봉 경제특구 현지 조사, 1997년 4월 20일 나진·선봉 유현동 지역에 200만평(1단계 40만평) 규모의 공단을 개발하기 위한 '유현공업지구 개발사업 추진을 위한 의향서' 체결 등 북한 진출을 꾸준히 모색해왔다는 점도 작용했다.[348] '개성 산업단지 사업시행 협약서'에 의하면, 1단계 100만평 개발사업에 대해 사업계획 수립, 인·허가, 분양, 계약, 공단관리, 자금관리는 공동으로 하되, LH공사는 자금조달, 설계·감리를 맡고 현대아산은 시공을 담당하는 것이었다.

이후 사업은 뚜렷한 진전을 보이지 않다가 당국 차원의 지원이 시작되면서 다시 활기를 띠기 시작했다. 2001년 9월 15~18일 열린 제5차 남북장관급회담에서 "남과 북은 개성공단 사업을 적극 추진"하기로 합의했고, 2002년 4월 3~5일 대통령 특사 방북 시 개성공단 건설 등을 토의하기 위해 남북경제협력추진위원회 산하 실무협의회를 가동하기로 합의했다.[349] 이때 김정일은 "남측에서는 개성공단을 적극 추진할 의향이 있는가요?"라고 물었고, 특사인 임동원 당시 대통령 외교안보통일특보가 개성공단 개발을 위해서는 경의선 철도 및 도로의 연결공사가 시급한 과제라고 설명하자 배석했던 이명수 인민군 작전국장에게 "인민무력부장에게 빨리 진척시키라고 전달하시오"라며 적극성을 보였다.[350]

사실 개성공단 개발의 초기 단계에서는 남북한 모두 당국 차원의 직접적 개입을 최소화하려는 입장이었다. 예를 들어 2000년 12월 28일 열린 남북경제협력추진위원회 제1차 회의 기조발언에서 남한 측은 "개발사업자와 귀측의 담당기구 간에 효율적인 협의 창구가 마련되어 개성공단 조성과 관련된 현안에 대해 긴밀히 협의해나가길 기

347 처음에 LH공사는 보수 정부로 바뀌는 경우 사업이 지속될 수 있을지 불투명하다는 등의 이유로 참여에 부정적인 입장을 보였으나, 정부의 지속적인 설득으로 결국은 참여하게 되었다. 정세현, 『판문점의 협상가 정세현 회고록』, 창비, 2020, pp.393~394. LH공사의 초기 부정적 입장은 금강산 관광사업에 참여한 한국관광공사가 실질적인 권한을 가지지 못한 것을 보면서 느낀, 개성공단 사업의 주도권을 확보하지 못할 경우 한국관광공사의 전철을 밟을지 모른다는 우려에도 기인했다.

348 한국토지공사 개성사업처, "개성공단 추진경위 및 합의서", 2006, p.1. LH공사는 유현공단 사업에 대해 1997년 10월 14일 협력사업자 승인을 받았으나, 북한의 인프라 부족, 제한적 시장경제제도, 개방의지 미흡, 과도한 사업권 요구 등으로 몇 차례의 현장 조사와 실무협의를 마지막으로 1998년 사업을 중단했다.

349 이후 남북한은 남북장관급회담, 남북경제협력추진위원회, 남북경제협력제도실무협의회, 개성공단건설실무협의회 등의 회의체를 통해 개성공단 건설과 관련한 일정, 규모, 노동력 공급, 통신·통행·통관, 전력, 용수, 검역 등의 문제를 합의해나갔다.

350 임동원, 『피스메이커』, 창비, 2015, pp.471~472.

대"한다고 설명했고, 북한 측도 "개성공업지구건설과 관련하여 선차적인 것은 남측 당국이 개성공업지구개발을 주관하는 민간기업체들의 협력사업을 잘 뒷받침해주는 것"이라고 규정함으로써 당국이 전면에 나서지 말라고 주장했다.[351] 그러나 북한은 2002년 8월 개최된 남북경제협력추진위원회 제2차 회의부터 남한 당국의 개입을 요구하는 입장으로 선회했는데, 그 기본적인 이유는 현대아산만으로는 사업의 추진이 힘들다고 인식했기 때문인 것으로 보인다.[352] 즉 개성공단 건설을 위해 철도·도로 연결에 필요한 자금, 자재, 설비를 남한 당국이 보장할 것을 요구했으며, 남한 당국이나 당국이 선정하는 업체가 현대아산과 함께 개성공단을 추진하는 것이 합리적이라고 주장했다. 우리 정부도 초기에는 민간사업으로 인식했으나 점차 직접 지원하는 데 적극적인 입장으로 변하기 시작했고, 개성공단의 성공적 추진을 위해 북한과의 협의 과정에서 우선순위를 높였다.[353]

2002년 12월 30일로 예정되었던 개성공단 착공식이 군사분계선 통과 문제에 대한 남북한의 이견으로 연기된 데다가 2003년 2월 출범한 노무현 정부가 4월 대북 송금 특검을 실시하고 5월 한미 정상회담에서 "남북 간의 교류와 협력은 북핵 문제의 전개 상황에 따라서 신축적인 검토"[354]를 한다는 데 합의하자 북한의 불만은 강해졌다. 특히 개성공단 건설이 지연되는 데에 대한 북한의 불만은 2003년 10월 14~17일 열린 제12차 남북장관급회담에서 적나라하게 표출되었는데, 북한은 개성공단 공사가 부진하다고 지적하면서 "당국이 책임지고 추진하여 개성공단을 남북경협의 표본사업으로 할 것을 주장"했다.[355] 당시 회담에서 북한은 귀중한 땅을 떼줬는데 남한은 흙 한 삽 떠옮긴 것조차 없는 상태에서 많은 사람들이 오고 가면서 관광이나 하고 토지공사도 명함장이나 들이밀고 구경거리 식으로 보고만 있다고 강한 불만을 제기했다고 한다.[356] 2003년 11월 5~8일 열린 남북경제협력추진위원회 제7차 회의 기조발언에서도 북한은 "개발업체들이 추진중에 있는 1단계 100만평 개발지역에 대한 하부구조설계를 올해 중에 끝내고 다음 해부터 건설에 착수할 수 있도록 남측 당국이 적극 협력해주기 바"

351 통일부, 『남북대화』, 제67호, 2001, pp.54~55
352 김천식, "개성공단 협상 과정과 쟁점", 김병로 외, 『개성공단』, 진인진, 2015, p.73.
353 임을출, 『웰컴투 개성공단』, 해남, 2005, pp.150~158.
354 행정안전부 대통령기록관 홈페이지, 대통령 이야기 > 노무현 > 연설기록 > [미국 방문] 귀국보고.
355 통일부, 『남북대화』, 제69호, 2003, p.43.
356 김천식, "개성공단 협상 과정과 쟁점", 김병로 외, 『개성공단』, 진인진, 2015, p.76.

란다며, "개성공업지구에 입주하는 개발업체들을 종합적으로 관리운영할 수 있는 남측의 관리기관 구성을 요청"했다.[357] 2004년 6월 15일 서울에서 개최된 '6·15 공동선언 4년에 대한 회고와 전망' 세미나에 참석했던 리종혁 북한 아태 부위원장도 "북남경제협력사업의 실질적인 담당자는 해당 기업이지만 그들이 협력사업을 할 수 있는 조건과 환경을 마련해주는 사업은 어디까지나 당국의 책임과 역할에 관한 문제"이므로 남한 정부가 "적극적인 조치를 취하지 않고 있는 것은 무책임하고 성의없는 태도"라고 비난했다.[358] 그는 라운드테이블 토론에서는 착공식만 했지 남한 정부가 미적거려서 북한은 땅만 내주고 "(식량도 부족한데) 2년째 농사도 못 짓고 있다"는 불만도 제기했다. 이러한 과정을 거치면서 민간의 사업으로 시작한 개성공단 사업은 사실상 남한 정부가 개발과 운영에 있어서 주도적인 역할을 담당하는 사업으로 성격이 바뀌었다.[359]

이처럼 남북한 당국의 개입이 점차 확대되어가는 가운데 법적·제도적 장치들이 갖추어졌고, 개발 속도도 빨라졌다. 2002년 11월 20일 우리 측 요구들을 반영한 '개성공업지구법'이 북한 최고인민회의 상임위원회 정령 제3430호로 제정되었다. 총 5장 46조로 구성된 '개성공업지구법'은 개성공단의 개발 및 관리, 기업의 창설과 운영, 분쟁해결 등을 규정하고 있는데, 공단의 관리·운영을 관장하는 공업지구관리기관의 구성을 개발사업자가 추천하도록 하고 있다는 점이 특징이다.[360] 12월 4일에는 LH공사의 사업시행자로서의 지위를 보장하는 '개성공업지구 공장구역 개발업자 지정합의서'가 남한의 LH공사와 현대아산, 북한의 아태와 민경련 등 4자 간에 서명되었다. 12월 6일 차량의 도로 운행, 12월 8일 통신·통관·검역 등 3개 분야에 관한 합의서가 체결되었다. 12월 23일 북한은 1단계 100만평(3.3km^2)에 대해 2002년 12월 1일에서 2052년 12월 1일까지 50년의 임차기간을 대상으로 토지이용증을 발급했다. 12월 26일에는 LH공사와 현대아산 간에 기존의 역할 분담을 조정한 '개성공단 사업시행 협약서'가 체결

357 통일부, 『남북대화』, 제69호, 2003, p.87.

358 리종혁, "북남경협사업의 성과와 교훈", 연세대학교 김대중도서관·통일연구원(편), 『6·15 남북공동선언 4년 회고와 전망』, 세경사, 2005, p.251.

359 김천식, "개성공단 협상 과정과 쟁점", 김병로 외, 『개성공단』, 진인진, 2015, p.78. 투자 금액 측면에서도 2016년 폐쇄 이전까지 개성공단에 대한 전체 투자액 약 1조원 중 정부 및 공기업의 재정을 통한 투자액이 약 4,400억원으로 44%에 이른다. 임강택·이강우, 『개성공단 운영실태와 발전방안: 개성공단 운영 11년(2005~2015)의 교훈』, 통일연구원, 2017, p.11.

360 통일부, 『통일백서』, 2003, p.180.

<표 4-16> 변경된 '개성공단 사업시행 협약서'의 주요 내용

구분 \ 시기		당초(2000.11.10)	변경(2002.12.26)
역할	LH공사	자금조달, 설계·감리	자금조달, 설계·감리, 계약, 분양·임대, 자금관리
	현대아산	시공	시공
	공동	사업계획 수립, 인·허가, 분양, 계약, 공단관리, 자금관리	사업계획 수립, 인·허가, 공단관리·운영
토지이용권		–	공동명의 취득 후 현대아산 지분 등 모든 권리를 LH공사에 양도
비용 처리		• 현대아산이 선 투입한 비용은 원가에 협의 반영 • 현대아산의 사업권을 감안하여 분양가 결정	• 측량·토질조사 비용만 반영 • 사업권 및 제반 경비 원가 미반영

* 자료: 한국토지공사, 『개성공단 개발사』, 2009, p.27.

되어 LH공사가 1단계 사업을 주도적으로 이끌게 되었다(<표 4-16> 참조). 이는 현대아산이 자금난 등으로 사업을 추진하는 데 어려움을 겪게 됨에 따라 1단계에 대한 실질적인 사업권을 LH공사로 이관한 결과였다.[361]

2003년 2월 21일 정부 관계자, LH공사 및 현대아산 관계자 등 37명이 분단 이후 최초로 판문점을 통하지 않고 남북 연결도로를 통해 DMZ를 넘어 현장 답사를 다녀왔고,[362] 드디어 2003년 6월 30일 개성공단 착공식이 거행되었다.[363] 2003년 11월 5~8일 개최된 남북경제협력추진위원회 제7차 회의에서는 2004년 상반기 안으로 1만평 규모의 시범단지를 개발하기로 합의했다. 시범단지 개발은 개성공단의 기반시설, 법 · 제도, 투자환경 등을 사전에 점검하기 위한 목적이었다. 2003년 10월 31일 남북출입사무소에서 개성공단 입구까지 약 8km의 남북 연결도로가 완공되었으며, 2003년 12월 11일

361 남북교류협력지원협회, 『남북교역 25년사』, 2016, p.126. 한편 현대아산은 2단계 및 3단계 공단 조성(750만평)을 포함한 총 1,900만평의 공단부지 개발에 대한 권리를 계속 보유하고 있다.

362 통일부 개성공단사업지원단, 『개성공단 5년』, 2008, pp.38~39.

363 본래 착공식은 2002년 12월 30일 개최 예정이었으나 군사분계선 통과 문제로 연기되었고, 2003년 4월 29일 개최를 추진했으나 사스로 북한 측에서 연기를 요청했다. 한국토지공사, "성공적인 개성공단 조성 방안", 2003.6.16, p.6.

<그림 4-3> 개성공단의 변화

2003년 6월 착공 당시 개성공단 모습

2006년 2월 개성공단 모습

현지에서 LH공사 개발사무소 착공식이 열렸다. 2004년 4월 13일에는 북한 중앙특구개발지도총국과 LH공사·현대아산 간 1단계 100만평에 대한 토지임대차 계약이 체결되었는데, 지장물 보상비를 포함한 50년 동안의 토지 임차료는 총 1,600만달러로 결정되었다. 이는 토지 임차료 330만달러, 지장물 보상비 870만달러, 북한 측 출입사무소 공사비 400만달러로 구성된 것이었다.[364] 한편 토지 임차료 330만달러는 2003년 11월부터 2004년 4월까지 7차에 걸친 협상의 결과였는데, 우리 측은 처음에는 1㎡당 0.1달러를 제시했다가 0.8달러까지 상향 조정했으며 북한은 1㎡당 8달러를 요구하다가 12달러로 오히려 올린 상황에서 최종적으로 1㎡당 1달러로 합의한 것이다.[365]

토지임대차 계약 체결에 따라 2004년 4월 23일 부지조성공사를 시작함으로써 개성공단 사업은 본격적인 궤도에 올랐다. 5월 18일 LH공사는 시범단지 분양계획 공고를 냈고, 6월 14일 선정된 15개 업체와 시범단지 입주기업 계약을 체결했다.[366] 시범단지 면적은 본래의 1만평 계획에서 2.8만평(92,400㎡)으로 결정되었으며, 입주 신청에는 136개 업체가 참여하여 9대 1이라는 높은 경쟁률을 보였다. 정부 차원의 지원도 가속화되어 정부는 9월 8일 개성공단 기반시설 공사에 남북협력기금에서 1,095억원을 무

364 "개성공단 임차료 등 184억원 합의", 『중앙일보』, 2004.4.8.

365 한국토지공사, 『개성공단 개발사』, 2009, pp.98~102. 토지 임차료 1,600만달러 중 1,200만달러는 남북한의 합의에 따라 북한이 지정한 중국은행(Bank of China) 마카오지점으로 송금했고, 400만달러는 통관, 검역사무소 설비 또는 건물 건설에 사용하기로 했다.

366 본래 계획에 따르면 시범단지에 입주할 기업은 10개였다. 한국토지공사, "개성공단 현안보고", 2003.10.29.

상 지원하기로 결정했고,[367] 10월 5일에는 개성공단 사업을 범정부적 차원에서 체계적으로 지원하기 위해 통일부 조직으로 개성공단사업지원단을 설치했다.[368] 또한 남북한은 '개성공업지구법'상의 관리기관 명칭을 '개성공업지구관리위원회'로 하기로 합의했고,[369] '개성공업지구관리위원회'는 10월 20일 개성 현지에서 사무실 개소식 행사를 개최함으로써 공식적인 업무를 개시했다.

마침내 2004년 12월 15일 시범단지 입주기업인 리빙아트가 개성공단 첫 제품으로 냄비를 생산했다.[370] 냄비 1,000세트는 '통일냄비'라고 불리며 생산 직후 서울 롯데백화점으로 운송되어 일반에게 판매되었다.[371] 12월 28일에는 플라스틱 제품 업종으로 반도체 부품용기를 생산하는 SJ테크 개성공장이 입주기업 중 두 번째로 준공되어 생산을 시작했다. 이후 시범단지 입주기업들의 공장 설립은 빠른 속도로 진행되어 2005년 2월부터는 의류, 신발, 자동차 부품, 시계 등의 제품이 생산되어 국내로 반입되거나 일부는 수출되었다.[372] 도로, 용수, 전력, 하수처리, 가로등 등 기반시설 공사도 순조롭게 진행되었다.

1단계 본 단지 1차 분양은 2005년 8월 1일 분양 공고로 시작되었다. 분양 면적은 5.1만평(169,000㎡)으로 결정되었는데, 전력, 용수 등 기반시설의 수용 능력을 감안한 것이었다.[373] LH공사는 입주 희망기업에게 전반적인 투자 정보를 제공하기 위해 8월 5일 서울, 8월 9일 부산, 8월 10일 대구 등에서 투자설명회를 개최했고, 다양한 수요를 감안하여 일반공장 용지(3.9만평) 이외에 중소기업의 협동화사업을 장려하기 위한

---

367 공사가 진행되면서 공단의 녹지 비율 상향, 물가상승률 등을 감안해서 2007년 2월 16일 제181차 남북교류협력추진협의회에서 415억원이 증액되어 총 1,510억원이 되었다. 통일부, 『남북협력기금 백서』, 2008, p.147.

368 개성공단사업지원단에는 통일부, 재정경제부, 산업자원부, 노동부, 건설교통부 등 8개 부처 27명이 참여했다. 통일부, 『통일백서』, 2005, p.129.

369 우리 측에서는 남한의 일반적인 명칭 관례에 따라 '개성공단 관리청', '개성공단 관리단', '개성공단 사업단' 등을 제안했다. 하지만 북한 측은 이러한 용어가 낯설어서인지 결론을 내지 못하다가 한 달가량이 지난 후 '개성공업지구관리위원회'라는 명칭을 제시했고, 우리 측에서 이를 받아들였다. 김동근, 『개성, 1,200일 빛과 그림자』, 렛츠북, 2022, p.39.

370 북한 근로자를 채용한 것도 리빙아트가 최초였는데, 2004년 11월 55명을 채용했다. 통일부, 『통일백서』, 2010, p.66.

371 "'통일냄비 왔다', 개성공단 첫 제품 남서 절찬리 시판", 『경향신문』, 2004.12.16.

372 통일부 개성공단사업지원단, 『개성공단 5년』, 2008, p.71.

373 통일부, "개성공단 사업추진 현황", 2005, p.5.

협동화단지(0.8만평), 소규모 영세기업에 입주기회를 부여하기 위한 아파트형공장 용지(0.4만평)로 구분하여 분양을 추진했다. 그 결과 93개 업체가 신청했으며, 이 중 일반공장 용지 17필지에 17개 업체, 협동화단지 2필지에 6개 업체, 아파트형공장 용지 1필지에 1개 기관(한국산업단지공단) 등 총 20필지 24개의 업체 · 기관이 선정되어 2005년 9월 21~23일 입주계약을 체결했다. 2006년 6월 29일 드디어 개성공단 1단계 100만평의 부지조성공사가 완료되었다.

시범공단의 정상적 가동과 본 단지 1차 분양에 이어 2006년 2차 분양을 준비했으나, 2006년 7월 북한 미사일 실험 발사 및 10월 핵 실험 등으로 남북관계가 악화됨에 따라 분양에 착수할 수 없었다.[374] 그러나 2007년 2월 6자 회담에서의 '2 · 13 합의'로 핵 문제 해결의 진척이 보이자 LH공사는 2007년 3월 7일에서 5월 29일까지 6대 광역도시와 인천 남동공단, 안산 시화공단 등에서 12회에 걸쳐 투자설명회를 개최했고, 4월 30일 본 단지 2차 분양 공고를 했다. 용도별로는 일반공장 용지, 협동화단지, 아파트형공장 용지 외에 중견기업 및 대기업 유치를 위한 선도기업 용지, 국제적 인지도 제고를 위한 외국 기업 용지 등 5종류로 분양 형태를 다양화했다. 1단계 2차 분양 결과 경쟁률은 2.3대 1이었고, 6월 25일 150필지 50만평(166만㎡)에 183개 업체가 입주기업으로 선정되었다. 한편 2007년 1월 31일 개성공단 생산액이 1억달러, 9월 30일 2억달러를 돌파했고, 2007년 5월 25일에는 개성공업지구의 개발과 운영을 지원하기 위해 '개성공업지구 지원에 관한 법률'이 제정됨으로써 개성공단 사업은 안정적인 운영 궤도에 들어섰다. 남북한은 2005년 6월 이후 5차례에 걸쳐 외국의 공단 개발 사례를 연구하기 위해 공동 해외시찰을 하기도 했다(<표 4-17> 참조).

그러나 공단 운영이 순탄했던 것만은 아니다. 2008년 12월 1일 북한은 대북 전단 살포 등을 이유로 개성공단의 정상 가동을 제한하는 '12 · 1 조치'를 일방적으로 시행했다.[375] '12 · 1 조치'로 인해 경의선 도로를 통한 개성공단 출입 횟수가 매일 '출경(방북) 12회, 입경 7회'에서 '출 · 입경 각각 3회'로 줄어들고 한 시간대당 통과 인원은 500

374 북한은 개성공단의 진척 속도에 대해 불만을 가졌다. 예를 들어 2006년 5월 28일에 가진 남북군사회담에서 북한 측 대변인은 담화를 통해 "남측이 내는 소리는 요란했지만 우리가 넓은 부지를 떼어내 준 이후 평토작업이나 해놓고 한쪽 모퉁이에 시범공단이나 운영하는 정도"라며 "우리 군대는 개성공업지구 건설을 비롯한 모든 북남협력교류가 단명으로 끝난 금호지구의 건설처럼 되지 않겠는가 하는 데 대해 예리하게 주시하고 있다"고 불만을 토로했다. "북군부도 책임전가 가세", 『서울신문』, 2016.5.29.

375 통일부 통일교육원, 『남북관계지식사전』, 2015, pp.588~591.

<표 4-17> 남북한 공동 해외시찰 현황

연도 \ 날짜 구분		목적	방문지	북한 측 참가자
2005	6.7~6.18	해외공단 사례조사	중국(상하이·쑤저우·선전) 베트남(딴뚜언)	총국 5명
	11.5~12.17	북한 측 세무회계연수	중국(선전)	총국 7명, 민경위 3명
2007	3.10~3.17	해외공단 사례조사	중국(쑤저우·칭다오·다롄)	총국 8명, 민경위 2명
	5.12~5.20	해외보험 사례조사	중국(상하이) 베트남(호치민)	총국 3명, 민경위 2명, 보험관계자 5명
2009	12.12~12.22	해외공단 사례조사	중국(칭다오·쑤저우·선전) 베트남(옌퐁)	총국 10명

* 주: 총국은 중앙특구개발지도총국, 민경위는 민족경제협력위원회를 의미함.
* 자료: 개성공업지구지원재단, 『개성공단 관리 10년』, 2014, p.41.

명에서 250명으로 제한되어 생산품 반입과 원자재 반출이 필요한 때에 제대로 이루어지지 못함으로써 입주업체들의 부담과 불편이 크게 늘어났다. 또한 3,000명 정도로 추정되던 개성공단의 상주 체류자는 880명으로 제한되었다. 북한은 '12·1 조치'를 시행 9개월여 만인 2009년 8월 20일 해제했다. 2009년 3월 9~20일 키리졸브(Key Resolve) 한미합동군사훈련 기간에는 3차례에 걸쳐 개성공단 육로 통행을 차단했다. 2009년 3월 30일에는 체제 비방과 북한 여성 근로자에 대한 탈북 유도를 이유로 개성공단에 체류하던 현대아산 근로자 1명이 억류되는 사태가 발생했다.[376] 북한은 "변화된 남북관계와 현실조건에 맞게" 개성공단의 임금과 토지 임차료를 대폭 올리라는 무리한 주장도 했는데, 2009년 6월 11일 열린 개성공단 관련 남북 당국 간 실무회담에서 북한 근로자의 임금을 당시 월 55달러 수준에서 300달러로 인상하고 이미 납부된 토지 임차료 1,600만달러를 약 30배 인상된 5억달러로 재조정하며, 임금 인상률도 상한선 연 5%를 10~20%로 올릴 것을 요구했다.[377] 물론 이에 대해 우리 측은 북한의 요구는 부당한 것으로서 재협상에 응할 수 없으며 기존 법규 및 계약을 준수해야 한다는 입장을 유지했

376 "북, 개성공단 남직원 1명 억류 조사", 『동아일보』, 2009.3.31. 이 근로자는 억류된 지 137일 만인 2009년 8월 13일 석방되었다.

377 "북 '개성공단 임금 월 300달러로 올려달라'", 『한겨레』, 2009.6.12.

고,[378] 결국 북한의 요구는 실현되지 않았다.

2010년 3월 26일 천안함 사건에 대응한 우리 정부의 '5·24 조치'로 개성공단의 신규 투자는 금지되었지만, 가동 중이던 기업은 운영을 계속할 수 있었다. 남북한 모두에 개성공단의 전면 중단은 정치적으로 부담스러운 조치일 수밖에 없었다. 남한에 있어 개성공단은 남북경협의 상징이었고, 북한 역시 '위대한 령도자'의 결정을 없던 것으로 하긴 어려웠기 때문이다. 그래서 2011년 12월 김정일 사망 애도기간에도 북한은 개성공단 조업을 허용했고, 2012년 4월 북한의 장거리 미사일 발사에도 우리 정부는 개성공단을 정상적으로 운영했다. 2013년 4월 3일 북한은 남한 언론이 북한의 '최고 존엄'을 훼손했다는 이유로 개성공단으로의 통행을 제한하는 조치를 일방적으로 통보했고 4월 8일에는 개성공단 내 북한 근로자를 전원 철수시켜 공장의 가동이 중단되는 사태가 발생했다.[379] 하지만 9월 16일부터 개성공단은 다시 가동되었다. 당시 북한이 취한 강경 조치는 개성공단의 폐쇄를 상정했다기보다는 남한의 정책 변화를 유도하기 위한 압박 수단의 측면이 강했다.[380] 2014년 12월 5일 북한은 임금 인상률 상한선 5% 철폐, 근로자에게 임금 직접 지불 조항의 폐지, 북한 중앙특구개발지도총국의 권한 강화 등을 핵심으로 하는 '개성공업지구 노동규정' 개정안을 일방적으로 발표했다.[381] 당연히 우리 정부는 받아들일 수 없었지만, 북한은 입주기업들을 압박했다. 결국 2015년 8월 17일 우리의 입장대로 상한선 5%는 유지하되, 사회보험료 산정 기준에는 북한의 요구를 수용해서 가급금을 포함한다는 절충안에 합의했고,[382] 개성공단은 또 한 번의 위기를 넘겼다.

그러나 계속되는 북한의 도발로 인해 결국 개성공단은 문을 닫게 되었다. 2016년

---

378 통일부, 『남북대화』, 제74호, 2008, pp.37~40.

379 2013년 3월 30일 북한은 중앙특구개발지도총국 대변인 담화를 통해 "괴뢰역적들이 개성공업지구가 간신히 유지되는 것에 대해 나발질을 하며 우리의 존엄을 조금이라도 훼손하려 든다면 공업지구를 가차없이 차단·폐쇄해버리게 될 것"이라고 위협했다. "북 조선중앙통신, 개성공단 폐쇄 위협", 『문화일보』, 2013.3.30. 이후 2013년 4월 26일 정부는 북한의 개성공단 가동 중단 이후 공단 내에 잔류하고 있던 우리 측 근로자들을 전원 철수시키는 조치를 단행했다.

380 김천식, "개성공단 협상 과정과 쟁점", 김병로 외, 『개성공단』, 진인진, 2015, p.96.

381 '개성공업지구 노동규정' 개정안의 내용 및 우리 정부의 입장에 대해서는 다음을 참조. 통일부, "북 개성공단 노동규정 일방적 개정 관련 입장", 2014.12.11.

382 임금 5% 인상과 사회보험료 산정 기준 변경은 기업별로 8~10%의 임금 인상 효과가 있었다. "남북, 6개월만에 개성공단 최저임금 5% 인상 합의", 『서울신문』, 2015.8.18.

개성공단에서 먹는 문제는 어떻게 해결했을까?[383]

남한 주재원들의 식사는 대체로 각 기업이나 기관 단위로 해결했다. 기업들은 공장을 지을 때 보통 남한 주재원들의 숙소와 식당을 공장 내에 함께 건설했다. 북한 당국은 북한 근로자들이 남한 주재원들과 함께 식사하는 것을 불허했으므로 북한 근로자들의 식사를 위한 공간은 별도로 있어야 했다. 도시락의 밥과 반찬의 내용물이 우리 측에 공개되고 남북한 근로자가 함께 자유스러운 대화 시간을 갖게 되면 사상적 동화가 일어날 것이 우려되기 때문이었을 것이다. 그래서 공장마다 북한 근로자들을 위한 식당과 남한 직원들의 식당을 따로 지어야 했다. 일부 기업에서는 북한 근로자 식당의 한쪽 부분을 파티션으로 가려서 남한 주재원들의 식사 장소로 쓰기도 했다. 식사 준비는 대부분의 경우 조리를 위해 기업에 고용된 북한 직원이 남한 주재원들의 몫까지 담당했으며, 일부 주재원의 수가 많은 기업이나 기관은 남한에서 조리사를 데려오는 경우도 있었다.

초기에 시범단지 입주기업들은 점심 식사를 북한 근로자에게 무료로 제공하려는 의욕을 보였다. 그러나 식자재를 모두 남한에서 가져오는 데 따르는 비용 문제, 다양한 식자재를 대량으로 구입할 경우의 검수 문제, 기업 간의 차등 문제 등으로 점심에는 국만 제공하고 그 대신 연장근무나 휴일 특근을 할 때는 라면, 국수 등 간편식을 제공하는 것으로 결론을 냈다.

독자적인 공장이나 건물을 갖고 있지 못한 작은 기관이나 아파트형 공장에 입주해 있는 소규모 기업들은 개성공업지구관리위원회나 한국산업단지관리공단 건물에 위치한 구내식당에서 식사를 했다. 개성공업지구관리위원회의 구내식당은 남한의 단체급식 전문업체인 아라코가 위탁받아 운영했다. 아라코는 남한에서 구내식당을 운영하는 전문업체로서 1997~2002년 북한 신포의 경수로 건설 현장에서 식당을 운영한 경험이 있었다. 식당은 130명이 앉을 수 있는 큰 홀과 70명이 앉을 수 있는 작은 홀로 구분되었다. 2008년의 경우 점장과 조리사 등 남한 인원 4명과 북한 종업원 18명이 근무했고, 식사는 한 끼에 4,000원인데 달러만 사용하게 되어 있었으므로 당시 환율로 4.3달러를 받았다. 이용자들은 식권을 미리 사서 이용했다. 2007년 8월 입주가 시작된 아파트형 공장의 구내식당도 아라코가 운영했는데, 2008년 조리사 등 남한 인원 4명과 북한 종업원 17명이 근무했다.

현대아산은 많은 인원과 협력업체를 가지고 있었으므로 대규모의 독자적인 식당인 개성관을 마련했으며, 남한의 단체급식 전문업체인 현대그린푸드가 운영했다. 2007년 11월 현대아산 복지관 준공과 함께 중식당, 일식당, 호프집 등이 입주해서 개성공단 먹거리도 다양해졌다. 마트, 당구장, 노래방 등의 편의시설도 생겼다. 가끔은 피자가 먹고 싶어서 남한에 갔다가 개성공단으로 돌아오는 동료에게 부탁하여 피자 맛을 봤다는 이야기도 있었고, 언젠가는 남북한 음식을 서로 배달해서 먹을 날이 있을 것이라 기대하기도 했다.

1월 6일 북한은 제4차 핵 실험을 감행했다. 북한 발표로는 수소폭탄 실험이었다. 2월 7일에는 장거리 미사일인 광명성 4호를 발사했다. 국제사회는 북한의 상습적이고 위협적인 도발에 대해 심각한 우려를 표명했고,[384] 2016년 2월 10일 박근혜 정부는 개성공단 전면 중단을 발표했다.[385] 당시 홍용표 통일부 장관은 '개성공단 전면중단 관련 정부성명'을 발표하면서 "개성공단 자금이 북한의 핵과 미사일 개발에 이용되는 것을 막"기 위한 결정이며 "국제사회의 제재가 추진되고 있는 상황에서 핵심 당사국인 우리도 이에 주도적으로 참여할 필요가 있다"고 배경을 설명했다.[386] 북한은 다음 날인 2월 11일 조국평화통일위원회 성명을 통해 우리 정부의 개성공단 중단 결정을 '도발적 조치'라고 규정하면서 2월 11일 오전 10시 30분부터 개성공단과 인접한 군사분계선의 전면 봉쇄, 개성공단 폐쇄 및 군사통제구역으로의 선포, 개성공단에 있는 모든 남한 인원을 2016년 2월 11일 오후 5시 30분까지 전원 추방, 개성공단의 모든 자산 동결, 남북한 간 군 통신선과 판문점 연락통로 폐쇄 등을 선언함으로써 강경하게 맞대응했다. 또한 박근혜 대통령의 실명을 거론하며 '대결악녀', '머저리', '얼간망둥이' 등의 막말도 서슴지 않았다. 개성공단에 체류하고 있던 기업 주재원, 개성공업지구관리위원회 직원 등 남한 인원 280명은 2월 11일 오후 11시 5분 철수 작업을 완료했고, 그 직후인 오후 11시 53분 우리 정부는 개성공단에 대한 전력 공급을 중단했다.[387]

2018년 4월 판문점 남북 정상회담, 6월 싱가포르 북미 정상회담, 9월 평양 남북 정상회담 등으로 한반도 정세가 호전되자 김정은은 2019년 신년사에서 "아무런 전제조건이나 대가없이 개성공업지구와 금강산관광을 재개할 용의"가 있음을 밝혔다. 그러나 2019년 2월 하노이 북미 정상회담이 결렬됨에 따라 남북경협도 경색 국면에서 벗어나

383 황하수, "개성공단에서의 생활", 화정평화재단 · 21세기 평화연구소(편), 『개성 있는 개성을 만나다』, 화정평화재단, pp.254~256 및 김동근, 『개성 1,200일 빛과 그림자』, 렛츠북, 2022, pp.136~140을 참조한 것이다.

384 국제사회의 우려는 2016년 3월 2일 중국과 러시아도 찬성한 유엔 안전보장이사회 대북 제재 결의 2270호로 나타났고, 이는 70년 유엔 역사상 전례를 찾아볼 수 없을 정도로 비군사적 조치로는 가장 강력하고 실효적인 제재였다. 외교부, "유엔 안보리 대북한 제재 결의 2270호 채택", 보도자료, 2013.3.3.

385 박근혜 전 대통령의 회고에 따르면, 개성공단 중단은 2016년 1월 결정했지만 남한 직원들의 철수에 필요한 시간을 고려해서 공식 발표는 2월 10일에 했다고 한다. 박근혜, 『어둠을 지나 미래로: 박근혜 회고록 1』, 중앙북스, 2024, pp.299-300.

386 통일부, 『통일백서』, 2017, pp.73~74.

387 "북, 하루 만에 '개성공단 폐쇄 … 남측 전원 추방'", 『한국일보』, 2016.2.11.

지 못했고, 2020년 6월 북한의 남북공동연락사무소 폭파는 개성공단의 희생 가능성을 더욱 비관적으로 만들었다. 이후에도 북한의 대남 강경노선이 지속되었으며, 심지어 북한이 개성공단 시설을 무단으로 이용하는 정황이 포착되었다.[388] 2023년 5월 북한 개성시 당위원회에서 진행된 '주요 기관 기관장, 당비서들 대상 집중 강습회'에서는 개성공단을 "적들이 우리에게 갖다 바친 노획물"로 특별히 지정하고, "인민생활 개선에 도움이 되도록 만년대계로 꾸리는 사업을 필수로 간주해야 한다"라고 지시했다는 보도도 있었다.[389] 2024년 2월 북한은 아예 개성공단의 공장 설비를 그 일대에 새로 건설한 지방공업 공장으로 이전하거나 공단 내 의류공장들을 통폐합해서 개성시 지방공업국 산하 옷공장으로 만들고 있다는 보도도 있었다.[390] 우리 정부도 2024년 3월 28일 개성공업지구지원재단 해산을 최종 완료했다.[391] 이로써 개성공단과 관련한 남한 측의 별도 기구는 하나도 남지 않게 되었고, 개성공단의 재개 동력도 사라졌다. 2025년 7월 31일 정동영 통일부 장관은 개성공단기업협회 회장단과의 면담에서 개성공단 재가동을 추진하겠다는 의지를 밝혔으나,[392] 남북한의 상황으로 볼 때 본격적 재개가 언제 어떤 식으로 이루어질지는 가늠하기 어렵다.

2) 개성공단 사업의 내용

개발

개성공단 사업은 개성시 봉동리 일원의 총 2,000만평(66.1km²)을 800만평(26.4km²)의 공장구역과 1,200만평(39.7km²)의 배후도시로 개발하는 사업이다. 개성공단은 서울에서 60km, 평양에서 160km, 그리고 개성 시내 중심지와는 6km 떨어진 지역이다. 공장구역은 단계적으로 개발하며, 1단계는 노동집약형 중소기업 공단, 2단계는 수도권과 연계된 산업단지, 3단계는 중화학공업과 산업설비 분야의 복합 공업단지로 조성한

388 2023년 12월 통일부는 위성정보와 육안 관찰 자료 등을 토대로 북한이 개성공단 내 30여개 기업의 시설을 무단 가동하는 것으로 파악했으며, 이는 통일부가 2023년 5월 무단 가동 시설이 10여개라고 밝힌 것과 비교하면 반년 사이 세 배로 증가한 것이다. "통일부 정례브리핑", 『대한민국 정책브리핑』, 2023.12.8.

389 "개성시 '적이 바친 노획물 개성공단, 만가동 방안 연구하라'", 『데일리엔케이』, 2023.6.7.

390 "북, 개성공단 남한 시설 이젠 대놓고 사용", 『자유아시아방송』, 2024.2.20.

391 통일부, 『통일백서』, 2025, p.239.

392 "정동영 '개성공단 폐쇄 정부 대표로서 사과 … 새 희망 만들 것'", 『세계일보』, 2025.7.31.

<표 4-18> 개성공단의 단계별 개발계획

구분 \ 단계		1단계	2단계	3단계	확장구역	개성시가지	총면적
면적	공단	100만평	150만평	350만평	200만평	–	800만평
	배후도시	–	100만평	200만평	500만평	400만평	1,200만평
개발 일정		2002~2007	2006~2009	2008~2012	추후협의	추후협의	–

* 자료: 통일부, "개성공단 사업의 현황과 과제", 2005.7.11; 한국토지공사, 『개성공단 1단계 사업 평가』, 2008, p.4에서 재인용.

다는 계획이었다.[393] 초기 계획에 의하면 1단계는 2007년까지 마무리하고, 2단계와 3단계는 각각 2009년 및 2012년에 완료할 예정이었다. 배후도시는 생활구역 100만평, 관광구역 150만평, 상업구역 50만평으로 계획하고 있었고,[394] 개성시가지 400만평은 북한이 자체 개발하며, 500만평의 장래 확장지를 두고 있었다. 현대아산에 의하면 사업 성과에 따라 4,000만평 규모로 확대하고, 장기적으로는 1억평까지 개발할 계획이었다.[395]

공장구역 1단계 100만평 조성사업에 대한 통일부의 협력사업 승인은 2004년 4월 23일 이루어졌는데, 사업비는 2,205억원, 사업기간은 사전 준비기간을 포함해서 2002~2007년으로 한다는 내용이었다. 사업 방식은 북한으로부터 토지를 임차한 후 공업단지로 개발해서 국내외 기업에 분양하는 것이었다. 2004년 7월 12일 북한의 중앙특구개발지도총국은 '국토개발승인서'를 발급했다. 이후 공단에 입주할 각종 시설의 배치 및 용도 변경 등을 반영해서 3차례 개발계획이 변경되었고, 최종적으로 2008년 3월 25일 공장구역 1단계 개발계획이 확정되었다(<표 4-19> 참조).[396] 한편 1단계 면적은 자료마다 약간의 차이를 보이는데, 여기에서는 통일부 자료를 기준으로 하며 상세한 내역이 필요한 경우에는 그 정보를 포함하고 있는 자료를 사용하기로 한다.[397]

---

393 통일부, 『통일백서』, 2006, p.122.

394 현대아산의 초기 계획에 의하면 생활구역은 아파트, 빌라, 단독주택, 관광구역은 테마파크, 골프장, 호텔, 콘도미니엄, 민속촌박물관, 문화시설, 상업구역은 공공청사, 컨벤션센터, 쇼핑센터, 정보통신센터, 금융무역센터, 중심공원광장 등으로 구성되었다. 현대아산, "개성공업지구 개발총계획(안)", 2003.6, pp.6~8.

395 현대아산 홈페이지, 개성공업지구 > 위치 및 규모.

396 한국토지공사, 『개성공단 개발사』, 2009, pp.104~109. 이후에도 가스공급시설 부지 등을 반영하기 위한 제4차 개발계획 변경(2009년 8월 6일 북한 승인), 북한 근로자 출퇴근용 차량의 주차공간 등을 반영하기 위한 제5차 개발계획 변경(2014년 3월 20일 북한 승인)이 있었다.

397 예를 들어 1단계 전체 면적을 통일부 및 LH공사는 3,306,175㎡로 소개하고 있고 개성공업지구지원재단

<그림 4-4> 개성공단의 위치

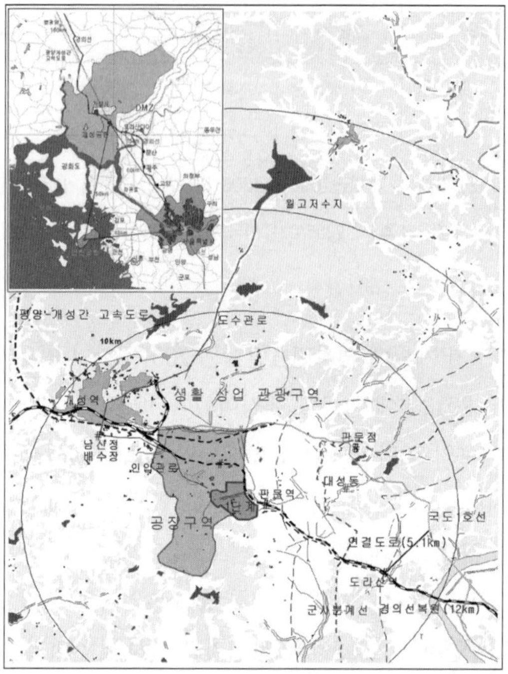

<그림 4-5> 개성공단 개발 총 계획도

자료: 현대아산, "개성공업지구 개발총계획(안)", 2003.6, p.2.

<표 4-19> 개성공단 공장구역 1단계 토지이용 계획

구분 / 구역	본래 면적(㎡)[1)]	최종		비고
		면적(㎡)	구성비(%)	
생산시설용지	2,371,752	2,192,078	66.3	–
복합용지	33,452[2)]	33,454	1.0	–
상업 및 지원시설용지	132,378	196,213	5.9	상업·업무, 공공지원시설, 의료시설, 통신시설 등
공공시설용지	768,591	884,430	26.8	폐기물처리시설, 가스공급시설, 변전소, 주유소, 공원, 하천, 녹지, 도로 등
합계	3,306,175	3,306,175	100.0	–

* 주 1: 북한의 '국토개발승인서' 기록 기준임.
  2: 북한의 '국토개발승인서'에는 33,452㎡로 되어 있으나, 33,454㎡의 오타인 것으로 보임.
* 자료: 통일부 개성공단사업지원단, 『개성공단 5년』, 2008, p.47; 한국토지공사, 『개성공단 개발사』, 2009, p.107.

본래 개발계획에 따르면 2007년 완료되는 1단계의 입주기업 수는 300개, 2단계와 3단계에서는 각각 700개 및 1,000개였다.[398] 그러나 개성공단이 중단되기 직전인 2015년 12월 31일을 기준으로 할 때 실제 입주 면적은 1단계 계획의 절반 정도에 그쳤고, 2단계 및 3단계 공단 개발은 시작도 못한 상황이었다(<표 4-20> 참조). 숫자로 볼 때도 입주기업은 125개로서 처음 계획했던 300개의 42% 수준에 불과했으며, 기업의 내부 사정이나 불안한 남북관계에 대한 우려, 그리고 '5·24 조치'로 인한 신규투자 불허 등의 이유로 분양받은 기업 중 97개 기업의 입주는 이루어지지 않았다.[399]

의 『개성공단 통계자료집』도 330.6만㎡라고 동일하게 보고하고 있으나, 개성공업지구지원재단의 『개성공단 관리 10년』은 3,308,000㎡로 소개하고 있어 다소 다르다. 특히 1단계 중 세부 내역은 자료마다 달라서 생산시설용지 면적의 경우 통일부는 2,192,078㎡, LH공사는 2,170,952㎡, 개성공업지구지원재단의 『개성공단 관리 10년』은 2,131,000㎡, 개성공업지구지원재단의 『개성공단 통계자료집』은 212.9만㎡라고 기록하고 있다. 통일부 개성공단사업지원단, 『개성공단 5년』, 2008, p.47; 한국토지공사, 『개성공단 개발사』, 2009, p.105; 개성공업지구지원재단 『개성공단 통계자료집』, 2017, p.3; 개성공업지구지원재단, 『개성공단 관리 10년』, 2014, p.342. 이는 개발계획이 여러 차례 변경되었으므로, 어느 시점에서의 면적인가에 따른 차이일 것으로 여겨진다.

398 한국토지공사, 『개성공단 1단계 사업 평가』, 2008, p.4

399 임강택·이강우, 『개성공단 운영실태와 발전방안: 개성공단 운영 11년(2005~2015)의 교훈』, 통일연구원, 2017, p.13.

<표 4-20> 개성공단 1단계 생산시설용지 분양 및 입주 현황(2015년 12월 31일 기준)

분양			미분양	합계
입주	미입주	소계		
88.7만㎡ (26.9만평)	88.5만㎡ (26.8만평)	177.2만㎡ (53.7만평)	35.7만㎡ (10.8만평)	212.9만㎡ (64.5만평)
분양률 83.2%			입주율 41.7%	

* 주: 분양률은 생산시설 총 면적 대비 분양 면적, 입주율은 생산시설 총 면적 대비 입주 면적을 의미함.
* 자료: 개성공업지구지원재단, 『개성공단 통계자료집』, 2017, p.3.

관리체계

개성공단의 관리체계는 독특하다. 북한의 국가공단을 남한 정부가 실질적으로 운영하는 셈이기 때문이다. 가장 상위에서 지원과 관리를 총괄적으로 담당하는 기구는 남한 측은 남북협력지구발전기획단이고, 북한 측에서는 중앙특구개발지도총국이었으며, 당국 간 협의기구로서 남북공동위원회가 운영되었다.

남북협력지구발전기획단은 통일부 조직으로서 정책, 예산, 정보 등 제반 수단을 보유하고 협력사업의 승인을 비롯한 인허가, 인프라 건설 및 지원, 기업 지원, 대북 협상 추진 등 총괄적인 업무를 수행한다.[400] 중앙특구개발지도총국은 북한의 '개성공업지구법'이 규정하는 중앙공업지구지도기관의 역할을 담당한다. '개성공업지구법' 제22조에 따르면, 중앙공업지구지도기관은 개발업자의 지정, 공업지구관리기관의 사업에 대한 지도, 공업지구 법규의 시행세칙 작성 등의 역할을 수행한다. 실제로 중앙특구개발지도총국은 기획조정, 총무, 감사, 개발·건축, 세무회계, 노무관리 등의 분야에서 기업을 지원하며, 통행검사소를 통한 개성공단 인원과 차량에 대한 출입심사, 세관을 통한 반출입 물자에 대한 세관검사와 농축산물 검역 관리 등의 역할도 담당한다. 남북공동위원회는 2013년 4월부터 약 5개월간 가동이 중단되었던 개성공단이 정상화되면서 개성공단 문제를 상시적으로 협의하기 위한 당국 간 기구로 만들어졌다. 2013년 9월 출범한 남북공동위원회는 개성공단 운영과 관련한 주요 정책과 현안 문제의 협의·해

400 2004년 10월 발족한 개성공단사업지원단은 2009년 10월 남북협력지구지원단으로 바뀌었다가 2013년 10월 남북협력지구발전기획단으로 개편되었으며, 남북경협의 중단 상황이 장기화됨에 따라 2023년 9월 남북협력지구발전기획단은 교류협력국, 남북회담본부, 남북출입사무소 등과 함께 남북관계관리단으로 흡수되었다.

<그림 4-6> 개성공단의 관리체계

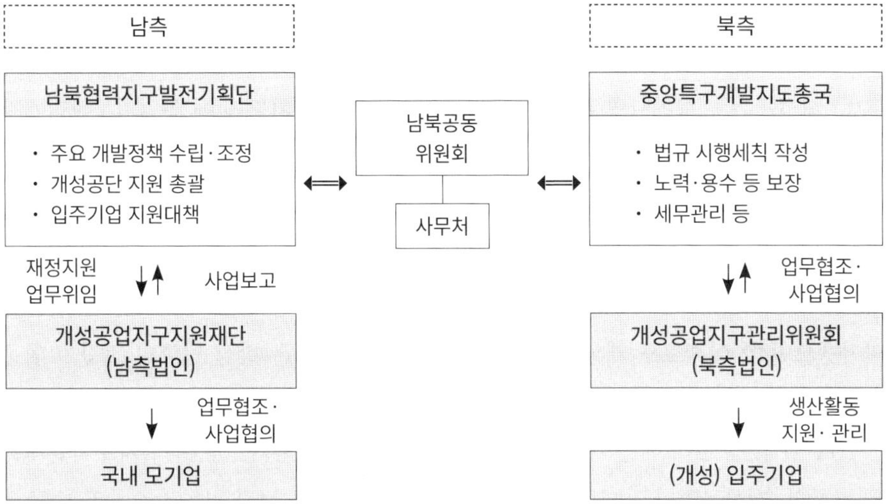

* 자료: 개성공업지구지원재단,『개성공단 관리 10년』, 2014, p.22.

결 및 남북한 간 합의사항의 이행 총괄을 목적으로 하며, 산하에 통행·통신·통관, 출입·체류, 투자보호 및 관리운영, 국제경쟁력 등 4개 분과위원회와 상설 사무처를 두었다.[401] 한편 개성공단 운영과 관련한 실질적인 업무는 개성공업지구관리위원회가 수행했다. 개성공업지구관리위원회는 '개성공업지구법'에 의해 설립된 북한 법인으로 2004년 10월 북한 중앙특구개발지도총국에 등록하면서 업무를 시작했다. 주요 업무는 개성공단 내 투자 여건 조성 및 투자 유치, 기업창설 승인 및 등록, 건설 인허가 및 기반시설 관리, 출입증명서 발급 등이다(<그림 4-6> 참조).

개성공단 관리체계의 가장 독특한 특징은 개성공업지구관리위원회의 성격에서 나타난다. 개성공업지구관리위원회는 형식적으로는 중앙특구개발지도총국의 지도를 받아 개성공단을 관리하는 북한 기관이면서도, 실질적으로는 통일부의 지시하에 개성공단의 운영과 대북 협의, 심지어 남한 인원의 신변보호라는 영사 업무까지 사실상 담당

401 남북공동위원회의 남한 측 위원장은 통일부 남북협력지구지원단 단장, 북한 측 위원장은 중앙특구개발지도총국 부총국장이 맡았다. 한편 남북공동위원회 사무처는 2022년 12월 29일 통일부에 흡수되면서 폐지되었다.

하는 남한 기관이었다.[402] 다만 이 두 가지 상충되는 기능 중 남한 기관으로서의 성격이 훨씬 강했으며, 북한은 이를 용인했다. 북한이 경제특구를 제대로 운영해본 경험이 없어서 남한에 공단의 관리를 맡길 수밖에 없었기 때문일 것이다. 실제로 '개성공업지구법' 제21조는 개성공단의 관리는 "중앙공업지도기관의 지도 밑에 공업지구관리기관이 한다"고 규정하면서도 제24조에서 "공업지구관리기관은 개발업자가 추천하는 성원들로 구성한다"고 함으로써 남한의 실질적인 주도를 인정했다. 개성공단의 '책임자'로서 '사업전반을 조직하고 지도'하는[403] 이사장에 대해 '개성공업지구관리기관 설립운영규정' 제5조는 아예 "초대리사장의 임명은 개발업자가 한다"고 명시하여 그 권한을 위임했으며,[404] 이후로도 개성공업지구관리위원회 위원장은 항상 남한의 전직 고위공무원이 맡았다.[405]

2007년 12월 26일에는 개성공업지구지원재단이 출범했다. 개성공업지구지원재단은 남한의 '개성공업지구 지원에 관한 법률'에 근거하여 설립된 남한 법인으로서 주요 업무는 개성공업지구관리위원회에 대한 지원 및 운영지도 감독, 개성공단 개발지원 대책의 수립 및 시행, 개성공단 입주기업에 대한 지원대책의 수립 및 시행 등이다. 개성공업지구 지원재단은 개성공단과 관련한 업무 중 남한에서 수행해야 할 업무를 위해 설립된 것이었다. 개성공업지구관리위원회는 북한 법인이므로 남한에서는 업무를 수행할 수 있는 법률적 근거가 없었기 때문이다. 결국 개성공업지구지원재단은 개성공업지구관리위원회의 남한 측 창구 역할을 하는 기관인 동시에, 개성공업지구지원재단 이사장은 개성공업지구관리위원회 위원장을 겸하게 되어 있어 두 기관은 실제로는 동일

402 개성공업지구관리위원회는 개성공단의 관리·운영뿐만 아니라 남한의 중앙행정기관, 지방자치단체, 산업단지공단, 등기소 등 복합적인 역할을 수행했다. 특히 개성공업지구관리위원회는 남한 정부의 공공행정 업무도 대행해서 수행했는데, 통일부의 북한지역 체류국민 신변안전보호 업무를 비롯하여 법원의 등기집행 업무, 고용노동부의 산업안전 및 노무관리 업무, 관세청의 물자 반출입 지원 업무, 그리고 대북협상 업무 등 대북정책 관련 업무도 일부 수행했으며, 이러한 공공행정 업무가 개성공업지구관리위원회 전체 업무의 60~70%를 차지했다. 조동호 외, 『남북경협 사례분석』, LH공사 용역보고서, 이화여자대학교, 2017, p.78.

403 '개성공업지구법' 제26조.

404 실제로 이사장은 한국토지공사 사장과 현대아산 사장 공동 명의의 임명장을 받았다. 김동근, 『개성 1,200일 빛과 그림자』, 렛츠북, 2022, p.19.

405 개성공업지구관리위원회 위원장의 전직을 보면 1대 농림부 차관, 2대 통일부 차관, 3대 통일부 통일정책실장, 4대 통일부 차관, 5대 통일부 차관, 6대 대통령비서실 인사비서관이었고, 마지막 7대는 통일부 차관이었다.

한 기구였다.[406] 개성공업지구관리위원회에서 근무하는 직원들도 개성공업지구지원재단 소속 직원들이 개성공단 현지로 파견되어 근무하는 형식이었다.[407]

입주기업

2016년 2월 개성공단이 중단되던 당시 개성공단에는 125개 기업이 입주해 있었고, 123개 기업이 생산활동을 하고 있었다.[408] 입주기업의 업종 분포는 섬유·신발 73개, 기계·금속 24개, 전기·전자 13개, 화학 9개, 기타 6개 순으로서,[409] 섬유·신발이 58.4%로 압도적인 비중을 차지했다. 분양 면적을 기준으로 보면, 기타 38.0%, 섬유·신발 34.5%, 기계·금속 14.7%의 순이다. 한편 개성공단의 현지 공장은 개성공업지구관리위원회에 등록된 북한 법인이었으며, 남한의 모기업과 개성공단에서의 기업 명칭이 다른 것이 일반적이었다. 예를 들어 SJ테크의 개성 법인명은 지에스, 신원은 신원에벤에셀, 삼덕통상은 삼덕스타필드 등이었다. 물론 동일한 명칭을 사용한 기업도 있었고, 로만손의 로만손 개성공장, 성화물산의 성화개성, 부천공업의 개성부천공업처럼 모기업 명칭에 개성을 붙인 형식도 있었다.

입주기업 수를 연도별로 보면 2009년까지는 빠르게 늘어나다가 2010년 이후 정체 상태를 보였다. 이는 북한에 대한 신규 투자를 금지한 2010년의 '5·24 조치' 때문이며, 2010년 이후로는 '유연화 조치'로 인해 4개 기업이 늘어났을 뿐이다.[410] 한편 본 단

---

406 통일부 개성공단사업지원단, 『개성공단 5년』, 2008, p.129.

407 개성공업지구관리위원회에는 중앙특구개발지도총국에서 파견된 북한 직원들도 근무했다. 개성공업지구지원재단이 출범하던 무렵 개성공업지구관리위원회는 관리총괄부, 기업지원부, 출입사업부 등 총 7개 부서를 두고 있었는데, 이 중 협력부가 북한 직원이 근무하는 부서였다. 북한이 협력부를 만들어 근무를 시작한 것은 2005년 11월 22일이었고, 인원은 5명이었다. 한국토지공사 개성사업처, "개성공단 추진경위 및 합의서", 2006, p.16. 협력부의 북한 직원은 2013년 9월 남북공동위원회 사무처가 출범하면서 사무처 소속으로 변경되었고, 협력부는 폐지되었다.

408 가동 중단 기업은 소노코쿠진웨어와 남광엔케이로서 임금 체불 등 북한 측과의 정산 문제가 주요 이유였다. 한편 소노코쿠진웨어는 리빙아트와 합작 형태로 개성공단 시범단지에 입주했으나, 두 회사 간에 경영권 분쟁이 일어나 2005년 10월부터 리빙아트와 동업자 관계를 해소하고 독자적으로 공장을 운영했다. "개성 냄비업체 소노코 협력기금 9억 횡령 의혹, 북에 정보제공 논란도", 『경향신문』, 2006.6.13.

409 기타 6개는 종이·목재 3개, 식품 2개, 비금속 광물 1개 등이다. 통일부, 『통일백서』, 2016, p.76.

410 '5·24 조치'로 인한 입주기업의 어려움을 해소하기 위해 정부는 2011년 10월 '유연화 조치'를 시행했는데, 그중 하나가 건축 중단 7개 기업에 공장 신축, 5개 기업에 증축을 허용하는 것이었다. 그 결과 2011년 2개 기업, 2014년 2개 기업이 공사를 완료하여 '5·24 조치' 당시 121개였던 입주기업은 125개로 늘

<그림 4-7> 개성공단 입주기업의 업종 분포(2015년 12월 31일 기준)

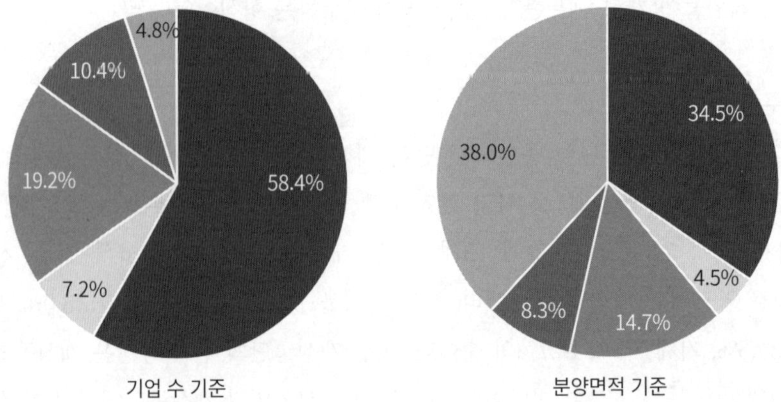

* 자료: 개성공업지구지원재단, 『개성공단 통계자료집』, 2017, p.4.

<표 4-21> 개성공단의 연도별 입주기업 현황

(단위: 개)

연도 업종	2005	2006	2007	2008	2009	2010	2011	2012	2013	2014	2015
섬유·신발	3	6	41	55	68	71	72	72	72	73	73
화학	2	2	2	4	8	9	9	9	9	9	9
기계·금속	11	17	17	22	22	22	23	23	23	24	24
전기·전자	2	5	5	8	12	13	13	13	13	13	13
기타	0	0	0	3	6	6	6	6	6	6	6
합계	18	30	65	92	116	121	123	123	123	125	125 (123)

* 주: ( )는 실제 가동기업 수를 의미하며 2015년 말 기준 125개 입주기업 중 123개 기업이 가동하고 있었음.
* 자료: 개성공업지구지원재단, 『개성공단 통계자료집』, 2017, p.4.

지 1차 분양이 완료된 시기가 2005년 9월 말이고 실제 입주는 2006년 이후 이루어졌음에도 불구하고 <표 4-21>을 보면 2005년 및 2006년의 입주기업 수는 시범단지 입

어났다. 통일부, 『통일백서』, 2013, p.96; 통일부, 『통일백서』, 2015, p.71.

주기업으로 선정된 15개보다 많은 것으로 나타난다. 통일부 개성공단사업지원단 역시 2005년에 "개성공단 시범단지에 입주한 18개 기업이 공장을 가동"이라고 표현했고, 2007년에도 시범단지에는 15개가 아니라 "26개 기업이 모두 가동 중"이라고 기술했다.[411] 이는 입주기업으로 선정된 기업들은 LH공사와 단독으로 분양 계약을 체결하지만, 이 중 일부는 통일부로부터 협력사업 승인을 받을 때 관련 부품을 만드는 협력사와 함께 승인을 받고 공장의 일부를 임대하는 형식으로 이들 협력사와 개성공단에 동반 진출하기 때문에 나타나는 현상이었다. 그래서 통계에는 분양을 받은 입주기업뿐만 아니라 협력사까지 포함된 것이다. 예를 들어 시계를 만드는 로만손의 경우 단독으로 분양을 받았지만 실제로는 부속품을 제작하는 로잔 시계, 아라모드 시계 등 8개 협력사와 함께 개성공단에 입주했다.

이미 설명한 바와 같이, 분양은 시범단지, 본 단지 1차 및 2차의 순으로 이루어졌다. 시범단지 입주기업의 선정을 위해 통일부, 산업자원부, 건설교통부 등 정부 유관부처와 개발업자 등 7개 기관으로 심사위원회를 구성하여 '기반시설 사용량이 적고, 노동집약성이 높으며, 재무상태가 양호한 업체를 유치한다'는 원칙 아래 신용등급(25점), 고용근로자 수(25점), 산업폐수 배출량(15점), 산업폐기물 배출량(15점), 동종업계 영업 활동기간(12점), 개성공단 투자 비중(8점) 등 6개 항목에 대해 총 100점 만점으로 평가했다.[412] 총점 기준 상위 업체 순으로 입주기업 15개를 선정했으며, 분양가는 평당 149,000원으로 결정되었다.

본 단지 1차 분양의 일반공장 용지와 아파트형공장 용지의 경우에도 입주기업 선정은 심사위원회의 심사 방식으로 이루어졌다. 심사 항목은 14개로 세분화되었는데, 고용 근로자 수가 12점으로 가장 배점이 높았고 부족한 인프라 상황을 감안해서 용수 및 전력 사용량에 대한 배점이 두 번째로 높은 각각 10점이었다. 한편 대북 및 해외 사업 경험은 8점으로 시범단지 심사에 비해 크게 상향 조정되었다.[413] 분양가는 시범단지와 동일했다. 협동화단지는 신청 기업 중에서 추첨 방식으로 선정했다. 본 단지 2차 분양은 가급적 많은 중소기업들에 입주 기회를 부여하기 위해 신청 자격을 다소 완화했으

411 통일부 개성공단사업지원단, 『개성공단 5년』, 2008, p.72, p.65.

412 1년 이상 대북 사업 경험이 있는 기업에는 2점의 가점이 주어졌다.

413 본 단지 1차 및 2차 분양의 심사 항목과 배점은 다음을 참조. 한국토지공사, 『개성공단 개발사』, 2009, pp.154~159.

며, 선정은 심사와 추첨 방식을 병행했다. 업종별로도 섬유·봉제·의복, 가죽·가방·신발, 화학·고무·플라스틱, 기계·금속, 전기·전자, 기타제조업 등 6개 군으로 분류하여 사실상 거의 모든 제조업 기업의 입주가 가능하도록 했으며, 염색·피혁·도금·주물 등 환경오염 유발 업종도 개성공단 진출이 가능하도록 하기 위해 폐수종말처리장 인근 1블럭을 지정하여 분양했다.

입주기업으로 선정된 기업 중에는 계약을 포기한 경우도 있었다. 시범단지의 경우 선정된 15개 기업 중 1개 기업이 계약 체결을 하지 않았고,[414] 본 단지 1차 선정기업 24개 중 4개 기업, 2차 183개 중 24개 기업은 분양 계약을 해지했다.[415] 기업 내부적인 사정 때문인 경우도 있었지만, 북한의 핵 실험 등 투자 여건의 악화도 중요한 이유로 거론되었다.[416]

개성공단에는 협력사를 포함한 입주기업 이외에 소수의 인력으로 운영되는 영업소라는 형태의 업체도 있었다. 영업소는 개성공단 입주기업 및 남한 측 주재원을 대상으로 건설, 시설관리, 유통, 서비스, 운송, 식당 등의 업종에서 편의를 제공하는 소규모 업체를 지칭하는 것이었다. 개성공단에도 음식점은 있어야 했고, 숙박시설, 은행, 편의점, 차량정비소, 주유소, 세탁소 등도 있어야 했기 때문이다. 2014년 6월 24일 외국계 회사로는 최초로 개성공단에 입주함으로써 '개성공단 국제화'로 홍보된 독일의 그로쯔-베커르트 역시 입주기업을 대상으로 바늘 판매 및 판매 후 수리, 서비스를 하는 작은 영업소였다.[417] 2015년 말 기준으로 영업소는 104개가 등록되어 있었고, 이 중 96개가 운영되고 있었으며, 업종별로 보면 유통업 29.2%, 서비스업 25.0%, 전문건설업 18.8%의 순이었다.[418]

---

414 "개성공단사업 막올랐다", 『서울경제』, 2004.6.14.

415 조동호 외, 『개성공단 중·단기 발전전략 연구』, 통일부 용역보고서, 이화여자대학교, 2014, p.187.

416 "개성공단 분양 무더기 해약", 『서울경제』, 2007.6.20.

417 예를 들어 한 언론은 '개성공단 국제화에 물꼬를 트는 계기', '외국 기업의 공단 진출에도 호재'로 평가했다. "개성공단에 외국 기업 첫 입점", 『한국일보』, 2014.6.10. 한편 2007년 8월 중국 인조손톱제조회사인 천진진희미용실업유한공사(JCI)의 국내 현지법인인 데싱디바가 외국 기업으로는 처음으로 LH공사와 계약을 체결했으나 실제 입주는 하지 않았다.

418 개성공업지구지원재단, 『개성공단 통계자료집』, 2017, p.5.

개성공단에도 편의점이 있었을까?

2004년 12월 15일 CU(당시 훼미리마트)가 개성공업지구관리위원회 임시사무소동에서 영업을 시작했다. 근무 인원은 4명으로 남한의 점장 1명과 북한 종업원 3명이었다.[418] 이후 2007년 7월 개성공단 2호점, 2013년 4월 개성공단 종합지원센터점까지 총 3개 점포가 운영되었다. CU는 입주기업을 위한 편의시설로서 북한 근로자들은 이용할 수 없고 남한 근로자들만 이용할 수 있었다. 결제는 달러만 가능했고, 상품 가격도 달러로 표기됐다. 달러 지폐만 사용하고 동전을 사용하지 않아서 거스름돈은 CU에서 자체 제작한 센트 단위의 쿠폰을 주고받았다. 판매하는 상품의 가격과 종류는 국내 일반 편의점과 비슷했지만, 술과 담배는 면세로 판매됐다. 상품은 경기도 양주에 있는 CU 물류센터에서 매일 배송되었다.[419] 2016년 2월 개성공단이 중단되면서 CU 역시 철수했다.

투자, 생산, 수출

개성공단에 진출한 우리 기업의 총투자 규모는 5,613억원으로 집계되며,[421] 이는 개성공단에 대한 총투자 규모 1조 201억원의 약 55.0%에 해당한다.[422] 기업의 총투자를 입주기업 수로 나누면 기업당 평균 투자액을 구할 수 있는데, 화학 업종 69억원, 전기·전자 업종 68억원, 섬유·신발 및 기계·금속 업종 40억원의 순으로 나타난다. 전체적으로 125개 입주기업의 평균 투자액은 45억원이었다(<표 4-22> 참조). 한편 시범단지 입주기업 15개만을 대상으로 보면, 시계와 쥬얼리를 만드는 로만손이 가장 큰 156억원, 공기청정기 부품인 팬코일을 제조하는 호산에이스가 가장 적은 26억원이었으며, 전체 평균 투자액은 49.3억원이었다.[423] 또한 2007년 10월 말 기준 가동되던 36개 기

419 한국수출입은행, 『개성공단 투자환경』, 2005, p.77.

420 "문만 닫고 나온 개성공단 편의점, 다시 열길 기대합니다", 『연합뉴스』, 2018.5.6.

421 기업의 투자 규모는 입주기업이 개성공업지구관리위원회에 기업창설 등록 시 투자 승인된 금액을 집계한 것으로서 실제 투자 액수와는 다를 수 있다.

422 기업 이외의 투자는 정부 2,587억원, 한국전력 480억원, KT 94억원, LH공사 1,226억원, 한국산업단지공단 210억원 등이다. 이 중 한국산업단지공단의 투자 비용은 개성공단에 건설한 아파트형공장에 투자한 비용을 가리킨다. 개성공업지구지원재단, 『개성공단 통계자료집』, 2017, p.4.

423 통일부, "개성공단 사업추진 현황", 2005, p.3.

<표 4-22> 개성공단의 업종별 평균 투자액(2015년 12월 31일 기준)

(단위: 개, 억원)

구분 \ 업종	섬유 · 신발	화학	기계·금속	전기·전자	기타	합계
업체 수	73	9	24	13	6	125
총투자액	2,950	619	971	888	185	5,613
기업 평균투자액	40	69	40	68	31	45

* 자료: 개성공업지구지원재단,『개성공단 통계자료집』, 2017, p.6.

업의 평균 투자액은 52억원이었으며, 업종별로는 화학이 평균 162억원으로 가장 많았고, 섬유 80억원, 전기 · 전자 54억원, 기계 · 금속 20억원의 순이었다.[424]

2014년 12월 15일 냄비의 생산 이후 2005년부터 본격화된 개성공단 입주기업의 생산 규모는 2008년 2억달러를 넘어선 이래 2010년 3억달러, 2011년에는 4억달러를 기록했으며, 가동 중단 직전인 2015년에는 처음으로 5억달러를 돌파했다(<표 4-23> 참조). 2005~2015년 전체 기간의 총생산 규모는 32억 3,304만달러였다. 업종별로는 섬유 · 신발이 전체 생산의 55.6%를 차지했다. 생산이 감소했던 시기는 5개월간 중단 사태를 겪었던 2013년 한 해뿐이며, 2005~2015년의 전체 기간 중 생산 증가율은 연평균 72.8%에 달했다(<그림 4-8> 참조). 이처럼 높은 증가율은 입주기업의 수가 빠른 속도로 증가하던 초기 상황을 반영했기 때문이며, 2005~2007년을 제외하면 22.8%로 나타났다.

개성공단 반출입의 경우, 2010년까지는 개성공단으로의 반출이 반입보다 크다가 2011년 이후 반입이 더 커지는 양상을 보였다(<표 4-24> 참조). 개성공단에서의 생산은 남한 모기업으로부터 원부자재를 들여다가 이를 개성공단 입주기업이 가공한 후 완제품 혹은 반제품의 형태로 다시 내보내는 위탁가공교역의 형식을 띠었으므로 생산 제품과 관련한 교역만을 본다면 반입이 반출보다 큰 것이 당연했다. 그러나 개성공단 반출입 통계에는 공장 건설과 운영을 위한 건설장비, 생산설비와 같은 품목들도 포함되

424 이는 아파트형 공장 입주기업을 제외한 것이며, 2007년 10월 말 기준 가동 중인 아파트형 공장 16개 기업의 평균 투자액은 2.2억원이었다. 아파트형 공장의 경우 소규모 섬유봉제 업체들이 임대 입주한 것으로서, 공장건축비가 들지 않아 부지를 분양받은 기업들보다 상대적으로 투자 금액이 적었다. 한편 분양받은 입주기업들의 투자 내역을 보면 공장건축이 차지하는 비중이 가장 높은 54.3%를 차지했으며, 기계 41.8%, 토지 3.9%의 비중을 보였다. 통일부 개성공단사업지원단,『개성공단 5년』, 2008, pp.68~69.

<표 4-23> 개성공단의 생산 추이

(단위: 천달러)

연도 \ 업종	섬유·신발	화학	기계·금속	전기·전자	식품	종이·목재	비금속 광물	합계
2005	6,780	1,768	5,250	1,108	–	–	–	14,906
2006	27,793	10,900	20,853	14,191	–	–	–	73,737
2007	85,543	18,262	41,947	39,027	–	–	–	184,779
2008	132,179	21,785	49,250	47,162	976	70	–	251,422
2009	152,050	26,179	37,312	37,584	2,003	1,313	34	256,475
2010	179,235	32,092	48,637	59,147	2,668	1,469	75	323,323
2011	215,676	28,636	52,617	97,221	4,187	1,570	1,941	401,848
2012	269,383	30,337	65,861	93,836	4,943	1,941	3,199	469,500
2013	134,142	16,040	31,653	33,851	4,539	1,158	2,401	223,784
2014	292,590	23,973	74,627	67,699	2,773	2,293	6,010	469,965
2015	301,332	23,627	96,564	124,658	3,535	3,052	10,530	563,298
누계	1,796,703	233,599	524,571	615,484	25,624	12,866	24,190	3,233,037

* 자료: 개성공업지구지원재단, 『개성공단 통계자료집』, 2017, p.7.

<그림 4-8> 개성공단 생산 규모의 증가율 추이

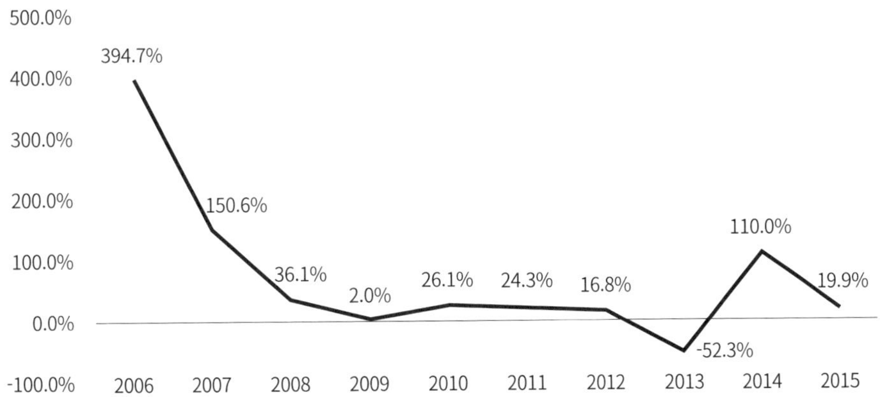

* 자료: 개성공업지구지원재단, 『개성공단 통계자료집』, 2017, p.7.

<표 4-24> 개성공단의 반출입 추이

(단위: 천달러, 배)

구분 / 연도	반출(A)	반입(B)	합계(A+B)	반출입 차이 (A-B)	생산(C)	생산대비반입 (B/C)
2005	156,943	19,794	176,736	137,149	14,906	1.3
2006	222,853	75,943	298,795	146,910	73,737	1.0
2007	339,498	101,179	440,677	238,319	184,779	0.5
2008	518,342	290,103	808,445	228,239	251,422	1.2
2009	522,617	417,935	940,552	104,682	256,475	1.6
2010	737,588	705,268	1,442,856	32,320	323,323	2.2
2011	788,698	908,935	1,697,632	-120,237	401,848	2.3
2012	888,086	1,073,109	1,961,195	-185,023	469,500	2.3
2013	517,524	614,649	1,132,174	-97,125	223,784	2.7
2014	1,132,038	1,205,771	2,337,809	-73,733	469,965	2.6
2015	1,251,599	1,451,966	2,703,565	-200,367	563,298	2.6
합계	7,075,786	6,864,652	13,940,436	211,134	3,233,037	2.1

* 자료: 반출입 통계는 통계청 국가통계포털 홈페이지, 남북한 교역 > 개성공단 사업; 생산 통계는 개성공업지구지원재단, 『개성공단 통계자료집』, 2017, p.7.

었다.[425] 따라서 개성공단 초기에는 아직 생산이 본 궤도에 오르지 않았던 반면 건설장비, 생산설비 등은 대규모로 반출되었으므로 전체 반출이 반입보다 더 크게 나타나다가 입주가 거의 완료되는 2010년 이후에는 반입이 반출을 초과한 것이다. 생산 대비 반입의 비율을 보면, 초기 단계를 지나면서 반입이 생산보다 2배 정도 컸던 것으로 나타나는데, 이 역시 생산 제품뿐만 아니라 공장 건설을 위해 반출되었던 건설장비나 노후화된 생산설비 등이 다시 남한으로 반입되었기 때문이다.[426]

수출은 2005년 5월 리빙아트가 생산한 냄비 3종 세트가 개성공단 제품으로는 최초로 멕시코에 수출되면서 시작되었으며, 지에스는 유공압씰을 중국, 개성대화는 자동차

425 이외에 액수는 크지 않으나 다양한 품목들, 예를 들어 식당에서 필요한 식자재, 주재원들이 사용할 일용품 등도 포함된다.

426 2010년 신규 투자를 금지한 '5·24 조치'로 기계설비의 추가 투입이 불가능해지자 대체설비라는 명목으로 새로운 기계설비를 반출하고 노후 설비를 반입했다.

<표 4-25> 개성공단의 수출 추이

(단위: 천달러)

연도 \ 구분	섬유·신발	화학	기계·금속	전기·전자	식품	종이·목재	비금속 광물	합계
2005	0	538	328	0	0	0	0	866
2006	0	4,974	12,855	1,996	0	0	0	19,825
2007	0	10,342	23,967	5,360	0	0	0	39,669
2008	0	8,510	24,598	2,737	0	0	0	35,845
2009	0	5,816	19,840	2,861	83	0	0	28,600
2010	0	7,839	23,647	5,166	25	0	0	36,677
2011	218	3,266	25,369	7,621	382	11	0	36,867
2012	210	2,936	27,012	5,564	398	0	273	36,393
2013	390	710	10,393	358	75	4	163	12,093
2014	na	na	na	na	na	na	na	15,300
2015	na	na	na	na	na	na	na	7,699
누계								269,834

* 자료: 2005~2013년은 개성공업지구지원재단, 『개성공단 관리 10년』, 2014, p.346, 2014~2015년은 임강택·이강우, 『개성공단 운영실태와 발전방안: 개성공단 운영 11년(2005~2015)의 교훈』, 통일연구원, 2017, p.155.

부품인 오일필터를 호주에 수출했다.[427] 2006년에는 시범단지 입주기업의 정상 가동이 이루어지고, 본 단지 1차 입주기업 중 일부가 가동을 시작함으로써 수출도 전년 대비 약 23배 증가한 1,983만달러로 크게 늘어났으며, 2007년에는 전년 대비 약 2배 증가한 약 4,000만달러를 기록했다(<표 4-25> 참조). 그러나 그것이 수출실적의 최고치였다.[428]

실제로 개성공단 수출액의 생산액 대비 비율은 2006년 26.9%를 기록한 이후 지속적으로 감소했으며, 2005~2015년 평균은 8.3%에 머물렀다(<표 4-26> 참조). 이처럼 수출 비율이 낮은 이유는 주로 원산지 규정에 기인한다.[429] 개성공단 제품은 북한산으로

427 "개성공단 냄비 첫 수출 예정", 『서울경제』, 2005.4.26; 통일부 개성공단사업지원단, 『개성공단 5년』, 2008, pp.74~75.

428 개성공단의 수출액은 입주기업이 개성공업지구관리위원회에 신고한 금액을 집계한 것이므로 실제 수출 실적과는 차이가 있을 수 있다.

429 개성공단 제품의 원산지 문제 및 수출 활성화를 위한 논의에 대해서는 다음의 자료들을 참조. 최승환, "개성공단사업의 국제통상법적 쟁점과 과제", 『통상법률』, No.73, 2007; 윤영호 · 나도성, "우리나라 FTA

<표 4-26> 개성공단 수출의 생산 대비 비율

(단위: %)

연도	2005	2006	2007	2008	2009	2010	2011	2012	2013	2014	2015	평균
비율	5.8	26.9	21.5	14.3	11.2	11.3	9.2	7.8	5.4	3.3	1.4	8.3

* 자료: 생산은 개성공업지구지원재단, 『개성공단 통계자료집』, 2017, p.7, 수출은 개성공업지구지원재단, 『개성공단 관리 10년』, 2014, p.346; 임강택·이강우, 『개성공단 운영실태와 발전방안: 개성공단 운영 11년(2005~2015)의 교훈』, 통일연구원, 2017, p.155.

인정되므로 원산지에 관한 규제가 비교적 덜한 중국, 중동, 러시아 등을 대상으로 수출이 이루어졌다. 게다가 2013년 개성공단의 가동 중단 사태로 인한 대외 신뢰도 하락도 수출에 부정적 영향을 미친 것으로 평가된다.

노동 및 임금

2003년 9월 최고인민회의 상임위원회 결정 제2호로 채택된 북한의 '개성공업지구 노동규정' 제8조는 "기업은 필요한 로력을 로력알선기업에 신청"해야 한다고 규정하며, 제9조는 "기업과 로력알선기업은 로력알선계약을 맺"도록 규정하고 있다. 이에 따라 기업은 자의적으로 북한 근로자를 선발·채용할 수 없다.[430] 개성공단의 법정 근로시간은 주 48시간이고, 연장근무가 필요한 경우에는 북한 종업원 대표와 합의해서 실시할 수 있다. 이 경우 가급금을 지급해야 하는데, 연장근무 혹은 밤 10시부터 오전 6시까지의 야간 근무에 대해서는 시간급의 50%, 휴일 근무에 대해서는 100%를 가급금으로 지급하게 되어 있다. 북한 근로자의 작업은 입주기업의 남한 대표인 법인장과 북한 근로자 대표인 직장장 간에 합의된 내용을 직장장이 근로자에게 지시하는 형식으로 이루어졌다.

역외가공 원산지규정 표준화의 방향성에 관한 연구: 개성공단 역외가공 사례분석을 중심으로", 『무역학회지』, Vol.37 No.4, 2012; 이해정, "개성공단 국제화의 효과와 과제", 『통일경제』, 1월호, 2013; 안덕근·박정준, "WTO 체제에서의 남북한 교역과 개성공단 관련 통상쟁점 연구", 『국제지역연구』, Vol.23 No.4, 2014; 김양희, "FTA 역외 가공 조항을 활용한 개성공단산 제품의 수출 지원 정책 평가", 『동향과 전망』, No.100, 2017.

430 헤리티지재단이 발표하는 '노동 자유도(Labor Freedom)' 지표에 의하면 2014년 북한은 평가 대상 186개국 중 최하위(0.0)였고, 이후에도 최하위를 벗어나지 못하고 있어 2025년에도 평가 대상 176개국 중 최하위(5.0)일 정도로 세계 최저수준을 벗어나지 못했다. Kim, Anthony B., *2025 Index of Economic Freedom*, The Heritage Foundation, 2025, pp.200~201.

<표 4-27> 개성공단 근로자 현황

(단위: 명)

구분 / 연도	북한 근로자		남한 근로자 (B)	합계 (A+B)
	전체(A)	증감 인원		
2005	6,013	–	507	6,520
2006	11,160	5,147	791	11,951
2007	22,538	11,378	785	23,323
2008	38,931	16,393	1,055	39,986
2009	42,561	3,630	935	43,496
2010	46,284	3,723	804	47,088
2011	49,866	3,582	776	50,642
2012	53,448	3,582	786	54,234
2013	52,329	-1,119	757	53,086
2014	53,947	1,618	815	54,762
2015	54,988	1,041	820	55,808

* 주: 각 기업에 소속된 근로자 수로 실제 근무하는 근로자 현황과는 다소 차이가 날 수 있음.
* 자료: 통일부 홈페이지, 주요사업 통계 > 개성공단 주요 통계.

북한 근로자 수는 2004년 11월 시범단지 입주기업인 리빙아트가 55명의 북한 근로자를 채용한 것을 시작으로 입주기업의 증가에 따라 매년 꾸준히 늘어났다. 그러나 2011년 무렵부터는 5만명 수준에 머물렀으며, 2013년에는 개성공단 잠정 중단 기간 중 퇴사자로 인해 전년 대비 1,119명이 감소했다. 그리고 2014년 5월부터 북한의 노동력 공급이 재개되어 2015년 말 기준 54,988명이 근무했다. 당시 개성공단에 체류하는 남한 근로자의 수는 약 800명 수준이었다. 북한 근로자의 공급 추이를 보면 2008년까지는 급격히 증가하다가 2009년부터는 연간 3,000명대로 감소했고, 2014년 이후로는 1,000명대로 떨어졌다. 임금이 저렴한 데다가 높은 생산성으로 인해 입주기업들은 북한 노동력의 지속적인 추가 공급을 희망했지만, 북한은 그만한 여력이 없었다.

한편 북한 근로자 중에서는 퇴직하는 사례도 적지 않았다. 개성공단 가동 이후 2014년 6월까지 퇴직한 북한 근로자의 총규모는 14,407명에 이른다. 퇴직 사유로는 '가사'가 가장 많은 약 63%를 차지했다. 누계로 볼 때 '부적응'은 두 번째로 많은 사유

<표 4-28> 개성공단 입주기업의 퇴직자 현황

(단위: 명)

사유 \ 연도	2004~2008	2009	2010	2011	2012	2013	2014.6	누계[1)]	
부적응[2)]	218	2,285	719	26	97	–	–	3,345	(23.2%)
북측 교체	44	18	341	2	8	–	–	413	(2.9%)
질병	453	405	541	211	330	96	153	2,189	(15.2%)
가사	449	826	1,444	1,994	1,841	1,380	1,169	9,103	(63.2%)
학교	29	8	3	3	2	–	–	45	(0.3%)
사망	47	27	30	33	61	11	20	229	(1.6%)
합계	1,240	3,569	3,078	2,269	2,339	1,487	425	14,407	(100.0%)

* 주 1: 괄호 안은 전체 대비 비율임.
 2: '부적응'은 기업 측 사유로 인한 퇴직을 포함함.
* 자료: 개성공업지구지원재단 내부자료.

로 나타났지만, 이례적으로 많았던 2009년과 2010년을 제외하면 이후에는 미미한 수준이었다. 퇴직 사유 중에서는 '질병'이 꾸준히 나타났으며, 특히 2011년 이후에는 두 번째 퇴직 사유로 지적되었다는 사실은 여전히 북한 근로자들의 건강 상태가 좋지 않음을 시사한다.

현대아산의 내부 자료에 따르면, 개성공단 북한 근로자의 임금과 관련한 협상은 2002년 9월에서 2003년 7월까지 평양, 개성, 금강산 등에서 6회에 걸쳐 진행되었는데, 남한은 현대아산과 LH공사, 북한은 민경련 등이 협상 주체였다.[431] 2002년 9월 평양에서의 제1차 회의에서 북한은 사회보험료 7%를 포함한 1인당 월 90달러 수준을 요구했다.[432] 반면 남한 측은 기본 임금을 월 50~60달러로 하고, 사회보험료는 기업과 근로자가 각 4%씩 부담하며, 임금 인상률은 10년간 5%로 제한하자는 의견을 제시했다. 이후 여러 차례의 협상 후 2003년 7월 개성에서의 제6차 회의에서 북한 측은 월 최저임

431 1993년 제정된 '외국인투자기업 노동규정' 제26조는 최저임금을 220원(자유경제무역지대에서는 160원)으로 규정했으나, 1999년 개정된 '외국인투자기업 노동규정'은 이를 삭제하고 제25조에서 중앙노동기관이 정하도록 했다.

432 정세현 전 통일부 장관은 북한이 처음에 300달러를 요구했다고 기록했다. 정세현, 『판문점의 협상가 정세현 회고록』, 창비, 2020, p.394.

금을 50달러로 하고, 사회문화시책료는 기업 30%, 근로자 30%로 정할 것을 제안했다. 이에 대해 남한 측은 종업원이 부담하는 사회문화시책료가 지나치게 과다할 경우 근로의욕을 저하시킬 우려가 있으므로 약 10% 정도로 낮추는 것이 좋겠다고 제안했다. 결국 2003년 9월 채택된 '개성공업지구 노동규정' 제25조에서 최저임금과 임금 인상률은 월 50달러 및 연 5%로 결정되었다. 다만 남북한은 공단 개발의 초기 단계로 아직 경영이 안정화되지 않은 점을 감안해서 2005~2006년은 50달러로 동결하는 데 합의했다. 2005년 북한은 외국인투자를 위한 안내서에서 일반 근로자의 경우 임금을 '월 30유로 이상'이라고 소개하고 있는데, 이는 당시 환율로 약 37달러에 해당했으므로 북한으로서는 50달러 합의가 받아들일 만한 수준이었을 것이다.[433] 2007년 8월 최저임금을 협의할 때 북한은 2006년까지 3년 동안 유보된 누적분을 반영해서 15% 인상할 것을 제시했고, 이후로도 간헐적으로 인상률의 상향 조정을 요구했다.[434] 그러나 남한 측은 이를 받아들이지 않았고 2016년 2월 개성공단이 중단될 때까지 최저임금 인상률은 연 5%에 머물렀다. 기업들은 임금 총액의 15%를 사회보험료로 납부해야 했다.[435]

'개성공업지구 노동규정' 제26조는 "월로임은 월최저로임보다 낮게 정할 수 없"다고 규정하며, 제5조는 "로임은 종업원 월최저로임에 기초하여 기업이 정한다"고 규정하고 있다. 따라서 처음에는 임금이 북한 근로자의 숙련도, 담당 업무 등에 따라 차등화될 것으로 예상되었다.[436] 그러나 실제로는 연 5% 인상되는 최저임금을 기본급으로 책정하는 것이 일반적이었다. 이에 따라 북한은 최저임금 이외의 항목, 즉 가급금, 상금, 장려금 등의 항목을 통해 임금 인상을 추구하게 되었다.[437] 입주기업의 입장에서도

---

433 조선대외경제협력추진위원회, 『《조선민주주의인민공화국》 투자에로의 길』, 2005, p.79.

434 예를 들어 북한은 2009년 6월 임금을 월 300달러로 인상하고 연간 인상률도 10~20%로 올릴 것을 요구했고, 2014년 2월 입주기업에 근로자를 추가 배치하는 조건으로 임금을 30달러 더 인상해달라고 요구했으며, 2015년 2월에는 최저임금을 70.35달러에서 74달러로 인상한다고 일방적으로 통보하기도 했다. "북, 개성공단 터무니없는 요구 '임금 4배-땅값 31배 올려라'", 『동아일보』, 2009.6.12; "북, 개성공단 임금 월 30불 인상 요구", 『세계일보』, 2014.2.12; "북한 '개성공단 임금인상, 정당한 권리 … 흥정 안해'", 『연합뉴스』, 2015.3.12.

435 사회보험료는 '개성공업지구 노동규정' 제40~41조에 의거해서 북한이 근로자에게 제공하는 무료교육, 무상치료, 사회보험, 사회보장 등을 충당하기 위해 기업에 징수하는 비용이다.

436 한국수출입은행, 『개성공단 투자환경』, 2005, p.54.

437 '개성공업지구 노동규정' 제24조는 "로동보수에는 로임, 가급금, 장려금, 상금이 속한다"고 규정하고 있다. 2008년 제정된 '개성공업지구 노동보수세칙' 제3조에서 가급금은 '기본노동시간을 초과하여 노동을 시키거나 야간노동을 시킨 경우 또는 명절 및 휴식일에 노동을 시킨 경우에 추가적으로 지불하는 노동보

<표 4-29> 북한 근로자 1인당 월 평균 임금 및 근로시간

(단위: 달러, 시간)

구분 / 연도	최저임금 (A)	사회 보험료(B)	가급금·상금·장려금(C)	평균 임금 (A+B+C)	1인당 주 평균 연장 근로시간
2006	50	7.8	10.3	68.1	7.2
2007	52.5	7.9	10.6	71	8.1
2008	55.125	8.3	10.675	74.1	7.6
2009	57.881	8.8	13.619	80.3	7.8
2010	60.775	9.8	23.125	93.7	9.8
2011	63.814	11.2	34.286	109.3	11.3
2012	67.005	12.8	54.195	134	13.9
2013	67.005	12.5	48.995	128.5	12.4
2014	70.355	14.1	71.045	155.5	15.4
2015	73.873	18.4	95.427	187.7	17.9

* 자료: 개성공업지구지원재단, 『개성공단 통계자료집』, 2017, p.14.

기본급을 인상하는 것보다는 이러한 인센티브 제도를 통해 북한 근로자를 최대한 활용하는 것이 유리했다. 예를 들어 2006년 월 최저임금과 사회보험료를 더한 금액 57.8달러는 당시 남한의 시간당 최저임금으로 계산하면 17.5시간에 해당했고, 개성공단이 중단되기 직전인 2015년의 경우는 19.4시간에 해당하는 금액이었다.[438] 즉 북한 근로자의 한 달 임금은 초과근로수당을 포함해도 남한의 최저임금 이틀치에 지나지 않았다. 입주기업으로서는 초과근로를 시키면 시킬수록 이익이었고, 주당 연장 근로시간은 18시간까지 늘어났다. 하루 평균 3시간의 초과근무를 하는 셈이었다(<표 4-29> 참조).

수', 장려금은 '노동정량과 제품의 질, 설비이용률을 높이고 자재를 절약하기 위하여 종업원의 근무연한, 노동조건, 기술기능 수준, 직무 등에 따라 추가적으로 지불하는 노동보수', 상금은 '생산계획을 비롯한 경제지표를 넘쳐 수행하여 기업에 이익을 준 집단이나 개인에게 추가적으로 지불하는 노동보수'로 정의된다. 그런데 개성공단 현장에서는 가급금을 연장, 야간, 휴일 근로 등 시간외근무에 따른 시간외수당 개념으로 지급했고, 장려금과 상금은 성과 달성 시 성과급 개념으로 활용했다. 박천조, "임금대장을 통해 본 개성공단 임금제도의 변화 연구", 『산업관계연구』, Vol.25 No.4, 2015, p.74.

438 2006년과 2015년 남한의 시간당 최저임금은 각각 3,100원, 5,580원이고 연간 평균 대미환율은 각각 927.9원, 1,172.5원이었다.

'개성시간'으로 바뀐 '자유시간'

북한 근로자에게 제공한 초코파이는 가장 인기 많은 특식이었다. 초코파이를 처음 제공한 기업은 신원이었다. 체력이 약한 북한 근로자들이 오후가 되면 힘들어하자, 체력 보강용 간식으로 초코파이를 주기 시작한 것이 개성공단의 모든 기업으로 번져 나갔다. 개성공단에서 제공했던 믹스커피도 체력이 달려 작업 중 조는 북한 근로자들을 각성시키기 위해 도입된 것이었다.

초코파이는 북한에서는 보기 힘든 과자인 데다가 달고 부드러워 근로자들 사이에서 특근 시 제공되는 국수나 라면보다 좋은 간식으로 여겨졌다. 업체별로 형편에 따라 재량껏 제공했는데, 한두 개씩 주는 업체도 있었고 10개까지 제공하는 업체도 있었다. 다들 퇴근한 후에 확인하니 초코파이를 먹은 후 버려져 있어야 할 포장지가 쓰레기통에서 보이지 않는 경우가 많았다. 근로자들이 자신이 먹지 않고 그대로 집으로 가져가서 아이들을 주기 때문이었다.

개성공단에서 일하는 북한 근로자들이 하루에 받는 초코파이 개수만 40여만개였고, 초코파이는 북한 장마당에서 최고 인기상품 가운데 하나로 자리 잡았다.[438] 근로자들은 '초코파이계'를 만들어 돌아가면서 한 사람에게 몰아주기도 했다. 장마당에서 판매하기 좋도록 초코파이 빈 박스를 버리지 말고 자신들에게 달라고 하기도 했다. 본래 오리온 초코파이를 주다가 비용 절약을 위해 값싼 유사품으로 바꾸었더니 오리온이 맛있다면서 오리온으로 다시 변경해줄 것을 요구한 기업의 사례도 있었다.

초코파이가 비싼 가격으로 거래되고 북한 내 다른 지역으로까지 퍼져나가자 북한은 초코파이의 지급을 중단시켰다. 초코파이가 '체제위협적'인 상품이 된 것이다. 그만큼 북한은 개성공단의 남한 문화가 북한 내로 유입되는 것을 크게 우려했다. 입주기업들이 간식으로 나눠주던 '자유시간'이라는 이름의 초콜릿 과자는 북한이 '자유'라는 명칭을 못 쓰게 해서 '개성시간'이라는 이름으로 바뀌기도 했다.

기반시설

도로, 상·하수도, 녹지, 특수시설물 등 단지 내 시설과 용수시설, 폐수처리시설, 폐기물처리시설 등 개성공단 1단계 기반시설 공사는 공사 기간의 단축을 위해 패스트 트랙(fast track) 방식으로 추진되었다.[440] 단지 내 시설 공사는 2007년 6월, 용수, 환경기초

439 "북한, 개성공단 인기 간식 '초코파이' 지급 중단 요구", 『VOA』, 2014.6.17.

440 한국토지공사, 『개성공단 개발사』, 2009, p.109. 패스트 트랙 방식은 전체 설계가 완료되지 않은 상태에서 시공을 시작하여 '1단계 설계 → 1단계 시공 및 2단계 설계 → 2단계 시공 및 3단계 설계 → …' 식으

<표 4-30> 개성공단 공장 부지 분양가의 비교(2007년 기준)

구분	시화공단	중국 칭다오	베트남 딴뚜언	개성공단
분양가	150만원/평	28.5만원/평	40만원/평	14.9만원/평

* 자료: 김은종, "개성공단 1단계 성과 및 발전방향", 남북물류포럼 제13차 정기학술회의 자료집, 2008.11.24, p.32.

시설, 전력·통신 등의 공사는 2007년 10월까지 모두 완료됨에 따라 2007년 10월 16일 1단계 기반시설 준공식이 열렸다.

기반시설 공사가 시작되기 전인 2004년 3월 정부는 재정 지원이 없는 경우 공장부지의 조성원가가 평당 395,000원이 될 것으로 추정하고 있었다.[441] 당시 재정경제부의 용역보고서도 조성원가를 고려한 적정 분양가로 평당 463,000원을 제시했다.[442] 반면 입주를 고려하는 기업들의 희망 분양가는 10만원 정도였다.[443] 그래서 정부는 입주기업이 "우리의 중소기업이라는 점과 공단의 국제경쟁력 확보 차원에서 국내 공단 수준에 맞춰 지원"하기로 방침을 정했고,[444] 2004년 9월 8일 제133차 남북교류협력추진협의회에서 1단계 기반시설에 대해 남북협력기금 1,095억원을 무상 지원하기로 결정했다.[445] 그에 따라 공장 부지는 조성원가의 40% 수준인 평당 149,000원으로 분양되었는데, 이는 국내는 물론 중국, 베트남의 공단과 비교해도 매우 낮은 가격이었다(<표 4-30> 참조).

정·배수장 공사는 2005년 12월 시작되어 2007년 10월에 완료되었으며, 그 이전에는 지하수를 개발하여 용수로 공급했다. 시범단지에 대해서는 1일 600톤 공급 규모의 용수시설, 즉 지하 관정 5개소 및 급수탑 2개소를 2005년 4월에 설치해서 2005년 5월부터 공급했다. 본 단지 1차 입주기업에 용수를 공급하기 위하여 집수정, 정수설비, 가압펌프 등을 설치하여 1일 1,000톤 규모의 용수를 2006년 10월부터 공급했다. 점차

로 설계와 시공을 병행하는 방식이며, 조기착공 혹은 고속궤도 방식이라고도 한다.

441 행정안전부 대통령기록관 홈페이지, 대통령 이야기 > 노무현 > 정책기록 > 개성공단 건설 진척 현황 파악.

442 "개성공단 개발 '주먹구구'", 『국민일보』, 2003.10.7.

443 "개성공단 분양가 평당 20만원", 『매일경제』, 2003.9.19. 당시 LH공사의 수요조사 결과에서도 입주 희망기업의 60~80%는 평당 10만원 이하를 선호했다. 한국토지공사, "성공적인 개성공단 조성방안", 2003.6.16, p.3

444 통일부, 『통일백서』, 2006, p.127.

445 이후 지원액은 2007년 2월 26일 제181차 남북교류협력추진협의회에서 1,510억원, 2008년 11월 10~14일 제211차 남북교류협력추진협의회에서 1,573억원으로 증가했다. 단, 전력·통신 등 외부 기반시설은 남북협력기금에서 장기저리대출 방식으로 지원했다.

수요가 증가할 용수 공급 문제를 해결하기 위해서 북한 지역에 댐을 건설하는 방안, 임진강 물을 끌어오는 방안 등이 검토되었으나, 막대한 사업비와 소요기간 등을 고려해서 개성공단 기점 북쪽으로 약 17.8km 지점에 위치한 월고 저수지를 확대 건설하는 방향으로 남북한이 합의했다.[446] 남한은 공사에 필요한 자재·장비를 북한에 지원하고 북한은 저수지 제방 축조, 도수터널, 도수관로에 대한 설계 및 시공을 맡았다. 정·배수장은 월고 저수지로부터 원수를 취수하여 1일 6만톤의 용수를 생산한 후 개성공단에 4.5만톤, 개성시에 1.5만톤을 공급할 수 있는 규모였다.

폐수처리의 경우 시범단지 및 본 단지 1차 입주기업에 대해서 임시 오폐수처리시설을 설치하여 2005년 5월부터 입주기업에서 발생하는 오수를 처리했다.[447] 2005년 4월부터 1단계 전체에서 발생하는 1일 3만톤의 오폐수를 처리하기 위한 공사를 시작했고, 1단계 1.5만톤의 시설이 2007년 5월 완료되었다.[448] 폐기물처리시설은 1일 6.1만톤 처리 규모의 매립시설이 2005년 12월 착공되어 2007년 6월 완공되었고, 1일 12톤을 처리할 수 있는 소각시설도 2007년 8월에 착공되어 2008년 6월 완공되었다. 그러나 용량이 작은데다가 유해 폐기물을 처리할 수 없었기 때문에 1일 25톤 용량의 소각시설 공사가 2009년 3월 시작되어 2015년 9월 준공됨으로써 12톤/일 및 25톤/일의 2기기 설치되있다.

시범단지에 대한 전력 공급은 한국전력에 의해 남한의 문산변전소에서 개성공단까지 약 200개의 전주를 이용하는 배전 방식으로 이루어졌다. 2005년 1월 1.5만kW의 배전시설 공사에 착수한 뒤 2005년 3월부터 전력을 공급했다. 시범단지에 대한 전력 공급은 1948년 5월 14일 북한이 일방적으로 단전한 뒤 57년 만에 다시 남한에서 북한으로 재개되었다는 역사적 의미를 지녔다. 이후 본 단지에 대해서는 송전 방식으로 전력을 공급한다는 방침이 결정되었다. 이는 문산변전소에서 개성공단에 건설된 평화변전소까지 16km 구간에 송전철탑 48기를 설치하여 154kV의 전기를 공급하는 것으로서 2006년 4월 공사에 착공하여 2007년 5월 송전 방식으로의 전력 공급을 시작했다. 용량은 10만kW였으며, 변전소에 변압기를 추가하면 20만kW까지 전력 공급이 가능했

446 통일부 개성공단사업지원단, 『개성공단 5년』, 2008, pp.53~54.

447 그 이전까지는 입주기업이 자체적으로 해결해야 했다. 통일부, 『통일백서』, 2005, p.125.

448 2단계 1.5만톤의 시설은 2009년 12월 말까지 공사가 완료될 예정이었으나, 2015년 12월 기준으로도 1일 1.5만톤으로 보고된 것을 볼 때 1단계 공사로 끝난 것으로 판단된다. 통일부, 『통일백서』, 2015, p.75.

남한 어디서든 개성공단으로 전화를 걸 수 있었다

개성공단 통신 개통은 제3국을 경유하는 기존 방식과 달리 남북한을 직접 연결하는 상용 통신망 시대를 열었다는 점에서 큰 의미가 있었다. 이전까지는 남북회담 등 당국 간 연락 업무를 위해 설치한 직접 통신망이 아닌 이상 제3국을 통한 국제전화 형식으로 연락해야 했다. 예를 들어 KEDO 경수로사업을 위한 통신회선은 '신포 금호지구-평양-인텔셋 인공위성-일본 KDD-한일 해저광케이블-남한', 금강산 관광사업의 경우는 '장전항-온정-원산-평양-인텔셋 인공위성-일본 IDC-남한'으로 연결되어 있었다.[448] 이에 따라 기존 1분당 2.3달러 들었던 전화 요금은 0.4달러로 낮아졌고,[449] 이는 당시 중국과 한국 간의 1분당 전화 요금 0.8달러보다도 싼 것이었다.[450] 개성공단 중단 직전인 2015년 기준 유선전화와 팩스를 포함해 1,300회선이 운영되고 있었다.

개성공단에서 남한으로 전화를 걸기 위해선 089-(지역번호)-(전화번호)를 입력하면 되고, 남한에서 개성공단으로 전화를 걸려면 8585-049-(전화번호)를 누르면 되었다. 당연히 남한 어느 곳에서나 개성공단으로 전화할 수 있었다. 실제로 2005년 12월 28일 개성공단에서 열린 개통식에서 정보통신부 장관은 독도경비대장, KT 사장은 백령도 주민, 통일부 차관은 마라도 등대 소장과 시연 통화를 했다.

다. 2015년 한국전력은 총 1.9억kWh의 전력을 개성공단에 공급했는데, 이 중 산업용이 95.3%를 차지했고 일반용 4.3%, 가로등 0.2%, 주택용 0.1% 등의 순이었다.[451]

통신의 경우 남북한은 통신망을 직접 연결하기로 합의했고, 이에 따라 개성공단 통신사업자인 KT는 2005년 7월 18일 민간 차원에서는 처음으로 광케이블을 연결했다. KT는 2005년 11월 미국의 수출관리규정(EAR)에 따른 통신장비 반출에 필요한 라이센스를 획득하여 개성공단 내 KT 통신실에 교환·전송 장비, 개성전화국에 전송 장비를 설치하고 2005년 12월 28일 303회선을 개통했다. 이후 3차례 회선을 추가 설치하여 2015년 말 기준 1,300회선을 운영했다.

449 이종운, "북한 통신산업의 현황과 남북한 통신 교류·협력의 과제", 『세계경제』, 8월호, 2002, p.124.
450 통일부 개성공단사업지원단, 『개성공단 5년』, 2008, p.59.
451 김동근, 『개성 1,200일 빛과 그림자』, 렛츠북, 2022, p.70.
452 "<개성공단 중단> 완전 단전은 전력공급 이후 11년 만에 처음", 『연합뉴스』, 2016.2.12.

3) 개성공단 사업의 문제점

개성공단 사업이 남북경협 역사에서 지니는 의미는 상당하다. 경제특구로는 최초이자 최대의 제조업 투자 사업이었고, 가장 오래 지속되었다. '5·24 조치'가 발효된 2010년 이후로는 개성공단이 유일한 남북경협 사업이었지만, 그 직전인 2009년에도 개성공단과 관련한 교역은 이미 전체 교역의 56%를 점유했을 정도로 개성공단은 남북경협에서 막대한 비중을 차지했다.

개성공단의 성과에 대해서는 많은 논의가 이루어졌는데, 크게 세 가지로 정리할 수 있다. 첫째, 경제적 차원에서 남북 상생의 경제협력 모델을 제시했다는 것이다. 개성공단 이전의 남북경협은 교역이 중심이었고, 소규모의 투자가 있었으나 이내 실패로 끝났다. 그러나 개성공단 사업은 대규모 제조업 투자 사업으로서 남한의 자본과 기술에 북한의 노동력과 토지를 결합해서 남북한 모두에 경제적 이익을 가져온 호혜적 프로젝트라는 평가다. 실제로 북한은 개성공단을 통해 고용을 창출하고 임금 소득을 얻는 것은 물론, 기술을 습득하고 공단 운영의 노하우까지 익힐 수 있었다. 북한의 노동생산성 및 시장화, 그리고 남북한 경제통합에 미친 긍정적 효과도 있었다.[453] 개성공단에서 간식으로 제공하는 초코파이는 현금처럼 사용되었고, 그것을 거래하는 시장까지 생겨났다.[454] 북한 근로자들은 물량 수주, 납기 준수, 품질, 성과급과 같은 중요한 경제 개념들을 배웠고, 북한 당국도 자본주의식 세무, 보험, 회계 방식을 습득했다. 북한 당국과 근로자들에게 '생산=평등'이 아니라 '생산=경쟁=경제적 효과성'이라는 경제적 사고를 형성시키는 데 개성공단이 중요한 역할을 했다.[455] 우리의 입장에서도 고임금으로 인한 경쟁력 저하로 어려움을 겪고 있는 중소기업에 새로운 활로 개척의 기회를 제공했다. 또한 관련 산업에도 큰 파급효과를 미쳐서 2010년의 조사에 의하면 개성공단 입주기업들은 생산활동에 필요한 원·부자재, 식재료 등의 조달을 위해 평균 34.4개의 협력업체와 거래관계를 맺었으며, 2005년부터 2010년 9월까지 남한에서 개성공단으로의 반출로 인해 남한 경제에는 약 47.4억달러의 생산 유발 효과, 13.8억달러의 부가가치 유

---

453 김병연, "개성공단의 경제적 효과", 김병로 외, 『개성공단』, 진인진, 2015, pp.190~202.

454 "개성공단 초코파이 북에선 큰 돈벌이", 『국민일보』, 2011.11.25.

455 김종수, "개성공단 운영 평가와 재개를 위한 과제", 『세계지역연구논총』, Vol.39 No.1, 2021, p.200.

발 효과, 27,547명의 취업 유발 효과가 창출된 것으로 분석되었다.[456]

둘째, 사회문화적 차원으로서 대규모 인적 교류를 통해 동질감 회복에 기여했다는 것이다. 금강산 관광사업은 제한된 만남이 전부였지만, 개성에서는 매일 5만명 이상의 북한 사람과 서로 얼굴을 보며 부대꼈다. 공단 내 업무 수행을 통해 남북한의 근로자는 서로 상대방 사회의 분위기에 익숙해질 수 있었고, 이러한 자연스러운 접촉의 확대는 이질성을 누그러뜨렸다. 지속되는 남북 근로자들의 대면 접촉은 상호 갈등을 최소화하고 인간적 유대를 강화하여 협력적인 노사관계를 형성할 수 있게 했으며, 이는 향후 새로운 문화 창조 및 통합의 가능성을 내포한다는 점에서 중요했다.[457] 북한 근로자들의 남한에 대한 적개심은 거의 없어졌을 정도였고, 남한에 대한 태도도 상당히 협조적으로 바뀌었다.[458] 점차 자본주의 생활양식에도 익숙해졌다.[459]

북한 여성 근로자들의 패션과 화장법, 헤어스타일도 남한을 닮아갔다.[460] 개성 주민들 중 개성공단에서 일하는 사람과 아닌 사람의 외모는 확연히 차이가 났다.[461] 또한 개성공단은 북한 주민들에게 북한 사회에 대한 비판적 준거 틀을 제공했다. 북한경제를 지배하던 중국 제품은 북한 주민들에게 자본주의에 특별한 태도를 형성하도록 하는 효과가 작았지만, 개성공단에서 접하는 남한 제품은 중국 제품에 비해 훨씬 질이 좋으므로 이를 통해 남한의 자본주의 발전 수준을 상상하게 했고, 이는 개성공단이 물질적 효과뿐만 아니라 사회적 상징으로서의 의미 역시 지녔음을 보여준다는 것이다.[462]

셋째, 군사적 차원에서 한반도의 긴장 완화에 기여했다는 것이다. 개성공단으로 인해 북한군은 원래의 주둔지역에서 10~15km 후방으로 재배치되었다. 김정일은 2000

---

456 한국산업단지공단, 『개성공단 기업의 국내산업 파급효과 및 남북 산업간 시너지 확충방안』, 지식경제부 용역보고서, 2010, p.68, p.123.

457 강미연, "개성공단 경제특구의 작업장 문화", 2013 북한연구학회 추계학술회의 '북한체제의 이행과 남북협력: 비전과 전망' 자료집, 2013.9.27, p.575.

458 양문수 · 이우영 · 윤철기, "개성공단에서의 남북한 접촉이 북한 근로자에 미친 영향에 관한 연구: 남한 주민에 대한 북한 근로자의 태도 변화를 중심으로", 『통일연구』, Vol.17 No.2, 2013, p.143.

459 정은미, "개성공단 북한 근로자의 의식과 행동양식의 변화", 2014 북한연구학회 하계학술회의 '북한의 권력과 사회동학' 자료집, 2014.7.11, p.248.

460 "[여성시대] 멋쟁이 개성공단 여성근로자", 『자유아시아방송』, 2009.11.16.

461 양문수, "남북경협과 북한인권: 개성공단을 중심으로", 국가인권위원회 주최 심포지엄 '국제사회의 북한인권 인식과 과제' 자료집, 2008.10.29, p.128.

462 정근식 · 김윤애, "공단 밖의 변화: 개성주민과 북한사회", 김병로 외, 『개성공단』, 진인진, 2015, pp.359~360.

년 8월 남한의 언론사 방북대표단을 만난 자리에서 개성공단으로 인해 후방으로 빼내야 할 병력이 35,000명이라고 밝혔다.[463] 2009년 11월 19일 개성공단 관련 남북 당국 간 실무회담에서 북한 대표단이 "남측은 개성공업지구로 하여 보장되는 평화와 안전의 가치가 얼마나 소중한 것인가를 깊이 헤아려보아야 한다"면서 토지 임차료를 5억달러로 인상해달라고 요구했던 것은 개성공단의 안보 가치가 그만큼 컸음을 시사한다.[464] 출입 절차를 통해서도 남북 군사당국 간 지속적인 접촉이 이루어졌고, 군사 밀집지대를 우리 근로자와 차량이 매일 왕래함으로써 상징적 측면이나 실제적 측면에서 군사적 긴장 완화에 기여했다. 또한 북한군의 재배치는 군사분계선의 북상 효과뿐만 아니라 '갈등과 대립'의 비무장지대(Demilitarized Zone)를 '통일의 꿈을 실현해나가는 평화적 공간(Dream Making Zone)'으로 전환시키는 효과도 지녔다.[465] 개성공단 건설 및 관리 과정에서 축적된 남북 군사당국 간 협력 경험은 남북한 간 초보적인 군비통제조치의 경험을 의미하는 것이기도 했다.[466]

이와 같은 거시적 차원의 성과 이외에도 기업 입장에서는 대북 위탁가공교역을 통한 생산에 비해 개성공단에서의 직접 생산이 유리한 점이 많았다. 평양의 모란봉피복공장과 의류 위탁가공교역 경험을 가지고 있는 신원의 예를 들면, 개성공단에서의 생산은 다음과 같은 점에서 장점을 지니고 있었다.[467] 첫째, 육로 운송이어서 물류비가 저렴하다. 둘째, 생산기간이 위탁가공교역은 평균 55일 소요되나, 개성공단은 평균 30일로 훨씬 더 단축된다. 셋째, 위탁가공교역의 경우 클레임 사유 발생 시 처리가 사실상 불가능하지만, 개성공단은 자가 공장이므로 클레임 문제 자체가 존재하지 않는다. 넷째, 위탁가공교역에서는 생산현장 방문이 어려워 기술지도가 미진하지만, 개성공단에서는 매일 출입하므로 기술지도가 용이하다.

물론 문제점도 많았다. 그러나 문제점을 지적한다고 해서 개성공단 사업의 의미를 절하하는 것은 아니다. 특히 첫머리에서도 이야기했듯, 개성공단 사업에 관여하신 분

463 "'9,10월에도 이산상봉' 김위원장 언론사방북단에 밝혀", 『동아일보』, 2000.8.13.
464 "북 '개성공단 5억불 안보가치 포함'", 『세계일보』, 2009.11.20.
465 이해정, "개성공단, 중국-베트남보다 우월", 현안과 과제 11-16, 현대경제연구원, 2011, pp.2~3.
466 김연수, "개성공단건설이 남북한 군사적 긴장완화에 미치는 영향", 『북한연구학회보』, Vol.10 No.2, 2006, p.132.
467 강의석, "남북경협과 (주)신원의 대북 투자", 남북물류포럼 주최 세미나 '현 단계 개성공단 건설과 물류문제 해결방안' 자료집, 2008.11.24, pp.61~72.

들의 노력과 명예를 폄훼하려는 뜻은 절대 아니다. 문제점에 대해 생각해보는 것은 개성공단의 재개에 대비해서, 그리고 언젠가는 확대될 대북 투자의 성공을 위해서 개선 방향을 미리 고민해보자는 취지이다.

지나치게 빠른 속도

개성공단은 엄청난 속도로 추진되었다. 사업주체 입장에선 당연했지만, 정부조차 서두른 것은 적절하지 않았다. 국가적 차원에서 본다면, 중요한 것은 개성공단의 가동이 아니라 남북경협의 성공이어야 했기 때문이다. 게다가 상당한 규모의 국민 세금이 무상으로 투입된 사업이었다. 따라서 사업의 진척이 더디더라도, 개성공단 자체는 물론이고 미래 대북 투자의 성공을 위해서라도 최대한 바람직한 선례를 만들어야 했고, 차근차근 탄탄한 토대를 닦아야 했다. 실제로 2002년 5월 통일부는 "착공식 후, 정밀 현지실사 · 세부사업계획 수립, 임시 사무소 설치 등 본격 투자를 수반하지 않는 예비작업을 추진"한다는 입장이었고,[468] 2003년 10월 한국토지공사의 계획에서는 2004년 상반기 중 공사를 시작하되 공장 입주는 기반시설 공사에 소요되는 시간을 감안해서 공사 착공 시점으로부터 약 3년 후인 2007년 상반기에 가능할 것으로 예상하고 있었다.[469] 학계의 견해도 마찬가지여서, 예를 들어 김연철(2004)은 "개성이 남북협력의 상징적인 거점이라면, 조급한 성과주의보다는 그 의미에 걸맞은 신중한 접근이 필요"하다고 지적했다.[470] 대한상공회의소는 개성공단의 사업성 확보를 위한 정책건의에서 "낙관적 평가는 금물"이며, "장기적 관점에서 신중한 접근 필요"라고 보다 직접적으로 표현했다.[471]

그러나 대북 정책의 가시적 성과를 시급히 보여주고 싶었던 정부는 빠른 속도를 선호했다. "치밀한 사전 준비가 필요한데도 성과만 의식해 밀어붙이기식으로 진행"했다.[472] 아직 측량도 시작하지 않은 상태에서 착공식부터 거행했다. 정부 스스로도 "사업의 모멘텀을 유지하기 위해" 우선 착공식을 거행했고, 그 이후에 측량을 시작했다고 기

---

468 통일부, "남북경협 현황 및 대책방향", 2002.5, p.5.

469 한국토지공사, "개성공단 추진현황", 2003.10, p.2.

470 김연철, "개성공단 사업 추진대책", 민주평화통일자문회의(이하 민주평통) 주최 개성공단 관련 전문가 검토회의 발표문, 2004.5.24, p.9.

471 대한상공회의소, "개성공단 투자 사업성 확보방안 보고서", 2003.10, pp.20~22.

472 "<데스크 시각> 위기의 개성공단", 『문화일보』, 2006.6.29.

술했다.[473] LH공사도 "사업 모멘텀 확보 차원에서 착공식 행사를 하고 사업 여건이 확보된 후 본격 사업 추진"이라고 설명했다.[474] 당시 박건우 LH공사 단지사업본부장은 전문가 초청 간담회에서 개성공단 사업에 대해 "매우 빨리 진행되는 사업"이라고 보고했다.[475]

2003년 12월 11일 LH공사 개성사무소 착공식은 아무것도 없는 황량한 논밭 가운데에서 개최되었고, 개성공단으로 가는 길엔 세관 건물조차 없어서 길 가운데에 나무 상자를 놓고 그 사이로 나가는 것으로 입국심사를 대신했다(<그림 4-10> 참조). 시범단지 입주가 확정된 기업들은 '협력사업 승인을 위한 사업계획서'를 제출해야 했으나 통일부에는 서식조차 준비되어 있지 않아서 통일부 담당 공무원과 협의하며 서식을 만들어야 했을 정도였고, 기업 입장에서는 "시간이 정지된 것 같은 벌판, 물도 전기도 없는 그곳"이었는데도 무모에 가까운 개발 일정에 쫓긴 정부가 기업들을 희생양으로 삼는 것은 아닌가 하는 생각까지 들었다.[476] 전기, 용수, 도로, 하수 등 기반시설의 현황 파악이 안 된 상태에서 설계를 진행하여 실제 착공 시 설계를 변경해야 하는 경우도 많았으며, 부지 조성 및 기반시설 공사 주체는 현대아산으로 결정되어 있었으나 개별 공장은 어떻게 건설해야 할 것인지에 대한 규정도 없었다.[477]

당연히 많은 것이 무모했고, 법과 제도도 불충분했다. 그런데도 정부는 최대한 빠른 시간 내에 개성공단이 가동되고 제품이 생산되기를 희망했다. 그래서 1단계 100만평 공사에는 시간이 많이 걸리니, 2.8만평 규모의 시범단지를 먼저 건설하기로 결정했다. 아직 아무런 기반시설도 갖춰져 있지 않아 용수도 없고 전기도 없는데, 정부는 2004년 말까지 생산을 시작해야 한다고 입주기업을 압박했다. 시범단지 입주기업이 LH공사와 체결한 계약서에는 2004년 내 입주를 완료할 뿐만 아니라 제품을 생산해서 출하해야 한다는 조건이 명시되어 있었다.[478]

---

473 통일부, 『통일백서』, 2004, p.155.

474 한국토지공사 개성사업처, "개성공단 추진경위 및 합의서", 2006, p.4.

475 한국토지공사 주최 '개성공단 사업의 성공적 수행을 위한 전문가 초청 간담회', 2003.11.17.

476 유창근, "100년의 약속", 화정평화재단 · 21세기 평화연구소(편), 『개성 있는 개성을 만나다』, 화정평화재단, 2008, pp.104~105.

477 임미화 · 김현수, "개성공업단지 개발 · 건축 및 운영 · 관리의 문제점 및 개선방안에 대한 연구", 『부동산학연구』, Vol.24 No.3, 2018, pp.103~104.

478 유창근, "100년의 약속", 화정평화재단 · 21세기 평화연구소(편), 『개성 있는 개성을 만나다』, 화정평화재단, 2008, p.100.

<그림 4-9> 2003년 12월 LH공사 개성사무소 착공식

<그림 4-10> 2003년 12월 입국심사

정동영 당시 통일부 장관은 2004년 7월 1일 취임하자마자 직원들을 모아놓고 "내가 통일부 장관으로 온 것은 다른 것이 아니다. 개성공단에서 손에 잡히는 물건을 만들어내는 것이 내 사명이다"라고 선언했고,[479] 2004년 9월 6일 열린 기자간담회에서는 "금년 중 시제품을 생산하도록 하겠다는 정부의 약속을 현실화할 것"이라고 말했다.[480]

479 정동영 · 지승호, 『10년 후 통일』, 살림터, 2013, p.91.
480 "개성공단서 금년내 시제품 생산", 『대한민국 정책브리핑』, 2004.9.6.

생산은 설비와 인프라가 준비되어야 할 수 있고, 시점은 내부 사정과 시장 상황을 감안해서 기업이 정하는 것인데, 정부가 '금년 중'이라고 못 박은 것은 지나친 개입이었다. 왜 연말까지여야 하는지에 대한 설명도 없었다. 심지어 연말까지 시범단지 15개 기업 모두를 준공하기로 북한과 약속도 했다.[481] 정동영 장관은 회고록에서 '2004년 7월 1일 장관이 되었는데 첫 제품이 그해 12월 15일에 나왔다'면서, "공장터는 전에 불도저로 밀어놨어요. 부랴부랴 공장 패널 갖다가 세우고, 하여간 연말 안에 물건을 만들어내자고 밀어붙인 거죠"라고 말했다.[482] 첫 제품이 나오던 날 정동영 장관이 개성공단 현장의 기념식까지 직접 가서 제품 박스를 남한으로 운송하는 트럭에 싣는 모습을 연출하기도 했다. 이러한 것들은 정권과 장관의 임기 내에 가시적 성과를 내고자 한 정치적 의도로밖에 달리 해석되지 않는다.[483]

그러다 보니 설비의 설치 및 준비를 위한 기간이 짧아 단기간 내에 제품 생산이 가능한 업종을 주로 유치했다.[484] 아직 인프라가 갖춰지지 않았기에 시범단지 입주기업을 선정할 때는 기반시설 사용량이 적은 기업들을 우선적으로 뽑았다.[485] 그럼에도 정·배수장은 2007년 10월에야 완공되었고 지하수를 이용하는 것도 2005년 5월부터 가능했으므로 "용수와 하수처리는 우선 입주업체에서 자체 해결"해야 했다.[486] 지에스는 전기가 공급되지 않아 자체적으로 발진기를 돌려야 했으나, 불안정한 전기 품질로 인해 설비가 망가지는 등 부작용이 심해 2005년 3월 남한으로부터 전력이 공급된 이후에나 공장을 가동할 수 있었다.[487] 신원은 생산을 시작했는데도 폐수처리시설이 없어서 제품을 남한으로 가져와 한 번 더 워싱 작업을 해야 했다.[488] 기업들은 북한 핵 문제보다 인

---

481 2004년 12월 15일 개최된 첫 제품 생산 기념식에서 북한의 주동찬 중앙특구개발지도총국 국장은 "올해 안에 15개 공장을 짓기로 해놓고 남쪽이 1개밖에 짓지 않았다"며 불만을 제기했다. "개성공단 제품 첫 출시", 『한겨레』, 2004.12.16.

482 정동영·지승호, 『10년 후 통일』, 살림터, 2013, p.101.

483 한 예로 정동영 장관은 개성공단에서 생산된 냄비 세트를 구입해서 노무현 대통령에게 선물했다. "정통일, 노대통령·DJ에 '개성냄비' 선물", 『연합뉴스』, 2004.12.17.

484 남북교류협력지원협회, 『남북교역 25년사』, 2016, p.127.

485 한국토지공사, 『개성공단 개발사』, 2009, p.151.

486 통일부, 『통일백서』, 2005, p.125.

487 유창근, "100년의 약속", 화정평화재단·21세기 평화연구소(편), 『개성 있는 개성을 만나다』, 화정평화재단, 2008, p.124.

488 "내일부터 남전기 공급받는 개성공단", 『한국일보』, 2005.3.15.

프라가 더 걱정이라고 했다.[489] 정부 스스로도 "국내 공단의 경우 조성단계에서 입주기업의 공장 설립, 가동에 이르는 기간이 적어도 3년 넘게 걸린다"고 서술할 정도로 무리한 속도라는 것을 알고 있었다.[490] 실제로 시범단지 15개 기업이 완전 가동할 수 있었던 것은 2006년 10월 31일이 되어서였다.[491]

시범단지 입주기업 공장들의 착공식은 2004년 10월 21일 열렸는데,[492] 그해 연말까지 생산을 하려니 가장 간단한 냄비가 첫 제품이 될 수밖에 없었다. 첫 제품을 냄비로 한 것은 참으로 정책적 상상력이 부족한 결정이었다. 분단 이후 최초로 남북한이 서로의 비교우위를 결합해서 만든 첫 제품은 남북한 주민은 물론 전 세계 사람들에게 "아! 남북한이 경제적으로 협력하니 저런 대단한 물건도 만들 수 있구나!" 하는 감동을 주는 것이 좋았다. 그랬더라면 개성공단에 대한 시각이 바뀌었을 것이고, 훗날 폐쇄 결정도 쉽지 않았을 것이다. 개성공단은 분단국가 간 경제협력의 전형이 될 수도 있었을 것이다. 2004년 6월 15일 서울에서 열린 '6·15 남북공동선언 4년 회고와 전망' 세미나에 참석한 북한의 민금성 아태 통일문제연구소 연구원은 "지금까지 북남사이의 경제협력사업은 많은 경우 단순히 상품거래와 소규모 위탁가공과 같은 낮은 단계에 머물러 있고 그것도 일부 분야에 집중"되었다면서 남북경협에서 중요한 것은 "초기투자는 많이 들지만 민족공동의 리익의 견지에서 전망적으로 반드시 필요한 분야에서의 협력사업"이라고 주장했다.[493] 필자가 2006년 평양을 방문했을 때 안내를 맡았던 북한 민족화해협의회 관계자도 "우리가 냄비나 만들자고 개성을 내준 줄 아십네까?"라며 불만을 털어놨다.[494] 그러나 빠른 성과만을 원했던 정부로 인해 상대적으로 제작이 쉽고 부가가치도 높지 않은, 2종 세트에 소비자 가격 1만 9,800원인 냄비가 '개성 냄비'라 불리며 개성공단의 상징이 되었다.[495] 북한뿐만 아니라 개성공단에 입주한 다른 기업들로서도 억울한 일이었다.

---

489 "'북핵보다 인프라가 더 걱정' 개성공단 시범단지업체들 동요없어", 『경향신문』, 2005.2.18.

490 통일부 개성공단사업지원단, 『개성공단 5년』, 2008, p.71.

491 한국토지공사, 『개성공단 1단계사업 평가』, 2008, p.8.

492 "여야 56명 개성공단 첫 현장감사", 『서울신문", 2004.10.21.

493 민금성, "북남경제협력의 발전방향과 실천과제", <남측> 연세대학교 김대중도서관·통일연구원 <북측> 아태 통일문제연구소 공동주최 '6·15 남북공동선언 4주년 기념 국제토론회' 토론문, 2004.6.15, p.5.

494 조동호, "개성을 넘어 북한 전체를 보자", 『이코노미스트』, 2006.10.3.

495 "'개성 냄비' 서울 첫 입성", 『중앙일보』, 2004.12.15.

개성공단이 개성공단 밖의 북한 기업과 연계를 가지지 못했다는 점도 아쉬운 일이었다. 정부가 직접 남북경협에 참여하는 중요한 목적의 하나는 북한경제의 변화를 유도하고 순조로운 남북 경제통합의 토대를 만들려는 것이다. 그러나 개성공단은 북한 내부 경제와 단절되어 섬처럼 운영되었다. 개성공단 입주기업들은 모든 원부자재를 남한 혹은 중국에서 조달해야 했다. 옷을 만든다고 한다면 원단뿐만 아니라 실, 바늘, 단추에서부터 포장지에 이르기까지 모든 물품을 외부에서 가져와야 했다. 북한 내부에서 조달하는 것이 불가능했기 때문이다. 그만큼 기업의 수익성에 부정적으로 작용했고,[496] 북한경제에 미치는 영향도 극히 제한적일 수밖에 없었다. 북한의 조달시장에서 원부자재의 일부라도 구매할 수 있고 내수시장에서 생산된 제품을 판매할 수 있어야 북한경제의 변화가 만들어질 텐데, 정부는 빠른 조업과 확대에만 관심을 가졌을 뿐이었다. 그래서 개성공단이 확대되어도 개성공단 바깥의 북한경제에 미치는 영향은 거의 없었다.

무리한 규모

개성공단의 규모는 지나치게 컸다. 동북아경제중심추진위원회는 3단계까지의 개발 총사업비를 약 3조 7,000억원으로 추정했다.[497] 전체 면적은 무려 2,000만평(65.7km^2)으로서 성남시 분당구의 전체 면적 69.8km^{2}와 거의 같았다.[498] 여의도 면적의 24배에 달하는 규모였다.[499] 공장구역 800만평(26.4km^2)이라는 규모도 매우 큰 것이어서 2024년 기준 남한의 53개 국가산업단지 전체 중 4번째 규모였으며, 국가산업단지 평균 면적 7.3km^{2}의 3.6배에 달했다.[500] 제1단계에서는 100만평을 개발한다고 했으나, 이 역시 53개 국가산업단지의 중간 정도에 해당하는 규모였다.

---

496 예를 들어 개성공단의 건축비는 중국, 베트남의 3~4배에 달했는데, 그 이유는 대부분의 자재를 남한에서 반입해야 했기 때문이다. 임미화·김현수, “개성공업단지 개발·건축 및 운영·관리의 문제점 및 개선방안에 대한 연구”, 『부동산학연구』, Vol.24 No.3, 2018, p.107.

497 산업단지 약 2조 2,000억원, 주거·상업지구 약 1조원, 관광지구 약 5,000억원 등이었다. 동북아경제중심추진위원회, “동북아 구상하에서 남북경협 거점개발 전략”, 2003.10, p.28.

498 성남시 분당구 홈페이지, 일반현황.

499 국회통일외교통상위원회 수석전문위원실, “제17대 국회 개원대비 통일 분야 정책자료집”, 2004, p.76.

500 국가산업단지의 주거, 상업, 녹지 등을 제외한 산업지역의 면적은 울산·미포 36.9km^2, 반월특수 30.7km^2, 여수 28.6km^2, 광양 26.0km^2 등의 순이다. 국토교통부 국토교통 통계누리 홈페이지, 산업단지 현황.

고용 규모도 마찬가지였다. 현대아산의 계획에 의하면 1단계에서 고용하는 북한 근로자 수는 10만명, 3단계가 완료되면 35만명이었다.[501] 개성공단 계획이 수립되던 2000년대 초 남한에서 가장 고용 규모가 컸던 울산·미포 국가산업단지가 8.8만명이었고, 창원 국가산업단지 7.2만명, 반월 국가산업단지 7.2만명, 구미 국가산업단지 6.9만명 등의 순이었던 것과 비교하면,[502] 10만명이라는 고용 인원이 얼마나 큰 규모였는지 알 수 있다. 3단계에서 35만명의 북한 근로자를 고용하겠다는 계획도 당시 개성의 전체 인구가 약 30만명이었음을 감안하면 아무리 외지에서 근로자를 공급한다고 해도 불가능한 규모였다. 또한 35만명의 근로자 규모는 4인 가구를 가정하면 140만명의 도시를 건설하겠다는 셈인데, 2008년 북한 인구 센서스에 의하면 평양을 제외하고 인구 100만명이 넘는 도시는 북한에 존재하지 않았다.[503] 그래서 대한상공회의소는 이와 같은 계획에 대해 "현실성 없음"이라고 평가했고, 2, 3단계를 논의하는 것 자체가 "무의미"하다고 지적했다.[504] 그런데도 2005년 6월 13일 '6·15 공동선언' 5주년 기념 학술회의에 참석한 김윤규 현대아산 부회장은 3단계 완료 시점에서의 근로자 수를 확장구역 고용 15만명을 포함해 60만명으로 더 확대해서 발표했다.[505] 1990년대 말 평양 인근이나 남포 지역에 전자 복합공장을 추진하던 삼성의 계획은 50만평 규모에 고용 3만명 정도였는 데도 말이다.[506]

계획도 구체성을 결여하고 있었다. 1,200만평의 배후도시는 물론 공장구역의 2, 3단계에 대한 계획은 '장밋빛 조감도'에 지나지 않았다. 첨단 공업지구에 금융·상업·관광·물류 지구 등이 추가된 '종합형 경제특구'와 '복합 자유신도시'로 개발하겠다는 목표 정도가 있었을 뿐이다.[507] 어떤 성격으로 개발할지, 어떤 업종을 배치할지도 정해

---

501 한국토지공사, 『개성공단 1단계사업 평가』, 2008, p.4.

502 조동호, "개성공단 건설사업의 추진 방향", 『통일경제』, 11·12월호, 2001, p.22.

503 2008년 기준 인구 규모는 평양 282만명, 함흥 77만명, 청진 68만명, 신의주 33만명, 원산 33만명 등의 순이다.

504 대한상공회의소, "개성공단 투자 사업성 확보방안 보고서", 2003.10, pp.2~3.

505 김윤규, "개성과 금강산을 넘어: 남북한 경제협력에 대한 민간차원의 접근", 연세대학교 김대중도서관 주최 '6·15 남북공동선언 5주년 기념 국제학술회의' 자료집, 2005.6.13, p.150.

506 동용승, "남북경협과 대기업의 대북사업 현황", KDI 주최 제32차 북한경제연구협의회 발표문, 1999.12.8, p.7.

507 통일부 국립통일교육원, 『북한지식사전』, 2021, p.28.

져 있지 않았다.[508] 대규모 개발계획이 포함하고 있어야 할 수익성, 노동력 공급을 포함한 북한의 수용 능력, 대내외 여건 등에 대한 검토가 없었기에 처음부터 규모의 적절성에 대한 문제가 제기되었다.[509] 한 연구는 계획상의 2단계 공장구역 면적인 150만평을 50만평으로 줄이는 것이 적절하다고 제시했다.[510]

물론 큰 규모 자체는 문제가 아니라고 할 수 있다. 처음부터 크게 규모를 잡아놓는 것이 미래를 위해 더 좋다는 의견도 가능하다. 사업의 '지향점' 혹은 '장기 전망계획'으로 이해할 수도 있다. 그러나 구체적 계획과 검토가 없는 상태에서의 대규모에 대한 합의는 오히려 발목을 잡을 우려가 있다. 북한은 왜 합의한 사업 전체를 실행하지 않느냐고 끊임없이 독촉할 것이다. 우리가 '을'이 되는 셈이다. 반대로 처음에 작은 규모로 합의하는 경우 성과가 좋다면 북한이 확대를 요구할 것이고, 그에 따라 우리의 협상력은 커지면서 '갑'의 위치에 서게 될 것이다. 남북경협 역사의 경험상 대북 사업은 리스크가 크다는 측면에서도 작게 시작하는 것이 안전하다. 더욱이 큰 규모로의 합의는 공짜이기 어렵다. 그만큼의 추가 비용이 들어가기 마련이다. 개성공단의 규모가 작았더라면 현대그룹이 북한에 제공한 소위 '포괄적 경제협력 사업권'의 대가도 낮아졌을 가능성이 크다. 규모가 큰 만큼 자금 조달도 문제였다. 이미 현대그룹은 금강산 관광시업에서 커다란 적사를 보고 있었다. 현대그룹은 개성공단 조성에 필요한 10억달러의 자금을 계열사로부터의 지원을 받지 않고 외자 유치나 합작, 파이낸싱 등을 통해 조달하겠다고 했지만,[511] 외부 조달은 이루어지지 않았고 현대그룹의 자금난은 갈수록 심각해졌다.

북한과의 개성공단 사업 논의가 본격화하던 2000년 10월 박재규 당시 통일부 장관은 한 강연회에서 개성공단에 대해 설명하면서 100만평 정도를 우선 개발할 예정이라고 밝혔는데,[512] 그렇다면 처음부터 무리하게 2,000만평을 합의할 필요는 없었다.[513] 오

---

508 허만섭, "오늘의 개성공업지구", 화정평화재단 · 21세기 평화연구소(편), 『개성 있는 개성을 만나다』, 화정평화재단, 2008, pp.94~95.

509 임강택 · 이강우, 『개성공단 운영실태와 발전방안: 개성공단 운영 11년(2005~2015)의 교훈』, 통일연구원, 2017, p.206.

510 양문수 외, 『개성공단 2단계 이후의 개발구상 점검에 관한 연구』, 통일부 용역보고서, 북한대학원대학교, 2006, p.58.

511 "현대 '대북' 애착이 더 큰 '패착'될수도", 『국민일보』, 2000.11.22.

512 "북 '남북협력 감속' 요청", 『문화일보』, 2000.10.26.

513 참고로 1998년 9월의 시점에서도 통일부는 남한 전용공단을 초기에는 30~50만평 규모의 시범단지로 시

히려 2002년 북한이 규모를 3/4 수준인 1,500만평으로 줄이자고 제안했다.[514] 1999년 북한이 신의주를 후보지로 제안했을 때도 제1후보지는 위화도, 신도, 임도 일대의 1,000만평, 제2후보지는 신의주 중심 지역을 포함한 마전동, 당적동, 남민리 일대의 850만평이었다.[515] 현실성을 고려한 제안이었으나, 우리는 2,000만평 규모를 고수했다. 규모가 클수록 효과는 크게 계산되기 마련이다. 한국은행은 3단계가 완료되면 남한 경제에 대한 직접효과를 연간 생산 83.9조원, 부가가치 24.4조원, 일자리 창출 10만명으로 추정했다.[516] 심지어 김윤규 현대아산 사장은 면적을 2억평까지 늘리겠다고도 했다.[517] 기업이나 정부나 '외형의 크기'로 사업과 정책의 성과를 과시하고 싶었던 것으로 이해된다.

정부가 논란을 자초

개성공단 사업의 진행을 위해서 정부의 개입은 불가피했다. 통행·통신·통관, 검역, 이중과세, 보험, 협력사업 승인 등은 정부가 직접 담당해야 할 업무였고, 개성공업지구관리위원회를 통해 기업등록, 임금, 고용, 각종 법·제도 마련 등 현장에서의 생산활동을 간접적으로 지원해야 했다. 2002년 8월 제7차 남북장관급회담에서 개성공단 개발문제를 거론한 이후 2007년 2월 제20차에 이르기까지 남북장관급회담은 개성공단의 조속한 건설에서부터 2단계 추진, 개성공단 활성화 등 개성공단과 관련한 모든 주제를 다뤘다.[518]

그러나 기본적으로는 민간기업의 사업이었다. 정부의 역할은 지원이었다. 실제로 '개성공업지구 지원에 관한 법률' 제3조는 "정부는 개성공업지구의 개발과 기업의 경영활동이 경제원리와 기업의 자율성을 바탕으로 일관되게 추진될 수 있도록 여건을 조성하고 이를 지원하기 위하여 노력한다"고 규정하고 있다. 기업의 판단과 책임하에 사업

작하며 그 후 100~200만평 규모의 공단을 단계적으로 2~3개 건설하는 것이 바람직하다는 계획을 세우고 있었다. 통일부 교류협력국, "남북경협 추진분야별 활성화 방안", 1998.9, p.20, pp.41~42. 구체적으로는 서남지역(해주, 남포) 200만평, 내륙지역(개성 인근) 100만평, 동북지역(청진, 나진·선봉) 100만평 등이었다.

514 "북, 개성공단 규모 축소 제의", 『한겨레』, 2002.12.7.

515 이강연, "역사: 새로운 한반도 역사의 동력", 화정평화재단·21세기 평화연구소(편), 『개성 있는 개성을 만나다』, 화정평화재단, 2008, pp.41.

516 한국은행, "개성공단 조성의 경제적 효과 분석", 보도참고자료, 2004.7.9, p.17.

517 "김윤규 '대북사업 궤도진입 … 성공 확신'", 『머니투데이』, 2003.12.10.

518 통일부 개성공단사업지원단, 『개성공단 5년』, 2008, p.18.

을 진행하고, 정부는 사업의 성공을 위해 뒷받침한다는 것이다. 정부도 개성공단 사업을 "우리 측 사업자가 공업지구의 토지를 북측으로부터 장기간 임대받아" 시행하는 사업이라고 정의했다.[519]

그런데도 많은 경우 정부가 앞장섰다. 2002년 4월 통일부는 대통령 업무보고에서 "금년 내 1단계 공단개발 착수"를 보고했다.[520] 첫 제품조차 생산되지 않았던 시점에서 "남북 당국자 모두 사활을 걸고 추진하고 있는 과제"[521]라고 규정했고, 통일부 장관이 직접 "개성공단은 우리 한계기업의 출로이며 대륙으로 연결되는 기회의 창이 된다는 측면에서 반드시 성공시켜야 하는 경협모델"[522]이라고 선언했다. 민간사업이라고 하면서 정부 고위 관계자가 '당국자가 사활을 걸고', '반드시 성공'과 같은 발언을 하는 것은 적절치 않았다. 대통령자문위원회인 동북아경제중심추진위원회는 "민간사업자의 사업추진 능력에 한계"가 있어 "경제논리에 따라 추진되기는 어려울 것"이므로 "정부가 기반시설 건설에 적극 참여"해야 한다고 보고했다.[523] 또한 이런 발언은 입주기업과 북한에 '개성공단의 성공은 남한 정부가 보장한다'는 잘못된 환상을 심어줄 가능성도 있었다.[524] 개성공단 폐쇄 이후 입주기업들이 정부에 보상을 요구한 것도 '정부 주도의 사업'이라는 인식이 바탕에 깔려 있었기 때문이다. 게다가 시범단지의 경우 '반드시 성공'이 아니라 '부분적 실패'가 오히려 바람직했다. 그래야 어떤 제도를 고쳐야 하고, 어떤 지원을 더 해야 하는지 알 수 있기 때문이다. 그것이 '시범'단지를 만든 이유이어야 했다. 그럼에도 정부는 개성공단 공사가 시작되던 2003년 6월 이미 개성공단을 '꿈의

---

519 통일부, 『통일백서』, 2005, p.117.

520 통일부, "남북화해협력 중점추진계획", 2002년도 업무보고, 2002.4.22, p.6.

521 "전략물자 이동 투명하게 관리: 김동근 이사장이 밝히는 개성공단 청사진", 『매일경제』, 2004.8.27.

522 이종석 통일부 장관 특별강연, 북한경제전문가 100인포럼 주최 세미나 '대북정책과 남북경협의 미래', 2006.6.9. 한편 '한계기업의 출로'라는 인식에 대한 유보적 의견도 존재한다. 예를 들어 2004년 12월 개성공단의 성공적 추진 방안과 관련한 전문가 회의에서 입주기업을 한계기업 위주로 해야 한다는 의견은 소수였고, 대부분이 경영 실태와 재정이 탄탄한 기업을 중심으로 해야 한다는 견해를 보였다. 경남대학교 북한대학원, 개성공단과 남북관계, 경남대학교 북한대학원 주최 제5회 북한대학원 전문가 워크숍 자료집, 2004.12.22.

523 동북아경제중심추진위원회, "동북아경제중심 건설을 위한 남북경협거점 개발 전략", 2003.9, p.4.

524 필자는 2004년 6월 14일 열린 시범단지 입주기업과 LH공사와의 계약식에서 남북경협의 경험과 전망을 주제로 강의를 했는데, 당시 그 자리에 참석한 입주기업 대표들은 정부 차원의 사업이니 무조건 성공할 수밖에 없을 것이라며 입주기업으로 선정된 것을 '로또 당첨'에 비유했다.

공장(Dream Factory)'으로 홍보했다.[525]

북한이 2006년 7월 5일 미사일 실험, 10월 9일 핵 실험을 하자 유엔 안전보장이사회는 결의 1695호와 1718호를 채택했고, 국제사회는 대북 제재의 일환으로 개성공단 중단이 바람직하다는 견해를 보였다. 예를 들어 버시바우(Alexander Vershbow) 주한 미국대사는 "북한의 무기 프로그램에 사용될 수 있는 것으로 의심되는 지원을 끊어야 한다", "더 이상 아무 일 없었던 것처럼 해서는 안 된다"며 개성공단을 중단할 것을 요구했다.[526] 그러나 노무현 대통령은 개성공단 사업은 "민간 차원의 경제협력일 뿐"이라고 했고,[527] 이종석 통일부 장관도 "민간 차원에서 진행"되는 사업이므로 정부가 개성공단 운영에 개입할 수 없다는 논리를 내세웠다.[528] 사실상 정부가 개발과 운영을 주도해온 개성공단 사업인데도 이번에는 민간사업이라는 명분을 내세워 정부가 "개별 기업의 대북 경제활동을 금지할 수 없다"는 입장을 보인 것이다.[529] 그런데 2007년 10월 남북 정상회담에서는 또 정반대의 입장을 보였다. 정부가 직접 개성공단 1단계의 조속 완료와 2단계 착수를 약속했다. 해주에 새로운 경제특구를 만드는 데에도 합의했고, 심지어 조선소 건설, 백두산 관광에도 합의했다. 민간기업이 추진해야 할 사업을 정부가 나서서 합의한 것은 바람직하지 않았고, 필요에 따라 정부의 입장을 바꾼 것도 정부정책에 대한 신뢰를 떨어뜨리는 일이었다.

임금 직불 문제도 마찬가지였다. 본래 남북한은 임금을 북한 근로자에게 직접 지급하기로 합의했고, '개성공업지구 노동규정' 제32조에서도 "기업은 로동보수를 화폐로 종업원에게 직접 주어야 한다"고 명시하고 있다. 그런데 북한은 합의를 무시했고, 근로자 임금을 당국에게 총괄 지급할 것을 요구했다. 빨리 성과를 보이고 싶었던 우리 정부는 이 요구를 받아들였다. 이는 개성공단에서 일하는 북한 근로자가 '노예 노동'을 하고 있다는 비판의 근거를 정부가 스스로 제공하는 결과를 낳았다. 예를 들어 미국의 레프코위츠(Jay Lefkowitz) 북한인권특사는 개성공단 근로자들이 "임금을 북한 정권에 탈취당하고 있다"면서 '노예 노동'이라고 비판했다.[530] 미국의 『월스트리트저널』도 한

525 "[기자24시] 개성공단 아직 갈길 멀다", 『매일경제』, 2006.9.21.
526 "한·미, 북에 준 현금놓고 충돌", 『중앙일보』, 2006.10.18.
527 "노대통령, 라이스 면담 / 예정보다 2배 … 1시간 20분간 팽팽한 긴장", 『한겨레』, 2006.10.20.
528 "미국, 유엔 대북 결의안을 발판으로 더 강력한 대북 금융제재를 취할 것", 『자유아시아방송』, 2006.7.18.
529 "'포용정책 포기를' '끌려만 갈 수 없다' … 한·미 신경전", 『세계일보』, 2006.10.19.
530 "레프코위츠 인권특사 개성공단 방문 추진", 『서울신문』, 2006.6.3.

국 정부가 개성공단에서 사실상의 노예 노동을 허용하고 있다고 비판했다.[531] 물론 북한 근로자가 임금 명세표를 확인한 후 서명하고 있고, 북한 당국은 임금 중 30%를 사회문화시책금으로 공제한 후 나머지를 현물과 북한 화폐로 지급하고 있으므로 북한이 임금을 착복하는 것은 아니라는 것이 정부 입장이었다.[532] 2007년 3월 23일 북한은 남한 측에 개성 시내의 물자 공급소를 공개하고 개성공단 근로자들이 물자를 구입하고 있음을 보여주기도 했다.[533] 그럼에도 불구하고 애초부터 합의되었던 직불을 정부가 시행하지 않은 것은 잘못이었고, 불필요한 논란을 자초한 것이었다. 이후 북한 당국에 일괄 지급하는 관행이 굳어지고 말았다.[534] 개성공단이 폐쇄된 이후에도 재개의 조건으로 임금 직불을 내세워야 한다는 미국 전문가들의 주장이 지속된 것도 처음에 정부가 단추를 잘못 꿴 탓이었다.[535]

개성공단의 북한 근로자 숙소 문제 역시 정부가 논란을 만들었다. 개성공단의 노동력 부족이 심화되면서 숙소 건설이 주요 현안의 하나로 대두되었다. 먼 거리에 거주하는 근로자를 차출해오려면 숙소가 필요했기 때문이다. 북한은 경제난 등을 이유로 남한이 숙소를 건설해줄 것을 요청했다. 이에 대해 남한 측 사업자인 LH공사는 노동력 제공은 북한이 보장하기로 한 규정을 근거로 북한이 자체적으로 해결해야 한다는 입장을 견지하고 있었다. 사실 숙소는 본래 합의대로 북한이 건설하거나 노동력 공급의 혜택을 보게 될 입주기업이 건설해야 할 것이었다. 그러나 정부는 개성공단을 조속히 활성화하기 위해 숙소 건설 비용을 부담할 의사를 표명했다. 2007년 4월 제13차 남북경제협력추진위원회에서 "북측이 제기한 근로자 숙소 및 편의시설 확충 문제를 중점 협의"[536]

---

531 "WSJ, 한국의 북한 인권 침묵 비판", 『SBS 뉴스』, 2006.12.3.

532 통일부 개성공단사업지원단, 『개성공단 5년』, 2008, p.95. 한편 개인별로 임금 명세표에 서명을 하는 방식은 2005년 9월부터 도입되었다. 박천조, "임금대장을 통해 본 개성공단 임금제도의 변화 연구", 『산업관계연구』, Vol.25 No.4, 2015, p.72.

533 김동근, 『개성 1,200일 빛과 그림자』, 렛츠북, 2022, pp.212~214.

534 2006년 5월 11~20일 한 언론사의 북한경제 현장 취재를 위한 방북단의 자문위원으로 평양을 방문했을 때 필자는 주동찬 남북경제협력추진위원회 북한 측 위원장과의 면담에서 임금 직불 문제를 거론했는데, 그는 "북이 알아서 처리할 내부 문제"라고 일축했다.

535 예를 들어 브라운(William Brown) 조지타운대학교 교수는 반드시 임금을 북한 근로자에게 직접 지급하는 것을 재개의 최우선 조건으로 내세워야 한다고 주장했고, 국제인권단체인 휴먼 라이츠 워치의 로버트슨(Phil Robertson) 아시아 담당 부국장도 투명한 임금 직불제가 가장 시급하다고 강조했다. "미 전문가들 "개성공단은 노예노동 현장 … 임금 갈취 심각", 『자유아시아방송』, 2018.8.4.

536 통일부, "남북경제협력추진위원회: 제13차 회의 결과 해설자료", 2007.4.22, p.6.

했고, 실제로 통일부는 “2008년 예산 확보 범위 내(540억원)에서 1만 6천명 규모의 1차 숙소 착공, 2010년까지 총 4만명 규모의 숙소를 단계적으로 건립”할 계획이라고 밝히면서 2008년 540억원, 2009년 714억원, 2010년 839억원의 예산을 확보하고 있었다.[537] 북한이 남한 정부의 부담으로 숙소를 건설해줄 것을 보다 강력히 요구하기 시작한 것은 당연한 결과였다. 결국 2007년 12월 개성공단건설협력분과위원회 제1차 회의에서 남한 정부는 약 15,000명 수용 규모의 숙소를 2008년 상반기 내에 건설하기로 합의했고,[538] 이후로도 북한은 관련 회의가 열릴 때마다 숙소 건설을 독촉했다.[539]

부족한 노동력

우리 기업에 있어서 개성공단의 가장 큰 매력은 값싼 노동력을 활용할 수 있다는 것이었다.[540] 그러나 기대와 달리 개성공단에 공급된 북한 근로자의 수는 충분하지 않았다. 2007년 통일부는 본 단지 입주기업들이 모두 가동되면 북한 근로자 10만명이 필요할 것으로 예상했는데,[541] 실제 공급된 노동력은 5만명 수준이었다. 사실 개성이 노동인구가 풍부한 지역은 아니어서 초기 단계에서부터 노동력 부족에 대한 우려가 있었다.[542] 2008년 북한의 인구 센서스를 토대로 개성의 경제활동인구를 추정하면 약 12만명인데,[543] 여기에서 행정 분야 공무원, 기존 공장 및 협동농장의 핵심 종업원 등

537 대한민국정부, “2007년도 국정감사결과 시정 및 처리 요구사항에 대한 처리결과 보고서(통일부 소관)”, 2008, pp.9~10.

538 통일부, 『남북대화』, 제73호, 2010, p.56.

539 2008년 9월 이명박 대통령이 중소기업인 간담회에서 숙소를 건설하면 “근로자들의 집단화로 노사갈등과 체제 간 갈등이 생길 수도 있다”고 언급한 이후 정부 차원에서의 개성공단 숙소 건설 문제는 유보되었다. “개성공단 북 노동자 숙소 신중해야”, 『한겨레』, 2008.9.18.

540 예를 들어 2007년 7월 16~30일 중소기업연구원의 개성공단 초기 14개 입주기업 실태조사에 따르면, 모든 기업이 입주 동기로 ‘노동력 활용’을 꼽았으며, 입주에 만족하는 기업의 80%는 그 요인으로 노동력 활용의 효과를 들었다. 이재훈, 『중소기업의 개성공단 안착을 위한 정책적 지원방안』, 중소기업연구원, 2007, pp.114~116.

541 통일부 홈페이지, 주요 정책자료 > 2007 국정감사 위원 요구자료(6) > “정의용 의원 요구자료”.

542 이미 1990년대에 북한은 인구가 많지 않고 실업이 없는 사회여서 노동 가능한 거의 모든 인력은 고용이 되어 있는 데다가 손쉽게 채용과 해고를 할 수 없는 구조이므로 기업의 입장에서는 노동력이 풍부하다고 평가하기 어렵다는 주장이 제기되었다. 조동호, “북한 노동력과 대북 투자”, 『동북아경제연구』, Vol.8 No.1, 1997, pp.102~105.

543 2008년 개성 인구 308,440명에 북한 전체 인구 중 15~59세의 비율인 63.7%를 적용하면, 개성의 노동가능인구는 196,476명이다. 59세까지의 인구만을 구하는 이유는 북한에서 남자의 정년은 60세, 여자는 55세이기 때문이다(북한 ‘노동법’ 제74조). 여기에 통계청 북한통계포털의 2008년 북한 경제활동참가율

현실적으로 이직이 불가능한 인구를 제외하면 개성공단으로 차출할 수 있는 인구는 기껏해야 5~6만명 수준일 수밖에 없었기 때문이다.[544] 더욱이 도보나 자전거로 출퇴근을 할 수 있는 근로자는 5천명 정도에 불과했다.[545] 개성공업지구관리위원회는 약 300대의 통근버스 운행을 통해 개성시 외곽지역, 개풍군, 장풍군 등 먼 지역에 거주하는 근로자까지 실어 날랐다.[546] 길게는 2시간이 넘는 거리였다.[547] 사실상 5만명 수준이 최대치였던 것이다. 김정일은 정몽헌 현대아산 회장에게 나중에 근로자가 부족하면 "인민군 35만명을 제대시켜서 노동자로 공급할테니 걱정 말고 공장이나 지으시오"라고 했다지만,[548] 이후의 전개 과정을 보면 립 서비스에 불과했다.

따라서 북한 근로자의 공급은 2008년부터 증가세가 둔화되었고, 5만명에 도달했던 2011년쯤부터는 노동력 부족 사태가 심각해졌다. 2009년 12월 기준 부족한 노동력은 2만명을 상회했고,[549] 2011년 7월 개성공단기업협회장은 28,000명의 북한 근로자가 추가로 필요하다고 했다.[550] 2011년 10월 19~28일 중소기업연구원의 입주기업 실태조사에 의하면, 응답한 81개 기업의 63%는 근로자 부족을 겪고 있으며, 북한에 요청한 근로자 수의 불과 30%만 공급받았다고 답했다.[551] 2014년 6월 1일에서 9월 30일의 기간

61.7%를 적용하면 개성의 경제활동인구는 121,226명으로 추정된다.

544 실제로 북한이 개성공단에 공급할 수 있는 최대 인력을 경기연구원은 5만명, 한국토지공사는 6만명으로 추정했다. 신종호 외, 『경기도의 통일경제특구 유치방안 연구』, 경기연구원, 2012, p.71; 한국토지공사, 『개성공단 개발사』, 2009, p.28.

545 개성공업지구관리위원회의 2011년 6월 실태조사에 의하면, 당시 45,838명의 북한 근로자 중 도보나 자전거로 출퇴근이 가능한 근로자는 5,182명으로 11.3%에 불과했다. 개성공업지구지원재단, 『개성공단 근로자 확보방안 I』, 2021, p.35.

546 2004년 4대에 불과했던 통근버스는 2015년에는 291대로 증가했다. 백일순·정현주·홍승표, "모빌리티스 패러다임으로 본 개성공단: 새로운 모빌리티스 시스템으로서 개성공업지구 통근버스가 만들어 낸 사회-공간", 『대한지리학회지』, Vol.55 No.5, 2020, p.530.

547 김서진, 『평화주권의 길』, 통일뉴스, 2023, p.76.

548 정세현, 『판문점의 협상가 정세현 회고록』, 창비, 2020, pp.391~392. 그러나 정동영 전 통일부 장관은 김정일이 정주영 명예회장에게 한 말로서 인민군 30만명이었다고 기록했다. 정동영·지승호, 『10년 후 통일』, 살림터, 2013, p.88.

549 한국산업단지공단, 『개성공단 기업의 국내산업 파급효과 및 남북 산업간 시너지 확충방안』, 지식경제부 용역보고서, 2010, p.51.

550 배해동 개성공단기업협회장은 2011년 인터뷰에서 개성 인구 중 "노인과 부녀자를 제외하면 대부분 젊은 이들이 개성공단에서 일하고 있다고 보면 된다"면서 "아직도 공단 전체적으로 28,000명 가량 근로자가 부족하다"고 말했다. "대북교류 중단 '5·24 조치'에도 개성공단 풀가동", 『매일경제』, 2011.7.1.

551 송장준, 『개성공단 활성화를 위한 정책과제』, 중소기업연구원, 2011, pp.45~49.

<표 4-31> 개성공단 북한 근로자 연령, 성별 및 학력 구성 평균

구분 \ 연도			2006	2007	2008	2009	2010	2011	2012	2013	2014	2015
성비(%)		남성	20.5	15.4	13.9	16.7	21.7	26.3	27.6	30.3	30.3	31.7
		여성	79.5	84.7	86.1	83.3	78.3	73.7	72.4	69.7	69.7	68.3
연령	평균 (세)	남성	38.7	39.0	39.3	39.6	40.2	40.8	41.2	41.5	42.3	42.4
		여성	29.5	30.1	31.1	33.3	34.3	35.1	35.7	36	36.5	36.0
	구성비 (%)	10대	6.1	6.2	5.4	3.2	2.0	1.2	1.0	0.3	0.3	0.1
		20대	34.4	33.3	31.2	27.5	26.3	24.6	23.3	21.1	21.1	20.4
		30대	44.5	47.9	47.5	40.6	36.1	34.0	32.0	30.1	30.2	30.2
		40대	13.8	11.6	15.0	26.3	30.9	33.9	36.0	39.5	39.4	39.6
		50대	1.2	1.0	0.9	2.4	4.7	6.3	7.7	9.0	9.0	9.7
학력(%)		대학졸업	9.8	10.1	9.8	9.9	9.9	9.6	9.5	8.9	8.6	8.2
		전문대졸업	10.0	10.8	9.9	9.9	9.5	8.8	8.4	8.3	8.1	7.3
		중학교졸업	80.2	79.1	80.3	80.2	80.6	81.6	82.1	82.8	83.3	84.5

* 주: 중학교는 초급 및 고급 중학교를 모두 포함함.
* 자료: 개성공업지구지원재단,『개성공단 통계자료집』, 2017, pp.12~13.

중 61개 입주기업에 대해 실시한 현지조사에 의하면, 입주기업들이 겪는 가장 큰 애로점은 '근로자 확보 경쟁'이었고, 추가 고용 규모에 대해서는 '가능한 한 많은 인원' 3%, '400~500명' 19%, '300~400명' 41%, '200~300명' 25%, '100~200명' 11%, '100명 이하' 1%로서 추가적인 노동력을 희망하지 않는 기업은 하나도 없었다.[552] 이처럼 북한 근로자의 공급이 제한되면서 입주기업들이 상대적으로 덜 선호하는 근로자까지 배치된 것은 당연한 결과였다. 기업들은 젊고 학력 수준이 높은 여성 근로자를 원했지만, 2006~2015년의 기간을 보면 여성 근로자의 비율은 79.5%에서 68.3%로 감소했고, 평균 연령은 29.5세에서 36.0세로 올라갔다(<표 4-31> 참조). 20대의 비율은 34.4%에서 20.4%로 감소한 반면 40대의 비율은 13.8%에서 39.6%로 급속히 증가하여 40대가 가장 많은 연령대가 되었다. 최종 학력도 떨어졌다.

552 남성욱, "개성공단의 효율적 노무관리와 기숙사 건설 발전방안", 개성공단기업협회·남북경제연구원 공동 주최 '개성공단 발전방안 세미나' 발표문, 2014.11.3, p.27.

그러다 보니 각종 불법과 편법이 생겨난 것은 당연한 결과였다. 2005년 4월 28일 개성공업지구관리위원회와 중앙특구개발지도총국 사이에 체결된 '노력알선에 대한 합의서'는 노력 알선료를 1인당 17달러로 책정하고, 북한은 기업이 요청한 날로부터 20일 내에 근로자를 공급할 것을 규정했다. 그러나 노동력 부족으로 인해 기한은 지켜지지 않았고, 알선료도 크게 올라갔다. 입주기업 인터뷰 조사 결과 입주기업들이 북한 근로자의 추가 확보를 위해 북한 당국에 웃돈을 주거나 총국에 뇌물을 제공한 사례도 존재했다.[553] 실제로 소노코쿠진웨어는 사업의 편의를 얻기 위해 자동차, 고급 양주, 의약품, 달러 등을 북한 고위 간부들에게 수시로 상납했다.[554] 신규 근로자를 확보하기 어려운 북한 당국은 다른 공장의 근로자를 차출하여 이들 공장에 공급하는 이른바 '돌려막기'도 했고, 1인당 20달러를 장려금 형식으로 지급하면 다른 기업보다 먼저 근로자를 공급하겠다며 '뒷돈'을 요구하기도 했다.[555] 급여 외에 인센티브 명목으로 1인당 20~30달러 정도의 추가 수당을 주지 않으면 근로자를 빼서 다른 기업에 배정하는 일도 벌어졌다.[556] 알선료로 무려 100~200달러를 요구하기도 했다.[557] '개성공업지구 노동규정' 제9조는 북한 근로자를 "기능시험, 인물심사 등을 통해 필요한 인력을 선발"할 수 있다고 규정하고 있으나, 입주기업으로서는 공급 부족으로 인해 북한이 배정하는 근로자를 그대로 받아들일 수밖에 없었다. 일부 기업은 노동력 부족 문제 해결의 일환으로 개성공단 인근 지역에서 임가공을 진행하기도 했으나 이러한 기업은 극소수에 지나지 않았고,[558] 그마저도 '5·24 조치' 이후로는 진행할 수 없었다. 개성공단이 재개된다고 해도, 혹은 다른 공단이 개발된다고 해도 북한의 노동력 부족은 쉽게 해결될 수 있는 문제가 아니다.

입주기업의 모럴 해저드(moral hazard)

일부 기업에 해당하는 것이지만, 입주기업의 모럴 해저드도 문제점으로 지적하지 않을 수 없다. 2016년 개성공단의 중단 이후 기업들은 정부의 보상을 요구했다. "정부

553 조동호 외, 『개성공단 중·단기 발전전략 연구』, 통일부 용역보고서, 이화여자대학교, 2014, p.157.
554 "'소노코쿠진웨어', 북한 고위간부들에게 고가 뇌물 상납", 『자유아시아방송』, 2006.7.10.
555 문무기, "개성공업지구의 노동규율과 사회권", 『동아법학』, No.67, 2015, pp.39~40.
556 조봉현, "남북관계에 있어서 개성공단의 발전 방안", 『KDI 북한경제리뷰』, 10월호, 2011, p.15.
557 "남북 경협의 허브, 개성공단", 『헤럴드경제』, 2015.1.7.
558 보다 상세한 논의는 다음을 참조. 한국토지공사, 『개성공단 1단계 사업 평가』, 2008, pp.121~122.

의 일방적인 결정으로 인해 피해"를 입은 것이고,[559] "정부를 믿고 북에 투자"했던 것이니 정부가 보상해야 한다는 것이었다.[560] 기업 잘못이 아닌 정부정책으로 인해 막대한 손실을 입은 기업으로서는 충분히 할 수 있는 말이다. 김서진 개성공단기업협회 상무의 말처럼, 경제 외적 리스크가 존재함에도 정부정책에 대한 신뢰를 바탕으로 기업들이 입주했던 것이다.[561] 실제로 진보 정부든 보수 정부든 개성공단을 적극 지원했다. 노무현 정부는 2007년 '10·4 선언'에서 개성공단의 조속한 확대를 약속했고, 박근혜 정부는 2013년 '개성공단의 정상화를 위한 합의서'에서 "어떠한 경우에도 정세의 영향을 받음이 없이 …… 공단의 정상적 운영을 보장한다"고 했다. 하지만 남북경협에 본질적으로 내재되어 있는 정치적 리스크를 고려하지 않고 개성공단 투자를 결정한 것은 기업의 책임일 수밖에 없다.

게다가 개성공단의 초기 단계에서부터 사업 외적 리스크를 지적한 학계의 논문은 많았고, 언론에서도 경고했다. 이미 2003년 시점에서 "대북 사업은 북한 영토 내에서 이뤄지는 사업이라는 특성으로 인해 사업 추진에 필요한 리스크가 클 수밖에 없"는 데다가 "북핵 위기와 '대북 퍼주기 논란' 등의 경제 외적 돌발변수를 염두에 두어야" 한다고 지적한 기사도 있었고,[562] 개성공단 중단 사태를 야기한 2016년의 북한 핵 실험을 2003년 시점에서 명시적으로 거론하며 "북핵과 같은 예측 불가능한 불투명성"을 감안해야 한다고 충고한 칼럼도 있었다.[563] 2009년에도 '또다시 불거진 북한발 리스크'로 인해 은행들은 "공단폐쇄 등 최악의 사태에 대비"하고 있으며, "정치적 리스크를 고려"해서 개성공단 입주기업에 대한 대출을 줄였다.[564] 중국에 진출한 우리 기업들도 개성공단에 대해 신중했다. 중소기업청과 중소기업진흥공단이 2008년 5~7월 중국에 진출한 중소기업 71개를 대상으로 실시한 조사에 따르면, 개성이 중국 진출의 대안으로 기여할 것으로 보이는지 묻는 질문에 '약간 기여' 43.9%, '보통' 30.4%, '기여 없을 것' 13.6%의 응답이 나왔고, '크게 기여'할 것이라고 응답한 비율은 12.1%였다. 그래서 대북 진출을 한

559 "개성공단 입주기업들 '대출연장 대신 금전으로 보상'", 『매일경제』, 2016.6.12.
560 "정부 믿고 북에 투자했는데 일방폐쇄 … 정부가 마땅히 보상해야", 『한겨레』, 2019.3.27.
561 김서진, 『평화주권의 길』, 통일뉴스, 2023, p.53.
562 "추진방식 재검토론으로 갈림길에 선 대북 경협", 『경향신문』, 2003.8.27.
563 유재철, "[유재철 칼럼] 남북교류의 길", 『세계일보』, 2003.8.18.
564 "'북리스크'에 은행들 긴장", 『문화일보』, 2009.5.27.

다고 할 때 희망 시기도 단기가 아니라 3~5년을 잡는 비율이 43.8%로 가장 많았다.[565]

그런데도 입주기업들이 중단 가능성을 포함한 정치적 리스크를 몰랐으리라고 보긴 어렵다. 개성공단 입주가 시작되기 이전인 2003년 4~5월 중소기업진흥공단이 320개 기업을 대상으로 실시한 조사에 의하면, 남북경협 추진 시 가장 큰 장애요인의 1순위로 '남북관계 및 북미관계의 불안정'을 꼽은 기업은 63.4%였다. 2순위 '경영권에 대한 불안 및 기업 자율성에 대한 미확신' 7.9%, 3순위 '북한 내 사회간접시설 부족' 5.6%에 비해 압도적인 비중이었다.[566] 입주기업들도 정치적 리스크를 인지하고 있었다. 입주기업으로 선정된 후 2004년 11월 언론 인터뷰에서 이미 기업들은 한반도 정세의 불안함이 경영에 미칠 영향을 걱정하고 있었다.[567] SJ테크의 유창근 대표는 2005년 1월 인터뷰에서 "국제사회가 북측을 위험국가로 분류하여 통제와 제재"를 가하고 있는 상황이며, "남측 정부에서도 최선을 다하여 노력해야겠지만 북측에서도 핵문제 등을 협조"해야 한다고 말했다.[568] 2013년 1~3월 106개 입주기업들을 대상으로 실시된 실태조사에서 입주기업들은 가장 큰 애로사항으로 '근로자 공급 부족', '근로자에 대한 통제권 부족', '통신 불편' 등 3가지 경영상 문제점을 꼽은 후 네 번째로 '정치적·군사적 긴장 등 남북관계의 불안정성'을 지적했다.[569] 이미 기업들은 북한 혹은 남북관계에서 파생될 문제를 인식하고 있었던 셈이다. 2013년 10월 개최된 제12차 세계한상대회에서는 '개성공단관'을 운영했는데, 당시 관람객들이 가장 많이 한 문의가 '정치적 리스크'에 관한 것이었을 정도다.[570]

헌법재판소의 판단도 마찬가지였다. 헌법재판소는 2022년 1월 27일 개성공단기업 비상대책위원회가 '정부의 개성공단 중단 조치가 국민의 재산권을 침해했다'며 제기한 위헌 확인 헌법소원을 재판관 전원 일치로 기각·각하하면서 그동안의 사례를 볼 때 "개성공단이 다시 중단될 가능성은 충분히 예상할 수 있었다"고 판단했다.[571] 헌법재판

---

565 중소기업청·중소기업진흥공단, 『개성공단! 중국진출 Return 중소기업의 대안』, 2008, pp.84~85.

566 중소기업진흥공단, 『중소기업 대북진출 반응도 조사보고서』, 2003, p.14.

567 "북한 근로자, 제대로 일할까 걱정", 『내일신문』, 2004.11.1.

568 "[인터뷰] 개성공단 SJ테크 유창근 대표", 『통일뉴스』, 2005.1.20.

569 김양수·양해술, "개성공단 사업의 추진현황과 효율적활성화 방안에 관한 연구: 입주기업의 실태조사와 주요 경영상 애로요인 분석을 중심으로", 『디지털융복합연구』, Vol.11 No.12, 2013, p.76.

570 개성공업지구지원재단, 『개성공단 관리 10년』, 2014, p.234.

571 "헌재 '2016년 개성공단 전면중단 조치는 합헌 … 재산권 침해 아냐'", 『서울신문』, 2022.1.27.

소는 2022년 5월 31일에도 '정부가 5·24 조치로 손해를 본 투자가들을 위한 보상 입법을 마련하지 않은 것은 위헌'이라는 취지로 낸 위헌 확인 소송을 재판관 전원 일치 의견으로 각하했다. "재산상 손실 위험이 이미 예상된 상황에서 발생한 재산상 손실"이고, "북한에 대한 투자는 변화하는 남북관계에 따라 손해 가능성이 당초부터 있어 사업하려는 자들은 이런 사정을 모두 감안해 자기 책임하에 사업 여부를 결정했다"는 이유였다.[572]

보다 근본적으로, 대북 사업이라고 해서 정부 지원을 요구하는 것은 바람직하지 않다. 대북 사업도 다른 사업과 마찬가지로 사업 추진 여부는 결정된 정책 안에서 개별 기업이 경제성과 자신의 능력을 근거로 스스로 판단해야 하는 것이기 때문이다. 또한 국내 경제활동에 있어서는 시장경제 창달을 위해 정부 개입이 축소되어야 한다고 하면서, 대북 사업에 있어서는 정부 지원을 요구하는 것도 모순이다. 예를 들어 김윤규 현대아산 사장은 2003년 12월 개성공단 관련 인터뷰에서 "토공이 하겠다고 하면 개성공단 사업이 정부 사업이 된다. 정경분리 원칙을 내세우면서 이럴 때는 정부가 나서겠다는 것은 북쪽의 오해를 살 소지도 있다"면서 정부가 개입하지 말 것을 요구했다.[573] 그러나 일주일 후 금강산 관광사업 관련 인터뷰에선 "정부가 관광객에게 지원비라도 제대로 지원해주기만 바랄 뿐이다. …… 정부가 말로는 평화사업이라고 하면서도 정작 지원은 부족해 아쉽다"면서 정부 지원을 희망했다.[574]

노동력 부족에는 입주기업들의 지나친 수요도 한 요인이 되었다. 이미 살펴본 것처럼, 북한 근로자의 한 달 임금은 최저임금을 기준으로 해도 남한에서 1명을 고용할 비용으로 개성공단에선 최소 15명을 고용할 수 있는 수준이었다. 김기문 로만손 사장은 개성공단 입주의 가장 큰 이점으로 "인건비가 남쪽 공장의 20분의 1 수준에 불과"하다는 점을 들었다.[575] 당연히 기업으로서는 생산성 향상을 위해 노력할 유인은 부족했다. 아무리 생산성이 낮아도 남한의 1/20 수준보다는 훨씬 높을 수밖에 없었기 때문이다. 그래서 근로자를 많이 확보할수록, 초과근로를 시킬수록 이익이었다. 정부가 개성공단에 재정을 투입하고 임금을 낮게 유지하려고 노력한 이유 중의 하나는 우리 기업

---

572 "헌재 '대북조치로 손실 본 개성공단사업자에 보상 입법 의무 없다'", 『한국일보』, 2022.5.31.
573 "한겨레가 만난 사람 / 김윤규 현대아산 사장", 『한겨레』, 2003.12.4.
574 "김윤규 '대북사업 궤도진입 … 성공 확신'", 『머니투데이』, 2003.12.10.
575 "한겨레가 만난 사람 / 김기문 개성공단 입주기업 대표·로만손 사장", 『한겨레』, 2005.1.10.

<표 4-32> 개성공단의 이윤 발생 기업 현황

(단위: 개)

구분 \ 연도	2005	2006	2007	2008	2009	2010	2011	2012	2013	2014
입주기업(A)	18	30	65	92	116	121	123	123	123	125
이윤발생기업(B)	1	8	11	23	29	29	52	55	27	65
비율(A/B)	5.6	26.7	16.9	25.0	25.0	24.0	42.3	44.7	22.0	52.0

* 주: 2016년 개성공단 전면 중단에 따라 2015년의 결산에 대한 입주기업 회계검증을 실시하지 못해 2015년 자료는 없음.
* 자료: 개성공업지구지원재단, 『개성공단 통계자료집』, 2017, p.9.

들로 하여금 북한 근로자들에게 시장경제를 가르치고 최신 기능을 학습시킴으로써 순조로운 남북 경제통합의 토대를 만들려는 것이었다. 그럼에도 불구하고 기업들은 개별 기업의 이익에만 관심을 가졌고, 이는 개성공단의 노동력 부족 문제를 만성적으로 지속시키는 요인이 되었다. 북한 근로자 숙소 문제가 제기된 데에는 '숙소가 있어야 초과 근로를 시키기 쉽다'는 기업들의 요구도 한 요인이 되었다. 입주기업들의 생산라인 임대도 노동력 과다수요의 원인이었다. 생산라인 임대는 입주기업이 남한의 다른 업자에게 북한 근로자와 함께 생산라인을 임대하는 것으로서, 경영 상황에 따라 생산을 축소해야 하는 경우 유휴 노동력을 활용하기 위한 방편으로 시작되었다. 그러나 일부 기업들은 본연의 생산활동보다는 생산라인 임대를 통한 임대료 수입에 치중했고, 결과적으로 북한 근로자에 대한 과다수요를 창출했다.[576]

세금을 줄이기 위해 이윤을 축소 신고한 정황도 있었다. 개성공단 입주기업의 이윤 상태를 살펴보면, 2013년에 공단의 가동이 중단되면서 일시적으로 이윤을 내는 기업 수가 줄어든 것을 제외하면 전체 입주기업 중 이윤을 내는 기업의 비율은 지속적인 증가세를 보였다. 심지어 2014년의 경우 절반이 넘는 52.0%의 기업들이 이윤을 내고 있는 것으로 나타났다(<표 4-32> 참조).

그러나 실제로는 이윤을 내고 있던 입주기업의 수는 훨씬 더 많았을 것으로 추정된다. 입주기업은 북한에 납부해야 하는 세금을 절약하기 위해 이윤을 남한 모기업으로 이전한다든가 모기업의 비용을 입주기업으로 계상한다든가 하는 방법으로 이윤 규

576 임강택 · 이강우, 『개성공단 운영실태와 발전방안: 개성공단 운영 11년(2005~2015)의 교훈』, 통일연구원, 2017, p.128.

모를 줄일 인센티브가 있었기 때문이다. 예를 들어 입주기업이 남한 모기업으로부터 원·부자재를 개성공단으로 들여올 때는 단가를 비싸게 책정하고, 완제품을 남한으로 반출할 때는 저렴하게 책정하는 방법으로 이윤을 축소하는 것이다.[577] 2009년 LH공사의 시범단지 15개 기업과 본 단지 9개 기업에 대한 경영성과 분석 결과, 매출액 순이익률은 1개를 제외한 전 기업이 개성공단 진출 이후 개선되었고, 시범단지 2개 기업을 제외하고는 가동 2년 만에 당기순이익을 실현한 것으로 나타났다.[578]

입주기업들이 생산 실적을 축소해서 보고하는 경향이 있으며, 개성공업지구관리위원회 관계자는 축소 비율을 약 80%로 평가하고 있다는 연구 결과도 있었다.[579] 그래서 시범단지 입주기업 중 모기업의 재무자료를 공개하고 있는 7개 기업 가운데 6개 기업은 개성공단 진출로 인해 매출액 순이익률이 개선되었고, 특히 2개 기업은 모기업의 영업 적자가 흑자로 전환되기도 했다.[580] 중국이나 국내에서 생산하던 물량을 개성공장으로 전환하는 현상은 그것에 수익성이 있음을 시사했다.[581] 입주기업 중에서 공장을 증축했다든가, 공장용지를 추가로 분양받았다든가, 설비를 증설했다든가 하는 방식으로 사업 확장을 위해 추가 투자를 단행한 기업이 시범단지 15개 중 12개, 본 단지 1차 12개 중 8개로서 조사대상 27개 기업 가운데 74.1%에 해당하는 20개에 이른다는 점도 상당한 이윤을 내고 있었거나 낼 전망이 있었기에 가능한 일이었을 것이다.[582] 추정 영업 이익률도 2011년 국내 중소기업 평균 수준인 4.2%보다 높게 예상하는 기업이 전체의 66.3%였으며, 매출 증가율 면에서도 입주년도에 상관없이 대부분의 업체가 국내 제조업체 평균을 상회했다.[583] 개성공단 입주기업의 주요 재무비율은 국내 중소기업에 비해 양호한 수준으로 알려졌다.[584] 김진향 전 개성공업지구지원재단 이사장은 한 언론과의 인터뷰에서 "'개성에서 돈을 못 벌면 바보'라는 말이 있다. 사실 북측이 퍼가는

---

577 "북, 개성공단 벌금규정 강화 '무리수'", 『연합뉴스』, 2012.9.14.

578 한국토지공사, "개성공단 사업성과와 과제", 2009.5.19, p.7.

579 양문수·이영훈·김완희, 『개성공단의 남북한 경제 기여도』, 통일부 용역보고서, 북한대학원대학교, 2006, p.29.

580 한국토지공사, 『개성공단 개발사』, 2009, p.187.

581 양문수, "개성공단 건설과 물류·운송 분야: 현황과 전망』, 남북물류포럼 주최 '2007 남북물류포럼 학술대회' 자료집, 2007.6.19, p.37.

582 한국토지공사, 『개성공단 1단계 사업 평가』, 2008, pp.116~121.

583 중소기업진흥공단, 『개성공단 경영 투자환경 개선방안 연구(요약)』, 통일부 용역보고서, 2012, pp.21~25.

584 김중호, "존폐위기의 개성공단: 현황과 전망", 『신아세아』, Vol.20 No.2, 2013, p.80.

것보다 남측업체가 훨씬 더 갖고 온다 …… 개성공단의 직접적인 경제 가치는 10을 투자해 100을 가져오는 것이 아니라 150 이상 가져온다고 보면 된다"고 언급했다.[585] 정동영 전 통일부 장관의 회고는 더욱 구체적이다.

> 123개 공장 전체가 흑자가 난다는 겁니다. 그런데 잘 얘기를 안 해요. 흑자가 안 나면 이상한 거죠. 인건비가 한 달에, 양질의 노동력 한 명을 쓰고 13만원인데, 남쪽에서 한 명을 고용할 수 있는 비용으로 거기서 거의 15명, 20명을 고용할 수 있는 수준 아닙니까? 그다음에 토지 비용이 평당 149,000원이라서 대부분의 공장이 천평, 이천평, 사천평씩을 써요. 굉장히 넓게 씁니다. 토지 비용에 대한 부담이 남쪽에 비하면 거의 제로에 가깝게 수렴하는 거예요. …… 또 하나의 진실은 개성공단 생산액 규모가 10분의 1로 축소돼서 보고되고 있습니다. 작년에 개성공단에서 5억달러, 즉 5,000억원어치 물품을 생산했다고 나옵니다. 왜 5,000억원이냐. 셔츠를 한 장 만들었는데, 이게 만원짜리에요. 그런데 개성공단에서는 어떻게 기록이 되느냐 하면 원단 값, 실 값 빼고, 단추 값 빼고, 여기에 들어간 인건비, 공장의 전기료, 관리비, 세금, 수도료, 이걸 합쳐서 "이거 천원이구먼" 하고 천원으로 계산하는 거예요. 그런데 천원짜리가 아니라 만원짜리인 거예요. 그러니까 개성공단에서 생산한 것은 5조 정도 되는 겁니다. 왜냐하면 원부자재를 인건비나 관리비의 10배나 12배를 친다고요. 그러면 이게 개성공단 생산액이 5,000억원이 아니라 5조원인 거예요. 그런데 언론이 알려주지 않고 있는데요. 몇 가지 불편한 진실 중의 하나죠.[586]

북한도 입주기업이 상당한 이윤을 얻고 있다고 판단했다. 예를 들어 2009년 6월 11일 개최된 개성공단 관련 당국 간 실무회담에서 북한 측은 기조발언을 통해 "수억 달러의 입주기업 이익에 반해 북한 근로자 임금은 매우 낮은 상황"이라며 불만을 제기했다.[587] 2012년 8월 북한이 '입주기업이 회계를 조작할 경우 조작액의 200배에 달하는 벌금을 물리겠다'는 내용을 담은 '세금규정 시행세칙'을 개성공업지구관리위원회에 통보하고 10월에는 일부 기업에 대해 세금을 부과한 것도 입주기업의 이윤 규모가 신고금액보다 크다는 판단에 기초한 것이다.[588] 우리의 입장에서는 입주기업의 절세가 중요

585 "재가동 개성공단을 말하다, 김진향 전 개성공단 기업지원부장", 『영남일보』, 2013.9.27.
586 정동영 · 지승호, 『10년 후 통일』, 살림터, 2013, pp.102~103.
587 통일부, 『남북대화』, 제74호, 2008, p.35.
588 "북, 개성공단 기업에 '세금폭탄'", 『서울신문』, 2012.10.19.

대북 투자 7계명 혹은 10계명

대북 투자로 큰 성공을 거둔 기업은 없었다.[589] 뿐만 아니라 사업 과정에서 다양한 어려움을 겪었다. 그래서 대북 투자에 조심스럽게 접근해야 한다는 조언을 '계명(誡命)'의 형식으로 만든 전문가들도 있었다. 2004년 당시 KDI 북한경제팀장이었던 나는 처음으로 '대북 투자 7계명'을 만들었다.[590]

① (대북 투자 결정에) 신중하라.
② (처음부터 대규모로 하지 말고) 작게 하라.
③ (북한의 투자환경을) 알고 하라.
④ (북한 파트너의 약속을 액면 그대로) 믿지 말라.
⑤ (기업의 수준과 특성에 맞는 사업 분야와) 맞게 하라.
⑥ (북한의 입장을) 활용하라.
⑦ (호기가 올 때까지) 기다려라.

한편 2010년 삼일회계법인 대북 투자지원팀의 이태호 전무는 다음과 같은 '대북 투자 10계명'을 만들었다.[591]

① 북한을 먼저 이해하라.
② 사전준비를 철저히 하라.
③ 사업성 검토를 소홀히 하지 마라.
④ 적합한 채널을 파트너로 맞이하라.
⑤ 인내심을 갖고 협상에 임하라.
⑥ 강력한 사명감과 의지로 무장하라.
⑦ 북한 근로자와 동반자관계를 형성하라.
⑧ 열악한 인프라에 대비하라.[592]

589 일반투자의 경우 2005년 6월 기준 사실상 중단을 포함한 당시까지의 전체 투자업체 28개 중 단 1개 업체만이 수익을 내고 있었다. 최주환, 『북한경제분석론』, 대왕사, 2006, p.280. 그러나 수익을 내고 있던 것으로 알려졌던 하나비즈닷컴도 2010년 사업을 중단했다.

590 조동호, 『수익창출을 위한 대북 투자방안: 기존 사례의 성공·실패 요인 분석을 바탕으로』, 미발간자료, 2004, pp.158~167.

591 이태호, 『대북 투자 10계명』, 삼일회계법인, 2010, pp.93~176.

592 2004년 6월 15일 서울에서 열린 '6·15 남북공동선언 4년 회고와 전망' 세미나에 참석한 북한 리종혁 아태 부위원장은 "전력, 철도, 도로분야에서의 협력은 현시기 대부분 소규모적인 단순한 물자거래

⑨ 대북 사업에 사운을 걸지 마라.
⑩ 국내외 정치, 경제적 상황을 주시하라.

김동수 법무법인 율촌 북한팀장이 2018년 정리한 '대북 사업 계약 10계명'은 다음과 같다.[593]

① 리스크를 먼저 생각하라.
② 계약 전 상대방의 권한 및 대표성을 파악하라.
③ 선급금은 신중하게 판단하고 사업목적 외 지원 요청을 염두에 두라.
④ 품질관리와 관련한 기준과 하자에 대한 상계 규정에 합의하라.
⑤ 생산설비 및 원부자재 보관·회수에 관한 사항을 반드시 점검하라.
⑥ 토지 및 건물에 대한 권리 보장이 어렵다는 점을 잊지 마라.
⑦ 북한의 세무 규정을 최대한 숙지하고 전문가의 자문을 반드시 받아라.
⑧ 임금, 고용 및 보험에 관한 사항에 주의하라.
⑨ 대금 지급 절차와 방법의 합법성을 충분히 검토하라.
⑩ 분쟁 조정이나 피해 구제가 어렵다는 사실을 고려하라.

한 것이 아니다. 정확한 세금 신고를 통해 북한으로 하여금 시장경제 체제에 대해 올바로 인식하게 하고, 개성공단과 남북경협의 확대에 대한 관심을 제고하는 것이 훨씬 더 중요하다. 그래서 당시 개성공업지구관리위원회도 북한의 일방적 과세에 반대하는 한편으로 입주기업들에 세금 신고를 성실히 하라는 안내문을 발송했다.

나 위탁가공과 같은 낮은 단계에 머물고있는 북남경제협력사업의 수준을 한단계 끌어올리는데서 관건적인 고리"라면서 "끊어진 부분을 련결해 놓는것은 첫걸음에 떼데 불과"하며 "북과 남이 실지로 그덕을 보고 동북아시아지역발전에도 이바지하자면 …… 당국간 긴밀한 협력이 필수적"이라고 말함으로써 북한 내부의 인프라 개선이 필요함을 시사했다. 리종혁, "원탁회의토론문", <남측> 연세대학교 김대중도서관·통일연구원 <북측 아태 통일문제연구소 공동주최 '6·15 남북공동선언 4주년 기념 국제토론회' 토론문, 2005.6.15, p.5. 2004년 10월 7~8일 일본 삿포로에서 북태평양지역연구센터(NORPAC) 주최로 개최된 '북태평양지역 협력의 구체와 방향' 컨퍼런스에 참가한 리행호 북한 사회과학원 경제연구소 소장도 교통, 통신, 전력, 용수 등의 인프라 건설이 남북협력의 가장 중요하고 시급한 과제로서 인프라의 개선 없이는 남북경협의 발전을 기대하기 어렵다고 말했다. Li, Heng Ho, "The present situation and immediate tasks for north-south economic cooperation in Korea", paper presented at the 'Concrete Measures for Regional Cooperation in the North Pacific' conference hosted by North Pacific Region Advanced Research Center, October 7, 2004, p.2.

593 법무법인 율촌 북한팀·매일경제 중소기업부, 『북한투자 어떻게 하면 성공할까』, 매경출판, 2018, pp.21~39.

5장 남북경협의 주요 쟁점과 대안의 모색

남북경협의 원칙과 효과에 관한 논쟁이 존재한다. 추진 형식과 방향을 둘러싼 견해들도 다양하다. 당연히, 맞고 틀리고의 문제가 아니라 보는 시각의 문제이다. 신념과 가치관의 차이이기도 하고, 각자가 전공한 학문의 배경 탓이기도 하다. 진영 논리에 기인하기도 한다. 그래서 많은 경우 보수와 진보라는 이념의 차이로 나타나고, 시각의 차이는 잘 좁혀지지 않는다.

눈에 보이지 않는 국제정치 분야도 아니고, 남북경협은 실증적 검토가 가능한데 어째서 시각 차이가 그렇게 큰 것일까, 오랫동안 궁금했다. 안타까웠다. 그러다가 2012년 공동연구를 기획했다. 이념의 차이는 얼마나 큰 것인지, 줄일 가능성은 없는 것인지, 대체 어떤 사안에 대해 합의할 수 있고, 어떤 부분에 대해 동의할 수 없는지, 결국 국민적 공감대란 신기루에 불과한 것인지, 알고 싶었다.

그래서 남북경협 분야에서 보수와 진보를 대표하는 연구진을 모았다. 당시 직책으로 소개하면 필자 이외에 김석진 산업연구원 연구위원, 김연철 인제대학교 교수, 동용승 삼성경제연구소 경제안보팀장, 박순성 동국대학교 교수, 양문수 북한대학원대학교 교수, 이석 KDI 연구위원, 정형곤 대외경제정책연구원 선임연구위원 등 총 8명이었다. 2012년 봄부터 시작한 연구는 가을에야 끝이 났다. 그 작업을 하면서 느낀 소감을 당시 정기적으로 칼럼을 쓰고 있던 『조선일보』에 실었다. 좀 길더라도 전문을 소개한다. 결론은 이념의 차이보다 공부의 차이가 더 크다는 것이다. 아직도 그 생각은 여전하다.

표현은 조금씩 다르지만 역대 우리 정부는 모두 '국민적 공감대 위에서의 대북 정책 추진'을 구호로 내걸었다. '국민적 공감대'라! 온 국민의 공감을 얻겠다니 좋은 말이다. 그러나 현실에서는 오히려 '국민적 분열대'만 넓어졌다. 정권이 변화할 때마다 대북 정책은 심하게 출렁였고, 보수와 진보의 대립과 갈등은 더욱 확대되었을 뿐이다.

여기에는 소위 북한 전문가라는 사람들의 책임이 작지 않다. 대통령의 후보 시절부터 정책 결정에 직접적인 영향을 미치거나 혹은 야권 입장에서 정부정책에 비판적 의견을 개진하는 대표적인 그룹인 까닭이다. 당연히 이들의 견해 차이가 줄어든다면 정책의 공감대도 그만큼 넓어질 것이다. 그러나 대부분의 북한 전문가는 자신이 속한 진영 논리를 대변할 뿐이었다. 심지어 얼굴을 붉히면서 서로 원색적으로 비난하는 광경도 보았다. 그것도 공식적인 세미나 자리에서 상대방의 정책에 대해서가 아니라 인격에 대해서였다. 마치 자동차 접촉 사고가 일어나면 처음에 다투던 잘잘못은 어느새 사라지고 결국 '너 몇 살이야?'라고 삿대질하는 유치한 상황으로 번지는 것처럼.

정말 대북 정책에서 국민적 공감대란 불가능한 것인가. 과연 대북 정책에서 보수와 진보의 견해 차이는 좁혀질 수 없는 것인가. 그렇다면 그 이유는 무엇인가. 이런 것들이 궁금했고, 의미 있는 작업이라는 생각도 들었다. 그래서 지난봄 보수와 진보의 북한 전문가 각각 4명씩 모두 8명으로 연구진을 구성했다. 논의 주제는 경제 분야로 한정했다. 대북 정책의 모든 분야를 다루기에는 시간 제약도 있었지만 경제가 실증적 토론이 상대적으로 용이한 분야라는 판단 때문이었다. 핵심적인 주제 16개를 선정한 후 6개월 동안 토론을 진행했다. 어느 진영도 쉽사리 양보하지 않는 치열한 과정이었다. 당연히 합의에 이르지 못한 부분이 남아 있지만 의외로 접점을 찾은 경우도 꽤 많았다. 그리고 이제 그 결과를 하나의 책으로 묶고 있다.

이번 작업을 통해 크게 느끼고 깨달은 점이 있다. 바로 '공부의 중요성'이다. 현실 문제에 대해서 정확히 이해하려는 노력이 이념보다 훨씬 중요하다는 사실이다. 바꾸어 말해서 보수와 진보의 견해 차이는 근본적 이념의 차이도 있겠지만 현실적으로는 공부량이 더 큰 문제라는 것이다. 만약 현실 문제를 제대로 파악하기 위해 요구되는 공부나 이해의 양이 50이라고 하면 대개 실제 공부는 20이나 25 또는 35 정도만 한 채 나머지는 이념으로 채운다. 실상이 아닌 상상으로 메꾸는 셈이다. 그러다 보니 생산적인 토론이 될 리가 없다. '100분 토론'이 아니라 '1,000분 토론'을 해도 합의에 도달하지 못하고 '심야 토론'을 넘어 '새벽까지 토론'을 해도 자기주장만 펴다가 끝나기 마련이다.

예컨대 '정경분리'냐 '정경연계'냐를 놓고 논쟁을 벌이지만 실제로 기업이 입은 이익이나 손실에 대한 구체적이고 충분한 이해를 가진 사람과 그렇지 못한 사람 간에 제대로 된 토론이 될 리가 없다. 서해 공동어로구역을 이야기하지만 정작 어로(漁撈)의 가능성에 대해서는 별 언급이 없다. 북방한계선을 중심으로 남북 양쪽에 같은 거리, 같은 면적으로 공동어로구역을 설정한들 고기가 잡히지 않으면 아무런 소용이 없을 텐데 말이다. 우리에겐 이미 남북 화해협력의 상징이라며 문산-개성 간 화물열차를 개통했지만 실어 나를 물건이 없어 오래지 않아 중단했던 경험이 있다. 한쪽은 현상에 대한 '분석'을 바탕으로 이야기하는데 다른 쪽은 '상상'으로 이야기한다면 토론은 성과도 없고 의미도 없을 수밖에 없다. 이른바 '꼴통'은 양 진영 모두에 있다. 흔히 '꼴통'이란 단어는 보수에 붙어다니지만 진보에도 무수한 '꼴통'이 있는 것이다. 결국 '꼴통'이란 '공부 안 하는 사람'의 다른 표현이며 보수와 진보의 견해 차이가 문제가 아니라 '공부 안 하는 꼴통'들이 문제를 일으키는 것이다. 이들이 공부량의 차이를 이념의 차이인 양 포장할 뿐이다.

이번 작업을 통해 보수든 진보든 전문가라면 늘 공부하고 고민하는 자세가 무엇보다 중요하다는 사실을 새삼 깨달았다. 물론 나 자신에 대한 자성(自省)도 뒤따랐다. 만약 동일한 양의 자료와 정보가 주어지고 동일한 수준의 공부가 뒷받침된다면 대북 정책에 대한 보수와 진보의 견해 차이는 상당 부분 줄어들 것이고 그만큼 '국민적 공감대'의 가능성도 커질 것이라고 믿는다.[1]

오랫동안 남북경협 연구자들을 만나오면서, 개인적으로는 진보는 오늘을 걱정하고 보수는 내일을 걱정하는 사람들이라는 은유적인 생각을 한다. 다른 말로 표현하면 남북경협에 대해서 진보는 성과를 강조하는 경향이 있고, 보수는 한계를 강조하는 경향을 보인다는 것이다. 그래서 진보는 이렇게 어려운 중에도 이만큼의 성과를 냈다고 긍정적인 해석을 하며 적극적으로 이 방향으로 나가야 한다고 생각하는 반면, 보수는 성과를 인정은 하지만 아직은 이러이러한 한계가 있다는 점을 지적하면서 남북관계의 바람직한 미래를 위해서 신중하게 해나가야 한다는 입장을 보인다. 다시 말하지만 시각의 차이일 뿐, 맞고 틀리고의 문제가 아니다. 두 시각 모두 우리에게는 필요한 것이고, 그만큼 보수와 진보가 머리를 맞대고 함께 공부하고 고민하면 한반도의 내일이 더욱 좋아질 것이라는 믿음을 가진다.

---

1 조동호, "[아침논단] 이념의 차이, 공부의 차이", 『조선일보』, 2012.10.11.

지금부터는 개인적으로 중요하다고 판단하는 남북경협의 6개 쟁점에 대해 의미와 배경, 시각의 차이, 그리고 양쪽 주장의 간극이 메워질 가능성에 대해 살펴본다.[2] 쟁점에 따라서는 시각의 차이만을 정리한다. 쟁점 자체의 성격상 간극이 좁혀질 것도 아니고 좁힐 필요도 없기 때문이다. 시각의 차이에 대한 평가든 대안의 모색이든 중립적인 입장에서 바라보려고 노력할 것이나, 어쩔 수 없이 주관적인 견해가 개입될 수밖에 없을 것임을 미리 밝힌다. 한편 다음의 논의 중 남북경협 추진과 관련한 쟁점은 향후 남북경협이 재개된 상황을 전제로 한다.

1. 상호주의: 엄격 vs. 유연[3]

1) 내용과 경과

상호주의(reciprocity)는 서로 간에 주고받는 것을 말하며,[4] 보다 구체적으로는 "일방의 특정 행동이나 급부 이행에 대하여 상대방도 그에 상응하는 행동을 하거나 대가를 지불"[5]하는 것 혹은 "행위자 사이의 합리적이고 적절한 이익 또는 손해의 교환행위 방식"[6]을 의미한다. 'reciprocity'라는 단어는 '호혜주의'로 번역되는 경우도 있는데, '눈에는 눈, 이에는 이'처럼 혜택의 교환뿐 아니라 처벌의 교환이라는 의미도 포함하고 있으므로 '상호주의'라는 번역이 보다 타당하다.[7] 미국의 국제정치학자 코헤인(Robert Keohane)은 상호주의를 국제관계에 적용하여 개념적으로 정리했는데,[8] 그에 따르면 상호주의는 행위의 연계성(contingency)과 질적 · 양적인 상응성(equivalence)

---

2 물론 보수라고 다 같지 않다. 진보도 마찬가지다. 보수든 진보든 다양한 스펙트럼이 존재한다. 그럼에도 불구하고 편의상 보수 혹은 진보로 통칭한다.

3 조동호(편), 『공진을 위한 남북경협 전략: 보수와 진보가 함께 고민하다』, 동아시아연구원, 2012, pp.61~67의 내용을 대폭 수정 · 보완한 것이다.

4 통일부 통일교육원, 『남북관계 지식사전』, 2015, p.565.

5 제성호, "남북관계의 발전과 상호주의", 『북한』, No.407, 2005, p.59.

6 김학성, "분단독일에서 상호주의의 실천과 남북관계에 주는 시사점", 『사회과학연구』, 2021, Vol.32 No.1, p.129.

7 문정인, "패권적 안정이론과 상호주의", 『국제정치논총』, Vol.27 No.2, 1988, p.15.

8 김태현, "상호주의와 국제협력: 한반도 핵문제의 경우", 『국가전략』, Vol.8 No.3, 2002, p.15.

을 의미한다. 다시 말해 쌍방 간의 행위가 연계되어 있음을 주장할 만한 시간적 근접성이 존재하고, 선의에는 선의, 악의에는 악의라는 질적 상응성 및 받은 만큼 돌려준다는 양적 상응성 혹은 등가성이 존재할 때 이를 상호주의적 상황이라고 정의할 수 있다는 것이다. 코헤인은 이 두 가지 요소를 엄격하게 적용하는 경우를 구체적 상호주의(specific reciprocity), 이들 중 어느 하나가 보다 느슨하게 적용되는 경우를 포괄적 상호주의(diffuse reciprocity)라고 지칭했다. 즉 구체적 상호주의는 "특정한 파트너가 동등한 가치의 물품을 엄격하게 구분된 순서로 교환(specified partners exchange items of equivalent value in a strictly delimited sequence)"하는 것이며, 포괄적 상호주의는 "등가성의 정의가 덜 정확하고, 파트너를 특정 행위자가 아닌 그룹으로 볼 수 있으며, 순서는 덜 제한적(the definition of equivalence is less precise, one's partners may be viewed as a group rather than as particular actors, and the sequence of events is less narrowly bounded)"이다.[9]

상호주의는 김대중 정부에서 처음으로 제시되었다. 김영삼 정부 시절 '쌀 주고 뺨 맞기'라는 일방적인 지원에 대한 비판 여론에 대응하여 김대중 정부는 초기부터 상호주의를 채택한 것이다. 물론 김영삼 정부에서도 상호주의라는 용어를 사용하기는 했다. 그러나 이때의 상호주의는 대북 지원에 대한 상호주의가 아니라 정상회담의 개최지, 군사 긴장조치 등에 있어서의 교환 방문, 상응 조치 등의 의미로 사용되었다. 노태우 대통령도 회고록에서 '기본합의서'는 "상호주의 원칙을 전제로 하고 있다"고 설명했다. 그러나 이때의 상호주의 원칙은 당사자 해결 원칙과 함께 외교 분야에 적용된 것이었다.[10]

김대중 정부는 정부 출범 직후 발표한 6개 항의 대북 정책 추진기조 중에서 네 번째로 '남북한 상호이익의 도모'를 적시함으로써 상호주의를 공식적으로 채택했다. 김대중 정부는 '남북한 상호이익의 도모'에 대해 "남북 간의 교류와 협력은 북한에 대한 일방적인 지원이나 시혜의 차원을 벗어나 남북 상호 간의 이익이 됨은 물론 민족 전체의 공동발전과 번영이란 대승적인 목표에 부합되어야 한다. 장기적인 안목에서 남북관계 발전을 도모하기 위해서는 서로 도움을 주고받는 것이 중요하다"면서 "정부가 당국

9 Keohane, Robert O., "Reciprocity in international relations", *International Organization*, Vol.40 No.1, 1986, p.4.

10 노태우, 『노태우 회고록 (하)』, 조선뉴스프레스, 2011, p.289.

쌀 주고 뺨 맞기

1995년 북한의 식량난이 극심해지자 우리 정부는 6월 17~21일 베이징에서 열린 남북회담에서 쌀 15만톤 무상 지원을 결정했다. 분단 이후 최초의 대북 지원이었다. 이에 따라 1995년 6월 26일 첫 선적분 2천톤을 실은 '씨 아펙스'호가 북한 청진항으로 출발했다. 우리 국적선이 태극기를 게양하고 북한 영해를 항해한 것은 그때가 처음이었다. 그런데 '씨 아펙스'호가 북한 국기인 인공기만 게양하고 하역을 함으로써 소위 '인공기 게양사건'이 발생했다. 베이징 쌀 지원 회담 당시 남북한은 쌀을 실은 선박이 북한 항구에 입항할 때 모든 기를 내리기로 합의했지만, 현장에 전달되지 않았다. '씨 아펙스'호는 국제관례에 따라 태극기와 인공기를 달고 입항하려 했지만 북한이 태극기를 내리도록 강압했고, 결국 인공기만 게양한 채 하역 작업을 했던 것이다. 당연히 비판 여론이 비등했고, '쌀 주고 뺨 맞기'라는 신조어가 나왔다. 우리 정부가 강하게 항의하자 북한 측 회담 단장인 전금철 대외경제협력추진위원회 고문이 "실무적 착오로 불미스러운 일이 일어났다"며 공식 사과문을 보내옴으로써 사태는 일단락되었다.[11] 또한 1995년 8월 2일에는 '삼선비너스'호가 쌀을 싣고 청진항에 입항했는데, 이때 우리 선원이 항구 사진을 찍었다는 이유로 선박과 선원들이 억류되는 사건이 벌어지기도 했다. 이처럼 지원 도중에 연이어 발생한 북한의 도발적 행위는 우리 국민을 분노하게 했고, 대북 불신감을 증폭시키는 결과를 가져왔다.

간 대화에서 '상호주의'를 강조"하고 있다고 설명했다.[12]

이처럼 김대중 정부 초기의 상호주의는 엄격한 구체적 상호주의였으며, 하나를 줄 경우 다른 하나를 반드시 얻어내는 '대칭적(symmetric) 상호주의'의 개념과 같은 맥락이었다.[13] 이는 다음과 같은 사례에서도 확인된다. 1998년 4월 12일 대북 비료지원을 논의하기 위해 베이징에서 열린 남북회담에서 우리 측은, 비료지원 문제는 "상호주의에 입각하여 이산가족 문제, 특사교환 문제, 기본합의서 이행 문제 등 남북관계 개선 방안과 연계·토의"되어야 한다며, "1995년 대북 쌀 지원 후 아무런 남북관계 개선이

11 "'식량난' 현실에 '자존심' 후퇴", 『동아일보』, 1995.7.2.

12 통일부, 『통일백서』, 1999, p.40.

13 통일부 통일교육원, 『남북관계 지식사전』, 2015, p.566.

없었다는 점에서 우리 국민은 일방적인 지원을 원치 않고 있"다고 강조했다."[14] 북한 측은 "부대조건 없는 지원은 북남간 화해·단합도모·북남대화의 새 장을 여는데 기여할 것"이라며 우리 측의 상호주의에 반대했다.[15] 이에 따라 회담은 결실 없이 끝났으나, 김대중 정부는 상호주의 대북 정책 기조를 "북한 측에 분명히 인식시키는 계기가 되었다는 점에서 큰 의미가 있다"고 긍정적으로 평가했다."[16]

그러나 이처럼 상호주의에 대한 북한의 반발이 거세지자 김대중 정부는 대가를 반드시 등가적·동시적으로 받아내는 것이 아닌, '비대칭적(asymmetric) 상호주의'로 기조를 전환했다.[17] "남북의 국력격차가 현격한 현실과 우리가 남북관계를 주도할 수밖에 없다는 점을 감안하여 상호주의를 신축적으로 적용해나가는 것이 필요하다"는 입장으로 선회한 것이다.[18] 1998년 12월 강인덕 통일부 장관은 언론 인터뷰에서 "비등가성·비동시성·비대칭성을 충분히 고려"할 것이라고 밝혔고,[19] 1999년 3월 임동원 외교안보수석은 민족화해협력범국민협의회 초청 조찬포럼에서 김대중 정부의 '햇볕정책'을 '선이후난(先易後難), 선경후정(先經後政), 선민후관(先民後官), 선공후득(先供後得)'이라고 표현했다.[20] 2000년 3월 김대중 대통령은 재향군인회 초청 간담회에서 대북 인도적 지원에 상호주의를 적용하지 않겠다고 말했다.[21] 엄격한 등가적·구체적 상호주의 방식 대신에 느슨한 부등가적 상호주의 방식을 택한 것이다. 이에 따라 김대중 정부는 '포괄적 상호주의'라는 용어를 사용했고, 이는 "기존의 대북 포괄적 접근과 신축적 상호주의를 결합, 발전시킨 개념"으로서 "서로 줄 것은 주고 받을 것은 받되, 제반 요소를 폭넓게 고려하면서 신축적으로 접근해나가는 방식"이라고 설명했다.[22] 대북 식량지원을 차관 형식으로 추진한 것도 상호주의 혹은 '퍼주기' 논란을 피하기 위한 목적이었다.

---

14 통일부, 『남북대화』, 제66호, 1999, pp.33~34.
15 통일부, 『남북대화』, 제66호, 1999, p.29.
16 통일부, 『통일백서』, 1999, p.150.
17 통일부 통일교육원, 『남북관계 지식사전』, 2015, p.566.
18 통일부, 『통일백서』, 2000, p.19.
19 "강인덕 통일 '상호주의 완화' 시사", 『한겨레』, 1998.12.26.
20 "임동원 수석이 소개한 햇별정책 16자풀이", 『조선일보』, 1999.3.12. '선이후난'은 쉬운 것부터 먼저 하고 어려운 것은 나중에 한다, '선경후정'은 경제 분야부터 먼저 하고 정치 분야는 나중에 한다, '선민후관'은 민간부터 먼저 하고 정부는 나중에 한다, '선공후득'은 먼저 주고 나중에 받는다는 뜻이다.
21 "대북인도적 지원땐 상호주의 적용안해", 『한국일보』, 2000.3.16.
22 통일부, "대북정책 현안관련 설명자료", 2001, p.6.

노무현 정부도 상호주의를 표방했다. 노무현 정부 시절에 발간된 『통일백서』에서 상호주의라는 단어는 발견되지 않지만, 대북 정책 추진 원칙의 하나로 '상호신뢰 우선과 호혜주의'를 설정했다.[23] 노무현 정부의 상호주의는 포괄적이고 느슨한 상호주의에 가까웠다.[24] 노무현 대통령 스스로도 "상호주의를 내세워 북과 강하게 부딪치고 싶었을 때도 절제했다"고 회고했다.[25] 그런데 경공업 · 지하자원개발 협력 사례에서는 모순적인 태도를 보이기도 했다. 2006년 6월 열린 제12차 남북경제협력추진위원회 회의에서 남한은 8,000만달러 상당의 경공업 원자재를 제공하고, 북한은 첫해에 대가의 3%를 지하자원으로 상환한 후 잔여분은 5년 거치 10년 분할 상환하기로 합의했다. 남북한은 비동시성을 전제로 제공과 상환에 합의했던 것이다.[26] 그런데 당시 정부는 오히려 '엄격한 상호주의'라고 홍보했다. 경공업 · 지하자원개발 협력을 '상생의 새로운 방식'이라고 표현하면서 "그동안 일방적 지원 성격이 강했던 경협사업을 상호 필요로 하는 것을 '주고받는' 협력의 형태로 전환"한 것이라고 설명했다.[27] 그렇다면 두 가지 '자가당착'을 지적할 수 있는데, 첫째는 그동안의 정부 입장과는 달리 기존의 경협이 일방적인 지원의 형태로 진행되어왔음을 자인하는 것이며, 둘째는 이전의 '느슨한 상호주의'가 문제가 있었다고 스스로 비판하면서 '엄격한 상호주의'가 맞는 방향이라고 선언한 셈이라는 것이다. 이는 '퍼주기' 비판을 지나치게 의식했던 결과로 보인다.

한편 이명박 정부는 보다 엄격한 상호주의를 채택했다. 그동안 막대한 지원에도 불구하고 "남북 간 경제 격차는 더욱 심화되었고 남북이 서로 주고받는 쌍방향 협력은 발전하지 못했"으며, "우리의 지원과 협력에 상응하는 북한의 변화를 끌어내지 못했"기 때문에 "과거 정부의 대북 정책은 국민들로부터 일방적인 지원과 대북 저자세 등으로 국론을 분열시켰다는 비판"을 받았다고 주장했다.[28] 그래서 "과거 일방주의적 대화와 협력의 방식이 아니라 상호호혜적이고 건전한 남북관계 추진"을 선언했다.[29] 2012

23 통일부, 『통일백서』, 2004, p.28.

24 박종철 외, 『평화번영정책의 이론적 기초와 과제』, 통일연구원, 2003, p.48.

25 노무현재단(편), 『운명이다: 노무현 자서전』, 돌베개, 2019, p.250.

26 이기동, "노무현 정부와 이명박 정부의 대북 접근방식 비교", 『북한연구학회보』, Vol.12 No.2, 2008, p.278.

27 "남측 경공업 지원, 북측은 지하자원 개발 보장", 『대한민국 정책브리핑』, 2005.7.12.

28 통일연구원, 『이명박 정부 대북정책은 이렇습니다』, 2007, p.9.

29 통일부, 『대북정책 이렇게 해왔습니다』, 2011, p.17.

년 6월 이명박 정부가 김대중 정부 시절 북한에 제공된 차관의 상환을 촉구한 것도 상호주의를 강조했기 때문이다. 그러나 '5·24 조치'로 인해 상호주의를 실제로 적용할 만한 사안이 없었다.

박근혜 정부는 양 정책의 장점을 취사선택했다.[30] 박근혜 정부의 '한반도 신뢰 프로세스'는 온건정책과 강경정책을 합친 것이었고,[31] 이명박 정부의 일방주의적인 '비핵·개방·3000' 구상보다는 상호주의적이고 현실적이며 유연한 것이었다.[32] 박근혜 정부는 '한반도 신뢰 프로세스'의 배경으로 "지난 시기 남북 간 대화와 교류 중심의 포용정책과 원칙 중심의 대북 정책 모두 북한의 의미 있는 변화를 이끌어내지 못했으며 북한의 핵 개발과 도발을 저지하는 데는 한계"가 있었음을 지적하면서 통합적인 접근이 필요하다고 주장했다.[33] 그러나 "호혜적 교류협력을 확대·심화시켜나가고자 노력"한다는 표현으로 볼 때 구체적 상호주의에 가까운 입장이었던 것으로 해석된다.[34]

문재인 정부는 포괄적 상호주의의 입장이었다. "남북경협 과정에서 포괄적 호혜주의를 견지"한다고 했고,[35] 실제로도 "남북관계가 경색된 상황에서도 남북 철도·도로 현대화 우리 측 구상을 구체화하는 등 여건 조성 시 신속히 북측과 협의를 추진할 수 있도록 준비"했다.[36] "하나를 주고 하나를 받는 상호주의와는 구분"되는 것이었다.[37] 윤석열 정부는 대북 정책의 추진 원칙으로 '호혜적 남북관계 발전'을 설정했고, 이는 "유연한 상호주의에 기반"한다고 설명했다.[38] 여기에서 '유연한 상호주의'란 "우리의 원칙을 견지하면서도, 남북 상호 관심사와 차이도 고려하는 실용적 접근"이라는 것이다.[39] 그러나 문재인 정부와 윤석열 정부에서는 남북경협이 완전중단된 상태였으므로 실제 현실에서 어떻게 나타났을지는 미지수이다.

---

30 하상식, "박근혜 정부 대북정책의 특징과 과제", 『대한정치학회보』, Vol.22 No.4, 2014, p.134.

31 이홍종, "박근혜 정부의 한반도 신뢰프로세스정책", 『정치정보연구』, Vol.18 No.1, 2015, p.57.

32 정성장, "박근혜 정부의 '한반도 신뢰프로세스'에 대한 시론적 고찰", 『아태연구』, Vol.20 No.3, 2013, p.187.

33 통일부, 『한반도 신뢰프로세스』, 2013, p.7.

34 통일부, 『통일백서』, 2014, p.21.

35 통일부, 『통일백서』, 2018, p.29.

36 국무조정실, 『문재인정부 4년 100대 국정과제 추진실적』, 2021, p.465.

37 안문석, "구성주의 이론 관점에서 본 문재인정부의 대북정책", 『인문사회 21』, Vol.12 No.3, 2021, p.2877.

38 통일부, 『통일백서』, 2023, p.21.

39 통일부, 『비핵 평화 번영의 한반도』, 2022, p.15.

2) 대안의 모색

일반적으로 보수는 구체적 상호주의, 엄격한 상호주의가 바람직하다는 입장이다. 줄 것은 주되, 받을 것은 받아야 원칙 있는 남북관계가 정착될 수 있으며, 일방적으로 주기만 해서는 북한의 변화를 유도하는 것이 불가능하다는 판단이다. 설령 다소 유연한 상호주의를 채택한다고 하더라도 반드시 받을 것은 받아야 하고, 특히 합의된 사항은 반드시 실천하도록 하는 것이 필요하다는 입장이며, 그렇지 않으면 '퍼주기'에 불과하다는 주장인 것이다. 현실적으로도 포괄적이고 비등가적인 상호주의는 북한 체제의 유지에만 이바지했고, 북한의 변화와 개방 유도에는 아무런 효과를 내지 못했다고 비판한다. 예를 들어 문재인 정부 시절 북한이 남북공동연락사무소를 파괴해도 남한은 상응한 보상 조치 요구나 단호한 대응을 자제하면서 안보를 포함한 대부분의 분야에서 주도권을 상실하게 되는 결과를 낳았다고 지적한다.[40] 노태우 대통령이 회고록에서 "남북 기본합의서는 어디까지나 당사자 해결 원칙과 상호주의 원칙을 전제"로 한 것이었으며, "우리가 북한과의 관계에서 골탕을 먹는 것은 이 합의서상의 상호주의 원칙이 어느 사이엔가 희미해졌기 때문"이라고 주장한 것도 같은 맥락이다.[41]

반면 진보는 포괄적 상호주의, 유연한 상호주의가 필요하다는 입장이다. 북한의 현실로 볼 때 엄격한 상호주의는 아예 경협이나 지원을 하지 말자는 이야기에 불과하다는 지적이다. 예를 들어 이명박 정부의 상호주의에 따른 북한에 대한 압력과 봉쇄는 북한의 순응보다는 오히려 체제 결속력 강화를 위한 내부 통제 의지만 강화시켰을 뿐이며, 북한의 변화를 이끌어내는 데는 실효성이 없었다는 것이다.[42] 대북 대결주의에 익숙한 사람들에게 상호주의는 북한에 대한 강경 입장을 고수할 수 있게 하는 핑곗거리로 활용될 뿐이라고 주장한다.[43] 결국 상호주의는 엄격한 상호주의가 되어서는 안 되며, 비대칭성, 비등가성, 비동시성의 성격을 띠어야 한다고 판단한다. 남북한 간 경제력 격차가 큰 상황에서 등가 교환은 현실적으로 성립하기 어려우므로 일부 불합리성이

---

40 반길주, "상호주의와 안보딜레마 : 분석적 고찰 및 한반도 안보 사례추적", 『아세아연구』, Vol.66 No.3, 2023, p.139.

41 노태우, 『노태우 회고록 (하)』, 조선뉴스프레스, 2011, pp.288~289.

42 김영재, "이명박 정부의 대북정책에 대한 소고", 『21세기 정치학회보』, Vol.22 No.2, 2012, p.123.

43 김근식, "대북 퍼주기 논란과 남남갈등: 현황과 과제", 『통일문제연구』, Vol.37 No.1, 2002, p.163.

존재하더라도 비등가적 상호주의를 인정해야 한다는 것이다.

국제정치학 이론으로 보면, 협력을 얻어내기 위해서는 일방적으로 이익을 제공하는 것보다는 상대방의 협조 정도에 따라 적합한 이익을 제공하는 것이 바람직할 수 있다.[44] 그러나 현실에서 상호주의의 핵심 요인인 연계성과 상응성은 개념적으로 모호한 경우가 많다. 얼마 정도의 시간까지가 상호주의로 허용되는지, 상응성은 어떻게 측정할 것인지, 동등한 가치가 무엇인지 등의 문제가 존재하며, 교환의 주체, 교환수단, 교환대상 등의 측면에서도 문제가 될 수 있다. 결국 당사자의 주관적 인식에 크게 좌우될 수밖에 없다.

북한은 상호주의를 강하게 비판해왔다. "무엇을 하나 주면 하나를 받아야 한다는 ≪상호주의≫는 전형적인 장사군의 론리"이며 상호주의는 국가 간에서는 통용되나 나라와 나라 사이의 관계가 아닌 남북관계에서는 적용할 수 없다는 이유였다.[45] 그래서 "국가간의 관계에서 일반적으로 통용되고있는 ≪상호주의≫를 북남관계에 끌어들이고 그것을 남북관계의 ≪새로운 틀≫이니 ≪기본원칙≫이니 하고 떠드는것은 황당무계하기 짝이 없다"고 주장했다.[46] 1998년 4월 성과 없이 끝난 비료지원 회담에 대해 1년도 더 지난 시점에서 "≪국민≫통치배들은 집권초기 ≪상호주의≫를 들고나와 모처럼 마련되였던 베이징북남부부장급접촉을 결렬시켰다"면서[47] "남조선의 ≪통일부≫라는 것도 북과 남으로 흩어져 사는 겨레의 고통을 비료 몇 포대를 가지고 흥정하자고 하고, 북으로의 송환을 요구하는 신념의 투사들인 비전향 장기수들도 무엇과 바꾸자는 식으로 등가교환, 상호주의를 들고 다닌다"고 비난했다.[48] 그만큼 상호주의에 대한 거부감이 컸음을 시사한다. 또한 상호주의에 대해 "남조선당국자들의 속심은 뻔하다. 그것은 몇푼의 돈이나 물건짝을 흥정거리로 하여 우리 내부를 흔들어보려는데 있"다고 반발했고,[49] "북남관계에 인위적인 장애를 조성하고 그것을 통하여 북남관계의 화합과

---

44 "Cooperation in world politics seems to be attained best not by providing benefits unilaterally to others, but by conditional cooperation" Axelrod, Robert and Robert O. Keohane, "Achieving Cooperation under Anarchy: Strategies and Institutions", *World Politics*, Vol.38 No.1, 1985, p.249.

45 "북남관계에서 ≪상호주의≫는 통용될수없다", 『노동신문』, 1998.5.23.

46 "새로운 북남격페정책", 『노동신문』, 1998.7.2.

47 "비전향장기수 ≪교환≫소리의 리면은 무엇인가", 『조선중앙통신』, 1999.5.10.

48 "남조선당국의 ≪포용정책≫을 해부한다", 『노동신문』, 1999.6.4.

49 "북남관계에서 ≪상호주의≫는 통용될수없다", 『노동신문』, 1998.5.23.

협력을 반대하고 불신과 대결로 몰아가려는 매우 위험한 기도"이므로 "상호주의의 그릇된 주장에 응당한 주의를 돌리고 그것을 철저히 배격해야한다"고 주장했다.[50] 2004년 6월 서울에서 개최된 '6·15 공동선언 4년에 대한 회고와 전망' 세미나에 참석한 박철범 북한 조국통일연구원 참사 역시 "분렬된 우리 나라에서 통일지향적이 아닌 경제협력사업이란 있을수 없"으므로 "하나를 주고 하나를 받는 상호주의 같은 데만 전적으로 매달려서는" 안 된다고 말했다.[51]

현실적으로도 엄격한 상호주의는 실행이 매우 어렵다. 또한 상대국의 우호적인 행동에 자국을 해칠 음모가 있다고 의심되는 경우나 그 행동의 동기가 상대국이 이익을 추구하려는 데에 있는 경우 우호적 행위의 수혜 국가는 상호주의에 따라 행동하지 않으며, 상호주의의 규범을 택하면 극도로 약해질 것이라고 생각하거나 상호적으로 행동할 여력이 없는 경우에도 국가는 상호주의를 따르지 않는다.[52] 특히 남북한과 같이 체제와 국력의 차이가 큰 경우에는 더욱 어려울 수밖에 없다. 체제 유지가 우선일 수밖에 없는 북한에 우리의 우호적 행동에 대해 즉각적으로 우리가 희망하는 만큼의 우호적 행동을 할 여유는 없었다. 경제적으로도 북한이 남한에 내놓을 수 있는 것은 없었다. 북한 인사들이 그동안 "우리가 남한을 무력으로 위협하지 않아 경제성장을 할 수 있도록 해주는 것이 경제지원의 대가"라고 주장해온 이유도 실제로는 줄 것이 별로 없었기 때문이다.[53] 독일의 경우에도 1972년 12월 '기본조약' 체결 이후 상대적으로 더욱 느슨하고 비등가적인 상호주의가 점차적으로 확대 적용되었다.[54]

그러나 북한이 반대하고, 현실적 어려움이 있다고 해서 상호주의 자체를 포기한다는 것은 바람직하지 않다. 우리 국민은 대체적으로 상호주의를 선호하는 것으로 나타난다. 2001년 중앙일보의 여론조사에 의하면, 대북 정책 기조와 관련해서 '상호주의로 진행'해야 한다는 의견이 63.4%였다.[55] 2022년 10월 13~17일 KDI가 일반 국민 1,000

---

50 심병철, 『조국통일문제 100문 100답』, 평양출판사, 2003, p.172.

51 박철범, "6·15 북남공동선언 리행에서 북남경제협력사업의 사명과 역할", 연세대학교 김대중도서관·통일연구원(편), 『6·15 남북공동선언 4년 회고와 전망』, 세경사, 2005, p.195.

52 박재민, "김대중 정부 시기 남북한 간 상호성에 관한 연구", 『국제정치논총』, Vol.43 No.1, 2003, p.321.

53 신석호, 『분단 저널리즘 뛰어넘기』, 리북, 2012, p.66.

54 김학성, "분단독일에서 상호주의의 실천과 남북관계에 주는 시사점", 『사회과학연구』, Vol.32 No.1, 2021, p.132.

55 "정부 경제개혁 정책 79%가 '잘못 추진'", 『중앙일보』, 2001.9.21.

<표 5-1> 상호주의에 대한 국민의 인식

인식＼구분	대칭성	등가성	동시성
동의	51.5%	49.8%	58.4%
부동의	19.1%	18.2%	9.8%
보통	29.4%	32.0%	31.8%

* 자료: 조동호, "대북 정책 및 남북경협에 대한 국민적 인식 분석", 이석(편), 『새로운 대북 정책과 남북경협의 모색』, 한국개발연구원, 2022, pp.210~213.

명을 대상으로 실시한 '대북 정책과 남북경협에 대한 국민 의견조사'에서도 우리 국민의 다수는 상호주의의 대칭성, 등가성, 동시성에 동의했다(<표 5-1> 참조).[56] 우선 "북한에 경제적으로 제공한 것은 반드시 경제적으로 돌려받아야 한다"는 대칭성에 관한 질문에 응답자의 51.5%가 동의했다. 상호주의의 대칭성에 대한 국민의 인식을 검증하기 위해 "남한의 경제적 조치를 북한의 안보적 조치와 교환해서는 안 된다"라는 문항을 추가 질문했는데, 응답자의 57.7%가 동의했고 부동의와 보통으로 응답한 비율은 각각 14.9%, 27.4%로 나타났다. 이는 "북한에 경제적으로 제공한 것은 반드시 경제적으로 돌려받아야 한다"는 문항의 응답과 비교적 일관성을 보인 것이며, 일반적으로 북한 핵 문제 해결의 대표적인 방안으로 거론되는 핵 동결·폐기와 경제적 지원을 교환하는 방안에 대한 국민의 부정적 인식을 나타내는 것으로 해석된다. 한편 "남한은 북한에 경제적으로 제공한 규모만큼 돌려받아야 한다"는 등가성에 대한 질문에는 응답자의 49.8%가 동의했다. "북한은 남한 정부의 경제적 조치에 대해 즉시 상응조치를 취해야 한다"는 동시성에 대해서는 응답자의 58.4%가 동의했고, 동의하지 않는다는 응답은 불과 9.8%에 지나지 않았다.

이처럼 우리 국민의 다수는 상호주의에 대해 긍정적이었다. 다만 이념별 차이는 큰 것으로 조사되었다. 대칭성에 대한 동의 비율은 보수 62.9%, 진보 35.4%였고, 등가성에 대한 동의 비율은 보수 58.3%, 진보 34.2%로서 이념에 따라 크게 달랐다. 그러나 동시성에 대해서는 보수와 진보의 동의 비율이 각각 67.0%, 52.0%로 나타나 차이가

56 동의 비율을 성별로 살펴보면 남성 52.5%, 여성 53.5%로 성별 차이는 거의 없다. 조동호, "대북정책 및 남북경협에 대한 국민적 인식 분석", 이석(편), 『새로운 대북정책과 남북경협의 모색』, 한국개발연구원, 2022, pp.210~213.

상대적으로 크지 않았을 뿐만 아니라 진보층에서도 과반 이상의 동의 비율을 보였다.

이상의 논의를 종합하면, 앞으로는 '유연하되 분명한 상호주의'가 바람직한 것으로 판단된다. 남북관계의 현실을 감안하더라도 상호주의의 원칙은 가급적 지켜져야 하며, 사안과 상황에 따라 비대칭성, 비등가성, 비동시성을 수용해야 하는 경우가 있더라도 그 크기를 최소화하는 동시에 북한이 제공해야 할 반대급부의 내용, 규모, 시기는 분명히 적시하고 실천하도록 하는 것이 필요하다는 뜻이다.[57]

2. '퍼주기': 동의 vs. 부정

1) 내용과 경과

'퍼주기'는 대개 무상으로 제공되는 대규모 대북 지원을 비판적으로 표현하는 용어로 사용된다. 하지만 보다 넓은 의미로는 지원뿐만 아니라 경협까지를 포함해서 우리가 상당한 물자를 제공하고서도 북한으로부터 상응하는 대가를 받지 못했거나 오히려 부정적인 결과를 얻게 된 상황을 비유적으로 표현하는 단어이다.

'퍼주기'라는 용어는 김영삼 정부 시절로부터 비롯되었다. 인도적 차원에서 북한에 쌀을 지원하는 과정에서 '인공기 게양사건' 등의 문제가 발생함에 따라 북한에 대한 부정적 여론이 커졌다. 지원을 하고도 북한으로부터 감사의 표시를 받기는커녕 우리 배에 인공기를 게양하도록 강제하는 일이 발생하자 국민의 대북 감정이 급속도로 악화된 것이다. 분단 이후 최초의 지원이었던 데다가, '국내에도 어려운 사람들이 많은데 굳이 북한을 지원해야 하느냐'는 반대 의견도 상당했던 상황에서 지원한 데 따른 결과였기 때문에 여론은 더욱 나빠졌다.[58] 보수와 진보가 다르지 않았다. '씨 아펙스호'

57 이와 관련해서 구체적 상호주의는 단기적 · 전술적 개념이고, 포괄적 상호주의는 장기적 · 전략적 개념이므로 이 둘을 혼동하는 경우 정책의 실패와 분석의 실수가 초래될 수 있다는 지적이 있다. 예를 들어 '선공후득'이 협력을 용이하게 한다는 것은 분석적 측면이지만, 이것이 협상카드로 쓰일 경우 단기적으로는 협상 상대에게 역이용을 당할 가능성이 높다는 것이다. 김태현, "상호주의와 국제협력: 한반도 핵문제의 경우", 『국가전략』, Vol.8 No.3, 2002, pp.28~30.

58 예를 들어 『조선일보』 사설은 "우리 내부에도 식생활 해결을 위해 고생하는 국민이 3백만명이 넘는데 무슨 짓이냐는 지적도 있다"며 비판했다. "'쌀'도 부실", 『조선일보』, 1995.7.2.

에 이어 쌀을 싣고 북한으로 항해하고 있던 '돌진호' 등 3척의 선박에 대해 바로 돌아오라고 정부가 회항 조치를 내려야 할 정도였다.[59] 언론 사설들은 "자존심 상하는 일인데다 …… 심한 모욕감을 안겨주는 일",[60] "씨 아펙스호가 겪은 수모에 분노",[61] "북한의 무례함과 뻔뻔함에 분통"[62], "남북한이 벌이는 어설픈 작태는 참으로 한심하기 그지없다",[63] "쌀 지원의 보람을 느껴보지 못했다"[64] 등의 표현으로 우리 국민이 느끼는 감정을 대변했다. 이에 따라 '쌀 주고 뺨 맞기', '퍼주고 뺨 맞기' 등의 용어가 만들어졌다. 1995년 12월 민주평통이 자문위원 및 여론 선도층 273명을 대상으로 실시한 조사에 따르면, 1995년 정부가 추진한 통일정책 중 '가장 잘못된 사업'으로 응답자의 63.4%가 쌀 지원 문제를 꼽았는데, 2위인 '경수로 문제'는 8.8%에 불과할 정도였다.[65]

그 후 김대중 정부 시절 대북 지원이 재개되면서 보수 진영을 중심으로 비판 여론이 다시 확산되었다. 우리 정부의 지원은 규모가 훨씬 커진 데다가 연례화되었으나, 북한은 변화하지 않았고 오히려 도발적인 행동을 지속했기 때문이다. 1995년 김영삼 정부는 일회성으로 쌀 15만톤을 지원했지만, 김대중, 노무현 정부에서는 2000년부터 매년 40~50만톤의 식량을 지원했다. 비료도 1999년부터 연간 20~30만톤을 지원했다. 국제기구를 통한 지원도 크게 늘렸다. 그러나 1999년 제1연평해전, 2000년 김동식 목사 납북, 2001년 북한 경비정 서해 북방한계선 침범, 2002년 제2연평해전, 2003년 북한 핵확산금지조약 탈퇴, 2005년 북한 핵무기 보유 선언, 2006년 대포동 2호 발사 및 제1차 핵 실험 등 대형 도발은 끊이지 않았다. 그러나 다른 한편으로는 남북 정상회담, 금강산 관광사업 등 한반도의 평화와 남북한의 화해·협력을 향한 움직임도 만들어졌다. 그 결과 대북 정책을 둘러싼 보수와 진보의 시각은 확연히 갈라지기 시작했다.

김대중, 노무현 정부의 대북 정책에 대한 보수 진영의 비판은 점점 강해졌고, 2000년 무렵부터 '퍼주기'라는 단어로 집약되었다. 단순히 대북 지원에 대한 비판이 아니라 "반북정서를 대변해, 햇볕·포용, 평화·번영 등 정부의 대북 정책을 뭉뚱그려 비판

59 "대북 쌀 지원 중단", 『조선일보』, 1995.6.30.
60 "쌀과 인공기와 밀입북", 『경향신문』, 1995.6.30.
61 "당당하게 북한 대해야", 『동아일보』, 1995.7.4.
62 "당당한 대북자세가 아쉽다", 『경향신문』, 1995.7.2.
63 "쌀 지원과 '인공기' 파문", 『한겨레』, 1995.7.2.
64 "인공기 올린 쌀 운송선", 『조선일보』, 1995.6.30.
65 민주평통 사무처, "제3차 통일관련 모니터 의견조사 결과보고", 1995.12.22, p.7.

하는 용어"로 의미가 확장되었된 것이다.[66] 한국언론재단의 뉴스 분석 서비스인 '빅카인즈(Big Kinds)'에 의하면 '퍼주기'라는 단어가 검색되는 것은 2000년부터이다. 초기에는 '퍼주기'라는 독립된 명사보다는 동사형으로 사용되었다. 예를 들어 2000년 4월 총선에서 한나라당 원희룡 후보는 유세에서 "김대중 정부의 퍼주기만 하는 대북 정책을 강력하게 비난"했고,[67] 2000년 9월 부산에서 열린 한나라당의 '김대중 정권 국정파탄 범국민 규탄대회'에서 박관용 의원은 "대북 문제에서 자존심도, 줏대도, 원칙도 없이 북한에 퍼주기만 바쁘다"고 주장했다.[68] 그 후 점차 명사로 사용되는 경우가 많아졌다. 예를 들어 2000년 10월 『중앙일보』 칼럼은 "대화를 위한 '퍼주기' 성의도 보여야 한다"고 지적했고,[69] 10월 김대중 대통령과 전직 통일부 장관들과의 오찬에서 한완상 전 통일부 장관은 "속도조절, 퍼주기, 끌려다니기 논쟁이 있는데 정부가 적극적으로 설명했으면 좋겠다"라고 발언했다.[70] 이후 '퍼주기'라는 용어는 이명박 정부 이후 남북경협이 중단되고 대북 지원이 크게 줄어들면서 사용 횟수가 크게 줄어들었다.

2) 대안의 모색

그러면 실제 북한에 '퍼준' 규모는 얼마인가? 우선 어느 정도의 규모가 '퍼주기'에 해당하는지에 대한 정의도 없고, 논의도 없다. '퍼주기다, 아니다'라는 주장만 있을 뿐이다. 심지어 북한에 제공한 지원 규모조차 보는 시각에 따라 매우 커다란 편차가 존재한다.

우선 통일부의 공식 통계에 의하면 북한에 대한 인도적 지원이 처음 시작된 1995년 이후 2024년까지 정부 차원의 무상 지원 규모는 1조 5,427억원이고 차관 형식으로 제공된 지원을 합하면 총 2조 4,155억원으로 나타난다(<표 5-2> 참조). <표 5-2>의 내용을 정부별로 나누어 정리하고 민간 차원의 지원을 포함한 것이 <표 5-3>이다. 이에 의하면 정부 차원의 대북 지원은 노무현 정부가 1조 4,188억원으로 가장 많고 두 번째

---

66 최인호, "[언어예절] 퍼주기", 『한겨레』, 2008.9.5.
67 "[총선 'D-3'] (유세장에 가보니 …) '누굴 찍나 …'", 『한국경제』, 2000.4.10.
68 "한나라 부산역 집회", 『한국일보』, 2000.9.22.
69 권영빈, "[권영빈 칼럼] 올브라이트의 브로치", 『중앙일보』, 2000.10.27.
70 "전직 통일부장관 오찬 대화요지", 『세계일보』, 2000.10.31.

<표 5-2> 정부 차원의 연도별 인도적 대북 지원

(단위: 억원)

구분 연도	무상 지원				식량 차관	합계
	당국 차원	민간단체 기금지원	국제기구 등을 통한 지원	소계		
1995	1,854	–	–	1,854	–	1,854
1996	–	–	24	24	–	24
1997	–	–	240	240	–	240
1998	–	–	154	154	–	154
1999	339	–	–	339	–	339
2000	944	34	–	977	1,057	2,034
2001	684	63	229	976	–	976
2002	832	65	243	1,140	1,510	2,650
2003	811	81	205	1,097	1,510	2,607
2004	949	102	262	1,314	1,359	2,673
2005	1,221	120	19	1,360	1,787	3,147
2006	2,000	133	139	2,273	–	2,273
2007	1,428	220	335	1,983	1,505	3,488
2008	–	241	197	438	–	438
2009	–	77	217	294	–	294
2010	183	21	–	204	–	204
2011	–	–	65	65	–	65
2012	–	–	23	23	–	23
2013	–	–	133	133	–	133
2014	–	–	141	141	–	141
2015	–	23	117	140	–	140
2016	–	1	1	2	–	2
2017	–	–	–	–	–	–
2018	12	–	–	12	–	12
2019	–	–	106	106	–	106

연도 \ 구분	무상 지원				식량 차관	합계
	당국 차원	민간단체 기금지원	국제기구 등을 통한 지원	소계		
2020	–	7	118	125	–	125
2021	–	5	–	5	–	5
2022	–	6	–	6	–	6
2023	–	2	–	2	–	2
2024	–	-	–	–	–	–
합계	11,258	1,200	2,969	15,427	8,728	24,155

* 주 1: 세부항목 금액의 단수 반올림 처리로 합계의 차이가 발생할 수 있음.
2: 반출 기준으로서 수송비 및 부대경비를 포함함.
3: 양곡관리특별회계액은 대북 지원액에 포함하지 않음.
* 자료: 통일부 홈페이지, 주요 사업통계 > 인도적 대북 지원 현황.

<표 5-3> 인도적 대북 지원 총액

(단위: 억원)

정부 \ 구분	정부 차원		민간 차원		합계	
	금액	비율	금액	비율	금액	비율
김영삼(1995~1997)	2,118	8.8%	196	2.1%	2,314	6.9%
김대중(1998~2002)	6,153	25.5%	2,244	24.2%	8,397	25.1%
노무현(2003~2007)	14,188	58.7%	4,722	50.9%	18,910	56.5%
이명박(2008~2012)	1,024	4.2%	1,553	16.7%	2,577	7.7%
박근혜(2013~2016)	416	1.7%	247	2.7%	663	2.0%
문재인(2017~2021)	248	1.0%	295	3.2%	543	1.6%
윤석열(2022~2024)	8	0.0%	28	0.3%	36	0.1%
합계	24,155	100.0%	9,286	100.0%	33,440	100.0%

* 주 1: 정부의 기간은 편의상 대통령이 취임한 해부터 퇴임 직전 해까지로 설정함.
2: 비율은 전체에서 차지하는 비율을 의미함.
3: 민간 차원의 무상지원에는 대한적십자사의 지원을 포함함.
* 자료: 통일부 홈페이지, 주요 사업통계 > 인도적 대북 지원 현황.

가 김대중 정부의 6,153억원이며, 두 정부의 합은 2조 341억원이다. 정부와 민간 차원의 지원을 합한 규모도 노무현, 김대중 정부가 가장 크다. 전체 정부 차원의 지원에서 김대중과 노무현 정부가 차지하는 비율은 각각 25.5%와 58.7%이며, 두 정부를 합하면 전체의 약 3/4을 차지할 정도로 압도적이다. 민간 차원의 지원을 포함해도 비슷하다.

보수는 진보 정부에서 이처럼 막대한 지원을 했음에도 북한의 변화는 없었고 오히려 미사일로, 핵으로 되돌아왔다고 비판했다. 우리가 지원한 식량이 상류층에게만 간다거나, 군용미로 전용된다는 의혹도 제기했다. 북한 주민의 기아와 질병 해결이 아니라 독재 체제의 강화에만 기여했다고 비판했다. 실제로 2010년 9월 북한 신의주 일대에 대규모 수해 피해가 발생했을 때 우리 정부는 대북 인도적 지원을 실시했는데, 북한의 취약계층을 위해 지원한 대부분의 쌀과 라면 포장 용기가 수해 지역이 아닌 군부대에서 발견되었고 112억원의 예산을 들여 지원한 신종플루 백신은 주로 평양의 지도층 인사 가족들이 독점했다.[71] 그래서 보수는 지원뿐만 아니라 경협까지도 포함해서 북한으로 이전되는 현물과 현금을 모두 '퍼주기'로 규정하는 경향을 보였다. '퍼주기' 규모를 최대한 키우기 위해서였다. 예를 들어 2006년 10월 북한의 제1차 핵 실험 이후 열린 국회 대정부 질문에서 야당인 한나라당 의원들은 김대중과 노무현 정부의 '퍼주기'가 핵 실험으로 돌아왔다면서 비판했는데, 그 당시까지 '퍼주기'의 규모로 정형근 의원은 3조 970억원, 송영선 의원은 7조원, 이방호 의원은 10조원이라고 주장했다.[72] 최경환 의원은 3조 5,000억원, 진영 의원은 8조원이라고 주장했다.[73] 이처럼 같은 당의 의원들 사이에서도 수치가 크게 달랐다. 민간의 지원 금액을 합한 경우도 있었고, 금강산 관광사업의 관광 대가 지불처럼 민간의 상업적 거래를 포함한 경우도 있었다. 객관적으로는, 그만큼 과장된 것이었다.

이에 반해 진보는 가급적 규모를 줄이려는 태도를 보였다. 그래서 실제로는 지원이라도 외형적으로 지원이 아니라면 지원 규모 산정에서 제외했다. 예를 들어 쌀 차관, 경수로 건설을 위한 분담금, 경의선·동해선 철도·도로 연결사업을 위한 자재·장비 지원, 개성공단 기반시설 건설비용 등은 지원에서 빼야 한다고 주장했다. 쌀 차관의 경우에는 실제 제공한 국산 쌀 가격을 적용하지 않고 약 1/4~1/5에 불과한 국제 가격을

71 이명박, 『대통령의 시간 2008-2013』, 알에이치코리아, 2015, p.346.

72 "한나라당, 대북 지원금액 부풀리기 '심하다'", 『내일신문』, 2006.10.13.

73 "안보리 '대북제재 결의' 이후 / 북지원 총액 8조 vs 2조3000억", 『문화일보』, 2006.10.18.

사용하면서 이에 소요된 양곡관리특별회계 비용도 제외했는데,[74] 이는 대북 지원 규모를 축소하기 위한 '편법'의 성격이 강했다. 또한 '퍼주기'가 아니라 '얻은 것도 많다'는 반론을 폈다. 지원이 한반도의 평화와 안정을 가져왔다는 것이다. 남북 정상회담, 금강산 관광, 남북 도로 연결, 각계 인사의 상호 방문, 국제경기 단일팀 구성 등을 예로 들었다.[75] 당시 통일부는 대북 지원이 "전쟁 위험을 감소시키는 '평화유지비용'의 성격을 띠고 있으며 대외경제 신인도 향상 및 외자 유치에 기여하는 등 우리 경제에도 긍정적 효과"를 제공했다고 홍보했다.[76] 서독은 18년 동안 동방정책을 했는데 우리는 햇볕정책을 9년 정도밖에 하지 못한 상황이므로 "우물가에서 숭늉 내놓으라"는 것처럼 아직 성과를 논하기가 어렵다고 주장했다.[77] 한편으로는 정부의 지원이 '7·1 조치' 이후 경제·사회·문화 분야를 중심으로 "북한의 변화를 촉진하는 데 많은 영향을 미친 것으로 평가된다"며 과장된 해석을 하기도 했다.[78] 통일비용의 사전 지출로 보아야 하므로 '퍼주기'라고 할 수 없다는 논리를 펴기도 했다.[79] 또한 지원 규모 측면에서 '퍼주기'라고 말할 수 없다는 견해도 있었다. 예를 들어 김대중, 노무현 정부 10년 동안 북한에 지원한 액수는 남한 국내총생산의 0.1%도 되지 않으며, 통일 전 서독이 동독에 지원한 액수는 우리보다 16배 많았다는 것이다.[80] 1995년부터 2004년 6월까지의 지원액을 국민 1인당 연간 부담액으로 보면 고작 3,000원을 약간 상회하는 정도에 불과하다는 주장도 마찬가지 맥락이다.[81]

이미 지적했지만, '퍼주기'에는 어떤 항목이 포함되어야 하는지, 어느 정도 규모가 되어야 '퍼주기'라고 할 수 있는지에 대해서는 일치된 견해가 없었고, 실상을 객관적으

---

74 국산 가격과 국제 가격의 차이는 양곡관리특별회계에서 부담했는데, 그 비용은 북한이 아니라 국산 쌀 과잉을 해소하고 보관·관리 비용을 절감하는 등 국내 농가 보호를 위해 들어갔다는 명목으로 대북 쌀 차관에 소요되는 비용에서 제외했다. 2002~2007년 양곡관리특별회계에서 부담한 금액은 2조 3,584억원에 달했다. 임강택, "남북경협과 대북채권: 실태와 해결방안의 모색", 『KDI 북한경제리뷰』, 3월호, 2012, p.48.

75 김충환, "대북 지원은 과연 '퍼주기'인가", 『대한민국 정책브리핑』, 2006.9.20.

76 통일부, 『대북정책 추진현황』, 2002, p.91.

77 "정세현 전 통일부 장관 '경제로 북변화 꾀해야 압박 정책은 성공못해'", 『세계일보』, 2010.6.13.

78 통일부, 『통일백서』, 2006, p.28.

79 김영윤, "남북경협비용은 평화와 통일을 위한 비용", 경실련 칼럼, 2013.11.20.

80 이정우, "[이정우의 경제이야기] 통일비용과 북한 퍼주기 논란", 『한겨레』, 2010.6.21.

81 통일부 통일교육원, 『대북 지원, 새롭게 보자』, 2004, p.19.

로 이해하려는 노력도 없었다. 엄격한 분석보다는 감정적 판단이 앞섰다.[82] 보수는 대북 유화정책을 비판하고 싶었고, 진보는 강경정책을 배척하고 싶었다. 결국 '퍼주기' 논란은 정치적 공방의 측면이 강했다. 실제로 필자가 2025년 3월 15일 '빅카인즈'를 이용해서 전국 종합일간지를 대상으로 김대중, 노무현 정부 기간 중 '퍼주기'의 관계도 분석을 한 결과 1위는 '북한', 2위는 '한나라당', 3위는 '대통령'의 순으로 나타났다. '퍼주기' 논쟁은 야당인 '한나라당'의 '대통령'의 '대북' 정책에 대한 비판으로 요약되는 셈이다. '퍼주기'가 정치적 차원의 논란이라는 점은 2000년 4월부터 2007년 12월까지 전체 신문을 대상으로 '퍼주기'라는 표현을 조사한 연구 결과에서도 확인된다. 이 연구에 따르면 '퍼주기'가 언급된 빈도는 전 기간에 걸쳐 오르락내리락하고 있으나 2001년 중반기와 2007년 후반기에는 그 사용 빈도가 급격히 늘어난다.[83] 2000년 '6·15 공동선언'에도 불구하고 구체적이고 현실적인 실천이 따라주지 못하면서 2001년 중반기 대북 정책 비판이 확대되었고, 2007년 후반기 '퍼주기' 사용 빈도가 급증한 것은 2007년 말 대통령 선거를 앞두고 남북문제가 주요 선거 이슈로 등장한 것과 무관하지 않다는 해석이다. 또한 대표적 보수 언론인 『조선일보』, 『중앙일보』, 『동아일보』, 특히 『조선일보』가 다른 신문들의 '퍼주기' 용어 사용을 선도하는 것으로 나타났다.[84]

'퍼주기'에 대한 보수와 진보의 견해는 '상호주의'에 대한 평가와도 맥을 같이 한다. 비등가성, 비동시성, 비대칭성의 상호주의란 결국 반대급부를 받지 않은 상태에서 먼저 주는 것이므로 보수는 '퍼주기'로 인식하는 경향이 있다. 반대로 유연하고 포괄적인 상호주의의 입장에서는 지원에 대한 대가를 반드시 즉각적으로, 또 같은 종류로 받지 않는다고 해서 '퍼주기'라고 비판하는 것을 받아들일 수 없다. 우리의 대북 정책이 북한의 행동과 선호를 장기적으로 변화시키는 것을 목표로 하고 있으므로 정책의 단기적 성과를 논한다는 자체가 어불성설이라는 주장도 있다.[85]

물론 '퍼주기'에 대한 어떤 견해가 맞는 것인지 단정적으로 이야기하기란 불가능하

---

82 박순성, "남북한 교류·협력의 전개과정(1988~2002년)과 평화통일", 『북한연구학회보』, Vol.6 No.2, 2002, p.187.

83 김병철·김재준·류근관, "미디어 유행어와 여론의 그랜저 인과관계: 정부의 대북정책에 대한 국내 일간지의 '퍼주기' 언급 분석", 『한국언론학보』, Vol.53 No.1, 2009, pp.421~422.

84 김병철·김재준·류근관, "미디어 유행어와 여론의 그랜저 인과관계: 정부의 대북정책에 대한 국내 일간지의 '퍼주기' 언급 분석", 『한국언론학보』, Vol.53 No.1, 2009, p.432.

85 김재한, "상호주의 대북 정책의 조건과 효과", 『통일정책연구』, Vol.8 No.1, 1999, p.17.

다. 여론조사에서도 양쪽의 의견이 팽팽했다. 예를 들어 '퍼주기'에 대한 직접적인 조사는 아니지만 대북 쌀 지원에 대한 견해를 일종의 대리지표(proxy)로 볼 수 있는데, 천안함 사건에도 불구하고 쌀 지원에 찬성하는 사람은 상대적으로 '퍼주기'라고 보는 견해에 동의하지 않는 편이고 반대하는 사람은 상대적으로 동의하는 편이라고 해석할 수 있을 것이다. 2010년 9월 『중앙일보』의 여론조사에서 쌀 지원에 찬성한 비율은 66.4%였지만,[86] 비슷한 시기 『헤럴드경제』의 여론조사에서는 쌀 지원에 반대하는 견해가 60.7%로 나타났다.[87] 비교적 최근인 2019년 5월 『갤럽』 조사에서 "최근 유엔 산하 기구가 북한이 식량 부족 사태에 처했다고 밝혔는데, 우리 정부가 어떻게 해야 한다고 생각하느냐"는 질문에 응답자의 47%는 '북한에 식량을 지원하지 말아야 한다', 44%는 '북한에 식량을 지원해야 한다'고 답했다.[88] 대북 식량 지원을 둘러싼 우리 내부의 여론은 정확히 양분된 셈이다.

그런데 이러한 견해 차이는 대부분 정치적 성향에 기인하는 것으로 보인다. 예를 들어 2010년 9월 17일 『문화일보』의 여론조사에서는 북한이 천안함 사건에 대해 '사과하지 않으면 쌀을 지원해서는 안 된다'와 '사과하지 않아도 쌀을 지원해야 한다'는 응답이 각각 46.5%, 49.2%로서 비슷했지만, 한나라당 지지층에서는 쌀 지원 이전에 사과를 받아야 한다는 응답이 60.7%, 민주당 지지층에서는 사과 없이도 쌀 지원을 해야 한다는 응답이 51.5%로 정치적 성향에 따라 '쏠림' 현상이 뚜렷했다.[89] 2007년 4월 27일 『문화일보』의 여론조사에서도 북핵 폐기를 위한 '2·13 합의' 이행이 지연되는 상황에서 쌀 지원은 '성급한 결정'이라는 응답이 한나라당 지지층에서는 64.5%였던 반면 열린우리당 지지층에서는 63.3%가 '적절한 결정'이라고 답했다.[90]

이상의 논의로 볼 때, 우리 국민의 일정 비율은 '퍼주기'라는 견해에 동의하는 것으로 해석된다. 2007년 11월 1일 민주평통 상임위원회에 참석한 노무현 대통령도 "퍼주기라는 주장에 대해서 여론조사를 해보면 국민들이 참 동의를 많이 합니다"라고 말할

86 "'북 도발 가능성' 63% '쌀은 도와줘야' 66%", 『중앙일보』, 2010.9.20.

87 "<대국민 여론조사> 정상회담·쌀지원 신중론 … 보수적 대북관 확산", 『헤럴드경제』, 2010.9.27.

88 "쌀 6600만포대만큼 묵은 갈등 … 대북 식량지원 9년만에 '재시동'", 『한국경제』, 2019.5.21.

89 "한가위 민심 여론조사: '천안함 사과' 전 대북 쌀지원 '49.2% vs 46.5%' 찬반 팽팽", 『문화일보』, 2010.9.17.

90 "북에 쌀제공 결정 54% '성급' > 42% '적절'", 『문화일보』, 2007.4.27.

정도였다.[91] 그러나 '퍼주기'라는 견해에 동의한다고 해서 대북 지원 자체에 반대하는 것은 아니라는 점에 대해서도 유의할 필요가 있다. 사실 우리 국민은 지원한 규모에 대해 불만을 가졌던 것이 아니라 "지원의 결과로 무엇이 변했는가"에 대해 실망과 회의를 가졌던 것으로 보는 것이 타당하다. '퍼주기' 논란의 핵심은 "대북 지원의 '효과'에 대한 근본적 회의이며 구체적으로는 대북 지원을 통해 북한에 상응하는 태도 변화를 얻어내야 하는데 그렇지 못하다는 비난"이다.[92] 김대중 정부의 초대 통일부 장관이었던 강인덕조차 "북한 스스로 인식의 변화가 없는 상태에서의 대북 지원은 부메랑이 될 수 있다는 점을 경계"해야 한다고 경고했다.[93] 대가를 바라고 지원을 했던 것이 아니고 경제적으로 어려운 북한에 당장의 물질적 반대급부를 원했던 것은 아니지만, 북한이 자체적으로 할 수 있는 일, 예를 들어 식량난 해결을 위한 자구 노력, 개방·개혁과 같은 정책적 변화, 남북관계 개선을 위한 성의 있는 노력과 같은 가시적인 변화를 기대했던 것이다.

바꾸어 말해 '퍼주기' 비판은 '퍼준 양'에 대한 비판이 아니라 '퍼준 결과'에 대한 실망이었던 셈이다. '퍼주기' 논쟁은 전략에 관한 것이 아니라 정서의 문제였다.[94] 게다가 '퍼주기'라는 단어는 직관적일 뿐만 아니라 감정에 직접 호소하는, 매우 잘 만들어진 단어였다. 따라서 '퍼주기'가 아니라는 논리를 전쟁 위험 감소나 평화 유지와 같이 눈에 보이지 않는 대가로 설명한다든지, 우리 경제 규모나 독일의 사례와 비교할 때 크지 않은 규모라는 방식으로 반박한다든지 하는 진보 측 대응은 효과적이지 않았다. 2001년 한 해 동안 정부와 민간의 대북 지원 규모는 우리 국민총소득(GNI)의 0.029%로 만원 벌어 불과 2.9원 지원한 셈이며, 연간 음식물 쓰레기 규모의 2.2%에 불과하다는 당시 통일부의 해명은 궁색했다.[95] 설득력도 크지 않았다. '퍼준 결과'에 대한 비판을 향해 "퍼준 게 뭐가 있다고?"라는 식으로의 반박은 번지수를 잘못 짚은 것이었기 때문이다. 마찬가지로, '퍼주기'가 아니라 '퍼오기',[96] '퍼담기',[97] '됫박으로

---

91 행정안전부 대통령기록관 홈페이지, 대통령 이야기 > 노무현 > 연설기록 > 민주평통자문회의 상임위원회 연설.

92 김근식, "퍼주기 논란과 대북 지원의 정당성", 『인물과사상』, 9월호, 2006, p.51.

93 "DJ정부 초대 통일부장관 지낸 강인덕", 『세계일보』, 2008.8.15.

94 이정우, "'퍼주기론'은 북한주민을 두 번 죽이는 것이다", 『통일한국』, 3월호, 2004, p.27.

95 통일부, "<대북정책 설명자료> 대북 지원, 사실은 이렇습니다", 2002, pp.4~5.

96 예를 들어 정기섭 개성공단기업협회 회장은 개성공단의 예를 들면서 '퍼오기'였다고 표현했다. "정기섭

퍼주고 말로 퍼올 것'[98] 등의 표현도 큰 반향을 가질 수 없었다. 정동영 전 통일부 장관의 지적처럼, 진보의 입장에서는 의제 자체를 바꾸고 완전히 다른 프레임을 제시했어야 하는데 반론만 펴느라 '퍼주기' 논란에서 "빠져나오지 못"했고 "퍼주기가 아니라고 해봤자 헛수고"였다.[99]

방식의 문제에 대한 지적도 있었다. 예를 들어 제3차 남북장관급회담 기간 중이던 2000년 9월 28일 회담장인 제주 롯데호텔에서 통일부는 50만톤 규모의 대북 식량지원 계획을 발표했다. 며칠 전까지만 해도 "당국 차원의 식량지원은 국민 여론을 감안해 검토하겠다"던 정부가 갑자기 지원 결정 사실을 밝힌 것이다. 정부가 여론수렴 근거로 내놓은 내용은 "식량지원을 55.3%가 찬성"했다는 통일부 자체 여론조사였는데, 사실은 이미 사흘 전 서울에서 열린 남북경협 실무접촉에서 북한과 식량지원 합의서를 비밀리에 체결한 상황이었다. "'퍼주기'라는 국민의 곱지 않은 시선이 쏟아졌다."[100] 남북경협이 어디서, 어떻게, 무슨 원칙과 기준에 의해 결정되고 있는지에 대한 국민들의 의문을 충분히 풀어주지 못한 것도 '퍼주기' 비판의 한 요인이 되었다.[101]

물론 '퍼주기'라는 용어는, 이미 지적한 것처럼 다분히 정치적이었고 현실을 과장하는 것이었다. 더욱이 김대중 정부 초기의 엄격한 상호주의에서 보듯이 진보 정부라고 애초부터 '퍼주기'를 할 계획은 아니었을 것이다. 따라서 진보의 입장에서는 '퍼주기'라는 비판에 선뜻 동의하기 어려웠다. 그러나 설령 '퍼주기' 의도는 아니었다고 하더라도 결과적으로는 '퍼준 셈'이 되었다는 것은 부인하기 어렵다.

'자업자득'의 측면도 있었다. 어떤 문명국가에서도 인도적 지원을 '퍼주기'라고 하

개성공단기업협회 회장 '개성공단은 '퍼주기' 아닌 '퍼오기' … 수조원 이득'", 『국민일보』, 2017.1.25. 더불어민주당의 송영길 의원도 남북 철도 연결은 '퍼주기'가 아니라 '퍼오기'라고 설명했다. "송영길 '남북 철도, 퍼오기 위한 것 … 대북제재 해제해야'", 『연합뉴스』, 2018.11.14.

97 2001년 10월 국회 대정부 질문에서 민주당의 김방림 의원은 "머잖아 지금 주는 것보다 훨씬 큰 대가를 얻을 수 있을 것"이라며 "1, 2억달러를 투입해 1천억달러의 효과를 내는 대북 지원은 '퍼주기'가 아니라 '퍼담기'라고 해야 한다"고 주장했다. "햇볕정책 평가는 딴목소리", 『한겨레』, 2001.10.16.

98 김대중 대통령은 자서전에서, 흥부가 제비 다리를 고쳐준 인연으로 큰 부자가 되듯이 현재의 '북한 돌보기'가 나중에는 우리 민족에게 대운(大運)을 가져올 것이라며, "됫박으로 퍼주고 말로 퍼올 것이 분명하다"고 서술했다. 김대중, 『김대중 자서전 2』, 삼인, 2010, p.561.

99 정동영 · 지승호, 『10년 후 통일』, 살림터, 2013, p.230.

100 "[대통령, 성공하려면] 9. 대통령 자신이 일류 외교관 돼야", 『중앙일보』, 2003.1.13.

101 양문수, "남북관계의 대내외 환경과 정책과제", 이슈분석 Vol.3, LG경제연구원, 2001, p.30.

지 않는다고 반박했지만,[102] 인도적 지원이라면서 정부가 차관으로 처리한 것은 모순이었다. 대북 지원을 통해 북한을 변화시키기란 불가능한데도 지원의 명분을 남북관계 개선과 북한의 변화라고 설명한 것도 '퍼주기'라는 비판의 확산을 자초했다. 정부는 대북 지원이 "남북관계 개선은 물론 장기적으로 민족공동체 회복에 기여한다는 데 중요한 의미"가 있다고 했다.[103] "남북 간 신뢰회복에도 크게 기여"한다고 했다.[104] 대북 지원은 "북한 스스로 변화할 수 있는 여건 조성에 기여"한다는 견해도 있었다.[105] 그러나 국민이 공감할 만큼의 효과는 나타나지 않았다. 1995~2021년의 대북 지원을 대상으로 한 실증 연구에서도 남북관계가 개선되면 남한의 대북 지원이 증가하고 악화되면 감소하는 경향성이 존재했지만, 지원의 증가에 따른 남북관계의 개선 효과는 확인되지 않았으며 진보 정부 시절에는 지원이 증가할수록 오히려 북한의 대남 협력행위가 감소하는 것으로 나타났다.[106] 1999년 6월 서해교전 직후 열린 여야 총재회담에서 김대중 대통령은 '햇볕정책'의 재고를 요청하는 이회창 한나라당 총재에게 "햇볕은 우리만 보내는 것이 아니고 북한도 우리에게 햇볕을 보내라는 것이 우리의 입장"이라고 설명했지만,[107] 북한의 '햇볕'은 오지 않았다. 결국 '목표를 달성하기 위한 지원'이 아니라 '지원을 위한 지원'으로 인식되면서 '퍼주기'라는 비난은 사그라들지 않았다.[108] 오히려 대북 지원에 대한 피로감이 누적되고 분배 모니터링의 미확보에 기인한 회의적 목소리가 확산되면서 보수 진영의 논리가 중도 진영에도 흡수되기 시작했다.[109]

그러면 대안은 무엇인가. 명확한 대안은 찾기 어렵다. 더욱이 '퍼주기'는 본질적으로 정치적 논쟁이라는 점에서도 대다수가 동의하는 대안을 찾기란 거의 불가능한 일이다. 다만 몇 가지 원론적인 방향은 생각할 수 있다.

---

102 김연철, 『70년의 대화』, 창비, 2018, p.213.

103 통일부, 『통일백서』, 2004, p.238.

104 통일부 통일교육원, 『통일문제 이해』, 2007, p.93.

105 조한범, "대북 지원 10년의 성과와 과제: 대북개발지원을 위한 제언", 『통일정책연구』, Vol.14 No.2, 2005, p.83.

106 김규철, "남북교역과 남북관계의 상호 영향 분석: 남북교역의 평화효과와 정경분리 원칙", 이석(편), 『새로운 대북정책과 남북경협의 모색』, 한국개발연구원, 2022, p.172.

107 김대중, 『김대중 자서전 2』, 삼인, 2010, p.190.

108 윤여준 · 한윤형, 『대통령의 자격』, MG채널, 2025, p.390.

109 문경연, "인도지원 분야의 남북교류협력과 개선방향", 민족화해협력범국민협의회 정책위원회(편), 『남북교류협력의 재조명』, 늘품플러스, 2015, p.142.

첫째, '퍼주기' 논쟁을 정치적 차원에서 접근하지 말아야 한다. 남북문제는 우리 민족 전체의 미래가 달린 일이다. 따라서 개념적으로 맞지 않는 항목까지 포함한다거나 혹은 맞는데도 뺀다거나 하지 말아야 한다. 정치적 유불리가 아니라 국민에게 정확하고 올바른 정보를 제공하는 것이 더욱 중요하다는 점을 인식해야 한다. '퍼주기' 비판을 회피하기 위해 식량을 차관 형식으로 제공하는 것과 같은 '편법'도 바람직하지 않다. 정말 차관이라면 식량을 사 간 북한이 어떻게 사용하든 우리가 관여할 바가 아닌데, 우리는 분배 모니터링을 요구했고 북한은 이를 수용했다. 차관은 외형상 포장일 뿐, 남북한 모두 실제로는 무상 지원이라고 생각했다는 뜻이다. 실제로 <표 5-2>에서 보이듯이, 통일부는 식량 차관을 인도적 지원으로 분류해서 발표했다. 정세현 전 통일부 장관도 "'퍼준다'는 이야기가 나오니까, 이건 퍼주는 게 아니고 차관 형식으로 주는 거라면서 대북 지원을 정당화한 거예요. 차관이라는 게 언젠가는 돌려받는다는 것 아닙니까"라고 말했다.[110]

둘째, 대북 지원은 인류의 보편적 가치인 인도주의와 한 민족으로서의 동포애에 바탕을 둔 것이라는 점을 인식해야 한다. 또한 언젠가는 통일된 조국에서 함께 살아가야 할 이웃인 북한 주민의 기본적인 어려움을 외면한다는 것은 도리가 아니다. 미국이나 일본에 있어서는 북한 핵 문제에 비해 대북 인도적 지원이 부차적 문제에 불과할 수 있지만, 우리에게는 북한 핵 문제만큼이나 지원 문제도 매우 중요하다.[111] 따라서 대북 인도적 지원은 그 자체로서 의미 있는 것이며, 북한 주민이 우리의 도움을 필요로 하는 한 남북관계 상황과 관계없이 지속하는 것이 바람직하다. 이런 측면에서 대북 지원에 있어서는 정부보다는 상대적으로 정치적 영향에서 자유로운 민간단체를 최대한 활용하고, 이를 위해 남북협력기금의 민간단체에 대한 지원 확대, 새로운 민관협력 방식으로서 PPP(Public-Private Partnership) 방식 활성화 등을 모색해야 한다.[112] 다만 지원의 목적에 합당하게 사용되는지 분배의 투명성은 점검하는 것이 필요하며, 대규모의 지원이라면 북한의 협조적 태도가 있어야 할 것이다.

---

110 정세현, 『판문점의 협상가 정세현 회고록』, 창비, 2020, p.281.

111 이종무, "남북관계와 인도주의적 지원", 국가인권위원회 주최 심포지엄 '국제사회의 북한인권 인식과 과제' 자료집, 2008.10.29, p.135.

112 문경연 외, "대북 지원 20년: 비판적 고찰을 통한 신대북 지원 패러다임 모색", 『국제관계연구』, Vol.23 No.1, 2018, pp.122~123.

셋째, 대북 지원과 북한의 변화를 분리해야 한다. 북한이 변화하지 않았다고 해서 대북 지원이 효과가 없었다고 말할 수는 없다. 지원을 통해 북한을 개방·개혁으로 이끌 수 있고 북한의 핵 실험을 막을 수 있다고 생각하는 사람은 거의 없을 것이다. 그럴 수 있었다면, '더 큰 퍼주기', '엄청난 퍼주기'에도 우리 국민은 박수를 보냈을 것이다. 결국 지원이 북한의 변화를 만들어내지 못했다고 '퍼주기'라고 비판하는 것은 애초부터 불가능한 일을 주문했던 것이고, 보수는 퍼주었다고 비판한 것이 아니라 실은 북한이 싫고 진보 정부의 대북 정책이 마음에 들지 않는다는 것을 그렇게 표현했던 것일 뿐이다. 진보 역시 지원으로 불가능한 일을 마치 가능한 것처럼 약속했다. 양쪽 모두 '지원으로 불가능한 변화'였는데도 거기에서 벗어나지 못했다. 어쩌면, 벗어나지 않았다. 보수와 진보 모두 솔직해져야 한다.

넷째, 지원의 본래 효과에 대해서는 지속적인 관심을 기울여야 한다. 예를 들어 식량 지원은 미사일을 쏘지 못하게 하려는 것이 아니라 북한 주민들의 굶주림을 막고 영양 상태를 개선하기 위한 목적이다. 그렇다면 기아가 얼마나 해결되었는지, 영양실조가 얼마나 줄어들었는지 엄밀히 파악해야 하고, 보다 나은 지원 방식은 없을까 끊임없이 고민해야 한다. 지원 그 자체의 본래 효과에 집중하고 철저하게 점검해야 한다는 뜻이다.

다섯째, 결론적으로 진보 정부가 '퍼주기'를 했다고 해서 보수 정부가 '안 주기'를 한 것은 잘못이다. 정작 중요한 것은, '잘 주기'이기 때문이다.[113]

3. 정경분리 vs. 정경연계[114]

1) 내용과 경과

정경분리(政經分離)는 두 가지 측면에서 정의가 가능하다. 하나는 영역을 기준으로 하는 것으로서, 문자 그대로 정치와 경제를 분리한다는 의미이다. 이 경우 정경분리 원

113 조동호, "[동아광장] 퍼주기, 안 주기, 잘 주기", 『동아일보』, 2008.11.28.

114 조동호(편), 『공진을 위한 남북경협 전략: 보수와 진보가 함께 고민하다』, 동아시아연구원, 2012, pp.55~59의 내용을 대폭 수정·보완한 것이다.

칙이란 “남북 간 경제 교류와 협력을 한반도 정세와 남북관계의 상황변화에 관계없이 경제적 논리에 입각하여 지속적으로 추진”하겠다는 것이다.[115] 다른 하나는 행위 주체를 기준으로 하는 것으로서 정부와 민간을 분리한다는 의미이다. 이 경우 정경분리 원칙은 “민간의 경제활동에 정부가 개입하지 않는 원칙”이라고 정의할 수 있다. 이는 민간기업의 대북 사업이 전반적인 남북관계 개선에 기여할 것이라는 전망에 기초한다. 정경연계(正經連繫)는 이와 반대로 정치 문제와 경제 문제를 분리하지 않고, 남북경협을 정치·군사적 상황과 연계해서 추진하는 것이다.

남북경협이 시작된 노태우 정부에서는 정경분리 혹은 정경연계를 논할 상황이 아니었다. 당시는 6·25 전쟁 이후 처음으로 남북경협이 재개되어 남북교역이 소규모로 추진되던 시기였고 투자는 아직 모색 단계에 있었으므로 정경분리를 거론할 만큼 경제협력의 규모가 크지 않았기 때문이다. 또한 핵 실험이나 미사일 발사 등 남북한 간의 심각한 긴장을 유발하는 북한의 행동이 없었던 탓이기도 하다. 정경분리 혹은 정경연계에 대한 논의가 일어나게 된 것은 김영삼 정부가 들어선 이후 북한의 핵 문제가 발생하면서부터이다. 김영삼 정부에서는 공식적으로 정경연계라는 용어를 사용하지는 않았지만, 북한의 핵 문제, 잠수정 사건 등에 따라 경협 논의를 위한 기업인 방북조차 불허하는 정경연계정책을 시행했다. 훗날 통일부 장관을 지낸 당시 조명균 통일원 협력과장은 “남북경협이 남북관계의 정치적 상황에 영향을 받을 수밖에 없는 현실을 고려”해야 한다는 입장을 보였다.[116]

정경분리라는 용어를 처음 공식적으로 사용한 것은 김대중 정부이다. 김대중 정부는 남북경협의 활성화를 위해 과거 김영삼 정부의 정경연계에서 탈피하여 정경분리를 남북경협 추진의 새로운 원칙으로 제시했다.[117] 김대중 정부의 6개 대북 정책 추진 방향 중 두 번째가 ‘정경분리 원칙에 입각한 남북 경제협력의 활성화’였고, 이는 “남북한

---

115 통일부 통일교육원, 『남북관계 지식사전』, 2015, p.724.

116 조명균, “남북경협의 전망과 과제”, 『통일경제』, 창간호, 1995, p.13.

117 강인덕 통일부 장관은 1998년 4월 3일 국제학술회의 기조연설에서 “정경분리 원칙에 따라 경협의 주체인 기업의 자율성을 존중하는 방향에서 남북경협을 활성화해 나갈 것”이라고 밝혔다. 강인덕, “기조연설: 국민의 정부 대북정책 추진기조와 방향”, 민족통일연구원·스톡홀름대학교 아태연구소·서울대학교 국제문제연구소 공동주최 정부수립 50주년 기념 국제학술회의 ‘남북협력: 새로운 지평을 향하여’ 자료집, 1998.4.3, p.4. 김대중 대통령도 1998년 11월 23일 『CNN』과의 인터뷰에서 “북한의 강화도 간첩선 사건에도 불구하고 정경분리 원칙에 따라 대북정책을 펼치겠다”고 밝혔다. 김대중, 『김대중 자서전 2』, 삼인, 2010, p.140.

간의 정치적 상황보다는 시장경제원리에 따라 기업인의 자율적 판단하에 이루어지도록 하자는 것"이었다.[118] 정경분리를 정치와 경제의 분리뿐만 아니라 정부와 시장의 분리를 포함하는 개념으로 정의한 셈이다. 이에 대해 북한은 "남조선당국은 이른바 ≪협력, 교류≫로 우리 내부를 흔들어보려 하지만 돈과 정치를 맞바꾸어보려는것은 얼빠진 짓이다. 정치에도 시장경제의 원리를 적용해보려는것은 황금만능의 사회에서는 통할지 모르나 우리에게는 절대로 통할수 없다"라며 반발했다.[119]

노무현 정부는 정경분리 원칙에 대한 구체적인 입장을 표명하지 않았지만, "평화번영정책은 지난 정부가 추구해온 화해협력, 평화공존, 점진적 통일 등의 대북 정책 기조를 계승하고 있다"[120]는 설명으로 볼 때 기본적으로 김대중 정부의 정경분리 원칙을 수용하고 있었던 것으로 판단된다. 노무현 정부가 "북핵문제 해결과 남북관계 진전을 병행시키는 정책기조 아래 이를 일관되게 추진"해왔다고도 설명했다.[121] 북한의 핵 문제와 남북경협을 병행 추진한다는 '핵-경협 병행 전략'은 정경분리 원칙과 실질적으로 동의어였다. 그래서 노무현 정부는 정경분리 원칙을 채택했다는 것이 학계의 일반적인 평가이다.[122] 그러나 실제로는 노무현 정부의 정경분리에 대한 입장은 명확하지 않았다. 예를 들어 2003년 5월 14일 노무현 대통령은 부시(George W. Bush) 미국 대통령과의 정상회담 이후 발표한 공동성명에서 "향후 남북교류와 협력을 북한 핵문제의 전개상황을 보아가며 추진해나갈 것이라는 입장을 표명"함으로써 우리 정부가 정경연계정책을 추진할 것임을 밝혔다. 5월 19일 국회에 참석한 고건 총리는 "북핵 문제가 악화하면 남북교류협력도 영향을 받지 않을 수 없"다고 답변했고,[123] 같은 날 평양에서 열린 제5차 남북경제협력추진위원회 1차 전체 회의에 앞서 남한 측 수석대표인 김광림 재경부 차관도 "남북경협을 원활히 추진하기 위해서는 북한 핵문제가 악화되지 않아야 한다는 것이 전제조건"이라고 말했다.[124] 그러나 비슷한 시기인 5월 15일 정세현 통

---

118 통일부, 『통일백서』, 1999, p.43.

119 "남조선당국의 ≪포용정책≫을 해부한다", 『노동신문』, 1999.6.4.

120 통일부, 『통일백서』, 2004, p.33.

121 통일부, 『통일백서』, 2006, p.21.

122 예를 들어 이기동, "노무현 정부와 이명박 정부의 대북 접근방식 비교", 『북한연구학회보』, Vol.12 No.2, 2008, p.276; 하상식, "박근혜 정부 대북정책의 특징과 과제", 『대한정치학회보』, Vol.22 No.4, 2014, p.133.

123 "식량지원, 핵문제와 무관", 『한국일보』, 2003.5.20.

124 "'북 투명성 보장해야 쌀지원' / 경협-핵문제 연계원칙도 통보", 『문화일보』, 2003.5.20.

일부 장관은 기자들과 만난 자리에서 "북핵 문제와 남북교류는 병행할 수밖에 없는 사안"이라는 입장을 표명했다.[125]

한편 이명박 정부는 철저한 정경연계정책을 채택했는데, 이명박 정부 대북 정책의 슬로건인 '비핵 · 개방 · 3000'은 핵 문제를 남북경협의 선결 조건으로 내건 것이었다. 2008년 관광객 사망 사건에 따른 금강산 관광사업 중단, 2010년 천안함 사건에 따른 '5 · 24 조치'는 정치 · 군사적 긴장 상황을 경제협력의 중단과 연계하는 조치였다. 박근혜 정부는 정경연계 여부에 대해 명확하지 않았고, "비핵화의 진전 없이 남북 관계의 발전만을 추진하는 것도 바람직하지 않지만 동시에 남북관계의 모든 사안들을 핵 문제와 연계시켜서 접근하는 것도 바람직하지 않습니다"라며 중간적인 입장을 보였다.[126] 그러나 "남북 간 신뢰 형성과 북핵문제의 진전에 따라" 경제협력을 진행하겠다는 표현으로 볼 때 정경연계에 가까운 입장이었던 것으로 보인다.[127] 실제로 2006년 2월 박근혜 정부의 개성공단 중단 결정도 북한의 핵 · 미사일 실험과 남북경협을 연계한 정책이었다.

문재인 정부는 정경분리 입장을 분명히 했다. 북한 핵 문제와 남북관계는 "선후 또는 양자택일의 문제가 아니"라며 '남북관계와 북핵문제 병행 진전'을 선언했다.[128] 보다 명확하게, 문재인 대통령은 2017년 7월 6일 독일 쾨르버재단 초청연설에서 "비정치적 교류협력 사업은 정치 · 군사적 상황과 분리해 일관성을 갖고 추진"하겠다고 밝혔다. 반면 윤석열 정부는 정경연계정책을 채택했다. 예를 들어 윤석열 대통령은 2022년 8월 15일 광복절 경축사에서 "북한이 핵 개발을 중단하고 실질적인 비핵화로 나온다면 그 단계에 맞춰" 다양한 경제협력을 실행하겠다고 제안했다.

그런데 원칙에 대한 입장 표명과는 달리 실제 실행 과정에서는 상충되는 행동을 보인 경우도 다수 발견된다. 예컨대 김대중 정부는 정경분리를 채택했고, "정부는 과당경쟁 방지 등 교류협력 질서유지 차원의 역할만 수행"한다고 선언했다.[129] 그러나 금강산 관광사업이 어려워지자 한국관광공사의 투입을 비롯해 다양한 재정적 지원을 함으

125 "[한 · 미 정상회담] 남북 관계", 『중앙일보』, 2003.5.15.
126 통일부, 『한반도 신뢰프로세스』, 2013, p.28.
127 통일부, 『통일백서』, 2014, p.22.
128 통일부, 『문재인의 한반도정책』, 2017, p.25.
129 제15대 대통령직인수위원회, 『제15대 대통령직인수위원회 백서』, 1998, p.84.

로써 사업에 직접 관여했다. 김대중 대통령은 2000년 정상회담 당시 김정일에게 "우리 정부는 정경분리를 원칙으로 하고 있지만", 남북문제의 특성상 여러 분야에서 "당국 간 협력을 본격화해나갈 용의"가 있다고 말했다.[130]

김영삼 정부는 원칙 자체가 흔들리는 모습을 보였다. 김영삼 대통령은 1993년 2월 취임사에서 "어느 동맹국도 민족보다 더 나을 수는 없습니다", "어떤 이념이나 어떤 사상도 민족보다 더 큰 행복을 가져다주지 못합니다"라며 남북관계에 대해 매우 전향적인 입장을 표명했다. 북한 핵 문제나 인권 문제는 아예 거론하지 않았다. 그러면서 남북경협에는 적극적이어서 '신경제 5개년계획'에 남북경협 부문을 포함했다.[131] 정부의 중장기 계획에 남북경협이 포함된 것은 우리 정부 역사상 이때가 처음이었다. 그러나 이러한 입장은 1993년 6월 4일 취임 100일 기자회견에서는 "핵무기를 갖고 있는 상대와는 결코 악수할 수는 없다"는 강경한 자세로 바뀌었고,[132] 1993년 8월 15일 광복절 경축사에서는 "북한이 핵투명성을 보장하고 성실하게 대화에 임한다면, …… 남북 사이에 다양한 경제협력은 물론 북한과 우리 우방과의 관계 개선을 적극 도울 것"이라며 정경연계정책을 분명히 했다.[133] 임기 내내 정경분리와 정경연계 사이에서 우왕좌왕했다. 예를 들어 1995년 8월 삼선비너스호 선원 억류사건이 발생하자 기업인 방북을 금지했지만, 1996년 4월 북한이 판문점에 무장병력을 투입하는 사태가 발생했을 때에는 3개 업체에 대한 경제협력사업자 승인을 했다.[134]

노무현 정부에서도 마찬가지 사례가 발견된다. 정경분리정책을 채택했던 노무현 정부는 2006년 7월 북한이 미사일 발사 실험을 하자 쌀, 비료 등 대북 인도적 지원을 유보했다. 정부는 "북한의 6자회담 복귀를 이끌어내기 위한 국제사회의 노력에 부응하고 북한의 미사일 발사로 인해 대북 지원에 대한 국민적 동의가 형성되기 어려운 상황 등을 감안"했다고 설명했다.[135] 인도적 지원 유보에 대해 정경분리 원칙의 기조를 흔드

130 김대중, 『김대중 자서전 2』, 삼인, 2010, p.280.

131 '신경제 5개년계획'은 1962년부터 시작된 '경제개발 5개년계획'(1982년부터는 '경제사회발전 5개년계획'으로 명칭 변경)을 이어받은 김영삼 정부의 경제사회발전을 위한 1993~1997년 계획이다.

132 행정안전부 대통령기록관 홈페이지, 대통령 이야기 > 김영삼 > 연설기록 > 취임 100일 기자회견문.

133 행정안전부 대통령기록관 홈페이지, 대통령 이야기 > 김영삼 > 연설기록 > 제48주년 광복절 경축사.

134 조동호, 『남북한 경제교류협력의 전망과 과제』, 한국개발연구원, 1998, pp.32~33.

135 통일부, 『통일백서』, 2007, p.23.

는 정도는 아니었다는 평가도 있었지만,[136] 인도적 지원을 미사일 발사와 연계한 것은 '전략적 판단 미스'일 뿐만 아니라 명분도 없는 대책이라는 비판도 있었다.[137] 그런데 2006년 10월 9일 핵 실험에 대해서는 금강산 체험학습에 대한 정부 차원의 지원 중단, 그간 시행해오던 개성공단 1단계 2차 분양의 보류 유지 등 소극적인 최소한의 조치만을 취했다. 미사일 발사에 대해서는 정경연계정책으로 인도적 지원도 중단하더니, 미사일보다 더 심각한 상황이라고 할 수 있는 핵 실험 시에는 경협을 유지한 것이다. 어느 상황에서는 대북 강경 입장을, 다른 상황에서는 대북 유화 입장을 보임으로써 정경분리 원칙을 지키지 않았다.[138] 결국 정부가 정경분리 원칙을 스스로 모호하게 만들었고, 편의에 따라 자의적으로 적용한 셈이었다.

언론의 논조도 일관성 없이 경우에 따라 달랐다. 『한겨레』는 1992년 7월 사설에서 핵 문제의 진전이 없는 상황에서 김달현 부총리의 남한 방문은 적절하지 않다고 지적했다.[139] 그러나 1994년 12월에는 남북경협에 있어서는 정경분리가 바람직하다는 기사를 실었다.[140] 1992년 7월 『동아일보』 사설은 남북관계의 특성상 "정경을 분리할 수 없는 상황"이라며 정경연계를 주장했는데,[141] 1998년 11월의 사설에서는 금강산 관광사업에 대해 "정경분리를 바탕으로 한 우리 정부의 대북한 화해 교류협력정책이 거둔 성과"라고 설명했다.[142]

이처럼 그동안의 실행 과정에서 다음과 같은 논란이 발생했다. 첫째, 정경분리 원칙에서의 경제 문제란 민간 차원의 경협만을 의미하는지 혹은 정부 차원의 경협도 포함하는 것인지에 대한 인식이 불분명했다. 이는 '5·24 조치'나 개성공단 폐쇄에서 보이는 것처럼 정치·안보 문제가 발생하는 경우 민간기업의 경협도 중단시켜야 하는가에 대한 논란과 연결되어 있다. 둘째, 정부가 민간 차원의 경협에 지원하는 것은 정경분리 원칙에 위배되는지의 여부에 대한 논란이다. 이는 사업 중단과는 반대의 경우로서 대

---

136 이기동, "노무현 정부와 이명박 정부의 대북 접근방식 비교", 『북한연구학회보』, Vol.12 No.2, 2008, p.276.

137 "북미사일-인도적 지원 연계 '실책론' 제기 '정부 명분·실리 다 잃었다'", 『경향신문』, 2006.7.21.

138 조찬래, "노무현 정권 대북정책의 평가와 과제", 『통일전략』, Vol.8 No.1, 2008, p.197.

139 "'핵'과 '고향방문'은 어떻게 되는가, 북한 김 부총리 방문이 던지는 의문", 『한겨레』, 1992.7.17.

140 "남북경협 정경분리 바람직", 『한겨레』, 1994.12.14.

141 "남포조사단 시기가 문제다", 『동아일보』, 1992.7.25.

142 "남북교류 열쇠는 신뢰", 『동아일보』, 1998.11.3.

표적인 예로는 금강산 관광사업에 대한 정부 지원의 타당성을 둘러싼 논쟁을 들 수 있다.[143] 셋째, 경제 문제가 정치·안보 문제와 완전히 분리될 수 있는가에 대한 논란이다. 예를 들어 북한의 핵 개발 문제가 논란이 되는 상황에서도 경협을 지속해야 하는가와 관련한 논란이다.

2) 대안의 모색

일반적으로 보수는 정경연계가 필요하다는 입장이다. 남북관계 상황에 따라 남북경협의 범위와 속도를 조절하는 것은 남북관계의 특수성으로 볼 때 불가피하며, 북한의 변화를 이끌어내는 데에도 더욱 효과적이라고 주장한다. 또한 북한의 군사적 도발이나 핵·미사일 실험 등과 같이 한반도의 안정과 평화를 해치는 잘못된 행동에 대해서는 그에 상응하는 대가를 치르게 하는 것이 바람직한 정책이라는 것이다. 남북경협으로부터 북한이 획득하는 경제적 이익을 주요한 정책 수단으로 활용해야 한다는 의미이다. 여기에는, "북한 핵 문제 이래 우리는 남북경협을 북한의 태도에 영향력을 행사할 수 있는 카드로서 간주"해왔다는 평가처럼,[144] 남북경협이 북한의 잘못된 행동에 대해 우리가 사용할 수 있는 유일한 압력 수단이라는 인식이 깔려 있다. 북한의 남북경협에 대한 인식이 "너무 정치에 경사"되어 있는 상황에서 기업의 과감한 대북 접근을 그대로 수용하는 것은 바람직하지 않다는 견해도 있었다.[145]

반면에 진보는 정경분리를 해야 한다는 입장이다. 정치·군사적 사안에 따라 경협이 영향을 받는다면 남북경협 및 남북관계의 진전을 기대하기 곤란하므로 경제 문제

---

143 이에 대해 정치와 경제의 분리를 의미하는 정경분리 원칙을 정부와 시장의 분리와 혼동하는 것이라는 지적도 있다. 박순성, "남북한 교류·협력의 전개과정(1988~2002년)과 평화통일", 『북한연구학회보』, Vol.6 No.2, 2002, p.187.

144 문정인·류길재, "북한체제의 변동과 대북 경제협력의 정치·경제적 조건", 유한수·이영선(편), 『북한진출 기업전략』, 오름, 1997, p.35. 실제로 김영삼 대통령은 1996년 광복절 경축사에서 북한이 4자회담을 수용하면 남북경협을 본격적으로 추진할 의사가 있음을 밝혔고, 북한이 핵을 포기하고 개방하면 남북경협으로 북한경제의 발전을 지원하겠다는 이명박 정부의 '비핵·개방·3000', 북한 핵 문제가 진전되면 한반도의 경제 지도를 새롭게 그려 나가겠다는 문재인 대통령의 쾨르버재단 초청 연설, 북한이 비핵화의 결단을 내리고 대화의 장으로 나오면 경제적 지원을 하겠다는 윤석열 정부의 '담대한 구상' 등도 모두 같은 맥락이다.

145 정순원·최광석, "남북한 경제통합론의 평가", 『통일경제』, 5월호, 1995, p.98.

는 경제 논리에 따라 진행하는 것이 바람직하다는 것이다. 남북관계의 유동성을 고려할 때 남북경협을 정치·군사적 사안에 주로 좌우되는 남북관계에 연계한다면 남북경협의 안정적인 발전을 저해하는 것은 물론 교류협력을 통한 북한의 변화 유도라는 정책 목표에도 부합하지 않는다는 주장이다. 남북경협의 긍정적 외부효과는 남북경협이 장기적으로 꾸준히 실행될 때 비로소 나타나는 것인 만큼 이는 우리가 독자적으로 통제할 수 없는 단기적인 한반도 정치·군사 환경 변화와 분리해야 한다는 판단이다.[146] 남북한 당국 간 대화가 정체된 상황에서도 남북경협을 통해 쌍방의 위협 인식을 감소시킴으로써 정부 관계의 개선에 기여한다는 장점도 있다.[147]

기업들은 처음부터 당연히 정치와 경제의 분리를 희망했다. 1993년 12월 22일 동아시아경제연구원 주최로 열린 '나진·선봉 자유경제무역지대 투자전망' 세미나에서 산업연구원 홍택기 실장은 "남북경협이 활성화하기 위해서는 남북관계에서 정경분리가 필요하다"고 지적했고,[148] 1999년 1월 기업계 및 학계의 남북경협 전문가들을 대상으로 현대경제연구원과 『매일경제』가 실시한 설문조사에 의하면 응답자들은 남북경협에 대한 바람직한 정부정책으로 '일관된 정경분리 원칙 필요'(68%), '사안별 신축적 대응 필요'(30%)를 꼽은 반면, '정경연계 원칙으로 전환'을 바람직하게 보는 비율은 2%에 불과했나.[149] 2010년 3월 31일 『한국경제』와 현대경제연구원이 주최한 '남북 경제협력 사업의 현황과 미래' 좌담회에서 안교식 금강산지구기업협의회 회장 역시 "정치적인 갈등이 생길 때마다 우리 기업인들은 도구화하는 느낌을 받는다"며 "민간 경협과 정치적 부분은 분리해서 대응"해주기를 희망했다.[150]

정경분리와 정경연계 모두 나름대로 상당한 타당성과 설득력을 가지고 있지만, 우리 국민들은 대체로 정경분리를 선호하면서도 이념에 따라 큰 차이를 보이고 있다. 2022년 10월 KDI가 일반 국민 1,000명을 대상으로 실시한 의견조사에 의하면, "남북경협은 정치·군사적 상황과 분리해서 추진해야 한다"라는 문항에 동의한 응답자 비율

146 이석, "남북경협 체계의 개념적 분석과 확장", 이석(편), 『새로운 대북정책과 남북경협의 모색』, 한국개발연구원, 2022, p.31.

147 이종석, 『분단시대의 통일학』, 한울, 1998, p.265.

148 "두만강권 개발 기업관심 고조", 『동아일보』, 1993.12.23.

149 "북한 전문가에 들어본 남북경협: 미, 대북 경제제재 완화해야", 『매일경제』, 1999.1.4.

150 "남북 갈등 때마다 기업인들 도구화 … 정경분리 원칙 지켜야", 『한국경제』, 2010.4.2.

<그림 5-1> 이념별 정경분리 동의 비율

(단위: %)

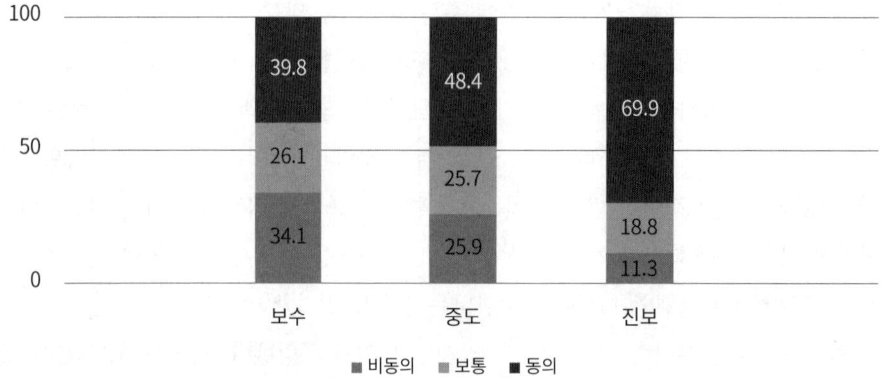

* 자료: 조동호, "대북 정책 및 남북경협에 대한 국민적 인식 분석", 이석(편), 『새로운 대북 정책과 남북경협의 모색』, 한국개발연구원, 2022, p.206.

이 53.0%로서 동의하지 않은 응답자 비율 23.4%의 2배 이상으로 나타났다.[151] 우리 국민의 다수는 정경분리를 선호하는 것이다.[152] 하지만 이념별 격차는 매우 커서 본인이 진보라고 답한 응답자는 69.9%가 정경분리에 동의한 반면, 보수의 동의 비율은 39.8%에 지나지 않았다(<그림 5-1> 참조).

그런데, 우선적으로 지적할 것은 정경분리에 대한 보수와 진보의 입장은 사실은 서로 모순이라는 점이다. 시장의 자율적 기능을 강조하는 보수가 남북관계에서 정경연계를 주장하는 것은 앞뒤가 맞지 않기 때문이다. "경제 문제는 경제 논리에 따라 진행되도록 하는 것이 바람직하다"는 진보의 주장은 실은 보수가 해야 할 주장이다. 또한 경제 문제는 민간의 자율적 판단에 맡겨야 한다면서도 정부의 지원을 요구하는 진보의

151 조동호, "대북정책 및 남북경협에 대한 국민적 인식 분석", 이석(편), 『새로운 대북정책과 남북경협의 모색』, 한국개발연구원, 2022, p.206.

152 그런데 KDI가 30여년 전인 1995년 12월 20일에서 1996년 1월 3일의 기간 동안 성인 1,500명을 대상으로 실시한 개별 면접조사에 의하면, "남북경협의 활성화를 가져오기 위해 경제문제는 정치문제와 분리시켜 다루어야 한다"는 의견과 "경제문제와 정치문제를 연계해서 나가야 한다"는 의견 중에서 '연계'가 65.4%, '분리'가 34.4%로서 정경연계에 대한 선호가 정경분리에 비해 거의 2배 높은 것으로 나타났다. 한국개발연구원 국민경제교육연구소, 『경제체제 전환기의 경제의식』, 1996, p.21. 남북경협의 초창기였던 당시 시점에서는 남북경협 발전을 위해 정부의 개입과 지원이 필요하다고 판단하는 국민들이 많았으나, 남북경협의 규모가 확대되고 여러 논란이 발생하면서 정경분리가 필요하다는 의견이 점차 우세해지게 되었던 것으로 해석된다.

주장 역시 상충되는 측면이 존재한다. 또 하나의 문제는 상호주의와 정경분리는 서로 모순되는 측면이 있다는 점이다.[153] 상호주의는 상대방의 존재를 전제한 북한의 반응과 관련된 정책이라면, 정경분리정책은 남한 정부의 독자적 판단에 의해 추진할 수 있는 정책이다. 그런데 북한이 상호주의에 전혀 호응해오지 않음에도 불구하고 정경분리 원칙에 따라 남북경협을 추진한다면 상호주의는 무의미해지고 북한은 정경분리정책의 이익만 누리게 된다.

한편 정경분리 논의가 처음 나왔던 당시, 명칭과 관련한 여러 견해들도 제기되었다. 권오기 전 통일원 장관은 엄밀한 의미에서 정치와 경제는 분리될 수 없다며 '정경분리'보다는 '정경분리적'이라는 용어가 보다 정확하다고 지적했고,[154] 신창민 중앙대학교 교수는 '정경분리 원칙'이라는 모호한 용어보다는 '대북 경제교류협력 민간자율성 존중원칙'으로 바꾸는 것이 바람직하다는 견해를 보였다.[155] 또한 이상만 중앙대학교 교수는 '정경분리'를 '정부와 민간의 역할분담론' 관점에서 파악해야 한다는 시각을 보였다.[156]

그러면 어떤 대안이 가능할 것인가. 분명한 것은, 남북관계에서 완전한 정경연계나 완전한 정경분리는 가능하지도 바람직하지도 않다는 점이다. 정경분리라고 해도 결국은 정치적 목적을 달성하기 위한 선략·전술이기 때문이다.[157] 정경분리 여부를 둘러싼 보수와 진보의 주장은 근본적인 차이라기보다는 정도의 차이라고 볼 수도 있다. 왜냐하면 두 가지 주장 모두 남북경협의 필요성에는 공감하고 있으며, 남북경협의 지향점은 분단의 고착이 아니라 북한의 개방과 개혁을 통한 통일 기반의 구축이라는 점에 동의하고 있기 때문이다.[158] 또한 정경분리와 정경연계 모두 분명한 현실적 단점을 가지고 있다. 예를 들어 정경분리는 체제 유지에 이득이 되는 남북경협에는 적극적으로 나

---

153 조민, "노무현 정부의 평화번영정책: 전망 및 과제", 『통일정책연구』, Vol.12 No.1, 2003, p.12.

154 권오기, "정경분리원칙: 대북정책을 어떻게 추진해야 할 것인가", 경남대 극동문제연구소 주최 제13차 통일전략포럼 발표문, 1998.4.30.

155 신창민, "대북경제교류협력 민간자율성 존중의 원칙", 한우리연구원 창립 8주년 기념 세미나 발표문, 1998.5.15, pp.2~3.

156 이상만, "정부와 민간의 역할분담과 대북접근자세", 민족통일연구원·통일경제연구협회·한국경제신문사 공동주최 학술회의 '대북정경분리정책: 어떻게 실천해 나갈 것인가?' 자료집, 1998.4.10, p.38.

157 고유환, "남북 경제교류협력의 현황과 국회의 역할", 국회의장 정의화 주최 세미나 '분단 70년, 남북 경제교류협력 무엇을 어떻게 할 것인가' 자료집, 2015.3.11, p.78.

158 이찬호, "남북경협의 경험과 법적 과제", 『아주법학』, Vol.10 No.1, 2016, p.311.

오면서 내부 단속을 위해 정치·군사 관계에서는 긴장 분위기를 지속하려는 북한의 의도에 부합하며,[159] 정경연계는 남북관계의 굴절에 따라 경협의 단절을 가져오게 되므로 오히려 남북경협의 성공을 불가능하게 만든다는 우려가 있다.[160] 정경연계가 효과를 가지려면 북한이 남북경협을 대북 레버리지로 사용할 수 있을 만큼 북한의 대남 의존도가 확보되어야 하는데, 이를 위해서는 우선 정경분리로 남북경협을 활성화시켜야 한다는 논리적 문제도 있다.

이와 관련해서 정경연계, 정경분리는 전략적이라기보다는 전술적 차원의 원칙이므로 '상황에 따라' 접근하는 것이 바람직하다는 견해가 있다. 미리 결정하지 말고, 사안에 따라 연계할지 혹은 분리할지를 결정하자는 것이다.[161] 정책 추진의 탄력성과 효과성 차원에서는 좋은 제언이지만, 정책의 일관성 시비는 어떻게 극복할 것인가의 문제가 있다. 현재처럼 보수와 진보의 견해가 확연히 갈라져 있는 상황에서는 사안마다 양쪽 모두로부터 비판을 받게 될 가능성이 크며, 이는 정책 추진의 동력 자체를 떨어뜨릴 우려가 있다.

따라서 이상의 논의를 종합하면, 정경분리 여부에 대해 어느 정도의 '느슨한 원칙'은 있는 것이 바람직할 것이다. 실제로 그동안 여러 전문가가 다소 신축적인 정경분리 원칙을 제언했는데, 예를 들어 조동호(2003)는 '신정경분리' 원칙, 임강택(2008)은 '실용적 정경분리'라고 이름 붙였다.[162] 그 핵심적인 내용은 다음과 같다. 첫째, 정부 차원에서는 정경연계정책을 채택한다. 그러나 엄격한 정경연계보다는 유연한 정경연계가 바람직하다. 예를 들어 북한의 핵 실험 등으로 우리의 안보가 심각하게 위협받는 상황에서 정부 차원의 대규모 경협을 추진하는 것은 국민적 공감을 얻기 어려우므로 정경연계정책을 채택할 수밖에 없다. 앞서 소개한 KDI의 2022년 조사에서도 우리 국민의 다수는 정경분리를 선호하지만, "북한이 정치·군사적 도발을 감행하더라도 남북경협은

---

159 정지웅, "정경분리정책과 남북관계, 그 의의와 한계", 『북한연구학회보』, Vol.3 No.2, 1999, pp.117~118.

160 이종석, "《정경분리》의 여건조성과 정책과제", 민족통일연구원·통일경제연구협회·한국경제신문사 공동주최 학술회의 '대북정경분리정책: 어떻게 실천해 나갈 것인가?' 자료집, 1998.4.10, p.3.

161 임재천, "남북관계 세 가지 제약요인과 대북정책", 『국가안보와 전략』, Vol.13 No.1, 2013, p.132.

162 조동호, 『북한 경제정책의 변화 전망과 남북경협의 역할』, 한국개발연구원, 2003, p.236; 임강택, "북한의 대외개방을 촉진하기 위한 경제협력 추진 방안", 통일연구원 주최 건국 60주년 기념 통일 심포지엄 '이명박 정부 대북정책 비전 및 추진방향' 자료집, 2008, p.108.

지속되어야 한다"라는 문항에 동의한 비율은 불과 18.7%에 지나지 않았다.[163] 또한 우리의 안보와 직결되는 문제에 대해서는 정부가 남북경협을 전략적으로 활용하는 것이 바람직하다. 그러나 모든 정치·군사적 긴장 상황을 경제협력과 연계하는 것은 바람직하지 않으므로 정부가 사안의 경중을 잘 판단해야 한다. 동시에 인도적 차원의 지원은 가급적 정치·군사적 상황과 무관하게 실시한다. 만약 심각한 긴장 상황이 발생하는 경우에는 전략적 차원에서 정부 차원의 인도적 지원은 중단하되, 민간단체 차원의 소규모 지원은 진행하도록 한다.

둘째, 남북경협의 초기부터 "남북경협은 정치문제와 가급적 분리하여 추진하는 것이 성공의 관건"이며[164] "남북한 경제협력에 관한 가장 근본적인 정책적 지향은 정경분리정책"이라고 지적되었듯이,[165] 민간 차원의 경협에 있어서는 정경분리를 철저히 적용한다. 이는 민관분리라고도 표현할 수 있다. 민간기업의 대북 사업은 수익성에 대한 기업 스스로의 자율적인 판단과 책임 아래 실시하는 것이다. 따라서 설령 정치·안보상의 문제가 발생했다고 해도 우리 국민의 생명과 재산이 위협받지 않는 한 이미 진행 중인 민간기업의 사업을 정부가 중단하라고 요구할 수는 없다. 만약 정치·안보상의 문제로 긴장이 야기된다면 이는 수익성에 부정적으로 작용할 것이고, 민간기업은 스스로 사업의 축소·연기·중단 등의 방식으로 대응할 것이다. 따라서 정부가 직접 나서서 민간기업의 대북 사업을 중단시키는 것은 바람직하지 않다.

셋째, 민간의 대북 사업에 대한 지원은 정부가 사안별로 판단한다. 이 문제에 대한 보수와 진보의 입장은 엇갈린다.[166] 진보의 기본적인 입장은 남북경협의 공공재적 특성을 이유로 정부의 지원이 필요하다는 것이다. 예를 들어 기업 차원의 경협에는 경제 외적 효과가 존재하는데, 그러한 경제 외적 효과가 정부 차원에서 바람직하다고 판단되는 경우 기업 차원의 경협은 정부 차원의 경협과 공통 분모를 가지게 되며, 정부가 개입할 근

163 조동호, "대북정책 및 남북경협에 대한 국민적 인식 분석", 이석(편), 『새로운 대북정책과 남북경협의 모색』, 한국개발연구원, 2022, p.208.

164 이영선, "기업경영차원의 대북한 진출전략", 유한수·이영선(편), 『북한진출 기업전략』, 오름, 1997, p.30.

165 최신림·이석기, 『남북한 경제협력 방안』, 산업연구원, 2000, p.78.

166 예를 들어 통일연구원이 2016년 7~8월 남북관계 및 국제정치 전문가 70명을 대상으로 실시한 설문조사에 의하면, 김대중, 노무현 정부의 남북경협 지원 수준에 대해 진보 성향 전문가의 45.5%는 '부족'이라고 평가한 반면, 보수 성향 전문가의 40.0%는 '지나침'이라고 응답했다. 홍순직·신종호, "부록: 전환기 남북관계 전문가 설문조사", 신종호 외, 『전환기 남북관계 영향 요인 및 향후 정책 방향』, 통일연구원, 2016, p.318.

거가 확보된다는 것이다.[167] 남북경협이 중소기업 중심으로 진행될 수밖에 없는데, 중소기업들의 어려운 사정을 감안한다면 보다 적극적인 지원 대책이 필요하다고도 주장한다.[168] 보수의 일반적인 시각은 다르다. 공공재는 비배제성과 비경합성이라는 특성을 가지는데, 민간기업의 투자 결과물은 이용에 제한이 있고, 이익도 공유되지 않으므로 공공재라고 보기 어렵다는 것이다. 또한 특정 기업에 대한 지원은 형평성에 위배될 소지가 있다는 입장이다. 정부의 과도한 지원은 대북 사업이 시장경제 원리에 기반해서 이루어지는 것을 제약할 수 있으며, 민간기업의 도덕적 해이를 가져올 수 있다고 우려한다.[169] 그래서 대북 투자는 민간이 자율적으로 결정할 수 있도록, 정부 역할을 민간 투자를 위한 환경과 여건 조성, 절차 간소화 등으로 한정해야 한다고 주장한다.[170] 따라서 견해 차이의 핵심은 '민간의 대북 사업이 전반적인 남북관계에 미치는 외부효과를 어느 정도로 평가하느냐'이다. 그러므로 민간기업의 대북 사업에 대한 보다 정확한 정보와 통계를 바탕으로 보수와 진보 간 토론을 통해 견해 차이가 좁혀질 여지도 있지만, 이 견해 차이는 시장과 정부의 관계에 대한 보수와 진보의 근본적인 이념 차이에서도 기인하는 것이기 때문에 쉽게 합의에 이르지 못할 가능성도 크다. 결국 정부가 사안별로 해당 사업의 성격과 규모, 파급효과 등을 종합적·객관적으로 고려하여 판단하는 것이 바람직하다.

넷째, 정부는 정경분리 혹은 정경연계에 대한 입장을 공식적으로 거론하지 않는 것이 바람직하다. 남북관계의 특성상 여러 가지 상황이 발생할 수 있고, 그에 대한 우리 정부의 대응도 상황에 따라 전략적으로 변화할 수 있는데, 사전에 정경분리 혹은 정경연계 원칙을 표명하는 것은 정부가 스스로의 발목을 잡는 것이 될 우려가 있기 때문이다. 따라서 정경분리 혹은 정경연계에 대한 입장은 정부의 내부 가이드라인 정도로 가지고 있는 것이 바람직하다. 이와 관련해서 남북 당국 간의 대화 창구를 분야별로 특성화함과 동시에 각각이 독립성을 유지할 수 있도록 하는 방안도 고려할 만하다. 예를 들면 범정부 차원에서 총괄 조정은 하되, 정치회담은 통일부, 군사회담은 국방부, 경제회담은 경제부처, 인도적 사안은 보건복지부가 주관하는 방안이다.

---

167 양문수, "5·24 조치 1년과 남북경협", 『KDI 북한경제리뷰』, 5월호, 2011, p.15.

168 김연철, "개성공단 사업 추진대책", 민주평통 주최 개성공단 관련 전문가 검토회의 발표문, 2004.5.24, p.14.

169 이연호 외, 『북한경제의 변화와 남북 경제협력』, 충북대학교출판부, 2023, p.373.

170 김영윤 외, 『남북 경제공동체 형성을 위한 대북 투자 방안』, 통일연구원, 2002, p.188.

4. 교역 통계: 타당 vs. 오도(誤導)

1) 내용과 경과

그동안 진보 정부는 유화적인 대북 포용정책, 보수 정부는 강경한 대북 압박정책을 선호했다. 그 결과 남북경협에 있어서 진보 정부는 적극적이고, 보수 정부는 소극적 혹은 부정적이라는 이미지가 형성되었다. 물론 남북경협은 남한 정부의 정치적 성향만이 아니라 남북한 경제 상황 및 북한을 비롯한 대내외 다양한 정치·군사적 변수의 영향을 받는다.[171] 그럼에도 불구하고 우리 정부의 대북 정책 기조가 남북경협에 영향을 미치는 핵심적인 요인이라는 점은 부인할 수 없다.[172]

실제로 많은 연구들은 진보 정부가 남북경협을 성장시키는 경향을 보여왔다고 평가한다. 진보 정부의 대북 정책이 교류협력 우선정책이었던 것과는 대조적으로 보수 정부는 안보 우선정책이었다고 표현하기도 한다. 대체적으로 요약하면, 진보 정부는 정경분리와 포용정책을 적극 추진함으로써 남북경협을 발전시켰지만, 보수 정부 시절에는 북한 핵 문제를 앞세우면서 정경연계정책을 채택한 결과 남북경협이 정체되었다는 것이다.[173] 투자의 경우를 보면 이러한 평가가 맞다고 할 수 있다. 금강산 관광이나 개성공단과 같은 남북경협의 대표적이고 상징적인 투자 사업들은 진보 정부인 김대중, 노무현 정부에서 시작되고 성장한 반면, 보수 정부인 이명박, 박근혜 정부에서 중단되었기 때문이다.

그러나 교역 통계는 이러한 일반적 인식과는 다른 모습을 보여준다. <표 5-4>와 <그림 5-2>는 통일부가 발표하는 남북교역 규모를 정부별로 다시 정리한 것이다. 이

---

171 예를 들어 김형석, “한국 보수·진보 정부의 대북정책 비교 분석과 통합 가능성 모색”, 『통일문제연구』, Vol.29 No.2, 2017; 양문수, “판문점 선언, 동해선·경의선, 그리고 남북경협”, 『동향과 전망』, No.103, 2018; 홍원표·강수현, 『한반도 신경제 구상에 대한 충남의 남북경협 전략 연구』, 충남연구원, 2018; 박병철·주인석, “남북경협의 ‘정치·군사적 리스크’ 극복 가능성”, 『통일전략』, Vol.20 No.2, 2020.

172 예를 들어 박성열, “남북교류협력 변화 추이 및 영향요인”, 『국가전략』, Vol.27 No.1, 2021, p.89.

173 예를 들어 최수영, 『북·중 경제관계와 남북경협의 대북 파급효과 비교분석』, 통일연구원, 2010; 양문수, “새 정부의 대북정책, 어떻게 할 것인가: 경제협력 분야를 중심으로”, 『동향과 전망』, No.87, 2013; 김갑식 외, 『남북관계 2023: 도전요인과 대북정책 추진방향』, 통일연구원, 2019; 최규빈, “긍정적 관여를 통한 한반도 평화: 남북경협의 진화와 전망”, 『담론 201』, Vol.23 No.3, 2020; 이종엽·정주호, “한국정부의 기능주의 대북정책 한계성 및 대안 모색”, 『한국국가안보·국민안전학회지』, Vol.12, 2021.

<표 5-4> 정부별 남북교역 규모

(단위: 백만달러)

정부	연도	남북교역 규모	합계
노태우	1989	19	343
	1990	13	
	1991	111	
	1992.1~1993.2	200	
김영삼	1993.3~1993.12	160	1,224
	1994	195	
	1995	287	
	1996	252	
	1997.1~1998.2	330	
김대중	1998.3~1998.12	201	2,093
	1999	333	
	2000	425	
	2001	403	
	2002.1~2003.2	731	
노무현	2003.3~2003.12	635	5,795
	2004	697	
	2005	1,056	
	2006	1,350	
	2007.1~2008.2	2,057	
이명박	2008.3~2008.12	1,561	9,181
	2009	1,679	
	2010	1,912	
	2011	1,714	
	2012.1~2013.2	2,315	

정부	연도	남북교역 규모	합계
박근혜	2013.3~2013.12	792	6,182
	2014	2,343	
	2015	2,714	
	2016.1~2017.3	333	
문재인	2017.5~2017.12	0	43
	2018	31	
	2019	7	
	2020	4	
	2021.1~2022.5	1	
윤석열	2022.6~2022.12	0	0
	2023	0	
	2024	0	

* 자료: 통일부 남북교류협력시스템 홈페이지, 남북교역 통계안내 > 연도별·월별 통계.

<그림 5-2> 정부별 남북교역 규모

(단위: 백만달러)

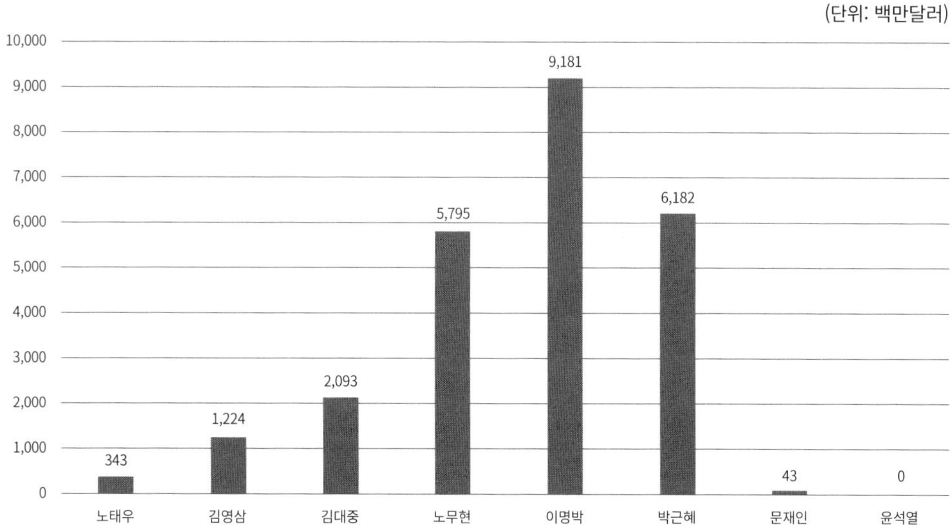

* 자료: 통일부 남북교류협력시스템 홈페이지, 남북교역 통계안내 > 연도별·월별 통계.

에 의하면, 대통령 재임 기간을 기준으로 볼 때, 남북교역 규모 1위는 이명박 정부, 2위는 박근혜 정부였다. 아이러니하게도 '5·24 조치'로 교역을 중단한 이명박 정부의 교역 규모가 가장 컸으며, 무려 김대중 정부 교역 규모의 4.4배, 노무현 정부 교역 규모의 1.6배에 달했다. 교역 규모가 두 번째로 큰 정부는 개성공단을 전면 중단할 정도로 강경했던 박근혜 정부였고, 박근혜 정부의 교역 규모는 김대중, 노무현 정부 교역 규모의 각 3.0배, 1.1배에 해당했다. 연도별로 가장 큰 규모를 기록한 해는 박근혜 정부 시절의 2015년이며, 교역 규모 2위에서 5위인 해는 순서대로 2014년, 2012년, 2010년, 2008년으로서 모두 보수 정부 시절이다.[174] 또한 김대중, 노무현 정부 시절의 남북교역 규모 합계는 이명박, 박근혜 정부 시절 합계의 약 51%에 지나지 않는다. '퍼주기'라는 비판까지 들었던 진보 정부의 교역 규모가 '안 주기'를 했던 보수 정부의 절반 정도에 불과하다는 사실은 통상적인 인식과는 사뭇 다른 것이다.

어째서 우리의 일반적 인식과는 달리 보수 정부에서의 교역 규모가 더 컸던 것일까. 이에 대해서는 두 가지 측면에서 설명이 가능하다. 하나는 인식 자체가 잘못되었을 가능성이다. 보수 정부와 진보 정부의 남북경협 실적에 대한 인식은, 실제 성과가 아니라 감성적 이미지에 기초하고 있을지도 모른다는 것이다. 김대중, 노무현 정부에서는 분단 이후 최초의 남북 정상회담이 성사되었고, 금강산 관광사업과 개성공단과 같은 대형 사업이 시작되었으며, '6·15 공동선언', '10·4 선언' 등을 통해 다양한 남북경협 사업들이 합의·추진되었다는 '뜨거운 기억'이 생생하지만, 이명박, 박근혜 정부에서는 '5·24 조치', 개성공단 중단 등 강경한 정책의 시행이라는 '차가운 기억'만 남아 있다. 그래서 사실 여부와는 무관하게, 우리는 '선택적 기억'을 가지게 되었을 가능성이 있다는 뜻이다.

다른 하나는, 그리고 보다 핵심적인 이유는, 교역 통계 작성 방식 때문이다. 그래서 실상을 오도하는 결과가 나오게 된 것이다. 교역 통계 작성의 문제로는 세 가지를 지적할 수 있다. 첫째, 지원과 같은 비거래성 교역을 교역 통계에 포함함으로써 실상의 왜곡이 발생했다는 점이다. 남북교역이 합법화되었던 1988년 '7·7 선언'부터 우리 정

174 물론 남북교역은 일단 시작되기만 하면 특별한 노력이 없어도 시간의 흐름에 따라 자연스레 커진다는 주장도 가능하다. 그러나 1993년 북한 핵 문제를 이유로 한 김영삼 정부의 기업인 방북 금지, 2006년 북한 미사일 발사를 이유로 한 노무현 정부의 인도적 지원 중단의 예에서 보이는 것처럼, 남북교역의 지속 및 증가가 우리 정부의 정책과 무관하게 저절로 이루어지는 것은 아니다.

부는 남북교역을 '내국 간 거래'로 규정했다. 그래서 관세도 부과하지 않았다. 제3국과의 거래와는 성격이 전혀 다른 '내국 간 거래'라는 점을 강조하기 위해 무역 대신 교역이라고 불렀고, 수출과 수입 대신 반출과 반입이란 단어를 사용했다. 그러나 교역이라고 명칭을 붙였어도 남북교역 역시 실질적으로는 북한을 상대로 한 무역이었고, 물건을 받으면 대가를 지불해야 하는 상업적 거래였다. 당연히 무상으로 제공하는 인도적 지원은 포함되지 않는다. 실제로 분단 이후 최초의 대북 인도적 지원이 이루어진 김영삼 정부 시절에는 지원을 남북교역 통계에 포함하지 않았다. 1995년 지원 당시 규모는 쌀 15만톤, 금액으로는 2억 3,700만달러로 상당한 수준이었으나, 무상 지원이라는 이유로 교역 통계에서는 제외했다. 다만 통계표 밑에 교역과는 별개로 이만한 규모의 쌀 지원 반출이 있었다고 각주로 소개했을 뿐이다.

그러나 김대중 정부가 출범하면서 대북 지원이 크게 증가했고, 정부는 대북 정책의 성과와 남북경협의 발전을 홍보하기 위해 지원을 포함한 비상업적 거래를 교역통계에 포함하기 시작했다(<표 5-5> 참조). 지원 물자도 남한에서 북한으로 '반출'된 것이 맞지 않느냐는 형식논리였다. 상업적 거래지만 '내국 간 거래'임을 강조하기 위해 고안한 '반출'이라는 단어를 인도적 지원 물자의 북한 제공에도 적용한 것이다. 교역 규모를 키우기 위해서였다. 다분히 정치적 의도가 깔린 것이고, 예로써 말하자면 경제학사전의 용어를 국어사전으로 해석한 것이다. 남북한의 접경선을 넘나드는 물자들의 경제적 가치를 통계로 파악하는 것은 필요한 일이지만, 비상업적인 거래까지 모두 교역으로 분류한 것은 오류였다.[175] 이처럼 지원을 포함한 비상업적 거래를 포함하게 되면서 김대중, 노무현 정부의 전체 남북교역에서 비상업적 거래가 차지하는 비율은 각각 32.4%, 32.9%에 달했다. 정부가 발표한 교역 통계 중 진정한 의미의 교역, 즉 상업적 거래는 약 2/3에 불과했던 것이다. 그만큼 진보 정부에서의 전체 교역 규모는 부풀려졌다.

둘째, 비상업적 거래를 '반출'로 간주해서 전체 교역 규모를 키웠다면, 2006년부터는 거래유형별 분류체계를 수정함으로써 '상업적 거래'의 규모를 늘리는 결과를 가져왔다. 그 이전까지 통일부는 남북교역을 크게 '거래성 교역'과 '비거래성 교역'으로 구

175 권영경, "남북경협의 역사적 고찰과 재개를 위한 과제", 『통일문제연구』, Vol.30 No.1, 2018, p.11.

<표 5-5> 정부별 전체 교역 중 비상업적 거래의 비율

(단위: 백만달러, %)

정부 \ 연도 (구분)		교역 규모			비상업적거래 비율	
		상업적 거래	비상업적 거래	전체	연도별	평균
김영삼	1995	277	11	287	3.8	9.4
	1996	238	14	252	5.6	
	1997	250	58	308	18.8	
김대중	1998	183	39	222	17.6	32.4
	1999	236	97	333	29.1	
	2000	273	152	425	35.8	
	2001	255	148	403	36.7	
	2002	368	274	642	42.7	
노무현	2003	430	294	724	40.6	32.9
	2004	437	261	697	37.4	
	2005	689	366	1,056	34.7	
	2006	928	422	1,350	31.3	
	2007	1,432	367	1,799	20.4	
이명박	2008	1,712	108	1,820	5.9	2.1
	2009	1,642	37	1,679	2.2	
	2010	1,889	23	1,912	1.2	
	2011	1,702	12	1,714	0.7	
	2012	1,962	9	1,971	0.5	
박근혜	2013	1,134	3	1,136	0.3	0.4
	2014	2,338	4	2,343	0.2	
	2015	2,704	10	2,714	0.4	
	2016	330	2	333	0.6	

* 주: 상업적 및 비상업적 거래의 월별 통계를 구할 수 없으므로 정부별 임기를 취임 해부터 퇴임 직전 해까지로 설정함.
* 자료: 2004년까지 상업적 및 비상업적 거래 통계는 이재호, "남북한 유형별 교역구조의 변화와 시사점", 『KDI 북한경제리뷰』, 8월호, 2010, p.31, 2005년부터는 통일부 홈페이지, 주요사업 통계 > 남북교류협력.

<표 5-6> 남북교역 통계 기준의 변화

<table>
<tr><th colspan="3">이전</th><th colspan="3">신규</th></tr>
<tr><td rowspan="2">거래성 교역</td><td colspan="2">상업적 매매거래</td><td rowspan="6">상업적 거래</td><td rowspan="2">교역</td><td>일반교역</td></tr>
<tr><td colspan="2">위탁가공교역</td><td>위탁가공교역</td></tr>
<tr><td rowspan="10">비거래성 교역</td><td rowspan="3">협력사업</td><td>경수로 건설</td><td rowspan="4">경제협력사업</td><td>개성공단</td></tr>
<tr><td>금강산 관광</td><td>금강산 관광</td></tr>
<tr><td>기타 협력</td><td>경공업협력</td></tr>
<tr><td rowspan="7">지원 물자</td><td>KEDO 중유</td><td>기타 경제협력</td></tr>
<tr><td rowspan="6">대북 지원</td><td rowspan="6">비상업적 거래</td><td rowspan="2">대북 지원</td><td>정부 지원</td></tr>
<tr><td>민간 지원</td></tr>
<tr><td colspan="2">사회문화협력사업</td></tr>
<tr><td rowspan="2">경수로 사업</td><td>경수로 건설</td></tr>
<tr><td>KEDO 중유</td></tr>
<tr><td colspan="2">에너지 지원</td></tr>
</table>

* 자료: 조동호, 『남북경협 성과의 평가와 향후 정책과제』, 한국개발연구원, 2001, p.13; 이재호, "남북한 유형별 교역구조의 변화와 시사점", 『KDI 북한경제리뷰』, 8월호, 2010, p.30.

분해서 교역 통계를 제공해왔다(<표 5-6> 참조).[176] '거래성 교역'은 '상업적 매매거래'와 '위탁가공교역'으로 구성되었고, '비거래성 교역'은 금강산 관광사업, 경수로 사업 등과 같은 '협력사업'과 '지원 물자'로 구분되었다. 그러나 개성공단 사업이 본격화되자 분류체계를 변경하여 내용적으로는 '거래성 교역'과 동일한 의미인 '상업적 거래'라는 새로운 용어를 도입하고 '경제협력사업'을 '상업적 거래'에 포함시켰다.[177] 그 결과 이전 분류로는 '비거래성 교역'에 포함했어야 할 '경제협력사업'을 '상업적 거래'에 포함함으로써 경제적 차원에서 이루어지는 교역을 부풀려 보이게 만들었다.

물론 개성공단 사업이 본격화되고 경공업 · 지하자원개발 협력과 같은 사업이 생기면서 이를 포함할 필요가 있었음은 분명하다. 그러나 이전에는 '비거래성 교역'으로 분류하던 항목을 '상업적 거래'에 포함시킴으로써 통계가 일관성을 잃게 되었고, 설령 의

176 고일동 · 김상기 · 이재호, 『남북한 교역구조의 변화와 정책적 시사점』, 한국개발연구원, 2009, p.16.

177 정부는 '거래성 교역'을 영어로 'transactional trade', '상업적 거래'를 'commercial transaction'으로 다르게 표기했지만, 의미는 동일했다.

<표 5-7> 노무현 정부 교역의 '거래성 교역' 비율과 '상업적 거래' 비율 비교

연도	거래성 교역 비율	상업적 거래 비율
2003	56.5%	59.4%
2004	49.8%	62.7%
2005	39.8%	65.3%
2006	41.3%	68.8%
2007	44.0%	79.6%

* 자료: 통일부 남북교류협력시스템 홈페이지, 남북교역 통계안내 > 연도별·월별 통계 > 상업적거래.

도하지 않았다고 하더라도 이전에 비해 상업적 베이스로 거래된 규모가 훨씬 더 커지게 보이는 효과를 가져왔음은 부인할 수 없다. 예를 들어 노무현 정부 시절의 남북교역을 기존처럼 '거래성 교역'과 새로운 기준인 '상업적 거래'로 다시 분류해보면, 개성공단 사업이 확대됨에 따라 '거래성 교역' 비율과 '상업적 거래' 비율의 차이가 크게 벌어지는 것을 알 수 있다. 2007년의 경우 '거래성 교역' 비율은 44.0%에 불과하지만, 새로운 '상업적 거래' 기준으로 보면 79.6%에 달한다(<표 5-7> 참조).

개성공단 사업에 수반되는 교역도 '상업적 거래'임은 당연하다. 하지만 개성공단 관련 교역은 반입과 반출이 연계되지 않은 일반교역이나 북한에 생산을 의뢰하는 위탁가공교역과는 성격이 다르다. 우리 기업이 직접 투자한 공장에 생산을 위한 원부자재를 반출한 후 생산된 완제품을 반입하는 것이기 때문이다. 그런데 개성공단 관련 교역을 일반교역, 위탁가공교역과 같은 교역 항목으로 분류함으로써, 일반교역과 위탁가공교역이 감소하더라도 개성공단이 활발해지면 전체 교역이 증가하는 결과가 만들어진다. 즉 우리가 통상적으로 교역이라고 인식하는 일반교역과 위탁가공교역은 침체해도 우리가 투자라고 인식하는 개성공단이 활성화되면 전체 교역 규모는 커지게 된다. 그래서 2010년 '5·24 조치'로 일반교역과 위탁가공교역이 완전중단된 상황에서도 개성공단으로 인해 통계상 교역은 지속적으로 증가했다. 실제로 '5·24 조치' 이후인 2011년부터 '상업적 거래'에서 개성공단 관련 교역이 차지하는 비율은 100% 수준을 보인다(<표 5-8> 참조). 교역에는 개성공단 관련 교역만 남았던 것이다. 그 결과 보수 정부에서의 교역 규모가 투자 사업인 개성공단으로 인해 진보 정부보다 큰 것으로 나타나게 된 것이다.

<표 5-8> '상업적 거래' 중 개성공단 관련 교역의 비율

(단위: 백만달러)

연도	상업적 거래(A)	개성공단 관련 교역(B)	개성공단 비율(B/A)
2004	437	42	9.6%
2005	689	177	25.7%
2006	928	299	32.2%
2007	1,432	441	30.8%
2008	1,712	808	47.2%
2009	1,642	941	57.3%
2010	1,889	1,443	76.4%
2011	1,702	1,698	99.8%
2012	1,962	1,961	99.9%
2013	1,134	1,132	99.8%
2014	2,338	2,338	100.0%
2015	2,704	2,704	100.0%
2016	330	330	100.0%

* 자료: 2004년 상업적 거래 통계는 이재호, "남북한 유형별 교역구조의 변화와 시사점", 『KDI 북한경제리뷰』, 8월호, 2010, p.31, 2005년부터는 통일부 홈페이지, 주요사업 통계 > 남북교류협력, 개성공단 통계는 통계청 국가통계포털 홈페이지, 남북한 교역 > 개성공단 사업.

셋째, 금강산 관광이나 개성공단과 같은 경제협력사업과 관련한 교역을 '상업적 거래'로 분류함으로써 현실과는 괴리된 통계가 만들어졌다. 예를 들어 남한에서 북한으로 보내는 모든 물자를 통계상 교역으로 기록하기 때문에, 개성공단의 공장 건설을 위해 필요했던 중장비는 보낼 때는 '반출'로 잡히고, 공사 후 남한으로 돌아올 때는 '반입'으로 잡힌다. 실제 거래된 것은 없지만, 중장비 가치의 2배만큼이 교역 통계의 '상업적 거래'로 계상되고 교역 통계는 그만큼 부풀려지게 되는 것이다. 개성공단에서 사용하던 기계가 고장이 나서 수리를 하는 경우도 마찬가지다. 애초에 북한으로 나갈 때 '반출', 수리하러 가져올 때 '반입', 수리가 끝나고 다시 북한으로 보낼 때 '반출'로 잡힌다. 더 극단적인 예를 들어보자. 개성공단 공장에서 옷을 만들기 위해 옷감 원단을 보냈는데, 실수로 다른 원단을 보냈다고 하자. 당연히 잘못 보낸 원단은 가져오고 제대로 된 원단을 다시 보내야 한다. 실수였음에도 반출입이 일어날 때마다 원단 가격은 통계에 잡힌다. 원단 가격이 100만원이라면, 교역 통계에 반출 100만원으로 작성되었어야 할 것이 반출 200만원, 반입 100만원, 총 300만원으로 작성되는 것이다.

2) 대안의 모색

앞에서 논의한 교역 통계 이슈는 다른 이슈들과는 달리 논쟁의 대상이 아닌 문제점에 대한 지적 차원에서 제기한 것이다. 따라서 '대안의 모색'보다는 '개선 방향의 모색'이라는 표현이 더욱 어울린다. 사실 교역 통계 이슈에 대해서는 보수와 진보의 시각이 대조적으로 갈리는 것도 아니다. 굳이 나누자면, 실적을 강조하고 싶은 입장과 실상에 대한 정확한 이해를 강조하는 입장으로 구분할 수 있다. 우선 보수든 진보든 남북경협의 성과를 강조하고 싶은 경우는 현재와 같은 교역 통계가 타당하다고 보는 입장이다. 진보는 진보 정부 대북 정책의 정당성과 효과를 입증하는 방법의 하나로 교역 규모의 확대를 선호하고, 보수의 경우는 보수 정부라고 해서 남북경협을 부정시하지 않았다는 증거로 교역 규모의 확대를 사용한다. 따라서 경제협력을 위한 물자의 이동도 형식적으로는 반출과 반입의 형태를 띠기 때문에 교역으로 집계하는 것이 문제가 될 수 없다고 주장한다. 이와 동시에 보수든 진보든, 현재의 교역 통계는 실상을 오도할 가능성이 있다고 우려한다. 일반교역과는 성격이 다른, 경제협력사업에 수반된 물자의 반출입이나 지원과 같은 '비상업적 거래'를 모두 교역에 포함하면 진정한 의미에서의 남북교역에 대한 이해가 왜곡될 수 있다는 것이다.

결국 이는, 통계를 특정 목적에의 활용을 염두에 둔 것이 아니라면, 이념에 따른 시각의 차이가 아니라 '남북교역의 현황을 제대로 파악하기 위해서는 어떻게 통계를 구성하는 것이 바람직한가'의 문제이다. 물론 현재의 교역 통계는 남북한 간 모든 물자의 흐름을 한꺼번에 파악하는 데에는 유리하지만, 성격이 다른 교역들까지 하나의 범주로 처리함으로써 세부 실상을 이해하는 데에는 장애가 있다. 이를 위해 대략 다음과 같은 방향을 생각할 수 있다.

첫째, 민간과 정부 차원의 교역을 분리해서 작성한다. 현재의 작성 방식에는 '경제적' 목적의 민간 교역과 경공업·지하자원개발 협력처럼 '정책적' 목적의 정부 교역이 혼재되어 있기 때문이다.

둘째, 전체 교역을 '상업적 거래'와 '비상업적 거래'로 구분해서 별도로 발표한다. 현재도 '상업적 거래'와 '비상업적 거래'를 구분하기는 하지만, 둘을 합한 규모를 전체 교역으로 발표하기 때문에 교역 규모에 대한 오해를 불러온다. 하나의 통계표가 아니라, '상업적 거래' 통계표와 '비상업적 거래' 통계표를 아예 별개로 작성하자는 것이다.

셋째, '상업적 거래'에서도 '교역'과 '경제협력사업'을 분리해서 발표한다. 이미 지적한 바와 같이, 개성공단과 같은 투자 사업과 관련한 교역은 우리가 흔히 생각하는 교역과는 성격이 다르다. 그런데도 하나의 범주로 발표함으로써 혼란이 생긴다. 예를 들어 2012년 9월 21일 『연합뉴스』는 '5·24 조치' 이후 남북관계의 경색이 지속되는데도 남북교역이 증가했다면서 현재의 교역 통계는 사실상 '개성공단의 반·출입 실적'이며, '통계의 허와 실'이라고 지적했다.[178] 2016년 『통일백서』도 "5·24 조치가 지속됨에도 불구하고" 교역이 증가했다고 서술했다.[179] 내용을 알고 있는 전문가가 아니라면 "어째서 이런 일이 생겼을까?"하고 의문을 가질 수밖에 없다. 따라서 '교역'과 '경제협력사업'은 독립된 항목으로 발표하는 것이 바람직하다. 명칭도 현재의 민간 '교역'은 '거래성 교역', 민간 '경제협력사업'은 '투자성 교역'으로 변경하여 직관적 이해를 높인다.

넷째, '비상업적 거래'의 항목을 세분화한다. 현재 정부는 식량 차관을 인도적 지원으로 분류하고 있는데, 이는 차관의 성격에 맞지 않으므로 '비상업적 거래'에는 무상지원만 포함하고 식량 등 차관 형식의 지원은 '상업적 거래'로 작성한다. 한편 사회문화 교류협력의 경우 현재의 방식으로는 분야별로 어느 정도의 협력이 이루어지고 있는지에 대한 정보 파악이 거의 불가능하므로 세분화하여 작성한다.

이상의 논의를 종합하면 <표 5-9>, <표 5-10>과 같이 정리할 수 있다. 이 표는 현재까지의 상황을 토대로 한 예시이며, 향후 남북경협의 진전으로 새로운 항목이 필요한 경우 추가하면 될 것이다. 한편 북한 내 현지 공사를 위해 반출했던 중장비처럼 사용 후 다시 반입해올 물품은 반출입 통계에서 제외하며, 원부자재를 잘못 가져갔던 경우에는 반출 한 번만을 통계에 포함하는 것이 바람직하다.[180] 그리고 이미 지적한 바와

178 "올해 남북교역 증가했다고? … 통계의 허와 실", 『연합뉴스』, 2012.9.21.

179 통일부, 『통일백서』, 2016, p.67.

180 잘못 가져간 원부자재는 세관에 신고하고 다시 반입해오는 것이어서 손쉽게 파악이 가능하다.

<표 5-9> '상업적 거래' 통계 작성방식의 제안

<table>
<tr><th colspan="3">구분
항목</th><th>반입</th><th>반출</th><th>합계</th></tr>
<tr><td rowspan="4">민간</td><td rowspan="2">거래성 교역</td><td>일반교역</td><td></td><td></td><td></td></tr>
<tr><td>위탁가공교역</td><td></td><td></td><td></td></tr>
<tr><td rowspan="2">투자성 교역[1)]</td><td>특구지역</td><td></td><td></td><td></td></tr>
<tr><td>일반지역</td><td></td><td></td><td></td></tr>
<tr><td rowspan="5">정부</td><td colspan="2">경공업 협력</td><td></td><td></td><td></td></tr>
<tr><td rowspan="2">식량 협력[2)]</td><td>쌀</td><td></td><td></td><td></td></tr>
<tr><td>비료</td><td></td><td></td><td></td></tr>
<tr><td rowspan="2">인프라 협력[3)]</td><td>철도</td><td></td><td></td><td></td></tr>
<tr><td>도로</td><td></td><td></td><td></td></tr>
</table>

* 주 1: 투자의 결과로 이루어지는 원부자재의 반출 및 최종물의 반입을 의미함.
2: 현재의 식량 차관을 의미함.
3: 경의선 및 동해선 철도·도로 연결공사에 차관으로 제공한 자재 · 장비를 의미함.

같이, 실제 교역 규모를 왜곡할 우려가 있으므로 예외적인 경우를 제외하고는 현재처럼 '상업적 거래'와 '비상업적 거래' 전체를 포괄한 전체 교역 통계를 발표하지 않는 것이 바람직하다.

5. 임금 수준: 적정 vs. 과소[181]

1) 내용과 경과

흔히 개성공단과 같은 대북 투자 사업의 가장 커다란 장점은 저렴한 북한 노동력의 활용에 있는 것으로 인식되어왔다. 4장 3절에서 살펴본 바와 같이, 중단 직전인 2015

181 남북경협 역사상 제조업 분야의 가장 대표적인 투자 사업 사례는 개성공단이므로, 북한 근로자의 임금수준에 관한 이 절의 논의는 개성공단을 대상으로 한다. 한편 이 절은 조동호, "개성공단의 임금수준은 적정한가?", 『북한연구학회보』, Vol.17 No.2, 2013의 내용을 대폭 수정 · 보완한 것이다.

<표 5-10> '비상업적 거래' 통계 작성방식의 제안

<table>
<tr><th colspan="3">구분
항목</th><th>반입</th><th>반출</th><th>합계</th></tr>
<tr><td rowspan="10">민간</td><td rowspan="4">지원</td><td>식량</td><td></td><td></td><td></td></tr>
<tr><td>의약품</td><td></td><td></td><td></td></tr>
<tr><td>의류</td><td></td><td></td><td></td></tr>
<tr><td>기타</td><td></td><td></td><td></td></tr>
<tr><td rowspan="6">사회문화
교류협력</td><td>교육학술</td><td></td><td></td><td></td></tr>
<tr><td>문화예술</td><td></td><td></td><td></td></tr>
<tr><td>체육</td><td></td><td></td><td></td></tr>
<tr><td>종교</td><td></td><td></td><td></td></tr>
<tr><td>언론출판</td><td></td><td></td><td></td></tr>
<tr><td>기타</td><td></td><td></td><td></td></tr>
<tr><td rowspan="3">정부</td><td rowspan="3">지원</td><td>직접 지원</td><td></td><td></td><td></td></tr>
<tr><td>민간단체 지원</td><td></td><td></td><td></td></tr>
<tr><td>국제기구 경유 지원</td><td></td><td></td><td></td></tr>
</table>

년 개성공단 북한 근로자의 기본 임금은 월 73.9달러에 지나지 않았다. 사회보험료와 주당 18시간의 연장 작업에 대한 초과근로수당 등을 모두 포함해도 1인당 평균 월 188달러에 불과했다. 남한 최저임금의 1/15 정도였다. 이처럼 낮은 임금 수준은 당연히 입주기업에는 큰 이익이었고, 개성공단 입주에 만족을 가지게 하는 핵심적인 요인으로 작용했다. 예를 들어 2010년 10월 개성공단 입주기업 실태조사에 의하면, 입주기업들은 개성공단의 가장 큰 장점으로 전체의 77.8%가 '저렴한 노동력'을 꼽았다.[182] 2012년 전체 123개 입주기업 중에서 기업 매각을 검토하거나 희망하는 기업은 4개에 불과했다.[183] 개성공단 중단 이후인 2018년 3~4월 중소기업중앙회와 개성공단기업협회가 개성공단 입주기업 101개사를 대상으로 실시한 조사에서도 96.0%가 재입주 의

182 한국산업단지공단, 『개성공단 기업의 국내산업 파급효과 및 남북 산업간 시너지 확충방안』, 지식경제부 용역보고서, 2010, p.80.

183 중소기업진흥공단, 『개성공단 경영 투자환경 개선방안 연구(요약)』, 통일부 용역보고서, 2012, p.11.

향이 있다고 밝혔는데, 재입주를 희망하는 기업의 대다수인 80.3%는 '인건비 저렴'을 결정적인 경쟁력 우위 요소로 꼽았다.[184] 낮은 임금 수준이 개성공단 경쟁력의 원천이었던 것이다.[185]

그런데 이처럼 낮은 임금 수준이 적정한 것인지에 대한 논쟁은 거의 없었다. 즉 북한 근로자의 임금은 낮으면 낮을수록 좋은 것인지, 생산성과는 무관하게 낮게 유지되는 것이 남북경협 차원에서도 바람직한지에 대한 논의 자체가 거의 없었다.

그동안 개성공단의 임금과 관련해서 벌어진 논쟁은 착취 여부에 관한 것이었다. 이는 임금을 근로자가 아니라 북한 당국에 총괄 지급하는 데에서 비롯되었다. 당시 정부와 진보 진영에서는 착취 가능성을 배제하는 입장이었다. 이미 소개한 바와 같이, 우리 정부는 북한 당국이 임금의 일부를 사회문화시책금으로 공제하고 나머지를 현물과 북한 화폐로 지급하고 있기 때문에 착취하는 것이 아니라고 했다.[186] 김연철 전 통일부 장관은 임금의 직접 지불이 이루어지지 않는다고 해서 노동의 대가를 북한 당국이 착취한다고 보기 어렵고, 현물임금과 공공서비스의 형태로 대부분의 가치가 북한 근로자들에게 돌아간다고 주장했다.[187] 이와는 달리, 대체적으로 보수와 국제사회는 착취라고 규정했다. 허만호 경북대학교 교수는 북한 당국은 근로자들에게 지급하는 원화를 암시장 환율이 아니라 공식 환율로 계산함으로써 임금의 거의 대부분을 착취한다고 주장했다.[188] 그래서 피터슨 국제경제연구소의 놀런드(Marcus Noland) 부소장은 개성공단 북한 근로자들의 실제 소득은 2달러에 불과하다고 평가했고,[189] 브라운(William Brown) 조지타운대학교 교수는 '국제 근로 기준과 동떨어진 노예 제도'라고 비판했다.[190]

그러나 여기서 제기하는 이슈는 노동자에게 돌아가는 임금의 몫과 관련된 것이 아니라 임금 수준 자체에 관한 것이다. 2015년 기준 월 73.9달러라는 기본 임금 수준이 적정한 것이었을까, 다시 말해 북한 근로자의 임금 수준은 낮을수록 좋은 것일까에 대해 생각해보려는 것이다. 예를 들어 만약 북한과의 협상을 통해 북한 근로자의 당시

---

184 중소기업중앙회 · 개성공단기업협회, "개성공단기업 최근 경영상황 조사결과", 2018, pp.7~9.
185 조봉현, "개성공단 정상화, 남북관계 발전의 시금석", 『북한』, No.499, 2013, p.75.
186 통일부 개성공단사업지원단, 『개성공단 5년』, 2008, p.95.
187 김연철, "개성공단 임금 문제 어떻게 봐야 하나", 새로운 코리아구상을 위한 연구원, 2006.10.30.
188 허만호, "[수요 시평] 개성공단 급료 사기극", 『매일신문』, 2006.11.22.
189 "개성공단 근로자 실질임금, 80달러 수준", 『VOA』, 2014.3.13.
190 "미 전문가들 '개성공단은 노예노동 현장 … 임금 갈취 심각'", 『VOA』, 2018.8.4.

기본 임금을 1/10 수준인 월 7달러로 하향 조정할 수 있었다면 우리는 이를 환영했어야 할 것인가. 아예 그 절반인 월 3.5달러로 결정했다면 더 환영했을 일인가.

물론 개성공단 입주기업은 이를 반겼겠지만, 국가적 차원에서는 그렇지 않을 수 있다. 개성공단의 목적은 단지 입주기업의 수익성 확보에 있는 것이 아니기 때문이다. 사실 개성공단은 단순히 입주기업에 새로운 활로를 제공하기 위해 추진된 것이 아니다. 개성공단에서의 협력을 통해 경제적으로는 남북 상생의 경협모델을 만들고 경제공동체의 기반을 닦으며, 북한의 개방·개혁을 촉진함으로써 순조로운 통일의 토대를 구축하기 위한 것이었다. 정치·군사적으로는 남북관계 개선의 통로이자 한반도 긴장 완화에 기여하는 역할을 기대한 것이며, 사회적으로는 북한 주민의 대남 인식을 제고하고 접촉을 통한 체제의 변화를 유도하는 동시에 남북의 이질성을 완화하고자 했던 것이다. 실제로 홍양호 전 개성공업지구지원재단 이사장은 개성공단의 의의를 정치·군사적 긴장 완화 및 남북 경제공동체 형성 기여와 함께 남북이 상호 이해의 폭을 넓힘으로써 하나의 교착점을 찾아내는 남북 상호적응 과정으로 정리했다.[191]

이러한 인식은 역대 모든 정부에서도 마찬가지였다. 노무현 정부 시절 개성공단은 '남북 화해협력의 상징'이자 단순히 경제사업이 아닌 '평화사업'으로서 "상호 경제적 이익을 도모"할 뿐만 아니라 "남북관계 개선 및 한반도 긴장 완화 촉진에 기여"하며 "한반도 안정과 번영은 물론 동북아 지역 내 안정과 협력"을 위한 것으로 인식되었다.[192] 강경한 대북 정책을 추진한 이명박 정부도 "개성공단을 안정적으로 유지, 발전시키기 위한 정부의 의지"를 피력하면서[193] 개성공단 입주기업들의 각종 전시회·판매전 참가와 판로 개척을 적극 지원했고, 탁아소를 건설했으며, 2008년 12월에는 오두산 통일전망대에 개성공단 홍보관까지 설치했다. 비록 북한 핵·미사일 문제로 전면 중단 조치를 실행했지만, 2013년 출범한 박근혜 정부도 개성공단의 외국 기업 유치 및 해외판로 확대를 지원하고 3통 개선 등을 통해 개성공단의 발전을 추진하겠다는 계획을 수립하고 있었다.[194] 이처럼 개성공단은 입주기업 차원의 사업이 아니라 남북관계 차원

191 "'개성공단은 남북 상생의 창 … 다양한 지원책 검토' 홍양호 개성공업지구지원재단 이사장", 『통일한국』, Vol.347, 2012, p.30.

192 통일부, 『통일백서』, 2005, pp.117~118.

193 통일부, 『통일백서』, 2010, p.64.

194 통일부, "2013년 통일부 업무보고", 2013.3.27.

에서의 국가적 사업이었고, 그렇기 때문에 정부는 초기 부지공사에서부터 다양한 재정 지원을 해왔으며, 개성공단을 지원하기 위한 정부 조직을 설치·운영했던 것이다.

결국 분단 한반도에서 개성공단은 제3국의 공단과는 다른 의미를 지닐 수밖에 없다. 개성공단은 단순히 우리 입주기업의 최대 이윤 확보가 중요한 목적이 아니라 남북경협의 본격적인 미래와 통일을 위한 준비 공간으로서의 의미가 더욱 중요하기 때문이다. 그렇다면 개성공단 북한 근로자의 임금도 무조건 낮게 유지하는 것이 좋은 것이 아니라 적정한 수준을 지급하는 것이 바람직하다는 의견이 제시될 수 있다. 적정한 수준의 임금 설정을 통해 북한 근로자들이 '착취'당하는 느낌을 가지지 않도록 해야 하고, 북한 당국이 남북 협력공단의 확대 유인을 가지게 해야 하며, 우리 입주기업들이 북한 근로자 확보뿐만 아니라 근로자들의 생산성 제고에도 더 큰 관심을 기울이도록 유도할 필요가 있다는 것이다.

그러나 지금까지는 개성공단의 낮은 임금이 가지는 입주기업 차원에서의 긍정적 측면에 대해서만 언급되어왔을 뿐, 미래지향적인 국가적 관점에서 임금 수준의 적정성 여부에 대해서는 조동호(2013)를 제외하고는 거의 논의된 바가 없었다.[195] 자연히 보수와 진보의 견해 차이가 존재하는지도 알기 어렵다. 따라서 다음의 논의는 대안의 모색이라기보다는 향후 개성공단의 재개 혹은 다른 형태의 대북 투자 실현에 대비해서 미리 보다 바람직한 정책 방향을 모색해보자는 시론(試論)적 성격의 것이다.

2) 대안의 모색

적정한 임금이란 알맞고 바른 임금이란 의미이다. 우리 '헌법' 제32조 역시 국가는 "근로자의 고용의 증진과 적정 임금의 보장에 노력"해야 한다고 규정함으로써 적정한 임금 수준의 중요성을 강조하고 있다. 그러면 적정 임금이란 어느 정도의 임금인가. 일반적으로는 "근로자와 그 가족이 인간의 존엄성에 상응하는 건강하고 문화적인 생활을 영위하는 데 필요한 정도의 임금 수준"[196] 혹은 "근로자가 받는 임금이 그 가족의 인간다운 생활을 영위하는 데 적합한 액수"[197]라고 정의된다. 그러나 '적정'이라는 개

---

195 조동호, "개성공단의 임금수준은 적정한가?", 『북한연구학회보』, Vol.17 No.2, 2013.

196 김철수, 『헌법학개론』, 박영사, 1999, p.709.

197 홍성방, 『헌법학』, 박영사, 2008, p.568.

념은 실증경제학(positive economics)이 아니라 규범경제학(normative economics)의 영역에 속하는 것이며, '인간의 존엄성'이나 '인간다운 생활'에 필요한 액수란 개개인의 가치 판단에 따라 다를 수밖에 없으므로 모든 사람이 동의할 수 있는 적정 임금 수준을 찾기란 불가능하다. 예를 들어 최저임금에 위배되지 않거나 최저임금을 상회하는 임금 수준을 적정한 것으로 평가할 수 있고, 노사 간의 정당한 합의에 따라 결정되는 임금 수준을 적정한 것으로 볼 수도 있다. 시장에서 노동의 수요와 공급에 의해 결정되는 임금이 적정 임금이라고 판단할 수도 있다.

그러면 개성공단에서의 적정 임금 수준은 어떻게 정의할 것인가. 가장 기본적인 방안은 경제학의 한계생산력설(marginal productivity theory)에 기초해서 북한 근로자의 노동생산성을 기준으로 임금 수준의 적정성을 평가하는 것이다. 한계생산력설은 기업이 이윤 극대화를 추구하기 위해서는 노동의 한계생산물의 가치가 임금 수준과 같아지는 지점까지 노동을 투입한다는 이론이다. 다시 말해서 기업은 노동의 한계생산성 이상으로 임금을 지급할 유인이 없으며, 근로자의 입장에서는 한계생산성보다 낮은 임금을 지급하는 기업에 남아 있을 유인이 없으므로 균형점에서는 한계 노동생산성과 임금이 같아지게 된다. 따라서 개성공단의 북한 근로자가 생산하는 가치보다 임금 수준이 낮으면 적정하지 않다고 평가하는 것이다. 적정 임금 수준에 대한 이러한 정의가 법학적으로도 무리가 있는 것은 아니다. '헌법'에서 국가가 적정 임금을 보장하고 있지만 고용주가 근로자의 노동 제공에 대한 공정한 임금 이상을 지급하라고 하는 것은 '헌법'에서의 자본주의 원칙을 위반하는 것이며, 그렇다고 근로자가 제공하는 가치보다 낮은 임금을 지급하는 것은 적정 임금이 아니라 노동의 착취라는 것이다.[198] 또한 적정 임금이란 제공된 노동의 가치에 따라 평가된 임금이라는 법학적 견해도 있다.[199] 조동호(2013)는 2012년 기준 개성공단 북한 근로자의 한계 노동생산성을 월 369~443달러로 추정했는데, 이는 초과근로수당, 사회보험료 등을 포함한 당시의 임금 수준 134달러를 크게 상회하는 것이었다. 결국 개성공단의 임금 수준은 북한 근로자 한계 노동생산성의 약 30~36%에 불과한 것으로서 적정하다고 보기는 어려웠으며, 이러한 상황은 개성공단이 중단되는 시점까지도 지속되었을 것으로 여겨진다.

---

198 이달휴, "노동법상 임금결정원칙", 『노동법논총』, Vol.21, 2011, p.340.

199 김대모, "적정임금 결정방법으로서의 생산성임금제의 논리적 근거", 『산업관계연구』, Vol.15 No.1, 2005, p.1.

물론 한계 노동생산성만으로 임금 수준의 적정성을 평가하는 데에는 한계가 있다. 또한 자료와 방법의 한계상 추정치가 현실을 얼마나 정확하게 추정하는지도 의문이다. 따라서 이러한 한계를 보완하기 위해 다른 측면에서도 적정성 여부를 검토할 필요가 있다.

첫째, 남한과 비교해보는 것이다. 북한 근로자는 남한 근로자에 비해 생산성이 낮으므로 낮은 임금을 받는 것이 당연하다. 그러나 임금의 차이는 평균 노동생산성의 차이와 동일할 때, 즉 '$\text{임금}_{\text{북한}}/\text{임금}_{\text{남한}} = \text{평균 노동생산성}_{\text{북한}}/\text{평균 노동생산성}_{\text{남한}}$'일 때 적정하다고 평가할 수 있을 것이다. 조동호(2013)에 의하면 2012년 개성공단의 남한 제조업 분야 대비 월 평균 임금의 비율은 약 4.4%이고, 월 평균 노동생산성의 비율은 남한 대비 약 10.7%이다. 결국 생산성은 남한의 10.7%이지만, 임금은 그 절반 정도에 불과한 4.4% 수준이므로 남한과 비교한 개성공단의 임금 수준을 적정한 것으로 평가하기는 곤란하다.

둘째, 실제 현장조사 결과와 비교하는 것이다. 위에서의 논의는 거시 통계를 기초로 한 것으로서 실제 현장에서의 생산성 평가와는 다를 가능성이 있기 때문이다. 강일규·김덕기(2001)는 경수로 사업 현장에서 남한 근로자와 대비한 북한 근로자의 노동생산성은 평균 36%이며, 직종별로는 29~52%의 분포를 보인다고 평가했다.[200] 경수로 사업에 투입된 우즈베키스탄 근로자들의 생산성을 남한 및 북한 근로자들과 비교한 조동호·유경준(2002)은 별다른 기능이 요구되지 않는 직종의 경우 북한 건설근로자의 생산성은 남한의 70%, 기능공의 경우는 30% 수준인 것으로 분석했다.[201] 한국토지공사(2007)는 개성공단 1단계 부지조성 공사에서 북한 근로자의 평균 생산성을 남한 대비 약 50% 수준인 것으로 평가했다.[202] 이상의 실측 조사 결과를 종합하면 건설공사 현장에서의 북한 근로자의 생산성은 남한 대비 약 30~70% 수준인 것으로 나타나며, 이는 2012년 기준 남한 제조업 분야 임금 대비 약 4.4% 수준인 개성공단의 임금이 적정한 것으로 판단하기는 곤란하다는 점을 시사한다.

셋째, 다른 국가의 공단과 비교하는 것이다. 개성공단의 임금 수준은 중국이나 베

---

200 강일규·김덕기, 『남북한 경제협력 활성화를 위한 북한 근로자 인적자원 개발 방안』, 한국직업능력개발원, 2001.

201 조동호·유경준, 『우즈베키스탄 노동자의 생산성 추정 및 평가』, 한국개발연구원, 2002.

202 한국토지공사, 『개성공단 설계기준 보완을 위한 현장실사』, 2007.

<표 5-11> 개성공단과 다른 국가와의 비교(2014년 8월 기준)

공단 \ 구분	기본 임금	임금 인상률	사회보험
북한 개성	주 48시간 / 70.4달러	5%	급여총액 15%
중국 칭다오	주 40시간 / 200~400달러	10% 상회	급여총액 30%
베트남	주 48시간 / 95.8달러	7~15%	급여총액 15%

* 자료: 유현정·정일영, "개성공단의 안정적 운영과 법치경제의 모색: 고용, 임금, 분쟁에 관한 노동법제를 중심으로", 『북한학연구』, Vol.11 No.1, 2015, p.155.

<표 5-12> 해외 공단별 의류 위탁가공 근로자의 인건비 비교(2013년 기준)

공단 \ 구분	1인당 임금	임금 비율(개성공단=1)
개성공단 북한 근로자 고용 생산	128.5달러	1
중국 단둥 내 중국인 고용 생산	400달러(보험료 포함)	3.1
북한 노동자 중국으로 인력 수입 후 생산	304달러(숙식비, 비자비 포함)	2.4
베트남, 미얀마 현지 인력 고용 생산	238~285달러	1.9~2.2

* 자료: 김병연, "개성공단의 경제적 효과", 김병로 외, 『개성공단』, 진인진, 2015, p.183, 개성공단의 경우는 개성공업지구지원재단, 『개성공단 통계자료집』, 2017, p.14.

트남보다 크게 낮으며, 임금 인상률도 낮다(<표 5-11> 참조). 또한 의류 위탁가공 근로자의 임금을 비교하면 개성공단에 비해 중국 내 중국인 고용 생산이 3.1배, 북한 노동자를 중국으로 인력 수입 후 생산이 2.4배, 베트남, 미얀마 현지 인력 고용 생산이 1.9~2.2배에 달한다(<표 5-12> 참조). 개성공단 입주기업인 신원의 사례에서도 중국에 비해 임금뿐만 아니라 물류비와 물류시간도 현저히 낮다는 점이 확인된다(<표 5-13> 참조). 이처럼 임금 수준은 훨씬 낮은데도 노동생산성은 중국이나 베트남보다 높은 것으로 보고되고 있음을 감안하면,[203] 개성공단의 임금 수준은 적정 수준에 못 미치는 것으로 평가할 수 있다.

넷째, 경수로 사업에서의 북한 근로자 임금과 비교하는 것이다. 1995년 12월

203 예를 들어 남한 시화공단의 노동생산성을 100으로 했을 때 개성공단은 71, 중국 칭다오공단은 60, 베트남 탄뚜언공단은 40이다. 이해정, "U-turn to 개성공단: 개성공단의 경제적 이점과 활용 방안", 『한국경제주평』, No.125, 2012, p.8.

<표 5-13> 신원의 중국 대비 개성공단 생산비용 비교(2009년 기준)

구분 / 공단	물류비	물류시간	기본 공임	관세	인건비(월)
개성	150원/PCS	2시간	국내 대비 40%	무관세	76달러
중국	900원/PCS	7~8일	국내 대비 65%	13%	250달러
비고	–	–	임가공비 기준	–	–

* 자료: 신원에벤에셀 IR자료(2009.5); 이태호, 『대북 투자 10계명』, 삼일회계법인, 2010, p.161에서 재인용.

<표 5-14> 경수로 사업에서의 북한 노동자 기본 임금

구분	임금(달러)
최저임금	110
A그룹(중장비운전기사 등 1개 직종) 숙련공 기본 임금	220
B그룹(플랜트기계설치공 등 4개 직종) 숙련공 기본 임금	195
C그룹(배관공 등 8개 직종) 숙련공 기본 임금	180
D그룹(보온공 등 8개 직종) 숙련공 기본 임금	168
E그룹(형틀목공 등 7개 직종) 숙련공 기본 임금	150
F그룹(미장공 등 6개 직종) 숙련공 기본 임금	147
G그룹(도장공 등 12개 직종) 숙련공 기본 임금	138

* 자료: 경수로사업지원기획단, 『KEDO 경수로사업 지원 백서』, 2007, p.218.

KEDO(Korean Peninsula Energy Development Organization)와 북한 간 경수로 공급협정이 체결됨에 따라 1998년 1월 경수로 건설공사를 맡은 한국전력과 북한 간 임금 협상이 타결되었다. 이에 의하면, 북한 비숙련공의 기본 임금은 월 110달러, 숙련공의 임금은 7등급으로 분류하여 최하 138달러에서 최고 220달러로 합의되었다(<표 5-14> 참조). 물론 이러한 임금 수준이 적정한 것이었는지 판단하기란 쉽지 않다. 그러나 개성공단의 생산이 시작된 지 11년이 된 2015년의 최저임금 74달러란 이미 17년 전에 결정된 북한 근로자의 최저임금 110달러의 2/3 수준에 지나지 않는다는 점은 개성공단의 임금 수준이 높다거나 적정한 것이라고 이야기하기 곤란함을 시사한다.

다섯째, 무엇보다 중요한 것은 실제로 북한 근로자를 고용하고 있는 입주기업의 평

<표 5-15> 개성공단 노동생산성에 관한 발언

기업	출처	주요 내용
박흥식 신원 대표	매일경제 (2007.11.23)	마감 부분과 정밀도 부분 등에서는 중국보다 월등
배해동 태성산업 대표	서울신문 (2008.1.1)	한국 본사와 비교해 생산성 85%
김학권 재영솔루텍 회장	서울신문 (2008.1.1)	성실하면서 말이 통하고 근로자들의 기술 습득 능력이 빠른 북한은 대단한 경쟁력을 보유
박성철 신원 회장	이코노믹리뷰 (2006.2.22)	손재주가 좋고 언어장벽이 없으며, 기술이전도 매우 쉽고 학습속도도 빨라 매우 만족
김철영 성화물산 사장	서울신문 (2008.1.1)	아직 생산성은 기대에는 미치지 못함
김기문 로만손 회장	경향신문 (2007.4.29)	생산성이 남한의 절반 수준

가일 것이다. 왜냐하면 북한 근로자의 생산성을 직접 관찰하는 입장에 있을 뿐만 아니라 동시에 남한 근로자를 고용하고 있거나 고용해 본 경험이 있기 때문에 남북한의 근로자의 생산성을 상대적으로 정확히 파악할 수 있기 때문이다. 개성공단이 가동된 이래 개성공단 입주기업 대표들의 북한 근로자 생산성에 관한 발언이 존재한다(<표 5-15> 참조). 이에 의하면 입주기업들은 대부분 개성공단 근로자의 생산성에 대해 만족하고 있다. 개성공단 입주기업을 대상으로 조사를 실시한 중소기업진흥공단(2008)에서도 입주기업들은 북한 근로자의 생산성을 남한 모기업 대비 평균 76.7%로 평가하고 있다.[204] 우리 정부 역시 북한 노동력은 인건비에 비해 양적 · 질적으로 우수하며, "북측 근로자들이 오히려 남측 근로자들보다 기술습득 속도가 빠르다"고 평가했다.[205] 당시 개성공단 사업지원단 단장이었던 조명균 전 통일부 장관은 인터뷰에서 "개성공단의 임금 수준을 감안할 때, 북측 근로자의 생산성이 1년 이내에 남한 내 근로자의 70% 수준에 도달하면 만족할 만한 수준이라고 기업들은 생각했는데, 7~8개월이 지나지도 않아 그 수준을 넘어섰습니다"라고 말했다.[206] 개성공단 가동이 초기를 지난 2013년 3월 시점에

204 중소기업진흥공단, 『개성공단 입주기업 생산성 제고방안』, 2008, p.35.
205 통일부 개성공단사업지원단, 『개성공단 5년』, 2008, p.161.
206 통일노력60년 발간위원회(편), 『하늘길 땅길 바닷길 열어 통일로』, 통일부, 2005, pp.389~390.

<표 5-16> 개성공단 노동생산성 인터뷰 조사

면담대상	주요 내용
D기업(기계금속) 법인장	• 남한 근로자 대비 80~90%의 생산성 • 10년 차에 접어든 공단인 만큼 숙련도가 매우 뛰어남
C기업(섬유봉제) 법인장	• 남한 근로자 대비 75~85%의 생산성 • 아파트형공장 등 후발업체의 생산성은 다소 낮으나, 섬유봉제 전반의 평균 생산성은 상기 비율 수준이라고 보는 것이 타당
T기업(화학) 팀장	• 남한 근로자 대비 80% 수준
C기업(섬유봉제) 법인장	• 남한 근로자 대비 80~90% • 기술력 대체로 뛰어나다고 평가
A기업(화학) 팀장	• 남한 근로자 대비 25~50% 수준 • 기술력이 뛰어난 근로자도 있으나 2인 1조로 움직여야 하는 북한 체제 한계성으로 인해 잉여인력이 발생하고 그 결과 생산성 저하

* 주: 면담대상 기업의 명칭은 알파벳 첫 글자만 표시함.
* 자료: 조동호, “북한 노동자의 노동생산성 평가”, 통일부 용역보고서, 2013, p.29.

서 5개 입주기업 관계자들을 직접 인터뷰한 결과에서도 북한 근로자의 노동생산성은 남한 대비 약 75~90% 수준에 달하는 것으로 평가되었다(<표 5-16> 참조). 노동생산성이 남한의 25~50%에 불과하다는 응답도 있었으나, 이는 잉여 인력을 감안한 평가임을 감안할 필요가 있다. 이처럼 개성공단 북한 근로자의 노동생산성이 높다는 점은 품질에 대한 평가에서도 나타난다. 예를 들어 남한의 모기업 대비 품질이 50% 이하라고 평가하는 기업은 전체의 2.6%에 지나지 않으며, 심지어 100% 이상이라고 응답한 기업도 전체의 24.1%로 나타난다(<표 5-17> 참조). 더욱이 북한 근로자의 노동생산성은 빠른 속도로 증가했다. 2014년 7~8월 개성공단 가동 10년을 맞이하여 입주기업을 대상으로 실시한 조사에 의하면 입주 초기 노동생산성은 남한의 모기업 대비 50% 미만이라는 응답이 전체의 88.9%에 달했으나 2014년에는 그 비율이 16.7%로 크게 떨어졌고, 80~100% 미만이라고 응답한 기업들은 0%에서 16.7%로 증가했다(<표 5-18> 참조).

이상에서 살펴본 바와 같이, 개성공단 북한 근로자의 임금은 이론적으로나 실증적으로나 매우 낮은 수준인 반면 노동생산성은 남한 수준의 대략 80% 수준일 정도로 높은 것으로 분석된다. 개성공단 입주기업들도 북한 근로자의 생산성을 높이 평가했으며, 개성공단 진출에 만족을 표시했다. 더욱이 노동생산성의 증가 속도는 임금 증가율

<표 5-17> 모기업 대비 품질 수준

구분 \ 품질	20%이하	30%이하	50%이하	80%이하	99%이하	100%이상	계
업체 수(개)	1	0	3	49	35	28	116
비중(%)	0.8	0.0	2.6	42.2	30.2	24.1	100.0

* 자료: 중소기업진흥공단, 『개성공단 경영 투자환경 개선방안 연구(요약)』, 통일부 용역보고서, 2012, p.9.

<표 5-18> 모기업 대비 노동생산성의 변화

(단위: %)

노동생산성 \ 구분	입주 초기	2014년 현재
100% 이상	2.8	2.8
100% 미만	0.0	16.7
80% 미만	8.3	63.9
50% 미만	47.2	13.9
30% 미만	41.7	2.8

* 자료: 홍순직, "경영자의 시각에서 본 개성공단", 김병로 외, 『개성공단』, 진인진, 2015, p.219.

을 크게 앞서고 있었다.[207] 그런데도 남한 최저임금의 1/15 정도를 지급하고 있었다는 사실은 개성공단의 임금 수준이 적정하지 않다는 평가를 내리는 것이 무리가 아님을 시사한다. 물론 입주기업으로서는 임금이 낮으면 낮을수록 좋겠지만, 개성공단과 미래의 대북 투자 사업이 남북경협과 통일에서 지니는 의미를 고려하면 국가적 차원에서는 보다 세심한 접근이 필요하다.

따라서 정책적으로는 개성공단이 재개되는 경우 혹은 새로운 투자 사업이 실현되는 경우 북한 근로자의 임금을 개성공단에서 지급하던 수준보다 우리가 선제적으로 상향 조정하는 방안을 검토할 필요가 있다. 그 이유는 다음과 같이 정리할 수 있다. 첫째, 이미 평가한 바와 같이 개성공단 북한 근로자의 생산성은 임금 수준을 훨씬 상회하기 때문이다. 이는 계량적인 분석에서뿐만 아니라 다양한 측면에서의 검토와 입주기

207 김상훈 · 이재호, 『중소기업형 남북경협 정책과 과제』, 중소기업연구원, 2019, p.95.

업 스스로의 평가를 통해서도 확인된다.

둘째, 개성공단이 시작되던 2000년대 중반에 북한 근로자 최저임금으로 남북한 간 합의된 월 50달러는 당시 시점에서는 중국보다 높은 수준이었다. 예를 들어 2005년 중국 주요 지역의 최저임금을 보면 산시성 84.2달러, 베이징 70.8달러, 상하이 69.6달러 정도가 개성공단보다 높았을 뿐 대부분 지역이 50달러 미만이었고, 랴오닝성, 지린성, 헤이룽장성 등 동북 3성의 평균은 36.0달러에 지나지 않았다.[208] 당시 개성공단의 임금 수준은 동북 3성의 평균보다 약 40% 높았고, 북한 당국은 만족할 수 있었다.

셋째, '헌법'의 규정이다. '헌법'은 북한 주민들을 우리 국민으로 간주하고 있으므로 규범적으로 본다면 '헌법' 제32조에 규정된 국가의 적정 임금의 보장 노력을 위한 의무는 원칙적으로 개성공단 북한 근로자에게도 적용되어야 한다는 것이다. 같은 맥락에서 미래에 개성공단 근로자가 우리의 법제에 들어왔을 때 최저임금 이하로 받은 잔여 임금에 관한 청구권이 존재한다는 주장도 있다.[209] 다른 시각에서는 최저임금은 취지상 남한 국내에만 해당하는 데다가 별도의 북한 법령이 존재하므로 남한의 최저임금을 적용할 수 없다는 견해를 보인다.[210] 물론 당장 남한의 임금 수준을 북한 근로자에게 적용할 수는 없을 것이며, 그러는 것이 바람직하지도 않을 것이다. 다만 남한기업이 진출한 남한 전용공단에서 초과근로수당 등을 포함한 북한 근로자의 한 달 전체 임금이 남한 최저임금의 1/15에 불과하다는 사실이 이론적·실증적으로는 물론 법적으로도 '적정'한 것인지에 대해 생각해보자는 것이다.[211]

넷째, 북한의 임금 인상 요구 가능성이다. 앞서 언급한 바와 같이 북한은 여러 차례 임금 인상을 요구했다. 2010년부터 개성공단 북한 근로자들은 임금 인상 등과 관련해 집단행동을 보였다.[212] 따라서 향후 개성공단이 재개되든 새로운 공단이 건설되든

208 이석기 외, 『통일을 대비한 남북한 산업협력 전략과 실행방안』, 산업연구원, 2016, p.53.

209 이형용·이경곤, "개성공단 근로자의 노동법 관련문제", 『Jeonbuk Law Journal』, Vol.7 No.1, 2018, p.48.

210 한경태, "개성공단에서의 남한 행정형법 적용 여부에 대한 검토", 『통일과 법률』, No.43, 2020, p.33.

211 심지어 2025년 남한의 최저임금은 시급 10,030원으로서 개성공단 중단 직전인 2015년의 5,580원에서 1.8배가량 더 상승했다.

212 예를 들어 2011년 11월 C사와 D사의 근로자들이 성과급 기준 변경 또는 시간외근로수당 인상을 요구했고, 2012년 1월 E사의 근로자들은 성과급을 요구하는 한편 연장근무를 거부했으며, 2012년 2월 F사에서는 근속수당을 도입하고 성과급을 인상해달라고 요구했다. 박천조, "개성공단 노동제도의 변화와 영향 연구", 『산업노동연구』, Vol.21 No.2, 2015, p.197.

북한은 개성공단 당시보다는 높은 수준으로 임금을 인상할 가능성이 매우 크다. 더욱이 중국에 파견된 북한 근로자가 받는 임금과 비교하면 개성공단 근로자의 임금 수준은 현저히 낮다. 2010년대 초반 당시에도 중국의 단둥, 옌지 등지에 파견된 북한 근로자의 임금은 200~300달러였다. 2012년 중국은 북한에 2만건이 넘는 취업비자를 발급했는데, 당시 근로자 파견계약에 따르면 북한 근로자 월급은 200~300달러였다.[213] 실제로 2009년 김규철 남북경협시민연대 대표는 인터뷰에서 북한은 개성공단의 임금을 200달러로 요구할 것이라고 전망했다.[214] 2024년 1월 중국 길림성에 파견된 북한 근로자들이 임금 체불에 항의해 시위를 벌였을 당시 그들이 받던 임금은 340~385달러였으며,[215] 2024년 기준 중국에서 일하는 북한 근로자의 임금은 직종, 지역 등에 따라 월 약 300~825달러였다.[216] 개성공단 중단 직전인 2015년 개성공단의 최저임금은 동북 3성 평균 대비 34%에 불과했다.[217]

다섯째, 이미 논의한 바와 같이 지나치게 낮은 임금 수준은 입주기업의 모럴 해저드를 야기했다. 정책적인 차원에서는 북한 근로자 생산성의 지속적 향상과 남북 경제공동체의 기반 구축을 기대했지만, 입주기업 차원에서는 낮은 임금 수준으로 인해 생산성 향상을 위한 노력보다는 근로자의 양적 확보에 더 관심을 가질 수밖에 없었다.

물론 개성공단이 재개되거나 새로운 공단이 만들어지는 경우, 북한이 요구하기도 전에 우리 정부가 임금 수준의 상향 조정을 이야기할 필요가 없다는 견해도 타당하다. 또한 우리가 먼저 임금 인상을 거론하는 것은 국민 여론에 위배될 가능성이 있으며, 임금 지불의 주체는 기업이라는 점에서 정부가 주도적으로 나서기 어려운 측면도 존재한다. 임금의 전용 가능성이나 중소기업의 경쟁력 유지 필요성 등을 고려할 때 당분간은 낮은 수준의 임금 유지가 필요하다는 견해도 있을 수 있다.

그러나 지금까지 살펴본 것처럼, 개성공단의 임금 수준은 적정하다고 보기 어려울

213 "중국, 대북 무상지원은 줄이고 취업비자 2만 건 내줘", 『중앙일보』, 2012.7.5. 또한 2012년 7월 18일 중국의 『경제관찰보』 역시 "중국은 랴오닝성 · 지린성의 인력난 타개를 위해 12만명의 북한 근로자에게 취업 비자를 발급하기로 했는데 임금은 월 200~300달러"라고 보도했다. "남북경협 활성화 물꼬는 없을까?", 『매일경제』, 2012.7.26.

214 "폐쇄위기 맞은 개성공단, 비상구가 없다", 『월간조선』, 6월호, 2009.

215 "중 북한 노동자 2000명 지난달 폭동, 일언론이 전한 전말", 『조선일보』, 2024.2.18.

216 정은이, "송금(Remittance)이 북한 가계 및 경제에 미치는 영향 분석: 중국 체류 북한 해외 파견 노동자 사례를 중심으로", 『통일문제연구』, Vol.36 No.2, 2024, pp.80~81.

217 이석기 외, 『통일을 대비한 남북한 산업협력 전략과 실행방안』, 산업연구원, 2016, p.53.

뿐만 아니라 시간의 문제일 뿐 북한이 임금 인상을 요구할 가능성이 클 것으로 판단된다. 게다가 개성공단의 공장을 재가동해야 하는 상황이라면 임금 인상 요구를 무조건 거부하기란 현실적으로 불가능할 수밖에 없다. 물론 북한이 원하는 대로 임금을 올려주자는 것이 아니며, 북한의 무리한 인상 요구는 받아들일 수 없다. 북한 근로자의 임금을 남한 수준으로 올리자는 것도 아니다. 다만 개성공단의 임금 수준이 적정하지 않았다는 인식을 갖자는 것이며, 낮은 임금 수준의 장점만 볼 것이 아니라 남북경협의 미래와 경제공동체의 형성이라는 보다 장기적·거시적 차원에서 임금 문제를 보자는 것이다. 북한 근로자의 생산성이 남한 수준에 근접한다고 평가하면서도 임금은 최저임금 기준으로도 1/15 정도만 지급했던 것이 바람직한지 생각해보자는 것이다. 그렇다면 향후 북한의 임금 인상 요구에 밀려 협상을 진행하는 것보다는 선제적으로 임금 인상 가능성을 제시하며 반대급부로 3통의 개선, 임금 직불, 개성공단 밖의 북한 현지 공장과의 연계 등 반대급부를 받아내는 것을 고려하는 것이 정책적인 차원에서 바람직하다.

즉 임금 인상 문제가 제기될 수밖에 없는 데다가 일정 부분 인상을 해줄 수밖에 없을 것이기 때문에 오히려 임금 문제를 선제적으로 북한에 제의하는 것이 전략적으로 유리하며, 대신에 개성공단이나 새로운 공단의 안정적 운영·발전에 필요한 사안을 반대급부로 확보하는 것이 바람직하다는 것이다.[218] 구체적으로는 최저임금이나 수당 등 임금 수준 자체의 인상보다는 북한 근로자의 숙련도, 자격증 보유 여부, 근무연한, 공장 운영에의 기여 등에 따라 임금을 차등화하자고 제안하는 방안이 우월할 것이다. 과거 개성공단의 임금은 연령, 성, 기능수준 등과 무관하게 일률적으로 결정되었기에 북한 근로자가 생산성 향상을 위해 노력할 유인을 제공하지 못하고 있었기 때문이다. 이는 임금 직불을 실현할 수 있는 계기가 된다는 장점도 있다.

이와 같은 임금 수준의 차등화 방안은 그 자체로서 생산성 제고 방안이 될 뿐만 아니라 그를 통해 임금 수준을 상향 조정하는 명분으로 활용할 수 있다는 추가적인 장점도 존재한다. 우선 북한 당국의 입장에서는 개별 근로자의 임금 수준이 아니라 전체

218 이석기 산업연구원 선임연구위원과 이재호 중소기업연구원 경영기획실장 역시 개성공단의 임금이 낮다는 것을 인정하고 이를 올려줄 용의가 있음을 보이는 동시에, 임금을 올리기 위해서는 북한이 부족한 부분은 개선해야 한다는 점을 지적할 것을 제안했다. "개성공단을 둘러싼 갈등과 해결방안", 『KDI 북한경제리뷰』, 6월호, 2015, pp.55~57.

임금 수입에 관심이 있으므로 임금 차등화를 통해 전체 임금 수입이 증가하는 경우 북한의 임금 인상 요구는 자연스럽게 소화될 수 있을 것이다. 입주기업에도 현재의 임금 수준을 올릴 필요가 있다고 이야기하는 것보다 차등화의 필요성을 이야기하는 것이 설득에 보다 용이하다. 또한 우리 정부의 입장에서도 북한 근로자의 생산성 향상을 위한 임금 차등화라고 설명함으로써 국민 여론이 임금 인상에 부정적으로 형성되는 것을 방지할 수 있다는 이점이 존재한다.

6. '두 국가론': 수용 vs. 반대

1) 내용과 경과

2장에서 살펴본 바와 같이 해방 직후부터 남북교역은 '내국 간 거래'로 간주되었다. 당시에도 한반도의 남과 북은 하나라는, 현재 '헌법'의 영토조항과 같은 인식이 확산되어 있었기 때문이다. 1944년 4월 22일 임시정부가 채택한 '대한민국 임시헌장'에서는 광복 후 독립국가의 건설을 전제로 "대한민국의 강토는 대한의 고유한 판도로 함"이라는 규정을 두었고, 1946년 3월 말 혹은 4월 초 작성되었다고 전해지는 '대한민국 임시헌법' 제4조는 "대한민국의 강토는 경기도, 충청북도, 충청남도, 전라북도, 전라남도, 경상북도, 경상남도, 황해도, 평안남도, 평안북도, 강원도, 함경남도, 함경북도의 13도로 함"이라고 영토를 명확히 했다.[219] 1948년 7월 17일 공포된 '제헌헌법' 제4조는 현재와 동일하게 "대한민국의 영토는 한반도와 그 부속 도서로 한다"라고 규정했다. 이후 우리 '헌법'은 남북한이 하나의 국가라는 점을 명확히 밝혀오고 있다.

북한 역시 하나의 국가라는 입장을 견지해왔다. 김일성은 늘 "조선은 하나"라고 주장했다. 1953년 7월 정전협정 체결과 관련한 연설에서 "조선은 하나이며 조선민족은 단일민족"이라고 했고,[220] 20여년이 지난 1975년 9월에도 "조선은 하나이며 우리 민족

219 정인섭, "제헌헌법 제4조 영토조항의 성립과 의미", 『서울대학교 법학』, Vol.61 No.4, 2020, pp.128~129.
220 김일성, "정전협정체결에 즈음하여", 전체 조선인민에게 한 방송연설(1953.7.28), 『김일성 저작집 7』, 조선로동당출판사, 1980, p.539.

은 단일민족"이라고 단언했다.[221] 1990년 8월에는 "우리는 앞으로도 《조선은 하나다》라는 구호를 계속 높이 들고 나가야 할것입니다"라고 주문했다.[222] 김정일이나 김정은 역시 마찬가지였다. 김정일은 1997년 8월 북한은 "일관하게 하나의 조선로선"을 견지해왔다고 설명했고,[223] 1998년 4월에도 "우리 민족은 하나이고 우리 조국도 하나"라고 선언했다.[224] 김정은은 2018년 4월 '판문점 선언' 모두 발언에서 "하나의 핏줄, 언어, 역사를 가진 북과 남은 본래대로 하나"가 되어야 한다고 강조했다.[225]

북한 '헌법'에는 우리와 같은 영토조항은 없지만, '헌법' 제9조에서 '북반부'라는 표현을 사용하면서 "조선민주주의인민공화국은 …… 조국통일을 실현하기 위하여 투쟁한다"고 명시했고, 당 규약에서 "조선로동당의 당면목적은 전국적범위에서 민족해방민주주의 혁명의 과업을 수행"이라고 규정함으로써 북한의 영토는 한반도 전체라는 인식을 나타내왔다.[226] 1991년 9월 남북한이 유엔에 동시 가입할 때도 '하나의 조선론'을 포기하는 것이 아니라고 주장했다.[227] 용어에 있어서도 2개의 국가를 상상할 수 있는 표현은 사용하지 않았다. 예를 들어 남북 정상회담에 대해서도 북한은 항상 정상회담이라는 단어 대신에 '평양 수뇌상봉'이나 '북남 최고위급회담' 등과 같은 표현을 사용했다. 또한 북한도 우리와 마찬가지로 '하나의 조선론'에 입각해서 남북교역에 대해 관세를 부과하지 않았다.[228]

---

221 김일성, "프랑스공산당 중앙위원회 기관리론 잡지 《라 누벨 크리띠크》사대표단이 제기한 질문에 대한 대답"(1975.9.11), 『김일성 저작집 30』, 조선로동당출판사, 1985, p.473.

222 김일성, "온 민족이 단결하여 조국통일을 앞당기자", 범민족대회에 참가한 대표들앞에서 한 연설(1990.8.18), 『김일성 저작집 42』, 조선로동당출판사, 1995, p.391.

223 김정일, "위대한 수령 김일성동지의 조국통일유훈을 철저히 관철하자"(1997.8.4), 『김정일선집 14』, 조선로동당출판사, 2000, p.341.

224 김정일, "온 민족이 대단결하여 조국의 자주적평화통일을 이룩하자", 력사적인 북남조선 정당, 사회단체 대표자련석회의 50돐기념 중앙연구토론회에 보낸 서한(1998.4.18), 『김정일선집 14』, 조선로동당출판사, 2000, p.427.

225 "김정은 '통일 위한 판문점선언 채택 … 좋은 결실 맺도록 노력'", 『머니투데이』, 2018.4.27.

226 이 표현은 2021년 1월 제8차 당대회에서 "전국적범위에서 사회의 자주적이며 민주주의적인 발전을 실현"으로 변경되었다.

227 예를 들어 김일성, "조선의 북과 남이 유엔에 하나의 의석으로 들어가지 못하고 따로따로 들어갔지만 조선은 어디까지나 하나이며 반드시 하나의 조선으로 통일을 이룩하려는 우리의 립장에는 추호도 변함이 없습니다." 일본 《이와나미》서점 사장이 제기한 질문에 대한 대답(1991.9.26), 『김일성 저작집 43』, 조선로동당출판사, 1996, p.223.

228 북한의 '북남경제협력법' 제19조는 "북남경제협력물자에는 관세를 부과하지 않는다"라고 규정하고 있다.

이처럼 남북한 모두 '하나의 국가론'을 유지해왔다. 다만 서로가 정통성을 가지고 있다고 주장한다는 입장에서 달랐을 뿐이다. 그래서 남북한은 1991년 12월 체결한 '기본합의서'에서 남북한이 별개의 독립적인 국가 관계가 아니라는 점을 확인하면서도 서로 상대의 입장을 고려하여 '통일을 지향하는 과정에서 잠정적으로 형성되는 특수관계'라는 표현을 사용한 것이다.

그러나 2023년 말부터 북한은 지금까지의 입장과는 전혀 반대로 남북한은 '2개의 적대 국가'라는 주장을 하기 시작했다. 2023년 12월 30일 당 중앙위원회 제8기 제9차 전원회의 확대회의에서 김정은은 "남북관계는 더 이상 동족관계가 아닌 적대적인 두 국가관계, 전쟁 중에 있는 두 교전국관계"라고 선언했다. 심지어 2024년 1월 15일 최고인민회의 제14기 제10차 회의 시정연설을 통해서는 "대한민국을 제1의 적대국으로, 불변의 주적으로 확고히 간주"한다면서 한반도에서 전쟁이 일어나는 경우 "핵무기가 포함되는 모든 군사력을 총동원"할 것이라고 핵 사용 가능성까지 이야기했다.[229] 이러한 인식에 기초해서 2023년 12월 당 중앙위원회 회의에서 김정은은 "북남관계사를 랭철하게 분석한데 립각하여 대남부문에서 근본적인 방향전환"을 해야 하며, "이제는 현실을 인정하고 남조선것들과의 관계를 보다 명백히 할 필요"가 있다고 주장했다. 이는 김일성, 김정일 시대의 입장과는 정면으로 배치되는 것일 뿐만 아니라 불과 3년 전 "상대방에 대한 적대행위를 일체 중지하며 북남선언들을 무겁게 대하고 성실히 리행해나가야 한다"던 김정은 자신의 발언을 스스로 뒤집는 것이었다.[230]

사실 김정은 시대 들어 북한은 '두 국가론'을 시사하는 움직임을 지속해서 보여왔다. 2014년 7월 북한은 '조선민주주의인민공화국 정부 성명'을 통해 '연방연합제'를 제시했는데, 이는 남북한 현 체제의 장기 공존을 전제하는 것으로 실질적으로는 '두 국가론'을 의미한다고 볼 수 있다.[231] 2015년 8월 15일 북한은 30분 늦은 평양표준시를 채

---

229 "경애하는 김정은동지께서 조선민주주의인민공화국 최고인민회의 제14기 제10차회의에서 강령적인 시정연설을 하시였다", 『노동신문』, 2024.1.16. 남한을 주적이라고 규정한 것은 이번이 처음이었다. 김여정은 2022년 4월 5일 담화에서 "남조선이 우리의 주적이 아님을 명백히 밝혔다"면서 "남조선을 무력의 상대로 보지 않는다"고 언급했고, 같은 해 8월 10일에는 비록 "남조선 괴뢰들이야말로 우리의 불변의 주적"이라고 표현한 적이 있지만 대한민국 전체를 주적으로 설정한 것은 아니었다. 김정은도 2021년 10월 11일 "우리의 주적은 전쟁 그 자체이지 남조선이나 미국, 특정한 그 어느 국가나 세력이 아닙니다"라고 언급했다. "국방발전전람회에서 하신 김정은동지의 기념연설", 『노동신문』, 2021.10.12.

230 "조선로동당 제8차대회에서 하신 경애하는 김정은동지의 보고에 대하여", 『조선중앙통신』, 2021.1.9.

231 김일기 · 김형수, "제7차 당대회를 통해 본 북한의 통일정책", 『세계지역연구논총』, Vol.34 No.4, 2016,

택했다. 북한 조국평화통일위원회는 2015년 8월 11일 대변인 담화에서 평양표준시 제정이 "일제에게 빼앗겼던 표준시간을 되찾고 민족사를 바로잡는 애국애족적인 조치"라고 선전했지만, 남북한 사이에 2개의 표준시가 존재한다는 것은 2개의 국가를 상징하는 의미로 해석할 수 있다.[232] 2017년부터는 '우리국가제일주의'의 통치 담론화 작업이 진행되었다. '우리국가제일주의' 담론은 2017년 11월 20일 『노동신문』 정론에서 최초로 등장했는데,[233] 이는 '민족 중시'에서 '국가 중시' 노선으로의 전환이었다.[234]

2019년 이후에는 기존의 '김일성민족, 김정일조선'이라는 표현에서 민족을 빼고 '김일성, 김정일조선'이라고 국가성을 강조하는 표현이 빈번히 등장했다. 2021년 제8차 당대회 사업총화 보고에서 김정은은 "통일이라는 꿈은 더 아득히 멀어졌다"면서 '두 국가' 지향성을 보였으며, 이전과 달리 대남정책 부분을 대외정책 부분에 포함해서 발표했다. 이러한 인식은 2023년 12월 말에 개최된 당 중앙위원회 제8기 제9차 전원회의에서 "대한민국것들과는 그 언제가도 통일이 성사될수 없다"는 발언으로 이어졌다. 또한 제8차 당대회에서는 노동당 규약 개정을 통해 "전국적범위에서 민족해방민주주의혁명 과업을 수행", "우리 민족끼리 힘을 합쳐"와 같은 표현을 삭제함으로써 '두 국가' 관계로 이행하려는 경향을 반영했다. 김여정은 2022년 8월 19일 윤석열 대통령의 광복절 기념사에 대한 비난 담화에서 "제발 좀 서로 의식하지 말며 살았으면 하는것이 간절한 소원이다"라고 발언했다.[235] 2023년부터는 아예 남한을 가리켜 '대한민국' 호칭을 사용했다. 예를 들어 김여정은 2023년 7월 10일과 11일 두 차례의 담화에서 '남조선' 대신 '대한민국'이라는 정식 국호를 네 차례나 부른 이후 줄곧 '대한민국', '한국'으로 호칭하고 있다.

북한의 '두 국가론'은, '한반도는 가장 적대적인 두 국가가 병존'하고 있는 '비정상적인 사태'이고 그동안 남한의 정책이 낳은 '필연적 귀결'이라는 인식에 기초한다.[236]

---

p.225.

232 김근식, "북한의 '두 개의 코리아' 전략, 현실을 냉혹히 보자", 『프레시안』, 2017.7.4. 한편 북한은 2018년 4월 27일 남북 정상회담과 '판문점 선언' 직후인 5월 5일부로 표준시를 원래대로 복원했다.

233 박옥경, "신심드높이 질풍노도쳐나가자", 『노동신문』, 2017.11.20.

234 성기영, "김정은의 통일노선 전환: 역사적 배경과 의미", 이슈브리프 513호, 국가안보전략연구원, 2024.2.19, p.4.

235 "허망한 꿈을 꾸지 말라", 『노동신문』, 2022.8.19.

236 "조선노동당 중앙위원회 제8기 제9차전원회의 확대회의에 관한 보도", 『조선중앙통신』, 2023.12.31.

보수든 진보든 남한 정부들의 '정권붕괴', '흡수통일', '자유민주주의체제하의 통일' 기조 등에서 엿보이는 '괴뢰들의 흉악한 야망' 때문에 남북관계는 접촉과 중단, 대화와 대결의 악순환을 반복해왔으며, 미국의 '식민지 졸개'에 불과한 남한을 화해와 통일의 상대이자 동족으로 여겨왔던 착오에서 탈피하는 것이 불가피하다는 것이다. 한 걸음 더 나아가 김정은은 2024년 1월 8~9일 군수공장 현지지도 시 "대한민국 족속들을 우리의 주적으로 단정"한다고 발언하는 한편, '대한민국 초토화'를 언급했다.[237] 김정은은 2024년 1월 15일 최고인민회의 제14기 제10차 회의에서는 '두 국가론'의 본격적인 정책화와 법제화를 지시했다.

이에 따라 다양한 '남한 지우기', '통일 지우기' 조치가 진행되었다. 물리적 조치로는 남한 시민단체의 대북 전단 등 체제비방 행위와 남한 당국의 방조에 대응한다는 명분으로 이른바 '오물풍선'을 2024년 5월 28일 이후 11월 29일까지 총 32차에 걸쳐 남한 전 지역에 띄워 보냈다.[238] 2024년 10월 15일에는 경의선·동해선 도로와 철도를 폭파하고, 폭파 지점에 전차 차단 구조물과 토산을 건설하여 요새화했다.[239] 수사적 조치로는 '동족', '통일'과 같은 단어의 사용을 금지했으며, '삼천리', '북반부', '8천만 겨레'와 같은 표현들도 금지했다. 이에 따라 북한 '애국가'를 '공화국 국가'로 명칭을 바꾸고, 가사 중 '삼천리 아름다운 내 조국'을 '이 세상 아름다운 내 조국'으로 변경했다.[240] 평양의 '통일거리'를 '락랑거리', 지하철 '통일역'을 '모란봉역'으로 명칭을 바꿨고, 판문점의 통일각 현판도 내렸다.[241] 2001년 8월 준공된 김일성의 통일 유훈을 기리는 '조국통일 3대헌장 기념탑'도 철거했고, 북한 전역의 김일성·김정일의 교시가 적힌 기념비와 시설들에서조차 '통일'이란 단어를 페인트로 지우는 작업이 진행 중인 것으로 알려졌다.[242] 심지어 일본 조총련의 조선학교에까지 통일 교육을 중단하고, '우리 민족끼리', '평화통일' 등과 같은 용어 사용을 금지해야 하며, 학교 교가에도 남북통일을 연상시키는 단어가 있으면 안 된다는 북한 당국의 지침이 내려졌다.[243] 기구적 조치로는 노

237 "김정은원수님께서 중요군수공장들을 현지지도", 『조선중앙통신』, 2024.1.10.
238 "합참 '북, 열흘 만에 쓰레기 풍선 또 부양' … 올해 32번째", 『조선일보』, 2024.11.29.
239 "북, 지난달 폭파한 경의선·동해선에 구덩이·토성 조성", 『경향신문』, 2024.11.4.
240 "북한, 국가 가사까지 바꿨다 … '삼천리 내 조국' 삭제하고 '이 세상'", 『세계일보』, 2024.2.16.
241 "김정은의 '통일 지우기'", 『경향신문』, 2024.10.3.
242 "김정은, '통일' 들어간 김일성·김정일의 교시까지 지웠다", 『조선일보』, 2024.6.6.
243 "조총련, '통일 교육 금지' 북 지시에 '술렁'", 『자유아시아방송』, 2024.6.28.

동당 통일전선부를 10국으로 격하하면서 '대적지도국'으로 불렀고, 통일전선부의 임무는 대부분 외무성이 흡수했다.[244] 기존 '조국통일연구원'을 '대적연구원'으로 변경하고, 이 기관에서 발행하는 '조국통일백서'의 명칭을 '대적백서'로 변경함으로써 대남·통일 사업을 대적사업으로 규정했다.[245] 또한 조국통일평화위원회, 조국통일민주주의전선, 범민련 북측본부, 6·15 북측위원회, 민족화해협의회, 단군민족통일협의회 등 대화 기구 및 민간교류 단체를 폐지했다.[246]

이러한 북한의 움직임은 '기본합의서'에서 '특수관계'로 합의했던 남북관계의 성격에 대한 완전한 부정이다. 해방 이후 '두 국가론'을 영구분단화 또는 분단고착화로 규정해오던 북한의 고정관념과 금기에서도 벗어난 것이다.

그러면 북한이 '두 국가론'을 꺼낸 배경은 무엇일까. 이에 대해서는 다양한 분석이 제시되었다. 예를 들어 남한과의 체제경쟁에서의 패배, 북한 주도의 통일 불가능, 남북관계 개선·발전의 부정적 영향 차단, 신냉전적 국제관계의 대립 구도 심화 등이 북한으로 하여금 '두 국가론'을 택하게 만들었다는 것이다.[247] 또한 '두 국가론'이 전술적 차원의 결정인지 혹은 전략적 차원의 결정인지에 대한 논의도 있다. 전술적 변화라고 평가하는 해석은 상황이 변하면 '두 국가론' 역시 바뀔 수밖에 없을 것이라는 분석에 기초한다. 예를 들어 중국과 러시아에 대한 의존이 지나치게 심화된다든가, 경제난이 악화된다든가, 지정학적 환경이 변한다든가 하는 등의 상황 변화가 발생하면, 권력 유지가 정책의 일관성 유지보다 더 중요한 김정은으로서는 '두 국가론'을 철회할 것이므로 '두 국가론'은 영구적·원칙적 방안이라기보다 국면적·거래적 방안일 가능성이 크다는 것이다.[248] 한편 경제적·사회적 불안정성 심화에 따른 수세적 대응이므로 전술

---

244 "'노동당 10국'으로 이름 바뀐 통전부 … 북내부선 '대적지도국' 노골적 별칭", 『동아일보』, 2024.5.24.

245 "북, '남 적대국가' 선언 후속 조치 … 대남기구 명칭 변경", 『서울평양뉴스』, 2024.11.3.

246 "(대남기구 공식 폐지에 대한) 결정은 우리를 《주적》으로 선포하고 외세와 야합하여 조선반도에 통제불능의 위기상황을 항시적으로 지속시키며 《정권붕괴》와 《흡수통일》의 기회만을 노리는 대한민국을 더이상 화해와 통일의 상대로 여기는것은 심각한 시대적착오(임을) …… 인정하고 대한민국을 …… 가장 적대적인 국가로 락인하면서 다음과 같이 결정하였다. ① 북남대화와 협상, 협력을 위해 존재하던 조국평화통일위원회와 민족경제협력국, 금강산국제관광국 기구를 폐지한다. ② 조선민주주의인민공화국 내각과 해당 기관들은 이 결정을 집행하기 위한 실무적대책을 세울것이다." "대남기구 공식 폐지에 대한 결정 발표", 『조선중앙통신』, 2024.1.16.

247 황수환·장철운·홍철기, 『북한의 두 국가론, 한민족 부정론 대응 논리 개발』, 통일연구원, 2024, pp.19~34.

248 김병연, "북한의 변화와 통일", 통일과나눔 주최 2024 컨퍼런스 '변화하는 통일환경 그래도 통일은 온다' 발표문, 2024.5.9, p.25.

적 결정으로 보는 것이 타당하다는 주장도 있다.[249] 김정은식의 부국강병 전략 속에서 통일 문제는 잠시 뒤로 미루어지게 된 것이라는 평가[250]나, 내부적으로 체제 단속의 배수진을 치고 한미의 대북 정책 근간을 흔들기 위한 '독사전술'[251]이라는 분석도 동일한 맥락이다.

이와는 반대로 '두 국가론'을 갑작스러운 조치나 돌발적인 입장 변경이 아닌 전략적인 변화로 해석해야 한다는 주장도 있다. 예를 들어 '두 국가론'은 대남 정책에 국한되지 않은, '신냉전' 구도에서의 국가운영 전략과 포괄적으로 연계된 '그랜드 디자인'의 일환으로 도출된 것이라는 주장이다.[252] 실제로 북한은 관영매체를 통해 '신냉전'을 언급하다가 러시아-우크라이나 전쟁이 발발한 이후 김정은이 직접 '신냉전' 고착화와 '다극화' 추세를 언급하고 있다.[253] '국가 재정비' 전략을 통해 장기적인 차원에서 대미 협상력을 강화시키려는 노력이 남한에도 그대로 적용되고 있다고 보는 견해도 이와 유사하다.[254] 인도와 파키스탄 간의 계속된 분쟁이 사실상의 핵보유국으로 인정받는 계기로 작용했듯이 '두 국가론'도 핵보유국 인정 전략의 일환이라는 분석 역시 전략적 변화의 입장이다.[255] 이미 '두 국가론'을 내세운 것과 통일·민족 개념을 부정한 것으로 인해 북한 내 이데올로기적 혼란을 자초한 상황[256]에서 이를 번복한다는 것은 엄청난 성치적 비용과 부담을 초래할 것이므로, 쉽게 바뀌지 않을 전략적 결정으로 보아야 한다는 주장도 가능하다.

---

249 조동호, "최근 북한의 정책 변화 분석: '두 국가론'과 지방발전정책을 중심으로", 『KDI 북한경제리뷰』, 5월호, 2024, p.28.

250 정영철, "북한의 '두 개 국가론': 민족/민족주의 개념의 변화를 중심으로", 『통일과 평화』, Vol.16 No.1, 2024, p.39.

251 한기범, "북한의 대남정책 전환 '성격' 평가", 이슈브리프 2024-06, 아산정책연구원, 2024.2.23, p.8.

252 성기영, "북한의 통일노선 전환 이후 대한민국 신통일담론의 모색," 전략보고 273호, 국가안보전략연구원, 2024.6.17, p.3.

253 "조선로동당 중앙위원회 제8기 제6차전원회의 확대회의에 관한 보도", 『조선중앙통신』, 2023.1.1; "김정은원수님께서 최고인민회의 제14기 제9차회의에서 뜻깊은 연설을 하시였다", 『조선중앙통신』, 2023.9.28.

254 김상범, "북한의 두 개 국가 선언의 평가와 전망", 『평화들 PEACES』, Vol.3 No.1, 2024, p.110.

255 김성배, "북한의 대남정책 전환 의도 분석: 인도-파키스탄 사례 참조", 이슈브리프 509호, 국가안보전략연구원, 2024.1.29, pp.3~4.

256 평화재단, "북한의 '헤어질 결심'이 가져온 군사충돌 위기", 현안진단 제338호, 2024.10.21.

2) 대안의 모색

북한이 내세운 '두 국가론' 자체는 남북경협에 직접적인 영향이 없다고 할 수 있다. 2개의 국가라고 해서 경제관계를 가질 수 없는 것은 아니기 때문이다. 그러나 남북경협이 지금까지 '하나의 국가'라는 원칙에 기초한 '내국 간 거래'로 진행되어온 상황에서 남북관계를 적대적인 '두 국가' 관계로 전환하고 남북경협과 관련한 조직과 시설들을 제거한 북한의 인식과 행동은 향후 남북경협 추진에 영향을 미칠 수밖에 없다. 보다 큰 틀에서는 전반적인 남북관계의 경색과 정체를 통해서 남북경협 환경에 영향을 미친다.

북한이 제기한 '두 국가론'에 대해 수용하자는 입장과 받아들일 수 없다는 입장이 갈리고 있다. 진보 진영의 일각에서는 차제에 '두 국가론'을 받아들이는 것이 우월하다고 평가한다. 예를 들어 남북관계의 자율성은 언제나 상대적이었지 절대적인 적이 없었으므로 '두 국가론'을 수용한다고 해서 달라질 것은 없다고 주장한다.[257] 임종석 전 대통령비서실장은 2024년 9월 19일 '2024 한반도 평화 공동사업 추진위원회'가 주최한 '9·19 평양공동선언 6주년 기념식' 기조연설을 통해 "현시점에서 통일 논의는 비현실적"이므로 "객관적 현실을 받아들이고 두 개의 국가를 수용하자"면서 '헌법' 제3조의 영토조항을 삭제 또는 개정하자고 주장했다.[258] 정세현 전 통일부 장관 역시 남북한은 "민족 내부적으로는 특수관계이지만 국제적으로는 두 국가"라는 입장을 보였으며,[259] 이연희 더불어민주당 의원은 "젊은 세대로 갈수록 통일에 대해 냉정하다는 현실"을 고려해서 "서로 실체를 인정하고 평화로운 이웃 국가"로 지내는 것이 지금으로서는 가장 좋은 대안이라고 주장했다.[260] 권만학 경희대학교 명예교수는 '두 국가론'을 받아들이되 '적대적 두 국가론'에 대응한 '평화적 두 국가론'을 내세우자는 의견을 제시했고,[261] 심지어 통일의 대상이니 주적이니 하는 북한에 대한 강렬한 '애증관계'에서 벗어나 서로의 국가적 실체를 공식화해서 아예 남북관계가 아닌 '한조관계'를 정립해

---

257 김연철, "한반도 전쟁 가능성과 '두 개 국가론'", 동아시아재단 정책논쟁 제209호, 2024, p.4.
258 "통일 외치던 임종석 '통일 말자' … 여 '김정은에 발맞춘다' 비난", 『중앙일보』, 2024.9.19.
259 "통일 전제하지 말자는 임종석 주장에 전직 통일부 장관 엇갈린 평가 나와", 『프레시안』, 2024.9.20.
260 "민주당서 나온 '2국가론' … 이연희 '젊은 세대 통일의식 인정해야'", 『중앙일보』, 2024.7.14.
261 "[한반도평화만들기] 여야가 국회서 동맹·우방 안심시킬 메시지 내야", 『중앙일보』, 2024.12.13.

야 한다는 주장도 있었다.[262] 물론 보수 진영에서도 수용이 바람직하다는 견해가 있다. 예를 들어 이용준 세종연구소 이사장은 "차제에 남북관계를 '국가관계'로 재정립해 국제법의 토대 위에서 협력하고 경쟁하는 것이 남북관계의 안정과 발전에 효과적"이라고 주장했다.[263]

보수 진영의 입장은 대체적으로 '두 국가론'에 반대한다. 홍양호 전 통일부 차관은 한반도의 군사적 긴장과 위기는 본질적으로는 북한 정권의 성격과 군사모험주의에서 비롯되므로 한반도 평화는 '두 국가론'를 받아들인다고 해서 자동적으로 보장되는 것이 아니라고 주장한다.[264] 김천식 전 통일부 차관도 체제 경쟁에서 패배한 북한은 남북한 간 평화로운 공존이 위험하다고 볼 것이므로 평화를 위해 두 국가 체제로 가자는 주장은 그럴듯하지만 환상이며 거짓말이라고 일축한다.[265] 여(Andrew Yeo) 브루킹스연구소 한국 석좌는 핵을 가지고 있는 북한과 평화적 공존을 이야기하는 것은 모순이라고 했고,[266] 천영우 전 외교안보수석은 '두 국가론'을 수용하면 통일의 결정적 기회가 오더라도 이를 포기해야 한다는 점에서 한반도의 미래를 위해서는 재앙이라고 지적했다.[267] 서독의 지도자들은 보수든 진보든 '독일은 하나'라는 입장을 버리지 않았다며 우리도 하나의 한국이라는 대원칙을 양보하면 안 된다는 주장도 있다.[268] 진보 입장에서도 반대하는 견해가 있다. 예를 들어 이승환 전 민주평통 사무처장은 '두 국가론'에는 남북관계 단절만이 아니라 '교전국 관계와 무력통일론'이 포함되어 있으므로 별개로 공존하는 두 국가 체제와 다르다고 보았다.[269] 조성렬 전 오사카 총영사도 북한은 적대적 두 국가론을 포기해야 한다면서, 임종석 전 비서실장의 발언은 내용과 시기가 모두 부적절했다고 지적했다.[270]

그러면 어떤 대안이 가능할 것인가. 우선 북한의 의도가 전술적이든 전략적이든 '두

262 배기찬, "2세션 토론문", 세종연구소 주최 2024년 제1차 세종특별정책포럼 '남북관계 패러다임의 대전환' 자료집, 2024.1.22.

263 이용준, "북, 남북관계를 '국가 대 국가'로 규정… '투 코리아' 정책으로 급선회", 『문화일보』, 2024.1.16.

264 홍양호, "북한의 '적대적 두 개 국가론'의 의도와 우리의 대응 방향", 『BJC저널』, 2024.10.31.

265 김천식, "[김천식의 통일직설] 영구분단 대 자유평화통일 한반도", 『서울신문』, 2024.2.22.

266 "전문가들, '한반도 두 국가론'에 '핵 가진 북한과 평화 공존 불가'", 『VOA』, 2024.9.27.

267 "서독은 끝까지 동독의 2국가 체제 요구를 거부했다", 『조선일보』, 2024.1.24.

268 "서독은 '두 국가론' 용인하지 않았다", 『매일경제』, 2024.9.29.

269 이승환, "북한의 '두 국가론'은 전쟁할 결심? 김정은의 속내", 『소셜 코리아』, 2024.3.21.

270 조성렬, "김정은 적대적 2국가관계론과 임종석 통일 포기론", 『민들레』, 2024.9.26.

국가론'이 바뀌게 될 가능성이 상존한다는 인식이 필요하다. 사실 북한의 '두 국가론' 주장이 전술적이냐 전략적이냐에 대한 논쟁은 현실적 효용성이 크지 않다고 할 수 있다. 만약 전술적 변화라면 전략적 변화로 넘어가지 않도록 관리하는 것이 중요한 과제이며, 전략적 변화라면 상황의 악화를 방지하면서 우리가 원하는 방향으로 변하도록 유도하는 것이 중요한 과제이기 때문이다. 따라서 북한의 '두 국가론'은 일정 기간 유지되겠지만, 여건과 환경의 변화에 따라 다른 전략이나 전술적 차원으로 변경될 수 있다는 점을 감안하여 신중하게 대응하는 것이 바람직하다. 이를 위해서는 '좀 더 넓고 길게 보는 대북 정책의 일관된 구사'가 필요하다.[271] 우리의 정책 대상은 북한 지도자만이 전부가 아니므로, 권력 엘리트, 주민을 포함한 3주체를 고루 상대하는 정책을 구사해야 하고, 남북관계를 긴 안목에서 보고 통일을 포괄하는 평화 관리가 있어야 하며, 어떤 정책이든 성과를 거두려면 일관성이 중요하다는 인식하에 끊임없이 통일을 지향하는 노력을 견지해야 한다는 것이다.

보다 구체적으로는 통일을 지향하는 과정에서의 '특수관계론'을 유지하는 방안이 바람직할 것으로 여겨진다. 북한이 '두 국가론'을 주장했다고 해서 이에 동의하기보다는 기존에 해오던 것처럼 법적(de jure)으로는 '한 국가론', 사실적(de facto)으로는 '두 국가론'을 유지함으로써 명분과 실리를 모두 확보하며, 상황에 맞게 탄력적으로 적용하는 것이 바람직하다는 것이다. 이는 서독이 채택했던 방안이기도 하다. 실제로 <표 5-19>에서 보이듯, 우리는 이미 북한에 대한 법적 인정은 아니지만, 사실적으로는 국가급 행위자로서 인정을 해왔다. '헌법'상 영토를 한반도와 부속도서로 함에도 불구하고 북한 영토에 대한 권리 주장을 자제해왔고, 남북한 간의 합의마다 불가침 및 내정 불간섭 원칙을 천명했으며, 통관 및 사실상의 입국 사증 제도를 운영해왔다. 북한 정권을 대화 상대로도 인정했다.

또한 다음과 같은 측면에서도 '두 국가론'을 수용하지 않는 것이 바람직하다. 첫째, '두 국가론' 수용은 '헌법'과 지금까지의 남북한 합의의 가치를 전면 부정하는 것이다. 우리의 '헌법'은 '전문'에서부터 '평화적 통일의 사명'을 선언하고 있고, 제3조는 "대한민국의 영토는 한반도와 그 부속도서로 한다"고 정의하고 있는데, '두 국가론'은 이와

---

271 한기범, "북한의 대남정책 전환 '성격' 평가", 이슈브리프 2024-06, 아산정책연구원, 2024, p.10.

<표 5-19> 사실적(de facto)으로 '국가 간 관계'인 남북관계

국가 간 조치	현황
상대가 관할하는 영역을 인정	△
군사적 불가침을 준수	○
상대방의 내정에 대한 불간섭	○
인적·물적 교류에 대한 규칙 부과(통관절차 등이 있고 이를 협정에 따라 면제)	○
상대방 정부와의 대화나 교섭에 정치적·법적 구속력 부여(대화 상대로의 인정)	○

* 주: 현황에서 이미 우리가 북한에 대해 하고 있는 경우 ○, 부분적으로 시행하고 있는 경우 △, 아닌 경우 ×로 표시함.
* 자료: 차두현, "북한의 '적대적 두 국가 관계'론의 배경 및 평가", 한반도경제협력원 주최 2024년 북한경제 전문가 간담회 '북한경제 구조변화 분석과 새로운 대북정책의 모색' 자료집, 2024.3.29, pp.29~30.

배치된다.[272] "대한민국은 통일을 지향하며, 자유민주적 기본질서에 입각한 평화적 통일정책을 수립하고 이를 추진한다"고 밝힌 '헌법' 제4조, 그리고 대통령은 취임에 즈음하여 '조국의 평화적 통일'을 위해 노력할 것을 선서하도록 한 제69조의 규정과도 어긋난다. 남북한이 '두 국가'라면 통일을 추진할 명분도 이유도 사라지게 된다. 서독이 1972년 동서독 기본조약을 체결하면서 양국 관계를 상호 동등성에 기초한 정상적인 선린관계라고 규정한 것도 동독에 대한 국제법적인 국가 승인이 아닌 단순한 실체 존중의 의미였다.[273]

둘째, '두 국가론'은 교전국 관계의 상시화를 의미한다는 점에서 매우 위험하다.[274] 김정은은 북한의 핵무기가 '자위권에 속하는 정당방위력'이며 '결코 일방적으로 전쟁을 결행하지는 않을 것"이라고 언급했지만,[275] 이를 그대로 믿을 수는 없다. 북방한계선을 인정하지 않는 북한의 입장에서 본다면 남한은 이미 북한 영해를 침범한 셈이므로,

272 한덕수 국무총리는 출입기자단과의 간담회에서 '두 국가론'은 '헌법' 위반이라고 지적하면서, 우리 정부는 수용할 의사가 전혀 없다고 말했다. "한총리, '두 국가론'에 '정말 잘못된 생각 … 헌법 위반'", 『연합뉴스』, 2024.9.25.

273 권은민, "북한의 '두 국가론' 계기 남북한 특수관계론 및 남북관련 법제 변화 방향 연구", 『평화통일논총』, Vol.4 No.1, 2025, p.52.

274 김진하 외, 『김정은 정권 대남전략 전환 분석』, 통일연구원, 2024, pp.168~169.

275 "경애하는 김정은동지께서 조선민주주의인민공화국 최고인민회의 제14기 제10차회의에서 강령적인 시정연설을 하시였다", 『조선중앙통신』, 2024.1.16.

북한은 언제든 핵무기를 사용해 남한을 공격하겠다는 의사를 분명히 한 셈이다. 통일 전 동독이 동서독은 서로 다른 두 국가라고 주장했으나 적대적인 표현은 없었던 것과 대비된다.[276]

셋째, '두 국가론'을 수용하는 경우 통일에 대한 관심이 저하될 우려가 있다. 이미 우리 사회에서는 통일에 대한 관심이 지속적으로 저하되어오고 있다. 서울대학교 통일평화연구원의 조사에 의하면, 통일의 필요성에 공감한다는 응답은 2007년 63.8%에서 2024년 36.9%로 떨어졌고, 반대로 불필요하다는 응답은 2007년 15.1%에서 2024년 35.0%로 두 배 이상 증가했다.[277] 또한 이 조사에 의하면 19~29세 연령대에서 통일이 필요하다는 응답은 2018년 54.1%에서 2019년 41.1%, 2020년 33.9%, 2021년 28.0%, 2022년 27.8%, 2023년 27.8%, 2024년 22.4%로 급격한 하락 추세를 보인다. 이는 미래에 통일의 필요성에 대한 인식이 더욱 낮아질 것이라는 점을 시사한다. 이런 상황에서 '두 국가론'을 수용하는 것은 우리 사회의 통일 인식을 더욱 부정적으로 만들게 될 것이다.

넷째, '두 국가론'을 수용하는 경우 북한 주민의 법적인 국적 판단에 논란이 생길 수 있다. 현재 우리는 '헌법'에 의거하여 재외 탈북민을 대한민국 국민으로 인정하고 있다. 그러나 '두 국가론'을 인정하는 경우 국제사회에 더 이상 통일의 당위와 명분을 내세울 수 없게 되기 때문에 탈북민 보호 책무의 근거도 국민이 아닌 난민으로 바뀌게 된다.[278] 따라서 북한이탈주민은 남한에 입국할 때 까다로운 귀화 절차나 성공 확률이 극히 낮은 난민신청 절차를 밟아야 된다.[279] 국내에 입국한 북한이탈주민의 경우에는 새로운 법을 만들어 수용한다고 하더라도 중국 등 제3국에 거주하는 북한이탈주민의 보호 근거는 훼손된다.

다섯째, '두 국가론'은 북한에 급변사태가 발생하는 경우 남한의 개입 권리에 대한

---

276 손선홍, "북한의 '적대적인 두 국가 관계' 선언과 우리의 대응: 동독의 '두 민족 두 국가론'과 비교", 『외교』, No.152, 2025, p.80.

277 김범수 외, 『2024 통일의식조사』, 서울대학교 통일평화연구원, 2024, pp.30~33.

278 이규창, "북한의 두 국가관계 선언과 지속되어야 하는 평화통일 노력", 온라인시리즈 CO 24-06, 통일연구원, 2024, p.3.

279 최용전, "'남북 경제교류·협력의 법적 쟁점과 법제 제언'에 대한 토론문", 헌법재판연구원·통일과 북한법학회 공동주최 2019 통일학술회의 '신한반도 체제에서 남한과 북한의 교류와 협력' 자료집, 2019.7.11, p.64.

논란을 불러올 수 있다. '통일을 지향하는 과정에서 잠정적으로 형성되는 특수관계'와 같은 지금까지의 입장은 급변사태 시 북한 지역에 대한 남한의 관할권을 주장하는 실효적 근거로 이용될 수 있으나, '두 국가론'을 인정할 경우에는 이것이 불가능해진다. 다시 말해 통일의 기회가 오더라도 남한의 북한 개입이 제한되고, 그 결과 통일은 다시 멀어질 수 있다.

여섯째, '두 국가론'을 수용하면 주변국의 반통일 및 분단 선호 확증이 우려된다.[280] 중국의 경우 휴전선 이북으로의 남한의 진입을 적대적 행위로 간주하는데, 두 국가로 분리되면 중국은 남한의 북한 진입을 주권국가에 대한 침략행위로 선전하면서 '조중 우호협력 및 상호조약'에 따른 개입을 정당화하게 될 수도 있다는 것이다. 또한 한반도 주변국들은 그간 남북한이 '통일을 지향하는 과정에서 잠정적으로 형성되는 특수관계'라는 남북한의 합의에 영향을 받아왔지만, 두 국가가 된다면 주변국들의 대한반도 정책은 그들의 필요 및 북한의 요구에 크게 좌우될 가능성이 크다.[281] 국제사회를 상대로 통일의 당위와 명분을 내세우기 어려워짐에 따라 통일을 위한 국제협력 유도 노력에도 차질이 불가피해지는 것이다.

지금까지 살펴본 바와 같이 '두 국가론'은 수용할 필요가 없을 뿐만 아니라 수용하지 않는 것이 훨씬 더 이익이라고 보여진다. 설령 수용하는 것이 도움이 된다고 하더라도 현실적인 2개의 문제가 제기된다. 첫째, '헌법' 개정이 가능할 것인가의 문제이다. '두 국가론' 수용을 위해서는 '헌법'의 영토조항에서부터 관련 법 조항들의 개정이 필요한데, 현재와 같이 이념 갈등이 심한 상황에서 '헌법' 개정의 가능성이 얼마나 있을지 미지수이다. 또한 정책적으로 과연 지금 시점에서 '헌법' 개정을 통해 영토조항을 삭제하고 남북관계를 국가 간 관계로 취급하는 것이 안보와 국익, 그리고 통일의 관점에서 필요한 일인지도 보다 신중하게 검토할 필요가 있다.[282]

둘째, 만약 우리 내부적으로 '헌법' 개정 등 '두 국가론' 수용을 위한 각종 조치가 완료되었는데 북한이 갑자기 다시 '조선은 하나'라는 과거의 노선으로 회귀할 경우의 문

---

280 박원곤, "북한의 '헤어질 결심'과 '전쟁할 결심': 의미 및 한계", 2024 북한연구학회 춘계학술회의 '북한의 동족·통일 개념 폐기, 두 국가 관계 선언, 어떻게 보아야 하는가?' 자료집, 2024.4.26, p.14.

281 김상범, "북한의 두 개 국가 선언의 평가와 전망", 『평화들 PEACES』, Vol.3 No.1, 2024, p.109.

282 송인호, "동서독 관계가 주는 시사점", 세종연구소 주최 2024년 제1차 세종특별정책포럼 '남북관계 패러다임의 대전환' 자료집, 2024.1.22, p.37.

제이다. 그때 가서 '헌법'을 본래대로 다시 수정한다면 '북한의 장단에 놀아나는' 셈이고, 수정하지 않는다면 우리만 '2개의 국가'라고 주장하는 셈이 된다. 실제로 그럴 가능성은 충분하다. 북한은 체제의 존재를 위한 근거의 하나로 신앙처럼 주창해왔던 '하나의 조선론'조차 폐기하고 남북한이 동족이 아니라며 적대적인 '두 국가론'을 제기한 데다가 1950년대의 '국토완정론'을 연상시키는 '국토평정론'까지 들고나온 것을 보면 상황 변화에 따라 얼마든지 기존의 틀을 폐기할 수 있음을 알 수 있다.[283] 이는 상황 변화에 따라 다시 언제든지 '하나의 조선론'으로 돌아가서 공세적인 통일전선 전술을 활용할 수도 있음을 의미하는 것이다. 그동안 북한은 '조선은 하나'라고 주장해왔지만, 2025년 4월 기준 북한이 공식적으로 외교관계를 맺은 159개국 가운데 팔레스타인을 제외한 158개국은 남한과도 수교를 한 나라이다. 대만과 외교관계를 맺은 나라와는 예외 없이 단교하는 중국의 '하나의 중국' 원칙과 비교했을 때 실상이 전혀 다른 것이며, 이는 김일성 시절부터 북한이 외쳐온 '조선은 하나'라는 슬로건이 실상은 대외정책의 '절대 원칙'이라기보다 통치 이데올로기의 일환임을 보여준다. 따라서 이번의 '두 국가론' 역시 상황에 따라 변화할 가능성을 배제할 수 없다.[284] 동일한 맥락에서 "서로 의식하지 말며 살았으면 하는 것이 간절한 소원"이라는 김여정의 담화나 "우리는 적들이 건드리지 않는 이상 결코 일방적으로 전쟁을 결행하지는 않을 것"이라는 김정은의 발언은 역으로 자신들은 경제건설에 집중할 것이니 서로에 대한 도발이나 공격을 하지 말 것을 경고하는 것으로 읽힐 수 있으며, 이러한 전제조건을 슬며시 끼어놓음으로써 북한으로서는 언제든 돌아올 수 있는 장치를 마련해놓은 것이라는 분석도 제기된다.[285]

한편 남북경협의 입장에서는 '두 국가론'보다 그 앞에 붙은 '적대적'이란 수식어가 더 장애요인이라고 할 수 있다. 두 국가라도 경제협력을 할 수는 있지만, 적대적이라면 그만큼 경제협력 추진이 순탄하지 않을 것이기 때문이다. 적대적 관계를 변화시키는 것은 정치의 영역이므로 경협 차원에서는 할 일이 많지 않은 것이 현실이다. 그런

283 최완규, "남과 북 공존, 그 한계와 가능성", 경남대학교 극동문제연구소·북한대학원대학교 공동포럼 '한반도의 통일 담론: 과거, 현재 그리고 미래' 자료집, 2024.5.21, p.65.

284 이제훈, "남과 북: 두 개의 주권국가와 통일지향 특수관계의 길항", 경남대학교 극동문제연구소·북한대학원대학교 공동포럼 '한반도의 통일 담론: 과거, 현재 그리고 미래' 자료집, 2024.5.21, p.53.

285 정영철, "북한의 '두 개 국가론': 민족/민족주의 개념의 변화를 중심으로", 『통일과 평화』, Vol.16 No.1, 2024, p.41.

데 적대적 남북관계 역시 언제까지나 지속될 수는 없으며, 경우에 따라서는 남북경협을 적대적인 상황을 타개하기 위한 수단으로 사용할 수도 있다. 따라서 남북관계가 호전될 경우에 대비해서 그동안 남북경협을 하나의 국가에서의 '내국 간 거래'라고 간과했던 부분들을 점검하고, 법과 제도를 보완함으로써 현재의 국면을 새로운 도약의 계기로 만들어야 한다. 마치 김정은이 2019년 10월 금강산 관광지구를 현지지도하면서 대남 사업과 관련하여 "선임자들의 잘못된 정책"을 언급하며 선대의 실책을 지적했듯이, 우리도 역대 정부에서의 남북경협 정책과 공과를 냉정하게 반추해야 할 것이다.

에필로그

절망과 기교, 그 너머

이 책에서는 남북경협의 의미부터 역사적 흐름, 부문별 현황, 주요 쟁점에 이르기까지 남북경협과 관련한 거의 모든 주제에 대해 논의했다. 남은 주제가 하나 있다면, 정부별 평가이다. 책 첫머리에서 "절망은 기교를 낳고 기교는 절망을 낳는다"는 이상의 말을 빌려 남북경협의 역사를 '절망과 기교의 역사'라고 함축한 것은 정부별로 남북경협에 대한 인식과 정책이 크게 변화해왔기 때문이다. 그러나 돌이켜보면, 보수 정부에서나 진보 정부에서나 남북경협은 성공보다는 실패에 가까웠다.[1]

노태우 정부는 의욕과 희망으로 남북경협의 시대를 열었고, 김영삼 정부는 적극적으로 이어받으려 했다. 그러나 북한의 경제난으로 남북경협의 성장은 쉽지 않았다. 사올 만한 물건이 없었고 팔기는 더 어려웠다. 투자를 하자니 인프라가 열악했고 정치적 리스크도 컸다. 게다가 북한의 핵 문제와 끊이지 않는 도발, 김일성의 돌연한 사망 등과 같은 외부 변수도 악재였다. 절망에 부딛친 것이다. 그래서 김대중, 노무현 정부는 정부의 지원과 개입으로 남북경협을 활성화시키려 했다. 민간기업의 독자적 능력만으로는 수익성 있는 남북경협 모델을 만들 수 없었기 때문이었다. 정부가 도와주지 않았더라면 금강산 관광사업은 진작 좌초했을 것이고, 개성공단은 시작도 못했을 것이다.

---

1 이석, "남북경협 체계의 개념적 분석과 확장", 이석(편), 『새로운 대북정책과 남북경협의 모색』, 한국개발연구원, 2022, p.59.

절망을 우회하는 전략이었고, 절망이 해결된 것처럼 보이게 하는 기교였다. 절망이 기교를 낳은 것이다. 이명박, 박근혜 정부는 차례차례 남북경협의 문을 닫았다. 천안함이 침몰하고 북한이 핵과 미사일 개발에만 몰두하자 남북경협의 중단을 선택했다. 이명박 정부는 통일부를 폐지하려고까지 했다. 기교의 시대와 단절하겠다는 정치적 제스처였다. 그러나 그런다고 남북경협이 정상화될 것은 아니었다. 남북경협은 다시 절망에 빠졌다. 절망은 기교를 낳았지만, 기교는 또다시 더 큰 절망을 낳은 것이다. 문재인 정부가 '작은 교역', '우회전략'이란 말까지 만들며 기교의 방식을 되살려보려 했지만 대외 환경은 여의치 않았다. 윤석열 정부는 절망뿐인 남북경협에 아예 관심을 가지지 않았다. 남북경협의 역사를 정부별 특징에 초점을 맞춰 정리하면서 책을 마친다. 정부별 평가는 남북경협의 측면에서 바라본 것이고, 당연히 개인적·주관적 평가라서 보는 시각마다 다를 것이다.

선견지명(先見之明),[2] 운도시래(運到時來)[3]

1988년 노태우 대통령이 직접 발표한 '7·7 선언'은 첫 문단에서 "세계는 이념과 체제를 초월하여 화해와 협력의 시대로 나아가고 있"고 "문화와 역사가 다른 민족 사이에도 과감한 개방과 교류의 새 물결이 넘쳐흐르고 있"는 "지금이야말로 전쟁의 위협과 대결의 긴장이 상존하고 있는 한반도에 평화를 정착"할 시점이라고 규정했다. 북한은 "함께 번영을 이룩하는 민족공동체"이므로 "분단의 벽을 헐고 모든 부문에 걸쳐 교류를 실현"하자고 제안했다. 이를 위해 "북한이 미국·일본 등 우리 우방과의 관계를 개선하는 데 협조"함은 물론 "우리는 소련·중국을 비롯한 사회주의 국가들과의 관계 개선을 추구"하겠다고 천명했다.

가히 '선견지명'의 정책이었다. '7·7 선언'이 발표된 1988년은 냉전 해체의 움직임이 조금씩 보이기는 했으나, 아직 냉전이 완전히 종식되지 않았음에도 불구하고 국제정치질서의 변화를 예견하여 선제적이고 능동적으로 대응한 것이었기 때문이다. 북한에 대한 인식의 대전환이었고, 민족분단과 6·25 전쟁이라는 냉전 체제의 가장 참혹한 피해를 겪은 한국이 바로 그 핵심 상대방인 소련과 중국에 먼저 화해의 메시지를 보낸

2 '선견지명'이란 어떤 일이 일어나기 전에 미리 앞을 내다보고 아는 지혜를 의미한다.

3 '운도시래'란 일을 이룰 수 있는 운수와 시기가 왔음을 의미한다.

것이었다. 진정한 의미에서 대북 정책의 시작이었고, 외교정책의 공간을 획기적으로 확대한 것이었다. '언행일치(言行一致)'[4]의 정책이기도 했다. '7·7 선언'은 대북 인식의 담론이었을 뿐만 아니라 6개 항의 실천사항을 포함하고 있었다. 나아가, 이미 살펴본 것처럼 각 부처별 다양한 실천조치들로 구체화되었다. 남북한의 유엔 동시가입도 성사시켰다. 분단 이후 최초로 남북의 화해와 상호불가침, 교류협력을 규정한 '기본합의서'도 만들어냈다. 그야말로 탈냉전의 시대를 바라보면서 능동적으로 준비했던 것이다.

'운도시래'라고 부를 수 있을 만큼, 운도 좋았다. 처음에 북한은 '7·7 선언'에 부정적 반응을 보였으나, 내부적 어려움과 국제정세의 변화로 인해 호응할 수밖에 없었다. 통일전선사업부 부부장을 지낸 한시해 당시 조국평화통일위원회 부위원장이 1991년 6월 미국 워싱턴을 방문했을 때 북한은 "남한을 공산화시킬 의도도 능력도 없다(no intention or capability at all to communize South Korea)"는 말을 여러 차례 했을 정도였다.[5] 대외적으로는 미국과 소련 두 강대국 간에 긴장을 완화하기 위한 정책이 제시되고 있었고, 미국은 냉전 종식을 최대의 외교 과제로 추진하고 있었다.[6] 물론 노태우 정부가 운만 좋았던 것은 아니다. 미국을 통해 북한은 물론 소련, 중국을 설득하기 위해 가능한 모든 노력을 기울였다. 미국은 우리의 요청에 따라 중국과 소련에 협조를 구했고, 북한에 대한 유화정책을 시작했다. 이러한 상황은 북한이 '7·7 선언'에 호응하게 되는 배경이 되었다. 이와 같은 미국의 움직임은 기본적으로 "미국 정부의 새로운 노선 덕분이라기보다는 남한 정부의 획기적인 인식 전환의 결과"였다.[7] 한국의 대북 정책이 미국의 외교를 움직였던 것이다.

결국 노태우 정부는 수십년 간 중단되었던 남북경협의 물꼬를 텄다. 뿐만 아니라 이후 정부들의 남북경협을 포함한 대북 정책의 핵심에 놓인 개념과 원칙, 논의들의 준거를 마련했다. 예를 들어 '7·7 선언'의 시행을 위해 1989년 6월 12일 제정된 '북방 교류협력에 관한 기본지침'의 주요 내용은 다음과 같다. 첫째, 정치·경제 등 종합적인 국가이익에 합치되는 방향으로 추진한다. 둘째, 국가안보, 우방과 협력관계, 상호주의 원

---

4 '언행일치'란 말과 행동이 하나로 들어맞는다는 뜻으로, 말한 대로 실행함을 의미한다.

5 Harrison, Selig, *Korean Endgame: A Strategy for Reunification and U.S. Disengagement*, Princeton University Press, 2002, p.76.

6 한완상, 『사자가 소처럼 여물을 먹고: 한완상 회고록』, 후마니타스, 2017, p.264.

7 돈 오버도퍼, 『두 개의 한국(*The Two Koreas*)』, 이종길(역), 길산, 2002(원저 1997), p.302.

칙 등을 고려하면서 한반도 긴장 완화와 평화통일에 기여하는 방향으로 추진한다. 셋째, 교류협력에 수반되는 각종 안보 위해 요소에 철저히 대비한다. 넷째, 북한의 고립화를 추구하지 않는다. 다섯째, 정치적 교류와 비정치적 교류를 과감하게 병행 추진한다. 여섯째, 국민적 합의 위에서 추진한다.

이를 통해 보면 '7·7 선언'으로 대표되는 노태우 정부의 대북 정책은 이후의 대북 정책보다 오히려 종합적·체계적이며, 우월한 방안이었다. 상호주의 원칙, 국민적 합의 등은 이후의 대북 정책에도 반영되었던 것이고, 굳건한 안보 위에서 교류협력을 추진한다는 원칙 역시 이후 대북 정책의 표준이 되었다. 정치적 교류와 비정치적 교류를 병행 추진한다는 남북경협 원칙은 이후의 보수 정부보다 유연하고, 통일 지향성 측면에서는 교류협력의 확대에 치중한 진보 정부의 대북 정책보다 포괄적이다. 김대중, 노무현 정부에서처럼 우방과 갈등을 낳지도 않았고, 이명박, 박근혜 정부에서처럼 북한의 고립화를 추구하지도 않았다. 남북경협에 있어서 시작이든 중단이든 정부가 아니라 민간이 주도하도록 한 것도 어느 정부보다 우월하다. 이처럼 북한과의 관계가 거의 전무했던 시절에 이미 현재도 받아들여야 하고 받아들일 수밖에 없는 요소들을 총망라하고 있었다는 것은 실로 놀라운 일이다. 당시의 획기적 대북 정책이 없었더라면 우리는 여전히 적대적 대결의 남북관계만을 경험하고 있었을 것이다

좌충우돌(左衝右突),[8] 조변석개(朝變夕改)[9]

김영삼 대통령은 1993년 2월 취임사에서 "어느 동맹국도 민족보다 더 나을 수는 없습니다", "어떤 이념이나 어떤 사상도 민족보다 더 큰 행복을 가져다주지 못합니다"라며 남북관계에 대해 매우 전향적인 입장을 표명했다. 미국보다 북한이 더 중요하고, 자유민주주의와 자본주의의 가치보다 민족이 소중하다는 선언이었다. 심지어 김일성을 향해 "따뜻한 봄날 한라산 기슭에서도 좋고, 여름날 백두산 천지 못가에서도 좋습니다. 거기서 가슴을 터놓고 민족의 장래를 의논해봅시다"라며 감상적인 모습도 보였다. 보수 정부의 대통령 취임사로는 상상하기 어려운 내용들이었다. 대북 정책의 기본 방향을 적대적 대결관계에서 화해와 협력의 장으로 이끌고 가겠다는 명확한 표명이

8 '좌충우돌'은 이리저리 마구 찌르고 부딪친다는 뜻으로 아무에게나 또는 아무 일에나 함부로 맞닥뜨림을 뜻한다.

9 '조변석개'는 아침저녁으로 뜯어고친다는 뜻으로 계획이나 결정을 일관성 없이 자주 고침을 이른다.

었다.[10]

남북경협에 대해서도 적극적이어서 김영삼 정부에서 추진한 '신경제 5개년계획'에 남북경협 부문을 포함했다. 남북경협이 정부의 중장기 경제계획에 포함된 것은 이때가 처음이었고 당시로서는 매우 이례적이었다. 초대 통일원 장관으로 진보적 성향의 한완상 서울대학교 교수를 임명했다. 또한 취임한 지 한 달도 안 된 시점이던 1993년 3월 19일 미전향 장기수 이인모 노인을 아무런 조건 없이 송환했다.[11] "교착 상태에 빠져 있던 대북 관계를 개선하는 데 중요한 계기"를 만들기 위해서였다.[12] 이인모 노인은 북한이 '신념과 의지의 화신'이라며 북한 최고 훈장인 '김일성훈장', 최고 칭호인 '공화국영웅' 칭호, '조국통일상' 등을 수여했으며, 사망 후에는 북한의 국립묘지인 애국열사릉에 안치하고 김정일이 근조화환을 보낼 정도의 인물이었다.

이처럼 김영삼 정부가 남북경협과 남북관계 개선을 위해 상당한 노력을 기울였음에도 불구하고 상황은 정책 추진에 부정적인 방향으로만 전개되었다. 북한은 1993년 3월 핵확산금지조약 탈퇴를 선언하고 국제원자력기구의 핵안전조치협정 이행을 거부했으며, 마침내 1994년 5월 원자로의 연료봉 교체 작업을 강행했다. 1994년 6월 미국이 영변 폭격을 검토했을 정도로 한반도 상황이 급박하게 전개되는 상황에서 남북경협의 추진은 불가능했다. 1994년 6월 카터 전 미국 대통령의 방북으로 북한의 핵 동결과 함께 7월 25~27일 남북 정상회담이 합의되었으나, 7월 8일 김일성이 갑자기 사망함으로써 무산되었다. 이후 우리 사회에서 발생한 소위 '조문 파동'[13]은 대북 정책의 추진에 부정적으로 작용할 수밖에 없었다. 1994년 10월 북미 제네바 합의가 성사되자 11월 김영삼 정부는 '남북경협 활성화 조치', 12월 '남북경협사업 처리에 관한 규정' 등을 발표했다. 하지만 1995년 5월 제86우성호 나포사건, 1995년 10월 북한 무장공비 2명 남파사

10 김영삼, 『김영삼 대통령 회고록 (상)』, 조선일보사, 2001, p.98.

11 1917년생인 이인모 노인은 6·25 전쟁 당시 북한군 종군기자로서 1952년 지리산 빨치산 활동 중 체포되어 복역했고, 이후 부산에서 좌익지하당 활동을 하다 다시 체포되어 총 34년을 복역했다. 한편 이때 우리 정부는 '송환'이라는 표현을 사용하지 않고 '장기 방북'으로 처리했다. '송환'은 전쟁포로의 신분을 의미하기 때문이었다. '남북교류협력에 관한 법률'은 최장 1년 6개월 동안 방북을 규정하고 있었으므로 이인모 노인은 실정법상으로는 1년 6개월짜리 방북증명서를 발급받아 북한을 장기 방문하는 형식이었다. 눈 감고 아웅하는 식으로 사실상 영구히 북한으로 보내버린 것이었다. 홍양호, "나의 통일을 향한 여정 ⑩", 『북한』, No.598, 2021, p.88.

12 김영삼, 『김영삼 대통령 회고록 (상)』, 조선일보사, 2001, p.99.

13 1994년 7월 김일성의 사망 이후 조문단 파견의 적절성을 둘러싸고 벌어진 논쟁이다.

건, 1996년 9월 강릉 잠수함 무장공비 침투사건 등 북한의 도발은 지속되었다.

전반적 남북관계가 개선되지 못하는 상황에서도 남북경협은 꾸준히 진전되었다. 1993년 남한은 중국, 일본, 러시아에 이어 북한의 네 번째 교역상대국으로 부상했고, 1994년부터는 러시아를 제치고 세 번째의 위치를 차지했다. 교역 규모는 1997년 3억 834만달러로 남북교역 최초로 3억달러를 돌파했다. 위탁가공교역의 규모도 1993년 709만달러에서 1997년 7,907만달러로 11배 이상 크게 증가했다. 1996년에는 남북경협 역사상 최초의 투자인 대우의 남포공단 사업도 성사되었다.

이와 같은 남북경협의 확대는 기본적으로 민간기업의 적극적 참여의 결과였다. 예를 들어 교역의 경우 노태우 정부 말기인 1992년 132개였던 교역 참여업체는 1997년 579개로 대폭 증가했다. 교역 품목 수도 1992년 92개에서 1997년 365개로 늘어났다. 위탁가공교역은 이전까지의 단순한 원부자재 반출, 완제품 반입의 형태를 넘어 가공용 설비가 반출되었고, 의류, 신발 위주에서 컬러 텔레비전, 스피커, 자동차 전기배선, 자전거 부품 등으로 그 대상이 다양화되었다. 투자의 경우에도 노태우 정부 시절 1개에 불과했던 경제협력사업자 승인은 김영삼 정부 들어 25개로 증가했다. 1995년 한 해 동안 투자 및 교류협력 상담을 위해 방북한 기업은 20여개에 달한다. 북한 역시 당국 간 대화 및 협력에는 부정적이었지만, 외화난과 수출상품 공급 능력 부족으로 남북교역에는 더욱 의존하는 상황이었다.[14]

따라서 김영삼 정부의 대북 정책이 보다 일관적이고 안정적이었더라면 남북경협은 더욱 발전했을 것이라는 아쉬움이 남는다. 물론 초기의 과감한 대북 인식에도 불구하고 지속적인 대내외 환경의 악재로 인해 실제 정책을 추진하기 어려웠다는 점은 인정되지만, 정책이 무원칙하게 변함에 따라 민간의 남북경협은 그만큼 영향을 받을 수밖에 없었다. 예를 들어 민족 우선이라던 1993년 2월 25일 취임사에서의 인식은 6월 4일 취임 100일 기자회견에서의 "핵무기를 갖고 있는 상대와는 결코 악수할 수 없"다는 정반대의 인식으로 바뀌었다.[15] 6월 25일 『BBC』와의 회견에서는 북한이 "매일 한 시간씩 주민들을 동원해서 전쟁 훈련을 하고 있다"면서 "북한의 도발에 철저히 대비" 해야 한다고 말했다. 불과 4개월 사이에 '동맹보다 민족'에서 '전쟁 대비'로까지 변화

---

14 민족통일연구원, 『통일환경과 남북한관계: 1995~1996』, 1995, p.12.

15 "김대통령 취임 100일 회견(요지)", 『동아일보』, 1993.6.4.

한 것이다. 기업인의 방북도 금지와 확대 허용 사이에서 오락가락했다. 1995년 분단 이후 최초로 정부 차원의 대북 쌀 지원을 했고, "이것만 주는 것이 아니라 앞으로 더 줄 것이며 우리가 가진 게 없으면 외국에서 사서라도 줄 것"이라고 강조했다.[16] 하지만 1996년 1월 새해 국정연설에서는 "북한이 동족을 위협하는 군사력 유지에 모든 국력을 쏟아 넣으면서 국제사회의 구호를 바라고 있는 것은 민족에 대한 배신이며 죄악"이라고 강하게 비난했다.[17] 1996년 6월 11일 권오기 통일원 장관은 세계식량계획(WFP)을 통해 300만달러 규모의 식량지원 기금을 제공할 것이라고 발표했지만,[18] 김영삼 대통령은 1996년 6월 21일 『도쿄신문』과 가진 인터뷰에선 "북한은 고장난 비행기"라며 지원 불가 입장을 밝혔다.[19] 다시 김영삼 대통령은 1996년 8월 15일 광복절 경축사에서 식량·농업 지원은 물론 투자, 교역, 관광 등 여러 분야에서의 남북경협 의사를 밝혔지만, 9월 18일 잠수함 무장공비 침투사건이 발생하자 10월 1일 국군의 날 경축연에서는 "대북 지원은 재고할 것"이라고 했다. 이는 "경축사 후속 조치 추진의 중단을 의미하는 것이었고, 정부 차원의 인도적 대북 지원도 중단"한다는 의미였다.[20] 도대체 정책 방향을 가늠할 수 없었다. 더욱이 실현 가능성이 없는 사안과 경협이나 대북 지원을 연계함으로써 아무런 상황의 변화가 없는 경우에도 정부 스스로 일관성을 파기하게 되는 결과를 초래했다.[21] 국내 정치를 위해 대북 정책을 이용한 탓도 있었다.[22]

이에 따라 나름 긍정적이던 북한의 반응도 바뀌었다. 1993년 통일원의 국정감사 자료에 따르면, 북한은 김영삼 정부 출범 초기 "신정부의 태도를 주시하겠다"며 관심과 기대를 표시했고 1993년 4월 김일성의 10대 강령 발표 시에는 어떤 동맹국도 민족보다 나을 수는 없다는 취임사 대목을 직접 인용·환영했지만,[23] 취임 100일 기자회견에

---

16 "쌀 수입해서라도 북한에 더 주겠다", 『매일경제신문』, 1995.6.23.

17 행정안전부 대통령기록관 홈페이지, 대통령 이야기 > 김영삼 > 연설기록 > 새해 국정운영에 관한 연설.

18 "정부, 북에 3백만달러 지원", 『한겨레신문』, 1996.6.12.

19 "'북경제 고장난 비행기 외부지원 해결책 못돼' 김대통령 일지 회견", 『경향신문』, 1996.6.21.

20 김영삼, 『김영삼 대통령 회고록 (하)』, 조선일보사, 2001, p.243.

21 예를 들어 1996년 3월 북한이 베이징 쌀 회담과 같은 성격의 식량지원 논의를 위한 남북접촉 재개를 제의하자 우리 정부는 공식 채널을 통한 당국자의 공식 제의, 한반도 내 회담 개최, 대남 비방 중단 등을 전제조건으로 제시했다. "북, 베이징 쌀접촉 재개 제의, 정부선 공식당국자회담 제안", 『한겨레신문』, 1996.3.29. 그러나 북한의 태도 변화가 없었는데도 6월에는 300만달러의 지원계획을 발표했다.

22 최완규, "Icarus의 비운: 김영삼 정부의 대북정책 실패요인 분석", 『한국과 국제정치』, Vol.14 No.2, 1998, pp.207~208.

23 1993년 4월 김일성은 "얼마전에 남조선당국자가 ≪대통령≫취임연설에서 어느 동맹국도 민족보다 나을

서 강경한 입장을 밝히자 이때부터 '친미사대 매국노', '민족반역자'라고 김영삼 대통령에게 욕설과 극언을 하면서 남북대화를 거부했다.[24] 조금만 유연하게 개입정책을 썼더라면 '고난의 행군'을 겪던 북한을 효과적으로 변화시킬 수 있었을 텐데, 붕괴하기만 기다렸다. 가만 있어도 북한은 붕괴할 것이고, 붕괴하면 가서 접수하면 된다는 생각이었다. 참으로 아쉬운 실기(失期)였고, 소탐대실(小貪大失)[25]이었다.

다다익선(多多益善),[26] 문과기실(文過其實)[27]

김대중 정부는 '햇볕정책'을 내걸었다.[28] 그래서 남북관계 개선을 위한 남북경협 활성화를 적극적·공개적으로 추진했고, '화해협력의 적극 추진'을 대북 정책 3대 추진 원칙의 하나로 채택했다. 이는 설령 '퍼주기' 비판을 받더라도 남북관계 개선을 위해 경제 분야를 중심으로 전 분야에서 대북 접근을 적극 확대하겠다는 의지의 표명이었다. 대북 정책의 추진 기조도 '안보와 화해협력의 병행 추진', '평화공존과 평화교류의 우선 실현'으로 설정했다. '안보와 화해협력의 병행 추진'이란 북한과의 사이에 군사·외교적인 충돌과 긴장이 발생하더라도 남북경협은 계속하겠다는 것이며, '평화공존과 평화교류의 우선 실현'이란 남북경협 확대에 정책의 우선순위를 두겠다는 것을 시사한다. 실제로 김대중 대통령은 1998년 6월 북한 잠수정 침투사건이 발생하자 직접 국

수 없다고 했는데 민족자주의식과 민족적량심이 있어서 그런 말을 하였는지 알수 없으나 그 말자체는 뜻이 있는 말이라고 생각합니다. …… 그래서 나는 정무원총리에게 이번 최고인민회의 보고에 남조선당국자가 취임연설에서 어느 동맹국도 민족보다 나을수 없다고 한 말을 한대목 넣고 그의 말을 주목한다고 하라고 하였습니다"라고 말했다. 김일성, "조국통일의 유일한 출로는 전민족의 대단결이다", 미국 윌리암 캐리대학 고려연구소 소장과 한 담화(1993.4.10), 『김일성 저작집 44』, 조선로동당출판사, 1996, p.168.

24 "관망 탈피 원색비방 재개", 『중앙일보』, 1993.9.26.

25 '소탐대실'은 작은 것을 탐하다가 큰 손실을 입는다는 뜻이다.

26 '다다익선'이란 많으면 많을수록 더욱 좋다는 뜻이다.

27 '문과기실'이란 무늬가 실제보다 지나치다는 뜻으로 겉에 비해 속이 부실한 경우를 가리킨다.

28 김대중 대통령에 의하면 '햇볕정책'이라는 용어는 김대중 대통령이 1994년 9월 '강한 의지에 입각한 태양정책'이라는 제목으로 헤리티지재단 초청 연설을 한 데에서 비롯되었는데, 나중에 국내에서는 '햇볕정책'으로 불리게 되었고 중국은 '양광(陽光)정책', 일본은 처음 명칭 그대로 '태양(太陽)정책'이라고 쓰고 있다고 한다. 김대중, 『김대중 자서전 1』, 삼인, 2010, pp.643~644. 한편 김대중 대통령의 차남 김홍업 김대중평화센터 이사장은 언론 인터뷰에서 "햇볕정책은 아버지가 작명한 게 아니다. 어느 날 신문에서 쓰기 시작한 용어가 아버지의 트레이드 마크가 됐다"고 말했다. "박정희 시해 소식 … DJ 첫마디는 '이러면 안 되는데'였다", 『중앙일보』, 2023.4.14. 김대중 대통령은 '햇볕정책'이라는 용어가 처음 사용된 기원, 김홍업 이사장은 '햇볕정책'이라는 용어로 변경된 과정에 대해 설명한 것으로 판단된다.

가안전보장회의를 주재하고 "도발은 불용한다. 그러나 햇볕정책의 기조는 유지한다"는 내용의 의결서를 발표했다.[29] 남북관계 개선에 평생을 바친 김대중 대통령으로서는 당연한 일이기도 했다.[30]

'목인석심(木人石心)'[31]의 정책이었고, 이는 자연스레 '다다익선'의 남북경협으로 이어졌다. 보다 자주 만나고 가능한 한 많이 협력하다 보면 북한이 변화하리라고 믿었다. 그렇게 지원과 협력을 쌓아가면 시간의 문제일 뿐 언젠간 효과가 나타날 것이라고 생각했다. 순진한 기대였지만, 그렇게 믿었다. 그래서 김대중 정부 출범 직후인 1998년 4월에는 '남북경협 활성화 조치'를 통해 대기업의 남북경협 참여 허용 등 그동안의 제한도 대폭 완화했다. 그 결과 중소기업뿐만 아니라 대기업의 투자가 가능해졌고, 교역 촉진을 위한 포괄승인대상 품목이 확대됨과 더불어 위탁가공교역 확대를 위한 생산설비의 반출 제한도 폐지되었다.

그러나 정책 의지만으로 남북관계가 개선되는 것은 아니며, '햇볕정책'을 추진한다고 해서 당장 남북경협이 발전하는 것도 아니었다. 특히 북한경제의 능력 부족으로 인해 시장의 자율적 판단에만 맡겨서는 남북경협이 발전할 수 없는 실정이었다. 교역의 경우 반입을 늘리자니 북한의 조악한 상품 수준으로 인해 사 올 만한 물건이 없었고, 반출을 늘리자니 북한의 외화 부족으로 남한 물건을 사 갈 능력이 없었다. 해운 운송과 낮은 소석률, 북한 항구의 낙후된 설비 등으로 인해 물류비도 지나치게 높았다. 투자의 경우에도 북한의 낮은 경제 수준, 열악한 인프라, 미흡한 법제, 높은 정치적 리스크 등으로 민간기업은 투자를 꺼리고 있었다.

게다가 남북경협에 대한 정보가 축적되면서 기업들은 대북 진출을 기피했다. 통일부의 『통일백서』에 의하면, 교역 참여업체 수는 1998년 419개, 2002년 432개로 김대중 정부 5년간 거의 변함이 없었다.[32] 또한 2002년 5월 기준 남북교역을 진행하고 있던 업체 107개사에 대한 설문조사에 의하면, 시장 선점이 목적이라는 응답이 43.9%로

---

29 김대중, 『김대중 자서전 2』, 삼인, 2010, p.96.

30 그래서 김대중 정부 초기인 1998~2000년 주미 한국대사를 지낸 이홍구는 당시를 회상하며, 김대중 대통령이 본인의 업적에 지나친 의욕이 앞섰다고 평가하기도 한다. 한미경제연구소(편), 『대사관 순간의 기록』, 매경출판, 2011, p.261. 김대중 정부가 남북관계의 '업적주의'에 치중했다는 학계의 지적도 있다. 손호철, "남남갈등의 기원과 전개과정", 경남대학교 극동문제연구소, 2004, pp.42~44.

31 '목인석심'은 나무 인형에 돌 같은 마음처럼 의지가 굳어 마음이 흔들리지 않는 사람을 의미한다.

32 남북교류협력지원협회의 『남북교역 25년사』에서는 1998년 637개, 2002년 896개로 기록하고 있다.

가장 많았으며 경제적 이윤이 목적이라는 업체는 34.6%에 지나지 않았다. 실제 이윤을 실현하고 있는지 묻는 질문에 대해서는 절반 이상인 53.3%가 부정적인 응답을 했다.[33] 교역 규모는 1998년 2억 2,194만달러에서 2002년 6억 4,173만달러로 증가했지만, 외환위기의 충격을 받기 이전인 1997년의 3억 834만달러와 비교하면 김대중 정부 5년간 교역 규모는 2.1배 정도 늘어났을 뿐이었다. 김영삼 정부 5년 동안의 교역 규모 증가폭인 1.7배와 큰 차이가 없었다.

따라서 남북경협 활성화를 위해서는 정부가 주도하고 최대한 지원하는 방식을 취할 수밖에 없었다. 남북경협정책의 성과를 과시하기 위해 대형 사업을 선호했다. 그래서 정부는 무리한 조건의 금강산 관광사업을 제한하지 않았고, 오히려 직접 개입했다. 몇 명이 가든 관광객 수와 무관하게 2005년 초까지 총 9억 4,200만달러, 당시 환율로 1조 3,000억원에 달하는 관광 대가를 지급한다는 것은 상식적으로 납득하기 어려운 조건이었으며 필연적으로 현대아산의 경영난을 야기할 것이었음에도, 정부는 그대로 허용했다. 금강산 관광사업이라는 대규모 사업의 실패는 남북경협 전반에 막대한 부정적 영향을 미치리라는 점을 고려하지 않았다. 실제로 2001년 현대아산의 자금난으로 금강산 관광사업은 중단위기에 처했다. 그러자 정부는 사업 유지를 위해 금강산 관광사업에 한국관광공사를 참여시키면서 남북협력기금을 지원했다. 2002년 4월부터는 학생, 교사, 이산가족 등의 관광 경비 일부도 지원하기 시작했다.

과장된 홍보도 동원되었다. 예를 들어 금강산 관광사업은 '햇볕정책의 옥동자'라고 불리며, 통일부가 매년 발간하는 『통일백서』의 독립된 장으로 수록되었다.[34] 이는 금강산 관광사업이 민간기업의 사업임에도 불구하고 실질적으로는 정부 차원의 사업으로 인식했음을 시사한다. 김대중 대통령 역시 금강산 관광사업의 시작이었던 '소떼 방북'을 보면서 그것이 김대중 정부 대북 정책의 '첫 결과물'이며, 북한이 우리의 대북 정책으로 "장갑 한 짝 정도를 벗은 것"이라고 평가했다.[35] 김대중 대통령은 2000년 3월 발표한 '베를린 선언'에 대해 "이제까지는 정경분리 원칙 아래 민간 위주의 경협을 펼쳤

33 한국개발연구원 북한경제팀, "제2차(2002년 상반기) 남북경협에 관한 교역업체 및 전문가 대상 설문조사", 『KDI 북한경제리뷰』, 5월호, 2002, p.29.

34 예를 들어 통일부, 『통일백서』, 2000. 김대중 대통령도 "햇볕정책이 낳은 옥동자"라고 표현했다. 김대중, 『김대중 자서전 2』, 삼인, 2010, p.137.

35 김대중, 『김대중 자서전 1』, 삼인, 2010, p.94.

다면 앞으로는 정부가 나서서 대북 관계를 적극적으로 열어 나가겠다는 의지"를 담은 것이라고 설명했다.[36] 게다가 투자에 대한 정부 지원은 국민의 주목을 끌 수 있는 대형 사업에 국한되었다.[37] 그래서 당시 세계은행 동아시아태평양 담당 부총재 수석자문관이던 뱁슨(Bradley Babson)은 "정치적으로는 성공적이었지만, 경제적으로는 실패한 것"이라고 평가했다.[38]

결국 남북경협은 정부가 주도하고 재정을 지원해 추진하는 것이란 인상이 심어졌고, 정부 지원에 의해 추진되는 남북경협이니 정부가 규제하거나 통제하는 것이 당연하다는 인식을 확산시키는 결과를 낳았다. 이러한 인식은 이명박 정부에서 '5·24 조치라는 극단적 형태로 표출되었다.[39] 지원의 경우에도 정부 차원의 대규모 지원이 선호되면서 민간단체의 역할이 소홀해졌을 뿐만 아니라 모니터링과 관련한 인도주의 원칙을 고수하는 것이 어려워졌다.[40] '문과기실'이었다.

전철답습(前轍踏襲),[41] 과유불급(過猶不及)[42]

남북경협의 측면에서 보면, 노무현 정부는 '전철답습'이었다. 다만, 김대중 정부에 비해 '좀 더 크고, 좀 더 빨리'였다. '과유불급'이었다. 노무현 대통령 스스로도 김대중 정부의 대북 정책 토대 위에서 "한 걸음 더 진도를 나가는 정도로 임기를 마무리했다"고 표현했다.[43] 무리했던 금강산 관광사업의 교훈처럼 '크게'보다는 '적정', '빨리'보다

---

36 김대중, 『김대중 자서전 2』, 삼인, 2010, p.241.

37 같은 투자라고 하더라도 중소기업의 소규모 투자에 대한 지원은 없었다. 김대중 정부 동안 경제협력사업자 승인은 25건, 경제협력사업 승인은 19건이 이루어졌지만, 금강산 관광사업을 제외하면 실제 사업은 극히 부진한 실정이었다. 예를 들어 2003년 말 기준 금강산 관광사업을 제외한 투자예정 금액은 총 3억 9,000만달러였지만, 실제 투자 금액은 5,100만달러로 예정 금액의 13%에 불과했다. 안예홍·이주영, "남북경제협력의 현황 및 향후 과제" 『금융경제연구』, No.179, 2004, pp.14~15.

38 브래들리 뱁슨, "남북한 경제협력과 국제사회의 지원: 국제기구의 시각", 연세대학교 김대중도서관(편), 『6·15 남북공동선언 4년 회고와 전망』, 세경사, 2005, p.205.

39 이석기, "통일준비를 위한 남북경제협력의 미래", 민족화해협력범국민협의회 정책위원회(편), 『남북교류협력의 재조명』, 늘품플러스, 2015, pp.233~234.

40 문경연, "인도지원 분야의 남북교류협력과 개선방향", 민족화해협력범국민협의회 정책위원회(편), 『남북교류협력의 재조명』, 늘품플러스, 2015, p.138.

41 '전철'은 앞서 지나간 수레바퀴의 자국이라는 뜻이며, '답습'은 예로부터 해오던 방식이나 수법을 좇아 그대로 행함을 의미한다.

42 '과유불급'은 지나친 것은 미치지 못한 것과 같다는 뜻이다.

43 노무현재단(편), 『운명이다: 노무현 자서전』, 돌베개, 2019. p.258.

는 '제대로'가 중요함을 인식했어야 하고 남북경협의 근본적 속성은 물론 장기적 안정성을 고려하면 민간 주도로 변화했어야 함에도, 정부 주도·지원 방식과 대형 남북경협 선호는 그대로였다. 규모와 속도에서는 오히려 김대중 정부를 앞섰다. 노무현 대통령은 후보 시절 연설에서 "남북대화 하나만 성공시키면 다 깽판쳐도 괜찮다"고 말할 정도였다.[44] 통일부는 2007년 '10·4 선언'의 합의를 이행하는 데 소요되는 비용을 14조 3,000억원으로 추산했다.[45] 막대한 자금이 필요한 협력사업을 엄밀한 검토도 없이 무리하게 타협했다.[46]

'복거지계(覆車之戒)'가 되었어야 하는데, '고마문령(瞽馬聞鈴)'이었던 셈이다.[47] 예를 들어 노무현 정부의 대표적 남북경협인 개성공단의 경우, 정부가 전면에 나서서 사업을 주도했다. 앞서 살펴본 바와 같이, 사실상 정부 사업이었다. 국장급으로 꾸려진 개성공단건설실무협의회 이외에도 통일부 장관을 수석대표로 하는 남북장관급회담, 재정경제부 차관을 수석대표로 하는 남북경제협력추진위원회 등의 남북 당국 간 회담에서 개성공단의 통행, 통신, 통관은 물론 기반시설, 전력, 용수에서부터 심지어 일정에 이르기까지 정부가 결정권을 행사했다. 북한과의 임금 협상이나 분양도 정부가 담당했다. 2004년 10월에는 통일부를 중심으로 8개 정부 부처로 구성된 개성공단사업지원단도 발족했다. 막대한 재정지원 역시 이루어졌다. 개성공단 1단계 개발에 소요된 총 사업비는 2,205억원인데, 한국토지공사가 1,110억원을 부담하고 기반시설 건설비용 1,095억원은 정부가 남북협력기금에서 무상으로 지원했다.[48] 이미 논의한 바와 같이 규모도 상당했고, 패스트 트랙이라는 이름으로 시공과 설계를 동시에 진행했다. 빨리 성과를 보이고 싶어서 합의와는 달리 임금을 북한 당국에 총괄 지급하는 방안을 받

---

44 "'남북대화 성공하면 다 깽판쳐도 괜찮다' … 노무현 발언 파문", 『국민일보』, 2002.5.29.

45 "통일부 '10·4선언 사업비용 14조3천억원 추산'", 『연합뉴스』, 2008.9.19.

46 이상현, "남북정상회담과 남북한의 외교관계 변화", 세종연구소 주최 제22차 세종국가전략포럼 '제3차 남북정상회담: 역사적 교훈과 추진방향' 자료집, 2010.4.15, p.78. 2007년 10월 남북 정상회담 당시 외교부 장관이던 송민순은 "회담 열흘 전쯤 각 부처가 내놓은 계획을 보니, 대략 12개 분야에 36개의 사업을 정상 간에 합의하는 것을 목표로 세우고 있었다"며 준비회의에서 "수레에 너무 많은 짐을 싣지 말자"고 강조했다고 회고한다. 송민순, 『빙하는 움직인다』, 창비, 2016, p.423.

47 '복거지계'는 앞의 수레가 뒤집히는 것을 보고 뒤의 수레는 미리 경계한다는 뜻으로 앞사람의 실패를 본보기로 하여 뒷사람이 같은 실패를 하지 않도록 조심함을 이르는 말이며, '고마문령'은 눈먼 말이 앞서 가는 말의 방울 소리를 듣고 그대로 좇아간다는 뜻으로서 남이 하는 대로 따라 함을 의미한다.

48 양문수, "개성공단 사업의 성과와 과제", 『안보통상연구』, Vol.1 No.1, 2007, p.84.

아들였다. 동명한 중소기업진흥공단 남북협력지원팀 부장은 한 세미나에서, 정부가 상징성이 큰 개성공단에만 집중하다 보니 중소기업들이 북한 내륙지역 진출을 주저하게 되는 부작용이 생기고 있다고 지적했다.[49]

쌀 지원의 경우 '퍼주기' 논란을 우려해서 차관 형식으로 제공한 것도 김대중 정부와 동일했다. "차관 형식의 식량 제공은 상거래적 의미"여서 "장기적으로 남북 간 실질 협력관계를 심화시켜 나가는데 도움"이라고 홍보했지만,[50] 정부 공식문서에는 인도적 지원으로 분류했다.[51] 앞뒤가 맞지 않았다. 2007년 남북 정상회담의 결과인 '10·4 합의'도 마찬가지의 문제를 내포하고 있었다. 합의된 대부분의 남북경협은 민간사업임에도 기업 의견의 수렴이나 타당성 조사도 없이 정부가 임의로 결정했다. 개성공단의 조속한 추진을 합의하면서 개성과 상충될 수밖에 없는 해주에 또 하나의 새로운 공단을 만들기로 한 것도 납득하기 어렵다. 정기 화물열차의 운행에 합의해서 우리의 도라산역과 북한의 판문역을 2007년 12월에서 2018년 11월까지 왕복 총 444회를 운행한 동안 화물이 실제 운송된 것은 17회에 불과했다.[52] 실어 나를 화물이 없는데도 남북경협의 성과를 내세우기 위해 무의미한 합의를 했던 것이다. '분단 이후 최초의 정기열차 운행'이라는 정치적 상징은 컸지만, 경제적으로는 운행하면 할수록 손해만 쌓였다.

현실의 남북경협이 성장하기는 했으나 외형상의 착시인 측면도 컸다. 남북교역 규모는 2007년 사상 최대인 18억달러를 넘어섰지만, 진정한 의미에서의 교역인 거래성 교역의 비율은 전체의 44%에 불과했다. 5장 4절에서 논의한 것처럼, 개성공단 입주기업의 확대로 인한 관련 물자 반출입의 증가와 함께 대북 지원의 증가로 교역이 크게 늘어난 것처럼 보일 뿐이었다. 실제로 노무현 정부 말기인 2007년 거래성 교역이 우리의 무역에서 차지하는 비율은 0.11%로서 김영삼 정부 말기인 1997년과 동일했으며, 『통일백서』에 의하면 남북교역 참여업체 수 역시 1998년 419개, 2002년 432개, 2007년 425개로 변함이 없었다. 투자의 경우도 정부 지원으로 추진된 금강산 관광사업과 개성공단을 제외하면 여전히 정체 상황에 있었다. 예를 들어 2006년 9월 기준 금강산과 개성 이외의 지역에서 투자 사업을 운영 중이던 업체는 4개에 불과했으며,[53] 2007

49 경남대학교 극동문제연구소 주최 제30차 통일전략포럼 '현 단계 남북경협의 쟁점과 과제', 2004.3.23.

50 통일부, "남북경제협력추진위원회 제5차 회의 결과 해설자료", 2003.5.23, p.7.

51 통일부, 『통일백서』, 2008, pp.203~204.

52 통일부, 『통일백서』, 2009, p.79.

53 통일부, "2006년 국정감사 제출자료(남북교역, 경협일반)", 2006.

년에 승인이 이루어진 179개의 경제협력사업 승인 중 금강산과 개성 이외 지역은 3개에 지나지 않았다.

자승자박(自繩自縛),[54] 교왕과직(矯枉過直)[55]

시작은 호기로웠다. 2008년 2월 취임한 이명박 대통령은 기업인 출신답게 실질적인 대북 정책을 선언했다. 대북 정책의 비전은 '실용과 생산성에 기초한 상생과 공영의 남북관계 발전'이었다. '실용과 생산성'이란 이념의 잣대가 아니라 실용의 잣대로 남북관계를 해결해나감으로써 국민이 원하는 성과를 내겠다는 뜻이다. 그래서 '원칙에 철저하되, 유연한 접근'이 4대 추진 원칙의 하나로 선정되었다. 이는 당연히 '유연한 접근'에 방점이 있는 것이었다. 북한의 비핵화 진전에 따라 경제, 교육, 재정, 인프라, 생활 향상 등 5대 중점 프로젝트를 추진하고 10년 내 1인당 국민소득 3,000달러가 될 수 있도록 지원하겠다는 계획도 수립했다. '비핵 · 개방 · 3000'이라고 이름 붙였다.

그러나 이는 현실성이 없었다. 북한이 '비핵'하고 '개방'하면, 우리가 지원하지 않아도 3,000달러는 쉽게 달성된다. '비핵'의 대가로 외부의 막대한 보상이 있을 것이고, '개방'을 통해 상당한 규모의 투자를 유치할 수 있기 때문이다. 약속어음에 불과한 '3,000달러'를 믿고 체제 붕괴를 촉발할 수도 있는 '비핵'과 '개방'을 먼저 하라는 요구가 실현 가능성이 있는 방안이라고 생각했다면, 북한에 대해 너무 무지했거나 지나치게 순진한 것이었다. 2009년 9월 이명박 대통령이 제시한 '그랜드 바겐' 역시 '비핵 · 개방 · 3000'의 연장선상에 있는 것이어서 북한이 받아들일 가능성은 없었다. 여당 의원들까지 현실성이 없는 제안이라고 비판했다.[56] '나들섬 구상'은 더욱 비현실적이었다. 이는 한강 하구의 퇴적지 위에 토사를 활용해 900만평 규모의 인공섬을 만들어서 남북경협 공단을 조성한다는 이명박 대통령의 공약이었다.[57] 면적 900만평은 여의도의 10배이자 개성공단 1단계의 9배에 해당했고, 공사비는 무려 2조원에 달했다.[58] 갯벌

---

54 '자승자박'은 자기의 줄로 자기 몸을 옭아 묶는다는 뜻으로 자기가 한 말과 행동에 스스로 구속되어 어려움을 겪는 것을 의미한다.

55 '교왕과직'이란 구부러진 것을 바로잡으려다가 너무 곧게 한다는 뜻으로 잘못을 바로잡으려다 지나쳐 오히려 일을 그르침을 가리킨다.

56 "'그랜드 바겐' 여야없이 '난타'", 『한겨레』, 2009.10.5.

57 제17대 대통령직인수위원회, 『제17대 대통령직인수위원회 백서 1: 성공 그리고 나눔』, 2008, p.190.

58 "이명박, 한강 하구에 남북경협단지 '나들섬' 공약", 『한국일보』, 2007.6.18.

지형이 바뀌고 생태계가 파괴될 것이라는 우려는 물론, 한강 하구의 2/3가 막히게 돼 여름철 대홍수에 취약해질 것이라는 경고도 제기되었다.[59] 규모, 비용, 환경 문제를 무릅쓰고 나들섬을 건설한다고 해도 북한이 남한 땅으로의 북한 근로자 출퇴근을 허용할 가능성은 극히 희박했다.

게다가 외부 환경도 연속적으로 악화되기만 했다. 이명박 정부가 출범한 지 세 달 후인 2008년 5월 북한은 단거리 미사일 3발을 발사했고, 7월에는 금강산 관광객 피격 사망사건으로 금강산 관광사업이 중단되었다. 2009년에도 3월 북한은 키리졸브 기간 세 차례에 걸쳐 개성공단 육로 통행을 차단했고, 현대아산 직원을 억류하는 사태가 벌어지기도 했다. 4월에는 '광명성 2호' 장거리 미사일을 발사했다. 마침내 2010년 3월 천안함 사건이 발생했으며, 이후에도 8월에 동해에서의 '대승호' 나포사건, 11월에 연평도 포격사건 등이 연이어 발생했다.

이와 같은 상황에서 남북경협을 추진하기란 불가능했다. 특히 천안함 사건에 따른 '5·24 조치'는 진퇴양난의 결과를 초래했다. 이 조치에 따라 진행 중이던 개성공단 사업을 제외하고는 모든 교역과 투자가 금지되었으며, 인도적 목적의 지원이라 하더라도 사전에 정부와 협의를 거치지 않으면 불가능하게 되었다. 이명박 대통령은 '5·24 조치'를 발표하는 대국민 담화문을 전쟁기념관에서 본인이 직접 낭독하면서 북한에 대해 시인과 사과, 관련자 즉각 처벌을 요구했다.

'자승자박'이고 '교왕교직'이었다. 북한이 수용할 가능성이 거의 없는 요구 사항을 내건 것은 처음부터 너무 큰 칼을 너무 높이 든 셈이었기 때문이다. '5·24 조치'는 냉전 이후 우리 정부가 단독으로 취한 대북 제재 조치 중 가장 강력했다.[60] 더욱이 대통령이 직접 요구 사항을 천명한 상황에서 북한의 반응이 없는데도 정부 스스로 '5·24 조치'를 철회한다는 것은 국내 정치적으로 크게 부담스러운 것이었다. 천안함 사건 관련 유엔 안전보장이사회 의장 성명서 채택에 중국이 미온적인 태도를 보이자 이명박 대통령은 2010년 6월 캐나다 토론토에서 열린 G20 정상회의를 계기로 개최된 한중 정상회담 자리에서 후진타오 중국 주석에게 "이 문제로 한국과 중국이 서로 얼굴 붉힐 일이 없기를 바랍니다"라며 정상 간의 외교에서는 쓰지 않는 강한 표현을 사용할 정도

---

59 "'나들섬 구상' 환경공방", 『서울신문』, 2007.6.28.

60 임채천, "남북관계 세 가지 제약요인과 대북정책", 『국가안보와 전략』, Vol.13 No.1, 2013, p.132.

였다.[61]

내걸었던 슬로건은 '유연'이었지만, 현실에선 '경직'뿐이었다.[62] 결국 이명박 정부는 임기 내내 강경책을 유지할 수밖에 없는 상황을 자초했다. '진퇴양난(進退兩難)'[63]의 형국이었다. 노무현 정부에서는 채찍을 배제한 채 당근에만 매달린 것이 문제였다면, 이명박 정부는 당근은 배제한 채 채찍에만 매달린 것이 문제였다.[64] 외신은 강경조치가 오히려 대북 영향력을 상실하는 결과만을 낳았다는 비판도 제기했다.[65] 이명박 대통령은 2010년 광복절 경축사에서 '통일은 반드시 온다'며 "남북 간의 포괄적인 교류·협력을 통해 북한경제를 획기적으로 발전시키고 남북한의 경제통합을 준비하는 경제공동체를 이루어야" 한다고 말했지만,[66] 그것을 만들어나갈 '과정'으로서의 대북 정책은 없었고 '결과'로서의 대북 정책만 있을 뿐이었다.

때로는 남북대화의 문이 열려 있다고 했으나, 원칙론적인 이야기였을 뿐이다. 예를 들어 이명박 대통령은 2012년 1월 2일 신년 국정연설에서 "우리는 기회의 창을 열어 놓고 있"고 "새로운 한반도 시대를 함께 열어"가자고 했으나, 이에 대해 "북한이 진정성 있는 태도로 나온다면"이라는 '5·24 조치'에서와 같은 전제조건을 걸었다. 그 결과 교역은 2008년 18억 2,037억달러에서 2012년 19억 7,111억달러로 소폭 증가했을 뿐이고, 그나마도 이는 일반교역과 위탁가공교역이 금지된 상황에서 개성공단의 기존 입주기업들이 생산활동을 확대한 데 따른 결과일 뿐이었다.

금의야행(錦衣夜行),[67] 구화투신(救火投薪)[68]

박근혜 대통령은 2013년 2월 취임사에서 신뢰를 강조했다. "서로 대화하고 약속을

61 이명박, 『대통령의 시간 2008-2013』, 알에이치코리아, 2015, pp.280~281.

62 류길재, "이명박 정부 대북정책: 평가와 과제", 국회입법조사처 간담회 '대북정책 평가와 과제' 발표문, 2011.11.22, p.4.

63 '진퇴양난'은 앞으로 나아가지도, 뒤로 물러서기도 모두 어려운, 이러지도 저러지도 못하는 곤란한 상황에 처해 있음을 뜻한다.

64 윤여준·한윤형, 『대통령의 자격』, MG채널, 2025, pp.462~463.

65 "S. Korea's Lee says tough stance on North is starting to work", *The Washington Post*, 2011.10.11.

66 행정안전부 대통령기록관 홈페이지, 대통령 이야기 > 이명박 > 연설기록 > 제65주년 광복절 경축사.

67 '금의야행'은 비단옷을 입고 밤길을 걷는다는 뜻으로 아무 보람 없는 행동을 비유한다.

68 '구화투신'은 불을 끄려고 섶나무를 집어던진다는 뜻으로 잘못된 일의 근본을 다스리지 않고 성급하게 행동하다가 도리어 그 해를 더 크게 함을 이르는 말이다.

지킬 때 신뢰는 쌓일 수 있습니다. 북한이 국제사회의 규범을 준수하고 올바른 선택을 해서 한반도 신뢰 프로세스가 진전될 수 있기를 바랍니다"라고 말했던 것이다. 이미 박근혜 대통령은 유력 대통령 후보로 거론되던 시절인 2011년 8월 『Foreign Affairs』에 기고한 글에서 남북한의 진정한 화해와 협력을 저해하는 근본 요인은 '신뢰의 결여'라고 진단하면서 '신뢰정책(Trustpolitik)'을 제안했다.[69] 대통령 후보 시절이던 2012년 9월 4일 중국 전인대 상무위원회 천즈리(陳至立) 부위원장 일행을 접견한 자리에서도 '무신불립(無信不立)'[70]을 인용하면서 "국제관계에서도 신뢰가 중요하고 기본"이라며 "저는 외교에서도 신뢰외교를 강조하고 있다"고 밝혔다.[71]

신뢰는 당연히 중요하다. 그러나 정책은 도덕이 아니라 현실이며, 원칙보다 성과가 필요하다. 노무현 대통령의 표현처럼, 정책에 있어서 신뢰란 "상대방의 인격에 대한 신뢰, 도덕성에 대한 신뢰가 아니라, 상대방이 나에 대해서 불안감을 갖지 않도록 해주는 것이다."[72] 따라서 신뢰를 어떻게 만들어나갈 것인가가 중요하다. 하지만 그에 대한 구체적 방안 제시는 없었다. 더욱이 신뢰는 일방의 의지만으로 형성되는 것이 아니라 상대의 협력이 반드시 필요하다. 따라서 상대의 신뢰를 전제조건으로 해서만 가동되는 한반도 신뢰 프로세스는 작동되기가 어렵고, 오히려 서로를 비난하는 논리로 전환되기 쉽다.[73] 특히 남북관계에서는 북한이 협력의 대상인 동시에 경계의 대상이라는 점, 서로의 통일 정책이 상반된다는 점, 북한이 핵 개발을 지속한다는 점, 주변 강대국의 영향을 받을 수밖에 없다는 점 등으로 인해 신뢰 형성이 더욱 어렵다.[74] 박근혜 대통령은 신뢰 형성을 최우선 과제로 추진하겠다고 했지만, 당시는 이명박 정부에서 시작된 '5·24 조치'로 인해 신뢰를 쌓을 사업도, 정책 수단도 없는 실정이었다. 그런데도 대화

---

69 Park, Geun-hye, "A New Kind of Korea: Building Trust Between Seoul and Pyongyang," *Foreign Affairs*, Vol.90 No. 5, 2011.

70 '무신불립'은 믿음이 없으면 설 수 없다는 뜻으로 정치나 개인의 관계에서 믿음과 의리의 중요성을 강조하는 말이다.

71 "박근혜 '무신불립' … 난 신뢰외교 강조", 『한국경제』, 2012.9.4. 박근혜 대통령은 2015년 6월 22일 한일 국교정상화 50주년 기념 리셉션 축사에서도 '무신불립'을 이야기하며 한일관계에서 신뢰의 중요성을 강조했다. "서울에선 한·일 합창단 노래 … 도쿄에선 아베 한국말로 '감사합니다'", 『한겨레』, 2015.6.22.

72 노무현재단(편), 『운명이다: 노무현 자서전』, 돌베개, 2019. p.250.

73 박명규, "한반도 신뢰프로세스와 남북관계 전망", 『입법과 정책』, Vol.5 No.1, 2013, p.27.

74 김재철, "박근혜정부의 '한반도 신뢰프로세스' 추진전략", 『평화학연구』, Vol.14 No.3, 2013, pp.176~177.

를 통한 진정성의 검증이 아니라 진정성을 우선 확인하고자 했다.

이런 상황에서 박근혜 정부는 남북경협에 있어서 '선이후난(先易後難)'[75]이 아니라 반대로 더 어려운 과제를 앞에 설정했다. 신뢰는 쉬운 사안에서부터 차근차근 쌓아나가야 하는데, 가장 어려운 북한 핵 문제를 오히려 전면에 내세웠다. 이미 입주가 확정되었던 기업의 개성공단 진출은 '5·24 조치'를 근거로 불허하면서, 개성공단의 국제화를 추진했다. 남한 기업의 입주조차 안 되는 상황에서 외국 기업이 개성공단에 진출할 가능성은 극히 희박했는데도 말이다. 남북 당국이 구역을 획정하기만 하면 쉽게 시작할 수 있는 '10·4 선언'의 '서해 공동어로구역'은 무시하면서 제도적으로나 기술적으로 훨씬 더 어려운 'DMZ 세계생태평화공원'을 추진했다. 이미 연결된 경의선의 활용보다 서울과 원산을 잇는 경원선 사업에 관심을 가졌다. 남북한 양자 간의 경제협력도 안 되는데 중국이나 러시아까지 포함하는 3자 혹은 4자 경제협력을 주장했다. '통일대박론' 역시 마찬가지였다. 통일에 이르는 과정이 '대박'의 크기를 결정할 텐데 그 중간 단계에 관한 논의는 없었다. 오히려 북한으로부터 '반통일 넋두리'[76]라는 비난과 '전쟁대박론'[77]이란 반발만 불러왔고 남북관계는 더욱 악화되었다.

남북관계가 극도로 경색된 상황에서는 쉬운 사안부터 접근하는 것이 효과적이었으나 오히려 '선난후이(先難後易)'의 접근만을 취하고, '금의야행'을 택한 셈이었다. 마침내 2016년 1월 6일 북한이 제4차 핵 실험을 감행하고 2월 10일 장거리 미사일을 발사하자 대북 압박 차원에서 개성공단 전면 중단을 선언했다. 이로써 남북경협은 교역과 투자 모두가 완전히 끝, 났, 다. 한반도는 냉전 시절로 돌아갔고, 지난 30년의 남북경협은 '만사휴의(萬事休矣)'[78]가 되고 말았다. '구화투신'이었다.

일장춘몽(一場春夢),[79] 노이무공(勞而無功)[80]

문재인 정부는 남북관계와 관련해서 '평화와 번영의 한반도'라는 국정 목표를, 그리고 이를 위한 3대 목표의 하나로 '한반도 신경제공동체 구현'을 제시했다. 이는 "남북

75 '선이후난'은 쉬운 것을 먼저 하고 어려운 것을 나중에 하는 것을 의미한다.

76 "박근혜는 황당무계한 궤변으로 온 민족을 우롱하지 말아야 한다", 『조선중앙통신』, 2014.4.12.

77 "박근혜의 《통일대박론》을 해부함", 『노동신문』, 2014.5.8.

78 '만사휴의'는 만 가지 일이 끝장이라는 뜻으로 모든 것이 헛수고로 돌아감을 이르는 말이다.

79 '일장춘몽'은 한바탕의 봄 꿈이라는 뜻으로 헛된 영화나 덧없는 일을 비유적으로 이르는 말이다.

80 '노이무공'은 애는 썼으나 보람이 없음을 의미한다.

이 공존하며 공영하는 하나의 시장을 형성해 새로운 경제성장 동력을 창출하고 더불어 잘사는 남북 경제공동체"를 만들겠다는 구상이다.[81] 이를 위해 원산·함흥, 단천, 나선, 러시아를 연결하는 환동해 에너지·자원벨트, 수도권, 개성·해주, 평양·남포, 신의주, 중국을 연결하는 환서해 교통·물류·산업벨트, DMZ 생태평화안보관광지구, 통일경제특구를 연결하는 접경지역 환경·관광벨트 등 3대 경제벨트를 구축하며, 남북을 하나의 시장으로 만들기 위해 인적·물적 교류를 확대하고 다양한 분야의 기술적·제도적 협력을 추진한다는 계획을 발표했다. 이러한 3대 경제벨트와 하나의 시장을 신북방정책 및 신남방정책과 연계한다는 계획도 가지고 있었다.[82] 이러한 계획의 연장선상에서 문재인 대통령은 2017년 7월 '베를린 구상'을 통해 한반도의 항구적 평화 정착을 위한 5대 원칙, 4대 제안을 제시했다.[83] 그러나 두 달 후인 9월 북한은 제6차 핵 실험을 감행했고 11월에는 신형 대륙간탄도미사일 '화성 15형' 발사를 통해 국가 핵 무력의 완성을 주장함으로써 남북관계는 오히려 악화되었다.

하지만 김정은이 2018년 1월 1일 신년사에서 평창동계올림픽 대표단 파견 용의를 밝히면서 상황은 급격히 반전되었다. 2018년 2월 김여정을 포함한 북한의 고위급 대표단이 평창동계올림픽을 계기로 남한을 방문하여 문재인 대통령의 평양 초청 의사를 전달했고, 3월 정의용 국가안보실장을 대표로 하는 대북 특별사절단이 평양을 방문했다. 그리고 마침내 4월 판문점에서 남북 정상회담이 개최되었다. 6월에는 싱가포르에서 사상 최초의 북미 정상회담이 개최되었다. 이와 같은 분위기에 따라 남북 경제관계도 호전되어 2018년 9월 개성공단 내 남북공동연락사무소가 개소되었다. 9월에는 평양에서의 남북 정상회담이 개최되었으며, '평양공동선언'이 채택되었다. 이 선언을 통해 2018년 내 동·서해선 철도 및 도로 연결 착공식 개최, 개성공단과 금강산 관광사

81 통일부, 『문재인의 한반도정책』, 2018, p.20.

82 "나는 여러 차례 '한반도 신경제지도'와 '신북방경제비전'을 밝힌 바 있습니다. 한 축에서 동북아 경제공동체의 바탕을 다져나가고, 다른 한 축에서 다자간 안보협력을 구현할 때, 동북아의 진정한 평화와 번영을 시작할 수 있다고 믿습니다." 문재인 대통령 제72차 유엔총회 기조연설, 2017.9.22.

83 5대 원칙은 ① 핵과 전쟁의 위협이 없는 평화로운 한반도 만들기, ② 북한 체제의 안전을 보장하는 한반도 비핵화 추구, ③ 한반도 평화협정 체결을 통한 항구적인 평화체제 구축, ④ 남북한이 함께 번영하는 한반도 신경제 구상, ⑤ 정치·군사적 상황과 남북교류협력 사업 분리 등이며, 4대 제안은 ① 이산가족 상봉 등 시급한 인도적 문제 해결, ② 북한의 평창동계올림픽 참가로 평화 올림픽 실현, ③ 남북 간 긴장 완화를 위해 군사분계선에서의 적대행위 상호 중단, ④ 한반도 평화와 남북 협력을 위한 남북 간 접촉과 대화 재개 등이다.

업 정상화, 서해 경제공동특구 및 동해 관광공동특구 조성 협의, 환경 협력 및 산림 분야 협력 추진, 방역 및 보건·의료 분야 협력 강화 등이 합의되었다. 2019년 1월 1일 김정은은 신년사에서 전제조건이나 대가 없이 개성공단 사업 및 금강산 관광사업의 재개 용의를 밝혔다.

하지만 2019년 2월 하노이 북미 정상회담의 결렬로 남북 및 북미 화해 국면은 일시에 끝나고 말았다. 이에 따라 문재인 정부는 2019년 6월 남북미 판문점 정상 회동, 11월 한·아세안 특별정상회의에 김정은 초청 메시지와 친서 발송 등을 통해 관계 복원을 위한 노력을 경주했으나 무위로 귀결되었다. 북미관계가 교착 상태에 돌입하면서 중재자 역할을 담당하려 한 문재인 정부로서는 운신의 폭이 좁아졌고, 돌파구를 만들어낼 수 있는 역량은 부족했다.[84] 오히려 2020년 들어 상황은 더욱 악화되어, 3월 김여정이 직접 청와대 비난 담화를 발표했다. 북한은 6월에 남북 통신연락 채널을 폐기했으며, 개성의 남북공동연락사무소를 폭파했다. 이후로도 남한 비난 담화, 각종 미사일 발사 실험 등을 감행했다.

이에 따라 남북경협 역시 아무런 진전이 없었다. 2020년 5월 20일 정부는 '5·24 조치'가 실효성을 상당히 상실했다고 발표했으나 남북경협 재개에는 영향을 미치지 못했나. 북한의 선의를 기대하는 기존 방식의 반복이었다. 물물교환 방식의 '작은 교역', 금강산 '개별 방문' 등의 제안도 북한의 호응을 끌어내지 못했다. 사실 이런 '우회 전략'은 부끄러운 것이었다. 유엔 안전보장이사회의 대북 경제제재가 잘못된 것이거나 지나친 것이라면 정정당당하게 지적하고 문제를 '정면 돌파'해야 했다. 경제제재의 본래 목적은 도외시하고, '작은 교역'이니 '개별 방문'이니 하며 경제제재의 빈틈을 찾아내려 한 것은 기교에 지나지 않았다. 경제제재의 취지는 외면하고, 조항의 허술함만 파고들었다. 한반도 문제의 당사자라면서 대외 명분에도 맞지 않았다. 이처럼 문재인 정부는 임기 내내 남한 내부는 물론 북한으로부터의 다양한 비난을 감수하면서도 남북관계 개선을 위해 각별한 노력을 기울였으나, 결국 '일장춘몽'이었고 '노이무공'이었다.

---

84 김인환, "한반도 평화 프로세스와 한반도 평화체제", 최대석 외, 『한반도, 평화를 말하다』, 21세기북스, 2021, p.285.

화이부실(華而不實),[85] 각주구검(刻舟求劍)[86]

윤석열 정부에서도 남북경협은 여전히 중단 상태였다. 대북 경제정책도 별도로 발표된 바 없었다. 다만 '호혜적인 남북관계 정립', "북한의 잘못된 행태에 대해서는 분명히 지적하고, 되풀이되지 않도록 당당히 요구할 것" 등의 표현에서 알 수 있듯이 추진 기조는 매우 원칙적이고 엄격한 입장이었다.[87]

구체적인 남북경협 사업은 윤석열 대통령이 2022년 8월 15일 광복절 경축사를 통해 제시한 '담대한 구상'에서 찾을 수 있다. 이는 북한이 비핵화 협상에 나온다면 우선 '한반도 자원 · 식량 교환 프로그램'과 '민생개선 시범사업'과 같은 초기 조치를 추진하겠다는 것이다. '한반도 자원 · 식량 교환 프로그램'은 제재 대상인 북한 광물자원의 수출을 일정 한도 내에서 허용하고, 그 대금을 활용하여 북한이 식량, 비료, 의약품 등 인도적 물품을 구입하도록 하는 사업이며, '민생개선 시범사업'은 보건 · 의료, 식수 · 위생, 산림, 농업 등의 영역에서 북한의 민생을 개선하기 위한 협력사업이다. 그 후 실질적 비핵화 단계에서는 발전 · 송배전 인프라 지원, 항만 · 공항 현대화 프로젝트 추진, 농업 생산성 제고를 위한 기술 지원 프로그램 제공, 병원과 의료 인프라의 현대화 지원, 국제투자 및 금융 지원 프로그램 지원 등을 실시한다는 것이다. 통일부는 '담대한 구상'을 윤석열 정부의 대북 정책 실천을 위한 '핵심적 방안'으로 표현하면서, 이는 북한 핵 문제의 근원적 해결을 위한 방안이자 "북한의 비핵화 조치와 우리의 경제 · 정치 · 군사적 조치의 동시적 · 단계적 이행을 통해 비핵 · 평화 · 번영의 한반도를 함께 만들어나가자는 제안"이라고 설명했다.[88]

'담대한 구상'은 실천 단계까지 가지 않아서 성과 대신 발표된 내용에 대한 평가만 가능하다. 가장 커다란 문제점은 정책으로서의 현실성이다. '담대한 구상'은 "북한이 비핵화 협상에 복귀하면" 작동하는 것인데,[89] 정작 문제는 '어떻게' 비핵화 협상에 복

---

85 '화이부실'은 꽃뿐이고 열매가 없다는 뜻으로, 겉만 화려하고 실속이 없음을 비유하여 이르는 말이다.

86 '각주구검'은 융통성 없이 현실에 맞지 않는 낡은 생각을 고집하는 어리석음을 이르는 말로서, 물 위를 나아가는 배 위에서 칼을 물속에 떨어뜨리고 그 위치를 뱃전에 표시했다가 나중에 배가 움직인 것을 생각하지 않고 칼을 찾으려 한다는 고사에서 유래한다.

87 통일부, 『통일백서』, 2023, p.26.

88 통일부, 『통일백서』, 2023, p.23.

89 통일부, 『비핵 평화 번영의 한반도』, 2022, p.18. 윤석열 대통령도 2022년 10월 25일 예산안 시정연설에서 "북한이 비핵화의 결단을 내려 대화의 장으로 나온다면 …… 우리 정부는 '담대한 구상'을 통한 정치 · 경제적 지원을 다할 것입니다"라고 말했다.

귀시킬 것인가이기 때문이다. 이에 대해 윤석열 정부는 '3D'[90]를 통해 "북한 스스로 비핵화 테이블에 나올 수밖에 없는 환경을 만들"고, "북한이 근본적으로 핵을 내려놓을 수 있는 여건을 조성"하겠다고만 서술했다.[91] 그러한 '환경'과 '여건'을 만들어내는 것이 정책의 핵심임에도 불구하고 그에 대한 현실적이고 구체적인 계획은 없었다. "새로운 한반도 시대를 함께 열어"가자면서도 "북한이 진정성 있는 태도로 나온다면"이라는 전제조건을 걸었던 이명박 정부의 경우와 마찬가지였던 것이다. 그래서 윤석열 정부가 사용하는 강제적 수단의 '위협 신빙성'이 높지 않은 조건에서 '담대한 구상'의 '3D' 해법은 성공 가능성이 희박한 전략이라는 평가는 설득력이 있다.[92] '화이부실'인 셈이다.

북한을 비핵화 테이블로 이끌기 위한 초기 유인책으로 내세운 '한반도 자원 · 식량 교환 프로그램'도 현실성이 크게 부족했다. 이 프로그램은 경제와 안보의 교환을 상정하는 것인데, "이미 그 한계를 노정한 안보-경제교환 방식으로는 북핵 문제 해결의 대안이 되지 않을 가능성이 크"며,[93] "북한은 경제와 안보의 교환을 수용하지 않"는다.[94] 북한 역시 김여정의 2022년 8월 19일 담화를 통해 "《북이 비핵화조치를 취한다면》이라는 가정부터가 잘못된 전제"라면서 '담대한 구상'에 대해 "우리의 국체인 핵을 《경제협력》과 같은 물건짝과 바꾸어보겠나는 발상"이며 '황당무계한 말', '어리석음의 극치', '《비핵, 개방, 3000》의 복사판'이라고 폄하했다.[95]

또한 다음과 같은 이유에서도 '한반도 자원 · 식량 교환 프로그램'은 유인책으로 기능하기에는 부족했다. 첫째, '상업적' 자원과 '인도적' 식량을 교환하는 것이 합당한가의 문제이다. '인도적' 물품이라고 표현하면서 대가를 지불하라는 것은 인도적 지원의 정신에 맞지 않는다. 둘째, '한반도 자원 · 식량 교환 프로그램'이 북한에 유인으로 작동

---

90 북한 비핵화 협상을 복귀시키기 위한 북한 핵 위협의 억제(Deterrence), 제재와 압박을 통한 핵 개발의 단념(Dissuasion), 외교 · 대화를 통한 비핵화 추진(Dialogue)을 의미한다. 통일부, 『비핵 평화 번영의 한반도』, 2022, p.8.

91 통일부, 『통일백서』, 2023, p.23.

92 김정, "윤석열 정부의 '담대한 구상' 실현을 위한 전략", 『한반도 정세: 2022년 평가 및 2023년 전망』, 경남대학교 극동문제연구소, 2022, p.17.

93 김학린, "북핵문제 해결을 위한 새로운 접근법", 『평화연구』, Vol.19 No.1, 2011, p.206.

94 예를 들어 박원곤, "윤석열 정부의 대북정책 구상과 한반도 정세 전망", 평화문제연구소 주최 제35차 통일한국포럼 '윤석열 정부와 한반도 정세: 대북정책 구상, 실현가능성과 과제는?' 자료집, 2022.9.6, p.31.

95 "허망한 꿈을 꾸지 말라", 『노동신문』, 2022.8.19.

할 것인가의 문제이다. 수출해서 번 돈으로 사라는 것이기 때문이다. 무상이 아니라 대가를 지급하라는 것이 유인이 되기는 어렵다. 셋째, 구입 물품의 종류에 제약을 가할 수 있을지의 문제이다. 북한 스스로 번 돈으로 사는 것이므로 인도적 물품을 구입하든 다른 물품을 구입하든 외부에서 관여할 명분이 없기 때문이다. 넷째, 만약 인도적 물품 구입을 전제조건으로 광물 수출을 허용한다고 해도 모니터링이 가능할 것인가의 문제이다. 광물 수출은 북한과 외부의 민간기업, 예컨대 중국 기업과의 거래인데, 계약서상의 금액을 실제 금액보다 낮게 작성하고 그 차액으로 다른 물품을 구입하는 것을 적발하기란 쉽지 않을 것이다. 결국 실행을 생각하면 '각주구검'이고, 요즘 말로 '대략난감'이었다.

●○●○●

2025년 6월 4일 이재명 정부가 출범했다. 이재명 대통령은 취임사에서 "강력한 억지력으로 북핵과 군사도발에 대비하되, 북한과의 소통 창구를 열고 대화 협력을 통해 한반도 평화를 구축하겠습니다"라고 선언했다.[96] 대통령 후보 시절에는 '지속 가능한 한반도 평화 실현'이라는 목표 아래 남북경협과 관련한 공약으로 '남북관계 복원 및 화해·협력으로의 전환 추진', '남북교류협력 모색·추진' 등을 설정했다.[97] 7월 25일 취임한 정동영 통일부 장관은 "민주정부의 역사를 정확하게 계승"하겠다며 "빠른 시일 안에 남북 간 경제협력을 재개"하겠다고 했다. 또한 '6·15 공동선언', '10·4 선언', '평양공동선언'의 정신으로 되돌아가야 한다고 강조했다. 2025년 9월 16일 확정된 '이재명 정부 123대 국정과제'에서는 통일부와 관련해 '화해·협력의 남북관계 재정립 및 평화공존 제도화', '국민이 공감하는 호혜적 남북교류협력 추진', '분단고통 해소와 인도적 문제 해결', '국민과 함께하는 한반도 평화·통일정책 추진', '한반도 평화경제 및 공동성장의 미래 준비' 등 5개 과제가 제시되었다.[98] 이러한 정책 방향과 과제들이 어

---

96 대한민국 대통령실 홈페이지, 대통령의 말과 글 > 대한민국 제21대 대통령 취임사.

97 중앙선거관리위원회 홈페이지, 정보공간 > 정책·공약마당 > 정당정책 > 제21대 대통령선거 정당정책 > 더불어민주당.

98 대한민국 정부, 『이재명 정부 123대 국정과제』, 2025.9, pp.179~183.

떤 방식으로 어떻게 추진될지는 아직 가늠하기 어렵다. 다만 핵심 키워드가 포용정책의 추진, 평화의 강조, 교류협력의 활성화 등임을 볼 때, 그동안 진보 정부의 정책 기조를 이어받는 것으로 보인다.

나는 그동안 모든 정부가 남북경협에서 큰 성과를 내기 바랐듯이, 이재명 정부 역시 남북경협을 성공적으로 펼쳐내기를 희망한다. 지금처럼 완전히 끊어진 남북경협은 불안하고, 안타깝다. 교역이 중단된 지 벌써 15년이 되었고 2026년이면 마지막 남북경협이던 개성공단이 폐쇄된 지도 10년이다. 시간은 기억마저 지워버리는 법이어서, 젊은 세대에게는 단절된 남북경협이 노멀로 받아들여질까 두렵다. 남북경협의 기회가 다시 열려도 정작 기업들은 대북 사업을 외면할까 걱정이다. 이제는 남북경협을 정상적이고 바람직한 단계로 끌어올려야 한다.

프롤로그에서 설명했고 에필로그의 첫머리에 다시 정리한 것처럼, 남북경협이 지나온 길은 '절망과 기교의 역사'였다. 절망은 불가피했고, 기교는 불완전했다. 남북경협 정책은 구조적 한계에서 기인한 좌절과 이를 우회하려는 시도 사이에서 재귀적(再歸的) 운동만을 반복했을 뿐이다. 그러니 어느 정부든 남북경협을 바라보는 철학은 빈곤했고, 성과는 미흡했다.

돌이켜보면, 적어도 남북경협에 관한 한, 보수 정부나 진보 정부나 정책의 본질적 차이는 없었다. 예로써 말하자면, '교량'의 건설 방식에 대한 차이에 불과했다. 진보 정부는 '교량'을 많이 만들자는 입장이었다. 나무로 만들든 돌로 만들든, 징검다리든 대교든 많이 만들다 보면 북한이 변화할 것이라는 생각이었다.[99] 그만큼 '평화공존'과 '공동번영'의 기회가 늘어날 것이라고 믿었다. 그래서 '퍼주기' 비난을 받더라도 '교량' 건설에 집착했고, 정부의 임기 말이라도 '교량'의 개수를 늘리기 위한 합의를 했던 셈이다. 반면 보수 정부는 '교량'의 질이 중요하다는 인식이었다. 무조건 많이 만들 것이 아니라 하나를 만들어도 철근 콘크리트로 제대로 만들어야 한다는 것이다. 그래야 '원칙 있는 대북 정책'이 가능하고 '호혜적 남북경협'이 만들어질 것이라는 판단이다. 그래서

99 예를 들어 김대중 정부는 대북정책을 통해 "보다 많은 접촉, 보다 많은 교류, 보다 많은 협력을 통해 남북이 서로 오가고 주고받고 돕고 나누는 상황을 만들고 있는 것"이라고 설명했다. 통일부 남북관계관리단 홈페이지, 회담별 전체자료 > 2000 남북정상회담. 노무현 정부도 "'보다 많은 접촉과 협력이 평화를 만든다'는 대북정책"이라고 표현했다. "[남북 3대 경협 추진 현황 ②] 금강산 관광사업", 『대한민국 정책브리핑』, 2005.6.14.

진보 정부와 달리 보수 정부에서는 비용도 분담 방식이었다. 우리가 '3000'을 감당하겠으니 북한은 '비핵·개방'을 부담하라고 했고, 일방적 지원은 안 되니 '자원'과 '식량'을 교환해 가라고 요구했다.

그러나 앞으로의 전략은 남북한의 '교량'을 넘어 한반도의 '입체교차로'까지 건설하는 것이어야 한다. 지금까지의 단선적 시각은 복합적 네트워크로 확장되어야 한다는 뜻이다. 기존의 도로는 보수하고 부족한 접근로는 확대하면서도 필요한 곳에는 '교량'뿐만 아니라 '터널'도 뚫고 '고가도로'도 세워야 한다. 주변 4강으로 통하는 주도로와 세계 곳곳으로 나가는 보조도로의 '입체교차로'도 만들어야 한다. '10·4 선언'처럼 경제성도 없는 '교량'까지 합의하든 '5·24 조치'처럼 기존의 '교량'마저 끊어버리든, 그저 '교량'의 시각에만 머물러 있어서는 우리가 희망하는 남북경협의 진정한 발전과 변화는 무망하다.

이제는 절망과 기교의 쳇바퀴에서 벗어나야 한다. 남북경협이 의미 있는 미래로 나아가기 위해서는 '절망의 논리'에 안주하지 않고, '기교의 한계'에 머무르지 않는 혁신적인 사고의 전환과 새로운 접근 방식이 필요하다. 모든 것이 잘될 거라는 지나친 낙관은 아무것도 잘될 리 없다는 비관과 종이 한 장 차이이고, 시간이 지나면 나아질 것이라는 운명론적 확신은 시간이 그저 반복된다고 믿는 체념과 다르지 않다. 그래서 '필연'과 '영원'의 입장 모두 반역사적이라는 지적처럼,[100] 남북경협의 미래 역시 우리의 의지와 선택으로 새롭게 실현할 수 있는 잠재력의 영역이다. 긴 호흡으로 역사를 바라보고, 한반도와 국제정치질서의 변화를 세밀하게 추적하며, 근본적 변화의 가능성을 열어두는 상상력이 남북경협의 새로운 길을 만들 것이다. 절망과 기교, 그 너머를 바라볼 수 있을 것이다.

---

100 "Both of these positions, inevitability and eternity, are antihistorical", Snyder, Timothy, *On Tyranny: Twenty Lessons from the Twentieth Century*, Tim Duggan Books, 2017, p.125.

부록

<부록 1>

남북 사이의 화해와 불가침 및 교류·협력에 관한 합의서(기본합의서)

남과 북은 분단된 조국의 평화적 통일을 염원하는 온 겨레의 뜻에 따라, 7·4 남북공동성명에서 천명된 조국통일 3대원칙을 재확인하고, 정치 군사적 대결상태를 해소하여 민족적 화해를 이룩하고, 무력에 의한 침략과 충돌을 막고 긴장 완화와 평화를 보장하며, 다각적인 교류·협력을 실현하여 민족공동의 이익과 번영을 도모하며, 쌍방 사이의 관계가 나라와 나라 사이의 관계가 아닌 통일을 지향하는 과정에서 잠정적으로 형성되는 특수관계라는 것을 인정하고, 평화통일을 성취하기 위한 공동의 노력을 경주할 것을 다짐하면서, 다음과 같이 합의하였다.

제1장 남북화해

제1조 남과 북은 서로 상대방의 체제를 인정하고 존중한다.

제2조 남과 북은 상대방의 내부문제에 간섭하지 아니한다.

제3조 남과 북은 상대방에 대한 비방·중상을 하지 아니한다.

제4조 남과 북은 상대방을 파괴·전복하려는 일체 행위를 하지 아니한다.

제5조 남과 북은 현 정전상태를 남북 사이의 공고한 평화상태로 전환시키기 위하여 공동으로 노력하며 이러한 평화상태가 이룩될 때까지 현 군사정전협정을 준수한다.

제6조 남과 북은 국제무대에서 대결과 경쟁을 중지하고 서로 협력하며 민족의 존엄과 이익을 위하여 공동으로 노력한다.

제7조 남과 북은 서로의 긴밀한 연락과 협의를 위하여 이 합의서 발효 후 3개월 안에 판문점에 남북연락사무소를 설치·운영한다.

제8조 남과 북은 이 합의서 발효 후 1개월 안에 본회담 테두리 안에서 남북정치분과

위원회를 구성하여 남북화해에 관한 합의의 이행과 준수를 위한 구체적 대책을 협의한다.

제2장 남북불가침

제9조 남과 북은 상대방에 대하여 무력을 사용하지 않으며 상대방을 무력으로 침략하지 아니한다.

제10조 남과 북은 의견대립과 분쟁문제들을 대화와 협상을 통하여 평화적으로 해결한다.

제11조 남과 북의 불가침 경계선과 구역은 1953년 7월 27일자 군사정전에 관한 협정에 규정된 군사분계선과 지금까지 쌍방이 관할하여 온 구역으로 한다.

제12조 남과 북은 불가침의 이행과 보장을 위하여 이 합의서 발효 후 3개월 안에 남북군사공동위원회를 구성 · 운영한다. 남북군사공동위원회에서는 대규모 부대이동과 군사연습의 통보 및 통제문제, 비무장지대의 평화적 이용문제, 군인사교류 및 정보교환 문제, 대량살상무기와 공격능력의 제거를 비롯한 단계적 군축 실현문제, 검증문제 등 군사적 신뢰조성과 군축을 실현하기 위한 문제를 협의 · 추진한다.

제13조 남과 북은 우발적인 무력충돌과 그 확대를 방지하기 위하여 쌍방 군사당국자 사이에 직통 전화를 설치 · 운영한다.

제14조 남과 북은 이 합의서 발효 후 1개월 안에 본회담 테두리 안에서 남북군사분과위원회를 구성하여 불가침에 관한 합의의 이행과 준수 및 군사적 대결상태를 해소하기 위한 구체적 대책을 협의한다.

제3장 남북교류·협력

제15조 남과 북은 민족경제의 통일적이며 균형적인 발전과 민족 전체의 복리향상을 도모하기 위하여 자원의 공동개발, 민족내부교류로서의 물자교류, 합작투자 등 경제교류와 협력을 실시한다.

제16조 남과 북은 과학 · 기술, 교육, 문화 · 예술, 보건, 체육, 환경과 신문, 라디오, 텔레비

전 및 출판물을 비롯한 출판·보도 등 여러 분야에서 교류와 협력을 실시한다.

제17조 남과 북은 민족구성원들의 자유로운 왕래와 접촉을 실현한다.

제18조 남과 북은 흩어진 가족·친척들의 자유로운 서신거래와 왕래와 상봉 및 방문을 실시하고 자유의사에 의한 재결합을 실현하며, 기타 인도적으로 해결할 문제에 대한 대책을 강구한다.

제19조 남과 북은 끊어진 철도와 도로를 연결하고 해로, 항로를 개설한다.

제20조 남과 북은 우편과 전기통신교류에 필요한 시설을 설치·연결하며, 우편·전기통신 교류의 비밀을 보장한다.

제21조 남과 북은 국제무대에서 경제와 문화 등 여러 분야에서 서로 협력하며 대외에 공동으로 진출한다.

제22조 남과 북은 경제와 문화 등 각 분야의 교류와 협력을 실현하기 위한 합의의 이행을 위하여 이 합의서 발효 후 3개월 안에 남북경제교류·협력공동위원회를 비롯한 부문별 공동위원회들을 구성·운영한다.

제23조 남과 북은 이 합의서 발효 후 1개월 안에 본회담 테두리 안에서 남북교류·협력분과 위원회를 구성하여 남북교류·협력에 관한 합의의 이행과 준수를 위한 구체적 대책을 협의한다.

제4장 수정 및 발효

제24조 이 합의서는 쌍방의 합의에 의하여 수정·보충할 수 있다.

제25조 이 합의서는 남과 북이 각기 발효에 필요한 절차를 거쳐 그 문본을 서로 교환한 날부터 효력을 발생한다.

1991년 12월 13일

남북고위급회담
남측대표단 수석대표
대한민국
국무총리 정원식

북남고위급회담
북측대표단 단장
조선민주주의인민공화국
정무원 총리 연형묵

<부록 2>

"남북 사이의 화해와 불가침 및 교류·협력에 관한 합의서"의 "제1장 남북화해"의 이행과 준수를 위한 부속합의서

남과 북은 "남북 사이의 화해와 불가침 및 교류·협력에 관한 합의서"의 "제1장 남북화해"의 이행과 준수를 위한 구체적 대책을 협의한데 따라 다음과 같이 합의하였다.

제1장 체제(제도) 인정·존중

제1조 남과 북은 상대방의 정치, 경제, 사회, 문화, 체제(제도)를 인정하고 존중한다.

제2조 남과 북은 상대방의 정치, 경제, 사회, 문화, 체제(제도)를 소개하는 자유를 보장한다.

제3조 남과 북은 상대방 당국의 권한과 권능을 인정·존중한다.

제4조 남과 북은 "남북 사이의 화해와 불가침 및 교류·협력에 관한 합의서"에 저촉되는 법률적, 제도적 장치의 개정 또는 폐기 문제를 법률실무협의회에서 협의·해결한다.

제2장 내부문제 불간섭

제5조 남과 북은 상대방의 법질서와 당국의 시책에 대하여 간섭하지 아니한다.

제6조 남과 북은 상대방의 대외관계에 대해 간섭하는 행위를 하지 아니한다.

제7조 남과 북은 "남북 사이의 화해와 불가침 및 교류·협력에 관한 합의서"에 저촉되는 문제에 대하여서는 상대방에 그 시정을 요구할 수 있다.

제3장 비방·중상 중지

제8조 남과 북은 언론·삐라 및 그밖의 다른 수단·방법을 통하여 상대방을 비방·중상하지 아니한다.

제9조 남과 북은 상대방의 특정인에 대한 지명공격을 하지 아니한다.

제10조 남과 북은 상대방 당국을 비방·중상하지 아니한다.

제11조 남과 북은 상대방에 대한 사실을 왜곡하지 않으며 허위사실을 조작·유포하지 아니한다.

제12조 남과 북은 사실에 대한 객관적 보도를 비방·중상의 대상으로 하지 아니한다.

제13조 남과 북은 군사분계선지역에서 방송과 시각매개물(게시물)을 비롯한 그밖의 모든 수단을 통하여 상대방을 비방·중상하지 아니한다.

제14조 남과 북은 군중집회와 군중행사에서 상대방을 비방·중상하지 아니한다.

제4장 파괴·전복 행위 금지

제15조 남과 북은 상대방에 대한 데러, 포섭, 납지, 살상을 비롯한 직접 또는 간접, 폭력 또는 비폭력 수단에 의한 모든 형태의 파괴·전복 행위를 하지 아니한다.

제16조 남과 북은 상대방에 대한 파괴·전복을 목적으로 하는 선전선동 행위를 하지 아니한다.

제17조 남과 북은 자기측 지역과 상대측 지역 및 해외에서 상대방의 체제와 법질서에 대한 파괴·전복을 목적으로 하는 테러 단체나 조직을 결성 또는 지원·비호하지 아니한다.

제5장 정전상태의 평화상태에로의 전환

제18조 남과 북은 현 정전상태를 남북 사이의 공고한 평화상태로 전환시키기 위하여 "남북 사이의 화해와 불가침 및 교류·협력에 관한 합의서"와 "한반도의 비핵화에 관한 공동선언"을 성실히 이행·준수한다.

제19조 남과 북은 현 정전상태를 남북 사이의 공고한 평화상태로 전환시키기 위하여

적절한 대책을 강구한다.

제20조 남과 북은 남북 사이의 공고한 평화상태가 이룩될 때까지 현 군사정전협정을 성실히 준수한다.

제6장 국제무대에서의 협력

제21조 남과 북은 국제기구나 국제회의 등 국제무대에서 상호 비방·중상을 하지 않으며 민족의 존엄을 지키기 위하여 긴밀하게 협조한다.

제22조 남과 북은 국제무대에서 상대방의 이익을 존중하며 민족의 이익과 관련되는 문제들에 대하여 긴밀히 협의하고 필요한 협조조치를 강구한다.

제23조 남과 북은 민족공동의 이익을 도모하기 위하여 재외공관(대표부)이 함께 있는 지역에서 쌍방 공관(대표부) 사이에 필요한 협의를 진행한다.

제24조 남과 북은 해외동포들의 민족적 권리와 이익을 옹호하고 보호하며 그들 사이의 화해와 단합이 이룩되도록 노력한다.

제7장 이행기구

제25조 남과 북은 "남북 사이의 화해와 불가침 및 교류·협력에 관한 합의서"의 "제1장 남북화해"에 관한 합의사항의 이행을 위하여 "남북화해공동위원회"를 구성·운영한다. "남북화해공동위원회" 구성·운영에 관한 합의서는 따로 작성한다.

제26조 "남북화해공동위원회" 안에 법률실무협의회와 비방·중상중지실무협의회를 두며 그밖에 쌍방이 합의하는 필요한 수의 실무협의회를 둔다. 실무협의회 구성·운영에 관한 합의서는 "남북화해공동위원회"에서 별도로 작성한다.

제8장 수정 및 발효

제27조 이 부속합의서는 쌍방의 합의에 따라 수정·보충할 수 있다.

제28조 이 부속합의서는 쌍방이 서명하여 교환한 날부터 효력을 발생한다.

부기: 북측이 제기한 "남과 북은 국제기구들에 하나의 명칭, 하나의 의석으로 가입하기 위하여 노력한다."

"남과 북은 국제회의를 비롯한 정치행사들에 전민족을 대표하여 유일 대표단으로 참가하기 위하여 노력한다."

"남과 북은 제3국이 상대방의 이익을 침해하는 일체 행위에 가담하거나 협력하지 않는다."

"남과 북은 다른 나라들과 맺은 조약과 협정들 가운데서 민족의 단합과 이익에 배치되는 것을 개정 또는 폐기하는 문제를 법률실무협의회에서 협의 해결한다."

는 조항들은 합의에 이르지 못했으므로 앞으로 계속 토의한다.

1992년 9월 17일

남북고위급회담	북남고위급회담
남측대표단 수석대표	북측대표단 단장
대한민국	조선민주주의인민공화국
국무총리 정원식	정무원 총리 연형묵

<부록 3>

"남북 사이의 화해와 불가침 및 교류·협력에 관한 합의서"의 "제2장 남북불가침"의 이행과 준수를 위한 부속합의서

남과 북은 "남북 사이의 화해와 불가침 및 교류·협력에 관한 합의서"의 "제2장 남북불가침"의 이행과 준수 및 군사적 대결상태를 해소하기 위한 구체적 대책을 협의한데 따라 다음과 같이 합의하였다.

제1장 무력불사용

제1조 남과 북은 군사분계선일대를 포함하여 자기측 관할구역 밖에 있는 상대방의 인원과 물자, 차량, 선박, 함정, 비행기 등에 대하여 총격, 포격, 폭격, 습격, 파괴를 비롯한 모든 형태의 무력사용행위를 금지하며 상대방에 대하여 피해를 주는 일체 무력도발행위를 하지 않는다.

제2조 남과 북은 무력으로 상대방의 관할구역을 침입 또는 공격하거나 그의 일부, 또는 전부를 일시라도 점령하는 행위를 하지 않는다. 남과 북은 어떠한 수단과 방법으로도 상대방 관할구역에 정규무력이나 비정규 무력을 침입시키지 않는다.

제3조 남과 북은 쌍방의 합의에 따라 남북 사이에 오가는 상대방의 인원과 물자, 수송수단들을 공격, 모의공격하거나 그 진로를 방해하는 일체 적대행위를 하지 않는다. 이밖에 남과 북은 북측이 제기한 군사분계선 일대에 무력을 증강하지 않는 문제, 상대방에 대한 정찰활동을 하지 않는 문제, 상대방의 영해·영공을 봉쇄하지 않는 문제와 남측이 제기한 서울지역과 평양지역의 안전보장문제를 남북군사공동위원회에서 계속 협의한다.

제2장 분쟁의 평화적 해결 및 우발적 무력충돌 방지

제4조 남과 북은 상대방의 계획적이라고 인정되는 무력침공 징후를 발견하였을 경우 즉시 상대측에 경고하고 해명을 요구할 수 있으며 그것이 무력충돌로 확대되지 않도록 필요한 사전대책을 세운다. 남과 북은 쌍방의 오해나 오인, 실수 또는 불가피한 사고로 인하여 우발적 무력충돌이나 우발적 침범 가능성을 발견하였을 경우 쌍방이 합의한 신호규정에 따라 상대측에 즉시 통보하며 이를 방지하기 위한 사전대책을 세운다.

제5조 남과 북은 어느 일방의 무력집단이나 개별적인 인원과 차량, 선박, 함정, 비행기 등이 자연재해나 항로미실과 같은 불가피한 사정으로 상대측 관할구역을 침범하였을 경우 침범측은 상대측에 그 사유와 적대 의사가 없음을 즉시 알리고 상대측의 지시에 따라야 하며 상대측은 그를 긴급 확인한 후 그의 대피를 보장하고 빠른 시일 안에 돌려보내기 위한 조치를 취한다. 돌려보내는 기간은 1개월 이내로 하며 그 이상 걸릴 수도 있다.

제6조 남과 북 사이에 우발적인 침범이나 우발적인 무력충돌과 같은 분쟁문제가 발생하였을 경우 쌍방의 군사당국자는 즉각 자기측 무장집단의 적대행위를 중지시키고 군사 직통전화를 비롯한 빠른 수단과 방법으로 상대측 군사당국자에게 즉시 통보한다.

제7조 남과 북은 군사분야의 모든 의견대립과 분쟁문제들을 쌍방 군사당국자가 합의하는 기구를 통하여 협의 해결한다.

제8조 남과 북은 어느 일방이 불가침의 이행과 준수를 위한 이 합의서를 위반하는 경우 공동조사를 하여야 하며 위반사건에 대한 책임을 규명하고 재발방지대책을 강구한다.

제3장 불가침 경계선 및 구역

제9조 남과 북의 지상불가침 경계선과 구역은 군사정전에 관한 협정에 규정한 군사분계선과 지금까지 쌍방이 관할하여온 구역으로 한다.

제10조 남과 북의 해상불가침 경계선은 앞으로 계속 협의한다. 해상불가침구역은 해

상불가침 경계선이 확정될 때까지 쌍방이 지금까지 관할하여온 구역으로 한다.

제11조 남과 북의 공중불가침 경계선과 구역은 지상 및 해상불가침 경계선과 관할구역의 상공으로 한다.

제4장 군사직통전화의 설치·운영

제12조 남과 북은 우발적 무력충돌과 확대를 방지하기 위하여 남측 국방부장관과 북측 인민무력부장 사이에 군사직통전화를 설치 · 운영한다.

제13조 군사직통전화의 운영은 쌍방이 합의하는 통신수단으로 문서통신을 하는 방법 또는 전화문을 교환하는 방법으로 하며 필요한 경우 쌍방 군사당국자들이 직접 통화할 수 있다.

제14조 군사직통전화의 설치 · 운영과 관련하여 제기되는 기술실무적 문제들은 이 합의서가 발효된 후 빠른 시일 안에 남북 각기 5명으로 구성되는 통신실무자접촉에서 협의 해결한다.

제15조 남과 북은 이 합의서 발효 후 50일 이내에 군사직통전화를 개통한다.

제5장 협의·이행기구

제16조 남북군사공동위원회는 남북합의서 제12조와 "남북군사공동위원회 구성 · 운영에 관한 합의서" 제2조에 따른 임무와 기능을 수행한다.

제17조 남북군사분과위원회는 불가침의 이행과 준수 및 군사적 대결상태를 해소하기 위하여 더 필요하다고 서로 합의하는 문제들에 대하여 협의하고 구체적인 대책을 세운다.

제6장 수정 및 발효

제18조 이 합의서는 쌍방의 합의에 따라 수정 · 보충할 수 있다.

제19조 이 합의서는 쌍방이 서명하여 교환한 날부터 효력을 발생한다.

1992년 9월 17일

남북고위급회담	북남고위급회담
남측대표단 수석대표	북측대표단 단장
대한민국	조선민주주의인민공화국
국무총리 정원식	정무원 총리 연형묵

<부록 4>

"남북 사이의 화해와 불가침 및 교류·협력에 관한 합의서"의 "제3장 남북교류·협력"의 이행과 준수를 위한 부속합의서

남과 북은 "남북 사이의 화해와 불가침 및 교류·협력에 관한 합의서"의 "제3장 남북교류·협력"의 이행과 준수를 위한 구체적 대책을 협의한데 따라 다음과 같이 합의하였다.

제1장 경제교류·협력

제1조 남과 북은 민족경제의 통일적이며 균형적인 발전과 민족전체의 복리향상을 도모하기 위하여 자원의 공동개발, 민족내부교류로서의 물자교류, 합작투자 등 경제교류와 협력을 실현한다.

① 남과 북은 물자교류와 석탄, 광물, 수산자원 등 자원의 공동개발과 공업, 농업, 건설, 금융, 관광 등 각 분야에서의 경제협력사업을 실시한다.

② 남과 북은 자원의 공동개발, 합영·합작 투자 등 경제협력사업의 대상과 형식, 물자교류의 품목과 규모를 경제교류·협력공동위원회에서 협의하여 정한다.

③ 남과 북은 자원의 공동개발, 합영·합작투자 등 경제협력사업의 규모, 물자교류의 품목별 수량과 거래조건을 비롯한 기타 실무적 문제들을 쌍방 교류·협력 당사자들 사이에 토의하여 정한다.

④ 남과 북 사이의 경제협력과 물자교류의 당사자는 법인으로 등록된 상사, 회사, 기업체 및 경제기관이 되며 경우에 따라 개인도 될 수 있다.

⑤ 남과 북은 교류·협력 당사자 간에 직접 계약을 체결하고 필요한 절차를 거쳐 경제협력 사업과 물자교류를 실시하도록 한다.

⑥ 교류물자의 가격은 국제시장가격을 고려하여 물자교류 당사자 간에 협의하여 정한다.

⑦ 남과 북 사이의 물자교류는 상호성과 유무상통의 원칙에서 실현한다.

⑧ 남과 북 사이의 물자교류에 대한 대금결제는 청산결제방식을 원칙으로 하며, 필요한 경우 쌍방의 합의에 따라 다른 결제방식으로 할 수 있다.

⑨ 남과 북은 청산결제은행 지정, 결제통화 선정 등 대금결제와 자본의 이동과 관련하여 필요한 사항은 쌍방이 합의하여 정한다.

⑩ 남과 북은 물자교류에 대하여 관세를 부과하지 않으며, 남북 사이의 경제관계를 민족 내부관계로 발전시키기 위한 조치를 협의·추진한다.

⑪ 남과 북은 경제교류와 협력을 원활히 추진하기 위하여 공업규격을 비롯한 각종 자료를 서로 교환하며 교류·협력 당사자가 준수하여야 할 자기측의 해당 법규를 상대측에 통보한다.

⑫ 남과 북은 경제교류와 협력을 원활히 추진하기 위하여 필요한 투자보장, 이중과세방지, 분쟁조정절차 등에 대해서는 쌍방이 합의하여 정한다.

⑬ 남과 북은 자기측 지역에서 경제교류와 협력에 참가하는 상대측 인원들의 자유로운 경제활동과 편의를 보장한다.

제2조 남과 북은 과학·기술, 환경분야에서 교류와 협력을 실현한다.

① 남과 북은 과학·기술, 환경분야에서 정보자료의 교환, 해당 기관과 단체, 인원들 사이의 공동연구 및 조사, 산업부문의 기술협력과 기술자, 전문가들의 교류를 실현하며 환경보호대책을 공동으로 세운다.

② 남과 북은 쌍방이 합의하여 정한데 따라 특허권, 상표권 등 상대측 과학·기술상의 권리를 보호하기 위한 조치를 취한다.

제3조 남과 북은 끊어진 철도와 도로를 연결하고 해로, 항로를 개설한다.

① 남과 북은 우선 인천항, 부산항, 포항항과 남포항, 원산항, 청진항 사이의 해로를 개설한다.

② 남과 북은 남북 사이의 교류·협력 규모가 커지고 군사적 대결상태가 해소되는데 따라 해로를 추가로 개설하고, 경의선 철도와 문산-개성 사이의 도로를 비롯한 육로를 연결하며 김포공항과 순안비행장 사이의 항로를 개설한다.

③ 남과 북은 교통로가 개설되기 이전에 진행되는 인원왕래와 물자교류를 위하여 필요한 경우 쌍방이 합의하여 임시교통로를 개설할 수 있다.

④ 남과 북은 육로, 해로, 항로의 개설과 운영의 원활한 보장을 위하여 필요한 정보

교환 및 기술 협력을 실시한다.

⑤ 남북 사이의 교류물자는 쌍방이 합의하여 개설한 육로, 해로, 항로를 통하여 직접 수송하도록 한다.

⑥ 남과 북은 자기측 지역에 들어온 상대측 교통수단에 불의의 사고가 발생할 경우 긴급구제조치를 취한다.

⑦ 남과 북은 교통로 개설 및 운영과 관련한 해당 국제협약들을 존중한다.

⑧ 남과 북은 남북 사이에 운행되는 교통수단과 승무원들의 출입절차, 교통수단 운행 방법, 통과지점 선정 등 교통로 개설과 운영에서 제기되는 기타 실무적 문제들을 경제교류·협력공동위원회에서 토의하여 정한다.

제4조 남과 북은 우편과 전기통신교류에 필요한 시설을 설치·연결하며, 우편과 전기통신교류의 비밀을 보장한다.

① 남과 북은 빠른 시일 안에 판문점을 통하여 우편과 전기통신을 교환, 연결하도록하며 우편과 전기통신교류에 필요한 정보교환 및 기술협력을 실시한다.

② 남과 북은 우편과 전기통신교류에서 공적 사업과 인도적 사업을 우선 보장하며 점차 그 이용 범위를 확대하여 운영하도록 한다.

③ 남과 북은 우편과 전기통신교류의 비밀을 보장하며 어떠한 경우에도 이를 정치·군사적 목적에 이용하지 않는다.

④ 남과 북은 우편 및 전기통신교류와 관련한 해당 국제협약들을 존중한다.

⑤ 남과 북 사이에 교류되는 우편 및 전기통신의 종류와 요금, 우편물의 수집, 전달 방법 등 기타 실무적 문제들은 경제교류·협력공동위원회에서 협의하여 정한다.

제5조 남과 북은 국제경제의 여러 분야에서 서로 협력하며 대외에 공동으로 진출한다.

① 남과 북은 경제 분야의 여러 국제행사와 국제기구들에서 서로 협력한다.

② 남과 북은 경제 분야에서 대외에 공동으로 진출하기 위한 대책을 협의·추진한다.

제6조 남과 북은 경제 분야의 교류와 협력을 지원·보장한다.

제7조 남과 북은 경제 분야의 교류와 협력을 실현하는데 필요한 기구설치문제와 기타 실무적 문제들을 경제교류·협력공동위원회에서 협의하여 정한다.

제8조 이 합의서 "제1장 경제교류·협력" 부문의 이행 및 이와 관련한 세부사항의 협의·실천은 남북경제교류·협력공동위원회에서 한다.

제2장 사회문화교류·협력

제9조 남과 북은 교육, 문학·예술, 보건, 체육과 신문, 라디오, 텔레비전 및 출판물을 비롯한 출판·보도 등 여러 분야에서 교류와 협력을 실시한다.

① 남과 북은 교육, 문학·예술, 보건, 체육, 출판·보도 등 여러 분야에서 이룩한 성과와 경험 및 연구·출판·보도자료와 목록 등 정보자료를 상호 교환한다.

② 남과 북은 교육, 문학·예술, 보건, 체육, 출판·보도 등 여러 분야에서 기술협력을 비롯한 다각적인 협력을 실시한다.

③ 남과 북은 교육, 문학·예술, 보건, 체육, 출판·보도 등 여러 분야에서 국토종단행진, 대표단 파견, 초청·참관 등 기관과 단체, 인원들 사이의 접촉과 교류를 실시한다.

④ 남과 북은 교육, 문학·예술, 보건, 체육, 출판·보도 등 여러 분야에서 연구, 조사, 편찬사업, 행사를 공동으로 실시하며 예술작품, 문화유물, 도서출판물의 교환 전시회를 진행한다.

⑤ 남과 북은 쌍방이 합의하여 정한데 따라 상대측의 각종 저작물에 대한 권리를 보호하기 위한 조치를 취한다.

제10조 남과 북은 민족구성원들의 자유로운 왕래와 접촉을 실현한다.

① 남과 북은 모든 민족구성원들이 자기 의사에 따라 자유롭게 상대측 지역을 왕래하도록 하기 위한 조치를 공동으로 취한다.

② 민족구성원들의 왕래는 남북 사이에 개설된 육로, 해로, 항로를 편리한대로 이용하여 하도록 하며, 경우에 따라 국제항로도 이용할 수 있다.

③ 남과 북은 민족구성원들이 방문지역에서 자유로운 활동을 하도록 하며, 신변안전 및 무사귀환을 보장한다.

④ 남과 북은 민족구성원들이 상대측의 법과 질서를 위반함이 없이 왕래하고 접촉하도록 하기 위한 조치를 취한다.

⑤ 남과 북을 왕래하는 인원들은 필요한 증명서를 소지하여야 하며, 쌍방이 합의한 범위 내에서 물품을 휴대할 수 있다.

⑥ 남과 북은 자기측 지역에 들어온 상대측 인원에 대하여 왕래와 방문목적 수행에 필요한 편의를 제공한다.

⑦ 남과 북은 자기측 지역에 들어온 상대측 왕래자에게 불의의 사고가 발생할 경우 긴급구제조치를 취한다.

⑧ 남과 북은 민족구성원들의 자유로운 왕래와 접촉을 실현하는데 필요한 절차와 실무적 문제들을 사회문화교류 · 협력공동위원회에서 협의하여 정한다.

제11조 남과 북은 사회문화분야의 국제무대에서 서로 협력하며 대외에 공동으로 진출한다.

① 남과 북은 사회문화분야의 여러 국제행사와 국제기구들에서 서로 협력한다.

② 남과 북은 사회문화분야에서 대외에 공동으로 진출하기 위한 대책을 협의 · 추진한다.

제12조 남과 북은 사회문화분야의 교류와 협력을 지원 · 보장한다.

제13조 남과 북은 사회문화분야의 교류와 협력을 실현하는데 필요한 기구설치문제와 기타 실무적 문제들을 사회문화교류 · 협력공동위원회에서 협의하여 정한다.

제14조 이 합의서 "제2장 사회문화교류 · 협력" 부문의 이행 및 이와 관련한 세부사항의 협의 · 실천은 남북사회문화교류 · 협력공동위원회에서 한다.

제3장 인도적 문제의 해결

제15조 남과 북은 흩어진 가족 · 친척들의 자유로운 서신거래와 왕래와 상봉 및 방문을 실시하고 자유의사에 의한 재결합을 실현하며, 기타 인도적으로 해결할 문제에 대한 대책을 강구한다.

① 흩어진 가족 · 친척들의 범위는 쌍방 적십자 단체들 사이에 토의하여 정하도록 한다.

② 남과 북은 흩어진 가족 · 친척들의 자유왕래와 방문을 쌍방이 합의하여 정한 왕래 절차에 따라 실현한다.

③ 남과 북은 흩어진 가족 · 친척들의 상봉 면회소 설치문제를 쌍방 적십자단체들이 협의 · 해결하도록 한다.

④ 남과 북은 흩어진 가족 · 친척들의 자유의사에 의한 재결합을 실현하기 위한 대책을 협의 · 추진한다.

⑤ 남과 북은 인도주의 정신과 동포애에 입각하여 상대측 지역에 자연재해 등 재

난이 발생할 경우 서로 도우며, 흩어진 가족·친척들 가운데 사망자의 유품처리, 유골이전 등을 위한 편의를 제공한다.

제16조 남과 북은 이미 진행하여 오던 쌍방 적십자단체들의 회담을 빠른 시일 안에 다시 열도록 적극 협력한다.

제17조 남과 북은 흩어진 가족·친척들의 불행과 고통을 덜어주기 위한 적십자단체들의 합의를 존중하며 그것이 순조롭게 실현되도록 지원·보장한다.

제18조 이 합의서 "제3장 인도적 문제의 해결" 부문의 이행 및 이와 관련한 세부사항의 협의·실천은 쌍방 적십자단체들이 한다.

제4장 수정·발효

제19조 이 합의서는 쌍방의 합의에 의하여 수정·보충할 수 있다.

제20조 이 합의서는 쌍방이 서명하여 교환한 날부터 효력을 발생한다.

부기: 쌍방은 민족구성원들의 자유왕래에 저촉되는 법적, 제도적 장치 철폐문제를 남북화해공동위원회 법률실무협의회에서 토의 해결하기로 하였다.

1992년 9월 17일

남북고위급회담	북남고위급회담
남측대표단 수석대표	북측대표단 단장
대한민국	조선민주주의인민공화국
국무총리 정원식	정무원 총리 연형묵

<부록 5>

6·15 공동선언

조국의 평화적 통일을 염원하는 온 겨레의 숭고한 뜻에 따라 대한민국 김대중 대통령과 조선민주주의인민공화국 김정일 국방위원장은 2000년 6월 13일부터 6월 15일까지 평양에서 역사적인 상봉을 하였으며 정상회담을 가졌다.
남북 정상들은 분단 역사상 처음으로 열린 이번 상봉과 회담이 서로 이해를 증진시키고 남북관계를 발전시키며 평화통일을 실현하는데 중대한 의의를 가진다고 평가하고 다음과 같이 선언한다.

1. 남과 북은 나라의 통일문제를 그 주인인 우리 민족끼리 서로 힘을 합쳐 자주적으로 해결해 나가기로 하였다.
2. 남과 북은 나라의 통일을 위한 남측의 연합제 안과 북측의 낮은 단계의 연방제 안이 서로 공통성이 있다고 인정하고 앞으로 이 방향에서 통일을 지향시켜 나가기로 하였다.
3. 남과 북은 올해 8·15에 즈음하여 흩어진 가족, 친척 방문단을 교환하며 비전향 장기수 문제를 해결하는 등 인도적 문제를 조속히 풀어 나가기로 하였다.
4. 남과 북은 경제협력을 통하여 민족경제를 균형적으로 발전시키고, 사회, 문화, 체육, 보건, 환경 등 제반 분야의 협력과 교류를 활성화하여 서로의 신뢰를 다져 나가기로 하였다.
5. 남과 북은 이상과 같은 합의사항을 조속히 실천에 옮기기 위하여 이른 시일 안에 당국 사이의 대화를 개최하기로 하였다.

김대중 대통령은 김정일 국방위원장이 서울을 방문하도록 정중히 초청하였으며, 김정일 국방위원장은 앞으로 적절한 시기에 서울을 방문하기로 하였다.

2000년 6월 15일

대한민국	조선민주주의인민공화국
대통령	국방위원장
김대중	김정일

<부록 6>

남북관계 발전과 평화번영을 위한 선언(10·4 선언)

대한민국 노무현 대통령과 조선민주주의인민공화국 김정일 국방위원장 사이의 합의에 따라 노무현 대통령이 2007년 10월 2일부터 4일까지 평양을 방문하였다.
방문기간 중 역사적인 상봉과 회담들이 있었다.
상봉과 회담에서는 6·15 공동선언의 정신을 재확인하고 남북관계발전과 한반도 평화, 민족공동의 번영과 통일을 실현하는 데 따른 제반 문제들을 허심탄회하게 협의하였다.
쌍방은 우리 민족끼리 뜻과 힘을 합치면 민족번영의 시대, 자주통일의 새시대를 열어 나갈 수 있다는 확신을 표명하면서 6·15 공동선언에 기초하여 남북관계를 확대·발전시켜 나가기 위하여 다음과 같이 선언한다.

1. 남과 북은 6·15 공동선언을 고수하고 적극 구현해 나간다. 남과 북은 우리 민족끼리 정신에 따라 통일문제를 자주적으로 해결해 나가며 민족의 존엄과 이익을 중시하고 모든 것을 이에 지향시켜 나가기로 하였다. 남과 북은 6·15 공동선언을 변함없이 이행해 나가려는 의지를 반영하여 6월 15일을 기념하는 방안을 강구하기로 하였다.
2. 남과 북은 사상과 제도의 차이를 초월하여 남북관계를 상호존중과 신뢰 관계로 확고히 전환시켜 나가기로 하였다. 남과 북은 내부문제에 간섭하지 않으며 남북관계 문제들을 화해와 협력, 통일에 부합되게 해결해 나가기로 하였다. 남과 북은 남북관계를 통일 지향적으로 발전시켜 나가기 위하여 각기 법률적·제도적 장치들을 정비해 나가기로 하였다. 남과 북은 남북관계 확대와 발전을 위한 문제들을 민족의 염원에 맞게 해결하기 위해 양측 의회 등 각 분야의 대화와 접촉을 적극 추진해 나가기로 하였다.
3. 남과 북은 군사적 적대관계를 종식시키고 한반도에서 긴장완화와 평화를 보장하기

위해 긴밀히 협력하기로 하였다. 남과 북은 서로 적대시하지 않고 군사적 긴장을 완화하며 분쟁문제들을 대화와 협상을 통하여 해결하기로 하였다. 남과 북은 한반도에서 어떤 전쟁도 반대하며 불가침의무를 확고히 준수하기로 하였다. 남과 북은 서해에서의 우발적 충돌방지를 위해 공동어로수역을 지정하고 이 수역을 평화수역으로 만들기 위한 방안과 각종 협력사업에 대한 군사적 보장조치 문제 등 군사적 신뢰구축조치를 협의하기 위하여 남측 국방부 장관과 북측 인민무력부 부장 간 회담을 금년 11월 중에 평양에서 개최하기로 하였다.

4. 남과 북은 현 정전체제를 종식시키고 항구적인 평화체제를 구축해 나가야 한다는데 인식을 같이하고 직접 관련된 3자 또는 4자 정상들이 한반도 지역에서 만나 종전을 선언하는 문제를 추진하기 위해 협력해 나가기로 하였다. 남과 북은 한반도 핵문제 해결을 위해 6자회담 「9·19 공동성명」과 「2·13 합의」가 순조롭게 이행되도록 공동으로 노력하기로 하였다.

5. 남과 북은 민족경제의 균형적 발전과 공동의 번영을 위해 경제협력사업을 공리공영과 유무상통의 원칙에서 적극 활성화하고 지속적으로 확대 발전시켜 나가기로 하였다. 남과 북은 경제협력을 위한 투자를 장려하고 기반시설 확충과 자원개발을 적극 추진하며 민족내부 협력사업의 특수성에 맞게 각종 우대조건과 특혜를 우선적으로 부여하기로 하였다. 남과 북은 해주지역과 주변해역을 포괄하는 서해 평화협력특별지대를 설치하고 공동 어로구역과 평화수역 설정, 경제특구 건설과 해주항 활용, 민간선박의 해주직항로 통과, 한강하구 공동이용 등을 적극 추진해 나가기로 하였다. 남과 북은 개성공업지구 1단계 건설을 빠른 시일 안에 완공하고 2단계 개발에 착수하며 문산-봉동 간 철도화물수송을 시작하고, 통행 통신 통관 문제를 비롯한 제반 제도적 보장조치들을 조속히 완비해 나가기로 하였다. 남과 북은 개성-신의주 철도와 개성-평양 고속도로를 공동으로 이용하기 위해 개보수 문제를 협의·추진해 가기로 하였다. 남과 북은 안변과 남포에 조선협력단지를 건설하며 농업, 보건의료, 환경보호 등 여러 분야에서의 협력사업을 진행해 나가기로 하였다. 남과 북은 남북경제협력사업의 원활한 추진을 위해 현재의 「남북경제협력추진위원회」를 부총리급 「남북경제협력공동위원회」로 격상하기로 하였다.

6. 남과 북은 민족의 유구한 역사와 우수한 문화를 빛내기 위해 역사, 언어, 교육, 과학기술, 문화예술, 체육 등 사회문화 분야의 교류와 협력을 발전시켜 나가기로 하였다.

남과 북은 백두산 관광을 실시하며 이를 위해 백두산-서울 직항로를 개설하기로 하였다. 남과 북은 2008년 북경 올림픽경기대회에 남북응원단이 경의선 열차를 처음으로 이용하여 참가하기로 하였다.

7. 남과 북은 인도주의 협력사업을 적극 추진해 나가기로 하였다. 남과 북은 흩어진 가족과 친척들의 상봉을 확대하며 영상 편지 교환사업을 추진하기로 하였다. 이를 위해 금강산면회소가 완공되는 데 따라 쌍방 대표를 상주시키고 흩어진 가족과 친척의 상봉을 상시적으로 진행하기로 하였다. 남과 북은 자연재해를 비롯하여 재난이 발생하는 경우 동포애와 인도주의, 상부상조의 원칙에 따라 적극 협력해 나가기로 하였다.

8. 남과 북은 국제무대에서 민족의 이익과 해외 동포들의 권리와 이익을 위한 협력을 강화해 나가기로 하였다. 남과 북은 이 선언의 이행을 위하여 남북총리회담을 개최하기로 하고, 제1차회의를 금년 11월 중 서울에서 갖기로 하였다. 남과 북은 남북관계 발전을 위해 정상들이 수시로 만나 현안 문제들을 협의하기로 하였다.

2007년 10월 4일

대한민국	조선민주주의인민공화국
대통령	국방위원장
노무현	김정일

<부록 7>

평양공동선언

대한민국 문재인 대통령과 조선민주주의인민공화국 김정은 국무위원장은 2018년 9월 18일부터 20일까지 평양에서 남북정상회담을 진행하였다.

양 정상은 역사적인 판문점선언 이후 남북 당국 간 긴밀한 대화와 소통, 다방면적 민간교류와 협력이 진행되고, 군사적 긴장완화를 위한 획기적인 조치들이 취해지는 등 훌륭한 성과들이 있었다고 평가하였다.

양 정상은 민족자주와 민족자결의 원칙을 재확인하고, 남북관계를 민족적 화해와 협력, 확고한 평화와 공동번영을 위해 일관되고 지속적으로 발전시켜 나가기로 하였으며, 현재의 남북관계 발전을 통일로 이어갈 것을 바라는 온 겨레의 지향과 여망을 정책적으로 실현하기 위하여 노력해 나가기로 하였다.

양 정상은 판문점선언을 철저히 이행하여 남북관계를 새로운 높은 단계로 진전시켜 나가기 위한 제반 문제들과 실천적 대책들을 허심탄회하고 심도 있게 논의하였으며, 이번 평양정상회담이 중요한 역사적 전기가 될 것이라는 데 인식을 같이 하고 다음과 같이 선언하였다.

1. 남과 북은 비무장지대를 비롯한 대치지역에서의 군사적 적대관계 종식을 한반도 전 지역에서의 실질적인 전쟁위험 제거와 근본적인 적대관계 해소로 이어 나가기로 하였다.
   ① 남과 북은 이번 평양정상회담을 계기로 체결한 <판문점선언군사분야 이행합의서>를 평양공동선언의 부속합의서로 채택하고 이를 철저히 준수하고 성실히 이행하며, 한반도를 항구적인 평화지대로 만들기 위한 실천적 조치들을 적극 취해 나가기로 하였다.
   ② 남과 북은 남북군사공동위원회를 조속히 가동하여 군사분야 합의서의 이행실태를 점검하고 우발적 무력충돌 방지를 위한 상시적 소통과 긴밀한 협의를 진행

하기로 하였다.

2. 남과 북은 상호호혜와 공리공영의 바탕 위에서 교류와 협력을 더욱 증대시키고, 민족경제를 균형적으로 발전시키기 위한 실질적인 대책들을 강구해 나가기로 하였다.
   ① 남과 북은 금년 내 동·서해선 철도 및 도로 연결을 위한 착공식을 갖기로 하였다.
   ② 남과 북은 조건이 마련되는 데 따라 개성공단과 금강산관광사업을 우선 정상화하고, 서해경제공동특구 및 동해관광공동특구를 조성하는 문제를 협의해 나가기로 하였다.
   ③ 남과 북은 자연생태계의 보호 및 복원을 위한 남북 환경협력을 적극 추진하기로 하였으며, 우선적으로 현재 진행 중인 산림 분야 협력의 실천적 성과를 위해 노력하기로 하였다.
   ④ 남과 북은 전염성 질병의 유입 및 확산 방지를 위한 긴급조치를 비롯한 방역 및 보건·의료 분야의 협력을 강화하기로 하였다.
3. 남과 북은 이산가족 문제를 근본적으로 해결하기 위한 인도적 협력을 더욱 강화해 나가기로 하였다.
   ① 남과 북은 금강산 지역의 이산가족 상설면회소를 빠른 시일 내 개소하기로 하였으며, 이를 위해 면회소 시설을 조속히 복구하기로 하였다.
   ② 남과 북은 적십자 회담을 통해 이산가족의 화상상봉과 영상편지 교환 문제를 우선적으로 해결해 나가기로 하였다.
4. 남과 북은 화해와 단합의 분위기를 고조시키고 우리 민족의 기개를 내외에 과시하기 위해 다양한 분야의 협력과 교류를 적극 추진하기로 하였다.
   ① 남과 북은 문화 및 예술 분야의 교류를 더욱 증진시켜 나가기로 하였으며, 우선적으로 10월 중에 평양예술단의 서울공연을 진행하기로 하였다.
   ② 남과 북은 2020년 하계올림픽경기대회를 비롯한 국제경기들에 공동으로 적극 진출하며, 2032년 하계올림픽의 남북공동 개최를 유치하는 데 협력하기로 하였다.
   ③ 남과 북은 10·4 선언 11주년을 뜻깊게 기념하기 위한 행사들을 의의 있게 개최하며, 3·1운동 100주년을 남북이 공동으로 기념하기로 하고, 그를 위한 실무적인 방안을 협의해 나가기로 하였다.
5. 남과 북은 한반도를 핵무기와 핵위협이 없는 평화의 터전으로 만들어 나가야 하며 이를 위해 필요한 실질적인 진전을 조속히 이루어 나가야 한다는 데 인식을 같이 하

였다.

① 북측은 동창리 엔진시험장과 미사일 발사대를 유관국 전문가들의 참관하에 우선 영구적으로 폐기하기로 하였다.

② 북측은 미국이 6·12 북미공동성명의 정신에 따라 상응조치를 취하면 영변 핵시설의 영구적 폐기와 같은 추가적인 조치를 계속 취해나갈 용의가 있음을 표명하였다.

③ 남과 북은 한반도의 완전한 비핵화를 추진해 나가는 과정에서 함께 긴밀히 협력해 나가기로 하였다.

6. 김정은 국무위원장은 문재인 대통령의 초청에 따라 가까운 시일 내로 서울을 방문하기로 하였다.

2018년 9월 19일

대한민국	조선민주주의인민공화국
대통령	국무위원장
문재인	김정은

참고문헌

1. 국문 자료

• 남한 자료

KDI 국민경제교육연구소, 『경제체제 전환기의 경제의식』, 1996.

KDI 북한경제팀, "제1차(2001년 하반기) 남북경협에 대한 교역업체 및 전문가 대상 설문조사", 『KDI 북한경제리뷰』, 2001.11.

KDI 북한경제팀, "제2차(2002년 상반기) 남북경협에 대한 교역업체 및 전문가 대상 설문조사", 『KDI 북한경제리뷰』, 2002.5.

KDI 북한경제팀, "제3차(2002년 하반기) 남북경협에 대한 교역업체 및 전문가 대상 설문조사", 『KDI 북한경제리뷰』, 2002.11.

KDI 북한경제팀, "제4차(2003년 상반기) 남북경협에 대한 교역업체 및 전문가 대상 설문조사", 『KDI 북한경제리뷰』, 2003.5.

KDI 북한경제팀, "제5차(2003년 하반기) 남북경협에 대한 교역업체 및 전문가 대상 설문조사", 『KDI 북한경제리뷰』, 2003.11.

KDI 북한경제팀, "제6차(2004년 상반기) 남북경협에 대한 교역업체 및 전문가 대상 설문조사", 『KDI 북한경제리뷰』, 2004.5.

KDI 북한경제팀, "제7차(2004년 하반기) 남북경협에 대한 교역업체 및 전문가 대상 설문조사", 『KDI 북한경제리뷰』, 2004.11.

KDI 북한경제팀, "제8차(2005년 상반기) 남북경협에 대한 교역업체 및 전문가 대상 설문조사", 『KDI 북한경제리뷰』, 2005.5.

KDI 북한경제팀, "제9차(2005년 하반기) 남북경협에 대한 교역업체 및 전문가 대상 설문조사", 『KDI 북한경제리뷰』, 2005.11.

강동완 · 김현정, "김정은 정권에 대한 북한주민의 평가 및 사회 변화 실태 연구: 「북조선내부영상 · 문서자료집」 분석을 중심으로", 『동북아연구』, Vol.31 No.1, 2016.

강미연, "개성공단 경제특구의 작업장 문화", 2013 북한연구학회 추계학술회의 '북한체제의 이행과 남북협력: 비전과 전망' 자료집, 2013.9.27.

강원택, "금강산 관광사업에 대한 국민의식 조사 연구 결과 보고", 경남대학교 극동문제연구소(편), 『금강산 관광사업과 남북경협: 평가와 전망』, 1999.

강의석, "남북경협과 (주)신원의 대북투자", 남북물류포럼 주최 세미나 '현 단계 개성공단 건설과 물류문제 해결방안' 자료집, 2008.11.24.

강인덕, "[특별기고] 정주영과 남북관계", 『서울신문』, 2015.11.25.

강인덕, "정주영 회장과 금강산관광사업", 『관훈저널』, 가을호, 2015.

강인덕 · 송종환, 『남북회담: 7 · 4에서 6 · 15까지의 연구』, 2002년도 한국학술진흥재단 협동연구 지원사업 결과보고서, 한국학술진흥재단, 2004.

강일규·김덕기, 『남북한 경제협력 활성화를 위한 북한 근로자 인적자원 개발 방안』, 한국직업능력개발원, 2001.

강일규·김철희·이은구·김영윤, 『남북한 직업교육훈련 분야의 교류 및 협력방안 연구』, 통일연구원, 2000.

경남대학교 북한대학원, 『개성공단과 남북관계』, 경남대학교 북한대학원 주최 제5회 북한대학원 전문가 워크숍 자료집, 2004.12.22.

개성공단기업협회, 『남북경협 편람』, 서울특별시, 2020.

개성공업지구지원재단, 『개성공단 통계자료집』, 2017.

개성공업지구지원재단, 『개성공단 관리 10년』, 2014.

개성공업지구지원재단, 『개성공단 근로자 확보방안 I』, 2021.

경성상공회의소, 『조선경제통계요람』, 1949.

경수로사업지원기획단, 『KEDO 경수로사업 지원 백서』, 2007.

고승효, 『북한경제의 이해』, 양재성(역), 평민사, 1993.

고유환, "금강산관광사업의 의미와 평가", 『통일경제』, 3·4월호, 2002.

고유환, "김정은 후계구축 논리와 징후", 『통일문제연구』, Vol.22 No.1, 2010.

고유환, "남북 경제교류협력의 현황과 국회의 역할", 국회의장 정의화 주최 세미나 '분단 70년, 남북 경제교류협력 무엇을 어떻게 할 것인가' 자료집, 2015.3.11.

고은, 『이상평전』, 민음사, 1977.

고일동, "북한의 자유경제무역지대 개발과 남북한 경제협력", 양운철(편), 『남북한 경제협력: 북한의 개방과 분단국 경험』, 세종연구소, 1997.

고일동·김상기·이재호, 『남북한 교역구조의 변화와 정책적 시사점』, 한국개발연구원, 2009.

고현욱·강문구, 『분단 45년 남북한 경제의 종합적 비교연구』, 국토통일원, 1990.

관세청, "북한산 위장적발 현황(2001~2007.7)", 2007, 국회의원 안명옥, 『2007년 국정감사 결산보고서』, 2007.

국가안보실, 『문재인 정부의 국가안보전략』, 2018.

국립외교원 외교안보연구소 외교사연구센터(편), 『북방정책과 7·7선언』, 선인, 2020.

국무조정실, 『문재인정부 4년 100대 국정과제 추진실적』, 2021.

국민체육진흥공단, 『서울올림픽사: 올림픽 유치』, 2000.

국방부, 『국방백서』, 2023.

국토통일원, 『남북한통일제의자료총람 제1권』, 1985.

국토통일원, 『남북한통일제의자료총람 제3권』, 1985.

국토통일원, 『남북적십자본회담·경제회담 회의록』, 1987.

국토통일원 남북대화사무국, 『남북대화백서』, 1988.

국토통일원, 『남북한 통일·대화 제의 비교: 1945~1988』, 2차 증보판, 1988.

국회예산정책처, 『금강산사업 집행평가』, 2005년도 국가 주요 정책·사업평가 보고서 제7호, 2005.

국회예산정책처, 『한반도 통일의 경제적 효과』, 2014.

국회예산정책처, 『남북교류협력 수준에 따른 통일비용과 시사점』, 2015.

국회의원 권영세, 『한반도 평화체제 정착을 위한 구상』, 2008 정책보고서, 2008.

국회의원 안명옥, 『2007년 국정감사 결산보고서』, 2007.

국회의원 진영, 『남북관계의 변화: 재정투입과 장애요인 분석(1993년 이후)』, 2008 통일부 국정감사 자료집, 2008.

국회통일외교통상위원회 수석전문위원실, "제17

대 국회 개원대비 통일 분야 정책자료집”, 2004.

권영경, “남북경협의 역사적 고찰과 재개를 위한 과제”, 『통일문제연구』, Vol.30 No.1, 2018.

권영빈, “[권영빈 칼럼] 올브라이트의 브로치”, 『중앙일보』, 2000.10.27.

권영훈, “분단후 한국경제의 변천: 1945~1961년”, 구본호·이규억(편), 『한국경제의 역사적 조명』, 한국개발연구원, 1991.

권오기, “정경분리원칙: 대북정책을 어떻게 추진해야 할 것인가”, 경남대학교 극동문제연구소 주최 제13차 통일전략포럼 발표문, 1998.4.30.

권오홍, “‘북한특수’는 현실화될 것인가: 예상분야와 투자전략”, 경남대학교 극동문제연구소 주최 ‘남북 정상회담과 남북경제협력’ 세미나 발표문, 2000.4.27.

권은민, “북한의 ‘두 국가론’ 계기 남북한 특수관계론 및 남북관련 법제 변화 방향 연구”, 『평화통일논총』, Vol.4 No.1, 2025.

권희영, “북방정책과 한국의 선택”, 구범모 편저, 『2000년대와 한국의 선택』, 한국정신문화연구원, 1992.

그로하, 쟝자크, “유럽기업의 대북 진출전략”, 『통일경제』, 3월호, 1995.

기무라 미쓰히코(木村光彦), 『북한의 경제: 기원·형성·붕괴』, 김현숙(역), 혜안, 2001(원저 1999).

김갑식, “탈냉전기 동북아 질서와 북한의 남북관계에 대한 인식”, 『한국정치연구』, Vol.19 No.3, 2010.

김갑식, “남북기본합의서에 대한 북한의 입장”, 『통일정책연구』, Vol.20 No.1, 2011.

김갑식, “북한의 대남·통일정책 근본적 방향전환의 함의”, 온라인 시리즈 CO 24-04, 통일연구원, 2024.

김갑식·박주화·이무철·장철운·안경모·김성한·이수훈·김민성·설인효·윤희웅·황수환·최아진·차정미·홍건식·김승배·김현, 『남북관계 2023: 도전요인과 대북정책 추진 방향』, 통일연구원, 2019.

김고중, “정주영 현대그룹 회장의 대북 경협사업”, 『관훈저널』, 가을호, 2015.

김광석·M.로머, 『성장과 구조전환』, 한국개발연구원, 1979.

김국신·여인곤·손기웅·송정호·김갑식·서창록·김두진, 『남북한 통합을 위한 바람직한 통일정책 거버넌스 구축방안』, 통일연구원, 2005.

김규철, “남북교역과 남북관계의 상호 영향 분석: 남북교역의 평화효과와 정경분리 원칙”, 이석(편), 『새로운 대북정책과 남북경협의 모색』, 한국개발연구원, 2022.

김기원, “미군정기의 무역·원조·남북교역”, 국사편찬위원회 우리역사넷 홈페이지.

김근식, “대북 퍼주기 논란과 남남갈등: 현황과 과제”, 『통일문제연구』, Vol.37 No.1, 2002.

김근식, “퍼주기 논란과 대북지원의 정당성”, 『인물과사상』, 9월호, 2006.

김근식, “북한의 ‘두 개의 코리아’ 전략, 현실을 냉혹히 보자”, 『프레시안』, 2017.7.4.

김낙년·박기주·박이택·차명수, 『한국의 장기통계 II』, 해남, 2018.

김달중, “북방정책의 개념, 목표 및 배경”, 『국제정치논총』, Vol.29 No.2, 1989.

김대모, “적정임금 결정방법으로서의 생산성임금제의 논리적 근거”, 『산업관계연구』, Vol.15 No.1, 2005.

김대중, 『김대중 자서전 1』, 삼인, 2010.

김대현, “구두회사 엘칸토에 천안함 유탄?”, 『주간조선』, 2127호, 2010.

김동근, 『개성 1,200일 빛과 그림자』, 렛츠북, 2022.

김명섭, “제2차 세계대전 종전 이후 미·소·일·중과 대한/조선(1945~1953)”, 최종현학술원(편), 『한미일중 100년 I: 일본 제국주의와 냉전(1870-1970)』, 일조각, 2023.

김범수·김병로·김성희·김학재·이성우·조용

신 · 조현주 · 김민지, 『2023 통일의식조사』, 서울대학교 통일평화연구원, 2023.

김범수 · 김병로 · 장용석 · 최은영 · 황수환 · 이성우 · 김택빈 · 김민지, 『2024 통일의식조사』, 서울대학교 통일평화연구원, 2024.

김병로, "개성공단 스케치", 김병로 · 김병연 · 김윤애 · 김정용 · 김천식 · 박명규 · 송영훈 · 이효원 · 정근식 · 정은미 · 홍순직, 『개성공단』, 진인진, 2015.

김병연, "개성공단의 경제적 효과", 김병로 · 김병연 · 김윤애 · 김정용 · 김천식 · 박명규 · 송영훈 · 이효원 · 정근식 · 정은미 · 홍순직, 『개성공단』, 진인진, 2015.

김병연, "북한의 변화와 통일", 통일과나눔 주최 2024 컨퍼런스 '변화하는 통일환경 그래도 통일은 온다' 발표문, 2024.5.9.

김병철 · 김재준 · 류근관, "미디어 유행어와 여론의 그랜저 인과관계: 정부의 대북정책에 대한 국내 일간지의 '퍼주기' 언급 분석", 『한국언론학보』, Vol.53 No.1, 2009.

김보근, "[남북경협 지상강좌 10] 통일김치 맛 기대하세요", 『Economy21』, 2004.9.10.

김보근, "[남북경협 지상강좌 15] 의류사업 새 역사 수 놓는다", 『Economy21』, 2004.10.25.

김보영, "해방후 남북한교역에 관한 연구", 고려대학교 대학원 박사학위논문, 1995.

김보영, "8 · 15 직후 남북한 경제교류에 관한 연구: 남북한 분단의 경제적 귀결", 『경제사학』, Vol.22, 1997.

김보영, "8 · 15 직후 남북한간의 전력교역", 『경제사학』, Vol.20, 1996.

김삼식, "싱가포르 모델을 지향하는 나진-선봉", 『북한뉴스레터』, 7월호, 대한무역투자진흥공사, 1997.

김상범, "북한의 두 개 국가 선언의 평가와 전망", 『평화들 PEACES』, Vol.3 No.1, 2024.

김상훈 · 이재호, 『중소기업형 남북경협 정책과 과제』, 중소기업연구원, 2019.

김서진, 『평화주권의 길』, 통일뉴스, 2023.

김석진, "남북경협에 대한 남북한의 상호 인식과 정책", 신종호 · 김석진 · 성기영 · 김상기 · 안희창 · 홍순직 · 김영희 · 전재성 · 정은미, 『전환기 남북관계 영향 요인 및 향후 정책 방향』, 통일연구원, 2016.

김석진, "남북경협 발전 잠재력: 지하자원 개발", 김석진 · 홍제환, 『남북경협 발전 잠재력과 정책 과제』, 통일연구원, 2019.

김석진, "II. 경제정책", 홍제환 · 김석진, 『김정은 시대 북한경제: 경제정책, 대외무역, 주민생활』, 통일연구원, 2021.

김선혁, "노태우시대 한국의 시민사회," 강원택(편), 『노태우 시대의 재인식』, 나남, 2012.

김성배, "북한의 대남정책 전환 의도 분석: 인도-파키스탄 사례 참조", 이슈브리프 509호, 국가안보전략연구원, 2024.1.29.

김성보, "해방 초기 북한에서의 양곡유통정책과 농민", 『동방학지』, Vol.77-79, 1993.

김성보 · 기광서 · 이신철, 『북한 현대사』, 웅진시식하우스, 2014.

김성철, "외교정책의 환경 · 제도 · 효과의 역동성: 북방정책 사례분석", 『국제정치논총』, Vol.40 No.3, 2000.

김성훈 · 장원석 · 유재현(편), 『남북경협의 현장』, 시민의신문사, 1996.

김세병, "5 · 24 조치로 우리는 폭망, 중국은 어부지리", 한반도교역투자연합회, 『남북경협 기업들의 도전과 좌절』, 강남커머스, 2022.

김수현, "남북한경제 비교분석과 경제교류에 관한 연구", 한양대학교 대학원 박사학위논문, 1983.

김양수 · 양해술, "개성공단 사업의 추진현황과 효율적 활성화 방안에 관한 연구: 입주기업의 실태조사와 주요 경영상 애로요인 분석을 중심으로", 『디지털융복합연구』, Vol.11 No.12, 2013.

김양희, "FTA 역외 가공 조항을 활용한 개성공단

산 제품의 수출 지원 정책 평가", 『동향과 전망』, No.100, 2017.
김연건, "북일 경제관계현황과 전망", 기획조사 06-005, KOTRA, 2006.
김연수, "개성공단건설이 남북한 군사적 긴장완화에 미치는 영향", 『북한연구학회보』, Vol.10 No.2, 2006.
김연철, "남북 경제협력 10년의 평가: 투자 분야", KOTRA(편), 『21세기 동북아시대의 남북경협 전략』, 2003.
김연철, "개성공단 사업 추진대책", 민주평통 주최 개성공단 관련 전문가 검토회의 발표문, 2004.5.24.
김연철, "북한경제와 남북 경제협력의 연계발전론", 북한경제포럼(편), 『북한경제와 남북한 경제협력』, 오름, 2008.
김연철, 『70년의 대화』, 창비, 2018.
김연철, "한반도 전쟁 가능성과 '두 개 국가론'", 동아시아재단 정책논쟁 제209호, 2024.
김연철, "개성공단 임금 문제 어떻게 봐야 하나", 새로운 코리아구상을 위한 연구원, 2006.10.30.
김연철 · 신지호 · 동용승, 『남북경협 GUIDE LINE』, 삼성경제연구소, 2001.
김영근, "미군정기의 공업 기반과 생산실태", 『역사와 현실』, No.22, 1996.
김영삼, 『김영삼 대통령 회고록 (상)』, 조선일보사, 2001.
김영삼, 『김영삼 대통령 회고록 (하)』, 조선일보사, 2001.
김영윤, "남북 교류 · 협력의 문제점과 실천적 과제", 『통일경제』, 6월호, 1996.
김영윤, 『남북한 금융 분야 협력방안』, 통일연구원, 2000.
김영윤, "남북경협의 현주소: 무엇이 경협확대의 제약요소인가?", 한국수출입은행 · 통일연구원 공동주최 심포지엄 '북한경제와 남북경협: 현황과 전망' 자료집, 2004.7.7.
김영윤, 『남북경협 실패사례 연구』, 통일연구원, 2004.
김영윤, "실태조사로 본 남북경협 상황과 관련 기업의 현실", 국회 외교통상통일위원회 위원장 남경필 · 남북경협사업자협의회 · 금강산지구 기업협의회 · 개성공업지구 기업대표자회의 공동주최 세미나 '5 · 24 남북경협단절조치 1년, 어떻게 풀 것인가?' 자료집, 2011.5.24.
김영윤, "남북경협비용은 평화와 통일을 위한 비용", 경실련 칼럼, 2013.11.20.
김영윤, "남북경협 물류 분야 협력현황과 물류유통 인프라 구축방안", 미발표논문.
김영윤 · 김영춘 · 서재진 · 오승렬 · 최수영, 『남북경제공동체 형성을 위한 대북 투자 방안』, 통일연구원, 2002.
김영윤 · 나희승 · 황진회, 『남북 물류 · 운송 활성화 및 협력방안 연구』, 통일연구원, 2007.
김영재, "이명박 정부의 대북정책에 대한 소고", 『21세기 정치학회보』, Vol.22 No.2, 2012.
김영훈 · 권태진 · 남민지, 『북한산 농수산물 반입 및 유통실태 조사연구』, 한국농촌경제연구원, 2008.
김영훈 · 전형진 · 임채환, 『북한의 농림축산물 교역동향 분석과 향후 전망』, 한국농촌경제연구원, 2018.
김영희, "남북관계에 정주영 명예회장이 남긴 유산", 『관훈저널』, 가을호, 2015.
김영희, "최근 북한 관광산업 동향", 『KDB 북한개발』, 제22호, 2020.
김용관, "깐마늘로 수십억을 벌었다", 경기도경제과학진흥원 · 남북경제협력협회(편), 『지금 우리가 다음 우리에게』, 평사리, 2023.
김윤규, "개성과 금강산을 넘어: 남북한 경제협력에 대한 민간차원의 접근", 연세대학교 김대중도서관 주최 '6 · 15 남북공동선언 5주년 기념 국제학술회의' 자료집, 2005.6.13.
김은영, "사회주의권 붕괴 이후 북한의 대외경제 관련 담화 분석", 『KDI 북한경제리뷰』, 12월호, 2012.
김은종, "개성공단 1단계 성과 및 발전방향", 남북물류포럼 제13차 정기학술회의 자료집, 2008.11.24.
김인환, "한반도 평화 프로세스와 한반도 평화체제", 최대석 · 홍용표 · 허재영 · 이호령 · 신인호 · 박원곤 · 양욱 · 김기웅 · 김병연 · 김인한 · 황태희 · 박병광 · 신범철 · 이금순 · 모춘흥 · 김태균, 『한반도, 평화를 말하다』, 21세기북스, 2021.
김일기 · 김형수, "제7차 당대회를 통해 본 북한의 통일정책", 『세계지역연구논총』, Vol.34 No.4, 2016.
김재철, "박근혜정부의 '한반도 신뢰프로세스' 추진전략", 『평화학연구』, Vol.14 No.3, 2013.
김재한, "상호주의 대북 정책의 조건과 효과", 『통일정책연구』, Vol.8 No.1, 1999.
김재한, "대북 인식의 정권-주민 이원론", 『통일전략』, Vol.20 No.1, 2020.
김점숙, "미군정기 경제정책의 연구현황과 과제", 『역사와 현실』, No.16, 1991.
김정, "윤석열 정부의 '담대한 구상' 실현을 위한 전략", 『한반도 정세: 2022년 평가 및 2023년 전망』, 경남대학교 극동문제연구소, 2022.
김정훈 · 김지동, "6.15공동선언 이후 남북교류협력의 결정요인 분석: 김대중 · 노무현 · 이명박 정부의 비교적 접근", 『한국동북아논총』, 제68호, 2013.
김종수, "개성공단 운영 평가와 재개를 위한 과제", 『세계지역연구논총』, Vol.39 No.1, 2021.
김준범, "금강산 개발의 막후 손달원과 요시다", 『월간중앙』, 3월호, 1989.
김중호, "존폐위기의 개성공단: 현황과 전망", 『신아세아』, Vol.20 No.2, 2013.
김진섭 · 고재길 · 남금천, "남북교역의 대금결제 관행과 대응방안", 『관세학회지』, Vol.12 No.4, 2011.
김진하 · 조한범 · 정성윤 · 오경섭 · 박형중 · 한기범, 『김정은 정권 대남전략 전환 분석』, 통일연구원, 2024.
김진향, "북한의 지하자원과 남북자원협력", 여시재, 2017
김진환, "한반도 평화프로세스와 대북의식 변화", 『경제와 사회』, No.123, 2019.
김창권, "남북경협 현황과 금후 전망", 『통일경제』, 2월호, 1995.
김창순, "7 · 7선언에 대한 북한의 반응", 『북한』, No.200, 1988.
김천식, "노태우 정부의 남북교류협력법 제정 과정에 관한 연구", 북한대학원대학교 박사학위논문, 2014.
김천식, "개성공단 협상 과정과 쟁점", 김병로 · 김병연 · 김윤애 · 김정용 · 김천식 · 박명규 · 송영훈 · 이효원 · 정근식 · 정은미 · 홍순직, 『개성공단』, 진인진, 2015.
김천식, "[김천식의 통일직설] 영구분단 대 자유평화통일 한반도", 『서울신문』, 2024.2.22.
김철수, 『헌법학개론』, 박영사, 1999.
김철원 · 이태숙, "남북관광 협력과 통일 인식 변화에 관한 연구: 금강산관광을 중심으로", 『통일문제연구』, Vol.20 No.1, 2008.
김충환, "대북지원은 과연 '퍼주기'인가", 『국정브리핑』, 2006.9.20.
김태유, "북한 광물자원 개발의 필요성과 경제성 평가", 통일연구원 · 대한광업진흥공사 · 북한경제전문가100인포럼 공동주최 세미나 '북한 광물자원 개발 전망과 정책방안' 자료집, 2005.12.22.
김태현, "상호주의와 국제협력: 한반도 핵문제의 경우", 『국가전략』, Vol.8 No.3, 2002.
김하중, 『김하중의 중국 이야기 2』, 비전과리더십, 2013.
김학린, "북핵문제 해결을 위한 새로운 접근법", 『평화연구』, Vol.19 No.1, 2011.
김학성, "분단독일에서 상호주의의 실천과 남북관계에 주는 시사점", 『사회과학연구』, Vol.32

No.1, 2021.
김학준, "1984년 남북 경제회담에 대한 연구", 『한국과 국제정치』, Vol.1 No.1, 1985.
김학준, "한국휴전 이후 현재까지의 대한민국의 북방정책", 한국정치사회학회(편), 『한국 북방관계의 정치외교사적 재조명』, 평민사, 1990.
김학준, "한반도의 분단과 통일의 정치경제사", 『북한학연구』, 제2권 제1호, 2006.
김형기, 『남북관계 변천사』, 연세대학교출판문화원, 2010.
김형석, "한국 보수·진보 정부의 대북정책 비교 분석과 통합 가능성 모색", 『통일문제연구』, Vol.29 No.2, 2017.
김호칠, "한국무역구조의 실증적 연구", 『동아논총』, Vol.5, 1968.
김홍기(편), 『영욕의 한국경제』, 매일경제신문사, 1999.
남궁곤, "자유주의", 한국정치학회(편), 『정치학 이해의 길잡이』, 법문사, 2008.
남근우, "조총련계 재일상공인과 남한 기업인의 대북투자: 북한의 상업거래 관행을 중심으로", 『통일정책연구』, Vol.26, No.2, 2017.
남북교류협력지원협회, 『남북교역 25년사』, 2016.
남북교류협력지원협회, 『남북교역·경협 거래자금 지급 및 회수방안 연구』, 2016.
남성욱, "남북관광 교류사업 주체로서 공사의 역할", 한국관광공사 주최 2005년도 제1차 남북관광자문위원회 발표문, 2005.1.26.
남성욱, "개성공단의 효율적 노무관리와 기숙사 건설 발전방안", 개성공단기업협회·남북경제연구원 공동 주최 '개성공단 발전방안 세미나' 발표문, 2014.11.3.
남성욱, "남성욱의 평양리포트: 김정은의 무력 도발 향후 시나리오", 『월간중앙』, 12월호, 2022.
남영진, "남북 교역의 어제와 오늘", 『북한』, No.234, 1991.
노무현재단(편), 『운명이다: 노무현 자서전』, 돌베개, 2019.
노신영, 『노신영 회고록』, 고려서적, 2000.
노중선, 『남북대화 백서』, 한울, 2000.
노태우, 『노태우 회고록 (상)』, 조선뉴스프레스, 2011.
노태우, 『노태우 회고록 (하)』, 조선뉴스프레스, 2011.
농림수산부 식량정책과, "대북지원 쌀은 전량 정부보유 일반미로 공급", 보도자료, 1995.6.27.
대통령자문 동북아시대위원회, 『한반도경제 구상: 개방적 한반도 경제권의 형성』, 2006
대한무역진흥공사, 『북한 투자실무』, 1993.
대한무역진흥공사, "남북교역 확대 개선방안", 1994.
대한민국국회사무처, "제145회 국회 외무통일위원회 회의록", 제3호, 1989.2.22.
대한민국국회사무처, "제201회 국회 본회의 회의록", 제4호, 1999.3.8.
대한민국정부, 『이재명 정부 123대 국정과제』, 2025.9.
대한민국정부, 『제1차 경제개발 5개년계획 (1962~1966)』, 1962.
대한민국정부, "2007년도 국정감사결과 시정 및 처리 요구사항에 대한 처리결과 보고서(통일부 소관)", 2008.
대한상공회의소, 『남북한 합작투자의 추진방안』, 1992.
대한상공회의소, "개성공단 투자 사업성 확보방안 보고서", 2003.10.
대한투자무역진흥공사, 『1990~2000년 북한의 대외무역동향』, 2001.
돈 오버도퍼, 『두 개의 한국(The Two Koreas)』, 이종길(역), 길산, 2002(원저 1997).
동북아경제중심추진위원회, "동북아경제중심 건설을 위한 남북경협거점 개발 전략", 2003.9.
동북아경제중심추진위원회, "동북아 구상하에서 남북경협 거점개발 전략", 2003.10.
동용승, "북한의 경협 추진전략과 대응방안", 통일부 주최 '남북경협 현황 진단 및 활성화 방안 모색' 세미나 자료집, 1999.8.25.~27.

동용승, "남북경협과 대기업의 대북사업 현황", KDI 주최 제32차 북한경제연구협의회 발표문, 1999.12.8.

동용승, "남북한간 투자 10년 평가와 과제", 조명철(편), 『북한의 대외경제정책 10년: 평가와 과제』, 대외경제정책연구원, 2001.

동용승 · 서양원, 『남북경협 이렇게 풀자』, 삼성경제연구소, 1995.

류길재, "이명박 정부 대북정책: 평가와 과제", 국회입법조사처 간담회 '대북정책 평가와 과제' 발표문, 2011.11.22.

류승주, "1946~1948년 남북한 전력수급교섭", 『역사와 현실』, No.40, 2001.

리춘르, 『김정은 시대 북한경제』, 선인, 2022.

무로오카 데쓰오(室岡鐵夫), "북한 · 일본의 경제협력 전망", KDI 주최 제3회 국제학술회의 '북한의 투자환경과 남북한 경제협력의 정책과제' 자료집, 1993.9.13.

무역협회, 『무역연감』, 1950.

문경연, "인도지원 분야의 남북교류협력과 개선방향", 민족화해협력범국민협의회 정책위원회(편), 『남북교류협력의 재조명』, 늘품플러스, 2015.

문경연 · 박지연 · 송영훈, "대북지원 20년: 비판적 고찰을 통한 신대북지원 패러다임 모색", 『국제관계연구』, Vol.23 No.1, 2018.

문무기, "개성공업지구의 노동규율과 사회권", 『동아법학』, No.67, 2015.

문병집, 『한국경제론: 이론과 실제』, 법문사, 2001.

문인철, "북한 경제개발구를 활용한 서울시 대북경제협력 방향," 정책리포트 제288호, 서울연구원, 2019

문인철, "남북교류협력의 의미: 한반도 평화와 번영을 위한 노력", 김연철 · 진희관 · 진희권 · 김일한 · 이춘근 · 안병민 · 안지영 · 전영선 · 문인철 · 황교욱 · 진시원 · 서보혁 · 김창근, 『통일교육: 한반도 평화를 보는 12가지 시선』, 늘품플러스, 2021.

문정인, "패권적 안정이론과 상호주의", 『국제정치논총』, Vol.27 No.2, 1988.

문정인 · 류길재, "북한체제의 변동과 대북 경제협력의 정치 · 경제적 조건", 유한수 · 이영선(편), 『북한진출 기업전략』, 오름, 1997.

미야츠카 도시오(宮塚利雄), "북한의 합영사업과 일본기업", KDI 주최 제3회 국제학술회의 '북한의 투자환경과 남북한 경제협력의 정책과제' 자료집, 1993.9.13.

민족통일연구원, 『남북한 국력추세 비교연구』, 1993.

민족통일연구원, 『통일환경과 남북한관계: 1995~1996』, 1995.

민주평화통일자문회의 사무처, "제3차 통일관련 모니터 의견조사 결과보고", 1995.12.22.

박광서, "남북교역의 원산지문제에 대한 고찰", 『무역상무학회지』, Vol.23, 2004.

박근혜, 『어둠을 지나 미래로: 박근혜 회고록 1』, 중앙북스, 2024.

박동진, "통일정책 추진에 관한 보고", 평화통일정책자문회의 제2차 지역회의, 1986.5.12.

박명규, "한반도 신뢰프로세스와 남북관계 전망", 『입법과 정책』, Vol.5 No.1, 2013.

박명섭 · 박광서 · 김병조, "남북한간의 효율적인 해상운송체계 및 제도보완", 『해양비즈니스』, No.4, 2004.

박병철 · 주인석, "남북경협의 '정치 · 군사적 리스크' 극복 가능성", 『통일전략』, Vol.20 No.2, 2020.

박부흥 · 최민철 · 이영일, "인바운드 여행상품의 유형과 체험목적성이 서브퀄(SERVQUAL) 지수 및 재방문의도에 미치는 영향", 『유통물류연구』, Vol.4 No.2, 2017.

박상권, "평화자동차 재무분석과 남북경협의 방향", 『통일문제연구』, Vol.30 No.2, 2018.

박상권, "지속가능한 남북경제협력 방안 연구: (주) 평화자동차 경영사례를 중심으로", 고려대학교 대학원 박사학위논문, 2019.
박성열, "남북교류협력 변화 추이 및 영향요인", 『국가전략』, Vol.27 No.1, 2021.
박세훈, "정주영 방북의 겉과 속", 『월간중앙』, 3월호, 1989.
박순성, "남북한 교류 · 협력의 전개과정(1988~2002년)과 평화통일", 『북한연구학회보』, Vol.6 No.2, 2002.
박순성, 『북한 경제와 한반도 통일』, 풀빛, 2003.
박순성, "북한의 핵실험과 남한의 남북경협정책", 『북한학연구』, Vol.2 No.2, 2006.
박아름, "1962년 북한의 '사회주의 국제분업' 이탈 분석", 『역사문제연구』, Vol.25 No.1, 2021.
박원곤, "윤석열 정부의 대북정책 구상과 한반도 정세 전망", 평화문제연구소 주최 제35차 통일한국포럼 '윤석열 정부와 한반도 정세: 대북정책 구상, 실현가능성과 과제는?' 자료집, 2022.9.6.
박원곤, "북한의 '헤어질 결심'과 '전쟁할 결심': 의미 및 한계", 2024 북한연구학회 춘계학술회의 '북한의 동족 · 통일 개념 폐기, 두 국가 관계 선언, 어떻게 보아야 하는가?', 자료집, 2024.4.26.
박원배, "남북경협시대가 다가온다: 재벌기업의 북한진출 총력전", 『월간 사회평론』, Vol.92 No.9, 1992.
박재민, "김대중 정부 시기 남북한 간 상호성에 관한 연구", 『국제정치논총』, Vol.43 No.1, 2003.
박종철 · 한용섭 · 오승렬 · 조동호 · 이교덕 · 홍현익, 『평화번영정책의 이론적 기초와 과제』, 통일연구원, 2003.
박진 · 임원혁 · 이유수, 『전환기의 대북정책과 남북경협』, 한국개발연구원, 1998.
박천조, "개성공단 노동제도의 변화와 영향 연구", 『산업노동연구』, Vol.21 No.2, 2015.
박천조, "임금대장을 통해 본 개성공단 임금제도의 변화 연구", 『산업관계연구』, Vol.25 No.4, 2015.
박철언, "민족의 진운과 북방정책", 『민족지성』, 4월호, 1989.
박철언, 『바른 역사를 위한 증언 2』, 랜덤하우스중앙, 2005.
박태균, "1950년대 경제 개발론 연구", 『사회와 역사』, No.61, 2002.
박한식, "남 · 북한 '체제경쟁시대'로", 『경향신문』, 1984.10.6.
박훈민, "남북교류협력법에 관한 공법 도그마틱상의 검토: 개정안을 중심으로 한 소고", 『공법학연구』, Vol.21 No.3, 2020.
박홍렬, "참여정부하 남북경협 의의와 추진실태", 연세대학교 김대중도서관 · 통일연구원(편), 『6 · 15 남북공동선언 4년 회고와 전망』, 세경사, 2005.
반길주, "상호주의와 안보딜레마 : 분석적 고찰 및 한반도 안보 사례추적", 『아세아연구』, Vol.66 No.3, 2023.
배기찬, "2세션 토론문", 세종연구소 주최 2024년 제1차 세종특별정책포럼 '남북관계 패러다임의 대전환' 자료집, 2024.1.22.
배상범, "나진 · 선봉경제무역지대 개발 현황: 1998 라진 · 선봉경제무역지대 투자상담회 북한측 기조연설문", 『북한뉴스레터』, 1월호, 1999, 대한투자무역진흥공사.
배성인, "김정일 정권의 위기극복을 위한 정치담론과 담론의 정치", 『통일정책연구』, Vol.12 No.2, 2003.
배종렬, "북한 외자정책과 대북투자 활성화 방안", 『통일문제연구』, Vol.6 No.1, 1994.
배종렬, "남북경제교류 현황에 대한 평가 및 전망", 배종렬 · 박유환, 『남북한 경제협력: 발전전략과 정책과제』, 한국수출입은행, 2000.
배종렬, "남북한 투자협력: 경제특구 개발방안", 배종렬 · 박유환, 『남북한 경제협력: 발전전략과 정책과제』, 한국수출입은행, 2000.
배종렬, "남북 경제협력사업의 문제점과 개선방안", 북한경제포럼(편), 『북한경제와 남북한 경제협력』, 오름, 2008.
배종렬, "남북한 경제협력의 역사적 전개와 발전 방향", 북한경제포럼(편), 『북한경제와 남북한 경제협력』, 오름, 2008.
배종렬 · 박유환, 『남북한 경제협력: 발전전략과 정책과제』, 한국수출입은행, 2000.
백성호, "한반도 중심 동북아 물류망 구축 방안과 남북협력 방안: 한반도 물류네트워크 활성화 방안을 중심으로", 남북물류포럼 · 동북아역사재단 공동주최 학술회의 '한반도 지정학과 동북아에서의 복합적 물류 네트워크 구축' 자료집, 2012.12.13.
백승수, "바빠지는 '남북경협' 가도: 기업인 방북 허용 계기로 본 재계 움직임", 『통일한국』, Vol.106, 1992.
백영철(편), 『한국통일포럼(남) · 사회정치학회(북) 남북해외학자 통일회의 5년 자료집: 분단을 넘어 통일을 향해』, 건국대학교출판부, 2000.
백일순 · 정현주 · 홍승표, "모빌리티스 패러다임으로 본 개성공단: 새로운 모빌리티스 시스템으로서 개성공업지구 통근버스가 만들어 낸 사회-공간", 『대한지리학회지』, Vol.55 No.5, 2020.
백창재, "한국의 북방정책과 미국", 하용출 외, 『북방정책: 기원, 전개, 영향』, 서울대학교출판부, 2003.
법무법인(유한)율촌 북한팀 · 매일경제 중소기업부, 『북한투자 어떻게 하면 성공할까』, 매경출판, 2018.
법무법인(유한)태평양 · 삼정KPMG, 『북한투자 실무가이드』, 두앤북, 2020.
브래들리 뱁슨, "남북한 경제협력과 국제사회의 지원: 국제기구의 시각", 연세대학교 김대중도서관 · 통일연구원(편), 『6 · 15 남북공동선언 4년 회고와 전망』, 세경사, 2005.
산업연구원, "중소기업 남북경협에 관한 설문조사", 2000.
선한승 · 문무기 · 윤문희 · 이종원 · 김진환, 『북한인력에 관한 법제 · 실태와 활용방안』, 한국노동연구원, 2004.
성기영, "김정은의 통일노선 전환: 역사적 배경과 의미", 이슈브리프 513호, 국가안보전략연구원, 2024.2.19.
성기영, "북한의 통일노선 전환 이후 대한민국 신통일담론의 모색," 전략보고 273호, 국가안보전략연구원, 2024.6.17.
성숙경 · 홍성걸, "북한산 수산물 반입제약요인 및 확대전략", 『수산경영론집』, Vol.40 No.3, 2009.
손광우, "남북교역대금 지급결제시스템 개선방안 연구", 2019 북한연구학회 춘계학술회의 '한반도 평화체제: 제도 · 담론 · 실천전략' 자료집, 2019.3.29.
손선홍, "북한의 '적대적인 두 국가 관계' 선언과 우리의 대응: 동독의 '두 민족 두 국가론'과 비교", 『외교』, No.152, 2025.
손재식, "북한의 수해지원 제의와 이산가족 등 교류의 돌파구 마련", 홍민 · 김수암 · 조정아 · 이우태, 『구술로 본 통일정책사』, 통일연구원, 2017.
손호철, "남남갈등의 기원과 전개과정", 경남대학교 극동문제연구소, 2004.
송민순, 『빙하는 움직인다』, 창비, 2016.
송인호, "동서독 관계가 주는 시사점", 세종연구소 주최 2024년 제1차 세종특별정책포럼 '남북관계 패러다임의 대전환' 자료집, 2024.1.22.
송장준, 『개성공단 활성화를 위한 정책과제』, 중소기업연구원, 2011.
신범식, "북방정책과 한국 · 소련/러시아 관계", 하용출 외, 『북방정책: 기원, 전개, 영향』, 서울대학교출판부, 2003.
신석호, 『분단 저널리즘 뛰어넘기』, 리북, 2012.
신용석 · 최경은, 『신남북관광협력의 정책방향과 과제』, 한국문화관광연구원, 2019.
신종대, "서울의 환호, 평양의 좌절과 대처: 서울 올림픽과 남북관계", 『동서연구』, Vol.25

No.3, 2013.
신종대, “서울 올림픽과 남북관계”, 정영철 · 손호철 · 신종대 · 전재호 · 서보혁 · 방인혁, 『한반도 정치론: 이론, 역사, 전망』, 선인, 2014.
신종대, “남북한 외교경쟁과 ‘6 · 23선언’”, 『현대북한연구』, Vol.22 No.3, 2019.
신종호 · 문현미 · 이상훈 · 김동성 · 김소연 · 최용환, 『경기도의 통일경제특구 유치방안 연구』, 경기연구원, 2012.
신지호, “정상회담 이후 기업의 남북경협 추진방안: 남북한 물류체계 개선 방안”, 삼성경제연구소, 2000.
신창민, “대북경제교류협력 민간자율성 존중의 원칙”, 한우리연구원 창립 8주년 기념 세미나 발표문, 1998.5.15..
신현만, “김달현이 대북강경파를 혼란에 빠뜨렸다”, 『사회평론』, Vol.92 No.9, 1992.
심지연, “분단구조의 역사적 기원과 형성”, 경남대학교 북한대학원(편), 『남북한 관계론』, 한울, 2005.
안덕근 · 박정준, “WTO 체제에서의 남북한 교역과 개성공단 관련 통상쟁점 연구”, 『국제지역연구』, Vol.23 No.4, 2014.
안문석, “구성주의 이론 관점에서 본 문재인정부의 대북정책”, 『인문사회 21』, Vol.12 No.3, 2021.
안병준 “남북기본합의서 후의 남북한 관계와 평화체제”, 『통일문제연구』, Vol.4 No.1, 1992.
안상호, “북한개방의 전초기지, 나진 · 선봉을 가다: 나진 · 선봉 경제특구 방문기”, 『통일한국』, Vol.152, 1996.
안예홍 · 이주영, “남북경제협력의 현황 및 향후 과제” 『금융경제연구』, No.179, 2004.
양문수, “남북관계의 대내외 환경과 정책과제”, 이슈분석 Vol.3, LG경제연구원, 2001.
양문수, “북한의 변화와 남북경협 추진방향”, 통일동우회 주최 세미나 ‘남북관계의 현주소와 평화번영정책의 진로’ 자료집, 2005.9.30.
양문수, “북한 경제의 초기조건”, 북한연구학회(편), 『북한의 경제』, 경인문화사, 2006.
양문수, “개성공단 건설과 물류 · 운송 분야: 현황과 전망”, 남북물류포럼 주최 ‘2007 남북물류포럼 학술대회’ 자료집, 2007.6.19.
양문수, “개성공단 사업의 성과와 과제”, 『안보통상연구』, Vol.1 No.1, 2007.
양문수, “남북경협과 북한인권: 개성공단을 중심으로”, 국가인권위원회 주최 심포지엄 ‘국제사회의 북한인권 인식과 과제’ 자료집, 2008.10.29.
양문수, “5 · 24 조치 1년과 남북경협”, 『KDI 북한경제리뷰』, 5월호, 2011.
양문수, “새 정부의 대북정책, 어떻게 할 것인가: 경제협력 분야를 중심으로”, 『동향과 전망』, No.87, 2013.
양문수, “판문점 선언, 동해선 · 경의선, 그리고 남북경협”, 『동향과 전망』, No.103, 2018.
양문수, “한반도 비핵화 및 평화체제 시대의 남북경협: 전망과 과제”, 『동향과 전망』, No.104, 2018.
양문수 · 이영훈 · 김완희, 『개성공단의 남북한 경제기여도』, 통일부 용역보고서, 북한대학원대학교, 2006.
양문수 · 이우영 · 윤철기, “개성공단에서의 남북한 접촉이 북한 근로자에 미친 영향에 관한 연구: 남한 주민에 대한 북한 근로자의 태도 변화를 중심으로”, 『통일연구』, Vol.17 No.2, 2013.
양문수 · 임강택 · 이석기 · 이상준 · 임성훈, 『개성공단 2단계 이후의 개발구상 점검에 관한 연구』, 통일부 용역보고서, 북한대학원대학교, 2006.
양운철, “남북한 경제협력과 평화통일 기반조성”, 양운철(편), 『남북한 경제협력: 북한의 개방과 분단국 경험』, 세종연구소, 1997.
연하청, 『북한의 경제정책과 운용』, 한국개발연구원, 1986.
연하청 · 김형원, “북한의 개방전망과 남북한 경제협력”, 『한국개발연구』, Vol.13 No.4, 1991.

오동렬, “남북경협, 아직은 너무나 먼 환상”, 『사회평론 길』, Vol.95 No.1, 1995.
오수열, “김대중 정부의 대북정책과 금강산사업의 평가”, 『한국동북아논총』, Vol.7 No.4, 2002.
오승렬, 『북한 나진·선봉지대 현황 및 ‘지대’정책 전망』, 통일연구원, 1999.
오승렬·조동호, “남북경협의 평가와 새로운 정책방향”, 국토연구원·경제사회연구회 공동주최 ‘남북경협의 새로운 정책방향과 실천계획에 관한 정책세미나’ 자료집, 2001.10.26.
오원철, 『북한의 경제정책』, 기아경제연구소, 1995.
오진용, 『김일성시대의 중소와 남북한』, 나남출판, 2004.
외교부, “유엔 안보리 대북한 제재 결의 2270호 채택”, 보도자료, 2013.3.3.
우승지, “남북 경제협력의 현황 및 평가”, 주요국제문제분석 03-42, 외교안보연구소, 2003.5.30.
우승지, “데탕트, 신냉전, 탈냉전 시기 한국의 외교(1972~1992)”, 최종현학술원(편), 『한미일중 100년 II: 냉전 해체와 중국의 부상(1970-2023)』, 일조각, 2023.
월드리서치, 『2004년 금강산 관광실태 및 만족도 조사 보고서』, 한국관광공사 용역보고서, 2004.12.
유석렬, “북방외교의 현황과 추진방안”, 한국정치학회(편), 『민족공동체와 국가발전』, 1989.
유영구, 『김정은의 경제발전전략 2』, 경인문화사, 2020.
유완영, “기업 시각에서 본 대북사업의 문제점과 대응”, 『통일경제』, 6월호, 2000.
유완영, “남북경협 현주소와 성공조건”, 이상만 외, 『이제는 통일이다』, 헤럴드경제·한반도개발협력연구네트워크, 2014.
유재철, “[유재철 칼럼] 남북교류의 길”, 『세계일보』, 2003.8.18.
유창근, “100년의 약속”, 화정평화재단·21세기 평화연구소(편), 『개성 있는 개성을 만나다』, 화정평화재단, 2008.
유현정·정일영, “개성공단의 안정적 운영과 법치경제의 모색: 고용, 임금, 분쟁에 관한 노동법제를 중심으로”, 『북한학연구』, Vol.11 No.1, 2015.
윤대규, “북한 내 남북경협 현장의 노무관리 문제”, 『북한법연구』, Vol.5, 2002.
윤범석, “신뢰하면 70퍼센트는 성공이다”, 경기도경제과학진흥원·남북경제협력협회(편), 『지금 우리가 다음 우리에게』, 평사리, 2023.
윤병익, “7·7 특별선언의 성과와 전망”, 『북한』, No.223, 1990.
윤여준·한윤형, 『대통령의 자격』, MG채널, 2025.
윤영호·나도성, “우리나라 FTA 역외가공 원산지 규정 표준화의 방향성에 관한 연구: 개성공단 역외가공 사례분석을 중심으로”, 『무역학회지』, Vol.37 No.4, 2012.
윤철기·구갑우, “남북한 대화에서 남북한의 상호 인식 변화: 노태우 정부 시기 남북고위급회담을 중심으로”, 『북한학연구』, Vol.9 No.1, 2013.
윤홍식, “미군정하 한국 복지체제, 1945~1948”, 『한국사회정책』, Vol.24 No.2, 2017.
이강연, “역사: 새로운 한반도 역사의 동력”, 화정평화재단·21세기 평화연구소(편), 『개성 있는 개성을 만나다』, 화정평화재단, 2008.
이교덕·최수영·이금순·김병로·이주철, 『남북한 사회문화 협력 거버넌스 활성화 방안』, 통일연구원, 2007.
이규창, “북한의 두 국가관계 선언과 지속되어야 하는 평화통일 노력”, 온라인시리즈 CO 24-06, 통일연구원, 2024.
이기동, “노무현 정부와 이명박 정부의 대북 접근방식 비교”, 『북한연구학회보』, Vol.12 No.2, 2008.
이기동, “북한의 후계체제 구축 전망과 변수”, 『KDI 북한경제리뷰』, 9월호, 2010.
이기영·양문수, “김정은 시대 북한의 대외경제협력에 대한 인식 변화 연구”, 『현대북한연구』,

Vol.27 No.2, 2024.
이달휴, “노동법상 임금결정원칙”, 『노동법논총』, Vol.21, 2011.
이명박, 『대통령의 시간 2008-2013』, 알에이치코리아, 2015.
이상만, 『통일경제론』, 형설출판사, 1994.
이상만, “정부와 민간의 역할분담과 대북접근자세”, 민족통일연구원 · 통일경제연구협회 · 한국경제신문사 공동주최 학술회의 ‘대북정경분리정책: 어떻게 실천해 나갈 것인가?’ 자료집, 1998.4.10.
이상만, “정상회담 후 남북경협의 과제와 국제협력 방안”, 『학술회의』, Vol.46 No.1, 2001.
이상옥, 『전환기의 한국외교』, 삶과 꿈, 2002.
이상현, “남북정상회담과 남북한의 외교관계 변화”, 세종연구소 주최 제22차 세종국가전략포럼 ‘제3차 남북정상회담: 역사적 교훈과 추진방향’ 자료집, 2010.4.15.
이석, “남북경협 체계의 개념적 분석과 확장”, 이석(편), 『새로운 대북정책과 남북경협의 모색』, 한국개발연구원, 2022.
이석, 『남북통합의 경제적 기초: 이론, 이슈, 정책』, 한국개발연구원, 2013.
이석, 『전략적 남북경협과 대북정책에의 시사점』, 한국개발연구원, 2013.
이석 · 김두얼, 『남북한 장기 경제추세 비교와 대북정책에의 시사점』, 한국개발연구원, 2011.
이석 · 김상기, “중국의 대북지원 현황과 변경무역의 실태와 최근 동향을 파악”, 중국(심양 · 단동) 출장보고서, 한국개발연구원, 2008.
이석기, “통일준비를 위한 남북경제협력의 미래”, 민족화해협력범국민협의회 정책위원회(편), 『남북교류협력의 재조명』, 늘품플러스, 2015.
이석기, “남북한 경제협력의 전개와 평가”, 이석(편), 『새로운 대북정책과 남북경협의 모색』, 한국개발연구원, 2022.
이석기 · 김경유 · 김종기 · 남장근 · 박광순 · 박훈 · 이경숙 · 이임자 · 정은미 · 홍성인 · 심완섭 · 이승엽, 『통일을 대비한 남북한 산업협력 전략과 실행방안』, 산업연구원, 2016.
이석기 · 권태진 · 민병기 · 양문수 · 이동현 · 임강택 · 정승호, 『김정은 시대 북한 경제개혁 연구』, 산업연구원, 2018.
이석기 · 최신림, “북한경제 동향과 남북경협의 진로”, 산업연구원, 1996.4.29.
이성복, 『뒹구는 돌은 언제 잠 깨는가』, 문학과지성사, 1980.
이승열, “금강산 관광사업의 정치군사적 의미”, 『정신전력연구』, No.53, 2018.
이승현, “미 · 소 군정기 경제정책 비교”, 『통일연구』, Vol.11 No.1, 2007.
이승환, “북한의 ‘두 국가론’은 전쟁할 결심? 김정은의 속내”, 『소셜 코리아』, 2024.3.21.
이연택, “88서울올림픽과 노태우 대통령”, 노재봉(편), 『노태우 대통령을 말한다: 국내외 인사 175인의 기록』, 동화출판사, 2011.
이연호 · 구영완 · 김규철 · 김영훈 · 문성민 · 박기홍 · 변학문 · 양문수 · 연훈수 · 윤창원 · 이석기 · 정은미 · 홍제환, 『북한경제의 변화와 남북 경제협력』, 충북대학교출판부, 2023.
이영선, “기업경영차원의 대북한 진출전략”, 유한수 · 이영선(편), 『북한진출 기업전략』, 오름, 1997.
이영훈, “북한의 성장전략과 위기의 기원: 1956~64년”, 『사회경제평론』, 제13호, 1999.
이영훈, “한국전쟁과 북한의 전후경제복구 및 건설: 체제경쟁에 따른 고도성장의 빛과 그림자”, 『통일문제연구』, Vol.12 No.1, 2000.
이영훈, “북한의 경제발전전략과 우리의 대응”, 세종연구소 주최 제9차 세종국가포럼 ‘북한의 대내외 전략과 우리의 대응’ 자료집, 2003.5.16.
이영훈, “남북경협의 평가: 결정요인과 남북한경제에 미친 영향을 중심으로”, 『북한연구학회보』, Vol.10 No.2, 2006.
이용준, “북, 남북관계를 ‘국가 대 국가’로 규정…

'투 코리아' 정책으로 급선회", 『문화일보』, 2024.1.16.
이윤석·남오연, 『남북 경제협력 재추진 시 금융관련 법제도적 이슈와 개선방향』, 한국금융연구원, 2020.
이재호, "남북한 유형별 교역구조의 변화와 시사점", 『KDI 북한경제리뷰』, 8월호, 2010.
이재훈, 『중소기업의 개성공단 안착을 위한 정책적 지원방안』, 중소기업연구원, 2007.
이정우, "'퍼주기론'은 북한주민을 두 번 죽이는 것이다", 『통일한국』, 3월호, 2004.
이정우, "[이정우의 경제이야기] 통일비용과 북한 퍼주기 논란", 『한겨레』, 2010.6.21.
이정철, "탈냉전기 노태우 정부의 대북정책", 『한국학』, Vol.35 No.2, 2012.
이제훈, "남과 북: 두 개의 주권국가와 통일지향 특수관계의 길항", 경남대학교 극동문제연구소·북한대학원대학교 공동포럼 '한반도의 통일 담론: 과거, 현재 그리고 미래' 자료집, 2024.5.21.
이종근, "남북교역 및 위탁가공무역의 현상과 추진 전략", KOTRA(편), 『21세기 동북아시대의 남북경협 전략』, 2003.
이종근, "북한생산의 원가구조", 연구보고서 2003-1, 경남대학교 극동문제연구소, 2003.
이종근, "운명적인 만남, 남북경협 여정의 길목에서", 한반도교역투자연합회, 『남북경협 기업들의 도전과 좌절』, 강남커머스, 2022.
이종근, "보수적이고 장기적인 접근이 리스크를 줄인다", 경기도경제과학진흥원·남북경제협력협회(편), 『지금 우리가 다음 우리에게』, 평사리, 2023.
이종무, "남북관계와 인도주의적 지원", 국가인권위원회 주최 심포지엄 '국제사회의 북한인권 인식과 과제' 자료집, 2008.10.29.
이종석, "《정경분리》의 여건조성과 정책과제", 민족통일연구원·통일경제연구협회·한국경제신문사 공동주최 학술회의 '대북정경분리 정책: 어떻게 실천해 나갈 것인가?' 자료집, 1998.4.10.
이종석, 『분단시대의 통일학』, 한울, 1998.
이종석, 『현대 북한의 이해』, 역사비평사, 2000.
이종엽·정주호, "한국정부의 기능주의 대북정책 한계성 및 대안 모색", 『한국국가안보·국민안전학회지』, Vol.12, 2021.
이종운, "북한 통신산업의 현황과 남북한 통신 교류·협력의 과제", 『세계경제』, 8월호, 2002.
이종훈, 『북방정책의 평가와 향후과제』, 현안분석 제56호, 국회도서관, 1992.
이주호, "1950년대 사회주의진영 국제분업론과 북한의 대응", 『한국사연구』, 제199호, 2022.
이지수, "북한정책의 북한에의 영향", 하용출 외, 『북방정책: 기원, 전개, 영향』, 서울대학교출판부, 2003.
이진명, "비대칭 국제경제관계에서 자유주의 평화의 가능성", 『글로벌교육연구』, Vol.7 No.147, 2015.
이찬도, "북한개방의 전초기지, 나진·선봉을 가다: 나진·선봉 경제특구 외국기업 진출동향", 『통일한국』, Vol.152, 1996.
이찬우, "남북 교역 및 위탁가공 10년의 평가", KOTRA(편), 『21세기 동북아시대의 남북경협 전략』, 2003.
이찬호, "남북경협의 경험과 법적 과제", 『아주법학』, Vol.10 No.1, 2016.
이철, "김정은 정권의 대외무역 정책과 제도 변화에 관한 연구", 『국가안보와 전략』, Vol.23 No.1, 2023.
이태호, 『대북투자 10계명』, 삼일회계법인, 2010.
이해정, "개성공단, 중국-베트남보다 우월", 현안과 과제 11-16, 현대경제연구원, 2011.
이해정, "U-turn to 개성공단: 개성공단의 경제적 이점과 활용 방안", 『한국경제주평』, No.125, 2012.
이해정, "개성공단 국제화의 효과와 과제", 『통일경제』, 1월호, 2013.

이해정 · 김성환 · 강성현, 『북한의 관광정책 추진 동향과 남북 관광협력에 대한 시사점』, 대외경제정책연구원, 2020.

이형용 · 이경곤, "개성공단 근로자의 노동법 관련 문제", 『Jeonbuk Law Journal』, Vol.7 No.1, 2018.

이홍구, "북방정책과 통일전망", 김학준 · 염홍철(편), 『선진 한국의 모색: 제6공화국 정책평가』, 동화출판사, 1993.

이홍종, "박근혜 정부의 한반도 신뢰프로세스정책", 『정치정보연구』, Vol.18 No.1, 2015.

임강택, 『북한 대외무역의 특성과 무역정책 변화 전망』, 민족통일연구원, 1998.

임강택, "북한의 대외개방을 촉진하기 위한 경제협력 추진 방안", 통일연구원 주최 건국 60주년 기념 통일 심포지엄 '이명박 정부 대북정책 비전 및 추진방향' 자료집, 2008.

임강택, "남북경협과 대북채권: 실태와 해결방안의 모색", 『KDI 북한경제리뷰』, 3월호, 2012.

임강택 · 이강우, 『개성공단 운영실태와 발전방안: 개성공단 운영 11년(2005~2015)의 교훈』, 통일연구원, 2017.

임동원, "남북 고위급회담과 북한의 협상전략", 곽태환 · 양성철 · 최완규 · 장경룡 · 임동원 · 최신림 · 사뮤엘김 · 오정만 · 한용섭, 『북한의 협상전략과 남북한 관계』, 경남대학교 극동문제연구소, 1997.

임동원, 『피스메이커』, 창비, 2015.

임동원, 『다시, 평화』, 폴리티쿠스, 2022.

임미화 · 김현수, "개성공업단지 개발 · 건축 및 운영 · 관리의 문제점 및 개선방안에 대한 연구", 『부동산학연구』, Vol.24 No.3, 2018.

임사라 · 양문수, "김정일 시대와 김정은 시대의 경제개혁 조치 비교 연구", 『현대북한연구』, Vol.25 No.1, 2022.

임을출, 『웰컴투 개성공단』, 해남, 2005.

임채천, "남북관계 세 가지 제약요인과 대북정책", 『국가안보와 전략』, Vol.13 No.1, 2013.

임춘건, 『북방정책과 한국정치의 정책결정』, 한국학술정보, 2008.

장달중 · 이정철 · 임수호, 『북미대립: 탈냉전 속의 냉전대립』, 서울대학교출판문화원, 2011.

장맹렬, "남북한의 산업구조 비교", 경남대학교 극동문제연구소(편), 『분단 반세기 남북한의 정치와 경제』, 경남대학교출판부, 1996.

장화수, "분단국의 경제교류에 관한 비교연구: 남북한 및 동서독의 사례를 중심으로", 『국방연구』, Vol.23 No.2, 1980.

장화수, "38밀무역 시절의 남북 물자교역" 『북한』, No.164, 1985.

장화수, "남북한(미소군정)의 경제교류로서 지역간 무역(Interzonal Trade)에 관한 사례연구", 한국무역학회 학술대회 발표문, 1985.

장훈, "북방정책과 세계화 정책의 절반의 성공", 박인휘 · 강원택 · 김호기 · 장훈(편), 『탈냉전사의 인식』, 한길사, 2012.

전두환, 『전두환 회고록 2』, 자작나무숲, 2017.

전미영, "북한 대남연구의 쟁점", 『통일문제연구』, Vol.17 No.1, 2005.

전재성, "노태우 행정부의 북방정책 결정요인과 이후의 북방정책의 변화과정 분석", 하용출 외, 『북방정책: 기원, 전개, 영향』, 서울대학교출판부, 2003.

전재성, "북방정책과 한국 대외관계의 구조적 변화", 박인휘 · 강원택 · 김호기 · 장훈(편), 『탈냉전사의 인식』, 한길사, 2012.

전재호, "세계화 · 정보화 시대 한국의 정치적 정체성 변화: 반공의식을 중심으로", 『한국정치학회보』, Vol.40, No.3, 2006.

전쟁기념사업회, "끝나지 않은 이야기, 정전 70주년 기획", 『전쟁기념관』, 3월호, 2023.

전정환, "남북 총리 평양회담 결산: 남북 고위급회담의 분석과 평가", 『통일한국』, 제83권, 1990.

전현수, 『쉬띄꼬프 일기: 1946~1948』, 국사편찬위원회, 2004.

전홍택 · 박진, "북한경제의 역사적 평가", 차동세 ·

김광석(편), 『한국경제 반세기: 역사적 평가와 21세기 비전』, 한국개발연구원, 1995.
정근식 · 김윤애, "공단 밖의 변화: 개성주민과 북한사회", 김병로 · 김병연 · 김윤애 · 김정용 · 김천식 · 박명규 · 송영훈 · 이효원 · 정근식 · 정은미 · 홍순직, 『개성공단』, 진인진, 2015.
정대규, "남북교류에 관한 이론적 고찰", 『통일정책』, Vol.6 No.2, 1980.
정동영 · 지승호, 『10년 후 통일』, 살림터, 2013.
정동준 · 김선 · 김희정 · 나용우 · 문인철 · 송영훈 · 최규빈 · 임경훈 · 이정옥, 『2018 통일의식조사』, 서울대학교 통일평화연구원, 2019,
정만식, "남북한 경제교류와 대응방안", 『산경연구』, Vol.13, 1997.
정민수, "남 · 북한 관광교류 협력의 현황과 시사점", 『경제경영연구』, Vol.6 No.1, 2009.
정병준, "1945~1948년 미 · 소의 38선 정책과 남북갈등의 기원", 『중소연구』, Vol.27 No.4, 2004.
정봉민, "남북경협 활성화를 위한 해운항만 분야 개선방안", 한국철도기술연구원 · 한국무역협회 · 남북물류포럼 · 한국해양수산개발원 공동주최 학술회의 '새 정부 출범 100일: 남북물류 문제를 어떻게 해결할 것인가?' 자료집, 2008.6.12.
정봉민 · 박용안 · 최종희 · 전형진 · 황진회 · 박용욱 · 고현정, 『남북한 물류체계 통합 및 활용방안 (1)』, 한국해양수산개발원, 2007.
정성장, "박근혜 정부의 '한반도 신뢰프로세스'에 대한 시론적 고찰", 『아태연구』, Vol.20 No.3, 2013.
정세현, "북방정책에 대한 북한의 반응", 『국제정치논총』 Vol.29 No.2, 1990.
정세현, 『판문점의 협상가 정세현 회고록』, 창비, 2020.
정순원 · 최광석, "남북한 경제통합론의 평가", 『통일경제』, 5월호, 1995.
정영철, "북한 경제의 변화: 시장, '돈주', 그리고 국가의 재등장』, 『역사비평』, 제126호, 2019.
정영철, "북한의 '두 개 국가론': 민족/민족주의 개념의 변화를 중심으로", 『통일과 평화』, Vol.16, No.1, 2024.
정우진, 『북한 광물자원 개발 · 가공 분야의 투자잠재력 연구』, 에너지경제연구원, 2014.
정웅, "남북교역의 법적 환경과 원산지표시 위반에 관한 연구", 『치안정책연구』, No.19, 2006.
정은미, "개성공단 북한 근로자의 의식과 행동양식의 변화", 2014 북한연구학회 하계학술회의 '북한의 권력과 사회동학' 자료집, 2014.7.11.
정은이, "송금(Remittance)이 북한 가계 및 경제에 미치는 영향 분석: 중국 체류 북한 해외 파견 노동자 사례를 중심으로", 『통일문제연구』, Vol.36 No.2, 2024.
정인섭, "제헌헌법 제4조 영토조항의 성립과 의미", 『서울대학교 법학』, Vol.61 No.4, 2020.
정주권, "남북경협, 그간 무엇이 문제였나?", 경남대학교 극동문제연구소 주최 '남북 정상회담과 남북경제협력' 세미나 발표문, 2000.4.27.
정주영, 『이 땅에 태어나서: 나의 살아온 이야기』, 솔출판사, 1998.
정지웅, "정경분리정책과 남북관계, 그 의의와 한계", 『북한연구학회보』, Vol.3 No.2, 1999.
정창현, "1950년대 북한의 통일노선과 통일정책연구", 『국사관논총』, 제75집, 1997.
정천구, "북한문제의 성격과 한국 통일전략의 방향", 『통일전략』, 2010, Vol.10 No.3.
정태원, "내 인생의 화양연화", 한반도교역투자연합회, 『남북경협 기업들의 도전과 좌절』, 강남커머스, 2022.
정토웅, "한국전쟁의 영향", 『군사』, No.40, 2000.
정해창, 『대통령 비서실장 791일: 정해창의 청와대 일지』, 나남, 2023.
정형곤 · 김지연 · 이종운 · 홍익표, 『북한의 투지유치정책 변화와 남북경협 방향』, 대외경제정책연구원, 2011.
제15대 대통령직인수위원회, 『제15대 대통령직인수위원회 백서』, 1998.

제17대 대통령직인수위원회, 『제17대 대통령직인수위원회 백서 1: 성공 그리고 나눔』, 2008.
제성호, "남북관계의 발전과 상호주의", 『북한』, No.407, 2005.
조갑제, 『노태우 육성 회고록』, 조갑제닷컴, 2007.
조건식, "금강산관광사업, 어떻게 할 것인가?", 강원일보·서울대학교 통일평화연구원·강원대학교 통일강원연구원 공동주최 국제학술 심포지엄 '금강산 관광사업과 남북교류의 새로운 모색' 자료집, 2017.11.21.
조기준, 『한국자본주의 성립사론』, 대왕사, 1977.
조동호, "남북한 교역의 내국 간 거래 승인문제와 우리의 입장", KDI 정책포럼 제35호, 1994.
조동호, "북한 노동력과 대북투자", 『동북아경제연구』, Vol.8 No.1, 1997.
조동호, 『남북한 경제교류협력의 전망과 과제』, 한국개발연구원, 1998.
조동호, 『북한의 노동제도와 노동력 실태』, 한국개발연구원, 2000.
조동호, "개성공단 건설사업의 추진 방향", 『통일경제』, 11·12월호, 2001.
조동호, 『정상회담 1주년 남북경협 성과의 평가와 향후 정책과제』, 한국개발연구원, 2001.
조동호, 『남북경협 성과의 평가와 향후 정책과제』, 한국개발연구원, 2001.
조동호, 『북한 경제정책의 변화 전망과 남북경협의 역할』, 한국개발연구원, 2003.
조동호, 『수익창출을 위한 대북 투자방안: 기존 사례의 성공·실패 요인 분석을 바탕으로』, 미발간자료, 2004.
조동호, "개성을 넘어 북한 전체를 보자", 『이코노미스트』, 2006.10.3.
조동호, "개성공단, 남북 경제관계의 이상(李箱)", 화정평화재단·21세기 평화연구소 편, 『개성 있는 개성을 만나다』, 화정평화재단, 2008.
조동호, "[동아광장] 퍼주기, 안 주기, 잘 주기", 『동아일보』, 2008.11.28.
조동호, "[아침논단] 이념의 차이, 공부의 차이", 『조선일보』, 2012.10.11.
조동호, "7·7 선언과 남북한 공존의 가능성", 박인휘·강원택·김호기·장훈(편), 『탈냉전사의 인식』, 한길사, 2012.
조동호, "개성공단의 임금수준은 적정한가?", 『북한연구학회보』, Vol.17 No.2, 2013.
조동호, "경제·핵 병진노선의 의미와 김정은 시대의 경제정책 전망", 『국가전략』, Vol.19 No.4, 2013.
조동호, "북한 노동자의 노동생산성 평가", 통일부 용역보고서, 2013.
조동호, "길을 모르면 길을 찾고, 길이 없으면 길을 닦아야지: 정주영 회장과 금강산관광사업", 『관훈저널』, 가을호, 2015.
조동호, "김정은 시대 북한경제의 개혁·개방 평가", 『한국경제포럼』, Vol.13 No.4, 2021.
조동호, "대북정책 및 남북경협에 대한 국민적 인식 분석", 이석(편), 『새로운 대북정책과 남북경협의 모색』, 한국개발연구원, 2022.
조동호, "최근 북한의 정책 변화 분석: '두 개의 국가론'과 지방발전정책을 중심으로", 『KDI 북한경제리뷰』, 5월호, 2024.
조동호(편), 『공진을 위한 남북경협 전략: 보수와 진보가 함께 고민하다』, 동아시아연구원, 2012.
조동호·김두환·박지연·유욱·최용석, 『개성공단 중·단기 발전전략 연구』, 통일부 용역보고서, 이화여자대학교, 2014.
조동호·김상기, "북한 경제정책 구도 및 향후 경제정책 전망", 『KDI 북한경제리뷰』, 1월호, 2001.
조동호·박지연·박현선·선병주·양문수, 『남북경협 사례분석』, LH공사 용역보고서, 이화여자대학교, 2017.
조동호·서훈, "남북한 경제성장 전략 비교: 외부자본 동원 방식을 중심으로", 이화여자대학교 통일학연구원(편), 『남북관계사: 갈등과 화해의 60년』, 이화여자대학교출판문화원, 2009.

조동호 · 유경준, 『우즈베키스탄 노동자의 생산성 추정 및 평가』, 한국개발연구원, 2002.

조동호 · 최병선, 『남북 위탁가공교역의 현황 및 확대방안』, 한국개발연구원, 1995.

조동호 · 한승훈 · 김상훈 · 이대현, 『남북경협 추진 전략 및 부문별 주요 과제』, 한국개발연구원, 2001.

조명균, "남북경협의 전망과 과제", 『구조 전환기의 남북한 경제협력』, 현대경제사회연구원, 1995.

조명균, "남북경협의 전망과 과제", 『통일경제』, 창간호, 1995.

조민, "노무현 정부의 평화번영정책: 전망 및 과제", 『통일정책연구』, Vol.12 No.1, 2003.

조봉현, "중소기업의 남북교역에 관한 사례연구", 『사회과학논집』, Vol.12, 1995.

조봉현, "중소기업의 대북경협 진단과 활성화 방안", 통일부 주최 '남북경협 현황 진단 및 활성화 방안 모색' 세미나 자료집, 1999.8.25~27.

조봉현, "남북관계에 있어서 개성공단의 발전 방안", 『KDI 북한경제리뷰』, 10월호, 2011.

조봉현, "개성공단 정상화, 남북관계 발전의 시금석", 『북한』, No.499, 2013.

조선식산은행, 『식산은행조사월보』, 제3권 제5호, 1948.

조선은행, 『한국경제연표』, 1948, Vol.I.

조성렬, "금강산관광 중단, 북한의 의도와 전망", 민주당 박지원 의원 · 창조한국당 유원일 의원 · 남북물류포럼 공동주최 정책토론회 '자산몰수 이후 금강산 관광문제 어떻게 풀 것인가?' 자료집, 2010.5.13.

조성렬, "김정은 적대적 2국가관계론과 임종석 통일 포기론", 『민들레』, 2024.9.26.

조수룡, "1945~1950년 북한의 사회주의적 노동관과 직업동맹의 노동통제", 『역사와 현실』, No.77, 2010.

조영조, "남북 위탁가공교역의 현황 및 과제", 『수은해외경제』, 4월호, 2002.

조찬래, "노무현 정권 대북정책의 평가와 과제", 『통일전략』, Vol.8 No.1, 2008.

조태형 · 김민정, "북한의 장기 경제성장률 추정: 1956~1989년", BOK 경제연구, 제2020-17호, 2020.

조한범, "대북지원 10년의 성과와 과제: 대북개발지원을 위한 제언", 『통일정책연구』, Vol.14 No.2, 2005.

주성하, 『서울에서 쓰는 평양이야기』, 기파랑, 2010.

중소기업중앙회 · 개성공단기업협회, "개성공단기업 최근 경영상황 조사결과", 2018.

중소기업진흥공단, 『중소기업 대북진출 반응도 조사보고서』, 2003.

중소기업진흥공단, 『중소기업 남북경협 실무절차 및 추진사례』, 2007.

중소기업진흥공단, 『개성공단 입주기업 생산성 제고방안』, 2008.

중소기업진흥공단, 『개성공단 경영 투자환경 개선방안 연구(요약)』, 통일부 용역보고서, 2012.

중소기업청 · 중소기업진흥공단, 『개성공단! 중국진출 Return 중소기업의 대안』, 2008.

차두현, "북한의 '적대적 두 국가 관계'론의 배경 및 평가", 한반도경제협력원 주최 2024년 북한경제 전문가 간담회 '북한경제 구조변화 분석과 새로운 대북정책의 모색' 자료집, 2024.3.29.

차병권, "일정하의 경제적 유산과 미군정기의 초기조건에 대한 고찰", 『경제논집』, Vol.19 No.2, 1980.

차상철, "존 하지(John Reed Hodge)와 미군정 3년", 『동방학지』, Vol.89-90, 1995.

최경수, "남북 자원개발 협력방안", 한국수출입은행 · 한국경제신문사 공동주최 세미나 '새로운 남북경협의 추진 방향과 과제' 자료집, 2013.1.30.

최경수, "남북 지하자원 협력방안", 김영희 · 이철 · 박철수 · 홍순직 · 최경수 · 백성호 · 김범수, 『기로에 선 북한경제, 남북경협은 어디로?』, 한라대학교 동북아경제연구원, 2020.
최규빈, "긍정적 관여를 통한 한반도 평화: 남북경협의 진화와 전망", 『담론 201』, Vol.23 No.3, 2020.
최규훈, "금강산관광과 기업: 기업의 경험", 강원일보 · 서울대학교 통일평화연구원 · 강원대학교 통일강원연구원 공동주최 국제학술 심포지엄 '금강산 관광사업과 남북교류의 새로운 모색' 자료집, 2017.11.21.
최수영, 『남북경협 모델 설정』, 통일연구원, 2000.
최수영, "북한의 투자유치정책 10년 평가와 과제", 조명철(편), 『북한의 대외경제정책 10년: 평가와 과제』, 대외경제정책연구원, 2001.
최수영, 『북 · 중 경제관계와 남북경협의 대북 파급효과 비교분석』, 통일연구원, 2010.
최승환, "개성공단사업의 국제통상법적 쟁점과 과제", 『통상법률』, No.73, 2007.
최신림 · 김홍석 · 이석기, 『중소기업 남북경협 추진전략』, 중소기업특별위원회 용역보고서, 산업연구원, 2000.
최신림 · 이석기, 『남북한 경제협력 방안』, 산업연구원, 2000.
최영철, "북한 김달현 부총리의 방남", 홍민 · 김수암 · 조정아 · 이우태, 『구술로 본 통일정책사』, 통일연구원, 2017.
최영철, "재임기간 정세 및 통일 환경", 홍민 · 김수암 · 조정아 · 이우태, 『구술로 본 통일정책사』, 통일연구원, 2017.
최완규, "Icarus의 비운: 김영삼 정부의 대북정책 실패요인 분석", 『한국과 국제정치』, Vol.14 No.2, 1998.
최완규, "남과 북 공존, 그 한계와 가능성", 경남대학교 극동문제연구소 · 북한대학원대학교 공동포럼 '한반도의 통일 담론: 과거, 현재 그리고 미래' 자료집, 2024.5.21.
최용전, "'남북 경제교류 협력의 법적 쟁점과 법제 제언'에 대한 토론문", 헌법재판연구원 · 통일과 북한법학회 공동주최 2019 통일학술회의 '신한반도 체제에서 남한과 북한의 교류와 협력' 자료집, 2019.7.11.
최인호, "[언어예절] 퍼주기", 『한겨레』, 2008.9.5.
최종문, 『북한 광물자원 평가와 개발환경』, 씨아이알, 2017.
최주환, 『북한경제분석론』, 대왕사, 2006.
최호중, "한국 북방외교의 현실과 과제", 『국제정세』, 1990.
탁용달, "김정은 시대 북한의 대외경제: 인식, 정책, 그리고 전망", 『북한연구학회보』, Vol.24 No.1, 2020.
태영호, 『3층 서기실의 암호』, 기파랑, 2018.
통계청, 『남북한 경제사회상 비교』, 1997.
통상산업부 · 중소기업진흥공단, 『중소기업 동향 및 정책건의 조사결과』, 1995.
통일노력60년 발간위원회(편), 『하늘길 땅길 바닷길 열어 통일로』, 통일부, 2005.
통일부, 『남북대화』, 제66호, 1999.
통일부, "남북경제공동체 건설 종합계획 수립 추진 계획", 2000.2.15.
통일부, 『남북대화』, 제67호, 2001.
통일부, "남북교류협력 추진 현황", 정책자문회의 자료, 2001.6.5.
통일부, "남북정상회담 이후 북한의 변화", 2001.
통일부, "대북정책 현안관련 설명자료", 2001.
통일부, "<대북정책 설명자료> 대북지원, 사실은 이렇습니다", 2002.
통일부, "남북화해협력 중점추진계획", 2002년도 업무보고, 2002.4.22.
통일부, "남북경협 현황 및 대책방향", 2002.5.
통일부, 『대북정책 추진현황』, 2002.
통일부, "남북경제협력추진위원회 제5차 회의 결과 해설자료", 2003.5.23.
통일부, 『남북대화』, 제69호, 2003.
통일부, "남북 경제 분야 협력사업자 승인", 보도자료, 2003.10.31.
통일부, "개성공단 사업의 현황과 과제", 2005.7.

11.
통일부, "개성공단 사업추진 현황", 2005.
통일부, 『남북교역 실무안내』, 2005.
통일부, 『남북교역 실무안내』, 2006.
통일부, "2006년 국정감사 제출자료(남북교역, 경협 일반)", 2006.
통일부, "남북경제협력추진위원회: 제13차 회의 결과 해설자료", 2007.4.22.
통일부, 『월간 남북교류협력동향』, 12월호, 2007.
통일부, 『남북대화』, 제74호, 2008.
통일부, 『남북협력기금 백서』, 2008.
통일부, 『월간 남북교류협력동향』, 12월호, 2008.
통일부, "업무현황 참고자료", 2010 국정감사 보고자료, 2010.
통일부, 『남북대화』, 제73호, 2010.
통일부, 『월간 북한동향』, 5월호, 2010.
통일부, "2011년 통일부 업무계획", 2010.12.29.
통일부, 『대북정책 이렇게 해왔습니다』, 2011.
통일부, "2013년 통일부 업무보고", 2013.3.27.
통일부, 『한반도 신뢰프로세스』, 2013.
통일부, "북 개성공단 노동규정 일방적 개정 관련 입장", 2014.12.11.
통일부, 『박근혜 정부의 통일 구상』, 2015.
통일부, 『월간 남북교류협력동향』, 4월호, 2016.
통일부, 『문재인의 한반도정책』, 2017.
통일부, "제321차 남북교류협력추진협의회, 이산가족 화상상봉장 증설 등 3개 안건 의결 및 민간위원 2명 신규 위촉", 보도자료, 2021.6.2.
통일부, 『비핵 평화 번영의 한반도』, 2022.
통일부, "남북협력기금 통계(2024. 12월말 현재)", 2025.
통일부, 『통일백서』, 각연도.
통일부 개성공단사업지원단, 『개성공단 5년』, 2008.
통일부 남북회담사무국, 『분야별 남북공동위원회 편람』, 1998.
통일부 국립통일교육원, 『북한지식사전』, 2021.
통일부 국립통일교육원, 『한반도 평화이해』, 2022.
통일부 국립통일교육원, 『북한이해』, 2025.
통일부 국립통일교육원, 『통일문제 이해』, 2023.
통일부 교류협력국, "남북경협 추진분야별 활성화 방안", 1998.9.
통일부 교류협력국, "대북 투자환경에 관한 기업인 의식조사 결과", 1993.2.
통일부 교류협력국, "남북경제교류협력 현황과 과제", 정책자문회의 참고자료, 2005.6.2.
통일부 통일교육원, 『대북지원, 새롭게 보자』, 2004.
통일부 통일교육원, 『통일문제 이해』, 2007
통일부 통일교육원, 『남북관계 지식사전』, 2015.
통일부 · 한국무역협회, "남북교역 실태조사 결과", 2003.9.30.
통일연구원, 『이명박 정부 대북정책은 이렇습니다』, 2007.
통일연구원, 『남북관계연표: 1948년~2013년』, 2013.
통일연구원 북한연구센터, "2015년 북한 신년사 분석 및 대내외 정책 전망", 온라인 시리즈 CO 15-01, 통일연구원, 2015.
통일연구원 북한연구실, "북한의 제7기 제5차 당 중앙위원회 전원회의 분석 및 향후 정세 전망", 온라인 시리즈 CO 20-21, 통일연구원, 2020.
통일원, 『남북교역사례집 (I)』, 1992.
통일원, 『남북교역사례집 (II)』, 1993.
통일원, 『남북교역사례집 (IV)』, 1995.
통일원, 『북한경제 통계집』, 1996.
통일원, 『통일백서』, 각연도.
통일원 남북대화사무국, 『남북대화』, 제53호, 1993.
통일원 남북대화사무국, 『남북대화』, 제54호, 1993.
통일원 남북회담사무국, 『남북기본합의서 및 분야별 부속합의서 타결과정』, 1993.
통일원 남북회담사무국, 『남북회담 추진경과(I)』, 1993.

평화문제연구소, “남북교역 동향: 일본을 통한 교역 늘어나”, 『통일한국』, Vol.100, 1992.
평화문제연구소, “남북관계: 이달의 통일어록”, 『통일한국』, Vol.152, 1996.
평화문제연구소 연구실, “나진·선봉 포럼 이후 대북투자 어떻게 할 것인가: 나진·선봉 투자포럼 불참, 그 이후”, 『통일한국』, Vol.154, 1996.
평화재단, “북한의 ‘헤어질 결심’이 가져온 군사충돌 위기”, 현안진단 제338호, 2024.10.21.
하상식, “박근혜 정부 대북정책의 특징과 과제”, 『대한정치학회보』, Vol.22 No.4, 2014.
하용출 외, 『북방정책: 기원, 전개, 영향』, 서울대학교출판부, 2003.
한경태, “개성공단에서의 남한 행정형법 적용 여부에 대한 검토”, 『통일과 법률』, No.43, 2020.
한국개발연구원, 『남북한 경제관계 발전을 위한 기본구상』, 1991.
한국개발연구원, 『북한경제지표집』, 1996.
한국경제연구원, 『대북한 기업진출전략의 모색』, 1993.
한국관광공사, “금강산 관광 재방문 희망 87.6%: 관광공사, 금강산 관광실태 설문조사 발표”, 보도자료, 2003.1.27.
한국관광공사, “금강산관광사업 현황”, 2003.6.16.
한국관광공사, “남북 관광협력 활성화 방안”, 2003.6.
한국교통연구원, 『남북철도 연결에 따른 한반도관광 진흥 전략 수립』, 한국관광공사 용역보고서, 2008.
한국노동연구원, 『2022 KLI 노동통계』, 2022.
한국무역협회, 『남북교역 실태조사』, 1990.
한국무역협회, “최근 금융·외환위기에 따른 남북경협 영향실태 조사”, 1998.2.
한국무역협회, “남북한 위탁가공교역업체 실태조사”, 2000.
한국무역협회, “남북교역 2006년 평가·2007년 전망 및 애로사항”, 2007.
한국무역협회, “남북교역 2007년 평가·2008년 전망 및 애로사항”, 2008.
한국무역협회, “남북교역 2009년 평가·2010년 전망”, 2010.
한국무역협회, “TRADE BRIEF”, No.20, 2023.12.5.
한국산업단지공단, 『개성공단 기업의 국내산업 파급효과 및 남북 산업간 시너지 확충방안』, 지식경제부 용역보고서, 2010.
한국수출입은행, 『개성공단 투자환경』, 2005.
한국수출입은행, 『남북경협·교역기업 경영실태조사』, 2014.
한국은행, “개성공단 조성의 경제적 효과 분석”, 보도참고자료, 2004.7.9.
한국토지공사, “성공적인 개성공단 조성방안”, 2003.6.16.
한국토지공사, “개성공단 추진현황”, 2003.10.
한국토지공사, “개성공단 현안보고”, 2003.10.29.
한국토지공사, 『개성공단 설계기준 보완을 위한 현장실사』, 2007.
한국토지공사, 『개성공단 1단계 사업 평가』, 2008.
한국토지공사, “개성공단 사업성과와 과제”, 2009.5.19.
한국토지공사, 『개성공단 개발사』, 2009.
한국토지공사 개성사업처, “개성공단 추진경위 및 합의서”, 2006.
한기범, 『북한의 경제개혁과 관료정치』, 북한연구소, 2019.
한기범, “김정은의 경제개혁 진퇴 과정 평가”, 『외교』, Vol.148, 2024.
한기범, “북한의 대남정책 전환 ‘성격’ 평가”, 이슈브리프 2024-06, 아산정책연구원, 2024.
한미경제연구소(편), 『대사관 순간의 기록』, 매경출판, 2011.
한완상, 『사자가 소처럼 여물을 먹고: 한완상 회고록』, 후마니타스, 2017.
허만섭, “오늘의 개성공업지구”, 화정평화재단·21세기 평화연구소(편), 『개성 있는 개성을 만나다』, 화정평화재단, 2008.

허만위, “심층분석: 남북교역의 역사와 교훈”, 『북한』, No.354, 2001.
허만호, “[수요 시평] 개성공단 급료 사기극”, 『매일신문』, 2006.11.22.
허태회, 『해방 이후 남북관계 70년: 갈등, 화해 그리고 적응』, 대한민국역사박물관, 2016.
현대아산, “금강산 및 개성지역에 적용할 특별법규 검토안: 국제자유경제지대 기본법 및 규정”, 2001.10.
현대아산, “금강산관광사업 추진방향”, 2003.6.
현인애, “노동신문 사·논설을 통해서 본 북한 여성담론과 여성정책의 변화”, 『통일정책연구』, 제24권 1호, 2015.1.
홍민, “김정은 위원장 최근 현지지도 행보 속 정책 코드 읽기”, 온라인 시리즈 CO 18-36, 통일연구원, 2018.
홍석률, “데탕트기 한국의 대공산권 외교정책”, 『한국문화연구』, Vol.34, 2018.
홍성방, 『헌법학』, 박영사, 2008.
홍순직, “남북경협의 현황과 과제”, 국회 통일외교통상위원회 간담회 자료집 04-3, 2004.3.24.
홍순직, “경영자의 시각에서 본 개성공단”, 김병로·김병연·김윤애·김정용·김천식·박명규·송영훈·이효원·정근식·정은미·홍순직, 『개성공단』, 진인진, 2015.
홍순직·신종호, “부록: 전환기 남북관계 전문가 설문조사”, 신종호·김석진·성기영·김상기·안희창·홍순직·김영희·전재성·정은미, 『전환기 남북관계 영향 요인 및 향후 정책 방향』, 통일연구원, 2016.
홍양호, “나의 통일을 향한 여정 ③”, 『북한』, No.591, 2021.
홍양호, “나의 통일을 향한 여정 ⑤”, 『북한』, No.593, 2021.
홍양호, “나의 통일을 향한 여정 ⑩”, 『북한』, No.598, 2021.
홍양호, “나의 통일을 향한 여정 ⑰”, 『북한』, No.605, 2022.
홍양호, “북한의 ‘적대적 두 개 국가론’의 의도와 우리의 대응 방향”, 『BJC저널』, 2024.10.31.
홍원표·강수현, 『한반도 신경제 구상에 대한 충남의 남북경협 전략 연구』, 충남연구원, 2018.
홍익표, 『북한의 경제특구 확대 가능성 및 발전방향』, 대외경제정책연구원, 2001.
황부기, “남북경협 현황과 정부대책”, 박병석 국회부의장·국회입법조사처 공동주최 세미나 ‘남북경협 24년: 현안과 전망’ 자료집, 2012.8.30.
황수환·장철운·홍철기, 『북한의 두 국가론, 한민족 부정론 대응 논리 개발』, 통일연구원, 2024.
황장엽, 『황장엽 회고록』, 시대정신, 2010.
황진회·전우현, “남북한 해상여객 운송 재개에 대비한 여건 분석” KMI 현안분석 No.07, 한국해양수산개발원, 2016.
황진회·전우현, 『남북관계 변화에 따른 해운협력 기반 구축방안』, 한국해양수산개발원, 2018.
황하수, “개성공단에서의 생활”, 화정평화재단·21세기 평화연구소(편), 『개성 있는 개성을 만나다』, 화정평화재단, 2008.

• **북한 자료**

강철민, “위대한 수령 김일성동지는 주체사상의 기치 밑에 자립적 민족경제건설의 독창적인 길을 개척하신 창조와 건설의 영재이시다”, 『경제연구』, 제3호, 2002.
강철수, “우리 당의 인민생활전략을 실현하기 위한 재정적방도”, 『김일성종합대학학보: 철학, 경제학』, 제1호, 2012.
계춘봉, “경제강국건설의 튼튼한 밑천, 자립적 민족경제의 창설에 쌓아올리신 위대한 수령 김일성동지의 불멸의 혁명업적”, 『경제연구』, 2호, 2013.
과학백과사전출판사, 『백과전서』, 제4권, 1983.

과학백과사전출판사, 『대중정치용어사전』, 2005.
김광진, “남북 경제학자들은 힘을 합쳐 나라의 통일적 경제발전을 위한 방도를 연구하자”, 『경제연구』, 1호, 1961.
김금희, “합영사업을 발전시키는 것은 우리나라 경제를 발전시키고 국제적경제협조를 강화하기 위한 중요한 도구”, 『경제연구』, 1호, 2007.
김란, “경제개발구의 토지임대 및 양도제도실시에서 나서는 몇가지 문제”, 『경제연구』, 1호, 2019.
김명국, “현시기 경제개발구를 개발하고 관리운영하는데서 나서는 몇가지 문제”, 『경제연구』, 1호, 2016.
김명국, “사회주의경제건설에서 자력갱생전략작성과 실현의 필요성”, 『경제연구』, 3호, 2020.
김명혁, “사회주의경제강국건설에서 원료, 연료, 설비를 국내생산으로 보장하는 것이 가지는 의의”, 『경제연구』, 1호, 2018.
김미옥, “경제무역지대에서 투자대상융자업”, 『경제연구』, 4호, 2012.
김영, “현시기 나라의 대외무역구조개선의 기본방향”, 『경제연구』, 4호, 2019.
김영란, “경제개발구에서 토지리용에 대한 국가적관리를 강화하는데서 나서는 몇가지 문제”, 『경제연구』, 3호, 2019.
김영철, “경제개발구개발사업을 적극 밀고나가는 것은 경제강국건설의 중요요구”, 『경제연구』, 4호, 2015.
김영철, “각 도에 건설되는 경제개발구들의 특징”, 『경제연구』, 4호, 2016.
김원삼 · 최순옥, 『4대제일주의는 강성대국건설의 영원한 구호』, 사회과학출판사, 2004.
김원혁, “경제개발구 회계검증기관조직에서 나서는 중요문제”, 『경제연구』, 4호, 2019.
김은순, “특수경제지대의 발생발전과 류형”, 『경제연구』, 2호, 2014.
김은철, “주체의 경제강국의 본질적특징”, 『경제연구』, 4호, 2006.
김은철, “해방 후 새 조국 건설 시기 추진된 북남 경제협력과 그 특징”, 『경제연구』, 4호, 2017.
김일민, “경제개발구개발에서 나서는 몇가지 원칙”, 『경제연구』, 3호, 2016.
김일성, “민주선거의 총화와 인민위원회의 당면과업”, 북조선림시인민위원회 제3차 확대위원회에서 한 연설(1946.11.25), 『김일성 저작집 2』, 조선로동당출판사, 1979.
김일성, “금년도 인민경제계획 실행을 위한 투쟁에서의 당단체들의 과업”, 북조선로동당 중앙위원회 제12차 회의에서 한 보고(1948.2.9), 『김일성 저작집 4』, 조선로동당출판사, 1979.
김일성, “2개년인민경제계획의 수행은 조국통일의 물질적담보”, 조선민주주의인민공화국 최고인민회의 제2차 회의에서 한 연설(1949.2.1), 『김일성 저작집 5』, 조선로동당출판사, 1980.
김일성, “문화선전사업을 강화하며 대외무역을 발전시킬데 대하여”, 조선민주주의인민공화국 내각 제21차 전원회의에서 한 결론(1949.7.18), 『김일성 저작집 5』, 조선로동당출판사, 1980.
김일성, “전후경제복구건설방향에 대하여”, 조선로동당 중앙위원회 정치위원회에서 한 결론(1953.6.5), 『김일성 저작집 7』, 조선로동당출판사, 1980.
김일성, “정전협정체결에 즈음하여”, 전체 조선인민에게 한 방송연설(1953.7.28), 『김일성 저작집 7』, 조선로동당출판사, 1980.
김일성, “자체의 힘으로 우수한 기술인재를 많이 양성하자”, 흥남공업대학, 함흥의과대학 교직원들과 한 담화(1953.10.18), 『김일성 저작집 8』, 조선로동당출판사, 1980.
김일성, “모든 힘을 민주기지강화를 위하여”, 조국통일민주주의전선 함경남도열성자회의에서 한 연설(1953.10.20), 『김일성 저작집 8』, 조선로동당출판사, 1980.
김일성, “전후인민경제복구발전 3개년계획실행을 위한 투쟁에서 함경북도 당단체들의 과업”, 함경북도당열성자회의에서 한 연설(1954.7.12),

『김일성 저작집 9』, 조선로동당출판사, 1980.
김일성, "인민군대의 간부화와 군종, 병종의 발전 전망에 대하여", 조선 인민군군정간부회의에서 한 연설(1954.12.23), 『김일성 저작집 9』, 조선로동당출판사, 1980.
김일성, 8·15해방 10돐 경축대회에서 한 보고(1955.8.14), 『김일성 저작집 9』, 조선로동당출판사, 1980.
김일성, "인민경제복구발전계획수행에서 제기되는 몇가지 문제에 대하여", 조선민주주의인민공화국 내각 제3차 전원회의에서 한 결론(1956.4.2), 『김일성 저작집 10』, 조선로동당출판사, 1980.
김일성, "일본 《요미우리신붕》기자가 제기한 질문에 대한 대답"(1956.11.21), 『김일성 저작집 10』, 조선로동당출판사, 1980.
김일성, "현실을 반영한 문학예술작품을 많이 창작하자", 문학예술부문지도일군들과 한 담화(1956.12.25), 『김일성 저직집 10』, 조선로동당출판사, 1980.
김일성, "사회주의건설에서 인민정권의 당면과업에 대하여", 최고인민회의 제2기 제1차 회의에서 한 연설(1957.9.20), 『김일성 저작집 11』, 조선로동당출판사, 1981.
김일성, "사회주의국가들의 친선과 단결", 쏘련잡지 《메쥬두나로드나야 쥐즌》 1957년 11월호에 발표한 론설(1957.11.1, 1957.11.31), 『김일성 저작집 11』, 조선로동당출판사, 1981.
김일성, "사회주의진영의 통일과 국제공산주의운동의 새로운 단계", 조선로동당 중앙위원회 확대전원회의에서 한 보고(1957.12.5), 『김일성 저작집 11』, 조선로동당출판사, 1981.
김일성, "인민소비품생산을 늘이며 상품류통사업을 개선할데 대하여", 조선로동당 중앙위원회 전원회의에서 한 결론(1958.6.7), 『김일성 저작집 12』, 조선로동당출판사, 1981.
김일성, "조선민주주의인민공화국 정부의 당면과업에 대하여", 최고인민회의 제3기 제1차회의에서 한 연설(1962.10.23), 『김일성 저작집 16』, 조선로동당출판사, 1982.
김일성, "당사업과 경제사업에서 나서는 몇가지 과업에 대하여", 당중앙위원회 부부장이상일군들 앞에서 한 연설(1963.1.3), 『김일성 저작집 17』, 조선로동당출판사, 1982.
김일성, "조국통일위업을 실현하기 위하여 혁명력량을 백방으로 강화하자", 조선로동당 중앙위원회 제4기 제8차 전원회의에서 한 결론(1964.2.27), 『김일성 저작집 18』, 조선로동당출판사, 1982.
김일성, 워싱톤에 있는 조선문제연구소 소장에게 보낸 회답서한(1965.1.8), 『김일성 저작집 19』, 조선로동당출판사, 1982.
김일성, "조선민주주의인민공화국에서의 사회주의건설과 남조선혁명에 대하여", 인도네시아 《알리 아르함》사회과학원에서 한 강의(1965.4.14), 『김일성 저작집 19』, 조선로동당출판사, 1982.
김일성, 《알 아흐바르》지 대외보도주필 씨아아드 엘타이예, 멘통신사 대외보도주필 가말 아메르를 비롯한 아련기자들이 제기한 질문에 대한 대답(1965.9.13), 『김일성 저작집 19』, 조선로동당출판사, 1982.
김일성, 워싱톤에 있는 조선문제연구소 소장에게 보낸 회답서한(1967.1.4), 『김일성 저작집 21』, 조선로동당출판사, 1983.
김일성, "경제지도사업에서 혁명적 규률과 질서를 세울데 대하여", 당중앙위원회 정치위원회, 내각공동회의에서 한 연설(1968.10.21), 『김일성 저작집 23』, 조선로동당출판사, 1983.
김일성, 조선로동당 중앙위원회 제5기 제2차전원회의 확대회의에서 한 결론(1971.4.19.~23), 『김일성 저작집 26』, 조선로동당출판사, 1984.
김일성, "조선로동당과 공화국정부의 대내외정책의 몇가지 문제에 대하여", 일본《아사히신붕》 편집국장 및 교도통신사 기자와 한 담화(1971.9.25, 10.8), 『김일성 저작집 26』, 조선로동당출판사, 1984.
김일성, “조국통일의 3대원칙에 대하여”, 북과 남 사이의 고위급정치회담에 참가한 남조선측대표들과 한 담화(1972.5.3., 1972.11.3), 『김일성 저작집 27』, 조선로동당출판사, 1984.
김일성, 일본 전국혁신시장회대표단과 한 담화(1972.5.14), 『김일성 저작집 27』, 조선로동당출판사, 1984.
김일성, 미국 《워싱톤포스트》지 기자와 한 담화(1972.6.21), 『김일성 저작집 27』, 조선로동당출판사, 1984.
김일성, “우리 당의 주체사상과 공화국정부의 대내외정책의 몇가지 문제에 대하여”, 일본 《마이니찌신붕》기자들이 제기한 질문에 대한 대답(1972.9.17), 『김일성 저작집 27』, 조선로동당출판사, 1984.
김일성, 스웨리예 사회민주청년동맹대표단과 한 담화(1972.10.19), 『김일성 저작집 27』, 조선로동당출판사, 1984.
김일성, 조선로동당 중앙위원회 제5기 제5차 전원회의에서 한 결론(1972.10.23.~26), 『김일성 저작집 27』, 조선로동당출판사, 1984.
김일성, “재일본조선인과학자들은 우리나라의 과학기술발전에 적극 이바지하여야 한다”, 재일본조선인과학자대표단과 한 담화(1972.12.16), 『김일성 저작집 27』, 조선로동당출판사, 1984.
김일성, “청소년들을 지덕체를 갖춘 사회주의, 공산주의 건설자로 키우자”, 조선로동당 중앙위원회 비서국회에서 한 결론(1973.2.28), 『김일성 저작집 28』, 조선로동당출판사, 1984.
김일성, “민족의 분렬을 방지하고 조국을 통일하자”, 체스꼬슬로벤스꼬사회주의공화국 당및정부 대표단을 환영하는 평양시군중대회에서 한 연설(1973.6.23), 『김일성 저작집 28』, 조선로동당출판사, 1984.
김일성, “조국통일 5대방침에 대하여”, 조선로동당 중앙위원회 정치위원회 확대회의에서 한 연설(1973.6.25), 『김일성 저작집 28』, 조선로동당출판사, 1984.
김일성, 일본 《이와나미》서점 상무취체역 총편집장과 한 담화(1973.9.19), 『김일성 저작집 28』, 조선로동당출판사, 1984.
김일성, 최고인민회의 제3기 제1차회의에서 한 김일성 연설(1962.10.23), 국토통일원, 『남북한통일제의자료총람 제1권』, 1985.
김일성, “제2차 7개년계획작성방향에 대하여”, 계획부문일군협의회에서 한 연설(1974.7.10.~11), 『김일성 저작집 29』, 조선로동당출판사, 1985.
김일성, 에꽈도르 《볼룬따드》출판사 사장과 한 담화(1974.10.9), 『김일성 저작집 29』, 조선로동당출판사, 1985.
김일성, 일본 총평 및 중립로련 대표단과 한 담화(1974.10.12), 『김일성 저작집 29』, 조선로동당출판사, 1985.
김일성, 시에라 레온신문 《싼디 플라쉬》주필부부와 한 담화(1975.5.11), 『김일성 저작집 30』, 조선로동당출판사, 1985.
김일성, 일조문화교류협회 리사장일행과 한 담화(1975.5.17), 『김일성 저작집 30』, 조선로동당출판사, 1985.
김일성, 일본 교도통신사대표단과 한 담화(1975.8.31), 『김일성 저작집 30』, 조선로동당출판사, 1985.
김일성, “프랑스공산당 중앙위원회 기관리론 잡지 《라 누벨 크리띠크》사대표단이 제기한 질문에 대한 대답”(1975.9.11), 『김일성 저작집 30』, 조선로동당출판사, 1985.
김일성, “조국의 사회주의건설형편에 대하여”, 총련의장을 단장으로 하는 총련대표단과 한 담화(1975.9.26), 『김일성 저작집 30』, 조선로동당출판사, 1985.
김일성, 일본학자일행과 한 담화(1975.11.6), 『김일성 저작집 30』, 조선로동당출판사, 1985.
김일성, 노르웨이 사회주의좌익당 대표단과 한 담화(1976.6.10), 『김일성 저작집 31』, 조선로동당출판사, 1986.

김일성, "재일동포상공인들은 조국의 사회주의건설에 적극 이바지 하여야 한다", 제6차 재일동포상공인조국방문단과 한 담화(1976.6.30), 『김일성 저작집 31』, 조선로동당출판사, 1986.
김일성, 일본방송협회취재단이 제기한 질문에 대한 대답(1977.7.3), 『김일성 저작집 32』, 조선로동당출판사, 1986.
김일성, "≪두개 조선≫조작책동을 짓부시고 조국을 통일하기 위한 투쟁을 더욱 힘 있게 벌리자", 총련일군대표단과 한 담화(1977.12.22), 『김일성 저작집 32』, 조선로동당출판사, 1986.
김일성, 뻬루공화국 전 총리와 한 담화(1978.5.24), 『김일성 저작집 33』, 조선로동당출판사, 1987.
김일성, "평양시민들의 생활을 더욱 개선할데 대하여", 평양시 책임일군협의회에서 한 연설(1979.3.1), 『김일성 저작집 34』, 조선로동당출판사, 1987.
김일성, "경공업을 발전시키며 인민봉사사업을 개선할데 대하여", 경공업부문과 인민봉사부문 책임일군협의회에서 한 연설(1979.11.3), 『김일성 저작집 34』, 조선로동당출판사, 1987.
김일성, "인민경제의 계획규률을 강화하며 사회주의경제건설에서 새로운 앙양을 일으킬데 대하여", 조선로동당 중앙위원회 제5기 제19차 전원회의에서 한 결론(1979.12.12), 『김일성 저작집 34』, 조선로동당출판사, 1987.
김일성, "정무원 책임일군들의 역할을 높여 당의 경제정책을 철저히 관철하자", 조선민주주의인민공화국 정무원 책임일군협의회에서 한 연설(1980.3.5), 『김일성 저작집 35』, 조선로동당출판사, 1987.
김일성, "남포시앞에 나서는 몇가지 당면과업", 조선민주주의인민공화국 정무원, 남포시 책임일군협의회에서 한 연설(1980.3.11), 『김일성 저작집 35』, 조선로동당출판사, 1987.
김일성, 에스빠냐공산당 기관지 ≪문도 오브레로≫ 주필과 에스빠냐 무소속신문 ≪엘 빠이스≫ 국내보도담당 주필이 제기한 질문에 대한 대답(1980.11.28), 『김일성 저작집 35』, 조선로동당출판사, 1987.
김일성, "사회주의경제건설에 대한 지도를 개선강화할데 대하여", 조선로동당 중앙위원회 제6기 제2차 전원회의에서 한 결론(1980.12.20), 『김일성 저작집 35』, 조선로동당출판사, 1987.
김일성, "강원도의 경제사업에서 새로운 전환을 일으킬데 대하여", 조선로동당 강원도위원회 집행위원회에서 한 연설(1981.12.23), 『김일성 저작집 36』, 조선로동당출판사, 1990.
김일성, "정무원의 사업방향에 대하여", 조선민주주의인민공화국 정무원 제1차 전원회의에서 한 연설(1982.4.6), 『김일성 저작집 37』, 조선로동당출판사, 1992.
김일성, "대외무역을 다각화, 다양화할데 대한 당의 방침을 철저히 관철하자", 무역부문 책임일군들과 한 담화(1984.2.13), 『김일성 저작집 38』, 조선로동당출판사, 1992.
김일성, 일본사회당 중앙집행위원회 서기장과 한 담화(1985.5.23), 『김일성 저작집 39』, 조선로동당출판사, 1993.
김일성, 일본 정치리론잡지 《세까이》편집국장이 제기한 질문에 대한 대답(1985.6.9), 『김일성 저작집 39』, 조선로동당출판사, 1993.
김일성, 일본사회당 기관지 《샤까이신뽀》편집장이 제기한 질문에 대한 대답(1985.10.9), 『김일성 저작집 39』, 조선로동당출판사, 1993.
김일성, "정무원사업을 개선하며 경제사업에서 5대과업을 틀어쥐고 나갈 데 대하여", 당중앙위원회, 정무원 책임일군협의회에서 한 연설(1988.1.1), 『김일성 저작집 41』, 조선로동당출판사, 1995.
김일성, "주체의 혁명적기치를 높이 들고 사회주의, 공산주의 위업을 끝까지 완성하자", 조선민주주의인민공화국창건 40돐기념 경축보고대회에서 한 보고(1988.9.9), 『김일성 저작집 41』, 조선로동당출판사, 1995.
김일성, "평안북도의 경제사업에서 나서는 몇가지

과업에 대하여", 조선민주주의인민공화국 중앙인민위원회 제8기 제30차 회의에서 한 연설(1989.11.11.~12), 『김일성 저작집 42』, 조선로동당출판사, 1995.

김일성, "강원도를 국제관광지로 잘 꾸릴데 대하여", 조선민주주의인민공화국 중앙인민위원회 제8기 제31차 회의에서 한 연설(1989.11.14~15), 『김일성 저작집 42』, 조선로동당출판사, 1995.

김일성, "중앙인민위원회와 정무원의 사업방향에 대하여", 조선민주주의인민공화국 중앙인민위원회 제9기 제1차 회의, 정무원 제9기 제1차 전원회의에서 한 연설(1990.5.28), 『김일성 저작집 42』, 조선로동당출판사, 1995.

김일성, "온 민족이 단결하여 조국통일을 앞당기자", 범민족대회에 참가한 대표들앞에서 한 연설(1990.8.18), 『김일성 저작집 42』, 조선로동당출판사, 1995.

김일성, 에꽈도르 좌익민주당대표단과 한 담화(1991.5.3), 『김일성 저작집 43』, 조선로동당출판사, 1996.

김일성, 민족올림픽위원회협회 위원장인 메히꼬 출판회사 위원장 겸 사장일행과 한 담화(1991.6.5), 『김일성 저작집 43』, 조선로동당출판사, 1996.

김일성, 캄보쟈주석과 한 담화(1991.6.18), 『김일성 저작집 43』, 조선로동당출판사, 1996.

김일성, "우리 민족의 대단결을 이룩하자", 조국평화통일위원회 책임일군들, 조국통일범민족련합북측본부 성원들과 한 담화(1991.8.1), 『김일성 저작집 43』, 조선로동당출판사, 1996.

김일성, "일군들은 당과 수령을 위하여, 조국과 인민을 위하여 충실히 일하여야 한다", 자강도당위원회 책임비서, 전천군상업관리소 소장과 한 담화(1991.9.19), 『김일성 저작집 43』, 조선로동당출판사, 1996.

김일성, "조선의 북과 남이 유엔에 하나의 의석으로 들어가지 못하고 따로따로 들어갔지만 조선은 어디까지나 하나이며 반드시 하나의 조선으로 통일을 이룩하려는 우리의 립장에는 추호도 변함이 없습니다." 일본《이와나미》서점 사장이 제기한 질문에 대한 대답(1991.9.26), 『김일성 저작집 43』, 조선로동당출판사, 1996.

김일성, "변화된 환경에 맞게 대외무역을 발전시킬데 대하여", 당, 국가, 경제 지도일군협의회에서 한 연설(1991.11.23), 『김일성 저작집 43』, 조선로동당출판사, 1996.

김일성, 스웨리예 공산주의자로동당 위원장과 한 담화(1992.6.29), 『김일성 저작집 43』, 조선로동당출판사, 1996.

김일성, "함경북도당위원회앞에 나서는 몇가지 과업에 대하여", 함경북도당위원회 전원회의 확대회의에서 한 연설(1992.9.4), 『김일성 저작집 43』, 조선로동당출판사, 1996.

김일성, "사회주의위업의 계승완성을 위하여", 항일혁명투사들, 혁명가유자녀들과 한 담화(1992.3.13, 1993.1.20, 1993.3.3), 『김일성 저작집 44』, 조선로동당출판사, 1996.

김일성, "현시기 정무원앞에 나서는 중심과업에 대하여", 조선민주주의인민공화국 중앙인민위원회, 정무원련합 회의에서 한 연설(1992.12.14), 『김일성 저작집 44』, 조선로동당출판사, 1996.

김일성, "일군들은 참다운 인민의 충복이 되자", 당, 행정경제기관 일군들과 한 담화(1992.12.28), 『김일성 저작집 44』, 조선로동당출판사, 1996.

김일성, "조국통일의 유일한 출로는 전민족의 대단결이다", 미국 윌리암 캐리대학 고려연구소 소장과 한 담화(1993.4.10), 『김일성 저작집 44』, 조선로동당출판사, 1996.

김일성, "현시기 총련앞에 나서는 몇 가지 과업에 대하여", 조선민주주의인민공화국창건 45돐 재일본조선인축하단, 총련교육일군대표단, 총련분회일군대표단과 한 담화(1993.9.10), 『김일성 저작집 44』, 조선로동당출판사, 1996.

김일성, “당면한 사회주의경제건설방향에 대하여”, 조선로동당 중앙위원회 제6기 제21차전원회의에서 한 결론(1993.12.8), 『김일성 저작집 44』, 조선로동당출판사, 1996.

김일성, 꾸바 쁘렌싸 라띠나통신사 사장이 제기한 질문에 대한 대답(1994.4.13), 『김일성 저작집 44』, 조선로동당출판사, 1996.

김일성, “우리나라 사회주의는 주체의 사회주의이다”, 세계 여러 나라 전직 국가 및 정부 수반, 정치인들의 평양방문단 성원들과 한 담화(1994.4.16), 『김일성 저작집 44』, 조선로동당출판사, 1996.

김일성, “라진-선봉자유경제무역지대 개발과 수력발전소건설을 다그칠데 대하여”, 라진-선봉자유경제무역지대 개발과 발전소건설 관계부문 일군협의회에서 한 연설(1994.6.14), 『김일성 저작집 44』, 조선로동당출판사, 1996.

김일성, “사회주의경제건설에서 새로운 혁명적전환을 일으킬데 대하여”, 경제부문 책임일군협의회에서 한 결론(1994.7.6), 『김일성 저작집 44』, 조선로동당출판사, 1996.

김일성종합대학출판사, 『라진-선봉 자유경제무역지대 투자환경』, 1995.

김정은, 『조선로동당 중앙위원회 2013년 3월전원회의에서 한 결론』, 조선로동당출판사, 2013.

김정은, 『조선로동당 제7차대회에서 한 중앙위원회사업총화보고 주체105(2016)년 5월 6~7일』, 조선로동당출판사, 2016.

김정은, 『지질탐사사업에서 전환을 일으켜 사회주의경제강국건설을 다그치자: 전국지질탐사부문 일군열성자회의 참가자들에게 보낸 서한 주체105(2016)년 9월 25일』, 조선로동당출판사, 2016.

김정은, 『재정은행사업에서 전환을 일으켜 강성국가건설을 힘 있게 다그치자: 제3차 전국재정은행일군대회 참가자들에게 보내 서한 주체104(2015)년 12월 13일』, 조선로동당출판사, 2017.

김정은, 『현 단계에서의 사회주의건설과 공화국정부의 대내외정책에 대하여: 조선민주주의인민공화국 최고인민회의 제14기 제1차회의에서 한 시정연설 주체108(2019)년 4월 12일』, 조선로동당출판사, 2019.

김정일, “주체사상에 대하여”, 위대한 수령 김일성동지 탄생 70돐기념 전국주체사상토론회에 보낸 론문(1982.3.31), 『김정일선집 7』, 조선로동당출판사, 1996.

김정일, 민주주의캄보자 주석이 제기한 질문에 대한 대답(1985.5.2), 『김정일선집 8』, 조선로동당출판사, 1998.

김정일, 조선로동당 중앙위원회 책임일군들 앞에서 한 연설(1986.1.3), 『김정일선집 8』, 조선로동당출판사, 1998.

김정일, “경공업을 발전시키며 경제관리연구 사업을 잘할데 대하여”, 4.15에 즈음하여 생산한 경공업제품을 보고 경제부문 책임일군들과 한 담화(1992.4.4), 『김정일선집 13』, 조선로동당출판사, 1998.

김정일, “경공업혁명을 철저히 수행할데 대하여”, 전국경공업대회 참가자들에게 보낸 서한(1990.6.2), 『김정일선집 10』, 조선로동당출판사, 1997.

김정일, “혁명적당건설의 근본문제에 대하여”, 조선로동당창건 47돐에 즈음하여 집필한 론문(1992.10.10), 『김정일선집 13』, 조선로동당출판사, 1998.

김정일, “당, 국가, 경제 사업에서 나서는 몇가지 문제에 대하여”, 조선로동당 중앙위원회 책임일군들앞에서 한 연설(1992.11.12), 『김정일선집 13』, 조선로동당출판사, 1998.

김정일, “위대한 수령님을 영원히 높이 모시고 수령님의 위업을 끝까지 완성하자”, 조선로동당 중앙위원회 책임일군들과 한 담화(1994.10.16), 『김정일선집 13』, 조선로동당출판사, 1998.

김정일, “당사업과 경제사업에 힘을 넣어 사회주의위력을 더욱 강화하자”, 조선로동당 중앙위원회 책임일군들과 한 담화(1993.2.27), 『김정일선집 13』, 조선로동당출판사, 1998.
김정일, "군의 역할을 높여 인민생활에서 전환을 일으키자", 조선로동당 중앙위원회 책임일군들과 한 담화(1994.10.20), 『김정일선집 13』, 조선로동당출판사, 1998.
김정일, "당의 무역제일주의방침을 관철하는데서 나서는 몇가지 문제", 조선로동당 중앙위원회 책임일군들과 한 담화(1995.2.1), 『김정일선집 14』, 조선로동당출판사, 2000.
김정일, "경제사업을 개선하는데서 나서는 몇가지 문제에 대하여", 조선로동당 중앙위원회 책임일군들과 한 담화(1996.4.22), 『김정일선집 14』, 조선로동당출판사, 2000.
김정일, "위대한 수령 김일성동지의 조국통일유훈을 철저히 관철하자"(1997.8.4), 『김정일선집 14』, 조선로동당출판사, 2000.
김정일, "온 민족이 대단결하여 조국의 자주적평화통일을 이룩하자", 력사적인 북남조선 정당, 사회단체대표자련석회의 50돐기념 중앙연구토론회에 보낸 서한(1998.4.18), 『김정일선집 14』, 조선로동당출판사, 2000.
김정일, "당사업을 강화하여 우리 식 사회주의를 더욱 빛내이자", 조선로동당 중앙위원회 책임일군들과 한 담화(1992.1.1), 『김정일선집 15』, 조선로동당출판사, 2012.
김정일, "올해를 사회주의경제건설에서 혁명적전환의 해로 되게 하자", 전당당일군회의 참가자들에게 보낸 서한(1997.1.24), 『김정일선집 19』, 조선로동당출판사, 2013.
김정일, "혁명과 건설의 모든 분야에서 사회주의원칙을 철저히 지킬데 대하여", 조선로동당 중앙위원회 책임일군들앞에서 한 연설(1997.9.27), 『김정일선집 19』, 조선로동당출판사, 2013.
김정일, "자강도의 모범을 따라 경제사업과 인민생활에서 새로운 전환을 일으키자", 자강도의 여러 부문 사업을 현지지도하면서 일군들과 한 담화(1998.1.16~21, 6.1, 10.20, 10.22), 『김정일선집 19』, 조선로동당출판사, 2013.
김정일, "제국주의자들의 ≪개혁≫, ≪개방≫책동은 용납될수 없는 침략와해책동이다", 조선로동당 중앙위원회 책임일군들과 한 담화(1998.5.7), 『김정일선집 19』, 조선로동당출판사, 2013.
김정일, "올해를 강성대국건설의 위대한 전환의 해로 빛내이자", 조선로동당 중앙위원회 책임일군들과 한 담화(1999.1.1), 『김정일선집 19』, 조선로동당출판사, 2013.
김정일, "인민생활을 높이는데서 나서는 몇가지 과업에 대하여", 조선로동당 중앙위원회 책임일군들과 한 담화(2000.1.23), 『김정일선집 20』, 조선로동당출판사, 2013.
김정일, "중요공업부문들을 현대적기술로 개건하며 나라의 경제를 추켜 세우는데서 나서는 몇가지 문제에 대하여", 조선로동당 중앙위원회 책임일군들앞에서 한 연설(2000.5.12), 『김정일선집 20』, 조선로동당출판사, 2013.
김정일, "조국통일은 우리 민족끼리 힘을 합쳐 자주적으로 실현하여야 한다", 재미녀류기자 문명자와 한 담화(2000.6.30), 『김정일선집 20』, 조선로동당출판사, 2013.
김정일, "현시기 당사업과 경제사업에서 중요하게 제기되는 몇가지 문제에 대하여", 조선로동당 중앙위원회, 내각책임일군들앞에서 한 연설(2005.1.9), 『김정일선집 22』, 조선로동당출판사, 2013.
김정일, "인민경제의 선행부문, 기초공업부문을 추켜세워 사회주의경제강국건설의 진격로를 열어나가자", 당, 국가경제기관 책임일군들과 한 담화(2007.8.2), 『김정일선집 23』, 조선로동당출판사, 2014.
김정일, "사회주의건설의 모든 전선에서 새로운 혁명적대고조를 일으킬데 대하여", 당, 국가책임일군들앞에서 한 연설(2009.1.2), 『김정일선집 24』, 조선로동당출판사, 2014.

김정일, "경공업과 농업생산에 힘을 집중하여 인민생활향상에서 결정적전환을 일으키자", 당, 국가경제기관 책임일군들과 한 담화(2010. 3.31), 『김정일선집 25』, 조선로동당출판사, 2015.

김종민, "합영기업경영수입의 본질적 특징과 역할", 『경제연구』, 3호, 2012.

김주호, "직접투자를 통한 남조선경제에 대한 외래독점자본의 지배의 강화", 『경제연구』, 2호, 1992.

김철준, "합영, 합작은 선진기술도입의 중요공간』, 『경제연구』, 1호, 2007.

김현철, "현시기 대외무역협상사업을 개선하는 것은 대외무역발전의 필수적요구", 『경제연구』, 2호, 2019.

대외경제협력추진위원회, 『라진-선봉자유경제무역지대 투자문답집』, 1996.

렴일욱, "합영, 합작기업의 생산경영활동에 대한 실리평가에서 나서는 원칙적요구", 『경제연구』, 4호, 2002.

리경영, "현대제국주의하에서 다국적기업체는 자본의 국제화추진의 기본형태", 『경제연구』, 3호, 2007.

리금별, "현시기 생태관광을 발전시키는 것은 관광업발전의 필수적요구", 『경제연구』, 2호, 2018.

리기성, "위대한 수령 김일성동지께서 신년사에서 제시하신 사회주의경제건설의 완충기와 우리 당의 혁명적경제전략", 『경제연구』, 1호, 1994.

리기성, "21세기초의 조선경제", NORPAC 주최 '북태평양경제협력' 세미나 발표문, 2006. 11.1.

리명숙, "국제경제합작의 본질적특징", 『경제연구』, 4호, 1996.

리민철, "위대한 수령 김일성동지께서 쌓아올리신 자립적경제건설의 력사적공적과 그 영원한 생명력", 『경제연구』, 2호, 1997.

리성희, "합작기업의 본질적특징과 그 역할", 『경제연구』, 2호, 1997.

리승준, "경제특구와 그 발전방향", 『경제연구』, 4호, 2012.

리영수, "투자봉사를 위한 경제개발구관리기관의 기능과 역할을 높이는데서 나서는 몇가지 문제", 『경제연구』, 3호, 2019.

리영화, "경제에 대한 국가의 중앙집권적통일적지도는 사회주의경제강국건설의 근본담보", 『경제연구』, 3호, 1999.

리은경, "≪아시아개발은행≫은 낡은 국제통화금융질서의 산물", 『경제연구』, 1호, 2000.

리정경, "현실발전의 요구에 맞게 외국투자를 효과적으로 리용하는데서 나서는 원칙적 요구』, 『경제연구』, 4호, 2012.

리정용, "변화된 환경에 맞게 대외무역을 적극 벌려나가는데서 나서는 몇가지 문제", 『경제연구』, 2호, 1998.

리종범, "외국투자에 의한 산업대상건설에서 환경보호사업의 필요성", 『경제연구』, 3호, 2019.

리종혁, "원탁회의토론문", <남측> 연세대학교 김대중도서관·통일연구원 <북측> 아태 통일문제연구소 공동주최 '6·15 남북공동선언 4주년 기념 국제토론회' 토론문, 2004.6.15.

리종혁, "북남경협사업의 성과와 교훈", 연세대학교 김대중도서관·통일연구원(편), 『6·15 남북공동선언 4년 회고와 전망』, 세경사, 2005.

문정택, "자립적 민족경제건설과 외화문제", 『경제연구』, 2호, 1966.

민금성, "북남경제협력의 발전방향과 실천과제", <남측> 연세대학교 김대중도서관·통일연구원 <북측> 아태 통일문제연구소 공동주최 '6·15 남북공동선언 4주년 기념 국제토론회' 토론문, 2004.6.15.

박상철, "개성공업지구", 『경제연구』, 3호, 2015.

박영철, "6.15북남공동선언과 그 실천과제", <남측> 연세대학교 김대중도서관·통일연구원 <북측> 아태 통일문제연구소 공동주최 '6·15 남북공동선언 4주년 기념 국제토론회' 발표문, 2004.6.15.
박윤철, “합영, 합작대상선정사업에서 견지하여야 할 주요원칙”, 『경제연구』, 3호, 2015
박철범, “6·15 북남공동선언 리행에서 북남경제협력사업의 사명과 역할”, 연세대학교 김대중도서관·통일연구원(편), 『6·15 남북공동선언 4년 회고와 전망』, 세경사, 2005.
박현철, “현대자본주의적중소기업의 교활한 해외침투수법”, 『경제연구』, 1호, 1997.
백과사전출판사, 『광명백과사전 5』, 2010.
사회과학원 세계경제 및 남남협조연구소, 『현대세계경제사전』, 사회과학출판사, 1998.
사회과학원 주체경제학연구소, 『경제사전 1』, 사회과학출판사, 1985.
사회과학원 주체경제학연구소, 『경제사전 2』, 사회과학출판사, 1985.
사회과학출판사, 『조선말대사전 2』, 2017.
사회과학출판사, 『조선말대사전 3』, 2017.
서성준, “자립적 민족경제건설로선은 자주적인 대외무역관계발전을 위한 물질적담보”, 『경제연구』, 1호, 1996.
서재영·박제동·정수웅, 『우리 당의 선군시대 경제사상해설』, 조선로동당출판사, 2005.
송국남, “자립적 민족경제는 가장 효률적인 경제”, 『경제연구』, 1호, 1999.
신자랑, “국가투자유치전략작성에서 나서는 몇가지 문제”, 『경제연구』, 4호, 2018.
심병철, 『조국통일문제 100문 100답』, 평양출판사, 2003.
오성길, 『위대한 인간 김정은』, 평양출판사, 2019.
유철남, “가공무역형태의 자유경제무역지대 발생발전과 그 특징”, 『경제연구』, 1호, 2001.
인민 경제사 및 국가와 법의 력사 연구실, “해방전 조선 경제에 관한 참고적 통계 자료”, 『경제연구』, 3호, 1957.
전광호, “생산과 수출의 일체화는 근로자들이 생산과 관리에서 주인으로서의 책임과 역할을 다하게 하는 합리적인 경제관리방법”, 『경제연구』, 3호, 2015.
전금성, “자력갱생의 혁명적원칙을 구현하는 것은 국가재정강화에서 나서는 중요요구”, 『경제연구』, 4호, 2020.
제갈남, 『현지지도에 비낀 령도자의 모습』, 외국문출판사, 2019.
조선대외경제협력추진위원회, 『《조선민주주의인민공화국》 투자에로의 길』, 2005.
조선민주주의인민공화국 최고인민회의 결정, “남남협조와 대외경제사업을 강화하며 무역사업을 더욱 발전시킬데 대하여”(1984.1.26), 『김일성 저작집 38』, 조선로동당출판사, 1992.
조선중앙통신사, 『조선중앙연감』, 1965.
조창준, 『경제개발구』, 공업출판사, 2016.
주성일, “≪조선식산은행≫을 통한 일제의 경제적략탈”, 『경제연구』, 3호, 2000.
차준봉, 『누가 조선전쟁을 일으켰는가』, 사회과학출판사, 1993.
최경희, “현시기 대외시장을 개척하기 위한 방도”, 『경제연구』, 2호, 1995.
최병헌, “일제식민지통치시기 조선농촌수탈정책과 그 후과”, 『경제연구』, 2호, 1992.
최성익, “민족자주와 조국통일”, 한국통일포럼·사회정치학회 공동주최 ‘1997년 남북해외학자 통일회의’ 발표문, 1997.8.29,
최순옥, “선군정치는 우리 당의 위대한 혁명방식”, 『철학연구』, 제3호, 2001.
최영옥, “현시기 우리 당이 제시한 무역정책과 그 정당성”, 『경제연구』, 2호, 1997.
최영옥, “사회주의대외무역에서 수입구조의 개선”, 『경제연구』, 2호, 2004.
최원철, “합영, 합작을 잘하는것은 대외경제관계발전의 중요요구”, 『경제연구』, 4호, 1993.
평양출판사, 『위대한 김일성주석께서 경애하는 김정일장군님의 위대성에 대하여 하신 교시』, 2002.
한석봉, 『인민정권건설경험』, 사회과학출판사,

1986.
허종호, 『주체사상에 기초한 남조선혁명과 조국통일 리론』, 사회과학출판사, 1975.
황경오, "낡은 국제경제질서의 략탈적성격", 『경제연구』, 1호, 2002.
황철진, "다국적기업과 직접투자", 『경제연구』, 3호, 1999.
황한욱, "주체적립장은 대외경제발전의 주요담보", 『경제연구』, 2호, 2014.

2. 영문 자료

Abrahamian, Andray, "Business Opportunity or Bust? Perusing North Korea's Economic Development Zones", 경남대학교 극동문제연구소 주최 국제학술회의 'Doing Business in North Korea: Opportunities and Challenges' 발표문, 2015.1.28.

Asian Development Bank, *Asian Economic Integration Report 2015: How Can Special Economic Zones Catalyze Economic Development?* 2015.

Axelrod, Robert and Robert O. Keohane, "Achieving Cooperation under Anarchy: Strategies and Institutions", *World Politics*, Vol.38 No.1, 1985.

Competitive Industries and Innovation Program, *Special Economic Zones: an Operational Review of Their Impacts*, The World Bank Group, 2017.

Eberstadt, Nicholas, *The North Korean Economy: Between Crisis & Catastrophe*, Transaction Publishers, 2007.

Goto, Fujio, *Estimates of the North Korean Gross Domestic Product 1956~1959*, Kyoto Sangyo University Press, 1990,

Harrison, Selig, *Korean Endgame: A Strategy for Reunification and U.S. Disengagement*, Princeton University Press, 2002.

Hwang, Eui-Gak, *The Korean Economies: A Comparison of North and South*, Oxford University Press, 1993.

Jeffries, Ian, *North Korea: A Guide to Economic and Political Developments*, Routledge, 2006.

Kamiya, Marco, Stefan Kratzsch and Salil Dutt, "New Trends in Special Economic Zones: Opportunities for Developing Countries", The UNIDO Industrial Analytics Platform, March 2024.

Keohane, Robert, O., "Reciprocity in international relations", *International Organization*, Vol 40 No.1, 1986.

Kim, Anthony B., *2025 Index of Economic Freedom*, The Heritage Foundation, 2025.

Kim, Byung-Yeon, Suk Jin Kim, and Keun Lee, "Assessing the economic performance of North Korea, 1954~1989: Estimates and growth accounting analysis", *Journal of Comparative Economics*, Vo.35, 2007.

Kim, Jong U., "North Korea's External Economic Policy", keynote remarks presented at the 'Korea: Prospects for Economic Development' seminar sponsored by the Gaston Sigur Center for East Asian Studies of the George Washington University, April 22, 1996.

Kim, Kwang Suk and Michael Roemer, *Growth and Structural Transformation*, Council on East Asian Studies, Harvard University Press, 1979.

Li, Heng Ho, "The present situation and

immediate tasks for north-south economic cooperation in Korea", paper presented at the 'Concrete Measures for Regional Cooperation in the North Pacific' conference hosted by North Pacific Region Advanced Research Center, October 7, 2004.

McCune, Shannon, "Physical Basis for Korean Boundaries", *Journal of Asian Studies*, Vol.5 No.3, 1946.

Ministry of Unification, *Peace and Cooperation: White Paper on Korean Unification*, 2001.

Ministry of Unification, *2013 White Paper on Unification*, 2013.

Ministry of Unification, *2022 Unification White Paper*, 2022.

Ministry of Unification, *2023 Unification White Paper*, 2023.

Knipp, Steve, "Welcome to North Korea. Rule No. 1: Obey all rules", *The Christian Science Monitor*, 2004.12.2.

Noland, Marcus, *Korea after Kim Jong-il*, Institute for International Economics, 2004.

Park, Geun-hye, "A New Kind of Korea: Building Trust Between Seoul and Pyongyang," *Foreign Affairs*, Vol.90 No. 5, 2011.

Scalapino, Robert, "The Inter-Korean Rapprochement: Is the Progress Too Fast?" 서울대학교 사회과학연구원·서울대학교 통일포럼 공동주최 국제학술토론회 'The Reshaping of Inter-Korean Relations: Peace, Economic Development, and Unification' 자료집, 2000.12.14.

Suh, Sang Chul, *Growth and Structural Changes in the Korean Economy, 1910~1940*, Council on East Asian Studies, Harvard University Press, 1978.

Snyder, Timothy, *On Tyranny: Twenty Lessons from the Twentieth Century*, Tim Duggan Books, 2017.

TRADP, *Tumen Update*, Issue 1, 1999.

U.S. Department of State, "Telegram from the Secretary of State (Byrnes) to the Ambassador in the Soviet Union (Harriman), Nov.3, 1945", doc. 808, in *FRUS, 1945, vol.6*, Government Printing Office, 1969.

3. 기타 자료

『경인일보』, 『경향신문』, 『국민일보』, 『내일신문』, 『노동신문』, 『데일리엔케이』, 『데일리팜』, 『동아일보』, 『매일경제』, 『매일신문』, 『머니투데이』, 『메디파나뉴스』, 『문화일보』, 『물류신문』, 『비지니스포스트』, 『서울경제』, 『서울신문』, 『서울파이낸스』, 『서울평양뉴스』, 『성남일보』, 『세계일보』, 『스타뉴스』, 『아시아경제』, 『연합뉴스』, 『영남일보』, 『이데일리』, 『일요신문』, 『자유아시아방송』, 『전자신문』, 『조선신보』, 『조선일보』, 『조선중앙통신』, 『중앙SUNDAY』, 『중앙일보』, 『통일뉴스』, 『통일신문』, 『프레시안』, 『한겨레』, 『한국경제』, 『한국세정신문』, 『한국일보』, 『헤럴드경제』, 『FASHIONBIZ』, 『KBS뉴스』, 『MBC 뉴스』, 『NK chosun』, 『SBS 뉴스』, 『VOA』

『노동과세계』, 『신동아』, 『주간조선』, 『통일경제』, 『통일한국』

BBC News, Esquire, Los Angels Times, Reuters, The Christian Science Monitor, The Independent,, The New York Times, The

Telegraph, The Washington Post

국사편찬위원회 한국사데이터베이스, https://db.history.go.kr.

국사편찬위원회 우리역사넷, http://contents.history.go.kr.

국토교통부 국토교통 통계누리, https://stat.molit.go.kr.

국토교통부 홈페이지, https://www.molit.go.kr.

금융감독원 전자공시시스템, https://dart.fss.or.kr.

농림축산식품부 국가농식품통계서비스, https://kass.mafra.go.kr.

대한민국 대통령실, https://www.president.go.kr.

대한민국 정책브리핑, https://www.korea.kr.

성남시 분당구, https://www.bundang-gu.go.kr:10009/main/index.asp.

통계청 국가통계포털, https://kosis.kr.

통일부, https://www.unikorea.go.kr.

통일부 남북관계관리단, https://dialogue.unikorea.go.kr.

통일부 남북교류협력시스템, https://www.tongtong.go.kr.

통일부 북한정보포털, https://nkinfo.unikorea.go.kr.

통일부 블로그, https://m.blog.naver.com/gounikorea.

통일부 판문점견학지원센터, https://www.panmuntour.go.kr/.

평화재단, https://pf.or.kr.

한국수자원공사(K water), https://www.water.or.kr.

행정안전부 국가기록원, https://theme.archives.go.kr.

행정안전부 대통령기록관, https://www.pa.go.kr.

현대아산, https://www.hdasan.com.

e-나라지표, https://www.index.go.kr.

찾아보기

인명

[ㄹ]

[ㅁ]

[ㅂ]

[ㅅ]

[ㅇ]

내용

[ㄷ]

[ㅇ]

[ㅎ]

남북경협 80년

절망과 기교의 역사

펴낸날 1판 1쇄 2025년 9월 30일
지은이 조동호
펴낸이 주소현
펴낸곳 이화여자대학교출판문화원
주소 서울특별시 서대문구 이화여대길 52(우 03760)
등록 1954년 7월 6일 제9-61호
전화 02) 3277-2965 (편집), 02) 362-6076 (마케팅)
팩스 02) 312-4312
전자우편 press@ewha.ac.kr
홈페이지 www.ewhapress.com
책임편집 이지예
디자인 정혜진

ISBN 979-11-5890-550-7 93320
값 45,000원